數字時代普通高等教育新文科建設語言學專業系列教材

編寫委員會

數字時代普通高等教育新文科建設語言學專業系列教材

- 中國高等教育學會高等教育科學研究規劃課題“數字化課程資源研究”重大項目“古代漢語教學信息平臺建設”（22SZH0103）階段性成果
- 國家語委重大項目“中國語言學話語體系建設與傳播研究”（ZDA145-2）階段性成果
- 華中科技大學一流文科建設重大學科平臺建設項目“數字人文與語言研究創新平臺”階段性成果

影排對照 古代漢語教程+

上册

主　編◎黄仁瑄（華中科技大學）
編　者◎張新艷（河南大學）
張福通（南京大學）
廖　强（西南大學）
張　義（淮北師範大學）
姜永超（燕山大學）

華中科技大學出版社
http://press.hust.edu.cn
中國・武漢

圖書在版編目(CIP)數據

影排對照古代漢語教程＋/黄仁瑄主編. —武漢：華中科技大學出版社，2022.10
ISBN 978-7-5680-8667-7

Ⅰ. ①影… Ⅱ. ①黄… Ⅲ. ①古漢語-教材 Ⅳ. ①H109.2

中國版本圖書館 CIP 數據核字(2022)第 168235 號

影排對照古代漢語教程＋ 黄仁瑄 主編
Yingpai Duizhao Gudai Hanyu Jiaocheng＋

策劃編輯：周曉方 楊 玲
責任編輯：李 鵬 余曉亮
封面設計：原色設計
責任校對：張匯娟
責任監印：周治超
出版發行：華中科技大學出版社(中國·武漢) 電話：(027)81321913
武漢市東湖新技術開發區華工科技園 郵編：430223
録 排：華中科技大學惠友文印中心
印 刷：武漢市籍緣印刷廠
開 本：787mm×1092mm 1/16
印 張：38 插頁：4
字 數：808 千字
版 次：2022 年 10 月第 1 版第 1 次印刷
定 價：99.90 元(全二册)

总序

2020年4月20日，教育部辦公廳印發《關於啓動部分領域教學資源建設工作的通知》(教高廳函〔2020〕4號)，明確指出：

> 爲深入貫徹全國教育大會精神，全面落實新時代全國高等學校本科教育工作會議精神，推進"四新"(新工科、新農科、新醫科、新文科)建設，經研究，决定啓動部分領域教學資源建設工作，探索基於"四新"理念的教學資源建設新路徑，推動高等教育"品質革命"。

爲回應"新文科"建設這一時代需要，結合學科專業的發展要求，我們協調了全國20餘所高校的教研骨幹力量，决定編寫"數字時代普通高等教育新文科建設語言學專業系列教材"(教材擬目見相關教材封底，實踐中或有微調)。

教材編寫的總原則是：應變，足用，出新。

所謂"應變"，指的是教材編寫工作要順應數字時代的變化。數字時代是一個知識發生巨變的時代，當前正處在建國以來第三次學術大轉型與"新文科"建設時期，"而更加强調學以致用，可能將會成爲未來新文科的突出特徵"①。時代呼唤"語言學+"人才，教材的編寫工作實在有必要因應時代巨變，圍遶培養適應時代需求的"語言學+"人才而展開。

所謂"足用"，指的是教材規模能够滿足學科教學的基本要求。學科是相對獨立而又穩定發展的知識體系。如何反映這一知識體系，就教學實踐而言，主要和教材内容的豐歉和教材種類的多寡有關。具體到當下的漢語言學專

---

① 參見王學典：《何謂"新文科"?》，《中華讀書報》2020年6月4日。

業，語言理論、古今漢語、國際中文傳播等是必須切實掌握的内容，這是學科發展的堅實基礎；文字、音韻、訓詁、語法與邏輯、語言與文化、語言信息技術等是需要瞭解或掌握的知識與技能，這是學科發展的内在要求。一套涵蓋這兩方面内容的教材，必須能够保证漢語言學專業的基本教學需要。

所謂"出新"，表現在三個方面：一是觀念新，最大程度地體現學科的交叉與融合，這是"新文科"建設的基本要求；二是方法新，最大程度地結合計算機相關技術，這是數字時代學科發展的必由之路；三是知識新，最大程度地利用新發明和新發現(包括事實和案例)，這是教材編寫工作的根本動力，也是其重要意義之所在。

爲了貫徹"從教學實踐中來，到教學實踐中去"的編寫理念，最大程度地保證教材的使用效果，遵循"學習過程的全時支持與監測，學習效果的動態測評與回饋，個性化學習的深度實現，'雲端+綫下'教學方式的有機銜接"的原則，我們先期開發建設了"古代漢語在綫學習暨考試系統"(http：//ts. chaay. cn)[①]。整個系統包括學習系統和測評系統兩個部分，是學生古代漢語能力數字化訓練與養成的重要環節。也可以爲其他同類課程的信息化積累經驗和提供借鑒。

隨着本系列教材的陸續推出，我們還將開發建設"語言學系列課程在綫學習暨考試系統"，以適應數字時代語言學專業全時教學的需要。

懷進鵬强調，要全面落實黨的教育方針，共同推動科學教育深度融入各級各類教育，統籌大中小學課程設計，根據各學段學生認知特點和學習規律改進教育教學。要合作推動教材建設，鼓勵和支持一大批政治立場堅定、學術專業造詣精深、實踐經驗豐富的院士和一流科學家打造一批具有權威性、示範性的優質教材。要不斷豐富科學教育模式，充分發揮高水平大學和科研院所作用，構建一批重點突出、體系完善、能力導向的基礎學科核心課程、教材和實驗，加大數字資源共建共享力度，着力提升培養水平。[②]

鼓勵編寫高品質教材，我們的工作可謂恰逢其"時"！ 教材編寫却是一件費力未必能討好的活兒：

① 參見黄仁瑄、張義：《"古代漢語"在綫學習暨考試系統設計與實現》，《湖北工程學院學報》2022年第3期。

② 高雅麗：《中科院與教育部會商科學教育工作》，《中國科學報》2022年3月21第1版"要聞"。

集體編教材，不容易。必須做好充分的編前準備工作，重要的是，第一，要統一思想。特別要參與人員吃透“新文科建設”的核心思想和基本精神，并要能貫穿在教材之中，真使教材有個新面貌，能有所創新，真能成爲精品教材①，而不讓人感到在肆意標新立异。第二，得强調參與人員少爲自己考慮，多爲事業、爲學科、爲國家考慮，多爲學生、爲讀者考慮。

這是陸儉明教授對本系列教材編寫提出的指導性意見，也是我們全體編者的奮斗目標。同時，我們衷心感謝李運富教授、陸儉明教授、王雲路教授、尉遲治平教授和趙世舉教授的鼎力支持，是你們給予了我們迎難而上、勇於編撰的力量源泉。

本系列教材主編是編委會的當然人選，教材的可能微調必然影響到編委會的構成。不管風吹浪打，本編委會都是一個特別能戰鬥的集體，始終是本系列教材編寫工作順利推進和編寫組攻堅克難的强力保證。

編委會

2022 年 6 月

① 本套教材原擬名“數字人文視域下語言學專業精品教材”，經多方溝通，最後决定采用“數字時代普通高等教育新文科建設語言學專業系列教材”這個名稱。

前言

本教材是“數字時代普通高等教育新文科建設語言學專業系列教材”之一種，與之相匹配的是“古代漢語在綫學習暨考試系統”（http://ts.chaay.cn）[①]，目的是培養學生直接閲讀利用古籍的能力，以適應“新文科”建設和傳承中華優秀傳統文化的時代需要。

本教材設計了四個板塊：傳世文獻、出土文獻、古論文選、現當代論著選目（見教材“附録”）。其中，傳世文獻涉及19種典籍：《左傳》《戰國策》《周禮》《儀禮》《禮記》《尚書》《周易》《論語》《孟子》《吕氏春秋》《老子》《莊子》《墨子》《荀子》《韓非子》《詩經》《楚辭》《史記》《漢書》；此外尚有少量古白話文獻。出土文獻涉及甲骨、青銅器、簡帛和玉石。古論文選擇取的是古代學者有關傳世典籍和語言文字及其發展規律的論述，現當代論著選目擇取的是現當代學者有關語言文字及其發展規律的論著。傳世文獻、出土文獻解决本教材的文選問題，古論文選、現當代論著選目解决本教材的通論問題。

主要基於對目前較爲通行的古代漢語教材的統計分析[②]，本教材文選擇取以《左傳》爲代表的19種傳世文獻，希望可以在一定程度上保證其典型和通用。19種文獻和古白話文獻都有比較系統的文字介紹，意在爲文選依據提供一定程度的説明，同時爲學生在短時間内比較系統地了解該種文獻提供可能和便利。本教材文選總數近90篇（不含出土文獻30篇），全部選取古籍影印，其中有的是白文，有的有簡單的句讀，有的有詳細的注疏，但都不施加任何現代

① 參見黄仁瑄、張義：《“古代漢語”在綫學習暨考試系統設計與實現》，《湖北工程學院學報》2022年第3期。

② 黄仁瑄、張新艷：《雲端“古代漢語”教材選文研究》，《貴州工程應用技術學院》2022年第2期。

標點和注釋，目的是讓學生直接接觸原典古籍，藉助工具書和各種查詢手段，獨立解決閱讀過程中遇到的各種問題，進而提高其閱讀利用古籍的能力。出土文獻板塊的設計意在使學生了解更爲早期的漢字形態和文獻載體，以期激發其探索和求知的欲望。文獻簡介和單篇選文的後面一般都有適量的習題設計，以供學習時思考。

古論文選也採取影印古籍的形式，其目的同樣是在培養學生直接閱讀利用古籍的能力；現代論著選目則采取編製索引的方式，目的是爲學生尋找和拓展相關知識提供綫索和指示門徑。通過這樣的安排，希望可以最大限度地激發學生主動獲取和整合相關知識的能力。

全部影印文獻都有現代排印形式，且獨立成編，排印文字原則上采用規範繁體字[①]，以滿足和適應不同的教學需要。

本教材的編寫工作由黄仁瑄主持，姜永超（燕山大學）、廖强（西南大學）、張福通（南京大學）、張新艷（河南大學）、張義（淮北師範大學）具體實施。爲使本教材使用效果更佳，需要有機結合"古代漢語在綫學習暨考試系統"（http://ts.chaay.cn），教材命名"影排對照古代漢語教程+"，根本原因即在於此。

"古代漢語在綫學習暨考試系統"（http://ts.chaay.cn）由黄仁瑄、張義開發建設，高天俊（華中科技大學）、姜永超、齊曉燕（華中科技大學）、張福通、張新艷等爲系統的完善做出了積極的貢獻。周浩（西南大學）也爲教材編寫和系統建設的前期準備工作付出了許多心血。

尉遲治平師有過修訂他主編的《古代漢語》（大連理工大學出版社，1992 年）的打算，黄仁瑄曾想組織團隊"服其勞"，由於種種原因，這最終成了編寫現在這本教材和開發建設"古代漢語在綫學習暨考試系統"的緣起。

本教材的編寫深受尉遲治平師《古代漢語》編纂思想的啓發，同時借鑒了當下一些古代漢語通行教材的實踐經驗，其中自然也有許多新的嘗試。不過，限於學識、能力等因素，我們的工作肯定存在許多不足，期待專家學者不吝賜教。

編　者

2022 年 6 月

① 古籍的文字整理標準因對象的不同而有所區别，大致是：(1)辭書從嚴，一般古籍從寬；(2)字頭從嚴，一般行文從寬；(3)字形辨析從嚴，一般内容從寬。説詳尉遲治平《電子古籍的異體字處理研究——以電子〈廣韻〉爲例》(《語言研究》2007 年第 3 期)。

目録

上册　影印篇

第一單元　傳世文獻

第三單元　古論文選

上册

影印篇

第一單元 傳世文獻

傳世文獻,指的是在世間流傳的文獻,又稱地上文獻。我國的傳世文獻大致可以分爲漢文刻本文獻、漢文寫本文獻和少數民族文字文獻三類[①]。與古代漢語有關的傳世文獻(中華民國以前)主要是前兩類。

一、漢文刻本文獻[②]

現存刻本絶大多數是雕印本,參照刻書時代、刻書單位等標準,大致可以有如下分類。

(一)刻書時代標準

唐五代刻本、遼刻本基本是近代以來發現的,故僅簡要介紹。

1. 唐本

目前確證的唐代雕印本應是唐懿宗咸通九年(868)雕印的《金剛經》。該經由七張紙粘成一卷,全長十六尺,完整無缺。該經發現於敦煌藏經洞,後藏於大英博物館。1966年,朝鮮學者在慶州佛國寺内發現《無垢淨光大陀羅尼經》,印成時代是704—751年,可能是目前所知最早的雕印本。《佛説觀彌勒菩薩上生兜率天經》刻成於五代後唐天成二年(927),則是國内已知有紀年的最早雕版印刷品。

2. 五代本

五代刻本最知名的是國子監雕印的九經,即《易經》《詩經》《書經》《春秋左氏傳》《春秋公羊傳》《春秋穀梁傳》《儀禮》《周禮》《禮記》,今已不存。目前可知的五代刻本主要發現於敦煌藏經洞。另有1924年杭州雷峰塔倒塌後發現的五代雕印本《一切如來心秘密全身舍利寶篋印陀羅尼經》。

3. 遼刻本

傳世遼刻本也很少見,1974年7月28日,在山西應縣佛宫寺木塔内釋迦塑像中,國家文物局等單位發現遼代刻經47件、刻書與雜刻8件。

4. 宋本

宋代是我國雕版印刷事業的昌盛期。宋以前的四部文獻基本都有宋刻本,以雕印佛經爲例,宋代刻板的佛經就有"開寶藏""崇寧萬壽大藏""毗盧大藏""思溪圓覺藏""思溪資福藏""磧砂藏"等。

---

① 參見王素:《故宫學學科建設初探》,紫禁城出版社,2016年,第51頁。

② "漢文刻本文獻""漢文寫本文獻"的内容參見程千帆、徐有富《校讎廣義·版本編》,齊魯書社,1998年,第98-291、405-452頁。

5. 金本

金刻本也有經史子集之分,金代雕印的"趙城金藏"較爲知名。

6. 元本

言版本者,往往宋元並稱,足見元代刻本的重要程度。元代刻本中,數量多、質量高的要推各路儒學、書院刻本,比如元成宗大德九年(1305)太平路儒學刻《漢書》、元泰定帝泰定元年(1324)龍興路儒學刻《唐律疏義》、元成宗大德十一年(1307)梅溪書院刻《千金翼方》等。

7. 明本

明代刻書的數量和品種都遠超前代,其中最有特色的是藩刻本。明成祖即位後,地方藩王基本喪失軍政大權,但仍然具有雄厚的財力。在此基礎上,部分藩王藉助於碩學鴻儒,雕印了不少書籍。如晉藩朱鍾鉉刻《文選》《唐文粹》《宋文鑑》《元文類》等。

8. 清本

清初宫廷刻本較多。此後,地方官刻本逐漸發展起來,如嘉慶二十年(1815)阮元在南昌府學校刻的《十三經注疏》。清末,各地的官書局刻本蓬勃興起,極有特色。清代私家刻本也形成自身特色,乾嘉以後,私家刻書往往請名家寫樣上版,并大量刻印叢書。

(二)刻書單位標準

1. 官刻本

(1)監本。歷朝歷代國子監刻本,就稱爲監本。(2)經廠本。明内府刻書由司禮監負責,司禮監經廠庫刻本就稱爲經廠本。(3)藩府本。明代藩府刻本,又稱藩刻本。(4)書帕本。"明代授官上任,或奉差出使回京,例刻一書,以一書一帕相餽贈,當時稱這種書爲書帕本。"[①](5)内府本、殿本。明清宫廷刻本通稱内府本,清康熙十二年(1673)又在武英殿設修書處,清内府本從而改稱武英殿本。(6)局本。清末各省官書局刻本通稱局本。(7)書院本。宋元書院很多是官方設置的教育機構,因有官方資助,刻書之風極盛,一般稱爲書院本。(8)此外,根據刻本單位不同,還有一些其他稱名,如宋崇文院本、漕司本,元興文署本、郡學本,等等。

2. 家刻本

家刻本多由學者或藏書家主持刊刻,不專門以營利爲目的。大多刊刻於家塾,著名者如宋人黄善夫刻《史記正義》,其牌記爲"建安黄善夫刊於家塾之敬室"。家刻本可以冠以室名,如宋人廖瑩中"世綵堂本"、明人袁褧"嘉趣堂本"、清人黄丕烈"士禮居本";也可以冠以姓名,如宋人周必大本《歐陽文忠公集》;還可以單稱姓,如明人閔氏刻本稱爲閔刻本,凌氏刻本稱爲凌刻本。

3. 坊刻本

坊刻本基本是由書坊主人(書商)主持刊刻,以營利爲目的。它的字號有"書坊""書棚""書堂""書林""書肆"之别,有時也冒充"書院""家塾"之號,或取其他雅號。其

① 參見程千帆、徐有富:《校讎廣義·版本編》,齊魯書社,1998年,第226頁。

中最有代表性的是建陽余氏書坊刻本,歷經宋、元、明三代而不衰,其刻書内容主要涉及科舉應試之書、民間日用書籍、通俗文學作品等。

4. 其他刻本

根據地域分,還有浙刻本、蜀刻本、建本、平水本之别;按形式區分,還有巾箱本、大字本、中字本、小字本、寫刻本、朱印本、藍印本、朱墨本、套印本、插圖本等的區别;按刻印情况區分,又有祖本(原刻本)、修補本、遞修本、邋遢本、翻刻本、影印本、百衲本、叢書本、節本等的區别;等等。

宋代開始,也有活字排印的書籍,較早採用這種方法的是北宋人畢昇。整體來看,古籍中的活字刻本並不多見。依據活字的材質,活字刻本大致可以分爲泥活字本、磁活字本、木活字本、銅活字本、錫活字本、鉛活字本等。

二、漢文寫本文獻

(一)稿本

"書的原稿稱稿本。作者親筆寫的稿本稱手稿本,稿本經他人代爲繕清,又經著者校定,基本上不再更定的稱爲清稿本。"①現存稿本以清代稿本居多,如清人焦循《毛詩草木鳥獸蟲魚釋》、錢國祥《式古堂詞譜證異》等。

(二)鈔本

"除稿本外,凡手寫的書統稱鈔本。"②按鈔寫時代區分,鈔本可分爲唐寫本、宋鈔本、元鈔本、明鈔本、清鈔本。唐寫本基本是出土文獻,現存宋元鈔本又非常罕見。相對來説,明清鈔本較多,知名者如明《永樂大典》、清《四庫全書》等。

根據内容的不同,前述文獻一般可分爲經、史、子、集四類,這種分類方法在清代乾隆時期大型叢書《四庫全書》的編纂實踐中得到了集大成式的體現。四類文獻數量十分可觀,據 2021 年全國古籍保護工作座談會(12 月 8 日,中國武漢),"全國漢文古籍普查完成 270 余萬部,漢文古籍普查基本完成,全國古籍資源分布和保存狀况基本摸清。"③《中國古籍善本書目》(下稱《書目》。《中國古籍善本書目》編委會編纂,上海古籍出版社 1989 年 10 月—1998 年 3 月出版)是"一部當今國家現藏古籍善本書的總目録"(《書目》副主編冀淑英,見《書目》"後記"),其編纂於四分法既有繼承,又有創新,分經部、史部、子部、集部和叢部,著録中國大陸 781 個單位所藏圖書 6 萬多種計 13 萬部,讀者可據以方便地檢索現存任何一種古籍善本的館藏、卷數和作者等文獻信息。另有

① 參見程千帆、徐有富:《校讎廣義·版本編》,齊魯書社,1998 年,第 405 頁。

② 參見程千帆、徐有富:《校讎廣義·版本編》,齊魯書社,1998 年,第 411 頁。

③ 見 https://m.gmw.cn/baijia/2021—12/10/35371163.html(《光明日報》,2021 年 12 月 10 日 09 版)。

《四庫全書總目提要》(中華書局,1965年影印本)、《中國古籍總目》(中華書局、上海古籍出版社,2009—2013年)等可以參看。

奚椿年《中國書源流》(江蘇古籍出版社,2002年)是任繼愈主編"中國版本文化叢書"之一種,稱得上是大家小書,讀者從中可從容地瞭解傳統典籍的發生發展情形。張舜徽《中國文獻學》(河南人民出版社,1982年),程千帆、徐有富《校讎廣義》(齊魯書社,1998年),杜澤遜《文獻學概要(修訂本)》(中華書局,2008年)等,亦都能爲讀者系統瞭解相關文獻知識提供方便。

本教材選取的傳世文獻主要來自宋元刻本,部分取自宋元以後的刻本。

1. 簡述傳世文獻的分類情況。
2. 簡述《中國古籍善本書目》的編纂情況。
3. 簡述《四庫全書總目》的内容和體例。
4. 介紹一種可以查閱古籍版本情況的網站。

第一章　左　傳

一、典籍簡介

《左傳》原名爲《左氏春秋》,後又名《春秋左氏傳》。漢代經學家以爲《左傳》與《公羊傳》《穀梁傳》都是注解《春秋》的作品,故合稱"春秋三傳"。《左傳》全書六十卷,傳文與《春秋》文共約十九萬字。《左傳》屬編年體史書,記述了魯國隱公、桓公、莊公、閔公、僖公、文公、宣公、成公、襄公、昭公、定公、哀公十二公二百四十餘年之間發生的政治事件。

《史記》較早記載《左傳》成書過程。《史記·十二諸侯年表》太史公序:"魯君子左丘明懼弟子人人異端,各安其意,失其真,故因孔子史記具論其語,成《左氏春秋》。"後來劉歆以《左傳》而解《春秋》,奏立學官,又稱爲《春秋左氏傳》。《漢書·劉歆傳》:"及歆校祕書,見古文《春秋左氏傳》,歆大好之。時丞相史尹咸以能治《左氏》,與歆共校經傳。歆略從咸及丞相翟方進受,質問大義。初《左氏傳》多古字古言,學者傳訓故而已,及歆治《左氏》,引傳文以解經,轉相發明,由是章句義理備焉。"

《左傳》的作者,《史記·十二諸侯年表》太史公序、《漢書·藝文志》都説是左丘明,《漢書·藝文志》載:"以魯周公之國,禮文備物,史官有法,故與左丘明觀其史記,據行事,仍人道,因興以立功,就敗以成罰,假日月以定曆數,藉朝聘以正禮樂。有所褒諱貶損,不可書見,口授弟子,弟子退而異言。丘明恐弟子各安其意,以失其真,故論本事而作傳,明夫子不以空言説經也。”唐代以後,陸續有學者對此提出異議。目前可以確定的是,該書作者應爲戰國初期的人。

秦火後,《左傳》一度不傳於世。關於它的發現,主要有三種記載。(1)孔子故宅壁中書。《論衡·案書》:“《春秋左氏傳》者,蓋出孔子壁中。孝武皇帝時,魯共王壞孔子教授堂以爲宫,得佚《春秋》三十篇,《左氏傳》也。”依《論衡》所言,《左傳》正是壁中書的《春秋》。(2)北平侯張倉獻書。許慎《説文解字序》記載:“壁中書者,魯恭王壞孔子宅,而得《禮記》《尚書》《春秋》《論語》《孝經》。又,北平侯張倉獻《春秋左氏傳》。郡國亦往往於山川得鼎彝,其銘即前代之古文,皆自相似。”依許氏所言,則《左傳》並非壁中書。(3)秘閣藏書。“及歆校祕書,見古文《春秋左氏傳》,歆大好之。”(《漢書·劉歆傳》)綜合地看,西漢時期,《左傳》有壁中書和張倉所獻兩個來源,後來藏之秘閣,又爲劉歆所發現。

《左傳》與《春秋》關係密切。《春秋》又稱《春秋經》,由於其記載的歷史結束於魯哀公十四年“西狩獲麟”,因此又稱“麟經”或“麟史”。現存《春秋》,從魯隱公記述到魯哀公,歷十二代君主,計二百四十四年,基本是魯國史書的原文。相傳《春秋》出於孔子之手,《史記·太史公自序》有“昔西伯拘羑里,演《周易》;孔子戹陳蔡,作《春秋》”之説。但後世亦有不同説法,清人袁穀芳《春秋書法論》説:“《春秋》者,魯史也。魯史氏書之,孔子録而藏之,以傳信於後世者也。”現在一般認爲《春秋》出於魯國史官,而孔子爲之做了編纂修訂的工作。

至於《左傳》到底是不是傳《春秋》的,目前還没有確論。劉歆認爲《左傳》正是解經之作,並痛斥當時學者認識之非。《漢書·劉歆傳》載劉歆《移太常博士書》:“往者綴學之士不思廢絶之闕,苟因陋就寡,分文析字,煩言碎辭,學者罷老且不能究其一藝。信口説而背傳記,是末師而非往古……猶欲保殘守缺,挾恐見破之私意,而無從善服義之公心,或懷妒嫉,不考情實,雷同相從,隨聲是非,抑此三學,以《尚書》爲備,謂左氏爲不傳《春秋》,豈不哀哉!”桓譚《新論》也指出:“《左氏傳》於《經》,猶衣之表裏,相待而成。《經》而無《傳》,使聖人閉户思之,十年不能知也。”

不過,後世學者多認爲《左傳》並非解經之書,而是獨立的史學著作。《後漢書·范升傳》:“時尚書令韓歆上疏,欲爲《費氏易》《左氏春秋》立博士,詔下其議。四年正月,朝公卿、大夫、博士,見於雲臺。帝曰:‘范博士可前平説。’升起對曰:‘《左氏》不祖孔子,而出於丘明,師徒相傳,又無其人,且非先帝所存,無因得立。’”“《左氏》不祖孔子”即《左傳》並非祖述孔子所著《春秋》。《晉書·王接傳》也記載:“常謂《左氏》辭義贍富,自是一家書,不主爲經發。”近代學者也多持此論。

今人楊伯峻認爲《左傳》與《春秋》互爲表裏,《經》離開《傳》容易使人費解,《傳》有時也要依托於《經》深化理解。並明確指出它應是解經之作。① 趙生群也從《左傳》依經立傳、《左傳》成書因傳經而非作史、《春秋》《左傳》不能割裂等方面證成劉歆等的

① 參見楊伯峻:《春秋左傳注·前言》,中華書局,1981年,第24-31頁。

觀點。①

另外,《左傳》和《國語》也有很深的淵源。司馬遷認爲《國語》《左傳》同出於左丘明之手。《史記·太史公自序》言:"左丘失明,厥有《國語》。"《左傳》成書過程則已見《史記·十二諸侯年表》太史公序。《漢書·律曆志》引《國語·楚語下》"少昊之衰"及《國語·周語下》"顓頊之所建"等語都稱《春秋外傳》,因此人們便稱《左傳》爲《春秋内傳》,稱《國語》爲《春秋外傳》。班固在《漢書·司馬遷傳贊》中説:"及孔子因魯史記而作《春秋》,而左丘明論輯其本事以爲之傳,又纂異同爲《國語》。"《論衡·案書》也説:"《國語》,《左氏》之外傳也,左氏傳經,辭語尚略,故復選録《國語》之辭以實。然則《左氏》《國語》,世儒之實書也。"然而,宋人已經對此有所質疑,葉適《習學記言》卷十二《國語總論》即言:"以《國語》《左氏》二書參較,《左氏》雖有全用《國語》文字者,然所采次僅十一而已。至《齊語》不復用,吴、越《語》則采用絶少,蓋徒空文,非事實也。《左氏》合諸國記載,成一家之言,工拙煩簡,自應若此。惜他書不存,無以遍觀也。而漢、魏相傳,乃以《左氏》《國語》一人所爲,《左氏》雅志未盡,故别著外傳。餘人爲此語不足怪,若賈誼、司馬遷、劉向不加訂正,乃異事爾。"②

先秦文獻中,《左傳》的篇幅最爲浩繁,涉及的内容也非常豐富。書中不乏叙事、對話的精彩篇章。其語言顯示了春秋到戰國初期書面語的基本情况。對比《左傳》前八公和後四公的文本可知,二者語法存在一定差異。如後四公文本中介詞"於"的使用比例增加,出現"以"相當於"以爲"的用法,出現連詞性詞組"此以""否則""若而"(表示"若干"義)等,"焉""然"作後綴的用法增多,等等。③ 這可能反映出語言的變化發展。

有關《左傳》語言學研究的相關論著有:楊伯峻等《春秋左傳詞典》(中華書局,1985年),管燮初《左傳句法研究》(安徽教育出版社,1994年),何樂士《左傳範圍副詞》(《左傳語言研究文集》第1分册,岳麓書社,1994年)、《〈左傳〉虚詞研究(第2版)》(商務印書館,2004年)、《〈左傳〉語法研究》(河南大學出版社,2012年),張文國《左傳名詞研究》(中國社會科學出版社,1998年),毛遠明《左傳詞彙研究》(西南師範大學出版社,1999年),張猛《〈左傳〉謂語動詞研究》(語文出版社,2003年),王鴻濱《春秋左傳介詞研究》(世界圖書出版公司,2005年),趙大明《〈左傳〉介詞研究》(首都師範大學出版社,2007年),吴崢嶸《〈左傳〉"索取""給予""接受"義類詞彙系統研究》(巴蜀書社,2009年),鍾力明《〈左傳〉複合詞形成的認知機制研究》(華中師範大學博士學位論文,2009年),鄭路《〈左傳〉時間範疇研究》(知識産權出版社,2013年),齊琳《〈左傳〉事件句研究》(山東師範大學博士學位論文,2015年),李瑞《〈春秋左傳〉疑義考釋舉例》(上海大學博士學位論文,2016年),殷國光等《〈左傳〉篇章零形回指研究》(商務印書館,2020年),周廣干《〈左傳〉〈國語〉文獻關係考辨研究》(社會科學文獻出版社,2020年),等等。

① 參見趙生群:《春秋左傳新注·導論》,陝西人民出版社,2008年,第1125-1156頁。

② 參見楊伯峻:《春秋左傳注·前言》,中華書局,1981年,第44-48頁。

③ 參見何樂士:《〈左傳〉前八公與後四公的語法差異》,《古漢語研究》1988年第1期;何樂士:《再論〈左傳〉前八公與後四公的語法差異——〈左傳〉内部語法、詞彙特點的比較》,載《古漢語語法研究論文集》,商務印書館,2000年,第84-109頁。

《左傳》的注解，現存最早的是晉杜預《春秋經傳集解》，唐孔穎達爲之作疏，形成《春秋左傳正義》（見清阮元《十三經注疏》）；清人洪亮吉《春秋左傳詁》、劉文淇《春秋左氏傳舊注疏證》等是較重要的注本。今人楊伯峻有《春秋左傳注》（中華書局，1981 年），適合初學者閱讀的有沈玉成《左傳譯文》（中華書局，1981 年）、李夢生《左傳譯注》（上海古籍出版社，1998 年）和郭丹、程小青、李彬源譯注《左傳》（中華書局，2012 年）。

本教材所據爲中國國家圖書館藏元相臺岳氏荆谿家塾刻本《春秋經傳集解》（《中華再造善本》影印本，北京圖書館出版社，2003 年）。

問題

1. 請例舉式地找出《左傳》與《國語》或《史記》内容相同的篇章，並對比二者在語言上的異同。

2. 根據所學知識簡單列出兩三種《左傳》宋刻本的信息。

3. 請簡要指出楊伯峻《春秋左傳注》與沈玉成《左傳譯文》的異同點。

二、文選篇目

（一）鄭伯克段於鄢①

初鄭武公娶于申曰武姜（申國。今南陽宛縣。○宛，於元反）生莊公及共叔段（段出奔共，故曰共叔，猶晉侯在鄂，謂之鄂侯。○共音恭。地名）莊公寤生驚姜氏故名曰寤生遂惡之（寐寤而莊公已生，故驚而惡之。○寤，五故反。惡，烏路反）愛共叔段欲立之（欲立以爲大子）亟請於武公公弗許及莊公即位爲之請制公曰

制巖邑也虢叔死焉他邑唯命（虢叔，東虢君也。恃制巖險而不脩德，鄭滅之。恐段復然，故開以他邑。虢國，今滎陽縣。○亟，欺冀反，數也。爲，于僞反。虢，瓜伯反，國名）請京使居之謂之京城大叔（公順姜請，使段居京，謂之京城大叔，言寵異於衆臣。京，鄭邑，今滎陽京縣。○大音泰，下皆同）祭仲曰都城過百雉國之害也（祭仲，鄭大夫。方丈曰堵，三堵曰雉，一雉之牆長三丈，高一丈。侯伯之城方五里，徑三百雉，故其大都不得過百雉。○長，直亮反，又如字。高，古報反，又如字）先王之制大都不過參國之一（三分國城之一。○參，七南反，又音三）中五之一小九之一今京不度非制也（不合法度，非先王制）君將不堪公曰姜氏欲之焉辟害對曰姜氏何厭之有不如早爲之所（使得其所宜。○焉，於虔反。厭，於鹽反）無使滋蔓蔓難圖也蔓草猶不可除況君之寵弟乎公曰多行不義必自斃子姑待之（斃，踣也。姑，且也。○踣，蒲北反）既而大叔命西鄙北鄙貳於己（鄙，鄭邊邑。貳，兩屬）公子呂曰（公子呂，鄭大夫）國不堪貳君將若之何欲與大叔臣請事之若弗與則請除之無生民心（叔久不除，則舉

① 選自《左傳·隱公元年》。

國之民（當生他心）。公曰：無庸，將自及（言無用除之，禍將自及）。大叔又收貳以爲己邑（前兩屬者，今皆取以爲己邑），至于廩延（言轉侵多也。廩延，鄭邑，陳留酸棗縣北有延津。廩，力錦反）。子封曰：可矣，厚將得衆（子封，公子呂也。厚謂土地廣大）。公曰：不義不暱，厚將崩（不義於君，不親於兄，非衆所附，雖厚必崩。暱，女乙反，親也）。大叔完聚（完城郭，聚人民。完音桓），繕甲兵，具卒乘（步曰卒，車曰乘。繕，市戰反。乘，繩證反，下同），將襲鄭，夫人將啓之（啓，開也）。公聞其期，曰：可矣。命子封帥車二百乘以伐京（古者兵車一乘，甲士三人，步卒七十二人）。京叛大叔段，段入于鄢，公伐諸鄢。五月辛丑，大叔出奔共（共國，今汲郡共縣。共音恭）。書曰：鄭伯克段于鄢。段不弟，故不言弟；如二君，故曰克；稱鄭伯，譏失教也；謂之鄭志，不言出奔，難之也（傳言夫子作春秋，改舊史以明義。不早爲之所，而養成其惡，故曰失教。段實出奔，而以克爲文，明鄭伯志在於殺，難言其奔。難，乃旦反）。遂寘姜氏于城潁（城潁，鄭地。寘，之豉反），而誓之曰：不及黃泉，無相見也（地中之泉，故曰黃泉）。既而悔之。潁考叔爲

潁谷封人（封人，典封疆者），聞之，有獻於公。公賜之食，食舍肉。公問之，對曰：小人有母，皆嘗小人之食矣，未嘗君之羹，請以遺之（食而不啜羹，欲以發問也。宋華元殺羊爲羹饗士，蓋古賜賤官之常。舍音捨。遺，唯季反，下同。華，戶化反）。公曰：爾有母遺，繄我獨無（繄，語助。繄，烏兮反，又烏帝反）。潁考叔曰：敢問何謂也（據武姜在，設疑也）？公語之故，且告之悔。對曰：君何患焉？若闕地及泉，隧而相見，其誰曰不然（隧，若今延道。語，魚據反。闕，其月反。隧音遂）？公從之。公入而賦：大隧之中，其樂也融融（賦，賦詩也。融融，和樂也。樂音洛，下同）。姜出而賦：大隧之外，其樂也洩洩（洩洩，舒散也。洩，羊世反）。遂爲母子如初。君子曰：潁考叔，純孝也（純猶篤也），愛其母，施及莊公。詩曰：孝子不匱，永錫爾類。其是之謂乎（不匱，純孝也。莊公雖失之於初，孝心不忘，考叔感而通之。所謂永錫爾類，詩人之作，各以情言，君子論之，不以文害意。故春秋傳引詩，皆不與今說詩者同，他皆放此。施，以豉反，又式智反。匱，其位反）！

思考與練習

1. 簡述本篇文字的注釋體例。
2. 如何理解“他邑唯命”的“唯命”？
3. 簡要指出先秦都城的形制。

(二)晉侯命太子帥師[①]

大子帥師，公衣之偏衣，（偏衣，左右異色，其半似公服。○衣之偏，於既反。下衣身之偏、衣之純、衣之尨服同。）佩之金玦。（以金為玦。）狐突御戎，先友為右。（狐突，伯行，重耳外祖父也。為申生御。申生以大子將上軍。）梁餘子養御罕夷，先丹木為右。（罕夷，晉下軍卿也。梁餘子養為罕夷御。）羊舌大夫為尉。（羊舌大夫，叔向祖父也。尉，軍尉。○向，許文反。）先友曰：「衣身之偏，（偏，半也。）握兵之要，（謂佩金玦，將上軍。）在此行也，子其勉之。偏躬無慝，（分身衣之半，非惡意也。）兵要遠災，（威權在己，可以遠害。○遠，去聲，下同。）親以無災，又何患焉？」狐突歎曰：「時事之徵也；（歎，以先友為不知君心。）衣身之章也；（章貴賤。）佩衷之旗也。（旗，表也。所以表明其中心。○衷，音忠。）故敬其事，則命以始；（賞以春夏。）服其身，則衣之純；（必以純色為服。）用其衷，則佩之度。（衷，中也。佩玉者士君子常度。）今命以時卒，閟其事也；（冬十二月，閟盡之時。）衣之尨服，遠其躬也；（尨，雜色。）佩以金玦，棄其衷也。服以遠之，時以閟之，尨涼，冬殺，金寒，玦離，胡可恃也？（寒涼殺離，言無溫潤。玦如環而缺不連。）雖欲勉之，狄可盡乎？」梁餘子養曰：「帥師者，受命於廟，受脤於社，（脤，宜社之肉，盛以脤器。○脤，市軫反。）有常服矣。不獲而尨，命可知也。（韋弁服，軍之常也。尨，偏衣。）死而不孝，不如逃之。」罕夷曰：「尨奇無常，（雜色奇怪，非常之服。）金玦不復，雖復何為？君有心矣。」（有害大子之心。）先丹木曰：「是服也，狂夫阻之。（阻，疑也。言雖狂夫，猶知有疑。）曰『盡敵而反』，（曰，公辭。○盡，子忍反。下盡敵同。）敵可盡乎？雖盡敵，猶有內讒，不如違之。」（違，去也。）狐突欲行。（行，亦去也。）羊舌大夫曰：「不可。違命不孝，棄事不忠。雖知其寒，惡不可取，子其死之。」（寒，薄也。）大子將戰，狐突諫曰：「不可。昔辛伯諗周桓公（諗，告也。事在桓十八年。○諗，音審。說文云：深諫。）云：『內寵並后，外寵二政，嬖子配適，大都耦國，亂之本也。』周公弗從，故及於難。今亂本成矣，（驪姬為內寵，二五為外寵，奚齊為嬖子，曲沃為大都，故曰亂本成矣。）立可必乎？孝而安民，子其圖之，（奉身為孝，不戰為安民。）與其危身以速罪也。」（有功益見害，故言孰與危身以召罪。）

① 選自《左傳·閔公二年》。

思考與練習

1. 簡述先秦戰車的座次安排。
2. “不如逃之”的“之”具有稱代作用嗎？
3. 如何理解“狂夫阻之”的“阻”？

（三）齊桓公伐楚①

傳四年春齊侯以諸侯之師侵蔡蔡潰遂伐楚楚子使與師言曰君處北海寡人處南海唯是風馬牛不相及也 楚界猶未至南海因齊處北海遂稱所近 牛馬風逸蓋末界之微事故以取喻 不虞君之涉吾地也何故管仲對曰昔召康公命我先君大公 召康公周大保召公奭也 曰五侯九伯女實征之以夾輔周室 五等諸侯九州之伯皆得征討其罪齊桓因此命以夸楚○女音汝 賜我先君履東至于海西至于河南至于穆陵北至于無棣 穆陵無棣皆齊竟也履所踐履之界齊桓又因以自言其盛○棣大計反 爾貢包茅不入王祭不共無以縮酒寡人是徵 包裹束也茅菁茅也束茅而灌之以酒爲縮酒尚書包匭菁茅茅之爲異未審○共音恭 昭王南征而不復寡人是問 昭王成王之孫南巡守涉漢船壞而溺周人諱而不赴諸侯不知其故故問之 對曰貢之不入寡君之罪也敢不共給昭王之不復君其問諸水濱 昭王時漢非楚竟故不受罪 師進次于陘 楚不服罪故復進師 夏楚子使屈完如師 如陘之師觀強弱 師退次于召陵 完請盟故 齊侯陳諸侯之師與屈完乘而觀之 乘共載○乘繩證反 齊侯曰豈不穀是爲先君之好是繼與不穀同好如何 言諸侯之附從非爲己乃尋先君之好謙而自廣因求與楚同好孤寡不穀諸侯謙稱○爲于僞反稱尺證反 對曰君惠徼福於敝邑之社稷辱收寡君寡君之願也齊侯曰以此衆戰誰能禦之以此攻城何城不克對曰君若以德綏諸侯誰敢不服君若以力楚國方城以爲城漢水以爲池 方城山在南陽葉縣南以言竟土之遠漢水出武都至江夏南入江言其險固以當城池○徼古堯反要也葉始涉反當丁浪反 雖衆無所用之屈完及諸侯盟

① 選自《左傳·僖公四年》。

思考與練習

1. 列舉本篇文字的賓語前置現象。
2. 列舉本篇的古今字、異體字。
3. “賜我先君履”是什麽結構？

（四）楚人伐宋以救鄭[①]

○楚人伐宋以
救鄭宋公將戰大司馬固諫曰天之弃商久矣君將興之弗可
赦也已大司馬固莊公之孫公孫固也言君興天所弃必不可不如赦楚勿與戰弗聽冬十一月
己巳朔宋公及楚人戰于泓宋人既成列楚人未既濟未盡渡泓水
司馬曰子魚也彼衆我寡及其未既濟也請擊之公曰不可既濟
而未成列又以告公曰未可既陳而後擊之宋師敗績公傷股
門官殲焉門官守門者師行則在君左右殲盡也陳直覲切殲子廉切國人皆咎公公曰君
子不重傷不禽二毛二毛頭白有二色禽其今切重直用切下同古之爲軍也不以
阻隘也不因阻隘以求勝隘於賣切寡人雖亡國之餘宋商紂之後不鼓不成列
恥以詐勝子魚曰君未知戰勍敵之人隘而不列天贊我也勍強也言楚在
險隘不得陳列天所以佐宋勍其京切阻而鼓之不亦可乎猶有懼焉雖因阻擊之猶恐不
勝且今之勍者皆吾敵也雖及胡耇獲則取之何有於二毛今之
勍者謂與吾競者胡耇元老之稱耇音苟明恥教戰求殺敵也明設刑戮以恥不果傷未及死
如何勿重言尚能害己若愛重傷則如勿傷愛其二毛則如服焉言苟
不欲傷殺敵人則本可不須鬭三軍以利用也爲利興爲于僞切金鼓以聲氣也鼓以佐士
衆之聲氣利而用之阻隘可也聲盛致志鼓儳可也儳巖未整陳儳仕銜仕減二切
陳直覲切又如字○

思考與練習

1. 如何理解“未既濟”的“既”？
2. 歸納前人對“君子不重傷，不禽二毛”的解釋並加以評斷。
3. “三軍以利用也”的“利用”是否成詞？爲什麽？

---

① 選自《左傳・僖公二十二年》。

(五)晉侯圍曹[①]

傳二十八年春晉侯將伐曹假道于衞(曹在衞東故)衞人弗許還自南河濟(從汲郡南渡出衞南而東)侵曹伐衞正月戊申取五鹿(五鹿衞地)二月晉郤縠卒原軫將中軍胥臣佐下軍上德也(先軫以下軍佐超將中軍故曰上德胥臣司空季子)晉侯齊侯盟于斂盂(斂盂衞地○斂音廉又力檢反)衞侯請盟晉人弗許衞侯欲與楚國人不欲故出其君以說于晉衞侯出居于襄牛(襄牛衞地○說音悅)公子買戍衞(晉伐衞衞楚之昏姻魯欲與楚故戍衞)楚人救衞不克公懼於晉殺子叢以說焉(召子叢而殺之以謝晉)謂楚人曰不卒戍也(詐告楚人言子叢不終戍事而歸故殺之殺子叢在楚救衞下經在上者救衞赴晚至)晉侯圍曹門焉多死(攻曹城門)曹人尸諸城上(磔晉死人於城上○磔張宅反)晉侯患之聽輿人之謀曰稱舍於墓(輿衆也舍墓爲將發冢)師遷焉曹人兇懼(遷至曹人墓兇兇恐懼聲○兇凶勇反)爲其所得者棺而出之因其兇也而攻之

三月丙午入曹數之以其不用僖負羈而乘軒者三百人也且曰獻狀(軒大夫車言其無德居位者多故責其功狀○擐古患反一音官)令無入僖負羈之宮而免其族報施也(報飧璧之施○施始豉反)魏犫顛頡怒曰勞之不圖報於何有(二子各有從亡之勞○頡戶結反從才用反)爇僖負羈氏(爇燒也)魏犫傷於胷公欲殺之而愛其材(材力)使問且視之病將殺之魏犫束胷見使者曰以君之靈不有寧也(言不以病故自安寧○見賢遍反)距躍三百曲踴三百(距躍超越也曲踴跳踴也百猶勱也○三如字又息暫反百音陌下放此勱音邁)乃舍之殺顛頡以徇于師立舟之僑以爲戎右(舟之僑故虢臣閔二年奔晉以代魏犫爲先歸張本○舍如字又音捨)宋人使門尹般如晉師告急(門尹般宋大夫○般音班)公曰宋人告急舍之則絕(與晉絕)告楚不許(楚未肯戰)我欲戰矣齊秦未可若之何先軫曰使宋舍我而賂齊秦(求救於齊秦○舍音捨)藉之告楚(假借齊秦使爲宋請○藉在亦反借也)我執曹君而分曹衞之田以賜宋人楚愛曹衞必不許也(不許齊秦之請)喜賂怒頑能無戰乎(言齊秦喜得宋賂而怒楚之頑必自戰也)

① 選自《左傳・僖公二十八年》。

思考與練習

1.“假道于衛”的“假”何以有“借”義？

2.分析“出其君”的結構關係。

3.列舉三例《左傳》中“舟之僑”式的稱名方式。

（六）燭之武退秦師①

九月甲午晉侯秦伯圍鄭以
其無禮於晉文公亡過鄭鄭不禮之且貳於楚也晉軍
函陵秦軍氾南此東氾也在熒陽中牟縣南佚之狐言於
鄭伯曰國危矣若使燭之武見秦君師必退
佚之狐燭之武皆鄭大夫公從之辭曰臣之壯也猶不如
人今老矣無能爲也已公曰吾不能早用子
今急而求子是寡人之過也然鄭亡子亦有
不利焉許之夜縋而出縋縣城而下。縋丈偽反見秦伯
曰秦晉圍鄭鄭既知亡矣若亡鄭而有益於
君敢以煩執事執事亦謂秦越國以鄙遠君知其
難也設得鄭以爲秦邊邑則越晉而難保焉用亡鄭以陪鄰陪益
也鄰之厚君之薄也若舍鄭以爲東道主行
李之往來共其乏困行李使人。舍音捨又如字共音恭君亦
無所害且君嘗爲晉君賜矣許君焦瑕朝濟
而夕設版焉君之所知也晉君謂惠公也焦瑕晉河外五城之
二邑朝濟河而夕設版築以距秦言背秦之速夫晉何厭之有既東
封鄭又欲肆其西封封疆也肆申也。厭於鹽反若不闕
秦將焉取之闕秦以利晉唯君圖之秦伯說
與鄭人盟使杞子逢孫揚孫戍之乃還三子秦大
夫反爲鄭守子犯請擊之公曰不可微夫人之力
不及此請擊秦也夫人謂秦穆公。夫音扶因人之力而敝之
不仁失其所與不知以亂易整不武秦晉和整而還
相攻更爲亂也。知音智吾其還也亦去之

思考與練習

1.列舉本篇的通假字。

2.“晉軍函陵，秦軍氾南”是否可以説“晉軍於函陵，秦軍於氾南”？兩種表述從句子結構看有什麼關係？

3.怎樣理解“且君嘗爲晉君賜矣”中的“爲”？

---

① 選自《左傳·僖公三十年》。

（七）晉靈公不君①

晉靈公不君（失君道也。以明於例應稱國以弒）。厚斂以彫牆（彫，畫也）。從臺上彈人，而觀其辟丸也。宰夫胹熊蹯不孰，殺之，寘諸畚，使婦人載以過朝（畚以草索爲之，筥屬。彈，徒丹反。胹，音而，煑也。蹯，扶元反。畚，音本）。趙盾、士季見其手，問其故，而患之。將諫，士季曰：“諫而不入，則莫之繼也。會請先，不入則子繼之。”三進，及溜，而後視之（士季，隨會也。三進三伏，公不省，而又前也。公知欲諫，故佯不視。溜，力救反，屋霤也）。曰：“吾知所過矣，將改之。”稽首而對曰：“人誰無過？過而能改，善莫大焉。詩曰：‘靡不有初，鮮克有終。’（詩大雅也。鮮，息淺反，少也）夫如是，則能補過者鮮矣。君能有終，則社稷之固也，豈唯羣臣賴之。又曰：‘袞職有闕，惟仲山甫補之。’能補過也（詩大雅也。袞，君之上服。闕，過也。言服袞者有過，則仲山甫能補之）。君能補過，袞不廢矣（常服袞也）。”猶不改。宣子驟諫，公患之，使鉏麑賊之（鉏麑，晉力士。鉏，仕俱反。麑，音迷，一五兮反）。晨往，寢門闢矣，盛服將朝，尚早，坐而假寐（不解衣冠而睡。闢，婢亦反。盛，音成）。麑退，歎而言曰：“不忘恭敬，民之主也。賊民

之主，不忠；棄君之命，不信。有一於此，不如死也。”觸槐而死（槐，趙盾庭樹。槐，音懷，又音回）。秋九月，晉侯飲趙盾酒，伏甲將攻之。其右提彌明知之（右，車右。飫，於鴆反。提，上支反。彌，面支反），趨登曰：“臣侍君宴，過三爵，非禮也。”遂扶以下。公嗾夫獒焉。明搏而殺之（獒，猛犬也。嗾，素口反，說文云：使犬也。獒，五羔反。搏，音博）。盾曰：“棄人用犬，雖猛何爲（責公不養士，而更以犬爲己用）！”鬭且出。提彌明死之。初，宣子田於首山，舍于翳桑（田，獵也。翳桑，桑之多蔭翳者。首山在河東蒲坂縣東南。翳，於計反），見靈輒餓，問其病（靈輒，晉人）。曰：“不食三日矣。”食之，舍其半。問之，曰：“宦三年矣（宦，學也。食之，音嗣，下同。舍，音捨），未知母之存否，今近焉（去家近），請以遺之。”使盡之，而爲之簞食與肉（簞，笥也。遺，唯季反。笥，思嗣反），寘諸橐以與之。既而與爲公介（靈輒爲公甲士。橐，他洛反。而與，音預），倒戟以禦公徒而免之。問何故，對曰：“翳桑之餓人也。”問其名居（問所居），不告而退（不望報也），遂自亡也（輒亦去）。乙丑，趙穿

① 選自《左傳·宣公二年》。

攻靈公於桃園。（穿，趙盾之從父昆弟子。乙丑，九月二十七日。）宣子未出山而復。（晉竟之山也。盾出奔，聞公弒而還。）大史書曰：趙盾弒其君。以示於朝。宣子曰：不然。對曰：子為正卿，亡不越竟，反不討賊，非子而誰？宣子曰：烏呼！我之懷矣，自詒伊慼，其我之謂矣。（逸詩也。言人多所懷戀，則自遺憂。）孔子曰：董狐，古之良史也，書法不隱。（不隱盾之罪。）趙宣子，古之良大夫也，為法受惡。（善其為法受屈。○（為）于偽反）惜也，越竟乃免。（越竟則君臣之義絕，可以不討賊。）

思考與練習

1. 列舉本篇的古今字。

2. 在無前後文的情況下，"晉侯飲趙盾酒"有哪兩種理解方式？

3. 分析"提彌明死之"的結構關係。

（八）楚臣致師①

楚子又使求成于晉。晉人許之，盟有日矣。（有期日。）楚許伯御樂伯，攝叔為右，以致晉師。（單車挑戰，又示不欲崇和，以疑晉之羣帥。○（單）音丹（挑）徒了反）許伯曰：吾聞致師者，御靡旌摩壘而還。（靡旌，驅疾也。摩，近也。○（靡）末多反（壘）力軌反）樂伯曰：吾聞致師者，左射以菆，（左，車左也。菆，矢之善者。○（射）食亦反，下同。（菆）側留反）代御執轡，御下兩馬，掉鞅而還。（兩，飾也。掉，正也。示閒暇。○（兩）力掌反，或音亮。（掉）徒弔反，又乃較反（鞅）於丈反）攝叔曰：吾聞致師者，右入壘，折馘，（折馘，斷耳。○（折）之設反（馘）古獲反（斷）音短）執俘而還。皆行其所聞而復。晉人逐之，左右角之。（張兩角，從旁夾攻之。）樂伯左射馬而右射人，角不能進，矢一而已。麋興於前，射麋麗龜。（麗，著也。龜，背之隆高當心者。○（麋）亡悲反（著）直略反）晉鮑癸當其後，使攝叔奉麋獻焉，曰：以歲之非時，獻禽之未至，敢膳諸從者。鮑癸止之，曰：其左善射，其右有辭，君子也。既免。（不復逐。）

① 選自《左傳·宣公十二年》。

思考與練習

1. 何爲“致師”？
2. 何爲“折馘”？
3. 如何理解“射麋麗龜”？

（九）齊晉鞌之戰[①]

癸酉師陳于鞌邴夏御齊侯逢丑父爲右晉解張御郤克鄭丘緩爲右齊侯曰余姑翦滅此而朝食（姑且也翦盡也〔朝〕直遙切〔邴〕音丙又彼命切〔夏〕戶雅切〔解〕音蟹〔張〕如字又直亮切）不介馬而馳之（介甲也）郤克傷於矢流血及屨未絕鼓音（中軍將自執旗鼓故雖傷而擊鼓不息〔將〕子匠切下將在左同）曰余病矣張侯曰自始合而矢貫余手及肘余折以御左輪朱殷豈敢言病吾子忍之（張侯解張也朱血色血色久則殷殷音近烟今人謂赤黑爲殷色言血多汙車輪御猶不敢息〔貫〕古亂切下注同〔肘〕竹九切〔折〕之設切〔殷〕於閑切徐於辰切注同〔近〕附近之近〔汙〕汙穢之汙字林一故切）緩曰自始合苟有險余必下推車子豈識之然子病矣（以其不識已推車〔推〕昌誰切又他回切注及下推車同）張侯曰師之耳目在吾旗鼓進退從之此車一人殿之可以集事（殿鎮也集成也〔殿〕多練切注同）若之何其以病（陸云絕句）敗君之大事也擐甲執兵固即死也（擐貫也即就也〔擐〕音患）病未及死吾子勉之左并轡右援枹而鼓馬逸不能止師從之（晉師從郤克車〔并〕必政切徐方聘切〔援〕音爰〔枹〕音浮鼓槌也字林云擊鼓柄也本亦作桴）齊師敗績逐之三周華不注（華不注山名〔華〕如字又戶化切〔注〕之住切）韓厥夢子輿謂己曰且辟左右（子輿韓厥父）故中御而從齊侯（居中代御者自非元帥御者皆在中將在左〔帥〕所類切）邴夏曰射其御者君子也公曰謂之君子而射之非禮也（齊侯不知戎禮〔射〕食亦切下并注皆同）射其左越于車下（越隊也〔隊〕直類切）射

① 選自《左傳・成公二年》。

其右斃于車中綦毋張喪車從韓厥曰請寓乘綦毋張晉大夫寓寄也綦音其
毋音無喪息浪切乘繩證切從左右皆射之使立於後以左右皆死不欲使立其處處昌慮切
韓厥俛定其右俛俯也右被射仆車中故俯安隱之俛音勉仆音赴又蒲北切逢丑父與公易
位居公處也將及華泉驂絓於木而止驂馬絓也絓戶化切又古卦切一音卦驂七南切丑
父寢於轏中轏士車轏仕產切又仕板切字林仕諫切云卧車也蛇出於其下以肱擊之
傷而匿之故不能推車而及為韓厥所及丑父欲為右故匿其傷肱古弘切匿女力切注同韓
厥執縶馬前縶馬絆也執之示脩臣僕之職縶張立切絆音半再拜稽首奉觴加璧以
進進觴璧亦以示敬觴式羊切曰寡君使羣臣為魯衛請曰無令輿師陷入
君地本但為二國救請不欲乃過入君地謙辭為于偽切注同令力呈切下臣不幸屬當戎行無
所逃隱屬適屬音燭注同行下郎切且懼奔辟而忝兩君臣辱戎士若奔辟則為辱
晉君并為齊侯羞故言二君此蓋韓厥自處臣僕謙敬之飾言辟音避注同徐扶臂切服氏扶赤切敢告不敏攝
官承乏言欲以己不敏攝承空乏從君俱還從才用切又如字丑父使公下如華泉取飲
鄭周父御佐車宛茷為右載齊侯以免佐車副車宛於元切茷扶廢切韓厥獻
丑父郤獻子將戮之呼曰自今無有代其君任患者有一於此
將為戮乎郤子曰人不難以死免其君我戮之不祥赦之以勸
事君者乃免之

 思考與練習

1. 列舉文中的古今字、通假字等。
2. 分析“郤克傷於矢”的結構關係。
3. 分析“人不難以死免其君”的結構關係。

（十）楚歸晉知罃[①]

晉人
歸楚公子穀臣與連尹襄老之尸于楚以求
知罃（邲之戰，楚獲知罃）於是荀首佐中軍矣（荀首，知罃父）
故楚人許之。王送知罃，曰：子其怨我乎？對曰：
二國治戎，臣不才，不勝其任，以爲俘馘。執事
不以釁鼓（以血塗鼓爲釁鼓。勝音升）使歸即戮，君之惠
也。臣實不才，又誰敢怨？王曰：然則德我乎？對
曰：二國圖其社稷，而求紓其民（紓，緩也）各懲其
忿以相宥也（宥，赦也）兩釋纍囚，以成其好（纍，繫也）
二國有好，臣不與及，其誰敢德？（言二國本不爲己）王
曰：子歸，何以報我？對曰：臣不任受怨，君亦不
任受德，無怨無德，不知所報。王曰：雖然，必告
不穀。對曰：以君之靈，纍臣得歸骨於晉，寡君
之以爲戮，死且不朽（戮其不勝任。任音壬，下同）若從君
之惠而免之，以賜君之外臣首（稱於異國君曰外臣）首
其請於寡君而以戮於宗，亦死且不朽。若不
獲命（君不許戮）而使嗣宗職（嗣其祖宗之位職）次及於事，
而帥偏師以脩封疆，雖遇執事（遇楚將帥）其弗敢
違（違，辟也）其竭力致死，無有二心，以盡臣禮，所
以報也。王曰：晉未可與爭。重爲之禮而歸之。

思考與練習

1.“於是”是否成詞？爲什麽？
2.分析“不知所報”的“所報”的結構關係。
3.如何理解“死且不朽”？

① 選自《左傳·成公三年》。

（十一）祁奚薦賢[①]

○祁奚請老（老致仕）晉侯問嗣焉（嗣續其職者）稱解狐其讎也將立之而卒（解狐卒○解音蟹）又問焉對曰午也可（午祁奚子）於是羊舌職死矣晉侯曰孰可以代之對曰赤也可（赤職之子伯華）於是使祁午爲中軍尉羊舌赤佐之（各代其父）君子謂祁奚於是能舉善矣稱其讎不爲諂立其子不爲比舉其偏不爲黨（諂媚也偏屬也○諂他檢切○比毗志切）商書曰無偏無黨王道蕩蕩（商書洪範也蕩蕩平正無私）其祁奚之謂矣解狐得舉（未得位故曰得舉）祁午得位伯華得官建一官而三物成（一官軍尉物事也）能舉善也夫唯善故能舉其類詩云惟其有之是以似之祁奚有焉（詩小雅言唯有德之人能舉似已者也○夫音扶絕句一讀以夫爲下句首）○

左十四 四

思考與練習

1.“稱解狐”的“稱”如何理解？何以有此義？

2.如何理解“午也可”“赤也可”的“也”？

3.試分析“比”和“黨”的異同。

（十二）子産不毀鄉校[②]

○鄭人游于鄉校（鄉之學校○校戶孝切鄭國謂學爲校）以論執政（論其得失）然明謂子産曰毀鄉校如何（患人於中謗議國政○謗布浪切）子産曰何爲夫人朝夕退而游焉以議執政之善否其所善者吾則行之其所惡者吾則改之是吾師也若之何毀之我聞忠善以損怨（爲忠善則怨謗息○夫音扶○聞直遜切舊如字○惡烏路切又如字）不聞作威以防怨（欲毀鄉校即作威）豈不遽止然猶防川（遽畏懼也○遽其據切）大決所犯傷人必多吾不克救也不如小決使道（道通也○道音導）不如吾聞而藥之也（以爲己藥石）然明曰蔑也今而後知吾子之信可事也小人實不才若果行此其鄭國實賴之豈唯二三臣仲尼聞是語也曰以是觀之人謂子産不仁吾不信也（仲尼以二十二年生於是十歲長而後聞之○長丁丈切）○

思考與練習

1.何爲“鄉校”？

2.説明“我聞忠善以損怨”的“忠善”的用法。

3.如何理解“大决所犯”？

① 選自《左傳·襄公三年》。

② 選自《左傳·襄公三十一年》。

第二章　戰　國　策

一、典籍簡介

《戰國策》簡稱《國策》，是戰國時代的史料彙編，其作者已不可考，西漢劉向後來加以整理，編訂爲國别體史書，並定名爲《戰國策》。今本《戰國策》記事起於春秋末年智伯與趙氏之争，迄於齊王建入朝於秦。全書三十三卷，分爲十二國别，其中東周策一卷，西周策一卷，秦策五卷，齊策六卷，楚策四卷，趙策四卷，魏策四卷，韓策三卷，燕策三卷、宋衛策一卷，中山策一卷。共四百九十餘章，約十二萬字。

關於《戰國策》的編纂過程，劉向言之極詳，其《戰國策書録》云："所校中《戰國策》書，中書餘卷，錯亂相糅莒。又有國别者八篇，少不足。臣向因國别者，略以時次之；分别不以序者以相補，除複重，得三十三篇。本字多誤脱爲半字，以'趙'爲'肖'，以'齊'爲'立'，如此字者多。中書本號或曰《國策》，或曰《國事》，或曰《短長》，或曰《事語》，或曰《長書》，或曰《修書》。臣向以爲，戰國時遊士輔所用之國，爲之策謀，宜爲《戰國策》。其事繼春秋以後，訖楚、漢之起，二百四十五年間之事，皆定以殺青，書可繕寫。"

《戰國策》所反映的内容，既廣泛又錯綜複雜，突出表現了戰國時期政治動蕩，矛盾重重的時代特點，其中主要是縱横家言，但同時又有主張俠義、强調民貴君輕、歌頌勇敢正義等内容。具體説來[①]，其一，該書記録了戰國時代縱横家和策士在政治、軍事、外交等方面的活動和遊説的言論。蘇秦、張儀、公孫衍等一些策士，爲了獵取功名利禄，憑着他們的智謀言辯，奔走各國，遊説諸侯，縱横捭闔。其二，該書還歌頌了一些廉潔不屈的志士和捨生忘死的義士。如馮諼爲孟嘗君"市義"，荆軻爲燕太子丹刺秦，王斗諷刺齊宣王好酒色犬馬而"不好士"，唐雎折服暴秦等皆是。又如《齊策四》："齊宣王見顔斶，曰：'斶前！'斶亦曰：'王前！'宣王不悦。……王忿然作色曰：'王者貴乎，士貴乎？'對曰：'士貴耳，王者不貴。'"顔斶不卑不亢，義正詞嚴，最終使齊宣王不得不折服。其三，《戰國策》中也反映出一些重民、破舊、用人等進步思想觀點。①策士們爲了自己舌辯遊説諸侯的需要，往往也談及"愛民""安民""士民之衆"等。少量篇章確實也突出地表露出重民思想。如趙威后説："不然，苟無歲，何以有民？苟無民，何以有君？"(《齊策四》)就明確表現出先民後君的觀念。②《趙策二》中趙武靈王"胡服騎射"事，就講述了趙武靈王破除舊俗、求新求變的事迹，顯現出古人改革求新的一面。③《齊策三》中魯仲連還提出人盡其才的見解，反映出比較進步的用人觀念。其四，《戰國策》客觀地暴露和鞭撻了荒淫無恥、毒辣殘暴的各類統治者。如《楚策四》所載李園進獻其妹給春

① 參見王守謙等：《戰國策全譯・前言》，貴州人民出版社，1992 年，第 3-9 頁。

申君，又設計進獻給楚考烈王，最後再設計殺死春申君的故事，就充分展現出戰國時期貴族階級腐朽殘暴的時代畫卷。

《戰國策》兼有《左傳》《國語》的叙事、記言之長，同時"其辭敷張而揚厲，變其本而加恢奇"，叙事"能委折而入情，微婉而善諷"（章學誠《文史通義·詩教上》）。它是先秦時代歷史散文發展的高峰，直接孕育了漢代的史傳文學①。

(1)《戰國策》中文章，能以人物性格發展爲中心，組織情節，安排結構，寫出人物的系列完整的生動事蹟；或以事件爲中心，穿插人物，發展情節，在完整的事件發展叙述中，寫出人物的形象和性格。如《齊策四》"齊人有馮諼者"篇以馮諼牽引事件，《燕策三》"燕太子丹質於秦亡歸"篇以燕太子丹謀刺秦王串聯人物，都屬此類。

(2)《戰國策》長於叙事、細膩描寫以及人物性格刻畫。①該書叙事情節生動，故事性很强，場景氣氛、人物出没，都自然地出現在情節發展之中。②許多篇章中描寫性文字極爲出色，有的是場景描寫，有的是人物行動風貌描寫，還有的是人物心理描寫，都寫得很生動、細膩、傳神。③該書人物刻畫也很成功，或是表現血氣方剛，或是表現老謀深算，都形象生動、個性鮮明。刻畫手法也多種多樣，有時通過語言談吐，有時通過行動事件，有時放在複雜矛盾糾葛之中，有時放在具體環境之下。或對比、或烘托，方法靈活，運筆熟練。如："太子及賓客知其事者皆白衣冠以送之。至易水上，既祖，取道。高漸離擊筑，荆軻和而歌，爲變徵之聲，士皆垂淚涕泣。又前而爲歌曰：'風蕭蕭兮易水寒，壯士一去兮不復還！'復爲忼慨羽聲，士皆瞋目，髮盡上指冠。於是荆軻遂就車而去，終已不顧。"（《燕策三》）就把荆軻刺秦前的淒愴場景、凛冽氣氛、悲壯的情緒描述得繪聲繪色。

(3)《戰國策》的語言富豔華麗，詞藻凝重。其叙述性語言，講究辭彩氣勢，叙事狀物聲調鏗鏘，淋漓酣暢；其人物對話語言，則活潑生動，感情充沛，描摹精彩，委折入情。從修辭技巧看，在《戰國策》的文章中，排比、對偶、比喻、誇張等許多修辭手法，都運用得很熟練。如《齊策一》"蘇秦爲趙合縱説齊宣王"篇，其中説辭大量運用排比語句，極盡誇大形容，對漢代辭賦創作也有影響。此外，《戰國策》還善於用一些小故事來説明事理，使抽象事物變得形象鮮明，生動幽默，極富於文學情趣。

有關《戰國策》語言學研究的相關論著有：金樹祥《〈戰國策〉動詞研究》（北京大學博士學位論文，2001年），湯勤《〈史記〉與〈戰國策〉語言比較研究》（華中科技大學博士學位論文，2006年），郭曉紅《〈戰國策〉形容詞研究》（武漢大學博士學位論文，2010年），卓婷《〈戰國策〉十二組核心詞研究》（華中科技大學博士學位論文，2013年），何志華等《〈戰國策〉詞彙資料彙編》（香港中文大學出版社，2015年），陳長書《〈國語〉和〈戰國策〉詞彙比較研究》（世界圖書出版廣東有限公司，2017年），等等。

今人的《戰國策》注本主要有：諸祖耿《戰國策集注彙考》（江蘇古籍出版社，1985年），繆文遠《戰國策新校注》（巴蜀書社，1987年），何建章《戰國策注釋》（中華書局，

① 《戰國策》叙事和語言特色的分析參見于非《中國古代文學（上册）》，高等教育出版社，1988年，第84-88頁。

1990年),范祥雍《戰國策箋證》(上海古籍出版社,2006年),等等。繆文遠、繆偉、羅永蓮譯注《戰國策》(中華書局,2012年)比較適合初學者閱讀。

東漢高誘曾爲《戰國策》作注。至北宋王堯臣編《崇文總目》時,發現《戰國策》"今篇卷亡闕,第二至十、三十一至三闕。又有後漢高誘注本二十卷,今缺第一、第五、第十一至二十,止存八卷"。北宋曾鞏"訪之士大夫家,始盡得其書,正其誤謬,而疑其不可考者,然後《戰國策》三十三篇復完"(《戰國策·曾子固序》)。北宋孫樸以曾鞏本爲底本,再用蘇頌、錢藻、劉敞本及集賢院新本相互參校,最後繕寫黄本入秘閣。南宋姚宏依據孫本再加工,參校諸本,詳注各本異文,而成"姚本"系統。與姚宏同時的鮑彪也對《戰國策》進行注釋,並重新加以編次。他將全書章次重新調整,按國別分爲十卷,國別下按《史記》標出君王世次,《策》文分隸其下,仿編年之例。此外還參考群書另作新注,比高注增益不少。最終形成"鮑本"系統。元代吴師道編撰《戰國策校注》沿用"鮑本"而糾其失,改善了内容。另附"姚本"目録章次,以示《戰國策》原來的編次。因博采精研,校注精善,故《四庫全書總目提要》譽爲"古來注是書者,固當以師道爲最善矣"①。1973年,長沙馬王堆三號漢墓出土了一批帛書,整理者定名《戰國縱横家書》,全書共二十七章,三百二十五行,一萬一千多字。其中十一章内容和文字與今本《戰國策》和《史記》大體相同。另外的十六章,則是久已失傳的佚書,爲《戰國策》《史記》所無。文物出版社於1976年加以出版,除有釋文和簡注之外,還附有唐蘭《司馬遷所没有見過的珍貴史料》、楊寬《馬王堆帛書〈戰國縱横家書〉的史料價值》、馬雍《帛書〈戰國縱横家書〉各篇年代和歷史背景》等文章。可惜没有圖版,不便於查核。2014年,裘錫圭主編出版《長沙馬王堆漢墓簡帛集成》一書,附清晰圖版和新版釋文,最便研究者使用。

《中華再造善本》曾分别影印宋紹興刻本《戰國策》("姚本")、元至正二十五年平江路儒學刻明修本《戰國策》(吴師道校訂本)。本教材所據爲中國國家圖書館所藏南宋紹興刻本《戰國策》(《中華再造善本》影印本,北京圖書館出版社,2002年)。

1. 簡要説明《戰國策》的語言特點。
2. 參照簡介舉出一部《戰國策》語言研究的論著並簡單説明它的研究内容。
3. 請找出《戰國策》與《戰國縱横家書》内容相同的篇章。

① 參見范祥雍:《戰國策箋證·戰國策傳本源流考(代前言)》,上海古籍出版社,2006年,第1-33頁。

二、文選篇目

(一)齊人有馮諼者①

齊人有馮諼者貧乏不能自存使人屬孟嘗君願寄
食門下孟嘗君曰客何好曰客無好也曰客何能曰
客無能也孟嘗君笑而受之曰諾左右以君賤之也
食以草具居有頃倚柱彈其劒（一本無其字）歌曰長鋏歸
來乎食無魚左右以告孟嘗君曰食之比門下之客
（一本客上有魚字）居有頃復彈其鋏歌曰長鋏歸來乎出無
車左右皆笑之以告孟嘗君曰爲之駕比門下之車
客於是乘其車揭其劒過其友曰孟嘗君客我後有
頃復彈其劒鋏歌曰長鋏歸來乎無以爲家左右皆
戰國策二 一 宋明
惡之以爲貪而不知足孟嘗君問馮公有親乎對曰
有老母孟嘗君使人給其食用無使乏於是馮諼不
復歌後孟嘗君出記問門下諸客誰習計會能爲文
收責於薛者乎馮諼署曰能孟嘗君怪之曰此誰也
左右曰乃歌夫長鋏歸來者也孟嘗君笑曰客果有
能也吾負之未嘗見也請而見之謝曰文倦於事憒
於憂而性懧愚沉於國家之事開罪於先生先生不
羞乃有意欲爲收責於薛乎馮諼曰願之於是約車
治裝載券契而行辭曰責畢收以何市而反孟嘗君
曰視吾家所寡有者驅而之薛使吏召諸民當償者
悉來合券券徧合起矯命以責賜諸民因燒其券民
稱萬歲長驅到齊晨而求見孟嘗君怪其疾也衣冠
而見之曰責畢收乎來何疾也曰收畢矣以何市而
反馮諼曰君云視吾家所寡有者臣竊計君宮中積

珍寶狗馬實外廐美人充下陳君家所寡有者以義
耳竊以爲君市義孟嘗君曰市義柰何曰今君有區區
之薛不拊愛子其民因而賈利之臣竊矯君命以責
賜諸民因燒其券民稱萬歲乃臣所以爲君市義也
孟嘗君不說曰諾先生休矣後朞年齊王謂孟嘗君
曰寡人不敢以先王之臣爲臣孟嘗君就國於薛未
至百里民扶老攜幼迎君道中孟嘗君顧謂馮諼先
生（劉作顧謂馮諼曰）所爲文市義者乃今日見之馮諼曰狡
戰國策二 二 宋明
兔有三窟僅得免其死耳今君有一窟未得高枕而
卧也請爲君復鑿二窟孟嘗君予車五十乘金五百
斤西遊於梁謂惠王曰齊放其大臣孟嘗君於諸侯
諸侯先迎之者富而兵強於是梁王虛上位以故相
爲上將軍遣使者黃金千斤車百乘往聘孟嘗君馮
諼先驅誡孟嘗君曰千金重幣也百乘顯使也齊其
聞之矣梁使三反孟嘗君固辭不往也齊王聞之君
臣恐懼遣太傅齎黃金千斤文車二駟（四）服劒一封書
謝孟嘗君曰寡人不祥被於宗廟之祟沉於諂諛之
臣開罪於君寡人不足爲也願君顧先王之宗廟姑
反國統萬人乎馮諼誡孟嘗君曰願請先王之祭器
立宗廟於薛廟成還報孟嘗君曰三窟已就君姑（集曾）
（本無姑字）高枕爲樂矣孟嘗君爲相數十年無纖介之禍
者馮諼之計也

① 選自《戰國策·齊策四》。編者按：本節内容一般選文以"馮諼客孟嘗君"爲題。

思考與練習

1.“貧乏不能自存”的“存”如何理解？

2.“長鋏歸來乎，食無魚！”“長鋏歸來乎，出無車！”“長鋏歸來乎，無以爲家！”馮諼吟唱的三句話，有什麽語音上的關聯？

3.請結合商周文字形體來分析“車”(“車客”)的形體演變。

（二）齊王使使者問趙威后①

齊王使使者問趙威后書未發威后問使者曰歲亦
無恙耶民亦無恙耶王亦無恙耶使者不說曰臣奉
使使威后今不問王而先問歲與民豈先賤而後尊
貴者乎威后曰不然苟無歲何以有民苟無民何以
有君故有問（劉本有兩以字一無問字）舍本而問末者耶乃進而
問之曰齊有處士曰鍾離子無恙耶是其爲人也有
糧者亦食無糧者亦食有衣者亦衣無衣者亦衣是
助王養其民也何以至今不業也葉陽子無恙乎是
其爲人哀鰥寡卹孤獨振困窮補不足是助王息其
民者也何以至今不業也北宮之女嬰兒子無恙耶
徹其環瑱至老不嫁以養父母是皆率民而出於孝
情者也胡爲至今不朝也此二士弗業一女不（不一作弗）
朝何以王齊國子萬民乎於陵子仲尚存乎是其爲
人也上不臣於王下不治其家中不索交諸侯此率
民而出於無用者何爲至今不殺乎

① 選自《戰國策·齊策四》。編者按：本節内容一般選文以“趙威后問齊使”爲題。

思考與練習

1. 列出本篇詞類活用的例子。
2. "齊王使使者問趙威后",類似的説法在《左傳》中如何表達?
3. 古代漢語的"弗"和"不"有哪些區別和聯繫?

(三)莊辛謂楚襄王[①]

莊辛謂楚襄王(荀子莊辛謂楚莊王)曰君王左州侯右夏侯輦
從鄢陵君與壽陵君專淫逸侈靡不顧國政郢都
必危矣襄王曰先生老悖乎將以爲楚國祅祥乎莊
辛曰臣誠見其必然者也非敢以爲國祅祥也君王
卒幸四子者不衰楚國必亡矣臣請辟於趙淹留以
觀之莊辛去之趙留五月秦果舉鄢郢巫上蔡陳之
地襄王流揜於城陽於是使人發騶徵莊辛於趙莊
辛曰諾莊辛至襄王曰寡人不能用先生之言今事
至於此爲之奈何莊辛對曰臣聞鄙語曰見兔而顧

戰國策十七 二 金永

犬未爲晚也亡羊而補牢未爲遲也臣聞昔湯武以
百里昌桀紂以天下亡今楚國雖小絶長續短猶以
數千里豈特百里哉王獨不見夫蜻蛉乎六足四翼
飛翔乎天地之間俛啄蚊虻而食之仰承甘露而飲
之自以爲無患與人無爭也不知夫五尺童子方將
調鈆膠絲加己乎四仞之上而下爲螻蟻食也蜻蛉
其小者也黃雀因是以俯噣白粒仰棲茂樹鼓翅奮
翼自以爲無患與人無爭也不知夫公子王孫左挾
彈右攝丸將加己乎十仞之上以其類爲招晝游乎
茂樹夕調乎酸鹹倏忽之間墜於公子之手(三同集無以上
十字曾本云一本有此十字)夫雀(一本夫黃雀)其小者也黃鵠因是以

---

① 選自《戰國策·楚策四》。編者按:本節内容一般選文以"莊辛説楚襄王"爲題。

游於江海淹乎大沼俯噣䱇鯉仰囓蔆衡奮其六翮
而凌清風飄搖乎高翔自以爲無患與人無爭也不
知夫射者方將脩其碆盧治其繒繳將加己乎百仞
之上彼礛磻（續礛補左補何二切以石維繳也）引微繳折清風而抎
矣故晝游乎（集一無乎字）江河夕調乎（集一無乎字）鼎鼐夫黃
鵠其小者也蔡聖侯之事因是以南游乎高陂北陵
乎巫山飲茹谿流（續後語飯茹溪之𦰡注云茹溪巫山之溪）食湘波之魚
左抱幼妾右擁嬖女與之馳騁乎高蔡之中而不以
國家爲事不知夫子發方受命乎宣王繫己以（三同無以字）
朱絲而見之也蔡聖侯之事其小者也君王之事
因是以左州侯右夏侯輦（一無此輦字）從鄢陵君與壽陵
戰國策十七　三
君飯封祿之粟而戴方府之金與之馳騁乎雲夢之
中而不以天下國家爲事不知夫穰侯方受命乎秦
王填黽塞之內而投己乎黽塞之外襄王聞之顏色
變作身體戰慄於是乃以（一本無以字）執珪而授之爲（曾爲）
（上有封之二字）陽陵君與淮北之地也

思考與練習

1. “因是以”如何理解？
2. 介詞“乎”與“于/於”在用法上有何異同？
3. 列出本篇的古今字、通假字等。

（四）秦圍趙之邯鄲①

秦圍趙之邯鄲魏安釐王使將軍晉鄙救趙畏秦止
於蕩（錢劉改蕩作湯）陰不進魏王使客將軍新垣衍間入邯
鄲因平原君謂趙王曰秦所以急圍趙者前與齊湣
王爭強爲帝已而復歸帝以齊故今齊湣王已益弱
方今唯秦雄天下此非必貪邯鄲其意欲求爲帝趙
誠發使尊秦昭王爲帝秦必喜罷兵去平原君猶豫
未有所決此時魯仲連適游趙會秦圍趙聞魏將欲
令趙尊秦爲帝乃見平原君曰事將奈何矣平原君
曰勝也何敢言事百萬之衆折於外今又內圍邯鄲
而不能（曾本添能字）去魏王使將軍辛垣衍令趙帝秦今
其人在是勝也何敢言事魯連曰始吾以君爲天下
之賢公子也吾乃今然后知君非天下之賢公子也
梁客辛垣衍安在吾請爲君責而歸之平原君曰勝
請召而見之（錢劉作爲召而見之）於先生平原君遂見辛垣衍
曰東國有魯連先生其人在此勝請爲紹介而見之
戰國策二 九
於將軍（錢劉作請爲紹交之於將軍）辛垣衍曰吾聞魯連先生齊
國之高士也衍人臣也使事有職吾不願見魯連先
生也平原君曰勝已泄之矣辛垣衍許諾魯連見辛
垣衍而無言辛垣衍曰吾視居北圍城之中者皆有
求於平原君者也今吾視先生之玉貌非有求於平
原君者曷爲久居此圍城之中而不去也魯連曰世
以鮑焦無從容而死者皆非也今衆人不知則爲一
身彼秦者弃禮義而上首功之國也權使其士虜使
其民彼則肆然而爲帝過而遂正於天下則連有赴
東海而死矣吾不忍爲之民也所爲見將軍者欲以
助趙也辛垣衍曰先生助之奈何魯連曰吾將使梁

及燕助之齊楚則固助之矣辛垣衍曰燕則吾請以
從矣若乃梁則吾乃梁人也先生惡能使梁助之耶
魯連曰梁未睹秦稱帝之害故也使梁睹秦稱帝之
害則必助趙矣辛垣衍曰秦稱帝之害將奈何魯仲
連曰昔齊威王嘗爲仁義矣率天下諸侯而朝周周
貧且微諸侯莫朝而齊獨朝之居歲餘周烈王崩諸
侯皆弔齊後往周怒赴於齊曰天崩地坼天子下席
東藩之臣田嬰齊後至則斮之威王勃然怒曰叱嗟
而母婢也卒爲天下笑故生則朝周死則叱之誠不
忍其求也彼天子固然其無足怪辛垣衍曰先生獨
未見夫僕乎十人而從一人者寧力不勝智不若耶
戰國策二 十
畏之也魯仲連曰然梁之比於秦若僕耶辛垣衍曰
然魯仲連曰然吾將使秦王烹醢梁王辛垣衍怏然
不悅曰嘻亦太甚矣先生之言也先生又惡能使秦
王烹醢梁王魯仲連曰固也待吾言之昔者鬼侯之鄂
侯文王紂之三公也鬼侯有子而好故入之於紂紂
以爲惡醢鬼侯鄂侯爭之急辨之疾故脯鄂侯文王
聞之喟然而歎故拘之於牖里之車百日而欲舍（錢本添舍字）
之死曷爲與人俱稱帝王卒就脯醢之地也齊
閔王將之魯夷維子執策而從謂魯人曰子將
何以待吾君魯人曰吾將以十太牢待子之君維子
曰子安取禮而來待吾君彼吾君者天子也天子巡

① 選自《戰國策·趙策三》。編者按：本節内容一般選文以“魯仲連義不帝秦”爲題。

狩諸侯辟舍納于筦鍵攝衽抱几視膳於堂下天子
已食退而聽朝也魯人投其籥不果納不得入於魯
將之薛假涂於鄒當是時鄒君死閔王欲入弔夷維
子謂鄒之孤曰天子弔主人必將倍殯柩設北面於
南方然后天子南面弔也鄒之群臣曰必若此吾將
伏劍而死故不敢入於鄒鄒魯之臣生則不得事養
死則不得飯含然且欲行天子之禮於鄒魯之臣不
果納今秦萬乘之國梁亦萬乘之國俱據萬乘之國
交有稱王之名睹其一戰而勝欲從而帝之是使三
晉之大臣不如鄒魯之僕妾也且秦無已而帝則且
變易諸侯之大臣彼將奪其所謂不肖而予其所謂

戰國策二　十一

賢奪其所憎而與其所愛彼又將使其子女讒妾爲
諸侯妃姬處梁之宮梁王安得晏然而已乎而將軍
又何以得故寵乎於是辛垣衍起再拜謝曰始以先
生爲庸人吾乃今日而曾本無而字知先生爲天下之士
也吾請去不敢復言帝秦秦將聞之爲郤軍五十里
適會魏公子無忌奪晉鄙軍以救趙擊秦秦軍引而
去於是平原君欲封魯仲連魯仲連辭讓者三終不
肯受平原君乃置酒酒酣起前以千金爲魯連壽魯
連笑曰所貴於天下之士者爲人排患釋難解紛亂
而無所取也即有所取者是商賈之人也仲連不忍
爲也遂辭平原君而去終身不復見

思考與練習

1.“牖里之車”如何作解？
2.列舉本篇表示疑問的詞語。
3.如何理解“筦鍵”？

第三章　周　禮

一、典籍簡介

《周禮》是儒家十三經之一，傳説爲周公旦所作。該書初名《周官》(《史記・封禪書》、劉歆《七略》等)，也稱《周官經》(《漢書・藝文志》、荀悦《漢紀》等)。因《周官》與《尚書・周官》稱名易相混淆，王莽時，劉歆奏改《周官》爲《周禮》，列爲禮經。《周禮》《儀禮》《禮記》後來合稱“三禮”，是古代華夏禮樂文明的理論結晶，書中對禮法、禮制、禮儀等作了詳細的記載和解釋，對後世影響極其深遠。

西漢景帝、武帝之際河間獻王劉德從民間徵得的先秦古籍中，有古文《周官》，因而

《周禮》屬於古文經。(《漢書·景十三王傳·河間獻王劉德傳》:"獻王所得書皆古文先秦舊書,《周官》《尚書》《禮》《禮記》《孟子》《老子》之屬,皆經傳説記,七十子之徒所論。")賈公彦《周禮正義序》載:"《周官》,孝武之時始出,秘而不傳……既出於山巖屋壁,復入于秘府,五家之儒莫得見焉。至孝成皇帝,達才通人劉向、子歆校理秘書,始得列序,著于《録》《略》。然亡其《冬官》一篇,以《考工記》足之。"

關於《周禮》的作者及其年代,聚訟紛紜,《四庫提要》指出:《周禮》"於諸經之中,其出最晚,其真僞亦紛如聚訟,不可縷舉"。近人梁啓超、胡適、顧頡剛、錢穆、郭沫若等著名學者都曾加以論述,大致有西周説、春秋説、戰國説、秦漢説、漢初説、劉歆僞作説等數種。今天學者基本認爲《周禮》約成書於戰國到漢初這段時期。

《周禮》原爲六篇,現存五篇,第六篇《冬官》亡,補以《考工記》。《天官·冢宰》到《秋官·司寇》五篇之前均有"叙官"一篇,以"惟王建國,辨方正位,體國經野,設官分職,以爲民極"開篇,然後分别叙述各種官職的爵位、人數,作爲每篇的總序。

《周禮》記述了天子六官及其分屬職官的職掌,即天官太宰第一、地官司徒第二、春官宗伯第三、夏官司馬第四、秋官司寇第五、冬官司空第六。天官首長爲冢宰,是六官之首,總轄六官,輔佐君王管理國家,其所屬從"太宰"到"夏采"計六十三種職官,分别掌管國家法典和王宫飲食、服裝、醫藥等宫廷事務。地官司徒職掌邦教以及土地、賦税等,其所屬從"大司徒"到"稾人"計七十八種職官,分别掌管國家土地、人民和政教、賦税、市政等事務。春官宗伯職掌國家禮儀、宗廟祭祀,其所屬從"大宗伯"到"神仕"計七十種職官,分别掌管國家禮、樂、卜、星象、車旗等事務。夏官司馬職掌國家軍事,統帥軍隊,其所屬從"大司馬"到"家司馬"計六十九種職官,分别掌管國家軍事以及與軍事有關的封建、馬政等事務。秋官司寇職掌國家獄訟、刑罰等司法制度,其所屬從"大司寇"到"家士"計六十六種職官,分别掌管國家刑法、外賓接待以及與刑獄有關的盟約、禁令等事務。自天官到秋官,共計三百四十六種職官。其中地官司禄、夏官軍司馬、輿司馬、行司馬、掌疆、司甲、秋官掌察、掌貨賄、都則、都士、家士等十一種官職職文缺。①

《周禮》展示了一套完善的國家典制。②

國都:《周禮》國都地點的選擇,是通過"土圭"來確定的。《地官·大司徒》云:"以土圭之灋測土深、正日景,以求地中。……日至之景,尺有五寸,謂之地中:天地之所合也,四時之所交也,風雨之所會也,陰陽之所和也。然則百物阜安,乃建王國焉,制其畿,方千里而封樹之。"

九畿:王畿之外有所謂"九畿"。九畿的分布以方千里的王畿爲中心,其四周外的五千里之地,依次劃分爲侯畿、甸畿、男畿、采畿、衛畿、蠻畿、夷畿、鎮畿、蕃畿等九層。相鄰之畿的間隔都是五百里。

居民組織:《周禮》的居民組織有兩類:國都之外的四郊之地稱爲鄉,郊外之地稱爲遂。鄉之下細分爲州、黨、族、閭、比等五級行政組織。遂之下細分爲鄰、里、酇、鄙、縣等五級行政組織,鄉、遂各級組織的編制極其整齊。鄉和遂的數量都是六個。

---

① 參見王鍔:《〈周禮〉概論》,《齊魯文化研究》2009年第8輯。

② 參見彭林:《中國古代禮儀文明》,中華書局,2004年,第63-66頁。

農田規劃:《周禮》對於"野"的農田的規劃,也是整齊劃一。《地官·遂人》云:"凡治野,夫間有遂,遂上有徑;十夫有溝,溝上有畛;百夫有洫,洫上有涂;千夫有澮,澮上有道;萬夫有川,川上有路,以達于畿。"溝洫、道路系統有嚴格的丈尺規定。據鄭玄注,遂,寬、深各二尺;溝,寬、深各四尺;洫,寬、深各八尺;澮,寬二尋、深二仞。溝洫上的道路的寬度,徑可以讓牛馬通過,畛可以讓大車(車軌寬六尺)通過,涂可以讓一輛乘車(車軌寬八尺)通過,道可以讓兩輛乘車通過,路可以讓三輛乘車通過。

《周禮》的思想内涵,有以下數端。①

其一,陰陽五行思想。《周禮》的陰陽思想集中體現在:①王國格局以陰陽爲綱;②出現王與后兩個宫廷系統;③自然神中也有陰陽對立。《周禮》五行思想則表現在天官、地官、春官、夏官、秋官、冬官六官上。以天地四時命名的六官,是《周禮》設官分職的總框架,是作者"以人法天"的自然主義思想的表露,即把社會看作自然的副本,並把自然界的法則施行於社會。在陰陽五行説中,天地即陰陽,四時即五行,是自然界的綱紀。"陰陽者,天地之大理也;四時者,陰陽之大徑也。"(《管子·四時》)《周禮》設官的理論構想與之一脈相承:天地四時六官化生三百六十官,象徵周天三百六十度,三百六十官又統攝邦國萬民。六官的設置正兼包陰陽與五行。

其二,治民思想。《周禮》以教典擾萬民,以禮典諧萬民,以刑典糾萬民,三者相輔相成。以"八統""九兩"爲綱,組成重教化、隆禮義、慎刑罰的治民思想體系。"八統"指:"以八統詔王馭萬民:一曰親親,二曰敬故,三曰進賢,四曰使能,五曰保庸,六曰尊貴,七曰達吏,八曰禮賓。"(《天官·大宰》)"九兩"指:"以九兩繫邦國之民:一曰牧,以地得民。二曰長,以貴得民。三曰師,以賢得民。四曰儒,以道得民。五曰宗,以族得民。六曰主,以利得民。七曰吏,以治得民。八曰友,以任得民。九曰藪,以富得民。"(《天官·大宰》)

其三,治官思想。《周禮》提出用"八灋"等治官的方針。由於體例限制,該書未對八法做理論闡述,而只是通過六官之間錯綜複雜的聯繫,來表達作者的思想。"八灋"云:"以八灋治官府:一曰官屬,以舉邦治。二曰官職,以辨邦治。三曰官聯,以會官治。四曰官常,以聽官治。五曰官成,以經邦治。六曰官灋,以正邦治。七曰官刑,以糾邦治。八曰官計,以弊邦治。"(《天官·大宰》)這是《周禮》治官思想的集中表述,是一個完整的治官思想體系。

應該説,《周禮》的制度規範並非以往社會的實際制度,而是一種理想性的設計。不過,《周禮》所載政治制度的設計對後世也有一定價值。王莽改制、王安石變法都曾以《周禮》爲依據。西魏、北周時期,宇文泰委托蘇綽等依據《周禮》建六官制度。後來隋文帝結合南朝官制等對北周六官制再作改革,從而形成三省六部制,這對唐宋以來的職官制度具有深遠影響。

相比於其他先秦文獻,"三禮"語言方面的突出特點是名物詞極爲豐富。有關《周禮》語言學研究的相關論著有:錢玄《"三禮"名物通釋》(江蘇古籍出版社,1987年),劉

---

① 參見彭林:《〈周禮〉主體思想與成書年代研究(增訂版)》,中國人民大學出版社,2009年,第17-93頁。

興均《〈周禮〉名物詞研究》(巴蜀書社,2001 年),李亞明《〈周禮·考工記〉先秦手工業專科詞語詞彙系統研究》(北京師範大學博士學位論文,2006 年),等等。

《周禮》舊注現有東漢鄭玄注、唐代賈公彦疏《周禮注疏》(見阮元《十三經注疏》);清末孫詒讓《周禮正義》考證極爲精審。適合初學者閱讀的有楊天宇《周禮譯注》(上海古籍出版社,2004 年)和徐正英譯注《周禮》(中華書局,2014 年)。

本教材所據爲北京大學圖書館藏《京本點校附音重言重意互注周禮》(《中華再造善本》影印本,北京圖書館出版社,2003 年)。

1. 簡述《周禮》的篇章設置情況。
2.《周禮》中與“鄉”“遂”有關的居民組織是否在其他先秦文獻中有所體現?
3. 舉例説明《周禮》有哪些類别的名物詞語。

二、文選篇目

(一)大宗伯

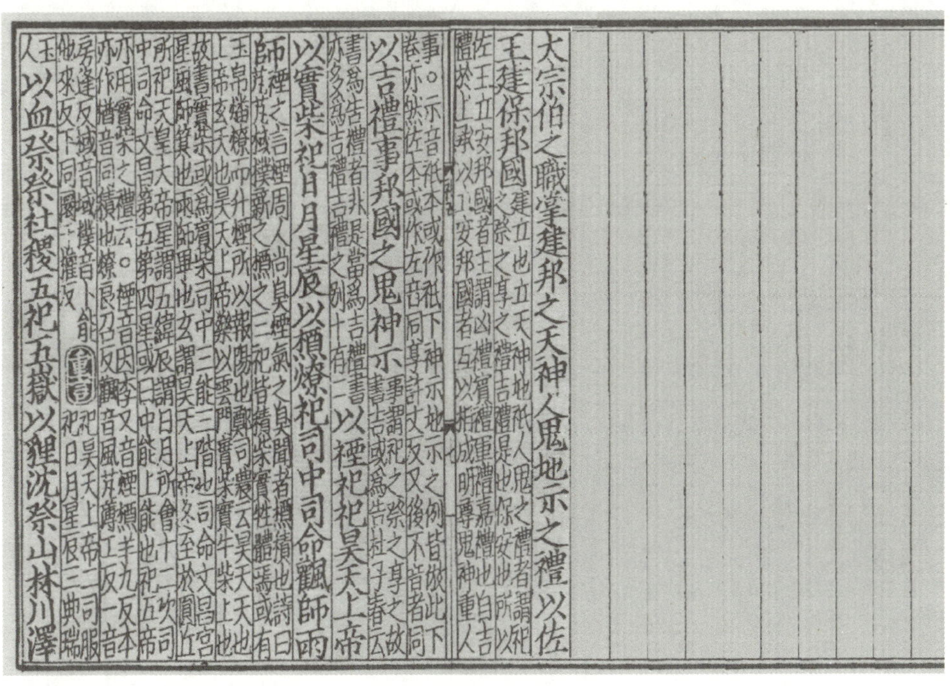

大宗伯之職掌建邦之天神人鬼地示之禮以佐
王建保邦國建立也立天神地祇人鬼之禮者謂祀之祭之享之禮吉禮是也保安也所以
佐王立安邦國者主謂凶禮賓禮軍禮嘉禮也自吉禮於上承以立安邦國者互以相成明尊鬼神重人
事○示音祇本或作祇下神示地示之例皆倣此下卷亦然佐本或作左音同享許丈反又後不音者同
以吉禮事邦國之鬼神示事謂祀之祭之享之故書吉或爲告杜子春云
書爲告禮者非是當爲吉禮書亦多爲吉禮吉禮之别十有二以禋祀祀昊天上帝
以實柴祀日月星辰以槱燎祀司中司命飌師雨
師禋之言煙周人尚臭煙氣之臭聞者槱積也詩曰芃芃棫樸薪之槱之三祀皆積柴實牲體焉或有
玉帛燔燎而升煙所以報陽也鄭司農云昊天天也上帝玄天也昊天上帝樂以雲門實柴實牛柴上也
故書實柴或爲賓柴司中三能三階也司命文昌宫星風師箕也雨師畢也玄謂昊天上帝冬至於圜丘
所祀天皇大帝星謂五緯辰謂日月所會十二次司中司命文昌第五第四星或曰中能上能也祀五帝
亦用實柴之禮云○禋音因李又音煙槱羊九反本亦作楢音同積也燎良召反飌音風芃薄工反一音
房逢反棫音域樸音卜能他來反下同[illegible]反 重言 祀昊天上帝二司服祀日月星辰三典瑞
玉人 以血祭祭社稷五祀五嶽以貍沈祭山林川澤

以疈辜祭四方百物不言祭地此皆地祇祭地可知也陰祀自血起貴氣臭也
社稷土穀之神有德者配食焉共工氏之子曰句龍食於社有厲山氏之子曰柱食於稷湯遷之而祀棄
故書祀作禩鄭司農云禩當爲祀書亦或爲祀五祀五色之帝於王者宮中曰五祀罷辜披磔牲
以祭若今時磔狗祭以止風玄謂此五祀者五官之神在四郊四時迎五行之氣於四郊而祭五德之帝
亦食此神焉少昊氏之子曰重爲句芒食於木該爲蓐收食於金脩及熙爲玄冥食於水顓頊氏之子曰
黎爲祝融后土食於火土五嶽東曰岱宗南曰衡山西曰華山北曰恒山中曰嵩高山不見四竇者四竇
五嶽之匹或省文祭山林曰埋川澤曰沈順其性之含藏疈疈牲胸也疈而磔之謂磔攘及蜡祭郊特牲
曰八蜡以記四方四方年不順成八蜡不通以謹民財也又曰蜡之祭也主先嗇而祭司嗇也祭百種以
報嗇也饗農及郵表畷禽獸仁之至義之盡也○貍亡皆反劉莫拜反沈如字劉直陰反疈孚逼反一音
方麥反共音恭句古侯反下同厲如字本或作烈禩音祀又作祀罷如字一音芳皮反磔張格反食此音
嗣下食宗族同少昊詩照反下少昊同重直龍反該古來反蓐音辱同不見賢遍反此內不音者同竇音
瀆本亦作瀆下同省所景反磔攘如羊反蜡士詐反種章勇反郵有牛反畷音綴井田間道左思吳都賦
云畛畷無數又陟劣反以肆獻祼享先王以饋食享先王以
祠春享先王以禴夏享先王以嘗秋享先王以烝
冬享先王宗廟之祭有此六享肆獻祼饋食在四時之上則是祫也禘也肆者進所解牲體謂
薦孰時也獻獻醴謂薦血腥也祼之言灌灌以鬱鬯謂始獻尸求神時也郊特牲曰魂氣歸于天形魄歸
于地故祭所以求諸陰陽之義也殷人先求諸陽周人先求諸陰灌是也祭必先灌乃後薦腥薦孰於祫
逆言之者與下共文明六享俱然祫言肆獻祼禘言饋食者著有黍稷互相備也魯禮三年喪畢而祫於
大祖明年春禘于羣廟自爾以後率五年而再殷祭一祫一禘○肆他歷反解骨體祼古亂反禴餘若反
烝之承反祫戶夾反率五音律又音類以凶禮哀邦國之憂哀謂救患分烖
凶禮之別有五以喪禮哀死亡哀謂親者服焉疏者含襚○含戶暗反本亦作唅襚音遂
以荒禮哀凶札荒人物有害也曲禮曰歲凶年穀不登君膳不祭肺馬不食穀馳道不除

祭事不縣大夫不食粱士飲酒不樂札讀爲截謂疫厲○札如字又音截縣音玄以弔禮哀
禍烖禍烖謂遭水火宋大水魯莊公使人弔焉曰天作淫雨害於粢盛如何不弔厩焚孔子拜鄉人
爲火來者拜之士一大夫再亦相弔之道○爲火于僞反下荀偃爲同以禬禮哀圍敗
同盟者合會財貨以更其所喪春秋襄三十年冬會于澶淵宋災故是其類○禬劉戶外反徐古外反更
音庚下同喪息浪反澶善然反以恤禮哀寇亂恤憂也鄰國相憂兵作於外爲寇作於內
爲亂以賓禮親邦國親謂使之相親附賓禮之別有八春見曰朝夏見
曰宗秋見曰覲冬見曰遇時見曰會殷見曰同此六
禮者以諸侯見王爲文六服之內四方以時分來或朝春或宗夏或覲秋或遇冬名殊禮異更遞而徧朝
猶朝也欲其來之早宗尊也欲其尊王覲之言勤也欲其勤王之事遇偶也欲其若不期而俱至時見者
言無常期諸侯有不順服者王將有征討之事則既朝覲王爲壇於國外合諸侯而命事焉春秋傳曰有
事而會不協而盟是也殷猶衆也十二歲王如不巡守則六服盡朝朝禮既畢王亦爲壇合諸侯以命政
焉所命之政如王巡守殷見四方四時分來終歲則徧○曰朝直遥反注下不出者皆同遞音弟徧音遍
下同猶朝張遙反時聘曰問殷覜曰視時聘者亦無常期天子有事乃聘之
焉竟外之臣既非朝歲不敢瀆爲小禮殷覜謂一服朝之歲以朝者少諸侯乃使卿以大禮衆聘焉一服
朝在元年七年十一年○覜他弔反一音他堯反竟音境以軍禮同邦國同謂威其不協
僭差者軍禮之別有五○僭子念反沈創林反差初佳反沈初宜反大師之禮用衆也
用其義勇大均之禮恤衆也均其地政地守地職之賦所以憂民大田之禮
簡衆也古者因田習兵閱其車徒之數○閱音悅大役之禮任衆也築宮邑所
以事民力強弱大封之禮合衆也正封疆溝塗之固所以合聚其民○疆居良反以
嘉禮親萬民嘉善也所以因人心所善者而爲之制嘉禮之別有六以飲食之
禮親宗族兄弟親者使之相親人君有食宗族飲酒之禮所以親之也文王世子曰族食
世降一等大傳曰繫之以姓而弗別綴之以食而弗殊百世而昏姻不通者周道然也○不別彼列反

以昏冠之禮親成男女親其恩成其性○冠古亂反以賓射之禮親故舊朋友射禮雖王亦立賓主也王之故舊朋友爲世子時共在學者天子亦有友諸侯之義武王誓曰我友邦冢君是也以饗燕之禮親四方之賓客賓客謂朝聘者以脤膰之禮親兄弟之國脤膰社稷宗廟之肉以賜同姓之國同福祿也兄弟有共先王者魯定公十四年天王使石尚來歸脤○脤上忍反膰音煩以賀慶之禮親異姓之國異姓王昏姻甥舅以九儀之命正邦國之位每命異儀貴賤之位乃正春秋傳曰名位不同禮亦異數壹命受職始見命爲正吏謂列國之士於子男爲大夫王之下士亦一命鄭司農云受職治職事○見命始字下士相見同再命受服鄭司農云受服受祭衣服爲上士玄謂此受玄冕之服列國之大夫再命於子男爲卿卿大夫自玄冕而下如孤之服王之中士亦再命則爵弁服三命受位鄭司農云受下大夫之位玄謂此列國之卿始有列位於王爲王之臣也王之上士亦三命四命受器鄭司農云受祭器爲上大夫玄謂此公之孤始得有祭器者也禮運曰大夫具官祭器不假聲樂皆具非禮也王之下大夫亦四命五命賜則鄭司農云則者法也出爲子男玄謂則地未成國之名王之下大夫四命出封加一等五命賜之以方百里二百里之地者方三百里以上爲成國王莽時以二十五成爲則方五十里合今俗說子男之地獨劉子駿等識古有此制焉○以上時掌反六命賜官鄭司農云子男入爲卿治一官也玄謂此王六命之卿賜官者使得自置其臣治家邑如諸侯春秋襄十八年冬晉侯以諸侯圍齊荀偃爲君禱河既陳齊侯之罪而曰曾臣彪將率諸侯以討焉其官臣偃實先後之○彪甫休反先悉薦反下先時同後胡豆反七命賜國王之六命卿出封加一等鄭司農云出就侯伯之國八命作牧謂侯伯有功德者加命得專征伐於諸侯鄭司農云一州之牧王之三公亦八命九命作伯上公有功德者加命爲二伯得征五侯九伯者鄭司農云長諸侯爲方伯以玉作六瑞以等邦國等猶齊等也○【重言】以等邦國大司馬一【重意】以玉作六瑞下文以玉作六器王執鎮圭鎮安也所

以安四方鎮圭者蓋以四鎮之山爲瑑飾圭長尺有二寸○瑑直轉反【重意】王執鎮圭典瑞王晉大圭執鎮圭小行人王用鎮圭公執桓圭公二王之後及王之上公雙植謂之桓桓宮室之象所以安其上也桓圭蓋亦以桓爲瑑飾圭長九寸侯執信圭伯執躬圭信當爲身聲之誤也身圭躬圭蓋皆象以人形爲瑑飾文有麤縟耳欲其慎行以保身圭皆長七寸○信音身縟音辱子執穀璧男執蒲璧穀所以養人蒲爲席所以安人二玉蓋或以穀爲飾或以蒲爲瑑飾璧皆徑五寸不執圭者未成國也【重言】公執桓圭至男執蒲璧重見典瑞以禽作六摯以等諸臣摯之言至所執以自致○摯音至本或作贄【重言】廣見行人端又秋官小行人執字作用字孤執皮帛卿執羔大夫執鴈士執雉庶人執鶩工商執雞皮帛者束帛而表以皮爲之飾皮虎豹皮帛如今璧色繒也羔小羊取其羣而不失其類鴈取其候時而行雉取其守介而死不失其節鶩取其不飛遷雞取其守時而動曲禮曰飾羔鴈者以繢謂衣之以布而又畫之者自雉以下執之無飾士相見之禮卿大夫飾摯以布不言繢此諸侯之臣與天子之臣異也然則天子之孤飾摯以虎皮公之孤飾摯以豹皮與此孤卿大夫士之摯皆以爵不以命數凡摯無庭實○鶩音木介音界或作分扶問反繢胡對反衣於既反與音餘【重言】孤執皮帛二見夏官射人以玉作六器以禮天地四方禮謂始告神時薦於神坐書曰周公植璧秉圭是也○坐才卧反後神坐放此植音值又時力反以蒼璧禮天以黃琮禮地以青圭禮東方以赤璋禮南方以白琥禮西方以玄璜禮北方此禮天以冬至謂天皇大帝在北極者也禮地以夏至謂神在崑崙者也禮東方以立春謂蒼精之帝而太昊句芒食焉禮南方以立夏謂赤精之帝而炎帝祝融食焉禮西方以立秋謂白精之帝而少昊蓐收食焉禮北方以立冬謂黑精之帝而顓頊玄冥食焉禮神者必象其類璧圜象天琮八方象地圭銳象春物初生半圭曰璋象夏物半死琥猛象秋嚴半璧曰璜象冬閉藏地上無物唯天半見○琮才宗反璋音章琥音虎璜音黃崑戶本反本又作崐音昆崙音論本又作侖魯門反皆有牲幣各放其器之

以天產作陰德以中禮防之以地產作陽德以和樂防之禮樂合天地之化百物之產以事鬼神以諧萬民以致百物

凡祀大神享大鬼祭大示帥執事而卜日宿眡滌濯涖玉鬯省牲鑊奉玉齍詔大號治其大禮詔相王之大禮若王不與祭祀則攝位凡大祭祀王后不與則攝而薦豆籩徹大賓客則攝而載果

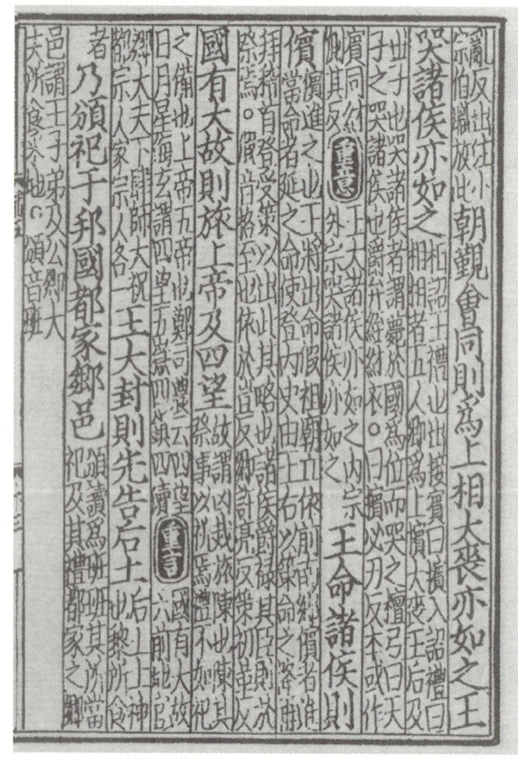

朝覲會同則為上相大喪亦如之王哭諸侯亦如之王命諸侯則儐

國有大故則旅上帝及四望王大封則先告后土乃頒祀于邦國都家鄉邑

思考與練習

1. 用現代漢語來簡要總結大宗伯的職掌。
2. “用衆”“恤衆”“簡衆”“任衆”“合衆”的結構關係是否完全相同？爲什麽？
3. 了解“以玉作六器”的“六器”形制。

（二）保氏

保氏掌諫王惡，諫者，以禮義正之。文王世子曰：保也者，愼其身以輔翼之，而歸諸道者也。而養國子以道，乃教之六藝：一曰五禮，二曰六樂，三曰五射，四曰五馭，五曰六書，六曰九數。乃教之六儀：一曰祭祀之容，二曰賓客之容，三曰朝廷之容，四曰喪紀之容，五曰軍旅之容，六曰車馬之容。養國子以道者，以師氏之德行審諭之，而後教之以藝儀也。五禮，吉凶軍賓嘉也。六樂，雲門、大咸、大韶、大夏、大濩、大武也。鄭司農云：五射，白矢、參連、剡注、襄尺、井儀也。五馭，鳴和鸞、逐水曲、過君表、舞交衢、逐禽左。六書，象形、會意、轉注、處事、假借、諧聲也。九數，方田、粟米、差分、少廣、商功、均輸、方程、贏不足、旁要；今有重差、夕桀、句股也。祭祀之容，穆穆皇皇。賓客之容，嚴恪矜莊。朝廷之容，濟濟蹌蹌。喪紀之容，涕涕翔翔。軍旅之容，闞闞仰仰。車馬之容，顛顛堂堂。玄謂祭祀之容，齊齊皇皇。賓客之容，穆穆皇皇。朝廷之容，濟濟翔翔。喪紀之容，纍纍顛顛。軍旅之容，暨暨詻詻。車馬之容，匪匪翼翼。○馭音御。德行，下孟反，下文及注同。剡，羊冉反。注，之樹反，下同。襄音讓，本作讓。諸音非嵇反，初佳反，又初宜反，下同。重，直龍反。夕，祥亦反。桀音竭，沈祥易反，此二字非。鄭注讞如字，又音儼。齊，子禮反。蹌，七良反。闞，呼濫反。仰，本又作卬，五剛反。齊皇上子禮反，又音齊，下于況反，又音往。纍顛，上律悲反，下音田，又如字。暨，其器反。詻，五格反。匪，芳非反。凡祭祀、賓客、會同、喪紀、軍旅，王舉則從，聽治亦如之。使其屬守王闈。闈，宮中之巷門。○闈音韋。［疏］凡祭祀至亦如之○釋曰：……見上篇，又見天官外府。

思考與練習

1. “儀”“容”意義和用法是否有區別？
2. 如何理解“聽治亦如之”？
3. “朋友”“道義”是何用法？

第四章　儀　禮

一、典籍簡介

《儀禮》是先秦時期的禮制彙編，後成爲儒家經典之一。現存《儀禮》共十七篇，總字數約五萬六千餘字。

《儀禮》本名《禮》，也稱爲《士禮》，或稱《禮經》。《史記·儒林列傳》載："諸學者多言《禮》，而魯高堂生最本。《禮》固自孔子時而其經不具，及至秦焚書，書散亡益多，於今獨有《士禮》，高堂生能言之。"《漢書·景十三王傳·河間獻王劉德傳》："獻王所得書皆古文先秦舊書，《周官》《尚書》《禮》《禮記》《孟子》《老子》之屬，皆經傳説記，七十子之徒所論。"其中的《禮》，都是指《儀禮》。東晉元帝時，荀崧奏請置《儀禮》博士，始有《儀禮》之名，但尚未成爲通稱。唐人張參《五經文字》引《儀禮》文字很多，但都只説"見《禮經》"。唐文宗開成年間石刻九經，《禮經》用《儀禮》之名，遂成爲通稱，沿用至今。

《儀禮》的作者，古文經學家認爲是周公旦，今文經學家認爲是孔子。沈文倬先生認爲："《儀禮》書本殘存十七篇以及已佚若干篇的撰作時代，其上限是魯哀公末年魯悼公初年，即周元王、定王之際；其下限是魯共公十年前後，即周烈王、顯王之際。它是在公元前五世紀中期到四世紀中期這一百多年中，由孔子的弟子、後學陸續撰作的。"①《禮記·雜記》説："恤由之喪，哀公使孺悲之孔子，學士喪禮，《士喪禮》於是乎書。"《史記·孔子世家》説："孔子之時，周室微而禮樂廢，《詩》《書》缺。追述三代之禮，序《書傳》，上紀唐虞之際，下至秦繆，編次其事。曰：'夏禮吾能言之，杞不足徵也。殷禮吾能言之，宋不足徵也。足，則吾能徵之矣。'觀殷夏所損益，曰：'後雖百世可知也，以一文一質。周監二代，郁郁乎文哉！吾從周。'故《書傳》《禮記》自孔氏。"此處《禮記》仍指《儀禮》。結合這些研究，基本可以確定，《儀禮》是由孔子、孔門弟子及後學陸續編撰而成的。

漢代《儀禮》傳本有古文經、今文經兩類，並分爲四種：大戴本、小戴本、慶普本和劉向《別録》本。四種傳本都將《儀禮》十七篇分爲冠婚、朝聘、喪祭、射鄉等四類，但除了《士冠禮》《士昏禮》《士相見禮》三篇次序相同外，其餘各篇次序不盡相同。四種傳本的次序，以戴德本最爲合理，此書以冠、昏、喪、祭、鄉、射、朝、聘等八大綱爲序排列各篇，《喪服》一篇相傳爲子夏所作，故列在最後。劉向《別録》本則以有關冠、昏、鄉、射、朝、聘的十篇居先，有關喪、祭的七篇列後，可能是前十篇爲吉禮，後七篇屬凶禮，全書依吉、凶、人神爲序。戴聖本所定次序最亂，似無條理可尋。1957 年，甘肅武威磨嘴子 6 號漢墓出土一批西漢晚期抄寫的《儀禮》竹、木簡，共 496 支。據簡的形制及内容，可以分爲甲、乙、丙三種文本。甲本木簡包括《士相見》《服傳》《特牲》《少牢》《有司》《燕禮》

① 沈文倬：《略論禮典的實行和〈儀禮〉書本的撰作》，《文史》1982 年第 15、16 輯。

《泰射》等七篇；乙本木簡只有《服傳》一篇；丙本爲竹簡，只有《喪服》一篇。其篇次不僅與今本《儀禮》不同，而且與二戴本不同，經研究爲東漢時即已失傳的後（蒼）氏之慶普傳本。從文字上看，丙本的《喪服》爲單經本，經文之下没有傳文；而甲本和乙本的《服傳》均只有傳文而没有經文，與今天所見經、傳合一的文本不同，證明西漢時經文和傳文是各自獨立成書的。①

鄭玄注《儀禮》，因劉向《别録》“尊卑吉凶次第倫序”，而採納之。由於鄭注《儀禮》影響至深，故今存《儀禮》篇次基本是依據劉向《别録》所載次序：士冠禮第一，士婚禮第二，士相見禮第三，鄉飲酒禮第四，鄉射禮第五，燕禮第六，大射禮第七，聘禮第八，公食大夫禮第九，覲禮第十，喪服第十一，士喪禮第十二，既夕第十三，士虞禮第十四，特牲饋食禮第十五，少牢饋食禮第十六，有司徹第十七。除《士相見禮》《大射禮》《少牢饋食禮》《有司徹》四篇外，其餘各篇末尾都有“記”。

《周禮》有所謂“吉凶軍賓嘉”五禮，宋人王應麟依照《周禮・春官・大宗伯》對禮的劃分方法，將《儀禮》十七篇的内容分爲四類：《特牲饋食禮》《少牢饋食禮》《有司》等三篇記祭祀鬼神、祈求福佑之禮，屬吉禮；《喪服》《士喪禮》《既夕禮》《士虞禮》等四篇記喪葬之禮，屬凶禮；《士相見禮》《聘禮》《覲禮》等三篇記賓主相見之禮，屬賓禮；《士冠禮》《士昏禮》《鄉飲酒禮》《鄉射禮》《燕禮》《大射禮》《公食大夫禮》等七篇記冠昏、賓射、燕饗之禮，屬嘉禮。

由於《儀禮》所涉内容煩瑣，想要讀通，就需要理解書中的“凡例”。皮錫瑞《三禮通論》指出：“《儀禮》重在釋例，尤重在繪圖，合以分節，三者備則不苦其難。”具體内容如下：“《春秋》有凡例，《禮經》亦有凡例，讀《春秋》而不明凡例則亂，讀《禮經》而不明凡例則苦其紛繁。陳澧曰：‘《儀禮》有凡例，作記者已發之矣。《鄉飲酒禮・記》云：“以爵拜者不徒作。坐卒爵者拜既爵，立卒爵者不拜既爵。凡奠者於左，將舉，於右。”此記文之發凡者也。鄭注發凡者數十條，《士冠禮》注云：“凡奠爵，將舉者於右，不舉者於左。”“凡醴士，質者用糟，文者用清。”“凡薦，出自東房。”“凡牲，皆用左胖。”其餘諸篇，注皆有之，若鈔出之，即可爲《儀禮》凡例矣。有鄭注發凡，而賈疏辨其同異者；有鄭注不發凡，而賈疏發凡者。……朱子云：“《儀禮》雖難讀，然却多是重複，倫類若通，則其先後彼此展轉參照，足以互相發明。”此所謂倫類即凡例也。近時則淩氏《禮經釋例》，善承鄭、賈之學，大有助於讀此經者矣。’”“韓文公苦《儀禮》難讀，讀《儀禮》有三法：一曰分節，二曰釋例，三曰繪圖。得此三法，則不復苦其難。分節可先觀張爾岐、吴廷華之書；釋例，淩廷堪最詳；繪圖，張惠言最密。”

有關《儀禮》語言學研究的相關論著有：劉興均等《“三禮”名物詞研究》（商務印書館，2016 年），張弓《〈儀禮〉經文研究》（上海古籍出版社，2020 年），等等。

《儀禮》類文獻最著者有東漢鄭玄注、唐賈公彦疏的《儀禮注疏》（見清阮元《十三經注疏》）和清代有胡培翬《儀禮正義》等。適合初學者閲讀的有楊天宇《儀禮譯注》（上海古籍出版社，2004 年）、彭林譯注《儀禮》（中華書局，2018 年）。

① 參見彭林：《中國古代禮儀文明》，中華書局，2004 年，第 72-76 頁。

1964年，文物出版社出版甘肅省博物館、中國科學院考古研究所整理的《武威漢簡》，公布《儀禮》簡469枚的相關資料，屬於目前可見較早的《儀禮》文本。宋嚴州本《儀禮注》17卷，明代嘉靖年間徐氏曾翻刻此《儀禮注》，《四部叢刊》據徐氏刻本《儀禮注》影印。明嘉靖五年陳鳳梧刊刻《儀禮注疏》17卷，嘉慶間顧千里用宋嚴州本《儀禮注》和單疏本重編《儀禮注疏》50卷，後阮元校刻《十三經注疏》，其中《儀禮注疏》即覆刻顧千里所編輯50卷本，而非陳鳳梧刊刻的17卷本。本教材所據爲日本東洋文化研究所藏《儀禮注疏》。

1. 結合"吉凶軍賓嘉"五禮來對《儀禮》十七篇進行分類。
2. 談談《儀禮》和《周禮》在分章標準上的區别。
3. 簡述《儀禮》的古今注本。

二、文選篇目

（一）士冠禮（節選）

始加祝曰令

月吉日始加元服○服叶蒲北反【注】令吉皆善也元首也【疏】【注】令吉至首也○釋曰元首左傳曰先軫入狄師而死之狄人歸先軫之元是元爲首又尚書云君爲元首亦是元爲首也棄爾幼志順爾成德壽考惟祺介爾景福○祺音其福叶筆勒反【注】爾女也既冠爲成德祺祥也介景皆大也因冠而戒且勸之女如是則有壽考之祥大女之大福也○女音汝下同【疏】【注】爾汝至福也○釋曰云既冠爲成德者案冠義既冠責以父子君臣長幼之禮皆成人之德云祺祥也者祺訓爲祥祥又訓爲善也云因冠而戒者則經棄爾幼志順爾成德是也云且勸之者即經云壽考惟祺介爾景福是也再加曰吉月令辰乃申爾服○服叶蒲非反【注】辰子丑也申重也【疏】【注】辰子至重也○釋曰上云令月吉日此云吉月令辰互見其言是作文之體無義例也云辰子丑也者以十幹配十二辰直云辰子丑明有幹可知即甲子乙丑之類略言之也敬爾威儀淑慎爾德眉壽萬年永受胡福○福叶筆勒反【注】胡猶遐也遠也遠無窮古文眉作麋三加曰以歲之正以月之令咸加爾服○服叶蒲北反【注】正猶善也咸皆也皆如女之三服謂緇布冠皮弁爵弁也兄弟具在以成厥德黃耇無疆受天之慶○耇音苟慶叶音羌【注】黃黃髮也耇凍梨也皆壽徵也疆竟○竟音敬又音景【疏】【注】黃黃至疆竟○釋曰爾雅云黃髮兒齒故以黃爲黃髮也云耇凍黎者爾雅云耇老壽也此云耇凍黎者以其面似凍黎之色故也醴辭曰甘醴惟厚嘉薦令

芳【注】嘉善也善薦謂脯醢芳香也【疏】○【注】嘉善至香也釋曰謂脯醢
爲善薦芳香者謂作之依時又造之依法故使芳香而善也拜受祭之以定爾祥
承天之休壽考不忘【注】不忘長有令名醮辭曰旨酒
旣清嘉薦亶時○亶丁但反時一作旹【注】亶誠也古文亶爲癉
○癉丁但反始加元服兄弟具來孝友時格永乃保之○來
叶力之反【注】善父母爲孝善兄弟爲友時是也格至也永
長也保安也行此乃能保之今文格爲嘏凡醮者不
祝○嘏古雅反【疏】【注】善父至不祝○釋曰善父母爲孝善兄長爲友者爾雅文不言善事父母善
事兄弟者欲見非但善事兄弟而亦爲兄弟之所善者謂行周備之意也云凡醮者不祝者案上文前後

同周與夏殷冠子法其加冠祝辭三節不辨三代之異則三代祝辭同可知也至於周醮之辭三等別陳
之者以其數異辭宜不同故也若然醮辭唯據適子而言以其將著代重之故備見祝辭也此註云凡醮
者不祝者言凡謂庶子也旣不加冠於阼又不禮於客位無著代之理故畧而輕之也亦不設祝辭者曾
子問註云凡殤不祭之類也其天子冠禮祝辭案大戴公冠篇成王冠周公爲祝詞使王近於人遠於年
嗇於時惠於財其辭旣多不可具載其諸侯無文蓋亦有祝辭異於士也再醮曰旨酒旣
湑嘉薦伊脯○湑思呂反【注】湑清也伊惟也【疏】【注】湑清也伊惟也○
釋曰湑泲酒之稱故伐木詩云有酒湑我註云湑茜之也鳧鷖詩云爾酒旣湑註云湑酒之泲者是湑爲
清也云伊惟也者助句辭非爲義也乃申爾服禮儀有序祭此嘉爵承
天之祜○祜音戶與序並上聲【注】祜福也三醮曰旨酒令芳籩

豆有楚【注】旨美也楚陳列之貌【疏】【注】旨美至之貌○釋曰楚茨詩亦云
籩豆有楚註云楚陳列之貌是用其再醮之籩豆不增改之故云有楚也咸加爾服肴升
折俎【注】肴升折俎亦謂豚【疏】【注】肴升至謂豚○釋曰云折俎者即謂折上若
殺之豚也承天之慶受福無疆○慶叶音羌字辭曰禮儀旣備
令月吉日○備叶筆力反昭告爾字爰字孔嘉○字叶音滋嘉叶居之反
【注】昭明也爰於也孔甚也【疏】【注】字辭至爾字○釋曰此字文在三代之下而言
則亦遂三代字辭同此辭賓直西序東面與子爲字時言之也髦士攸宜宜之于假
○假古雅反叶音古【注】髦俊也攸所也于猶爲也假大也宜之
是爲大矣永受保之曰伯某甫仲叔季唯其所當【注】

伯仲叔季長幼之稱甫是丈夫之美稱孔子爲尼甫
周大夫有嘉甫宋大夫有孔甫是其類甫字或作父
○長丁丈反父音甫【疏】宜之至所當○釋曰云伯某甫者某若云尼甫嘉甫也但設經不得定言人字
故言甫爲且字是以禮記諸侯薨復曰皐某甫復鄭云某甫且字以臣不名君且爲某之字呼之旣此某
甫立爲且字言伯仲叔季者是長幼次第之稱若兄弟四人則依次稱之夏殷質則稱仲周文則稱叔若
管叔霍叔之類是也云唯其所當者二十冠時與之作字猶孔子生三月名之曰丘至二十冠而字之曰
仲尼有兄曰伯居第二則曰仲但殷質二十爲字之時兼伯仲叔季呼之周文二十爲字之時未呼伯仲
至五十乃加而呼之故檀弓云五十以伯仲周道也是呼伯仲之時則兼二十字而言若孔子生於周代
從周禮呼尼甫至五十去甫以尼配仲而呼之曰仲尼是也若然二十冠而字之未呼伯仲叔季今於二

十加冠而言者一則是殷家冠時遂以二十字呼之二則見周家若不死至五十乃加而呼之若二十已後死雖未滿五十即得呼伯仲知義然者見慶父乃是莊公之弟桓六年莊公生至閔公二年慶父死時莊公未滿五十慶父乃是莊公之弟時未五十慶父死謚曰共仲是其死後雖未五十得呼仲叔季故二十冠時則以伯仲叔季當擬之故云唯其所當也○【注】伯仲至作父○釋曰知甫是丈夫之美稱者以其人之賢愚皆以爲字故隱元年公及邾儀父盟于蔑穀梁傳云儀字也父猶傳也男子之美稱也是也云孔子爲仲尼甫者哀十六年孔丘卒哀公誄之曰哀哉尼甫因字號謚曰尼甫也云周大夫有嘉甫者桓公十五年天王使嘉甫來求車是也云宋大夫有孔甫是其類者宋左氏傳桓二年孔父嘉爲司馬是也鄭引此者證有冠而爲此字之意故云是其類也又甫字或作父者字亦通或尼甫嘉甫孔甫等見爲父字者也

屨夏用葛玄端黑屨青絇繶純純博寸○絇其于反繶於力反純章允反【注】屨者順裳色玄端黑屨以玄裳爲正也絇之言拘也以爲行戒狀如刀衣鼻在屨頭繶縫中紃也純緣也三者皆青博廣也○縫扶用反紃音旬【疏】【注】屨者至廣也○釋曰自此至繶屨論三服之屨不於上與服同陳者一則屨用皮用葛冬夏不同二則屨在下不宜與服同列故退在於此此言夏用葛下云冬皮則春宜從夏秋宜從冬故舉冬夏寒暑極時而言詩魏風以葛屨履霜刺褊也云屨者順裳色者禮之通例衣與冠同屨與裳同故云順裳色也云玄端黑屨以玄裳爲正也者以其玄端有玄裳黃裳雜裳經唯云玄端黑屨與玄裳同色不取黃裳雜裳故云以玄裳爲正也云絇之言拘也以爲行戒者以拘者自拘持之意故云以爲行戒也云狀如刀衣鼻在屨頭者此以漢法言之今之屨頭見有下鼻似刀衣鼻故以爲況也云繶縫中紃也者謂牙底相接之縫中有條紃也云

純緣也者謂繞口緣邊也云皆青者以經三者同云青也云博廣也者謂純所施廣一寸也

素積白屨以魁柎之緇絇繶純純博寸○魁苦回反柎方夫反【注】魁蜃蛤柎注也○蜃上忍反蛤音閤【疏】【注】魁蜃蛤柎注也○釋曰以魁蛤灰柎之者取其白耳云魁蜃蛤者魁即蜃蛤一物是以周禮地官掌蜃掌共白盛之蜃鄭司農云謂蜃炭引此士冠白屨以魁柎之玄謂今東萊用蛤謂之叉灰云是也云柎注者以蛤灰塗注於上使色白也

爵弁纁屨黑絇繶純純博寸【注】爵弁屨以黑爲飾爵弁尊其屨飾以繢次○繢戶內反【疏】【注】爵弁至繢次○釋曰案此三服見屨不同何者玄端以衣見屨以玄端有黃裳之等裳不得舉裳見屨故舉玄端見屨也皮弁以素積見屨屨裳同色是其正也爵弁既不舉裳又不舉衣而以爵弁見屨者上陳服已言纁裳裳色自顯以與六冕同玄衣纁裳與冕服之嫌故不以衣裳而以首服見屨也云爵弁屨以黑爲飾爵弁尊其屨飾以繢次者案冬官畫繢之事云青與白相次赤與黑相次玄與黃相次鄭云此言畫繢六色所象及布采之第次繢以爲衣又云青與赤謂之文赤與白謂之章白與黑謂之黼黑與青謂之黻鄭云此言刺繡采所用繡以爲裳此是對方爲繢次比方爲繡次案鄭註屨人云複下曰舄襌下曰屨又註云凡舄之飾如繢之次凡屨之飾如繡之次也者即上黑屨以青爲絇繶純白屨以黑爲絇繶純則白與黑黑與青爲繡次之事也今次爵弁纁屨纁南方之色赤不以西方白爲絇繶純而以北方黑爲絇繶純者取對方繢次爲飾舉舄者尊爵弁是祭服故飾與舄同也

冬皮屨可也【疏】釋曰冬時寒許用皮故云可也

不屨繐屨○繐音歲【注】繐屨喪屨也縷不灰治曰繐【疏】【注】繐屨至曰繐○釋曰案喪服記云繐衰四升有半繐衰既是喪服明繐屨亦是喪屨故鄭云喪屨也云縷不灰治曰繐者斬衰冠六升傳云

儀禮疏 卷之一 汲古閣

鍛而勿灰則四升半不灰治可知言此者欲見大
功未可以冠子恐人以冠子故於屨末因禁之也
記冠義【疏】釋曰凡言記者皆是記經不備兼記經外
遠古之言鄭註燕禮云後世衰微幽厲尤
甚禮樂之書稍稍廢棄蓋自爾之後有記乎又案喪
服記子夏爲之作傳不應自造還自解之記當在子
夏之前孔子時未知定誰所錄云冠義者記子冠中
之義也者記時不同故有二記此則在子夏前其周
禮考工記六國時所錄故遭秦燔滅典籍有韋氏雕
氏闕其記則在秦漢之際儒者加之故王制有正聽
之棘木之下異時所
記故其言亦殊也　始冠緇布之冠也太古冠布齊
則緇之其緌也孔子曰吾未之聞也冠而敝之可也
【註】太古唐虞以上緌纓飾未之聞太古質無飾重古
始冠冠其齊冠白布冠今之喪冠是也【疏】【註】太古至是也○釋

曰此經直言加緇布冠不言有緌無緌又不言加冠
之後此緇布冠更著與不故言不緌不更著之事也
云太古冠布者謂著白布冠也云齊則緇之者將祭
而齊則爲緇者以鬼神尚幽闇也云其緌也孔子曰
吾未之聞也者孔子時有緌者故非時人緌之諸侯
則得著緌故玉藻云緇布冠繢緌諸侯之冠也鄭云
尊者飾也士冠不得緌也云冠而敝之可也者據士
以上冠時用之冠訖則敝之不復著也若庶人猶著
之故詩云彼都人士臺笠緇撮是用緇布冠韜其髮
是庶人常服之矣云太古唐虞以上者此記與郊特
牲皆陳三代之冠云牟追章甫委貌之等鄭註郊特
牲云三代改制齊冠不復用也以白布冠質以爲喪
冠也三代既有此明太古是唐虞以上可知云緌纓
飾未之聞太古質蓋亦無飾者此經據孔子時非其
著緌未知太古有緌以是故鄭云太古質無飾也云
重古始冠冠其齊冠者以經云始冠緇布之冠即云
太古冠布則齊冠一也故鄭云冠其齊冠也云白布
冠者今之喪冠是也者以其太古時吉凶同服白布

儀禮疏 卷之一 五十五 汲古閣

儀禮疏 卷之一 汲古閣

冠未有喪冠三代有牟追之等則以白布
冠爲喪冠若然喪服起自夏禹以下也　適子冠於
阼以著代也醮於客位加有成也三加彌尊諭其志
也【疏】釋曰此記人說夏殷法可兼于周以其於阼及
三加皆同唯醮禮有異故知舉一以見二也
冠而字之敬其名也【註】名者質所受於父母冠成人
益文故敬之【疏】【註】名者至敬之○釋曰案內則云子
生三月父名之不言母今云受於父
母者夫婦一體受父即是受於母故兼言也云冠成
人益文者對名是受於父母爲質字者受於賓爲文
故君父之前稱名至於他
人稱字也是字敬名也

思考與練習

1. 何爲“元服”？
2. 歸納本篇表示“善，美好”意義的詞。
3. 如何理解“仲、叔、季，唯其所當”？

（二）士昏禮（節選）

婦至主人揖婦以入及寢門揖入升自西階媵布席
于奧夫入于室卽席婦尊西南面媵御沃盥交。媵以證
反奧烏報反御依註音訝下並同【注】升自西階道婦入也媵送也謂
女從者也御當爲訝訝迎也謂壻從者也媵沃壻盥
於南洗御沃婦盥於北洗夫婦始接情有廉恥媵御
交道其志。道音導【疏】婦至至盥交。釋曰此明夫導於婦入門升階及對席媵御沃盥之
儀云主人揖婦以入者此則詩云好人提提宛若左辟是也云夫入于室卽席者謂壻也婦在尊西未設
儀禮疏　卷之二　汲古閣
席壻既爲主東面須設饌訖乃設對席揖卽對席爲前後至之便故也。【注】升自至其志。釋曰云升自
西階道婦入也者以尋常賓客主人在東賓在西今主人與妻俱升西階故云道婦入也云媵送也謂女
從者也者卽姪娣也云御當爲訝訝迎也謂壻從者也者以其與婦人爲盥非男子之事謂夫家之賤者
也知媵沃壻盥於南洗御沃婦盥於北洗者以其有南北二洗又云媵御沃盥交明知夫婦與媵御南北
交相沃盥也
贊者徹尊冪舉者盥出除鼏舉鼎入陳于阼
階南西面北上匕俎從設【注】執匕者執俎者從鼎而
入設之匕所以別出牲體也俎所以載也。別彼列反【疏】
【注】執匕至載也。釋曰案特牲少牢公食與有司徹及此昏禮等執匕俎舉鼎各別人者此吉禮尚威儀
故也士喪禮舉鼎右人以右手執匕左人以左手執俎舉鼎人兼執匕俎者喪禮略也云從設者以從男

之事故從吉祭法也公食執匕俎之人入加匕於鼎陳俎於鼎南其匕與載皆舉鼎者爲之特牲註云右
人也尊者於事指使可也則右人於鼎北南面匕肉出之左人於鼎西俎南北面承取肉載於俎士虞右
人載者喪祭少變故在西方長者在左也今昏禮鬼神陰陽當與特牲禮同亦右人匕左人載遂執俎而
立以待設也云匕所以別出牲體也者凡牲有體別爲肩臂臑肫胳脊脅之等於鼎以大別匕出之載者
依其體別以大載之於俎故云別出牲體也
北面載執而俟【注】執俎而立
俟豆先設【疏】【注】執俎至先設。釋曰知俟豆先設者下文菹醢後乃云俎入設于豆東故知
也
匕者逆退復位于門東北面西上【注】執匕者事畢
逆退由便至此乃著其位略賤也【疏】【注】執匕至賤也。釋曰云至此
乃著其位略賤也者案士冠未行事陳主人位訖卽言兄弟及擯者之位於此初陳鼎門外時不見執匕
儀禮疏　卷之二　二十四　汲古閣
者位至此乃著其位故言略賤也
贊者設醬于席前菹醢在其北俎
入設于豆東魚次腊特于俎北【注】豆東菹醢之東【疏】
【注】豆東菹醢之東。釋曰醬與菹醢俱在豆知不在醬東者下文醬東有黍稷故知在菹醢東也
贊
設黍于醬東稷在其東設湆于醬南【注】饌要方也【疏】
【注】饌要方也。釋曰豆東兩俎醬東黍稷是其要方也
設對醬于東【注】對醬婦
醬也設之當特俎【疏】【注】對醬至特俎。釋曰壻東面設醬在南爲右婦西面則醬在
此爲右皆以右手取之爲便故知設之當特俎東也
菹醢在其南北上設黍于
腊北其西稷設湆于醬北御布對席贊啓會卻于敦
南對敦于北。會古外反卻去逆反【注】啓發也今文啓作開古

文卻為縚【疏】釋曰葅醢在其南北上者謂葅在醬南其南有葅有醢若埒醢在葅北從南向北陳為南上此從北向南陳亦醢在葅南為北上也云湆卽上文大羹湆在爨者羹宜熱臨食乃將入是以公食大夫云大羹湆不和實于鐙由門入公設之于醬西是也又主人食公食大夫是也特牲士虞等為神設皆為敬尸尸亦不食也鄉飲酒鄉射燕禮大射不設者湆非飲食之具故無也少牢無湆者文不備有司徹有湆者賓尸禮褻故有之與少牢禮異也云設湆于醬北者案上設埒湆于醬南在醬黍之南特俎出於饌北此設婦湆於醬北在特俎東饌內則不得要方上註云要方者據大判而言耳云啓會郤于敦南對敦于北者取埒東面以南為右婦西面以北為右各取便也郤仰也謂仰於地也 贊告具揖婦卽對筵皆坐皆祭祭薦黍稷肺【注】贊者西面告饌具也埒揖婦使卽席薦葅醢【疏】【注】贊者至葅醢○釋曰知贊者

西面告饌具者以其所告者宜告主人主人東面知西面告也云薦葅醢者以其儀禮之內單言薦者皆據籩豆而言也 贊爾黍授肺脊皆食以湆醬皆祭舉食舉也【注】爾移也移置席上便其食也皆食食黍也以用也用者謂用口啜湆用指㖒醬古文黍作稷○啜昌悅反㖒子闒反【疏】贊爾至舉也○釋曰云祭舉食舉也者舉謂舉者祭肺也○【注】爾移至作稷○釋曰云爾移也者爾訓為近謂移之使近人故云移置席上便其食也案玉藻云食坐盡前謂臨席前畔則不得移黍於席上此云移置席上者鬼神陰陽故此昏禮從特牲祭祀云皆食食黍也者案特牲少牢祭舉食舉乃飯此先食黍乃祭舉相反者彼九飯禮成故先食舉以為導食氣此三飯禮略故不須導也此先爾黍稷後授肺特牲亦然以其士禮同也少牢佐食先以舉肺脊授

尸乃爾黍者大夫禮與士異故也然士虞亦先授舉肺脊後乃爾黍者喪禮與吉反故也云用者謂用口啜湆用指㖒醬者以其大羹汁不用箸醬又不須以箸故用口啜湆用指㖒醬也 三飯卒食○飯扶晩反訖及下同【注】卒已也同牢示親不主為食起三飯而成禮也○為于偽反【疏】【注】同牢至禮也○釋曰云同牢示親不主為食起者少牢十一飯特牲九飯而禮成此獨三飯故云同牢示親不主為食起三飯而成禮也 贊洗爵酌酳主人主人拜受贊戶內北面答拜酳婦亦如之皆祭【注】酳漱也酳之言演也安也漱所以潔口且演安其所食酳酌內尊○漱所又反演以善反【疏】贊洗至皆祭○釋曰自此至尊否論夫婦食訖酳乃徹饌於房之節云主人拜受者埒拜當東面酳婦亦如之者婦拜當南面是以少牢云饗皆答

拜鄭註云在東面席者東面拜在西面席者皆南面拜故知婦拜南面若贊答婦拜亦於戶內北面也云皆祭者祭先也○【注】酳漱至內尊○釋曰云酳漱也酳之言演也安也漱所以潔口且演安其所食者案特牲云主人洗角升酌酳尸註云酳猶衍也是獻尸也謂之酳者尸既卒食又欲頤衍養樂之又少牢云主人酌酒乃酳尸註云酳猶羡也既食之而又飲之所以樂之三註不同者文有詳略相兼乃具士虞亦是酳尸註直云酳安食也不言養樂及羡者喪故略之此三酳俱不言獻皆云酳直取其潔故註云漱所以潔口演安其所食亦頤衍養樂之義知酳酌內尊者以下文云贊酌于戶外尊故知此夫婦酌內尊也 贊以肝從皆振祭嚌肝皆實于葅豆○嚌才計反【注】肝肝炙也飲酒宜有肴以安之○炙之夜反【疏】釋曰案特牲少牢獻尸以肝從尸嚌之加于葅豆與此同禮之正也主人與祝亦以肝從加於俎不加於豆者下尸故不敢同之也士虞

獻尸尸以肵加於俎者喪祭故鄭云加於俎從其牲體也以喪不志於味但此云實不云加異於祭故也

卒爵皆拜【注】婦拜見上篇見母章此篇婦見奠菜一章及內則女拜尚右手**贊答拜受爵再酳如初無從**

三酳用巹亦如之【注】亦無從也【疏】【注】亦無從也○釋曰卒爵皆拜贊答拜者獻主處也云再酳如初者如自贊洗爵以下至答拜受爵也云亦無從也者三酳用巹亦如之亦自贊洗爵至受爵鄭直云亦無從用巹文承再酳之下明知事事如再酳以其初酳有從再酳如初無從三酳用巹亦無從故鄭以亦無從言之其實皆同再酳也

贊洗爵酌于戶外尊入戶西北面奠爵拜皆答拜坐祭卒爵拜皆答拜興【注】贊酌者自酢也【疏】釋曰言皆者皆夫婦也三酳乃酌外尊自酢者皆是略賤者也既合巹乃用爵不嫌相襲爵明更洗餘爵也

主人出婦復位【注】復尊西南面之位【疏】【注】復尊西南面之位○釋曰直云主人出不云處所案下文云主人說服于房矣則此時亦東房矣云復尊西南面之位者婦人不宜出復入故因舊位而立也

乃徹于房中如設于室尊否【注】徹室中之饌設于房中為媵御餕之徹尊不設有外尊也○為于偽反【疏】釋曰經云乃徹于房中如設于室雖據豆俎而言理兼於尊矣故云徹尊不設有外尊明徹中兼尊也云尊否者唯尊不設于房中而言也知為媵御餕之者下文云媵餕主人之餘已下是也

主人說服于房媵受婦說服于室御授姆授巾○說吐活反【注】巾所以自潔清今文說作稅○稅詩銳反【疏】釋曰自此至呼則聞論夫婦寢息及媵御餕之事也云主人說服于房媵受婦說服于室御受者與沃盥交同亦是交接有漸之義也疊今文為稅不從者稅是追服之言非脫去之義故不從也

御衽于奧媵衽良席在東皆有枕北止○衽而甚反【注】衽臥席也婦人稱夫曰良孟子曰將瞯良人之所之止足也古文止作趾○瞯古遍反【疏】【注】衽臥至作趾○釋曰衽于奧主于婦席使御布婦席使媵布夫席此亦示交接有漸之義也云衽臥席也者案曲禮云請席何鄉請衽何趾鄭云坐問鄉臥問趾因於陰陽彼衽稱趾明衽臥席也若然前布同牢席夫在西婦在東今乃夫在東婦在西易處者前者示有陰陽交會有漸故男西女東今取陽往就陰故男女各於其方也云孟子者案孟子離婁篇云齊人有一妻一妾而處室者其良人出則必饜酒肉而後反其妻問所與飲食者則盡富貴也而未嘗有顯者來吾將瞯良人之所之註云瞯視也彼瞯為視亦得為見故鄭此註為見也引之者證婦人稱夫為良人之義也云古文止作趾者雖疊古文趾為足亦一義也

主人入親說婦之纓○說吐活反【注】入者從房還入室也婦人十五許嫁笄而禮之因著纓明有繫也蓋以五采為之其制未聞○著昭略反【疏】【注】入者至未聞○釋曰知從房還入室者夫前出說服於房今言入明從房入室也云婦人十五許嫁笄而禮之因著纓者案曲禮云女子許嫁纓又云女子許嫁笄而字鄭據此許嫁文而言但言十五許嫁則以十五為限則自十五以上皆可許嫁也云明有繫也者纓是繫物為之明有繫也云蓋以五采為之者以周禮巾車職五路皆有繁纓就數鄭註纓皆用五采罽為之此纓雖用絲為之當用五采但無文故云蓋以疑之也云其制未聞者此纓與男子冠纓異彼纓垂之兩傍結其絛此女子纓不同於彼故云其制未聞但纓有二時不同內則云男女未冠笄者總角衿纓皆佩容臭鄭註

1. 結合古文字形體來理解“即”的意義。

2. 解釋“媵”“御”“贊者”“舉者”“匕”“俎”等字詞。

3. 用現代漢語翻譯三飯成禮的流程。

云容臭香物也以纓佩之爲迫尊者給小使也此是
幼時纓也內則又云婦事舅姑子事父母衿纓綦屨
註云衿猶結也婦人有纓示繫屬也是婦人女子有
二時之纓內則示有繫屬之纓即許嫁之纓與此說
纓一也若然笄亦有二等案問喪親始死笄纚據男
子去冠仍有笄與婦人之笄竝有安髮之笄也爵弁
皮弁及六冕之笄皆是
固冠冕之笄是其二也燭出【註】昏禮畢將臥息媵餕
主人之餘御餕婦餘贊酌外尊酳之【註】外尊房戶外
之東尊【疏】釋曰亦陰陽交接之義云酌外尊
者賤不敢與主人同酌內尊也媵侍于
戶外呼則聞【註】爲尊者有所徵求今文侍作待【疏】釋曰
不使御侍于戶外供承夫婦者
以女爲主故使媵侍于戶外也夙興婦沐浴纚笄宵
衣以俟見○見賢遍反
註及下皆同【註】夙早也昏明日之晨興起

儀禮疏 卷之二 二十九 汲古閣

（三）士相見禮（節選）

儀禮註疏卷第三

漢鄭 氏註

唐賈公彥疏

士相見禮第三【註】鄭目錄云士以職位相親始承摯
相見之禮雜記會葬禮曰相見也反哭而退朋友虞
祔而退士相見於五禮屬賓禮大小戴及別錄皆第
三【疏】釋曰鄭云士以職位相親始承摯相見者釋經
亦有大夫及庶人見君之禮亦有士見大夫之
法獨以士相見爲名者以其兩士職位不殊同類昵
近故以士相見爲目云雜記會葬禮曰相見也反哭
而退朋友虞祔而退者以送葬之禮恩厚者退遲恩
薄者退疾引之者證有執摯相見之義也云士相見

儀禮疏 卷之三 一 汲古閣

於五禮屬賓禮者案周禮大宗伯五禮賓禮之別有
八春朝夏宗秋覲冬遇時會殷同此六者是五等諸
侯見天子兼有自相朝覲之禮彼又云時聘曰問殷
頫曰視二者是諸侯使臣出聘天子及自相聘之禮
竝執玉帛而行無執禽摯之法此屬直新升爲士大
夫之等同國執禽摯相見及見君之禮雖非出聘亦
是賓主相見之法故屬賓禮也且士卑唯得作介從
君與卿大夫出向他國無身自聘問之事案周禮行
人是士官其有美惡無禮特行無介始得出向他邦
亦非聘問之法也然昏冠及喪祭尊卑各自有禮及
執摯相見唯有此士相見其篇內含卿大夫相見以
其新升爲士或士自相見或士往見卿大夫或卿大
夫下見士或見已國君或士大夫見他國君來朝者
新出仕從微至著以士爲先後更有功乃升爲大夫
已上故以士爲總號也又天子之孤卿大夫士與諸
侯之孤卿大夫士執摯既同相見之禮亦無別也
士相見之禮○贄冬用雉夏用腒左頭奉之曰某也願

見無由達某子以命命某見○贄本又作摯音同腒其居反奉芳勇反下同見賢遍反凡卑於尊曰見敵而曰見謙敬之辭也下以意求之他皆倣此【注】贄所執以至者君子見於所尊敬必執贄以將其厚意也士贄用雉者取其耿介交有時別有倫也雉必用死者爲其不可生服也夏用腒備腐臭也左頭頭陽也無由達言久無因緣以自達也某子今所因緣之姓名也以命者稱述主人之意今文頭爲脰○耿古幸反介音界別彼列反爲于僞反脰音豆【疏】士相見至某見○釋曰自此至送于門外再拜論士與士相見之事也云某也願見無由達者謂新升爲士欲見舊爲士者謂久無紹介中間之人達彼此之意雖願見無由得與主人通達相見也云某子以命命某見者某子是紹介中間之人姓名以主人之命命某是賓之名命某來見主人也案少儀始見君子者辭曰某固願聞名於將命者謂以卑見尊法彼又云敵者曰某固願見於將命者此兩士相見亦是敵者不言願見於將命者此既言願見無由達見敵者始欲相見案下文及還摯者皆云於將命者明此亦有願見於將命者不言者文不具也○注贄所至爲脰○釋曰云贄所執以至者贄得訓爲至新升爲士者彼人相見欲相尊敬必執禽鳥始得至故云贄所執以至者也云士贄用雉者對大夫已上所執羔鴈不同也云取其耿介交有時別有倫也者倫類也雉交接有時至於別後則雄雌不雜謂春交秋別也士之義亦然義取耿介不犯於上也云雉必用死者爲其不可生服也者經直云冬用雉知用死雉者尚書云三帛二生一死雉則雉義取耿介爲君致死也云夏用腒備腐臭也者案周禮庖人云春行羔豚夏行腒鱐鄭云腒乾雉鱐乾魚腒鱐暵熱而乾乾則不腐臭故此取不腐臭也冬時雖死

儀禮疏 卷之三 十二 汲古閣

形體不與故存本名稱曰雉夏爲乾腒形體與故變本名稱曰腒也云左頭頭陽也者曲禮云執禽者左首雉與羔鴈同是合生執之物以不可生服故殺之雖死猶尚左以從陽也云某子今所因緣之姓名也者謂紹介之姓名云以命者稱述主人之意者言紹介之人稱述主人之辭意傳來賓也云今文頭爲脰者鄭不從今文者以其脰項也項不得爲頭故不從也但此云某子以命命某見謂舊未相見今始來見主人故須某子傳通孺悲欲見孔子不由紹介故孔子辭以疾且經云某子鄭云某子今所因緣之姓名案鄉飲酒云某子受酬注云某者衆賓姓又鄉射云某酬某子註云某子者氏也與此註某子爲姓名不同者彼旅酬下爲上尊敬在上以公羊傳名不若字字不若子故下者稱姓以配子彼對面語故不言名此非對面之言於彼遙稱紹介之意若不言名直稱姓是何人故鄭以姓名解之也若然特牲云皇祖某子註爲伯子仲子者以孫不宜云父祖姓故以伯子仲子言之望經爲義故註有姝若然註宜有名無者誤也主人對曰某子命某見吾子有辱請吾子之就家也某將走見【注】有又也某子命某往見今吾子又自辱來序其意也走猶往也今文無走【疏】主人至走見○釋曰云某子命某見者某子則是紹介姓名以某子是中間之人故賓主共稱之也此上下皆言請不言辭辭而不受須相見故言請而已○注有又至無走○釋曰鄭轉有爲又者以言某子以命命某往就彼見吾子又自辱來於義爲便故從又不從有也云走猶往也者以言走直取急往相見之意非走驟之義故釋從往也云今文無走字者無走於文義不足故不從今文從古文也賓對曰某不足以辱命請終賜見【注】命謂請吾子之就家主人對曰某不敢爲儀固請吾子之就家也某將走見【注】不敢爲儀

儀禮疏 卷之三 十三 汲古閣

言不敢外貌爲威儀忠誠欲往也固如故也今文不爲非古文云固以請【疏】【注】不敢至以請○釋曰固如故也者固爲堅固堅固則如故以再請如前故云固如故也云今文不爲非者云非敢於義不便故不從今文非也云古文云固以請者固請於文從便若有以字於文賖緩故不從古文固以請也 賓對曰某不敢爲儀固以請【注】言如固請終賜見也今文不爲非 主人對曰某也固辭不得命將走見聞吾子稱贄敢辭贄【注】不得命者不得見許之命也走猶出也稱舉也辭其贄爲其大崇也古文曰某將走見 ○大音泰下同【疏】【注】不得至走見○釋曰云走猶出也者亦如上之走往彼據向賓家故走爲往此據出門故云走猶出也云辭其贄爲其

大崇也者凡賓主相見唯此新升爲士有贄又初不相識故有贄爲重對重相見則無贄爲輕是以始相見辭之爲大崇故也云古文曰某將走見者上再番皆云某將走見今此三者亦云某將走見與前同此疊古文不從者以上第一番請賓主皆無不敢爲儀第二番賓及主人皆云不敢爲儀文句既與若不云某於文不便故須云某也此三番於上已云其也固辭不得命於下不須云某於文便古文更云某將走見文疊故不從也 賓對曰某不以贄不敢見【注】見於所尊敬而無贄嫌大簡【疏】【注】見於至大簡○釋曰此士相見唯是平敵相抗案曲禮云主人敬客則先拜客客敬主人則先拜主人竝不問爵之大小唯以相尊敬爲先後故雖兩士亦得云相尊敬不敢空手須以摯相見若無摯相見是則大簡畧也 主人對曰某不足以習禮敢固辭【注】言不足習禮者不敢當其崇禮來見已【疏】

【注】言不至見已○釋曰案上經賓云某不以摯不敢見是賓以崇禮來見主人今主人不敢當其崇禮來見已故變文言不足以習禮故鄭云言不足習禮者不敢當其崇禮來見已也 賓對曰某也不依於贄不敢見固以請【注】言依於贄謙自卑也【疏】【注】言依至卑也○釋曰凡相見之禮以卑見尊必依摯禮記檀弓云魯人有周豐也者哀公執摯請見之者是下賢非正法今士相見云不依於摯不敢見謙自卑也 主人對曰某也固辭不得命敢不敬從出迎于門外再拜賓答再拜主人揖入門右賓奉贄入門左主人再拜受賓再拜送贄出【注】右就右也左就左也受贄於庭既拜受送則出矣不受贄於堂下人君也今文無也 ○下遐嫁反【疏】【注】右就至

無也○釋曰凡門出則以西爲右以東爲左入則以東爲右以西爲左依賓西主東之位也知受摯於庭者以其入門左右不言揖讓而升之事故知在庭也云既拜送則出矣者欲見賓拜送摯訖而言出則去還家無意得待主人留已也云不受摯於堂下人君也者聘禮賓升堂致命授玉又下云君在堂升見無方階亦是升堂見君法故云不於堂下人君也 主人請見賓反見退主人送于門外再拜【注】請見者爲賓崇禮來相接以矜莊歡心未交也賓反見則燕矣下云凡燕見於君至凡侍坐於君子博記反見之燕義臣初見於君再拜奠贄而出【疏】【注】請見至而出○釋曰鄭解主人留賓之意云請見者爲賓崇禮來相接則執摯來見也云以矜莊歡心未交也者正謂入門拜受拜送時賓主俱矜莊相敬歡心未交也云賓反見則燕矣者上

思考與練習

1. 如何理解“某將走見”？

2. “稱贄”的“稱”如何理解？分析得義之由。

3. 結合古文字字形談談“命”“令”的關係。

士冠禮賓士昏納采之等禮記皆有禮賓饗賓之事
明此行禮主人留必不虛宜有歡燕故云則燕矣以
摯相見非聘問之禮燕既在寢明前相見亦在寢之
庭矣若諸文有留賓者多是禮賓之事知此不行禮
賓而云燕者彼諸文皆是爲餘事相見以其事重故
爲禮賓此直當身相見其事輕故直有燕矣是以諸
文禮賓此燕賓故直云請見也云凡燕見於君至反
見之燕義者凡燕見或反見或本來侍坐非反見下
註云此謂特見圖事非立賓主之燕是也侍坐於君
子之下乃有侍坐問夜膳葷賜食爵之等不引證燕
見者彼直是侍坐法非燕見之禮故也云臣初見於
君再拜奠摯而出者鄭欲見自燕見于君下至凡侍
坐於君子皆反見燕法其中仍有臣見于君法臣始
事見于君法禮畢奠摯而出君亦當遣人留之燕也
若然下有他邦之人則還摯雖不見反
燕臣尚燕他邦有燕可知但文不具也

第五章　禮　記

一、典籍簡介

《禮記》或稱《小戴禮記》《小戴記》，西漢戴聖纂輯，是先秦至秦漢時期禮學類文獻的選集。現存四十九篇，全書九萬九千餘字。

戴聖，字次君，世稱“小戴”，西漢梁國（都城在今河南商丘市睢陽區）人，曾官至九江太守。戴聖原爲治《儀禮》的名家，《漢書·儒林傳》載：“孟卿，東海人也。事蕭奮，以授后倉、魯閭丘卿。倉説《禮》數萬言，號曰《后氏曲臺記》，授沛聞人通漢子方、梁戴德延君、戴聖次君、沛慶普孝公。孝公爲東平太傅。德號大戴，爲信都太傅；聖號小戴，以博士論石渠，至九江太守。由是《禮》有大戴、小戴、慶氏之學。”《漢書·藝文志》載：“漢興，魯高堂生傳《士禮》十七篇。訖孝宣世，后倉最明。戴德、戴聖、慶普皆其弟子，三家立於學官。”從文中記載可以知道，戴聖約在漢宣帝時被立爲博士，並參加石渠閣會議，衆博士成禮《議奏》三十八篇。

至於《禮記》各篇的作者，則莫衷一是。《史記·孔子世家》言：“子思作《中庸》。”《漢書·藝文志》“《記》百三十一篇”班固自注：“七十子後學者所記也。”這基本是兩漢時期關於《禮記》作者的認識。此後學者續有發明，如三國魏張揖《上廣雅表》説“魯人叔孫通撰置《禮記》”，《隋書・音樂志》引梁沈約之言：“《月令》取《吕氏春秋》，《中庸》《表記》《防記》《緇衣》，皆取《子思子》，《樂記》取《公孫尼子》。”《禮記正義》載：“至孔子没後，七十二之徒共撰所聞，以爲此《記》。或録舊禮之義，或録變禮所由，或兼記體履，或雜序得失，故編而録之，以爲《記》也。《中庸》是子思伋所作，《緇衣》公孫尼子所撰。鄭康成云：《月令》，吕不韋所修。盧植云：《王制》，謂漢文時博士所録。其餘衆篇，皆如此例，但未能盡知所記之人也。”陸德明《經典釋文叙録》調和諸家之説，認爲：“《禮記》者，本孔子門徒共撰所聞，以爲此記，後人通儒各有損益。”

彭林結合郭店簡、上博簡《緇衣》等材料認爲，《禮記》諸篇應寫成於戰國時代。①《禮記》第一類爲傳經之作，如“吉禮”前六篇《冠義》《昏義》《鄉飲酒義》《射義》《燕義》《聘義》，依附於《儀禮》的《士冠禮》《士昏禮》《鄉飲酒禮》《大射禮》《燕禮》《聘禮》；《投壺》是《儀禮》逸篇；吉禮七篇、祭禮四篇及《深衣》，依附於《儀禮》的《喪服》《士喪禮》《士虞禮》《少牢饋食禮》《特牲饋食禮》等。這些篇章當作於先秦。第二類爲泛論禮意而作，與《儀禮》没有直接關係，鄭玄所列“通論”十六篇、《樂記》《禮器》皆此類。這類時代争議最大，但對照出土文獻後，目前基本可以確定通論諸篇也多作於戰國。第三類記述《儀禮》以外的禮制，《月令》《名堂位》《文王世子》《内則》《曲禮》《王制》《少儀》等屬於此類。這些篇章基本是孔門弟子所作，争議不大。

《禮記》的内容十分駁雜，其篇目編次上也顯示不出具體義例。因此，劉向《别録》將《禮記》諸篇分類。鄭玄注《禮記》時，作《目録》，加以引用。《禮記正義》則照録之。如《曲禮上》：“鄭《目録》云：“名曰《曲禮》者，以其篇記五禮之事。……此於《别録》屬《制度》。”結合《别録》分類，可以將《禮記》四十九篇分爲如下九類：

(1)通論十六篇：《檀弓上》《檀弓下》《禮運》《玉藻》《大傳》《學記》《經解》《哀公問》《仲尼燕居》《孔子閒居》《坊記》《中庸》《表記》《緇衣》《儒行》《大學》。

(2)喪服十一篇：《曾子問》《喪服小記》《雜記上》《雜記下》《喪大記》《問喪》《服問》《奔喪》《間傳》《三年問》《喪服四制》。

(3)吉禮七篇：《冠義》《昏義》《鄉飲酒義》《射義》《燕義》《聘義》《投壺》。

(4)制度六篇：《曲禮上》《曲禮下》《王制》《禮器》《少儀》《深衣》。

(5)祭禮四篇：《郊特牲》《祭法》《祭義》《祭統》。

(6)明堂陰陽二篇：《月令》《名堂位》。

(7)世子法一篇：《文王世子》。

(8)子法一篇：《内則》。

(9)樂記一篇：《樂記》。

① 撰作時代及内容分類參見彭林：《郭店簡與〈禮記〉的年代》，《中國哲學》2000年第21輯《郭店簡與儒學研究》，第41-59頁。

根據《禮記》四十九篇篇名和内容的關係，楊天宇將之分成五大類①：

(1)依據篇中所記主要内容命名，有《王制》《月令》《禮運》《内則》《喪服小記》《學記》《樂記》《祭法》《祭義》《坊記》《三年問》《奔喪》《深衣》《投壺》《儒行》《冠義》《昏義》《鄉飲酒義》《射義》《燕義》《聘義》《喪服四制》等二十二篇。

(2)僅據首節或僅據篇中部分内容命名，有《檀弓》(上、下)、《文王世子》《祭統》《經解》《中庸》《表記》《問喪》等八篇。

(3)取篇首或首句中若干字，或取篇中若干字命名，有《曾子問》《禮器》《郊特牲》《玉藻》《明堂位》《哀公問》《仲尼燕居》《孔子閒居》《緇衣》《大學》等十篇。

(4)以所記内容的性質命名，有《曲禮》(上、下)、《大傳》《少儀》《雜記》(上、下)、《喪大記》等七篇。

(5)命名之由不詳，有《服問》《間傳》兩篇。

談到《禮記》，還要注意它與《大戴禮記》的關係。前人曾有"小戴删大戴"之説(《經典釋文叙録》引晉人陳邵的説法)，清儒戴震、錢大昕等駁斥之。一般認爲，《大戴禮記》《小戴禮記》大致有着相同的材料來源。大、小戴都跟從后蒼學習《士禮》，有着相同師承，又各自以禮學名家，教授生徒，然後各自采擇古文舊記、經師解説等纂輯成《禮記》類書。二者所能取用的禮類文獻基本相似，因此，各自所選輯的《禮記》，性質上是相同的。二書所選篇章，大致分爲兩類。②

(一)内容相同或相似篇章

(1)所收内容相同、篇名相同或近同之篇。大、小戴《禮記》所收内容相同、篇名相同或近同的有《投壺》和《哀公問》。二書都收入《投壺》篇，篇名相同，内容也大體相同。《禮記·哀公問》篇，《大戴禮記》名爲《哀公問於孔子》，篇名取篇首文字，《哀公問》與《哀公問於孔子》文字除少數不同，全篇基本一致，均爲哀公向孔子問禮和問政諸事。

(2)所收内容互雜之文。大、小戴《禮記》有些篇中内容互有交錯，其中的部分文字是相同的，如《大戴禮記》之《曾子大孝》《諸侯釁廟》《朝事》《本命》，分别與《小戴禮記》之《祭義》《雜記》《聘義》《喪服四制》部分内容互有錯雜。這些篇章雖然不是整篇相同，但其中的相關部分是一致的。

(二)内容不同篇章各有側重

大、小戴《禮記》的多數篇章並不相同，各具特點。這類篇章中，有些屬於同類性質的禮文，如二戴都有時令物候類文獻，包括《小戴禮記·月令》與大戴所收《夏小正》等。

① 參見楊天宇:《禮記譯注·前言》，上海古籍出版社，2004年，第22-23頁。

② 參見祝國紅:《大、小戴〈禮記〉關係考論》，《孔子研究》2014年第5期。

二書都收録明堂陰陽類禮文，大戴之《盛德》《明堂》《易本命》與小戴之《明堂位》即是。有些則在禮文編選上各有側重，如《大戴禮記》收入《曾子》十篇，其中《曾子本孝》《曾子立孝》《曾子大孝》《曾子事父母》諸篇言事父母以孝道之理。《小戴禮記》則更多關注喪禮，有十四篇之多；另外，小戴之《冠義》《昏義》《鄉飲酒義》《射義》《燕義》《聘義》諸篇，皆以"義"名篇，與《儀禮》聯繫最爲密切，是對相關禮儀之"義"的闡發，可以看作是《儀禮》對應篇章的解經之作。

《禮記》的語言風格總體上趨於典雅。但相較於《周禮》《儀禮》，書中也使用了不少口語化的表達。如《檀弓上》記載："伯魚之母死，期而猶哭。夫子聞之曰：'誰與哭者？'門人曰：'鯉也。'夫子曰：'嘻！其甚也。'伯魚聞之，遂除之。"文中"嘻！其甚也"以感嘆之語將孔子的不滿之意表達無遺，語言非常通俗。書中還有類似謡諺的句子，琅琅上口而又簡單易記。如《曲禮上》："鄰有喪，舂不相；里有殯，不巷歌。"《學記》云："玉不琢，不成器。人不學，不知道。"《坊記》："父母在，不稱老。"[①]

有關《禮記》語言學研究的相關論著有：李宇哲《〈禮記〉句子及主語研究》（北京師範大學博士學位論文，2000 年），吕雲生《〈禮記〉動詞的語義分類研究》（中國廣播電視出版社，2009 年），楊雅麗《〈禮記〉語言學與文化學闡釋》（人民出版社，2011 年），劉興均等《"三禮"名物詞研究》（商務印書館，2016 年），等等。

《禮記》注本主要有：東漢鄭玄注、唐孔穎達疏《禮記正義》（見清阮元《十三經注疏》），元陳澔《禮記集説》，清朱彬撰《禮記訓纂》，孫希旦撰《禮記集解》，等等。適合初學者閱讀的有楊天宇《禮記譯注》（上海古籍出版社，2004 年）和胡平生、張萌譯注《禮記》（中華書局，2017 年）。

目前出版的郭店簡、上博簡等都有與《禮記》類似的篇章（如上博簡《緇衣》等）。2019 年，海昏侯劉賀墓出土部分簡牘，其中也發現了少量未見于今本《禮記》的禮制類文句，具體研究工作則需要待這批簡牘完全出版後才能展開。本教材所據爲國家圖書館藏宋淳熙四年撫州公使庫刻本《禮記》（"大同"篇、"大學之道"篇）、國家圖書館藏宋紹熙三年兩浙東路茶鹽司記得宋元遞修本《禮記正義》（"博學"篇、"苛政猛於虎"篇、"有子之言似夫子"篇）（《中華再造善本》影印本，北京圖書館出版社，2003 年）。

問題

1. 簡要對比《禮記》和《大戴禮記》的異同。
2. 結合《别録》分目，對《禮記》諸篇進行分類。
3. 除上博簡《緇衣》外，簡要指出郭店簡、上博簡還有哪些與《禮記》類似的篇章。

---

① 參見盧静：《〈禮記〉文學研究》，西安交通大學出版社，2013 年，第 126-128 頁。

二、文選篇目

(一)昔者仲尼與於蜡賓①

禮記卷第七(今亡代之亂既失周礼又廢漢時以爲亂人君欲治天下必案大於礼積而至於大順則亦可以復大同之世矣)

禮運第九(劉氏別錄屬通論) 禮記 鄭氏注

昔者仲尼與於蜡賓(蜡者索也歲十二月合聚萬物而索饗之亦祭宗廟時孔子仕魯在助祭之中)事畢出遊於觀之上喟然而嘆(觀闕也孔子見魯君於祭禮有不備於此又覩象魏舊章之處感而嘆之)仲尼之嘆蓋嘆魯也言偃在側曰君子何嘆(言偃孔子弟子子游)孔子曰大道之行也與三代之英丘未之逮也而有志焉(大道謂五帝時也英俊選之尤者逮及也言不及見志謂識古文不言魯事爲其大切廣言之)大道之行也天下爲公選賢與能講信脩睦(公猶共也禪位授聖不家之睦親也)故人不獨親其親不獨子其子(孝慈之道廣也)使老有所終壯有所用幼有所長矜寡孤獨廢疾者皆有所養(無匱乏也)男有分(分猶職也)女有歸(皆得良奧之家)貨惡其弃於地也不必藏於己力惡其不出於身也不必爲己(勞事不憚施無吝心仁厚之教也)是故謀閉而不興盜竊亂賊而不作(尚辭讓之故也)故外戶而不閉(樂風氣而已)是謂大同(同猶和也平也)今大道既隱(隱猶去也)天下爲家(傳位於子)各親其親各子其子貨力爲己(俗狹嗇)大人世及以爲禮城郭溝池以爲固(亂賊繁多爲此以服之也大人諸侯也)禮義以爲紀以正君臣以篤父子以睦兄弟以和夫婦以設制度以立田里以賢勇知以功爲己故謀用是作而兵由此起(以其違大道敦朴之本也教令之稠其弊則然老子曰法令滋章盜賊多有)禹湯文武成王周公由此其選也(由用也能用禮義以成治)此六君子者未有不謹於禮者也以著其義以考其信著有過刑仁講讓示民有常(考成也刑猶則也)如有不由此者在埶者去衆以爲殃(埶埶位也去罪退之也殃猶禍惡也)是謂小康(康安也大道之人以禮於忠信爲薄言小安者失之則賊亂將作矣)

思考與練習

1. 何爲"蜡賓"?
2. 分析"故人不獨親其親,不獨子其子"中第一個"親""子"的用法。
3. 指出"大同"和"小康"的區別。

① 選自《禮記·禮運》。編者按:本節內容一般選文以"大同"爲題。

(二)博學[1]

博學之審問之

禮記義六十　二十九　王在

慎思之明辨之篤行之有弗學學之弗能弗措也有弗問問之弗知弗措也有弗思思之弗得弗措也有弗辨辨之弗明弗措也有弗行行之弗篤弗措也人一能之己百之人十能之己千之果能此道矣雖愚必明雖柔必強 此勸人學誠其身也果猶決也 疏 正義曰此一經申明上經誠之者擇善而固執之事 有弗學學之弗能弗措也者謂身有事不能常學習常須勤力學之措置也言學不至於能不措置休廢必待能之乃已也以下諸事皆然此一句覆上博學之也 有弗問問之弗知弗措也覆上審問之也有弗思思之弗得弗措也覆上慎思之有弗辨辨之弗明弗措也覆上明辨之也有弗行行之弗篤弗措也覆上篤行之也 人一能之己百之人十能之己千之謂他人性識聰敏一學則能知之己當百倍用功而學使能知之言己加心精勤之多恒百倍於他人也 果能此道矣雖愚必明雖柔必強果謂果決也若決能為此百倍用功之道識慮雖復愚弱而必至明強此勸人學誠其身也

思考與練習

1.“有弗學”“有弗問”等如何理解？
2.列舉文中的形容詞。
3.“人一能之，己百之，人十能之，己千之”中，存在何種語法現象？

---

① 選自《禮記·中庸》。

（三）大學之道[1]

大學第四十二　鄭氏注

大學之道在明明德在親民在止於至善知止而后有定定而后能靜靜而后能安安而后能慮慮而后能得物有本末事有終始知所先後則近道矣 明明德謂顯明其至德也止猶自處也得謂得事之宜也 古之欲明明德於天下者先治其國欲治其國者先齊其家欲齊其家者先脩其身欲脩其身者先正其心欲正其心者先誠其意欲誠其意者先致其知 知謂知善惡吉凶之所終始也 致知在格物 格來也物猶事也其知於善深則來善物其知於惡深則來惡物言事緣人所好來也此致或爲至 物格而后知至知至而后意誠意誠而后心正心正而后身脩身脩而后家齊家齊而后國治國治而后天下平自天子以至於庶人壹是皆以脩身爲本其本亂而末治者否矣其所厚者薄而其所薄者厚未之有也此謂知本此謂知之至也 壹是專行是也

思考與練習

1. 分析“治其國”“齊其家”“修其身”“正其心”的結構關係。
2. 歸納前人對“格物致知”的解釋并加以評斷。
3. 如何理解“壹是”？

① 選自《禮記·大學》。

（四）孔子過泰山側[1]

孔子過泰山側有婦人哭於墓者而哀夫子式而聽之（怪其哀甚）使子貢問之曰子之哭也壹似重有憂者而曰然昔者吾舅死於虎吾夫又死焉今吾子又死焉夫子曰何爲不去也曰無苛政夫子曰小子識之苛政猛於虎也（而猶乃也夫之父曰舅）疏（正義曰此一節論苛政嚴於猛虎之事 子之哭也壹似重有憂者 言子之哭也一似重疊有憂喪者也壹者決定之辭也 而曰然者而乃也婦人哭畢乃答之曰然然猶如是是重疊有憂也）

思考與練習

1. 如何理解“夫子式而聽之”的“式”？
2. 翻譯“壹似重有憂者”。
3. “昔者吾舅死於虎”的“舅”如何理解？

（五）有子之言似夫子[2]

禮記正義第十一

國子祭酒上護軍曲阜縣開國子臣孔穎達等奉勑撰

有子問於曾子曰問喪於夫子乎（有子孔子弟子有若也夫子卒後問此庶有異聞也喪謂仕失位也魯昭公孫於齊曰喪人其何稱）曰聞之矣喪欲速貧死欲速朽有子曰是非君子之言也（貧朽非人所欲）曾子曰參也聞諸夫子也有子又曰是非君子之言也曾子曰參也與子游聞之有子曰然然則夫子有爲言之也曾子以斯言告於子游子游曰甚哉有子之言似夫子也昔者夫子居於宋見桓司馬自爲石槨三年而不成（桓司馬宋向戌之孫名魋）夫子曰若是其靡也死不如速朽之愈也死之欲速朽爲桓司馬言之也（靡侈）南宮敬叔反必載寶而朝（敬叔魯孟僖子之子仲孫閱蓋嘗失位去魯得反載其寶來朝於君）夫子曰若是其貨也喪不如速貧之愈也喪之欲速

---

① 選自《禮記·檀弓下》。編者按：本節內容一般選文以“苛政猛於虎”爲題。

② 選自《禮記·檀弓上》。

貧爲敬叔言之也曾子以子游之言告於
有子有子曰然吾固曰非夫子之言也曾
子曰子何以知之有子曰夫子制於中都
四寸之棺五寸之椁以斯知不欲速朽也
中都魯邑名也孔子嘗爲之宰爲民作制孔子由中都宰爲司空由司空爲司寇　昔者夫子
失魯司寇將之荆將應聘於楚　蓋先之以子夏又
申之以冉有以斯知不欲速貧也言汲汲於仕得禄
疏 正義曰此一節論喪不欲速貧死不欲速朽之事各隨文解之　有子問於曾子者此孔

禮記義十一　二

子卒後弟子相問異有所異聞也問喪謂問失本位居他國禮也有子問於曾子云汝曾聞失位在他國之禮於孔
子否乎 注 有子至何稱　正義曰案仲尼弟子傳有若少孔子四十三歲彼注云魯人也曾參南武城人字子輿
少孔子四十六歲云魯昭公孫於齊曰喪人其何稱者引公羊證失位者稱喪也昭公孫于齊次于楊州齊侯唁公
于野井昭公曰喪人其何稱　有子至言也　以曾子云喪欲速貧死欲速朽有子云如是之語非君子之言也夫
子既是君子必不爲此言時有子唯問喪不問死曾子以喪死二事報有子者以喪死俱爲惡事貧朽又事類相似
既言喪欲速貧遂言死欲速朽案此速貧在前速朽在後而下子游之對先云死欲速朽後言喪欲速貧隨孔子所
見言之先後也且孔子爲中都宰之時制其棺椁不用速朽其事在前夫子失魯司寇使子夏冉有先適楚不欲速
貧其事在後故子游先言速朽後言速貧亦隨夫子之事前後 注 桓司至名魋　正義曰案世本向戌生東鄰叔

子超超生左師眇眇即向巢也魋是巢之弟故云向戌孫
也 注 孔子至司寇　正義曰孔子世家定公九年孔子
年五十定公以孔子爲中都宰一年四方皆則之由中都
宰爲司空由司空爲司寇定公十年會于夾谷攝相事此
云司寇者崔靈恩云諸侯三卿司徒兼冢宰司馬兼宗伯
司空兼司寇三卿之下則五小卿爲五大夫故周禮太宰
職云諸侯立三卿五大夫也五大夫者司徒之下立二人
小宰小司徒司馬之下以其事省立一人爲小司馬兼宗
伯之事司空之下立二人小司寇小司空今夫子爲司空
者爲小司空也從小司空爲小司寇也崔所以知然者魯
有孟叔季三卿爲政又有臧氏爲司寇故知孔子爲小司
寇崔解可依　昔夫子至之荆　案世家定十四年齊人
歸女樂孔子去魯適衛從衛之陳過匡邑匡人圍之又復
去過蒲又反於衛又去衛過曹適宋時定公卒宋桓魋欲
殺孔子伐夫子所過之樹削夫子所過之跡去宋適鄭去
鄭適陳居三歲又適衛既不見用將西見趙簡子至河而

禮記義十一　三

聞殺竇鳴犢與舜華也又反於衛復行如陳時哀公三年
孔子年六十明年孔子自陳遷于蔡三歲孔子在陳蔡之
間楚使人聘孔子陳蔡乃圍孔子絕糧乏食七日於是使
子貢至楚楚昭王興師迎孔子將書社七百里封孔子楚
令尹子西諫而止之是歲楚昭王卒孔子自楚反于衛孔
子年六十三是魯哀公六年以此言之失司寇在定十四
年之楚在哀公六年其間年月甚遠且失司寇之後嚮宋
不嚮楚而云失魯司寇將之荆者謂失魯司寇之後將往
之荆則哀公六年之荆亦是失司寇
之後非謂失司寇之年即之荆也

思考與練習

1. 如何理解“然則夫子有爲言之也”的“有爲”?
2. 分析“甚哉! 有子之言似夫子也”“若是其靡也”的結構關係。
3. 分析“夫子制於中都,四寸之棺,五寸之椁”的語序。

第六章 尚 書

一、典籍簡介

《尚書》又稱《書》《書經》[①],是我國現存最早的政事史料彙編。現存今古文《尚書》分爲《虞書》《夏書》《商書》《周書》四部分,共五十八篇,總字數約 25460 字。其内容是虞、夏、商、周君王的文告和君臣的談話記録。《尚書》是研究上古史和古代文化的重要典籍。

《尚書》是儒家五經之一。《尚書》之“尚”,約有三種理解[②]:一是認爲“尚”指“上古”,《尚書》即“上古之書”;二是認爲“尚”指“尊崇”,《尚書》即“所尊崇之書”;三是認爲“尚”指“君上”,書中内容多是記載“君上”言論,故名《尚書》。

大約在春秋時期,《尚書》即已經成書。《左傳・僖公二十七年》載:“於是乎蒐于被廬,作三軍,謀元帥。趙衰曰:‘郤縠可! 臣亟聞其言矣,説禮樂而敦《詩》《書》。《詩》《書》,義之府也;禮樂,德之則也;德義,利之本也。《夏書》曰:“賦納以言,明試以功,車服以庸。”君其試之。’乃使郤縠將中軍,郤溱佐之。”僖公二十七年爲公元前 633 年,比孔子出生早 80 多年,趙衰因爲郤縠“説禮樂而敦《詩》《書》”而推薦他爲元帥,可見那時《詩》《書》已經成書。《論語・述而》也説:“子所雅言,《詩》《書》執禮,皆雅言也。”到了孔子時,他又對《尚書》加以修訂,《漢書・藝文志》載:“故《書》之所起遠矣,至孔子篹焉,上斷於堯,下訖于秦,凡百篇,而爲之序,言其作意。”

秦始皇焚書坑儒,導致當時的《尚書》傳本幾乎全部被焚毁。漢代重視收集和整理前代典籍,由秦博士濟南伏生口授,用隸書謄寫,共二十九篇,即今文《尚書》。西漢時

---

① 戰國時期總稱《書》,以《尚書》爲書名則是漢代的事。參見劉起釪:《尚書學史》,中華書局,1989 年,第 7 頁。

② 李民、王健:《尚書譯注・前言》,上海古籍出版社,2004 年。

期，魯恭王劉餘爲擴建宫室而拆除孔子故宅，在牆壁中發現一批竹簡，其中就有用先秦六國時古文字書寫的《尚書》類文獻，即古文《尚書》。古文《尚書》經過孔子後人孔安國整理，篇目比今文《尚書》多十六篇。西晉永嘉之亂，古文《尚書》全部散佚。東晉初年，豫章内史梅賾向朝廷獻上孔安國傳《尚書》，其中包括今文《尚書》三十三篇（梅賾從原先的二十八篇中析出五篇），僞古文《尚書》二十五篇。

清華大學所藏戰國竹簡中，有不少《尚書》類文獻。這類文獻分三種[①]：(1)有些篇目如《金縢》已見於西漢伏生所傳《尚書》；有些篇目如《説命》(《傅説之命》)不見於伏生所傳《尚書》二十八篇，而見於所謂"古文《尚書》"中（内容基本無關聯）。(2)有些篇目如《祭公》《皇門》不見於《尚書》，而見於《逸周書》。(3)還有一些不見於《尚書》《逸周書》篇目，但仍確定應是《尚書》類文獻，如《厚父》《封許之命》等。

作爲歷史典籍的《尚書》，向來被文學史家稱爲中國最早的散文總集，是和《詩經》並列的一個文體類别。書中文字絶大部分應屬於當時官府處理國家大事的公務文書，所以，準確地講，它應是一部體例比較完備的公文總集。

《尚書》彙集了誥、謨、誓、命、典等類文獻。其中，"誥"是君對臣下的講話，"謨"是臣對君的講話，"誓"是君主誓衆之詞，"命"是册命或君主的某種命詞，"典"記録重要史事的經過或某項專題史實。從篇題看，有以人名爲標題的，如《盤庚》《微子》；以事爲標題的，如《高宗肜日》《西伯戡黎》；以内容爲標題的，如《洪範》《無逸》等。這些基本都是當時統治者的講話記録或文告。其中有叙事較多的，如《堯典》；有不是講話記録的，如《禹貢》，與全書體例不一致，正反映這些篇章晚於其他諸篇，可能是僞作。可以看出，至少殷商時期就已經非常注重保存這些文獻了。商王朝滅亡後，其遺民内心並不順服周王朝，周公就對他們説："惟爾知，惟殷先人，有册有典，殷革夏命。"(《周書·多士》)"册"是用繩子編連的竹簡，"典"是放在架子上的竹簡。這是説殷朝先人傳承的文獻裏記載着商湯革掉夏命的歷史事件，説明周武革掉殷命也是有你們祖先的先例可援的，殷人也就用不着怨恨周人。[②]

《尚書》的文章已具有記叙、描寫、議論、抒情等表達方式，雖然是"記言"的作品，但並不單調。一些篇章中還適當地使用比喻、排比等修辭手段，以增强文章的形象性和感染力。此外，其古樸質實的文章風格，也獨具特色。書中有簡明扼要的記叙文，如"盤庚遷于殷，民不適有居，率籲衆慼出矢言。……盤庚斆于民，由乃在位，以常舊服，正法度。"(《商書·盤庚上》)也有要言不煩的議論文，如："王曰：'封，予不惟若茲多誥。古人有言曰："人無於水監，當於民監。"今惟殷墜厥命，我其可不大監撫于時！'"(《周書·酒誥》)還有直抒胸臆的抒情之筆，如："周公曰：'嗚呼！嗣王其監于茲！'"(《周書·無逸》)書中還善用比喻，如："若火之燎于原，不可嚮邇，其猶可撲滅。"(《商書·盤庚

① 參見李學勤：《清華簡的文獻特色與學術價值》，《文藝研究》2013年第8期。

② 參見劉起釪爲李民《〈尚書〉與古史研究》所作序言，河南人民出版社，1981年。

上》)[①]因此,《尚書》在語言方面雖被後人認爲"佶屈聱牙"(韓愈《進學解》),但實際上歷代散文家都能從中取得一定的借鑒。

《尚書》的語言詰屈艱深,比較晦澀難懂,相較於其他先秦傳世典籍來説,該書"句末助詞極少,大量使用前置虚詞"[②]。書中有不少古詞僻語,如"疇"(意爲"誰")"如台"("奈何")、"逖"("遠")等;自稱代詞除"我、予、朕"外,還有"卬、吾、台"等;"厥""其"同用,功能有所分工;没有結構助詞"者";嘆詞極爲豐富,"咨""都""於""俞""猷"等,很少見於其他先秦文獻。[③]

有關《尚書》語言學研究的相關論著有:錢宗武《今文〈尚書〉語言研究》(岳麓書社,1996 年)、《今文〈尚書〉語法研究》(商務印書館,2004 年)、《今文〈尚書〉詞彙研究》(河南大學出版社,2012 年),張文國《〈尚書〉語法研究》(巴蜀書社,2000 年),周文德等《〈尚書〉數據庫》(巴蜀書社,2003 年),等等。

現存《尚書》注本最著者爲《十三經注疏》中的《尚書正義》(漢孔安國注、唐孔穎達等正義)。南宋蔡沈有《書集傳》。清人閻若璩《尚書古文疏證》,力辨古文尚書爲僞書。清人孫星衍作《尚書今古文注疏》,廣泛汲取前人考訂成果,將篇目重新厘定爲二十九卷,大抵恢復了漢代《尚書》傳本的面貌。清人皮錫瑞著有《今文尚書考證》,近人曾運乾著有《尚書正讀》,楊筠如著有《尚書覈詁》。適合初學者閱讀的主要有:李民、王建譯注《尚書譯注》(上海古籍出版社,2004 年),王世舜、王翠葉譯注《尚書》(中華書局,2012 年),屈萬里《尚書今注今譯》(上海辭書出版社,2015 年)。

目前可見的《尚書》版本大約分爲以下幾個系統:清華大學於 2008 年收藏的一批戰國竹簡中的《尚書》篇章;漢石經殘本、唐石經本《尚書》;敦煌寫本《尚書》;宋代以來的刻本。本教材所據爲北京大學圖書館藏《尚書》(《中華再造善本》影印本,北京圖書館出版社,2003 年)。

問題

1. 如何理解"尚書"這一名稱。
2. 列出古文《尚書》中《周書》的篇目。
3. 簡述《尚書》的語言特點。
4. 任選一篇清華簡《尚書》篇目與傳世本進行異文對比。

① 參見郭預衡:《中國古代文學史長編(先秦卷)》,首都師範大學出版社,2000 年,第 162-166 頁。
② 太田辰夫:《漢語史通考》,重慶出版社,1991 年,第 4 頁。
③ 參見錢宗武:《今文〈尚書〉語言研究》,岳麓書社,1996 年,第 14-33 頁。

二、文選篇目

（一）堯典

尚書卷第一

堯典第一 古文尚書堯典第一 虞書 孔氏傳

昔在帝堯聰明文思光宅天下 言聖德之遠著 將遜于位讓

于虞舜 遜遁也老使攝遂禪之 作堯典 堯典 言堯可為百代常行之道 曰

若稽古帝堯 若順稽考也能順考古道而行之者帝堯 曰放勳欽明文思

安安 勳功欽敬也言堯放上世之功化而以敬明文思之四德安天下之當安者 允恭克讓光

被四表格于上下 允信克能光充格至也既有四德又信恭能讓故其名聞充溢四外至于

天地 克明俊德以親九族 能明俊德之士任用之以睦高祖玄孫之親 九族既

睦平章百姓 既已也百姓百官言化九族而平和章明 百姓昭明協和萬

邦黎民於變時雍 昭亦明也協合黎眾時是雍和也言天下眾民皆變化化上是以風

俗大和 乃命羲和欽若昊天曆象日月星辰敬授人時

重黎之後羲氏和氏世掌天地四時之官故堯命之使敬順昊天昊天言元氣廣大星四方中星辰日月所會曆象其分節敬記天時以授人也此舉其目下別序之

分命羲仲宅嵎夷曰

暘谷 宅居也東表之地稱嵎夷暘明也日出於谷而天下明故稱暘谷暘谷嵎夷一也羲仲居治東方之

官 寅賓出日平秩東作 寅敬賓導秩序也歲起於東而始就耕謂之東作東方之官敬

導出日平均次序東作之事以務農也 日中星鳥以殷仲春 日中謂春分之日鳥南方

朱鳥七宿殷正也春分之昏鳥星畢見以正仲春之氣節轉以推季孟則可知 厥民析鳥獸

孳尾 冬寒無事並入室處春事既起丁壯就功厥其也言其民老壯分析乳化曰孳交接曰尾 申

命羲叔宅南交 申重也南交言夏與春交舉一隅以見之此居治南方之官 平秩

南訛敬致 訛化也掌夏之官平序南方化育之事敬行其教以致其功四時同之亦舉一隅

日永星火以正仲夏 永長也謂夏至之日火蒼龍之中星舉中則七星見可知以正

仲夏之氣節季孟亦可知 厥民因鳥獸希革 因謂老弱因就在田之丁壯以助農也夏

時鳥獸毛羽希少改易革改也 分命和仲宅西曰昧谷 昧冥也日入於谷而天下冥故

曰昧谷昧谷曰西則嵎夷東可知此居治西方之官掌秋天之政也 寅餞納日平秩西成

餞送也日出言導日入言送因事之宜秋西方萬物成平序其政助成物也 宵中星虛以殷

仲秋 宵夜也春言日秋言夜互相備虛玄武之中星亦言七星皆以秋分日見以正三秋 厥民夷

鳥獸毛毨 夷平也老壯在田與夏平也毨理也毛更生整理 申命和叔宅朔方

曰幽都平在朔易 北稱朔亦稱方言一方則三方見北稱幽則南稱明從可知也都

謂所聚也易謂歲改易於北方平均在察其政以順天常上總言羲和敬順昊天此分別仲叔各有所掌

日短星昴以正仲冬 日短冬至之日昴白虎之中星亦以七星並見以正冬之三節

厥民隩鳥獸氄毛 隩室也民改歲入此室處以辟風寒鳥獸皆生耎毳細毛以自溫焉

帝曰咨汝羲暨和朞三百有六旬有六日以閏月定

四時成歲 咨嗟暨與也匝四時曰朞一歲十二月月三十日正三百六十日除小月六為六日

是為一歲有餘十二日未盈三歲足得一月則置閏焉以定四時之氣節成一歲之曆象 允釐百

工庶績咸熙 允信釐治工官績功咸皆熙廣也言定四時成歲曆以告時授事則能信治百

官眾功皆廣歎其善 帝曰疇咨若時登庸 疇誰庸用也誰能咸熙庶績順是事者將

登用之 放齊曰胤子朱啟明 帝曰吁嚚訟可乎 放齊臣名胤國

子爵朱名啟開也吁疑怪之辭言不忠信為嚚又好爭訟可乎言不可 帝曰疇咨若予

采 采事也復求誰能順我事者 驩兜曰都共工方鳩僝功 驩兜臣名都於

歎美之辭共工官稱鳩聚僝見也歎共工能方方聚見其功 帝曰吁靜言庸違象

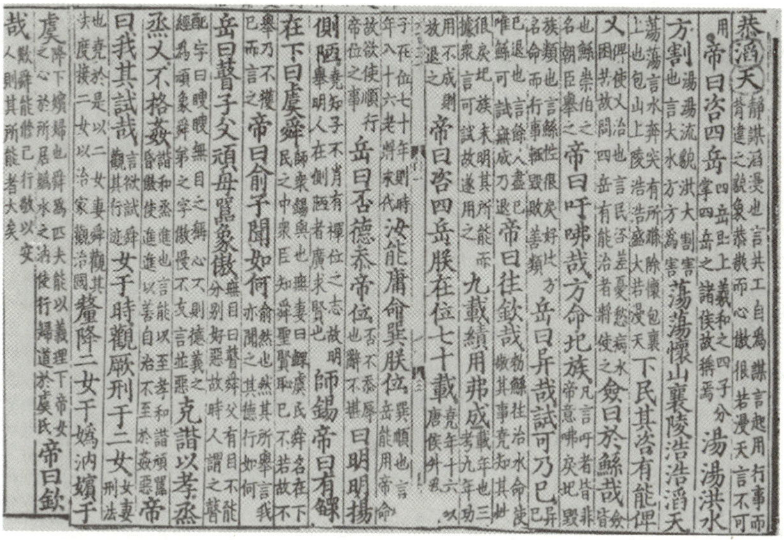

思考與練習

1. 如何理解“光宅天下”？
2. 爲何《尚書》多用“于”而基本不用“於”？
3. 逐字翻譯“疇咨若時登庸”“疇咨若予采”。

（二）湯誓

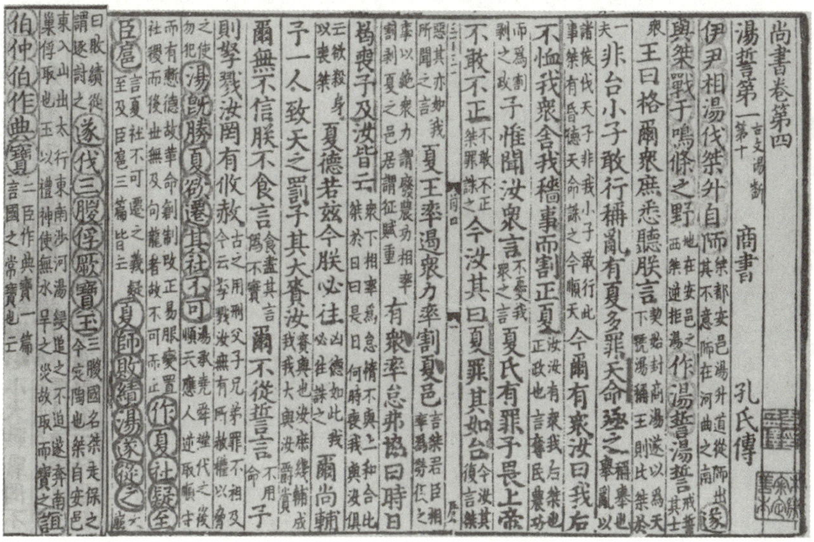

思考與練習

1. 歸納本篇的人稱代詞。
2. 歸納前人對“敗績”的解釋並加以評斷。
3. 本篇如何表達後來的“所”字結構?

第七章　周　易

一、典籍簡介

《周易》或稱《易經》,内容分爲“經”“傳”兩部分。“經”包括卦畫和記録占卜情況的卦辭和爻辭等,分《上經》三十卦、《下經》三十四卦;“傳”指對《周易》經文的注解和對筮占原理、功用等内容的論述,分《文言》、《彖傳》上下、《象傳》上下、《繫辭傳》上下、《説卦傳》、《序卦傳》、《雜卦傳》,共七種十篇,又稱爲“十翼”。《周易》《易經》本來都只是指“經”的部分,後來《周易》才成爲“經”“傳”的合稱。今本共二萬四千餘字。

《周易》其名,有幾種不同解釋。“周”有兩種解釋。(1)指“周代”或“周地”。《周易正義》孔穎達《論三代易名》:“《周易》稱周,取岐陽地名,《毛詩》云‘周原膴膴’是也。又文王作《易》之時,正在羑里,周德未興,猶是殷世也,故題‘周’,别於殷,以此文王所演故謂之《周易》。其猶《周書》《周禮》題‘周’以别餘代。故《易緯》云‘因代以題周’是也。”朱熹《周易本義·周易上經》注:“周,代名也。《易》,書名也。”(2)表示“周遍”。《周易正義》孔穎達《論三代易名》引鄭玄《易論》:“《周易》者,言《易》道周普,無所不備。”姚配中《周易姚氏學》:“周密也,遍也,言《易》道周普,所謂周流六虚者也。《繫辭》云:‘《易》與天地准,故能彌綸天地之道。’又云:‘知周乎萬物。’又云:‘周流六虚。’蓋《易》之爲書,始終本末,上下四旁,無所不周,故云周也。”

“易”至少有六種解釋。(1)指“作易”。《禮記·祭義》:“昔者聖人建陰陽天地之情,立以爲易。易抱龜南面。”王弼注:“‘立以爲易’,謂作易。‘易抱龜’,易,官名。《周禮》曰‘大卜’。大卜主三兆、三易、三夢之占。”(2)“周易”之“易”讀若“昜(陽)”,“三易”之“易”讀若“覡”。朱駿聲《説文通訓定聲》言:“《周禮·大卜》掌三《易》之法:一曰《連山》,二曰《歸藏》,三曰《周易》。駿謂‘三易’之‘易’讀若覡,《周易》之‘易’讀若陽。夏后首《艮》,故曰《連山》;商人首《坤》,故曰《歸藏》;周人首《乾》,故曰《周易》。周者,匊(周遍之周)之借字,易者昜(陽)之誤字也。帀(周匝)六爻皆昜,故曰‘匊昜’。”後四種説法出黄優仕《周易名義考》。(3)"易"由蜥蜴得名。此説始於許慎《説文解字》:"易,蜥蜴、蝘蜓、守宫也。象形。"《容齋隨筆》:"易者守宫是矣,亦名蜥蜴。身色無恒,日十二變,以易名經,取其變也。"(4)"易"指日月。緯書云:"日月爲易,象陰陽也。"《參同契》云:"日月爲易,剛柔相當。"(5)"易"指變易。傳序云:"《易》,變易也,隨時變易,以從道也。其書廣大悉備,將以順性命之理,通幽明之故,盡事物之情,而示開物成務之道也。"孔穎達言:"'易'者,變化之總名,改换之殊稱。自天地開闢,陰陽運行,寒暑迭來,日月更出,孚萌庶類,亭毒群品,新新不停,生生相續,莫非資變化之力、换代之功。謂之爲'易',取變化之義。"(6)"易"表示簡易、變易、不易三個意思。《乾鑿度》云:"易者,易也,變易也,不易也。變易者其氣也,不易者其位也。"鄭康成曰:"'易'一名而含三義;易簡,一也;變易,二也;不易,三也。"總的來説,"周易"可能指周代作易之法。[①]

關於《周易》的成書年代和作者,《漢書·藝文志》載:"《易》曰:'宓戲氏仰觀象於天,俯觀法於地,觀鳥獸之文,與地之宜,近取諸身,遠取諸物,於是始作八卦,以通神明之德,以類萬物之情。'至於殷、周之際,紂在上位,逆天暴物,文王以諸侯順命而行道,天人之占可得而效,於是重《易》六爻,作上下篇。孔氏爲之《彖》《象》《繫辭》《文言》《序卦》之屬十篇。故曰《易》道深矣,人更三聖,世歷三古。"班固認爲,伏羲創製八卦,周文王作"經",孔子作"傳"。不過,唐宋以後,對於這一觀點的質疑逐漸增多。

二十世紀二三十年代間,學術界關於《周易》的作者和成書時代問題的討論出現了一次熱潮。其基本觀點約可歸納如下[②]:"經"的作者,顧頡剛、余永梁等人認爲非伏羲、文王所作,而是周初作品;李鏡池等人認爲《周易》編定於西周晚期,與《詩經》時代略同,作者亦非一人;郭沫若認爲《周易》之作絶不能在春秋中葉以前,當在春秋以後,作者是孔子的再傳弟子。至於"傳",説者多承歐陽修以來"非孔子所作"的觀點,郭沫若則進一步推測"傳"的大部分是荀子的門徒、楚國人所著,著書時代當在秦始皇三十四年(前 213)以後;錢玄同認爲西漢初田何傳《易》時,只有上下經和《彖》《象》《繫辭》《文言》諸傳,西漢中葉後加入漢人僞作的《説卦傳》《序卦傳》《雜卦傳》三篇;李鏡池又對諸篇作具體推測,以爲《彖》《象》作於秦漢間,《繫辭》《文言》作於漢昭、宣間,《説卦傳》《序卦傳》《雜卦傳》作於昭、宣後。此後人們又陸續對《周易》"經""傳"的作者進行了不同角度的探討,所得結論未臻一致,而較有影響的看法是卦爻辭作於周初,"傳"作於春秋戰國間,"經""傳"作者均非一人,當是經過多人多時加工編纂而成的。

《周易》"經"包括六十四卦,每卦的内容又包括卦畫(象)、卦名(卦題)、卦辭、爻題、爻辭。卦畫是由符號"—""——"組成的六條圖象。卦名或卦題是給這些卦畫命名的名稱,如"乾""復""既濟"等。"卦辭",在卦名後,是對卦畫的綜合解釋,如"元亨利貞"(《乾》)"小往大来,吉,亨"(《泰》)等。"爻題"是爻位名稱的標題,表示某爻在六爻中的

① 關於"周""易"的釋義内容,參見周振甫:《周易譯注·前言》,中華書局,1991 年,第 1-5 頁。

② 參見黄壽祺等:《周易譯注·前言》,上海古籍出版社,2004 年,第 12 頁。

位置以及單雙性質。爻題共兩個字，一個字稱"九"(單爻)或"六"(雙爻)，另一個字表示爻的次序，如"初六""九三""上九"等。"爻辭"指對單個爻的解釋，如"見龍在田，利見大人。""君子終日乾乾，夕惕若厲，無咎。"(《乾》)

與《周易》"卦畫"相關的分類有兩種，即六十四卦("别卦")和八卦("經卦")。每一别卦六爻，共三百八十四爻。從卦畫看，一個别卦由兩個經卦組成：居下部分稱内卦(又稱下卦)，另一部分稱外卦(又稱上卦)。上卦和下卦分别取經卦中的某一卦。經卦指乾、坤、震、巽、坎、離、艮、兑。爲了記住經卦對應的圖象，古人總結出如下順口溜："乾三連，坤六斷。震仰盂，艮覆碗。離中虚，坎中滿。兑上缺，巽下斷。"

《周易》卦爻辭的句子結構比較簡短，無主句多，獨詞句很常見，附加成分多的句子和複雜謂語句很少；疑問句、複句都没有關聯詞語。比之甲骨文、金文，語言相對通俗，規範的句式要多。①

有關《周易》語言學研究的相關論著有：吴新楚《〈周易〉異文校證》(廣東人民出版社，2001 年)，趙榮珦《易經語法分析》(上海辭書出版社，2010 年)，邱崇《〈周易〉語篇研究》(山東大學博士學位論文，2012 年)，等等。

《周易》的歷代注本很多，比較著名的有：三國魏王弼、晋韓康伯注、唐代孔穎達等疏《周易正義》(見清阮元《十三經注疏》)，唐代李鼎祚《周易集解》。今人高亨有《周易古經今注》(中華書局，1984 年)、《周易大傳今注》(齊魯書社，1979 年)。周振甫《周易譯注》(中華書局，1991 年)較便初學。

較早的傳世本《周易》主要是宋刻本，如宋刊巾箱本《周易》(白文本)、宋淳熙撫州公使庫刻遞修本《周易》(經注合刻本)、宋兩浙東路茶鹽司刻八行本《周易注疏》等。可資參考的簡帛、金石類文獻則有上海博物館所藏戰國楚簡本《周易》、長沙馬王堆帛書本《周易》、安徽阜陽雙古堆漢簡本《周易》以及開成石經本《周易》等。本教材所據爲國家圖書館藏《周易》平陽汪氏藏書(《中華再造善本》影印本，北京圖書館出版社，2003 年)。

問題

1."周易"作何解釋？請結合所學知識做出評斷。

2.任選一卦，分别介紹其卦畫、卦名、卦辭、爻題、爻辭等情況。

3.解釋"十翼"各自的作用。

① 參見牛占衍：《〈周易〉古經句法探析》，《周易研究》1996 年第 3 期；趙振興、陳燦：《〈周易〉的句法結構》，《語言研究》，2004 年第 1 期。

二、文選篇目

(一)上經・乾

周易上經乾傳第一○周代名也周至也遍也備也今名書義取周普易盈隻反此經名也虞翻注參同契云
字從日下月上者對下立名經者常也法也徑也由也乾卦名傳直戀反以傳述為義謂夫子十翼也解見發題第亦作弟
王弼注○本亦作王輔嗣注音張具反今本或无注字師說无者非
唐國子博士兼太子中允贈齊州刺史吳
縣開國男陸德明釋文附
乾下乾上乾元亨利貞初九潛龍勿用文言備矣○乾竭然反依字作乾下乙乾
從旦𠂉於音偃說卦云乾健也此八純卦象天亨許庚反卦德也訓通也餘放此潛捷鹽反龍喻陽氣及聖人九二見龍在
田利見大人出潛離隱故曰見龍處於地上故曰在田德施周普居中不偏雖非君位君之德也初則不彰三則乾乾四則
或躍上則過亢利見大人唯二五焉○見龍賢遍反示也注及下見龍皆同利見如字下皆同大人王肅云聖人在位之目離力智反處昌呂反衆
經不音者放此施始豉反與也偏音篇過古臥反諸經內皆同九三君子終日乾乾夕惕若厲
无咎處下體之極居上體之下在不中之位履重剛之險上不在天未可以安其尊也下不在田未可以寧其居也純修下道則居上之德廢純
修上道則處下之禮曠故終日乾乾至于夕惕猶若厲也居上不驕在下不憂因時而惕不失其幾雖危而勞可以无咎處下卦之極愈於上九之
亢故竭知力而後免於咎也乾三以處下卦之上故免亢龍之悔坤三以處下卦之上故免龍戰之災○惕他歷反怵惕也鄭玄云懼也廣雅同厲
力世反危也无音無易內皆作此字說文云奇字無也通於无者虛无道也王述說天屈西北為无咎其久反易內同重直龍反下同知音智九
四或躍在淵无咎去下體之極居上體之下乾道革之時也上不在天下不在田中不在人履重剛之險而无定位所處斯誠進
退无常之時也近乎尊位欲進其道迫乎在下非躍所及欲靜其居居非所安持疑猶豫未敢決志用心存公進不在私疑以為慮不謬於果故无
咎也○躍羊灼反廣雅云上也上時掌反所處一本作可處近附近之近猶以救反豫音預謬靡幼反本或作繆音同九五飛龍
在天利見大人不行不躍而在乎天非飛如何故曰飛龍也龍德在天則大人之路亨也夫位以德興德以位叙以至德
而處盛位萬物之覩不亦宜乎○夫音符下皆同上九亢龍有悔用九見羣龍无首
吉九天之德也能用天德乃見羣龍之義焉夫以剛健而居人之首則物之所不與也以柔順而為不正則佞邪之道也故乾吉在无首坤利在
永貞○亢苦浪反子夏傳云極也廣雅云高也佞乃定反邪字又作耶似嗟反彖曰大哉乾元萬物資
始乃統天雲行雨施品物流形大明終始六位時成時
乘六龍以御天乾道變化各正性命天也者形之名也健也者用形者也夫形也者
物之累也有天之形而能永保无虧為物之首統之者豈非至健哉大明乎終始之道故六位不失其時而成升降无常隨時而用處則乘潛龍出

則乘飛龍故曰時乘六龍也乘變化而御大器靜專動直不失大和豈非正性命之情者邪○彖吐亂反斷也斷都亂反資取也統鄭云統
本也行如字施始豉反卦內皆同累劣偽反邪或作耶同餘嗟反後協句辭皆放此保合大和乃利貞不和而剛暴
首出庶物萬國咸寧萬物所以寧各以有君也象曰天行健君子
以自強不息潛龍勿用陽在下也見龍在田德施普也
終日乾乾反復道也以上言之則不驕以下言之則不憂反復皆合道也○象翔丈反精象擬象也強其良反復芳
服反注同本亦作覆或躍在淵進无咎也飛龍在天大人造也亢龍有
悔盈不可久也用九天德不可為首也文言曰元者善之
長也亨者嘉之會也利者義之和也貞者事之幹也君
子體仁足以長人嘉會足以合禮利物足以和義貞固
足以幹事君子行此四德者故曰乾元亨利貞初九潛
龍勿用何謂也子曰龍德而隱者也不易乎世不為世俗所移易也
○造鄭徂早反為也王肅七到反就也至也劉歆父子作聚文言文飾卦下之言也夫子之十翼與京所云文言是文王所制長張丈反幹古旦反體仁
如字京房荀爽董遇本作體信利物孟喜京荀陸績作利之不成乎名遯世无悶不見是而
无悶樂則行之憂則違之確乎其不可拔潛龍也九二曰
見龍在田利見大人何謂也子曰龍德而正中者也庸
言之信庸行之謹閑邪存其誠善世而不伐德博而化
易曰見龍在田利見大人君德也九三曰君子終日乾
乾夕惕若厲无咎何謂也子曰君子進德修業忠信所
以進德也修辭立其誠所以居業也知至至之可與言
幾也知終終之可與存義也處一體之極是至也居一卦之盡是終也處事之至而不犯咎知至
者也故可與成務矣處終而能全其終知終者也夫進物之速者義不若利存物之終者利不及義故靡不有初鮮克有終夫可與存義者其唯知
終者乎○不成乎名一本作不成名遯徒頓反悶門遜反樂音洛確苦學反堅高之貌說文云高至拔蒲八反鄭云移也廣雅云出也庸行下孟反
邪似嗟反下同幾既依反注同理初始微名幾能全一本作能令鮮本亦作尠同仙善反少也是故居上位而不驕
在下位而不憂居下體之上在上體之下明夫終敝故不驕也知夫至至故不憂也故乾乾因其

時而惕雖危无咎矣惕怵惕之謂也處事之極失時則廢懈怠則曠故因其時而惕雖危无咎○怵勑律
反懈佳賣反九四曰或躍在淵无咎何謂也子曰上下无常非
爲邪也進退无恒非離羣也君子進德修業欲及時也
故无咎九五曰飛龍在天利見大人何謂也子曰同聲
相應同氣相求水流濕火就燥雲從龍風從虎聖人作
而萬物覩本乎天者親上本乎地者親下則各從其類
也上九曰亢龍有悔何謂也子曰貴而无位高而无民
下无陰也○上下並如字王肅上時掌反離力智反應應對之應易內不出者並同濕申入反燥蘇早先早二反作如字鄭云起也馬融作起
賢人在下位而无輔賢人雖在下而當位不爲之助○當都浪反易內皆同有異者別出是以動而
有悔也處上卦之極而不當位故盡陳其闕也獨立而動物莫之與矣乾文言首不論乾而先說元下乃曰乾何也夫乾者統行四事
者也君子以自強不息行此四者故首不論乾而下曰乾元亨利貞餘爻皆說龍至於九三獨以君子爲目何也夫易者象也象之所生生於義也有斯
義然後明之以其物故以龍敘乾以馬明坤隨其事義而取象焉是故初九九二龍德皆應其義故可論龍以明之也至於九二乾乾夕惕非龍德也明
以君子當其象矣統而舉之乾之體皆龍別而敘之各隨其義○盡津忍反當其如字潛龍勿用下也見龍在
田時舍也終日乾乾行事也或躍在淵自試也飛龍在
天上治也亢龍有悔窮之災也乾元用九天下治也此一章全
以人事明之也九陽也陽剛直之物也夫能全用剛直放遠善柔非天下至理未之能也故乾元用九則天下治也夫識物之動則其所以然之理皆可
知也龍之爲德不爲妄者也潛而勿用何乎必窮處於下也見而在田必以時之通舍也以爻爲人以位爲時人不妄動則時皆可知也文王明夷
則主可知矣仲尼旅人則國可知矣○治直吏反下及注同遠于萬反見賢遍反潛龍勿用陽氣潛藏見
龍在田天下文明終日乾乾與時偕行與天時俱不息或躍在淵
乾道乃革飛龍在天乃位乎天德亢龍有悔與時偕極
與時運俱終極乾元用九乃見天則此一章全說天氣以明之也九剛直之物唯乾體能用之用純剛以觀天天則可見
矣乾元者始而亨者也利貞者性情也不爲乾元何能通物之始不性其情何能久行
其正是故始而亨者必乾元也利而正者必性情也乾始能以美利利天下不言所利大矣
哉大哉乾乎剛健中正純粹精也六爻發揮旁通情也時

乘六龍以御天也雲行雨施天下平也君子以成德爲
行日可見之行也潛之爲言也隱而未見行而未成是
以君子弗用也君子學以聚之問以辯之以君德而處下體資納於物者也○
粹雖遂反揮音輝廣雅云動也王肅云散也本亦作輝義取光輝行下孟反下之行行而皆同日人實反見賢遍反辯如字徐扶免反寬
以居之仁以行之易曰見龍在田利見大人君德也九三
重剛而不中上不在天下不在田故乾乾因其時而惕
雖危无咎矣九四重剛而不中上不在天下不在田中
不在人故或之或之者疑之也故无咎夫大人者與天
地合其德與日月合其明與四時合其序與鬼神合其
吉凶先天而天弗違後天而奉天時天且弗違而況於
人乎況於鬼神乎亢之爲言也知進而不知退知存而
不知亡知得而不知喪其唯聖人乎知進退存亡而不
失其正者其唯聖人乎○重直龍反下同夫音符發端之字皆放此先悉薦反後胡豆反喪息浪反聖人乎王肅
本作愚人後結始作聖人

思考與練習

1. 如何理解“元亨利貞”？

2. 翻譯“君子終日乾乾，夕惕若厲，無咎”。

3. 簡要列舉本篇的判斷句。

（二）繫辭下

周易繫辭卷第八　韓康伯注

八卦成列象在其中矣 備天下之象也 因而重之爻在其中矣 夫八卦備天下之理而未極其變故因而重之以象其動用擬諸形容以明治亂之宜觀其所應以著適時之功則爻卦之義所存各異故爻在其中矣○重直龍反治直吏反 剛柔相推變在其中矣繫辭焉而命之動在其中矣 剛柔相推況八卦相盪或否或泰繫辭焉而斷其吉凶況之六爻動以適時者也立卦之義則見於彖象適時之功則存之爻辭王氏之例詳矣○繫音係卷內同命孟作明否備鄙反斷丁亂反見賢遍反下注皆同 吉凶悔吝者生乎動者也 有變動而後有吉凶 剛柔者立本者也變通者趣時者也 立本況卦趣時況爻○趣七樹反 吉凶者貞勝者也 貞者正也一也夫有動則未免乎累殉吉則未離乎凶盡會通之變而不累於吉凶者其唯貞者乎老子曰王侯得一以為天下貞万變雖殊可以執一御也○貞勝姚本作貞稱累劣偽反殉辭俊反後同離力智反盡津忍反下同 天地之道貞觀者也 明夫天地万物莫不保其貞以全其用也○觀官喚反又音官 日月之道貞明者也天下之動貞夫一者也夫乾確然示人易矣夫坤隤然示人簡矣 確剛貌也隤柔貌也乾坤皆恒一其德物由以成故簡易也○夫音符確苦角反說文云高至易以豉反下同隤大回反孟作退陸董姚作妥 爻也者效此者也象也者像此者也爻象動乎內 兆數見於卦也○像音象 吉凶見乎外 失得驗於事也 功業見乎變 功業由變以興故見乎變也 聖人之情見乎辭 辭也者各指其所之故曰情也 天地之大德曰生 施生而不為故能常生故曰大德也○施始豉反 聖人之大寶曰位 夫无用則无所寶有用則有所寶也无用而常足者莫妙乎道有用而弘道者莫大乎位故曰聖人之大寶曰位○大寶孟作保 何以守位曰仁何以聚人曰財 財所以資物生也○曰人王肅下伯王桓玄明僧紹作仁 理財正辭禁民為非曰義 ○禁居金反又金鴆反 古者包犧氏之王天下也仰則觀象於天俯則觀法於地觀鳥獸之文與地之宜 聖人之作易无大不極无微不究大則取象天地細則觀鳥獸之文與地之宜也○包本又作庖白交反鄭云取也孟京作伏伏服也犧許宜反字又作羲鄭云鳥獸全具曰犧孟京作戲云戲化也包犧氏大皞三皇之最先王于況反究九又反 近取諸身遠取諸物於是始作八卦以通神明之德以類萬物之情作結繩而為罔罟以佃以漁蓋取諸離 離麗也罔罟之用必審物之所麗也魚麗于水獸麗于山○為罟音古姚云猶网也黃本作為网罟云取獸曰网取魚曰罟佃音田本亦作田漁音魚本亦作魚又言庶反馬云取獸曰佃取魚曰漁 包犧氏沒神農氏作斲木為耜揉木為耒耒耨之利以教天下蓋取諸益 制器致豐以益万物○斲陟角反耜音似京云耒下耓也陸云廣五寸耓音勑丁反耒力對反京云耜上句木也說文云耜曲木垂所作字林同力佳反徐力猥反垂造作也本或作耨奴豆反馬云鉏也孟云耘除草 日中為市致天下之民聚天下之貨交易而退各得其所蓋取諸噬嗑 噬嗑合也市人之所聚異方之所合設法以合物噬嗑之義也○為市世本云祝融為市宋衷云顓頊臣也說文云市時止反噬市制反嗑胡臘反解佳賣反 神農氏沒黃帝堯舜氏作通其變使民不倦 通物之變故樂其器用不懈倦也 神而化之使民宜之易窮則變變則通通則久 通變則无窮故可久○易窮則變通則久一本作易窮則變變則通通則久 是以自天祐之吉無不利黃帝堯舜垂衣裳而天下治蓋取諸乾坤 垂衣裳以辨貴賤乾尊坤卑之義也○祐音又本亦作佑治直吏反章末同以辨一本作以辯 刳木為舟剡木為楫舟楫之利以濟不通致遠以利天下蓋取諸渙 渙者乘理以散動也○刳本又作挎口孤反徐又口攜反剡以冉反本亦作棪楫本又作檝將輒反下同徐音集又子入反方言云楫謂之橈或謂之櫂說文云檝舟櫂也致遠以利天下一本无此句渙音喚 服牛乘馬引重致遠以利天下蓋取諸隨 隨宜也服牛乘馬隨物所之各得其宜○一本无以利天下一句 重門擊柝以待暴客蓋取諸豫 取其備豫○重直龍反柝他洛反馬云兩木相擊以行夜說文作欜同字林他各反暴蒲報反鄭作虣 斷木為杵掘地為臼臼杵之利萬民以濟蓋取諸小過 以小用而濟物也○斷丁緩反又丁亂反杵昌呂反掘其月反又其勿反臼求酉反 弦木為弧剡木為矢弧矢之利以威天下蓋取諸睽 睽乖也物乖則爭興弧矢之用所以威乖爭也○弧音胡說文云木弓剡以冉反字林云銳也睽苦圭反又音圭爭爭鬬之爭下同 上古穴居而野處後世聖人易之以宮室上棟下宇以待風雨蓋取諸大壯 宮室壯大於穴居故制為宮室取諸大壯也 古之葬者厚衣之以薪葬之中野不封不樹喪期無數後世聖人易之以棺槨蓋取諸大過 取其過厚○衣於既反喪期並如字數色具反棺音官槨音郭 上古結繩而治後世聖人易

之以書契百官以治萬民以察蓋取諸夬夬決也書契所以決斷萬事也○治直吏反下同契苦計反斷丁亂反是故易者象也象也者像也彖者材也材才德也彖言成卦之材以統卦義也○像今衆本並云像擬也孟京虞董姚還作象擬音魚紀反爻也者效天下之動者也是故吉凶生而悔吝著也陽卦多陰陰卦多陽其故何也陽卦奇陰卦耦夫少者多之所宗一者衆之所歸陽卦二陰故奇為之君陰卦二陽故耦為之主○奇紀宜反注同其德行何也辨陰陽二卦之德行也○行下孟反下同陽一君而二民君子之道也陰二君而一民小人之道也陽君道也陰臣道也君以無為統衆無為則一也臣以有事代終有事則二也故陽爻畫奇以明君道必一陰爻畫兩以明臣體必二斯則陰陽之數君臣之辨也以一為君君之德也二居君位非其道也故陽卦曰君子之道也陰卦曰小人之道也○畫音獲下同易曰憧憧往來朋從爾思天下之動必歸乎一思以求朋未能一也一以感物不思而至也○憧憧本又作憧昌容反子曰天下何思何慮天下同歸而殊塗一致而百慮天下何思何慮夫少則得多則惑塗雖殊其歸則同慮雖百其致不二苟識其要不在博求一以貫之不慮而盡矣○貫古亂反日往則月來月往則日來日月相推而明生焉寒往則暑來暑往則寒來寒暑相推而歲成焉往者屈也來者信也屈信相感而利生焉尺蠖之屈以求信也龍蛇之蟄以存身也精義入神以致用也精義物理之微者也神寂然不動感而遂通故能乘天下之微會而通其用也○屈丘勿反下同信本又作伸同音申下同韋昭漢書音義云古伸字蠖紆縛反蟲名也徐又烏郭反蛇本又作虵同蟄直立反存身本亦作全身利用安身以崇德也利用之道皆安其身而後動也精義由於入神以致其用利用由於安身以崇其德理必由乎其宗事各本乎其根歸根則寧天下之理得也若役其思慮以求動用忘其安身以殉功美則偽彌多而理愈失名彌美而累愈彰矣○殉辭俊反累劣偽反過此以往未之或知也窮神知化德之盛也易曰困于石據于蒺藜入于其宮不見其妻凶子曰非所困而困焉名必辱非所據而據焉身必危既辱且危死期將至妻其可得見邪易曰公用射隼于高墉之上獲之無不利子曰隼者禽也弓矢者器也射之者人也君子藏器於身待時而動何不利之有動而不括是以出而有獲語成器而後動者也括結也君子待時而動則无結閡之患者也○蒺音疾藜音梨又期亦作其射食亦反下注同隼恤允反墉音容括古活反閡五代反子曰小人不恥不仁不畏不義不見利不勸不威不懲小懲而大誡此小人之福也易曰屨校滅趾无咎此之謂也善不積不足以成名惡不積不足以滅身小人以小善為无益而弗為也以小惡為无傷而弗去也故惡積而不可揜罪大而不可解易曰何校滅耳凶子曰危者安其位者也亡者保其存者也亂者有其治者也是故君子安而不忘危存而不忘亡治而不忘亂是以身安而國家可保也易曰其亡其亡繫于苞桑子曰德薄而位尊知小而謀大力少而任重鮮不及矣易曰鼎折足覆公餗其形渥凶言不勝其任也子曰知幾其神乎君子上交不諂下交不瀆其知幾乎形而上者況之道形而下者況之器於道不冥而有求焉未離乎諂也於器不絕而有交焉未免乎瀆也能无諂瀆窮理者也○懲直升反屨俱遇反校胡孝反下同趾本亦作止去羌呂反何河可反又音河治直吏反下同知音智鮮本亦作尠仙善反少也覆芳六反餗音速馬作粥渥於角反勝音升而上時掌反離力智反幾者動之微吉之先見者也幾者去无入有理而未形不可以名尋不可以形覩者也唯神也不疾而速感而遂通故能朗然玄照鑒於未形也合抱之木起於毫末吉凶之彰始於微兆故為吉之先見也○見賢遍反君子見幾而作不俟終日易曰介于石不終日貞吉介如石焉寧用終日斷可識矣定之於始故不待終日也○介于徐音戒衆家作介徐云王肅古黠反斷丁亂反注同君子知微知彰知柔知剛萬夫之望此知幾其神乎子曰顏氏之子其殆庶幾乎有不善未嘗不知知之未嘗復行也在理則昧造形而悟顏子之分也失之於幾故有不善得之於二不遠而復故知之未嘗復行也○復扶又反注同造七報反分符問反易曰不遠復无祗悔元吉吉凶者得失之象也得二者於理不盡未至成形故得不遠而復免夫祗悔而終獲元吉祗大也○祗韓音祁支反

注同王虞輔嗣音支會音捨天地絪緼萬物化醇男女構精萬物化生易
曰三人行則損一人一人行則得其友言致一也致一而後化成
也○絪本又作氤同音因緼本又作縕紆云反醇音淳子曰君子安其身而後動易其心
而後語定其交而後求君子脩此三者故全也危以動
則民不與也懼以語則民不應也无交而求則民不與
也莫之與則傷之者至矣易曰莫益之或擊之立心勿
恒凶夫虛己存誠則衆之所不忤也躁以有求則物之所不與也○易其以豉反忤五路反亦作迕子曰乾坤其
易之門邪乾陽物也坤陰物也陰陽合德而剛柔有體
以體天地之撰撰數也○門邪本又作門戶邪撰仕勉反下章同廣雅云定也王肅士眷反數色柱反以通
神明之德其稱名也雜而不越備物極變故其名雜也各得其序不相踰越況爻繇之辭也○
繇直救反下同服虔云抽也抽出吉凶也韋昭云由也吉凶所由而出也於稽其類其衰世之意邪有憂患而
後作易世衰則失得彌彰爻繇之辭所以明失得故知衰世之意邪者稽考也○稽古兮反夫易彰往而察來而
微顯闡幽易无往不彰无來不察而微以之顯幽以之闡闡明也○闡昌善反開而當名辯物正
言斷辭則備矣開釋爻卦使各當其名也理類辯明故曰斷辭也○辯如字徐扶勉反別也斷丁亂反注同其稱
名也小其取類也大託象以明義因小以喻大其旨遠其辭文其言曲
而中變化无恒不可為典要故其言曲而中也○文如字一音問中丁仲反注同其事肆而隱事顯而理微也因
貳以濟民行以明失得之報貳則失得也因失得以通濟民行故明失得之報也失得之報者得其會
則吉乖其理則凶○貳鄭氏謂當為式行下孟反注同易之興也其於中古乎作易者其
有憂患乎无憂患則不為而足也是故履德之基也基所蹈也○蹈徒報反謙德之柄
也復德之本也夫動本於靜語始於默復者各反其所始故為德之本也○柄兵病反恒德之固也固不傾移
也損德之脩也益德之裕也能益物者其德寬大也○脩如字鄭云治也馬作循困德之
辯也困而益明○辯如字王肅卜免反井德之地也所處不移象居得其所也巽德之制也巽所以申
命明制也履和而至和而不至從物者也和而能至故可履也謙尊而光復小而辯於物
微而辯之不遠復也恒雜而不厭雜而不厭是以能恒○厭於豔反注同損先難而後易刻損以脩身故

先難也身脩而无患故後易也○易以豉反注同益長裕而不設有所興為以益於物故曰長裕因物興務不虛設也○長
丁丈反注同困窮而通處窮而不屈其道也井居其所而遷改邑不改井井所居不移而能遷其施者
也○施始豉反下同巽稱而隱稱揚命令而百姓不知其由也○稱尺證反又尺升反履以和行謙以
制禮復以自知求諸己也○行下孟反恒以一德以一為德也損以遠害止於脩身
故可以遠害而已○遠于萬反注同益以興利困以寡怨困而不濫无怨於物○濫力暫反井以辯
義施而无私義之方也巽以行權權反經而合道必合乎巽順而後可以行權也易之為書也不
可遠擬議而動不可遠也○遠馬王肅韓袁萬反注皆同師讀如字為道也屢遷變動不居周
流六虛六虛六位也上下無常剛柔相易不可為典要不可立定準也○上
時掌反下章末同唯變所適變動貴於適時趣舍存乎會也○舍音捨其出入以度外內使知
懼明出入之度使物知外內之戒也出入猶行藏外內猶隱顯遯以遠時為吉豐以幽隱致凶漸以高顯為美明夷以處昧利貞此內外之戒者
也○昧音妹又明於憂患與故故事故也無有師保如臨父母不為存而不忘亡終日乾
乾不可以怠也初率其辭而揆其方既有典常能循其辭以度其義原其
初以要其終則唯變所適是其常典也明其變者存其要也故曰苟非其人道不虛行○揆葵癸反其方馬云方道也循似倫反度待洛反要一遙反
下文要終同其要於妙反苟非其人道不虛行
易之為書也原始要終以為質也質體也卦兼終始之義也六爻相雜唯
其時物也爻各存乎其時物事也其初難知其上易知本末也初辭擬
之卒成之終夫事始於微而後至於著初者數之始擬議其端故難知也上者卦之終事皆成著故易知者也○易以豉反若
夫雜物撰德辯是與非則非其中爻不備噫亦要存亡
吉凶則居可知矣知者觀其彖辭則思過半矣夫彖者舉立象之統
論中爻之義約以存博簡以兼衆雜物撰德而一以貫之形之所宗者道衆之所歸者一其事彌繁則愈滯乎形其理彌約則轉近乎道彖之為義
存乎一也一之為用同乎道矣形而上者可以觀道過半之益不亦宜乎○撰鄭作算云數也噫於其反王肅於力反辭也馬同亦要一妙反絕句
又一遙反則句至吉凶居馬如字處也師音同鄭王肅音基辭知者音智彖辭吐貫反馬云彖辭卦辭也鄭云爻辭也周同王肅云彖舉象之要也
師說通謂爻卦之辭也一云即夫子彖辭思息吏反貫古乱反近附近之近下章以近同上時掌反二與四同功同陰功也而
異位有內外也其善不同二多譽二處中和故多譽也四多懼近也位逼於君故多懼也柔之

為道不利遠者，其要無咎，其用柔中也（四之多懼，以近君也。柔之為道，須援而濟，故有不利遠者。二之能无咎，柔而處中也。○援，于眷反）。三與五同功（同陽功也）而異位（有貴賤也），三多凶，五多功，貴賤之等也。其柔危，其剛勝邪（三五陽位，柔非其位，處之則危；居以剛健，勝其任也。夫所貴剛者，閑邪存誠，動而不違其節者也；所貴柔者，含弘居中，順而不失其貞者也。若剛以犯物，則非剛之道；柔以卑佞，則非柔之義也。○剛勝，升證反，一音升。勝其，音升。閑邪，似嗟反）。

易之為書也，廣大悉備，有天道焉，有人道焉，有地道焉。兼三材而兩之，故六。六者非它也，三材之道也（說卦備矣）。道有變動，故曰爻。爻有等，故曰物（等，類也。乾，陽物也；坤，陰物也。爻有陰陽之類，而後有剛柔之用，故曰物）。物相雜，故曰文（剛柔交錯，玄黃相雜）。文不當，故吉凶生焉。易之興也，其當殷之末世，周之盛德邪？當文王與紂之事邪（文王以盛德蒙難，而能亨其道，故稱文王之德，以明易之道也。○其當，如字，下當文王同。紂，直又反。難，乃旦反。亨，許庚反）？是故其辭危（文王與紂之事，危其辭也）。危者使平，易者使傾（易，慢易也。○易，以豉反，注同）。其道甚大，百物不廢，懼以終始，其要无咎，此之謂易之道也（夫文不當而吉凶生，則保其存者亡，不忘亡者存；有其治者亂，不忘危者安。懼以終始，歸於无咎，安危之所由，爻象之大體也。○治，直吏反）。夫乾，天下之至健也，德行恆易以知險。夫坤，天下之至順也，德行恆簡以知阻。能說諸心，能研諸侯之慮（諸侯，物主，有為者也。能說萬物之心，能精為者之務。○行，下孟反，下德行同。易，以豉反，下注險易同。阻，莊呂反。說，音悅，注同），定天下之吉凶，成天下之亹亹者。是故變化云為，吉事有祥，象事知器，占事知來（夫變化云為者，行其吉事，則獲嘉祥之應；觀其象事，則知制器之方；玩其占事，則睹方來之驗也。○亹亹，亡偉反。鄭云：汲汲也。王肅云：勉也）。天地設位，聖人成能（聖人乘天地之正，萬物各成其能）。人謀鬼謀，百姓與能（人謀，況議於眾以定失得也；鬼謀，況寄卜筮以考吉凶也。不役思慮而失得自明，不勞探射而吉凶自著，類萬物之情，通幽深之故，百姓與能，樂推而不厭也。○思，息吏反。探，吐南反。射，食亦反。厭，於豔反）。八卦以象告（以象告人），爻彖以情言（辭有險易，而各得其情也），剛柔雜居，而吉凶可見矣。變動以利言（變而通之以盡利也。○盡，津忍反，下同），吉凶以情遷（吉凶無定，唯人所動，情順乘理以之吉，情逆違道以蹈凶，故曰吉凶以情遷也）。

思考與練習

是故愛惡相攻而吉凶生（泯然同順，何吉何凶？愛惡相攻，然後逆順者殊，故吉凶生。○惡，烏路反，注同。鄭烏洛反。泯，亡忍反），遠近相取而悔吝生（相取，猶相資也。遠近之爻，互相資取，而後有悔吝也），情偽相感而利害生（情以感物則得利，偽以感物則致害也）。凡易之情，近而不相得則凶（近，況比爻也。易之情，剛柔相摩，變動相適者也。近而不相得，必有乖違之患也。或有相違而无患者，得其應也；相須而皆凶者，乘於時也。存焉以考之，則義可見矣。○比，毗志反），或害之，悔且吝（夫无對於物，而後盡全順之道，豈可有欲害之者乎？雖能免濟，必有悔吝也。或欲害之辭也）。將叛者其辭慙，中心疑者其辭枝，吉人之辭寡，躁人之辭多，誣善之人其辭游，失其守者其辭屈（○枝，音支。誣，音無）。

周易卷第八

1.“爻也者，效此者也；象也者，像此者也”“象也者，像也”，這屬於哪種訓詁方式？

2.包犧氏，注：“包，本又作‘庖’，白交反。……孟、京作‘伏’。”爲何“包”又作“伏”？

3.如何理解“來者，信也”的“信”？

（三）説卦

周易說卦第九　韓康伯注

昔者聖人之作易也幽贊於神明而生蓍幽深也贊明也蓍受命如嚮不知所以然而然也○贊本作讚子旦反蓍音尸說文云蒿屬生千歲三百莖易以爲數天子九尺諸侯七尺大夫五尺士三尺毛詩草木疏云似藾蕭青色科生洪範五行傳云蓍百年一本生百莖論衡云七十歲生一莖七百歲生十莖神靈之物故生遲也史記云生滿百莖者其下必有神龜守之其上常有雲氣覆之淮南子云上有叢蓍下有伏龜嚮香兩反本又作響參天兩地而倚數參奇也兩耦也七九陽數六八陰數○參七南反鄭云三也又如字音三天或作夫者非倚於綺反馬云依也王肅其綺反云立也虞同蜀才作奇通數色具反奇紀宜反觀變於陰陽而立卦卦象也蓍數也卦則雷風相薄山澤通氣擬象陰陽變化之體蓍則錯綜天地參兩之數蓍極數以定象卦備象以盡數故蓍曰參天兩地而倚數卦曰觀變於陰陽也○觀變一本作觀變化發揮於剛柔而生爻剛柔發散變動相生○揮音輝鄭云揚也和順於道德而理於義易所以和天道明地德理行義也窮理盡性以至於命命者生之極窮理則盡其極也○盡津忍反

昔者聖人之作易也將以順性命之理是以立天之道曰陰與陽立地之道曰柔與剛在天成象在地成形陰陽者言其氣剛柔者言其形變化始於氣象而後成形萬物資始乎天成形乎地故天曰陰陽地曰柔剛也或有在形而言陰陽者本其始也在氣而言柔剛者要其終也○要一遥反立人之道曰仁與義兼三才而兩之故易六畫而成卦分陰分陽迭用柔剛故易六位而成章設六爻以效三才之動故六畫而成卦也六位爻所處之位也二四爲陰三五爲陽故曰分陰分陽六爻升降或柔或剛故曰迭用柔剛也○迭田節反六位本又作六畫

天地定位山澤通氣雷風相薄水火不相射八卦相錯數往者順知來者逆易八卦相錯變化理備於往則順而知之於來則逆而數之○薄旁各反陸云相附薄也馬鄭顧云薄入也射食亦反虞陸董姚王肅音亦云厭也數色具反又色主反下文同是故易逆數也作易以逆覩來事以前民用

雷以動之風以散之雨以潤之日以烜之艮以止之兌以說之○烜况晚反乾也本又作晅徐古鄧反又一音香元反說音悅後皆同乾以君之坤以藏之

帝出乎震齊乎巽相見乎離致役乎坤說言乎兌戰乎乾勞乎坎成言乎艮萬物出乎震震東方也齊乎巽巽東南也齊也者言萬物之絜齊也離也者明也萬物皆相見南方之卦也聖人南面而聽天下嚮明而治蓋取諸此也○嚮許亮反治直吏反坤也者地也萬物皆致養焉故曰致役乎坤兌正秋也萬物之所說也故曰說言乎兌戰乎乾乾西北方之卦也言陰陽相薄也坎者水也正北方之卦也勞卦也萬物之所歸也故曰勞乎坎艮東北之卦也萬物之所成終而所成始也故曰成言乎艮

神也者妙萬物而爲言者也於此言神者明八卦運動變化推移莫有使之然者神則无物妙萬物而爲言也則雷疾風行火炎水潤莫不自然相與爲變化故能萬物既成也○妙如字王肅作眇音妙董云眇成也動萬物者莫疾乎雷橈萬物者莫疾乎風燥萬物者莫熯乎火說萬物者莫說乎澤潤萬物者莫潤乎水終萬物始萬物者莫盛乎艮故水火相逮雷風不相悖山澤通氣然後能變化既成萬物也○橈乃飽反王乃教反又呼勞反熯王肅云呼但反火氣也徐本作暵音漢云熱暵也說文同盛是政反鄭音成云裹也逮音代一音大計反悖必內反逆也

乾健也坤順也震動也巽入也坎陷也離麗也艮止也兌說也

乾爲馬坤爲牛震爲龍巽爲雞坎爲豕離爲雉艮爲狗兌爲羊

乾爲首坤爲腹震爲足巽爲股坎爲耳離爲目艮爲手兌爲口

乾天也故稱乎父坤地也故稱乎母震一索而得男故謂之長男巽一索而得女故謂之長女坎再索而得男故謂之中男離再索而得女故謂之中女艮三索而得男故謂之少男兌三索而得女故謂之少女○索色白反下同馬云數也王肅云求長丁丈反下長女長子皆同中丁仲反下同少詩照反下少女皆同

乾爲天爲圜爲君爲父爲玉爲金爲寒爲冰爲大赤爲

良馬為老馬為瘠馬為駁馬為木果
坤為地為母為布為釜為吝嗇為均為子母牛為大輿為文為衆為柄其於地也為黑
震為雷為龍為玄黄為旉為大塗為長子為決躁為蒼筤竹為萑葦其於馬也為善鳴為馵足為作足為的顙其於稼也為反生其究為健為蕃鮮
巽為木為風為長女為繩直為工為白為長為高為進退為不果為臭其於人也為寡髮為廣顙為多白眼為近利市三倍其究為躁卦
坎為水為溝瀆為隱伏為矯輮為弓輪其於人也為加憂為心病為耳痛為血卦為赤其於馬也為美脊為亟心為下首為薄蹄為曳其於輿也為多眚為通為月為盜其於木也為堅多心
離為火為日為電為中女為甲胄為戈兵其於人也為大腹為乾卦為鱉為蟹為蠃為蚌為龜其於木也為科上槁

艮為山為徑路為小石為門闕為果蓏為閽寺為指為狗為鼠為黔喙之屬其於木也為堅多節
兌為澤為少女為巫為口舌為毀折為附決其於地也為剛鹵為妾為羊

思考與練習

1. 如何理解"參天兩地而倚數"?

2. 分析"雷以動之""風以散之""雨以潤之""日以烜之"等的結構關係。

3. 本篇的"爲"如何理解? 是否可以視爲繫詞?

4. 簡述從"乾爲天爲圜……其究爲健爲蕃鮮"的意思。

第八章 論　語

一、典籍簡介

《論語》是孔子及其弟子的言行記録。其中主要是孔子的言行，故該書是研究孔子思想的主要資料。

孔子(約前 551—前 479 年)，名丘，字仲尼。春秋時期魯國(都城在今山東曲阜)人，中國古代著名的思想家、教育家，儒家學派的創始人。

孔子的先祖弗父何，是宋國的國君宋湣公的長子，但是他没有繼承國君君位，而是讓給了弟弟厲公。其五世孫爲孔父嘉，孔父嘉是孔子的六世祖，由於"五世親尽，别爲公族"，孔父嘉的後人便以孔爲氏。孔父嘉本爲宋國的貴族，後來被宋國的另一貴族華父督殺害，孔父嘉的曾孫孔防叔爲避害逃到了魯國，孔防叔即爲孔子的曾祖。孔子的父親叔梁紇曾做過陬邑大夫，屬於下層官吏，普通貴族。孔子三歲喪父，由其母顏徵在撫養成人，他的青少年是在貧困中度過的，孔子曾説："吾少也賤，故多能鄙事。"(《論語·子罕》)但是他勤奮好學，尤其喜歡學習禮儀，與别的孩子玩耍也"常陳俎豆，設禮容"(《史記·孔子世家》)。他每到一處，都會用心學習研究，"子入太廟，每事問"(《論語·八佾》)。他曾經到當時周朝的國都洛邑，向老子問禮，也曾經向魯國的樂官學習音樂，最終成爲博學多聞的人。

孔子所處的時代，社會動盪，禮崩樂壞。但是他以治國安邦爲己任，積極投身政治活動，希望實現自己的政治理想。魯定公八年(公元前 502 年)，定公任孔子爲中都(今汶上縣)宰，一年後，由於政績顯著，又被任命爲司空(掌管土木工程的官)，後又任大司寇(掌管刑罰之官)，並以大司寇之職攝行相事。但是，當時魯國的實際權力却掌握在號稱"三桓"的魯桓公的後裔孟孫氏、叔孫氏和季孫氏手中，孔子實行了"墮三都"等削弱"三桓"勢力的政策，自然遭受"三桓"的排擠，以致被免除了司寇之職。自 56 歲開始，孔子周遊列國，打算推行自己的政治主張，但是没能實現這一願望。晚年回到魯國後，他把主要精力放在教授弟子和整理古典文獻的工作上。

孔子思想的核心是"仁"和"禮"。"仁"就是"愛人"；"仁"的内容是"忠恕"，"忠"是人與人之間的誠實守信，"恕"就是推己及人的同情心，表現爲"己所不欲，勿施於人"(《論語·顏淵》)。"仁"是孔子提出的立身處世的道德標準。《論語·顏淵》中第一句就是關於"仁"的問題："顏淵問仁。子曰：'克己復禮爲仁。一日克己復禮，天下歸仁焉。爲仁由己，而由人乎哉？'"

孔子一生以恢復周禮爲目標，强調"非禮勿視，非禮勿聽，非禮勿言，非禮勿動"(《論語·顏淵》)。那麽，"禮"的内容又是什麽呢？孔子的"禮"，實際是一種等級制度，是維護天子、諸侯絶對權威，調節統治集團内部秩序的一種制度。其核心是“君君、臣臣、父父、子子”，社會中上至公卿、下至庶民，都各司其職，各安其位。他説：“天下有道，則禮樂征伐自天子出；天下無道，則禮樂征伐自諸侯出。”（《論語・季氏》）又説：“天下有道，則政不在大夫，天下有道，則庶人不議。”（《論語・季氏》）可見，孔子主張的“禮”，是維護天子的至尊地位，反對諸侯對天子的僭越，在各諸侯國，則要維護諸侯的權威，反對大夫僭越諸侯。

孔子主張以禮治國，不主張以法治國。按照貴賤等級制度，庶民要服從貴族。晉國鑄刑鼎，頒布法律。孔子猛烈抨擊此事：“晉其亡乎，失其度矣！夫晉國將守唐叔之所受法度，以經緯其民，卿大夫以序守之，民是以能尊其貴，貴是以能守其業。貴賤不愆，所謂度也。……今棄是度也，而爲刑鼎，民在鼎矣，何以尊貴？貴何業之守？貴賤無序，何以爲國？”（《左傳・昭公二十九年》）

孔子反對諸侯之間相互攻伐，主張文治，反對武功，這和他的“禮治”思想是一致的。他到衛國，衛靈公曾問他軍陣的事：“衛靈公問陳於孔子。孔子對曰：‘俎豆之事，則嘗聞之矣；軍旅之事，則未之學也。’明日遂行。”（《論語・衛靈公》）他不僅不回答衛靈公關於軍事的問題，而且第二天就離開了衛國。他的基本觀點是：“丘也聞有國有家者，不患寡而患不均，不患貧而患不安。蓋均無貧，和無寡，安無傾。夫如是，故遠人不服，則修文德以來之。既來之，則安之。”（《論語・季氏》）

孔子主張施行“仁政”。《論語》中有不少反映孔子勤政愛民思想的文句。他提出：“道千乘之國，敬事而信，節用而愛人，使民以時。”（《論語・學而》）可見，他主張統治者治理國家要嚴肅認真地對待國家政務，取信於民，節約用度，愛惜民力。

孔子還主張從政的人必須有高尚的品德：“爲政以德，譬如北辰，居其所而衆星共之。”（《論語・爲政》）孔子主張，正人必先正己，只有這樣，才能得到百姓的擁護。季康子曾問政於孔子，孔子説：“政者，正也。子帥以正，孰敢不正？”（《論語・顔淵》）又説：“其身正，不令而行；其身不正，雖令不從。”（《論語・子路》）又説：“苟正其身矣，於從政乎何有？不能正其身，如正人何？”（《論語・子路》）

作爲教育家，孔子首先是創辦私學，廣收門徒，民間傳説他“弟子三千，賢者七十二人”①，他“學而不厭，誨人不倦”（《論語・述而》）。孔子教學的内容，既有禮樂方面的具體技藝，也有古代文獻，更有對人的思想品德的教育、啓發和薰染。“子以四教：文、行、忠、信。”（《論語・述而》）孔子倡導“啓發式”教學，主張學生要學會舉一反三：“不憤不啓，不悱不發。舉一隅不以三隅反，則不復也。”（《論語・述而》）

孔子在整理和保存古代文獻方面，也做出了巨大的貢獻。孔子對儒家經典《詩》《書》《禮》《易》《春秋》，均進行了系統的整理與研究。

《論語》流傳到漢朝，形成了三種不同的傳本：魯《論語》二十篇；齊《論語》二十二篇，比魯論多出《問王》和《知道》兩篇；古文《論語》二十一篇，没有《問王》和《知道》兩

① 《史記・孔子世家》：“孔子以詩書禮樂教，弟子蓋三千焉，身通六藝者七十有二人。”

篇，並把《堯曰》中的"子張問"分出，成爲《子張》篇。西漢末年，安昌侯張禹以魯《論語》爲基礎，參考齊《論語》，編成"張侯論"，流傳至今的《論語》二十篇，基本就是這個本子。

從所用語言看，《論語》應該是主要反映了魯地方言的情况。《論語》屬於語録體文獻，口語性强，語言生動形象。如"視其所以，觀其所由，察其所安，人焉廋哉？人焉廋哉？"（《論語·爲政》），"子見南子，子路不説。夫子矢之曰：'予所否者，天厭之！天厭之！'"（《論語·雍也》），記録内容不避繁複，應是孔子話語的如實記載。書中還善用比喻、排比等修辭手段。①

有關《論語》語言學研究的相關論著有：許世瑛《〈論語〉二十篇句法研究》（中國臺灣開明書店，1973 年），賴積船《〈論語〉與其漢魏注中的常用詞比較研究》（巴蜀書社，2007 年），李京勳《〈論語〉異文研究》（北京師範大學博士學位論文，2008 年），區永超《〈論語〉修辭研究》（復旦大學出版社，2018 年），蔣瑩《論語詞彙研究》（山東大學出版社，2019 年），等等。

漢代就有不少學者給《論語》作注，流傳下來的有孔安國、馬融、包咸、鄭玄等人的注，這些都保存在三國魏何晏的《論語集解》中，南朝梁皇侃在何晏《論語集解》的基礎上作《論語義疏》。北宋邢昺爲何晏《論語集解》作疏，形成《論語注疏》（見清阮元《十三經注疏》）。南宋朱熹作《論語集注》（《四書章句集注》），清人劉寶楠撰《論語正義》，編入《諸子集成》。近人程樹德撰《論語集釋》（中華書局，1990 年），於版本和訓釋資料搜羅宏富。今人楊伯峻撰《論語譯注》（中華書局，1982 年），是很適合初學者閱讀的注本。

現存最早的《論語》主要是漢簡本，有 1973 年肩水金關遺址出土的漢簡本、河北省定縣漢墓所出簡本和 2015 年江西省南昌市漢海昏侯墓所出簡本等。此外，還有漢熹平石經殘本和唐開成石經本。敦煌、吐魯番也出土了部分《論語》的殘卷。目前較易索得的古籍版本有南宋劉氏天香書院刻《監本纂圖重言重意互注論語》（曾被認定爲北宋國子監本，《中華再造善本》影印本）、南宋蜀刻八行本《論語注疏》（綫裝書局 2001 年影印本，上海古籍出版社 2012 年影印本）和清代阮元《十三經注疏》本等。本教材所據爲國家圖書館藏宋淳祐六年湖頖刻本《論語集説》。

問題

1. 簡要指出齊《論》、魯《論》、古《論》、"張侯論"的分篇情况。
2. 結合《論語》文本概述孔子對"仁"的界定。
3. 舉例説明《論語》中相對口語化的片段。
4. 舉例指出《論語》引《詩》的篇章。

① 參見孫欽善：《論語本解》，生活·讀書·新知三聯書店，2009 年，第 313-317 頁。

二、文選篇目

（一）季氏

1. 季氏將伐顓臾

季氏將伐顓臾冉有季路見於孔子曰季氏將有事於顓臾孔子曰求無乃爾是過與夫顓臾昔者先王以爲東蒙主且在邦域之中矣是社稷之臣也何以伐爲冉有曰夫子欲之吾二臣者皆不欲也孔子曰求周任有言曰陳力就列不能者止危而不持顛而不扶則將焉用彼相矣且爾言過矣虎兕出於柙龜玉毀於櫝中是誰之過與冉有曰今夫顓臾固而近於費今不取後世必爲子孫憂孔子曰求君子疾夫舍曰欲之而必爲之辭丘也聞有國有家者不患寡而患不均不患貧而患不安蓋均無貧和無寡安無傾夫如是故遠人不服則修文德以來之既來之則安之今由與求也相夫子遠人不服而不能來也邦分崩離析而不能守也而謀動干戈於邦內吾恐季孫之憂不在顓臾而在蕭牆之內也顓並音專臾並音俞見賢遍切過與之與並平聲夫顓臾之夫今夫之夫疾夫之夫夫如是之夫並音扶任平聲焉於虔切相並去聲兕徐履切柙户甲切櫝音獨費音秘舍上聲

集曰顓臾國名魯之附庸也無乃乃也爾汝也夫子指季孫也周任古良史也陳布也列位也相家相也陳力就列不能者止此周任之言也兕野牛也柙檻也龜大龜也玉寶玉也櫝匱也固謂城郭堅完也費季氏之私邑也國謂諸侯家謂卿大夫寡謂土狹民少也貧謂財用不足也均謂君臣上下各得其分也安謂上下相安也和謂上下相睦也傾傾覆也分崩離析謂公室四分也干楯也戈戟也蕭牆門內之屏也季氏將有事於顓臾謂伐之也由求爲季氏家臣故以告孔子孔子首呼求以責之豈求在季氏之門爲用事者耶蒙山在魯地之東故曰東蒙先王以是封顓臾使主其祭又在魯邦域之中是社稷之臣或曰社稷所恃以存者故曰社稷臣非季氏所當伐也求實爲謀以孔子非之故歸咎於季氏孔子引周

任之言謂陳其材力以就其列位苟不能則當止也爲人之相不扶其顛而持其危則安所用之吾二臣不欲之語求之言過矣譬如虎兕在柙而逸龜玉在櫝而毀典守者安得而辭其責哉既曰夫子欲之吾二臣者皆不欲也所以自解者至矣又曰今不取後世必爲子孫憂其情終不能掩也託爲慮患之辭以蓋夫貪利之說此則君子之所疾也有國有家者非土狹民少之爲患患上下之不均爾非財用不足之

論語集說卷第八　二十

爲患患上下之不安爾上下之分定則均而和和而安矣均則不嫌於貧和則不嫌於寡至於安則無傾覆之患矣東溪劉氏曰均則無貧不必利顓臾之有以爲己富也和則無寡不必兼顓臾之土地人民以爲己益也安則無傾不必去顓臾以憂子孫之不支也內寧則外自服就使有不服者則當修文德以來之於其來也則亦安之而已此爲國家之常道也由求相季氏如遠人不服而不能來如邦分崩離析而不能守方且相與謀動干戈於邦內以逞其欲夫季氏魯卿也齊公室以自肥不均不和而內變且作矣求徒知夫顓臾爲季氏子孫憂而不知其禍將起於蕭牆也伐顓臾之事則專責於求相夫子之事則併由責之蓋爲季氏計者求也至於不能勉季氏以道則由亦不能逃其責矣本註䟽南軒張氏晦菴朱氏東萊呂氏武夷吳氏說

2. 益者三友

孔子曰益者三友損者三友友直友諒友多聞益矣友便辟友善柔友便佞損矣便並平聲辟婢亦切

節釋曰友直則無隱而有過必聞矣友諒則不欺而相與以實矣[illegible][illegible]趙氏曰直者以義相正諒者以信相與友多聞則學博理明而可資以講貫矣是皆有益於我者也便習熟也善能也便於辟則威儀之修飾也善於柔則容色之嫵媚也便於佞則言語之諂巧也是皆有損於我者也

3. 陳亢問於伯魚

陳亢問於伯魚曰子亦有異聞乎對曰未也嘗獨立鯉趨而過庭曰學詩乎對曰未也不學詩無以言鯉退而學詩他日又獨立鯉趨而過庭曰學禮乎對曰未也不學禮無以立鯉退而學禮聞斯二者陳亢退而喜曰問一得三聞詩聞禮又聞君子之遠其子也亢並音剛遠去聲

集曰伯魚孔子之子鯉也子指伯魚而言也有異聞謂聞於孔子也嘗獨立謂孔子獨立之時也不學詩無以言不學禮無以立此孔子之言也聖人竭兩端之教於親疎賢愚無以異也其告門人固嘗曰興於詩立於禮而此語伯魚亦先之以學詩次之以學禮學之序固當然也不學詩無以言易其心而後能言也不學禮無以立謹其節而後能立也晦菴朱氏曰學詩則事理通達而心氣和平故能言學禮則品節詳明而德性堅定故能立當孔子獨立之時伯魚之所聞亦不過如此爾陳亢以伯魚爲孔子之子故有異聞之問及聞詩禮之對又以爲聖人之遠其子殊不知聖人曷嘗有是心哉味伯魚答陳亢之辭氣亦可見其薰陶之所得矣本註疏南軒張氏說

(二)陽貨

1. 陽貨欲見孔子

陽貨第十七

陽貨欲見孔子孔子不見歸孔子豚孔子時其亡也而往拜之遇諸塗謂孔子曰來予與爾言曰懷其寶而迷其邦可謂仁乎曰不可好從事而亟失時可謂知乎曰不可日月逝矣歲不我與孔子曰諾吾將仕矣歸如字好知並去聲亟去吏切

集曰陽貨名虎季氏家臣歸遺也豚豕之小者時其亡者伺虎不在家時而往謝之也塗道也註疏懷寶迷邦謂懷藏道德任其國之迷亂亟數也失時謂不及事機之會諾應辭也將者且然而未必之辭陽貨嘗囚季威子而專國政欲見孔子而用之孔子不往貨以禮大夫有賜於士不得受於其家而往拜其門故瞯孔子之亡而歸之豚欲令孔子來拜而見之也晦菴朱氏在禮當往拜則烏得而不往時其亡者不欲見之也遇諸塗則有不得避焉懷寶而迷邦誠不可謂之仁好從事而亟失時誠不可謂之知夫子亦未嘗不欲仕也特非其道則不可耳貨三問而應之如響彼蓋不可與言者故不申己之意而遜辭以答之然言雖遜而理未嘗枉也南軒張氏朱氏曰孔子不見者義也其往拜者禮也必時其亡而往者不欲見也遇諸塗而不避者不終絕也隨問而對者理之直也對而不辯者言之孫而亦無所詘也

2. 割雞焉用牛刀

子之武城聞弦歌之聲夫子莞爾而笑曰割雞焉用牛刀子游對曰昔者偃也聞諸夫子曰君子學道則愛人小人學道則易使也子曰二三子偃之言是也前言戲之耳 莞華版切焉於虔切易去聲戲香義切

集曰弦琴瑟也莞小笑貌君子小人以位言也戲謔也子游爲武城宰以禮樂爲教夫子入其邑聞邑人弦歌之聲莞爾而笑蓋喜之也治雖有大小而道之用則一牛刀割雞之喻言治小邑何必用大道蓋反其言而戲之耳君子學道則知爲上治人之理故能愛人小人學道則知爲下事上之理故易使也及子游以是爲對夫子復是其言而自實其戲以解二三子之惑亦可見子游能尊其所聞而以道爲教者矣 本晦庵朱氏成都范氏說

三十一 論語集說卷第九 三

（三）學而

1. 君子食無求飽

子曰君子食無求飽居無求安敏於事而愼於言就有道而正焉可謂好學也已 好去聲

飾釋曰食飲食也居居處也敏速也謂汲汲也愼言謂言謹而不放也就從也道者事物當然之理人之所共由者也有道謂能盡此理也正者正吾之偏也食欲飽居欲安人之情也有志於學者則不以口體爲念也行常病於不足敏於事者能勉其所不足也言常病於有餘謹於言者不盡其所有餘也然猶未敢自以爲是必就有道之人而正焉斯可謂之好學也已 藍田呂氏曰不志於奉養學所以事不苟於言行學所以實所學不繆於道學所以正學至於此可謂好矣

三十五 論語集說卷第一 九

2. 吾日三省吾身

曾子曰吾日三省吾身爲人謀而不忠乎與朋友交而不信乎傳不習乎 省悉井切爲去聲傳平聲

集曰曾子姓曾名參字子輿孔子弟子 邢氏

疏省察也爲猶助之也謀計慮也友同志也交交際也心無不盡曰忠言無不實曰信傳謂受之於師習謂熟之於己謀人之事而忠與朋友交而信主於誠實也傳而習則所學在我矣 龜山楊氏曰傳而不習口耳之學也 曾子以此三者日省其身有所不足不敢不加勉也其自治如此可以見其學之切實矣 本晦庵氏說 建安游氏曰此特曾子之省身者爾若學者則又不止此

論語集說卷第一 三

（四）公冶長

1. 宰予晝寢

宰予晝寢子曰朽木不可雕也糞土之牆不可杇也於予與何誅(朽許久切杇音汙與平聲)

集曰晝寢謂當晝而寐也(晦庵朱氏)朽腐也雕刻畫也(包氏註)杇鏝也(王氏註)與語辭誅責也(邢氏疏)君子之於學惟日孜孜斃而後已惟恐其不及也宰予不能以志帥氣居然而倦當晝而寢自棄孰甚焉夫子謂其志氣昏弱教無所施譬如朽腐之木糞土之牆雖欲加之雕琢杇鏝終無以受之言不足責乃所以深責之也(本成都范氏致堂胡氏白石錢氏說)

2. 顏淵季路侍

顏淵季路侍子曰盍各言爾志子路曰願車馬衣輕裘與朋友共敝之而無憾顏淵曰願無伐善無施勞子路曰願聞子之志子曰老者安之朋友信之少者懷之(盍音合衣少並去聲)

集曰侍侍於夫子也盍何不也願者志所欲也衣服之也裘皮服也敝壞也憾恨也伐誇也善己之所能施謂施諸人勞謂勞役之事懷念也子路求仁者也故能克其私於衣服車馬之間而欲與朋友共之也顏子不違仁者也善不矜己勞不加人蓋欲物我之靡間也夫子安仁者也老者則安之朋友則信之少者則懷之蓋欲無物而不得其所也子路之志僅能推之於朋友而已顏子平物我之志視子路則又宏矣然亦有待於推也至吾夫子物各付物自然之施則無所事乎推矣(本晦庵朱氏伊川程子南軒張氏說)

（五）子罕

1. 太宰問於子貢

大宰問於子貢曰夫子聖者與何其多能也子貢曰固天縱之將聖又多能也子聞之曰大宰知我乎吾少也賤故多能鄙事君子多乎哉不多也牢曰子云吾不試故藝(大音泰與平聲少失照切)

集曰大宰官名或吳或宋未可知也牢姓琴字子開一字子張孔子弟子(註疏)與疑辭縱猶肆也言不為限量也將殆也謙若不敢知之辭少年少也鄙細也試用也不試言不為世用也大宰見夫子之多能疑其為聖而問之子貢告之以人之受才有限而夫子則不可以限量拘是天縱之殆聖而又多能也蓋聖無所不通多能乃其餘事耳夫子聞大宰之語姑以少賤能鄙事為言又慮以聖為必在乎多能故繼之曰君子多乎哉不多也不試故藝言功業不試故所見者藝而已門人載牢所記夫子之言于此申上章之意也(晦庵朱氏[illegible]山黃氏南軒張氏)

2. 有美玉於斯

子貢曰有美玉於斯韞匵而藏諸求善賈而沽諸子曰沽之哉沽之哉我待賈者也(韞紆粉切匵徒木切賈公土切)

集曰韞藏也匵匱也諸之也賈謂賈人知物之善惡而能奠其賈者也即周禮司市所謂賈民是也沽賣也子貢以夫子有道不仕故設為二端以問焉夫子言但當如玉之待賈而不當求之耳沽之哉沽之哉所以深斥求之之鄙也待賈之言義命皆盡(本馬氏註晦庵朱氏無垢張氏說)

（六）微子

1. 長沮桀溺耦而耕

長沮桀溺耦而耕孔子過之使子路問津焉長
沮曰夫執輿者爲誰子路曰爲孔丘曰是魯孔
丘與曰是也曰是知津矣問於桀溺桀溺曰子
爲誰曰爲仲由曰是魯孔丘之徒與對曰然曰
滔滔者天下皆是也而誰以易之且而與其從
辟人之士也豈若從辟世之士哉耰而不輟子
路行以告夫子憮然曰鳥獸不可與同羣吾非
斯人之徒與而誰與天下有道丘不與易也沮並七余切溺並乃歷切夫執輿者之夫音扶孔丘與孔丘之徒與之與並平聲餘如字滔吐刀切
辟並婢致切耰音憂憮音武
集曰長沮桀溺隱者也二耜爲耦並二耜
而耕也津濟渡處執輿謂執轡在車也子
路本爲御既使問津故孔子代之而執轡
也滔滔流而不反之意易者撥其亂而反
之正也耰覆種也輟止也憮然猶悵然也
二子蓋以隱遁爲高者也夫子使子路問
津焉意亦有在矣長沮言夫子自知津處
蓋譏夫子周行天下之已久也桀溺則以
爲當世滔滔一律誰肯以夫子而易之言
其徒勞耳辟人之士謂孔子也言道不合
而後去也辟世之士桀溺自謂也言舉世
不得而親之也其意蓋謂子路之從夫子
不若從己之爲得也夫子憮然者以其不
喻己意也夫鳥獸不可與同羣當與斯人
爲徒耳以天下之無道也故欲從而易之
使天下而有道則亦無事於易矣必如桀
溺之意以其無道而辟世則將去人之類
與鳥獸同羣而後爲可耳本註晦菴朱氏南軒張氏說
橫渠張子曰聖人之仁不以無道必天下而棄之也

2. 子路從而後

子路從而後遇丈人以杖荷蓧子路問曰子見
夫子乎丈人曰四體不勤五穀不分孰爲夫子
植其杖而芸子路拱而立也子路宿殺雞爲黍
而食之見其二子焉明日子路行以告子曰隱
者也使子路反見之至則行矣子路曰不仕無
義長幼之節不可廢也君臣之義如之何其廢
之欲潔其身而亂大倫君子之仕也行其義也
道之不行已知之矣荷胡可切蓧徒弔切植常職切食音嗣見其二子之見賢遍切見之見如字長上聲
集曰丈人老人也蓧竹器也夫子孔子也
植立也芸除草也大倫父子君臣夫婦長
幼朋友是也子路隨從夫子行不相及而
獨在後故問夫子於丈人丈人之對謂吾
但知四體不勤則五穀不分而已安知孰
爲夫子乎子路拱而立蓋知其爲隱者而
敬之也丈人止子路宿殺雞爲黍以食之
而見其二子焉亦知子路爲孔丘之徒而
親之也二人相得於語默之間如此觀丈
人之盡禮於子路疑若非遂與世絶者見
其二子則知有長幼之節矣夫子以是知
其可與言君臣之義也故使子路反見之
至則行矣蓋欲匿其聲跡也子路所言殆
述夫子之意云爾義莫大於君臣故以主

於不仕爲無義長幼之節旣不可廢則夫君臣之義又烏得而廢之乎彼蓋欲潔其身而不知亂大倫之有害於人道也君子之仕豈爲他哉行吾義而已道之不行君子豈不知乎而汲汲於斯世者固有不可以已者也（本註疏晦庵朱氏龜山楊氏南軒張氏說　朱氏曰道雖有窮有通而義則不可以已也義合而從則道固不患於不行不合而去則道雖不行而義亦未嘗廢也）

又曰隱者爲高故往而不反仕者爲通故溺而不止此二者皆惑也是以依乎中庸者爲難唯聖人之或出或處要各當其可焉耳（成都范氏）夫子之下車於接輿使子路問津於長沮桀溺反見乎荷蓧丈人豈不欲引而至於道乎四子者方守其一介之行而不可回故亦終於素隱而已矣（河南尹氏）

（七）爲政

1. 吾十有五而志於學

子曰吾十有五而志于學三十而立四十而不惑五十而知天命六十而耳順七十而從心所欲不踰矩

集曰古者十五入大學此所謂學即大學之道也心之所之謂之志立者卓然有所立也不惑者見之明而無所疑也天道流行賦與萬物莫非至善無妄之理是所謂天命也窮理盡性所以知天命也耳順者聲入心通也從隨也踰越也矩法度之器所以爲方者也從心所欲不踰矩謂隨其心之所欲而自不越於法度也（本晦庵朱氏說）

（節）謂自十有五而志于學則念念在此而爲之不厭矣旣學矣加以十五年持守之功則其學之所至卓然而能有所立矣旣立矣加以十年探索之功則所見明徹無所滯礙而事事物物之理莫不洞然於胸中矣又十年則理無不窮性無不盡而知天之所命者矣此則知之至也又十年則聲入于耳心無不通所謂不思而得者也又十年則心與理一動皆天則所謂不勉而中者也學而至此此聖人之德所以爲至也（節謂聖人固天縱之聖而亦未嘗不學其終身進德之功皆自十五志學中來必十五年十年而一進者非姑爲是辭也亦其學力所到至是可以自信爾反覆玩味此章則知聖人之爲學不終其身不詣其極不止也學者苟能深體而篤行之優游涵泳不躐等而進日就月將不半途而畫庶乎其得之矣）

2. 誨女知之乎

子曰由誨女知之乎知之爲知之不知爲不知是知也 女音汝

集曰由姓仲名由字子路孔子弟子誨猶教也 孔氏註 子路好勇蓋有強其所不知以爲知者故夫子告之曰我教女以知之之道乎但所知者則以爲知所不知者則以爲不知如此則雖或不能盡知而無自欺之蔽况由此而求之則其不知者亦終將知之矣故曰是知也言是乃知之道也若強以不知爲知則是終身不知而已 晦庵朱氏 南軒張氏

論語集說卷第一 十九

（八）雍也

1. 有顏回者好學

哀公問弟子孰爲好學孔子對曰有顏回者好學不遷怒不貳過不幸短命死矣今也則亡未聞好學者也 好並去聲 亡與無同

集曰弟子門人也遷移也貳復也顏子之怒在物不在己故不遷有不善未嘗不知知之未嘗復行不貳過也其克己之功如此眞可謂好學矣以其年三十二而卒故云短命既曰今也則亡又曰未聞好學者蓋深惜之也 伊川程子 晦庵朱氏

又曰天地儲精得五行之秀者爲人其本眞而靜其未發也五性具焉曰仁義禮智信形既生矣外物觸其形而動於中矣其中動而七情出焉曰喜怒哀樂愛惡欲情既熾而益蕩其性鑿矣故覺者約其情使合於中正其心養其性而已然必先明諸心知所往然後力行以求至焉若顏子之非禮勿視聽言動不遷怒貳過者則其好之篤而學之得其道也然其未至於聖人者守之也非化之也假之以年則不日而化矣 程子

論語集說卷第三 十六

2. 非不説子之道

冉求曰非不説子之道力不足也子曰力不足者中道而廢今女畫說音悦女音汝

集曰畫止也孔氏註力不足者中道而廢謂行半途而足廢也南軒張氏畫者如畫地以自限也晦菴朱氏欲爲而不能爲是之謂力不足能爲而不肯爲是之謂畫上蔡謝氏冉求而眞知説夫子之道如口之説芻豢必將盡力以求之何病於力不足哉致堂胡氏今求非力不足也自畫之爾藍田呂氏

（九）述而

1. 默而識之

子曰默而識之學而不厭誨人不倦何有於我哉識音志

集曰默不言也識記也默識謂不言而存諸心也學不厭所以成諸己誨不倦所以成諸人何有於我言是三事何者能有於我此皆聖人之謙辭也晦菴朱氏藍田呂氏河南尹氏曰何有於我是亦勉學者云爾節謂以夫子之聖於此三者猶曰何有學者可不勉諸

2. 不憤不啓

子曰不憤不啓不悱不發舉一隅不以三隅反則不復也憤房粉切悱芳匪切復扶又切

集曰憤悱者思慮積久鬱而未暢誠意之見於色辭者也憤則不得於心啓謂開其意也悱則不得於言發謂達其辭也物有四隅舉一可知其三反者還以相證之義復再告也不待其憤悱而啓發之則知之不能堅固待其憤悱而啓發之庶幾其聽之專而識識音志之深也然告之亦舉一隅爾不以三隅反則是不能因言以推類苟遷復之則於彼亦無益矣以三隅反而後復之此古之善教者使人繼其志欲其自得之也本伊川程子晦菴朱氏南軒張氏説

（十）泰伯

1. 任重而道遠

曾子曰士不可以不弘毅任重而道遠仁以爲己任不亦重乎死而後已不亦遠乎

集曰士學者之稱西山眞氏弘寬廣也毅彊忍也晦菴朱氏弘與毅相須者也士之不可以不弘毅者以任重而道遠也所謂任重者以仁爲己任也所謂道遠者當用力以終吾身焉耳南軒張氏節謂弘則可以大受毅則足以力行如人負重器適遠塗若不能容受則何以勝其重不能彊忍則何以至於遠必是有大力量然後能勝其重而至於遠

2. 篤信好學

子曰篤信好學守死善道危邦不入亂邦不居天下有道則見無道則隱邦有道貧且賤焉恥也邦無道富且貴焉恥也好去聲見賢遍切

節釋曰篤信者信之不回也篤信以好學則其學實矣守死者守之不變也守死以善道則其道固矣此有學有道之士也危邦危殆之國也未至則不入也亂邦雖未危而刑政紀綱紊矣已至則不居也此去就之義潔也天下擧一世而言有道則見於世無道則隱其身而不見也此出處之分明也去就出處不失其宜非有學有道者其孰能與於此若邦有道而無可行之學邦無道而無能守之道是則可恥之甚也

（十一）述而

1. 求仁而得仁

冉有曰夫子爲衛君乎子貢曰諾吾將問之入曰伯夷叔齊何人也曰古之賢人也曰怨乎曰求仁而得仁又何怨出曰夫子不爲也爲去聲

集曰爲猶助也衛君出公輒也諾應辭也問之問於夫子也下乃子貢與夫子問答之辭衛靈公逐其世子蒯聵公薨而國人立蒯聵之子輒於是晉納蒯聵而輒拒之時孔子在衛衛人以蒯聵得罪於父而輒嫡孫當立故冉有疑而問之伯夷叔齊孤竹君之二子也其父將死遺命立叔齊父卒叔齊遜伯夷伯夷曰父命也遂逃去叔齊亦不立而逃之國人立其中子其後武王伐紂夷齊扣馬而諫武王滅商夷齊恥食周粟隱于首陽山遂餓而死子貢不斥衛君而即夷齊之事爲問以探聖人之旨可謂善於爲辭者矣中有所悔恨之謂怨其曰怨乎者謂二子委國而去獨不顧其宗國而有所不足于中乎夫子告之以求仁而得仁言伯夷以父命爲尊叔齊以天倫爲重其遜國也皆求以合乎天理之正而即乎人心之安既而各得其志焉而何怨之有若衛輒之據國拒父唯恐失之其可同日語哉故觀夫子所以賢夷齊則其不爲衛君之事可以意會矣本說晦菴朱氏南軒張氏曰叔齊之遜伯夷以伯夷之長當立無兄弟之義而何以爲國乎伯夷之不受國以叔齊之立父命也無父子之義而何以爲國乎二人者寧去國而存此義矣衛輒之事國人以蒯聵得罪於先君而出奔則不宜有衛也於是立輒而拒蒯聵曾不知蒯聵父也輒子也父子之義先亡矣國其可一日立乎在輒之分寧委國而全其父子可也

2. 飯疏食飲水

子曰飯疏食飲水曲肱而枕之樂亦在其中矣不義而富且貴於我如浮雲飯符晚切食音嗣枕去聲樂音洛

集曰飯食之也疏食麤飯也肱臂也寢則曲肱而枕之也聖人之心渾然天理雖處窮約而樂亦無不在焉所樂者在我其視不義之富貴直如浮雲之無與吾事耳本邢氏疏晦庵朱氏說

（十二）子路

1. 樊遲請學稼

樊遲請學稼子曰吾不如老農請學爲圃曰吾不如老圃樊遲出子曰小人哉樊須也上好禮則民莫敢不敬上好義則民莫敢不服上好信則民莫敢不用情夫如是則四方之民襁負其子而至矣焉用稼好並去聲夫音扶襁居丈切焉於虔切

集曰種五穀曰稼種蔬菜曰圃老農老圃謂老於爲農圃者襁織縷爲之以約小兒於背故曰襁負疏註樊遲蓋欲爲許行之學與民並耕者也然不知有大人之事有小人之事故夫子以小人譏之而有及於禮義信之語晦庵朱氏曰農圃小人之事也禮義信大人之事也上之所好下之所從也上好禮則篤乎恭遜故民視之而莫不尊敬焉上好義則動而得宜故民心爲之厭服焉上好信則誠意下孚故民亦用其情而無敢欺焉感應之機固不遠也是非徒有以得其國之民四方之人亦將願爲之氓矣其與役心於稼圃所得孰多耶然必俟其出而後言者何也因其有問也自謂老農老圃之不如則固已拒之矣遲不知復問慮其終不喻也故又申言以警之葉山黃氏南軒張氏龜山楊氏

2. 子適衛

子適衛冉有僕子曰庶矣哉冉有曰既庶矣又
何加焉曰富之曰既富矣又何加焉曰教之
集曰孔子之衛冉有爲僕以御車也庶衆
也言人民庶繁也加益也邢氏疏庶矣而不富則無
以養民之身故必制田里薄賦斂以富之
富矣而不教則無以養民之心故必立學
校明禮義以教之晦庵朱氏庶矣則富之富矣
則教之聖人仁民之意無窮而施之有其
序也南軒張氏曾氏曰庶矣哉一言人多以爲常談而置之冉有乃能
冉問以究其説然後知既庶矣則當富之既富矣則當教之至於教之則不可以有
加矣

(十三)顏淵

1. 四海之内皆兄弟

司馬牛憂曰人皆有兄弟我獨亡子夏曰商聞
之矣死生有命富貴在天君子敬而無失與人
恭而有禮四海之内皆兄弟也君子何患乎無
兄弟也
集曰亡無也牛有兄弟而云然憂其爲亂
而將死也晦庵朱氏以傳考之桓魋嘗欲弑宋公而殺孔子其惡著矣
其弟子頎子車亦與之同惡此牛之所以憂也子夏告之以死生
有命富貴在天死生曰有命以言其氣也
當順其所稟而已富貴曰在天以言其理
也當安其所遇而已皆非人力所能與也
本横渠張子上蔡謝氏説苟能持己以敬而不間斷接
人以恭而有節文則天下之人皆敬而親
之矣何患乎無兄弟耶子夏欲寬牛之憂
而爲是不得已之辭讀者不以辭害意可
也朱氏致堂胡氏曰子夏四海皆兄弟之言持以廣司馬牛之意意圓而語滯
者也子夏知此而以哭子喪明溺於情而昧於理是亦不能踐其言耳

2. 子貢問政

子貢問政子曰足食足兵民信之矣子貢曰必不得已而去於斯三者何先曰去兵子貢曰必不得已而去於斯二者何先曰去食自古皆有死民無信不立去上聲並

節釋曰制其田產薄其賦斂則食足而有以養乎民矣比其什伍時其簡教則兵足而有以衛乎民矣兵食既足則民信乎其上曾無疑貳離叛之心此則爲政之大端也夫政固不外乎兵食與信然以三者權之無食則民飢而死矣無信則民離而國不能以自立矣而兵則猶可緩也故曰去兵以食與信二者權之死者人之所不免而信則不可一日無也故曰去食是則食重於兵而信又重於食矣去兵去食云者非謂兵食果可去也特以輕重相權以明夫信之終不可去耳比而明之叩而竭之此聖門弟子所以爲善問與晦菴朱氏曰以序言之則食爲先以理言之則信爲重

論語集註卷第六 二十 游藏

3. 哀公問於有若

哀公問於有若曰年饑用不足如之何有若對曰盍徹乎曰二吾猶不足如之何其徹也對曰百姓足君孰與不足百姓不足君孰與足

集曰哀公魯君也用國用也盍何不也徹通也周制一夫受田百畝與同溝共井之人通力合作計畝均收大率民得其九公取其一故謂之徹魯自宣公初稅畝則什又取其一故爲什取二也哀公以年饑用不足爲憂問於有若有若請專行徹法蓋欲公節用以厚民也公以有若不喻其旨復言二吾猶不足以示加賦之意有若謂百姓足矣君孰與不足耶百姓苟不足孰肯與君以自足耶蓋深明君民一體之義以止公之厚斂循其本而言之也使哀公思夫二之猶不足而有若乃欲損之以爲足國之道在是則庶知爲政所當損益者矣本晦菴朱氏南軒張氏說天台陳氏曰哀公之問在於足國有若之對在於足民雖相反而實相成年饑用不足哀公但知爲國之病而不知民之病尤甚民之休戚即國之休戚也能行徹法以足民國用之足在其中矣

論語集註卷第六 九二 游藏

（十四）先進

1. 季路問事鬼神

季路問事鬼神子曰未能事人焉能事鬼敢問死曰未知生焉知死焉於䖍切

集曰此切問也晦庵朱氏幽明之理一也能盡事人之道則能盡事鬼之道矣死生之理一也知所以生之道則知所以死之道矣或言夫子不告子路不知此乃所以深告之也本伊川程子說

2. 聞斯行諸

子路問聞斯行諸子曰有父兄在如之何其聞斯行之冉有問聞斯行諸子曰聞斯行之公西華曰由也問聞斯行諸子曰有父兄在求也問聞斯行諸子曰聞斯行之赤也惑敢問子曰求也退故進之由也兼人故退之

集曰諸之也邢氏疏聞義固當勇爲然有父兄在則必稟命而後行有不可得而專者子路勇於爲義於其所當爲者不患其不爲也特患其不知稟命耳若冉求資稟失之於弱不患其不稟命也患於其所當爲者逡巡退縮而爲之不勇耳聖人一進之一退之所以約之於義理之中而使無過不及之患也南軒張氏

思考與練習

1. 簡要列舉選篇的古今字、通假字等。
2. 舉例説明選篇中文字的活用情況。
3. 歸納選篇中的疑問詞並加以分類。
4. 如何理解《季氏》“不患寡而患不均，不患貧而患不安”？
5. 如何理解《學而》“吾日三省吾身”？
6. 歸納前人對《公冶長》“宰予晝寢”的解釋並加以評斷。
7. 如何理解《子罕》“韞匵而藏諸？求善賈而沽諸”的“諸”？
8. 分析《鄉黨》“迅雷風烈”的結構關係。
9. 歸納前人對《微子》“四體不勤，五穀不分，孰爲夫子”的解釋並加以評斷。
10. 如何理解《雍也》“今女畫”的“畫”？
11. 分析《子張》“而亦何常師之有”的結構關係。
12. 何爲“徹”？（《顔淵》“盍徹乎”）
13. 何爲“被髮左衽”？（《憲問》）

第九章　孟　　子

一、典籍簡介

《孟子》是儒家經典之一，一般認爲是孟子與他的弟子共同創作而成，也有孟子自著及弟子編著等説法。《漢書・藝文志》著録《孟子》十一篇，趙岐《孟子章句》指出："又存《外書》四篇——《性善辨》《文説》《孝經》《爲政》——其文不能宏深，不與《内篇》相似，似非《孟子》本真，後世依放而託也。"《外書》四篇後來亡佚，明代人姚士粦又僞撰《孟子外書》四篇。現存《孟子》七篇十四卷，全書 260 章，總字數約 34685 字。

孟子（約前 385—前 304 年），名軻，鄒國（都城在今山東鄒城）人，是戰國中期儒家學派的重要代表人物①。孟子的出生距孔子之死（前 479 年）大約百年。《史記・孟子荀卿列傳》説他"受業子思之門人"，《荀子・非十二子》把子思和孟子列爲一派，後世或稱"思孟學派"。孟子的學説和孔子思想一脈相承，後人尊孔子爲"至聖"，尊孟子爲"亞聖"，並稱爲"孔孟"，儒家學説也被稱作"孔孟之道"。關於孟子家世的記載很少，後世文獻倒是有關於孟子母親的記載，如《韓詩外傳》載有孟母"斷織""買豚"、誡孟子出妻的故事，《列女傳》載孟母"三遷"、勸孟子"去齊"等事迹。

關於孟子的"字"，有子輿、子車、子居等説法。《史記・孟子荀卿列傳》云："孟軻，騶人也。"《漢書・藝文志》"《孟子》十一篇"班固原注："名軻，鄒人。"二書未及孟子之字。趙岐《孟子題辭》云："孟子，鄒人也，名軻，字則未聞也。"明言不知孟子的字。這些足以證明兩漢時期的學者都不清楚孟子的字。"孟子車尚幼，請見子思。子思見之，甚悦其志，命子上侍坐焉，禮敬子車甚崇，子上不願也。"《孔叢子・雜訓》"車"或作"居"，可能是傳寫訛誤。該書未言明孟子車即孟子；且從各自生卒年看，孟子生時，子思已經去世，没有孟子向子思問學的可能。不過，這一記載却對後世影響至深。大約三國時期開始，文獻中往往提及孟子的"字"。三國魏王肅《聖證論》云："子思書及《孔叢子》有孟子居，即是軻也，軻少居坎坷，故名軻字子居也。"晉傅玄《傅子》則説："鄒之君子孟子輿擬其體著七篇，謂之《孟子》。"唐張守節《史記正義》云："軻字子輿，爲齊卿。"《文選・辯命論》"子與困臧倉之訴"李善注云："子輿，孟子之字也。"唐宋以後，就逐漸形成孟子字"子輿""子車""子居"三種説法。其實，唐人對王肅等的論斷已有疑問。如唐顔師古注《漢書・藝文志》"孟子十一篇"云："《聖證論》云軻字子車。而此志無字，未詳其所得。"宋王應麟《困學紀聞》説得更加明白："孟子字未聞。《孔叢子》云'子車'。注一作子居。居貧坎坷，故名軻字子居，亦稱字子輿。疑皆傅會。"清代焦循《孟子正義》也説：

① 參見楊伯峻：《孟子譯注・前言》，中華書局，1988 年，第 1-2 頁。

“王肅、傅玄生趙氏後，趙氏所不知，肅何由知之？《孔叢》僞書，不足證也。”總體來看，孟子名軻比較確定。其字則可能是後人傅會杜撰而成，現存文獻並無確鑿證據證成孟子之字，故付之闕如比較妥當。[①]

孟子曾帶領弟子周遊魏、齊、宋、魯、滕、薛等國，由於與孔子一樣不被重用，後來就回到家鄉聚徒講學，與弟子萬章、公孫丑等著書立說：“退而與萬章之徒序《詩》《書》，述仲尼之意，作《孟子》七篇。”（《史記・孟子荀卿列傳》）

據趙岐《孟子題辭》載：“孝文皇帝欲廣遊學之路，《論語》《孝經》《孟子》《爾雅》皆置博士。”因稱“傳記博士”。五代時，後蜀末帝孟昶命以楷書《易》、《詩》、《書》、三禮、三傳、《論》、《孟》等十一經，刻石列於成都學宫，《孟子》始入“經書”之列。南宋孝宗時，朱熹編《四書集注》，收入《孟子》，顯示出對此書的重視。元明以後《四書》成爲科舉考試的依據，《孟子》隨之成爲士子的必讀書目。

在國家層面，孟子主張王道治國和以民爲本。在個人層面，孟子主張“性善論”和仁義並修，下面試申述之。

“王道”思想。孟子否定“霸道”，提出治國的“王道”主張，這是國家政治的最高目標。所謂“王道”就是施行仁政，以德服人；“霸道”則是憑藉武力，以力服人。“以力假仁者霸，霸必有大國。以德行仁者王，王不待大，湯以七十里，文王以百里。以力服人者，非心服也，力不贍也。以德服人者，中心悅而誠服也。”（《公孫丑上》）王道能夠使人心悅誠服，霸道則反之。實行王道就要“保民而王”，要“樂以天下，憂以天下”（《梁惠王下》）。

民本思想。孟子指出：“民爲貴，社稷次之，君爲輕。是故得乎丘民而爲天子，得乎天子爲諸侯，得乎諸侯爲大夫。”（《盡心下》）同時認爲：“桀紂之失天下也，失其民也。失其民者，失其心也。”（《離婁上》）因此他推崇“得民心者得天下”。要取得民心，就要施行仁政，養民和教民。“是故明君制民之産，必使仰足以事父母，俯足以畜妻子，樂歲終身飽，凶年免於死亡。然後驅而之善，故民之從之也輕。”（《梁惠王上》）是爲養民。“謹庠序之教，申之以孝悌之義。”（《梁惠王上》）“設爲庠序學校以教之。”（《滕文公上》）“人之有道也，飽食、煖衣，逸居而無教，則近於禽獸。聖人有憂之，使契爲司徒，教以人倫。”（《滕文公上》）是爲教民。

性善論。孟子指出：“水信無分於東西，無分於上下乎？人性之善也，猶水之就下也。人無有不善，水無有不下。今夫水，搏而躍之，可使過顙；激而行之，可使在山。是豈水之性哉？其勢則然也。人之可使爲不善，其性亦猶是也。”（《告子上》）並且說：“惻隱之心，人皆有之；羞惡之心，人皆有之；恭敬之心，人皆有之；是非之心，人皆有之。惻隱之心，仁也；羞惡之心，義也；恭敬之心，禮也；是非之心，智也。仁義禮智非由外鑠我也，我固有之也。”（《告子上》）既然人性本善，那麽就要利用好這種“不忍人之心”，以達至“不忍人之政”（《公孫丑上》）。

---

① 參見杜克華：《孟子之字考辨》，《四川師範大學學報（社會科學版）》2002 年第 3 期。

"仁義"思想。孟子將"仁""義"並列,認爲它們是個人發展的基本規範。"仁,人之安宅也;義,人之正路也。"(《離婁上》)"仁,人心也;義,人路也。"(《告子上》)"居惡在?仁是也;路惡在?義是也。居仁由義,大人之事備矣。"(《盡心上》)"人皆有所不忍,達之於其所忍,仁也;人皆有所不爲,達之於其所爲,義也。"(《盡心下》)

就語言特色而言,《孟子》應基於魯地方言而寫就,但又與《論語》有所不同。比如,《論語》中用"斯"不用"此",《孟子》兩者並用。"所"用在動詞前的名詞性詞組(如"吾所居")在《論語》中不能做修飾語,而《孟子》裏可以(吾所居之室)①。該書寓論辯於對話之中,層層推進,氣勢磅礴,同時善於運用類比等手段。

有關《孟子》語言學研究的相關論著有:趙世舉《〈孟子〉定中結構三平面研究》(中國青年出版社,2000 年),張覺《〈孟子〉句式變换釋例》(上海財經大學出版社,2001 年),周文德《〈孟子〉同義詞研究》(巴蜀書社,2002 年),崔立斌《〈孟子〉詞類研究》(河南大學出版社,2004 年),金聖中《〈孟子〉主題鏈研究》(中國人民大學博士學位論文,2010 年),梁社會《基於注疏文獻的〈孟子〉信息處理研究》(北京大學出版社,2021 年),等等。

東漢趙岐作《孟子章句》,宋孫奭爲趙岐注作疏,形成《孟子注疏》(見清阮元《十三經注疏》);南宋朱熹作《孟子集注》(《四書章句集注》),清代焦循作《孟子正義》,收入《諸子集成》。另有今人楊伯峻《孟子譯注》(中華書局,1988 年),比較適合初學者閱讀。

現存《孟子》主要可分爲白文本和注本兩大系統。已知較早的白文本爲藏於國家圖書館的宋刻遞修本《孟子》一卷。注本系統又可以分爲以趙岐《孟子章句》爲基礎而衍生的經注本、注疏本等系統和以朱熹《孟子集注》爲基礎的《四書集注》系統。目前易見的有南宋蜀刻大字本《孟子章句》(續古逸叢書影印本、四部叢刊初編影印本),清代阮元的《十三經注疏》本《孟子注疏》以及中國國家圖書館所藏南宋嘉定十年當塗郡齋刻嘉熙四年淳祐八年十二年遞修本《孟子集注》(《中華再造善本》影印本,北京圖書館出版社,2003 年)。本教材所據爲古逸叢書本宋槧大字本《孟子》。

1. 簡述對孟子名與字的認識。
2. 舉例説明《孟子章句》的解經特點。
3. 結合前人論著總結《論語》《孟子》語言方面的異同。
4.《孟子》對"民"的論述與《論語》有何不同?

① 參見太田辰夫:《漢語史通考》,重慶出版社,1991 年,第 6-7 頁。

二、文選篇目

(一)許行自楚之滕[①]

有爲神農之言者許行自楚之滕踵門而告文公曰遠方之人聞君行仁政願受一廛而爲氓 神農三皇之君炎帝神農氏也許姓行名也治爲神農之道者踵至也廛居也自稱遠方之人願爲氓氓野人之稱 文公與之處其徒數十人皆衣褐捆屨織席以爲食 文公與之居處舍之宅也其徒學其業者也衣褐貧也捆猶叩椓也織屨欲使堅故叩之也賣屨席以供食飲也 陳良之徒陳相與其弟辛負耒耜而自宋之滕曰聞君行聖人之政是亦聖人也願爲聖人氓 陳良儒者也陳相良之門徒也辛相弟聖人之政謂仁政也 陳相見許行而大悅盡棄其學而學焉 棄陳良之儒道更學許行神農之道也 陳相見孟子道許行之言曰滕君則誠賢君也雖然未聞道也 陳相言許行以爲滕君未達至道也 賢者與民並耕而食饔飧而治今也滕有倉廩府庫則是厲民而以自養也惡得賢 相言許子以爲古賢君當與民並耕而各自食其力饔飧熟食也朝曰饔夕曰飧當身自具其食兼治政事耳今滕賦稅有倉廩府庫之富是爲厲病其民以自奉養安得爲賢君乎三皇之時質樸無事故道若此也 孟子曰許子必種粟而後食乎 問許子必自身種粟乃食之邪 曰然 相曰然許子自種之 許子必織布然後衣乎 孟子曰許子自織布然後衣之乎

曰否許子衣褐 相曰不自織布許子衣褐以毳織之若今馬衣者也或曰褐枲衣也一曰粗布衣也 許子冠乎 孟子問相 曰冠 相曰冠也 曰奚冠 孟子問許子何冠也 曰冠素 相曰許子冠素 曰自織之與 孟子曰許子自織素與 曰否以粟易之 相言許子以粟易素 曰許子奚爲不自織 孟子曰許子何爲不自織素乎 曰害於耕 相曰織妨害於耕故不自織也 曰許子以釜甑爨以鐵耕乎 爨炊也孟子曰許子寧以釜甑炊食以鐵爲犁用之耕否邪 曰然 相曰用之 自爲之與 孟子曰許子自治鐵陶瓦器邪 曰否以粟易之 相曰不自作鐵瓦以粟易之也 以粟易械器者不爲厲陶冶陶冶亦以其械器易粟者豈爲厲農夫哉且許子何不爲陶冶舍皆取諸其宮中而用之何爲紛紛然與百工交易何許子之不憚煩 械器之總名也厲病也以粟易器不病陶冶陶冶亦何以爲病農夫乎且許子何爲不自陶冶舍者止也止不肯皆自取之其宮宅中而用之何爲反與百工交易紛紛爲煩也 曰百工之事固不可耕且爲也 相曰百工之事固不可耕且爲故交易也 然則治天下獨可耕且爲與 孟子言百工各爲其事尚不可得耕且兼之人君自天子以下當治天下政事此反可得耕且爲邪欲以窮許行之非滕君不親耕也孟子謂五帝以來有禮義上

---

① 選自《孟子·滕文公上》。

下之事不得復若三皇之道也言許子不知禮也有大人之事有小民之事且一人之身而百工之所爲備如必自爲而後用之是率天下而路也孟子言人道自有大人之事謂人君行教化也小人之事謂農工商也一人而備百工之所作作之乃得用之者是率導天下人以羸路之困也故曰或勞心或勞力勞心者治人勞力者治於人治於人者食人治人者食於人天下之通義也勞心者君也勞力者民也君施教以治理之民竭力治公田以奉養其上天下通義所常行也當堯之時天下猶未平洪水橫流氾濫於天下草木暢茂禽獸繁殖五穀不登禽獸偪人獸蹄鳥迹之道交於中國堯獨憂之舉舜而敷治焉遭洪水故天下未平水盛故草木暢茂草木盛故禽獸繁息衆多也登外也五穀不足外用也猛獸之迹當在山林而反交於中國懼害人故堯獨憂念之敷治也書曰禹敷土治土也舜使益掌火益烈山澤而焚之禽獸逃匿掌主也主火之官猶古火正也烈熾也益視山澤草木熾盛者而焚燒之故禽獸逃匿而遠竄也禹疏九河瀹濟漯而注諸海決汝漢排淮泗而注之江然後中國

可得而食也當是時也禹八年於外三過其門而不入雖欲耕得乎疏通也瀹治也排壅也於是水害除故中國之地可得耕而食也禹勤事於外八年之中三過其家門而不得入書曰辛壬癸甲啓呱呱而泣如此寧得耕乎后稷教民稼穡樹藝五穀五穀熟而民人育棄爲后稷也樹種藝殖也五穀謂稻黍稷麥菽也五穀所以養人也故言民人育也人之有道也飽食煖衣逸居而無教則近於禽獸聖人有憂之使契爲司徒教以人倫父子有親君臣有義夫婦有別長幼有敘朋友有信司徒主人教以人事父父子子君君臣臣夫夫婦婦兄兄弟弟朋友貴信契之教也放勳曰勞之來之匡之直之輔之翼之使自得之又從而振德之放勳堯名也遭水災恐其小民放辟邪侈故勞來之匡正直其曲心使自得其本善性然後又復從而振其羸窮加德惠也聖人之憂民如此而暇耕乎重喻陳相堯以不得舜爲己憂舜以不得禹皐陶爲己憂夫以百畝之不易爲己憂者農夫也分人以財謂之惠教人以善謂之忠爲天下得人者謂之

仁（言聖人以不得賢聖之臣爲己憂農夫以百畝不治易爲己憂）是故以天下與人易爲天下得人難（爲天下求能治天下者難得也故言以天下傳與人尚爲易也）孔子曰大哉堯之爲君惟天爲大惟堯則之蕩蕩乎民無能名焉君哉舜也巍巍乎有天下而不與焉堯舜之治天下豈無所用其心哉亦不用於耕耳（天道蕩蕩乎大無私生萬物而不知其所由來堯法天故民無能名堯德者也舜得人君之道哉德盛乎巍巍乎有天下之位雖貴盛不能與益舜巍巍之德言德之大大於天子位也堯舜蕩蕩巍巍如此但不用心於躬自耕也）吾聞用夏變夷者未聞變於夷者也（當以諸夏之禮義化變夷蠻之人耳未聞變化於夷蠻之人則其道也）陳良楚產也悅周公仲尼之道北學於中國北方之學者未聞或之先也彼所謂豪傑之士也子之兄弟事之數十年師死而遂倍之（陳良生於楚北游中國學者不能有先之者也可謂豪傑過人之士也子之兄弟謂陳相陳辛也數十年師事陳良良死而倍之更學於許行非之也）昔者孔子沒三年之外門人治任將歸入揖於子貢相嚮而哭皆失聲然後歸子貢反築室於場獨居三年然後歸（任擔也失聲悲不能成聲場孔子冢上祭祀壇場也子貢獨於場左右築室復三年愼終追遠也）他日子夏子張子游以有若似聖人欲以所事孔子事之強曾子曾子曰不可江漢以濯之秋陽以暴之皜皜乎不可尚已（有若之貌似孔子此三子者思孔子而不可復見故欲尊有若以作聖人朝夕奉事之如事孔子以慰思也曾子不肯以爲聖人之絜白如濯之江漢暴之秋陽秋陽周之秋夏之五月六月盛陽也皜皜甚白也何可尚而乃欲以有若之質放聖人之坐席乎尊師道故不肯）今也南蠻鴃舌之人非先王之道子倍子之師而學之亦異於曾子矣吾聞出於幽谷遷于喬木者未聞下喬木而入於幽谷者（今此許行乃南楚蠻夷其舌之惡如鴃鳥耳鴃博勞也詩云七月鳴鴃應陰而殺物者也許子託於大古非先聖王堯舜之道不務仁義而欲使君臣竝耕傷害道德惡如鴃舌與曾子之心亦異遠也人當出深谷上喬木今子反下喬木入深谷）魯頌曰戎狄是膺荊舒是懲周公方且膺之子是之學亦爲不善變矣（詩魯頌閟宮之篇也膺擊也懲艾也周家時擊戎狄之不善者懲止荊舒之人使不敢侵陵也周公常欲擊之言南夷之人難用而子反悅是人而學其道亦爲不善變更矣孟子究陳此者深以責陳

相也從許子之道則市賈不貳國中無僞雖使五尺之童適市莫之或欺布帛長短同則賈相若麻縷絲絮輕重同則賈相若五穀多寡同則賈相若屨大小同則賈相若陳相復爲孟子言此如使從許子淳樸之道可使市無二賈不相僞誑不欺愚小也長短謂尺丈輕重謂斤兩多寡謂斗石大小謂尺寸皆言其同賈故曰無二賈者也曰夫物之不齊物之情也或相倍蓰或相什百或相千萬子比而同之是亂天下也巨屨小屨同賈人豈爲之哉從許子之道相率而爲僞者也惡能治國家孟子曰夫萬物好醜異賈精粗異功其不齊同乃物之情性也蓰五倍也什十倍也至於千萬相倍譬若和氏之璧雖與凡玉之璧尺寸厚薄適等其賈豈可同哉子欲以大小相比而同之則使天下有爭亂之道也巨粗屨也小細屨也如使同賈而賣之人豈肯作其細者哉特許子教人僞者耳安能治國家者也　章指言神農務本教於凡民許行蔽道同之君臣陳相倍師降於幽谷不理萬情謂之敦樸是以孟子博陳堯舜上下之敘以匡之也

思考與練習

1. 歸納前人對"捨皆取諸其宫中而用之"的"捨"的解釋並加以評斷。

2. 如何理解"夫以百畝之不易爲己憂者"的"易"?

3. "分人以財謂之惠,教人以善謂之忠,爲天下得人者謂之仁",這屬於哪種訓詁方式?

（二）寡人之於國也①

梁惠王曰寡人之於國也盡心焉耳矣王侯自稱孤寡言寡人於治國之政盡心欲利百姓焉耳者懇至之辭河內凶則移其民於河東移其粟於河內河東凶亦然言凶年以此救民也魏舊在河東後為強國兼得河內也察鄰國之政無如寡人之用心者言鄰國之君用心憂民無如己也鄰國之民不加少寡人之民不加多何也王自怪為政有此惠而民人不增多於鄰國者何也孟子對曰王好戰請以戰喻因王好戰故以戰事喻解王意填然鼓之兵刃既接棄甲曳兵而走或百步而後止或五十步而後止以五十步笑百步則何如填鼓音也兵以鼓進以金退孟子問王曰今有戰者兵刃已交其負者棄甲曳兵而走五十步而止足以笑百步止者不曰不可直不百步耳是亦走也王曰不足以相笑也是人俱走直事不百步耳曰王如知此則無望民之多於鄰國也孟子曰王如知此不足以相笑王之政猶此也王雖有移民轉穀之善政其好戰殘民與鄰國同而獨望民之多何異於以五十步笑百步者乎不違農時穀不可勝食也從此已下為王陳王道也使民得三時務農不違奪其要時則五穀饒穰不可勝食數罟不入洿池魚鱉不可勝食也數罟密網也密細之網所以捕小魚鱉者也故禁之不得用魚不滿尺不得食斧斤以時入山林材木不可勝用也時謂草木零落之時使林木茂暢故有餘穀與魚鱉不可勝食材木不可勝用是使民養生喪死無憾也憾恨也民所用者足故無恨養生喪死無憾王道之始也王道先得民心民心無恨故言王道之始五畝之宅樹之以桑五十者可以衣帛矣廬井邑居各二畝半以為宅冬入保城二畝半故為五畝也樹桑牆下古者年五十乃衣帛矣雞豚狗彘之畜無失其時七十者可以食肉矣言孕字不失時也七十不食肉不飽百畝之田勿奪其時數口之家可以無飢矣一夫一婦耕耨百畝百畝之田不可以徭役奪其時功則家給人足農夫上中下所食多少各有差故摠言數口之家也謹庠序之教申之以孝悌之義頒白者不負戴於道路矣庠序者教化之宮也殷曰序周曰庠謹脩教化申重孝悌之義頒者斑也頭半白斑斑者也壯者代老心各安之故斑白者不負戴也七十者衣帛食肉黎民不飢不寒然而不王者未之有也言百姓老稚溫飽禮義脩行積之可以致王也孟子欲以風王何不行此可以王天下有率土之民何但望民多於鄰國狗彘食人食而不知檢塗有餓莩而不知發言人君但養犬彘使食人食不知以法度檢斂也塗道也餓死者曰莩詩曰莩有梅莩零落也道路之旁有餓死者不知發倉廩以用振救之也人死則曰非我也歲也是何異於刺人而殺之曰非我也兵也人死謂餓疫死者也王政使然而曰非我殺之歲殺之也此何以異於用兵殺人而曰非我也兵自殺之也王無罪歲斯天下之民至焉戒王無歸罪於歲責己而改行則天下之民皆可致也　章指言王化之本在於使民養生喪死之用備足然後導之以禮義責己矜窮則斯民集矣

---

① 選自《孟子·梁惠王上》。

思考與練習

1. 結合《中國歷史地圖集》了解“河内”“河東”的地理位置。
2. 用現代漢語翻譯孟子所認爲的“王道”的内容。
3. 如何理解“狗彘食人食而不知檢”？

（三）齊桓晉文之事①

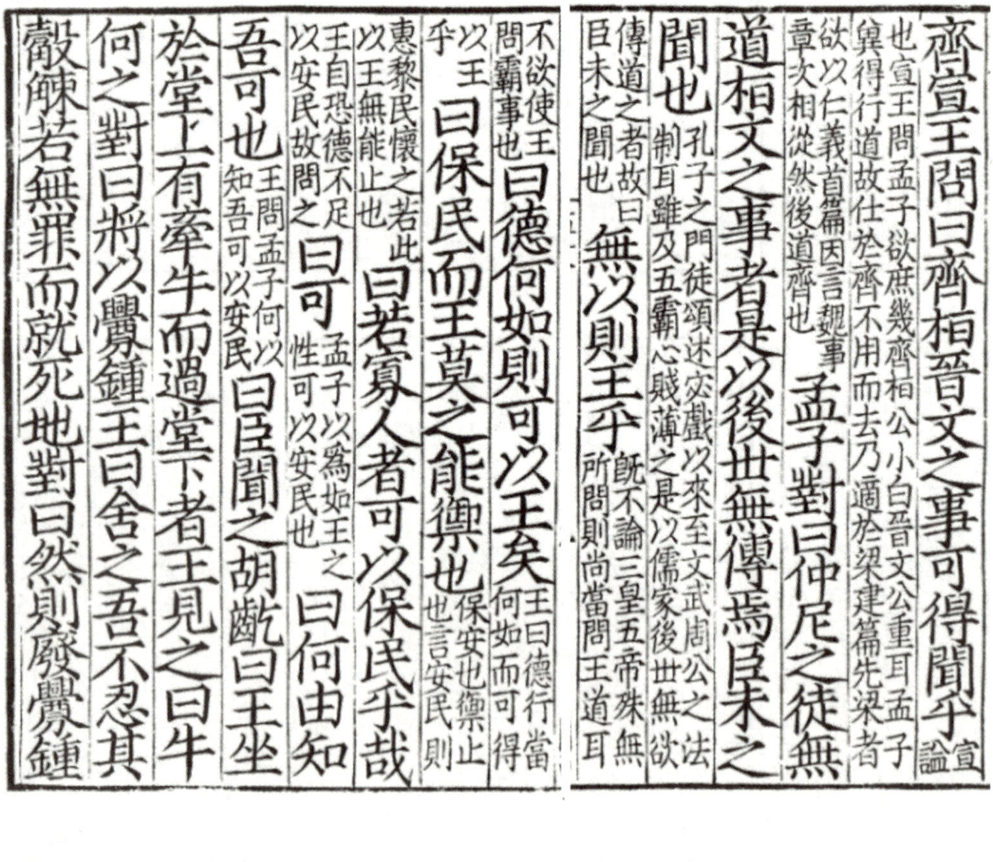

齊宣王問曰齊桓晉文之事可得聞乎宣謚也宣王問孟子欲庶幾齊桓公小白晉文公重耳孟子冀得行道故仕於齊不用而去乃適於梁建篇先梁者欲以仁義首篇因言魏事章次相從然後道齊也孟子對曰仲尼之徒無道桓文之事者是以後世無傳焉臣未之聞也孔子之門徒頌述宓戲以來至文武周公之法制耳雖及五霸心賤薄之是以儒家後世無欲傳道之者故曰臣未之聞也無以則王乎既不論三皇五帝殊無所問則尚當問王道耳不欲使王問霸事也曰德何如則可以王矣王曰德行當何如而可得以王乎曰保民而王莫之能禦也保安也禦止也言安民則惠黎民懷之若此以王無能止也曰若寡人者可以保民乎哉王自恐德不足以安民故問之曰可孟子以爲如王之性可以安民也曰何由知吾可也王問孟子何以知吾可以安民曰臣聞之胡齕曰王坐於堂上有牽牛而過堂下者王見之曰牛何之對曰將以釁鐘王曰舍之吾不忍其觳觫若無罪而就死地對曰然則廢釁鐘

① 選自《孟子·梁惠王上》。

與曰何可廢也以羊易之不識有諸胡齕王左右近臣也觳觫牛當到死地處恐貌新鑄鐘殺牲以血塗其釁郄因以祭之曰釁周禮大祝曰墮釁逆牲逆尸令鐘鼓天府上春釁寶鐘及寶器孟子曰臣受胡齕言王嘗有此仁不知誠有之否曰有之王曰有之曰是心足以王矣百姓皆以王爲愛也臣固知王之不忍也愛嗇也孟子曰王推是仁心足以至於王道然百姓皆謂王嗇愛其財臣知王見牛恐懼不欲趨死不忍故易之也王曰然誠有百姓者齊國雖褊小吾何愛一牛即不忍其觳觫若無罪而就死地故以羊易之也王曰亦誠

有百姓所言者矣吾國雖小豈愛惜一牛之財費哉即見其牛哀之釁鐘又不可廢故易之以羊耳曰王無異於百姓之以王爲愛也以小易大彼惡知之王若隱其無罪而就死地則牛羊何擇焉異怪也隱痛也孟子言無怪百姓之謂王愛財也見王以小易大故也王如痛其無罪羊亦無罪何爲獨釋牛而取羊王笑曰是誠何心哉我非愛其財而易之以羊也宜乎百姓之謂我愛也王自笑心不然而不能自免爲百姓所非乃責己之以小易大故曰宜乎其罪我也曰無傷也是乃仁術也見牛未見羊也君子之於禽

獸也見其生不忍見其死聞其聲不忍食其肉是以君子遠庖廚也孟子解王自責之心曰無傷於仁是乃王爲仁之道也時未見羊羊之爲牲次於牛故用之耳是以君子遠庖廚不欲見其生食其肉也王說曰詩云他人有心予忖度之夫子之謂也夫我乃行之反而求之不得吾心夫子言之於我心有戚戚焉此心之所以合於王者何也詩小雅巧言之篇也王喜悅因稱是詩以嗟歎孟子忖度知己心戚戚然心有動也寡人雖有是心何能足以王也曰有復於王者曰吾力足以舉

百鈞而不足以舉一羽明足以察秋豪之末而不見輿薪則王許之乎復白也許信也人有白王如此王信之乎百鈞三千斤也曰否王曰我不信也今恩足以及禽獸而功不至於百姓者獨何與然則一羽之不舉爲不用力焉輿薪之不見爲不用明焉百姓之不見保爲不用恩焉故王之不王不爲也非不能也孟子言王恩及禽獸而不安百姓若不用力不用明者也不爲耳非不能也曰不爲者與不能者之形何以異

王問其狀何以異也曰挾大山以超北海語人曰我不
能是誠不能也爲長者折枝語人曰我不
能是不爲也非不能也故王之不王非挾
大山以超北海之類也王之不王是折枝
之類也孟子爲王陳爲與不爲之形若是王則不折枝之類也折枝按摩折手節解罷枝也少者
恥見役故不爲耳非不能也大山北海皆近齊故以爲喻也老吾老以及人之老
幼吾幼以及人之幼天下可運於掌老猶敬也幼猶
愛也敬我之老亦敬人之老愛我之幼亦愛人之幼推此心以惠民天下可轉之掌上言易也詩云刑

于寡妻至于兄弟以御于家邦言舉斯心
加諸彼而已詩大雅思齊之篇也刑正也寡少也言文王正己適妻則八妾從以及兄
弟御享也享天下國家之福但舉己心加於人耳故推恩足以保四海不
推恩無以保妻子古之人所以大過人者
無他焉善推其所爲而已矣大過人者大有爲之君也善推
其心所好惡以安四海也今恩足以及禽獸而功不至於
百姓者獨何與復申此言非王不能不爲之耳權然後知輕重
度然後知長短物皆然心爲甚王請度之

權銓衡也可以稱輕重也度丈尺也可以量長短也凡物皆當稱度乃可知心當行之乃爲仁心比於物尤當
爲之甚者也欲使王度心如度物也抑王興甲兵危士臣搆怨於
諸侯然後快於心與抑辭也孟子問王抑亦如是乃快邪王曰否
吾何快於是將以求吾所大欲也王言不然我不
快是也將欲以求我心所大欲者耳曰王之所大欲可得聞與孟子
雖心知王意而故問者欲令王自道緣以陳之王笑而不言王意大而不敢正言曰
爲肥甘不足於口與輕煖不足於體與抑
爲采色不足視於目與聲音不足聽於耳

與便嬖不足使令於前與王之諸臣皆足
以供之而王豈爲是哉孟子復問此五者欲以致王所欲也故發異端
以問也曰否吾不爲是也王言我不爲是也曰然則王
之所大欲可知已欲辟土地朝秦楚莅中
國而撫四夷也莅臨也言王意欲庶幾王者莅臨中國而安四夷者也以若
所爲求若所欲猶緣木而求魚也若順也順嚮者
所爲謂搆兵諸侯之事求順今之所欲莅中國之願其不可得如緣喬木而求生魚也王曰若
是其甚與王謂比之緣木求魚爲大甚曰殆有甚焉緣木

求魚雖不得魚無後災以若所爲求若所欲盡心力而爲之後必有災孟子言盡心戰鬬必有殘民破國之災故曰殆有甚於緣木求魚者也曰可得聞與王欲知其害也曰鄒人與楚人戰則王以爲孰勝言鄒小楚大也曰楚人勝王曰楚人勝也曰然則小固不可以敵大寡固不可以敵衆弱固不可以敵彊海內之地方千里者九齊集有其一以一服八何以異於鄒敵楚哉固辭也言小弱固不如彊大集會齊地可方千里譬一州耳今欲以一州服八州猶鄒欲敵楚蓋亦反其本矣王欲服之之道蓋當反王道之本今王發政施仁使天下仕者皆欲立於王之朝耕者皆欲耕於王之野商賈皆欲藏於王之市行旅皆欲出於王之塗天下之欲疾其君者皆欲赴愬於王其若是孰能禦之反本道行仁政若此則天下歸之誰能止之者王曰吾惛不能進於是矣願夫子輔吾志明以教我我雖不敏請嘗試之王言我情思惛亂不能進行此仁政不知所當施行也欲使孟子明言其道以教訓之我雖不敏願嘗使少行之也曰無恒產而有恒心者惟士爲能若民則無恒產因無恒心孟子爲王陳其法也恒常也產生也恒產則民常可以生之業也恒心人常有所善心也惟有學士之心者雖窮不失道不求苟得耳凡民迫於飢寒則不能守其常善之心苟無恒心放辟邪侈無不爲已及陷於罪然後從而刑之是罔民也民誠無恒心放溢辟邪侈於姦利犯罪觸刑無所不爲乃就刑之是由張羅罔以罔民者也焉有仁人在位罔民而可爲也安有仁人爲君罔陷其民是政何可爲也是故明君制民之產必使仰足以事父母俯足以畜妻子樂歲終身飽凶年免於死亡然後驅而之善故民之從之也輕言衣食足知榮辱故民從之教化輕易也今也制民之產仰不足以事父母俯不足以畜妻子樂歲終身苦凶年不免於死亡此惟救死而恐不贍奚暇治禮義哉言今民困窮救死恐凍餓而不給何暇脩禮行義也王欲行之則盍反其本矣五畝之宅樹之以桑五十者可以衣帛矣雞豚狗彘之畜無失其時

思考與練習

1. 列舉本篇的古今字、通假字等。

2. 歸納“折枝”的故訓材料並加以評斷。

3. “辟土地”“朝秦楚”“莅中國”“撫四夷”是同樣的結構關係嗎？爲什麽？

七十者可以食肉矣百畝之田勿奪其時八口之家可以無飢矣謹庠序之教申之以孝悌之義頒白者不負戴於道路矣老者衣帛食肉黎民不飢不寒然而不王者未之有也其說與上同八口之家次上農夫也孟子所以重言此者此乃王政之本常生之道故爲齊梁之君各具陳之當章究義不嫌其重也章指言典籍攸載帝王道純桓文之事譎正相紛撥亂反正聖意弗珍故曰後世無傳未聞仁不施人猶不成德釁鍾易牲民不被澤王請嘗試欲踐其路荅以反本惟是爲要此蓋孟子不屈道之言也

（四）夫子當路於齊[①]

公孫丑問曰夫子當路於齊管仲晏子之功可復許乎夫子謂孟子許猶興也如使夫子得當仕路於齊而可以行道管夷吾晏嬰之功寧可復興乎孟子曰子誠齊人也知管仲晏子而已矣誠實也子實齊人也但知二子而已豈復知王者之佐乎或問乎曾西曰吾子與子路孰賢曾西蹵然曰吾先子之所畏也曾西曾子之孫蹵然猶蹵踖也先子曾子也子路在四友故曾子畏敬之曾西不敢比曰然則吾子與管仲孰賢曾西艴然不悅曰爾何曾比予於管仲艴然慍怒色也何曾猶何乃也管仲得君如彼其專也行乎國政如彼其久也功烈如彼其卑也爾何曾比予於是曾西荅或人言管仲得遇桓公使之專國政如彼行政於國其久如彼功烈卑陋如彼謂不帥齊桓公行王道而行霸道故言卑也重言何曾比我耶見比之甚也曰管仲曾西之所不爲也而子爲我願之乎孟子心狹曾西曾西尚不欲爲管仲而子爲我願之

① 選自《孟子·公孙丑上》。

乎非丑之言小也曰管仲以其君霸晏子以其君顯
管仲晏子猶不足爲與丑曰管仲輔桓公以霸道晏子相景公以
顯名二子如此尚不可爲邪曰以齊王由反手也孟子言以齊國之大而行
王道其易若反手耳故譏管晏不勉其君以王業也曰若是則弟子之惑滋
甚且以文王之德百年而後崩猶未洽於
天下武王周公繼之然後大行今言王若
易然則文王不足法與丑曰如是言則弟子惑益甚也文王尚不能及
身而王何謂王易然也若是則文王不足以爲法邪曰文王何可當也由湯

至於武丁賢聖之君六七作天下歸殷久
矣久則難變也武丁朝諸侯有天下猶運
之掌也武丁高宗也孟子言文王之時難爲功故言何可當也從湯以下賢聖之君六七興謂大
甲大戊盤庚等也運之掌言易也紂之去武丁未久也其故家
遺俗流風善政猶有存者又有微子微仲
王子比干箕子膠鬲皆賢人也相與輔相
之故久而後失之也尺地莫非其有也一
民莫非其臣也然而文王猶方百里起是

以難也紂得高宗餘化又多良臣故久乃亡也微仲膠鬲皆良臣也但不在三仁中耳文王當此
時故難也齊人有言曰雖有智慧不如乘勢雖
有鎡基不如待時今時則易然也齊人諺言也乘
勢居富貴之勢鎡基田器耒耜之屬待時三農時也今時易以行王化者也夏后殷周之
盛地未有過千里者也而齊有其地矣雞
鳴狗吠相聞而達乎四境而齊有其民矣
地不改辟矣民不改聚矣行仁政而王莫
之能禦也三代之盛封畿千里耳今齊地土民人已足矣不更辟土聚民也雞鳴狗吠相聞言

民室屋相望而衆多也以此行仁而王誰能止之也且王者之不作未有疏
於此時者也民之憔悴於虐政未有甚於
此時者也飢者易爲食渴者易爲飲孔子
曰德之流行速於置郵而傳命言王政不興久矣民
患虐政甚矣若飢者食易爲美渴者飲易爲甘德之流行疾於置郵傳書命也當今之時萬
乘之國行仁政民之悅之猶解倒懸也故
事半古之人功必倍之惟此時爲然倒懸喻困
苦也當今所施恩惠之事半於古人而功倍之矣言今行之易也章指言德流之速過於置郵君子得時大
行其道是以呂望觀文王而陳王
圖管晏雖勤猶爲曾西所羞也

思考與練習

1. 如何理解“可復許乎”的“許”？
2. 本篇是否有變調構詞現象？請舉例説明。
3. 分析“莫之能禦”的結構關係。

（五）舜發於畎畝之中①

孟子曰舜發於畎畝之中傅説舉於版築
之閒膠鬲舉於魚鹽之中管夷吾舉於士
孫叔敖舉於海百里奚舉於市故天將降
大任於是人也必先苦其心志勞其筋骨
餓其體膚空乏其身行拂亂其所爲所以
動心忍性曾益其所不能舜耕歷山三十徵庸傅説築傅巖武
丁舉以爲相膠鬲殷之賢臣遭紂之亂隱遁爲商文王
於鬻販魚鹽之中得其人舉之以爲臣也士獄官也管
夷吾自魯囚執於士官桓公舉以爲相國孫叔敖隱處
耕於海濱楚莊王舉之以爲令尹百里奚亡虞適秦隱
於都市而以爲相也言天將降下大事以任聖賢必先
勤勞其身餓其體而瘠其膚使其身乏資絕糧所行不
從拂戾而亂之者所以動驚其心堅忍其性使不違仁困而知勤曾益其素所以不能行人恒過
然後能改困於心衡於慮而後作徵於色
發於聲而後喻人常以有繆思過行不得福然後乃更其所爲以不能爲能也困瘁
於心衡橫也橫塞其慮於胷臆之中而後作爲奇計異
策憤激之説也徵驗見於顏色若屈原憔悴漁父見而
怪之發於聲而後喻若寗戚商歌桓公異之入則無法家拂士出則
無敵國外患者國恒亡然後知生於憂患
而死於安樂也入謂國內也無法度大臣之家輔拂之士出謂國外也無敵國可難
無外患可憂則凡庸之君驕慢荒怠國常以此亡也故
知能生於憂患死於安樂也死亡也安樂怠惰使人亡
其知能也　章指言聖賢困窮天堅其志次賢感
激乃奮其慮凡人佚樂以喪知能賢愚之敘也

思考與練習

1.“發於”“舉於”是什麼結構？
2.“所以”是否成詞？爲什麼？
3.請列舉文中的通假字。

第十章　老　　子

一、典籍簡介

《老子》是先秦道家學派的重要著作，又名《道德經》《道德真經》《五千言》等，相傳爲老子（李耳）所著。《老子》分上下兩篇，《道經》三十七章在前，第三十八章之後爲《德

① 選自《孟子·告子下》。

經》,共八十一章,計約五千字。

關於老子的生平、身份,歷來争論較大,無論是古人,還是現當代學者,説法都很多,莫衷一是。《史記·老子韓非列傳》:"老子者,楚苦縣厲鄉曲仁里人也,姓李氏,名耳,字聃,周守藏室之史也。孔子適周,將問禮於老子。……老子修道德,其學以自隱無名爲務。居周久之,見周之衰,乃遂去。至關,關令尹喜曰:'子將隱矣,彊爲我著書。'於是老子乃著書上下篇,言道德之意五千餘言而去,莫知其所終。""或曰:老萊子亦楚人也,著書十五篇,言道家之用,與孔子同時云。蓋老子百有六十餘歲,或言二百餘歲,以其修道而養壽也。自孔子死之後百二十九年,而史記周太史儋見秦獻公曰:'始秦與周合,合五百歲而離,離七十歲而霸王者出焉。'或曰儋即老子,或曰非也,世莫知其然否。老子,隱君子也。"據《史記》所載,老子就有三種身份:一是姓李名耳,字聃,楚苦縣人,周守藏室之史;二是老萊子,楚人,與孔子同時;三是周太史儋。目前一般取第一種説法。

關於《老子》一書的字數,一般説是五千言,而實際字數略有出入[①]:馬王堆帛書《老子》甲本爲5344字,乙本爲5342字(外加重文124字);今本《老子》中,河上公《道德經章句》爲5201字(外加重文94字),王弼《老子道德經注》爲5162字(外加重文106字),傅奕《道德經古本》爲5450字(外加重文106字)。

"道""德"是《老子》一書的思想核心。"道"是萬物的源頭,"有物混成,先天地生,寂兮寥兮,獨立不改,周行而不殆,可以爲天地母。吾不知其名,字之曰道,强爲之名曰大。大曰逝,逝曰遠。遠曰反。故道大,天大,地大,王亦大。域中有四大,而王居其一焉。人法地,地法天,天法道,道法自然。"(二十五章)"道生一,一生二,二生三,三生萬物。萬物負陰而抱陽,冲氣以爲和。人之所惡,唯孤、寡、不穀,而王公以爲稱。故物或損之而益,或益之而損。人之所教,我亦教之,强梁者不得其死,吾將以爲教父。"(四十二章)"德"是"道"的外化,"上德不德,是以有德;下德不失德,是以無德。上德無爲而無以爲,下德爲之而有以爲;上仁爲之而無以爲;上義爲之而有以爲;上禮爲之而莫之應,則攘臂而仍之。故失道而後德,失德而後仁,失仁而後義,失義而後禮。"(三十八章)

《老子》的政治理想是"小國寡民"。"小國寡民,使有什伯之器而不用。使民重死而不遠徙。雖有舟輿,無所乘之;雖有甲兵,無所陳之。使民復結繩而用之。甘其食,美其服,安其居,樂其俗。鄰國相望,雞犬之聲相聞,民至老死不相往來。"(八十章)其政治策略則是"無爲而治":"故聖人云:'我無爲而民自化,我好静而民自正,我無事而民自富,我無欲而民自樸。'"(五十七章)"是以聖人處無爲之事,行不言之教。萬物作焉而不辭,生而不有,爲而不恃,功成而弗居。夫唯弗居,是以不去。"(二章)"是以聖人無爲故無敗;無执故無失。民之從事,常於幾成而敗之。慎終如始,則無敗事。是以聖人欲不欲,不貴難得之貨,學不學,復衆人之所過,以輔萬物之自然而不敢爲。"(六十四章)

《老子》中還處處體現出辯證法思想。事物往往存在彼此對立的兩個方面,它們互

---

① 參見李零:《人往低處走:〈老子〉天下第一·寫在前面的話》,生活·讀書·新知三聯書店,2008年,第6頁。

相聯繫、互相依存，如“天下皆知美之爲美，斯惡已；皆知善之爲善，斯不善已。故有無相生，難易相成，長短相較，高下相傾，音聲相和，前後相隨。”（二章）“三十輻共一轂，當其無，有車之用。埏埴以爲器，當其無，有器之用。鑿户牖以爲室，當其無，有室之用。故有之以爲利，無之以爲用。”（十一章）有時候，對立的兩個方面又互相轉化，如“反者道之動；弱者道之用。天下萬物生於有，有生於無。”（四十章）“禍兮，福之所倚；福兮，禍之所伏。孰知其極？其無正？”（五十八章）

《老子》是短章論説體文本，以韻文爲主。它的押韻，類似於賦。[①] 其中部分詞語如“覽”“夫唯”等可能反映了楚地方言的情况。[②]

有關《老子》語言學研究的相關論著有：李水海《老子〈道德經〉楚語考論》（陝西人民教育出版社，1990 年）、廖揚敏《〈老子〉專書反義詞研究》（四川大學博士學位論文，2003 年）、張豔《帛書〈老子〉詞彙研究》（上海古籍出版社，2015 年）、張娟娟等《〈老子河上公章句〉詞彙研究》（四川民族出版社，2019 年），等等。

現存最早的《老子》注本是河上公《老子章句》，後又有三國魏王弼的《老子道德經注》。適合初學者閱讀的注本有今人朱謙之《老子校釋》（中華書局，1984 年）、陳鼓應《老子今注今譯》（商務印書館，2003 年）、辛戰軍《老子譯注》（中華書局，2008 年）等。

1973 年，在湖南長沙馬王堆西漢墓葬出土了帛書《老子》，有甲、乙兩種寫本，皆是《德經》在前，《道經》在後。尤其乙本在兩篇後分别有“德”“道”二字，明確分出篇名。帛書甲乙本章序相同，參照傳世本可知，傳世本第二十四章帛書本都處在第二十一、二十二兩章之間，傳世本第四十、四十一章在帛書本中次序正相反，傳世本第八十、八十一章帛書本都處在第六十六、六十七兩章之間。

1993 年，又在湖北省荆門市郭店村發掘了一座戰國時期的楚國墓葬，出土了竹簡本《老子》，甲組共有竹簡三十九枚、乙組十八枚、丙組十四枚，分别稱之爲甲、乙、丙本，共存 2046 字。簡本《老子》不分道經和德經，簡本《老子》甲包括今本《老子》的十九章、六十六章、四十六章中段和下段、三十章上段和中段、十五章、六十四章下段、三十七章、六十三章、二章、三十二章；二十五章、五章中段；十六章上段；六十四章上段、五十六章、五十七章；五十五章、四十四章、四十章、九章。簡本《老子》乙包括今本《老子》的五十九章、四十八章上段、二十章上段、十三章；四十一章；五十二章中段、四十五章、五十四章。簡本《老子》丙包括今本《老子》的十七章、十八章；三十五章、三十一章中段和下段；六十四章下段。

2009 年，北京大學收藏了一批西漢竹簡，其中也有《老子》。北大簡《老子》現存完整竹簡一百七十六枚，殘斷竹簡一百零五枚，拼綴後得到完整（或接近完整）的竹簡二百一十一枚，殘簡十枚。共約 5200 字（另有重文 110 字），此外有計字尾題 13 字，簡背篇題 8 字。北大簡《老子》簡背題“老子上經”“老子下經”，其《上經》相當於傳世本《德

① 參見李零：《先秦諸子的思想地圖——讀錢穆〈先秦諸子系年〉》，《清華歷史講堂三編》，生活·讀書·新知三聯書店，2011 年，第 9-38 頁。

② 參見楊建忠：《楚系出土文獻語言文字考論》附録一：《〈楚辭解故〉楚語詞表》，浙江大學出版社，2014 年，第 323-367 頁。

經》,《下經》相當於傳世本《道經》。全書共分七十七章,其中《上經》四十四章,《下經》三十三章。

此外,尚有敦煌本《老子》寫卷 76 件,綴合後共 50 件。除《老子河上公注》、《老子想爾注》、《老子》李榮注等注疏本外,白文本《老子》寫卷共 53 件,綴合後得 35 件。其中 S.6453 内容最完整,存第七至第八十一章。

本教材所據爲國家圖書館藏宋刻本《老子道德經古本集注直解》(《中華再造善本》影印本,2003 年)。

問題

1. 簡述出土本《老子》的情况。
2. 對老子其人加以介紹。
3. 概述《老子》最初的篇章次序。
4. 簡述《老子》的用韻情况。

二、文選篇目

(一)小國寡民

小國寡民章第八十
聖人執左契而不責於人則民无怨而
各安其安矣故次之以小國寡民章
小國寡民使民有什伯之器而不用也古本
老子前言治大國莅天下之式而此言小
國者謂王者有道則國不在大民不在多
誠能无欲无爲則使民有什伯之器而不
用也什伯之器音辯去按西漢詔天下吏
舍无得置什器儲偫音峙顔師古註云五人
爲伍十人爲什則共器物故通謂之什伍
之具爲什器猶今之從軍及作役者十人
爲火共畜調度也
使民重死而不遠徙雖有舟輿无所乘之雖
有甲兵无所陳之使民復結繩而用之
復扶富反又也上化清靜民不輕死何用
遠移乗舟輿者多爲利名既不知名利則

雖有而不乘動甲兵者莫非仇讎旣不致
仇讎則雖有而不陳也上古結繩而治今
民旣淳朴則可使復結繩而用之化厎和
平則雖結繩亦不用矣
至治之極民各甘其食美其服安其俗樂其
業鄰國相望雞狗之聲相聞使民至老死而
不相往來古本
傳奏註俗字引鄭玄之說謂土地所生習
也業字引賈逵云業猶次也尒雅云業事
也皆通望音亡◦隨地所產以食以服甘
之美之不餓不凍隨其風俗務其業次安
之樂之不治而不亂鄰國雖甚近而使民
各安其安自足其足至老死而不相往來
則焉有交爭之患如是則太古之風可以
復見蘇曰內足而外无所慕故以其所有
爲美以其所處爲樂而不復求也

（二）天下皆知美之爲美

天下皆知章第二
道常无爲初无美惡纔涉有爲便有美
惡貴在无爲而成不言而信故次之以
天下皆知章
天下皆知美之爲美斯惡巳天下皆知善之
爲善斯不善巳古本
巳音以語助◦自古聖人體此道而行乎
事物之閒其所以全美盡善而人不知爲
美善者蓋事物莫不自然各有當行之路
故聖人循其自然之理行而中節不自矜
伐以爲美善也儻矜之以爲美伐之以爲

善使天下皆知者則必有惡與不善繼之也
故有无之相生難易之相成長短之相形高
下之相傾音聲之相和前後之相隨
此以謚上文美與惡爲對善與不善爲對
是以聖人處无爲之事行不言之教
是以者承上接下之義聖人者純於道者
也亦大而化之之稱後皆倣此。處无爲
之事者體道也道常无爲而无不爲聖人
則虛心而應物也行不言之教者配天也
天何言哉四時行焉百物生焉聖人則循
理而利物无有不當斯不言之教也
万物作焉而不爲始
同古本作者動也。蓋寂然不
動感而遂通者道也聖人體道而立物感
而後應故不爲始也
生而不有爲而不恃功成而不處夫惟不處
是以不去
云古本皆是處字。万物之生育運
爲皆由於道而道未嘗以爲已有亦未嘗
自恃至於功成而未嘗以自處夫惟不以
功自處是以物不違也聖人體道而立故
亦如是豈有惡與不善繼之哉

（三）知人者智

知人者知章第三十三
能守道則不失其所死而不亡故次之
以知人者知章
知人者知也自知者明也
古本每句下有也字文意雍容世本並无
也字至不失其所者久若无也字則文意
不足今依古本。人能虛靜則可以知人
可以自知知人以智言非私智也猶止水
之燭物也自知以明言乃本明也猶止水
之湛然也莊子天道篇有曰水靜則明燭
鬚眉平中準大匠取法焉水靜猶明而况
精神聖人之心靜乎天地之鑒也万物之
鏡也河上公曰能知人好惡是智人也自
知賢與不肖謂反聽无聲内視无形故爲
明也
勝人者有力也自勝者強也
勝克也守道之士謙柔自處未嘗欲勝人
而人每不能勝之者惟其有定力故也定
力者何能克去已私而全乎天理此自強也
知足者富也強行者有志也

知万物皆備於我者則莫富於此也得是
而自強不息者有志於道也
不失其所者久也死而不亡者壽也
道不可以方所言此言所者以万物由是
出而言也人能有志於道不離於初故不
失其所如此者乃久也其形雖死其神不
亡如此者方爲壽也莊子田子方篇載草
食之獸不疾易藪水生之蟲不疾易水行
小變而不失其大常也蘇曰物變无窮而
心未嘗失則久矣死生之變亦大矣而其
上六十九　任
性湛然不亡此古之至人能不生不死者也

（四）天之道

天之道章第七十七
剛強者是不知天道猶張弓也故次之
以天之道章
天之道其猶張弓者歟高者抑之下者舉之
有餘者損之不足者補之天之道損有餘而
補不足也　枯本
天道公平人鮮能知故取張弓之喻以明
之夫張弓者高則抑下則舉有餘者減不
足者補取其相稱而已
人之道則不然損不足以奉有餘
反天道也蘇曰天无私故均人多私故抔
孰能損有餘以奉天下唯有道者　枯
有道者故能如此蘇曰有道者贍足万物
而不辭身以爲人已愈有既以與人已愈
多非有道者无以堪此
是以聖人爲而不恃功成而不處其不欲見
音現　賢邪
賢能也聖人法天之道爲之而不恃功成
而不處其不欲見能於人也儻爲之而恃
下十一四
功成而處以見其能於人豈天道也哉

思考與練習

1. 以上選篇是否都有出土文獻（郭店楚簡本、馬王堆漢墓帛書甲乙本、北大漢簡本）的對應篇章，請加以歸納，並簡要指出文字的異同。

2. 歸納選篇中的古今字、通假字等。

3. 歸納選篇中的使動用法和意動用法。

4. 結合古文字字形簡述"美"的得義之由（可參照季旭昇《説文新證》等）。

第十一章　莊　　子

一、典籍簡介

《莊子》又名《南華真經》（或《南華經》），爲莊子及其後學所著道家學説的總匯。《漢書・藝文志》載"《莊子》五十二篇"，今本《莊子》存三十三篇，分内篇、外篇、雜篇三部分，共八萬多字。

莊子（約前369—前286年），名周，戰國時期宋國蒙（今河南省商丘縣東北）人。道家學派代表人物，與老子並稱"老莊"。唐玄宗天寶元年，詔封莊子爲南華真人，尊《莊子》爲《南華真經》。

結合《莊子》書中的記載來看，莊子鄙棄高官厚禄，一生過着相對清貧的生活。莊子追求個人境界的提升，"其學無所不闚，然其要本歸於老子之言，故其著書十萬餘言"。他"嘗爲蒙漆園吏，與梁惠王、齊宣王同時"，"楚威王聞莊周賢，使使厚幣迎之，許以爲相"，面對重利尊位，莊子並未接受，他説："千金，重利；卿相，尊位也。子獨不見郊祭之犧牛乎？養食之數歲，衣以文繡，以入大廟。當是之時，雖欲爲孤豚，豈可得乎？子亟去，無污我。我寧遊戲污瀆之中自快，無爲有國者所羈，終身不仕，以快吾志焉。"（《史記・莊子列傳》）

唐代以前學者未對《莊子》作者提出質疑，宋代蘇軾《莊子祠堂記》開始对《讓王》《盜蹠》《説劍》《漁父》四篇提出懷疑。目前關於《莊子》作者的看法衆説紛紜，相距甚遠。有的説内篇爲莊子本人之作，外篇、雜篇爲莊子後學之作。有的則認爲外篇、雜篇多數屬莊子本人之作，内篇爲後學之作。還有人認爲莊子本人之作分散在内篇、外篇中，應具體分析。至於寫作的時間，同樣也是五花八門，多數人認爲是莊子本人和戰國時莊子後學所作，有的則認爲一些篇章是漢初的作品。整體來看，《莊子》是莊子和戰國時期莊子後學的論文彙編。由於出自衆手,許多篇章多有矛盾抵牾之處,不過主體思想大體相近。①

《莊子》的思想,可以歸爲以下數端。②

(1)"天道觀"。在《莊子》的宇宙論範圍之内,最容易看出的還是自然主義思想。《莊子》:"牛馬四足是謂天;落馬首,穿牛鼻,是謂人。"(《秋水》)所論"天"就是自然,例如牛馬四足,這是自然生成的落馬首,穿牛鼻,那就不是自然,而是人爲了。由於莊子學派强調自然,所以他們的宇宙論之中確乎有些唯物論的成分。如《莊子》言:"天其運乎? 地其處乎? 日月其争於所乎? 孰主張是? 孰維綱是? 孰居無事推而行是? 意者其有機緘而不得已邪? 意者其運轉而不能自止邪?"(《天運》)莊子也和老子一樣,强調所謂"道"。他説:"夫道有情有信,無爲無形;可傳而不可受,可得而不可見;自本自根,未有天地,自古以固存;神鬼神帝,生天生地,在太極之先而不爲高,在六極之下而不爲深;先天地生而不爲久,長於上古而不爲老。"(《大宗師》)他所説的"道",也是未有天地而先有的東西。《莊子》中的自然主義性質的唯物論、客觀唯心主義的"道"論以及某些宗教懷疑論點等,基本上都是過去思想家已有的東西。該書的宇宙論只是發展、傳述過去思想家的成果。可是《莊子》書中顯現出的認識論,特别是屬於主觀唯心主義範疇的絶對的相對主義則是明顯的創新。

(2)"認識論"。《莊子》的認識論,實際上主要是不可知論,他們認爲真正的真理是不可知的。"莊子與惠子遊於濠梁之上。莊子曰:鯈魚出游從容,是魚之樂也。惠子曰:子非魚,安知魚之樂? 莊子曰:子非我,安知我不知魚之樂? 惠子曰:我非子,固不知子矣;子固非魚矣,子之不知魚之樂,全矣! 莊子曰:請循其本。子曰'汝安知魚樂'云者,既已知吾知之而問我。我知之濠上也。"(《秋水》)這段話好像莊子承認知識是可靠的,其實它是反映知識的不可靠。這可以和以下論述相對看:"昔者莊周夢爲胡蝶,栩栩然胡蝶也,自喻適志與! 不知周也。俄然覺,則蘧蘧然周也。不知周之夢爲胡蝶與? 胡蝶之夢爲周與? 周與胡蝶則必有分矣,此之謂物化。"(《齊物論》)這就是説夢和真是不可分的,夢可以當做真,真也可以當作夢,最後可以得出真就是夢的結論。那麽哪里還有真理、真知可言? 所以説"庸詎知吾所謂知之非不知邪? 庸詎知吾所謂不知之非知邪?"(《齊物論》),我究竟是真知,還是非真知,都是不可知的。因此,《莊子》的認識論屬於不可知論。

(3)"人生哲學"。"性者,生之質也。性之動謂之爲,爲之僞謂之失。"(《庚桑楚》)"性不可易,命不可變,時不可止,道不可壅;苟得於道,無自而不可;失焉者,無自而可。"(《天運》)《莊子》認爲"性"就是生命的質地,也就是人的自然。這種性論倒是很樸

① 參見劉譯華:《先秦政治思想史》,南開大學出版社,1984年,第502頁。

② 參見童書業:《莊子思想研究(之一)》,《文史哲》1980年第6期;童書業:《莊子思想研究(之二)》,《文史哲》1981年第1期。

素的。他們認爲只要保全自然的"性",就是好的。人能夠得其自然,那就"無自而不可";失去自然,那就"無自而可"。《莊子》雖然認爲凡是自然的也就是天生的事物都是好的,但是一個人如果真的聽任自然,被自然所束縛,那就不可能得到所謂"絶對的自由"。他們打破自然束縛的辦法,不是以人勝天,用人的力量來克服自然,而是企圖擺脱物質的世界,向内心求取"解放"。他們假定人的精神可以脱離物質而存在,而且認爲物質世界從屬於精神世界,精神是第一位的,物質是第二位的。他們進一步認爲精神雖然充塞於天地之間,但是天地也就在我心之中,我心和宇宙精神本是一體,主觀就是客觀,客觀也就是主觀,人如果能夠消除主客體之間的界限,主客合一,那麽我心也就充塞於天地之間,天地都爲我心服役了。從而到達"絶對的自由"。由於人最終仍要面對死亡,人們就需要"心齊""坐忘"的方法,或者通過更高級的方法達到"真人"的地步,求得精神的最高境界。

莊子的文章富於想象,文筆變化多姿,具有濃郁的浪漫主義色彩,運用大量的寓言故事,富有幽默諷刺的意味,對後世文學語言有很大影響。

有關《莊子》語言學研究的相關論著有:李占平《〈莊子〉單音節實詞反義關係研究》(四川大學博士學位論文,2004 年)、殷國光《〈莊子〉動詞配價研究》(商務印書館,2009 年)、陳啓慶《〈莊子〉修辭研究》(吉林大學出版社,2010 年)、馬啓俊《〈莊子〉詞彙研究》(世界圖書出版公司,2014 年),等等。

現存最早的《莊子》注本是晋代郭象(一説向秀)注,唐代成玄英作疏後形成《莊子注疏》。清代郭慶藩著《莊子集釋》,王先謙著《莊子集解》,都收入《諸子集成》。近人研究有章太炎《莊子解故》,馬叙倫《莊子義證》,楊樹達《莊子拾遺》,于省吾《莊子新證》等。曹礎基《莊子淺注》(中華書局,2000 年)和陳鼓應《莊子今注今譯》(中華書局,2001 年),適合初學者閱讀。

1977 年在安徽阜陽發掘的漢文帝時汝陰侯夏侯竈夫婦墓地的一號墓内發現了一些竹簡,其中有《莊子》遺文數條:《則陽篇》一條,《讓王篇》一條,《外物篇》六條。汝陰侯夏侯竈夫婦下葬時間在漢文帝十五年(前 265 年),因此這可能是現存最早《莊子》寫本。可惜所存内容極少,每條竹簡僅存數字,僅能略窺漢代《莊子》文本之一斑。20 世紀初,莫高窟藏經洞發現了《莊子》及《莊子音義》殘卷,涉及今存《莊子》33 篇中的 23 篇(其中《天運》《刻意》《知北遊》爲全篇),内容約占《莊子》全書的三分之二。這些殘卷的抄寫時代無疑早於傳世的宋刻本《莊子》。這些殘卷可説是現存最早的相對完整的《莊子》版本。敦煌本《莊子》資料(内容包括《莊子》白文、郭象注本及《莊子》音義的殘卷)有:P. 3204《逍遥遊》、P. 2563《大宗師》、S. 796《胠篋》、S. 1603《天道》、書道本《南華真經天運品第十四》、P. 2508a《南華真經刻意品第十五》、S. 615《南華真經達生品第十九》、P. 2531《山木》、BD14634 及 P. 3789《南華真經田子方品第廿一》、書道本《南華真經知北遊品第廿二》、P. 2508b《徐無鬼》、S. 77+P. 2688《外物》、S. 3395v 及 S. 9987B1 節抄《莊子郭象注》(徐無鬼、庚桑楚、知北遊、田子方)、P. 4988《讓王》、P. 2495《莊子郭象注節抄》、P. 3602《莊子集音》、S. 6256、P. 4058v《莊子音義》①。本教材所據爲國家圖書館藏宋刻本《南華真經》(《中華再造善本》影印本,2003 年)。

問題

1. 簡述道教的“四子真經”。
2. 依内、外、雜的次序分類列出《莊子》篇目,並簡要分析《莊子》外篇的作者。
3. 概述敦煌出土的《莊子》及《莊子音義》殘卷的情況。

二、文選篇目

(一)北冥有魚②

南華眞經卷第一
莊子内篇逍遥遊第一　郭象注（夫小大雖 / 殊而放於）
（自得之場則物任其性事稱其能各當 / 其分逍遥一也豈容勝負於其間哉）
北冥有魚其名爲鯤鯤之大不知其幾
千里也化而爲鳥其名爲鵬（鵬鯤之實吾所未詳 / 也夫莊子之大意在）
（乎逍遥遊放无爲而自得故極小大之致以明性分之適達觀之士宜 / 要其會歸而遺其所寄不足事事曲與生説自不害其弘旨皆可略之）鵬
之背不知其幾千里也怒而飛其翼若
垂天之雲是鳥也海運則將徙於南冥
南冥者天池也（非冥海不足以運其身非九萬里不足以負其 / 翼此豈好奇哉直以大物必自生於大處大處）
（亦必自生此大物理固自然不 / 患其失又可措心於其間哉）齊諧者志怪者也諧之
言曰鵬之徙於南冥也水擊三千里摶
扶揺而上者九萬里（夫翼大則難舉故摶扶揺而後能上 / 九萬里乃足自勝耳既有斯翼豈得）
（决然而起數仞而下哉此 / 皆不得不然非樂然也）去以六月息者也（夫大鳥一去半 / 歳至天池而息）
（小鳥一飛半朝搶榆枋而止此比 / 所能則有間矣其於適性一也）野馬也塵埃也生物
之以息相吹也（此皆鵬之所憑以飛 / 者耳野馬者遊氣也）天之蒼蒼其
正色邪其遠而无所至極邪其視下也
亦若是則已矣（今觀天之蒼蒼竟未知便是天之正色邪天之 / 爲遠而无極邪鵬之自上以視地亦若人之自）
（此視天則止而圖南矣言鵬不知 / 道里之遠近趣足以自勝而逝）且夫水之積也不厚
則負大舟也无力覆杯水於坳堂之上
則芥爲之舟置杯焉則膠水淺而舟大

① 參見楊思范:《敦煌本〈莊子〉殘卷叙録》,《敦煌研究》2007 年第 1 期;楊思范:《敦煌本〈莊子〉寫卷篇章考》,《文獻》2007 年第 3 期。

② 選自《莊子·逍遥遊》。

也此皆明鵬之所以高飛者翼大故耳夫質小者所資不待大則質大者所用不得小矣故理有至分物有定極各足稱事其濟一也若乃失乎忘生之主而營生於至當之外事不任力動不稱情則雖垂天之翼不能无窮决起之飛不能无困矣風之積也不厚則其負大翼也无力故九萬里則風斯在下矣而後乃今培風背負青天而莫之夭閼者而後乃今將圖南夫所以乃今將圖南者非其好高而慕遠也風不積則夭閼不通故耳此大鵬之逍遥也蜩與鷽鳩笑之曰我决起而飛搶榆枋時則不至而控於地而已矣奚以之九萬里而南爲苟足於其性則雖大鵬无以自貴於小鳥小鳥无羨於天池而榮願有餘矣故小大雖殊逍遥一也適莽蒼者三湌而反腹猶果然適百里者宿舂糧適千里者三月聚糧所適彌遠則聚糧彌多故其翼彌大則積氣彌厚也之二蟲又何知二蟲謂鵬蜩也對大於小所以均異趣也夫趣之所以異豈知異而異哉皆不知所以然而自然耳自然耳不爲也此逍遥之大意小知不及大知小年不及大年物各有性性各有極皆如年知豈跂尚之所及哉自此已下至于列子歷舉年知之大小各信其一方未有足以相傾者也然後統以无待之人遺彼忘我冥此羣異異方同得而我无功名是故統小大者无小无大者也苟有乎小大則雖大鵬之與斥鴳宰官之與御風同爲累物耳齊死生者无死无生者也苟有乎死生則雖大椿之與蟪蛄彭祖之與朝菌均於短折耳故遊於无小无大者无窮者也冥乎不死不生者无極者也若夫逍遥而繫於有方則雖放之使遊而有所窮矣未能无待也奚以知其然也朝菌不知晦朔蟪蛄不知春秋此小年也楚之南有冥靈者以五百歲爲春五百歲爲秋上古有大椿者以八千歲爲春八千歲爲秋而彭祖乃今以

久特聞衆人匹之不亦悲乎夫年知不相及若此之懸也比於衆人之所悲亦可悲矣而衆人未嘗悲此者以其性各有極也苟知其極則毫分不可相跂天下又何所悲乎哉夫物未嘗以大欲小而必以小羨大故舉小大之殊各有定分非羨欲所及則羨欲之累可以絶矣夫悲生於累累絶則悲去悲去而性命不安者未之有也湯之問棘也是已湯之問棘亦云物各有極任之則條暢故莊子以所問爲是也窮髮之北有冥海者天池也有魚焉其廣數千里未有知其脩者其名爲鯤有鳥焉其名爲鵬背若太山翼若垂天之雲摶扶摇羊角而上者九萬里絶雲氣負青天然後圖南且適南冥也斥鴳笑之曰彼且奚適也我騰躍而上不過數仞而下翱翔蓬蒿之間此亦飛之至也而彼且奚適也此小大之辯也各以得性爲至自盡爲極也向言二蟲殊翼故所至不同或翱翔天池或畢志榆枋直各稱體而足不知所以然也今言小大之辯各有自然之素既非跂慕之所及亦各安其天性不悲所以異故再出之故夫知效一官行比一鄉德合一君而徵一國者其自視也亦若此矣亦猶鳥之自得於一方也而宋榮子猶然笑之未能齊故有笑且舉世而譽之而不加勸舉世而非之而不加沮審自得也定乎內外之分內我而外物辯乎榮辱之境榮己而辱人斯已矣亦不能復過此彼其於世未數數然也足於身故閒於世也雖然猶有未樹也唯能自是耳未能无所不可也夫列子御風而行泠

思考與練習

1.“北冥”“怒而飛”“志怪”“小大之辯”是否存在特殊用法？

2.歸納“×然”類形容詞並釋義。

3.翻譯“我决起而飛，搶榆枋，時則不至，而控於地而已矣，奚以之九萬里而南爲”，並解釋其中重點字詞。

然善也泠然輕妙之貌旬有五日而後反苟有待焉則雖御風而行不能
以一時而周也彼於致福者未數數然也自然御風行耳非數數然求之
也此雖免乎行猶有所待者也非風則不得行斯必有待也唯
无所不乘者无待耳若夫乘天地之正而御六氣之辯
以遊无窮者彼且惡乎待哉天地者萬物之總名也天地以萬物爲體
而萬物必以自然爲正自然者不爲而自然者也故大鵬之能高斥鴳之能下椿木之能長朝菌之能短凡此皆自然之所能非爲之所能也不爲而自能所
以爲正也故乘天地之正者即是順萬物之性也御六氣之辯者即是遊變化之塗也如斯以往則何往而有窮哉所遇斯乘又將惡乎待哉此乃至德之人
玄同彼我者之逍遥也苟有待焉則雖列子之輕妙猶不能以无風而行故必得其所待然後逍遥耳而況大鵬乎夫唯與物冥而循大變者爲能无待而常
通豈自通而已哉又順有待者使不失其所待所待不失則同於大通矣故有待无待吾所不能齊也至於各安其性天機自張受而不知則吾所不能殊也
夫无待猶不足以殊有待況有待者之巨細乎故曰至人无己无己故順物順物而至矣神
人无功夫物未嘗有謝生於自然者而必欣賴於針石故理至則迹滅矣今順而不助與至理爲一故无功聖人
无名聖人者物得性之名耳未足以名其所以得也

（二）吾生也有涯[①]

南華眞經卷第二
莊子內篇養生主第三　郭象注夫生以養存則養生
者理之極也若乃養過其極以養傷生非養生之主也
吾生也有涯所稟之分各有極也而知也无涯夫舉重攜輕而神氣自若此力
之所限也而尚名好勝者雖復絕膂猶未足以慊其願此知之无涯也故知之爲名生於失當而滅於冥極冥極者任其至分而无豪銖之加是故雖負萬鈞
苟當其所能則忽然不知重之在身雖應萬機泯然不覺事之在己此養生之主也以有涯隨无涯殆
已以有限之性尋无極之知安得而不困哉已而爲知者殆而已矣已困於知
而不知止又爲知以救之斯養而傷之者眞大殆也爲善无近名爲惡无近刑
忘善惡而居中任萬物之自爲悶然與至當爲一故刑名遠己而全理在身也緣督以爲經順中以爲常也
可以保身可以全生可以養親養親以適可以
盡年苟得中而冥度則事事无不可也夫養生非求過分蓋全理盡年而已矣庖丁爲文惠君
解牛手之所觸肩之所倚足之所履膝
之所踦砉然嚮然奏刀騞然莫不中音
合於桑林之舞乃中經首之會言其因便施巧无不閑解盡理
之甚既適牛理又合音節文惠君曰譆善哉技蓋至此乎
庖丁釋刀對曰臣之所好者道也進乎
技矣直寄道理於技耳所好者非技也始臣之解牛之時所見
无非牛者未能見其理間三年之後未嘗見全牛
也但見其理間也方今之時臣以神遇而不以目
視闇與理會官知止而神欲行司察之官廢縱心而順理依乎天

① 選自《莊子·養生主》。

思考與練習

1. 歸納本篇的判斷句。

2. “庖丁”是何種構詞方法？請舉出類似例子。

3. 如何理解“批大郤”“導大窾”的“批”和“導”？

理(不橫截也)批大郤(有際之處因而批之令離)導大窾(節解窾空就導令殊)因其固然(刀不妄加)技經肯綮之未嘗(技之妙也常遊刃於空未嘗經概於微礙也)而況大軱乎(軱戾大骨衄刀刃也)良庖歲更刀割也(不中其理間也)族庖月更刀折也(中骨而折刀也)今臣之刀十九年矣所解數千牛矣而刀刃若新發於硎(硎砥石也)彼節者有間而刀刃者无厚以无厚入有間恢恢乎其於遊刃必有餘地矣是以十九年而刀刃若新發於硎雖然每至於族吾見其難為(交錯聚結為族)怵然為戒視為止(不復屬目於他物也)行為遲(徐其手也)動刀甚微謋然已解(得其宜則用力少)如土委地(理解而无刀迹若聚土也)提刀而立為之四顧為之躊躇滿志(逸足容豫自得之謂)善刀而藏之(拭刀而弢之也)文惠君曰善哉吾聞庖丁之言得養生焉(以刀可養故知生亦可養)公文軒見右

（三）馬蹄

莊子外篇馬蹄第九 郭象注

馬蹄可以踐霜雪毛可以禦風寒齕草飲水翹足而陸此馬之真性也(駑驥各適於身而足)雖有義臺路寢无所用之(馬之真性非辭鞍而惡乘但无羨於榮華)及至伯樂曰我善治馬燒之剔之刻之雒之連之以羈馽編之以皁棧馬之死者十二三矣(有意治之則不治矣治之為善斯不善也)飢之渴之馳之驟之整之齊之前有橛飾之患而後有鞭筴之威而馬之死者已過半矣(夫善御者將以盡其能也盡能在於自任而乃走作驅步求其過能之用故有不堪而多死焉若乃任駑驥之力適遲疾之分雖則足迹接乎八荒之表而衆馬之性全矣而或者聞任馬之性乃謂放而不乘聞无為之風遂云行不如臥何其往而不返哉斯失乎莊生之旨遠矣)陶者曰我善治埴圓者中規方者中矩匠人曰我善治木曲者中鉤直者應繩夫埴木之性豈欲中規矩鉤繩哉然且世世稱之曰伯樂善治馬而陶匠善治埴木此亦治天下者之過也(世以任自然而不加巧者為不善於治也揉曲為直厲駑習驥能為規矩以矯拂其性使死而後已乃謂之善治也不亦過乎)吾意善治天下者不然(以不治治之乃善治也)彼民有常性織而衣耕而食是謂同德(夫民之德小異而大同故性之不可去者衣食也事之不可廢者耕織也此天下之所同而為本者也守斯道者无為之至也)一而不黨命曰天放(放之而自一耳非黨也故謂之天放)故至德之世其行填填其視顛顛(此自足於內无所求及之貌)當是時也山无蹊隧澤无舟梁(不求非望之利故止於一家而足)萬物羣生連屬其鄉(混芒而同得也則與一世而淡漠焉豈國異而家殊也)禽獸成羣草木遂長(足性而止)

（无吞夷之欲故物全）是故禽獸可係羈而遊鳥鵲之巢
可攀援而闚（與物无害故物馴也）夫至德之世同與禽
獸居族與萬物並惡乎知君子小人哉
同乎无知其德不離（知則離道以善也）同乎无欲是
謂素樸（欲則離性以飾也）素樸而民性得矣（无煩乎知欲也）及
至聖人（聖人者民得性之迹耳非所以迹也此云及至聖人猶云及至其迹也）蹩躠爲仁踶
跂爲義而天下始疑矣澶漫爲樂摘僻
爲禮而天下始分矣（夫聖迹既彰則仁義不真而禮樂離性徒得形表而已矣有聖人即有斯弊吾若是何哉）故純樸不殘孰爲犧樽白玉不毀
孰爲珪璋道德不廢安取仁義性情不
離安用禮樂五色不亂孰爲文采五聲
不亂孰應六律（凡此皆變樸爲華棄本崇末於其天素有殘廢矣世雖貴之非其貴也）夫殘
樸以爲器工匠之罪也毀道德以爲仁
義聖人之過也（工匠則有規矩之制聖人則有可尚之迹）夫馬陸居則
食草飲水喜則交頸相靡怒則分背相
踶馬知已此矣（御其真知乘其自然則萬里之路可致而羣馬之性不失）夫加之
以衡扼齊之以月題而馬知介倪闉扼
鷙曼詭銜竊轡故馬之知而能至盜者
伯樂之罪也（馬性不同而責其用故有力竭而態作者）夫赫胥氏之
時民居不知所爲行不知所之含哺而
熙鼓腹而遊民能以此矣（此民之真能也）及至聖
人屈折禮樂以匡天下之形縣跂仁義
以慰天下之心而民乃始踶跂好知爭
歸於利不可止也此亦聖人之過也（其過皆由乎迹之可尚也）

思考與練習

1. 分析“飢之渴之，馳之驟之，整之齊之”的結構關係。

2. “山無蹊隧，澤無舟梁”“萬物羣生，連屬其鄉”“禽獸成羣，草木遂長”，“梁”“鄉”“長”是否存在語音上的關係？

3. 分析本篇“孰”的用法。

（四）秋水

莊子外篇秋水第十七　郭象注
秋水時至百川灌河涇流之大兩涘渚
涯之間不辯牛馬（言其廣也）於是焉河伯欣然
自喜以天下之美爲盡在己順流而東
行至於北海東面而視不見水端於是
焉河伯始旋其面目望洋向若而歎曰
野語有之曰聞道百以爲莫己若者我
之謂也且夫我嘗聞少仲尼之聞而輕
伯夷之義者始吾弗信今我睹子之難
窮也吾非至於子之門則殆矣吾長見
笑於大方之家（知其小而不能自大則理分有素跂尚之情无爲乎其間）北海若
曰井蛙不可以語於海者拘於墟也夏
蟲不可以語於冰者篤於時也曲士不
可以語於道者束於教也（夫物之所生而安者趣各有極）今爾
出於涯涘觀於大海乃知爾醜爾將可
與語大理矣（以其知分故可與言理也）天下之水莫大於
海萬川歸之不知何時止而不盈尾閭
泄之不知何時已而不虛春秋不變水
旱不知此其過江河之流不可爲量數
而吾未嘗以此自多者自以比形於天
地而受氣於陰陽吾在天地之間猶小
石小木之在大山也方存乎見少又奚
以自多（窮百川之量而縣於河河縣於海海縣於天地則各有量也此發辭氣者有似乎觀大可以明小尋其意則不然夫世之所患）

者不爽也故體大者快然謂小者爲无餘質小者塊然謂大者爲至足是以上下夸跂俯仰自失此乃生民之所惑也惑者求正正之者莫若先極其差而因其所謂所謂大者至足也故秋豪无以累乎天地矣所謂小者无餘也故天地无以過乎秋豪矣然後惑者有由而反各知其極物安其分逍遥者用其本步而遊乎自得之場矣此莊子之所以發德音也若如惑者之説轉以小大相傾則相傾者无窮矣若夫覩大而不安其小視小而自以爲多將奔馳於勝負之境而助天民之矜夸豈達乎莊生之旨哉計四海之在天地之間也不似礨空之在大澤乎計中國之在海內不似稊米之在大倉乎號物之數爲之萬人處一焉人卒九州穀食之所生舟車之所通人處一焉此其比萬物也不似豪末之在於馬體乎（小大之辯各有階級不可相跂）五帝之所連三王之所爭仁人之所憂任士之所勞盡此矣（不出乎一域）伯夷辭之以爲名仲尼語之以爲博此其自多也不似爾向之自多於水乎（物有定域雖至知不能出焉故起大小之差將以申明至理之无辯也）河伯曰然則吾大天地而小豪末可乎北海若曰否夫物量无窮（物物各有量）時无止（死與生皆時行）分无常（得與失皆分）終始无故（日新也）是故大知觀於遠近故小而不寡（各自足也）大而不多（亦无餘也）知量无窮（攬而觀之知遠近大小之物各有量）證曏今故（曏明也今故猶古今）故遥而不悶（遥長也）掇而不跂（掇猶短也）知時无止（證明古今知變化之不止於死生也故不以長而悒悶短故爲跂也）察乎盈虛故得而不喜失而

不憂知分之无常也（察其一盈一虛則知分之不常於得也故能忘其憂喜）明乎坦塗（死生者日新之正道）故生而不悅死而不禍知終始之不可故也（明終始之日新也則知故之不可執而留矣是以涉日新而不愕舍故而不驚死生之化若一）計人之所知不若其所不知（所知各有限也）其生之時不若未生之時（生時各有年也）以其至小求窮其至大之域是故迷亂而不能自得也（莫若安於所受之分而已）由此觀之又何以知豪末之足以定至細之倪又何以知天地之足以窮至大之域（以小求大理終不得各安其分則大小俱足矣若毫末不求天地之功則周身之餘皆爲棄物天地不見大於秋豪則顧其形象裁自足耳將何以知細之定細大之定大也）河伯曰世之議者皆曰至精无形至大不可圍是信情乎北海若曰夫自細視大者不盡自大視細者不明（目之所見有常極不能无窮也故於大則有所不盡於細則有所不明直是目之所不逮耳精與大皆非无也庸詎知无形而不可圍者哉）夫精小之微也垺大之殷也故異便（大小異故所便不得同）此勢之有也（若无形而不可圍則无此異便之勢也）夫精粗者期於有形者也（有精粗矣故不得无形）无形者數之所不能分也不可圍者數之所不能窮也可以言論者物之粗也可以意致者物之精也言之所不能論意之所不能察致者不期精粗焉（唯无而已何精粗之有哉夫言意者有也）

而所言所意者无也故求之於言意之表而入乎无言无意之域而後至焉是故大人之行，不
出乎害人，大人者无意而任天行也舉足而投諸吉地豈出害人之塗哉不多仁恩，无害而不
自多其恩動不爲利，應理而動而理自无害不賤門隸，任其所能而位當於斯耳非由
賤之故措之斯職貨財弗爭，各使分定不多辭讓，適中而已事焉不
借人，各使自任不多食乎力，足而已不賤貪汙，理自无欲行
殊乎俗，己獨无可无不可所以與俗殊不多辟異，任理而自殊爲在從
衆，從衆之所爲不賤佞諂，自然正直世之爵祿不足以
爲勸，戮恥不足以爲辱，外事不棲於心知是非之
不可爲分，細大之不可爲倪。故玄同也聞曰：道
人不聞，任物而物性自通則功名歸物矣故不聞至德不得，得者生於失也物各无失則得名去也
大人无己。任物而已約分之至也。約之以至其分故冥也夫唯極乎无形而不可圍者
爲然河伯曰：若物之外，若物之内，惡至而
倪貴賤？惡至而倪小大？北海若曰：以道
觀之，物无貴賤。各自足也以物觀之，自貴而相
賤。此區區者乃道之所錯綜而齊之也以俗觀之，貴賤不在己。斯所謂倒
置也以差觀之，因其所大而大之，則萬物
莫不大；因其所小而小之，則萬物莫不
小。知天地之爲稊米也，知豪末之爲丘
山也，則差數覩矣。所大者足也所小者无餘也故因其性足以名大則豪末丘山不得異其名因其无
餘以稱小則天地稊米无所殊其稱若夫覩差而不由斯道則差數相加幾微相傾不可勝察也以功觀之，因

其所有而有之，則萬物莫不有；因其所
无而无之，則萬物莫不无。知東西之相
反而不可以相无，則功分定矣。天下莫不相與爲彼我而彼我
皆欲自爲斯東西之相反也然彼我相與爲脣齒脣齒者未嘗相爲而脣亡則齒寒故彼之自爲濟我之功弘矣斯相反而不可以相无者也故因其自爲而
无其功則天下之功莫不皆无矣因其不可相无而有其功則天下之功莫不皆有矣若乃忘其自爲之功而思夫相爲之惠惠之愈勤而僞薄滋甚天下失
業而情性瀾漫矣故其功分无時可定也以趣觀之，因其所然而然之，
則萬物莫不然；因其所非而非之，則萬
物莫不非。知堯桀之自然而相非，則趣
操覩矣。物皆自然故无不然物皆相非故无不非則无然矣无不然則无非矣无然无非者堯也有然有非者桀也然此二君
各受天素不能相爲故因堯桀以觀天下之趣操其不能相爲也可見矣昔者堯舜讓而帝，之
噲讓而絕；湯武爭而王，白公爭而滅。夫順天應
人而受天下者其迹則爭讓之迹也尋其迹者失其所以迹矣故絕滅也由此觀之，爭讓之禮，
堯桀之行，貴賤有時，未可以爲常也。梁
麗可以衝城，而不可以窒穴，言殊器也。
騏驥驊騮，一日而馳千里，捕鼠不如狸
狌，言殊技也。鴟鵂夜撮蚤，察豪末，晝出
瞋目而不見丘山，言殊性也。就其殊而任之則萬物莫不當也
故曰：蓋師是而无非，師治而无亂乎？是
未明天地之理，萬物之情者也。夫天地之理萬物之情以得我
爲是失我爲非適性爲治失和爲亂然物无定極我无常適殊性異便是非无
主若以我之所是則彼不得非此知我而不見彼者耳故以道觀者於是非无

（當也付之天均恣之兩行則殊方異類同焉皆得也）是猶師天而无地師陰而无陽其不可行明矣然且語而不舍非愚則誣也（天地陰陽對生也是非治亂互有也將奚去哉）帝王殊禪三代殊繼差其時逆其俗者謂之簒夫當其時順其俗者謂之義之徒默默乎河伯汝惡知貴賤之門小大之家（俗之所貴有時而賤物之所大世或小之故順物之迹不得不殊斯五帝三王之所以不同也）河伯曰然則我何為乎何不為乎吾辭受趣舍吾終奈何北海若曰以道觀之何貴何賤是謂反衍（貴賤之道反覆相尋）无拘而志與道大蹇（自拘執則不夷於道）何少何多是謂謝施（隨其分故所施无常）无一而行與道參差（不能隨變則不齊於道）嚴乎若國之有君其无私德（公當而已）繇繇乎若祭之有社其无私福（天下之所同求）汎汎乎其若四方之无窮其无所畛域（汎汎然无所在）兼懷萬物其孰承翼（掩御羣生反之分內而平往者也豈扶疏而承翼哉）是謂无方（无方故能以萬物為方）萬物一齊孰短孰長（莫不皆足）道无終始物有死生（死生者无窮之一變耳非終始也）不恃其成（成无常處）一虛一滿不位乎其形（不以形為位而守之不變）年不可舉（欲舉之令去而不能）時不可止（欲止之使停又不可）消息盈虛終則有始（變化日新未嘗守故）是所以語大義之方論萬物

之理也物之生也若驟若馳（但當就用耳）无動而不變无時而不移（故不可執而守）何為乎何不為乎夫固將自化（若有為不為於其間則敗其自化矣）河伯曰然則何貴於道邪（以其自化）北海若曰知道者必達於理達於理者必明於權明於權者不以物害己（知道者知其无能也无能也則何能生我我自然而生耳而四支百體五藏精神已不為而自成矣又何有意乎生成之後哉達乎斯理者必能遣過分之知遺益生之情而乘變應權故不以外傷內不以物害己而常全也）至德者火弗能熱水弗能溺寒暑弗能害禽獸弗能賊（夫心之所安則危不能危意无不適故若不能若也）非謂其薄之也（雖心所安亦不使犯之）言察乎安危（知其不可逃也）寧於禍福（安乎命之所遇）謹於去就（審去就之非己）莫之能害也（不以害為害故莫之能害）故曰天在內人在外（天然在內而天然之所順者在外故大宗師曰知天人之所為者至矣明內外之分皆非為也）德在乎天（恣人任知則流蕩失素也）知天人之行本乎天位乎得（此天然之知自行而不出乎分者也故雖行於外而常本乎天而位乎得矣）蹢躅而屈伸（與機會相應者有斯變也）反要而語極（知雖落天地事雖接萬物而常不失其要極故天人之道全也）曰何謂天何謂人北海若曰牛馬四足是謂天落馬首穿牛鼻是謂人（人之生也可不服牛乘馬乎服牛乘馬可不穿落之乎牛馬不辭穿落者天命之固當也苟當乎天命則雖寄之人事而本在乎天也）故曰无以人滅天（穿落之可也若乃走作過分驅步失節則天理滅矣）无以故滅命（不因其自為而故為之者命其安在乎）无以得殉名（所得有常分殉名則過也）謹守而勿失

是謂反其真 真在性分之内 夔憐蚿蚿憐蛇蛇憐風風憐目目憐心夔謂蚿曰吾以一足趻踔而行予无如矣今子之使萬足獨奈何蚿曰不然子不見夫唾者乎噴則大者如珠小者如霧雜而下者不可勝數也今予動吾天機而不知其所以然蚿謂蛇曰吾以衆足行而不及子之无足何也蛇曰夫天機之所動何可易邪吾安用足哉 物之生也非知生而生也則生之行也豈知行而行哉故足不知所以行目不知所以見心不知所以知俛然而自得矣遲速之節聰明之鑒或能或否皆非我也而或者因欲有其身而矜其能所以逆其天機而傷其神器也至人知天機之不可易也故捐聰明棄知慮魄然忘其爲而任其自動故萬物无動而不逍遥也 蛇謂風曰予動吾脊脅而行則有似也今子蓬蓬然起於北海蓬蓬然入於南海而似无有何也風曰然予蓬蓬然起於北海而入於南海也然而指我則勝我鰌我亦勝我雖然夫折大木蜚大屋者唯我能也故以衆小不勝爲大勝也爲大勝者唯聖人能之 恣其天機无所與爭斯小不勝者也然乘萬物御群才之所爲使群才各自得萬物各自爲則天下莫不逍遥矣此乃聖人所以爲大勝也 孔子遊於匡宋人圍之數匝而弦歌不輟子路入見曰何夫子之娱也孔子曰來

吾語汝我諱窮久矣而不免命也求通久矣而不得時也 將明時命之固當故寄之求諱 當堯舜而天下无窮人非知得也當桀紂而天下无通人非知失也時勢適然 无爲勞心於窮通之間 夫水行不避蛟龍者漁父之勇也陸行不避兕虎者獵夫之勇也白刃交於前視死若生者烈士之勇也 情各有所安 知窮之有命知通之有時臨大難而不懼者聖人之勇也 聖人則无所不安 由處矣吾命有所制矣 命非己制故无所用其心也夫安於命者无往而非逍遥矣故雖匡陳羑里无異於紫極閒堂也 无幾何將甲者進辭曰以爲陽虎也故圍之今非也請辭而退 公孫龍問於魏牟曰龍少學先王之道長而明仁義之行合同異離堅白然不然可不可困百家之知窮衆口之辯吾自以爲至達已今吾聞莊子之言汒焉異之不知論之不及與知之弗若與今吾无所開吾喙敢問其方公子牟隱机大息仰天而笑曰子獨不聞夫埳井之蛙乎謂東海之鼈曰吾樂與吾跳梁乎井幹之上入休乎鈌甃之崖赴水

則接掖持頤，蹶泥則没足滅跗，還虷蟹與科斗，莫吾能若也。且夫擅一壑之水而跨跱埳井之樂，此亦至矣，夫子奚不時來入觀乎？（此猶小鳥之自足於蓬蒿）東海之鼈左足未入而右膝已縶矣，（明大之不游於小非樂然）於是逡巡而却，告之海曰：夫千里之遠，不足以舉其大；千仞之高，不足以極其深。禹之時十年九潦，而水弗爲加益；湯之時八年七旱，而崖不爲加損。夫不爲頃久推移，不以多少進退者，此亦東海之大樂也。於

是埳井之蛙聞之，適適然驚，規規然自失也。（以小羨大故自失）且夫知不知是非之境，而猶欲觀於莊子之言，是猶使蚉負山，商蚷馳河也，必不勝任矣。（物各有分不可強相希效）且夫知不知論極妙之言，而自適一時之利者，是非埳井之蛙與？且彼方跐黄泉而登大皇，无南无北，奭然四解，淪於不測；无東无西，始於玄冥，反於大通。（言其无不至也）子乃規規然而求之以察，索之以辯，（夫游无窮者非察辯所得）是直用管闚天，用錐指地也，不亦小乎？子

往矣！（非其任者去之可也）且子獨不聞夫壽陵餘子之學行於邯鄲與？未得國能，又失其故行矣，直匍匐而歸耳。（以此效彼兩失之）今子不去，將忘子之故，失子之業。公孫龍口呿而不合，舌舉而不下，乃逸而走。莊子釣於濮水，楚王使大夫二人往先焉，曰：願以境内累矣。莊子持竿不顧，曰：吾聞楚有神龜，死已三千歲矣，王巾笥而藏之廟堂之上。此龜者，寧其死爲留骨而貴乎？寧其生而曳尾於塗中乎？二大夫曰：寧生而

曳尾塗中。莊子曰：往矣！吾將曳尾於塗中。（性各有所安也）惠子相梁，莊子往見之。或謂惠子曰：莊子來，欲代子相。於是惠子恐，搜於國中三日三夜。（揚兵整旅）莊子往見之，曰：南方有鳥，其名鵷鶵，子知之乎？夫鵷鶵發於南海而飛於北海，非梧桐不止，非練實不食，非醴泉不飲。於是鴟得腐鼠，鵷鶵過之，仰而視之曰：嚇！今子欲以子之梁國而嚇我邪？（言物嗜好不同願各有極）莊子與惠子遊於濠梁之上。莊子曰：儵魚出游從容，是

思考與練習

1. 歸納前人對“望洋”的釋義並加以評斷。

2. 列舉由本篇文句演變而來的成語。

3. 分析本篇“莫”的用法及“莫己若”的結構關係。

魚樂也惠子曰子非魚安知魚之樂莊
子曰子非我安知我不知魚之樂欲以起明相非而不
可以相知之義耳子非我尚可以知我之非魚則我非魚亦可以知魚之樂也惠子曰我非子固
不知子矣子固非魚也子之不知魚之
樂全矣舍其本言而給辯以難也莊子曰請循其本子曰
汝安知魚樂云者既已知吾知之而問
我我知之濠上也尋惠子之本言云非魚則无緣相知耳今子非我也而云汝安知魚樂者是知吾之
非魚也苟知我之非魚則凡相知者果可以此知彼不待是魚然後知魚也故循子安知之云已知吾之所知矣而方復問我我正知之於濠上耳豈待入水
哉夫物之所生而安者天地不能易其處陰陽不能回其業故以陸生之所安知水生之所樂未足稱妙耳

第十二章　墨　　子

一、典籍簡介

《墨子》是先秦墨家學派的代表性著作，主要由墨子弟子及後學纂輯整理而成。現存《墨子》五十三篇，共十五卷，七萬六千餘字。

墨子，名翟，春秋末期戰國初期宋國人，墨家學派創始人和主要代表人物。目前關於墨子里籍、生卒年都有較大爭議。①

(1)墨子的里籍。較早明確涉及墨子里籍的是東漢高誘和東晉葛洪等的論著。《吕氏春秋·當染》“墨子見染素絲者而嘆”高誘注：“墨子，名翟，魯人，作書七十一篇。”東晉葛洪《神仙傳》：“墨子者，名翟，宋人也。”孫詒讓《墨子傳略》認爲墨子里籍是魯國，並針對墨子爲宋國人的説法提出反駁意見：“此蓋因墨子爲宋大夫，遂以爲宋人。以本書考之，似當以魯人爲是。《貴義篇》云：‘墨子自魯即齊。’又《魯問篇》云：‘越王爲公尚過束車五十乘以迎子墨子於魯。’《吕氏春秋·愛類篇》云：‘公輸般爲雲梯欲以攻宋，墨

① 關於里籍、生卒年的論述，參見徐希燕：《墨子姓名里籍年代考》，《復旦學報》1999年第1期。

子聞之,自魯往,見荆王曰:臣北方之鄙人也。'《淮南子・修務訓》亦云:'自魯趨而往,十日十夜至於郢。'並墨子爲魯人之塙證。"①

(2)墨子的生卒年。司馬遷撰寫《史記》時已經不能確定墨子的具體生卒年代,《史記・孟子荀卿列傳》:"蓋墨翟,宋之大夫,善守禦,爲節用,或曰並孔子時,或曰在其後。"學者根據《墨子》等書所載墨子接觸的人物來大致推測墨子的生卒年,並形成不同結論,簡要羅列如下:

孫詒讓　前 468—前 376 年

劉汝霖　前 478—前 397 年

錢穆　前 479 至前 467—前 394 至前 384 年

方授楚　前 490—前 403 年

吴毓江　前 488 至前 478—前 402 年

任繼愈　前 480—前 420 年

李樹桐　前 496 至前 492—前 407 至前 403 年

張岱年　前 480—前 397 年

徐希燕　前 480—前 389 年

總起來看,墨子生於公元前 480 年前後,卒於公元前 390 年前後。

墨子是墨家學説的創立者,提出了"兼愛""非攻""尚賢""尚同""天志""明鬼""非命""非樂""節葬""節用"等主張。墨家在戰國時期影響很大,與儒家並稱"顯學",並有"非儒即墨"之稱。

關於《墨子》的作者和篇卷數,《四庫全書總目提要・子部・雜家類一・墨子》言:"舊本題宋墨翟撰。考《漢書・藝文志》'《墨子》七十一篇'注曰:'名翟,宋大夫。'《隋書・經籍志》亦曰'宋大夫墨翟撰'。然其書中多稱'子墨子',則門人之言,非所自著。又諸書多稱墨子名翟,《因樹屋書影》則曰墨子姓翟,母夢烏而生,因名之曰烏,以墨爲道。今以姓爲名,以墨爲姓,是老子當姓老耶?其説不著所出,未足爲據也。宋《館閣書目》稱《墨子》十五卷六十一篇,此本篇數與《漢志》合,卷數與《館閣書目》合。惟七十一篇之中僅佚節用下第二十二,節葬上第二十三,節葬中第二十四,明鬼上第二十九,明鬼下(編者按:'下'或應作'中')第三十,非樂中第三十三,非樂下第三十四,非儒上第三十八,凡八篇,尚存六十三篇,與《館閣書目》不合。陳振孫《書録解題》又稱有一本止存十三篇者,今不可見。或後人以兩本相校,互有存亡,增入二篇歟?抑傳寫者訛以六十三爲六十一也。……第五十二篇以下,皆兵家言,其文古奥,或不可句讀,與全書爲不類。疑因五十一篇言公輸般九攻、墨子九拒之事,其徒因採摭其術,附記其末。"據此可知,《墨子》中多見"子墨子"的稱呼,該書應主要是門人所著。《漢書・藝文志》較早著

① 孫詒讓:《墨子間詁》,中華書局,2001 年,第 681 頁。

録《墨子》，計有七十一篇。《隋書·經籍志》《舊唐書·經籍志》《新唐書·藝文志》《宋史·藝文志》等僅記録卷數爲十五卷，無法確定當時所見具體篇數。現存《墨子》存目六十一篇，其中節用下，節葬上，節葬中，明鬼上，明鬼中，非樂中，非樂下，非儒上等八篇只有篇目而無正文。

與其他先秦諸子相比，《墨子》内容比較駁雜，大致可以分爲五部分。①

第一部分包括《親士》《修身》《所染》《法儀》《七患》《辭過》《三辯》，共七篇。這部分是關於道德修養、人格完善、思想方法和社會思想的論文。諸篇内容透露出儒家思想的意味，可能與墨子早年曾"學儒者之業，受孔子之術"(《淮南子·要略》)有關。然而，涉及墨家核心理論"兼愛"的"兼士""兼君"在這部分已經提出，主張"君子必辯"也明顯地與孔子的態度不同，可以視爲墨家已與儒家分野。這部分内容相對比較混雜，如"修身"一詞，爲儒家之言，《所染》中的"染於蒼則蒼，染於黄則黄"疑是出於名家之説。

第二部分包括《尚賢》上中下篇、《尚同》上中下篇、《兼愛》上中下篇、《非攻》上中下篇、《節葬》下篇、《天志》上中下篇、《明鬼》下篇、《非樂》上篇、《非命》上中下篇、《非儒》下篇，共二十五篇。除了《非攻》上篇、《非儒》下篇之外，各篇皆有"子墨子曰"四字，可以認爲是墨子門人所記墨子之言，系統反映了墨子"尚賢""尚同""兼愛""非攻""節用""節葬""非樂""天志""明鬼""非命"十大命題，是《墨子》一書的主體部分，代表墨家的主要政治思想和主張。每篇的上、中、下篇大同小異，其中上篇比較簡略，而中、下篇的論證較爲詳備，可能是墨家後學由於抄寫、傳授各有系統而各有所本，也可能是由墨子弟子在不同地點、不同時間聽到老師的宣講之後，再依據自己的理解加以整理而成。

第三部分包括《經》上下篇、《經説》上下篇、《大取》《小取》篇，共六篇。這部分被治墨者稱爲《墨辯》，亦稱爲《墨經》，專説名辯和時間、空間、物質結構、力學、光學、聲學、代數、幾何等内容，在自然科學理論方面，不僅提出些自然科學定義性的語言，而且勾畫出了堪稱爲科學方法的一整套理論(英國著名科學史家李約瑟語)。此六篇難懂難譯，古字詞較多，辯理深奥，令人費解。前人因其稱"經"，定爲墨子自著，實爲後期墨家作品，是研究墨家邏輯思想和科學技術成就的寶貴資料。

第四部分包括《耕柱》《貴義》《公孟》《魯問》《公輸》，共五篇。這部分體例與《論語》接近，爲墨子弟子對墨子的言論行事的記録，内容涉及義禮、治國等多方面内容，是研究墨子事蹟的第一手資料。

第五部分包括《備城門》《備高臨》《備梯》《備水》《備突》《備穴》《備蛾傳》《迎敵祠》《旗幟》《號令》《雜守》，共十一篇。這部分可以視爲墨家軍事學著作，專講各種守城技

① 參見陳長文:《墨子與墨家學派》，吉林文史出版社，2012年，第27-31頁。

術和兵法，涉及守城兵員安排、兵器使用、軍工器械和戰略攻禦等各種戰術，是研究墨家軍事的學術史料。墨子提倡“非攻”，以守禦爲主，十一篇皆以守備之法爲主題，故而這一部分和墨子的“非攻”的思想和止楚攻宋實行“非攻”的實踐相一致。

有學者認爲，《墨子》《莊子》或是以戰國時期宋國方言爲基礎而寫就的，同時它們内部也有一定的差異。《墨子》《莊子》有語氣詞“邪”(耶)，這一點和《論語》《孟子》《左傳》《國語》等不同(《國語》有少數)；有表疑問的“胡”，和《論》《孟》不同，和《左》《國》相同。但是，《墨子》裏有表示疑問的“焉”，而《莊子》裏没有；《莊子》裏有副詞“其”，而《墨子》裏没有。①

有關《墨子》語言學研究的相關論著有：張仁明《墨子辭典》(貴州人民出版社，2003年)、王裕安等《墨子大辭典》(山東大學出版社，2006年)、孫卓彩等《墨子詞彙研究》(中國社會科學出版社，2008年)、肖曉暉《漢語並列雙音詞構詞規律研究——以〈墨子〉語料爲中心》(中國傳媒大學出版社，2010年)、周婷《〈墨子〉詞彙研究之反義關係初探》(西南交通大學出版社，2016年)、張萍《〈墨子〉特殊語言現象研究》(上海大學出版社，2018年)，等等。

《墨子》注本有清末孫詒讓《墨子間詁》，收入《諸子集成》。近人王焕鑣撰《墨子集詁》(上海古籍出版社，2005年)、吴毓江撰《墨子校注》(中華書局，2006年)。適合初學者閲讀的有周才珠、齊瑞端《墨子全譯》(貴州人民出版社，1995年)和方勇譯注《墨子》(中華書局，2015年)等。

現存《墨子》分鈔本系統和刻本系統。卷子本爲較早的鈔本，殘存在日本宫内省卷子本《群書治要》中，書中避唐太宗的名諱，估計是唐前期的鈔本。刻本系統始於明正統十年《道藏》本，存五十三篇。本教材所據爲《正統道藏》本《墨子》(上海涵芬樓影印本，1925年)。

1. 簡述《墨子》的語言特點。
2. 結合已有論著對墨子里籍情况加以評斷。
3. 依據内容對《墨子》諸篇進行分類。
4. 對比《墨經》與亞里士多德的三段論的相同點。

① 參見太田辰夫：《漢語史通考》，重慶出版社，1991年，第6頁。

二、文選篇目

（一）兼愛上

墨子卷之四　沛四

兼愛上第十四

聖人以治天下為事者也必知亂之所自起焉能治之不知亂之所自起則不能治譬之如醫之攻人之疾者然必知疾之所自起焉能攻之不知疾之所自起則弗能攻治亂者何獨不然必知亂之所自起焉能治之不知亂之所自起則弗能治聖人以治天下為事者也不可不察亂之所自起當察亂何自起起不相愛臣子之不孝君父所謂亂也子自愛不愛父故虧父而自利弟自愛不愛兄故虧兄而自利臣自愛不愛君故虧君而自利此所謂亂也雖父之不慈子兄之不慈弟君之不慈臣此亦天下之所謂亂也父自愛也不愛子故虧子而自利兄自愛也不愛弟故虧弟而自利君自愛也不愛臣故虧臣而自利是何也皆起不相愛雖至天下之為盜賊者亦然盜愛其室不愛其異室故竊異室以利其室賊愛其身不愛人故賊人以利其身此何也皆遂不相愛雖至大夫之相亂家諸

沛四　一

侯之相攻國者亦然大夫各愛家不愛異家故亂異家以利家諸侯各愛其國不愛異國故攻異國以利其國天下之亂物具此而已矣察此何自起皆起不相愛若使天下兼相愛人若愛其身惡施不孝猶有不慈者乎視子弟與臣若其身惡施不慈不孝亡猶有盜賊乎故視人之室若其室誰竊視人身若其身誰賊故盜賊有亡猶有大夫之相亂家諸侯之相攻國者乎視人家若其家誰亂視人國若其國誰攻故大夫之相亂家諸侯之相攻國者有亡若使天下兼相愛國與國不相攻家與家不相亂盜賊無有君臣父子皆能孝慈若此則天下治故聖人以治天下為事者惡得不禁惡而勸愛故天下兼相愛則治相惡則亂故子墨子曰不可以不勸愛人者此也

沛四　二

思考與練習

1. 如何理解“焉能治之”的“焉”？
2. 分析“虧父而自利”“虧兄而自利”“虧君而自利”“亂異家以利家”等的結構關係。
3. 歸納與現代漢語語序有別的句子。

（二）非攻上

墨子卷之五 六卷同　沛五
非攻上第十七
今有一人入人園圃竊其桃李衆聞則非之
上為政者得則罰之此何也以虧人自利也
至攘人犬豕雞豚者其不義又甚入人園圃
竊桃李是何故也以虧人愈多其不仁茲甚
罪益厚至入人欄廐取人馬牛者其不仁義
又甚攘人犬豕雞豚此何故也以其虧人愈
多苟虧人愈多其不仁茲甚罪益厚至殺不
辜人也扡其衣裘取戈劍者其不義又甚入
人欄廐取人馬牛此何故也以其虧人愈多
苟虧人愈多其不仁茲甚矣罪益厚當此天
下之君皆知而非之謂之不義今至大為攻
國則弗知非從而譽之謂之義此何謂知義
與不義之別乎殺一人謂之不義必有一死　沛五
罪矣若以此說往殺十人十重不義必有十
死罪矣殺百人百重不義必有百死罪矣當
此天下之君子皆知而非之謂之不義今至
大為不義攻國則弗之而非從而譽之謂之
義情不知其不義也故書其言以遺後世若

思考與練習

1. 本篇的“園圃”是近義並列複詞嗎？爲什麼？

2. 歸納本篇表示程度的副詞，並簡要分析其異同。

3. 翻譯“今至大爲不義攻國，則弗知而非，從而譽之，謂之義，情不知其不義也，故書其言以遺後世”，並解釋重點字詞。

知其不義也夫奚說書其不義以遺後世哉今有人於此少見黑曰黑多見黑曰白則以此人不知白黑之辯矣少嘗苦曰苦多嘗苦曰甘則必以此人為不知甘苦之辯矣今小為非則知而非之大為非攻國則不知而非從而譽謂之之義此可謂知義與不義之辯乎是以知天下之君子也辯義與不義之亂也

第十三章　荀　　子

一、典籍簡介

《荀子》是戰國後期儒家學派重要的著作，由荀子和弟子們整理記録而成。今存三十二篇，共二十卷，約九萬餘字。内容大部分是荀子本人所著，有些可能是後學輯録。

荀子（約前 313—前 238 年），名况，戰國後期趙國人，時人尊稱爲荀卿，漢時避漢宣帝劉詢諱改稱爲孫卿。“（荀子）年五十，始來遊學於齊。……齊襄王時，而荀卿最爲老師。齊尚修列大夫之缺，而荀卿三爲祭酒焉。齊人或讒荀卿，荀卿乃適楚，而春申君以爲蘭陵令。春申君死而荀卿廢，因家蘭陵。”（《史記・孟子荀卿列傳》）通過這段記録可以知道，荀子曾在齊國首都臨淄（今山東淄博市）的稷下學宫任祭酒。後來又到楚國任蘭陵（今山東省蘭陵縣）令。再之後就居住在蘭陵，著書立説，死後也就葬在了蘭陵（蘭陵縣有荀子墓）。著名學者韓非、李斯都是荀子的學生。

關於具體篇章的作者歸屬問題，僅在少數篇章上存有争議。如《大略》唐代楊倞注：“此篇蓋弟子襍録荀卿之語，皆略舉其要，不可以一事名篇，故總謂之《大略》也。”《宥坐》以下共五篇楊倞注：“此以下皆荀卿及弟子所引記傳襍事，故總推之於末。”近人梁啓超認爲：“《君子篇》《大略篇》《宥坐篇》《子道篇》《法行篇》《哀公篇》《堯問篇》，此七篇疑非荀子著作，不讀亦可。”①

董治安等將《荀子》三十二篇分爲四組（编者按：爲顯明順序，補出篇序）②：第一組是《勸學第一》《修身第二》《不苟第三》《非相第五》《非十二子第六》《王制第九》《富國第十》《王霸第十一》《天論第十七》《正論第十八》《禮論第十九》《樂論第二十》《解蔽第二十一》《正名第二十二》《性惡第二十三》，共十五篇；第二組是《榮辱第四》《仲尼第七》《儒效第八》《君道第十二》《臣道第十三》《致士第十四》《議兵第十五》《强國第十六》《君子第二十四》，共九篇；第三組是《成相第二十五》《賦第二十六》兩篇；第四組是《大略第二十七》《宥坐第二十八》《子道第二十九》《法行第三十》《哀公第三十一》《堯問第三十二》，共六篇。第一組文章歷來被視爲具有很高的真實性，出自荀子本人之手，而且是最有價值的代表作。這組文章可能是在荀子晚年寫定的。第二組文章有的明顯不出於荀子之手，如《儒效》云：“秦昭王問於孫卿子”；《議兵》云：“臨武君與孫卿子議兵於趙孝成王前”；《强國》云“荀卿子説齊相”“應侯問孫卿子”；都是以“子”尊稱荀子，表明三篇應爲荀子弟子、後學所寫定。另外六篇，與荀子整體的思想體系若合符節，但在篇幅、論事、詞語、思想等方面與第一組稍有不同。可能還是荀子自著。第三組文章體式特異，用民歌和辭賦形式表現政治抱負、人生理想，顯示出荀子多方面的才能；創作抒情、言志本身，與荀子經歷及其其他文章的内容並無衝突。也都應該是荀子自著。第四組文章歷來被認爲問題較多。《大略》通篇的基本内容雖未必是荀子自著，仍不妨定爲戰國之時所作。《宥坐》以下的五篇雜記孔子及弟子言行，與荀子本人的學説不盡相符，可能是後學纂輯的來自其他淵源的文獻；大致保留的是戰國前的文化史資料。

荀子是先秦後期儒家代表人物，其思想集中體現在以下幾個方面。③

（1）“隆禮和尊法”。禮是遠古時代的習俗。孔子承受這一觀念，把它作爲倫理和政治的規範，一生志在維護周禮。到荀子時，又把禮加以提高，並充實了新的内涵，看作治國安邦的根本規範。他説：“國無禮則不正，禮之所以正國也，譬之猶衡之於輕重也，猶繩墨之於曲直也。”（《王霸》）至於什麽是禮，他認爲：“禮者，……貴賤有等，長幼有差，貧富輕重皆有稱者也。”（《禮論》）關於禮的由來，他認爲：“禮起於何也？曰：人生而有欲，欲而不得，則不能無求。求而無度量分界，則不能不争；争則亂，亂則窮。先王惡其亂也，故制禮義以分之，以養人之欲，給人之求。使欲必不窮乎物，物必不屈於欲。兩者相持而長，是禮之所起也。”（《禮論》）禮在孔孟那裏或許是一種傳統的習俗，附着一些理想化的色彩，在荀子這裏則是從社會學角度進行理性主義的解釋：“夫禽獸有父子而無父子之親，有牝牡而無男女之别，故人道莫不有辨。辨莫大於分，分莫大於禮，禮莫大於聖王。”（《非相》）與孔孟不同，荀子把法作爲禮的内涵。“禮者，法之大分，類之綱紀也。”（《勸學》）“禮義生而制法度。”（《性惡》）但與法家不同，荀子把禮看作是根

① 參見梁啓超：《飲冰室書話》，時代文藝出版社，1998年，第141頁。

② 參見董治安、鄭傑文：《荀子彙校彙注·荀卿書若干問題的探討（代序）》，齊魯書社，1997年，第12-17頁。

③ 參見張季平：《荀子思想評議》，見趙宗正等：《孔孟荀比較研究》，山東大學出版社，1989年，第287-297頁。

本性的概念,法只是從屬於禮的。他也吸取了法家一些觀點作爲禮的補充。(1)"法不阿貴"。"賢能不待次而舉,罷不能不待須而廢。……雖王公士大夫之子孫也,不能屬於禮義,則歸之庶人;雖庶人之子孫也,積文學,正身行,能屬於禮義,則歸之卿相士大夫。"(《王制》)(2)"嚴刑重罰"。這是法家共同的主張。荀子也主張:"元惡不待教而誅。"(《王制》)認爲:"罪至重而刑至輕,庸人不知惡矣,亂莫大焉。"(《正論》)

(2)"制天和順天"。先秦的天命觀,是歷史的傳統觀念。從宗教性質人格的天,到自然的天,經過了漫長的歷史演變。在西周時代天的絶對權威已經動摇,戰國時代出現了無神論的思想,完成無神論理論形式的是荀子。他也象道家學派,把天看作自然,進而提出:"制天命而用之"的卓越見解。荀子提出:"天有其時,地有其財,人有其治,夫是之謂能參。"(《天論》)這是説:天有時節,地有物質財富,人有利用天時地利自然條件的能力。傳統的天是居支配一切的地位,荀子把它和地與人拉平,即人們常説的"天人相分。"荀子認爲人不僅有利用自然的能力,還在一定程度上具有征服自然的能力。他指出:"彊本而節用,則天不能貧;養備而動時,則天不能病;修道而不貳,則天不能禍。故水旱不能使之饑,寒暑不能使之疾,祅怪不能使之凶。本荒而用侈,則天不能使之富;養略而動罕,則天不能使之全,倍道而妄行,則天不能使之吉。"(《天論》)

(3)"法先王和法後王"。法先王還是法後王,是兩種不同的社會觀和歷史觀:一是要復古守舊,一是應時革新。據統計,《荀子》全書中,"先王"出現過 44 次,"後王"出現過 14 次。荀子既提出法先王,同時也提出法後王。荀子所謂的先王和孔孟所説一樣,是指堯、舜、禹、湯、文、武、周公。荀子所謂的的後王,歷來各家解釋則不盡相同。唐代楊倞説:"後王,當今之王。"但荀子書中稱頌當時今王的却没有,清代劉臺拱和王念孫認爲荀子所説的後王是指文武而言(見《荀子集解非相注》)。近代章太炎則認爲後王僅指孔子,因孔子尚有素王之稱。任繼愈等人則認爲後王是指文、武、周公和孔子,比較恰當。荀子的世界觀是循環論。他認爲大自然和人類社會是變動不居却没進化,是在變化却没有發展,是一個循環往復、周而復始的過程。既然如此,就要法後王。但法後王和法先王在他看來並不矛盾。他曾提出"道貫"這一概念:"百王之無變,足以爲道貫。一廢一起,應之以貫,理貫不亂,不知貫不知應變。"(《天論》)"道貫"是指歷代不變的法則,是優良的政治傳統。在荀子看來先王和後王政治法則是一致的,是連貫的。因此他説"古今一也。類不悖,雖久同理""欲觀千歲,則數今日;欲知億萬,則審一二"。(《非相》)

(4)"性惡和積僞"。戰國時代社會動亂,人們有性善、性惡、性無善惡的争議。荀子是主張性惡的,其根本命題是:"人之性惡,其善者,僞也。"(《性惡》)。换句話说,人本性是惡的,表現出善良是造作出來的。由於人性是惡的,所以有道德禮義,是由於聖人的教化,是化性起僞的結果。荀子認爲:"禮義法度者,是生於聖人之僞,非故生於人之性也。"(《性惡》)而聖人怎麼會成爲有禮義法度的人呢?荀子的回答是:"聖人者,人之所積而致矣。"(《性惡》)也就是説,造作積累多了就成了聖人。

《荀子》中文章擅長説理,組織嚴密,分析透闢,善於取譬,常用排比句增强議論的氣勢,語言富贍警煉,有很强的説服力和感染力。

有關《荀子》語言學研究的相關論著有:吕炳昌《〈荀子〉動詞語義句法研究》(北京

大學博士學位論文，2002 年），黄曉冬《〈荀子〉單音節形容詞同義關係研究》（巴蜀書社，2003 年），黄珊《〈荀子〉虚詞研究》（河南大學出版社，2005 年），魯六《〈荀子〉詞彙研究》（河南人民出版社，2007 年），于峻嶸《〈荀子〉語法研究》（河北教育出版社，2008 年），殷曉明《〈荀子〉句法專題研究》（黄山書社，2012 年），謝序華《唐宋古文與〈荀子〉句法比較研究》（西南交通大學出版社，2015 年），張俊《〈荀子〉文獻中的名物化現象研究》（中國社會科學出版社，2019 年），等等。

《荀子》舊注有唐楊倞《荀子注》、清王先謙的《荀子集解》等。近著有章詩同《荀子簡注》（上海人民出版社，1974 年）、梁啓雄《荀子簡釋》（中華書局，1983 年）、董治安等《荀子匯校匯注》（齊魯書社，1997 年）等。方勇、李波譯注《荀子》（中華書局，2011 年）較便初學。

本教材所據爲國家圖書館藏宋刻本《荀子》（《中華再造善本》影印本，2002 年）。

1. 簡述《荀子》各篇作者的歸屬情況。
2. 任選一部《荀子》語言學研究論著，簡述其主要内容。
3. 荀子的思想與孔孟有哪些不同？

二、文選篇目

（一）勸學

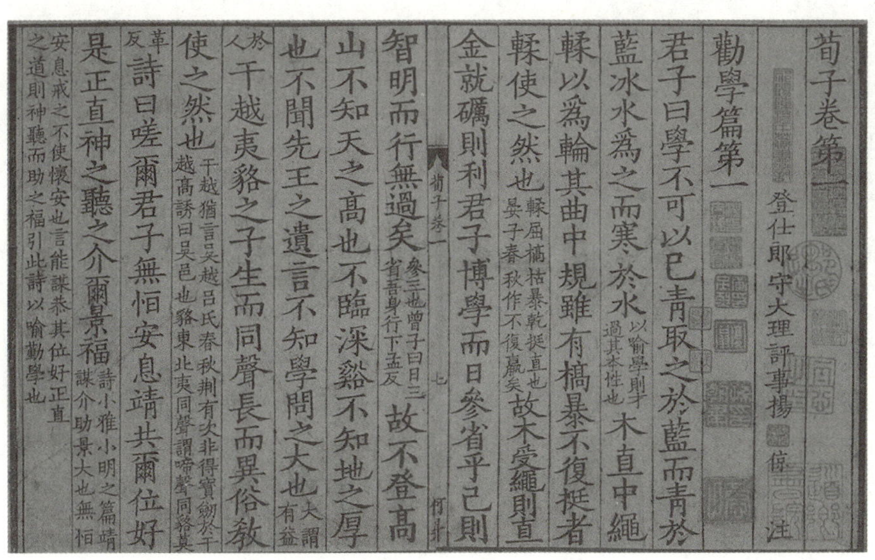

荀子卷第一
登仕郎守大理評事楊倞注
勸學篇第一
君子曰學不可以已青取之於藍而青於
藍冰水爲之而寒於水以喻學則才過其本性也木直中繩
輮以爲輪其曲中規雖有槁暴不復挺者
輮使之然也輮屈槁枯暴乾挺直也晏子春秋作不復贏矣故木受繩則直
金就礪則利君子博學而日參省乎己則
荀子卷一　七　何非
智明而行無過矣參三也曾子曰日三省吾身行下孟反故不登高
山不知天之高也不臨深谿不知地之厚
也不聞先王之遺言不知學問之大也大謂有益
於人干越夷貉之子生而同聲長而異俗教
使之然也干越猶言吳越呂氏春秋荊有次非得寶劒於干越高誘曰吳邑也貉東北夷同聲謂啼聲同貉莫
革反詩曰嗟爾君子無恒安息靖共爾位好
是正直神之聽之介爾景福詩小雅小明之篇靖謀介助景大也無恒
安息戒之不使懷安也言能謀恭其位好正直之道則神聽而助之福引此詩以喻勸學也

神莫大於化道福莫長於無禍〔爲學則自化道故神莫大焉脩身則自無禍故福莫長焉〕吾嘗終日而思矣不如須臾之所學也吾嘗跂而望矣不如登高之博見也〔跂舉足也〕登高而招臂非加長也而見者遠順風而呼聲非加疾也而聞者彰假輿馬者非利足也而致千里假舟楫者非能水也而絕江河〔能善絕過〕君子生非異也善假於物也〔皆以喻脩身在假於學生非異言與衆人同也〕

荀子卷一　八　台潭

南方有鳥焉名曰蒙鳩以羽爲巢而編之以髮繫之葦苕風至苕折卵破子死巢非不完也所繫者然也〔蒙鳩鷦鷯也苕葦之秀也今巧婦鳥之巢至精密多繫於葦竹之上是也蒙當爲蔑方言云鷦鷯自關而西謂之桑飛或謂之蔑雀或曰一名蒙鳩亦以其愚也言人不知學問其所置身亦猶繫葦之危也說苑客謂孟嘗君曰鷦鷯巢於葦苕箸之以髮可謂完堅矣大風至則苕折卵破者何也所託者然也〕西方有木焉名曰射干莖長四寸生於高山之上而臨百仞之淵木莖非能長也所立者然也〔本草藥名有射干一名烏扇陶弘景云花白莖長如射人之執竿又引阮公詩云射干臨層城是生於高處也據本草在草部中又生南陽川谷此云西方有木未詳或曰長四寸即是草云木誤也蓋生南陽亦生西方也射音夜〕蓬生

麻中不扶而直蘭槐之根是爲芷其漸之滫君子不近庶人不服其質非不美也所漸者然也〔蘭槐香草其根是爲芷也本草白芷一名白茝陶弘景云即離騷所謂蘭茝也蓋苗名蘭茝根名芷也蘭槐當是蘭茝別名故云蘭槐之根是爲芷也漸漬也染也滫溺也言雖香草浸漬於溺中則可惡也漸子廉反滫思酒反〕故君子居必擇鄉遊必就士所以防邪僻而近中正也物類之起必有所始榮辱之來必象其德肉腐生蟲魚枯生蠹怠慢忘身禍災乃作强自取柱柔自取束〔凡物强則以爲柱而任勞柔則見束而約急皆其自取也〕

荀子卷一　九　何澄

邪穢在身怨之所構〔構結也言亦所自取〕施薪若一火就燥也〔布薪於地均若一火就燥而焚之矣〕平地若一水就溼也草木疇生禽獸羣焉物各從其類也〔疇與儔同類也〕是故質的張而弓矢至焉林木茂而斧斤至焉〔所謂召禍也質射侯的正鵠也〕樹成蔭而衆鳥息焉醯酸而蜹聚焉〔喻有德則慕之者衆〕故言有召禍也行有招辱也君子慎其所立乎〔禍福如此不可不慎所立所立即謂學也〕積土成山風雨興焉積水成淵蛟龍生焉

積善成德而神明自得聖心備焉神明自得謂自通於神明故不積蹞步無以至千里半步曰蹞蹞與跬同不積小流無以成江海騏驥一躍不能十步駑馬十駕言駑馬十度引車則亦及騏驥之一躍據下云駑馬十駕則亦及之此亦當同疑脫一句功在不舍鍥而舍之朽木不折鍥而不舍金石可鏤言立功在於不舍舍與捨同鍥刻也苦結反春秋傳曰陽虎借邑人之車鍥其軸螾無爪牙之利筋骨之强上食埃土下飲黃泉用心一也螾與蚓同蟹六跪而二螯非蛇蟺之穴無可寄託者用心躁也跪足也韓子以刖足爲刖跪螯蟹首上如鉞者許叔重說文云蟹六足二螯也是故無冥冥之志者無昭昭之明無惛惛之事者無赫赫之功冥冥惛惛皆專默精誠之謂也行衢道者不至事兩君者不容爾雅云四達謂之衢孫炎云衢交道四出也或曰衢道兩道也不至不能有所至下篇有楊朱哭衢涂今秦俗猶以兩爲衢古之遺言歟目不能兩視而明耳不能兩聽而聰螣蛇無足而飛爾雅云螣螣蛇郭璞云龍類能興雲霧而遊其中也梧鼠五技而窮梧鼠當爲鼫鼠蓋本誤爲鼯字傳寫又誤爲梧耳技才能也言技能雖多而不能如螣蛇專一故窮五技謂能飛不能上屋能緣不能窮木能游不能度谷能穴不能掩身能走不能先人詩曰

尸鳩在桑其子七兮淑人君子其儀一兮其儀一兮心如結兮故君子結於一也詩曹風尸鳩之篇毛云尸鳩鴶鞠也尸鳩之養七子旦從上而下暮從下而上平均如一善人君子其執義亦當如尸鳩之一執義一則用心堅固故曰心如結也昔者瓠巴鼓瑟而流魚出聽瓠巴古之善鼓瑟者不知何代人流魚中流之魚也列子云瓠巴鼓琴鳥舞魚躍伯牙鼓琴六馬仰秣伯牙古之善鼓琴者亦不知何代人六馬天子路車之馬也漢書曰乾六車坤六馬白虎通曰天子之馬六者示有事於天地四方也張衡西京賦曰天子御雕軫六駿駮又曰六玄虬之奕奕齊騰驤而沛艾仰秣仰首而秣聽其聲也故聲無小而不聞行無隱而不形形謂有形可見玉在山而草木潤淵生珠而崖不枯爲善不積邪安有不聞者乎崖岸枯燥學惡乎始惡乎終假設問也曰其數則始乎誦經終乎讀禮數術也經謂詩書禮謂典禮之屬也其義則始乎爲士終乎爲聖人義謂學之意言在乎脩身也眞積力久則入眞誠也力力行也誠積力久則能入於學也學至乎沒而後止也生則不可怠惰故學數有終若其義則不可須臾舍也爲之人也舍之禽獸也故書者政事之紀也書所以紀政事此說六經之意詩者中聲之所止也詩謂樂章所以節聲音至乎中而止不使

流淫也春秋傳曰中聲以降五降之後不容彈矣禮者法之大分羣類之綱
紀也禮所以爲典法之大分統類之綱紀類謂禮法所無觸類而長者猶律條之比附方書云齊謂法爲類也故學
至乎禮而止矣夫是之謂道德之極禮之敬
文也禮有周旋揖讓之敬車服等級之文也樂之中和也中和謂使人得中和悅也詩
書之博也博謂廣記土風鳥獸草木及政事也春秋之微也微謂褒貶沮勸微而顯志
而晦之類也在天地之間者畢矣
君子之學也入乎耳箸乎心布乎四體形乎
動靜所謂古之學者爲己入乎耳箸乎心謂聞則志而不忘也布乎四體謂有威儀潤身也形乎動靜謂知所措履也端
而言蝡而動一可以爲法則端讀爲喘喘微言也蝡微動也一皆也或
喘息微言或蝡蠢微動皆可以爲法則蝡人允反或曰端而言謂端莊而言也小人之學也入乎
耳出乎口所謂今之學者爲人道聽塗說也口耳之間則四寸曷足
以美七尺之軀哉韓侍郎云則當爲財與纔同
古之學者爲己今之學者爲人君子之學
也以美其身小人之學也以爲禽犢禽犢餽獻之物
也故不問而告謂之傲傲喧噪也言與戲傲無異或曰讀爲嗷聲曰嗷嗷然也嗷
與敖通問一而告二謂之囋囋即讚字也謂以言强讚助之今贊禮謂之贊

囋古字口與言多通傲囋非也君子如嚮矣如嚮應聲學莫便
乎近其人謂賢師也禮樂法而不說有大法而不曲說也詩書故
而不切詩書但論先王故事而不委曲切近於人故曰學詩三百使於四方不能專對也春秋約而
不速文義隱約褒貶難明不能使人速曉其意也方其人之習君子之
說則尊以徧矣周於世矣當其人習說之時則尊高而徧周於世事矣六經則
不能然矣故曰學莫便乎近其人
學之經莫速乎好其人隆禮次之學之大經無速於好近賢人若
無其人則隆禮爲次之上不能好其人下不能隆禮安特
將學雜識志順詩書而已爾則末世窮年不
免爲陋儒而已安語助猶言抑也或作安或作按荀子多用此字禮記三年問作焉戰國策謂趙王曰秦
與韓爲上交秦禍案移於梁矣秦與梁爲上交秦禍案攘於趙矣呂氏春秋吳起謂商文曰今置質爲臣其主安重釋璽辭官其主安輕
蓋當時人通以安爲語助或方言耳特猶言直也雜識志謂雜志記之書百家之說也言既不能好其人又不能隆禮直學雜說順
詩書而已豈免爲陋儒乎言不知通變也將原先王本仁義則禮正其
經緯蹊徑也所成所出皆在於禮也若挈裘領詘五指而
頓之順者不可勝數也言禮亦爲人之綱領挈舉也詘與屈同頓挈也順者不可勝數
言禮皆順矣不道禮憲以詩書爲之道言說也辟憲標表也譬之猶

以指測河也，以戈舂黍也，以錐飡壺也，不可以得之矣。故隆禮，雖未明，法士也；不隆禮，雖察辯，散儒也。散謂不自檢束莊子以不才木爲散木也

問楛者勿告也。楛與苦同惡也問楛謂所問非禮義也凡器物堅好者謂之功濫惡者謂之楛國語曰辨其功苦韋昭曰堅曰功脆曰苦故西京賦曰鬻良雜苦史記曰器不苦窳或曰楛讀爲沽儀禮有沽功鄭云沽麤也告楛者勿問也，說楛者勿聽也，有爭氣者勿與辨也。故必由其道至，然後接之；非其道則避之。道不至則不接故禮恭而後可與言道之方，

辭順而後可與言道之理，色從而後可與言道之致。致極也此謂道至而後接之也故未可與言而言謂之傲，傲亦戲傲也論語曰言未及而言謂之躁可與言而不言謂之隱，不觀氣色而言謂之瞽。故君子不傲、不隱、不瞽，謹慎其身。瞽者不識人之顏色詩曰：「匪交匪舒，天子所予。」此之謂也。詩小雅采菽之篇匪交當爲彼交言彼與人交接不敢舒緩故受天子之賜予也

百發失一，不足謂善射；千里蹞步不至，不足謂善御；未能全盡倫類不通，仁義不一，不足謂

善學。通倫類謂雖禮法所未該以其等倫比類而通之謂一以貫之觸類而長也仁義謂造次不離他術不能亂也學也者，固學一之也。一出焉，一入焉，涂巷之人也；或善或否其善者少，不善者多，桀紂盜跖也；盜跖柳下季之弟聚徒九千人於太山之傍侵諸侯孔子說之而不入者也全之盡之，然後學者也。學然後全盡君子知夫不全不粹之不足以爲美也，故誦數以貫之，使習禮樂詩書之數以貫穿之思索以通之，思求其意也爲其人以處之，爲擇賢人與之處也除其害者以持養之，使目非是無欲見也，使耳

非是無欲聞也，使口非是無欲言也，使心非是無欲慮也。是猶此也謂學也或曰是謂正道也及至其致好之也，目好之五色，耳好之五聲，口好之五味，心利之有天下。致極也謂不學極恣其性欲不可禁也心利之有天下之富也或曰學成之後必受榮貴故能盡其欲也是故權利不能傾也，羣衆不能移也，天下不能蕩也。蕩動也覆說爲學則物不能傾移矣生乎由是，死乎由是，夫是之謂德操。死生必由於學是乃德之操行德操然後能定，能定然後能應。我能定故能應物也能定能應，夫是之謂成人。內自定而外應物乃爲成就之人也天見其明，地見其光，君子貴其全也。見顯也明謂日月光謂水火金玉天顯其日月之明地顯其水火金玉之光君子則貴其德之全也

思考與練習

1. 列舉本篇的古今字、通假字等。
2. 歸納本篇表示比較的結構。
3. 分析"學惡乎始？惡乎終？"的結構關係。

（二）天論

天行有常 天自有常行之道也 不爲堯存不爲桀亡應之以理則吉應之以亂則凶 吉凶由人天非愛堯而惡桀也 彊本而節用則天不能貧 本謂農桑 養備而動時則天不能病 養備謂使人衣食足動時謂勸人勤力不失時亦不使勞苦也養生既備動作以時則疾疹不作也 脩道而不貳則天不能禍 貳即倍也 故水旱不能使之飢渴寒暑不能使之疾祆怪不能使之凶 畜積有素故水旱不能使之飢渴既無飢寒之患則癘疫所不能加之也 本荒而用侈則天不能使之富養略而動罕則天不能使之全 略減少也罕希也養略謂使人衣食不足也動希言怠惰也衣食減少而又怠惰則天不能全也 倍道而妄行則天不能使之吉故水旱未至而飢寒暑未薄而疾 薄迫也音博 祆怪未至而凶受時與治世同而殃禍與治世異不可以怨天其道然也 非天降災人自使然 故明於天人之分則可謂至人矣 知在人不在天斯爲至人

荀子卷十一　十六

不爲而成不求而得夫是之謂天職 不爲而成不求而得四時行焉百物生焉天之職任如此豈愛憎於堯桀之閒乎 如是者雖深其人不加慮焉雖大不加能焉雖精不加察焉夫是之謂不與天爭職 其人至人也言天道雖深遠至人曾不措意測度焉以其無益於治若措其在人者慕其在天者是爭職也莊子曰六合之外聖人存而不論也 天有其時地有其財人有其治夫是之謂能參 人能治天時地財而用之則是參於天地 舍其所以參而願其所參則惑矣 舍人事而欲知天意斯惑矣 列星隨旋日月遞炤四時代御陰陽大化風雨博施 列星有列位者二十八宿也隨旋相隨回旋也炤與照同陰陽大化謂寒暑變化萬物也博施謂廣博施行無不被也 萬物各得其和以生各得其養以成不見其事而見其功夫是之謂神 和謂和氣養謂風雨不見和養之事但見成功斯所以爲神若有眞宰然也 皆知其所以成莫知其無形夫是之謂天 言天道之難知 或曰當爲夫是之謂天功脫功字耳 唯聖人爲不求知天 既天道難測故聖人但脩人事不務役慮於知天也 天職既立天功既成形具而神生好惡喜怒哀樂臧焉夫是之謂天情 言人之身亦天職天功所成立也形謂百骸九竅神謂精魂也天情所受於天之情也

荀子卷十一　十七

耳目鼻口形能各有接而不相能也夫是之謂天官 耳辨聲目辨色鼻辨臭口辨味形辨寒熱疾養其所能皆可以接物而不能互相爲用官猶任也言天之所付任有如此也 心居中虛以治五官夫是之謂天君 心居於中空虛之地以制治耳目鼻口形之五官是天使爲形體之君也 財非其類以養其類夫是之謂天養 財與裁同飲食衣服與人異類裁而用之可使養口腹形體故曰裁非其類以養其類是天使奉養之道如此也 順其類者謂之福逆其類者謂之禍夫是之謂天政 順其類謂能裁者也逆其類謂不能裁者也天政言如賞罰之

政令自天職既立以上並論天所置立之事以下論逆天順天之事在人所爲也 闇其天君 昏亂其心 亂其天官 聲色臭味過度 棄其天養 不能務本節用 逆其天政 不能養其類也 背其天情 好惡喜怒哀樂無節 以喪天功 喪其生成之大功使不蓄滋也 夫是之謂大凶 此皆言不脩故違天之禍 聖人清其天君正其天官備其天養順其天政養其天情以全其天功如是則知其所爲知其所不爲矣 知務導達不攻異端 則天地官而萬物役矣 言聖人自脩政則可以任天地役萬物也 其行曲治其養曲適其

荀子第十一　十八　余秀

生不傷夫是之謂知天 其所自脩行之政曲盡其治其所養人之術曲盡其適其生長萬物無所傷害是謂知天也言明於人事則知天物其要則曲盡也 故大巧在所不爲大知在所不慮 此明不務知天是乃知天也亦猶大巧在所不爲如天地之成萬物也若偏有所爲則其巧小矣大智在所不慮知聖人無爲而治也若偏有所慮則其知窄矣 所志於天者已其見象之可以期者矣 志記識也 聖人雖不務知天猶有記識以助治道所記識於天者其見垂象之文可以知其節候者是也謂若堯命羲和欽若昊天日月星辰敬授人時者也 所志於地者已其見宜之可以息者矣 所以記識於地其見土宜可以蕃息嘉穀者是也 所志於四時

者已其見數之可以事者矣 數謂春作夏長秋斂冬藏必然之數事謂順時理其事也所記識於四時者取順時之數而令生長收臧者也 所志於陰陽者已其見知之可以治者矣 知謂知其生殺也所以記識陰陽者爲知其生殺效之爲賞罰以治之也知或爲和 官人守天而自爲守道也 官人任人欲任人守天在於自守道也皆明不務知天之義也 治亂天邪曰日月星辰瑞歷是禹桀之所同也 或曰當時星辰書之名也 禹以治桀以亂治亂非天也時邪曰繁啓蕃長於春夏 繁多也蕃茂也 畜積

荀子第十一　十九　余秀

收臧於秋冬是又禹桀之所同也禹以治桀以亂治亂非時也地邪曰得地則生失地則死是又禹桀之所同也禹以治桀以亂治亂非地也 言皆在人不在天地與時也 詩曰天作高山大王荒之彼作矣文王康之此之謂也 詩周頌天作之篇引之以明吉凶由人如大王之能尊大岐山也 天不爲人之惡寒也輟冬地不爲人之惡遼遠也輟廣君子不爲小人之匈匈也輟

行 匈匈喧譁之聲與訩同音凶又許用反行下孟反 天有常道矣地有常數矣君子有常體矣君子道其常而小人計其功 道言也君子常造次必守其道小人則計一時之功利因物而遷之也 詩曰何恤人之言兮此之謂也 逸詩也以言苟守道不違何畏人之言也 楚王後車千乘非知也君子啜菽飲水非愚也是節然也 節謂所遇之時命也 若夫心意脩德行厚知慮明生於今而志乎古則是其在我者也故君子慕其在己者而不慕其在天者 在天謂富貴也 小人錯其在己者而慕其在天者 錯置 君子敬其在己者而不慕其在天者是以日進也 求己而不苟故日進 小人錯其在己者而慕在其天者是以日退也 望徼幸而不求己故日退也 故君子之所以日進與小人之所以日退一也 皆有慕有不慕 君子小人之所以相縣者在此耳星隊木鳴國人皆恐曰是何也曰無何也 假設問荅無何也言不足憂也 是天地之變陰陽之化物之罕至者也 星隊天地之變

荀子第十一　二十　余秀

不鳴陰陽之化罕希也 怪之可也而畏之非也 以其罕至謂之怪異則可因遂畏懼則非 夫日月之有食風雨之不時怪星之黨見 黨見頻見也言如朋黨之多見賢遍反 是無世而不常有之上明而政平則是雖並世起無傷也 並世起謂一世之中並起也 上闇而政險則是雖無一至者無益也夫星之隊木之鳴是天地之變陰陽之化物之罕至者也怪之可也而畏之非也物之已至者人祅則可畏也 物之既至可畏者在人之祅也 楛耕傷稼耘耨失薉政險失民 楛耕謂麤惡不精也失薉謂耘耨失時使穢也政險威虐也薉與穢同 田薉稼惡糴貴民飢道路有死人夫是之謂人祅政令不明舉錯不時本事不理夫是之謂人祅 舉謂起兵動衆錯謂懷安失於事機也本事農桑之事也 勉力不時則牛馬相生六畜作祅 此三句宜承其菑甚慘之下勉力力役也不時則人多怨曠其氣所感故生非其類也 禮義不脩內外無別男女淫亂則父子相疑上下乖離寇難並至夫是之謂人祅祅是生於

荀子第十一　二一　余秀

亂三者錯無安國三者三人祅也錯置也置此三祅於國中則無有安也其說甚爾其菑甚慘爾近也三人祅之說比星隊木鳴爲淺近然其災害人則甚慘毒也可怪也而不可畏也此二句承六畜作祅之下蓋錄之時錯亂遂誤失其次也傳曰萬物之怪書不說書謂六經也可爲勸戒則明之不務廣說萬物之怪也無用之辯不急之察棄而不治若夫君臣之義父子之親夫婦之別則日切瑳而不舍也

雩而雨何也曰無佗也猶不雩而雨也雩求雨之禱也或者問歲旱雩則得雨此何祥也對以與不雩而雨同明非求而得也周禮司巫國大旱則率巫而舞雩也

荀子第十一　二十二　余秀

日月食而救之天旱而雩卜筮然後決大事非以爲得求也以文之也得求得所求也言爲此以示急於災害順人之意以文飾政事而已故君子以爲文而百姓以爲神以爲文則吉以爲神則凶也順人之情以爲文飾則無害淫祀求福則凶也

在天者莫明於日月在地者莫明於水火在物者莫明於珠玉在人者莫明於禮義故日月不高則光暉不赫水火不積則暉潤不博珠玉不睹乎外則王公不以爲寶禮義不加於國家則功名不白故人之命在天國之命在禮君人者隆禮尊賢而王重法愛民而霸好利多詐而危權謀傾覆幽險盡而亡矣幽險謂隱慝其情而凶虐難測也權謀多詐幽險三者盡亡之道也

大天而思之孰與物畜而制之尊大天而思慕之欲其豐富孰與使物畜積而我裁制之也從天而頌之孰與制天命而用之頌者美盛德也從天而美其盛德豈如制裁天之所命而我用之謂若曲者爲輪直者爲桷任材而用也

荀子第十一　二十三　余秀

望時而待之孰與應時而使之望時而待謂若農夫之望歲也孰與應春生夏長之候使不失時也因物而多之孰與騁能而化之因物之自多不如騁其智能而化之使多也若后稷之播種然也思物而物之孰與理物而勿失之也思得萬物以爲己物孰與理物皆得其宜不使有所失喪願於物之所以生孰與有物之所以成故錯人而思天則失萬物之情物之生雖在天成之則在人也此皆言理平豐富在人所爲不在天也若廢人而妄思天雖勞心苦思猶無益也百王之無

變足以爲道貫無變不易也百王不易者謂禮也言禮可以爲道之條貫也一廢一起應之以貫雖質文廢起時有不同然其要歸以禮爲條貫論語孔子曰殷因於夏禮所損益可知也周因於殷禮所損益可知也其或繼周者雖百代可知也理貫不亂知理則其條貫不亂也不知貫不知應變不知以禮爲條貫則不能應變言必差錯而亂也貫之大體未嘗亡也亂生其差治盡其詳差謬也所以亂者生於條貫差謬所以治者在於精詳也故道之所善中則可從畸則不可爲匿則大惑畸者不偶之名謂偏也道之所善得中則從偏側則不可爲匿謂隱匿其情禮者明示人者也若隱匿則大惑畸音羈水行者

荀二十　第十一　二一四　金秀

表深表不明則陷表標準也陷溺也治民者表道表不明則亂禮者表也非禮昏世也昏世大亂也昏世謂使世昏闇也故道無不明外內異表隱顯有常民陷乃去道禮也外謂朝聘內謂冠昏所表識章示各異也隱顯即內外也有常言有常法也如此民陷溺之患乃去也萬物爲道一偏一物爲萬物一偏愚者爲一物一偏如有不能盡一物也而自以爲知道無知也以偏爲知道豈有知哉愼子有見於後無見於先愼到本黃老之術明不尚賢不使能之道故莊子論愼到曰塊不失道以其無

爭先之意故曰見後而不見先也漢書藝文志愼子著書四十二篇班固曰先申韓申韓稱之也老子有見於詘無見於信老子周之守藏史姓李字伯陽號稱老聃孔子之師也著五千言其意多以屈爲伸以柔勝剛故曰見詘而不見信也信讀爲伸墨子有見於齊無見於畸畸謂不齊也墨子著書有上同兼愛是見齊而不見畸也宋子有見於少無見於多宋子名鈃宋人也與孟子同時下篇云宋子以人之情爲欲寡而皆以己之情爲欲多爲過也據此說則是少而不見多也鈃音形又胡泠反漢書藝文志有宋子十八篇班固云荀卿道宋子其言黃老意有後而無先則羣衆無門夫衆羣在上之門導皆處後而不處先羣衆無門戶也有詘而無信則貴賤不分貴者伸而賤者

荀二十　第十一　二一五　金秀

詘則分別矣若皆貴柔弱卑下則無貴賤之別也有齊而無畸則政令不施夫施政令所以治不齊者若上同則政令何施也有少而無多則羣衆不化夫欲多則可以勸誘爲善若皆欲少則何能化之書曰無有作好遵王之道無有作惡遵王之路此之謂也書洪範以喻偏好則非遵王道也

荀子卷第十一

思考與練習

1.“夫是之謂神”“夫是之謂天”“夫是之謂天情”等,這屬於哪種訓詁方式?
2.分析“所志於天者”“所志於地者”等的結構和意義。
3.歸納本篇表示否定的判斷句。

第十四章 韓非子

一、典籍簡介

《韓非子》是法家學派的代表性著作,由韓非撰寫,再經其後學纂輯而成。現存《韓非子》五十五篇,二十卷,共十萬多字。《漢書·藝文志》載“《韓子》五十五篇”,張守節《史記正義》引阮孝緒《七略》(編者按:“七略”應作“七録”)言“《韓子》二十卷”,篇數、卷數都和今本相符。

韓非(約前280—前233年),戰國末期韓國人,出身韓國宗室,是法家學派代表人物。《史記·老子韓非列傳》對韓非生平的叙述最爲詳細:“韓非者,韓之諸公子也。喜刑名法術之學,而其歸本於黄老。非爲人口吃,不能道説,而善著書。與李斯俱事荀卿,斯自以爲不如非。非見韓之削弱,數以書諫韓王,韓王不能用。於是韓非疾治國不務修明其法制,執勢以御其臣下,富國强兵而以求人任賢,反舉浮淫之蠹而加之於功實之上。以爲儒者用文亂法,而俠者以武犯禁。寬則寵名譽之人,急則用介胄之士。今者所養非所用,所用非所養。悲廉直不容於邪枉之臣,觀往者得失之變,故作《孤憤》《五蠹》《内外儲》《説林》《説難》十餘萬言。然韓非知説之難,爲《説難》書甚具,終死於秦,不能自脱。……人或傳其書至秦。秦王見《孤憤》《五蠹》之書,曰:‘嗟乎,寡人得見此人與之遊,死不恨矣!’李斯曰:‘此韓非之所著書也。’秦因急攻韓。韓王始不用非,及急,乃遣非使秦。秦王悦之,未信用。李斯、姚賈害之,毁之曰:‘韓非,韓之諸公子也。今王欲并諸侯,非終爲韓不爲秦,此人之情也。今王不用,久留而歸之,此自遺患也,不如以過法誅之。’秦王以爲然,下吏治非。李斯使人遺非藥,使自殺。韓非欲自陳,不得見。秦王後悔之,使人赦之,非已死矣。”

關於《韓非子》的作者和成書過程,《四庫全書總目提要·子部·法家類·韓子》總結道:“考《史記》非本傳,稱‘非見韓削弱,數以書諫韓王,韓王不能用。悲廉直不容於邪枉之臣,觀往者得失之變,故作《孤憤》《五蠹》《内外儲説》《説林》《説難》十餘萬言’。又云‘人或傳其書至秦,秦王見其《孤憤》《五蠹》之書’。則非之著書,當在未入秦前。

《史記・自叙》所謂'韓非囚秦,《説難》《孤憤》'者,乃史家駁文,不足爲據。今書冠以《初見秦》,次以《存韓》,皆入秦後事,雖似與《史記・自叙》相符,然傳稱韓王'遣非使秦,秦王悦之,未信用。李斯、姚賈害之,下吏治非。李斯使人遺之藥,使自殺'。計其閒未必有暇著書。且《存韓》一篇,終以李斯駁非之議,及斯上韓王書。其事與文,皆爲未畢。疑非所著書本各自爲篇,非歿之後,其徒收拾編次,以成一帙。故在韓在秦之作,均爲收録,併其私記未完之稾亦收入書中。名爲非撰,實非非所手定也。以其本出於非,故仍題非名,以著於録焉。"也有學者認爲,韓非去世之後,開始有門徒整理師説,將其著述搜集匯爲一編。但是與今本相比並不完整,《初見秦》與《存韓》等秦廷檔案文書並未收進去。今本中一些作者明顯有問題的篇章,如《顯學》之後的《忠孝》《人主》《飭令》《心度》《制分》等五篇很可能就是韓非弟子、後學的習作,他們在初步編成先師的集子之後,遂將自己的作品附在其後;或者他們又搜集到了相關的文章,遂以附録的形式編在《顯學》之後。這是《韓非子》編集的第一階段。漢初至漢武帝建元元年之間,編集者將《初見秦》等文章收録到《韓非子》中。這是編集與成書的第二個階段,也是最爲重要的一個環節。此後,其面貌便基本定型。[①]

《韓非子》的内容大致可以分爲四類[②]:(1)"法理學之部",如《五蠹》《顯學》《定法》《難勢》《問辯》《六反》《八説》《孤憤》《和氏》《説難》《奸劫弑君》《二柄》《八奸》《備内》《七征》等篇。這些作品是韓非子學説思想的主要部分。(2)"道家學之部",如《主道》《揚榷》《解老》《喻老》等篇。在這一部分作品中,他以法家的眼光研究解釋了"道家"的學説。所以,司馬遷説他是"其學歸本於黄老"(《史記・老子韓非列傳》)。其實,韓非是改造了黄老之學,而使之服務於他的論點。(3)"論辯之部",如《難一》《難二》《難三》《難四》等篇。在這一類作品中,他批判了歷史上一切與法家學説相違的言論,强調法治的必要。(4)"儲説之部",如《内儲説》上下、《外儲説》左上左下右上右下、《説林》上下等篇。在這一部分作品中,包括了無數形名法術的故事,是以歷史上及現實社會中的事件爲他的法理學作根據。此外,《初見秦》篇尚難確定著者。

由於《韓非子》是後學纂輯,故宋代以來,時有作者對其真僞問題發表意見,五十五篇中有三十八篇曾被質疑是僞作。根據各家考證來看,其具體審查標準可以歸納爲七種,其中絶大多數所謂的"僞作"都是可以得到合理解釋的。[③] (1)認爲目標篇章的思想内容不符合韓非的思想體系因而被判定爲僞作的,涉及面最廣。首先是反映道家思想的,主要包括《主道》《揚榷》《飾邪》《解老》《觀行》《用人》《功名》《大體》八篇。其次是因稱道先王而被懷疑,包括《有度》《飾邪》《安危》等。(2)從史實來考訂僞作,涉及十一篇。(3)以文體特點來判定僞作,涉及六篇。包括《愛臣》《主道》《揚榷》《喻老》《説林》《内外儲説》等。(4)從文章風格上來考察僞作,涉及六篇。包括《難言》《三守》《解老》

---

① 參見馬世年:《先秦子書的編集與"軸心時代"的經典生成——以〈韓非子〉成書過程爲例》,《文史哲》2013年第1期。

② 參見殷維剛等:《先秦散文英華》,山東文藝出版社,1989年,第267頁。

③ 參見張覺:《韓非子全譯・前言》,貴州人民出版社,1992年,第10-16頁。

《功名》《難四》《制分》。(5)從用詞造句上來考察僞作,涉及《制分》《内儲説下》《二柄》《問田》《人主》《難勢》等。(6)因爲與其他典籍相重複而判定其爲僞作的,涉及四篇。(7)因爲與本書其他篇章有重複的詞句而被判定爲僞作的,涉及三篇。包括《二柄》《人主》《飭令》。總的來看,《韓非子》中只有《存韓》後半篇是李斯的言論。其餘除《初見秦》爭論較大尚須謹慎對待外,一般的篇章,即使有個别詞句有問題,都不宜否定它們是韓非之作。

與《吕氏春秋》類似,《韓非子》的寫就也處在周秦之交,其中有不少新詞新義,如"吮""刑餘"等都較早在《韓非子》中使用;《韓非子》語言也比較通俗,喜用口語化詞語,如"瘦""船""睡""街""狐疑""蠶食"等。[①]

有關《韓非子》語言學研究的相關論著有:魏德勝《〈韓非子〉語言研究》(北京語言學院出版社,1995 年),海柳文《〈韓非子〉單音節動詞配價研究》(中國文史出版社,2002 年),徐適端《〈韓非子〉單音動詞語法研究》(巴蜀書社,2002 年),車淑婭《〈韓非子〉詞彙研究》(巴蜀書社,2008 年),李文《〈韓非子〉對稱結構句法研究》(江蘇大學出版社,2018 年),等等。

清代以來,盧文弨、顧廣圻、王念孫、俞樾、孫詒讓都整理過《韓非子》,清末王先慎《韓非子集解》集其大成,20 世紀 20 年代陳啓天著《韓非子校釋》。近人陳奇猷有《韓非子集釋》(中華書局,1958 年),梁啓雄有《韓非淺解》(中華書局,1960 年)。張覺《韓非子全譯》(貴州人民出版社,1992 年)和高華平、王齊洲、張三夕譯注《韓非子》(中華書局,2010 年),適合初學者閲讀。

《韓非子》宋刻本爲南宋乾道改元中元日黄三八郎福建刻本,今已不存,但尚有影鈔、影刻本傳世。清張敦仁影鈔本、清吴鼒影刻本、清錢曾述古堂影鈔本都源出於此。明正統《道藏》本《韓非子》、明正德間嚴時泰刻本、明嘉靖間張鼎文刻本文字相近,應是另一系統的刻本。此外,尚有《韓子迂評》本、趙用賢"管韓合刻本"等。本教材所據爲正統道藏涵芬樓版(上海涵芬樓影印本,1925 年)。

問題

1. 簡要對《韓非子》的内容進行分類。
2. 結合已有論著簡述《韓非子》語言的特點。
3. 任選一部《韓非子》注本,並簡要介紹它的體例。
4. 舉例指出源出《韓非子》的成語。

① 參見魏德勝:《〈韓非子〉語言研究》,北京語言學院出版社,1995 年;車淑婭:《〈韓非子〉詞彙研究》,巴蜀書社,2008 年。

二、文選篇目

（一）宋人有酤酒者[①]

三宋人有酤酒者升概甚平遇客甚謹爲酒甚美縣幟甚高著然不售酒酸怪其故問其所知問長者楊倩倩曰汝狗猛耶狗猛則酒何故而不售曰人畏焉或令孺子懷錢挈壷甕而往酤而狗迓而齕之此酒所以酸而不售也夫國亦有狗有道之士懷其術而欲以明萬乘之主大臣爲猛狗迎而齕之此人主之所以蔽脅而有道之士所以不用也故桓公問管仲曰治國奚患對曰最患社鼠矣公曰何患社鼠哉對曰君亦見夫社木者乎樹木而塗之鼠穿其間掘穴託其中燻之則恐焚木灌之則恐塗阤此社鼠之所以不得也今人君之左右出則爲勢重而收利於民入則比周而蔽惡於君內間主之情以告外外內爲重諸臣百吏以爲富吏不誅則亂法誅之則君不安據而有之此亦國之社鼠也故人臣執柄而擅禁明爲己者必利而不爲己者必害此亦猛狗也夫大臣爲猛狗而齕有道之士矣左右又爲社鼠而間主之情人主不覺如此主焉得無壅國焉得無亡乎一曰宋之酤酒者有莊氏者其酒常美或使僕往酤莊氏之酒其狗齕人使者不敢往乃酤他家之酒問曰何爲不酤莊氏之酒對曰今日莊氏之酒酸故曰不殺其狗則酒酸桓公問管仲曰治國何患對曰最苦社鼠夫社木而塗之鼠因自託也燻之則木焚灌之則塗阤此所以苦於社鼠也今人君左右出則爲勢重以收利於民入則比周謾侮蔽惡以欺於君不誅則亂法誅之則人主危據而有之此亦社鼠也故人臣執柄擅禁明爲己者必利不爲己者必害亦猛狗也故左右爲社鼠用事者爲猛狗則術不行矣

堯欲傳天下於舜鯀諫曰不祥哉孰以天下而傳之於匹夫乎堯不聽舉兵而誅殺鯀於羽山之郊共工又諫曰孰以天下而傳之於

① 選自《韓非子·外儲說右上》。

匹夫乎堯不聽又舉兵而誅共工於幽之都於是天下莫敢言無傳天下於舜仲尼聞之曰堯之知舜之賢非其難者也夫至乎誅諫者必傳之舜乃其難也一日不以其所疑敗其所察則難也

荊莊王有茅門之法曰羣臣大夫諸公子入朝馬蹄踐霤者廷理斬其輈戮其御於是太子入朝馬蹄踐霤廷理斬其輈戮其御太子怒入爲王泣曰必爲我誅戮廷理王曰法者所以敬宗廟尊社稷故能立法從令尊敬社稷者社稷之臣也焉可誅也夫犯法廢令不尊敬社稷者是臣乘君而下尚校也臣乘君則主失威下尚校則上位危威失位危社稷不守吾將何以遺子孫於是太子乃還走避舍露宿三日北面再拜請死罪一曰楚王急召太子楚國之法車不得至於茅門天雨廷中有潦太子遂驅車至於茅門廷理曰車不得至茅門非法也太子曰王召急不得須無潦遂驅之廷理舉殳而擊其馬敗其駕太子入爲王泣曰廷中多潦驅車至茅門廷理曰非法也舉殳擊臣馬敗臣駕王必誅之王曰前有老主而不踰後有儲主而不屬矜矣是眞吾守法之臣也乃益爵二級而開後門出太子勿復過

十二 衛嗣君謂薄疑曰子小寡人之國以爲不足仕則寡人力能仕子請進爵以子爲上卿乃進田萬頃薄子曰疑之母親疑以疑爲能相萬乘所不窕也然疑家巫有蔡嫗者疑母甚愛信之屬之家事焉疑智足以信言家事疑母盡以聽疑也然已與疑言者亦必復決之於蔡嫗也故論疑之智能以疑爲能相萬乘而不窕也論其親則子母之間也然猶不免議之於蔡嫗也今疑之於人主也非子母之親也而人主皆有蔡嫗人主之蔡嫗必其重人也重人者能行私者也夫行私者繩之外也而疑之所言法之內也繩之外與法之內讎也不相受也一曰衛君之晉謂薄疑曰吾欲與子皆行薄疑曰媼也在中請歸與媼計之衛君自請薄媼薄媼曰疑君之臣也君有意從之甚善衛君曰吾以請之媼媼許我矣

薄疑歸言之媪也曰衛君之疑奚與媪媪曰不如吾愛子也衛君之賢疑奚與媪也曰不如吾賢子也媪與疑計家事已決矣乃更請決之於卜者蔡嫗令衛君從疑而行雖與疑決計必與他蔡嫗敗之如是則疑不得長爲臣矣

夫教歌者使先呼而詘之其聲反清徵者乃教之一曰教歌者先揆以法疾呼中宮徐呼中徵疾不中宮徐不中徵不可謂教

吳起衛左氏中人也使其妻織組而幅狹於度吳子使更之其妻曰諾及成復度之果不中度吳子大怒其妻對曰吾始經之而不可更也吳子出之其妻請其兄而索入其兄曰吳子爲法者也其爲法也且欲以與萬乘致功必先踐之妻妾然後行之子毋幾索入矣其妻之弟又重於衛君乃因以衛君之重請吳子吳子不聽遂去衛而入荆也一曰吳起示其妻以組曰子爲我織組令之如是組已就而効之其組異善起曰使子爲組令之如是而今也異善何也其妻曰用財若一也加務善之吳起曰非語也使之衣歸其父往請之吳起曰起家無虛言

晉文公問於狐偃曰寡人甘肥周於堂卮酒豆肉集於宮壺酒不清生肉不布殺一牛遍於國中一歲之功盡以衣士卒其足以戰民乎狐子曰不足文公曰吾弛關市之征而緩刑罰其足以戰民乎狐子曰不足文公曰吾民之有喪資者寡人親使郎中視事有罪者赦之貧窮不足者與之其足以戰民乎狐子對曰不足此皆所以慎產也而戰之者殺之也民之從公也爲慎產也公因而迎殺之失所以爲從公矣曰然則何如足以戰民乎狐子對曰令無得不戰公曰無得不戰柰何狐子對曰信賞必罰其足以戰公曰刑罰之極安至對曰不辟親貴法行所愛文公曰善明日令田於圃陸期以日中爲期後期者行軍法焉於是公有所愛者曰顛頡後期吏請其罪文公隕涕而憂吏曰請用事焉遂斬顛頡之脊以徇百姓以明法之信也而後百姓皆懼曰君於顛頡之貴重如彼甚也而君猶行

法焉況於我則何有矣文公見民之可戰也
於是遂興兵東伐原克之伐衛東其畝取五
鹿攻陽勝虢伐曹南圍鄭反之陴罷宋圍還
與荊人戰城濮大敗荊人返爲踐土之盟遂
城衡雍之義一舉而八有功所以然者無他
故異物從狐偃之謀假顛頡之脊也
夫痤疽之痛也非刺骨髓則煩心不可支也
非如是不能使人以半寸砥石彈之今人主
之於治亦然非不知有苦則安欲治其非如
是不能聽聖知而誅亂臣者必重人重人者
必人主所甚親愛也人主所甚親愛也者是
同堅白也夫以布衣之資欲以離人主之堅
白所愛是以解左髀說右髀者是身必死而
說不行者也

韓非子卷之十三

思考與練習

1. 結合《説文解字注》等理解“概”的意義。
2. 如何理解“是臣乘君而下尚校也”？
3. 分析“吾欲與子皆行”“吾以請之媪”的“皆”和“以”。
4. 分析“君有意從之”“不如吾賢子也”的結構關係。

(二)智術之士必遠見而明察①

韓非子卷之四　匪四
孤憤第十一言法術之士既無黨與孤獨而已故其材用終不見明卞生既以抱玉而長號韓公由之寢謀而內憤
智術之士必遠見而明察不明察不能燭私
能法之士必强毅而勁直不勁直不能矯姦
人臣循令而從事案法而治官非謂重人也
重人也者無令而擅爲虧法以利私耗國以
便家力能得其君此所爲重人也擅爲虧法逆理而動
其力尚能得君從已況其餘乎此所謂重人也言其貴賤國人所共重之也智術
之士明察聽用且燭重人之陰情智術之士既明且察
令見聽用能燭見重人之陰情能法之士勁直聽用且矯重
人之姦行故智術能法之士用則貴重之臣
必在繩之外矣言必見剗除也是智法之士與當塗
之人不可兩存之仇也既不可兩存所存以相仇也當塗
之人擅事要則外內爲之用矣外謂百官也內謂君之左
右也皆與當塗之人爲用也是以諸侯不因則事不應故
敵國爲之訟鄰國諸侯或來求事不因當塗者其求必不見應故重人有事
敵國爲之訟冤百官不因則業不進故羣臣爲之用
郎中不因則不得近主故左右爲之匿郎中爲郎
居中則君之左右之人也既因重人而得近主故爲之匿非也學士不因則
養祿薄禮卑故學士之爲談也談者謂爲重人延譽此
四助者邪臣之所以自飾也重人不能忠主
而進其仇重人所求者法術之士也人主不能越四助而
燭察其臣臣亦謂法術之臣也故人主愈弊而大臣愈
重凡當塗者之於人主也希不信愛也又且
習故重人得主信愛者多又用事既久既乃慣習故舊也若夫即主心
同乎好惡固其所自進也官爵貴重朋黨又
衆而一國爲之訟訟即說也重人舉措常就主心而同其好惡已自進
舉之人官爵重之朋黨衆及其有事一國爲之訟冤則君無德而誅之則法術
之士欲干上者非有所信愛之親習故之澤
也又將以法術之言矯人主阿辟之心是與
人主相反也處勢卑賤無黨孤特夫以疏遠
與近愛信爭近愛信謂重人是也其數不勝也數理也以
新旅與習故爭其數不勝也以反主意與同
好爭重人與君同好其數不勝也以輕賤與貴重爭
其數不勝也以一口與一國爭重人與一國爲朋黨其
數不勝也法術之士操五不勝之勢以歲數
而又不得見所經時歲已至於數猶不得見君當塗之人乘
五勝之資而旦暮獨說於前法術之士既不得見故當塗之
人獨訟而稱冤故法術之士奚道得進而人主奚時

① 選自《韓非子·孤憤》。

得悟乎（法術之士既不得進，則人主何從而悟乎）故資必不勝而勢不兩存，法術之士焉得不危（法術之士既資必不可勝之數，而又重人勢不兩存，則法術之士必危而見陷）其可以罪過誣者，以公法而誅之（法術之士有過失可誣罔者，重人則舉以爲罪而誅之）其不可被以罪過者，以私劍而窮之（若無過失可誣者，則使俠客以劍刺之，以窮其命也）是明法術而逆主上者，不僇於吏誅，必死於私劍矣。朋黨比周以弊主，言曲以便私者，必信於重人矣。故其可以功伐借者，以官爵貴之（彼有功伐重人借爲己用者，則官爵貴其人也）其不可借以美名者，以外權重之（彼雖無功伐，可使近權令者威重之）是以弊主上而趨於私門者，不顯於官爵，必重於外權矣（趨，向也）今人主不合參驗而行誅（謂於法術之士不參驗以知其眞僞，即行誅罰）不待見功而爵祿（重人所進，雖未見功，先與之爵祿也）故法術之士安能蒙死亡而進其說？姦邪之臣安肯乘利而退其身？故主上愈卑，私門益尊。夫越雖國富兵強，中國之主皆知無益於己也，曰：「非吾所得制也。」（越國爲異國，即敵國也）今有國者雖地廣人衆，然而人主壅蔽，大臣專權，是國爲越也（大臣專國，常有謀君之心，即己國還爲越國，故曰是國爲越也）智不類越，而不智不類其

國，不察其類者也（縱臣專權，國變成越，是不自知己國即與越國不異，所以然者，良以不察知己國類於越國故也）人主所以謂齊亡者，非地與城亡也，呂氏弗制而田氏用之也；所以謂晉亡者，亦非地與城亡也，姬氏不制而六卿專之也。今大臣執柄獨斷，而上弗知收，是人主不明也（不知收取其柄而自執之，令臣於上獨斷，此主之不明也）與死人同病者，不可生也（今謂秦也）與亡國同事者，不可存也。今襲跡於齊、晉，欲國安存，不可得也（襲，重也）凡法術之難行也，不獨萬乘，千乘亦然。人主之左右不必智也，人主於人有所智而聽之，因與左右論其言，是與愚人論智也。人主之左右不必賢也，人主於人有所賢而禮之，因與左右論其行，是與不肖論賢也。智者決策於愚人，賢士程行於不肖，則賢智之士羞而人主之論悖矣。人臣之欲得官者，其脩士且以精絜固身（脩士謂脩身之士，但精絜自固其身）其智士且以治辯進業（智者謂智謀之士也）其脩士不能以貨賂事人（既脩身，故不以貨事人也）恃其精絜而更不能以枉法爲治（既精絜，故不能枉法爲治。智士不重說，似闕文也）則脩智之士不事左右、不聽請謁矣（左右謂貨脩智之財）

士不肖聽從也人主之左右行非伯夷也求索不得貨賂不至則精辯之功息而毀誣之言起矣精謂脩士精絜也辯謂智士辭辯也治亂之功制於近習治亂謂智士材辯能治於亂也精絜之行決於毀譽則脩智之吏廢則人主之明塞矣脩智之士能發人主之聽明今既廢而不用則主明自塞矣不以功伐決智行決智行當以功伐積功日伐也不以參伍審罪過審罪過當參伍之參比驗也伍偶會也而聽左右近習之言則無能之士在廷而愚汙之吏處官矣近習之臣既皆小人同氣相求同聲相應故所親者無能之人所愛者愚汙之人亦既親愛必用之在延舉之處官矣萬乘之患大臣太重千乘之患左右太信此人主之所公患也公正也正當以此當患也且人臣有罪人主有大失臣主之利與相異者也何以明之哉曰主利在有能者任官臣利在無能而得事主利在有勞而爵祿臣利在無功而富貴主利在豪傑使能豪傑之人有材能然後使之矣臣利在朋黨用私是以國地削而私家富主上卑而大臣重故主失勢而臣得國主更稱蕃臣君臣易位故主稱蕃臣於其臣而相室剖符相室家臣也剖符言得專投人官與之剖符也此人臣之所以譎主便私也譎詐也設詐謀以誑誤於主也故當世之重臣

主變勢而得固寵者十無二三變謂行譎詐以移主意十中但有二三故日十無二三也是其故何也人臣之罪大也臣有大罪者其行欺主也其罪當死亡也智士者遠見而畏於死亡必不從重人矣賢士者脩廉而羞與姦臣欺其主必不從重人矣是當塗者之徒屬非愚而不知患者必汙而不避姦者也重人所為必不軌故智士恐與同之廉士羞與之欺主莫有從之遊者同惡相濟故與之為徒屬者必汙愚之人也大臣挾愚汙之人上與之欺主下與之收利侵漁朋黨言侵奪百姓若漁者之取魚也比周相與阿黨為比忠信為周也比周者言以阿黨之人為忠信與親也一口惑主敗法以亂士民雷同是非故曰一口使國家危削主上勞辱此大罪也臣有大罪而主弗禁此大失也使其主有大失於上臣有大罪於下索國之不亡者不可得也

思考與練習

1. 列舉本篇的通假字。

2. 用現代漢語説明,爲什麽當涂之人會被别人依靠,他們又有什麽自我掩飾的手段?

3. 本篇説"朋黨比周",《論語·爲政》説"君子周而不比,小人比而不周",其中的"周""比"意思相同嗎?

第十五章 吕氏春秋

一、典籍簡介

《吕氏春秋》又稱《吕覽》,由秦相吕不韋集合門客編纂而成。全書分爲《十二紀》《八覽》《六論》三部分,共二十六卷,一百六十篇,今存十餘萬字。《漢書·藝文志》將之歸爲"雜家"類著作。

吕不韋(約前284—前235年),《戰國策·秦策五》記爲"濮陽人",後來成爲陽翟(今河南禹縣)的大商人,"往來販賤賣貴,家累千金"(《史記·吕不韋列傳》,本段其餘引文亦見此)。吕不韋在邯鄲經商的時候,見到在趙國做人質的異人,認爲"此奇貨可居"。於是吕不韋通過重金西遊秦國,並説服華陽夫人立異人爲安國君的嫡嗣,異人隨之改名子楚。"秦昭王五十六年,薨,太子安國君立爲王,華陽夫人爲王后,子楚爲太子。"一年後安國君就死去了,子楚立爲王,即秦莊襄王。"莊襄王元年,以吕不韋爲丞相,封爲文信侯,食河南雒陽十萬户。"秦莊襄王即位三年後也死去了,太子嬴政立爲王(後來的秦始皇),"尊吕不韋爲相國,號稱'仲父'"。因"戰國四公子"喜歡延攬賓客,名聲盛極一時。吕不韋自覺身爲秦國相國而不如他們,深以爲恥,因此廣攬門客,以至食客三千人。"是時諸侯多辯士,如荀卿之徒,著書布天下。吕不韋乃使其客人人著所聞,集論以爲八覽、六論、十二紀,二十餘萬言。以爲備天地萬物古今之事,號曰《吕氏春秋》。布咸陽市門,懸千金其上,延諸侯游士賓客有能增損一字者予千金。"秦始皇九年,嫪毐欲謀反,被發現後夷滅三族。因爲吕不韋與嫪毐有牽連,第二年,他被免去相國職位。此後,諸侯紛紛派使者來邀請吕不韋,"秦王恐其爲變,乃賜文信侯書曰:'君何功於秦?秦封君河南,食十萬户。君何親於秦?號稱仲父。其與家屬徙處蜀!'吕不韋自度稍侵,恐誅,乃飲酖而死"。

《吕氏春秋》三部分中,十二紀每紀五篇共六十篇,八覽每覽八篇(《有始覽》少一篇)共六十三篇,六論每論六篇共三十六篇,另有《序意》一篇,爲全書序言,附在十二紀之後,共一百六十篇。據刘汝霖先生統計和分析,這些篇章中,闡揚儒家學説的有二十六篇,道家學説十七篇,墨家學説十篇,法家學説十三篇,名家學説五篇,陰陽家學説兩篇,縱横家學説十篇,農家學説四篇,小説家一篇,兵家十六篇。①

雖然《吕氏春秋》被視爲雜家類著作,但它的結構體系是非常嚴謹系統的。該書的總體結構,據"是法天地"以行人事的基本思想來設計,這與其思想體系的主導傾向正相表裏。在這樣的總結構下,十二紀、六論和八覽分别依照"上揆之天、下驗之地、中審之人"(《序意》)的方法論三要素,構建成三個既相聯繫,又相區别的結構系統。三者聯繫的樞紐,在於天道、地理、人紀相通,揆天驗地最終都落實於人事,這以"天地萬物,一人之身"的"大同"宇宙觀爲哲學基礎(《有始》)。三者區别的界河,則在於天道、地理、人紀畢竟有别,人之揆天驗地也就有不同的具體内容,這以"衆耳目口鼻""衆五穀寒暑"的"衆異"思想爲理論依據(《有始》)。因此,十二紀按"天曰順"的規律安排人事;六論則按"地曰固"的特性廣加推繹;至於八覽,則按"人曰信"的要求,參照《洪範》"五事"分門别類地論述人事行爲規範,而這些規範又往往能從天道、地理中找到根據。這樣,三個結構體系之結合,就使得《吕氏春秋》的總體結構具有了嚴整的系統、鮮明的目的和清晰的格局。②

除提出治國理論等外,《吕氏春秋》還記載了天文曆法、農業等多種材料。(1)《吕氏春秋》還保留了許多先秦的科技文化方面的珍貴資料。在醫學理論和飲食醫學方面,《重己》提出陰陽不適、衣食不宜是人體疾病發生的重要原因;《盡數》進而申論寒、暑、燥、濕、熱、風、霖、霧以及五味、五情對人體的影響;《達鬱》:"凡人三百六十節,九竅五藏六府,肌膚欲其比也,血脈欲其通也,筋骨欲其固也,心志欲其和也,精氣欲其行也。若此,則病無所居,而惡無由生矣。病之留、惡之生也,精氣鬱也。"這是説人體的各部分都具有不同的功能和生理要求,要保證各器官的正常運作和人體健康,就要使精氣暢行無滯。這些醫學、衛生知識,符合現代的醫學觀點和衛生學,頗具參考價值。(2)《吕氏春秋》也保留了不少關於古代天文曆法的記載。《圜道》裏主張天圓地方的早期蓋天説;關於二至日的記載説:"冬至日行遠道……夏至日行近道。"(《有始》)書中完整記載了九野和二十八宿的名稱;此外還有許多星體和雲氣名稱的記録。這些都反映出當時的天文學成就,對於研究古代天文學具有重要參考價值。(3)在農業技術知識方面,《吕氏春秋》也具有不可忽視的價值。它保存了不少古農家言,集中體現在《上農》《任地》《辨土》《審時》四篇。它們成爲研究我國古代農業技術和經濟思想的寶貴資料。《上農》强調農業生産的重要性,提出重視和發展農業的政策;《任地》《辨土》《審時》三篇總結先民從事農業生産的經驗,在耕作技術、播種方法等方面作了較爲全面詳細的論述,反映出當時的農業技術水準。(4)《吕氏春秋》在音樂史上也具有突出地位。它關於音樂起源的記載,是研究中國音樂史的彌足珍貴的資料。《古樂》有關音樂産生

① 參見劉汝霖:《〈吕氏春秋〉之分析》。見羅根澤:《古史辨》第六册,開明書店,1938年,第340-358頁。

② 參見吕藝:《論〈吕氏春秋〉的結構體系》,《北京大學學報(哲學社會科學版)》,1990年第5期。

的傳説，反映了古人對此問題的認識，透露出原始音樂與先民生活關係的某些資訊。此外，《音律》篇首次較完整地記載了音律生成的“三分損益法”，這對研究古代音樂頗有參考價值。①

《吕氏春秋》是戰國末期的重要著作，其語言反映了周秦之交的語言面貌。比如，在戰國前中期不用而漢代常用的詞或詞義，往往可以在《吕氏春秋》中找到。《説文》言：“屨，履也。”段玉裁注：“《易》、《詩》、三《禮》、《春秋傳》、《孟子》皆言屨，不言履。周末諸子、漢人書乃言履。《詩》《易》凡三履，皆謂踐也，然則履本訓踐，後以爲履名，古今語異耳。許以今釋古，故云古之屨即今之履也。”《吕氏春秋》中用作“屨”的“履”凡四見，如《分職》：“今民衣弊不補，履决不組。”又如，表示“被子”義的詞，《詩經》等皆用“衾”，《吕氏春秋》等始用“被”。②

有關《吕氏春秋》語言學研究的相關論著有：張雙棣《〈吕氏春秋〉詞彙研究》（山東教育出版社，1989 年）、《〈吕氏春秋〉詞彙研究（修訂本）》（商務印書館，2008 年），張雙棣等《吕氏春秋詞典》（山東教育出版社，1993 年），殷國光《〈吕氏春秋〉詞類研究》（華夏出版社，1997 年）、《〈吕氏春秋〉句法研究》（河南大學出版社，2011 年），李銘娜《〈吕氏春秋〉動詞研究》（吉林大學出版社，2016 年），等等。

《吕氏春秋》舊注有清畢沅《吕氏春秋新校正》。近人陳奇猷《吕氏春秋校釋》（學林出版社，1984 年）、许维遹《吕氏春秋集釋》（中國書店，1985 年）、王曉明《吕氏春秋通詮》（江西人民出版社，2010 年）等也可作爲參考。適合初學者的注本有張雙棣等《吕氏春秋譯注》（吉林文史出版社，1993 年）、關賢柱等《吕氏春秋全譯》（貴州人民出版社，1997 年）和廖名春等《吕氏春秋全譯》（巴蜀書社，2004 年）。

目前所見《吕氏春秋》較早版本爲元代至正年間嘉興路儒學刻本、至正年間嘉禾學宫刻明補修本，此後又有明弘治十一年李瀚刻本、嘉靖七年許宗魯刻本、萬曆己卯張登雲校本、萬曆己卯姜壁重刻本、萬曆間宋邦乂等校本、萬曆丙申劉如寵刻本、萬曆乙巳汪一鸞刻本、萬曆庚申淩稚隆朱墨套印本等。本教材所據爲上海圖書館所藏元至正嘉興路儒學刻本《吕氏春秋》（《中華再造善本》影印本，2006 年）。

問題

1. 談談對《十二紀》《八覽》《六論》編排次序的理解。
2. 結合已有論著簡述《吕氏春秋》語言的特點。
3. 舉例指出《吕氏春秋》在天文曆法方面的材料。

---

① 參見廖名春等：《吕氏春秋全譯》，巴蜀書社，2004 年，第 15-16 頁。

② 參見張雙棣：《〈吕氏春秋〉詞彙研究（修訂本）》“緒論”。張雙棣《〈吕氏春秋〉詞彙研究（修訂本）》，商務印書館，2008 年。

二、文選篇目

(一)察傳

夫得言不可以不察，數傳而白爲黑，黑爲白。故狗似玃，玃似母猴，母猴似人，人之與狗則遠矣（玃，猳玃，獸名也）。此愚者之所以大過也。聞而審，則爲福矣；聞而不審，不若無聞矣。齊桓公聞管子於鮑叔，楚莊聞孫叔敖於沈尹筮，審之也，故國霸諸侯也（鮑叔牙說管仲於桓公，沈尹筮說孫叔敖於莊王，察其賢明審也）。吳王聞越王句踐於太宰嚭，智伯聞趙襄子於張武，不審也，故國亡身死也（太宰嚭，吳王夫差臣也；張武，智伯臣也。不審句踐、襄子之智能，故越攻吳，吳王夫差死於干遂；智伯圍趙襄子於晉陽，襄子與韓魏謀殺智伯於高梁之東，故曰國亡身死之也）。凡聞言必熟論，其於人必驗之以理（驗，效也；理，道理也）。魯哀公問於孔子曰："樂正夔一足，信乎？"孔子曰："昔者舜欲以樂傳教於天下，乃令重黎舉夔於草莽之中而進之，舜以爲樂正（樂官之正也），夔於是正六律，和五聲，以通八風，而天下大服（六律，六氣爲律，陰爲呂，合十二也。五聲，宮商角徵羽也。八風，八卦之風也。通和陰陽，故天下大服也）。重黎又欲益求人（益求如夔者也），舜曰：'夫樂，天地之精也，得失之節也，故唯聖人爲能和樂之本也。夔能和之，以平天下（和，調也）。若夔者一而足矣。'故曰夔一足，非一足也。"

呂氏春秋卷二十二　十二

宋之丁氏，家無井而出溉汲，常一人居外。及其家穿井，告人曰："吾穿井得一人。"有聞而傳之者曰："丁氏穿井得一人。"國人道之，聞之於宋君。宋君令人問之於丁氏，丁氏對曰："得一人之使，非得一人於井中也。"求能之若此，不若無聞也（無聞則不妄言也）。子夏之晉，過衛（子夏，孔子弟子卜商也），有讀史記者曰："晉師三豕涉河。"子夏曰："非也，是已亥也。夫已與三相近，豕與亥相似。"至於晉而問之，則曰晉師已亥涉河也。辭多類非而是，多類是而非。是非之經，不可不分（經，理也；分，分明也）。此聖人之所慎也。然則何以慎？緣物之情及人之情以爲所聞，則得之矣（物之所不得然者，惟之以人情則夔不得一足，穿井不得一人，明矣，所以爲所聞得之矣）。

察傳

思考與練習

1."夫得言不可以不察"的"可以"是否成詞？爲什麽？

2.如何理解"吾穿井得一人"和"丁氏穿井得一人"？

3."三豕"非，"己亥"是，這屬於古書傳抄方面的什麽問題？請簡要論述。

(二)察今

上胡不法先王之法非不賢也爲其不可得而法也(胡何)先王之法經乎上世而來者也人或益之人或損之胡可得而法雖人弗損益猶若不可得而法東夏之命古今之法言(一作世)異而典殊(東夏東方也命令也)故古之命多不通乎今之言者今之法多不合(一作同)乎古之法者殊俗之民有似於此

呂氏春秋卷十五 二十

其所爲欲同其所爲欲異口惛之命不愉若舟車衣冠滋味聲色之不同人以自是反以相誹天下之學者多辯言利辭倒不求其實務以相毀以勝爲故(故事)也先王之法胡可得而法雖可得猶若不可法凡先王之法有要於時也時不與法俱至法雖今而至猶若不可法故擇(一作釋)先王之成法而法其所以爲法先王之所以爲法者何也先王之所以爲法者人也而己亦人也故察己則可以知人察今則可以知古古今一也人與我同耳有道之士貴以近知遠以今

知古以益所見知所不見故審堂下之陰(陰日夕晷也)而知日月之行陰陽之變見(一作先)瓶水之冰而知天下之寒魚鼈之藏也嘗一脟肉而知一鑊之味一鼎之調(調和也)荊人欲襲宋使人先表澭水(澭一作灌)澭水暴益(暴卒益長)荊人弗知循表而夜涉溺死者千有餘人軍驚而壞都舍嚮其先表之時可導也(導涉也嚮其施表時水可涉也)今水已變而益多矣荊人尚猶循表而導之此其所以敗也今世之主法先王之法也有似於此(似此表澭水而不知其長益也)其時已與先王之法虧矣(虧毀也)而曰此先王之法也而法之以此爲治豈不悲哉故治國無法則亂

呂氏春秋卷十五 二十一

守法而弗變則悖悖亂不可以持國世易時移變法宜矣譬之若良醫病萬變藥亦萬變病變而藥不變嚮之壽民今爲殤子矣(嚮曩也未成人夭折曰殤子也)故凡舉(一作學)事必循法以動(動作也一作循)變法者因時而化若此論則無過務矣(務猶事也)夫不敢議法者衆庶也以死守者有司也因時變法者賢主也是故有天下七十一聖其法皆不同非務相反也時勢異也故曰良劍期乎斷不期乎鏌鋣(鏌鋣劍名也取其能斷無取故曰不期乎鏌鋣)良馬期乎千里不期乎驥驁(驥驁千里馬名也王者乘之遊驁因曰驥驁也)夫成功名者此先王之千里也楚人有涉江者(涉渡也)其劍自

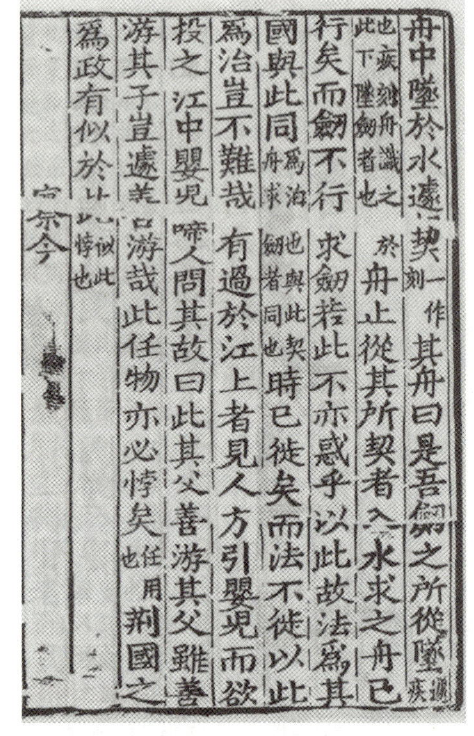

舟中墜於水遽契（一作刻）其舟曰是吾劍之所從墜（遽疾也契刻舟識之此下墜劍者也）於舟止從其所契者入水求之舟已行矣而劍不行求劍若此不亦惑乎以此故法爲其國與此同（爲治與此契舟求劍者同也）時已徙矣而法不徙以此爲治豈不難哉有過於江上者見人方引嬰兒而欲投之江中嬰兒啼人問其故曰此其父善游其父雖善游其子豈遽善游哉此任物亦必悖矣（任用也）荊國之爲政有似於此（似此悖也）

思考與練習

1. 如何理解"其所爲欲同，其所爲欲異"？

2. 翻譯"天下之學者多辯，言利辭倒，不求其實，務以相毁，以勝爲故"，並解釋其中重點字詞。

3. 歸納本篇的量詞（度量量詞、容器量詞等）。

第十六章　詩　　經

一、典籍簡介

《詩經》是我國現存最早的詩歌總集，全書現存三百零五篇，共三萬餘字。《詩經》的主要藝術手法有"賦""比""興"三種，根據宋代朱熹《詩集傳》的解釋，"賦者，敷陳其事而直言之者也"；"比者，以彼物比此物也"；"興者，先言他物以引起所咏之詞也"。

漢初，傳授《詩經》的有魯人申培公的"魯詩"，齊人轅固生的"齊詩"和燕人韓嬰的"韓詩"，合稱三家詩。"齊詩"亡於魏，"魯詩"亡於西晉，"韓詩"到唐時還在流傳，而今只剩《韓詩外傳》十卷。現今流傳的《詩經》，是西汉毛亨所傳的"毛詩"。

關於《詩經》的篇數，孔子時代已經稱爲三百篇，如"《詩》三百，一言以蔽之，曰：'思無邪'"（《論語・爲政》）。"誦《詩》三百，授之以政，不達；使於四方，不能專對。雖多，亦奚以爲？"（《論語・子路》）若加上《毛詩》所載《南陔》《白華》《華黍》《由庚》《崇丘》《由儀》六篇（只有標題，没有内容），則共有三百一十一篇。

關於《詩經》的成書年代，目前的認識是周初即有《詩》類著作，此後經孔子整理，最終定型。[1] (1)《詩》的成書有一個過程,先是有一個《詩》的古本,它出自周王朝的史官和樂師之手。西周貴族以《頌》《雅》爲體裁的詩作是最早列入《詩》的作品,《風》則稍晚。(2)周代有獻詩、采詩之制,這是編《詩》的前提和基礎。周王朝的史官和樂師對這些詩作進行過加工整理。然古本之《詩》的編定時間尚不可驟定,只能推測其濫觴的時間蓋在西周康王到共王時期。如今本《竹書紀年》説周康王三年"定樂歌",雖然具體年代未必如此,但若説康王時期有"定樂歌"之事,則有一定的可信度。(3)古本之詩的數量可能就是"三百",而周代貴族的詩作則是很多的,以"三千"稱之,尚不足以言其多。周王所頒發給各諸侯國者,"三百"而已。《墨子·公孟》曾有"誦詩三百,弦詩三百,歌詩三百,舞詩三百"之説,或以爲僅此頌、弦、歌、舞四項而言就有詩千二百篇,其實非是。孫詒讓《墨子閒詁》卷一二:"《毛詩·鄭風·子衿》傳云'古者教以詩樂,誦之歌之,弦之舞之',與此書義同。"[2]三百篇可誦、可歌、可弦、可舞,只是一體,而非四類。(4)孔子爲授徒所編定的《詩》並不是以他自己所搜集的詩作爲基礎的,他編定的《詩》的定本,實際上是在古本之詩的基礎上進行的。由於我們今天只能窺見古本之《詩》的一些迹像,無法和今本進行詳細比對,所以我們只能説,《詩》的定本和古本差别當不會太大。(5)上博簡《詩論》總共評析的詩篇數爲 63 篇,其中有 56 篇見於今本《詩經》,有 3 篇可以肯定見於今本,只是不知系於何篇。另有 4 篇存疑者,也不能否定其見於今本的可能性。即上博簡《詩論》所評之詩絶大部分(或者全部)都見於今本《詩經》,屬於逸詩者尚未見到。上博簡《詩論》的這種情況從側面證明在孔子之後的時代,《詩》基本上未散佚。

《詩經》在内容上分爲《國風》《小雅》《大雅》《頌》四個部分。《國風》分十五國——周南十一篇、召南十四篇、邶風十九篇、鄘風十篇、衛風十篇、王風十篇、鄭風二十一篇、齊風十一篇、魏風七篇、唐風十二篇、秦風十篇、陳風十篇、檜風四篇、曹風四篇、豳風七篇,所收詩多是經過潤色之後的民間歌謡。至於大小雅,《詩大序》載:"雅者,正也,言王政之所由廢興也。政有小大,故有《小雅》焉,有《大雅》焉。"朱熹《詩集傳》曰:"以今考之,正小雅,宴饗之樂也;正大雅,會朝之樂,受釐陳戒之辭也。……辭氣不同,音節亦異。"《小雅》共七十四篇,《大雅》三十一篇。阮元有《釋頌》一文(見《揅經室一集》),以爲頌就是容,是歌而兼舞之義,説法可信。《頌》包括《周頌》《魯頌》《商頌》三部分,共四十篇。頌一般是祭祀時頌神或頌祖先的樂歌,但《魯頌》四篇全是頌美活着的魯僖公,《商頌》中也有阿諛時君的詩。三百篇的時代,就文辭上看,以《周頌》爲最早,大致都是西周初年的作品;《大雅》裏也有幾篇像是西周初年的作品,而大部分是西周中葉以後的産物。《小雅》多半是西周中葉以後的詩,有少數顯然地是作於東周初年。《國風》中早的約作於西周晚年,晚的已到了春秋中葉以後,如《陳風·株林》及《曹風·下泉》等。《魯頌》四篇,全部作於魯僖公的時候;《商頌》最晚的也作於此時。至於各首詩

---

① 《詩經》成書年代的論述,參見晁福林:《從新出戰國竹簡資料看〈詩經〉成書的若干問題》,《中國史研究》2012 年第 3 期。

② 孫詒讓:《墨子閒詁》,中華書局,2001 年,第 418 頁。

的作者,有幾篇是詩文裏已經加以説明,如,《小雅・節南山》:"家父作誦,以究王訩。"《小雅・巷伯》:"寺人孟子,作爲此詩。"《大雅・崧高》:"吉甫作誦,其詩孔碩。"《大雅・烝民》:"吉甫作誦,穆如清風。"《詩序》中也記載有某某之作,或絶對不可信,或在疑似之間,可以確然斷定作者的較少。①

《詩經》中,除《周頌》有幾篇無韻詩外,都是有韻詩。王力根據《詩》韻分出古音二十九部,可以用以觀察《詩經》各篇的押韻情况。②《國風》《小雅》《大雅》《頌》除了寫作時代不同外,正式度也存在區别,"風"注重通俗,"雅"偏於正式,"頌"追求莊重。因此,"風"比較口語化,"雅""頌"更偏於書面語化。

有關《詩經》語言學研究的相關論著有:王力《詩經韻讀》(上海古籍出版社,1980 年),向熹《詩經語言研究》(四川人民出版社,1987 年)、《〈詩經〉語文論集》(四川民族出版社,2002 年)、《詩經詞典(修訂本)》(商務印書館,2014 年),董治安等《詩經詞典》(山東教育出版社,1989 年),楊合鳴《詩經句法研究》(武漢大學出版社,1993 年)、《詩經詞典》(崇文書局,2012 年),郭晉稀《詩經蠡測》(巴蜀書社,2006 年),滕志賢《〈詩經〉與訓詁散論》(上海人民出版社,2008 年),王金芳等《詩經虚詞研究》(中國社會科學出版社,2018 年),蔣文《先秦秦漢出土文獻與〈詩經〉文本的校勘和解讀》(中西書局,2019 年),等等。

漢代毛亨作《毛詩詁訓傳》,東漢鄭玄爲之作箋,唐孔穎達等又爲經注作"正義",合爲《毛詩正義》(見清阮元《十三經注疏》)。南宋朱熹作《詩集傳》;清人馬瑞辰有《毛詩傳箋通釋》,陳奂有《詩毛氏傳疏》等。今人《詩經》注本較著者有高亨《詩經今注》(上海古籍出版社,1980 年)和程俊英、蔣見元《詩經注析》(中華書局,1991 年)等。適合初學者閲讀的有程俊英《詩經譯注》(上海古籍出版社,1985 年)和袁梅《詩經譯注》(齊魯書社,1985 年)等。

1977 年,安徽阜陽雙古堆一號漢墓出土西漢簡,有《詩經》《周易》《吕氏春秋》《莊子》等。阜陽漢簡《詩經》有殘簡一百七十餘片。其中有今本《詩經》的《國風》六十五篇,《小雅》中《鹿鳴》《伐木》等四篇。由於簡片破碎嚴重,所見各詩僅存殘句,有的則僅存篇名。阜陽漢簡《詩經》與今本《毛詩》相比,存在大量異文。"阜陽漢簡《詩經》是楚國《詩經》的傳本,楚國《詩經》大約抄寫於公元前五四〇年至公元前五二九年之間,即楚靈王在位時期,當時各諸侯國都有與今本《詩經》篇目大致相同的定本,阜陽漢簡《詩經》是漢代人在劉盈爲帝之前、劉邦稱帝之後抄寫的,它雖然不是一人一時抄寫的,但是却未經漢代學者修訂過。"③2015 年,安徽大學收藏一批竹簡,簡稱"安大簡",内含《詩經》等文獻。經鑒定,其年代屬戰國前中期。"安大簡"《詩經》存簡九十三支,簡文内容爲《詩經》國風部分,共存詩五十七篇(含殘篇),有《周南》十篇、《召南》十四篇、《秦風》十篇、《侯風》六篇、《鄘風》七篇、《魏風》(《唐風》)十篇。"簡本《詩經》是楚地的抄本,也是目前所知時代最早的抄本。簡本《詩經》的發現,將會推進《詩經》學研究的進

① 參見屈萬里:《詩經詮釋・叙論》,上海辭書出版社,2016 年,第 3-6 頁。

② 參見王力:《詩經韻讀》,上海古籍出版社,1980 年。

③ 孫斌來:《阜陽漢簡〈詩經〉的傳本及抄寫年代》,《古籍整理研究學刊》1985 年第 4 期。

展。與傳世的《毛詩》、三家《詩》以及阜陽漢簡《詩經》相校核，簡本與它們既有相同的一面，也存在明顯差異。”①

本教材所據爲國家圖書館藏宋刻本《毛詩詁訓傳》(《中華再造善本》影印本，2006年)。

問題

1. 簡述《詩經》的韻部情況。
2.《詩經》押韻有哪些特點。
3. 舉例説明《詩經》中涉及“賦”“比”“興”的篇章。
4. 舉例指出《詩經》句法特點。

二、文選篇目

(一) 國風

1. 周南・關雎

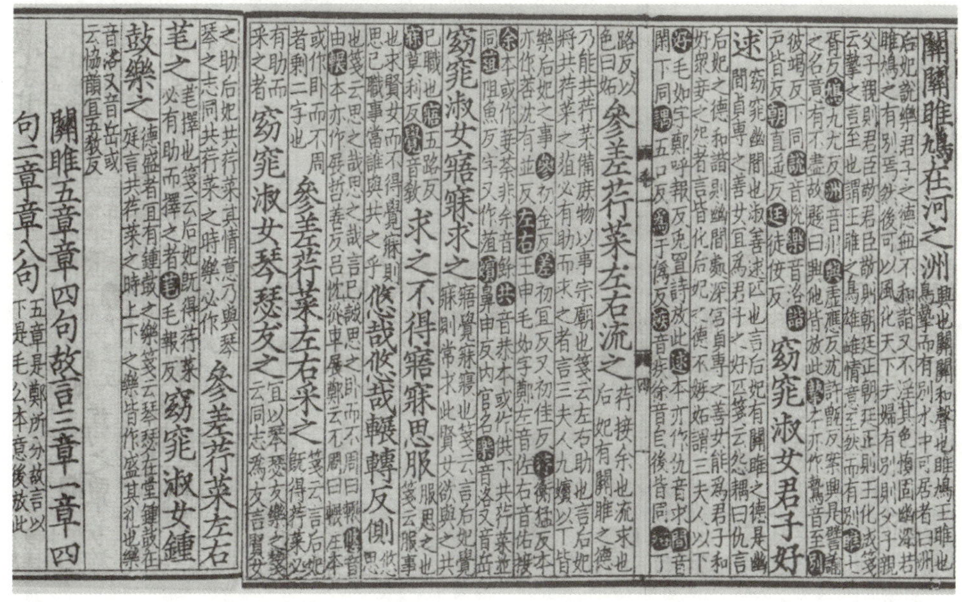

關關雎鳩在河之洲
窈窕淑女君子好逑
參差荇菜左右流之
窈窕淑女寤寐求之
求之不得寤寐思服
悠哉悠哉輾轉反側
參差荇菜左右采之
窈窕淑女琴瑟友之
參差荇菜左右芼之
窈窕淑女鍾鼓樂之
關雎五章章四句故言三章一章四句二章章八句

① 黄德寬:《安徽大學藏戰國竹簡概述》,《文物》2017年第9期。

2. 邶風・谷風

谷風刺幽王也天下俗薄朋友道絕焉[谷]音穀東風謂之谷風

習習谷風維風及雨興也風雨相感朋友相須箋云習習和調之貌興者風而有雨則潤澤行喻朋友同志則恩愛成

將恐將懼維予與女箋云將且也恐懼喻遭厄難勤苦之事也當此之時獨我與女爾謂同其憂務[恐]丘勇反注下同[女]音汝[厄]本又作阨於革反[難]乃旦反

將安將樂女轉棄予言朋友趨利窮達相棄箋云朋友無大故則不相遺棄今女以志達而安樂棄恩忘舊薄之甚[樂]音洛注下同

習習谷風維風及頹頹風之焚輪者也風薄相扶而上喻朋友相須而成[頹]徒雷反[上]時掌反

將恐將懼寘予于懷寘置也置我於懷言至親已也[寘]之豉反

將安將樂棄予如遺箋云如遺者如人行道遺忘物忽然不省存也

習習谷風維山崔嵬無草不死無木不萎崔嵬山巔也雖盛夏萬物茂壯草木無有不死而萎枝者箋云此言東風生長之風也山巔之上草木猶及之然而盛夏養萬物之時草木枝葉猶有萎槁者以喻朋友雖以恩相養亦安能不時有小訟乎[崔]徂回反[嵬]五回反又作峞[萎]于危反[長]張丈反下同[槁]苦老反

忘我大德思我小怨箋云大德切磋以道相成之謂也[磋]七河反

谷風三章章六句

毛十三　一

3. 衛風・氓

氓刺時也宣公之時禮義消亡淫風大行男女無別遂相奔誘華落色衰復相棄背或乃困而自悔喪其妃耦故序其事以風焉美反正刺淫泆也[氓]莫耕反韓詩云美貌[別]彼列反[華]戶花反或音花[復]扶又反[背]音佩[喪]息浪反[妃]音配[風]福鳳反[泆]音逸

氓之蚩蚩抱布貿絲氓民也蚩蚩敦厚之貌布幣也箋云幣者所以貿買物也季春始蠶孟夏賣絲[蚩]尺之反[貿]莫豆反

匪來貿絲來即我謀箋云匪非即就也此民非來買絲但來就我欲與我謀為室家也

送子涉淇至于頓丘丘一成為頓丘箋云子者男子之通稱言民誘己己乃送之涉淇水至此頓丘定室家之謀且為會期[頓]都寸反[稱]尺證反

匪我愆期子無良媒愆過也箋云良善也非我以欲過子之期子無善媒來告期時[愆]起虔反字又作諐

將子無怒秋以為期將願也箋云將請也民欲為近期故語之曰請子無怒秋以與子為期[將]七羊反[語]魚據反

乘彼垝垣以望復關垝毀也復關君子之近也箋云前既與民以秋為期期至文民毀垣鄉其所近而望之猶有廉恥之心故因復關以託號民云此時始秋也[垝]俱毀反[垣]音袁[近]附近之近[鄉]許亮反本又作嚮

不見復關泣涕漣漣言其有一心乎君子故能自悔箋云用心專者怨必深[漣]連泣皃音連

既見復關載笑載言箋云則笑則言喜之甚

爾卜爾筮體無咎言龜曰卜蓍曰筮體兆卦之體箋云爾女也復關既見此婦人告之曰我卜女筮女宜為室家矣兆卦之繇無凶咎之辭言其皆吉又誘定之[筮]市制反[體]如字韓詩作履履幸也[咎]其九反[蓍]音尸[繇]直又反

以爾車來以我賄遷賄財遷徙也箋云女女復關也信其卜筮皆吉故答之曰徑以女車來迎我我以所有財賄徙就女也[賄]呼罪反[徑]經定反

桑之未落其葉沃若于嗟鳩兮無食桑葚于嗟女兮無與

詩三　十三

士耽桑女功之所起沃若猶沃沃然鳩鶻鳩也食桑葚過則醉而傷其性耽樂也女與士耽則傷禮義箋云桑之未落謂其時仲秋也於是時國之賢者刺此婦人見誘故于嗟而戒之鳩以非時食葚猶女子嫁不以禮耽非禮之樂沃如字徐於縛反葚本又作椹音甚桑實也耽都南反鶻音骨樂音洛下同士之耽兮猶可說也女之耽兮不可說也箋云說解也士有百行可以功過相除至於婦人無外事維以貞信爲節行下孟反桑之落矣其黃而隕自我徂爾三歲食貧淇水湯湯漸車帷裳隕隋也湯湯水盛貌帷裳婦人之車也箋云桑之落矣謂其時季秋也復關以此時車來迎己徂往也我自是往之女家女家乏穀食已三歲貧矣言此者明己之悔不以女今貧故也帷裳童容也我乃渡深水至漸車童容猶冒此難而往又明己專心於女隕韻謹反湯音傷漸子廉反注同漬也濕也帷位悲反隋字又作墮唐果反冒音墨難乃旦反女也不爽士貳其行爽差也箋云我心於女故無差貳而復關之行有二意行下孟反下

毛三

同士也罔極二三其德極中也三歲爲婦靡室勞矣箋云靡無也無居室之勞言不以婦事見困苦有舅姑曰婦夙興夜寐靡有朝矣箋云無有朝者常早起夜臥非一朝然言已亦不懈倦懈音廨言既遂矣至于暴矣箋云言我也遂猶久也我既久矣謂三歲之後見遇浸薄乃至見酷暴浸子鴆反兄弟不知咥其笑矣咥咥然笑箋云兄弟在家不知我之見酷暴若其知之則咥咥然笑我咥許意反又音熙一音許四反說文云大笑也虚記反又大結反靜言思之躬自悼矣悼傷也箋云靜安躬身也我安思君子之遇已無終則身自哀傷及爾偕老老使我怨箋云及與也我欲與女俱至於老老乎女反薄我使我怨也淇則有岸隰則有泮泮坡也箋云泮讀爲畔畔崖也言淇與隰皆有厓岸以自拱持今君子放恣心意曾無所拘制泮音判坡本作陂北皮反澤陂詩傳云障也呂忱北髮反陂阪也亦所以爲隰之限域也本或作破字求詳觀王述意似作破拱俱勇反本又作共音同總角之宴言笑晏晏信誓旦旦總角結髮也晏晏和柔也信誓旦旦然箋云我爲童女未笄結髮晏然之時女與我言笑晏晏然而和柔我其以信相誓旦旦耳言其懇惻款誠宴如字本或作丱者非旦旦說文作悬悬懇起很反惻本亦作則楚力反不思其反箋云反復也今老而使我怨曾不復念其前言反是不思亦已焉哉箋云已焉哉謂此不可柰何死生自決之辭

氓六章章十句

4. 秦風・蒹葭

蒹葭刺襄公也未能用周禮將無以固其國焉秦處周之舊土其人被周之德教日久矣今襄公新為諸侯未習周之礼法故國人未服焉[蒹]古恬反[葭]音加[被]皮寄反 蒹葭蒼蒼白露為霜興也蒹蒹葭菼也蒼蒼盛也白露凝戾為霜然後歲事成國家待禮然後興箋云蒹葭在衆草之中蒼蒼然彊至白露凝戾為霜則成而黄興者喻衆民之不從襄公政令者得周禮以教之則服[蒹]音廉 所謂伊人在水一方伊維也一方難至矣箋云伊當作繄繄猶是也所謂是知周禮之賢人乃在大水之一邊假喻以言遠[繄]於奚反 溯洄從之道阻且長逆流而上曰溯洄逆礼則莫能以至也箋云此言不以敬順往求之則不能得見[溯]蘇路反[洄]音廻[上]時掌反 溯游從之宛在水中央順流而涉曰溯遊順禮求濟道來迎之箋云宛坐見貌以敬順求之則近耳易得見也[宛]紆阮反本亦作苑[易]以豉反 蒹葭淒淒白露未晞淒淒猶萋萋也晞乾也箋云未晞未為霜[淒]本亦作萋七奚反[晞]音希 所謂伊人在水之湄湄水隒也[湄]音眉[隒]魚檢反又音檢 溯洄從之道阻且躋躋升也箋云升者言其難至如升阪[躋]本又作隮子西反 溯游從之宛在水中坻坻小渚也[坻]直戶反 蒹葭采采白露未已采采猶淒淒也未已猶未止也 所謂伊人在水之涘涘厓也[涘]音俟 溯洄從之道阻且右右出其右也箋云右者言其迂迴也[迂]音于 溯游從之宛在水中沚小渚曰沚[沚]音止

蒹葭三章章八句

5. 豳風・七月

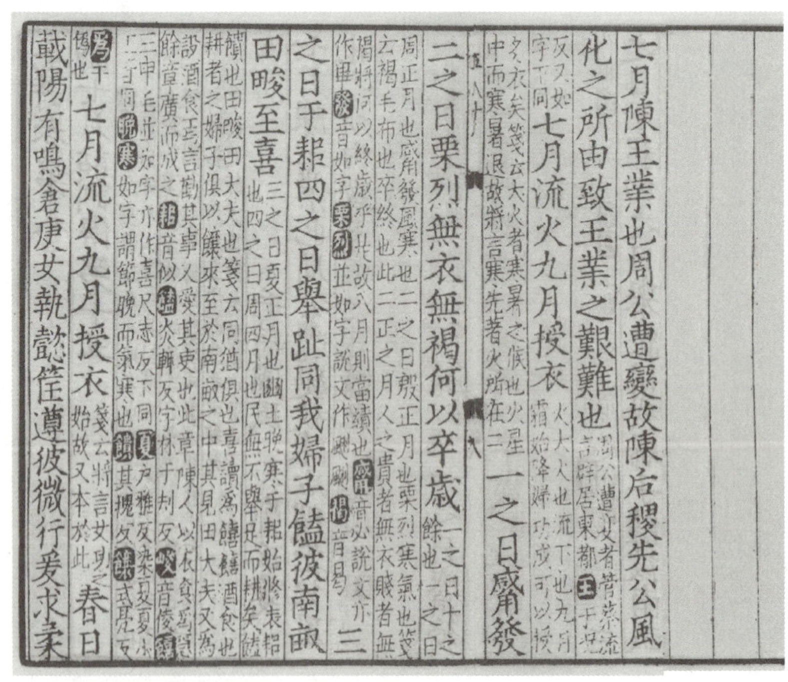

七月陳王業也周公遭變故陳后稷先公風化之所由致王業之艱難也周公遭變者管蔡流言辟居東都[王]于況反又如字下同 七月流火九月授衣火大火也流下也九月霜始降婦功成可以授冬衣矣箋云大火者寒暑之候也火星中而寒暑退故將言寒先著火所在 一之日觱發二之日栗烈無衣無褐何以卒歲一之日十之餘也一之日周正月也觱發風寒也二之日殷正月也栗烈寒氣也箋云褐毛布也卒終也此二正之月人之貴者無衣賤者無褐將何以終歲乎是故八月則當績也[觱]音必說文作畢[發]音如字[栗][烈]並如字說文作颲颲[褐]音曷 三之日于耜四之日舉趾同我婦子饁彼南畝田畯至喜三之日夏正月也豳土晚寒于耜始脩耒耜也四之日周四月也民無不舉足而耕矣饁饋也田畯田大夫也箋云同猶俱也喜讀為饎饎酒食也耕者之婦子俱以饟來至於南畝之中其見田大夫又為設酒食焉言勸其事又愛其吏也此章陳人以衣食為急餘章廣而成之[耜]音似[饁]炎輒反字林于劫反[畯]音俊[饎]三申乜並如字亦作喜尺志反下同[夏]戶雅反殺夏小正字同[晚][寒]如字謂節晚而氣寒也[饋]其媿反[饟]式亮反[為]于偽也 七月流火九月授衣箋云將言女功之始故又本於此 春日載陽有鳴倉庚女執懿筐遵彼微行爰求柔

桑倉庚離黃也懿筐深筐也微行牆下徑也五畝之宅
樹之以桑箋云載之言則也陽溫也溫而倉庚又鳴
可蠶之候也柔桑穉桑也蠶始生宜穉桑也【鵻】春日遲
本又作鶬鳥作鸝同力知反【穉】直吏反本亦作稚
遲遲舒緩
遲采蘩祁祁女心傷悲殆及公子同歸
也蘩白蒿也所以生蠶祁祁衆多也傷悲感事苦也春女
悲秋士悲感其物化也殆始及與也豳公子躬率其民同
時出同時歸也箋云春女感陽氣而思男秋士感陰氣而
思女是其物化所以悲也悲則始有與公子同歸之志欲
嫁焉女感事苦而生此志是謂豳風【祁】七月流火八
巨之反一音上之反【迨】音待【鶬】音婆
月萑葦薍爲萑葭爲葦豫畜萑葦可以爲曲也箋云
將言女功自始至成故亦又本於此【萑】戶官
反【葦】韋鬼反【薍】五患反【葭】音加
【畜】本又作蓄同音勑六反下同蠶月條桑取彼斧
斨以伐遠揚猗彼女桑斨方銎也遠枝遠也揚條
揚也角而束之曰猗女桑
荑桑也箋云條桑枝落之采其葉也女桑少枝長條不枝
落者束而采之【條】他彫反注條桑同又如字沈暢遙反【斨】
七羊反【猗】於綺反徐於宜反【銎】曲
容反說文云斧空也【荑】徒奚反七月鳴鵙八月載
績載玄載黃我朱孔陽爲公子裳鵙伯勞也載
績絲事畢而
麻事起矣玄黑而有赤也朱深纁也陽明也祭服玄衣纁
裳箋云伯勞鳴將寒之候也五月則鳴豳地晚寒鳥物之
候從其氣焉凡染者春暴練夏纁玄秋染夏爲公子裳厚
於其所貴者說也【鵙】圭覓反字林工役反【纁】許云反【暴】蒲
卜反【染】
如琰反四月秀葽五月鳴蜩八月其穫十月隕
蘀不榮而實曰秀葽葽草也蜩螗也穫禾可穫也隕隊
蘀落也箋云夏小正四月王萯秀葽其是乎秀葽也
鳴蜩也穫禾也隕蘀也四者皆物成而將寒之候物成自
秀葽始【葽】於遙反【蜩】徒彫反【穫】戶郭反下同【隕】于敏反【蘀】
音託【螗】音堂【隊】
直類反【萯】音婦一之日于貉取彼狐貍爲公子裘
于貉謂取狐貍皮也狐貉之厚以居孟冬天子始裘箋云
于貉往搏貉以自爲裘也狐貍以共尊者言此者時寒宜
助女功【貉】戶各反獸名【貍】力之反
獸名【搏】音博舊音付【爲】于僞反二之日其同載纘武

功言私其豵獻豜于公纘繼功事也豕一歲曰豵
三歲曰豜大獸公之小獸
私之箋云其同者君臣及民因習兵俱出田也不用仲冬
亦豳也晚寒也豕生三曰豵【纘】子管反【豵】子公反【豜】古牽
反又
音牽五月斯螽動股六月莎雞振羽七月在野
八月在宇九月在戶十月蟋蟀入我牀下斯
螽
蚣蝑也莎雞羽成而振訊之箋云自七月在野至十月入
我牀下皆謂蟋蟀也言此三物之如此者將寒有漸非卒
來也【螽】音終【莎】音沙徐又素和反沈云舊多作莎今作沙
音素何反宇屋四垂爲宇韓詩云宇屋霤也【蟋】音悉【蟀】所
律反【蚣】相容反又相工反【蝑】相魚反又
相呂反【訊】音信本又作迅同【卒】寸忽反穹窒熏鼠塞
向墐戶穹窮窒塞也向北出牖也墐塗也庶人蓽戶箋
云爲此四者以備寒也【穹】起弓反【窒】珍悉反又
得悉反【熏】許云反【向】如字韓詩云
北向窗也【墐】音覲【牖】音酉【蓽】音必嗟我婦子曰爲改
歲入此室處箋云曰爲改歲者歲終而一之日觱發二
之日栗烈當避寒氣而入所穹窒墐戶之
室而居之至此而女功止【曰】音越【一】讀
而實反【爲】于僞反又如字漢書作聿爲六月食鬱及
薁七月亨葵及菽八月剝棗十月穫稻爲此
春酒以介眉壽鬱棣屬薁蘡薁也剝擊也春酒凍醪
也眉壽豪眉也箋云介助也既以鬱
下及棗助男功又穫稻而釀酒以助其養老之具是謂豳
雅【薁】於六反【亨】普庚反【菽】音叔本亦作叔藿也【剝】普卜反
注同【介】音界【棣】大計反【蘡】於盈反或於
耕反【凍】丁貢反【醪】老刀反【釀】女亮反七月食瓜八月
斷壺九月叔苴采荼薪樗食我農夫壺瓠也叔
拾也苴麻
子也樗惡木也箋云瓜瓠之畜麻實之糝乾荼之菜惡木
之薪亦所以助男養農夫之具【瓜】古花反字或加艸非【苴】
力餘反【荼】音徒【樗】勑書反又丑胡反
【食】音嗣【瓠】戶故反【拾】音十【糝】素感反九月築場圃春
夏
爲圃秋冬爲場箋云場圃同地耳物生之時耕治之以種
和茹至物盡成熟築堅以爲場【場】直羊反下同本又作塲
場依字失陽反今亦宜直羊反
【圃】布古反一音布【茹】如豫反十月納禾稼黍稷重

穋禾麻菽麥後熟曰重先熟曰穋箋云納內也治於場而內之囷倉也【重】直容反注同又作
種音同說文云禾邊作重是重穋之字禾邊作童是種蓺之字今人亂之已久【穋】音六本又作稑音同說文云稑或
從翏【囷】丘倫反嗟我農夫我稼既同上入執宮功入爲上出
爲下箋云既同言已聚也可以上入都邑之宅治宮中之事矣於是時男之野功畢也【上】時掌反注同晝爾
于茅宵爾索綯宵夜綯絞也箋云爾女也女當晝日往取茅歸夜作絞索以待時用【索】素洛反
【綯】徒刀反【絞】古卯反如字亟其乘屋其始播百穀乘升也箋云亟急乘治也七月定星
將中急當治野廬之屋其始播百穀謂祈來年百穀于公社【亟】紀力反與急同【定】都佞反注同二之日鑿
冰沖沖三之日納于凌陰四之日其蚤獻羔
祭韭冰盛水腹則命取冰於山林沖沖鑿冰之意凌陰冰室也箋云古者日在北陸而藏冰西陸朝覿而
出之祭司寒而藏之獻羔而啟之其出之也朝之祿位賓食喪祭於是乎用之月令仲春天子乃獻羔開冰先薦寢廟周

毛八　四

禮凌人之職夏頒冰掌事秋刷上章備寒故此章備暑后稷先公禮教備也【鑿】在洛反【沖】直躬反沖沖聲也【凌】力證反又音
陵說文作勝音凌【蚤】音早【韭】音九字或加艸非【勝】音稻【覿】徒立反【祭司寒】本或作祭寒【朝】直遙反【刷】所劣反爾雅云清也三蒼
云埽也九月肅霜十月滌場朋酒斯饗曰殺羔羊
肅縮也霜降而收縮萬物滌埽也功畢入也兩樽曰朋饗者鄉人以狗大夫加以羔羊箋云十月民事男女俱畢無饑
寒之憂國君閒於政事而饗群臣【滌】廷歷反埽也【曰】音越或人實反非【縮】所六反【朋】如字【狗】音苟【羔】音高【畢】音筆【閒】
音閑躋彼公堂稱彼兕觥萬壽無疆公堂學校也觥所以誓衆
也疆竟也箋云於饗而正齒位故因時而誓焉飲酒既樂欲大壽無竟是謂豳頌【躋】子奚反升也【兕】徐履反本或作光【觥】
古橫反本亦作觵【疆】居良反或音注爲境非【校】户教反【樂】音洛

七月八章章十一句

6. 豳風・東山

東山周公東征也周公東征三年而歸勞歸
士大夫美之故作是詩也一章言其完也二
章言其思也三章言其室家之望女也四章
樂男女之得及時也君子之於人序其情而
閔其勞所以說也說以使民民忘其死其唯
東山乎成王既得金縢之書親迎周公周公歸攝政三監及淮夷叛周公乃東伐之三年而後歸耳分
別章意者周公於是志伸美而詳之【勞】力報反【思】息嗣反【女】音汝【樂】音洛【說】音悅下同【縢】徒登反【別】彼列反【伸】音身

我徂東山慆慆不歸我來自東零雨其濛慆慆
言久也濛雨皃箋云此四句者序歸士之情也我往之東山既久勞矣歸又道遇雨濛濛然是尤苦也【慆】徒刀反又
吐刀反【濛】莫紅反我東曰歸我心西悲公族有辟公親素服不舉樂爲之變如其
倫之喪箋云我在東山常曰歸也我心則念西而悲【爲】于僞反制彼裳衣勿士行枚
士事枚微也箋云勿猶無也女制彼裳衣而來謂兵服也亦初無行陳銜枚之事言前定也春秋傳曰善用兵者不
陳【士行】音衡鄭音銜王户剛反【枚】莫杯反鄭注周禮云枚如箸橫銜之於口爲繣繫於項中【銜】户剛反【陳】直覲反
下同蜎蜎者蠋烝在桑野蜎蜎蠋皃蠋桑蟲也烝寘也箋云蠋蜎蜎然特行久
處桑野有似勞苦者古者聲寘塡塵同也【蜎】烏玄反【蠋】音蜀【烝】之承反【寘】音田又音珍一音陳字書云塞也大千反

從穴下真，寘塡壥依字皆是田音，又音珍，亦音廛。鄭云古聲同，案陳完奔齊以國爲氏，而史記謂之田氏，是古田陳聲同

敦彼獨宿，亦在車下。箋云：敦敦然獨宿於車下，此誠有勞苦之心。〔敦〕都廻反，注同

我徂東山，慆慆不歸。我來自東，零雨其濛。果臝之實，亦施于宇。伊威在室，蠨蛸在戶。町畽鹿場，熠燿宵行。果臝，栝樓也。伊威，委黍也。蠨蛸，長踦也。町畽，鹿跡也。熠燿，燐也。燐，螢火也。箋云：此五物者，家無人則然，令人感思。〔臝〕力果反。〔施〕羊豉反。〔伊威〕並如字，或傍加虫者，從人增耳。〔室〕本或作堂，誤也。〔蠨〕音蕭，說文作蟰，音同。〔蛸〕所交反，郭音蕭。〔町〕他典反，或他頂反，字又作圢，音同。〔畽〕本又作疃，他短反，字又作壏。〔熠〕以執反。〔燿〕以照反，又以灼反，下章皆同。〔栝〕古活反。〔委黍〕並如字，沈委音於爲反。委黍，鼠婦也。本或並作虫邊。〔踦〕起宜反。常昭、呂沈音同，云一足。意也，今詩義長。踦，長腳蜘蛛。又巨綺反，又其宜反，又居綺反。〔燐〕洛刃反，字又作蟒。〔螢〕惠丁反。〔令〕力呈反。〔思〕息嗣反，下憂思同

不可畏也，伊可懷也。箋云：伊當作緊，緊猶是也。懷思也。室中久無人，故有此五物，是不足可畏，乃可爲憂思。〔緊〕於兮反，又作翳

我徂東山，慆慆不歸。我來自東，零雨其濛。鸛鳴于垤，婦歎于室。洒埽穹窒，我征聿至。垤，螘塚也。將陰雨則穴處先知之矣。鸛好水，長鳴而喜也。箋云：鸛，水鳥也，將陰雨則鳴，行者於陰雨尤苦，婦念之則歎於室也。穹，窮；窒，塞；洒，灑；埽，拚也。穹窒，鼠穴也。而我君子行役，述其日月，今且至矣。言婦望也。〔鸛〕本又作雚，古玩反。〔垤〕田節反。〔洒〕所懈反，又沈所寄反。〔埽〕素報反。〔窒〕本亦作蛭，又作蠮，魚綺反。〔好〕呼報反。〔拚〕甫問反

有敦瓜苦，烝在栗薪。敦猶專專也。烝，衆也。言我心苦事又苦也。箋云：此又言婦人思其君子之居處，專專如瓜之繫綴焉。瓜之辦有苦者，以喻其心苦也。烝，塵；栗，析也。言君子又久見使析薪，於事尤苦也。古者聲栗裂同。〔敦〕徒端反，下同。〔綴〕張衛反。〔辦〕盧遍反，又白莧反。說文云：瓜中實也。沈薄閑反

自我不見，于今三年。我徂東山，慆慆不歸。我來自東，零雨其濛。箋云：凡先著此四句者，皆爲序歸士之情。〔爲〕于僞反

倉庚于飛，熠燿其羽。箋云：倉庚仲春而鳴，嫁取之候也。熠燿其羽，羽鮮明也。歸士始行之時，新合昏禮，今還，故極序其情以樂之。〔樂〕音洛，下同

之子于歸，皇駁其馬。黃白曰皇，駵白曰駁。箋云：之子于歸，謂始嫁時也。皇駁其馬，車服盛也。〔駁〕邦角反

親結其縭，九十其儀。縭，婦人之褘也。母戒女施衿結帨。九十其儀，言多儀也。箋云：女嫁，父母既戒之，庶母又申之。九十其儀，喻丁寧之多。〔褘〕許韋反。〔衿〕繫佩帶，其鴆反。〔帨〕始銳反

其新孔嘉，其舊如之何。言久長之道也。箋云：嘉，善也。其新來時其善，至今則久矣，不知其如何也。又極序其情樂而戲之

東山四章，章十二句

（二）大雅

1. 公劉

公劉，召康公戒成王也。成王將涖政，戒以民事，美公劉之厚於民，而獻是詩也。公劉者，后稷之曾孫也。夏之始衰，見迫逐，遷於豳，而有居民之道。成王始幼少，周公居攝政，反歸之。成王將涖政，召公與周公相成王，爲左右。召公懼成王尚幼稚，不留意於治民之事，故作是詩，美公劉以深戒之。○公劉，王云：公號，劉名也。尚書傳云：公，爵；劉，名也。召，本亦作邵，上照反，後皆同。涖音利，又音類，徐力自反。夏，戶雅反，下夏人同。少，詩照反。相，息亮反。

篤公劉，匪居匪康。迺埸迺疆，迺積迺倉。迺裹餱糧，于槖于囊。思輯用光。篤，厚也。公劉居於邰，而遭夏人亂，迫逐公劉，公劉乃辟中國之難，遂平西戎，而遷其民，邑於豳焉。迺埸迺疆，言修其疆埸也。迺積迺倉，言民事時和，國有積倉也。小曰槖，大曰囊。思輯用光，言民相與和睦以顯於時也。箋云：厚乎公劉之爲君也，不以所居爲居，不以所安爲安。邰國乃有疆埸也，乃有積委及倉也。安安而能遷，積而能散。爲夏人迫逐己之故，不忍鬭其民，乃裹糧食於槖囊之中，棄其餘而去。思在和其民人，用光大其道，爲今子孫之基。埸音亦。裹音果。餱音侯，食也，字或作糇。糧本亦作粮，音良，糇也。槖，他洛反。囊，乃郎反。說文云：無底曰槖，有底曰囊。輯音集，又七立反。難，乃旦反。積委，上子智反，下於僞反。爲，于僞反，又如字。

弓矢斯張，干戈戚揚，爰方啓行。戚，斧也。揚，鉞也。張其弓矢，秉其干戈戚揚，以方開道路去之豳，蓋諸侯之從者十有八國焉。箋云：干，盾也。戈，句孑戟也。爰，曰也。公劉之去邰，整其師旅，設其兵器，告其士卒曰：爲女方開道而行。明己之遷，非爲迫逐之故，乃欲全民也。戚，七歷反。鉞音越。從，才用反，又如字。盾，字又作楯，順允反，又音允。句音鉤。卒，尊忽反，下餘卒、士卒皆同。爲，于僞反，下非爲、爲公劉皆同。

篤公劉，于胥斯原。既庶既繁，既順迺宣，而無永歎。胥，相；宣，徧也。民無長歎，猶文王之無侮也。箋云：于，於也。廣平曰原。厚乎公劉之於相此原地以居民，民既衆矣，既多矣，既順其事矣，又乃使之時耕，民皆安今之居，而無長歎，思其舊時也。歎，他安反，字或作歎。徧音遍。相，息亮反，下相此皆同。

陟則在巘，復降在原。何以舟之？維玉及瑤，鞞琫容刀。巘，小山，別於大山也。舟，帶也。瑤，言有美德也。下曰鞞，上曰琫。言德有度數也。容刀，言有武事也。箋云：陟，升；降，下也。公劉之相此原地也，由原而升巘，復下在原，言反覆之，重居民也。民亦愛公劉之如是，故進玉瑤容刀之佩。巘，本又作甗，魚輦反，又音言，又音魚偃反，又音彥。復音服，又扶又反，注復下同。瑤音遙。鞞，必頂反。琫，必孔反。別，彼列反。覆，本亦作復，同，芳福反。

篤公劉，逝彼百泉，瞻彼溥原。迺陟南岡，乃覯于京。溥，大；覯，見也。箋云：逝，往；瞻，視；溥，廣也。山脊曰岡。絕高爲之京。厚乎公劉之相此原地也，往之彼百泉之間，視其廣原可居之處，乃升其南山之脊，乃見其可居者於京，謂可營立都邑之處。溥音普。覯，古豆反。處，昌慮反，下之處同。

京師之野，于時處處，于時廬旅，于時言言，于時語語。是京乃大衆所宜居之也。廬，寄也。直言曰言，論難曰語。箋云：于，於；時，是也。京地乃衆民所宜居之野也，於是處其所當處者，廬舍其賓旅，言其所當言，語其所當語，謂安民館客，施教令也。廬，力居反。論，魯困反。難，乃旦反。館舍，一本作館客。

篤公劉，于京斯依。蹌蹌濟濟，俾筵俾几。箋云：蹌蹌濟濟，士大夫之威儀也。俾，使也。厚乎公劉之居於此京，依而築宮室，其既成也，與羣臣士大夫飲酒以落之，羣臣則相使爲公劉設几筵，使之升坐。

既登乃依，乃造其曹。執豕于牢，酌之用匏。賓已登席坐矣，乃依几矣。曹，羣也。執豕于牢，新國則殺禮也。酌之用匏，儉以質也。箋云：公劉既登堂，負扆而立，羣臣乃適其牧羣，搏豕於牢中，以爲飲酒之殽。酌酒以匏爲爵，言忠敬也。依，毛如字，鄭於豈反，箋云或扆字。造，七報反。匏，步交反。殺，所戒反。搏音博，沈音付。

食之飲之，君之宗之。爲之

君爲之大宗也箋云宗尊也公劉雖去邰國來遷群臣從而君之尊之猶在邰也食音嗣飲於鴆反

篤公劉既溥既長既景乃岡相其陰陽觀其流泉

既景乃岡考於日景參之高岡箋云厚乎公劉之居豳也既廣其地之東西又長其南北既以日景定其經界於山之脊觀相其陰陽寒煖所宜流泉浸潤所及皆爲利民富國相息亮反注同煖況袁反又乃管反浸子鴆反

其軍三單度其隰原徹田爲糧

三單相襲也徹治也箋云邰后稷上公之封大國之制三軍以其餘卒爲羨今公劉遷於豳民始從之丁夫適滿三軍之數單者無羨卒也度其隰與原田之多少徹之使出稅以爲國用什一而稅謂之徹魯哀公曰二吾猶不足如之何其徹也單音丹度待洛反注及下同羨音賤又音衍下同

度其夕陽豳居允荒

山西曰夕陽荒大也箋云允信也夕陽者豳之所處也度其廣輪豳之所處信寬大也廣古曠反

篤公劉于豳斯館涉渭爲亂取厲取鍛

館舍也正絕流曰亂鍛石也箋云鍛石所以爲鍛質也厚乎公劉於豳地作此宮室乃使人渡渭水爲舟絕流而南取鍛厲斧斤之石可以利器用伐取材木給築事也厲本又作礪鍛本又作碫丁亂反鍛說文云碫厲石字林大喚反材一本作林

止基迺理爰衆爰有夾其皇澗遡其過澗

皇澗名也遡鄉也過澗名也箋云夾曰也止基作宮室之功止而後疆理其田野校其夫家人數曰益多矣器物有足矣皆布居澗水之旁夾古洽反又古協反澗古晏反遡音素過古禾反注同鄉本又作嚮許亮反又與巷阿鄉注同校音教

止旅迺密芮鞫之即

密安也芮水厓也鞫究也箋云芮之言內也水之內曰澳水之外曰鞫公劉居豳既安軍旅之役止士卒乃安亦就澗水之內外而居修田事也芮本又汭如銳反鞫居六反厓五佳反字亦作涯澳於六反又於報反字或作隩

公劉六章章十句

毛十七 十二

2. 生民

生民尊祖也后稷生於姜嫄文武之功起于后稷故推以配天焉

厥初生民時維姜嫄

生民本后稷也姜姓也后稷之母配高辛氏帝焉箋云厥其初始時是也言周之始祖其生之者是姜嫄也姜姓者炎帝之後有女名嫄當堯之時爲高辛氏之世妃本后稷之初生故謂之生民嫄音原姜姓嫄名有邰氏之女

生民如何克禋克祀以弗無子

禋敬弗去也去無子求有子古者必立郊禖焉玄鳥至之日以大牢祠于郊禖天子親往后妃率九嬪御乃禮天子所御帶以弓韣授以弓矢于郊禖之前箋云克能也弗之言祓也姜嫄之生后稷如何乎乃禋祀上帝於郊禖以祓除其無子之疾而得其福也能者言齊肅當神明意也二王之後得用天子之禮禋音因鄭祭天名弗音拂注同去起呂反下同禖音梅下同祠嗣絲反本亦作祀嬪婢人反韣音獨弓衣祓音拂又音廢下同齊側皆反本亦作齋篇末齊敬同

履帝武敏歆攸介攸止載震載夙載生載育時維后稷

履踐也帝高辛氏之帝也武迹敏疾也從於帝而見于天將事齊敏也歆饗介大也止福祿所止也震動夙早育長也后稷播百穀以利民箋云帝上帝也敏拇也介左右也夙之言肅也祀郊禖之時時則有大神之迹姜嫄履之足不能滿履其拇指之處心體歆歆然其左右所止住如有人道感己者也於是遂有身而肅戒不復御後則生子而養長之名曰棄舜臣堯而舉之是爲后稷敏密謹反歆許金反介音戒震眞淳反鄭有娠也見賢遍反齊側皆反又如字長張丈反下同拇音母足大指介又如字處昌慮反復扶又反下故復同

誕彌厥月先生如達

誕大彌終達生也姜嫄之子先生者也箋云達羊子也大矣后稷之在其母終人道十月而生

生如達之生言易也彌面支反達他末反注同説文云小羊也沈云毛如字易以豉反下同不坼不
副無菑無害言易也凡人在母母則病生則坼副菑害其母橫逆人道坼勑宅反副孚逼反
説文云分也字林云判也匹亦反菑音災注同以赫厥靈上帝不寧不康
禋祀居然生子赫顯也不寧寧也不康康也箋云康寧皆安也姜嫄以赫然顯著之徵其
有神靈審矣此乃天帝之氣也心猶不安之又不安徒以禋祀而無人道居默然自生子懼時人不信也誕寘
之隘巷牛羊腓字之誕大寘置腓辟字愛也天生后稷異之於人欲以顯其靈
也帝不順天是不明也故承天意而異之於天下箋云天異之故姜嫄置后稷於牛羊之徑亦所以異之寘之豉反
下同隘於懈反巷戶降反腓符非反誕寘之平林會伐平林牛羊而辟
人者理也置之平林又爲人所收取之誕寘之寒氷鳥覆翼之大鳥來一
翼覆之一翼藉之人而收取之又其理也鳥覆翼之鳥乃去矣后稷呱
矣於是知有天異往取之矣后稷呱呱然而泣呱音孤實覃實訏厥聲載
路誕實匍匐克岐克嶷以就口食覃長訏大路大也岐知意
也嶷識也箋云實之言適也覃謂始能坐也訏謂張口鳴呼也是時聲音則已大矣能匍匐則岐岐然意有所知也
其貌嶷嶷然有所識別也以此至于能就衆人口自食謂六七歲時覃徒南反本或作譚訏況于反匍音蒲又音符
本亦作扶匐蒲北反又音服本亦作服岐其宜反嶷魚極反説文作嶷云小兒有知長張丈反或如字別彼列反
蓺之荏菽荏菽旆旆禾役穟穟麻麥幪幪瓜
瓞唪唪荏菽戎菽也旆旆然長也役列也穟穟苗好美也幪幪然茂盛也唪唪然多實也箋云蓺樹也
戎菽大豆也就口食之時則有種殖之志言天性也蓺魚世反荏荏菽荏而甚反菽或作叔音同鄭云今胡豆是旆
蒲貝反穟音遂幪莫孔反瓞田節反唪布孔反徐又薄孔反長如字又張丈反誕后稷之穡
有相之道相助也箋云大矣后稷之掌稼穡有見助之道謂若神助之力相息亮反注同茀

厥豐草種之黃茂實方實苞實種實褎實發
實秀實堅實好實穎實栗即有邰家室茀治也黃
嘉穀也茂美也方極畝也苞本也種雜種也褎長也發盡發也不榮而實曰秀穎垂穎也栗其實栗栗然邰姜嫄之
國也堯見天因邰而生后稷故國后稷於邰命使事天以顯神順天命耳箋云豐苞亦茂也方齊等也種生不雜也
褎枝葉長也發發管時也栗成就也后稷教民除治茂草使種黍稷黍稷生則茂好孰則大成以此成功堯改封於
邰就其成國之家室無變更也茀音弗韓詩作拂拂弗也種支勇反注下嘉種并注同褎徐秀反穎營井反穗也尚
書唐叔得禾異畝同穎是也邰他來反后稷所封國今在京兆武功縣誕降嘉種維秬
維秠維穈維芑天降嘉種秬黑黍也秠一稃二米也穈赤苗也芑白苗也箋云天應堯之
顯后稷爲之下嘉種秬音巨秠孚鄙反亦黑黍也又孚悲反郭芳婦反穈音門爾雅作虋同郭亡偉反赤粱粟也芑
音起徐又巨已反郭云白粱粟也稃芳于反字書云麤糠也應應對之應爲于僞反下天爲已同恆之
秬秠是穫是畝恆之穈芑是任是負以歸肇
祀恆徧肇始也始歸郊祀也箋云任猶抱也肇郊之神位也后稷以天爲已下此四穀之故則徧種之成孰則穫
而畝計之抱負以歸於郊祀天得祀天者二王之後也恆古鄧反本又作亘穫戶郭反任音壬注同肇音兆徧音遍
下同誕我祀如何或舂或揄或簸或蹂釋之叟
叟烝之浮浮揄抒臼也或簸糠者或蹂禾者釋淅米也叟叟聲也浮浮氣也箋云蹂之言潤
也大矣我后稷之祀天如何乎美而將說其事也舂而抒出之簸之又潤濕之將復舂之趨於鑿也釋之烝之以爲
酒及簠簋之實舂傷容反揄音由又以朱反說文作舀弋紹反簸波我反蹂音柔叟所留反字又作溲濤米聲也爾
雅作溞音同郭音騷烝之承反浮如字爾雅說文並作烰抒音食汝反糠音康字亦作康俗作糠非淅星歷反
說文云汰也汰音大復扶又反鑿子洛反精米也字林作糳云糲米一斛舂爲八斗也子沃反簠音甫簋音軌載
謀載惟取蕭祭脂取羝以軷載燔載烈嘗之日涖

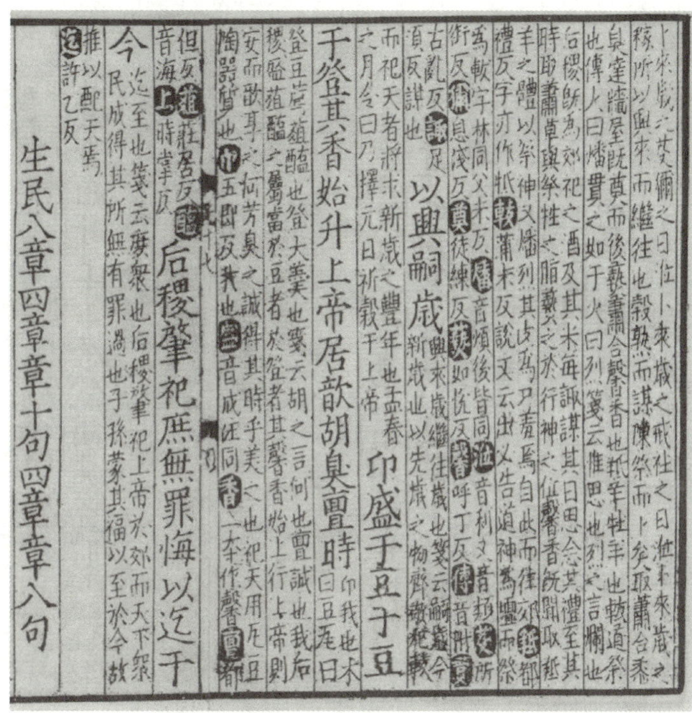
以興嗣歲

卬盛于豆，于豆于登，其香始升。上帝居歆，胡臭亶時。后稷肇祀，庶無罪悔，以迄于今。

生民八章，四章章十句，四章章八句

思考與練習

1. 歸納前人對“君子好逑”的注解並加以評斷。

2. “參差荇菜，左右流之。窈窕淑女，寤寐求之。”“參差荇菜，左右采之。窈窕淑女，琴瑟友之。”“參差荇菜，左右芼之。窈窕淑女，鍾鼓樂之。”它們都是押韻的，這屬於什麽類型的押韻現象？

3. 對照《周南 · 關雎》與安大簡《詩經》同篇的異文並簡要分析。

4. 分析《邶風 · 谷風》的押韻情況。

5. 如何理解“維風及雨”“維風及頹”“維山崔嵬”等的“維”？

6. 分析《衛風 · 氓》“三歲爲婦……躬自悼矣”一章的押韻情況。

7. 如何理解“漸車帷裳”？

8. 分析《秦風 · 蒹葭》“蒹葭淒淒……宛在水中坻”一章的押韻情況。

9. 何爲“一之日”到“四之日”（《豳風 · 七月》）？

10. 現在很多人會把“七月流火”理解成七月很炎熱，這種理解對嗎？爲什麽？

11. 如何理解《豳風 · 東山》“零雨其濛”的“其”和“倉庚于飛”的“于”？

12. 《豳風 · 東山》存在“遥韻”和“合韻”現象，請指出。

13. 歸納《大雅 · 公劉》篇韻脚字的歸部情況。

14. 分析《大雅・公劉》"君之宗之"的結構關係。
15. 分析《大雅・生民》的押韻情況。
16.《大雅・生民》中,"后稷"可否作"後稷"? 爲什麽?
17. 簡述所選詩篇的創作背景及其主要内容。

第十七章 楚 辭

一、典籍簡介

《楚辭》是中國第一部浪漫主義詩歌總集。"楚辭"有三種含義:出現在戰國時期楚國地區的一種新的詩體;戰國時期楚國人及後來漢朝人用上述詩體所寫的一批詩;漢朝人對上述詩歌進行纂輯而成的一部書。[①] 第一種是"楚辭"本義。該書現存十七篇,正文約三萬字。

關於《楚辭》之成書,學術界主要有三種觀點。[②]

第一,"劉安説"。《漢書・淮南王劉安傳》:"時武帝方好藝文,以安屬爲諸父,辯博善爲文辭,甚尊重之。每爲報書及賜,常召司馬相如等視草乃遣。初,安入朝,獻所作《内篇》,新出,上愛祕之。使爲《離騷傳》,旦受詔,日食時上。"章太炎《訄書》云:"《楚辭》傳本非一,然淮南王安爲《離騷傳》,則知定本出於淮南。"姜亮夫《楚辭學論文集》據《楚辭釋文》篇次(前九篇爲《離騷》《九辯》《九歌》《天問》《九章》《遠遊》《卜居》《漁父》《招隱士》)提出:"《釋文》本於《卜居》《漁父》後列《招隱士》,大小山之所傳也,……安輯屈宋之文,而以己作附之,……則自《離騷》至《招隱》爲書,必劉安之所爲。而以《騷》爲經,《辯》以後爲傳,正劉安依時代風習而定者。"

第二,"劉向説"。東漢王逸《楚辭章句・離騷叙》曰:"至於孝武帝,恢廓道訓,使淮南王安作《離騷經章句》,則大義粲然。後世雄俊,莫不瞻慕,舒肆妙慮,纘述其詞。逮至劉向,典校經書,分爲十六卷。"宋晁公武《郡齋讀書志》卷十七云:"平自傷忠而被謗,乃作《離騷經》以諷,不見省納。及頃襄王立,又放之江南,爰作《九歌》《天問》《九章》《遠遊》《卜居》《漁父》《大招》,自沉汨羅以死。其後楚宋玉作《九辯》《招魂》,漢賈誼作《惜誓》,淮南小山作《招隱士》,東方朔作《七諫》,嚴忌作《哀時命》,王褒作《九懷》,劉向作《九嘆》,皆擬其文,而哀平之死於忠。……向典校經書,分爲十六卷。"《四庫全書總目提要》曰:"裒屈、宋諸賦,定名楚辭,自劉向始也。……共爲《楚辭》十六篇,是爲總集

① 參見金開城:《楚辭選注・前言》,北京出版社,1980 年。
② 參見周建忠等:《楚辭學通典》,湖北教育出版社,2003 年,第 579-580 頁。

之祖。”

第三，戰國至東漢陸續纂輯增補而成。湯炳正《楚辭編纂者及其成書年代的探索》提出，《楚辭釋文》所保留下來的篇目次第就是漢代古本《楚辭》的本來面貌；《楚辭》是由戰國到東漢時期經過很多人的陸續編纂輯補而成的；對屈原作品搜集最多的是淮南王或其賓客，經過這次纂輯，已奠定了《楚辭》一書的基礎，此後不過是零星增補而已。據《楚辭釋文》篇次，第一組，第一至第二篇（《離騷》《九辯》）纂輯者或即宋玉；第二組，第一至第九篇（《離騷》《九辯》《九歌》《天問》《九章》《遠遊》《卜居》《漁父》《招隱士》）增輯者爲淮南王賓客或淮南王本人，是劉向以前的《楚辭》通行本，增輯時間當在西漢武帝時。第三組，第一至第十三篇（《離騷》到《招隱士》《招魂》《九懷》《七諫》《九嘆》）增輯者爲劉向，增輯時間當西漢元、成之世；第四組，第一至第十六篇（《離騷》到《九嘆》《哀時命》《惜誓》《大招》）增輯者不可考，增輯的時期當在班固以後、王逸以前，爲王逸以前的十六卷本；第五組，第一至第十七篇（《離騷》到《大招》《九思》），將《九思》附入《楚辭章句》的，是王逸自己，其《叙》及注文，乃後人所爲，這就是後世流傳的王逸《楚辭章句》十七卷[①]。《楚辭》乃由戰國至東漢陸續纂輯增補而成。劉安奠其基，劉向繼其後，原本已不傳。後世輯刻的白文本基本是從王逸《章句》録出的[②]。

目前來看，第三種觀點最爲合理。

關於《楚辭》十七篇的作者歸屬，《四庫全書總目提要》言："劉向裒集屈原《離騷》《九歌》《天問》《九章》《遠遊》《卜居》《漁父》，宋玉《九辯》《招魂》，景差《大招》，而以賈誼《惜誓》，淮南小山《招隱士》，東方朔《七諫》，嚴忌《哀時命》，王褒《九懷》及劉向所作《九嘆》，共爲《楚辭》十六卷，是爲總集之祖。逸又益以己作《九思》與班固二'叙'，爲十七卷，而各爲之注。"

有學者指出，《楚辭》各篇性質應分爲四類[③]：(1)屈原以前作品，包括《九歌》《天問》《橘頌》；(2)屈原作品，包括《離騷》、《九章》中之《涉江》《哀郢》《懷沙》三篇；(3)僞作，包括憑吊屈原之文，如《九章》之《悲回風》，模仿《離騷》之作，如《九章》之《抽思》等；(4)屈原以後作品，宋玉《九辯》、淮南小山《招隱士》、東方朔《七諫》、王褒《九懷》、劉向《九嘆》、王逸《九思》各有作者名，不再論列。其他附之於屈原、宋玉等的作品則往往爲後代作品，包括《遠遊》《招魂》《大招》《漁父》《卜居》。

關於《楚辭》的語法和文例等，廖序東言之甚詳，基本分篇章來討論，包括對《離騷》《九歌》《天問》等的研究。[④]《離騷》共 2468 字，372 句（誦讀句）。上句末尾用語氣助詞"兮"，下句末尾用韻字，全詩用了 186 個"兮"和 186 個韻字。兩句一韻，兩韻一换，四

---

① 參見湯炳正：《楚辭編纂者及其成書年代的探索》，《江漢學報》1963 年第 10 期；湯炳正：《屈賦新探》，齊魯書社，1984 年。

② 參見崔富章：《楚辭書目五種續編》，上海古籍出版社，1993 年。

③ 參見陳中凡：《〈楚辭〉各篇作者考》，載《陳中凡論文集》，上海古籍出版社，1993 年，第 359-385 頁。

④ 參見廖序東：《楚辭語法研究》，語文出版社，1995 年。

句爲一組(一解),共 93 解。上句不計“兮”字,則《離騷》有六言句 278 句,七言句 55 句,五言句 28 句,八言句 10 句,九言句 1 句。《離騷》句子偏於散文化,集中表現在虚字的運用上,常用的虚字有“之、其、以、而、於、乎、夫、此、與”等,它們大多用在句子倒數第三個字的位置(標準位置)。《九歌》句句用“兮”字,且用於句中,是其顯著的形式特征。聞一多認爲“兮”字本有各虚字的用法,是一切虚字的總替身。其實“兮”字仍是語氣助詞,作用在延長聲音,表示停頓與情感。《天問》共 376 句,其中四言 289 句,五言 5 句,三言 20 句,六言 15 句,七言 1 句。全詩兩句一韻,四句兩韻爲一章,共計 95 章。就句子與疑問句的關係而言,《天問》的疑問句有兩句一問(105 句)、一句一問(31 句)、四句一問(30 句)、兩句兩問(8 句)、四句兩問(2 句)。《天問》共 176 個疑問句,除了四句之外,句句都用了疑問詞。這些疑問詞及其出現頻率是:誰 8 次,孰 9 次,焉 13 次,安 13 次,何 120 次,胡 4 次;“何”字結構的“何如”1 次、“云何”1 次,“幾何”1 次,幾 2 次。《天問》是詩,没有用經常出現於散文中的疑問語氣詞,如“乎、邪、與”等。

有關《楚辭》語言學研究的相關論著有:王力《楚辭韻讀》(上海古籍出版社,1980 年),廖序東《楚辭語法研究》(語文出版社,1995 年),趙逵夫《楚辭語言詞典》(上海辭書出版社,2013 年),等等。

東漢王逸著《楚辭章句》,北宋洪興祖作《楚辭補注》,南宋朱熹撰《楚辭集注》;清代有王夫之《楚辭通釋》、戴震《屈原賦注》、蔣驥《山帶閣注楚辭》等。近人注本則有姜亮夫《重訂屈原賦校注》(天津古籍出版社,1987 年)、王泗原《楚辭校釋》(人民教育出版社,1990 年)、湯炳正等《楚辭今注》(上海古籍出版社,1996 年)、林家驪譯注《楚辭》(中華書局,2010 年)等。

1977 年發掘的安徽阜陽漢簡中發現過兩片《楚辭》殘簡,一片是屈原《離騷》第四句“惟庚寅吾以降”中的“寅吾以降”四字,另一片是屈原《九章・涉江》“船容與而不進兮,淹回水而凝滯”。這應是有實物證據的最早的《楚辭》寫本。《上博簡(八)》存四篇楚辭類作品,包括《李頌》《蘭賦》《有皇將起》《鶹鷅》,可用以總結早期楚辭的形製特點。本教材所據爲國家圖書館藏南宋嘉定六年章貢郡齋刻本《楚辭集注》(《中華再造善本》影印本,2003 年)。

1. 概述《楚辭》諸篇的作者歸屬情况。
2.《楚辭》押韻有哪些特點。
3. 舉例説明姜亮夫《楚辭》研究類著作。
4. 簡述《楚辭》的語言特點。

二、文選篇目

(一)九歌

1. 湘君

君不行兮夷猶蹇誰留兮中洲美要眇
兮宜脩沛吾乘兮桂舟令沅湘兮無波
使江水兮安流望夫君兮未來吹參差
離騷 四十四
兮誰思要漢書作幼於笑反眇與妙同宜上一有又字來叶力之反一
作歸非是參差一作篸䔩上初簪反下初宜反思叶新齋反○君謂湘君堯之
長女娥皇爲舜正妃者也舜陟方死於蒼梧二妃死於江湘之間俗謂之湘君
湘旁黃陵有廟夷猶猶豫也言旣設祭祀使巫呼請而未肯來也中洲洲中也
水中可居者曰洲言其不來不知其爲何人而留也要眇好貌脩飾也沛行貌
吾爲主祭者之自吾也欲乘桂舟以迎神取香潔之意也又或行或危殆故顧
湘君令水無波而安流也參差洞簫也風俗通云舜作簫其形參差不齊象鳳

翼也望湘君而未來故吹簫以思之也駕飛龍兮北征邅
吾道兮洞庭薜荔柏兮蕙綢蓀橈兮蘭
旌望涔陽兮極浦橫太江兮揚靈邅池戰反
又陟連反柏一作拍並音搏綢音儔又音叨蓀一作荃橈而遙反旌一作旍與
旌同此句之上或有乘字或有承字或有采字旌或作旗皆非是涔音岑○駕
龍者以龍翼舟也邅轉也洞庭大湖也在長沙巴陵廣員五百餘里日月若出
沒於其中中有君山拍搏壁也綢縛束也蓀香草也橈船小楫也涔陽江碕名
極遠也浦水涯也揚靈者揚其光靈猶言舒發意氣也揚靈兮未
離騷 四十五
極女嬋媛兮爲余太息橫流涕兮潺湲
隱思君兮陫側潺依連反又鉏山反湲音爰陫符沸反側叶札
力反○極至也未極未得所止也女嬋娟指旁觀之人蓋見其慕望之切亦爲
之眷戀而嗟嘆之也潺湲流貌隱痛也君湘君也陫隱也兮語辭側不安也
桂櫂兮蘭枻斲冰兮積雪采薜荔兮水
中搴芙蓉兮木末心不同兮媒勞恩不

甚兮輕絕權直教反枻音曳叶音泄搴音蹇○此章比而又比也蓋此篇本以求神而不荅比事君之不偶而此章又別以事比求神而不荅也權楫也枻船旁板也桂蘭取其香也斲斫也言乘舟遭盛寒斲斫冰凍紛如積雪則舟雖芳潔事雖辛苦而不得前也薜荔緣木而今采之水中芙蓉在水而今求之木末既非其處則用力雖勤而不可得至於合昏而情異則媒雖勞而昏不成結友而交踈則令雖成而終易絕則又心志睽乖不容彊合之驗也求神不荅豈不亦猶是乎自是而往益微而益婉矣石瀨兮淺淺飛

离蚤　四六

龍兮翩翩交不忠兮怨長期不信兮告余以不閒淺音牋閒音閑叶音賢○此章興而比也蓋以上二句引起下句以比求神不荅之意也瀨湍也淺淺流疾貌翩翩飛疾貌所謂興者蓋曰石瀨則淺淺矣飛龍則翩翩矣凡交不以忠則其怨必長矣期不以信則必將告我以不暇而負其約矣所謂比者則求神而不荅之意亦在其中也其詳已見上章讀者宜并考之鼂騁騖兮江皋夕弭節兮北渚鳥次兮屋上水周兮堂下鼂與朝同陟遥

反騁音逞騖音務下叶音戶○鼂早也騁直馳也騖亂馳也弭按也渚水涯也次止也周旋也此言神既不來則我亦退而游息以自休耳捐余玦兮江中遺余佩兮澧浦采芳洲兮杜若將以遺兮下女旹不可兮再得聊逍遥兮容與捐音沿玦古穴反遺平聲佩一作珮澧一作醴遺去聲旹即古時字一作時○玦如環而有缺捐玦遺佩以貽湘君也澧水出武陵充縣注於洞庭史記作醴芳洲香草所生之處也杜若葉似薑而有文理味辛下女已見

离蚤　四七

騷經逍遥容與皆遊戲閒暇之意也此言湘君既不可見而愛慕之心終不能忘故猶欲解其玦珮以爲贈而又不敢顯然致之以當其身故但委之於水濱若捐弃而墜失之者以陰寄吾意而冀其或將取之若聘禮賓將行而於館堂楹間釋四皮束帛賓不致而主不拜也然猶恐其不能自達則又采香草以遺其下之侍女使通吾意之慇懃而幸玦珮之見取其戀慕之心如此而猶不可必則逍遥容與以俟之而終不能忘也

右湘君說見篇內○此篇蓋爲男主事陰神之詞故其情意曲折

尤多皆以陰寓忠愛於君之意而舊說之失爲尤甚今皆正之

2. 湘夫人

帝子降兮北渚目眇眇兮愁予嫋嫋兮
秋風洞庭波兮木葉下予一作余並叶音與嫋奴鳥反
下叶音户○帝子謂湘夫人堯之次女女英舜次妃也韓子以爲娥皇正妃故
称君女英自宜降称夫人也餘見上篇眇眇好貌愁予者亦爲主祭者言望之
不見使我愁也嫋嫋長弱之貌秋風起則洞庭生波而木葉下矣蓋記其時也
登白薠兮騁望與佳期兮夕張鳥何萃

离蚤 卌八

兮蘋中罾何爲兮木上一無登字薠音煩一作蘋非是
佳下一有人字非是張音帳一作與佳人兮期夕張亦非是一無二何字亦非
是罾音增○賦而比也薠草秋生今南方湖澤皆有之似莎而大鴈所食也騁
望縱目也佳佳人也謂夫人也張陳設也言向夕洒掃而張施帷幄也萃集也
蘋水草罾魚網二物所施不得其所以比夕張之地非神所處而必不來也
沅有茝兮澧有蘭思公子兮未敢言荒
忽兮遠望觀流水兮潺湲茝一作芷澧一作醴非是

荒忽一作慌惚音同○此章興也澧水名見禹貢公子謂湘夫人也帝子而又
曰公子猶秦已称皇帝而其男女猶曰公子公主古人質也思之而未敢言者
尊而神之懼其瀆也所謂興者蓋曰沅則有茝矣澧則有蘭矣何我之思公子
而獨未敢言耶思之之切至於荒忽而起望則又但見流水之潺湲而已其起
興之例正猶越人之歌所謂山有木兮木有枝心悅君兮君不知而以茝叶子
以蘭叶言又隔句用韻法也麋何爲兮庭中蛟何爲
兮水裔朝馳余馬兮江臯夕濟兮西澨

离蚤 卌九

麋音眉爲一作食裔一作裛澨音逝○比而賦也麋獸名似鹿而大濟渡也澨
水涯也麋當在山林而在庭中蛟當在深淵而在水裔以比神而不可見而望之
者失其所當也朝馳夕濟猶上篇江臯北渚之意聞佳人兮召
予將騰駕兮偕逝築室兮水中葺之兮
荷蓋葺子入反荷上一有以字蓋叶居又反○佳人謂夫人也偕俱也逝
往也言與召已之使者俱往也葺蓋也築室水中將託神明而居處也蓀
壁兮紫壇匊芳椒兮成堂桂棟兮蘭橑

辛夷楣兮葯房罔薜荔兮爲帷擗蕙櫋
兮既張白玉兮爲鎮疏石蘭兮爲芳芷
葺兮荷屋繚之兮杜衡蓀一作荃壇音善匊古播字本
作罔一作播成一作盈櫋音老楣音眉葯音約又音握罔與網同擗一作辟普
覓反又音覓一作擘櫋音綿玉兮蘭兮下一皆有以字鎮一作瑱葺下一有之
字繚音了○紫紫具也紫質黑點壇中庭也播布也蘭木蘭也橑椽也辛夷樹
大連合抱高數仞其花初發如筆北人呼爲木筆其花最早南人呼爲迎春楣

離騷　五十

門户上横梁也葯白芷葉也罔結也結以爲帷帳也在旁曰帷擗折也折蕙以
爲屋櫋聯也鎮壓坐席者也石蘭香草疏布陳也繚縛束也言以杜衡繚其屋
也此言其所築水中之室欲求芳潔如是也合百草兮實庭
建芳馨兮廡門九嶷繽兮並迎靈之來
兮如雲廡音武嶷一作疑迎去聲○馨芳之遠聞者廡堂下周屋也言
合百草之花以實庭中積芳馨以廡其門也九嶷山名舜所葬也言舜使九嶷
山神繽然來迎二妃而衆神從之如雲也將築室依湘夫人以爲鄰而舜復迎

之以去則又不得見之捐余袂兮江中遺余褋兮
澧浦搴汀洲兮杜若將以遺兮遠者時
不可兮驟得聊逍遥兮容與袂弥蔽反遺平聲褋
音牒搴見上篇汀它丁反遺去聲者叶音渚又音覩與一作冶○袂衣袖褋襜
襦也此篇首末大指與前篇同捐袂遺褋卽捐玦遺佩之意然玦佩貴之而袂
褋親之也汀平也遠者亦謂夫人之侍女以其既遠去而名之也

右湘夫人

3. 山鬼

若有人兮山之阿被薜荔兮帶女羅既
含睇兮又宜笑子慕予兮善窈窕羅一作蘿
睇音弟善一作善窈音杳窕徒了反○若有人謂山鬼也阿曲隅也女羅兎絲
也睇微眄貌美目眄然又好口齒而宜笑也窈窕好貌以上諸篇皆爲人慕神
之詞以見臣愛君之意此篇鬼陰而賤不可比君故以人況君鬼喻已而爲鬼
媚人之語也若有人者既指鬼矣子則設爲鬼之命人而予乃爲鬼之自命也
言人悅已之善爲容也乘赤豹兮從文貍辛夷車

离叒 卒十

兮結桂旗被石蘭兮帶杜衡折芳馨兮
遺所思余處幽篁兮終不見天路險難
兮獨後來從才用反貍一作狸衡音蘅折音哲遺去聲篁音皇來叶
音釐○所思指人之悅已而已欲媚之者也幽深也篁竹叢也後來言其出之
遲也表獨立兮山之上雲容容兮而在下
杳冥冥兮羌晝晦東風飄兮神靈雨留
靈脩兮憺忘歸歲既晏兮孰華予下叶音户

一無東字而再有飄字予叶音與○表特也雲反在下言所處之高也神靈雨
者言風起而神靈應之以雨也靈脩亦謂前所欲媚者也欲俟其至留使忘歸
不然則歲晚而無與爲樂矣蓋鬼卒不來而反欲使人造其所居也采三
秀兮於山間石磊磊兮葛蔓蔓怨公子
兮悵忘歸君思我兮不得閒磊魯猥反蔓莫干反
閒音閑○三秀芝草也公子即所欲留之靈脩也鬼采芝於山間而思此人雖
怨其不來而亦知其思我之不能忘也山中人兮芳杜若

离叒 卒十一

飲石泉兮蔭松柏君思我兮然疑作柏叶
音博○山中人亦鬼自謂也然信也疑不信也至此又知其雖思我而不能無
疑信之雜也靁填填兮雨冥冥猨啾啾兮狖
夜鳴風颯颯兮木蕭蕭思公子兮徒離
憂靁一作雷填音田狖一作貁余救反颯蘇合反蕭音搜文苑作搜若如字
則憂叶於驕反○填填雷聲冥冥雨貌啾小聲狖猨屬離罹也
右山鬼國語曰木石之怪夔罔兩豈謂此耶○今按此篇文義最

爲明白而說者自汨之今既章解而句釋之矣又以其託意君臣之間者而言之則言其被服之芳者自明其志行之潔也言其容色之美者自見其才能之高也子慕予之善窈窕者言懷王之始珍已也折芳馨而遺所思者言持善道而效之君也處幽篁而不見天路險艱而又晝晦者言見弃遠而遭障蔽也欲留靈脩而卒不至者言未有以致君之寤而俗之改也知公子之思我而然疑作者又知君之初未忘我而卒困於讒也至於思公子而徒離憂則窮極愁怨而終不能忘君臣之義也以是讀之則其它之碎義曲說無足言矣

（二）九章

1. 涉江

余幼好此奇服兮年既老而不衰帶長鋏之陸離兮冠切雲之崔嵬鋏古挾反冠去聲崔音摧嵬一作巍並五回反○奇服奇偉之服以喻高絜之行冠劒被服皆是也褒懈也鋏劒把或曰刀身劒鋒也長鋏見史記切雲當時高冠之名被明月兮佩寶璐世溷濁而莫余知兮吾方高馳而不顧駕青虬兮驂白螭吾與重華遊兮瑤之圃璐音路知下一無兮字顧下一有兮字皆非是虬螭音義皆已見前篇圃叶去聲○在背曰被明月珠名以其夜光有似明月故以爲名璐美玉名乘靈物從聖帝遊實所皆見其志行之高遠登崑崙兮食玉英吾與天地兮比壽與日月兮齊光哀南夷之莫吾知兮旦余將濟乎江湘英叶於姜反與上一無吾字比齊一並作同一無將字乎一作於○登崑崙言所至之高食玉英言所養之絜南夷謂楚俗也乘鄂渚而反顧兮欸秋冬之緒風步余馬兮山皐邸余車兮方林欸音哀風叶孚金反邸丁禮反一作低○鄂渚地名今鄂州也欸歎也方言南楚謂然爲欸史漢亦又曰唉及唐人款乃皆此字也邸至也一作低者說見招魂軒轅既低下方林地名乘舲船余上沅兮齊吳榜而擊汰船容與而不進兮淹回水而凝滯舲音零一作柃上時掌反榜此孟反又音謗汰音泰凝一作疑滯叶丑介反○舲船船有牕牖者或曰小船也上謂泝流而上也齊同時並舉也吳謂吳國榜櫂也蓋效吳人所爲之櫂如去越舲蜀艇也汰水波也船不進而疑滯留落之意亦戀故都也朝發枉陼兮

夕宿辰陽苟余心之端直兮雖僻遠其
何傷陼一作渚之一作其僻一作辟其一作之○枉陼辰陽皆地名水經
云沅水東逕辰陽縣東南合辰水沅水又東歷小灣謂之枉陼入漵浦
余儃佪兮迷不知吾所如一作往深林杳以冥
冥兮乃猨狖之所居漵徐呂反儃佪一作邅廻吾下一有
之字杳下一有復出杳字一作晦冥冥一作冥冥一無乃字晦字以下皆非是
猨狖見前篇○如往也漵浦亦地名山峻高以蔽日兮下幽

離騷　百八　庚甫

晦以多雨霰雪紛其無垠兮雲霏霏其
承宇高下以一作而垠音銀○霰雨凍如珠將爲雪者也宇屋簷也哀
吾生之無樂兮幽獨處乎山中吾不能
變心以從俗兮固將愁苦而終窮樂音洛
接輿髡首兮桑扈臝行忠不必用兮賢
不必以伍子逢殃兮比干菹醢髡音坤臝一作
裸並力果反醢叶呼彼反○接輿楚狂也被髮佯狂後乃自髡桑扈即莊子所

二

謂子桑扈臝行謂赤體而行也或疑論語所謂子桑伯子亦是此人蓋夫子稱
其簡家語又云伯子不衣冠而處夫子譏其欲同人道於牛馬即此裸形之證
也以亦用也伍子吳相伍員也諫夫差令伐越不聽被殺盛以鴟夷而浮
之江事見左傳史記比干事見騷經天問與前世而皆然兮
吾又何怨乎今之人余將董道而不豫
兮固將重昏而終身董正也不豫見惜誦重昏重複昏暗
終不復見光明也亂曰鸞鳥鳳皇日以遠兮燕

離騷　百九　庚丙

雀烏鵲巢堂壇兮壇式衍反○比也言仁賢遠去而讒佞見
親也露申辛夷死林薄兮腥臊並御芳不
得薄兮臊音騷得薄之薄音博○比也露申未詳叢木曰林草木交錯
曰薄腥臊臭惡也御用也薄附也言汙賤並進而芳絜不容也陰陽易
位時不當兮懷信侘傺忽乎吾將行兮
一無忽字非是行戶郎反○比而賦也陰謂小人陽謂君子將行謂將遠去也
右涉江此篇多以余吾並稱詳其文意余平而吾倨也

2. 哀郢

皇天之不純命兮何百姓之震愆民離
散而相失兮方仲春而東遷純不雜而有常也震
動也愆過也仲春二月陰陽之中沖和之氣人民和樂之時也屈原被放時適
會荒凶人民流散而原亦在行中閔其流離因以自傷無所歸咎而嘆皇天之
不純其命不能福善禍淫相協厥居使之當此和樂之時而遭離散之苦也
去故鄉而就遠兮遵江夏以流亡出國
門而軫懷兮甲之鼂吾以行鼂職夭反一作鼌行
百十
叶户郎反○遵循也江大江也夏水名或以爲自江而别以通于漢還復入江
冬夏流故謂之夏而其入江處今名夏口即詩所謂江有汜也軫痛也甲日
也朝旦也原自言其以甲日朝旦而行也發郢都而去閭兮
怊荒忽其焉極楫齊揚以容與兮哀見
君而不再得一無都字一無怊字其一作之一無其字皆非是○
郢都在漢南郡江陵縣閭里門也齊楫同舉也容與徘徊也言鼓棹者亦不欲
去知己之戀戀於君也望長楸而太息兮涕淫淫

而若霰過夏首而西浮兮顧龍門而不
見楸音秋太一作嘆○楸梓也長楸所謂故國之喬木使人顧望徘徊不忍
去也淫淫流皃夏首夏水口也浮不進之而自流也龍門楚都南門三門一名
龍門一名脩門回望而不見都門則其悲愈甚矣心嬋媛而傷
懷兮眇不知其所蹠順風波而流從兮
焉洋洋而爲客其一作余一無其字蹠音隻叶音灼一作宅焉
如字叶康落反○嬋媛兩見前篇眇猶遠也蹠踐也洋洋無所歸皃凌
百十一
陽侯之氾濫兮忽翺翔之焉薄心絓結
而不解兮思蹇產之不釋氾孚梵反焉於虔反薄音
博絓音畫釋叶時若反○凌乘也陽侯陽國之侯溺死於水其神能爲大波氾
濫波皃薄止也絓懸也蹇產詰曲皃將運舟而下浮兮上
洞庭而下江去終古之所居兮今逍遙
而來東江叶音工上時掌反下遐稼反○終古亦兩見前篇羌靈
魂之欲歸兮何須臾而忘反背夏浦而

西思兮哀故都之日遠羌一作嗟○時未過夏浦也故
背之而回首西鄉以思郢也登大墳以遠望兮聊以
舒吾憂心哀州土之平樂兮悲江介之
遺風樂音洛介一作界風叶孚金反○水中高者曰墳詩汝墳是也望望
郢都也平樂地寬博而人富饒也介閒也遺風謂故家遺俗之善也當陵
陽之焉至兮淼南渡之焉如曾不知夏
之為丘兮孰兩東門之可蕪淼音眇○陵陽未詳
淼滉漾無涯也於是始南渡大江矣夏大屋也丘荒墟也孰誰也兩東門郢都
東關有二門也蕪穢也言楚王曽不知都邑宮殿之夏屋當為丘墟又不知兩
東門亦先王所設以守國者豈可使之至於蕪廢耶懷王二十一年秦遂拔郢
而楚徙陳不知在此後幾年也心不怡之長久兮憂與
憂其相接惟郢路之遼遠兮江與夏之
不可涉與憂一作與愁其一作之○怡樂也憂憂相接首尾如一繼續
無已也忽若去不信兮至今九年而不復

慘鬱鬱而不通兮蹇侘傺而含慼一無去字
或恐去字上下有脫憮慼叶七六反○補注考原初被放在懷王十六年至十八
年復召用之三十年秦約懷王與會原諫止之不從懷王遂死于秦頃襄王立
復放屈原此云九年不復不知的在何時也外承歡之汋約
兮諶荏弱而難持忠湛湛而願進兮妒被
離而鄣之汋音綽諶市林反荏音稔湛徒感反被音披一作披鄣音
章○汋約好皃諶誠也荏亦弱也湛湛重厚皃披離衆盛皃鄣壅也言小人外
為諛說以奉君之歡適情態美好誠使人心意軟弱而不能自持是以懷忠而
願進者皆為所嫉妒而壅蔽不得進也此章形容邪佞之態最為精切讀者宜
深味之則知佞人之所以殆又信此語與孔聖之言實相發明也彼堯
舜之抗行兮瞭杳杳其薄天衆讒人之
嫉妒兮被以不慈之偽名一無彼字行下孟反瞭音
了二無瞭字而作杳冥冥薄音博天叶鐵因反○堯舜與賢而不與子故有不
慈之名莊子曰堯不慈舜不孝蓋戰國時流俗有此語也憎慍惀之

脩美兮好夫人之忼慨眾踥蹀而日進
兮美超遠而踰邁慍紆粉反惀力允反好呼報反夫音扶忼
若朗反慨一作蘯若蓋反踥思葉反蹀
音牒○慍心所縕積也思求曉知謂之
惀忼慨激昂之意補曰君子之慍惀若
可鄙者小人之忼慨若可喜者唯明者
能察之踥蹀行皃亦謂讒佞之人日進
於前使人美而好之愈甚而無已也
亂曰曼余目以流觀兮冀壹反之何時
鳥飛反故鄉兮狐死必首丘信非吾罪
而棄逐兮何日夜而忘之曼音萬首式救反丘叶音
欺○曼遠意鳥飛反故鄉思舊巢也首
丘謂以首枕丘而死不忘其所自生也
禮曰大鳥獸喪其羣匹越月踰時則必
反巡過其故鄉又曰樂樂其所自生禮
不忘其本古人有言曰狐死正
丘首仁也志謂忘其故都也
右哀郢

思考與練習

1. 歸納選篇中的人稱代詞,並談談對同類型代詞用法的認識。

2. 歸納選篇中的連綿詞。

3. 歸納《湘君》的押韻情況。

4. 歸納《湘夫人》韻脚字的歸部情況。

5.《山鬼》"雲容容兮而在下……東風飄兮神靈雨……歲既晏兮孰華予"的"下""雨""予"是韻脚字嗎? 爲什麽?

6. 如何理解《山鬼》"君思我兮然疑作"?

7.《涉江》"鸞鳥鳳皇,日以遠兮。……懷信侘傺,忽乎吾將行兮"數句是否以"兮"押韻? 爲什麽?

8. 分析《涉江》"長鋏之陸離""切雲之崔嵬"等的結構關係。

9. 指出《哀郢》的合韻現象。

10.《哀郢》"曼余目以流觀兮,冀壹反之何時? 鳥飛反故鄉兮,狐死必首丘。信非吾罪而棄逐兮,何日夜而忘之",每句都押韻嗎? 爲什麽?

11. 簡述所選詩篇的主要内容。

第十八章 史　記

一、典籍簡介

《史記》原名《太史公書》，爲西漢史學家司馬遷所著，是中國歷史上第一部紀傳體通史，記載了上至黄帝、下至漢武帝太初四年共三千多年的歷史。現存《史記》包括十二本紀、三十世家、七十列傳、十表、八書，共一百三十篇，五十二萬餘字。

《史記》是"二十四史"之首，與《漢書》《後漢書》《三國志》合稱"前四史"。其首創的紀傳體編史方法爲後來歷代"正史"所繼承。《史記》還有很高的文學價值，被魯迅譽爲"史家之絶唱，無韻之《離騷》"（魯迅《漢文學史綱要》）。

司馬遷（約前 145 或 135—前 90 年），字子長，生於龍門（西漢夏陽，即今陝西省韓城市，另説今山西省河津市）。西漢太史令司馬談之子，後繼任太史令，爲李陵敗降事辯解而受宫刑，後任中書令。受古人啓發，"夫《詩》《書》隱約者，欲遂其志之思也。昔西伯拘羑里，演《周易》；孔子戹陳蔡，作《春秋》；屈原放逐，著《離騷》；左丘失明，厥有《國語》；孫子臏脚，而論兵法；不韋遷蜀，世傳《吕覽》；韓非囚秦，《説難》《孤憤》；《詩》三百篇，大抵賢聖發憤之所爲作也。此人皆意有所鬱結，不得通其道也，故述往事，思來者"（《太史公自序》）。於是發奮著書，而成《史記》，"亦欲以究天人之際，通古今之變，成一家之言"（司馬遷《報任少卿書》）。

關於《史記》的書名，存在通名和專名的變化問題。（1）"史記"原爲通名，並不指司馬遷所著《史記》。這在司馬遷《史記》中即可得到印證，該書"史記"九見，如《周本紀》："太史伯陽讀史記。"《十二諸侯年表·序》："故西觀周室，論史記舊聞。"又："魯君子左丘明……因孔子史記具論其語，成《左氏春秋》。"《六國年表·序》："秦既得意，燒天下《詩》《書》，諸侯史記尤甚，爲其有所刺譏也。"又："《詩》《書》所以復見者，多藏人家，而史記獨藏周室，以故滅。"《天官書》："余觀史記，考行事。"《陳杞世家》："孔子讀史記至楚復陳。"《孔子世家》："乃因史記作《春秋》。"《太史公自序》："紬史記石室金匱之書。"《逸周書》《鹽鐵論》《越絶書》《東觀漢記》等書中也有稱史籍之"史記"。司馬遷書原題爲《太史公書》，見於《太史公自序》："凡百三十篇，五十二萬六千五百字，爲《太史公書》。"故在兩漢劉向、劉歆之《七略》和班固《漢書·藝文志》皆著録爲"《太史公》百三十篇"。《太史公》爲《太史公書》之簡稱。在西漢之時，《太史公書》因隨人引用，共有五種微别之稱。另外三種爲：《太史公傳》，見《史記·龜策列傳》褚補，此爲褚少孫專指"列傳"，等於説《太史公書》之"列傳"；《太史公記》，見《漢書·楊惲傳》、應劭《風俗通義》卷一；《太史記》，見《風俗通義》卷二。（2）大約在東漢時期，《史記》已經成爲司馬遷書的專名。蔡邕《獨斷》、荀悦《漢紀》、應劭《風俗通義》、潁容《春秋例序》、高誘《吕氏春秋訓解》、高誘《戰國策注》等書均稱《太史公書》爲《史記》。上述著作家均爲漢末人。《三國志・王肅傳》載魏明帝曹散與王肅兩人君臣問對,亦稱《史記》。①

今存《史記》並非全由司馬遷所著,《四庫全書總目提要・史部・正史類・史記》就把作者定爲"漢司馬遷撰,褚少孫補"。據《太史公自序》,《史記》"凡百三十篇,五十二萬六千五百字"。但該書傳世不久就有殘缺:"遷之自叙云爾,而十篇缺,有録無書。"(《漢書・司馬遷傳》)但缺的究竟是哪十篇,班固並未明言。《太史公自序》末裴駰《集解》引三國張晏語:"遷没之後,亡《景紀》《武紀》《禮書》《樂書》《律書》《漢興以來將相年表》《日者列傳》《三王世家》《龜策列傳》《傅靳蒯列傳》。元成之閒,褚先生補闕,作《武帝紀》《三王世家》《龜策》《日者列傳》,言辭鄙陋,非遷本意也。"褚少孫以"褚先生曰"自稱,以别於司馬遷。

張大可《史記研究》一書首先確定《史記》的斷限,"述黄帝以來,至太初而訖"是司馬遷的實際斷限,附載大事則盡於武帝之末。以此爲前提,他對《史記》的補竄内容進行縝密考辨,並分續史、補缺、增竄與附記等。②

1. 褚少孫續補

今本《史記》中有"褚先生曰"的計十篇:(1)《三代世表》;(2)《建元以來侯者年表》;(3)《陳涉世家》;(4)《外戚世家》;(5)《梁孝王世家》;(6)《三王世家》;(7)《田叔列傳》;(8)《滑稽列傳》;(9)《日者列傳》;(10)《龜策列傳》。另有兩篇無"褚先生曰",疑爲褚補:(1)《張丞相列傳》太史公贊補續車千秋至昭宣丞相魏相、丙吉、黄霸、韋玄成、匡衡等六人事,起句大類褚少孫他篇所述續史之意,好事者誤爲司馬遷文;(2)《漢興以來將相名臣年表》仿司馬遷表格式續征和四年至鴻嘉元年事,疑爲褚少孫所補。褚補字數共 25055 字,凡褚補皆述其續補之意,並非妄作。

2. 好事者補亡

(1)《漢武帝本紀》篇首 60 字抄《漢景帝本紀》,以下全録《封禪書》;(2)《禮書》存太史公序 721 字,"禮由人起"以下割取荀子《禮論》及《議兵篇》文;(3)《樂書》存太史公序 604 字,"又嘗得神馬渥窪水中"一段爲後人竄亂之文,"凡音之起"以下割取《樂記》文;(4)《律書》篇首序是《兵書》遺文,"七正二十八舍"以下割取《律曆書》文。這部分共 16878 字,四篇是好事者割取成書以補亡,也並非言辭鄙陋。

3. 他人增竄

所謂增竄,即爲讀史者旁注或抄補資料竄入正文,計有十篇。(1)《秦始皇本紀》"秦孝公據殽函之固"以下爲賈誼《過秦論》上中兩篇,"襄公立"以下爲秦世系之文。時讀史者書後備考之文竄入;(2)《樂書》"又嘗得神馬渥窪水中"以下至"黯誹謗聖制,當族"。是讀史者備注之文竄入;(3)《曆書》一篇,司馬遷只書七十六年歲名,今本歲名下所書年號 196 字乃後人據《正義》之注誤入;(4)《天官書》篇末"蒼帝行德"一節一百四十八字,與前文不屬,後人附記竄入;(5)《孔子世家》"安國生卬,卬生歡"7 字,後人附注之文竄入;(6)《楚元王世家》"王純立,地節二年,中人上書告楚王謀反,王自殺,國除,入漢爲彭城郡"27 字,後人附注文竄入;(7)《齊悼惠王世家》"荒王四十六年卒"以下 31 字,

① 參見張大可:《司馬遷大傳》,華中科技大學出版社,2019 年,第 283-284 頁。

② 參見張大可:《史記研究》(甘肅人民出版社,1985 年,第 162-187 頁)等書。

又畜川頃王“三十六年卒”以下40字，皆讀史者之旁注字竄入；(8)《酈生陸賈列傳》“初，沛公引兵過陳留”至“遂入破秦”645字，重叙酈生事，與本傳贊語矛盾，顯系竄入。當是後人附入；(9)《平津侯主父列傳》“太皇太后詔”以下至“累其名臣，亦其次也”877字。釋漢末讀史者備注之文竄入；(10)《司馬相如列傳》篇末“揚雄以爲靡麗之賦，勸百風一，猶馳騁鄭衛之聲，曲終而奏雅，不已虧乎”28字，爲班書以後之人旁注《漢書》本傳贊語竄入。

4. 司馬遷附記

時間跨度爲太初以後至武帝之末。涉及16個篇目，總計1541字。16個篇目如下：(1)《封禪書》；(2)《高祖功臣侯者年表》；(3)《惠景間侯者年表》；(4)《建元以來侯者年表》；(5)《漢興以來將相名臣年表》；(6)《外戚世家》；(7)《曹相國世家》；(8)《梁孝王世家》；(9)《韓信盧綰列傳》；(10)《樊酈滕灌列傳》；(11)《田叔列傳》；(12)《李將軍列傳》；(13)《匈奴列傳》；(14)《衛將軍驃騎列傳》；(15)《酷吏列傳》；(16)《大宛列傳》。

《史記》不少内容采自前代文獻，這部分的語言也多繼承自前代。關於漢朝史實的記載部分，基本應反映了當時語言的實際情况。對比《左傳》和《史記》可以發現，《史記》語法呈現出以下特點①：(1)句子成分進一步完備，名詞短語發達；(2)定語更加豐富；(3)動詞謂語有所發展(“是”字判斷句的出現，疑問句動賓詞序的變化等)；(4)狀語生動多様，介賓狀語大量出現；(5)介賓補語減少，無介詞補語增多；(6)結果補語、趨向補語、程度補語有重大發展；等等。

有關《史記》語言學研究的相關論著有：管錫華《〈史記〉單音詞研究》(巴蜀書社，2000年)，池昌海《〈史記〉同義詞研究》(上海古籍出版社，2002年)，何樂士《〈史記〉語法特點研究》(商務印書館，2005年)，劉道鋒《〈史記〉動詞系統研究》(四川大學出版社，2010年)，李豔《〈史記〉連詞系統研究》(南開大學出版社，2017年)，等等。

《史記》的注本，著名的有南朝宋裴駰《史記集解》，唐代司馬貞《史記索隱》和張守節《史記正義》，合稱“史記三家注”。原來三注單行，北宋以後與正文合刻。今人楊燕起有《史記全譯》(貴州人民出版社，2001年)，較便閱讀。

現存《史記》還留存一些宋刻本，北宋本極爲罕見。相對常見的南宋乾道七年蔡夢弼東塾刻本、南宋淳熙三年張杅桐川郡齋刻八年耿秉重修本《史記》都是《集解》《索隱》二家注合刻本，但源流不同。三家注合刻本則始於南宋建安黄善夫家塾刻本。本教材所據爲百衲本二十四史《史記》(“淮陰侯列傳”篇)、國家圖書館所藏南宋建安黄善夫家塾刻本《史記》(田單列傳篇)(《中華再造善本》影印本，2003年)。

問題

1. 列出《史記》“十表”“八書”的具體篇目。
2. 簡述《史記》“三家注”的特點。
3. 相較於先秦漢語，《史記》反映出哪些新的變化？

① 參見何樂士：《〈史記〉語法特點研究》，商務印書館，2005年，第1-264頁。

二、文選篇目

(一)淮陰侯列傳

淮陰侯列傳第三十二　史記九十二
淮陰侯韓信者淮陰人也正義曰楚州淮陰縣也始為布衣
時貧無行不得推擇為吏李奇曰無善行可推舉選擇又不能
治生商賈常從人寄食飲人多厭之者常數從
其下鄉南昌亭長寄食張晏曰下鄉縣屬淮陰也○索隱曰案楚漢春秋南昌作
新昌亭長者主亭之吏也數月亭長妻患之乃晨炊蓐食張晏曰未
起而牀蓐中食食時信往不為具食信亦知其意怒竟
絕去信釣於城下正義曰淮陰城北臨淮水昔信去下鄉而釣於此諸母漂
韋昭曰以水擊絮為漂故曰漂母有一母見信飢飯信竟漂數十
日信喜謂漂母曰吾必有以重報母母怒曰大
丈夫不能自食正義音寺吾哀王孫而進食蘇林曰如言公子也
○索隱曰劉德曰秦末多失國言王孫公子尊之也張晏云字王孫非也豈望報乎淮陰屠
中少年有侮信者曰若雖長大好帶刀劍中情
怯耳眾辱之曰信能死刺我不能死出我袴下
徐廣曰袴一作胯胯股也音同又云漢書作跨同耳○索隱曰胯音枯化反然尋此文作袴欲依字讀何為不通袴下即
胯下也何必須要作胯下於是信孰視之俛出袴下蒲伏正義俛音
俯伏蒲北反一市人皆笑信以為怯及項梁渡淮信杖
劍從之居戲下徐廣曰戲一作麾無所知名項梁敗又
屬項羽羽以為郎中數以策干項羽羽不用漢
王之入蜀信亡楚歸漢未得知名為連敖徐廣曰典

客也○索隱曰李奇云楚官名張晏曰司馬也坐法當斬其輩十三人皆已
斬次至信信乃仰視適見滕公曰上不欲就天
下乎何為斬壯士滕公奇其言壯其貌釋而不
斬與語大說之言於上上拜以為治粟都尉上
未之奇也信數與蕭何語何奇之至南鄭諸將
行道亡者數十人信度何等已數言上上不我
用即亡何聞信亡不及以聞自追之人有言上
曰丞相何亡上大怒如失左右手居一二日何
來謁上上且怒且喜罵何曰若亡何也何曰臣
不敢亡也臣追亡者上曰若所追者誰何曰韓
信也上復罵曰諸將亡者以十數公無所追追
信詐也何曰諸將易得耳至如信者國士無雙
王必欲長王漢中無所事信文穎曰事猶業也張晏曰無事用信必
欲爭天下非信無所與計事者顧王策安所決
耳王曰吾亦欲東耳安能鬱鬱久居此乎何曰
王計必欲東能用信信即留不能用信終亡耳
王曰吾為公以為將何曰雖為將信必不留王
曰以為大將何曰幸甚於是王欲召信拜之何
曰王素慢無禮今拜大將如呼小兒耳此乃信
所以去也王必欲拜之擇良日齋戒設壇場具

禮乃可耳王許之諸將皆喜人人各自以爲得大將至拜大將乃韓信也一軍皆驚信拜禮畢上坐王曰丞相數言將軍將軍何以教寡人計筴信謝因問王曰今東鄉爭權天下豈非項王耶漢王曰然曰大王自料勇悍仁彊孰與項王漢王默然良久曰不如也信再拜賀曰惟信亦爲大王不如也然臣嘗事之請言項王之爲人也項王喑噁叱咤千人皆廢（晋灼曰廢不收也○索隱曰喑於鴆反噁烏路反叱昌栗反咤卓嫁反咤或作吒喑噁懷怒氣叱咤發怒聲孟康曰廢伏也張晏曰廢偃也）然不能任屬賢將此特匹夫之勇耳項王見人恭敬慈愛言語嘔嘔（音凶于反○索隱曰嘔音吁嘔嘔猶區區也漢書作姁姁鄧展曰姁姁和好貌也）人有疾病涕泣分食飲至使人有功當封爵者印刓敝忍不能予（漢書音義曰不忍授）此所謂婦人之仁也項王雖霸天下而臣諸侯不居關中而都彭城有背義帝之約而以親愛王諸侯不平諸侯之見項王遷逐義帝置江南亦皆歸逐其主而自王善地項王所過無不殘滅者天下多怨百姓不親附特劫於威彊耳名雖爲霸實失天下心故曰其彊易弱今大王誠能反其道任天下武勇何所不誅以天下城邑封功臣何所不服以

義兵從思東歸之士何所不散（索隱曰劉氏云用東歸之兵擊東方之敵此敵無不散敗也）且三秦王爲秦將將秦子弟數歲矣所殺亡不可勝計又欺其衆降諸侯至新安項王詐阬秦降卒二十餘萬唯獨邯欣翳得脫秦父兄怨此三人痛入骨髓今楚彊以威王此三人秦民莫愛也大王之入武關秋豪無所害（索隱曰案秋豪秋乃成王逸注楚詞云銳毛爲豪夏落秋生也）除秦苛法與秦民約法三章耳秦民無不欲得大王王秦者於諸侯之約大王當王關中關中民咸知之大王失職入漢中秦民無不恨者今大王舉而東三秦可傳檄而定也（索隱曰案說文云檄二尺書也此云傳檄謂爲檄書以責所伐者）於是漢王大喜自以爲得信晚遂聽信計部署諸將所擊八月漢王舉兵東出陳倉（正義曰漢王從關北出岐州陳倉縣）定三秦漢二年出關（正義曰出函谷關）收魏河南韓殷王皆降合齊趙共擊楚四月至彭城漢兵敗散而還信復收兵與漢王會滎陽復擊破楚京索之閒以故楚兵卒不能西漢之敗卻彭城（正義曰兵敗散彭城而却退）塞王欣翟王翳亡漢降楚齊趙亦反漢與楚和六月魏王豹謁歸視親疾至國即絕河關（索隱曰今蒲津關）反漢與楚約和漢王使酈生說豹不下其八月

以信為左丞相，擊魏。魏王盛兵蒲坂，塞臨晉，[索隱曰塞音先得反臨晉縣名在河東之東岸對舊關也] 信乃益為疑兵，[漢書音義曰以益張旗以疑敵者] 陳船欲渡臨晉，[索隱曰劉氏云陳船地名在舊關之西今之朝邑非也案京兆有船司空縣不名陳船陳船者陳列船艘欲渡河也] 而伏兵從夏陽以木罌缻渡軍，[徐廣曰缻一作缶服虔曰以木押縛罌缻以渡韋昭曰以木為器如罌缻以渡軍無船且尚密也○正義曰按韓信詐陳列船艘於臨晉欲渡河即此從夏陽木押罌缻度軍襲安邑臨晉同州東朝邑界夏陽在同州北渭城界] 襲安邑。[正義曰安邑故城在絳州夏縣東北十五里] 魏王豹驚，引兵迎信，信遂虜豹，[索隱曰劉氏云夏陽舊無船豹不備之而防臨晉耳今安邑被襲故豹遂降也] 定魏為河東郡。[正義曰理安邑縣故城] 漢王遣張耳與信俱，引兵東，北擊趙、代。後九月，破代兵，禽夏說閼與。[徐廣曰音余駰案李奇曰夏說代相也○索隱曰司馬彪郡國志上黨沾縣有閼與聚閼音曷又音焉與音余又音預沾音他廉反○正義曰閼與聚城在潞州銅鞮縣西北二十里] 信之下魏破代，漢輒使人收其精兵，詣滎陽以距楚。信與張耳以兵數萬，欲東下井陘擊趙。[索隱曰案地理志常山石邑縣井陘山在西又穆天子傳云至于陘山之隧升于三道之嶝是也] 趙王、成安君陳餘聞漢且襲之也，聚兵井陘口，[正義曰井陘故關在并州石艾縣陘東十八里即井陘口] 號稱二十萬。廣武君李左車說成安君曰：「聞漢將韓信涉西河，虜魏王，禽夏說，新喋血閼與，[索隱曰喋舊音歃非也案陳湯傳喋血萬里之外如淳云殺人血流滂沲也韋昭音徒協反] 今乃輔以張耳，議欲下趙，此乘勝而去國遠鬬，其鋒不可當。臣聞千里餽糧，士有飢色；樵蘇後爨，[漢書音義曰樵取薪也蘇取草也] 師不宿飽。今井陘之道，車不得方軌，騎不得成列，行數百里，其勢糧食必在其後。願足下假臣奇兵三萬人，從間路絕其輜重；足下深溝高壘，堅營勿與戰。彼前不得鬬，退不得還，吾奇兵絕其後，使野無所掠，不至十日，而兩將之頭可致於戲下。願君留意臣之計。否，必為二子所禽矣。」成安君，儒者也，常稱義兵不用詐謀奇計，曰：「吾聞兵法十則圍之，倍則戰。今韓信兵號數萬，其實不過數千。能千里而襲我，亦已罷極。今如此避而不擊，後有大者，何以加之！則諸侯謂吾怯，而輕來伐我。」不聽廣武君策，廣武君策不用。韓信使人間視，知其不用，還報，則大喜，乃敢引兵遂下。[正義曰引兵入井陘狹道出趙] 未至井陘口三十里，止舍。夜半傳發，[漢書音義曰傳令軍中使發] 選輕騎二千人，人持一赤幟，從間道萆山而望趙軍，[如淳曰萆音蔽依山自覆蔽○索隱曰案謂令從間道小路向前望見陳餘軍營即住仍須隱山自蔽勿令趙軍知也蔽者蓋覆也楚漢春秋作卑山漢書作萆說文云萆蔽也從艸卑聲] 誡曰：「趙見我走，必空壁逐我，若疾入趙壁，拔趙幟，立漢赤幟。」令其裨將傳飧，[徐廣曰音食也○索隱曰如淳曰小飯曰飧謂立駐傳飧食待破趙乃大食也] 曰：「今日破趙會食！」[服虔曰立駐傳飧食也如淳曰小飯曰湌言破趙後乃當共飽食也諸將皆莫信詳應曰諾謂軍吏曰趙已先據便地為壁且彼未見吾大將旗鼓未肯擊前行恐吾至阻險而還信乃使萬人先行出背水陳正義曰綿蔓水一名阜將一名洄星自并州流入井陘界即信背水陣陷之死地即此水也趙軍望見而大笑平旦信建大將之旗鼓鼓行出井陘口趙開壁擊之正義曰恒州鹿泉縣即六國時趙壁也大戰良久於是信張耳詳棄鼓旗走水上軍水上軍開入之復疾戰趙果空壁爭漢鼓旗逐韓信張耳韓信張耳已入水上軍軍皆殊死戰不可敗信所出奇兵二千騎共候趙空壁逐利則馳

入趙壁皆拔趙旗立漢赤幟二千趙軍已不勝不能得信等欲還歸壁壁皆漢赤幟而大驚以為漢皆已得趙王將矣兵遂亂遁走趙將雖斬之不能禁也於是漢兵夾擊大破虜趙軍斬成安君泜水上禽趙王歇信乃令軍中毋殺廣武君有能生得者購千金於是有縛廣武君而致戲下者信乃解其縛東鄉坐西鄉對師事之諸將效首虜索隱曰如淳云效致也晉灼曰效數也鄭玄注禮效猶呈見也休畢賀因問信曰兵法右倍山陵前左水澤今者將軍令臣等反背水陳曰破趙會食臣等不服然竟以勝

此何術也信曰此在兵法顧諸君不察耳兵法不曰陷之死地而後生置之亡地而後存且信非得素拊循士大夫也此所謂驅市人而戰之其勢非置之死地使人人自為戰今予之生地皆走寧尚可得而用之乎諸將皆服曰善非臣所及也於是信問廣武君曰僕欲北攻燕東伐齊何若而有功廣武君辭謝曰臣聞敗軍之將不可以言勇亡國之大夫不可以圖存今臣敗亡之虜何足以權大事乎信曰僕聞之百里奚居虞而虞亡在秦而秦霸非愚於虞而智於秦

也用與不用聽與不聽也誠令成安君聽足下計若信者亦已為禽矣以不用足下故信得侍耳因固問曰僕委心歸計願足下勿辭廣武君曰臣聞智者千慮必有一失愚者千慮必有一得故曰狂夫之言聖人擇焉顧恐臣計未必足用願效愚忠夫成安君有百戰百勝之計一旦而失之軍敗鄗下李奇曰鄗音臛今高邑是身死泜上今將軍涉西河索隱曰此之西河當馮翊也○正義曰即同州龍門河從夏陽度者虜魏王禽夏說閼與一舉而下井陘不終朝破趙二十萬眾誅成安君名聞海內威震天下農夫莫敢輟

耕釋耒褕衣甘食（索隱曰褕鄒氏音踰美也恐滅亡不久故廢止作業而事美衣甘食一曰褕苟且也慮不圖久故也漢書作美衣媮食）傾耳以待命者（如淳曰恐滅亡不久故也）若此將軍之所長也然而衆勞卒罷其實難用今將軍欲舉倦弊之兵頓之燕堅城之下欲戰恐久力不能拔情見勢屈曠日糧竭而弱燕不服齊必竟以自彊也燕齊相持而不下則劉項之權未有所分也若此者將軍所短也臣愚竊以爲亦過矣故善用兵者不以短擊長而以長擊短韓信曰然則何由廣武君對曰方今爲將軍計莫如案甲休兵鎮趙撫其孤百里之內牛酒

日至以饗士大夫醳兵（魏都賦曰有醳順時劉逵曰醳酒也○索隱曰劉氏依劉逵作醳酒謂以酒食養兵士也案史記古釋字皆如此豈亦謂以酒食釋兵士故字從酉乎）北首燕路（正義曰首音狩向也）而後遣辯士奉咫尺之書（正義曰咫尺八寸言其簡牘或長尺也）暴其所長於燕（正義曰暴音僕）燕必不敢不聽從燕已從使諠言者東告齊齊必從風而服雖有智者亦不知爲齊計矣如是則天下事皆可圖也兵固有先聲而後實者此之謂也韓信曰善從其策發使使燕燕從風而靡乃遣使報漢因請立張耳爲趙王以鎮撫其國漢王許之乃立張耳爲趙王楚數使奇兵渡河擊趙趙王耳韓信往

來救趙因行定趙城邑發兵詣漢楚方急圍漢王於滎陽漢王南出之宛葉閒（正義曰宛在鄧州葉在許州）得黥布走入成皋楚又復急圍之六月漢王出成皋東渡河獨與滕公俱從張耳軍脩武至宿傳舍晨自稱漢使馳入趙壁張耳韓信未起即其臥內上奪其印符以麾召諸將易置之信耳起乃知漢王來大驚漢王奪兩人軍即令張耳備守趙地拜韓信爲相國收趙兵未發者擊齊（文穎曰謂趙人未嘗見發者）信引兵東未渡平原（正義曰德州有平原津）聞漢王使酈食其已說下齊韓信欲止范陽辯士蒯

通說信曰將軍受詔擊齊而漢獨發閒使下齊寧有詔止將軍乎何以得毋行也且酈生一士伏軾（韋昭曰軾今小車中隆起者）掉三寸之舌下齊七十餘城將軍將數萬衆歲餘乃下趙五十餘城爲將數歲反不如一豎儒之功乎於是信然之從其計遂渡河齊已聽酈生即留縱酒罷備漢守禦信因襲齊歷下軍（徐廣曰濟南歷城縣）遂至臨菑齊王田廣以酈生賣己乃亨之而走高密使使之楚請救韓信已定臨菑遂東追廣至高密西楚亦使龍且將號稱二十萬救齊齊王廣龍且并軍與信戰未

合人或說龍且曰漢兵遠鬬窮戰其鋒不可當齊楚自居其地戰兵易敗散（正義曰近其室家懷顧望也）不如深壁令齊王使其信臣招所亡城亡城聞其王在楚來救必反漢漢兵二千里客居齊城皆反之其勢無所得食可無戰而降也龍且曰吾平生知韓信為人易與耳且夫救齊不戰而降之吾何功今戰而勝之齊之半可得何為止遂戰與信夾濰水陳（徐廣曰出東莞而東北流至北海都昌縣入海○索隱曰濰音維地理志濰水出琅邪箕縣東北至昌都入海徐所引蓋據水經與此小不同）韓信乃夜令人為萬餘囊滿盛沙壅水上流引軍半渡擊龍且佯不勝還走龍且果喜曰固知信怯也遂追渡水信使人決壅囊水大至龍且軍大半不得渡即急擊殺龍且龍且水東軍散走齊王廣亡去信遂追北至城陽（正義曰城陽雷澤縣是也在濮州東南九十一里）皆虜楚卒漢四年遂皆降平齊使人言漢王曰齊偽詐多變反覆之國也南邊楚不為假王以鎮之其勢不定願為假王便當是時楚方急圍漢王於滎陽韓信使者至發書（張晏曰發信使者所齎書）漢王大怒罵曰吾困於此旦暮望若來佐我乃欲自立為王張良陳平躡漢王足因附耳語曰漢方不利寧能禁信之王乎不如因而立善遇之使自為守不然變生漢王亦悟因復罵曰大丈夫定諸侯即為真王耳何以假為乃遣張良往立信為齊王（徐廣曰四年二月）徵其兵擊楚楚已亡龍且項王恐使盱眙人武涉（張華曰武涉墓在盱眙城東十五里）往說齊王信曰天下共苦秦久矣相與戮力擊秦秦已破計功割地分土而王之以休士卒今漢王復興兵而東侵人之分奪人之地已破三秦引兵出關收諸侯之兵以東擊楚其意非盡吞天下者不休其不知厭足如是甚也且漢王不可必身居項王掌握中數矣（正義曰數色角反）項王憐而活之然得脫輒倍約復擊項王其不可親信如此今足下雖自以與漢王為厚交為之盡力用兵終為之所禽矣足下所以得須臾至今者以項王尚存也當今二王之事權在足下足下右投則漢王勝左投則項王勝項王今日亡則次取足下足下與項王有故何不反漢與楚連和參分天下王之今釋此時而自必於漢以擊楚且為智者固若此乎韓信謝曰臣事項王官不過郎中位不過執戟（張晏曰郎中宿衛執戟之人也）言不聽畫不用故倍楚而歸漢漢

王授我上將軍印予我數萬衆解衣衣我推食食我言聽計用故吾得以至於此夫人深親信我我倍之不祥雖死不易幸為信謝項王武涉已去齊人蒯通知天下權在韓信欲為奇策而感動之以相人說韓信曰僕嘗受相人之術韓信曰先生相人何如對曰貴賤在於骨法憂喜在於容色成敗在於決斷以此參之萬不失一韓信曰善先生相寡人何如對曰願少閒信曰左右去矣通曰相君之面不過封侯又危不安相君之背貴乃不可言 張晏曰背畔則大貴 韓信曰何謂

也蒯通曰天下初發難也俊雄豪傑建號壹呼天下之士雲合霧集魚鱗雜遝熛至風起當此之時憂在亡秦而已今楚漢分爭使天下無罪之人肝膽塗地父子暴骸骨於中野不可勝數楚人起彭城轉鬭逐北至於滎陽乘利席卷威震天下然兵困於京索之閒迫西山而不能進者三年於此矣漢王將數十萬之衆距鞏雒阻山河之險一日數戰無尺寸之功折北不救 張晏曰折衄敗也北奔北 敗滎陽傷城皋 張晏曰於城皋傷胷也臣瓚曰謂軍折傷 遂走宛葉之閒此所謂智勇俱困者也夫銳氣挫於

險塞而糧食竭於內府百姓罷極怨望容容無所倚以臣料之其勢非天下之賢聖固不能息天下之禍當今兩主之命縣於足下足下為漢則漢勝與楚則楚勝臣願披腹心輸肝膽效愚計恐足下不能用也誠能聽臣之計莫若兩利而俱存之參分天下鼎足而居其勢莫敢先動夫以足下之賢聖有甲兵之衆據彊齊從燕趙出空虛之地而制其後因民之欲西鄉 正義曰鄉音向齊國在東故曰西向也 為百姓請命 正義曰止楚漢之戰鬬士卒之故云請命 則天下風走而響應矣孰敢不聽割大弱彊以立諸侯諸

侯已立天下服聽而歸德於齊案齊之故有膠泗之地懷諸侯之德深拱揖讓則天下之君王相率而朝於齊矣蓋聞天與弗取反受其咎時至不行反受其殃願足下孰慮之韓信曰漢王遇我甚厚載我以其車衣我以其衣食我以其食吾聞之乘人之車者載人之患衣人之衣者懷人之憂食人之食者死人之事吾豈可以鄉利倍義乎蒯生曰足下自以為善漢王欲建萬世之業臣竊以為誤矣始常山王成安君為布衣時相與為刎頸之交後爭張黶陳澤之事二

人相怨常山王背項王奉項嬰頭而竄逃歸於漢王漢王借兵而東下殺成安君泜水之南頭足異處卒為天下笑此二人相與天下至驩也然而卒相禽者何也患生於多欲而人心難測也今足下欲行忠信以交於漢王必不能固於二君之相與也而事多大於張黶陳澤故臣以為足下必漢王之不危已亦誤矣大夫種范蠡存亡越霸句踐立功成名而身死亡野獸已盡而獵狗亨夫以交友言之則不如張耳之與成安君者也以忠信言之則不過大夫種范蠡之於句踐也此二人者足以觀矣願足下深慮之且臣聞勇略震主者身危而功蓋天下者不賞臣請言大王功略足下涉西河虜魏王禽夏說引兵下井陘誅成安君徇趙脅燕定齊南摧楚人之兵二十萬東殺龍且西鄉以報此所謂功無二於天下而略不世出者也今足下戴震主之威挾不賞之功歸楚楚人不信歸漢漢人震恐足下欲持是安歸乎夫勢在人臣之位而有震主之威名高天下竊為足下危之韓信謝曰先生且休矣吾將念之後數日蒯通復說曰夫

聽者事之候也計者事之機也聽過計失而能久安者鮮矣聽不失一二者不可亂以言計不失本末者不可紛以辭夫隨廝養之役者失萬乘之權守儋石之祿者（晉灼曰揚雄方言海岱之間名甖為儋石斗石也蘇林曰齊人名小甖為儋石如今受鮐魚石甖不過一二石耳一說一儋與一斛之餘○索隱曰儋音都濫反石斗也蘇林解為得之鮐音胎）闕卿相之位故知者決之斷也疑者事之害也審毫氂之小計遺天下之大數智誠知之決弗敢行者百事之禍也故曰猛虎之猶豫不若蜂蠆之致螫（正義音適）騏驥之跼躅（徐廣曰跼一作踾也）不如駑馬之安步孟賁之狐疑不如庸夫之必至也雖有舜禹之智吟而不言不如瘖聾之指麾也（索隱曰鄒氏吟音巨蔭反又音琴）此言貴能行之夫功者難成而易敗時者難得而易失也時乎時不再來願足下詳察之韓信猶豫不忍倍漢又自以為功多漢終不奪我齊遂謝蒯通蒯通說不聽已詳狂為巫（徐廣曰一本遂不用蒯通蒯通曰夫迫於細苛者不可與圖大事拘於臣虜者固無君王之意說不聽因去詳狂也○索隱曰案漢書及戰國策皆有此文）漢王之困固陵用張良計召齊王信遂將兵會垓下項羽已破高祖襲奪齊王軍（徐廣曰以齊為平原千乘東萊齊郡）漢五年正月徙齊王信為楚王都下邳信至國召所從食漂母賜千金

張華曰漂母冢在泗口南岸 及下鄉南昌亭長賜百錢曰公小
人也為德不卒召辱己之少年令出胯下者以
為楚中尉告諸將相曰此壯士也方辱我時我
寧不能殺之邪殺之無名故忍而就於此項王
亡將鍾離眜家在伊廬 徐廣曰東海朐縣有伊盧鄉駰案韋昭曰今中盧縣○索
隱曰徐注出司馬彪郡國志○正義曰括地志云中盧在義清縣北二十里本春秋時盧戎之國也秦謂之伊盧漢為中
盧縣項羽之將鍾離眜冢在焉韋昭及括地志云皆説之也 素與信善項王死後亡
歸信漢王怨眜聞其在楚詔楚捕眜信初之國
行縣邑陳兵出入漢六年人有上書告楚王信
反高帝以陳平計天子巡狩會諸侯南方有雲

夢發使告諸侯會陳吾將游雲夢實欲襲信信
弗知高祖且至楚信欲發兵反自度無罪欲謁
上恐見禽人或説信曰斬眜謁上上必喜無患
信見眜計事眜曰漢所以不擊取楚以眜在公
所若欲捕我以自媚於漢吾今日死公亦隨手
亡矣乃罵信曰公非長者卒自剄信持其首謁
高祖於陳上令武士縛信載後車信曰果若人
言狡兔死良狗亨 張晏曰狡猶猾○索隱曰吳越春秋作郊兔戰國策曰東郭逡海内狡兔
也 高鳥盡良弓藏敵國破謀臣亡天下已定我
固當亨上曰人告公反遂械繫信至雒陽赦信

罪以為淮陰侯信知漢王畏惡其能常稱病不
朝從信由此日怨望居常鞅鞅羞與絳灌等列
信嘗過樊將軍噲噲跪拜送迎言稱臣曰大王
乃肯臨臣信出門笑曰生乃與噲等為伍上常
從容與信言諸將能不各有差上問曰如我能
將幾何信曰陛下不過能將十萬上曰於君何
如曰臣多多而益善耳上笑曰多多益善何為
為我禽信曰陛下不能將兵而善將將此乃信之
所以為陛下禽也且陛下所謂天授非人力也
陳豨拜為鉅鹿守 徐廣曰表云為趙相國將兵守代也 辭於淮陰侯

淮陰侯挈其手辟左右與之步於庭仰天歎曰
子可與言乎欲與子有言也豨曰唯將軍令之
淮陰侯曰公所居天下精兵處也而公陛下之
信幸臣也人言公之畔陛下必不信再至陛下
乃疑矣三至必怒而自將吾為公從中起天下
可圖也陳豨素知其能也信之曰謹奉教漢十
一年陳豨果反上自將而往信病不從陰使人
至豨所曰弟舉兵吾從此助公信乃謀與家臣
夜詐詔赦諸官徒奴欲發以襲呂后太子部署
已定待豨報其舍人得罪於信 索隱曰案晉灼曰楚漢春秋云謝公

也姚氏案功臣表云愼陽侯樂說淮陰舍人告信反者未知孰是信因欲殺之舍人弟上變告信欲反狀於呂后呂后欲召恐其黨不就乃與蕭相國謀詐令人從上所來言豨已得死列侯羣臣皆賀相國紿信曰雖疾彊入賀信入呂后使武士縛信斬之長樂鍾室正義曰長樂宮懸鍾之室信方斬之曰吾悔不用蒯通之計乃爲兒女子所詐豈非天哉遂夷信三族高祖已從豨軍來至見信死且喜且憐之問信死亦何言呂后曰信言恨不用蒯通計高祖曰是齊辯士也乃詔齊捕蒯通蒯通至上曰若教淮陰侯反乎對曰然臣固教之豎子不用臣之策故令自夷於此如彼豎子用臣之計陛下安得而夷之乎上怒曰亨之通曰嗟乎寃哉亨也上曰若教韓信反何寃對曰秦之綱絕而維弛山東大擾異姓並起英俊烏集秦失其鹿天下共逐之張晏曰以鹿喻帝位也於是高材疾足者先得焉蹠之狗吠堯堯非不仁狗固吠非其主當是時臣唯獨知韓信非知陛下也且天下銳精持鋒欲爲陛下所爲者甚衆顧力不能耳又可盡亨之邪高帝曰置之乃釋通之罪

太史公曰吾如淮陰淮陰人爲余言韓信雖爲布衣時其志與衆異其母死貧無以葬然乃行營高敞地令其旁可置萬家余視其母冢良然假令韓信學道謙讓不伐己功不矜其能則庶幾哉於漢家勳可以比周召太公之徒後世血食矣不務出此而天下已集乃謀畔逆夷滅宗族不亦宜乎

索隱述贊曰

君臣一體　自古所難　相國深薦
策拜登壇　沉沙決水　拔幟傳飡
與漢漢重　歸楚楚安　三分不議
僞遊可歎

淮陰侯列傳第三十二　史記九十二

思考與練習

1. 列舉本篇的古今字、通假字等。
2. 分析“大丈夫不能自食”“不及以聞”“頓之燕堅城之下”的“食”“聞”“頓”的用法。
3. 分析“上未之奇也”“上不我用”等的結構關係。
4. 簡述從“信至國”到“故忍而就於此”的主要內容。

(二)田單列傳

田單列傳第二十二　史記八十二
田單者齊諸田疏屬也索隱曰單音丹湣王時單爲臨
菑市掾不見知及燕使樂毅伐破齊齊湣王出
奔已而保莒城燕師長驅平齊而田單走安平
徐廣曰今之東安平也在青州臨菑縣東十九里古紀之酅邑齊改爲安平秦滅齊改爲東安平縣屬齊郡以定州有安平故加東字○索隱曰地理志東安平屬淄川國令其宗人盡斷其車軸末
而傅鐵籠徐廣曰傅音附○索隱曰斷音都緩反斷其軸恐長相撥也以鐵裹軸頭堅而易進也傅者截其軸與轂齊以鐵鍱附軸末施轄於鐵中以制轂也又方言曰車轄齊謂之籠郭璞云車軸也已而燕
軍攻安平城壞齊人走爭塗以轊折車敗徐廣曰轊車軸頭也音衛爲燕所虜唯田單宗人以鐵籠故得脫
東保即墨燕既盡降齊城唯獨莒即墨不下燕
軍聞齊王在莒并兵攻之淖齒徐廣曰多作悼齒也既殺
湣王於莒因堅守距燕軍數年不下燕引兵東
圍即墨即墨大夫出與戰敗死城中相與推田
單曰安平之戰田單宗人以鐵籠得全習兵立
以爲將軍以即墨距燕頃之燕昭王卒惠王立
與樂毅有隙田單聞之乃縱反閒於燕宣言曰
齊王已死城之不拔者二耳樂毅畏誅而不敢
歸以伐齊爲名實欲連兵南面而王齊齊人未
附故且緩攻即墨以待其事齊人所懼唯恐他

將之來即墨殘矣燕王以為然使騎劫代樂毅樂毅因歸趙燕人士卒忿而田單乃令城中人食必祭其先祖於庭飛鳥悉翔舞城中下食燕人怪之田單因宣言曰神來下教我乃令城中人曰當有神人為我師有一卒曰臣可以為師乎因反走田單乃起引還東鄉坐師事之卒曰臣欺君誠無能也田單曰子勿言也因師之每出約束必稱神師乃宣言曰吾唯懼燕軍之劓所得齊卒置之前行正義曰故郎反與我戰即墨敗矣燕人聞之如其言城中人見齊諸降者盡劓皆怒堅守唯恐見得單又縱反閒曰吾懼燕人掘吾城外冢墓僇先人可為寒心燕軍盡掘壟墓燒死人即墨人從城上望見皆涕泣其欲出戰怒自十倍田單知士卒之可用乃身操版插索隱曰操音七高反插音初洽反○正義曰古之軍行常負板插也與士卒分功妻妾編於行伍之閒盡散飲食饗士令甲卒皆伏使老弱女子乘城遣使約降於燕燕軍皆呼萬歲田單又收民金得千溢令即墨富豪遺燕將曰即墨即降願無虜掠吾族家妻妾令安堵燕將大喜許之燕軍由此益懈田單乃收城中得千餘

牛為絳繒衣畫以五彩龍文束兵刃於其角而灌脂束葦於尾燒其端鑿城數十穴夜縱牛壯士五千人隨其後牛尾熱怒而奔燕軍燕軍夜大驚牛尾炬火光明炫燿燕軍視之皆龍文所觸盡死傷五千人因銜枚擊之而城中鼓譟從之老弱皆擊銅器為聲聲動天地燕軍大駭敗走齊人遂夷殺其將騎劫燕軍擾亂奔走齊人追亡逐北所過城邑皆畔燕而歸田單兵日益多乘勝燕日敗亡卒至河上索隱曰齊之北界近河東蓋齊舊地也而齊七十餘城皆復為齊乃迎襄王於莒入臨菑而聽政襄王封田單號曰安平君索隱曰單初起安平故以為號

太史公曰兵以正合以奇勝魏武帝曰先出合戰為正後出為奇也正者當敵奇兵擊不備○索隱曰奇謂譎詐也注引魏武蓋亦軍令也善之者出奇無窮索隱曰兵不厭詐故云善之出奇無窮謂譎權變多也奇正還相生正義曰當猶合也言正兵當陣張左右翼掩其不備則奇正合敗敵也如環之無端索隱曰言用兵之術或用奇計使前敵不可測量如尋環中不知端際也夫始如處女適人開戶徐廣曰適音敵○索隱曰言兵始如處女之軟弱則敵人輕侮開戶不為備○正義曰敵人謂燕軍也言燕軍被田單久閒易將及被卒燒壟墓而令燕卒甚怒是敵人為單開門戶也後如脫兔適不及距魏武帝曰如處女示弱脫兔往疾也○索隱曰克捷之後卷甲而趨有如兔之得脫而疾走也敵不及距者若脫兔忽過而敵忘其拒距也其田單之謂邪初淖齒之殺湣王也莒人求湣王子法章

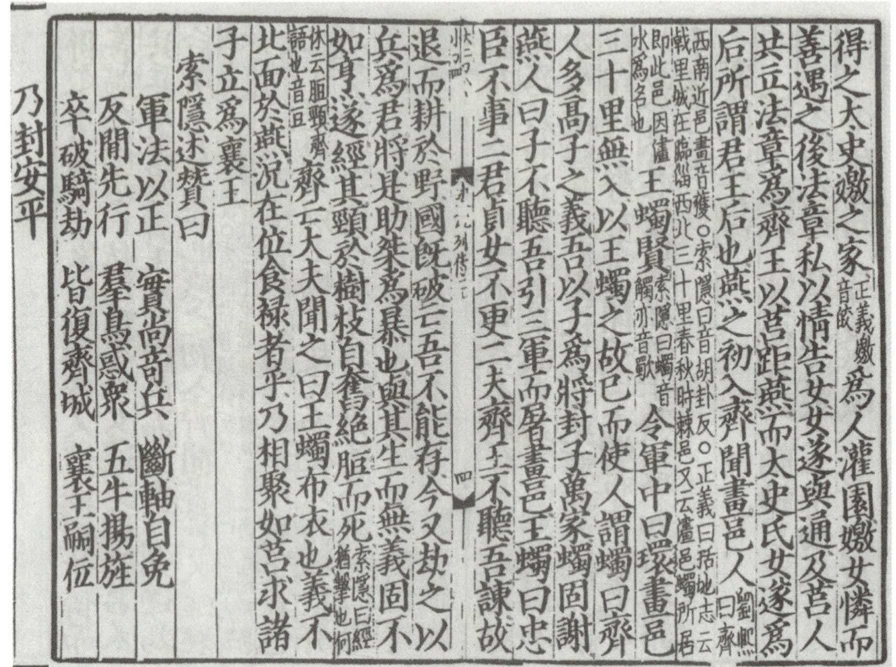

得之太史嬓之家（正義嬓音皎）爲人灌園嬓女憐而善遇之後法章私以情告女女遂與通及莒人共立法章爲齊王以莒距燕而太史氏女遂爲后所謂君王后也燕之初入齊聞畫邑人（劉熙曰齊西南近邑畫音獲○索隱曰音胡卦反○正義曰括地志云戟里城在臨淄西北三十里春秋時棘邑又云澅邑蠋所居即此邑因澅水爲名也）王蠋賢（索隱曰蠋音蜀亦音歜）令軍中曰環畫邑三十里無入以王蠋之故已而使人謂蠋曰齊人多高子之義吾以子爲將封子萬家蠋固謝燕人曰子不聽吾引三軍而屠畫邑王蠋曰忠臣不事二君貞女不更二夫齊王不聽吾諫故退而耕於野國既破亡吾不能存今又劫之以兵爲君將是助桀爲暴也與其生而無義固不如烹遂經其頸於樹枝自奮絕脰而死（索隱曰經猶繫也何休云脰頸也音豆）齊亡大夫聞之曰王蠋布衣也義不北面於燕況在位食祿者乎乃相聚如莒求諸子立爲襄王

索隱述贊曰

軍法以正　實尚奇兵　斷軸自免

反間先行　羣鳥惑衆　五牛揚旌

卒破騎劫　皆復齊城　襄王嗣位

乃封安平

思考與練習

1. 列舉本篇的被動句。
2. “東保即墨”“實欲連兵南面而王齊”的名詞“東”“王”分别是什麼用法？
3. 何爲“銜枚”？
4. 簡述從“頃之”到“使騎動代樂毅”的主要内容。

第十九章　漢　　書

一、典籍簡介

《漢書》，東漢班固撰，是中國第一部紀傳體的斷代史書，主要記述了上起漢高祖元年，下至王莽地皇四年（前 206—23 年）的史事。全書包括紀十二篇，表八篇，志十篇，傳七十篇，共一百篇，七十四萬餘字。唐顔師古認爲《漢書》卷帙繁重，便將篇幅較長者分爲上、下卷或上、中、下卷，奠定今本《漢書》一百二十卷的基礎。

班固(32—92年)，字孟堅，扶風安陵(今陝西咸陽)人。其父班彪撰曾寫《後傳》65篇，作爲《史記》續篇。漢光武帝建武三十年，班彪去世，班固開始整理《後傳》。因《後傳》不夠詳備，便在此基礎上着手撰寫《漢書》。漢和帝永元四年班固卒，尚有八表和《天文志》没有完成。和帝命其妹班昭續撰，後又命馬續踵成之。據司馬彪《續漢書・天文志》所載，馬續補修的僅爲《天文志》。

此書體例與《史記》大略相同，都是紀傳體。但《史記》是通史，《漢書》則是斷代史，首創斷代爲史的編纂方法。《漢書》把《史記》的“本紀”省稱“紀”，“書”改稱“志”，“列傳”簡稱爲“傳”，取消“世家”，將載入《史記》“世家”的外戚等編入“傳”内。這些體例上的變化，對後來的一些紀傳體史書影響很大。

《漢書》第一次創立《古今人表》和《百官公卿表》。《古今人表》收録人物從傳説時代的太昊到秦朝的吴廣，區分爲九等，並加以評價。《百官公卿表》首先叙述了秦漢分官設職的情况，各種官職的許可權和俸禄的數量，然後用分爲十四級、三十四官格的簡表，記録漢代公卿大臣的升降遷免。它篇幅不多，却比較清楚地反映了當時的職官制度和官僚的變遷，是研究秦漢官制不可或缺的資料。《漢書》的志尤爲人們所重視。由《史記》八書演變來的一些志，内容與《史記》也多有不同。如《食貨志》是由《史記》的《平准書》演變來的。它有上下兩篇，上篇言“食”，即農業經濟狀況，下篇談“貨”，即商業和貨幣情况，《食貨志》不僅是記述西漢經濟的專篇，而且對漢以前的情况有所追述，内容超出了《平准書》。在八書内容之外，《漢書》又創立了《刑法志》《五行志》《地理志》《藝文志》。《刑法志》系統地記載了法律制度的沿革和一些具體的律令規定。古代兵刑不分，此志又兼述了古今兵制的沿革。《五行志》專載五行災異，剔除其中天人感應的迷信色彩，志中保留的有關自然災害、地震、日月蝕的記載，是研究中國古代自然科學史的重要參考資料。《地理志》記録了當時的郡國行政區劃、歷史沿革、户口數字以及各地物産、經濟概況、民情風俗。《藝文志》考證了各種學術派别的源流，載録了存世的書籍，是中國現存最早的圖書目録。

《漢書》是研究西漢歷史的重要史籍。班固曾任蘭臺令史，負責掌管皇家圖籍，典校秘書，有條件看到大量的圖書資料；又加上有《史記》《後傳》作爲主要依據，因此，《漢書》保存的歷史資料比較豐富。漢武帝中期以前的西漢歷史記載，雖然《漢書》基本上移用了《史記》，但由於作者思想境界的差異和材料取捨標準不一，移用時也常常增補新的内容。如《賈誼傳》增加了“治安策”，《晁錯傳》補入了“教太子疏”“言兵事疏”“募民徙塞下疏”“賢良策”，《路温舒傳》增收了“尚德緩刑疏”，《鄒陽傳》增補了“諷諫吴王濞邪謀書”，《公孫弘傳》補入了“賢良策”等，在不少人物的傳記中增加了一些史事，提供了新的史料。另外，《漢書》還在《史記》之外新立了一些篇目，僅紀傳部分就增加了《惠帝紀》和王陵、吴芮、蒯通、伍被、賈山、李陵、蘇武等傳。至於漢武帝中期以後的西漢歷史，班固在《後傳》的基礎上，博采其他書籍，斟酌去取，綴集成篇。就保存西漢歷史資料來説，現存的史籍以《漢書》最稱完備。[①]

《漢書》《史記》所述内容多有重合之處，對比中更能凸顯二書的語言特色[②]：

(1)《史記》善於通過人物具體動作和語言的細緻描寫，生動地表現人物性格；《漢書》則多爲平實的叙述，較少描繪。例如：

①項王則受璧，置之坐上。亞父受玉斗，置之地，拔劍撞而破之。（《史記・項羽本紀》）

②羽受之。又獻玉斗范增，增怒，撞其斗。（《漢書・高帝紀》）

都是寫范增怒撞玉斗。《漢書》直叙其怒，語簡意達。《史記》却不着“怒”字，而通過“置之地”“拔劍”“撞”“破”一連串動作，做形象的描繪。又如：

③項王按劍而跽，曰：“客何爲者？”（《史記・項羽本紀》）

④項羽目之，問爲誰。（《漢書・樊噲傳》）

《史記》用“按劍而跽”這一動作描寫渲染出樊噲闖入後的緊張氣氛，並直接描寫人物語言，以增强現場感；《漢書》只寫“目之”，同時把項羽的問話改爲作者的叙述，語言平實。

(2)《史記》寫人物好用誇張手法，着力渲染；《漢書》用語平實質樸，力避誇飾。例如：

⑤樊噲側其盾以撞，衛士仆地。噲遂入，披帷西嚮立，瞋目視項王，頭髪上指，目眦盡裂。（《史記・項羽本紀》）

⑥（噲）直入，怒甚。（《漢書・高帝紀》）

《史記》用“頭髪上指”“目眦盡裂”等誇張之筆，渲染出樊噲的憤激之情、威武之狀。而《漢書》則以平實之語，直寫其怒。

(3)《史記》用語不避繁複，多用鋪排、複疊手法；《漢書》用語則力求簡潔。例如：

⑦校尉李朔、校尉趙不虞、校尉公孫戎奴，各三從大將軍獲王，以千三百户封朔爲涉軹侯，以千三百户封不虞爲隨成侯，以千三百户封戎奴爲從平侯。（《史記・衛將軍驃騎列傳》）

⑧校尉李朔、趙不虞、公孫戎奴，各三從大將軍獲王，封朔爲涉軹侯、不虞爲隨成侯、戎奴爲從平侯。（《漢書・衛青霍去病傳》）

例⑦《史記》複出“校尉”“以千三百户封”等語，分項鋪排，用語繁複，藉以顯示衛青部下官屬之衆，建功立業者之多。讀之“樸贍可喜”（洪邁《容齋隨筆》）。《漢書》則用合叙法，省去二十一字，使語言富有簡潔之效。《史記》中類似的用法非常普遍，而《漢書》

① 《漢書》成書、體例、表志的介紹等主要參考吴樹平的論述。見《中國大百科全書・中國歷史・秦漢史》“漢書”條，中國大百科全書出版社，1986年，第68-69頁。

② 參見傅惠鈞：《〈史記〉〈漢書〉語言比較説略》，載《文學語言論文集（第二、三合輯）》，重慶出版社，1997年，第206-215頁。

則多用省略、合叙的方法予以删改。

此外,《史記》重細節描寫,多人物對話,常用俚俗語言,多用虚詞;而《漢書》則較少細節描寫,常把人物對話改爲叙述語言,很少使用俚俗詞語,較多地删去虚詞尤其是語氣詞。總而言之,《史記》語言繪形繪色、豐繁細緻,生動傳神,富有文學色彩;《漢書》語言簡潔精練、平實質樸、嚴謹周密,史學性更强。

有關《漢書》語言學研究的相關論著有:倉修良《漢書辭典》(山東教育出版社,1996年)、李豔紅《〈漢書〉單音節形容詞同義關係研究》(中國社會科學出版社,2010年)、郭玲玲《〈漢書〉核心詞研究》(巴蜀書社,2016年)、萬獻初《〈漢書〉音義研究》(中華書局,2021年),等等。

《漢書》喜用古字古訓,閱讀難度較大。唐顔師古彙集前人二十三家的注釋,糾謬補闕,完成《漢書注》。清末王先謙作《漢書補注》;近人楊樹達作《漢書窺管》,在補正《漢書補注》的基礎上又有所擴展。今人許嘉璐等有《二十四史全譯·漢書》(漢語大詞典出版社,2004年),便於初學。

現存《漢書》主要爲刻本,目前所見早期刻本有北宋"景祐本"(實應是景祐本的覆刻本)、南宋湖北提舉茶鹽司本、南宋兩淮江東路轉運司本(殘本)、南宋前期建刊十二行本(殘本)、慶元建安劉元起刻本、蔡琪家塾刻本、南宋"福唐郡庠本"(北宋景祐本舊版經遞修而形成的印本)、元白鷺洲書院刻本、元大德九年太平路儒學刻明成化正德遞修本等。本教材所據爲國家圖書館藏宋嘉定十七年白鷺洲書院刻本《宋本前漢書》(《中華再造善本》影印本,2003年)。

1. 列舉《史記》《漢書》内容相似的篇章,並對比其語言方面的異同。
2. 舉例説明楊樹達《漢書窺管》對《漢書補注》有哪些補正。
3. 任選一部《漢書》宋刻本加以介紹。

二、文選篇目

（一）東方朔傳（節選）

東方朔傳第三十五　　漢書六十五

漢　護　軍　班　固　撰

唐正議大夫行秘書少監琅邪縣開國子顏　師古　集註

東方朔傳

東方朔字曼倩 師古曰倩音千見反 平原厭次人也 師古曰高祖功臣表有厭次侯爰類是則厭次之名也其來久矣而說者乃云後漢始爲縣於此致疑焉未通也厭音一涉反又音一琰反 武帝初即位徵天下舉方正賢良文學材力之士待以不次之位 師古曰不拘常次言超擢之○宋祁曰注文監本作擢也校本改也作之 四方士多上書言得失自衒鬻者以千數 師古曰衒行賣也鬻亦賣也衒音州縣之縣又音工縣反 其不足采者輒報聞罷 師古曰報云天子已聞其所上之書而罷之令歸 朔初來上書曰臣朔少失父母長養兄嫂年十二學書三冬文史足用 如淳曰貧子冬日乃得學書言文史之事足可用也○宋祁曰十二景本作十三 十五學擊劍十六學詩書 師古曰擊劍謂擊而中之非斬刺也○宋祁劉敞曰擊劍今有此戲非遥擊也 誦二十二萬言十九學孫吳兵法戰陣之具鉦鼓之教 師古曰鉦鼓所以爲進退士衆之節也鉦音征 亦誦二十二萬言凡臣朔固已誦四十四萬言又常服子路之言 服虔曰無宿諾○劉攽曰子路之言可使有勇者○劉敞曰既曰子路之言則無宿諾者非子路之言也 臣朔年二十二長九尺三寸目若懸珠齒若編貝 師古曰編列次也音鞭 勇若孟賁 師古曰孟賁衞人古之勇士也尸子說云人謂孟賁生乎曰勇貴乎曰勇富乎曰勇三者人之所難而皆不足以易勇故能捐三軍服猛獸也 捷若慶忌 師古曰王子慶忌也射之矢滿把不能中駟馬追不能及也 廉若鮑叔 師古曰齊大夫也與管仲分財自取其少而說者乃妄解云鮑焦非也焦自介士耳 信若尾生 師古曰尾生古之信士與女子期於橋下待之不至遇水而死一曰即微生高也 若此可以爲天子大臣矣 ○宋祁曰一本矣作未 臣朔昧死再拜以聞 朔文辭不遜高自稱譽上偉之 師古曰以爲大奇也 令待詔公車 師古曰公車令屬衞尉上書者所詣也 奉祿薄未得省見 師古曰不被省納不得見於天子也奉音扶用反其下並同 久之朔紿騶朱儒 文穎曰朱儒短人也騶本廄之御騶也後以爲騎謂之騶騎○宋祁曰注文本字新本作奉舊本監本作本 曰上以若曹無益於縣官 師古曰若汝也曹輩也 耕田力作固不及人臨衆處

官不能治民從軍擊虜不任兵事無益於
國用徒索衣食如淳曰索盡也師古曰音先各反下云索長安米亦同也今
欲盡殺若曹朱儒大恐啼泣○宋祁曰啼當刪王本作號朔
教曰上即過叩頭請罪居有頃聞上過朱
儒皆號泣頓首上問何爲對曰東方朔言
上欲盡誅臣等上知朔多端召問朔何恐
朱儒爲對曰臣朔生亦言死亦言朱儒長
三尺餘奉一囊粟錢二百四十臣朔長九

列傳三十五　漢書六十五　三

尺餘亦奉一囊粟錢二百四十朱儒飽欲
死臣朔飢欲死臣言可用幸異其禮不可
用罷之無令但索長安米上大笑因使待
詔金馬門稍得親近上嘗使諸數家射覆
師古曰數家術數之家也於覆器之下而置諸物令闇射之故云射覆數音所具反覆音芳目反置
守宮盂下射之皆不能中師古曰守宮蟲名也術家云以器養之食
以丹沙滿七斤擣治萬杵以點女子體終身不滅若有
房室之事則滅矣言可以防閑淫逸故謂之守宮也今
俗呼爲辟宮辟亦禦扞之義耳盂食器也若盋而大今
之所謂盋盂也盋音撥○劉攽曰守宮生屋壁如守宮

然故名之何在防淫佚也一蟲之微何能食丹
砂七斤人亦安肯捐七斤丹砂以餌一蟲也朔自
贊曰臣嘗受易請射之師古曰贊進也廼別蓍布
卦而對曰師古曰別分也音彼列反臣以爲龍又無角謂
之爲蛇又有足跂跂脈脈善緣壁是非守
宮即蜥蜴師古曰跂跂行貌也脈脈視貌也爾雅云蠑螈蜥蜴蝘蜓守宮是則一類耳揚雄方
言云其在澤中者謂之蜥蜴故朔曰是非守宮則蜥蜴
也蜥音先歷反蜴音余赤反蠑音榮螈音原蝘音烏典
反蜓音殄○劉攽曰守宮即人家屋壁中蝘蜓俗呼爲
蠍虎者是也此物唯在屋壁窗户間夜亦出蓋用此得
名耳術家之說安有此理師古乃信之
何哉○宋祁曰角音盧谷反獸不童也上曰善賜帛

列傳三十五　漢書六十五　四

十匹復使射他物連中輒賜帛師古曰中音竹仲反其下
並同時有幸倡郭舍人滑稽不窮師古曰幸倡倡優之見幸
遇者也滑音骨滑稽解在公孫弘傳常侍左右曰朔狂幸中耳
非至數也師古曰至實也臣願令朔復射朔中之臣
榜百朔不能中臣賜帛師古曰榜擊也音步行反廼覆樹
上寄生令朔射之朔曰是窶數也蘇林曰窶音貧窶之窶
數音數錢之數窶數鉤灌四股鉤也師古曰窶數戴
器也以盆盛物戴於頭者則以窶數薦之今賣白團餅
人所用者是也寄生者芝菌之類淋潦之日著樹而生
形有周圜象窶數者今關中俗亦呼爲寄生非爲蔦之

寄生也寓木宛童有枝葉者也故朔云著樹爲寄生盆
下爲窶數明其常在盆下今讀書者不曉其意謂射覆
之物覆在盆下輒改前覆守宮盂下爲盆字失之遠矣
楊惲傳云鼠不容穴銜窶數也盆下之物有飲食氣故
鼠銜之四股鐵鉤非所銜也
○宋祁曰數音藪景本作藪 舍人曰果知朔不能
中也朔曰生肉爲膾乾肉爲脯著樹爲寄
生盆下爲窶數上令倡監榜舍人舍人不
勝痛呼謈 服虔曰謈音暴鄧展曰呼音髐箭之髐謈音瓜瓝之瓝師古曰鄧音是也痛切
而叫呼也與田蚡傳呼服音義皆同一曰鄧音近之謈
自冤痛之聲也舍人榜痛乃勝云謈今人痛甚則稱阿
謈音步高反是故朔逐韻而嘲之云口無毛聲謷謷也
○劉敞曰若不緣寄生在盆下何得曰窶數前覆守宮

漢書六十五 五 光

自以盂此以盆何怪乎不然盂亦盆類朔故詭言之欲
以誤郭舍人也○又曰朔意蓋以寄生窶數皆是附著
他物而得名故謂今在盆下之寄生爲窶數大物在盆
下小物在盂下固可知也但不當改前盂字爲盆爾又
不必一日之中用一盂覆射此諸物也顏說未通又以
寄生爲芝菌形圓似窶數而云非寓木尤疏謬矣○宋
祁曰呼報當作呼服 朔笑之曰咄口無毛聲謷謷尻益
高 鄧展曰咄音納衮之納也師古曰咄叱咄之聲也音丁骨反鄧說非也謷音敖 舍人恚曰
朔擅詆欺天子從官當棄市 師古曰詆毀辱也音丁禮反
上問朔何故詆之對曰臣非敢詆之廼與
爲隱耳 師古曰隱謂隱語也 上曰隱云何朔曰夫口無

毛者狗竇也聲謷謷者鳥哺鷇也 韋昭曰凡鳥哺
子而活者爲鷇生而自啄曰雛師古曰鷇音口豆反○
劉攽曰狗竇文不全明小一字當云狗尻竇也緣兩尻
相重遂誤爾 尻益高者鶴俛啄也 師古曰俛即俯字也俯低也啄鳥觜
也俛又音免啄音竹救反 舍人不服因曰臣願復問朔隱
語不知亦當榜即妄爲諧語曰 師古曰諧者和韻之言也
令壺齟老柏塗伊優亞狋吽牙何謂也 張晏曰齟音樝棃之樝應劭曰狋音銀師古曰齟音側加反
又音壯加反塗音丈加反優音一侯反亞音烏加反狋
音五伊反吽音五侯反 朔曰令者命也壺者所以盛也
師古曰盛受物也音時政反 齟者齒不正也老者人所敬

漢書六十五 六

也柏者鬼之廷也 師古曰言鬼神尚幽闇故以松柏之樹爲廷府 塗者
漸洳徑也 師古曰漸浸洳也漸音子廉反洳音人庶反 伊優亞者辭
未定也狋吽牙者兩犬爭也舍人所問朔
應聲輒對變詐鋒出莫能窮者左右大驚
上以朔爲常侍郎遂得愛幸

思考與練習

1. 翻譯“朔文辭不遜，高自稱譽，上偉之，令待詔公車，奉祿薄，未得省見”，並解釋其中重點字詞。

2. 何爲“射覆”？

3. 何爲“隱語”？

（二）霍光傳（節選）

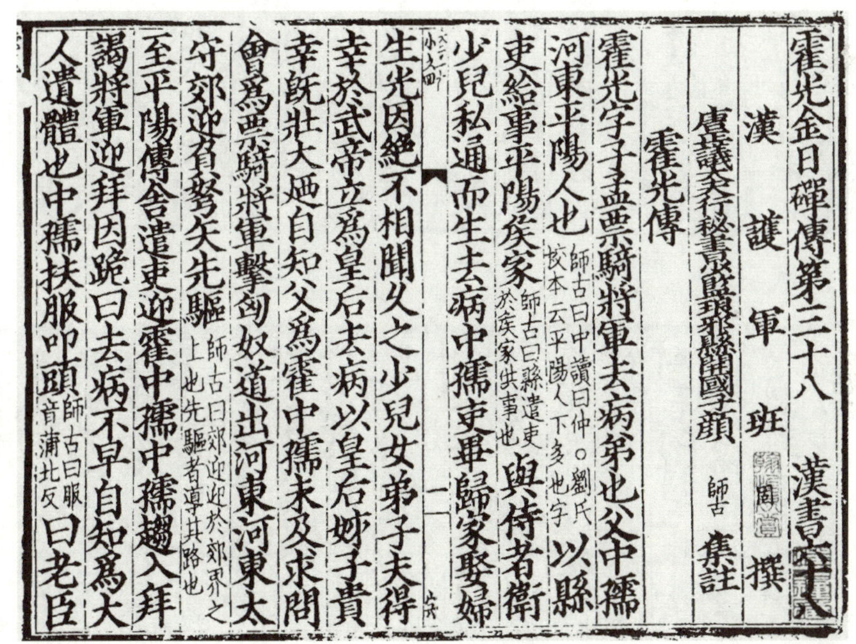

霍光金日磾傳第三十八　漢書六十八
漢　護　軍　班　撰
唐正議大夫行祕書少監琅邪縣開國子顏師古　集註
霍光傳
霍光字子孟票騎將軍去病弟也父中孺
河東平陽人也師古曰中讀曰仲○劉氏校本云平陽人下多也字以縣
吏給事平陽侯家師古曰縣遣吏於侯家供事也與侍者衛
少兒私通而生去病中孺吏畢歸家娶婦
生光因絕不相聞久之少兒女弟子夫得
幸於武帝立爲皇后去病以皇后姊子貴
幸既壯大廼自知父爲霍中孺未及求問
會爲票騎將軍擊匈奴道出河東河東太
守郊迎負弩矢先驅師古曰郊迎迎於郊界之上也先驅者導其路也
至平陽傳舍遣吏迎霍中孺中孺趨入拜
謁將軍迎拜因跪曰去病不早自知爲大
人遺體也中孺扶服叩頭師古曰服音蒲北反曰老臣

得託命將軍此天力也去病大爲中孺買田宅奴婢而去還復過焉廼將光西至長安時年十餘歲任光爲郎稍遷諸曹侍中去病死後光爲奉車都尉光祿大夫出則奉車入侍左右出入禁闥二十餘年（師古曰宮中小門謂之闥）小心謹慎未嘗有過甚見親信征和二年衛太子爲江充所敗而燕王旦廣陵王胥皆多過失是時上年老寵姬鉤弋趙倢伃有男（師古曰倢伃居鉤弋宮故稱之）上心欲以爲嗣命大臣輔之察羣臣唯光任大重可屬社稷（師古曰任堪也屬委也任音壬屬音之欲反）上廼使黄門畫者畫周公負成王朝諸侯以賜光（師古曰黄門之署職任親近以供天子百物在焉故亦有畫工）後元二年春上游五柞宮病篤光涕泣問曰如有不諱誰當嗣者（師古曰不諱言不可諱也）上曰君未諭前畫意邪（師古曰諭曉也）立少子君行周公之事光頓首讓曰臣不如金日磾日

磾亦曰臣外國人不如光上以光爲大司馬大將軍日磾爲車騎將軍及太僕上官桀爲左將軍搜粟都尉桑弘羊爲御史大夫皆拜卧內牀下（師古曰於天子所卧牀前拜職）受遺詔輔少主明日武帝崩太子襲尊號是爲孝昭皇帝年八歲政事壹決於光先是後元年侍中僕射莽何羅與弟重合侯通謀爲逆（師古曰莽音莫戶反）時光與金日磾上官桀等共誅之功未錄武帝病封璽書曰帝崩發書以從事遺詔封金日磾爲秺侯上官桀爲安陽侯光爲博陸侯（文穎曰博大陸平取其嘉名無此縣也食邑北海河東城師古曰蓋亦取鄉聚之名以爲國號非必縣也公孫弘平津鄉則是矣）皆以前捕反者功封時衛尉王莽子男忽侍中（師古曰即右將軍王莽也其子名忽）揚語曰（師古曰揚謂宣唱之）帝病忽常在左右安得遺詔封三子事（師古曰安猶焉○劉氏校本云別本作帝崩恐義不及病字李鐵本並作病今定作病字爲正）羣兒自相貴耳光聞之切讓王

莽師古曰切深也讓責也莽酖殺忽光爲人沈靜詳審
長財七尺三寸師古曰財與纔同白晳疏眉目美須
頿師古曰晳絜白也頿頰毛也晳音先歷反頿音人占反每出入下殿門
止進有常處郎僕射竊識視之不失尺寸
師古曰識記也音式志反其資性端正如此初輔幼主政
自己出師古曰自從也天下想聞其風采師古曰采文采殿中
嘗有怪一夜羣臣相驚光召尚符璽郎師古
曰恐有變難故欲收取璽郎不肯授光光欲奪之郎按劍

西傳卅八　四

曰臣頭可得璽不可得也光甚誼之明日
詔增此郎秩二等衆庶莫不多光師古曰多猶重也以
此重爲多足重也光與左將軍桀結婚相親光長女
爲桀子安妻有女年與帝相配晉灼曰漢語光嫡妻東閭氏生
安夫人昭后之母也桀因帝姊鄂邑蓋主內安女後宮
爲倢伃師古曰鄂邑所食邑爲蓋侯所尚故云蓋主也數月立爲皇后
父安爲票騎將軍封桑樂侯光時休沐出桀
輒入代光決事桀父子既尊盛而德長公

主師古曰懷其恩德也公主內行不修近幸河閒丁
外人桀安欲爲外人求封幸依國家故事
以列侯尚公主者光不許又爲外人求光
祿大夫欲令得召見又不許長主大以是
怨光而桀安數爲外人求官爵弗能得亦
慙自先帝時桀已爲九卿位在光右師古曰右上也
及父子並爲將軍有椒房中宮之重師古曰椒
房殿皇后所居皇后親安女光廼其外祖而顧專

西傳卅八　五

制朝事師古曰顓猶反也繇是與光爭權師古曰繇讀與由同燕
王旦自以昭帝兄常懷怨望及御史大夫
桑弘羊建造酒榷鹽鐵爲國興利伐其功
師古曰伐矜也欲爲子弟得官亦怨恨光於是蓋主
上官桀安及弘羊皆與燕王旦通謀詐令
人爲燕王上書言光出都肄郎羽林道上
稱蹕孟康曰都試也肄習也師古曰謂總閱試習武備也太官先置師古曰供
食飲之具又引蘇武前使匈奴拘留二十年不

降還迺爲典屬國而大將軍長史敞亡功爲搜粟都尉師古曰楊敞也又擅調益莫府校尉師古曰調選也莫府大將軍府也調音徒釣反光專權自恣疑有非常臣旦願歸符璽入宿衞察姦臣變候司光出沐日奏之桀欲從中下其事師古曰下謂下有司也音胡稼反桑弘羊當與諸大臣共執退光書奏帝不肯下明旦光聞之止畫室中不入如淳曰近臣所止計畫之室也或曰雕畫之室也師古曰雕畫是也上問大將軍安在左將軍桀對曰以燕王告其罪故不敢入有詔召大將軍光入免冠頓首謝上曰將軍冠師古曰令復著冠也朕知是書詐也將軍亡罪光曰陛下何以知之上曰將軍之廣明都郎屬耳師古曰之往也廣明亭名也屬耳近耳也屬音之欲反調校尉以來未能十日燕王何以得知之且將軍爲非不須校尉文穎曰帝云將軍欲反不由一校尉是時帝年十四尚書左右皆驚而上書者果亡捕之甚急桀等懼

西傳廿八　卷六十八　六

白上小事不足遂師古曰遂猶竟也不須窮竟也上不聽後桀黨與有譖光者上輒怒曰大將軍忠臣先帝所屬以輔朕身師古曰屬委也音之欲反其下亦同敢有毀者坐之自是桀等不敢復言迺謀令長公主置酒請光伏兵格殺之因廢帝迎立燕王爲天子事發覺光盡誅桀安弘羊外人宗族燕王蓋主皆自殺光威震海內

思考與練習

1. 列舉本篇的通假字。

2. 如何理解“敢有毁者坐之”的“坐之”?

3. 結合現代漢語方言理解“切讓王莽”的“讓”。

4. 簡述從“光與左將軍桀結婚相親”至“由是與光争權”的主要内容。

（三）張騫傳（節選）

張騫李廣利傳第三十一　漢書六十一
漢　護　軍　班　撰
唐正議大夫行祕書少監琅邪縣開國子顏　師古　集註
張騫傳
張騫漢中人也 師古曰陳壽益部耆舊傳云騫漢中成固人也○宋祁曰也字疑可刪
建元中爲郎時匈奴降者言匈奴破月
氏王 師古曰月氏西域胡國也氏音支 以其頭爲飲器 韋昭曰飲器椑榼也
晉灼曰飲器虎子屬也或曰飲酒之器也師古曰匈奴……頭共飲血盟然則飲酒之器是也
漢六一
韋……榼……皆非也椑榼即今之偏榼所以盛酒耳非用飲者也獸子褻器所以溲便者也椑音鼙
月氏遁而怨匈奴無與共擊之 師古曰無人援助也 漢
方欲事滅胡聞此言欲通使道必更匈奴
中 師古曰更過也音工衡反 迺募能使者騫以郎應募使
月氏與堂邑氏奴甘父 服虔曰堂邑姓也漢人其奴名甘父師古曰堂邑氏之奴本胡人名甘父下云堂邑父者蓋取主之姓以爲氏而單稱其名曰父○劉敞曰奴甘父直是此人名號耳非謂堂邑氏之奴名甘父也按胡人名字多以奴爲號又後言堂邑父益知其人自氏堂邑名奴甘父也
俱出隴西徑匈奴 師古曰道由匈奴過 匈奴得之傳詣

單于單于曰月氏在吾北漢何以得往使
吾欲使越漢肯聽我乎留騫十餘歲予妻
有子然騫持漢節不失居匈奴西騫因與
其屬亡鄉月氏 師古曰屬謂同使之官屬鄉讀曰嚮 西走數十日
師古曰走趨也不拍知其道里多少故以日數言之走音奏一曰走謂奔走也讀如本字 至大宛
大宛聞漢之饒財 ○劉氏校本云下大宛二字古本添 欲通不
得見騫喜問欲何之騫曰爲漢使月氏而
爲匈奴所閉道脫亡唯王使人道送我 師古
二
曰道讀曰導○宋本云越本脫作今 誠得至反漢漢之賂遺王財
物不可勝言大宛以爲然遣騫爲發道譯
抵康居 師古曰抵至也道讀曰導 康居傳致大月氏大月氏
王已爲胡所殺立其夫人爲王 ○宋本云古本夫人字下
有太子二字 既臣大夏而君之 師古曰以大夏爲臣爲之作君也 地肥
饒少寇志安樂又自以遠遠漢殊無報胡
之心 師古曰下遠音于萬反 騫從月氏至大夏竟不能得
月氏要領 李奇曰要領要契也師古曰李說非也要衣要也領衣領也凡持衣者則執要

與須言騫不能得月氏意趣無以持歸於漢故以要領爲諭要音一遥反 留歲餘還並
南山欲從羌中歸（師古曰並音步浪反）復爲匈奴所得
留歲餘單于死國内亂騫與胡妻及堂邑
父俱亡歸漢拜騫太中大夫堂邑父爲奉
使君騫爲人彊力寬大信人（師古曰強力言堅忍於事）蠻
夷愛之堂邑父胡人善射窮急射禽獸給
食（師古曰給供也○宋本云古本胡字上有故字）初騫行時百餘人去
十三歲唯二人得還騫身所至者大宛大

傳三十一　三

月氏大夏康居而傳聞其旁大國五六○宋
（本云古本旁字下有有字）具爲天子言其地形所有（師古曰土地之
形及所生之物也）語皆在西域傳騫曰臣在大夏時
見邛竹杖蜀布（臣瓚曰邛山名生此竹高節可作杖服虔曰布細布也師古曰邛竹
杖人皆識之無假多釋而蘇林乃言節間合而体離誤後學矣）問安得此大夏國
人曰吾賈人往市之身毒國（鄧展曰毒音篤李奇曰一名天
篤則浮屠胡是也師古曰即敬佛道者○宋本云注文天篤古本作天竺）身毒國在大
夏東南可數千里其俗土著（師古曰土著者謂有城郭常居

不隨畜牧移徙也著音直略反其下亦同）與大夏同而卑溼暑熱其
民乘象以戰（師古曰象大獸垂鼻長牙）其國臨大水焉以
騫度之（師古曰度計也）大夏去漢萬二千里居西南
今身毒又居大夏東南數千里有蜀物此
其去蜀不遠矣今使大夏從羌中險羌人
惡之少北則爲匈奴所得從蜀宜徑又無
寇（師古曰徑直也宜猶當也從蜀向大夏其道當直○宋本云顛末注前古本宜作直）天子既
聞大宛及大夏安息之屬皆大國多奇物

張傳三十一　四

土著頗與中國同俗而兵弱貴漢財物其
北則大月氏康居之屬兵彊可以賂遺設
利朝也（師古曰設施也施之以利誘令入朝）誠得而以義屬之（師古
曰謂不以兵革）則廣地萬里重九譯致殊俗威德徧
於四海天子欣欣以騫言爲然迺令因蜀
犍爲發間使數道並出（師古曰間使者求間隙而行○劉氏校本云監
本杭本越本數皆作四）出駹出莋出徙邛出僰（師古曰皆夷種名駹
音尨莋音材各反徙音斯僰音蒲北反○宋本云新本加字上有出字）皆各行一二

千里其北方閉氐筰（服虔曰漢使見閉於夷也師古曰氐與筰二種也○宋本云越本無行字）南方閉巂昆明（師古曰巂昆明亦皆東種名也巂音先蘂反）
昆明之屬無君長善寇盜輒殺略漢使終
莫得通然聞其西可千餘里有乘象國名
滇越（服虔曰滇音顛滇馬出其國）而蜀賈閒出物者或至
焉（師古曰閒出物謂私往市者）於是漢以求大夏道始通滇
國初漢欲通西南夷費多罷之及騫言可
以通大夏廼復事西南夷（師古曰事謂經略通之專以事也）騫
以校尉從大將軍擊匈奴知水草處軍得
以不乏（○劉敞曰水草處宜有知字○宋本云古本將軍下有數字淳化本無知字）廼封
騫為博望侯（師古曰取其能廣博瞻望）是歲元朔六年也
後二年騫為衛尉與李廣俱出右北平擊
匈奴匈奴圍李將軍軍失亡多而騫後期
當斬贖為庶人是歲驃騎將軍破匈奴西
邊殺數萬人至祁連山其秋渾邪王率衆
降漢而金城河西並南山至鹽澤空無匈

奴（師古曰並音步浪反○宋祁曰古本河西下更有西字浙本同）匈奴時有候者
到而希矣後二年漢擊走單于於幕北天
子數問騫大夏之屬騫既失侯因曰臣居
匈奴中聞烏孫王號昆莫昆莫父難兜靡
本與大月氏俱在祁連敦煌閒小國也（師古曰祁連山以東敦煌以西）
大月氏攻殺難兜靡奪其地人
民亡走匈奴子昆莫新生傅父布就翎侯
抱亡置草中（服虔曰傅父如傅母也李奇曰布就字也翎侯烏孫官名也為昆莫作傅父也師古曰翎侯烏孫大臣官號其數非一亦猶漢之將軍耳而布就者又翎侯之中別號猶右將軍左將軍耳非其人之字翎與翕同）為求食還見狼乳之（師古曰以乳飲之）又
烏銜肉翔其旁以為神遂持歸匈奴（○宋祁曰古本浙本歸作降）
單于愛養之及壯以其父民衆與昆
莫使將兵數有功時月氏已為匈奴所破
西擊塞王（師古曰塞音先得反西域國名即佛經所謂釋種者塞釋聲相近本一姓耳）塞
王南走遠徙月氏居其地昆莫既健自請
單于報父怨遂西攻破大月氏大月氏復

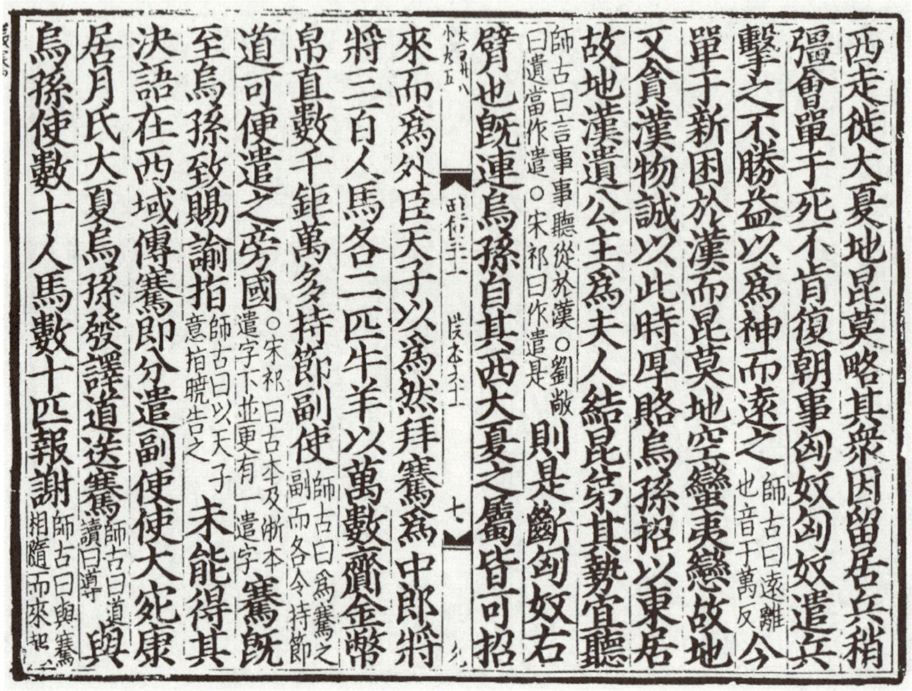
西走徙大夏地，昆莫略其衆，因留居，兵稍彊，會單于死，不肯復朝事匈奴。匈奴遣兵擊之，不勝，益以爲神而遠之（師古曰：遠，離也，音于萬反）。今單于新困於漢，而昆莫地空。蠻夷戀故地，又貪漢物，誠以此時厚賂烏孫，招以東居故地，漢遣公主爲夫人，結昆弟，其勢宜聽（師古曰：言事事聽從於漢。○劉敞曰：遺當作遣。○宋祁曰：作遣是），則是斷匈奴右臂也。既連烏孫，自其西大夏之屬皆可招來而爲外臣。天子以爲然，拜騫爲中郎將，將三百人，馬各二匹，牛羊以萬數，齎金幣帛直數千鉅萬，多持節副使（師古曰：爲騫之副，而各令持節），道可使遣之旁國（○宋祁曰：古本及浙本遣字下並更有一遣字）。騫既至烏孫，致賜諭指（師古曰：以天子意指曉告之），未能得其決。語在西域傳。騫即分遣副使使大宛、康居、月氏、大夏。烏孫發譯道送騫（師古曰：道讀曰導），與烏孫使數十人，馬數十匹，報謝（師古曰：與騫相隨而來報謝）

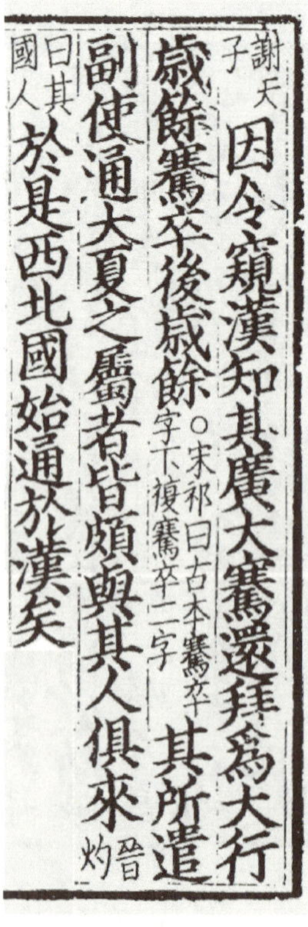
（謝天子），因令窺漢，知其廣大。騫還，拜爲大行。歲餘，騫卒。後歲餘（○宋祁曰：古本騫卒字下複騫卒二字），其所遣副使通大夏之屬者皆頗與其人俱來（晉灼曰：其國人），於是西北國始通於漢矣。

思考與練習

1. 翻譯“漢方欲事滅胡，聞此言欲通使，道必更匈奴中，迺募能使者”，並解釋其中重點字詞。

2. 如何理解“爲發譯道”的“譯道”？

3. “吾賈人往市之身毒國”中的“身毒”，後來作“天竺”，它們是否存在語音關係？

第二十章　古白話文獻

一、關於古白話

古代漢語包括兩個系統:(1)以先秦口語爲基礎而形成的上古漢語書面語言以及後來歷代作家仿古作品中的語言,也就是通常所謂的文言。(2)魏晉以後以北方話爲基礎而形成的白話文(主要指"古白話")。文言文和古白話聯繫比較緊密,有時很難分清楚。因此,唐宋以來所謂的白話作品中往往會存在文言、白話混雜的現象。爲了全面學習古代漢語,在學習文言文之餘,就有必要適當瞭解古白話。[①]

古白話是中古以後逐漸形成的文本形式。"秦以前的書面語和口語的距離估計不至於太大,但漢魏以後逐漸形成一種相當固定的書面語,即後來所説的'文言'。雖然在某些類型的文章中會出現少量口語成分,但是以口語爲主體的'白話'篇章,如敦煌文獻和禪宗語録,却要到晚唐五代才開始出現,並且一直要到不久之前才取代'文言'的書面漢語的地位。根據這個情況,以晚唐五代爲界,把漢語的歷史分成古代漢語和近代漢語兩個大的階段是比較合適的。"[②]

關於白話的定義,早期比較關注與口語的關係,如《白話文學史·自序》:"我把'白話文學'的範圍放的很大,故包括舊文學中那些明白清楚近於説話的作品。我從前曾經説過,'白話'有三個意思:一是戲臺上説白的'白',就是説得出,聽得懂的話;二是清白的'白',就是不加粉飾的話;三是明白的'白',就是明白曉暢的話。以這三個標準,我認定《史記》《漢書》裏有許多白話,古樂府歌辭大部分是白話的,佛書譯本的文字也是當時的白話或很近於白話,唐人的詩歌——尤其是樂府絶句——也有很多的白話作品。"[③]此後則會綜合考慮時代和語體等問題,吕叔湘就説:"白話是唐宋以來的語體文。"[④]蔣紹愚則更明確地將文言和白話的區别置於上古漢語與近代漢語詞彙語法系統的區别之上:"文言和白話的根本區别是詞彙語法系統的差别。依據上古漢語詞彙語法系統的是文言,依據近代漢語和現代漢語詞彙語法系統的是白話。這是人們通常所説的'文言'和'白話'的區分。"[⑤]本教材接受這一觀點,將白話界定爲採用近代漢語

① 參見王力:《古代漢語(校訂重排本)·緒論》,中華書局,1999年,第1-2頁;張中行:《文言和白話》,中華書局,2007年,第219-238頁;祝鴻熹:《古代漢語三百題》,商務印書館,2017年,第3-4頁。

② 吕叔湘:《近代漢語指代詞·序言》,學林出版社,1985年。

③ 胡適:《白話文學史》,新月書店,1928年,第13頁。

④ 吕叔湘:《文言和白話》,《國文雜誌》1944第3卷第1期。

⑤ 參見蔣紹愚:《也談文言和白話》,《清華大學學報(哲學社會科學版)》,2019年第2期。

和現代漢語詞彙語法系統所撰寫的語篇。

宋元以來的白話文與現代漢語比較接近，多數作品的内容比較容易理解。唐五代時期尚處於上古漢語詞彙語法系統向近代漢語詞彙語法系統轉變的發端期，白話作品中文白混雜的現象尤爲普遍，體現出文言、白話交融與變化的情況。作品内容往往較難理解。因此，本教材主要選取敦煌變文、王梵志詩、《祖堂集》等唐五代時期的白話作品，兼及時代相對模糊的《大唐三藏取經詩話》(晚唐五代至宋)，以期對古代的白話作品有初步的認識。

(一)敦煌變文

敦煌在甘肅省河西走廊西端，處於甘肅、新疆、青海三省區的交界地帶，是中國古代通往西域各國的重要樞紐。敦煌文獻一般指敦煌藏經洞出土的文獻，又稱敦煌遺書、敦煌卷子。有時也兼指在敦煌其他地區發現的文獻，如敦煌懸泉漢簡等。

關於藏經洞封閉的原因，目前大致有三説："避難説""廢棄説""書庫改造説"，其中影響較大的是避難説。不過，避難説又有宋初避西夏之亂(1035 年)、避黑韓王朝之亂(1006 年)等各種不同的觀點。[①]

清朝末年，居住在敦煌莫高窟下寺的道士王圓籙有意將下寺對面大窟(現爲 16 窟)的佛殿改造成道教的靈宫，但洞口甬道堆滿了沙土，王道士就雇了幾個夥計幫忙清掃。約在光緒二十六年庚子五月二十六日(1900 年 6 月 22 日，一説 1899 年)，一位姓楊的夥計發現甬道北壁的壁畫後面可能有洞，當晚，王道士與楊夥計破壁，於是發現了藏經洞。王道士將部分佛經寫卷和絹畫送給附近的士紳和往來的官吏，以换取功德錢。此後，英國人斯坦因、法國人伯希和、俄國人奥登堡等陸續到達敦煌，並批量購求藏經洞寫卷，敦煌文獻因之大量外流。目前所知的敦煌寫卷約有七萬號，它們主要藏於中國國家圖書館、英國圖書館、法國國家圖書館和俄羅斯科學院東方文獻研究所等處。北京中國國家圖書館所藏原以千字文進行編號，現用縮寫"北敦"(BD)作爲編號，約藏 16579 號。倫敦英國圖書館所藏敦煌文獻主要是斯坦因收集品，總號爲 Or. 8210，此後又用縮寫 S. (Stein number，中文作"斯")等來編號，有 17000 餘號。巴黎法國國家圖書館所藏是伯希和收集品，全部用 Pelliot 標號，簡稱 P. (中文作"伯")，具體資料又按語種編爲 Pelliot chinois(漢文材料)、Pelliot tibétain(藏文材料)、Pelliot ouigour(回鶻文材料)、Pelliot sogdien(粟特文材料)、Pelliot sanskrit(梵文材料)、Pelliot Si—hia(西夏文材料)等，有 7000 餘號。聖彼得堡俄羅斯科學院東方文獻研究所所藏主要是奥登堡收集品，則以編目者弗路格名字首字母(Ф. 或 F.)或"敦煌"縮寫(Дx. 或 Dx.

① 參見劉進寶:《20 世紀敦煌藏經洞封閉時間及原因研究的回顧》,《敦煌研究》2000 年第 2 期。

等)進行編號,有近兩萬號。①

"變文"和"變相"有關,"變"指變化、變現、變異的意思。"變相"是類似於連環畫的故事畫,"變文"是"變相"的文字說明,後來"變文"脱離"變相"而獨立,便成爲一種通俗文學體裁。變文大概是源自中國固有的賦體、叙事歌謡,而又吸收了佛教文學的影響。早期研究者傾向於用"變文"作爲敦煌所出講唱文學作品的統稱,可以粗分爲兩類:一是講唱佛經和佛家故事的;二是講唱我國歷史故事的。第一類變文又可以分成三種:①按照佛經的經文,先作通俗的講解,再用唱詞重複解説一遍;②講説釋迦牟尼太子出家成佛的故事;③講佛弟子和佛教的故事。後兩種有説有唱。第二類變文也可分爲三種,但不以故事内容分,而是按形式分的:①有説有唱;②有説無唱或有唱無説;③對話體。②

本節所選《王昭君變文》屬於有説有唱的歷史故事,見伯希和 2553(Pelliot chinois. 2553)號,原缺題目,王重民等先生據故事擬補。具體校證參照黄征、張涌泉《敦煌變文校注》(中華書局,1997 年,第 156-173 頁)。

(二)王梵志詩

王梵志是隋唐時期著名的白話詩人,關於他的身世,晚唐馮翊子(嚴子休)《桂苑叢談·史遺》云:

王梵志,衛州黎陽人也。黎陽城東十五里有王德祖者,當隋之時,家有林檎樹,生癭大如斗。經三年,其癭朽爛,德祖見之,乃撤其皮,遂見一孩兒,抱胎而出,因收養之。至七歲能語,問曰:"誰人育我?"及問姓名。德祖具以實告:"因林木而生,曰梵天(後改曰志);我家長育,可姓王也。"作詩諷人,甚有義旨,蓋菩薩示化也。

雖然這些記載有傳説的成分,但大致可推測出王梵志應生於隋代,是衛州黎陽人。《太平廣記》卷八十二引《史遺》也説他生於"隋文帝時",爲衛州黎陽人。

敦煌所出王梵志詩寫本共有三十五種,加上散見於唐宋筆記詩話、禪宗語録中的王梵志詩,張錫厚《王梵志詩校輯》釐定爲 336 首,項楚《王梵志詩校注》經過重新分首、辨僞和輯佚,釐定爲 390 首。這近四百首詩的内容相當廣泛,思想十分駁雜,它們透露了關於作者的許多情況。項楚先生潛心玩索後,認爲這近四百首"王梵志詩"絶不是一人一時所作,而是在數百年間,由許多無名白話詩人陸續寫就的。從現存王梵志詩的全部内容來看,它們的作者應該是一些僧侣和民間知識分子。項楚將王梵志詩分成三個部分:(1)敦煌所出上中下三卷本王梵志詩集。王梵志詩集是王梵志詩的主體部分,

---

① 參見榮新江:《敦煌學十八講》,北京大學出版社,2001 年,第 53-74、96-123 頁。寫卷數量部分,參見張涌泉:《敦煌寫本文獻學》,甘肅教育出版社,2013 年,第 8-9 頁。

② 參見王重民等:《敦煌變文集·叙例》,人民文學出版社,1957 年。黄征、張涌泉:《敦煌變文校注·前言》,中華書局,1997 年。

大致産生於初唐尤其是武則天當政時期。(2)敦煌所出一卷本王梵志詩。這類王梵志詩實際上是唐代民間的童蒙讀本,寫作年代應在晚唐時期。(3)散見的王梵志詩。散見的王梵志詩出處比較複雜,大致是從盛唐到宋初的很長時間内陸續産生的。①

本節所選爲伯希和3211(Pelliot chinois. 3211)號寫卷所收王梵志詩,並參照項楚《王梵志詩校注》的内容,對應校注來看,範圍是第〇三一到〇四六首。

(三)《祖堂集》

《祖堂集》是現存最早的禪宗語録集,爲南唐泉州招慶寺静、筠二禪師所編。文僜禪師於南唐保大十年(952年)爲之作序,一般也就認爲《祖堂集》成書於952年前後。"祖"者,佛祖。"堂"者,佛堂。"祖堂",即供奉佛祖的地方。《祖堂集》,顧名思義,是按禪宗歷代諸祖依傍正、祖位次第,並及古今諸方法要,隨其源流系譜編集而成的一部禪宗史料總集。《祖堂集》中收録了包括佛祖、西土二十八祖、東土六祖及六祖惠能的弟子、青原與南嶽兩系禪師,共246位祖師和禪師的語録、事蹟,歷來被認爲是研究禪宗史和唐五代語言史的珍貴史料。

《祖堂集》問世五十年之後,北宋景德元年(1004年)道原編輯的三十卷本《景德傳燈録》告竣,當時的宰相楊億爲之作序,宋真宗敕以"景德"爲名,並奉敕收入《大藏經》。半欽定的性質,加之當時雕版印刷術的普及,使《景德傳燈録》很快就廣爲傳播,成爲出家人和一般士大夫參習禪宗的主要讀物,取得了禪宗史書的權威地位。此後,《祖堂集》逐漸在中國本土消失了。②

《祖堂集》包括兩方面的内容:一是對禪門諸法師的源流系譜的敘述,二是各禪師的行狀實録,其中保存了不少禪宗語録。《祖堂集》的編集工作大約在寫序之前二十年已經開始。書中所記主要是福州雪峰山義存禪師一系在福州、漳州、泉州的歷史,所記録的其他宗派大多活躍於湖南、湖北、江西、廣東、浙江。這些禪師大多數是九世紀人。因此本書可以看成九世紀語言的記録,而且可能帶有南方方言尤其是閩地方言的色彩。語法方面,人稱代詞後表示複數的詞尾"儂",表示牲畜雌性成分後置的形式"~母",方位介詞"著",遠指代詞"許"及疑問代詞"底"等,都是現代閩語常用的語法形式;語音方面,從異文别字等可以看出有閩地方音的特色。③

---

① 關於王梵志的生平和王梵志詩的分類等,參見項楚:《王梵志詩論》,《文史》1988年第31輯,第209-233頁。

② 關於《祖堂集》性質、成書時間、内容、流傳等,參見張美蘭:《祖堂集校注·前言》,商務印書館,2009年;曹廣順等:《〈祖堂集〉語法研究·導言》,河南大學出版社,2011年。

③ 參見劉堅:《近代漢語讀本》,上海教育出版社,1985年,第70-71頁;梅祖麟:《〈祖堂集〉的方言基礎和它的形成過程》,in Chaofen Sun(ed.)Studies on the History of Chinese Syntax. Journal of Chinese Linguistics monograph series, Berkeley California: Project on Linguistic Analysis, 1997(10):49-63;[日]衣川賢次:《〈祖堂集〉的基礎方言》,《新國學》2014年第10卷。

該書在高麗高宗三十二年(1245 年)開版,其版木現在作爲韓國國寶《八萬大藏經》的十五部藏外補版之一保存在海印寺藏經閣裏。現在流布中、日、韓等國的影印本,底本可以分爲兩個系統:(1)日本花園大學藏本;(2)韓國東國大學《影印高麗大藏經補遺》所據之本。花園大學本原爲海印寺住持幻鏡法師舊藏,或是 20 世紀初印成的後印本。1972 年柳田聖山主持影印,由日本京都中文出版社出版。後來中國流布的其實是此影印本的覆印本。《影印高麗大藏經補遺》所據底本時間比花園大學藏本要早,但流布不如前者廣泛。本教材所選爲全國圖書館文獻縮微複製中心 1993 年影印本,底本是日本花園大學藏本。①

《祖堂集》點校本較多,如 1994 年中國台灣《禪藏(十六)》本,1996 年嶽麓書社版吴福祥、顧之川點校本,2001 年中州古籍出版社版張華點校本,2007 年中華書局版孫昌武等點校本,2009 年商務印書館版張美蘭《祖堂集校注》等。

本節所選爲《祖堂集》卷三的"牛頭和尚"到"老安和尚"數篇,録文參照孫昌武等《祖堂集》(中華書局,2007 年,第 135-153 頁)和張美蘭《祖堂集校注》(商務印書館,2009 年,第 82-89 頁)。

(四)《大唐三藏取經詩話》

《大唐三藏取經詩話》,分上中下三卷,十七章,原缺首章、第七章結尾、第八章開頭。此書乃日本高山寺舊藏,歸三浦將軍所有,爲巾箱本。日本東京成簣堂文庫另有大字本《新雕大唐三藏法師取經記》殘卷,殘損極多,不及全書一半。

關於該書的成書年代,約有四說。(1)晚唐五代說。李時人、蔡鏡浩結合體制、内容、思想傾向和語言現象等,劉堅結合語音、語法、詞彙等,分別認定該書成書於晚唐五代。② (2)北宋說。張錦池認爲該書成書"不會早於北宋仁宗年間,不會晚於南宋高宗年間",很可能是北宋晚期的作品。③ (3)南宋說。書末有"中瓦子張家印"字樣,王國維考證,此張家就是吴自牧《夢粱録》卷十五所提到的"張官人經史子文籍鋪",屬於南宋臨安書肆,故此書應是宋槧本,並據此推斷這是南宋所撰話本。④ (4)元代前後說。魯迅認爲"此書或爲元人撰,未可知矣"⑤。利用日本建長二年的《高山寺聖教目録》,汪維

① 參見[日]衣川賢次:《關於〈祖堂集〉的校理》,孫昌武等《祖堂集》下册"附録二",中華書局,2007 年,第 933-954 頁。

② 參見李時人、蔡鏡浩:《〈大唐三藏取經詩話〉成書時代考辨》,《徐州師範學院學報(哲學社會科學版)》1982 年第 3 期;劉堅:《〈大唐三藏取經詩話〉寫作時代蠡測》,《中國語文》1982 年第 5 期。

③ 參見張錦池:《〈大唐三藏取經詩話〉成書年代考論》,《學術交流》1990 年第 4 期。

④ 參見王國維:《〈唐三藏取經詩話〉跋》,《國學月報(王静安先生專號)》1927 年第 2 卷,第 414-415 頁;又見王國維:《宋槧〈大唐三藏取經詩話〉跋》,趙萬里、王國華合編:《海寧王静安先生遺書(十二)》,商務印書館,1940 年。

⑤ 魯迅:《中國小説史略》,北新書局,1926 年,第 128 頁。

輝確證，至遲在 1250 年之前，《大唐三藏取經詩話》入藏高山寺，從刊刻年代看，它應是南宋刻本。[①] “元代前後説”就不攻自破了。但到底成書於晚唐五代還是宋代，則仍然有探討餘地。

《大唐三藏取經詩話》是一本講説佛教故事的話本。它所講説的玄奘西行取經故事，是這個故事現存的最早形式。宋代的説話是唐代俗講的繼續和發展，最初還是以説經和講史兩家爲主，但現在説經的話本已很少見，《大唐三藏取經詩話》便是爲數不多的這類話本中的一種。值得注意的是，它的時代雖早，口語化的程度却比較高，大體是淺近的文言夾雜着白話。從内容上看，《大唐三藏取經詩話》與變文的關係應該是比較密切的。例如變文在唱詞前常常有“……處若爲陳説”的套語，這説明它在講到某一重要之“處”，就要用唱詞來着重描寫和鋪叙。《大唐三藏取經詩話》也分爲若干段，每段各有標題，多數標題之下也都有一個“處”字，很接近變文的體例。從語言上看，該書的用韻、語法格式和語彙也都很接近變文。[②]

羅振玉依據日本所藏巾箱本加以影印，有 1915 年上虞羅氏影印本，收入《吉石盦叢書》初集，文學古籍刊行社 1954 年又據以影印。該影印本後收入《羅雪堂先生全集》第七編第三種（中國台灣大通書局，1976 年）。《古本小説集成》第 4 輯也有《大唐三藏取經詩話》影印本，底本是文學古籍刊行社 1954 年影印本。本教材所選爲《羅雪堂先生全集》第七編第三種所收《大唐三藏取經詩話》影印本。

本節所選爲該書“入鬼子母國处第九”“经过女人國处第十”兩章，參照點校本《大唐三藏取經詩話》（中國古典文學出版社，1958 年，第 18-24 頁）。

1. 根據個人閱讀所得，簡單列舉白話的界定標準。
2. 上古漢語詞彙語法系統有哪些特點？
3. 除教材所及外，還有哪些典型的唐五代時期的白話作品？
4. 結合《中國語歷史文法》等談談你對“同時資料”和“後時資料”的理解。

① 參見汪維輝：《〈大唐三藏取經詩話〉、〈新雕大唐三藏法師取經記〉刊刻於南宋的文獻學證據及相關問題》，《語言研究》2010 年第 4 期。

② 參見劉堅：《近代漢語讀本》，上海教育出版社，1985 年，第 120 頁。

二、文選篇目

（一）王昭君變文（節選）

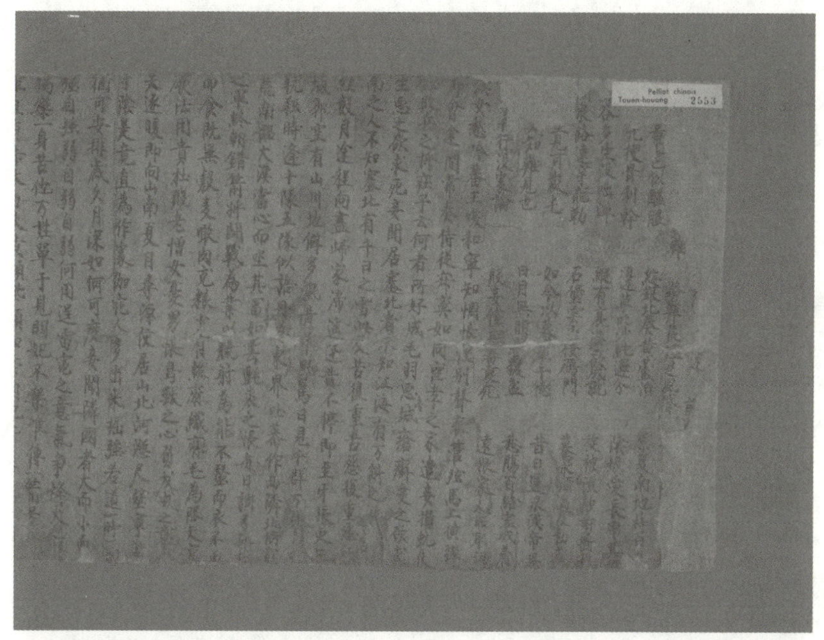

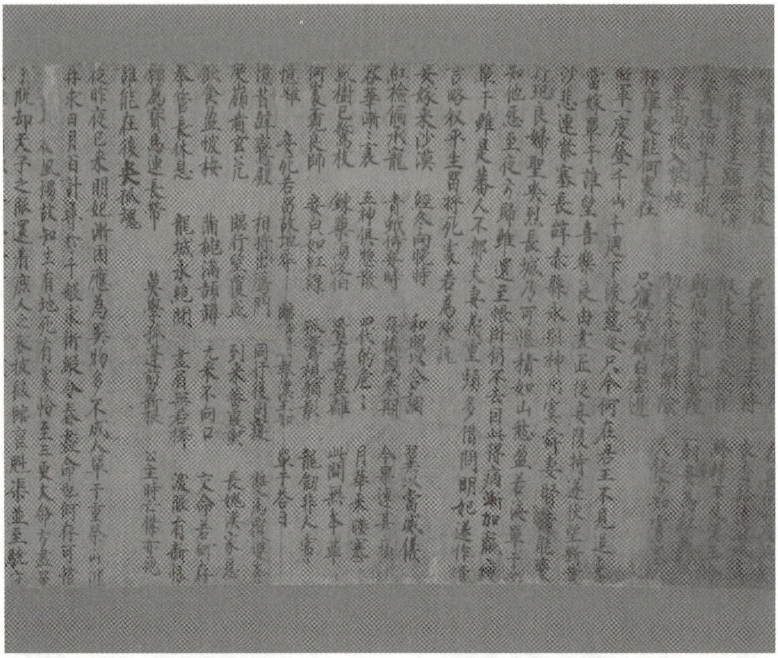

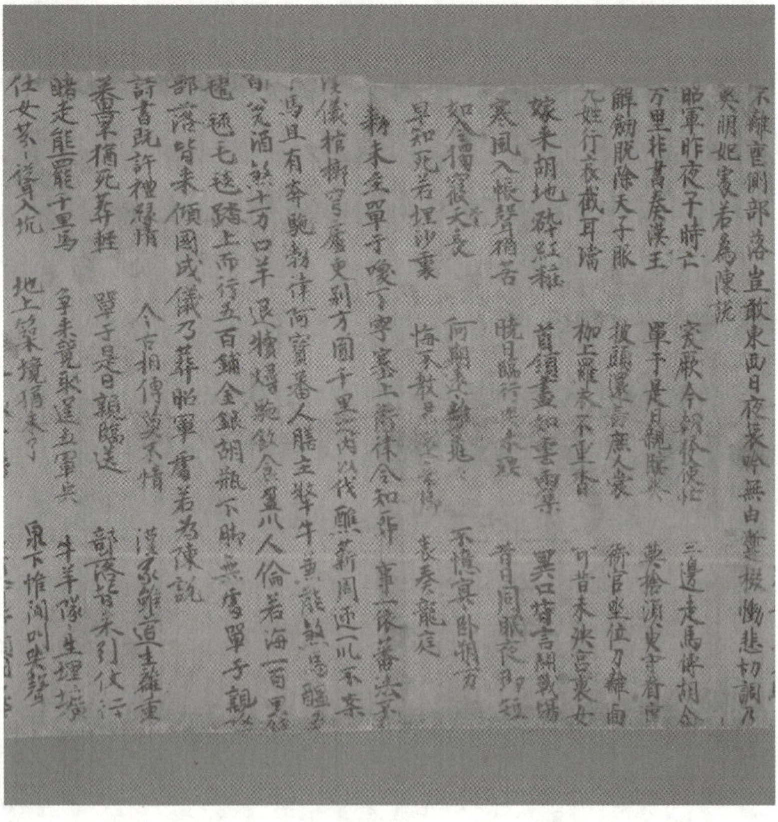

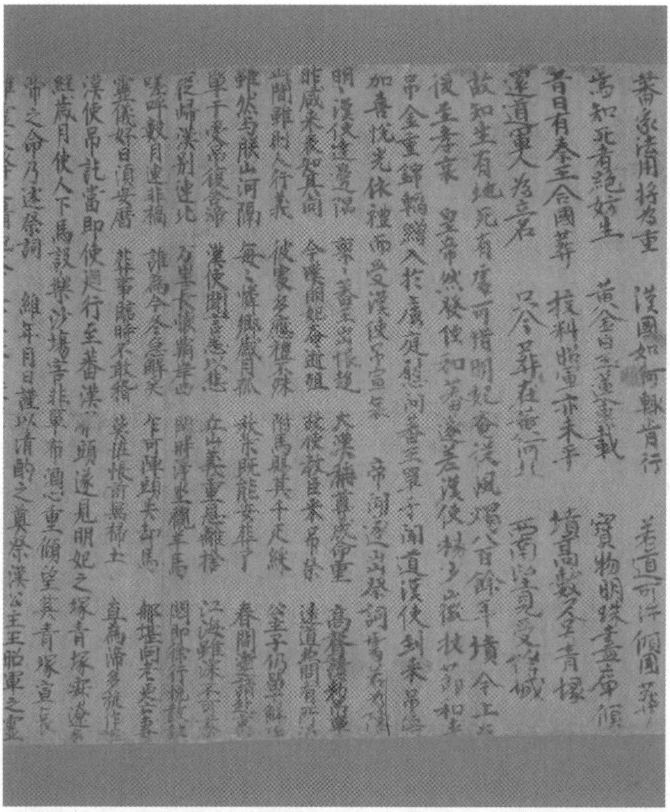

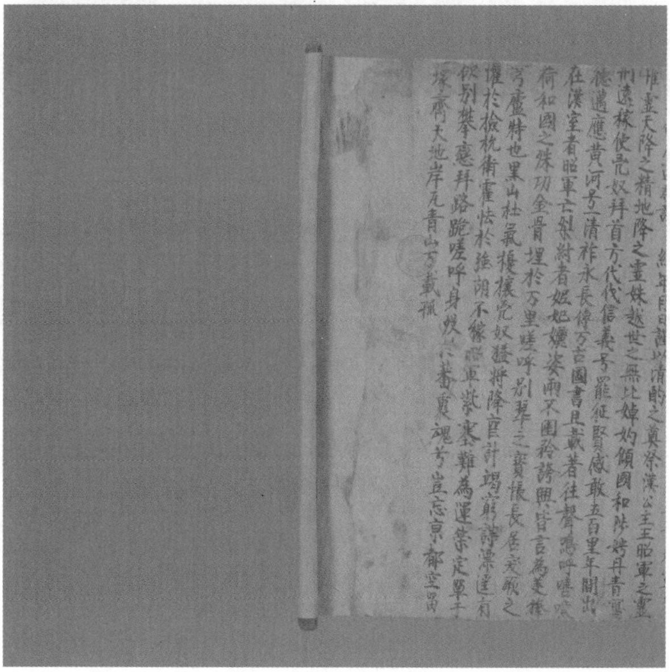

思考與練習

1. 結合《敦煌變文校注》舉例説明有哪六種“變文”樣式。
2. 簡單列舉研究敦煌藏文文獻的語言學論著。
3. 自選個案，談談敦煌寫卷綴合的問題。

（二）王梵志詩（節選）

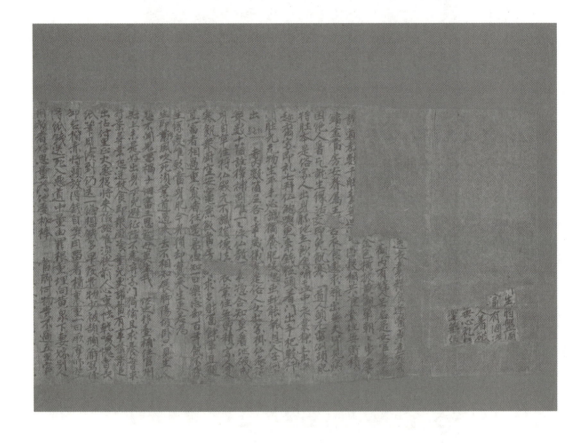

過一倍分毫擘眼諍他買遣賤自買即高擎心裏无平
等尺寸不分明名霑是百姓不肯遠征行不是人強了良
方孔兒 [狀長夜甚明長夜無眾生死者歸長路生者暫
時行為三藏由鬼界天曉即營生兩兩相劫奪分分毫努眼諍
貧愚不相識懷懷信傳行
有錢惜不喫身死由妻兒只得紙錢送欠少元不知 [前
空言語還將紙作衣除非夢裏見觸體更何時獨守
深泉下冥冥長夜飢憶想平生日悔不着羅衣
工匠莫學巧巧即他人使身是自來奴妻亦官人婢夫
聟暫時花晚將仍被耶未作道与錢作擘眼你
奴人賜酒食恩言出美氣無賴不与錢飽心打脊使
貧窮實可憐飢寒肚露地戶役一概差不辨棒下死
宰可出頭坐誰肯放鞭恥何為抱宰[illegible]
粮多手數少莫畜惡兒女年是無限年你身甚急
速有意造罪根元心念諸佛你從何處來胎血相和出
身如水上泡變時還却沒魂魄遊空裏言入會[illegible] 世間日月明皎皎照眾生
生死如江河波浪排[illegible]
者乘車馬賤者膽行高者前身種貧者慳貪生
貧富有殘別業自相迎閒向造功德喫着自身榮
死者天上去遙者入深坑 [身如大店家命如一宿客忽
起向前去本不是古宅舍在荒野林松柏[illegible]
年塚故路來長陌 [身卧空堂內獨坐令人怕我今避頭
去機却空閑舍你道生時樂吾道死時好死即長夜眠
生即緣長道生時愁衣食死鬼无釜竈願作掣撥鬼
高倫喫飽 [身如破皮袋盛膿裹骨將作皮裹
埋入深坑窟一入但沙劫無由更得出除非寒食節

壞傍注 [世間何物平不過死 老小終須去信前業道
力縱使公王侯用錢遮不得各身改頭皮相逢定不識
身如內架堂命似堂中燭風急吹燭滅即是空堂屋家
貧无好衣造得一襖子中心襖破氈還將被作裏清貧常
快樂不用濁富貴白日串項行夜眠還作被
坐時同飲銅死則同食瓶火急早埋塚不由暫時停家
別世間樂唯聞哭我聲四海交遊絕籍帳便除名
見有愚癡君甚富无男女不知死急促百方更造屋死得
一棺木一條衾被覆妻嫁他人家你身不能護有時急造福
實莫相疑誤 [人生一代間有錢須喫着四海並交遊
風光亦須覓錢財只恨無有時實不惜聞身強健時多
施還須喫 [生坐四合舍死入土角觸窴窴黑闇眠永別明
燈燭死鬼憶四時八節生人哭虛喪一百年八十最是老逢顛
挺將去無老亦无小須臾得變時恰同霜下草橫遭狂
風吹總即連根倒悠悠度今日今夜誰能保語你愚癡
人急修未來道 [貌錢心即急見死元不愁廣貪財色
樂時時度日休平生不造福死被業道收但著三惡處有
我般流 [遙出門前觀北原是故塚富者造山門貧家
如破瓮年年並舍多歲歲成街巷前死後人埋鬼亦隨等
送從得百年活還入土孔籠 [好住四合舍慇懃堂上妻
无常煞鬼至火急被追催露頭赤腳走不容得着鞋
向前任料理難見却迴來有意造一仏為設百人齋无
情任改嫁資產聽將陪吾在惜不用死後他人財
憶想生平日悔不唱三臺 [地下須夫急逢頭取次
捉一分袖一箇勵數中是科出排門夫不許私遮
曲合去取正身名字付司錄棒驅火急走向前任傳
東 [奉使親監鑄改故造新光開通万里達元寶

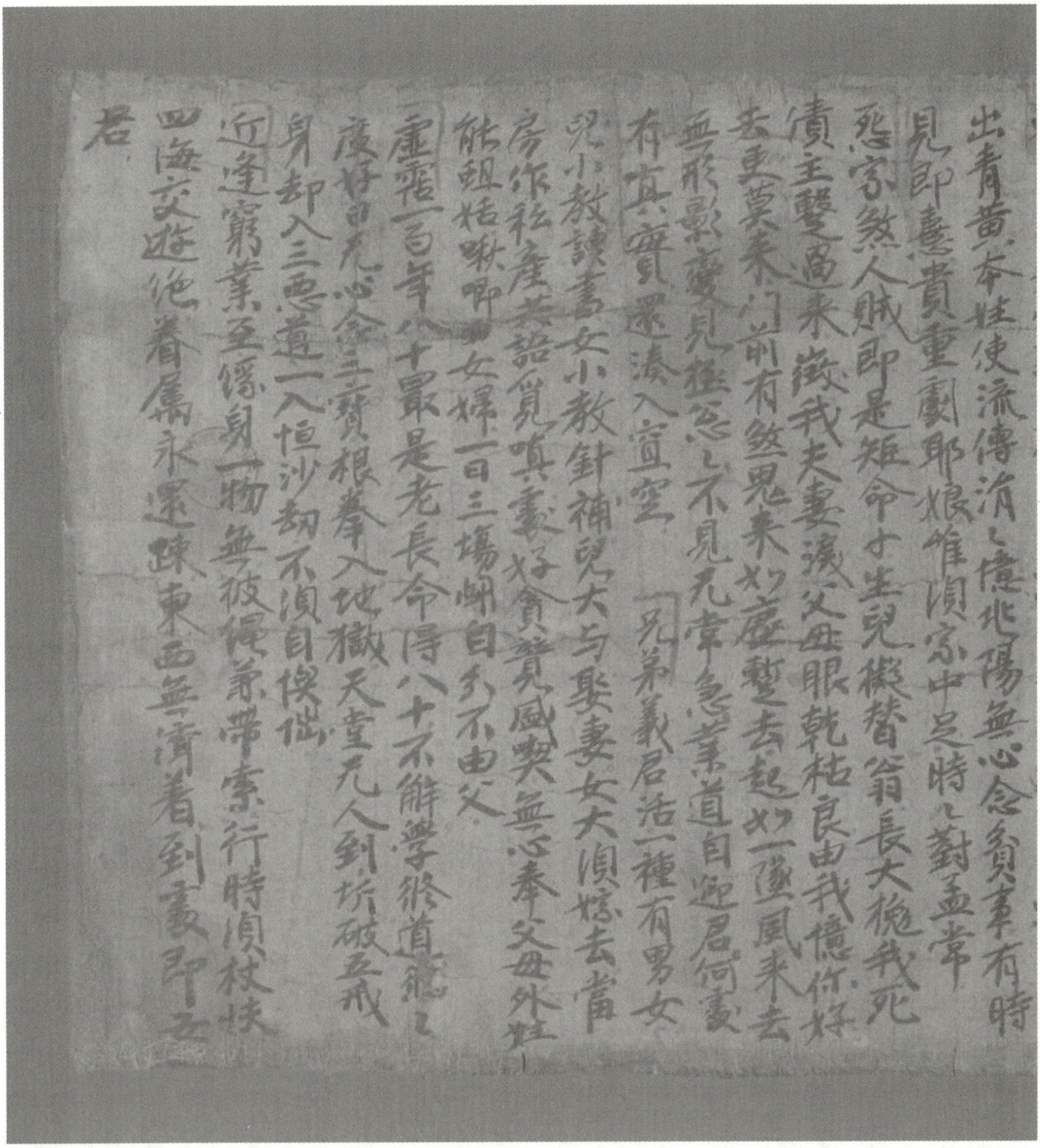

思考與練習

1. 對比説明王梵志詩和杜甫詩在語言方面的區别。
2. 談談王梵志詩和寒山、拾得詩的關係。
3. 簡單了解王梵志詩的用韻特點。

（三）《祖堂集》（節選）

祖堂集卷第三
牛頭和尚嗣四祖師諱法融潤州延陵人也姓
文四祖在雙峯山告衆曰吾未至此山時於武
德七年秋於廬山頂上東北而望見此蘄州雙
峯山頂上有紫雲如蓋下有白氣橫分六道四
祖問五祖曰汝識此瑞不五祖曰莫是師脚下
横出一枝佛法不四祖曰汝會我意汝善住矣
吾過江東便去至牛頭山幽棲寺見數百僧並
無道氣乃顧問僧曰寺中有多少住持其中有
道人不僧曰禪和大相輕夫出家者阿那个不
是道人四祖曰何者是道人僧無對乃云山上有
懶融身著一布裘見僧不解合掌此是異人也
禪師自往看四祖乃往庵前過來過去謂曰善
男子莫入甚深三昧融乃開眼四祖曰汝學爲

有求爲無求耶融曰我依法華經開示悟入其
甲爲修道四祖曰開者開何人悟者悟何物融
無對四祖曰西天二十八祖傳佛心印達摩大師
至此土相承有四祖汝還知不融嘗聞此語乃
曰融每常望雙峯山頂礼恨未得親往面謁四
祖曰欲識四祖即吾身是融便起接足礼曰師
因何降此祖曰特來相訪又曰別更有住處不
融以手指於庵後曰更有庵在遂引四祖到庵
所師遂見虎狼遶庵麞鹿縱橫四畔師乃兩手
作怕勢云鑁融曰師猶有這个在師曰適來見
什摩融於言下雖承玄旨而無有對師於是爲
說法要曰夫百千妙門同歸方寸恒沙妙德盡
在心源一切定門一切慧門悉自具足神通妙
用並在汝心煩惱業障本來空寂一切果報本

來自有無三界可出無菩提可求人与非人性
相平等大道虛曠絶思絶慮如是之法汝今已
得更無闕少與佛無殊更無別法可得成佛汝
但任心自在莫作觀行亦莫停心莫起貪嗔癡
莫懷愁慮蕩蕩無㝵任意縱橫不作諸善不作
諸惡行住坐卧觸目遇緣揔是佛之妙用快樂
無憂故名為佛融問心既具足何者是心何者
是佛師曰非心不問心問心非不心又問既不
許觀行於境起時如何對治師曰境緣無好醜
好醜起於心心若不强名妄情從何起妄心既
不起真心任遍知隨心自在復無始終則名常
住法身無有變易吾徒先師璨和尚處傳得頓
悟法門今付於汝汝今諦受以酬吾道但住此
山從汝向後更有五人相繼不絶也善自保持

吾當去矣師於言下頓盡微瑕永亡眹跡自是
靈性鬼神供須無地以此詳鑒足見如來密旨
豈修證以能齊祖胤玄門安寂靜之可趣言亡
理契顧玄要以雲泥靜慮還源望禪樞而楚越
矣問師夫言聖人者當斷何法當得何法而言
聖人答一法不斷一法不得此謂聖人進曰不
斷不得與凡夫有何異師曰有異何以故一切
凡夫皆有所斷妄計所得真心聖人則本無所
斷亦無所得故曰有異進曰云何凡夫有所得
聖人無所得得與不得復有何異師曰有異何
以故凡夫有所得則有虛妄聖人無所得則無
虛妄有虛妄者則有異無虛妄者則無異進曰
若無異聖人名因何立師曰凡之与聖二俱是
假名假名之中無二則無有異如說龜毛兔角

祖堂卷第三　第二張

也進曰聖人若同龜毛兎角則應是無令人學何物師曰我說龜毛不說無龜汝何意作此難進曰龜喻何物毛喻何物師曰龜喻於道毛喻於我故聖人無我而有道凡夫無道而有我執我者猶如龜毛兎角也次乃法付智嚴已自現慶元年司空蕭無善請出律初寺師辤不免乃謂衆曰從今一去再不踐也既出山寺門禽獸哀號逾月不止山間泉池激石涌砂一時填滿房前大桐四株五月繁茂一朝凋盡師至現慶二年丁巳歲潤正月二十三日於律初寺終春秋六十四僧夏四十一至二十七日葬塔在金陵後湖溪龍山即書閣山也因此牛頭宗六枝第一是融禪師第二智嚴第三慧方第四法持第五智威第六惠忠也

鶴林和尚嗣牛頭威禪師師諱馬素未覩行狀不決化緣始終勅謚大律禪師大和寶航之塔問如何是西來意師曰會即不會疑即不疑師却云不會不疑底不疑不會底有僧敲門師問是什摩人對曰僧師曰非但僧佛來亦不著進曰佛來為什摩不著師曰此間無公止泊處

先徑山和尚嗣鶴林師諱道欽大曆年代宗請赴京師号國一禪師肅宗皇帝來礼師師見帝來遂起立帝曰大師見朕來因何起師曰檀越因什摩向四威儀中見貧道問如何是祖師西來意師曰汝問不當曰如何得當師曰待我死即向汝道江西馬大師令西堂問師十二時中以何為境師曰待汝迴去有信上大師西堂曰如今便廻去師曰傳語大師却須問取曹溪始得

祖堂卷第三 第三張

鳥窠和尚嗣徑山國一禪師在杭州未覩行錄不決化緣始終因侍者辞師問汝去何處對曰向諸方學佛法去師曰若是佛法我這裏亦有小許侍者便問如何是這裏佛法師抽一莖布毛示侍者便悟白舍人親受心戒又時對坐並無言説舍人第三弟見此造詩曰白頭居士對禪師正是楞嚴三昧時一物也無百味足恒沙能有幾人知白舍人問一日十二時中如何修行便得與道相應師云諸惡莫作諸善奉行舍人曰三歲孩兒也解道得師曰三歲孩兒也解道得百歲老人略行不得舍人因此礼拜為師讃曰形羸骨瘦久修行一納麻衣稱道情曾結草菴倚碧樹天涯知有鳥窠名師問白舍人汝是白家兒不舍人稱名白家易師曰汝嬭爺姓什摩舍人（無對）舍人歸京入寺遊戲見僧念經便問甲子多小對曰八十五進曰念經得幾年對曰六十年舍人云大奇大奇雖然如此出家自有本分事作摩生是和尚本分事僧（無對）舍人因此詩曰空門有路不知處頭白齒黃猶念經何年飲著聲聞酒迄至如今醉未醒（已上空宗）五祖忍大師下傍出一枝神秀和尚老安國師道明和尚神秀下普寂普寂下懶瓚和尚在南岳師有樂道歌曰兀然無事無改換無事何須論一段真心無散乱他事不須斷過去已過去未來更莫算兀然無事坐何曾有人喚向外覓功夫總是癡頑漢粮不畜一粒逢飯但知齩世間多事人相趁渾不及我不樂生天亦不愛福田飢來卽喫飯睡來卽卧瞑愚人笑我智乃知賢不是

祖堂卷第三 第四張

癡鈍本躰如然要去即去要住即住身被一破
納脚着嬾生袴多言復多語由来反相悮若欲
度衆生無過且自度莫謾求真佛真佛不可見
妙性及靈臺何曾受勲練心是無事心面是孃
生面劫石可移動个中難改變無事本無事何
須讀文字削除人我本冥合箇中意種種勞筋
骨不如林間睡兀兀舉頭見日高乞飰從頭餧
將功用功展轉冥朦取則不得不取自通吾有
一言絶慮忘緣巧説不得只用心傳更有一語
無過直与細如毫末本無方所本自圓成不勞
機杼世事悠悠不如山丘青松蔽日碧澗長流
卧藤蘿下塊石枕頭山雲當幕夜月為鈎不朝
天子豈羨王侯生死無慮更須何憂水月無形
我常只寧万法皆尒本自無生兀然無事坐春

来草自青
老安國師嗣五祖忍大師在嵩山坦然禪師問
如何是祖師西来意旨師曰何不問自家意旨
問他意旨作什摩進曰如何是坦然意旨師曰
汝須密作用進曰如何是密作用師閉目又開
目坦然禪師便悟
騰騰和尚嗣安國師師有樂道歌曰問道道無
可修問法法無可問迷人不了性空智者本無
違順八万四千法門至理不離方寸不要廣學
多聞不在辯才聰黠識取自家城廓莫謾遊他
州郡言語不離性空和光不同塵坌煩惱即是
菩提淨花生於泥糞若有人求問荅誰能共他
講論亦不知月之大小亦不知歲之餘閏晨時
以粥充飢仲時更飡一頓今日任運騰騰明日

祖堂卷第三

思考與練習

1. 簡要介紹《祖堂集》的分卷情況。
2. 對比同時期作品，指出《祖堂集》在語言方面的特點。
3. 列舉唐宋時期與《祖堂集》性質類似的禪宗語録。

（四）《大唐三藏取經詩話》（節選）

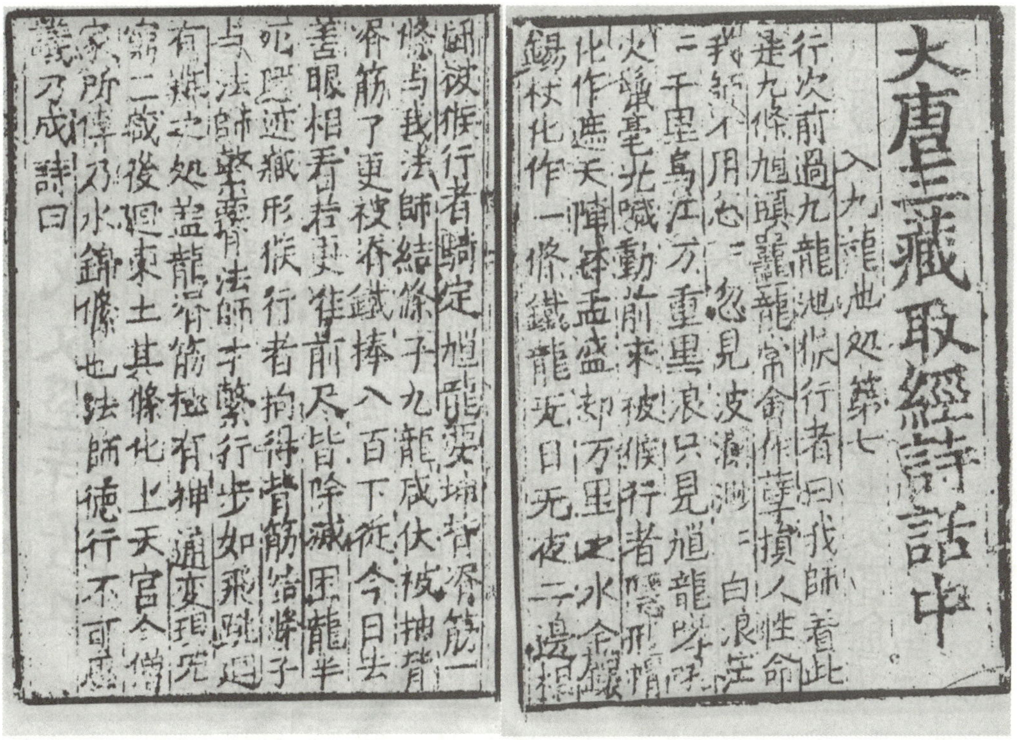

大唐三藏取經詩話中

入九龍池處第七

行次前過九龍池處猴行者曰我師看此是九條馗頭鼉龍常會作孽損人性命我師不用心忙忽見波浪渺渺白浪茫茫千里烏江万重黑浪只見馗龍哮吼火鬣毫光喊動前來被猴行者隱形帽化作遮天陣鉢盂盛却万里之水金鐶錫杖化作一條鐵龍无日无夜二邊相鬥被猴行者騎定馗龍要抽背脊筋一條与我法師結條子九龍咸伏被抽背脊筋了更被脊鐵棒八百下從今日去善眼相看若更准前盡皆除滅困龍半死隱跡藏形猴行者拘得背筋結條子与法師繫腰法師才繫行步如飛迥有蹤跡之處盖龍脊筋極有神通變現无窮二藏後迴東土其條化上天宫今僧家所傳乃水銷條也法師德行不可盡載乃成詩曰

一物否荅曰不識深沙云項下是和尚
兩度被我喫你袋得枯骨在此和尚曰
你最无知此回若不改過教你一門滅
絕深沙合掌謝恩伏蒙慈照深沙當時
哮吼教和尚莫敬只見紅塵隱〃白雪
紛〃良久一時三五道火裂深沙衣〃
雷声喊〃遥望一道金橋兩邊銀線尽是
深沙神身長三丈將兩手托定師行七
人便從金橋上過〃了深沙神合掌相
送法師曰謝汝心力我迴東土奉荅前

恩從今去更莫作罪兩岸骨肉合掌頂
礼唱喏連声深沙前来解吟詩曰
一墮深沙五百春　渾家眷屬受灾殃
金橋手托從師過　乞薦幽神化却身
法師詩曰
兩度曾遭汝喫来　更將枯骨問元才
而今赦汝殘生去　東土專心次第排
猴行者詩曰
謝汝回心意不偏　金橋銀線步平安
回歸東土修功德　薦拔深沙向佛前

入鬼子母國處第九
登途行數十里人煙寂〃旅店稀〃又
過一山〃嶺崔嵬人行不到鴉鳥不飛
未知此中是何所在行次欵近宫道〃
中更无人行又行百里之中全无人煙
店舍人到国中見一所荒寺〃内亦无
僧行又見街市數人問云此是何処其
人不言不語更无対對法師一見如此
轉是恓惶七人遂乃止宿此中来日天
曉有錢又无米来問人〃又不應逡巡

投一国入其殿宇只見三歲孩兒无千
无万国王一見法師七人甚是信善滿
国焚香都来恭敬王問和尚欲往何所
法師合掌曰為東土衆生入於竺国請取
經教国王聞語合掌虔誠遂恵白米一
碩珠珍一斗金錢三千緡帛二束以贈
路中食用又設齋供一筵極是善美僧
行七人深謝国王恩念多感再三国王
曰曾識此国否法師荅不識国王曰此
去西天不遠法師又問臣啓大王此中

人民得恁地性硬，街市往來也不相。又无大人，都是三歲孩兒。何故孩兒无數，卻无父母？國王大笑曰：和尚向西来，豈不見人說有鬼子母國？法師聞語，心如半醉。法師七人只是對鬼說話。國王曰：前程安穩，回日祇備茶湯。法師七人大生怕懼，臨行乃留詩曰：

誰知國是鬼祖母，正當飢困得齋食。
更蒙珠米充盤費，願取經回報答恩。

鬼子母贈詩云：

稀疎旅店路蹊蹺，借問行人不應招。
西國竺天看便到，身心常把水清澆。
早起晚眠勤念佛，晨昏禱祝備香燒。
取經回日須過此，頂敬祇迎住數朝。

經過女人國處第十

僧行前去，沐浴殷勤。店舍稀疎，荒郊止宿。雖有虎狼蟲獸，見人全不傷殘。次入一國，都无一人，只見荒屋漏落，園離破穿。前行漸有數人耕田，布種五穀。法師曰：此中似有州縣，又少人民，且得見三五農夫之面。耕夫一見，个个眉開。法師乃成詩曰：

荒州荒縣无人住，僧行朝朝宿野盤。
今日農夫逢見面，師僧方得少開顏。

猴行者詩曰：

休言荒國无人住，荒縣荒州誰肯耕。
人力種田師不識，此君住處是西城。
早來此地權耕作，夜宿天宮歇洞庭。
舉步登途休眷戀，免煩東土望回程。

法師行程湯迅速，如飛前遇一溪，洪水茫茫。法師煩惱。猴行者曰：但請前行，自有方便。行者大叫天王一声，溪水斷流，洪浪乾絕。師行過了，合掌擎拳：此是宿緣，天宮助力。次行又過一荒州，行數十里，憩歇一村。法師曰：前去都无人煙，不知是何處所。行者曰：前去借問，休勞歎息。又行百里，外見有一國，人煙濟楚，買賣駢闐。入到國內，見門上一牌云：女人之國。僧行遂謁見女王。女王問曰：和尚因何到此？法師答言：奉唐帝敕命，為東土眾生

往西天取經作大福田女王合掌迢迢
齋供僧行赴齋都喫不得女王曰何不喫
齋僧行起身唱喏曰蒙王賜齋蓋為砂
多不通喫食女王曰啓和尚知悉此国
之中全无五穀只是東土佛寺人家及
国內設齋之时出生盡於地上等處收
得所以砂多和尚回歸東土之日望垂方
便法師起身乃留詩曰
女王專意設清齋　蓋為砂多不納懷
竺国取經歸到日　教令東土眾生齋

女王見詩遂詔法師一行入內宮看賞
僧行入內見香花滿座七寶層層兩行盡
是女人年方二八美皃輕盈星眼柳眉
朱脣榴齒桃臉蟬髮衣服光鮮語話柔
和世間无此一見僧行入來滿面含笑
低眉促黛近前相揖起咨和尚此是女
人之国都无丈夫今日得覩僧行一来
奉為此中起造寺院請師七人就此住
持且緣合国女人早起晚來入寺燒香
聞經聽法種植善根又且得見丈夫夙

世因緣不知和尚意旨如何法師曰我
為東土眾生又憑得此中住院女王曰
和尚師兄豈不聞古人說人過一生不
過兩世便只住此中為我作個国主也
甚好一段風流事和尚再三不肯遂乃
辭行兩伴女人淚珠流臉眉黛愁生兩
相謂言此去何时再覩丈夫之面女王
遂取夜明珠五顆白馬一疋贈与和尚
前去使用僧行合掌稱謝乃留詩曰
願王行善好修持　幻化浮生得幾时

一念凡心如不悟　千生万劫落阿鼻
休喏綠鬢桃紅臉　莫恋輕盈与翠眉
大限到来无处避　髑髏何处問因衣
女王与女眾香花送師行出城詩曰
此中别是一家仙　送汝前程往竺天
要識女王姓名字　便是文殊及普賢

思考與練習

1. 有些學者認爲《大唐三藏取經詩話》成書於唐五代時期,請從語言學角度加以分析。

2. 總結《大唐三藏取經詩話》《唐三藏西遊釋厄傳》《西遊記》《西遊記傳》等章節安排的異同。

3. 簡要列舉《大唐三藏取經詩話》與《西遊記》在語法方面的區別。

第二單元　出土文獻

出土文獻有廣義和狹義之分。廣義的出土文獻是相對於傳世文獻而言的，它强調“發掘”或“發現”的經過。它是指形成以後並没有在世面上流傳，而被掩埋或者隱藏起來，後世經過發掘、發現才得到的文獻。有的文獻先在世面上流傳一段時間，然後消失了，後來又被發現，也屬於出土文獻。一些收藏、流傳於私人手裏、未被公開的文獻，也屬於出土文獻，如古代修撰的家譜、契約等。一些未被人注意、未公開披露或者被收録過的文獻，也是出土文獻，如鄉野裏未被人發現的石刻墓碑、題記等。狹義的出土文獻一般是指有明確的出土發掘或者發現的過程，並且它的形製類似傳統的書籍(含典籍和公私文書)。它主要包括 20 世紀以來开始大量出土的簡牘、帛書和紙質文書等，以發掘於郭店等地的戰國竹木簡、發現於敦煌的唐代卷子和故宫的明清大内檔案等爲代表。

從文字上來分，出土文獻可以大致分爲兩類。一類是漢文文獻，即用甲骨文、金文、隸書、楷書等漢字書寫的文獻；另一類是非漢文文獻，指用古代各民族文字書寫的文獻，如佉盧文、粟特文、梵文、回紇文、西夏文、女真文、藏文書寫的文獻等[①]。

漢文文獻的文字系統，分爲古文字和今文字兩大部分。二者以隸書爲分水嶺，隸書以前的文字叫古文字，隸書及以後的文字叫今文字。“古文字”是一個容易被人誤解的領域，它作爲專業術語，並非指所有古代的文字，而是指隸書以前的文字，包括甲骨文、金文、大篆(也稱籀文，一般包括春秋戰國各諸侯國文字)、小篆。跟它相對應的術語是“今文字”，包括隸書、楷書(行書和草書一般看作藝術化寫法)。

也有學者進行細分，把秦統一六國前的文字統稱爲“古文字”；秦統一六國前在秦地通行的文字叫“秦篆”，也叫“秦大篆”，它屬於古文字；把秦統一六國後的小篆作爲古今過渡階段的文字。目前出土的秦統一六國前的文獻裏，已經有隸書類的寫法出現。漢字的每種寫法都必然要經歷萌芽、發展、成熟、盛行、衰落等階段，並且幾種寫法可能同時共現、相互競争，進而優勝劣汰。這就使漢字既獲得了發展演變所需的力量，還擁有了前進演化所需的動力。於是漢字就這樣生生不息地隨歷史而前行、隨時代而進步，演進成爲我們今天看到的面貌。

古文字材料按載體的不同，主要有以下八類：

(1)甲骨，載體是龜甲獸骨。它出現在商代後期及西周初期，内容大多是占卜的記録，其中文字稱爲甲骨文，形成方式是契刻。

(2)青銅，載體是青銅器，如鍾、鼎、盤、壺等，以及軍事武器、勞動器具等。它在商代開始出現，以西周、春秋時期最多。其中文字稱爲金文，因爲它大多含有歌功頌德、吉祥美好的内容，又被稱爲吉金文字，形成方式是鑄刻。

① 參見蔡敏：《出土文獻(以簡帛文書爲主)的編輯》，全國古籍整理出版規劃領導小組辦公室：《古籍編輯工作漫談》，齊魯書社，2003 年，第 53-64 頁。

(3)陶器,載體是陶土做成的各種器物。它在商代就已經出現,其中文字稱爲陶文,形成方式是刻寫。

(4)玉石,亦称"石刻"或"刻石",載體是玉和石做成的各種器物。它在商代後期就已經出現,目前發現的材料非常少,其中文字稱爲玉石文,形成方式是刻寫。

(5)簡帛,載體是竹或木製成的簡牘,以及絲帛。甲骨文中就已經有"册"字,形體像編連的簡,説明商代就已經有簡册。現在發現的簡帛實物,最早在戰國初期。其中文字稱爲簡帛文,形成方式是刻寫。

(6)璽印,載體一般是由官方用金屬製作的璽印。它在戰國時期多見,其中文字稱爲璽印文,形成方式是鑄刻。

(7)貨幣,載體是官方用金屬製作的貨幣。它大約在春秋時期開始出現,在戰國時期多見,其中文字稱爲貨幣文,形成方式是鑄刻。

(8)封泥磚瓦,載體主要是官方封存文書檔案的封泥、用於墳墓和牆壁的磚,以及用於屋簷屋頂等處的瓦當。它在戰國時期多見,其中文字稱爲磚瓦文,形成方式是契刻。

以上八類載體及其文字,有的已形成了獨立的學科,如甲骨學、簡帛學;有的則成爲其他學科的一部分,如金文,原屬古代金石學的範疇,現在更多的是把它作爲青銅學的一個部分。除了甲骨和青銅上的文字是單一字體以外,其他載體上都出現過多種字體,因而不能簡單地用載體去確定字體,需要根據具體情況去區別和判斷。例如戰國時期的竹簡,上面呈現的往往是出土地所屬諸侯國的字體,如楚地簡上大多是楚系文字,但有些楚地簡上書寫的卻是齊系文字。

出土文獻一直是學界的重點關注對象,相關研究的視角多樣、範圍廣泛、内容豐富。對於其語言文字方面的研究取得了豐碩成果,除了各類載體的專項研究以外,通論性、全面性的專著主要有《漢字構形學導論》(王寧,商務印書館 2021 年)、《古文字構形學》(劉釗,福建人民出版社 2011 年)、《上古漢語語法綱要》(梅廣,上海教育出版社 2018 年)、《上古漢語詞彙史》(徐朝華,商務印書館 2003 年)、《上古音系》(鄭張尚芳,上海教育出版社 2003 年),等等。

出土文獻的載體類别較多,本教材擬選編甲骨、青銅、簡帛和玉石四類,其中甲骨和青銅是商周時期的代表,簡帛、玉石是戰國時期的代表。具體選編情況是:甲骨 10 片,青銅 10 器,簡牘 8 篇,帛書 1 篇,玉石 1 篇。因傳世文獻裏的戰國材料較多,這裏選編的出土文獻就以商周爲多,入選 20 篇;戰國較少,入選 10 篇。

問題

1. 什麼是出土文獻?
2. 從文字角度看,出土文獻可以分成哪兩類?
3. 什麼是古文字? 什麼是今文字?
4. 古文字的載體有哪些類别?

第一章　甲　骨

一、關於甲骨

甲骨包括龜甲和獸骨,文字內容是商周時期人們契刻或書寫在龜甲、獸骨上的占卜刻辭、記事刻辭等。龜甲以腹甲爲多,也有少量背甲。獸骨主要是牛胛骨,也有鹿頭骨、野牛頭骨、虎骨、牛距骨等。

關於甲骨文的發現,廣爲流傳的説法是王懿榮的"中藥説"。1899 年,時任國子祭酒的王懿榮無意發現一味叫"龍骨"(由龜甲製成)的中藥上有些刻劃的符號,於是批量購買。這些刻劃符號就是今天所謂的甲骨文,王懿榮由此成爲發現甲骨文的第一人。另一説法得之於多種材料的記載。據劉鶚的記載,當時藥店拒收有字的甲骨,於是人們用小刀把上面的字刮掉再作爲藥材賣出去。很多商代的甲骨史料就被人磨成粉當藥吃了,這就是所謂的"人吞商史"。1899 年,古董商人范壽軒、范維卿等人在北京售賣有字的甲骨,王懿榮由此購得。此説可與王襄的記載互爲佐證:據王襄所記,他和孟廣慧二人得知范壽軒店裏剛剛運到一批甲骨,上面刻有字符,於是一起去鑑定。由於財力有限,二人各自只買了少量甲骨回去。由此可知,王襄和孟廣慧没買完的甲骨,大概都被王懿榮買走。綜合不同的記載,並結合相關史實,我們認爲最早發現甲骨文的應該是王襄、孟廣慧、王懿榮三人,而非王懿榮一人。

王懿榮還没來得及對所收購的甲骨進行研究,1900 年 7 月八國聯軍攻佔北京,他便自殺殉國,那些甲骨就由劉鶚收藏了。王懿榮和王襄都是最早收藏甲骨的人,只不過王懿榮只收藏没研究,王襄既收藏還進行了研究,並有不少著述。1953 年,王襄把他個人收藏的甲骨無償捐獻給了國家。

劉鶚收集了一些甲骨以後,在好友羅振玉的建議和幫助下,於 1903 年拓印甲骨片成《鐵雲藏龜》一書出版,這是甲骨文字資料第一次公開出版。1904 年,孫詒讓根據《鐵雲藏龜》的資料,寫成《契文舉例》一書,對甲骨文的內容進行區分,並對單字進行考釋和辨析,是第一部研究甲骨文的專著,"甲骨學"從此拉開帷幕。

1910 年前後,羅振玉、王國維根據打聽到的信息和他們多年的研究,推斷河南安陽小屯村應該是文獻所記的殷墟遺址,並進一步推斷此地應該是甲骨文的出土地。從 1928 年秋到 1937 夏,董作賓、李濟、梁思永等人先後進行了長達 10 年、累計 15 次考古發掘。其中第四次發掘由李濟主持,梁思永將地層學理論用於發掘工作,出土 782 片甲骨。這是我國第一次現代考古發掘,宣告中國考古學的成立。

迄今爲止,我國已經在不少地方發現甲骨文,河南安陽、輝縣、偃師、洛陽、鄭州,山西洪洞,陝西西安花園村、岐山古周原,北京昌平,山東濟南大辛莊,等等。這些地方出土甲骨的總數達 15 萬片以上，拓片大多彙集在《甲骨文合集》（郭沫若主編，中華書局 1978 年）、《甲骨文合集補編》（中國社科院歷史研究所編，語文出版社 1999 年）中，文本彙集有《殷墟甲骨刻辭摹釋總集》（姚孝遂編，中華書局 1998 年）、《殷墟甲骨刻辭類纂》（姚孝遂編，中華書局 2001 年），文字類工具書有《甲骨文字典》（徐中舒主編，四川辭書出版社 2006/2014 年）。大型研究資料彙集以《甲骨文獻集成》（宋鎮豪、段志洪主編，四川大學出版社 2001 年）最爲豐富，它編選了從 1899 年至 1999 年一百年間公布的甲骨文研究成果。

甲骨文因載體又被稱爲“龟甲文”“龟甲文字”“龟版文”等（無法涵蓋獸骨），因書寫方式又被稱爲“契文”“殷契”“龜刻文”“甲骨刻文”“甲骨刻辭”等（無法涵蓋用硃砂或墨書寫的情況），因用途又被稱爲“卜辭”“貞卜文”“甲骨卜辭”等（無法涵蓋記事刻辭），因來源又被稱爲“殷墟書契”“殷墟遺文”“殷墟文字”等（無法涵蓋西周甲骨文）。相對來説，這些稱名都不如“甲骨文”的稱名準確。

根據内容，甲骨文可以分成卜辭、記事辭、表譜辭、習刻等①。目前所存甲骨文最早始於商代初期，數量上從商代晚期逐漸增多，到東周漸漸減少，戰國幾乎很少出現。甲骨文的時代分期，一般以董作賓的“五期説”（董作賓《甲骨文斷代研究例》，中央研究院歷史語言研究所，1965 年）爲準：第一期是盤庚、小辛、小乙、武丁，第二期是祖庚、祖甲，第三期是廩辛、康丁，第四期是武乙、文丁，第五期是帝乙、帝辛（紂）。

本教材共編選 10 片甲骨。第一片是甲子表，其中天干地支的名稱和順序，至今未變，體現了中華文明傳承有序、源遠流長的特點；第二片四方卜問下雨，按東南西北的順序進行；第三、四片連辭分刻，刻辭内容的各個組成部分最爲完整；第五片卜問婦好生子，體現出重男輕女的風俗；第六片有人牲祭祀的記載；第七片記載的人物及稱呼，可與傳世史料所載商王的世系相互印證；第八片多次卜問用人牲祭祀；第九片卜問官員使派；第十片卜問災害。這 10 片材料，涉及甲骨文在契刻、文例上的主要情況，以及兆序、重文等特殊符號，可以窺見甲骨文的大體面貌。

問題

1. 簡述甲骨文的發現及其出土情況。
2. 簡述甲骨文的内容。
3. 簡述甲骨文的分期。
4. 開啓甲骨學的學者是誰？代表著作是什麽？

① 關於甲骨文内容分類、著録文獻等，參見宋鎮豪等：《甲骨學殷商史研究》，福建人民出版社，2006 年，第 7-19 頁。

二、文選篇目

(一)第一片

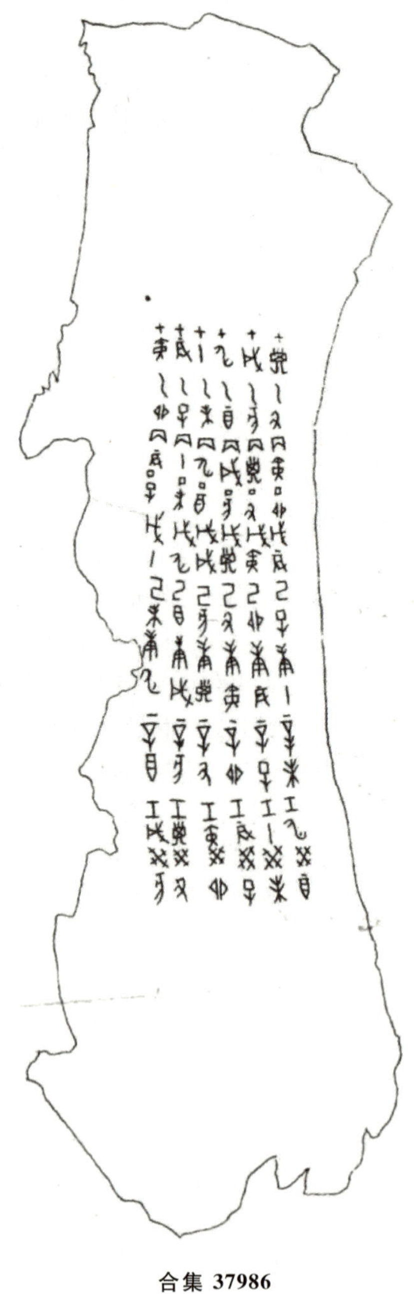

合集 37986

思考與練習

1. 簡述天干的名稱和順序。
2. 簡述地支的名稱和順序。
3. 簡述甲子表的配合規則。
4. 默寫甲子表。

(二)第二片

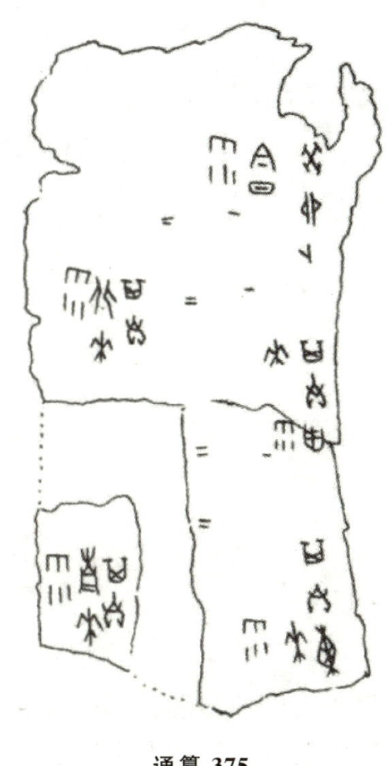

通纂 375

思考與練習

1. 本刻辭四個"雨"各自的詞性和詞義有什麼不同?
2. 上古時期的詞,是否有確定的詞類?
3. "其自東來雨"中的"其",是否表揣測的語氣詞?

（三）第三片、第四片

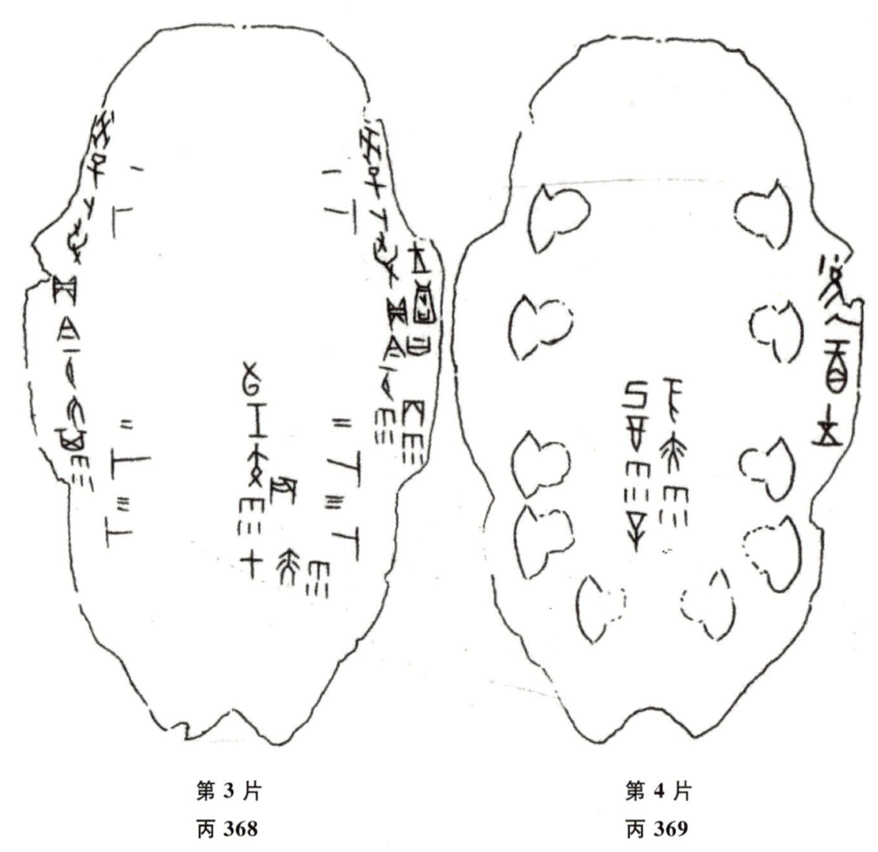

第 3 片
丙 368

第 4 片
丙 369

思考與練習

1. 根據本刻辭，能否分清甲骨文中的敘辭、命辭、占辭、驗辭、署辭？

2. 刻辭裏有時會有兆序，它常見的位置在哪裏？它通常有什麼作用？

3. 刻辭裏有時會有對貞，它是怎樣的形式？

4. 刻辭“癸巳卜”，王占的結果是“丙雨”。根據甲子表，離癸巳最近的丙日，是其後的第幾天？

(四)第五片

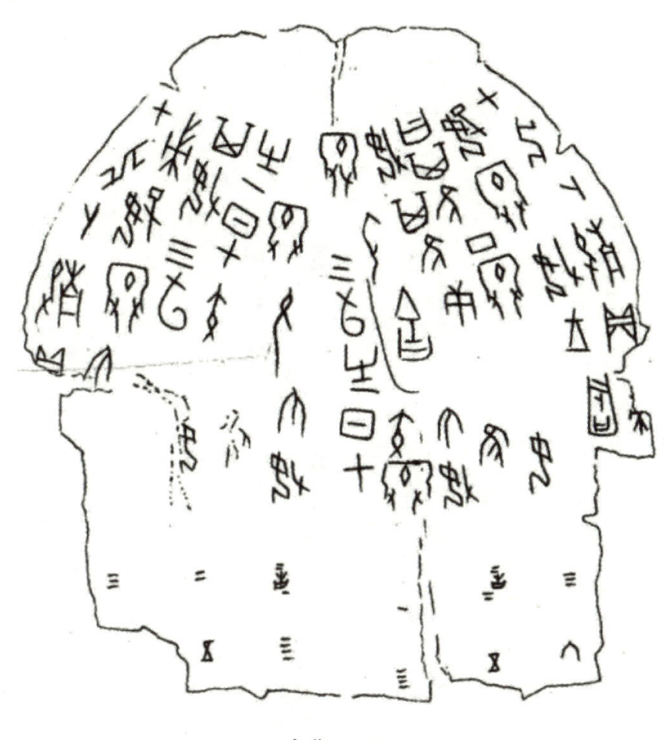

合集 14002

思考與練習

1. 刻辭中“婦”和“好”二字各是什麽含義？
2. “其隹丁冥”中的“冥”是什麽用法？意義是什麽？
3. 刻辭中的“妫”是什麽意思？

(五)第六片

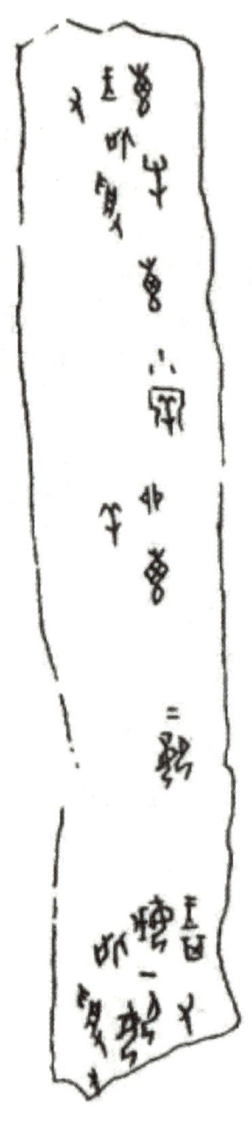

粹編 380

思考與練習

1.“王其又母戊一妾”中的“又”是什麼意思?
2.“王此受又”中的“又”是什麼意思?
3.本刻辭一共提出多少種祭祀的方法?

（六）第七片

綴新 303

思考與練習

1. 這片刻辭有個祭祀規則，祭祀對象的名字跟祭祀日的天干相同，請找出這些對應的名字和日期。

2. 請清理出刻辭中祭祀者和祭祀對象的名字，並寫出他們的親屬關係。

3. “亡尤”是什麽意思？

(七)第八片

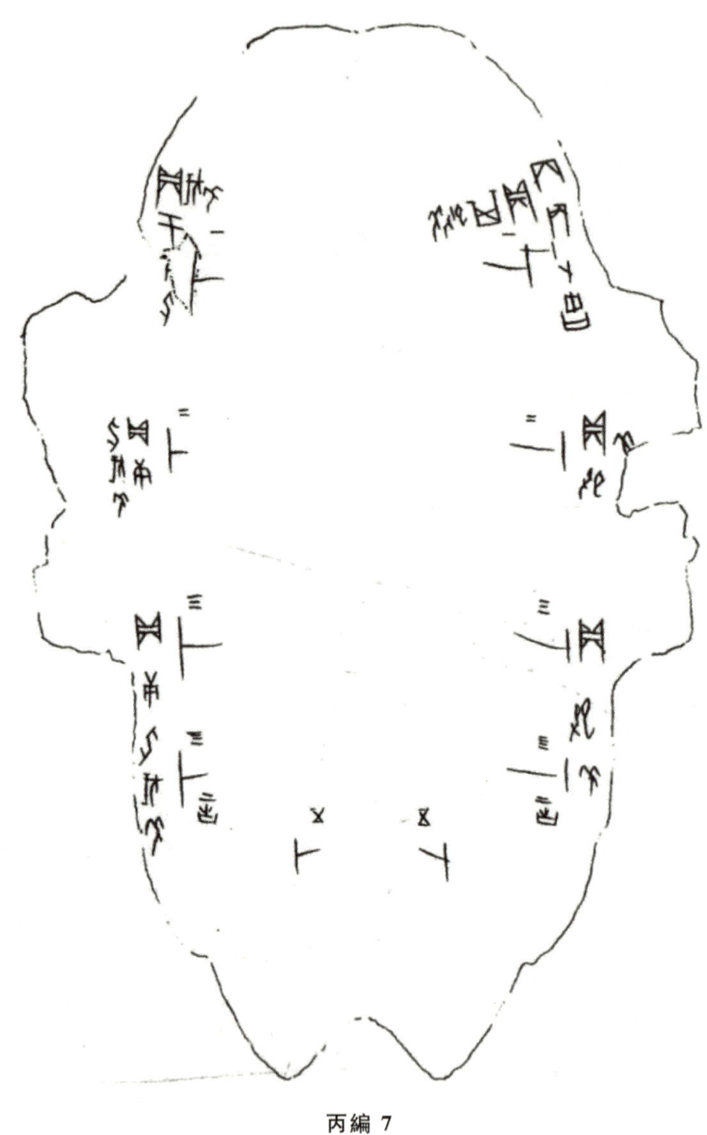

丙編 7

思考與練習

1. 丙辰與庚申相隔幾天?
2. 刻辭裏的"貞"是什麼含義?

(八)第九片

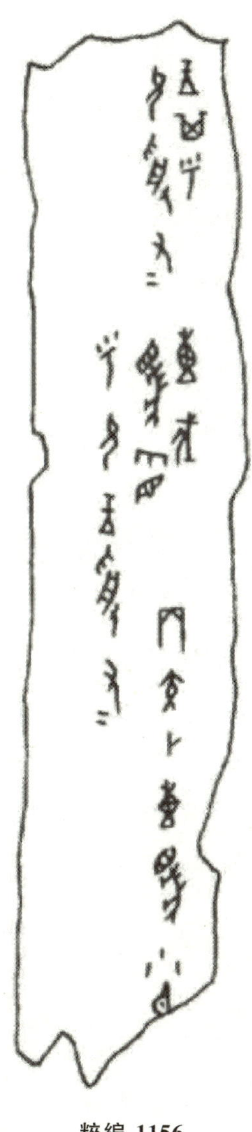

粹編 1156

思考與練習

1.“又”“二”這兩個字,各自的含義是什麽?

2.刻辭裏的“叀”“允”是什麽含義?

（九）第十片

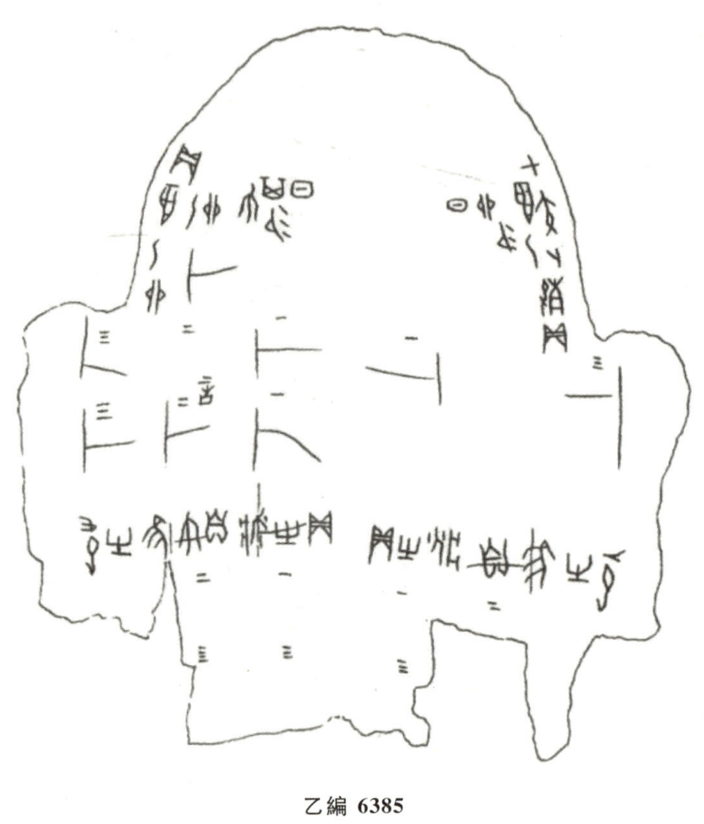

乙編 6385

思考與練習

1. 刻辭裏的“羽”“自”是什麽含義？
2. “易日”是什麽意思？

第二章 青 銅 器

一、關於青銅器

青銅是銅和錫的合金，亦簡稱金。青銅鑄造而成的器物以鐘和鼎爲代表，二者都用於祭祀,其中鐘是禮樂器的代表,鼎是食用器的代表。鐘鼎上面文字被稱爲鐘鼎銘文,又稱金文、青銅器銘文、鐘鼎款識、吉金文等。

我國最早的青銅器,是出土於馬家窑遺址的單刃青銅刀,屬新石器時代晚期。青銅器除了禮器、食器以外,還有兵器、樂器、酒器、水器、車馬器等類别。它廣泛分布於我國黄河、長江流域,大多體現古中原文明。四川的三星堆遺址和金沙遺址出土的大量青銅器則體現了古巴蜀文明,出現了其他地方幾乎没有的人物面具等獨特文物。

銅器的銘文在形式上可以分爲徽記、册命、訓誥、追孝、卜辭、記事、約記、律令、符節、詔令等;其中内容則涉及祭祀、戰争、官僚制度、教育制度、諸侯分封、交易契約、法律訴訟等諸多方面。

關於銘文的沿革,發展情況大致如下[①]:(1)大約在商代中期,青銅器上開始出現銘文。這時的銘文字數很少,多爲族氏名、被祭祀的父祖名字、作器者個人的名號等。如"后母辛""婦好"大方鼎。(2)商代後期,開始出現較長的記事銘文,如"四祀切其卣"的銘文有 42 字。(3)西周長篇銘文大爲增加,如"毛公鼎"有 499 字,是現存青銅器中字數最多的文物。(4)東周時期,周王室衰落,重要銅器多是諸侯國所製作。如晉國的"子犯編鐘"、楚國的"王子午鼎"、吴國的"吴王光鑒"等。(5)戰國時期,大型銅器的製作已經衰微。除少量長銘文外,當時流行"物勒工名"式的短銘文,即在器物上刻監造者、工匠的名字,以及容量、重量等。(6)戰國以後,鐘鼎銘文就比較少見了。兩漢時期開始,銘文就主要成爲學者研究的對象。青銅器上的長篇銘文,往往押韻,如"大盂鼎""虢季子白盤"等。

青銅器器物的圖片主要收録於《中國青銅器全集》(中國青銅器全集編輯委員會編,文物出版社 1996 年),銘文和釋讀主要見於《殷周金文集成(修訂增補本)》(中國社會科學院考古研究所編,中華書局 2007 年)、《殷周金文集成釋文》(中國社會科學院考古研究所編,中華書局 2000 年)、《商周青銅器銘文暨圖像集成》(吴鎮烽主編,上海古籍出版社 2012 年),金文文字研究主要見於《金文詁林》(周法高主編,香港中文大學出版社 1975 年)。

本教材共編選 10 個器物的銘文。第一器《四祀切其卣》,是商代青銅器中字數最多的一個。第二器《利簋》,是西周時期最早的一件青銅器,它明確記載了武王伐紂的具體日期。第三器《何尊》,記載了西周初年營造成周的事件。第四器《大盂鼎》,是西周青銅鼎的代表作。第五器《宜侯夨簋》,是瞭解西周"封建"制度的重要史料。第六器《衛盉》,記載了西周時期玉器、毛皮與土地的交换情況。第七器《頌壺》,是目前所知西周銘文中記録册命禮儀最完整的一篇。第八器《商鞅方升》,是秦國頒發的標準量器。第九器《中山王壺》,述及中山國的幾位君王,其中"文"指中山文公,不載於典籍,可補史料所缺失。第十器《毛公鼎》,它腹内銘 32 行 499 字,是青銅器中銘文字數最多的一個。這 10 篇青銅銘文,其所在器物形製各異、文字長短不一、書法面貌各有特色;所記

① 參見王輝《商周金文》,文物出版社,2006 年,第 3-19 頁。

内容較爲廣泛，既可以據以瞭解商、周時期的史實和制度，也可據以領略當時的藝術風采。

1. 青銅器最早出現於什麼時期？

2. 青銅器大多體現我國哪個地域的古文明？還有哪個地域文明的青銅器比較獨特？

3. 青銅器銘文的歷史沿革大致是怎樣的？

4. 金文從什麼時候開始就成爲主要研究對象？

5. 金文在形式上有哪些類别？

6. 金文主要有哪些内容？

二、文選篇目

（一）四祀𠨘其卣

思考與練習

1. 銘文中出現了哪些表示日期的詞語？它們各自相隔幾天？
2. 銘文中的“王”，是誰？
3. “才三月”裏的“才”有什麽含義？

（二）利簋

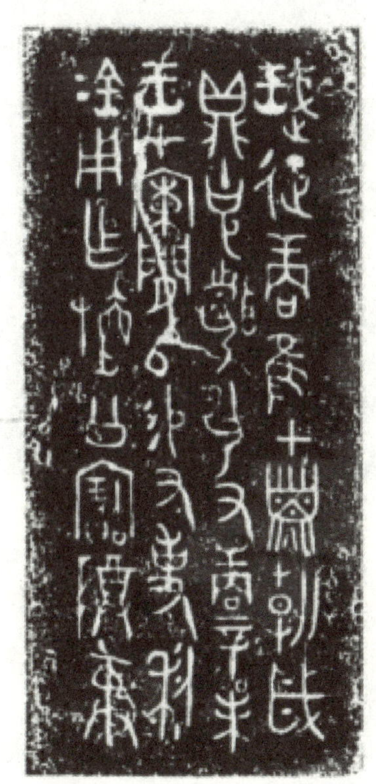

思考與練習

1. 銘文記載武王伐紂的日期是哪一天？
2. 銘文裏的“歲鼎”是什麽意思？
3. 銘文裏的“金”是什麽？

（三）何尊

思考與練習

1. 器名"𢦏"字，現在寫成哪個字？
2. "克逨玟王"與"隹珷王既克大邑商"中的"克"，含義各是什麽？
3. "隹王初䙴宅玗成周"与"余其宅兹中或"中的"宅"，含義各是什麽？
4. 銘文中的"中或"是什麽意思？

（四）大盂鼎

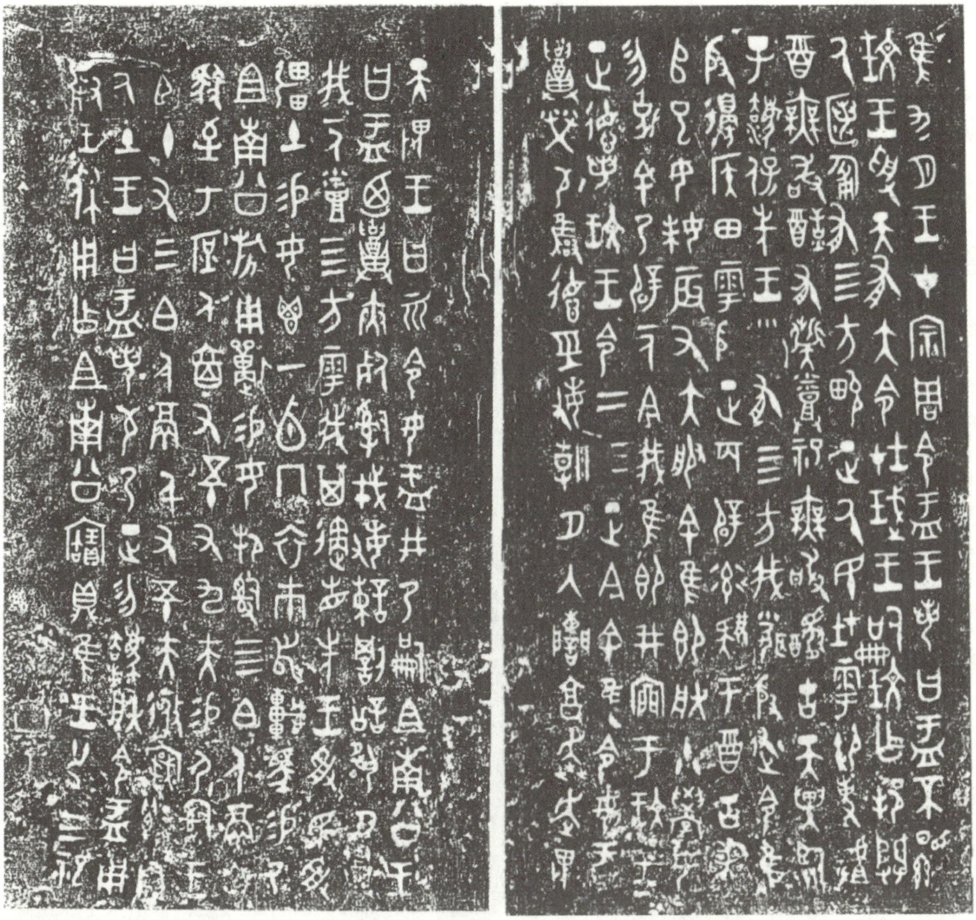

思考與練習

1. 刻辭中哪些“令”意義跟“命”相同？
2. “古天異臨子”和“女勿𠭰余乃辟天”中哪些詞含義相同而重複使用？
3. “芍雝德巠”是什麽意思？
4. “盂用對王休”體現了什麽禮儀？

（五）宜侯夨簋

思考與練習

1.“隹三月辰才丁未”中的“隹”和“才”，分別有什麼含義？
2.“王人”是哪些人？
3.“省東或圖”中的“或”有什麼含義？

（六）衛盉

思考與練習

1.“堇章”是什麼意思？

2.“既生霸”是什麼意思？

3.“其舍田三田”的兩個“田”字分别是什麼意思？

（七）頌壺

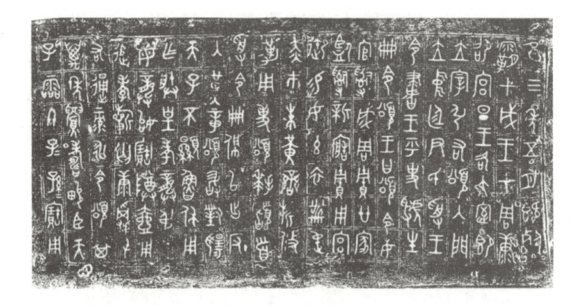

思考與練習

1.“既死霸”是什麼意思？

2.“不顯魯休”是什麼意思？

3.“令終”是什麼意思？

(八)商鞅方升

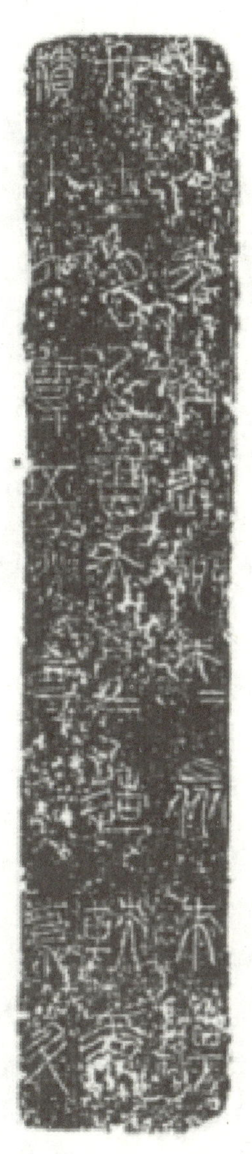

思考與練習

1.銘文中的“聘”是什麽意思?

2.“大良造鞅爰積十六尊五分尊壹爲升”中的“爰”是什麽意思?

（九）中山王壺

圖 1

圖 2

圖 3

圖 4

思考與練習

1. 中山國器銘文字有在字的某一部位（主要是下部）加“𠙵”或“[illegible]”的現象，請在這個銘文裏找出至少三個。

2. 請分析“杜”的構形。

3. “氏昌遊夕歈飤”中的“氏”是什麼意思？

4. “是又軘悳遺悠”中的“是”是什麼意思？

5. “隹逆生禍，隹悠生福”是什麼意思？

（十）毛公鼎

思考與練習

1. 銘文中的“参有嗣”是什麽意思？

2. 銘文中的“王=”“命=”“父=厝=”“龏=橐=”都含有重文符號，它們代表的字符有什麽不同？

3. “虩許上下若否”是什麽意思？

4. “用乍障鼎”是什麽意思？

第三章　簡　　帛

一、關於簡帛

簡帛，是簡牘與帛書的統稱，亦作“竹帛”。從材質上看，簡可分竹和木兩種，古人分别稱竹簡、木牘；從形製上看，現在出土最多的是長條狀，也略呈方形的。竹簡、木牘合稱“簡牘”，有時並非指二者的材質截然有異，只是以示區分而已。帛指絲帛，也兼指布匹，或稱“帛書”。

在紙張發明和廣泛使用以前，簡牘是主要的書寫載體。它的使用大體開始於殷商時期①，戰國、秦、漢則是它使用的鼎盛時期。帛存世不多，一般認爲它是與簡牘並行的書寫材料。

以時代爲序，簡帛材料主要分爲以下幾種②：(1)戰國楚系簡帛。①簡牘。如湖北望山楚簡、隨縣曾侯乙墓楚簡、包山楚簡、郭店楚簡，河南新蔡葛陵楚簡，等等。②帛書。如湖北長沙子彈庫楚帛書。(2)秦系簡牘。如湖北雲夢睡虎地秦簡、雲夢龍崗秦簡，甘肅天水放馬灘秦簡，湖南龍山里耶秦簡，等等。(3)漢代簡帛。①簡牘。如甘肅敦煌漢簡、居延漢簡、武威漢簡、懸泉漢簡，湖南長沙馬王堆漢簡，湖北江陵鳳凰山漢簡、江陵張家山漢簡，山東臨沂銀雀山漢簡，安徽阜陽漢簡，河北定州漢簡，等等。②帛書。如湖南長沙馬王堆漢墓帛書等。(4)三國吴簡。如湖南長沙走馬樓吴簡等。(5)魏晉南北朝簡牘。(6)唐代簡牘。這些材料分别有各自的圖版和釋文專著，它們的書名大多含出土地的地名，《簡帛文獻學通論》(張顯成著，中華書局 2004 年)對簡帛的出土和出版情況有詳細介紹，此不贅舉。

本教材編選 9 篇簡帛，其中簡 8 帛 1。第一篇《更修田律》，木牘，記載秦武王時期田畝制度；第二篇《忠信之道》，竹簡，用典型的楚國文字寫成；第三篇《唯君子能好其匹》，竹簡，此爲郭店楚簡，我們另列内容相同的上博簡與之參照；第四篇《天象無形》，竹簡，其内容與今本《老子》第 41 章對應，我們另列馬王堆漢墓帛書《老子》乙本中相應内容進行參照；第五篇《母教之以七歲》，竹簡，它是最早的戰國竹書實物，内容是關於先秦時代貴族子弟的教育情況；第六篇《窮達以時》，竹簡，文中有關舜等人的事蹟，可與傳世典籍所記孔子困於陳蔡之間時答子路所問的内容相對應；第七篇《竊鉤者誅》，竹簡；第八篇《卜筮祭禱記録》，竹簡，内容爲去除鬼怪以治病；第九篇《楚月宜忌》，帛書，記載了楚國部分月份的適宜和禁忌事項。這 9 篇有竹、木、帛不同材質，内容上除常見的儒、道説教外，還有法律制度、巫祝卜筮、月份禁宜、子弟教育等。

---

①　參見李學勤：《簡牘帛書》，載鄧廣銘等《中國歷史研究知識手册》，河南人民出版社，1990 年，第 277-298 頁。

②　參見駢宇騫、段書安：《二十世紀出土簡帛綜述》，文物出版社，2006 年，第 6-31 頁。

問題

1. 簡述簡帛的材質和形製。
2. 簡帛盛行於什麽時期?
3. 按時代爲序,簡帛主要有哪些種類?

二、文選篇目

(一)更修田律

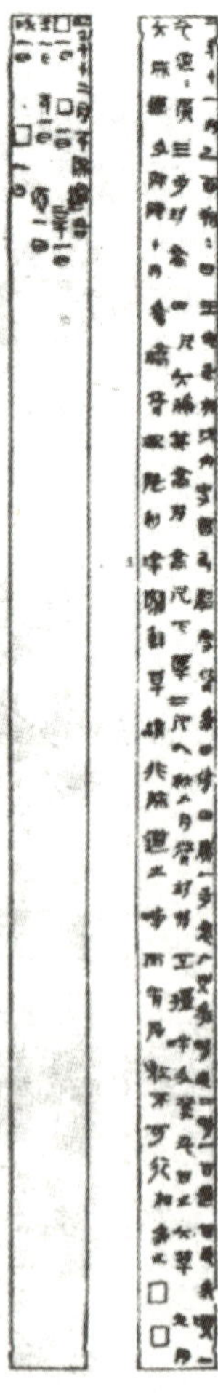

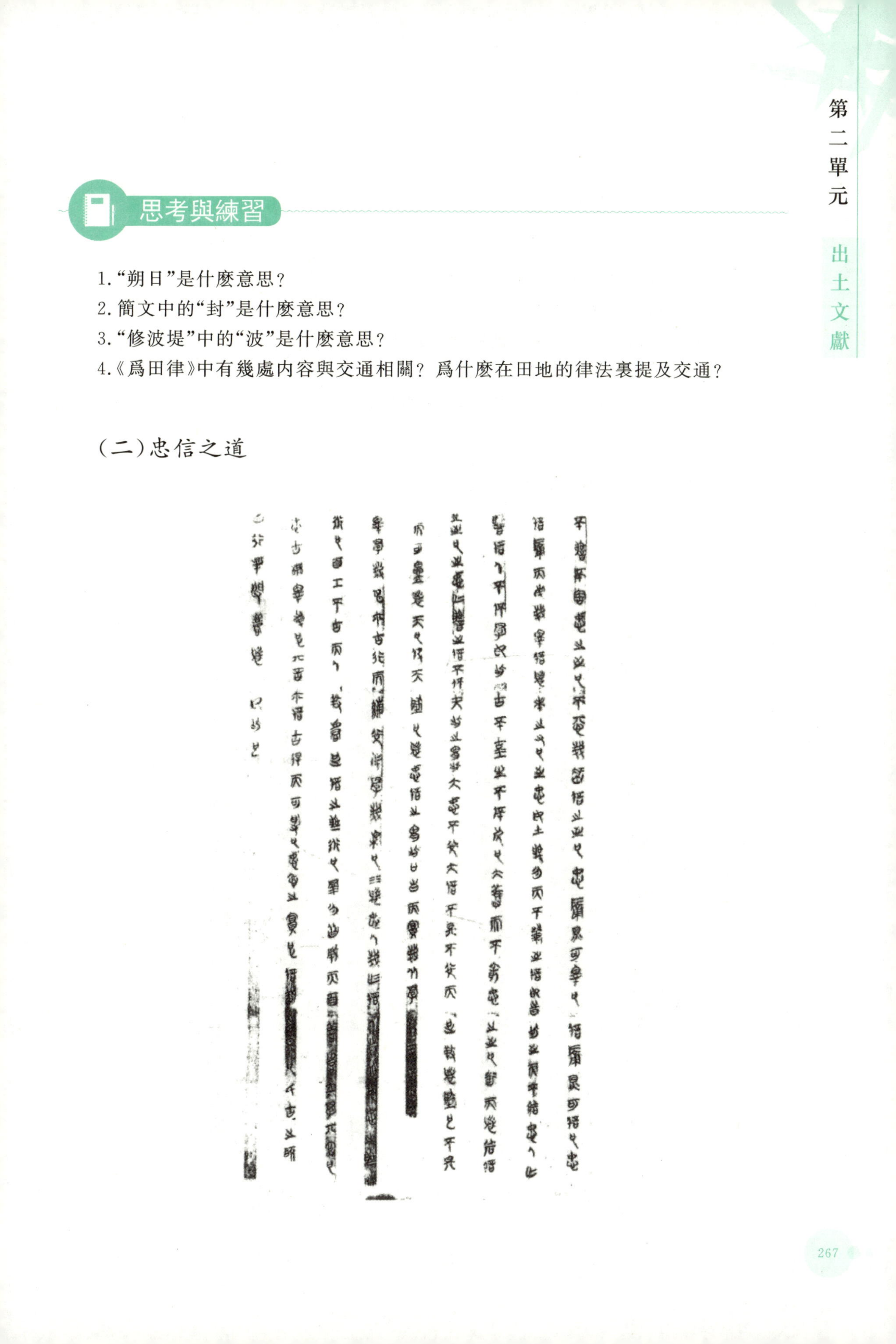

思考與練習

1.“朔日”是什麽意思？
2.簡文中的“封”是什麽意思？
3.“修波堤”中的“波”是什麽意思？
4.《爲田律》中有幾處内容與交通相關？爲什麽在田地的律法裏提及交通？

（二）忠信之道

思考與練習

1. 此簡認爲“忠”有哪些表現？
2. 此簡認爲“信”有哪些表現？
3. 此簡認爲忠信之人不會做的三件事是什麼？
4. “大忠不兑，大信不异”是什麼意思？
5. “忠，惪之實也；信，砉之异也”是什麼意思？

（三）唯君子能好其匹

【郭店簡 42-43】

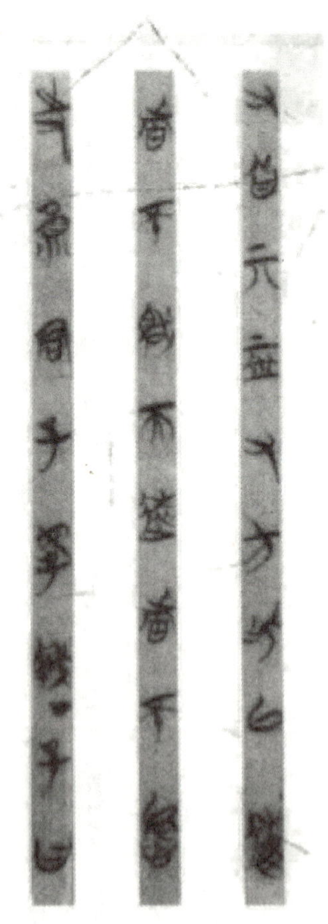

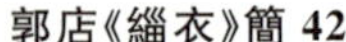

郭店《緇衣》簡 42

郭店《緇衣》簡 42

【上博簡 21-22】

上博《緇衣》簡 21　　上博《緇衣》簡 22

思考與練習

1. 郭店簡中的"駜"是什麼意思？
2. "少人剴能好丌駜"是什麼意思？
3. "古君子之晉也又向，丌亞又方"是什麼意思？

(四)天象無形

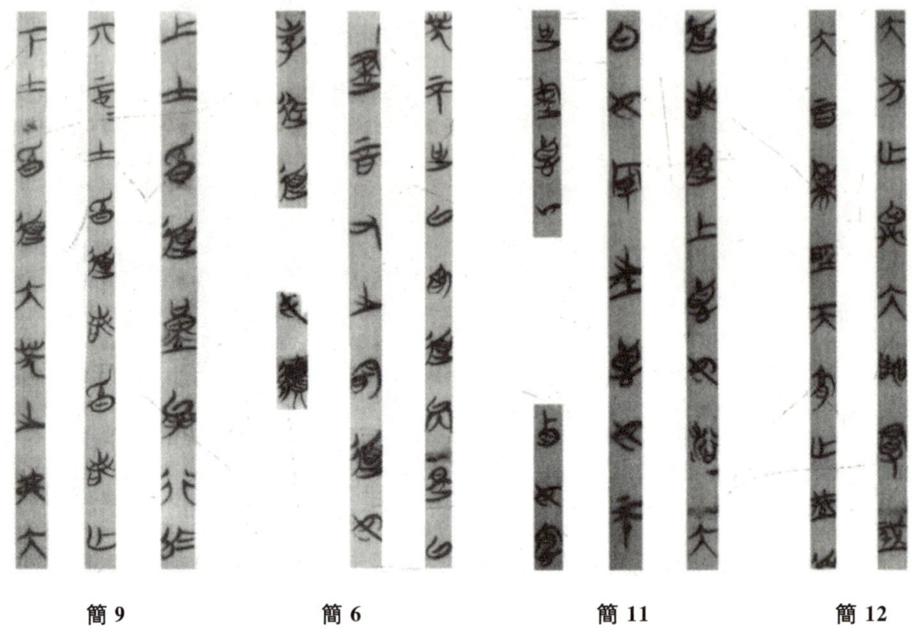

簡 9　　簡 6　　簡 11　　簡 12

思考與練習

1.“上士昏道”中的“昏”是什麽意思?
2.“上惪女浴”是什麽意思?
3.“大方亡禺,大器曼成,大音祗聖”是什麽意思?
4.“天象亡坓”是什麽意思?

（五）母教之以七歲

簡 1-038 圖版　簡 1-038 摹本　簡 1-03 圖版　簡 1-03 摹本

思考與練習

1. 簡文中"母"指母親嗎？
2. "教箸晶戠"是什麽意思？

(六)窮達以時

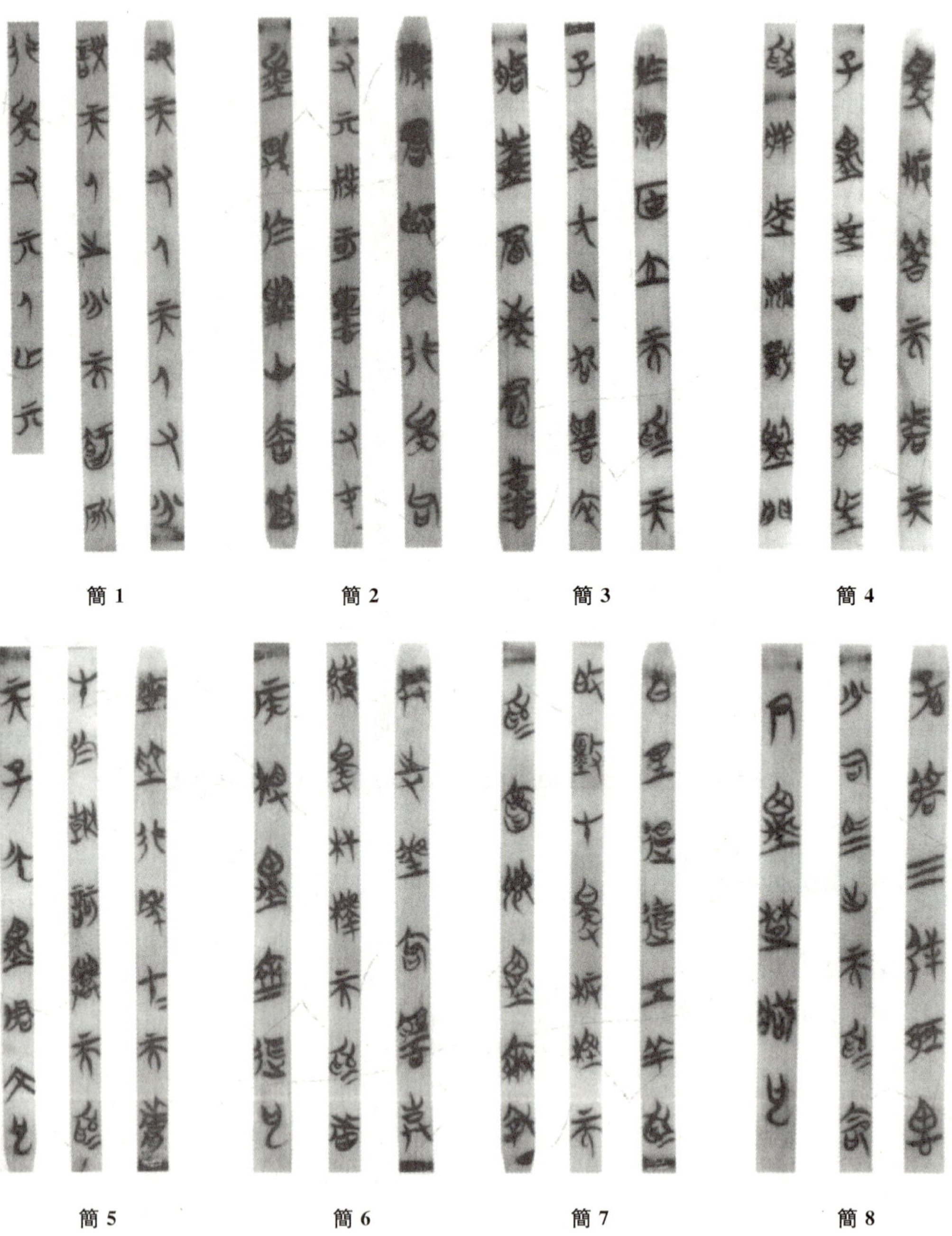

簡 1　簡 2　簡 3　簡 4

簡 5　簡 6　簡 7　簡 8

思考與練習

1. 簡文中“殜”是什麼意思?
2. “唯叚弗行矣”中“唯”是什麼意思?
3. “堣武丁也”中“堣”是什麼意思?
4. “鲁卿”是什麼意思?

(七)竊鉤者誅

簡8　　簡9

思考與練習

1. “敚”是什麼意思?
2. “戝”是什麼意思?
3. 簡文中“義士”是什麼意思?
4. 簡中最後的“＿”是什麼意思?

(八)卜筮祭禱記録

簡 249　　簡 249 反　　簡 250

思考與練習

1. 簡文中"貞"是什麽意思?
2. 簡文中"髗"是什麽意思?
3. "不智亓州名"中"智"是什麽意思?

(九)楚月宜忌

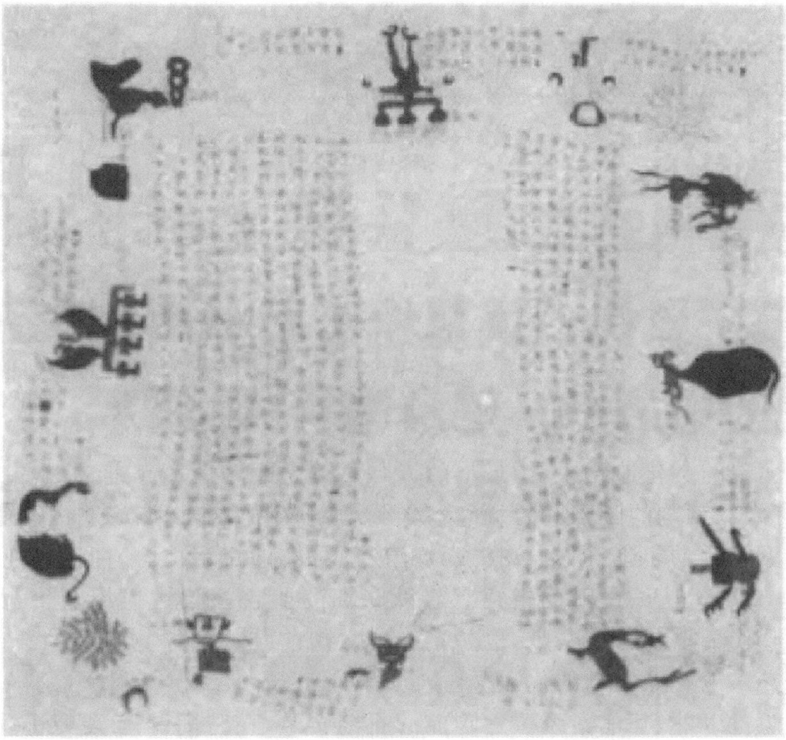

楚帛書

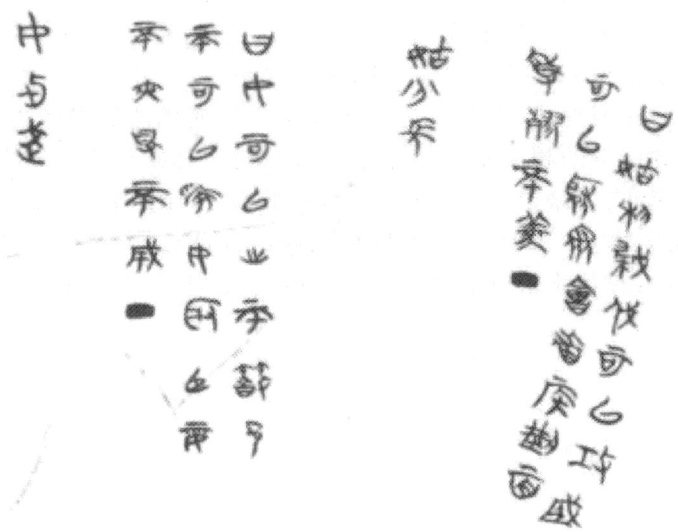

楚帛書丙篇(部分)

思考與練習

1. 帛書中“姑”“女”是什麽意思?
2. “取臣妾”是什麽意思?

第四章 玉 石

一、關於玉石

從目前發現的文化遺蹟來看,最早的人類石刻是距今两萬年前的法國拉斯科洞穴壁畫,上面有人類刻劃的圖畫和符號,大約形成於兩萬年前。這説明人類很早就在石質材料上留下了活動印迹,但是石材上具有成熟可識的文字内容,卻比較晚。1965 年,山西侯馬出土了一批玉石,上面書寫有春秋時期的盟誓,稱爲“侯馬盟書”。侯馬盟書是我國已知時代最早的石刻文獻,也是秦統一六國前唯一的原物存在的石刻文獻。因此本教材選它爲玉石類文獻的代表。

除侯馬盟書以外,其他秦統一六國前的石刻文獻,在時間歸屬、是否原貌等方面尚有争議,我們以取材從嚴的角度,都不選入。如石鼓文,唐初出現,又消失於唐末,再次出現於宋代,存現過程較爲複雜,唐以前典籍却未見記載,真僞難辨。詛楚文,經後人摹寫翻刻,已非原物、原字。朱山刻石,篆書一行十五字,釋文爲“趙廿二年八月丙寅群臣上醻此石北”,於清道光年間在河北邯鄲發現;“趙”所指時間及人物,有人認爲是公元 4 世紀的後趙皇帝石虎,有人認爲是公元前 158 年漢代的諸侯趙王,還有人認爲是公元前 300 年戰國時期的趙武靈王。守丘刻石,又稱“公乘得守丘刻石”,因未有時間信息,其所屬年代尚有争議,1974 年在河北平山發現。有學者認爲其字形與出土的中山王三器(鼎、圓壺、方壺)相近,定爲戰國中山國時期所刻;有學者認爲只從字形難以確證,不能排除後人模仿字形刻成此石的可能性,主張其時代歸屬存疑。

問題

1. 人類最早的石刻是什麽? 它是什麽時候形成的?
2. 現存唯一確定的上古玉石文獻叫什麽名字? 它是什麽時期的文物?
3. 尚有争議先秦石刻有哪幾种?

二、文選篇目

侯馬盟書

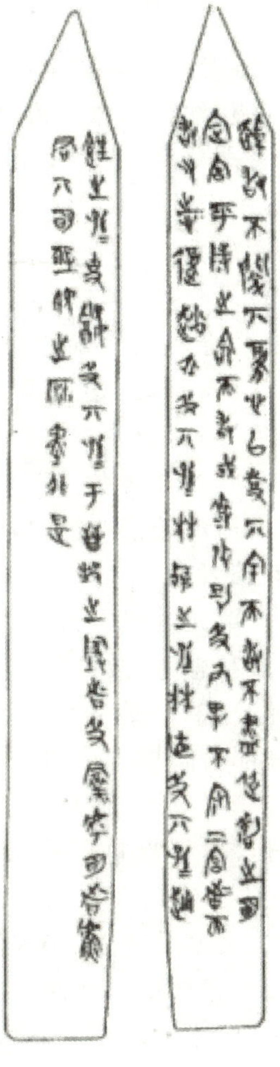

思考與練習

1.“㠯吏丌宗”中“吏”是什麼意思？
2.“又志”是什麼意思？
3.“虘”是什麼意思？

第三單元　古論文選

必須指出，古代漢語的學習，從某種意義上説，其實就是對一種語言的習得。因此，這裡所謂古論文，自然就包括了兩個方面的内容：一是古代有關典籍面貌的描寫，二是古代有關語言文字的論述。

描寫典籍面貌者，其功在方便讀者瞭解典籍全局，使其知道如何讀書，閲讀什麽樣的書。如南宋・陳騤《文則》自序（據《欽定四庫全書・集部》）：

> 騤始冠，遊泮宫，從老於文者問焉，僅得文之端緒。後三年，入成均，復從老於文者問焉，僅識文之利病。彼老於文者，有進取之累，所有告於我與？夫我所得，唯利於進取。後四年，竊第而歸，未獲從仕。凡一星終，得以恣閲故書，始知古人之作，嘆曰："文當如是！"且《詩》、《書》、二《禮》、《易》、《春秋》所載，邱明、高、赤所傳，老、莊、孟、荀之徒所著，皆學者所朝夕誦讀之文也。徒諷誦而弗考，猶終日飲食而不知味。騤竊每有考焉，隨而録之，遂盈簡牘。古人之文，其則著矣，因號曰"文則"。或曰："方今宗匠鉅儒，濟濟盈庭，下筆語妙天下，雖與日月争光可也，奚以吾子《文則》爲？"騤曰："蓋將所以自則也，如示人以爲則，則吾豈敢？"

清人張之洞的《書目答問》頗具指示讀書門徑之功①，建議參看。

論述語言文字者，其功在提昇讀者的語言文字水平，使其能够更好地開展自己的閲讀和學習實踐，而這，恰是設置本單元的根本目的。

古人關於語言文字問題的認識和思考，散見於典籍者甚夥，内容亦十分豐富複雜。或論及語言文字的分科，如宋人晁公武《昭德先生郡齋讀書志》小學類"爾雅三卷袁本前志卷一下小學類第一"條（張猛《郡齋讀書志校證》，上海古籍出版社，1990 年，第 145-146 頁）：

> 文字之學，凡有三：其一體製，謂點畫有衡縱曲直之殊；其二訓詁，謂稱謂有古今雅俗之異；其三音韻，謂呼吸有清濁高下之不同。論體製之書，《説文》之類是也；論訓詁之書，《爾雅》《方言》之類是也；論音韻之書，沈約《四聲譜》及西域反切之學是也。三者雖各名一家，其實皆小學之類。而《藝文志》獨以《爾雅》附《孝經》類，《經籍志》又以附《論語》類，皆非是。今依《四庫書目》，置於小學之首。

明人方以智《通雅》卷首二"小學大略"條（此據《欽定四庫全書》子部）：

> 小學有訓詁之學，有字書之學，有音韻之學。從事《蒼》《雅》《説文》，固當旁采諸家之辯難，則上自金石鐘鼎，石經碑帖，以至印章款識，皆所當究心者。謹略其源流，以便省覽。歐陽永叔曰："八歲入小學，習六甲四方書數；至成童後，授經學。以次第後大也，《爾雅》出於漢世，正名物講説資之，於是有訓詁之學。文字既興，隨世轉易趣便，《三蒼》始志字法；許慎作《説文》，于是有偏傍之學。篆隸古文，爲

① 參見張之洞著，范希曾補正，孙文泱增訂：《增訂書目答問補正》，中華書局，2011 年。

體各異,學者務極其能,于是有字書之學。五聲異律,清濁相生,而孫炎始作字音,于是有音韻之學。"永叔以偏傍字書爲二,則以字書爲筆法;智以筆法乃字學之餘緒,故明六書之源流,謂之字書之學。吴敬甫分三家:一曰體制,二曰訓詁,三曰音韻。胡元瑞言:"小學一端,門徑十數,有博于文者,義者,音者,蹟者,考者,評者。古今博洽,蔑能相兼,其可易哉?"

或論及文字的起源,如《荀子·解蔽篇》(王先謙《荀子集解》,沈嘯寰、王星賢點校,中華書局,1988 年,第 401 頁):

故好書者衆矣,而倉頡獨傳者,壹也;好稼者衆矣,而后稷獨傳者,壹也;好樂者衆矣,而夔獨傳者,壹也;好義者衆矣,而舜獨傳者,壹也。倕作弓,浮游作矢,而羿精於射;奚仲作車,乘杜作乘馬,而造父精於御。自古及今,未嘗有兩而能精者也。

或論及文字的功用,如劉勰《文心雕龍·練字篇》(南朝梁·劉勰著、黄叔琳注、李詳補注、楊明照校注拾遺《增訂文心雕龍校注》,中華書局,2012 年,第 489-490 頁):

夫《爾雅》者,孔徒之所纂,而詩書之襟帶也;《倉頡》者,李斯之所輯,而鳥籀之遺體也;《雅》以淵源詁訓,《頡》以苑囿奇文,異體相資,如左右肩股,該舊而知新,亦可以屬文。若夫義訓古今,興廢殊用,字形單複,妍媸異體,心既托聲於言,言亦寄形於字,諷誦則績在宫商,臨文則能歸字形矣。

或論及語言名實關係,如《荀子·正名篇》(王先謙《荀子集解》,沈嘯寰、王星賢點校,中華書局,1988 年,第 414-420 頁):

若有王者起,必將有循於舊名,有作於新名。……名無固宜,約之以命,約定俗成謂之宜,異於約則謂之不宜。名無固實,約之以命實,約定俗成謂之實名。名有固善,徑易而不拂,謂之善名。物有同狀而異所者,有異狀而同所者,可别也。狀同而爲異所者,雖可合,謂之二實。狀變而實無别而爲異者,謂之化。有化而無别,謂之一實。此事之所以稽實定數也,此制名之樞要也。後王之成名,不可不察也。

或論及語音的考求及其發展等,如段玉裁《古十七部諧聲表》(段玉裁《説文解字注(第 2 版)》,上海古籍出版社,1988 年,第 818 頁):

六書之有諧聲,文字之所以日滋也。考周秦有韻之文,某聲必在某部,至嘖而不可亂。故視其偏旁以何字爲聲,而知其音在某部,易簡而天下之理得也。許叔重作《説文解字》時,未有反語,但云某聲某聲,即以爲韻書可也。自音有變轉,同一聲而分散於各部各韻。如一"某"聲,而"某"在"厚"韻,"媒""腜"在"灰"韻;一"每"聲,而"悔""晦"在"隊"韻,"敏"在"軫"韻,"晦""痗"在"厚"韻之類,參縒不齊,承學多疑之。要其始則同諧聲者必可同部也,三百篇及周秦之文備矣。輒爲十七部諧聲偏旁表,補古六埶之散逸,類列某聲某聲,分繫於各部,以繩今韻,則本非其部之諧聲而闌入者,憭然可攷矣。

凡此種種,相關著作已經有過比較系統而全面的梳理,如張斌、許威漢主編《中國古代語言學資料彙纂》之文字學分册、音韻學分册、訓詁學分册(福建人民出版社,1993 年),鄭奠、譚全基編《古漢語修辭學資料彙編》(商務印書館,1980 年),鄭奠、麥梅翹編

《古漢語語法學資料彙編》(中華書局,1964 年),等等,甚便讀者翻閱、檢索。

本教材編選之古論文内容不求詳贍,數量雖然不多,但大致涉及了古籍閱讀、利用的方方面面;所選論文分别置於總論、文字類、音韻類、訓詁類和音義類之下,這種分類於傳統之小學三分既有所依循,又有所突破,或得或失,望有心者教之!

問題

1. 簡述《書目答問》《〈書目答問〉補正》《增訂書目答問補正》的關係。
2. 簡述傳統小學的分類。
3. 簡述《郡齋讀書志》《説文解字注》的主要内容。

第一章 總 論

一、四庫全書總目提要·經部總叙

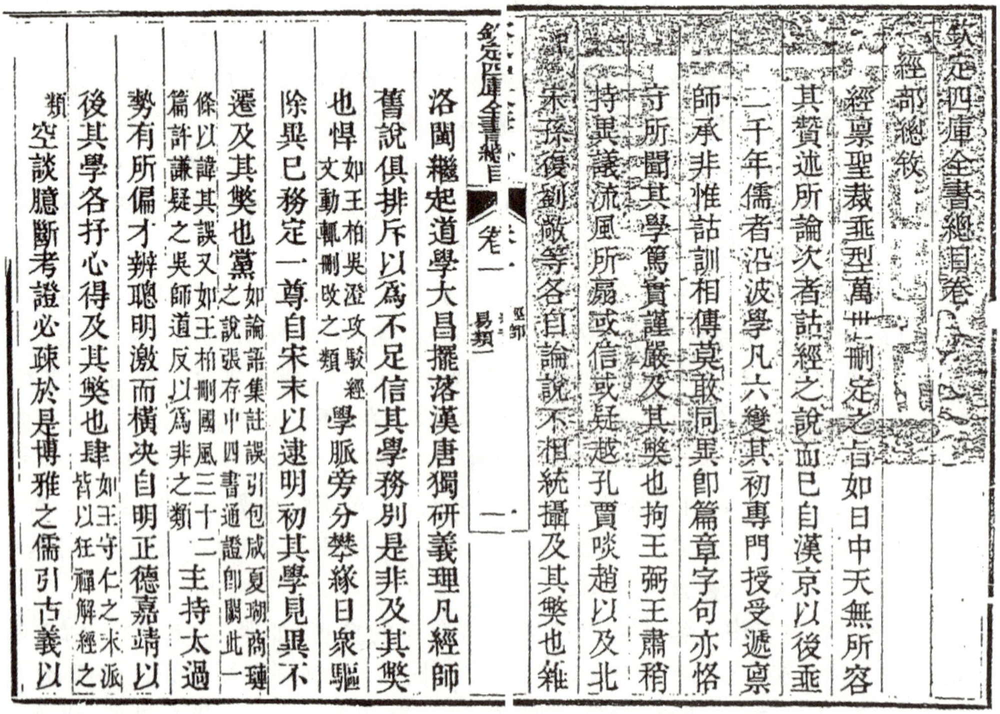
欽定四庫全書總目卷一

經部總敘

經稟聖裁垂型萬世刪定之旨如日中天無所容
其贊述所論次者詁經之說而已自漢京以後垂
二千年儒者沿波學凡六變其初專門授受遞稟
師承非惟詁訓相傳莫敢同異即篇章字句亦恪
守所聞其學篤實謹嚴及其弊也拘王弼王肅稍
持異議流風所扇或信或疑越孔賈啖趙以及北
宋孫復劉敞等各自論說不相統攝及其弊也雜

欽定四庫全書總目 卷一 經部 易類一 一

洛閩繼起道學大昌擺落漢唐獨研義理凡經師
舊說俱排斥以爲不足信其學務別是非及其弊
也悍如王柏吳澄攻駁經文動輒刪改之類學脈旁分攀緣日衆驅
除異已務定一尊自宋末以逮明初其學見異不
遷及其弊也黨如論語集註誤引包咸夏瑚商璉之說張存中四書通證即闕此一
條以諱其誤又如王柏刪國風三十二篇許謙疑之吳師道反以爲非之類主持太過
勢有所偏才辨聰明激而橫決自明正德嘉靖以
後其學各抒心得及其弊也肆如王守仁之末派皆以狂禪解經之
類空談臆斷考證必疏於是博雅之儒引古義以

抵其隙

國初諸家其學徵實不誣及其獘也瑣（如一字音訓動辨數百言之類）要其歸宿則不過漢學宋學兩家互爲勝負夫漢學具有根柢講學者以淺陋輕之不足服漢儒也宋學具有精微讀書者以空踈薄之亦不足服宋儒也消融門戶之見而各取所長則私心祛而公理出公理出而經義明矣蓋經者非他即天下之公理而已今參稽衆說務取持平各明去取之故分爲十類曰易曰書曰詩曰禮曰春秋曰孝經曰五經總義曰四書曰樂曰小學

欽定四庫全書總目 卷一 經部 二

經部一

（見〔清〕永瑢、紀昀等《欽定四庫全書總目》。此據四庫全書本。）

二、《馬氏文通》序

序

昔古聖開物成務廢結繩而造書契於是文字興焉夫依類象形之謂文形聲相益之謂字形也聲也閱世遞變而相沿訛謬至不可殫極上古渺矣漢承秦火鄭許輩起務究元本而小學適權輿焉自漢而降小學旁分各有專門歐陽永叔曰爾雅出於漢世正名物講說資之於是有訓詁之學許慎作說文於是有偏旁之學篆隸古文爲體各異於是有字書之學五聲異律清濁相生而孫炎始作字音於是有音韻之學吳敬甫分三家一曰體制二曰訓詁三曰音韻胡元瑞則謂小學一端門徑十數有博於文者義者音者蹟者考者評者統類而要刪之不外訓詁音韻字書三者之學而已三者之學至我　朝始稱大備凡詁釋之難點畫之細音韻之微靡不詳稽旁證求其至當然其得失異同匪庸與嗜奇者又往往互相主奴聚訟紛紜莫衷一是則以字形字聲閱世而不能不變今欲於屢變之後以返求夫未變之先難矣蓋所以證其未變之形與聲者第據此已變者耳藉令沿源討流悉其元本所是正者一字之疑一音之訛一畫之誤已耳殊不知古先造字點畫音韻千變萬化其賦以形而命以聲者原無不變之理而所以形其形而聲其聲以神其形聲之用者要有一成之律貫乎其中歷千古而無或少變蓋形與聲之最易變者就每字言之而形聲變而猶有不變者就集字成句言之也易曰艮其輔言有序詩曰出言有章曰有序曰有章即此有形有聲之字施之於用各得其宜而著爲文者也傳曰物相雜謂之文釋名謂會集衆采以成錦繡會集衆字以成詞誼如錦繡然也今字形字聲之最易變者則載籍極博轉使學者無所適從矣而會集衆字以成文其道終不變者則古無傳焉士生今日而不讀書爲文章則已士生今日而讀書爲文章將發古人之所未發而又與學者以易知易能其道奚從哉學記謂比年入學中年考校一年視離經辨志其疏云離經謂離析經理使章句斷絕也通雅引作離經辨句謂麗于六經使時習之先辨其句讀也徐邈音豆皇甫茂正云讀書未知句度下視服杜度即讀所謂句心也然則古人小學必先講解經理斷絕句讀也明矣夫知所以斷絕句讀必先知所以集字成句成讀之義劉氏文心雕龍云夫人之立言因字生句積句成章積章成篇篇之彪炳章無疵也章之明靡句無玷也句之清英字不妄也振本而末從知一而萬畢矣顧振本知一之故劉氏亦未有發明慨夫蒙子入塾首授以四子書讀其終日伊吾及少長也則爲之師者就書衍說至於逐字之部分類別與夫字與字相配成句之義且同一字也有弁於句首者有殿於句尾者以及句讀先後參差之所以然塾師固昧然也而一二經師自命與攻乎古文詞者語之及此罔不曰此在神而明之耳未可以言傳也噫嘻此豈非循其當然而不求其所以然之蔽也哉後生學者將何考藝而問道焉上稽經史旁及諸子百家下至志書小說凡措字遣辭苟可以述吾心中之意以示今而傳後者博引相參要皆有一成不變之例愚故罔揣固陋取四書三傳史漢韓文爲歷代文詞升降之宗兼及諸子語策爲之字櫛句比繁稱博引比例而同之觸類而長之窮古今之簡篇字裏行間渙然冰釋皆有以得其會通輯爲一書名曰文通部分爲四首正名天下事之可學者各自不同而其承用之名亦各有主義而不能相混佛家之根塵法相法律家之以准皆各及其即若與夫軍中之令司官之式皆自爲條例以及屈平之靈修莊周之因是鬼谷之捭闔蘇張之縱橫所立之解均不可移置他書若非預爲詮解標其立義之所在而爲之界說閱者必洸洋而不知所謂故以正名冠焉次論實字凡字有義理可解者皆曰實字即其字所有之義而類之或主之或賓之或先焉或後焉皆隨其義以定其句中之位而措之乃各得其當次論虛字凡字無義理可解而惟用以助辭氣之不足者曰虛字劉彥和云至於夫惟蓋故者發端之首唱之而於以者劄句之舊體乎哉矣也亦送末之常科虛字所助蓋不外此三端而以類別之者因是已字類既判而聯字分疆庶有定準故以論句讀終焉雖然學問之事可授受者規矩方圓其不可授受者心營意造然即其可授受者以深求夫不可授受者而劉氏所論之文心蘇轍氏所論之文氣要不難一蹴貫通也余特怪伊古以來皆以文學有不可授受者在併其可授受者而不一講焉爰積十餘年之勤求探討以成此編蓋將探夫自有文字以來至今未宣之秘奧啓其緘縢導後人以先路掛一漏萬知所不免所望後起有同志者悉心領悟隨時補正以臻美備則愚十餘年力索之功庶不泯也已

光緒二十四年三月十九日丹徒馬建忠序

(見〔清〕馬建忠《馬氏文通》。此據商務印書館 **1925** 年 **12** 月初版。)

三、春秋究遺序

春秋究遺序

春秋一再傳而筆削之意已失故傳之存者三家各自爲例以明書法不得春秋之書法者蓋多何邵公杜元凱諸人徒據傳爲本名爲治春秋實治一傳非治經也唐啖趙陸氏而後言春秋者一變迨宋而廢例之說出是爲再變桐城葉書山先生著春秋究遺一書更約爲比例數十條列諸端首考定書法之正然後以知變例及異文特文等蓋盡去昔人穿鑿碎義而還是經之終始本末先生之爲書也有取於韓退之氏獨抱遺經究終始之言震竊謂先生所得在春秋書法之先春秋所以難言者聖人裁萬事猶造化之於萬物洪纖高下各有攸當而一以貫之條理精密卽在廣大平易中讀春秋者非大其心無以見夫道之大非精其心無以察夫義之精以故三家之傳而外說是經至數千百家其於春秋書法卒不得也春秋魯史也有史法在古策書之體其例甚嚴所以爲禮義之防維而不敢苟此則魯之史官守之自魯公已來行事有常經魯史記書法不失者君子以爲不必修也而修春秋自隱始則王迹熄而諸侯僭樂壞禮肆行征伐諸侯之政又失而大夫操其國柄世變相尋行事爲史所不能書於是書法淆亂非有聖人之達於權不知治變是以春秋義例不可與魯史記之例同條而論而廢例之說知其益疏矣震嘗獲聞先生論讀書法曰學者莫病於株守舊聞而不復能造新意莫病於好立異說不深求之語言之間以至其精微之所存夫精微之所存非強著書邀名者所能至也日用飲食之地一動一言好學者皆有以合於當然之則循是而尙論古人如身居其世覩其事然後聖人之情見乎詞者可以吾之精心遇之非好道之久涵養之深未易與於此先生之言若是然則春秋書法以二千載不得者先生獨能得之在是也夫時乾隆己卯孟冬休寧戴震撰

（見《戴東原集》卷十。此據《四部備要·集部》，上海中華書局據經韻樓本校刊。）

四、答江慎修先生論小學書

答江愼修先生論小學書

說文所載九千餘文當小學廢失之後固未能一一合於古卽爾雅亦多不足據姑以釋故言之如台朕賚畀卜陽予也台朕陽當訓予我之予賚畀卜訓賜予之予不得錯見一句中孔魄哉延虛無之言閒也郭氏注云孔穴延魄虛無皆有閒隙餘未詳考之說文哉言之閒也言之閒卽詞助然則哉之言三字乃言之閒言爲詞助見於詩易多矣豫射厭也郭氏注云詩曰服之無射豫未詳豫蓋當訓厭足厭飫之厭射訓厭倦厭憎之厭此皆掇拾之病其解釋詩書緣詞生訓非字義之本然者不一而足然今所有傳注莫先毛詩其爲書又出爾雅後爾雅杜甘棠棠梨山樆榆白枌立文少變杜澀棠甘而名類可互見杜赤棠白者棠以棠見杜杜甘棠以杜見棠毛詩甘棠杜也誤枌白榆也不誤杜甘曰棠梨山生曰樆榆白曰枌朱子詩集傳於陳東門之枌云枌白榆也本毛詩於唐山有蓲云榆白枌也殆稽爾雅而失其讀其他毛詩誤用爾雅者甚多先儒言爾雅往往取諸毛詩非也若說文視爾雅毛詩固最後沿本處多要亦各有師承爾雅以衣涉水爲厲繇帶已上爲厲說文砅字又作濿省用厲履石渡水也引詩深則砅詩之意以水深必依橋梁乃可過喻禮義之大防不可犯若淺水則褰衣而過尙不濡衣酈道元水經注云段國沙州記吐谷渾於河上作橋謂之河厲此可證橋有厲之名衞詩淇梁淇厲並舉厲固梁之屬也就茲一字爾雅失其傳說文得其傳觸類推求遽數之不能終其物用是知漢人之書就一書中有師承可據者有失傳傳會者說文於字體字訓罅漏不免其論六書則不失師承劉歆班固云象形象事象意象聲轉注假借鄭衆云象形會意轉注處事假借諧聲所言各乖異失倫說文序稱一指事二象形三形聲四會意五轉注六假借轉注考老字後人不解裴務齊切韻猥云考字左迴老字右轉戴仲達

周伯琦之書雖正老字屬會意考字屬諧聲而不能不承用左迴右轉爲轉注別舉側山爲𠂤反人爲匕等象形之變轉者當之徐鉉徐鍇鄭樵之書就考字傳會謂祖考之考古銘識通用丂於丂之本訓轉其義而加老省注明之又如犬走貌爲猋爾雅扶搖謂之猋於猋之本訓轉其義飆則偏旁加風注明之此以諧聲中聲義兩近者當轉注不特一類分爲二類甚難且校義之遠近必多穿鑿王介甫字說強以意解加之諧聲字陸佃埤雅中時摭之使按之理義不悖如程子朱子論中心爲忠如心爲恕猶失六書本法岐惑學者今區分諧聲一類爲轉注勢必強求其義之近似況古字多假借後人始增偏旁其得盡證之使自爲類乎楊桓又謂三體已上展轉附注是曰轉注斯說之謬易見而莫謬於蕭楚張有諸人轉聲爲轉注之說雖好古如顧炎武亦不復深省說文於假借舉令長字乃移而屬轉注古今音讀莫考如好惡之惡今讀去聲古人有讀入聲者美惡之惡今讀入聲古人有讀去聲者宋魏文靖論觀卦云今轉注之說則彖象爲觀示之觀六爻爲觀瞻之觀竊意未有四聲反切已前安知不爲一音乎據此言之轉聲已不易定轉注假借何以辨今讀先生手教曰本義外展轉引伸爲他義或變音或不變音皆爲轉注其無義而但借其音或相似之音則爲假借又曰字之本義亦有不可曉者震之疑不在本義之不可曉而在展轉引伸爲他義有遠有近有似遠義實相因有近而義不相因有絕不相涉而旁推曲取又可強言其義區分假借一類而兩之殆無異區分諧聲一類而兩之也六書之諧聲假借並出於聲諧聲以類附聲而更成字假借依聲託事不更制字或同聲或轉聲或聲義相倚而俱近或聲近而義絕遠諧聲具是數者假借亦具是數者後世求轉注之說不得併破壞諧聲假借此震之所甚惑也說文老从人毛匕言須髮變白也考从老省丂聲其解字體一會意一諧聲甚明而引之於序以實其所論轉注不宜自相矛盾是故別有說也使許氏說不可用亦必得其說然後駁正之何二千年閒紛紛立說者衆而以猥云左迴右轉者之謬悠目爲許氏可乎哉震謂考老二字屬諧聲會意者字之體引之言轉注者字之用轉注之云古人以其語言立爲名類通以今人語言猶曰互訓云爾轉相爲注互相爲訓古今語也說文於考字訓之曰老也於老字訓之曰考也是以序中論轉注舉之爾雅釋詁有多至四十字共一義其六書轉注之法歟別俗異言古雅殊語轉注而可知故曰建類一首同意相受大致造字之始無所馮依宇宙閒事與形兩大端而已指其事之實曰指事一二上下是也象其形之大體曰象形日月水火是也文字既立則聲寄於字而字有可調之聲意寄於字而字有可通之意是又文字之兩大端也因而博衍之取乎聲諧曰諧聲聲不諧而會合其意曰會意四者書之體止此矣由是之於用數字共一用者如初哉首基之皆爲始卬吾台予之皆爲我其義轉相爲注曰轉注一字具數用者依於義以引伸依於聲而旁寄假此以施於彼曰假借所以用文字者斯其兩大端也六者之次第出於自然立法歸於易簡震所以信許叔重論六書必有師承而考老二字以說文證說文可不復疑也存諸心十餘載因聞教未達遂縱言之

（見《戴東原集》卷三。此據《四部備要·集部》，上海中華書局據經韻樓本校刊。）

五、《廣雅疏證》段玉裁序

小學有形、有音、有義、三者互相求、舉一可得其二、有古形、有今形、有古音、有今音、有古義、有今義、六者互相求、舉一可得其五、古今者、不定之名也、三代爲古、則漢爲今、漢魏晉爲古、則唐宋以下爲今、聖人之制字、有義而後有音、有音而後有形、學者之考字、因形以得其音、因音以得其義、治經莫重於得義、得義莫切於得音、周官六書、指事、象形、形聲、會意四者、形也、轉注、假借二者、馭形者也、音與義也、三代小學之書不傳、今之存者、形書說文爲之首、玉篇以下次之、音書廣韵爲之首、集韵以下次之、義書爾雅爲之首、方言、釋名、廣雅以下次之、爾雅、方言、釋名、廣雅者、轉注假借之條目也、義屬於形、是爲轉注、義屬於聲、是爲假借、稚讓爲魏博士、作廣雅、蓋魏以前經傳謠俗之形音義彙粹於是、不孰於古形古音古義、則其說之存者、無由甄綜、其說之已亾者、無由比例推測、形失則謂說文之外字皆可廢、音失則惑於字母七音、猶治絲棼之、義失則梏於說文所說之本義、而廢其假借、又或言假借而昧其古音、是皆無與於小學者也、懷祖氏能以三者互求、以六者互求、尤能以古音得經義、蓋天下一人而已矣、假廣雅以證其所得、其注之精粹、有子雲必能知之、敢以是質於懷祖氏、並質諸天下後世言小學者、乾隆辛亥八月金壇段玉裁序、

廣雅疏證 序 一

廣雅疏證 序 二

（此據〔清〕王念孫著、鍾宇訊點校《廣雅疏證（附索引）》，中華書局，2004 年第 2 版。）

六、《説文解字注》序

說文解字注序
說文之爲書以文字而兼聲音訓詁者也凡許
氏形聲讀若皆與古音相準或爲古之正音或
爲古之合音方以類聚物以羣分循而攷之各
有條理不得其遠近分合之故則或執今音以
疑古音或執古之正音以疑古之合音而聲音
之學晦矣說文之訓首列製字之本意而亦不
廢假借凡言一曰及所引經類多有之蓋以廣
異聞備多識而不限於一隅也不明乎假借之
指則或據說文本字以改書傳假借之字或據
說文引經假借之字以改經之本字而訓詁之
學晦矣吾友段氏若膺於古音之條理察之精
剖之密嘗爲六書音均表立十七部以綜核之
因是爲說文注形聲讀若一以十七部之遠近
分合求之而聲音之道大明於許氏之說正義
借義知其典要觀其會通而引經與今本異者
不以本字廢借字不以借字易本字揆諸經義
例以本書若合符節而訓詁之道大明訓詁聲
音明而小學明小學明而經學明蓋千七百年
來無此作矣若夫辨點畫之正俗察篆隸之繁
省沾沾自謂得之而於轉注假借之通例茫乎
未之有聞是知有文字而不知有聲音訓詁也
其視若膺之學淺深相去爲何如邪余交若膺
久知若膺深而又皆從事於小學故敢舉其犖
犖大者以告綴學之士云嘉慶戊辰五月高郵
王念孫序

(見〔清〕段玉裁《説文解字注》。此據《四庫備要・經部》,上海中華書局據經韻樓原刻本校刊。)

七、文心雕龍(節選)

(一)聲律第三十三

聲律第三十三
夫音律所始本於人聲者也聲含宮商肇自血氣
先王因之以制樂歌故知器寫人聲聲非學器者
也故言語者文章神明樞機吐納律呂脣吻而已
古之教歌先揆以法使疾呼中宮徐呼中徵夫商
徵響高宮羽聲下抗喉矯舌之差攢脣激齒之異
廉肉相準皎然可分今操琴不調必知改張摛文
乖張而不識所調響在彼絃乃得克諧聲萌我心
更失和律其故何哉良由外聽難爲聰也故外聽
之易絃以手定內聽之難聲與心紛可以數求難
以辭逐凡聲有飛沈響有動靜雙聲隔字而每舛
疊韻雜句而必睽沈則響發而斷飛則聲颺不還
並轆轤交往逆鱗相比迂其際會則往蹇來連其
爲疾病亦文家之吃也夫吃文爲患生於好詭逐
新趣異故喉脣糺紛將欲解結務在剛斷左礙而
尋右末滯而討前則聲轉於吻玲玲如振玉辭靡
於耳纍纍如貫珠矣是以聲畫妍蚩寄在吟詠吟
詠滋味流於下句氣力窮於和韻異音相從謂之
和同聲相應謂之韻韻氣一定故餘聲易遣和體
抑揚故遺響難契屬筆易巧選和至難綴文難精

而作韻甚易雖纖意曲變非可縷言然振其大綱不出茲論若夫宮商大和譬諸吹籥翻廻取均頗似調瑟瑟資移柱故有時而乖貳籥含定管故無往而不壹陳思潘岳吹籥之調也陸機左思瑟柱之和也槩舉而推可以類見又詩人綜韻率多清切楚辭辭楚故訛韻寔繁及張華論韻謂士衡多楚文賦亦稱知楚不易可謂銜靈均之聲餘失黃鐘之正響也凡切韻之動勢若轉圜訛音之作甚於枘方免乎枘方則無大過矣練才洞鑒剖字鑽響疎識闊略隨音所遇若長風之過籟東郭之吹竽耳古之佩玉左宮右徵以節其步聲不失序音以律文其可忘哉

贊曰標清務遠比音則近吹律胸臆調鐘脣吻聲得鹽梅響滑榆槿割棄支離宮商難隱

(二)章句第三十四

章句第三十四

夫設情有宅置言有位宅情曰章位言曰句故章者明也句者局也局言者聯字以分疆明情者總義以包體區畛相異而衢路交通矣夫人之立言因字而生句積句而爲章積章而成篇篇之彪炳章無疵也章之明靡句無玷也句之清英字不妄也振本而末從知一而萬畢矣夫裁文匠筆篇有小大離章合句調有緩急隨變適會莫見定準句司數字待相接以爲用章總一義須意窮而成體其控引情理送迎際會譬舞容廻環而有綴兆之位歌聲靡曼而有抗墜之節也尋詩人擬喻雖斷章取義然章句在篇如繭之抽緒原始要終體必鱗次啓行之辭逆萌中篇之意絕筆之言追勝前句之旨故能外文綺交內義脈注跗萼相銜首尾一體若辭失其朋則羈旅而無友事乖其次則飄寓而不安是以搜句忌於顛倒裁章貴於順序斯

固情趣之指歸文筆之同致也若夫筆句無常而字有條數四字密而不促六字格而非緩或變之以三五蓋應機之權節也至於詩頌大體以四言爲正唯祈父肇禋以二言爲句尋二言肇於黃世竹彈之謠是也三言興於虞時元首之詩是也四言廣於夏年洛汭之歌是也五言見於周代行露之章是也六言七言雜出詩騷而體之篇成於兩漢情數運周隨時代用矣若乃改韻從調所以節文辭氣賈誼枚乘兩韻輒易劉歆桓譚百句不遷亦各有其志也昔魏武論賦嫌於積韻而善於資代陸雲亦稱四言轉句以四句爲佳觀彼制韻志同枚賈然兩韻輒易則聲韻微躁百句不遷則脣吻告勞妙才激揚雖觸思利貞曷若折之中和庶保無咎又詩人以兮字入於句限楚辭用之字出於句外尋兮字承句乃語助餘聲舜詠南風用之久矣而魏武弗好豈不以無益文義耶至於夫惟蓋故者發端之首唱之而於以者乃箚句之舊體乎哉矣也亦送末之常科據事似閑在用實切巧者迴運彌縫文體將令數句之外得一字之助矣外字難謬況章句歟

贊曰斷章有檢積句不恒理資配主辭忌告朋環情草調宛轉相騰離同合異以盡厥能

（三）麗辭第三十五

麗辭第三十五

造化賦形支體必雙神理爲用事不孤立夫心生文辭運裁百慮高下相須自然成對唐虞之世辭未極文而皐陶贊文罪疑惟輕功疑惟重益陳謨云滿招損謙受益豈營麗辭率然對耳易之文繫聖人之妙思也序乾四德則入句相銜龍虎類感則字字相儷乾坤易簡則宛轉相承日月徃來則隔行懸合雖句字或殊而偶意一也至於詩人偶章大夫聯辭奇偶適變不勞經營自揚馬張蔡崇盛麗辭如宋畫吳冶刻形鏤法麗句與深采並流偶意共逸韻俱發至魏晉羣才析句彌密聯字合趣割毫析釐然契機者入巧浮假者無功故麗辭之體凡有四對言對爲易事對爲難反對爲優正對爲劣言對者雙比空辭者也事對者並舉人驗者也反對者理殊趣合者也正對者事異義同者也長卿上林云脩容乎禮園翺翔乎書圃此言對之類也宋玉神女賦云毛嬙鄣袂不足程式西施掩面比之無色此事對之類也仲宣登樓云鍾儀

幽而楚奏莊舄顯而越吟此反對之類也孟陽七
哀云漢祖想枌榆光武思白水此正對之類也凡
偶辭胷臆言對所以爲易也徵人之學事對所以
爲難也幽顯同志反對所以爲優也並貴共心正
對所以爲劣也又以事對各有反正指類而求萬
條自昭然矣張華詩稱遊鴈比翼翔歸鴻知接翮
劉琨詩言宣尼悲獲麟西狩涕孔丘若斯重出卽
對句之駢枝也是以言對爲美貴在精巧事對所
先務在允當若兩事相配而優劣不均是驥在左
驂駑爲右服也若夫事或孤立莫與相偶是夔之
一足踸踔而行也若氣無奇類文乏異采碌碌麗
辭則昏睡耳目必使理圓事密聯璧其章迭用奇
偶節以雜佩乃其貴耳類此而思理斯見也
贊曰體植必兩辭動有配左提右挈精味兼載
炳爍聯華鏡靜含態玉潤雙流如彼珩佩

鄉貢士楊繼美校

文心雕龍卷之七

(見〔南朝梁〕劉勰《文心雕龍》。此據《四部叢刊·集部》,上海涵芬樓影印明嘉靖刊本。)

八、古書疑義舉例

(一)美惡同辭例

美惡同辭例
古者美惡不嫌同辭如退食自公委蛇委蛇詩人之所
美也而左傳云衡而委蛇必折則委蛇又爲不美矣豈
弟君子民之父母詩人之所美也而齊風云魯道有蕩
齊子豈弟傳曰言文姜於是樂易然正義足成其義曰
於是樂易然曾無慙色則豈弟又爲不美矣齊子豈弟
本與下章齊子翺翔一律而鄭必破作闓圛謂與上章
齊子發夕一律蓋以他言豈弟者皆美而非刺故不從
傳義不知古人美惡不嫌同辭學者當各依本文體會
未可徒泥其辭也
詩皇矣篇無然畔援箋云畔援猶跋扈也韓詩曰畔援
武强也按畔援卽畔喭論語先進篇鄭注子路之行失
於畔喭正義曰言子路性行剛强常吸喭失禮容也正
與鄭韓義合喭之爲援猶畔之爲吸聲近而義通矣又
篇又作無然伴換古雙聲疊韵字無一定也卷阿篇伴
奐爾游矣伴奐卽伴換也箋曰伴奐自縱弛之意蓋卽
跋扈之意而引申之是故畔援也伴奐也一而已矣畔
援爲不美之辭而伴奐爲美之之辭美惡不嫌同辭也
訪落篇將予就之繼猶判渙判渙亦卽伴奐也傳箋均
未得判奐之義判渙亦自縱弛也言將助我而就之猶
不免於縱弛也是故伴奐也判渙也一而已矣伴奐爲
美之之辭判渙又爲不美之辭美惡不嫌同辭也
禮記孔子閒居篇耆欲將至鄭注曰謂其王天下之期
將至也按中庸篇禍福將至此云耆欲卽禍福也美惡不
嫌同辭月令篇節耆欲禁耆欲以耆欲之不善者言也
祭統篇與舊耆欲此云耆欲將至以耆欲之善者言也
王肅作家語改作有物將至足徵其不達古義矣

(二)一字誤爲二字例，二字誤爲一字例

一字誤爲二字例

古書有一字誤爲二字者禮記祭義篇見閒以俠甒鄭注曰見閒當爲覸史記蔡澤傳吾持粱刺齒肥索隱曰刺齒肥當爲齧肥孟子公孫丑篇必有事焉而勿正心日知錄載倪文節之說謂當作必有事焉而勿忘

禮記緇衣篇信以結之則民不倍恭以涖之則民有孫心惠氏棟九經古義謂孫心當作愻說文愻順也書云五品不愻今文尚書作訓古文尚書作愻今孔氏本作孫衛包又改作遜古字亡矣緇衣猶存古字耳

尚書多方篇我有周惟其大介賚爾按枚氏因大介連文而以大大賜汝釋之不詞甚矣說文大部乔大也從大介聲讀若蓋凡經傳訓大之介皆其叚字也此經疑用本字其文曰我其周惟其乔賚爾乔賚卽大賚也後人罕見乔字遂誤分爲大介二字

國語晉語吾觀晉公子賢人也其從者皆國相也以相一人必得晉國按僖二十三年左傳曰吾觀晉公子之從者皆足以相國若以相夫子必反其國疑此文一人二字乃夫字之誤以相絕句卽左傳所謂若以相也夫必得晉國絕句卽左傳所謂夫子必反其國也夫者指目其人之辭說詳襄二十三年左傳正義今誤作一人二字義不可通矣

二字誤爲一字例

古書亦有二字誤合爲一字者襄九年左傳閏月杜注曰閏月當爲門五日五字上與門合爲閏則後學者自然轉日爲月按古鐘鼎文往往有兩字合書者如石鼓文小魚作⿱小魚散氏銅盤銘小子作⿱小子是也古人作字但取疏密相閒經典傳寫則遂幷爲一字矣

禮記檀弓篇從母之夫舅之妻二夫人相爲服按夫字衍文也二人兩字誤合爲夫字學者旁識二人兩字以正其誤而傳寫誤合之遂成二夫人矣國語夫字誤分爲一人二字檀弓二人字誤合爲夫字甚矣古書之難讀也

淮南子說林篇狂者傷人莫之怨也嬰兒詈老莫之疾也賊心亡陳氏觀樓曰亡字當爲亡也二字之譌亡無也言狂者與嬰兒皆無賊害之心故人莫之怨也按此亦二字合爲一字者又人閒篇孫叔敖病疽將死按病字將字並衍文也疽字乃疒且二字之誤說文疒部疒痾也人有疾痛象倚箸之形朱氏駿聲謂疒乃疾病之

古書疑義舉例 卷五

本字疾字從矢疒聲乃疾速之本字後人叚疾爲疒而疒廢矣愚按其說是也孫叔敖疒且死猶云孫叔敖疾且死也其事亦見列子說符篇呂氏春秋異寶篇竝作孫叔敖疾將死將猶且也彼作疾此作疒古今字耳因疒且二字誤合爲疽字後人乃於上加病字下加將字失之矣又脩務篇琴或撥刺枉撓闊解漏越而稱以楚莊之琴側室爭鼓之高注曰側室或作廟堂按側室及廟堂均無義疑淮南原文本作則尚士爭鼓之尚與上通尚士卽上士也考工記桃氏爲劒弓人爲弓竝有上士服之之文故此言琴亦曰上士鼓之也上文曰今劒或絕側羸文齧缺卷銋而稱以頃襄之劒則貴人爭帶之兩文相對此曰則上士爭鼓之猶彼曰則貴人爭帶之也因叚尙爲上而尙士二字誤合爲堂字淺人因改則字爲廟字高所見或本是也又因古本實是則字遂改堂字爲室字而加人旁於則字之左使成側字高所據本是也轉展致誤而要皆由於尙士二字之誤合爲堂字所宜悉心校正也

（三）字因上下相涉而加偏旁例

字因上下相涉而加偏旁例

字有本無偏旁因與上下字相涉而誤加者如詩關雎篇展轉反側展字涉下轉字而加車旁采薇篇玁允之故允字涉上玁字而加犬旁皆是也

周官大宗伯職以禬禮哀圍敗鄭注曰同盟者會合財貨以更其所喪按周禮原文本作會禮故鄭君直以會合財貨說之若經文是禬字則爲禬禳之禬非會合之會鄭君必云禬讀爲會矣鄭無讀爲之文知其字本作會涉下禮字而誤加示旁也

大戴記夏小正篇緹縞按緹字古夏小正當作是是與寔通寔與實通故傳曰是也者其實也今作緹涉下縞字而誤加系旁

（見〔清〕俞樾《古書疑義舉例》。此據蘇州護龍街中文學山房印行本。）

思考與練習

1. 請簡述儒家經典“十三經”的形成過程。
2. 漢代發生了有名的今古文經之争，請簡要回答今古文經的主要區别有哪些。
3. 請詳列阮刻十三經注疏和十三經清人注疏的内容。
4. 請簡要回答作爲訓詁的“章句”和作爲文學的“章句”有何不同。
5. 校勘學常見的五種錯誤類型是什麽？請解釋并舉例説明。

第二章　文　字　類

一、説文解字叙

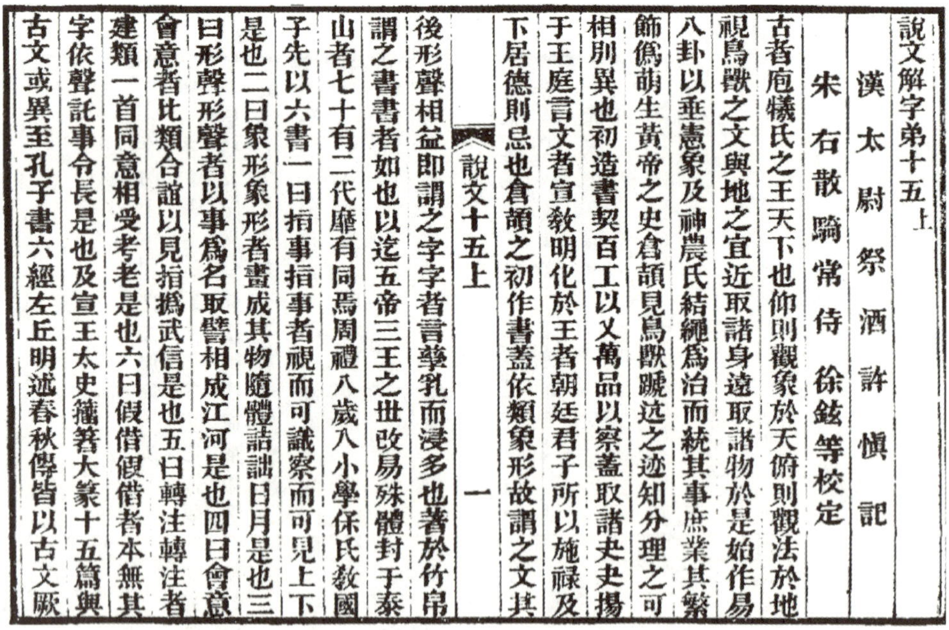
說文解字弟十五上
漢太尉祭酒許慎記
宋右散騎常侍徐鉉等校定
古者庖犧氏之王天下也仰則觀象於天俯則觀法於地
視鳥獸之文與地之宜近取諸身遠取諸物於是始作易
八卦以垂憲象及神農氏結繩爲治而統其事庶業其繁
飾僞萌生黃帝之史倉頡見鳥獸蹏迒之迹知分理之可
相别異也初造書契百工以乂萬品以察蓋取諸夬夬揚
于王庭言文者宣教明化於王者朝廷君子所以施祿及
下居德則忌也倉頡之初作書蓋依類象形故謂之文其
說文十五上　一
後形聲相益即謂之字字者言孳乳而浸多也著於竹帛
謂之書書者如也以迄五帝三王之世改易殊體封于泰
山者七十有二代靡有同焉周禮八歲入小學保氏教國
子先以六書一曰指事指事者視而可識察而可見上下
是也二曰象形象形者畫成其物隨體詰詘日月是也三
曰形聲形聲者以事爲名取譬相成江河是也四曰會意
會意者比類合誼以見指撝武信是也五曰轉注轉注者
建類一首同意相受考老是也六曰假借假借者本無其
字依聲託事令長是也及宣王太史籒箸大篆十五篇與
古文或異至孔子書六經左丘明述春秋傳皆以古文厥

意可得而說其後諸侯力政不統於王惡禮樂之害己而皆去其典籍分爲七國田疇異畮車涂異軌律令異法衣冠異制言語異聲文字異形秦始皇帝初兼天下丞相李斯乃奏同之罷其不與秦文合者斯作倉頡篇中車府令趙高作爰歷篇太史令胡毋敬作博學篇皆取史籒大篆或頗省改所謂小篆者也是時秦燒滅經書滌除舊典大發隸卒興役戍官獄職務繁初有隸書以趣約易而古文由此絕矣（徐鍇曰王僧虔云秦獄吏程邈善大篆得罪繫雲陽獄增減大篆去其繁複始皇善之出爲御史名其書曰隸書班固云謂施之於徒隸也即今之隸書而無點畫俯仰之勢）自爾秦書有八體一曰大篆二曰小篆三曰刻符四曰蟲書（徐鍇曰案漢書注蟲書即鳥書以書幡信首象鳥形即下云鳥蟲是也）五曰摹印（蕭子良以刻符摹印合爲一體徐鍇以爲符者竹而中剖之字形半分理應別爲一體摹印屈曲填密則秦璽文也子良誤合之）六曰署書（蕭子良云署書漢高六年蕭何所定以題蒼龍白虎二闕羊欣云何覃思累月然後題之）七曰殳書（徐鍇曰書於殳也殳體八觚隨其勢而書之）八曰隸書漢興有艸書（徐鍇曰案書傳多云張芝作艸又云齊相杜探作據說文則張芝之前已有矣蕭子良云稾書者董仲舒欲言災異稾艸未上即爲稾書稾者艸之初也史記上官奪屈原稾艸今云漢興有艸知所言稾艸是創艸非艸書也）尉律（徐鍇曰尉律漢律篇名）學僮十七已上始試諷籒書九千字乃得爲吏又以八體試之郡移太史并課冣者以爲尚書史書或不正輒舉劾之今雖有尉律不課小學不修莫達其說久矣孝宣時召通倉頡讀者張敞從受之涼州刺史杜業沛人爰禮講學大夫

〈說文十五上　二

秦近亦能言之孝平時徵禮等百餘人令說文字未央廷中以禮爲小學元士黃門侍郎揚雄采以作訓纂篇凡倉頡已下十四篇凡五千三百四十字羣書所載略存之矣及亡新居攝使大司空甄豐等校文書之部自以爲應制作頗改定古文時有六書一曰古文孔子壁中書也二曰奇字即古文而異者也三曰篆書即小篆秦始皇帝使下杜人程邈所作也（徐鍇曰李斯雖改史篇爲秦篆而程邈復同作也）四曰佐書即秦隸書五曰繆篆所以摹印也六曰鳥蟲書所以書幡信也壁中書者魯恭王壞孔子宅而得禮記尚書春秋論語孝經又北平侯張倉獻春秋左氏傳郡國亦往往於山川得鼎彝其銘即前代之古文皆自相似雖叵復見遠流其詳可得略說也而世人大共非訾以爲好奇者也故詭更正文鄉壁虛造不可知之書變亂常行以燿於世諸生競說字解經誼稱秦之隸書爲倉頡時書云父子相傳何得改易乃猥曰馬頭人爲長人持十爲斗虫者屈中也廷尉說律至以字斷法苛人受錢苛之字止句也若此者甚衆皆不合孔氏古文謬於史籒俗儒啚夫翫其所習蔽所希聞不見通學未嘗覩字例之條怪舊埶而善野言以其所知爲祕妙究洞聖人之微恉又見倉頡篇中幼子承詔因號古帝之所作也其辭有神僊之術焉其迷誤不諭豈不

〈說文十五上　三

悖哉書曰予欲觀古人之象言必遵修舊文而不穿鑿孔
子曰吾猶及史之闕文今亡也夫蓋非其不知而不問人
用己私是非無正巧說衺辭使天下學者疑蓋文字者經
藝之本王政之始前人所以垂後後人所以識古故曰本
立而道生知天下之至嘖而不可亂也今敘篆文合以古
籀博采通人至于小大信而有證稽譔其說將以理羣類
解謬誤曉學者達神恉徐鍇曰恉即意旨字言者美也多通用分別部居不
相雜廁徐鍇曰分部相從自許始也萬物咸覩靡不兼載厥誼不昭爰
明以諭其偁易孟氏書孔氏詩毛氏禮周官春秋左氏論
語孝經皆古文也其於所不知蓋闕如也
敘曰此十四篇五百四十部九千三百五十三文重一千
一百六十三解說凡十三萬三千四百四十一字其建首
也立一爲耑方以類聚物以羣分同條牽屬共理相貫雜
而不越據形系聯引而申之以究萬原畢終於亥知化窮
冥于時大漢聖德熙明承天稽唐敷崇殷中遐邇被澤渥
衍沛滂廣業甄微學士知方探嘖索隱厥誼可傳粵在永
元困頓之季徐鍇曰漢和帝永元十二年歲在庚子也孟陬之月朔日甲申曾
說文十五下　一
曾小子祖自炎神縉雲相黃共承高辛太岳佐夏呂叔作
藩俾矦于許世祚遺靈自彼徂召宅此汝瀕竊卬景行敢
涉聖門其弘如何節彼南山欲罷不能既竭愚才惜道之
味聞疑載疑演贊其志次列微辭知此者稀儻昭所尤庶
有達者理而董之

(見〔東漢〕許慎《説文解字》。此據清代陳昌治刻本,中華書局,1963 年 12 月第 1 版。)

二、説文解字注

(一)一部

一　惟初大極道立於一造分天地化成萬物
漢書曰元元本本數始於一　凡一之屬皆从一　一之形於六書爲指事凡云凡某之
屬皆从某者自序所謂分別部居不相襍廁也爾雅方言所以
發明轉注假借倉頡訓纂滂熹及凡將急就元尚飛龍聖皇諸
篇僅以四言七言成文皆不言字形原委以字形爲書俾學者
因形以考音與義實始於許功莫大焉於悉切古音第十二部
○凡注言一部二部以至十七部者謂古韵也玉裁作六書音
均表識古韵凡十七部自倉頡造字時至唐虞三代秦漢以及
許叔重造說文曰某聲曰讀若某者皆條理合一不紊故既用
徐鉉切音矣而又每字志之曰古音第幾部又恐學者未見六
書音均之書不知其所謂乃於說文十五篇之後附六書音均
表五篇俾形聲相表裏因耑推究於古形古音古義可互求焉
弌　古文一　凡言古文者謂倉頡所作古文也此書法後王尊漢制以小篆爲質而兼錄古文籀文所謂今
敘篆文合以古籀也小篆之於古籀或仍之或省改之仍者十
之八九省改者十之一二而已仍則小篆皆古籀也故不更出
古籀省改則古籀非小篆也故更出之一二三之本古文明矣
何以更出弌弍弎也蓋所謂即古文而異者當謂之古文奇字
元　始也　見爾雅釋詁九家易曰元者氣之始也　从一兀聲　徐氏鍇云不當有聲字以髡从
兀聲軏从元聲例之徐說非古音元兀相爲平入也凡言从某
某聲者謂於六書爲形聲也凡文字有義有形有音爾雅已下
義書也聲類已下音書也說文形書也凡篆一字先訓其義若
始也顚也是次釋其形若从某某聲是次釋其音若某聲及讀
若某是也合三者以完一篆故曰形書也愚袁切古音第十四部
天　顚也　此以同部疊韵爲訓也凡門聞也戶
護也尾微也髮拔也皆此例凡言元始也天顚也丕大也吏治
人者也皆於六書爲轉注而微有差別元始可互言之天顚不
可倒言之蓋求義則轉移皆是舉物則定名難假然其爲訓詁
則一也顚者人之頂也以爲凡高之偁始者女之初也以爲凡
起之偁然則天亦可爲凡顚之偁臣於
君子於父妻於夫民於食皆曰天是也　至高無上从一
大　至高無上是其大無有二也故从一大於六書爲會意凡會意合二字以成語如一大人言止戈皆是他前切十二
部　丕　大也　見釋詁　从一不聲　敷悲切古音在第一部鋪怡切丕與不音同故古多用不
爲丕如不顯即丕顯之類於六書爲假借凡假借必同部同音
○丕隸書中直引長故云丕之字不十漢石經作丕可證非與
丕殊字也　吏　治人者也　治與吏同在第一部此亦以同部疊韵爲訓也　从一从史
此亦會意也天下曰从一大此不曰从一史者吏必以一爲體以史爲用一與史二事故異其䛐也史者記事者也　史
亦聲　凡言亦聲者會意兼形聲也凡字有用六書之一者有兼六書之二者力置切一部
文五　重一　此蓋許所記也每部記之以得其凡若干字也凡部之先後以形之相近爲次凡每
部中字之先後以義之相引爲次顏氏家訓所謂檃栝有條例也說文每部自首至尾次弟井井如一篇文字如一
而元元始也始而後有天天莫大焉故次以丕而吏之从一終焉是也雍熙校刊部首某字說解爲大字已下說解
皆爲夾行小字絕非舊式

（二）水部節選

浴 洒身也老子浴神不死河上公曰浴養也夏小正黑鳥浴浴也者飛乍高乍下也皆引伸之義也 从水谷聲余蜀切三部 澡 洒手也皿部曰盥澡手也儒行篇曰澡身而浴德其引伸之義按或假繰爲澡如禮記緦冠繰纓是荀卿又作幧纓 从水喿聲子皓切二部 洗 洒足也洒俗本作灑誤今依宋本正內則曰面垢燂潘請靧足垢燂湯請洗此洒面曰靧洒足曰洗之證也洗讀如跣足之跣自後人以洗代洒滌字讀先禮切沿至近日以洒代灑轉同詩禮之用矣 从水先聲穌典切十三部 汲 引水也各本有於井二字今依玄應引及玉篇訂其器曰缾曰罋其引繘之繩曰綆曰繘井九三曰可以汲引伸之凡擢引皆曰汲廣雅曰汲取也古書多用汲汲爲彶彶同音假借 从及水本作从水从及今訂 及亦聲居立切七部徐本从水及聲 淳 淥也上文曰淥或漉字似淳淋二篆宜類廁恐轉寫者亂之也內則考工記注皆曰淳沃也按沔氏而沃之卽上文之渥淳其帛也內則淳熬淳母之名因沃之以膏也然則許云淥也謂淥之後一義 从水䈞聲常倫切按當依經典釋文之純反常倫乃不澆之訓純醇二字之假借也假借行而本義廢矣十三部 淋 以水沃也今俗語皆爾郭樸注三倉曰淋漉水下也 从水林聲力尋切七部 一曰淋淋山下水也謂山下其水也與下文決下水也義同七發曰洪淋淋焉若白鷺之下翔

（三）蚰部節選

蚰 蟲之緫名也蟲下曰有足謂之蟲無足謂之豸析言之耳渾言之則無足亦蟲也虫下曰或行或飛或毛或蠃或介或鱗皆以虫爲象故蟲皆从虫而虫可讀爲蟲蟲之緫名偁蚰凡經傳言昆蟲卽蚰蟲也日部曰昆同也夏小正昆小蟲傳曰昆者衆也猶䰟䰟也䰟䰟者動也小蟲動也月令昆蟲未蟄鄭曰昆明也許意與小正傳同 从二虫二虫爲蚰三虫爲蟲蚰之言昆也蟲之言衆也古䰟切十三部 凡蚰之屬皆从蚰 讀若昆 蠶 任絲蟲也任俗譌作吐今正任與蠶以疊韵爲訓也言惟此物能任此事美之也絲下曰蠶所吐也 从蚰朁聲昨含切古音在七部讀如撏 𧒂 蠶七飛蟲七各本作化今正七者變也蠶吐絲則成蛹於繭中蛹復化而爲𧒂按此𧒂與虫部之蛾羅主謂蟻者截然不同而郭氏釋爾雅蛾羅爲蠶𧒂非許意也 从蚰我聲五何切十七部 蛾 𧒂或从虫 蚤 齧人跳蟲也齧噬也跳躍也蟲但齧人蚤則如之善躍故著之惡之甚也 从蚰叉聲子皓切古音在三部 叉古爪字按此四字妄人所沾不言古文而言古某字許無此例且叉手足甲也爪丮也未嘗謂叉爲爪之古文直由俗謂爪爲手足甲乃謂叉爲其古字徑注之於此不可不刪去 蚤 蚤或从虫 蝨 齧人蟲古或叚蝨爲瑟作蝨者孔子也 从蚰卂聲所櫛切十二部 螽 蝗也蝗下曰螽也是爲轉注按爾雅有蜤螽蜇螽蠜螽土螽皆所謂螽醜也螽蝗詩作斯螽亦云螽斯毛許皆訓以蜙蝑皆螽類而非螽也惟春秋所書者爲螽 从蚰夂聲職戎切九部 夂古文終字見糸部 𧒢 螽或从虫衆聲公羊經如此作 [illegible] [illegible]蟲也蟲上補[illegible]字三字一句蟲名也 从蚰展省聲知衍切十四部 蠽 小蟬蜩也謂蟬之小者也釋蟲曰蠽茅蜩郭云江東呼爲茅蠽似蟬而小青色方言曰蟬其小者謂之麥蚻郭云如蟬而小青色今關西呼麥蠽按茅麥雙聲蠽蚻同字郭云蠽音癰癥之癥 从蚰截聲子列切亦音札十五部按其字从蚰故與虫部蟬蜩等異處 蠿 蠿蟊逗 作网鼄蟊也黽部曰鼅鼄鼄蟊也一物三名釋蟲曰次蟗鼅鼄鼅鼄鼄蝥按次蟗卽許之蠿蟊鼄蝥卽許之鼄蟊也次古音同漆故與蠿音近蠿縛牟切故與蟊音近爾雅字譌蠿而釋文云或作蠿郭音秋蠿誤甚矣或曰蠿从出聲卽郭注之蠶字集韵之蚰字爾雅之次蟗卽許之蠿字是說近之然陸氏音義未能言之也作网蠿蟊謂卽今能作网之蛛蝥也 从蚰㡭聲側八切十五部 㡭古文絕字文各本奪今補見糸部 蟊 蠿蟊也 从蚰矛聲此字與蟲部食艸根者絕異莫交切古音讀在三部

（見〔清〕段玉裁《説文解字注》。此據《四部備要·經部》，上海中華書局據經韻樓原刻本校刊。）

思考與練習

1.《説文解字·叙》中出現了兩次“六書”,請問二者含義是否相同?

2.作爲結構類型的“六書”的具體名稱和排序,前人著作中有哪些異同?“六書”的概念是否屬於同一層次?請簡要説明。

3.請結合所給《説文》字例,談談《説文》的注釋體例。

4.《説文解字·叙》中對“轉注”的解釋是“建類一首,同意相受”,此處“同意”當作何解?《説文》“譱,吉也。从誩,从羊。此與義、美同意”,此處“同意”又作何解?

第三章　音　韻　類

一、切韻序

昔開皇初有儀同劉臻等八人同詣法言門宿夜永酒闌論及音韻以今聲調既自有别諸家取捨亦復不同吴楚則時傷輕淺燕趙則多傷重濁秦隴則去聲爲入梁益則平聲似去又支章移切脂旨夷切魚語居切虞遇俱切共爲一韻先蘇前切仙相然切尤于求切侯胡溝切俱論是切欲廣文路自可清濁皆通若賞知音即須輕重有異吕靜韻集夏侯該韻略陽休之韻略周思言音韻李季節音譜杜臺卿韻略等各有乖互江東取韻與河北復殊因論南北是非古今通塞欲更捃選精切除削疎緩蕭顏多所決定魏著作謂法言曰向來論難疑處悉盡何不隨口記之我輩數人定則定矣法言即燭下握筆略記綱紀博問英辯殆得精華於是更涉餘學兼從薄宦十數年間不遑修集今反初服私訓諸弟子凡有文藻即須明聲韻屏居山野交游阻絶疑惑之所質問無從亡者則生死路殊空懷可作之歎存者則貴賤禮隔以報絶交之旨遂取諸家音韻古今字書以前所記者定之爲切韻五卷剖析毫氂分别黍累何煩泣玉未得縣金藏之名山昔怪馬遷之言大持以蓋醬今歎楊雄之口吃非是小子專輒乃述羣賢遺意寧敢施行人世直欲不出戶庭于時歲次辛酉大隋仁壽元年

(〔隋〕陸法言《切韻序》。見宋代陳彭年等《鉅宋廣韻》,上海古籍出版社,1983 年第 1 版。)

二、《毛詩古音考》自序

毛詩古音攷自序

夫詩以聲教也取其可歌可咏可長言嗟嘆至手足舞蹈而不自知以感竦其興觀羣怨事父事君之心且將從容以紬繹夫鳥獸草木之名義斯其所以為詩也若其意深長而於韻不諧則文而已矣故士人篇章必有音節田野俚曲亦各諧聲豈以古人之詩而獨無韻乎蓋時有古今地有南北字有更革音有轉移亦埶所必至故以今之音讀古之作不免乖剌而不入於是悉委之叶夫其果出於叶也作之非一人采之非一國何毋必讀米非韻杞韻止則韻祉韻喜矣馬必讀姥非韻組韻黼則韻旅韻土矣京必讀疆非韻堂韻將則韻常韻王矣福必讀偪非韻食韻翼則韻德韻億矣厥類實繁難以殫舉其矩律之嚴即唐韻不啻此其故何邪又左國易象離騷楚辭秦碑漢賦以至上古歌謡箴銘頌贊往往韻與詩合實古音之證也或謂三百篇詩辭之祖後有作者規而韻之耳不知魏晉之世古音頗存至隋唐澌盡矣唐宋名儒博學好古閒用古韻以炫異耀奇則誠有之若讀垤為姪以與日韻竈戒也讀明為芒以與良韻皐陶歌也是皆前于詩者夫又何放且讀皮為婆宋役人謳也讀工為歎齊嬰兒語也讀戶為甫楚民間謡也讀裘為基魯朱儒謔也讀作為詛蜀百姓辭也讀口為苦漢白渠誦也又家姑讀也秦夫人之占懷回讀也魯聲伯之夢旂斤讀也晉滅虢之徵瓜孤讀也衛良夫之譟彼其閭巷贊毀之間夢寐卜筮之頃何暇屑屑模擬若後世吟詩者之限韻邪愚少受詩家庭竊嘗留心于此晚季獨居海上慶弔盡廢律絶近體既所不閑六朝古風企之益遠惟取三百篇日夕讀之雖不能手舞足蹈契古人之意然可欣可喜可戚可悲之懷一於讀詩洩之又懼子姪之學詩不知古音也於是稍為攷據列本證旁證二條本證者詩自相證也旁證者采之他書也二者俱無則宛轉以審其音參錯以諧其韻無非欲便于歌咏可長言嗟嘆而已矣蓋為今之詩古

韻可不用也讀古之詩古韻可不察乎嗟夫古今一意
古今一聲以吾之意而逆古人之意其理不遠也以吾
之聲而調古人之聲其韻不遠也患在是今非古執字
泥音則支離日甚孔子所刪幾于不可讀矣愚也聞見
孤陋攷究未詳姑藉之以請正明達君子閩三山陳第
季立題

毛詩古音攷　三

（見〔清〕陳第《毛詩古音考》。此據四庫全書本。）

三、《六書音均表》錢大昕序

原序
金壇段君懋堂撰次詩經韵譜及羣經韵譜成予讀而善之迺
序其端曰自文字肇啓卽有音聲比音成文而詩教興焉三代
以前無所謂聲韵之書然詩三百篇具在參以經傳子騷類而
列之引而伸之古音可僂指而分也許叔重云倉頡初作書依
類象形故謂之文其後形聲相益卽謂之字文字者終古不易
而音聲有時而變五方之民言語不通近而一鄉一聚猶各操
土音彼我相嗤矧在數千年之久乎謂古音必無異於今音此
夏蟲之不知有冰也然而去古浸遠則於六書諧聲之旨漸離
其宗故惟三百篇之音爲最善而昧者乃執隋唐之韵以讀古
經有所齟齬屢變其音以相從謂之叶韵不惟無當於今音而
古音亦滋茫昧矣明三山陳氏始知攷毛詩屈宋賦以求古音
近世崐山顧氏婺源江氏攷之尤博以審今段君復因顧江兩
家之說證其違而補其未逮定古音爲十七部若網在綱有條
不紊窮文字之源流辨聲音之正變洵有功於古學者已古人
以音載義後人區音與義而二之音聲之不通而空言義理吾
未見其精於義也此書出將使海內說經之家奉爲圭臬而因
文字音聲以求訓詁古義之興有日矣詎獨以存古音而已哉
乾隆庚寅四月九日嘉定錢大昕書

（見〔清〕段玉裁《説文解字注》。此據《四部備要・經部》，上海中華書局據經韻樓原刻本校刊。）

四、中原音韻起例

中原音韻起例

青原蕭存存博學工於文詞每病今之樂府有遵音調作者有增襯字作者有陽春白雪集德勝令花影壓重簷沉烟裊繡簾人去青鸞杳春嬌酒病懨眉尖常鎖傷春怨怏怏怏的来不待怏綉唱為蓋與怨字同押者有同集殿前歡白雪窩二段俱八句白字不能歌者有板行逢雙不對襯字尤多文律俱謬而指時賢作者有韻脚用平上去不一一云也唱得者有句中用入聲不能

欽定四庫全書　中原音韻　起例

歌者有歌其字音非其字者令人無所守泰定甲子存存托其友張漢英以其說問作詞之法於予予曰言語一科欲作樂府必正言語必宗中原之音樂府之盛之府之盛之偹之難莫如今時其盛則自搢紳及閭閻歌咏者衆其偹則自關鄭白馬一新製作韻共守自然之音字能通天下之語字暢語俊韻促音調觀其所述曰忠曰孝有補於世其難則有六字三韻忽聽一聲猛驚是也諸公已矣後學莫及何也蓋其不悟聲分平仄字別

陰陽夫聲分平仄者謂無入聲以入聲派入平上去三聲也作平者最為緊切施之句中不可不謹派入三聲者廣其韻耳有才者本韻自足矣字別陰陽者陰陽字平聲有之上去俱無上去各止一聲平上去有三聲有上平聲有下平聲上平聲非指一東至二十八山而言下平聲非指一先至二十七咸而言前輩為廣韻平聲多分為上下卷非分其音也殊不知平聲字字俱有上平下平之分但有有音無字之別非一東至山皆上平

欽定四庫全書　中原音韻　起例　二

一先至咸皆下平聲也如東紅二字之類東字下平聲屬陰紅字上平聲屬陽陰者即下平聲陽者即上平聲試以東字調平仄又以紅字調平仄便可知平聲陰陽字音又可知上去二聲各止一聲俱無陰陽之別矣且上去二聲施於句中施於韻脚無用陰陽惟慢詞中僅可曳其聲爾此自然之理也妙處在此初學者何由知之乃作詞之膏肓用字之骨髓皆不傳之妙獨予知之嘗屢揣其聲病於桃花扇影而得之也吁考其詞音者

人人能之究其詞之平仄陰陽者則無有也彼之能遵音調而有協音俊語可與前輩頡頏所謂成文章曰樂府也不遵而增襯字名樂府者自名之也德勝令綉字怨字殿前歡八句白字者若以綉字是珠字誤看則烟字唱作去聲為沉宴裊珠簾皆非也呵呵忺忺者何等語句未聞有如此平仄如此開合韻脚德勝令亦未聞有八句殿前歡此自已字之開合平仄句之對偶短長俱不知而又妄編他人之語奚足以知其妍媸歟嗚呼

欽定四庫全書　中原音韻　起例　三

言語可不究乎以板行謬語而指時賢作者皆自為之詞將正其已之是影其已之非務取媚於市井之徒不求知於高明之士能不受其惑者幾人哉使真時賢所作亦不足為法取之者之罪非公器也韻脚用三聲何者為是不思前輩某字某韻必用某聲却云也唱得乃文過之詞非作者之言也平而仄仄而平上去而去上去上而上去者謬云鈕折嗓子是也其如歌姬之喉咽何入聲於句中不能歌者不知入聲作平聲也歌其字音非其字者合用陰而陽陽而陰也此皆用盡自已心徒快一時意不能久傳深可哂哉深可憐哉惜無有以訓之者予甚欲為訂砭之文以正其語便其作而使成樂府恐起爭端矧為人之學乎因重張之請遂分平聲陰陽及撮其三聲同音兼以入聲派入三聲如碑字次本聲後葺成一帙分為十九名之曰中原音韻并起例以遺之可與識者道秋九日高安挺齋周德清書

欽定四庫全書　中原音韻　四

(見〔元〕周德清《中原音韻》。此據《欽定四庫全書》。)

五、十駕齋養新録（節選）

（一）古無輕唇音

古無輕脣音

凡輕脣之音古讀皆爲重脣詩凡民有喪匍匐救之檀弓引詩作扶服家語引作扶伏又誕寶匍匐釋文本亦作扶服左傳昭十二年奉壺飲冰以蒲伏焉釋文本又作匍匐蒲本亦作扶昭二十一年扶伏而擊之釋文本或作匍匐史記蘇秦傳嫂委蛇蒲服范雎傳膝行蒲服淮陰侯傳俛出袴下蒲伏漢書霍光傳中孺扶服叩頭皆匍匐之異文也

古讀扶如酺轉爲蟠音漢書天文志晷長爲潦短爲旱奢爲扶鄭氏云扶當爲蟠齊魯之閒聲如酺酺扶聲近蟠止不行也　史記五帝本紀東至蟠木呂氏春秋東至扶木又云禹東至榑木之地扶木謂扶桑也說文作榑桑古音扶如蟠故又作蟠木（一切經音義蟠又作扶薛）

服又轉爲犕音說文引易犕牛乘馬犕牛卽服牛也左傳王使伯服游孫伯史記鄭世家伯犕後漢書皇甫嵩傳義真犕未平注犕古服字

服又轉爲匐音漢書東方朔傳舍人不勝痛呼匐服虔云匐音暴鄧展云瓜瓝之瓝師古曰痛切而叫呼也與田蚡傳呼服音義皆同田蚡傳蚡疾一身盡痛若有擊者謼服謝罪晉灼云服音瓝關西俗謂得杖呼及小兒啼爲呼瓝廣韻菢蒲報切鳥伏卵伏扶富切鳥菢子伏菢互相訓而聲亦相轉此伏羲所以爲庖犧伏羲氏亦稱庖犧氏說文虙迫也讀若易虙羲氏唐韻虙平祕切　風俗通伏者別也變也伏羲始別八卦以變化天下

伏又與逼通考工記不伏其轅必縊其牛注故書伏作偪杜子春云偪當作伏按偪逼別變皆重脣

伏又與馮通（皮冰切）　史記魏世家中旗馮琴而對春秋後語作伏琴戰國策伏軾撙銜漢書王吉傳馮式撙銜

古音負如背亦如倍史記魯周公世家南面倍依漢書徐樂傳南面背依倍與背同卽負扆也書禹貢至于陪尾史記作負尾漢書作倍尾漢書宣帝紀行幸萯陽宮李斐曰負音倍東方朔傳倍陽宣曲尤幸師古曰倍陽卽萯陽也釋名負背也置項背也

書方命圮族史記作負命正義云負音佩依字通負違也按負命猶言背命

負亦爲老母之稱漢書高帝紀常從王媪武負貰酒如淳曰俗謂老大母爲負師古曰劉向列女傳魏曲沃負者魏大夫如耳之母也此則古語謂老母爲負耳武負武家之母也案古稱老嫗爲負若今稱婆皆重脣非輕脣

古讀附如部左傳部婁無松柏說文引作附婁云附婁小土山也（今人稱培塿）　詩景命有僕傳僕附也　廣雅薄附也苻卽蒲字左傳取人於萑苻之澤釋文苻音蒲晉書蒲洪孫堅背有草付字改姓苻

古讀佛如弼亦如勃詩佛時仔肩釋文佛毛符弗反大也鄭音弼輔也學記其求之也佛正義佛者佛戾也釋文本又作拂曲禮獻鳥者佛其首注佛戾也釋文作拂本又作佛扶弗反晉書赫連勃勃宋書作佛佛　乞伏氏亦作乞佛（古音伏佛皆重脣）　佛亦作㚘說文㚘大也讀若予違汝弼

古讀文如門水經注漢水篇文水卽門水也（今吳人呼蚊如門）　書岷嶓旣蓺岷山之陽岷山導江史記夏本紀皆作汶山漢書武帝紀文山郡注應劭曰文山今蜀郡岷山　禮記君子貴玉而賤碣碣或作玟釋文玟武巾反又音枚漢書高帝紀士諸身飾閩中兵如淳曰閩音緡應劭曰音文飾之文文閩同音皆重脣也史記魯世家平公子文公世本作湣公湣與閔同閔亦从文聲

古讀弗如不廣韻不與弗同分勿切說文吳謂之不律燕謂之弗秦謂之筆筆弗聲相近也

古讀拂如弼孟子入則無法家拂士　史記夏本紀女匡拂予

古讀茀如蔽詩翟茀以朝傳茀蔽也周禮注引作翟蔽以朝簟茀魚服箋茀之言蔽也簟茀朱鞹傳車之蔽曰茀

古讀茀如孛史記天官書星茀于河戍索隱云茀音佩卽孛星也漢書谷永傳茀星耀光師古曰茀與孛同音步內反

論語色勃如也說文兩引一作孛一作艴廣韻十一沒部艴艴然不悅蒲沒切此古音又入物部艴淺色敷勿切此齊梁以後之音

古讀繁如鞶左傳成二年曲縣繁纓以朝釋文繁步干反繁纓亦作樊纓周禮巾車玉路錫樊纓十有再就注樊讀如鞶帶之鞶謂今馬大帶也釋文樊步干反（廣韻二十六桓部有繁字云繁纓馬飾薄官切陸元朗作步干切是寒桓不分也故知寒桓分開口合口呼亦起於法言諸人）繁又轉如婆

音左傳定四年殷民七族繁氏錡氏釋文繁步何反漢書公卿表李延壽爲御史大夫一姓繁師古曰繁音蒲元反陳湯傳御史大夫繁延壽師古曰繁音蒲胡反蕭望之傳師古音婆谷永傳師古音蒲何反延壽一人而小顏三易其音要皆重脣非輕脣則是漢人無輕脣之證也史記張丞相列傳丞相司直繁君索隱音繁爲婆文選繁休伯呂向音步何反廣韻入戈部有繁字薄波切姓也則繁姓讀婆音爲正

古讀蕃如卞漢書成帝紀引書於蕃時雍於蕃卽於變也孔宙碑又云於卞時雍卞變蕃皆同音

古讀藩如播周禮大司樂播之以八音注故書播爲藩杜子春云播當爲播讀后稷播百穀之播　尙書大傳播國率相行事鄭注播讀爲藩

古讀僨如奔禮射義賁軍之將注賁讀爲僨僨覆敗也詩行葦傳引作奔軍之將

古讀汾如盆莊子逍遥游篇汾水之陽司馬彪崔譔本皆作盆水

古讀紛如豳周禮司几筵設莞筵紛純鄭司農云紛讀爲豳

古讀甫如圃詩東有甫草韓詩作圃草薛君章句圃博也有博大茂草也鄭箋云甫草甫田之草也鄭有圃田釋文鄭音補　左傳及甫田之北竟釋文甫布五反本亦作圃古音敷如布書顧命敷重蔑席說文引作布重蔑席　詩敷政優優左傳引作布政　儀禮管人布幕于寢門外注今文布作敷

敷亦讀如鋪詩鋪敦淮濆釋文韓詩作敷　又敷時繹思左傳引作鋪　蓼蕭箋外薄四海釋文云諸本作外敷注芳夫反是亦讀如鋪也公羊隱元年釋文扳普顏反舊敷閑反是古讀敷如普

古讀方如旁書方鳩僝功說文兩引一作旁逑孱功一作旁救孱功史記作方聚布功　書方施象刑惟明新序引作旁施立政方行天下亦讀爲旁與易旁行而不流義同傳云方四方非也　書方告無辜于上論衡引作旁士喪禮牢中旁寸注今文旁爲方　左傳衡流而方羊釋文方蒲郎反　莊子逍遥游篇彷徨乎無爲之側崔譔本作方羊

方又讀如謗論語子貢方人鄭康成本作謗人廣雅方表也邊方也說文方併船也古人讀方重脣與邊表併聲相近字林穮方遥反襮方沃反邶方代反呂忱魏人其時初行反語卽反語可得方之正音六朝以後轉重脣爲輕脣後世不知有正音乃強爲類隔之說謬矣

古音魴如鰟說文魴或作鰟春秋晉侯使士魴來乞師公羊作士彭是魴非輕脣也

古音逢如蓬詩鼉鼓逢逢釋文逢薄紅反徐仙民音豐亦讀豐重脣也爾雅歲在甲曰閼逢淮南天文訓作閼蓬莊子山木篇雖羿蓬蒙不能眄睨今本蓬作逢蓋淺人妄改茲據陸氏釋文卽孟子之逢蒙也後世聲韻之學行妄生分別以鼓逢逢讀重脣入東韻相逢字讀輕脣入鍾韻又別造一逄字轉爲薄江切訓人姓改逢蒙逢丑父之逢爲逄以實之則真大謬矣洪氏隸釋引司馬相如云烏獲逢蒙之巧王襃云逢門子彎烏號藝文志亦作逢門卽逢蒙也古今人表有逢於何數人陽朔中有太僕逢信左傳有逢伯陵逢丑父矣漢有逢萌莊子羿逢蒙不能睥睨淮南子重以逢蒙門子之巧皆作逢迎之逢石刻有漢故博士趙傳逢府君神道逢童子碑其篆文皆从夆魏元丕碑有逢牧孔宙碑陰有逢祈逢盛碑陰有逢信亦不書作逄又謂漢儒尙借蠭爲逢則恐諸逢當讀爲鼉鼓逢逢之逢洪說是也漢魏以前未有逄字其爲六朝人妄造無疑廣韻江部又有韸字訓鼓聲此卽鼉鼓逢逢之逢音轉爲薄江切俗師改从音旁又改夆爲夅皆所謂不知而作也

古讀封如邦論語且在邦域之中矣釋文邦或作封而謀動干戈於邦內釋文鄭本作封內　釋名邦封也有功於是故封之也

封又讀如窆檀弓縣棺而封注封當爲窆窆下棺也春秋傳作塴　周禮鄉師及窆執斧以涖匠師鄭司農云窆謂葬下棺也春秋傳曰日中而塴禮記所謂封者　太僕窆亦如之鄭司農云窆謂葬下棺也春秋傳所謂日中而塴禮記謂之封皆葬下棺也音相似窆讀如慶封氾祭之氾　左傳日中而塴釋文塴北鄧反下棺也禮家作窆彼驗反義同　說文堋喪葬下土也禮謂之封周官謂之窆　封府容切窆方驗切堋方鄧切徐鉉音甫鄧切聲皆相似故可互轉後儒不通

古音乃有類隔之例不知古音本無輕脣也古人讀封如邦先鄭云窆堋封音相似是東京尚無輕脣音古音勿如沒爾雅蠠沒卽詩密勿也詩黽勉從事劉向傳引作密勿從事禮記祭義勿勿諸其欲其饗之也注勿勿猶勉勉大戴禮曾子立事篇君子終身守此勿勿注勿勿猶勉勉曲禮國中以策彗卹勿注卹勿搔摩也古人讀勿重脣故與勉摩聲相轉　顏氏家訓云戰國策音刎爲免古音刎免皆重脣六朝人轉刎爲輕脣故以爲異

古讀副如劈說文副判也判副雙聲引周禮副辜籀文作疈辜詩不折不副讀孚逼反字林副判也匹亦反（詩釋文）

古讀罰如鞁周禮大馭犯鞁注故書鞁作罰杜子春云罰當爲鞁鞁讀爲別異之別

古讀非如頒說文𩓾賦事也讀若頒一曰讀若非周禮大宰匪頒之式鄭司農云匪分也匪頒雙聲

古讀匪如彼詩彼交匪敖春秋襄廿七年傳引作匪交匪敖詩彼交匪紓荀子勸學篇引作匪交匪紓　春秋襄八年傳引詩如匪行邁謀注匪彼也　廣雅匪彼也

匪又與邠通詩有匪君子韓詩作邠

腓與芘同詩小人所腓箋云腓當作芘毛於此文及牛羊腓字之皆訓腓爲辟蓋以聲相似取義

古文妃與配同詩天立厥配釋文本亦作妃易遇其配主鄭本作妃

剕與臏通書剕罰之屬五百史記周本紀作臏

菲與苞通曲禮苞屨扱衽注苞或爲菲

浘與浼通詩河水浼浼釋文浼每罪反韓詩作浘浘

娓卽美字詩誰侜予美韓詩作娓　說文娓順也讀若媚古音微如眉少牢禮眉壽萬年注古文眉爲微春秋莊廿八年築郿公羊作微　詩勿士行枚傳枚微也　廣韻六脂部眉紐有鶥[illegible]黴[illegible][illegible]薇六字皆古讀後來別出微韻乃成鴻溝之隔矣

古讀無如模說文橅或說規模字漢人規模字或作橅　易莫夜有戎鄭讀莫如字云無也無夜非一夜　詩德音莫違箋莫無也　廣雅莫無也　曲禮毋不敬釋文云古文言毋猶今人言莫也　釋氏書多用南無字讀如曩謨梵書入中國繙譯多在東晉時音猶近古沙門守其舊音不改所謂禮失而求諸野也

無又轉如毛後漢書馮衍傳飢者毛食注云按衍集毛字作无漢書功臣侯表序靡有孑遺秏矣注孟康曰秏音毛師古曰今俗語猶謂無爲秏大昕案今江西湖南方音讀無如冒卽毛之去聲

無轉訓爲末檀弓末吾禁也注末無也　又轉訓爲靡釋言靡無也

古讀蕪與蔓通釋艸蔓菁釋文云蔓音万本又作蕪音無古讀膴如模詩民雖靡膴箋膴法也釋文徐云鄭音模又音武韓詩作靡腜　詩周原膴膴文選注引韓詩作腜腜莫來切模腜聲相近　說文膴讀若謨

璑从無聲周禮弁師瑉玉三采注故書瑉作璑說文璑三采玉也璑瑉聲相近

鳳卽朋字說文朋鵬皆古文鳳字朋象形鳳飛羣鳥從以万數故以爲朋黨字字林鵬朋黨也古以爲鳳字　莊子逍遙游篇其名爲鵬釋文崔音鳳云鵬卽古鳳字非來儀之鳳也　宋玉對楚王問云鳥有鳳而魚有鯤鳳皇上擊九千里絕雲霓負蒼天足亂浮雲翱翔乎杳冥之上夫蕃籬之鷃豈能與之料天地之高哉與莊子說正同可知鳳卽鵬也

古讀反如變詩四矢反兮韓詩作變　說文汳水卽汴水（廣韻以汳汴爲二字汳芳万切在願韻汴皮變切在線韻由不知古無輕脣）

古讀馥如苾詩苾芬孝祀韓詩作馥芬

古讀復如愎釋言狃復也孫炎云狃忕前事復爲也春秋傳愎諫違卜謂諫不從而復爲也說文無愎字蓋卽狃復字後儒改從心旁耳　今人呼鰒魚曰鮑魚此方音之存古者

古讀法如逼釋名法逼也人莫不欲從其志逼正使有所限也

古音晚重脣今吳音猶然說文晚莫也詩毛傳莫晚也莫晚聲相近

古讀馮爲憑本从冰得聲易用馮河詩不敢馮河論語暴虎馮河春秋宋公馮
皆皮冰反　吾衍謂孟子諸馮馮婦之馮皆皮冰反按水經注皇舅寺是太師
昌黎馮晉國所造攷魏書馮熙字晉國文明太后兄也封昌黎王是魏時讀馮
姓皮冰反故或作憑也
俘與寶通春秋齊人來歸衛俘公穀俘作寶
一切經音義引詔定古文官書枹桴二字同體扶鳩反是桴與枹同音
廣韻十七真部府巾切有份玢邠攽砏武巾切有旻旼忟忞符巾切有穷　二
十文部無分切有蟁閺闅符分切有墳蕡轒豶濆燌豮羵鼖蕡橨賁饙蕡䩿
府文切有饙餴䭻
二十五德部蒲北切有菔踣仆坺䈬匐服拭匹北切有覆堛䎱莫北切有万
十陽部輕脣武方切十二字十一唐部重脣莫郎切十四字其同者芒亲萌邙
郛五字今皆讀重脣無讀輕脣者斉鋩硭兩字亦皆讀重脣吳音則亡忘望亦
讀重脣北音又轉爲喻母
古讀房如旁廣韻阿房宮名步光切釋名房旁也在堂兩旁也史記六國表秦
始皇二十八年爲阿房宮二世元年就阿房宮宋本皆作旁旁房古通用
古讀望如茫釋名望茫也遠視茫茫也　周禮職方氏其澤藪曰望諸注望諸
明都也疏明都卽宋之孟諸古音孟如芒
古讀務如牟荀子成相篇天乙湯論舉當身讓卞隨舉牟光卽務光也　左傳
莒公子務婁徐音莫侯反
古讀發如撥詩鱣鮪發發釋文補末反此古音也一之日觱發說文作滭泧此
雙聲亦當爲補末切釋文云如字誤矣　說文汾分勿切古讀分如邠本重脣

(二)舌音類隔之說不可信

舌音類隔之說不可信
古無舌頭舌上之分知徹澄三母以今音讀之與照穿牀無別也求之古音則
與端透定無異說文沖讀若動書惟予沖人釋文直忠切古讀直如特沖子猶
童子也字母家不識古音讀沖爲蟲不知古讀蟲亦如同也詩蘊隆蟲蟲釋文
直忠反徐徒冬反爾雅作爞爞郭都冬反韓詩作烔音徒冬反是蟲與同音不
異春秋成五年同盟于蟲牢杜注陳留封邱縣北有桐牢是蟲桐同音之證
古音中如得周禮師氏掌王中失之事故書中爲得杜子春云當爲得記君得
失若春秋是也三倉云中得也史記索隱　史記封禪書康后與王不相中周勃傳勃
子勝之尙公主不相中小司馬皆訓爲得　呂覽以中帝心注中猶得
古音陟如得周禮太卜掌三夢之法三曰咸陟注陟之言得也讀如王德翟人
之德　詩陟其高山箋陟登也登得聲相近
古音趙如擣詩其鎛斯趙釋文徒了反周禮考工記注引作其鎛斯擣大了反
荀子楊倞注趙讀爲掉
古音直如特詩實惟我特釋文韓詩作直云相當值也　孟子直不百步耳直
但也但直聲相近　呂覽尙廉篇特王子慶忌爲之賜而不殺耳注特猶直也
　檀弓行并植于晉國注植或爲特　王制天子犆礿注犆猶一也釋文犆音
特　玉藻君羔幦虎犆注犆讀如直道而行之直　士相見禮喪俟事不犆弔
定本作特　穀梁傳犆言同時本亦作特
古音竹如篤詩綠竹猗猗釋文韓詩竹作藩音徒沃反今北音定母去聲字多誤入端母古音當不甚
遠詩麟之定定之方中皆丁佞反　與篤音相近皆舌音也篤竺並从竹得聲論語君子篤於親
汗簡云古文作竺書曰篤不忘釋文云本又作竺釋詁竺厚也釋文云本又作
篤按說文竺厚也篤厚字本當作竺經典多用篤以其形聲同耳漢書西域傳
無雷國北與捐毒接師古曰捐毒卽身毒天毒也張騫傳吾賈人轉市之身毒
國鄧展曰毒音督李奇曰一名天竺後漢書杜篤傳推天督注卽天竺國然則
竺篤毒督四文同音
古讀禂如禱周禮甸祝禂牲禂馬杜子春云禂禱也引詩云既伯既禱後鄭云
禂讀如伏誅之誅今侏大字也按說文引詩既禡既禱禱與禂文異義同後鄭
讀禂爲誅是漢時誅侏亦讀舌音
古讀豬如都檀弓洿其宮而豬焉注豬都也南方謂都爲豬　書禹貢大野既
豬史記作既都　滎波既豬周禮注作滎播既都
古讀追如堆士冠禮追注追猶堆也

郊特牲毋追釋文多雷反　枚乘七發踰岸出追李善注追古堆字　詩追琢其章傳追彫也彫追聲相近故荀子引詩彫琢其章釋文追對回反　追琢又作敦琢詩敦琢其旅釋文敦都回反徐又音彫

古讀卓與的相近覲禮匹馬卓上注卓猶的也以素的一馬爲上

古讀倬如菿詩倬彼甫田韓詩作菿

古讀棖如棠論語或對曰申棖釋文鄭康成云蓋孔子弟子申續史記云申棠字周家語云申續字周也王應麟云今史記以棠爲黨以續爲績傳寫之誤也後漢王政碑有羔羊之節無申棠之欲則申棖申棠一人耳大昕案詩俟我於堂令箋云堂當作棖棖與棠堂同音黨亦音相近非由轉寫之譌古文黨續同聲家語申續蓋讀如庚與棠音亦不遠今本史記作續則轉寫誤也　因棖有棠音可悟古讀長丁丈切與黨音相似正是音和非類隔

古讀池如沱詩滮池北流說文引作滮沱據宋本　周禮職方氏幷州其川虖池禮記晉人將有事於河必先有事於惡池即滹沱之異文

古讀褫如拕易終朝三褫之釋文褫徐敕紙反又直是反鄭本作拕徒可反說文褫奪衣也讀若池池即拕之譌拕奪聲相近

古讀沈如潭史記陳涉世家夥頤涉之爲王沈沈者應劭曰沈沈宮室深邃之貌沈音長含反與潭同音韓退之詩潭潭府中居即沈沈也

古讀廛如壇周禮廛人注故書廛爲壇杜子春讀壇爲廛載師以廛里任國中之地注故書廛或爲壇司農讀爲廛

古讀秩如豑書平秩東作說文引作豑爵之次弟也从豊弟聲　秩又與戴通說文戴大也讀若詩戴戴大猷戴大聲相近秩又與䟡通說文䟡走也讀若詩威儀秩秩凡从失之字如跌迭佚蛈詄皆讀舌音則秩亦有迭音可信也詩胡迭而微韓詩作戴

姪娣本雙聲字公羊釋文姪大結反娣大計反此古音也廣韻姪有徒結直一兩切今南北方音皆讀直一切無有作徒結切者古今音有變易字母家乃謂舌頭舌上交互出切此昧其根源而強爲之詞也

古讀抽如掐詩左旋右抽釋文云抽敕由反說文作掐他牢反

古讀陳如田說文田陳也齊陳氏後稱田氏陸德明云陳完奔齊以國爲氏而史記謂之田氏是古田陳聲同呂覽不二篇陳駢貴齊陳駢即田駢也

詩維禹甸之釋文毛田見反治也鄭繩證反六十四井爲乘周禮小司徒四邱爲甸注甸之言乘也稍人掌邱乘之政令注邱乘四邱爲甸讀與維禹敶之之乘同禮記郊特牲邱乘共粢盛注甸或謂之乘左傳渾良夫乘衷甸兩牡釋文甸時鐙反說文引作中佃古者乘甸陳田聲皆相近乘之轉甸猶陳之轉田經典相承陳直覲反乘繩證反後世言等韻者以陳屬澄母甸屬定母乘屬床母由于不明古音徒據經典相承之反切而類之而不知其本一音也爾雅堂途謂之陳詩胡逝我陳傳堂塗也中唐有甓傳堂塗也正義云爾雅廟中路謂之唐堂塗謂之陳唐之與陳廟庭之異名耳其實一也陳田同音故與唐塗聲相近

古讀咮如鬬詩不濡其咮釋文咮陟救反徐又都豆反廣韻五十候部有咮字或作味都豆切與鬬同音即徐仙民音也古陟得同音陟救與都豆本無二聲唯救在宥部豆在候部故別而出之後之講字母者轉以徐音爲類隔非音和失之遠矣

古讀涿如獨周禮壺涿氏注故書涿爲獨杜子春云獨讀爲濁其源之濁音與涿相近書亦或爲濁

古人多舌音後代多變爲齒音不獨知徹澄三母爲然也如詩重穋字周禮作穜稑是重穜同音陸德明云禾邊作重是重穋之字禾邊作童是穜蓺之字今人亂之已久予謂古人重童同音嶧山碑動从童說文董从童左傳子髮如此種種徐仙民作董董古音不獨重穋讀爲穜即種蓺字亦讀如穜也後代讀重爲齒音幷从重之字亦改讀齒音此齊梁人強爲分別耳而元朗以爲相亂誤矣易憧憧往來徐仙民音童京房本作憧

今人以舟周屬照母輈啁屬知母謂有齒舌之分此不識古音者也考工記玉楖雕矢磬注故書彫或爲舟是舟有雕音詩何以舟之傳云舟帶也古讀舟如雕故與帶聲相近彫雕琱鵰皆从周聲調亦从周聲是古讀周亦如雕也考工記大車車轅摯注摯輖也釋文輖音周亦音弔或竹二反陸氏於輖字兼收三

音弔與雕有輕重之分而同爲舌音周摯聲相近故又轉爲竹二反今分周爲照母竹爲知母非古音之正矣

至致本同音而今人強分爲二（至照母 致知母）不知古讀至亦爲陟利切讀如疐舌頭非舌上也詩神之弔矣不弔昊天毛傳皆訓弔爲至以聲相近爲義咥耋皆从至聲可證至本舌音後人轉爲齒音耳

古讀支如䩭晉語以鼓子苑支來苑支即左傳之鼓䩭也說文引杜林說芰作茤

古讀專如耑舌音非齒音也叀爲專之古文剸即斷字或作剸

彖本舌音椽从彖聲徐仙民左傳音切椽爲徒緣此古音也而顏之推以爲不可依信後來韻書遂不收此音

廣韻每卷後附出新添類隔今更音和切上平聲八字卑（必移切本府移切）陴（並之切本符之切）眉（目悲切本武悲切）邳（並悲切本符悲切）悲（卜眉切本府眉切）肧（偏杯切本芳杯切）頻（步真切本符真切）彬（卜巾切本府巾切）下平聲六字緜（名延切本武延切）[illegible]（中全切本丁全切）閍（北盲切本甫盲切）平（僕兵切本符兵切）凡（符芝切本符咸切）芝（敷凡切本匹凡切）上聲五字否（並鄙切本符鄙切）貯（知呂切本丁呂切）縹（偏小切本敷沼切）摽（頻小切本符小切）褾（邊小切本方小切）去聲二字裱（賓廟切本方廟切）窆（班驗切本方驗切）不知何人所附古人製反切皆取音和如方府甫武符等古人皆讀重脣後儒不識古音謂之類隔非古人意也依今音改用重脣字出切意在便於初學未爲不可但每韻類隔之音甚多僅改此二十餘字其餘置之不論既昧於古音而於今亦無當矣

（三）四聲始於齊梁

四聲始於齊梁

南史庾肩吾傳齊永明中王融謝朓沈約文章始用四聲陸厥傳時盛爲文章吳興沈約陳郡謝朓琅邪王融以氣類相推轂汝南周彥倫善識聲韻約等文皆用宮商將平上去入四聲以此制韻有平頭上尾蠭腰鶴膝五字之中音韻悉異兩句之內角徵不同不可增減世呼爲永明體周彥倫傳始著四聲切韻行於時沈約傳撰四聲譜陸厥傳又云時有王斌者不知何許人著四聲行于時以爲在昔詞人累千載而未悟而獨得胸衿窮其妙旨自謂入神之作約撰宋書謝靈運傳論具言其旨云五色相宣八音協暢由乎玄黃律呂各適物宜欲使宮羽相變低昂舛節若前有浮聲則後須切響一簡之內音韻盡殊兩句之中輕重悉異妙達此旨始可言文

（見〔清〕錢大昕《十駕齋養新録》。此據《四部備要・子部》，上海中華書局據潛研堂本校刊。）

六、切韻考·序録

切韻考卷一　序録

番禺陳澧撰

序

自孫叔然始爲反語雙聲疊韻各從其類由是諸儒傳授四聲韻部作焉而陸氏切韻實爲大宗蓋自漢末以至隋代審音之學具於斯矣唐季沙門始立三十六字母分爲等子字母之名雖由梵學其實則據中土切音然音隨時變隋以前之音至唐季而漸混字母等子以當時之音爲斷不盡合於古法其後切語之學漸荒儒者昧其源流猥云出自西域至
國朝嘉定錢氏休甯戴氏起而辨之以爲字母卽雙聲等子卽疊韻實齊梁以來之舊法也二君之論既得之矣澧謂切語舊法當求之陸氏切韻切韻雖亡而存於廣韻乃取廣韻切語上字系聯之爲雙聲四十類又取切語下字系聯之每韻或一類或二類或三類四類是爲陸氏舊法隋以前之音異於唐季以後又錢戴二君所未及詳也於是分列聲韻編排爲表循其軌迹順其條理惟以考據爲準不以口耳爲憑必使信而有徵故甯拙而勿巧若夫廣韻之書非陸氏之舊廣韻復有二種近代傳刻又各不同乃除其增加校其譌異雖不能復見陸氏之本尚可得其體例又爲通論以暢其說蓋治小學必識字音識字音必習切語故著爲此書庶幾明陸氏之學以無失孫氏之傳焉後出之法是爲餘波別爲外篇以附於末於時歲在壬寅道光二十有二年也

條例

陸氏切韻之書已佚唐孫愐增爲唐韻亦已佚宋陳彭年等纂諸家增字爲重修廣韻猶題曰陸法言撰本今據廣韻以考陸氏切韻庶可得其大略也

切語之法以二字爲一字之音上字與所切之字雙聲下字與所切之字疊韻上字定其清濁下字定其平上去入（平上去入四聲各有一清一濁詳見通論）上字定清濁而不論平上去入如東德紅切同徒紅切東德皆清同徒皆濁也然同徒皆平可也東平德入亦可也下字定平上去入而不論清濁如東德紅切同徒紅切中陟弓切蟲直弓切東紅同紅中弓蟲弓皆平也然同紅皆濁中弓皆清可也東清紅濁蟲濁弓清亦可也東同中蟲四字在一東韻之首此四字切語已盡備切語之法其體例精約如此蓋陸氏之舊也今考切語之法皆由此而明之

切語上字與所切之字爲雙聲則切語上字同用者互用者遞用者聲必同類也同用者如冬都宗切當都郎切同用都字也互用者如當都郎切都當孤切都當二字互用也遞用者如冬都宗切都當孤切冬字用都字都字用當字也今據此系聯之爲切語上字四十類編而爲表直列之

切語下字與所切之字爲疊韻則切語下字同用者互用者遞用者韻必同類也同用者如東德紅切公古紅切同用紅字也互用者如公古紅切紅戶公切紅公二字互用也遞用者如東德紅切紅戶公切東字用紅字紅字用公字也今據此系聯之爲每韻一類二類三類四類編而爲表橫列之

廣韻同音之字不分兩切語此必陸氏舊例也其兩切語下字同類者則上字必不同類如紅戶公切烘呼東切公東韻同類則戶呼聲不同類今分析切語上字不同類者據此定之也上字同類者下字必不同類如公古紅切弓居戎切古居聲同類則紅戎韻不同類今分析每韻二類三類四類者據此定之也

切語上字既系聯爲同類矣然有實同類而不能系聯者以其切語上字兩兩互用故也如多得都當四字聲本同類多得何切得多則切都當孤切當都郎切多與得都與當兩兩互用遂不能四字系聯矣今考廣韻一字兩音者互注切語其同一音之兩切語上二字聲必同類如一東涷德紅切又都貢切一送涷多貢切都貢多貢同一音則都多二字實同一類也今於切語上字不系聯而實同類者據此以定之

切語下字既系聯爲同類矣然亦有實同類而不能系聯者以其切語下字兩兩互用故也如朱俱無夫四字韻本同類朱章俱切俱舉朱切無武夫切夫甫無切朱與俱無與夫兩兩互用遂不能四字系聯矣今考平上去入四韻相承者其每韻分類亦多相承切語下字既不系聯而相承之韻又分類乃據以定其分類否則雖不系聯實同類耳

廣韻云郭知元朱箋三百字關亮薛峋王仁煦祝尚丘孫愐嚴寶文裴務齊陳道固增加字更有諸家增字備載卷中凡二萬六千一百九十四言案封演聞見記云陸法言切韻凡一萬二千一百五十八字然則廣韻增加者一萬四千三十六字倍於陸氏元文矣今欲知孰爲陸氏元文孰爲後人增加已不可辨惟廣韻以同音之字爲一條每條第一字注切語及同音字數（如東字注云德紅切十七）此必陸氏舊例然有兩條切語同一音者於例不合而凡不合者其一條多在韻末又字多隱僻且多重見此必增加字也惟其增加故綴於末其字爲陸氏所不錄故多隱僻又字有數音前人已據一音錄之後人別據一音增之故多重見也凡若此者今不錄於表而記其字於表後焉

切語下字當取同韻同類之字然或同韻同類有字而取不同韻之字或取同韻不同類之字者蓋陸氏書同韻同類無字故借用不同韻不同類之字耳廣韻同韻同類有字乃後人所增加也又有字在此韻之末而切語下字則在他韻者此蓋他韻增加之字誤入此韻今皆不錄於表亦於表後記之

更有切語參錯而其字則非增加者此千百中之一二其爲傳寫之誤抑陸氏之疏已不可辨今亦於表後記之

今世所傳廣韻二種其一注多其一注少注多者有張士俊刻本注少者有明刻本顧亭林刻本又有曹楝亭刻本前四卷與張本同第五卷注少而又與明本顧本不同聞有元本在湖南袁氏家惜未得見今以張刻本爲主以明本顧本曹本校之又徐鉉等校說文云以唐韻音切爲定鉉爲其弟鍇說文篆韻譜序云以切韻次之今並取以校廣韻其有不同者擇善而從而記其譌異於表後焉

目錄

切韻考卷一終

（見〔清〕陳澧《切韻考》。此據番禺陳氏東塾叢書本。）

思考與練習

1. 結合《切韻序》,請談談《切韻》音系的性質。

2. 陳第《毛詩古音考》自序提到了前人的"叶音",請問如何理解"叶音"?

3.《六書音均表》所謂古音十七部的具體内容是什麽?與《廣韻》的對應關係是怎樣的?

4. 周德清《中原音韻》自序所謂"上平聲、下平聲",與《廣韻》的"上平聲、下平聲"是否相同?請舉例説明。

第四章　訓　詁　類

一、郭璞《爾雅序》

爾雅序

郭璞撰

夫爾雅者所以通詁訓之指歸敘詩人之
興詠摠絶代之離詞辯同實而殊號者也
誠九流之津涉六藝之鈐鍵學覽者之潭
奥摛翰者之華苑也若乃可以博物不惑
多識於鳥獸草木之名者莫近於爾雅爾
雅者蓋興於中古隆於漢氏豹鼠既辨其
業亦顯英儒贍聞之士洪筆麗藻之客靡
不欽玩耽味爲之義訓璞不揆檮昧少而
習焉沈研鑽極二九載矣雖註者十餘然
猶未詳備並多紛謬有所漏略是以復綴
集異聞會稡舊說考方國之語采謠俗之
志錯綜樊孫博關羣言剟其瑕礫搴其蕭
稂事有隱滯援據徵之其所易了闕而不
論別爲音圖用袪未寤輒復擁篲清道企
望塵躅者以將來君子爲亦有涉乎此也

(見〔晉〕郭璞《爾雅注》。此據《四部叢刊初編》影印之鐵琴銅劍樓舊藏宋刊十行本,中華書局,2016 年第 1 版。)

二、張揖《上廣雅表》

上廣雅表

博士臣揖言魏江式表云魏初博士清河張揖著廣雅唐顏師古漢書敘例云張揖字稚讓清河人一云河間人魏太和中爲博士臣聞昔在周公纘述唐虞宗翼文武克定四海勤相成王踐阼理政阼各本譌作祚惟影宋本不譌日昃不食坐而待旦德化宣流越裳倈貢嘉禾貫桑六年制禮以導天下著爾雅一篇以釋其意義各本脫意字邢昺爾雅疏引此已然藝文類聚則引作釋其意義案神仙傳云噴墨皆成文字滿紙各有意義又云小小作文皆有意義是意義連文之證今據補傳于後學歷載五百墳典散落唯爾雅恆存禮三朝記蜀志秦宓傳注引劉向七略云孔子三見哀公作三朝記七篇今在大戴禮案大戴禮千乘四代虞戴德誥志小辨用兵少閒七篇是也下文出小辨篇哀公曰寡人欲學小辨以觀於政其可乎孔子曰爾雅以觀於古足以辯言矣大戴禮盧辯注云爾近也謂依於雅頌孔子曰詩可以言可以怨邇之事父遠之事君多識鳥獸草木之名也是盧氏不以爾雅爲書名案彼文云循弦以觀於樂爾雅以觀於古謂循乎弦爾乎雅也盧說爲長春秋元命包言子夏問夫子作春秋不以初哉首基爲始何春秋元命包春秋讖也後漢張衡以爲漢世虛僞之徒所作張衡傳載之詳矣云作春秋不以初哉首基爲始者當是釋春秋元年之義公羊傳云元年者何君之始年也爾雅云初哉首基元始也春秋不以初哉首基等字爲始而獨以元爲始故釋之與是以知周公所造也率斯以降超絶六國越踰秦楚各本作越秦踰楚爾雅疏引作越踰秦楚案超絶越踰相對爲文疏所引者是也今據以訂正爰暨帝劉魯人叔孫通撰置禮記文不違古後漢書曹褎傳有班固所上叔孫通漢儀十二篇今俗所傳三篇爾雅或言仲尼所增或言子夏所益或言叔孫通所補或言郝郡梁文所考陸德明經典釋文敘錄云釋詁一篇蓋周公所作釋言以下或言仲尼所增子夏所足叔孫通所益梁文所補張揖論之詳矣邵氏二雲曰漢書藝文志爾雅三卷二十篇張揖謂周公著爾雅一篇今所傳三篇爲後人增補是張揖所謂篇即漢書所謂卷猶云周公所作祇一卷後人增補乃有三卷耳陸氏乃以周公所作爲二十篇之一始考之不審以致斯誤郝各本譌作制今據說文訂正考爾雅疏引作箸疑本作箸譌作者又譌作考也直齋書錄解題引此作考則南宋本已譌皆解家所說先師口傳既無正論聖人所言是故疑不能明也夫爾雅之爲書也文約而義固其陳道也精研而無誤眞七經之檢度學問之階路儒林之楷素也鄭注士喪禮云形法定爲素若其包羅天地綱紀人事權揆制度發百家之訓詁未能悉備也臣揖體質蒙蔽學淺詞頑言無足取竊以所識擇撢羣蓺說文云撢探也文同義異音轉失讀八方殊語庶物易名不在爾雅者詳錄品覈以著于篇說文云覈實也凡萬八千一百五十文今本廣雅凡萬六千九百一十三文刪衍文九十六補脫文五百九其文萬七千三百二十六較表內原數少八百二十四分爲上中下以頌方徠俊哲洪秀偉彥之倫扣其兩端摘其過謬令得用諝說文云諝知也亦所企想也臣揖誠惶誠恐頓首頓首死罪死罪

（見〔清〕王念孫《廣雅疏證》。此據清代王灝輯《畿輔叢書》，定州王氏謙德堂校刊本。）

三、王念孫《廣雅疏證序》

廣雅疏證原序
昔者周公制禮作樂爰著爾雅其後七十子之徒漢初綴
學之士遞有補益作者之聖述者之明卓乎六蓺羣書之
鈐鍵矣至於舊書雅記詁訓未能悉備綱羅放失將有待
於來者魏太和中博士張君稚讓繼兩漢諸儒後參攷往
籍偏記所聞分別部居依乎爾雅凡所不載悉著於篇其
自易書詩三禮三傳經師之訓論語孟子鴻烈法言之注
楚辭漢賦之解讖緯之記倉頡訓纂滂喜方言說文之說
靡不兼載蓋周秦兩漢古義之存者可據以證其得失其
散逸不傳者可藉以闚其端緒則其書之爲功於詁訓也
大矣念孫不揆檮昧爲之疏證殫精極慮十年於茲竊以
詁訓之旨本於聲音故有聲同字異聲近義同雖或類聚
羣分實亦同條共貫譬如振裘必提其領舉綱必挈其綱
故曰本立而道生知天下之至嘖而不可亂也此之不寤
則有字別爲音音別爲義或望文虛造而違古義或墨守
成訓而尟會通易簡之理既失而大道多岐矣今則就古
音以求古義引伸觸類不限形體苟可以發明前訓斯淩
雜之譏亦所不辭其或張君誤采博攷以證其失先儒誤
說參酌而寤其非以燕石之瑜補荊璞之瑕適不知量者
之用心云爾張君進表廣雅分爲上中下是以隋書經籍
志作三卷而又云梁有四卷不知所析何篇隋曹憲音釋
隋志作四卷唐志作十卷今所傳十卷之本音與正文相
次然館閣書目云今逸但存音三卷是音與廣雅別行之
證較然甚明特後人合之耳又憲避煬帝諱始稱博雅今
則仍名廣雅而退音釋於後從其朔也憲所傳本卽有舛
誤故音內多據誤字作音集韻類篇太平御覽諸書所引
其誤故音內今本同蓋是書之譌脫久矣今據耳目所及
旁攷諸書以校此本凡字之譌者五百八十脫者四百九
十衍者三十九先後錯亂者百二十三正文誤入音內者
十九音內字誤入正文者五十七輒復隨條補正詳舉所
由廣雅諸刻本以明畢效欽本爲最善凡諸本皆誤而畢本未誤者不在補正之列最後一卷子
引之嘗習其義亦卽存其說竊放范氏穀梁傳集解子弟
列名之例博訪通人載稽前典義或易曉略而不論於所
不知蓋闕如也後有好學深思之士匡所不及企而望之
嘉慶元年正月高郵王念孫序

(見〔清〕王念孫《廣雅疏證》。此據清代王灝輯《畿輔叢書》,定州王氏謙德堂校刊本。)

四、馬瑞辰《毛詩詁訓傳名義考》

毛詩詁訓傳名義考

漢藝文志載詩凡六家有以故名者魯故韓故齊后氏故孫氏故是也有以傳名者齊后氏傳孫氏傳韓內傳外傳是也惟毛詩兼名詁訓傳正義謂其依爾雅訓詁爲詩立傳又引一說謂其依故昔典訓而爲傳其說非也漢儒說經莫不先通詁訓漢書揚雄傳言雄少而好學不爲章句訓故通而已儒林傳言丁寬作易說三萬言訓故舉大義而已而後漢書桓譚傳亦言譚徧通五經皆詁訓大義不爲章句則知詁訓與章句有辨章句者離章辨句委曲支派而語多傳會繁而不殺蔡邕所謂前儒特爲章句者皆用其意傳非其本旨劉勰所謂秦延君之注堯典十餘萬字朱普之解尚書三十萬言所以通人惡煩羞學章句也詁訓則博習古文通其轉注假借不煩章解句釋而奧義自闢班固所謂古文讀應爾雅故解古今語而可知也史漢儒林傳漢藝文志皆言魯申公爲詩訓故而漢書楚元王傳及魯國先賢傳皆言申公始爲詩傳則知漢志所載魯故魯說者卽魯傳也何休公羊傳注亦言傳謂詁訓似故訓與傳初無甚異而漢志旣載齊后氏故孫氏故韓故又載齊后氏傳孫氏傳韓內外傳則訓故與傳又自不同蓋散言則故訓傳俱可通稱對言則故訓與傳異連言故訓與分言故訓者又異故訓卽古訓烝民詩古訓是式毛傳古故也鄭箋古訓先王之遺典也又作詁訓說文詁訓故言也至於傳則釋名訓爲傳示之傳正義以爲傳通其義蓋詁訓第就經文所言者而詮釋之傳則並經文所未言者而引伸之此詁訓與傳之別也古有倉頡訓故又有三倉訓詁此連言故訓也爾雅廣雅俱以釋詁釋訓名篇張揖雜字曰詁者古今之異語也訓者謂字有意義也詩正義曰詁者古也古今異語通之使人知也訓者道也道物之貌以告人也又引爾雅序曰釋詁通古今之字與古今異言也釋訓言形貌也趙宧光曰通古合今曰釋詁以今合古曰釋言釋其所釋曰釋訓此分言詁訓也蓋詁訓本爲故言由今通古皆曰詁訓亦曰訓詁而單詞則爲詁重語則爲訓詁第就其字之義旨而證明之訓則兼其言之比興而訓導之此詁與訓之辨也毛公傳詩多古文其釋詩實兼詁訓傳三體故名其書爲詁訓傳嘗卽關雎一詩言之如窈窕幽閒也淑善逑匹也之類詁之體也關關和聲也之類訓之體也若夫婦有別則父子親父子親則君臣敬君臣敬則朝廷正朝廷正則王化成則傳之體也而餘可類推矣訓故不可以該傳而傳可以統訓故故標其總目爲詁訓傳而分篇則但言傳而已

(見〔清〕馬瑞辰《毛詩傳箋通釋》。此據《四部備要·經部》,上海中華書局據南菁書院續經解本校刊。)

五、訓詁舉例

(一)方言疏證

1. 卷二“美也”條

娃烏佳反嫷諾過反㛂徒了反豔美也吳楚衡淮之閒曰娃南
楚之外曰嫷言婑嫷也宋衛晉鄭之閒曰豔陳楚周南之閒
曰㛂自關而西秦晉之閒凡美色或謂之好或謂之㛂
故吳有館娃之宮秦有榛娥之臺皆戰國時諸侯所立也榛音七秦晉
之閒美貌謂之娥言娥娥也美狀爲㛂言閑都也美色爲豔言光豔也

美心爲窈言幽靜也
案左思吳都賦幸乎館娃之宮劉逵注云吳俗謂好
女爲娃揚雄方言曰吳有館娃之宮列子揚朱篇肯
擇稚齒婑嫷者宋玉神女賦嫷被服李善注引方言
嫷美也他卧反史記外戚世家邢夫人號娙娥索隱
引方言美貌謂之娙娥詩周南窈窕淑女毛傳窈窕
幽閒也釋文引王肅云善心曰窈善容曰窕說文吳
楚之閒謂好曰娃南楚之外謂好曰嫷秦晉謂好曰
娙娥娙長好也廣雅娃嫷窈窕好也娥豔美也皆本
此諸刻脫秦有二字永樂大典本曹毅本俱不脫陸
機擬古詩秦娥張女彈李善注云應瑒神女賦曰夏
姬曾不足以供妾御況秦娥與吳娃方言曰秦俗美
貌謂之娥又別賦吳趨行及古詩十九首李善注並
引方言秦晉之閒美貌謂之娥

2. 卷八“鸝黃”條

鸝黃自關而東謂之倉庚又名商庚自關而西謂之鸝黃其色
鵹黑而黃因名之或謂之黃鳥或謂之楚雀
案夏小正二月有鳴倉庚倉庚者商庚也商庚者長
股也詩周南黃鳥于飛毛傳黃鳥摶黍也陸璣疏云
黃鳥黃鸝留也或謂之黃栗留幽州人謂之黃鶯一
名倉庚一名商庚一名鵹黃一名楚雀齊人謂之摶
黍當葚熟時來在桑閒故里語曰黃栗留看我麥黃
葚熟不亦是應節趨時之鳥也豳風有鳴倉庚毛傳
倉庚離黃也鄭箋云溫而倉庚又鳴可蠶之候也爾
雅皇黃鳥郭璞注云俗呼黃離留亦名摶黍又倉庚
商庚注云即鵹黃也又鵹黃楚雀注云即倉庚也釋
文云方言自關而東謂之倉庚關西謂之黃鸝留也
宋玉高唐賦王雎鸝黃李善注云鸝黃郭璞曰其色
鵹黑而黃因名之方言或謂鵹黃爲楚雀說文云離
黃倉庚也鳴則蠶生鸝鸝鵹鵹離字異音義同

(見〔清〕戴震《方言疏證》。此據微波榭刻本。)

（二）廣雅疏證

1.《釋詁上》“貪也”條

廣雅疏證卷二上

魏清河張揖撰　　高郵王念孫疏證

釋詁

槾拇挴忨懆饕飻𣪊嗇歁欿婪利遝茹嗜藿慘𩜎貪也

槾者汚之貪也呂氏春秋離俗覽云不漫於利漫與槾通挴者方言挴貪也楚辭天問穆王巧挴王逸注云挴貪也莊子人間世篇無門無毒崔譔本作毐云毐貪也漢書賈誼傳品庶每生孟康注云每貪也每與挴通昭十四年左傳云貪以敗官爲墨墨與挴亦聲近義同忨者爾雅愒忨也偈貪也說文忨貪也昭元年左傳翫歲而愒日杜預注云翫愒皆貪也晉語作忨日而激歲昭二十六年左傳翫求無度服虔注云翫貪也忨翫玩竝通饕飻者說文饕貪也多方云有夏之民叨懫叨與饕通說文飻貪也引文十八年左傳謂之饕飻今本飻作餮賈逵服虔杜預注竝云貪財爲饕貪食爲餮案傳云貪於飲食冒於貨賄侵欲崇侈不可盈厭聚斂積實不知紀極天下之民謂之饕餮是貪財貪食總謂之饕餮饕餮一聲之轉不得分貪財爲饕貪食爲餮也呂氏春秋先識篇云周鼎著饕餮有首無身食人未咽害及其身蓋饕餮本貪食之名故其字從食因謂貪欲無厭者爲饕餮也𣪊嗇者方言𣪊嗇貪也荊汝江湘之郊凡貪而不施謂之𣪊或謂之嗇襄二十六年左傳小人之性嗇於禍杜預注云嗇貪也歁與下欿字通方言南楚江湘之閒謂貪曰歁郭璞注云言歁歁難猒也說文歁食不滿也欿欲得也又云脂食肉不猒也竝聲近而義同婪者說文婪貪也又云河內之北謂貪曰惏惏與婪同僖二十四年左傳狄固貪惏釋文正義竝引方言云殺人而取其財曰惏楚辭離騷衆皆競進以貪婪兮王逸注云愛財曰貪愛食曰婪案貪婪亦愛財愛食之通稱不宜分訓也遝者方言荊汝江湘之郊凡貪而不施或謂之悋悋恨也說文吝恨惜也遝吝悋竝通茹者方言吳越之閒凡貪飲食者謂之茹注云今俗呼能麤食者爲茹藿者方言藿貪也藿各本譌作[illegible]今訂正嫪者說文嫪婪也嫪與慘通

[illegible]脅[illegible]劢威力也

2.《釋訓》“猶豫也”條

躊躇猶豫也

此雙聲之相近者也躊躇猶豫爲疊韻躊躇猶豫爲雙聲說文𢡄𢡄箸也楚辭九辯蹇淹留而躊躇七諫注云躊躇不行貌竝與躊躇同猶豫字或作猶與單言之則曰猶曰豫楚辭九章壹心而不豫兮王注云豫猶豫也老子云與兮若冬涉川猶兮若畏四鄰淮南子兵略訓云擊其猶猶陵其與與合言之則曰猶豫轉之則曰夷猶曰容與楚辭九歌君不行兮夷猶王注云夷猶猶豫也九章云然容與而狐疑容與亦猶豫也案曲禮云卜筮者先聖王之所以使民決嫌疑定猶與也離騷云心猶豫而狐疑兮史記淮陰侯傳云猛虎之猶豫不若蜂蠆之致螫騏驥之蹢躅不如駑馬之安步孟賁之狐疑不如庸夫之必至也嫌疑狐疑猶豫蹢躅皆雙聲字狐疑與嫌疑一聲之轉耳後人誤讀狐疑二字以爲狐性多疑故曰狐疑又因離騷猶豫狐疑相對成文而謂猶是犬名犬隨人行每豫在前待人不得又來迎候故曰猶豫或又謂猶是獸名每聞人聲卽豫上樹久之復下故曰猶豫或又以豫字從象而謂猶豫俱是多疑之獸以上諸說具見於水經注顏氏家訓禮記正義及漢書注文選注史記索隱等書夫雙聲之字本因聲以見義不求諸聲而求諸字固宜其說之多鑿也

（見〔清〕王念孫《廣雅疏證》。此據清代王灝輯《畿輔叢書》，定州王氏謙德堂校刊本。）

(三)方言箋疏

1. 卷一"知也"條

輶軒使者絕代語釋別國方言箋疏卷第一

嘉定錢　繹撰集

仁和王文韶校刊

按諸書稱引及史志著錄皆謂之方言舊唐書經籍志則謂之別國方言蓋以其文冗贅並從省文實則一書又宋洪邁容齋隨筆稱爲輶軒使者絕域語釋別國方言攷書中所載並無絕域重譯之言而半爲南楚江湘之間代語郭注以爲凡以異語相易謂之代蓋洪氏偶爾誤記故作絕域今從舊題

漢揚雄撰

漢書列傳揚雄字子雲蜀郡成都人也少好學博覽無所不見口吃不能劇談默而好深湛之思清靜無爲少嗜欲不汲汲於富貴不戚戚於貧賤自有大度非聖哲之書不好也非其意雖富貴不事也年四十餘自蜀來遊京師大司馬王音奇其文雅以爲門下吏薦雄待詔甘泉校獵長楊等輒奏賦以風除爲郎給事黃門年七十一天鳳五年卒案子雲答劉歆書云雄始能草文先作縣邸銘王佴頌階闥銘及成都城四隅銘蜀人有楊莊者爲郎誦之於成帝成帝好之以爲似相如雄遂以此得外見又文選甘泉賦李周翰注云楊雄家貧好學每製作慕相如之文嘗作緜竹頌成帝時直宿郎楊莊誦此文帝曰此似相如之文莊曰非也此臣邑人揚子雲帝即召見拜爲黃門侍郎與傳所稱互異當是傳誤也

晉郭璞注

晉書列傳郭璞字景純河東聞喜人也璞少好經術博學有高才而訥於言好古文奇字妙於陰陽厤算終尚書郎記室參軍贈宏農太守

黨曉哲知也楚謂之黨 注 黨朗也解寤貌 **或曰曉齊宋之間謂之哲** 箋疏 知通作智廣雅黨曉哲智也智隸省作智荀子正名篇知有所合謂之智白虎通義智者知也獨見前聞不惑於事見微知著也釋名云智者知也無所不知也智與知聲近義同黨者荀子非相篇文而致實博而黨正楊倞注致至也黨與讜同謂直言也案致與黨相對成文致爲至黨宜訓知言文而不流於虛僞博而能知其邪正也注以直言釋之疏矣廣雅黨美也善也美與知義相近美謂之黨亦謂之姣猶知謂之懓亦謂之黨也卷十二懓知也釋名善演也演盡物理也善與知義亦相近故相親愛謂之知亦謂之善呂氏春秋貴公篇夷吾善鮑叔是也相親暱謂之善亦謂之黨禮記襍記大功以下旣葬適人人食之其黨也食之非其黨弗食也鄭注黨猶親也哀九年左氏傳無由從黨是也黨與讜通逸周書祭公解王拜手稽首黨言孟子禹聞善言趙岐注引皐陶謨禹拜讜言今書作昌言史記夏本紀作美言義並通也今人謂知爲懂其黨聲之轉歟知謂之黨不知亦謂之儻以相反爲義也莊子山木篇侗乎其無識儻乎其疑怠是也注黨朗疊韻字廣韻爣朗火光寬明也爣與黨同解寤謂之黨昏昧亦謂之矘說文矘目無精直祁也光明謂之黨朗不明亦謂之儻朗潘岳射雉賦畏映日之儻朗徐爰注儻朗不明之狀楚辭遠遊時曖曃其矘莽兮王逸注日月晻黮而無光也矘莽與儻朗同亦以相反爲義也爣儻矘黨聲並相近曉者卷十三曉明也說文同漢書息夫躬傳外有直項之名內實駮不曉事荀子富國篇百姓曉然皆知其污漫暴亂列子仲尼篇智者之言固非愚者之所曉孫綽遊天台山賦之者以路絕而莫曉是曉爲知也哲者說文哲知也大雅下武篇世有哲王鄭箋哲知也楚辭離騷王逸注同知哲一聲之轉釋言哲知也衆經音義卷二十引云齊宋之間謂智爲哲又卷二十二引此文元應云哲謂照了也法言問明篇或問哲曰旁明厤思應劭注漢書五行志云哲明也明與知同義明謂之哲知亦謂之哲知謂之曉明亦謂之曉知謂之黨猶明亦謂之黨也廣雅黨明也

2. 卷七“所疾也”條

諄憎所疾也宋魯凡相惡謂之諄憎若秦晉言可惡
矣【音義】諄，之潤反。【箋疏】廣雅諄憎譈苦也譈與疾通秦誓云冒疾以惡之高誘注淮南
精神訓云苦猶疾也荀子哀公篇云無取口啍口
啍讒也楊倞注云啍與諄同引方言作齊魯凡相
疾惡謂之諄憎韻會同說文憝怨也引康誥曰凡
民罔不憝某氏傳云人無不惡之者孟子萬章篇
作譈廣雅憝惡也憝玉篇又作譈同法言重黎篇
楚懲羣策而自屈其力李軌注憞惡也又修身篇
君子徵愼厥德悔吝不至何元憞之有注元憞大
惡也諄啍憝譈憞字異義同邶風北門篇王事敦
我毛傳敦厚也荀子議兵篇云有離俗不順其上
者則百姓莫不敦惡楊倞注敦厚也說文敦怒也
詆也敦與諄聲義並相近按詩言以役事與之則
無所謂厚蓋王事敦我猶言以王事詆怒我也百
姓莫不敦惡猶凡民罔不憝也是敦諄亦同注家
並訓敦爲厚失之說文憎惡也廣雅同周語云其
叔父實應且憎說文惡過也烏各切證相毀也一
日畏證也宛古切廣韻作諰音烏路切是美惡字
作惡愛惡字作證今書傳並作惡按昭七年左氏
傳云魯衛惡之杜預注云受其凶惡釋訓云居居
究究惡也郭氏注云皆相憎
惡是惡字兼美惡愛惡二義

(見〔清〕錢繹《方言箋疏》。此據清光緒十六年紅蝠山房校本，中華書局，1984年。)

(四)釋名疏證補

1. 釋天第一

釋名疏證補卷第一　長沙王先謙撰集
漢　徵　士　北　海　劉　熙　撰
釋天第一　釋地第二
釋山第三　釋水第四
釋丘第五　釋道第六
釋天第一
天豫司兗冀以舌腹言之王啟原曰後漢都洛陽在司隸部孝獻都許在豫州部故此先言豫繼言司尊時制也天顯也在上高顯也畢沅曰莊子釋文引作高顯在上也葉德炯曰此及下風字條均西
域字母之溫膈字母顯之紐爲曉曉在喉音之次清等與天出
於舌頭之透紐者爲音和音和者即反切之遞用法也如莫六
音切爲目徒紅音切爲同之例成國此書實
韻書之壽祖後來孫炎諸人乃愈推愈密也青徐以舌頭言之
成容鏡三案今等韻家分牙舌頭舌上重脣輕脣齒頭正齒喉
半舌半齒爲九音相傳來自西域隋書經籍志稱後漢佛法行
於中國得西域書能以十四字貫一切音謂之婆羅門書此郎
唐僧守溫三十六字母之權輿然志初不云九音來自西域也
觀釋名已有舌腹舌頭橫口合脣踧口開脣之云而高誘注戰
國策呂氏春秋淮南子諸書亦有所謂急舌急氣緩氣閉口開
口籠口者然則九音
洵中國儒家之學矣天坦也畢沅曰坦今本譌作垣玉篇爾雅釋文莊子釋文初學記御覽爾雅
疏皆引作坦據改葉德炯曰坦字與天同透字母透爲舌頭音
之次清等綴讀爲蘄連漢書霍去病傳出北地至蘄連山師古
注蘄連即天山是也又爲撐犂匈奴傳匈奴謂天爲撐犂是也
連犂字母在舌齒音之來去舌頭音不遠此西域音之微變者
今國書譯爲阿卜喀直脣音矣然古中土音讀舌頭者多白虎
通及釋天釋文引春秋說題詞云天之爲言鎮也說文天顚也
禮月令疏引春秋說題詞天之爲言顚也詩君子偕老疏引春
秋元命苞天之言瑱均作舌頭音讀其作舌腹音讀者惟禮記
緇衣鄭注天當爲先字之誤藝文類聚引白虎通天者身
也一以天爲先一以天爲身及此以天爲顯數音而已坦然
高而遠也蘇輿曰釋天釋文引無而字春曰蒼天陽氣始發色蒼蒼也夏曰
昊天其氣布散顥顥也畢沅曰顥今本作皓俗字也說文顥白皃从頁景楚辭天白顥顥據此當作顥
皮錫瑞曰釋名與爾雅皆作春蒼夏昊今尚書歐
陽說與許君鄭君皆作春昊夏蒼益所據本異秋曰旻天旻

閔也物就枯落可閔傷也冬曰上天其氣上騰與地絕也故月令曰天氣上騰地氣下降畢沅曰爾雅春爲蒼天夏爲昊天秋爲旻天冬爲上天李巡注春萬物始生其色蒼蒼故曰蒼天夏萬物盛壯其氣昊大故曰昊天郭璞注旻猶愍也愍萬物凋落冬時無事在上臨下而已此兩家之說擇其義與此合者錄以參證焉王先愼曰五經異義引古尚書說云元氣廣大則稱昊天仁覆閔下則稱旻天自上監下則稱上天據遠視之蒼蒼然則稱蒼天此義與釋名同且先於李郭之說白虎通四時篇云四時天異名何天尊各據其盛者爲名也春秋物變盛冬夏氣變盛春曰蒼天夏曰昊天秋曰旻天冬曰上天均與釋名義同亦先於郭李者易謂之乾畢沅曰說卦乾天也又曰乾爲天乾健也健行不息也畢沅曰易繫辭云夫乾天下之至健也象曰天行健君子以自彊不息又謂之玄玄縣也如縣物在上也畢沅曰玄者以色名之也易文言曰天玄而地黃當非取縣義今本縣下加心俗王先愼曰說文玄幽遠也黑而有赤色者爲玄象幽而入覆之也釋親郭注玄者言親屬微昧也亦有幽遠意本書釋親玄孫玄縣也上縣於高祖最在下也即取遠義此縣字亦訓爲遠謂天在上遠於下也素問天玄紀文選東京賦注引廣雅云玄遠也淮南主術訓注縣遠也是玄縣古同訓遠

2. 釋山第三

釋山第三

山產也產生物也畢沅曰北堂書鈔初學記爾雅疏皆引作言產生萬物也說文山宣也宣氣散生萬物有石而高象形義似勝此蘇輿曰御覽地部三引作山產也言產萬物土山曰阜阜厚也言高厚也畢沅曰爾雅云大陸曰阜說文作𨸏云𨸏大陸山無石者象形大阜曰陵畢沅曰爾雅同說文亦云陵大𨸏也陵隆也體隆高也畢沅曰隆廣韻引作崇唐時避明皇帝諱也先謙曰陵隆雙聲漢林慮避諱改隆慮亦用雙聲字改也陵林音同

山頂曰冢畢沅曰爾雅亦云山頂冢冢腫也言腫起也王啟原曰說文冢高墳也左僖十年傳祭地地墳晉語韋注墳起也穀梁傳云覆酒於地而地賁范注賁沸起也又三墳五典漢王政張納碑俱云典賁是墳有賁義冢亦宜有腫義故廣雅亦云冢腫也

山旁曰陂言陂陁也葉德炯曰說文陂阪也阪下云坡者曰阪一曰澤障一曰山脅也山脅即山旁之異訓

山脊曰岡畢沅曰爾雅亦云山脊岡岡亢也在上之言也先謙曰岡亢疊韻說文亢頸也頸於人身在上廣雅釋詁亢高也極也易亢龍王肅注窮高曰亢後漢梁冀傳注亢上極之名也

山旁隴間曰涌涌猶桶桶狹而長也王先愼曰涌當爲甬史記項羽紀穿甬道而輸之粟甬道長而狹之道也義與此近

山大而高曰嵩畢沅曰爾雅嵩作崧皆非古當作崇嵩竦也亦高稱也畢沅曰嵩字說文未有新附字中乃有之徐鉉稱韋昭國語注云古通用崇字漢書郊祀志作崈師古曰古崇字案字體小變耳當以崇爲正

山小而高曰岑畢沅曰今本脫而字據初學記御覽引補爾雅亦云山小而高岑岑嶃也嶃嶃然也畢沅曰嶃俗字也當作漸詩小雅漸漸之石毛傳漸漸山石高峻釋文漸士銜反然則古通借漸字爲之葉德炯曰唐卷子本玉篇山部引孟子可使高于岑嶁劉熙注岑嶁小山銳頂者也與此義合

(見〔清〕王先謙《釋名疏證補》。此據王雲五主編《萬有文庫》,上海商務印書館,1937 年。)

思考與練習

1. 請簡要説明學界對《爾雅》一書名稱的看法。
2. 請結合所給例證，談談雅書的編排體例。
3. 請結合所給例證，談談前人是如何使用“因聲求義”這一訓詁方法的？

第五章　音　義　類

一、經典釋文·序録

經典釋文卷第一　序録
唐國子博士兼太子中允贈齊州刺史吳縣開國男陸德明撰
序
夫書音之作作者多矣前儒撰著光乎篇籍其來既久誠
無間然但降聖已還不免偏尚質文詳略互有不同漢魏
迄今遺文可見或專出己意或祖述舊音各師成心製作
如面加以楚夏聲異南北語殊是非信其所聞輕重因其
所習後學鑽仰罕逢指要夫筌蹄所寄唯在文言差若毫
釐謬便千里夫子有言必也正名乎名不正則言不順言
不順則事不成故君子名之必可言也言之必可行也斯
富哉言乎大矣盛矣無得而稱矣然人稟二儀之淳和含
五行之秀氣雖復挺生天縱必資學以知道故唐堯師於
許由周文學於虢叔上聖且猶有學而況其餘乎至於處
鮑居蘭翫所先入染絲斲梓功在初變器成禾定難復改
移一薰一蕕十年有臭豈可易哉豈可易哉余少愛墳典
留意藝文雖志懷物外而情存著述粤以癸卯之歲承乏
上庠循省舊音苦其太簡況微言久絶大義愈乖攻乎異
端競生穿鑿不在其位不謀其政既職司其憂寧可視成
而已遂因暇景救其不逮研精六籍采摭九流搜訪異同
校之蒼雅輒撰集五典孝經論語及老莊爾雅等音合爲
三袟三十卷号曰經典釋文古今竝録括其樞要經注畢
詳訓義兼辯質而不野繁而非蕪示傳一家之學用貽後

嗣令奉以周旋不敢墜失與我同志亦無隱焉但代匠指南固取誚於博識既述而不作言其所用復何傷乎云爾

條例

先儒舊音多不音注然注既釋經經由注顯若讀注不曉則經義難明混而音之尋討未易今以墨書經本朱字辯注用相分別使較然可求舊音皆録經文全句徒煩翰墨今則各標篇章於上摘字爲音慮有相亂方復具録唯孝經童蒙始學老子衆本多乖是以二書特紀全句五經人所常習理有大宗義行於世無煩覼縷至於莊老讀學者稀故于此書微爲詳悉又爾雅之作本釋五經既解者不同故亦略存其異文字音訓今古不同前儒作音多不依注注者自讀亦未兼通今之所撰微加斟酌若典籍常用會理合時便即遵承標之於首其音堪互用義可竝行或字有多音衆家別讀苟有所取靡不畢書各題氏姓以相甄識義乖於經亦不悉記其或音一音者蓋出於淺近示傳聞見覽者察其衷焉然古人音書止爲譬況之說孫炎始爲反語魏朝以降蔓衍寔繁世變人移音訛字替如徐仙民反易爲神石郭景純反餤爲羽鹽劉昌宗用承音乘許叔重讀皿爲猛若斯之儔今亦存之音內既不敢遺舊且欲俟之來哲書音之用本示童蒙前儒或用假借字爲音更令學者疑昧余今所撰務從易識援引衆訓讀者但取其意義亦不全寫舊文典籍之文雖夫子刪定子思讀詩師資已別而況其餘乎鄭康成云其始書之也倉卒無其字或以音類比方假借爲之趣於近之而已受之者非一邦之人人用其鄉同言異字同字異言於茲遂生矣戰國交爭儒術用息秦皇滅學加以坑焚先聖之風埽地盡矣漢興改秦之弊廣收篇籍孝武之後經術大隆然承秦焚書口相傳授一經之學數家競爽章句既異踳駁非一後漢黨人既誅儒者多坐流廢後遂私行金貨定蘭臺漆書經字以合其私文靈帝乃詔諸儒正定五經於石碑之上爲古文篆隸三體書法以相參檢樹之學門使天下取則未盈一紀尋復廢焉班固云後世經傳既已乖離傳學者又不思多聞闕疑之義而務碎義逃難便詞巧說安其所習毀所不見終以自弊此學者之大患也誠哉是言余既撰音須定紕繆若兩本俱用二理兼通今竝出之以明同異其涇渭相亂朱紫可分亦悉書之隨加刊正復有他經別本詞反義乖而又存之者示博異聞耳經籍文字相承已久至如悅字作說閑字爲閒智但作知汝止爲女若此之類今竝依舊音之然音書之體本在假借或經中過多或尋文易了則翻音正字以辯借音各於經內求之自然可見其兩音之者恐人惑故也尚書之字本爲隸古既是隸寫古文則不全爲古字今宋齊舊本及徐李等音所有古字蓋亦無幾穿鑿之徒務欲立異依傍字部改變經文疑惑後生不可承用今皆依舊爲音其字有別體則見

之音內然亦兼采說文字詁以示同異者也春秋人名字
氏族及地名或前後互出或經傳更見如此之類不可具
舉若國異名同及假借之字兼相去遼遠不容疎略皆斟
酌折衷務使得宜僉雅本釋墳典字讀須逐五經而近代
學徒好生異見改音易字皆采雜書唯止信其所聞不復
考其本末且六文八體各有其義形聲會意寧拘一揆豈
必飛禽即須安鳥水族便應著魚蟲屬要作虫旁草類皆
從兩中如此之類實不可依今並校量不從流俗方言差
別固自不同河北江南最爲鉅異或失在浮清或滯於沈
濁今之去取冀祛茲弊亦恐還是鷇音更成無辯夫質有
精麤謂之好惡並如字心有愛憎稱爲好惡上呼報反下烏路反當體
即云名譽音預論情則曰毀譽音餘及夫自敗薄邁反敗他補邁反
之殊自壞呼怪反壞撤音怪之異此等或近代始分或古已爲
別相仍積習有自來矣余承師說皆辯析之比人言者多
爲一例如而靡異邪不定之詞也助句之詞弗殊莫辯復扶又反重也復
音服反也寧論過古禾反經過過古臥反超過又以登升共爲一韻攻公
分作兩音如此之儔恐非爲得將來君子幸留心焉五經
字體乖替者多至如黿鼉從龜亂辭從舌席下爲帶惡上
安西析旁著片離邊作禹直是字譌不亂餘讀如寵丑隴反
字爲寵力孔反錫思歷反字爲鍚音陽用攴普卜反字林普角反代文武云反
將无音無混旡音既若斯之流便成兩失又來旁作力俗以爲
約勑字說文以爲勞倈之字水旁作曷俗以爲飢渴字字
書以爲水竭之字如此之類改便驚俗止不可不知耳

次第

五經六籍聖人設教訓誘機要寧有短長然時有澆淳隨
病投藥不相沿襲豈無先後所以次第互有不同如禮記
經解之說以詩爲首七略藝文志所記用易居前阮孝緒
七錄亦同此次而王儉七志孝經爲初原其後前義各有
旨今欲以著述早晚經義總別以成次第出之如左

（見〔唐〕陸德明《經典釋文》。此據《叢書集成初編》影印之抱經堂本，商務印書館，1935 年。）

二、顏氏家訓·音辭篇

音辭篇十八

夫九州之人言語不同生民已來固常然矣自春秋
標齊言之傳離騷目楚詞之經此蓋其較明之初也
後有揚雄著方言其書大備然皆考名物之同異不
顯聲讀之是非也逮鄭玄注六經高誘解呂覽淮南
許慎造說文劉熹製釋名始有譬況假借以證音字
耳而古語與今殊別其間輕重清濁猶未可曉加以
外言內言急言徐言讀若之類益使人疑孫叔言創
爾雅音義是漢末人獨知反語至於魏世此事大行
高貴鄉公不解反語以爲怪異自茲厥後音韻鋒出
各有土風遞相非笑指馬之諭未知孰是共以帝王
都邑參校方俗考覈古今爲之折衷搉而量之獨金
陵與洛下耳南方水土和柔其音清舉而切詣失在
浮淺其辭多鄙俗北方山川深厚其音沈濁而鈋鈍
得其質直其辭多古語然冠冕君子南方爲優閭里
小人北方爲愈易服而與之談南方士庶數言可辯
隔垣而聽其語北方朝野終日難分而南染吳越北
雜夷虜皆有深弊不可具論其謬失輕微者則南人
以錢爲涎以石爲射以賤爲羨以是爲舐北人以庶
爲戍以如爲儒以紫爲姊以洽爲狎如此之例兩失
甚多至鄴已來唯見崔子約崔瞻叔姪李祖仁李蔚
兄弟頗事言詞少爲切正李季節著音韻決疑時有
錯失陽休之造切韻殊爲疏野吾家兒女雖在孩稚

便渐督正之一言訛替以爲已罪矣云爲品物未考
書記者不敢輒名汝曹所知也古今言語時俗不同
著述之人楚夏各異蒼頡訓詁反稗爲逋賣反娃爲
於乖戰國策音刎爲免穆天子傳音諫爲間說文音
戛爲棘讀皿爲猛字林音看爲口甘反音伸爲辛韻
集以成仍宏登合成兩韻爲奇益石分作四章李登
聲類以系音羿劉昌宗周官音讀乘若承此例甚廣
必須考校前世反語又多不切徐仙民毛詩音反驟
爲在遘左傳音切椽爲徒緣不可依信亦爲衆矣今
之學士語亦不正古獨何人必應隨其訛僻乎通俗
文曰入室求曰搜反爲兄侯然則兄當音所榮反今
北俗通行此音亦古語之不可用者璵璠魯之寶玉
當音餘煩江南皆音藩屏之藩岐山當音爲奇江南
皆呼爲神祇之祇江陵陷沒此音被於關中不知二
者何所承案以吾淺學未之前聞也北人之音多以
舉莒爲矩唯李季節云齊桓公與管仲於臺上謀伐
莒東郭牙望桓公口開而不閉故知所言者莒也然
則莒矩必不同呼此爲知音矣夫物體自有精麤精
麤謂之好惡人心有所去取去取謂之好惡上呼号下烏故
反此音見於葛洪徐邈而河北學士讀尚書云好呼考

反生惡殺於各反是爲一論物體一就人情殊不通矣
甫者男子之美稱古書多假借爲父字北人遂無一
人呼爲甫者亦所未喻唯管仲范增之號須依字讀
耳管仲號仲父范增號亞父　案諸字書焉字鳥名或云語詞皆
音於愆反自葛洪要用字苑分焉字音訓若訓何訓
安當音於愆反於焉逍遥於焉嘉客焉用佞焉得仁
之類是也若送句及助詞當音矣愆反故稱龍焉故
稱血焉有民人焉有社稷焉託始焉爾晉鄭焉依之
類是也江南至今行此分別昭然易曉而河北混同
一音雖依古讀不可行於今也邪者音耶未定之詞左
傳曰不知天之棄魯邪抑魯君有罪於鬼神邪莊子
云天邪地邪漢書云是邪非邪之類是也而北人即
呼爲也字亦爲誤矣難者曰繫辭云乾坤易之門戶
邪此又爲未定辭乎答曰何爲不爾上先標問下方
列德以折之耳江南學士讀左傳口相傳述自爲凡
例軍自敗曰敗打破人軍曰敗補敗反諸記傳未見補
敗反徐仙民讀左傳唯一處有此音又不言自敗敗
人之別此爲穿鑿耳　古人云膏粱難整以其爲驕
奢自足不能剋勵也吾見王侯外戚語多不正亦由
內染賤保傅外無良師友故耳梁世有一侯常對元

帝飲謔自陳癡鈍乃成颸段元帝荅之云颸異涼風段非干木謂郢州爲永州元帝啓報簡文簡文云庚辰吳入遂成司隸如此之類舉口皆然元帝手教諸子侍讀以此爲誡河北反攻字爲古琮與工公功三字不同殊爲僻也比世有人名暹自稱爲纖名琨自稱爲衮名洸自稱爲汪名勬䵺自稱爲獡䵺非唯音韻舛錯亦使其兒孫避諱紛紜矣

(見〔唐〕顏之推《顏氏家訓》。此據明嘉靖三年傅鑰刻本，中國書店 2019 年影印。)

三、刊正九經三傳沿革例·音釋

唐石本晉銅版本舊新監本蜀諸本與他善本止刊古注若音釋則自爲一書難檢尋而易差誤建本蜀中本則附音于注文之下甚便繙閱然麗雜重贅適增胸瞀今欲求其便之尤便則亦附音釋如建蜀本然亦粗有審訂音有平上去入之殊則隨音圈發或者不亮其意而以爲病則但望如監本及他善本視之捨此而自觀釋文可也若大學中庸論孟四書則併附文公音于各章之末（如雍也篇樂山樂水知者樂釋文皆音樂之類自與注意背馳欲文公音則義愈晦矣雖此爲古注釋設亦不害其爲相正）兹以其凡疏所見於後

有字本易識初若不假音者音釋爲難字設也今凡正文之音皆存之其有音切雖多而只同前音者與別無他音而衆所共識者未免擇其甚贅者闕削去惟注亦然釋文每有後可以意求及更不重出及後放此之說則不必贅出亦明矣　有音重複而徒亂人意者如堯典光被四表被皮寄反而徐又音扶義反以扶字切之則爲音吠蓋徐以吳音爲字母遂以扶爲蒲以蒲切之無異于皮寄反法應刪又如曲禮

負劒辟咡詔之辟匹亦反是音僻矣而徐氏又音芳益反沈氏又音扶赤反以芳與扶切之實不成字蓋误音以芳為滂以扶為蒲二切皆音僻又何必再三音此一字為哉如此者甚多　有的然之音不待釋者在上之上（時亮反）　在下之下（戶雅反）　此指高卑定體而言若自下而上（時掌反）　自上而下（遐稼反）　此指升降而言此本不必言復有閒見而不盡音者滋惑也（如曲禮居不主奧注命士以上上時掌反復自云凡言以上者皆放此是不必盡音而可以意求也）　今所校者于疑似處亦音之闕有注字不附音亦一一圈發矣

又如先後二字指在先在後之定體則先（平聲）後（上聲）若當後而先之當先而後之則皆去聲又如左右二字指定體而言則左右皆（上聲）指其用者而言則皆去聲亦已隨意圈發　有誤音而不容盡改者如易繫六爻之義易以貢易當音肄而作如字書盤庚汝分猷念以相從分當如字而作去聲（此類不敢盡改）記內則注釋鞶革鞶絲則曰是鞶袠與考疏與者疑而未定之辭釋文乃音預于義不通（已依疏改音餘）禮秋官司儀賓拜送幣每事如初賓亦如之注以賓亦如之之賓讀為儐

釋文乃誤以賓拜送幣之賓音擯今疏其誤于下（經文云賓三揖三讓登再拜授幣賓拜送幣每事如初賓亦如之注云賓三揖三讓讓升也登再拜授幣授當為受主人拜至且受玉也每事如初謂享及有言也賓當為儐謂以鬱鬯禮賓也上于下曰禮敵者曰儐禮器曰諸侯相朝灌用鬱鬯謂此朝禮畢儐賓也疏云賓主俱升主人在阼階上北面拜乃就兩楹閒南面賓亦就主君賓授玉主君受之故云再拜受幣也云賓拜送幣者賓既授乃退向西階上北面拜送幣乃降也以注疏求經指則拜受幣者主也拜送幣者賓也賓拜之賓乃主賓之賓非儐禮之儐也注所謂賓當為儐者乃指言賓亦如之之賓蓋謂受幣送幣之禮既畢享及有言之事又畢主乃以鬱鬯禮賓其禮亦如享及有言之禮也故注既解賓亦如之之義又繫之曰謂此朝禮畢儐賓也況注之上文先解經文每事如初之義而後曰賓當為儐以次第先後求之則賓之當音儐者在此而不在彼也釋文乃提起賓拜送三字下注云依注賓音儐其不深考注義如此）　有因字畫相近而疑傳寫之誤失其本音者禮春官龜人西龜曰靁屬北龜曰若屬注左倪靁右倪若釋文靁力胄反又如字考疏則云左倪靁者爾雅云左倪不類不類即類一也右倪若者不若即若也同稱若故為一物如以疏義下文不若即若證上文不類即類一語疑靁當讀為類從力胄反豈胄字即胃字之誤耶左傳文十五年宋華耦來盟其官皆從之注卿行旅從春秋時率多不能備禮釋文率所類反又音律以義求之率當

讀爲類從所類反則讀如將帥之帥豈所類反三字乃音類二字之訛耶諸本皆然今不輕改　有點畫微不同而音義甚易辨者如母字牡后反中從兩點與從一直者不同毋字音無中從一直下與從兩點者不同釋文于曲禮毋不敬之毋詳言之矣如毋追淳毋春秋甯毋之類則音之如錫予之錫星歷反旁從易鏤錫之錫余章反旁從昜又如戍之與戌音恤者係作一小畫音舂遇反者從人謂人荷戈曰戍神祇之祇從示而無畫祗敬之祗從示而有畫底音抵者上有點底音止者上無點

又如己之與已與巳皆可考識如此類甚多初假借本不必音而閒亦音矣　有當音而不音合增入者如書舜典重華協于帝重字無音倘以人所共知不假增入至于讓于殳斨殳字無音記曲禮則左右屛而待屛字無音禮冬官廬人毄兵同強毄無音凡此類增音亦多然亦有不敢增音者記玉藻山立揚休休無音注曰其息若陽之休物疏則曰揚陽也休養也若盛陽之氣生養萬物如此則從吁句反不敢增諸經中樂之當音洛者如記大傳禮俗刑而後樂及樂記中數處皆無音乃閒有音岳者與注疏之義不

合其必有說不敢輕改又如喪字凡喪亂喪亡死喪之喪去聲凡有喪遭之喪平聲詩釋文全不分別如風之凡民有喪釋文無音猶可曰此從平聲係是正音無假于音也板之喪亂蔑資蕩之小大近喪桑柔雲漢之天降喪亂召旻之天篤降喪釋文亦皆無音猶可曰喪有二音以義求之居然可見亦無假于音也然頍弁之死喪無日釋文息浪反抑之日喪厥國亦音息浪反死喪喪國之喪與喪亂喪亡之喪同義此有音而彼無音假曰前面出一音後不復出而二音乃閒出于諸詩之閒又禮天官膳夫王之稍事設薦脯醢鄭司農云非日中大舉而閒食謂之稍食元謂稍事有小事而飲酒聚人共賓客之稍禮注謂王稍所給賓客者釋文皆無音疑當從上聲至于內宰均其稍食注謂吏祿廩此正廩稍之稍釋文無音但于大宰家削下云本亦作稍所教反若地官稍人及甸稍之稍與家稍之義畧同可以類推若稍食之稍與家稍之義亦無音何也今各隨文義合加　有一圈發者加圈發以別之此類甚多不可悉舉

音而前後自差錯者如書舜典朕堲讒說殄行殄訓絕凡書中殄字皆徒典反係上聲惟益稷用殄厥世乃徒現反則去聲矣及考監韻只收上聲不收去聲烏有義同而音異哉合改爲徒典反如記王制屛之四方之屛必政反係去聲至屛之遠方則必郢反係上聲同一義而有上去之殊及以監韻參之去聲訓除上聲爲屛蔽之屛若是則去聲爲是又如檀弓注叔向之向香亮反案左傳宣十五年釋文香丈反係上聲嚮同音是一爲上聲一爲去聲也又如遇於一

哀而出涕涕音體矣只本篇垂涕洟涕音他計反亦同義而二音又如左傳莊二十八年其娣生卓子卓敕角反至僖四年卓子之卓又音吐濁反昭二十六年王子朝釋文如字凡人名字皆張遙反至論語衛公子朝則又音直遙反又如禮天官之屬奄人賈八人釋文賈音古又音嫁注及下放此至夏官之屬馬質賈四人止云賈音嫁注及下同則棄初音而從次音矣秋官之屬庶氏釋文庶音煮又章預反後庶氏掌除毒蠱止云庶章預反則亦棄初音而從次音矣

其最差雜者則記文王世子凡學世子及學士必時釋文凡學世子戶孝反教也下小樂正學干籥師學戈學舞干戚同若以義推之學世子之學既爲戶孝反學士之學當同音又以經文學世子學士必時推之則春夏學干戈秋冬學羽籥正承上文必時之意故疏有秋冬羽籥同教春夏亦同教干戈之說疏義以學爲教則皆從戶孝反釋文何獨于小樂正學干籥師學戈同爲戶孝反而他皆不音耶又注有注陽用事則學之以聲陰用事則學之以事亦皆當從戶

孝反而釋文亦無音使讀者拘于音例而失其旨趣此大弊也今姑識之以俟觀者擇焉　有當音當切而比附聲近者如所謂附近之近閒廁之閒閒隙之閒(平聲)伺候之伺(平聲)爭鬭之爭應對之應是也今亦皆從其舊不欲更爲音切　有一字數切而自爲龐雜者一長(上聲)字也則丁丈張丈知丈展兩反一中(去聲)字也則丁仲張仲貞仲反後來監韻所收則長爲展兩反中爲陟仲反豈不明白歸一哉初欲更而爲一以他音亦有類是者姑悉存其舊　有用吳音爲字母

而反切難者沈氏徐氏陸氏皆吳人故多用吳音如以丁丈切長字丁仲切中字是切作吳音也以至蒲之爲扶補之爲甫邦之爲方旁之爲房征之爲丁鋪之爲孚步之爲布惕之爲飭領之爲冷茫之爲亡姥之爲武敵之爲直是以吳音爲切也此類不可勝紀但欲知此則以吳音切之可也　有反切難而韻亦不收者如周禮掌固夜三鼜以號戒注趣與造音相近而趣竟爲莊久反天子圭中必必府結反論語其庶乎屢空空力縱反是已　有不必音而音當音而

不音者如治字本不必音乃音爲直吏反平聲則不音以爲正字固也而周禮小宰注平治也則云如字下治其施舍同案治字從水從台本音怡諧聲故爲平聲于此獨音如字者恐人疑爲去聲故特音之不可以此有音而他無音爲非平聲也毛居正云音持者攻理也凡未治而攻之者則平聲經史中治天下左傳治絲大禹治水治玉曰琢治兵治獄之類是也爲理與功效則去聲經史釋文音自可識或無明音亦準此推之雖然曷不以文公爲準乎其釋大學先

治其國欲治其國皆音平聲家齊而後國治國治而後天下平皆音去聲仍于二音之下俱云後放此是使人可以意求也文公于孟子梁惠王上奚暇治禮義亦音平聲凡爲理物之義者放此蓋平聲係使然去聲係自然初不難辨又如數目之數三數之數每音上聲數筭之數數責之數每音去聲至左傳釋文則數責之數兼有上聲去聲二音至史記釋音及宋景文國語補音則以數責之數爲上聲矣今四方之音却與國語史記音合惟吳音不爾 有當音或不音而可以例推者詩載芟春藉田

而祈社稷注藉之言借也藉字釋文無音孟子滕文公助者藉也孫奭釋文亦無音參以記王制古者公田藉而不稅注亦云藉之言借也釋文藉在亦反借子亦反則知春藉田之藉與助者藉也之藉皆當從在亦反又考之說文帝耤千畝其上無廾亦從入聲又漢書名聲藉甚注云狼藉甚盛也其字上亦從廾以此古藉字有入聲不但藉田之藉助藉之藉爲然也今監韻亦收藉田之藉在二十二昔韻則藉之當從入聲爲愈明矣近世學者因藉借之義多有讀孟

子藉字爲去聲殊不知借字古亦是入聲也 有當音當切遺于前而見于後者如易乾卦九二注德施周普上則過亢施亢二字釋文初皆無音至上九亢龍有悔始音亢苦浪反彖雲行雨施始音施始豉反書序康王之誥合於顧命顧字釋文初無音至顧命篇始音工戶反禮地官均人注主平土地之力政者政字釋文初無音至後均人之職地政力政始音征冬官輪人注蓋高一丈高字釋文初無音至匠人營國雉長三丈高一丈始音古報反春秋左傳隱元年

費伯帥師城郎注高平方與縣東南有郁郎亭方與二字釋文初無音至二年公及戎盟于唐注高平方與縣北有武唐亭始音方與爲預此類甚多蓋陸德明作釋文時不甚檢點故後先倒置爾今各隨其義而加圈發　有經文兩字同而音義有異者周禮之施舍與左傳之施舍音義有不同地官大司徒之舍禁弛力又與小宰小司徒鄉師之施舍音義不同大司徒之弛力注息繇役也舍禁注公無例也舍讀爲捨小宰小司徒之施舍注謂應復免不給繇役者釋

文施式氏反舍字無音左傳之施舍注以施爲施恩惠舍爲舍勞役施舍二字釋文皆無音蓋周禮之施字從上聲左傳之施字則從平聲以注義施恩推之亦可從去聲以釋文無明音只從平聲蓋施舍之爲義加也設也從平聲及也延也從去聲以義考之則音可見至舍字則二經皆去聲也左傳本不可以言經今從俗所謂汴本十三經建本十一經稱之近世傳讀多以周禮施舍之舍爲捨蓋以注文復免不給繇役有捨之義殊不知舍之爲義置也所謂復免繇役及舍勞役皆以置而不役爲義則讀爲如字音義俱通左傳釋文多有此比如僖十五年呂甥

對秦伯曰服而舍之二十八年晉侯欲殺魏犫曲踊三百乃舍之又晉侯曰宋人告急舍之則絕凡此等舍字釋文初音皆從如字此又舍從去聲之明證也

有字同音異隨注義以爲別者如詩大序注謂好逑也好呼報反關雎君子好逑則以如字爲初音呼報反爲次音蓋大序鄭注也故注文好逑之好從呼報反圈發爲去聲若詩則先有毛傳而後有鄭箋當以毛音爲正故詩文好逑從毛音只爲如字此類惟詩與禮最多然詩則以毛傳爲正音禮則多以康成

之說折衷此又在觀者尋其指趣而爲之區別也

有釋文起音之字與經文注文異者如記曲禮注膺揭此引少儀經文也釋文則以揭爲葉音如字禮地官大司徒其植物宜早物本諸經文只是早字釋文則曰早音早又如均人旬用之旬注旬均讀如嘗原隰之嘗釋文不以經文旬字起音而以嘗字起音釋文云嘗音均又舒均反又音旬春官巾車藻車藻蔽注故書作䡊釋文不以經文藻字起音而以䡊字起音釋文云䡊音總又音藻又音倉會反夏官圉師夏庌釋文不以經文庌字起音而

九經三傳沿革例　之

以注文訏字起音釋文云爲訏五稼反此皆陸氏因其時所祖之本隨各字而起音也觀者知其故則可以知其音矣　有照注義當爲初音而釋文以爲次音者詩不弔昊天毛鄭注皆以弔爲至左傳昭十六年帥羣不弔之人哀十六年旻天不弔杜注亦皆以弔爲至此弔字夷攷注義當以丁歷反爲初音釋文則以如字爲初音禮夏官挈壺氏注讀挈髮之挈疏云挈節結也當以結爲初音釋文以苦結反爲初音冬官鞼人注讀爲運釋文以兇萬反爲初音樸屬注讀爲僕釋文以普剝反爲初音春秋哀四年盜殺蔡侯申注不言弒盜也釋文殺申志反之類

（見〔宋〕岳珂《相臺書塾刊正九經三傳沿革例》。此據粵雅堂叢書本。）

思考與練習

1. 簡要介紹《經典釋文》《顏氏家訓》《相臺書塾刊正九經三傳沿革例》。
2. 請歸納陸德明羅列的異讀情況。
3. 如何理解顏之推所謂“夫九州之人，言語不同，生民已來，固常然矣”？
4. 試述岳珂所言古書中音義參差的種種情形。

數字時代普通高等教育新文科建設語言學專業系列教材

編寫委員會

數字時代普通高等教育新文科建設語言學專業系列教材

- 中國高等教育學會高等教育科學研究規劃課題“數字化課程資源研究”重大項目“古代漢語教學信息平臺建設”（22SZH0103）階段性成果
- 國家語委重大項目“中國語言學話語體系建設與傳播研究”（ZDA145-2）階段性成果
- 華中科技大學一流文科建設重大學科平臺建設項目“數字人文與語言研究創新平臺”階段性成果

影排對照 古代漢語教程+

下册

主　編◎黄仁瑄（華中科技大學）

編　者◎張新艷（河南大學）

張福通（南京大學）

廖　强（西南大學）

張　義（淮北師範大學）

姜永超（燕山大學）

華中科技大學出版社

http://press.hust.edu.cn

中國 · 武漢

圖書在版編目(CIP)數據

影排對照古代漢語教程＋/黄仁瑄主編. —武漢：華中科技大學出版社，2022. 10
ISBN 978-7-5680-8667-7

Ⅰ. ①影… Ⅱ. ①黄… Ⅲ. ①古漢語-教材 Ⅳ. ①H109. 2

中國版本圖書館 CIP 數據核字(2022)第 168235 號

影排對照古代漢語教程＋
Yingpai Duizhao Gudai Hanyu Jiaocheng＋

黄仁瑄 主編

策劃編輯：周曉方 楊 玲
責任編輯：李 鵬 余曉亮
封面設計：原色設計
責任校對：張匯娟
責任監印：周治超
出版發行：華中科技大學出版社(中國・武漢) 電話：(027)81321913
武漢市東湖新技術開發區華工科技園 郵編：430223
録 排：華中科技大學惠友文印中心
印 刷：武漢市籍緣印刷廠
開 本：787mm×1092mm 1/16
印 張：38 插頁：4
字 數：808 千字
版 次：2022 年 10 月第 1 版第 1 次印刷
定 價：99. 90 元(全二册)

目録

下册　排印篇

第一單元　傳世文獻

下册　排印篇

第一單元　傳世文獻

第一章　左　傳

一、鄭伯克段於鄢[①]

初，鄭武公娶于申，曰武姜。申國，今南陽宛縣。〇宛，於元反。生莊公及共叔段。段出奔共，故曰共叔，猶晉侯在鄂，謂之鄂侯。〇共，音恭，地名。莊公寤生，驚姜氏，故名曰寤生，遂惡之。寐寤而莊公已生，故驚而惡之。〇寤，五故反。〇惡，烏路反。愛共叔段，欲立之。欲立以爲太子。亟請於武公，公弗許。

及莊公即位，爲之請制。公曰："制，巖邑也，虢叔死焉，他邑唯命。"虢叔，東虢君也。恃制巖險而不修德，鄭滅之。恐段復然，故開以他邑。虢國，今滎陽縣。〇亟，欺冀反，數也。〇爲，于僞反。〇虢，瓜伯反，國名。請京，使居之，謂之"京城大叔"。公順姜請，使段居京，謂之"京城大叔"，言寵異於衆臣。京，鄭邑，今滎陽京縣。〇大，音泰，下皆同。祭仲曰："都城過百雉，國之害也。祭仲，鄭大夫。方丈曰堵，三堵曰雉。一雉之牆，長三丈，高一丈。侯伯之城，方五里，徑三百雉，故其大都不得過百雉。〇長，直亮反，又如字。〇高，古報反，又如字。先王之制，大都不過參國之一；三分國城之一。〇參，七南反，又音三。中，五之一；小，九之一。今京不度，非制也，不合法度，非先王制。君將不堪。"公曰："姜氏欲之，焉辟害？"對曰："姜氏何厭之有！不如早爲之所，使得其所宜。〇焉，於虔反。〇厭，於鹽反。無使滋蔓。蔓，難圖也；蔓草猶不可除，況君之寵弟乎！"公曰："多行不義，必自斃，子姑待之！"斃，踣也。姑，且也。〇踣，蒲北反。既而，大叔命西鄙、北鄙貳於己。鄙，鄭邊邑。貳，兩屬。公子吕曰："國不堪貳，君將若之何？公子吕，鄭大夫。欲與大叔，臣請事之；若弗與，則請除之，無生民心。"叔久不除，則舉國之民，當生他心。公曰："無庸，將自及。"言無用除之，禍將自及。大叔又收貳以爲己邑，前兩屬者，今皆取以爲己邑。至于廩延。言轉侵多也。廩延，鄭邑。陳留酸棗縣北有延津。〇廩，力錦反。子封曰："可矣，厚將得衆。"子封，公子吕也。厚，謂土地廣大。公曰："不義不暱，厚將崩。"不義於君，不親於兄，非衆所附，雖厚必崩。〇暱，女乙反，親也。

大叔完聚，完城郭，聚人民。〇完，音桓。繕甲兵，具卒乘，步曰卒，車曰乘。〇繕，市戰反。〇乘，繩證反。下同。將襲鄭。夫人將啓之。啓，開也。公聞其期，曰："可矣。"命子封帥車二百乘以伐京。古者兵車一乘，甲士三人，步卒七十二人。京叛大叔段，段入于鄢，公伐諸鄢。五月辛丑，大叔出奔共。共，國，今汲郡共縣。〇共，音恭。

書曰："鄭伯克段於鄢。"段不弟，故不言弟；如二君，故曰克；稱鄭伯，譏失教也；謂之鄭志。不言出奔，難之也。傳言夫子作《春秋》，改舊史以明義。不早爲之所，而養成其惡，故曰失教。段實出奔，而以"克"爲文，明鄭伯志在於殺，難言其奔。弟，大計反，又如字。〇難，乃旦反。

---

① 選自《左傳・隱公元年》。

遂置姜氏于城潁，城潁，鄭地。○置，之豉反。而誓之曰："不及黄泉，無相見也！"地中之泉，故曰黄泉。既而悔之。

潁考叔爲潁谷封人，封人，典封疆者。聞之，有獻於公。公賜之食。食舍肉。公問之，對曰："小人有母，皆嘗小人之食矣，未嘗君之羹，請以遺之。"食而不啜羹，欲以發問也。宋華元殺羊爲羹饗士，蓋古賜賤官之常。○舍，音捨。○遺，唯季反，下同。○華，户化反。公曰："爾有母遺，繄我獨無！"繄，語助。○繄，烏兮反，又烏帝反。

潁考叔曰："敢問何謂也？"據武姜在，設疑也。公語之故，且告之悔。對曰："君何患焉！若闕地及泉，隧而相見，其誰曰不然？"隧，若今延道。○語，魚據反。○闕，其月反。○隧，音遂。公從之。公入而賦："大隧之中，其樂也融融！"賦，賦詩也。融融，和樂也。○樂，音洛。下同。姜出而賦："大隧之外，其樂也洩洩！"洩洩，舒散也。○洩，羊世反。遂爲母子如初。

君子曰："潁考叔，純孝也。純猶篤也。愛其母，施及莊公，《詩》曰：'孝子不匱，永錫爾類。'其是之謂乎！"不匱，純孝也。莊公雖失之於初，孝心不忘，考叔感而通之，所謂"永錫爾類"。詩人之作，各以情言；君子論之，不以文害意。故《春秋傳》引《詩》皆不與今説《詩》者同。他皆仿此。○施，以豉反，又式智反。○匱，其位反。

二、晉侯命太子帥師①

大子帥師，公衣之偏衣，偏衣，左右異色。其半似公服。○衣之偏，於既反。下"衣身之偏""衣之純""衣之尨服"同。佩之金玦。以金爲玦。狐突御戎，先友爲右。狐突，伯行，重耳外祖父也，爲申生御。申生以大子將上軍。梁餘子養御罕夷，先丹木爲右。罕夷，晉下軍卿也。梁餘子養爲罕夷御。羊舌大夫爲尉。羊舌大夫，叔向祖父也。尉，軍尉。○向，許丈反。先友曰："衣身之偏，偏，半也。握兵之要，謂佩金玦，將上軍。在此行也，子其勉之。偏躬無慝，分身衣之半，非惡意也。兵要遠災，威權在己，可以遠害。○遠，去聲，下同。親以無災，又何患焉！"狐突嘆曰："時，事之徵也；嘆，以先友爲不知君心。衣，身之章也；章貴賤。佩，衷之旗也。旗，表也，所以表明其中心。○衷，音忠。故敬其事，則命以始；賞以春夏。服其身，則衣之純；必以純色爲服。用其衷，則佩之度。衷，中也。佩玉者，士君子常度。今命以時卒，閟其事也；冬十二月，閟盡之時。衣之尨服，遠其躬也；尨，雜色。佩以金玦，弃其衷也。服以遠之，時以閟之，尨涼冬殺；金寒玦離，胡可恃也？寒、涼、殺、離，言無温潤。玦如環而缺，不連。雖欲勉之，狄可盡乎？"梁餘子養曰："帥師者受命於廟，受脤於社，脤，宜社之肉，盛以脤器。○脤，市軫反。有常服矣。不獲而尨，命可知也。韋弁服，軍之常也。尨，偏衣。死而不孝，不如逃之。"罕夷曰："尨奇無常，雜色奇怪，非常之服。金玦不復，雖復何爲，君有心矣。"有害大子之心。先丹木曰："是服也，狂夫阻之。阻，疑也。言雖狂夫，猶知有疑。曰'盡敵而反'，曰，公辭。○盡，子忍反，下"盡敵"同。敵可盡乎？雖盡敵，猶有内讒，不如違之。"違，去也。狐突欲行。行，亦去也。羊舌大夫曰："不可。違命不孝，弃事不忠。雖知其寒，惡不可取，子其死之！"寒，薄也。

大子將戰，狐突諫曰："不可。昔辛伯諗周桓公，諗，告也。事在桓十八年。○諗，音審，《説文》云："深謀。"云：'内寵並后，外寵二政，嬖子配適，大都耦國，亂之本也。'周公弗從，故及於難。今亂本成矣。驪姬爲内寵，二五爲外寵，奚齊爲嬖子，曲沃爲大都，故曰亂本成矣。立可必乎？孝而安民，子其圖之，奉身爲孝，不戰爲安民。與其危身以速罪也。"有功益見害，故言孰與危身以召罪。

① 選自《左傳·閔公二年》。

三、齊桓公伐楚[①]

傳四年春，齊侯以諸侯之師侵蔡。蔡潰，遂伐楚。楚子使與師言曰：“君處北海，寡人處南海，唯是風馬牛不相及也，楚界猶未至南海，因齊處北海，遂稱所近。牛馬風逸，蓋末界之微事，故以取喻。不虞君之涉吾地也，何故？”管仲對曰：“昔召康公命我先君大公，召康公，周大保召公奭也。曰：‘五侯九伯，女實征之，以夾輔周室。’五等諸侯，九州之伯，皆得征討其罪。齊桓因此命以夸楚。○女，音汝。賜我先君履，東至于海，西至于河，南至于穆陵，北至于無棣。穆陵、無棣，皆齊竟也。履，所踐履之界。齊桓又因以自言其盛。○棣，大計反。爾貢包茅不入，王祭不共，無以縮酒，寡人是徵。包，裹束也。茅，菁茅也。束茅而灌之以酒爲縮酒。《尚書》：“包軌菁茅。”茅之爲異未審。○共，音恭。昭王南征而不復，寡人是問。”昭王，成王之孫，南巡守，涉漢，船壞而溺。周人諱而不赴，諸侯不知其故，故問之。對曰：“貢之不入，寡君之罪也，敢不共給。昭王之不復，君其問諸水濱！”昭王時，漢非楚竟，故不受罪。師進，次於陘。楚不服罪，故復進師。

夏，楚子使屈完如師。如陘之師，觀强弱。師退，次于召陵。完請盟故。齊侯陳諸侯之師，與屈完乘而觀之。乘，共載。○乘，繩證反。齊侯曰：“豈不穀是爲？先君之好是繼。與不穀同好，如何？”言諸侯之附從非爲己，乃尋先君之好，謙而自廣，因求與楚同好。孤、寡、不穀，諸侯謙稱。○爲，于僞反。○稱，尺證反。對曰：“君惠徼福於敝邑之社稷，辱收寡君，寡君之願也。”齊侯曰：“以此衆戰，誰能禦之？以此攻城，何城不克？”對曰：“君若以德綏諸侯，誰敢不服？君若以力，楚國方城以爲城，漢水以爲池，方城山在南陽葉縣南，以言竟土之遠。漢水出武都，至江夏南入江，言其險固以當城池。○徼，古堯反，要也。○葉，始涉反。○當，丁浪反。雖衆，無所用之。”

屈完及諸侯盟。

四、楚人伐宋以救鄭[②]

楚人伐宋以救鄭。宋公將戰，大司馬固諫曰：“天之棄商久矣，君將興之，弗可赦也已。”大司马固，莊公之孫公孫固也。言君興天所棄，必不可，不如赦楚，勿與戰。弗聽。冬十一月己巳朔，宋公及楚人戰于泓。宋人既成列，楚人未既濟。未盡渡泓水。司馬曰：子魚也。“彼衆我寡，及其未既濟也，請擊之。”公曰：“不可。”既濟而未成列，又以告。公曰：“未可。”既陳而後擊之，宋師敗績。公傷股，門官殲焉。門官，守門者，師行則在君左右。殲，盡也。○陳，直覲切。○殲，將廉切。

國人皆咎公。公曰：“君子不重傷，不禽二毛。二毛，頭白有二色。○咎，其久切。○重，直用切，下同。古之爲軍也，不以阻隘也。不因阻隘以求勝。○隘，於賣切。寡人雖亡國之餘，宋，商紂之後。不鼓不成列。恥以詐勝。”子魚曰：“君未知戰。勍敵之人隘而不列，天贊我也。勍，强也。言楚在險隘，不得陳列，天所以佐宋。○勍，其京切。阻而鼓之，不亦可乎？猶

① 選自《左傳·僖公四年》。

② 選自《左傳·僖公二十二年》。

有懼焉。雖因阻擊之,猶恐不勝。且今之勍者,皆吾敵也,雖及胡耇,獲則取之,何有於二毛?今之勍者,謂與吾競者。胡耇,元老之稱。○耇,音苟。明恥教戰,求殺敵也,明設刑戮,以恥不果。傷未及死,如何勿重?言尚能害己。若愛重傷,則如勿傷;愛其二毛,則如服焉。言苟不欲傷殺敵人,則本可不須鬭。三軍以利用也,爲利興。○爲,于僞切。金鼓以聲氣也,鼓以佐士衆之聲氣。利而用之,阻隘可也,聲盛致志,鼓儳可也。儳巖,未整陳。儳,仕銜仕減二切。○陳,直覲切,又如字。"

五、晉侯圍曹[①]

二十八年春,晉侯將伐曹,假道于衛,曹在衛東故。衛人弗許。還,自南河濟。從汲郡南渡,出衛南而東。侵曹,伐衛。正月戊申,取五鹿。五鹿,衛地。

二月,晉郤縠卒。原軫將中軍,胥臣佐下軍,上德也。先軫以下軍佐超將中軍,故曰上德。胥臣,司空季子。

晉侯、齊侯盟于斂盂。斂盂,衛地。○斂,音廉,又力撿反。衛侯請盟,晉人弗許。衛侯欲與楚,國人不欲,故出其君以説于晉。衛侯出居于襄牛。襄牛,衛地。○説,音悦。

公子買戍衛,晉伐衛,衛,楚之昏姻,魯欲與楚,故戍衛。楚人救衛,不克。公懼於晉,殺子叢以説焉。召子叢而殺之,以謝晉。謂楚人曰:"不卒戍也。"詐告楚人,言子叢不終戍事而歸,故殺之。殺子叢在楚救衛下,經在上者,救衛赴晚至。

晉侯圍曹,門焉,多死,攻曹城門。曹人尸諸城上。磔晉死人於城上。○磔,張宅反。晉侯患之,聽輿人之謀曰:"稱舍於墓。"輿,衆也。舍墓,爲將發冢。師遷焉,曹人凶懼,遷至曹人墓,凶凶,恐懼聲。○凶,凶勇反。爲其所得者棺而出之。因其凶也而攻之。三月丙午,入曹。數之,以其不用僖負羈而乘軒者三百人也,且曰:"獻狀。"軒,大夫車,言其無德居位者多,故責其功狀。○棺,古患反,一音官。令無入僖負羈之宫而免其族,報施也。報殯璧之施。○施,始豉反。魏犨、顛頡怒曰:"勞之不圖,報於何有!"二子各有從亡之勞。○頡,胡結反。從,才用反。爇僖負羈氏。爇,燒也。魏犨傷於胸,公欲殺之而愛其材。材,力。使問,且視之。病,將殺之。魏犨束胸見使者曰:"以君之靈,不有寧也?"言不以病故自安寧。○見,賢遍反。距躍三百,曲踊三百。距躍,超越也。曲踊,跳踊也。百,猶勵也。○三,如字,又息暫反。○百,音陌,下放此。○勵,音邁。乃舍之。殺顛頡以徇于師,立舟之僑以爲戎右。舟之僑,故虢臣,閔二年奔晉,以代魏犨,爲先歸張本。○舍,如字,又音捨。

宋人使門尹般如晉師告急。門尹般,宋大夫。○般,音班。公曰:"宋人告急,舍之,則絶。與晉絶。告楚,不許。我欲戰矣,齊、秦未可,若之何?"未肯戰。先軫曰:"使宋舍我而賂齊、秦,求救於齊、秦。○舍,音捨。藉之告楚。假借齊、秦,使爲宋請。○藉,在亦反,借也。我執曹君而分曹、衛之田以賜宋人。楚愛曹、衛,必不許也。不許齊、秦之請。喜賂怒頑,能無戰乎?"言齊、秦喜得宋賂而怒楚之頑,必自戰也。

---

① 選自《左傳·僖公二十八年》。

六、燭之武退秦師[1]

九月甲午，晉侯、秦伯圍鄭，以其無禮於晉，文公亡，過鄭，鄭不禮之。且貳於楚也。晉軍函陵，秦軍氾南。此東氾也，在滎陽中牟縣南。

佚之狐言於鄭伯曰："國危矣！若使燭之武見秦君，師必退。"佚之狐、燭之武，皆鄭大夫。公從之。辭曰："臣之壯也，猶不如人；今老矣，無能爲也已。"公曰："吾不能早用子，今急而求子，是寡人之過也。然鄭亡，子亦有不利焉。"許之。夜縋而出，縋，縣城而下。〇縋，丈僞反。見秦伯曰："秦、晉圍鄭，鄭既知亡矣。若亡鄭而有益於君，敢以煩執事。執事，亦謂秦。越國以鄙遠，君知其難也，設得鄭以爲秦邊邑，則越晉而難保。焉用亡鄭以陪鄰？陪，益也。鄰之厚，君之薄也。若舍鄭以爲東道主，行李之往來，共其乏困，行李，使人。〇舍，音捨，又如字。〇共，音恭。君亦無所害。且君嘗爲晉君賜矣，許君焦、瑕，朝濟而夕設版焉，君之所知也。晉君，謂惠公也。焦、瑕，晉河外五城之二邑。朝濟河而夕設版築以距秦，言背秦之速。夫晉何厭之有？既東封鄭，又欲肆其西封，封，疆也。肆，申也。〇厭，於鹽反。若不闕秦，將焉取之？闕秦以利晉，唯君圖之。"秦伯說，與鄭人盟。使杞子、逢孫、楊孫戍之，乃還。三子，秦大夫，反爲鄭守。

子犯請擊之。公曰："不可。微夫人之力不及此。請擊秦也。夫人，謂秦穆公。〇夫，音扶。因人之力而敝之，不仁；失其所與，不知；以亂易整，不武。秦晉和整，而還相攻，更爲亂也。〇知，音智。吾其還也。"亦去之。

七、晉靈公不君[2]

晉靈公不君，失君道也。以明於例應稱國以弒。厚斂以雕牆，雕，畫也。從臺上彈人，而觀其辟丸也。宰夫胹熊蹯不孰，殺之，置諸畚，使婦人載以過朝。畚，以草索爲之，莒屬。〇彈，徒丹反。〇胹，音而，煑也。〇蹯，扶元反。〇畚，音本。趙盾、士季見其手，問其故而患之。將諫，士季曰："諫而不入，則莫之繼也。會請先，不入，則子繼之。"三進，及溜，而後視之，士季，随會也。三進三伏，公不省而又前也。公知欲谏，故佯不視。〇溜，力救反，屋霤也。曰："吾知所過矣，將改之。"稽首而對，曰："人誰無過？過而能改，善莫大焉。《詩》曰：'靡不有初，鮮克有終。'《詩·大雅》也。〇鮮，息淺反，少也。夫如是，則能補過者鮮矣。君能有終，則社稷之固也，豈唯群臣賴之？又曰：'衮職有闕，惟仲山甫補之。'能補過也。《詩·大雅》也。衮，君之上服。闕，過也。言服衮者有過，則仲山甫能補之。君能補過，衮不廢矣。"常服衮也。

猶不改。宣子驟諫，公患之，使鉏麑賊之。鉏麑，晉力士。〇鉏，仕俱反。〇麑，音迷，一五兮反。晨往，寢門闢矣，盛服將朝。尚早，坐而假寐。不解衣冠而睡。〇闢，婢亦反。〇盛，音成。麑退，嘆而言曰："不忘恭敬，民之主也。賊民之主，不忠；弃君之命，不信。有一於此，不如死也。"觸槐而死。槐，趙盾庭樹。〇槐，音懷，又音回。

---

① 選自《左傳·僖公三十年》。

② 選自《左傳·宣公二年》。

秋九月，晉侯飲趙盾酒，伏甲，將攻之。其右提彌明知之，右，車右。○飲，於鴆反。○提，上支反。○彌，面支反。趨登曰："臣侍君宴，過三爵，非禮也。"遂扶以下。公嗾夫獒焉，明搏而殺之。獒，猛犬也。○嗾，素口反。《説文》云："使犬也。"○夫，音扶。○獒，五羔反。○搏，音博。盾曰："弃人用犬，雖猛何爲？"責公不養士而更以犬爲己用。鬭且出。提彌明死之。

初，宣子田於首山，舍于翳桑。田，獵也。翳桑，桑之多蔭翳者。首山在河東蒲坂縣東南。○翳，於計反。見靈輒餓，問其病。靈輒，晉人。曰："不食三日矣。"食之，舍其半。問之。曰："宦三年矣，宦，學也。○食之，音嗣，下同。○舍，音捨。未知母之存否。今近焉，去家近。請以遺之。"使盡之，而爲之簞食與肉，簞，笥也。○遺，唯季反。○笥，思嗣反。置諸橐以與之。既而與爲公介，靈輒爲公甲士。○橐，他洛反。○而與，音預。倒戟以禦公徒，而免之。問何故，對曰："翳桑之餓人也。"問其名居，問所居。不告而退，不望報也。遂自亡也。輒亦去。

乙丑，趙穿攻靈公於桃園。穿，趙盾之從父昆弟子。乙丑，九月二十七日。宣子未出山而復。晉竟之山也。盾出奔，聞公弒而還。大史書曰："趙盾弒其君。"以示於朝。宣子曰："不然。"對曰："子爲正卿，亡不越竟，反不討賊，非子而誰？"宣子曰："烏呼！'我之懷矣，自詒伊慼。'其我之謂矣！"逸詩也，言人多所懷戀，則自遺憂。

孔子曰："董狐，古之良史也，書法不隱。不隱盾之罪。趙宣子，古之良大夫也，爲法受惡。善其爲法受屈。○爲，於僞反。惜也，越竟乃免。"越竟，則君臣之義絶，可以不討賊。

八、楚臣致師[①]

楚子又使求成于晉，晉人許之，盟有日矣。有期日。楚許伯御樂伯，攝叔爲右，以致晉師。單車挑戰，又示不欲崇和，以疑晉之群帥。○單，音丹。○挑，徒了反。

許伯曰："吾聞致師者，御靡旌摩壘而還。"靡旌，驅疾也。摩，近也。○摩，末多反。○壘，力軌反。樂伯曰："吾聞致師者，左射以菆，左，車左也。菆，矢之善者。○射，食亦反，下同。○菆，側留反。代御執轡，御下，兩馬，掉鞅而還。"兩，飾也。掉，正也。示閑暇。○兩，力掌反，或音亮。○掉，徒吊反，又乃較反。○鞅，於丈反。

攝叔曰："吾聞致師者，右入壘，折馘，折馘，斷耳。○折，之設反。馘，古獲反。○斷，音短。執俘而還。"皆行其所聞而復。晉人逐之，左右角之。張兩角，從旁夾攻之。樂伯左射馬而右射人，角不能進，矢一而已。麋興於前，射麋麗龜。麗，著也。龜，背之隆高當心者。○麋，亡悲反。○著，直略反。

晉鮑癸當其後，使攝叔奉麋獻焉，曰："以歲之非時，獻禽之未至，敢膳諸從者。"鮑癸止之曰："其左善射，其右有辭，君子也。"既免。止不復逐。

九、齊晉鞌之戰[②]

癸酉，師陳于鞌。邴夏御齊侯，逢丑父爲右。晉解張御郤克，鄭丘緩爲右。齊侯

① 選自《左傳·宣公十二年》。

② 選自《左傳·成公二年》。

曰："余姑翦滅此而朝食。"姑，且也；翦，盡也。○陳，直覲切。○邴，音丙，又彼命切。○夏，户雅切。○解，音蟹。○張，如字，又直亮切。不介馬而馳之。介，甲也。郤克傷於矢，流血及屨，未絶鼓音，中軍將自執旗鼓，故雖傷而擊鼓不息。○將，子匠切，下將在左同。曰："余病矣！"張侯曰："自始合，而矢貫余手及肘，余折以御，左輪朱殷，豈敢言病。吾子忍之！"張侯，解張也。朱，血色。血色久則殷。殷，音烟。今人謂赤黑爲殷色。言血多污車輪，御猶不敢息。○貫，直亂切，下注同。○肘，竹九切。○折，之設切。○殷，於閑切，○徐，於辰切，注同。○近，附近之近。○污，污穢之污。《字林》一故切。緩曰："自始合，苟有險，余必下推車，子豈識之？然子病矣！"以其不識己推車。推，昌誰切，又他回切，注及下"推車"同。張侯曰："師之耳目，在吾旗鼓，進退從之。此車一人殿之，可以集事，殿，鎮也。集，成也。○殿，多練切，注同。若之何其以病？陵云絶句。敗君之大事也。擐甲執兵，固即死也。擐，贯也。即，就也。○擐，音患。病未及死，吾子勉之！"左并轡，右援枹而鼓，馬逸不能止，師從之。晉師從郤克軍。○并，必政切，徐方聘切。○援，音爰。○枹，音浮。鼓，槌也。《字林》云："擊鼓柄也。"本亦作桴。齊師敗績。逐之，三周華不注。華不注，山名。○華，如字，又户化切。○注，之住切。

韓厥夢子輿謂己曰："且辟左右。"子輿，韓厥父。故中御而從齊侯。居中代御者，自非元帥。御者皆在中，將在左。○帥，所類切。邴夏曰："射其御者，君子也。"公曰："謂之君子而射之，非禮也。"齊侯不知戎禮。○射，食亦切，下并注皆同。射其左，越于車下。越，隊也。○隊，直類切。射其右，斃于車中。綦毋張喪車，從韓厥，曰："請寓乘！"綦毋張，晉大夫。寓，寄也。○綦，音其。○毋，音無。○喪，息浪切。○乘，繩證切。從左右，皆射之，使立於後。以左右皆死，不欲使立其處。○處，昌慮切。韓厥俛定其右。俛，俯也。右被射仆車中，故俯安隱之。○俛，音勉。○仆，音赴，又蒲北切。逢丑父與公易位。居公處。將及華泉，絓於木而止。①驂，馬絓也。○華，户化切，○絓，户卦切，一音卦。○驂，七南切。

丑父寢於轏中，轏，士車。○轏，仕産切，又仕板切。《字林》仕練切。云："卧車也"。蛇出於其下，以肱擊之，傷而匿之，故不能推車而及。爲韓厥所及。丑父欲爲右，故匿其傷。○肱，古弘切。○匿，女力切，注同。韓厥執縶馬前，縶馬絆也。執之，示修臣僕之職。○縶，張立切。○絆，音半。再拜稽首，奉觴加璧以進，進觴璧亦以示敬。○觴，式羊切。曰："寡君使群臣爲魯、衛請，曰：'無令輿師陷入君地。'本但爲二國救請，不欲乃過入君地，謙辭。○爲，于僞切，注同。○令，力呈切。下臣不幸，屬當戎行，無所逃隱。屬，適。○屬，音燭，注同。○行，下郎切。且懼奔辟而忝兩君，臣辱戎士，若奔辟則爲辱晉君，并爲齊侯羞，故言二君。此蓋韓厥自處臣僕，謙敬之飾言。○辟，音避，注同。○徐，扶臂切，○服氏，扶赤切。敢告不敏，攝官承乏。"言欲以已不敏攝承空乏，從君俱還。○從，才用切，又如字。丑父使公下，如華泉取飲。鄭周父御佐車，宛茷爲右，載齊侯以免。佐車，副車。○宛，紆元切。○茷，扶廢切。韓厥獻丑父，郤獻子將戮之。呼曰："自今無有代其君任患者，有一於此，將爲戮乎！"郤子曰："人不難以死免其君，我戮之，不祥，赦之，以勸事君者。"乃免之。

十、楚歸晉知罃②

晉人歸楚公子穀臣與連尹襄老之尸于楚，以求知罃。郯之戰，楚獲知罃。於是荀首佐中軍矣，荀首，知罃父。故楚人許之。

王送知罃，曰："子其怨我乎？"對曰："二國治戎，臣不才，不勝其任，以爲俘馘。執

---

① "驂"字原闕，今據阮刻本（第1894頁下）補。

② 選自《左傳·成公三年》。

事不以釁鼓,以血塗鼓爲釁鼓。○勝,音升。使歸即戮,君之惠也。臣實不才,又誰敢怨?"王曰:"然則德我乎?"對曰:"二國圖其社稷,而求紓其民。"紓,緩也。各懲其忿,以相宥也。宥,赦也。兩釋纍囚,以成其好。纍,繫也。二國有好,臣不與及,其誰敢德?"言二國本不爲己。王曰:"子歸,何以報我?"對曰:"臣不任受怨,君亦不任受德,無怨無德,不知所報。"王曰:"雖然,必告不穀。"對曰:"以君之靈,纍臣得歸骨於晉,寡君之以爲戮,死且不朽。戮其不勝任。○任,音壬,下同。若從君之惠而免之,以賜君之外臣首,稱於異國君曰外臣。首其請於寡君,而以戮於宗,亦死且不朽。若不獲命,君不許戮。而使嗣宗職,嗣其祖宗之位職。次及於事,而帥偏師以脩封疆,雖遇執事,遇楚將帥。其弗敢違,違,辟也。其竭力致死,無有二心,以盡臣禮,所以報也。"王曰:"晉未可與争。"重爲之禮而歸之。

十一、祁奚薦賢[1]

祁奚請老,老,致仕。晉侯問嗣焉。嗣,續其職者。稱解狐,其讎也,將立之而卒。解狐卒。○解,音蟹。又問焉,對曰:"午也可。"午,祁奚子。於是羊舌職死矣,晉侯曰:"孰可以代之?"對曰:"赤也可。"赤,職之子伯華。於是使祁午爲中軍尉,羊舌赤佐之。各代其父。君子謂:"祁奚於是能舉善矣。稱其讎,不爲諂。立其子,不爲比。舉其偏,不爲黨。諂,媚也。偏,屬也。○諂,他檢切。○比,毗志切。《商書》曰:"無偏無黨,王道蕩蕩。"《商書·洪範》也。蕩蕩,平正無私。其祁奚之謂矣!解狐得舉,未得位故曰得舉。祁午得位,伯華得官,建一官而三物成,一官,軍尉物事也。能舉善也!夫唯善,故能舉其類。《詩》云:"惟其有之,是以似之。"祁奚有焉。《詩·小雅》言。唯有德之人能舉似己者也。○夫,音扶。絶句;一讀以"夫"爲下句首。

十二、子産不毁鄉校[2]

鄭人游于鄉校,鄉之學校。○校,户孝切。鄭國謂學爲校。以論執政。論其得失。然明謂子産曰:"毁鄉校,如何?"患人於中謗議國政。○謗,布浪切。子産曰:"何爲?夫人朝夕退而游焉,以議執政之善否。其所善者,吾則行之。其所惡者,吾則改之。是吾師也,若之何毁之?我聞忠善以損怨,爲忠善則怨謗息。○夫,音扶。○朝,直遥切,舊如字。○惡,烏路切,又如字。不聞作威以防怨。欲毁鄉校即作威。豈不遽止,然猶防川,遽,畏懼也。○遽,其據切。大决所犯,傷人必多,吾不克救也。不如小决使道。道,通也。○道,音導[3]。不如吾聞而藥之也。以爲己藥石。"然明曰:"蔑也,今而後知吾子之信可事也。小人實不才,若果行此,其鄭國實賴之,豈唯二三臣?"

仲尼聞是語也,曰:"以是觀之,人謂子産不仁,吾不信也。"仲尼以二十二年生,於是十歲,長而後聞之。○長,丁丈切。

---

① 選自《左傳·襄公三年》。

② 選自《左傳·襄公三十一年》。

③ 導,原作"道",今據阮刻本(第2016頁上)改。

第二章 戰國策

一、齊人有馮諼者[①]

齊人有馮諼者，貧乏不能自存，使人屬孟嘗君，願寄食門下。孟嘗君曰："客何好？"曰："客無好也。"曰："客何能？"曰："客無能也。"孟嘗君笑而受之，曰："諾。"左右以君賤之也，食以草具。

居有頃，倚柱彈其劍，一本無"其"字。歌曰："長鋏歸來乎！食無魚。"左右以告。孟嘗君曰："食之，比門下之客。"一本"客"上有"魚"字。居有頃，復彈其鋏，歌曰："長鋏歸來乎！出無車。"左右皆笑之，以告。孟嘗君曰："爲之駕，比門下之車客。"於是乘其車，揭其劍，過其友曰："孟嘗君客我。"後有頃，復彈其劍鋏，歌曰："長鋏歸來乎！無以爲家。"左右皆惡之，以爲貪而不知足。孟嘗君問："馮公有親乎？"對曰："有老母。"孟嘗君使人給其食用，無使乏。於是馮諼不復歌。

後孟嘗君出記，問門下諸客："誰習計會，能爲文收責於薛者乎？"馮諼署曰："能。"孟嘗君怪之，曰："此誰也？"左右曰："乃歌夫'長鋏歸來'者也。"孟嘗君笑曰："客果有能也，吾負之，未嘗見也。"請而見之，謝曰："文倦於事，憒於憂，而性懧愚，沉於國家之事，開罪於先生。先生不羞，乃有意欲爲收責於薛乎？"馮諼曰："願之。"於是約車治裝，載券契而行，辭曰："責畢收，以何市而反？"孟嘗君曰："視吾家所寡有者。"

驅而之薛，使吏召諸民當償者，悉來合券。券遍合，起，矯命以責賜諸民，因燒其券，民稱萬歲。

長驅到齊，晨而求見。孟嘗君怪其疾也，衣冠而見之，曰："責畢收乎？來何疾也？"曰："收畢矣。""以何市而反？"馮諼曰："君云'視吾家所寡有者'。臣竊計，君宫中積珍寶，狗馬實外厩，美人充下陳。君家所寡有者，以義耳。竊以爲君市義。"孟嘗君曰："市義奈何？"曰："今君有區區之薛，不拊愛子其民，因而賈利之。臣竊矯君命，以責賜諸民，因燒其券，民稱萬歲。乃臣所以爲君市義也。"孟嘗君不説，曰："諾。先生休矣！"

後朞年，齊王謂孟嘗君曰："寡人不敢以先王之臣爲臣。"孟嘗君就國於薛。未至百里，民扶老携幼，迎君道中。孟嘗君顧謂馮諼："先生劉作"顧謂馮諼曰"。所爲文市義者，乃今日見之！"

馮諼曰："狡兔有三窟，僅得免其死耳。今君有一窟，未得高枕而卧也。請爲君復鑿二窟。"孟嘗君予車五十乘，金五百斤，西遊於梁。謂惠王曰："齊放其大臣孟嘗君於諸侯，諸侯先迎之者，富而兵强。"於是，梁王虚上位，以故相爲上將軍，遣使者，黄金千

---

① 選自《戰國策·齊策四》。編者按：本節内容一般選文以"馮諼客孟嘗君"爲題。

斤，車百乘，往聘孟嘗君。馮諼先驅，誡孟嘗君曰："千金，重幣也；百乘，顯使也。齊其聞之矣。"梁使三反，孟嘗君固辭不往也。齊王聞之，君臣恐懼，遣太傅賫黄金千斤，文車二駟，服劍一，封書謝孟嘗君曰："寡人不祥，被於宗廟之祟，沉於諂諛之臣，開罪於君。寡人不足爲也。願君顧先王之宗廟，姑反國統萬人乎！"馮諼誡孟嘗君曰："願請先王之祭器，立宗廟於薛！"廟成，還報孟嘗君曰："三窟已就，君姑曾集本無"姑"字。高枕爲樂矣！"

孟嘗君爲相數十年，無纖介之禍者，馮諼之計也。

二、齊王使使者問趙威后[①]

齊王使使者問趙威后。書未發，威后問使者曰："歲亦無恙耶？民亦無恙耶？王亦無恙耶？"使者不説，曰："臣奉使使威后，今不問王而先問歲與民，豈先賤而後尊貴者乎？"威后曰："不然。苟無歲，何以有民？苟無民，何以有君？故有問，劉本有兩"以"字，一無"問"字。舍本而問末者耶？"

乃進而問之曰："齊有處士曰鐘離子，無恙耶？是其爲人也，有糧者亦食，無糧者亦食；有衣者亦衣，無衣者亦衣。是助王養其民者也，何以至今不業也？葉陽子無恙乎？是其爲人，哀鰥寡，恤孤獨，振困窮，補不足。是助王息其民者也，何以至今不業也？北宮之女嬰兒子無恙耶？徹其環瑱，至老不嫁，以養父母：是皆率民而出於孝情者也，胡爲至今不朝也？此二士弗業，一女不不，一作弗。朝，何以王齊國、子萬民乎？於陵子仲尚存乎？是其爲人也，上不臣於王，下不治其家，中不索交諸侯。此率民而出於無用者，何爲至今不殺乎？"

三、莊辛謂楚襄王[②]

莊辛謂楚襄王《荀子》："莊辛謂楚莊王。"曰："君王左州侯，右夏侯，輦從鄢陵君與壽陵君，專淫逸侈靡，不顧國政，郢都必危矣！"襄王曰："先生老悖乎？將以爲楚國袄祥乎？"莊辛曰："臣誠見其必然者也，非敢以爲國袄祥也。君王卒幸四子者不衰，楚國必亡矣！臣請辟於趙，淹留以觀之。"

莊辛去之趙，留五月，秦果舉鄢、郢、巫、上蔡、陳之地。襄王流揜於城陽。於是使人發騶徵莊辛於趙。莊辛曰："諾。"

莊辛至。襄王曰："寡人不能用先生之言，今事至於此，爲之奈何？"莊辛對曰："臣聞鄙語曰：'見菟而顧犬，未爲晚也；亡羊而補牢，未爲遲也。'臣聞昔湯武以百里昌，桀紂以天下亡。今楚國雖小，絶長續短，猶以數千里，豈特百里哉？

---

① 選自《戰國策·齊策四》。編者按：本節内容一般選文以"趙威后問齊使"爲題。

② 選自《戰國策·楚策四》。編者按：本節内容一般選文以"莊辛説楚襄王"爲題。

“王獨不見夫蜻蛉乎？六足四翼，飛翔乎天地之間，俛啄蚉虻而食之，仰承甘露而飲之。自以爲無患，與人無争也；不知夫五尺童子，方將調鈆膠絲，加己乎四仞之上，而下爲螻蟻食也。

“蜻蛉其小者也，黄雀因是㠯。俯噣白粒，仰棲茂樹，鼓翅奮翼。自以爲無患，與人無争也；不知夫公子王孫，左挾彈，右攝丸，將加己乎十仞之上，㠯其類爲招。晝游乎茂樹，夕調乎酸醎。倏忽之間，墜於公子之手。（三同。集無以上十字。曾本云：“一本有此十字。”）

“夫雀（一本“夫黄雀”。）其小者也，黄鵠因是以。游於江海。淹乎大沼，俯噣鱔鯉，仰嚙菱蘅，奮其六翮，而凌清風，飄摇乎高翔，自以爲無患，與人無争也；不知夫射者，方將脩其筡盧，治其繒繳，將加己乎百仞之上，彼礛磻，（續磻，補左，補何二切。以石維繳也。）引微繳，折清風而抎矣。故晝遊乎（集一無“乎”字。）江河，夕調乎（集一無“乎”字。）鼎鼐。

“夫黄鵠其小者也，蔡聖侯之事因是以。南游乎高陂，北陵乎巫山，飲茹谿流，（《續後語》“飯茹溪之疏”注云：“茹溪，巫山之溪。”）食湘波之魚，左抱幼妾，右擁嬖女，與之馳騁乎高蔡之中，而不以國家爲事；不知夫子發方受命乎宣王，繫己以（三同無“以”字。）朱絲而見之也。

“蔡聖侯之事其小者也，君王之事因是以。左州侯，右夏侯輦（一無此“輦”字。）從鄢陵君與壽陵君，飯封禄之粟，而載方府之金，與之馳騁乎雲夢之中，而不以天下國家爲事；不知夫穰侯方受命乎秦王，填黽塞之内，而投己乎黽塞之外。”

襄王聞之，顔色變作，身體戰慄。於是乃以（一本無“以”字。）執珪而授之，爲（曾“爲”上有“封之”二字。）陽陵君，與淮北之地也。

四、秦圍趙之邯鄲①

秦圍趙之邯鄲。魏安釐王使將軍晉鄙救趙，畏秦，止於蕩（錢劉改“蕩”作“湯”。）陰，不進。

魏王使客將軍辛垣衍間入邯鄲，因平原君謂趙王曰：“秦所以急圍趙者，前與齊湣王争强爲帝，已而復歸帝，以齊故；今齊湣王已益弱，方今唯秦雄天下，此非必貪邯鄲，其意欲求爲帝。趙誠發使尊秦昭王爲帝，秦必喜，罷兵去。”平原君猶豫未有所决。

此時魯仲連適游趙，會秦圍趙，聞魏將欲令趙尊秦爲帝，乃見平原君，曰：“事將奈何矣？”平原君曰：“勝也何敢言事！百萬之衆折於外，今又内圍邯鄲而不能（曾本添“能”字。）去。魏王使客將軍辛垣衍令趙帝秦，今其人在是。勝也何敢言事？”魯連曰：“始吾以君爲天下之賢公子也，吾乃今然後知君非天下之賢公子也。梁客辛垣衍安在？吾請爲君責而歸之！”平原君曰：“勝請爲召而見之（錢劉作“爲召而見之”。）於先生。”

平原君遂見辛垣衍曰：“東國有魯連先生，其人在此，勝請爲紹介而見之於將軍。”（錢劉作“請爲紹交之於將軍”。）辛垣衍曰：“吾聞魯連先生，齊國之高士也。衍，人臣也，使事有職，吾不願見

---

① 選自《戰國策·趙策三》。編者按：本節内容一般選文以“魯仲連義不帝秦”爲題。

魯連先生也。"平原君曰:"勝已泄之矣。"辛垣衍許諾。

魯連見辛垣衍而無言。辛垣衍曰:"吾視居此圍城之中者,皆有求於平原君者也;今吾視先生之玉貌,非有求於平原君者,曷爲久居此圍城中而不去也?"魯連曰:"世以鮑焦無從容而死者,皆非也。今衆人不知,則爲一身。彼秦者,棄禮義而上首功之國也,權使其士,虜使其民;彼則肆然而爲帝,過而遂正於天下,則連有赴東海而死矣,吾不忍爲之民也!所爲見將軍者,欲以助趙也。"辛垣衍曰:"先生助之奈何?"魯連曰:"吾將使梁及燕助之,齊楚則固助之矣。"辛垣衍曰:"燕,則吾請以從矣;若乃梁,則吾梁人也,先生惡能使梁助之耶?"魯連曰:"梁未睹秦稱帝之害故也;使梁睹秦稱帝之害,則必助趙矣。"辛垣衍曰:"秦稱帝之害將奈何?"魯仲連曰:"昔齊威王嘗爲仁義矣,率天下諸侯而朝周。周貧且微,諸侯莫朝,而齊獨朝之。居歲餘,周烈王崩,諸侯皆吊,齊後往。周怒,赴於齊曰:'天崩地坼,天子下席,東藩之臣田嬰齊後至,則斮之!'威王勃然怒曰:'叱嗟!而母,婢也!'卒爲天下笑。故生則朝周,死則叱之,誠不忍其求也。彼天子固然,其無足怪。"

辛垣衍曰:"先生獨未見夫僕乎?十人而從一人者,寧力不勝、智不若耶?畏之也。"魯仲連曰:"然梁之比於秦,若僕耶?"辛垣衍曰:"然。"魯仲連曰:"然則吾將使秦王烹醢梁王!"辛垣衍怏然不悦,曰:"嘻!亦太甚矣,先生之言也!先生又惡能使秦王烹醢梁王?"魯仲連曰:"固也!待吾言之:昔者鬼侯、鄂侯、文王,紂之三公也。鬼侯有子而好,故入之於紂。紂以爲惡,醢鬼侯。鄂侯爭之急,辨之疾,故脯鄂侯。文王聞之,喟然而嘆,故拘之於牖里之車百日,而欲舍(錢本添"舍"字。)之死。曷爲與人俱稱帝王,卒就脯醢之地也?

"齊閔王將之魯,夷維子執策而從,謂魯人曰:'子將何以待吾君?'魯人曰:'吾將以十太牢待子之君。'維子曰:'子安取禮而來待吾君?彼吾君者,天子也。天子巡狩,諸侯辟舍,納筦鍵,攝衽抱几,視膳於堂下;天子已食,退而聽朝也。'魯人投其籥,不果納,不得入於魯。將之薛,假涂於鄒。當是時,鄒君死,閔王欲入吊。夷維子謂鄒之孤曰:'天子吊,主人必將倍殯柩,設北面於南方,然後天子南面吊也。'鄒之群臣曰:'必若此,吾將伏劍而死。'故不敢入於鄒。鄒魯之臣,生則不得事養,死則不得飯含,然且欲行天子之禮於鄒魯之臣,不果納。今秦萬乘之國,梁亦萬乘之國,俱據萬乘之國,交有稱王之名。睹其一戰而勝,欲從而帝之,是使三晉之大臣,不如鄒魯之僕妾也。

"且秦無已而帝,則且變易諸侯之大臣,彼將奪其所謂不肖而予其所謂賢,奪其所憎而與其所愛;彼又將使其子女讒妾爲諸侯妃姬,處梁之宫,梁王安得晏然而已乎?而將軍又何以得故寵乎?"

於是辛垣衍起,再拜謝曰:"始以先生爲庸人,吾乃今日而(曾本無"而"字。)知先生爲天下之士也!吾請去,不敢復言帝秦!"

秦將聞之,爲却軍五十里。適會魏公子無忌奪晉鄙軍以救趙擊秦,秦軍引而去。

於是平原君欲封魯仲連。魯仲連辭讓者三,終不肯受。平原君乃置酒,酒酣,起,前,以千金爲魯連壽。魯連笑曰:"所貴於天下之士者,爲人排患、釋難、解紛亂而無所取也;即有所取者,是商賈之人也。仲連不忍爲也。"遂辭平原君而去,終身不復見。

第三章 周　禮

一、大宗伯

大宗伯之職，掌建邦之天神、人鬼、地示之禮，以佐王建保邦國。建，立也。立天神、地祇、人鬼之禮者，謂祀之、祭之、享之。禮，吉禮是也。保，安也。所以佐王立安邦國者，主謂凶禮、賓禮、軍禮、嘉禮也。自吉禮於上，承以立安邦國者，互以相成，明尊鬼神，重人事。○示，音祇，本或作祇；下"神示""地示"之例皆倣此，下卷亦然。佐，本或作"左"，音同。享，許丈反，又後不音者同。以吉禮事邦國之鬼神示，事，謂祀之、祭之、享之。故書"吉"或爲"告"，杜子春云："書爲'告禮'者，非是。當爲'吉禮'，書亦多爲'吉禮'。"吉禮之别十有二。以禋祀祀昊天上帝，以實柴祀日、月、星、辰，以槱燎祀司中、司命、飌師、雨師，禋之言煙。周人尚臭，煙，氣之臭聞者。槱，積也。《詩》曰："芃芃棫樸，薪之槱之。"三祀皆積柴實牲體焉，或有玉帛，燔燎而升煙，所以報陽也。鄭司農云："昊天，天也。上帝，玄天也。昊天上帝，樂以《雲門》。實柴，實牛柴上也。故書'實柴'或爲'賓柴'。司中，三能三階也。司命，文昌宫星。風師，箕也。雨師，畢也。"玄謂昊天上帝，冬至於圜丘所祀天皇大帝。星謂五緯，辰謂日月所會十二次。司中、司命，文昌第五第四星，或曰中能上能也，祀五帝亦用實柴之禮云。○禋，音因，李又音煙。槱，羊九反，本亦作"楢"，音同，積也。燎，良召反。飌，音風。芃，薄工反，一音房逢反。棫，音域。樸，音卜。能，他來反；下同。圜，于權反。【重言】祀昊天、上帝二司，服祀日、月、星、辰，三典瑞玉人。以血祭祭社稷、五祀、五嶽，以貍沈祭山林、川澤，以疈辜祭四方百物，不言祭地，此皆地祇，祭地可知也。陰祀自血起，貴氣臭也。社稷，土穀之神，有德者配食焉，共工氏之子曰句龍，食於社；有厲山氏之子曰柱，食於稷。湯遷之而祀棄。故書"祀"作"禩"，"疈"爲"罷"。鄭司農云："禩當爲祀，書亦或作祀。五祀，五色之帝於王者宫中曰五祀。罷辜，披磔牲以祭，若今時磔狗祭以止風。"玄謂此五祀者，五官之神在四郊，四時迎五行之氣於四郊，而祭五德之帝，亦食此神焉。少昊氏之子曰重，爲句芒，食於木；該爲蓐收，食於金；修及熙爲玄冥，食於水。顓頊氏之子曰黎，爲祝融、后土，食於火土。五嶽，東曰岱宗，南曰衡山，西曰華山，北曰恒山，中曰嵩高山。不見四竇者，四竇，五嶽之匹[①]，或省文。祭山林曰貍，川澤曰沈，順其性之含藏。疈，疈牲胷也。疈而磔之，謂磔攘及蜡祭。《郊特牲》曰："八蜡以記四方，四方年不順成，八蜡不通，以謹民財也。"又曰："蜡之祭也，主先嗇而祭司嗇也，祭百種以報嗇也。饗農及郵表畷、禽獸，仁之至義之盡也。"○貍，亡皆反，劉莫拜反。沈，如字，劉直蔭反。疈，孚逼反，一音方麥反。共，音恭。句，古侯反；下同。厲，如字，本或作"烈"。禩，音祀，又作"祀"。罷，如字，一音芳皮反。磔，張格反。食此，音嗣；下"食宗族"同。少昊，詩照反；下"少昊"同。重，直龍反。該，古來反。蓐，音辱，同。不見，賢遍反；此内不音者同。竇，音獨，本亦作"瀆"；下同。省，所景反。磔攘，如羊反。蜡，士詐反。種，章勇反。郵，有牛反。畷，音綴，井田間道，左思《吴都賦》云"畛畷無數"；又陟劣反。以肆獻祼享先王，以饋食享先王，以祠春享先王，以禴夏享先王，以嘗秋享先王，以烝冬享先王。宗廟之祭，有此六享。肆獻祼，饋食，在四時之上，則是祫也，禘也。肆者，進所解牲體，謂薦孰時也。獻，獻醴，謂薦血腥也。祼之言灌，灌以鬱鬯，謂始獻尸求神時也。《郊特牲》曰："魂氣歸于天，形魄歸于地，故祭所以求諸陰陽之義也。殷人先求諸陽，周人先求諸陰。"灌是也。祭必先灌，乃後薦腥薦孰。於祫逆言之者，與下共文，明六享俱然。祫言肆獻祼，禘言饋食者，著有黍稷，互相備也。魯禮：三年喪畢，而祫於大祖；明年春，禘于群廟。自爾以後，率五年而再殷祭，一祫一禘。○肆，他歷反，解骨體。祼，古亂反。禴，餘若反。烝，之承反。祫，户夾反。率五，音律，又音類。

以凶禮哀邦國之憂，哀謂救患分裁。凶禮之别有五。以喪禮哀死亡，哀謂親者服焉，疏者含襚。○含，户暗反，本亦作唅。襚，音遂。以荒禮哀凶札，荒，人物有害也。《曲禮》曰："歲凶，年穀不登，君膳不祭肺，馬不食穀，馳道不除，祭事不縣，大夫不食粱，士飲酒不樂。"札讀爲截，截謂疫厲。○札，如字，又音截。縣，音玄。以吊禮哀禍災，禍災謂遭水火。宋大水，魯莊公使人吊焉，曰："天作淫雨，害於粢盛，如何不吊？"廐焚，孔子拜鄉人爲火來者，拜之，士一，大夫再，亦相吊之道。○爲火，于僞反，下"苟偃爲"同。以襘禮哀圍敗，同盟者合會財貨，以更其所喪。《春秋》襄三十年冬，會于澶淵，宋裁故，是其類。○襘，劉户外反，徐古外反。更，音庚；下同。喪，息浪反。澶，善然反。以恤禮哀寇亂。恤，憂也。鄰國相憂。兵作於外爲寇，作於内爲亂。以賓禮親邦國，親，謂使之相親附。賓禮之别有八。

春見曰朝，夏見曰宗，秋見曰覲，冬見曰遇，時見曰會，殷見曰同。此六禮者，以諸侯見王爲文。六服之内，四方以時分來，或朝春，或宗夏，或覲秋，或遇冬，名殊禮異，更遞而遍。朝猶朝也，欲其來之早。宗，尊也，欲其尊王。覲之言勤也，欲其勤王之事。遇，偶也，欲其若不期而俱至。時見者，言無常期，諸侯有不順服者，王將有征討之事，則既朝覲，王爲壇於國外，合諸侯而命事焉。《春秋傳》曰"有事而會，不協而盟"是也。殷猶衆也。十二歲王如不巡守，則六服盡朝，朝禮既畢，王亦爲壇，合諸侯以命政焉。所命之政，如王巡守。殷見，四方四時分來，終歲則遍。○曰朝，直遥反；注下不出者，皆同。遞，音弟。遍，音遍；下同。猶朝，張遥反。時聘

① 匹，原作"四"，今據阮刻本（第758頁上）改。

曰問，殷覜曰視。時聘者，亦無常期，天子有事乃聘之焉。竟外之臣，既非朝歲，不敢瀆爲小禮。殷覜，謂一服朝之歲，以朝者少，諸侯乃使卿以大禮衆聘焉。一服朝在元年、七年、十一年。○覜，他吊反，一音他堯反。竟，音境。

以軍禮同邦國。同，謂威其不協僭差者。軍禮之别有五。○僭，子念反，沈創林反。差，初佳反，沈初宜反。大師之禮，用衆也；用其義勇。大均之禮，恤衆也；均其地政、地守、地職之賦，所以憂民。大田之禮，簡衆也；古者因田習兵，閲其車徒之數。○閲，音悦。大役之禮，任衆也；築宫邑，所以事民力强弱。大封之禮，合衆也。正封疆溝塗之固，所以合聚其民。○疆，居良反。

以嘉禮親萬民。嘉，善也。所以因人心所善者而爲之制。嘉禮之别有六。以飲食之禮，親宗族兄弟；親者，使之相親。人君有食宗族飲酒之禮，所以親之也。《文王世子》曰："族食，世降一等。"《大傳》曰："繫之以姓而弗别，綴之以食而弗殊，百世而昬姻不通者，周道然也。"○不别，彼列反。以昬冠之禮，親成男女；親其恩，成其性。○冠，古亂反。以賓射之禮，親故舊朋友；射禮，雖王，亦立賓主也。王之故舊朋友，爲世子時，共在學者。天子亦有友諸侯之義。武王誓曰"我友邦冢君"是也。《司寇職》有議故之辟、議賓之辟。以饗燕之禮，親四方之賓客；賓客，謂朝聘者。以脤膰之禮，親兄弟之國；脤膰，社稷宗廟之肉，以賜同姓之國，同福禄也。兄弟，有共先王者。魯定公十四年："天王使石尚來歸脤。"○脤，上忍反。膰，音煩。以賀慶之禮，親異姓之國。異姓，王昬姻甥舅。

以九儀之命，正邦國之位：每命異儀，貴賤之位乃正。《春秋傳》曰："名位不同，禮亦異數。"壹命受職，始見命爲正吏，謂列國之士，於子男爲大夫，王之下士亦一命。鄭司農云："受職，治職事。"○見命，如字；下"士相見"同。再命受服，鄭司農云："受服，受祭衣服，爲上士。"玄謂此受玄冕之服，列國之大夫再命，於子男爲卿。卿大夫自玄冕而下，如孤之服。王之中士亦再命，則爵弁服。三命受位，鄭司農云："受下大夫之位。"玄謂此列國之卿，始有列位於王，爲王之臣也。王之上士亦三命。四命受器，鄭司農云："受祭器爲上大夫。"玄謂此公之孤始得有祭器者也。《禮運》曰："大夫具官，祭器不假，聲樂皆具，非禮也。"王之下大夫亦四命。五命賜則，鄭司農云："則者，法也。出爲子男。"玄謂則，地未成國之名。王之下大夫四命，出封加一等；五命，賜之以方百里、二百里之地者，方三百里以上爲成國。王莽時以二十五成爲則，方五十里，合今俗説子男之地，獨劉子駿等識古有此制焉。○以上，時掌反。六命賜官，鄭司農云："子男入爲卿，治一官也。"玄謂此王六命之卿賜官者，使得自置其臣，治家邑如諸侯。《春秋》襄十八年冬，晉侯以諸侯圍齊，荀偃爲君禱河，既陳齊侯之罪而曰："魯臣彪將率諸侯以討焉，其官臣偃實先後之。"○彪，甫休反。先，悉薦反；下"先時"同。後，胡豆反。七命賜國，王之卿六命，出封加一等者。鄭司農云："出就侯伯之國。"八命作牧，謂侯伯有功德者，加命得專征伐於諸侯。鄭司農云："一州之牧。王之三公亦八命。"九命作伯。上公有功德者，加命爲二伯，得征五侯九伯者。鄭司農云："長諸侯爲方伯。"

以玉作六瑞，以等邦國；等，猶齊等也。【重言】以等邦國大司馬一。【重意】以玉作六瑞。下文以玉作六器。王執鎮圭，鎮，安也，所以安四方。鎮圭者，蓋以四鎮之山爲瑑飾，圭長尺有二寸。○瑑，直轉反。【重意】王執鎮圭，典瑞王晉大圭執鎮圭。《秋官・小行文》："王用鎮圭。"公執桓圭，公，二王之後及王之上公。雙植謂之桓。桓，宫室之象，所以安其上也。桓圭，蓋亦以桓爲緣飾，圭長九寸。侯執信圭，伯執躬圭，信，當爲"身"，聲之誤也。身圭、躬圭，蓋皆象以人形爲瑑飾，文有麤縟耳。欲其慎行以保身。圭皆長七寸。○信，音身。縟，音辱。行，下孟反。子執穀璧，男執蒲璧。穀，所以養人；蒲爲席，所以安人。二玉蓋或以穀爲飾，或以蒲爲瑑飾。璧皆徑五寸。不執圭者，未成國也。【重言】"公執桓圭"至"男執蒲璧"重見典瑞。又《秋官・小行文》執字作"用"字。【重意】見《廣行人》。

以禽作六摯，以等諸臣：摯之言至，所執以自致。○摯，音至，本或作"贄"。孤執皮帛，卿執羔，大夫執雁，士執雉，庶人執鶩，工商執雞。皮帛者，束帛而表以皮爲之飾。皮，虎豹皮。帛，如今璧色繒也。羔，小羊，取其群而不失其類。雁，取其候時而行。雉，取其守介而死，不失其節。鶩，取其不飛遷。雞，取其守時而動。《曲禮》曰"飾羔雁者以繢"，謂衣之以布而又畫之者。自雉以下，執之無飾。士相見之禮，卿大夫飾摯以布，不言繢。此諸侯之臣與天子之臣異也。然則天子之孤飾摯以虎皮，公之孤飾摯以豹皮與？此孤、卿大夫、士之摯，皆以爵不以命數，凡摯無庭實。○鶩，音木。介，音界，或作"分"，扶問反。衣，於既反。與，音餘。【重言】"孤執"至"大夫執鴈"，二，《夏官・射人》。

以玉作六器，以禮天地四方：禮，謂始告神時薦於神坐。《書》曰"周公植璧秉圭"是也。○坐，才卧反，後"神坐"放此。植，音值，又時力反，又音置。以蒼璧禮天，以黄琮禮地，以青圭禮東方，以赤璋禮南方，以白琥禮西方，以玄璜禮北方。此禮天以冬至，謂天皇大帝，在北極者也。禮地以夏至，謂神在崐崘者也。禮東方以立春，謂蒼精之帝，而太昊、句芒食焉。禮南方以立夏，謂赤精之帝，而炎帝、祝融食焉。禮西方以立秋，謂白精之帝，而少昊、蓐收食焉。禮北方以立冬，謂黑精之帝，而顓頊、玄冥食焉。禮神者必象其類：璧圜，象天；琮八方，象地；圭鋭，象春物初生；半圭曰璋，象夏物半死；琥猛象秋嚴；半璧曰璜，象冬閉藏，地上無物，唯天半見。○琮，才宗反。璋，音章。琥，音虎。璜，音黄。崐，户本反，本又作"崑"，音昆。崘，音倫；本又作"崙"，魯門反。皆有牲幣，各放其器之色。幣以從爵，若人飲酒有酬幣。○放，方往反。

以天産作陰德，以中禮防之；以地産作陽德，以和樂防之。鄭司農云："陰德，謂男女之情，天性生而自然者。過時則奔隨，先時則血氣未定，聖人爲制其中，令民三十而娶，女二十而嫁，以防其淫泆，令無失德。情性隱而不露，故謂之陰德。陽德，謂分地利以致富。富者之失，不驕奢則吝嗇，故以和樂防之。樂，所以滌蕩邪穢，道人之正性者也。一説地産，謂土地之性各異，若齊性舒緩，楚性急悍，則以和樂防其失，令無失德，樂所以移風易俗者也。此皆露見於外，故謂之陽德。陽德、陰德不失其正，則民和而物各得其理，故曰以諧萬民，以致百物。"玄謂天産者動物，謂六牲之屬；地産者植物，謂九穀之屬。陰德，陰氣在人者。陰氣虚，純之則劣，故食動物，作之使動，過則傷性，制中禮以節之。陽德，陽氣在人者。陽氣盈，純之則躁，故食植物，作之使静，過則傷性，制和樂以節之。如是，然後陰陽平，情性和，而能育其類。○爲制，于僞反。其中，丁仲反，又如字。令，力呈反，下同。淫失，如字，本亦作"佚"。滌，徒歷反。邪，似嗟反。道人，音導。悍，户幹反，劉音旱，戚胡叛反。以禮樂合天地之化、百物之産，以事鬼神，以諧萬民，以致百物。禮濟虚，樂損盈，並行則四時乃得其和。能生非類曰化，生其種曰産。○種，章勇反。【重意】以諧萬民四大司樂，《天官》太宰一小宰一。

凡祀大神，享大鬼，祭大示，帥執事而卜日，宿，眡滌濯，涖玉鬯，省牲鑊，奉玉齍，詔大號，治其大禮，詔相王之大禮。執事，諸有事於祭者。宿，申戒也。滌濯，溉祭器也。玉，禮神之玉也。始涖之，祭又奉之。鑊，烹牲器也。大號，六號之大者，以詔大祝，以爲祝辭。治，猶簡習也。豫簡習大禮，至祭，當以詔相王。群臣禮爲小禮。故書"涖"作"立"，鄭司農讀爲"涖"。涖，視也。○省，本又作"眚"，同，息井反；後"省牲鑊"皆同。鑊，户郭反。齍，音咨；下同。詔相，息亮反，注下同，後"詔相"皆放此。溉，古愛反，本或作"概"。亨，普庚反。【重言】帥執事而卜日二，《天官・大宰》一。若王不與祭祀，則攝位。王有故，代行其祭事。○與，音預；下同。凡大祭祀，王后不與，則攝而薦豆籩徹。薦徹豆籩，王后之事。

大賓客，則攝而載果。載，爲也。果讀爲祼。代王祼賓客以鬯。君無酌臣之禮，言爲者，攝酌獻耳，拜送則王也。鄭司農云："王不親爲主。"○果，音祼，又古亂反，出注。《小宗伯職》放此。朝覲會同，則爲上相。大喪亦如之。王哭諸侯亦如之。相，詔王禮也。出接賓曰擯，入詔禮曰相。相者五人，卿爲上擯。大喪，王后及世子也。哭諸侯者，謂薨於國，爲位而哭之。《檀弓》曰："天子之哭諸侯也，爵弁絰，紂衣。"○曰擯，必刃反，本或作"賓"，同。紂，側其反。【重意】王大(哭)諸侯，亦如之；内宗、外宗哭諸侯，亦如之。王命諸侯，則儐。儐，進之也。王將出命，假祖廟，立依前，南鄉。儐者進，當命者延之，命使登。内史由王右以策命之。降，再拜稽首；登，受策以出。此其略也。諸侯爵禄其臣，則於祭焉。○假，音格，至也。依，於豈反。鄉，許亮反。策，初革反。國有大故，則旅上帝及四望。故，謂凶裁。旅，陳也。陳其祭事以祈焉，禮不如祀之備也。上帝，五帝也。鄭司農云："四望，日、月、星、海。"玄謂四望，五嶽、四鎮、四瀆。【重言】國有大，故六前《地官》鄉大夫下肆師，《大祝》都宗人、家宗人各一。王大封，則先告后土。后土，土神也。黎所食者。乃頒祀于邦國、都家、鄉邑。頒，讀爲"班"。班其所當祀及其禮。都家之鄉邑，謂王子弟及公卿大夫所食采地。○頒，音班。

二、保氏

保氏，掌諫王惡。諫者，以禮義正之。《文王世子》曰："保也者，慎其身以輔翼之，而歸諸道者也。"而養國子以道，乃教之六藝：一曰五禮，二曰六樂，三曰五射，四曰五馭，五曰六書，六曰九數；乃教之六儀：一曰祭祀之容，二曰賓客之容，三曰朝廷之容，四曰喪紀之容，五曰軍旅之容，六曰車馬之容。養國子以道者，以師氏之德行審諭之，而後教之以藝儀也。五禮，吉、凶、賓、軍、嘉也。六樂，《雲門》《大咸》《大韶》《大夏》《大濩》《大武》也。鄭司農云："五射，白矢、參連、剡注、襄尺、井儀也。五馭，鳴和鸞、逐水曲、過君表、舞交衢、逐禽左。六書，象形、會意、轉注、處事、假借、諧聲也。九數，方田、粟米、差分、少廣、商功、均輸、方程、贏不足、旁要。今有重差、夕桀、句股也。祭祀之容，穆穆皇皇；賓客之容，嚴恪矜莊；朝廷之容，濟濟蹌蹌；喪紀之容，涕涕翔翔；軍旅之容，闞闞仰仰；車馬之容，顛顛堂堂。"玄謂祭祀之容，濟濟皇皇；賓客之容，穆穆皇皇；朝廷之容，濟濟翔翔；喪紀之容，纍纍顛顛；軍旅之容，暨暨詻詻；車馬之容，匪匪翼翼。○馭，音御。德行，下孟反；下文及注同。剡，羊冉反。注，之樹反，下同。襄，音讓，本作"讓"，諸音非。差，初佳反，又初宜反；下同。重，直龍反。夕桀，音的，沈祥易反；此二字非鄭注。嚴，如字，又音儼。儕，子禮反。蹌，七良反。闞，呼檻反。仰，本又作"卬"，五剛反。儕皇，上子禮反，又音齊；下于況反，又音往。纍顛，上律悲反；下音田，又如字。暨，其器反。詻，五格反。匪，芳非反。凡祭祀、賓客、會同、喪紀、軍旅，王舉則從。聽治亦如之。使其屬守王闈。闈，宫中之巷門。○闈，音韋。【重言】"凡祭祀"至"聽亦如之"，三，見上篇，又見《天官・外府》。

司諫，掌糾萬民之德而勸之朋友，正其行而强之道藝，巡問而觀察之，以時書其德行道藝，辨其能而可任於國事者。朋友，相切磋以善道也。强猶勸也。《學記》曰："强而弗抑則易。"巡問，行問民間也。可任於國事，任吏職。○强，其丈反；注同。易，以豉反。以考鄉里之治，以詔廢置，以行赦宥。因巡問勸强萬民，而考鄉里吏民罪過，以告王所當罪不。○行，下孟反；注同。【重言】"以詔廢置"，二，又見下篇。

第四章　儀　　禮

一、士冠禮（節選）

始加，祝曰："令月吉日，始加元服。○服，叶蒲北反。【注】令、吉，皆善也。元，首也。【疏】【注】"令吉"至"首也"。○釋曰：元、首，《左傳》曰："先軫入狄師而死之，狄人歸先軫之元。"是元爲首。又《尚書》云："君爲元首。"亦是元爲首也。棄爾幼志，順爾成德。壽考惟祺，介爾景福。"○祺，音其。福，叶筆勒反。【注】爾，女也。既冠爲成德。祺，祥也。介、景，皆大也。因冠而戒且勸之，女如是則有壽考之祥，大女之大福也。○女，音汝；下同。【疏】【注】"爾汝"至"福也"。○釋曰：云"既冠爲成德"者，案《冠義》，既冠，責以父子、君臣、長幼之禮，皆成人之德。云"祺，祥也"者，祺訓爲祥，祥又訓爲善也。云"因冠而戒"者，則經"棄爾幼志，順爾成德"是也。云"且勸之"者，即經云"壽考惟祺，介爾景福"是也。再加，曰："吉月令辰，乃申爾服。○服，叶蒲北反。【注】辰，子丑也。申，重也。【疏】【注】"辰子"至"重也"。○釋曰：上云"令月吉日"，此云"吉月令辰"，互見其言，是作文之體，無義例也。云"辰，子丑也"者，以十幹配十二辰，直云"辰子，丑"，明有幹可知，即甲子、乙丑之類，略言之也。敬爾威儀，淑慎爾德，眉壽萬年，永受胡福。"○福，叶筆勒反。【注】胡，猶遐也，遠也。遠，無窮。古文眉作"麋"。三加，曰："以歲之正，以月之令，咸加爾服。○服，叶蒲北反。【注】正，猶善也。咸，皆也。皆加女之三服，謂緇布冠、皮弁、爵弁也。兄弟具在，以成厥德。黄耇無疆，受天之慶。"○耇，音苟。慶，叶音羌。【注】黄，黄髮也。耇，凍梨也。皆壽徵也。疆，竟。○竟，音敬，又音景。【疏】【注】"黄黄"至"疆竟"。○釋曰：《爾雅》云"黄髮，兒齒"，故以黄爲黄髮也。云"耇，凍梨"者，《爾雅》云"耇、老，壽也"。此云"耇，凍黎"者[①]，以其面似凍黎之色故也。

醴辭曰："甘醴惟厚，嘉薦令芳。【注】嘉，善也。善薦，謂脯醢芳香也。【疏】【注】"嘉善"至"香也"。○釋曰：謂"脯醢爲善薦芳香"者，謂作之依時，又造之依法，故使芳香而善也。拜受祭之，以定爾祥。承天之休，壽考不忘。"【注】不忘長有令名。醮辭曰："旨酒既清，嘉薦亶時。○亶，丁但反。時，一作"旹"。【注】亶，誠也。古文亶爲"癉"。○癉，丁但反。始加元服，兄弟具來。孝友時格，永乃保之。"○來，叶之力反。【注】善父母爲孝，善兄弟爲友。時，是也。格，至也。永，長也。保，安也，行此乃能保之。今文格爲"嘏"。凡醮者不祝。○嘏，古雅反。【疏】【注】"善父"至"不祝"。○釋曰："善父母爲孝，善兄長爲友"者，《爾雅》文。不言善事父母、善事兄弟者，欲見非但善事兄弟，而亦爲兄弟之所善者，諸行周備之意也。云"凡醮者不祝"者，案上文前後例，周與夏殷冠子法，其加冠祝辭三節不辨三代之異，則三代祝辭同可知也；至於周醮之辭，三等别陳之者，以其數異辭，宜不同故也；若然，醮辭唯據適子而言，以其將著代重之，故備見祝辭也；此注云"凡醮者不祝"者，言"凡"謂庶子也，既不加冠於阼，又不禮於客位，無著代之理，故略而輕之也。亦不設祝辭者，《曾子問》注云"凡殤不祭"之類也。其天子冠禮祝辭，案《大戴·公冠》篇，成王冠，周公爲祝詞"使王近於人，遠於年，嗇於時，惠於財"，其辭既多，不可具載。其諸侯無文，蓋亦有祝辭，異於士也。再醮，曰："旨酒既湑，嘉薦伊脯。○湑，思吕反。【注】湑，清也。伊，惟也。【疏】【注】"湑，清也。伊，惟也"。○釋曰：湑，泲酒之稱，故《伐木》詩云"有酒湑我"，注云："湑，茜之文。"《鳧鷖》詩云"爾酒既湑"，注云："湑，酒之泲者。"是湑爲清也。云"伊，惟也"者，助句辭，非爲義也。乃申爾服，禮儀有序。祭此嘉爵，承天之祜。"○祜，音户，與序並上聲。【注】祜，福也。三醮，曰："旨酒令芳，籩豆有楚。"【注】旨，美也。楚，陳列之貌。【疏】【注】"旨美"至"之貌"。○釋曰：《楚茨》詩亦云"籩豆有楚"，注云："楚，陳列之貌。"是用其再醮之籩豆，不增改之，故云"有楚"也。咸加爾服，肴升折俎。【注】肴升折俎，亦謂豚。【疏】【注】"肴升"至"謂豚"。○釋曰：云"折俎"者，即謂折上若殺之豚也。承天之慶，受福無疆。○慶，叶音羌。

字辭曰："禮儀既備，令月吉日，○備，叶筆力反。昭告爾字。爰字孔嘉，○字，叶音滋。嘉，叶居之反。【注】昭，明也。爰，於也。孔，甚也。【疏】"字辭"至"爾字"。○釋曰：此字文在三代之下而言，則亦遂三代字辭同。此辭賓直西序，東面，與子爲字時言之也。髦士攸宜。宜之于假，○假，古雅反，叶音古。【注】髦，俊也。攸，所也。于，猶爲也。假，大也。宜之是爲大矣。永受保之，曰伯某甫。"仲、叔、季，唯其所當。【注】伯、仲、叔、季，長幼之稱。甫是丈夫之美稱，孔子爲尼甫，周大夫有嘉甫，宋大夫有孔甫，是其類。甫，字或作"父"。○長，丁丈反。父，音甫。【疏】"宜之"至"所當"。○釋曰：云"伯某甫"者，某若云尼；甫，嘉甫也。但設經不得定言人字，故言甫爲且字。是以《禮記》諸侯薨復曰"皋某甫復"，鄭云："某甫，且字。以臣不名君，且爲某之字呼之。"既此某甫立爲且字[②]。言"伯、仲、叔、季"者，是長幼次第

---

① 凍黎，據文意，當作"凍梨"；下同。

② 既，疑當作"即"。

之稱,若兄弟四人,則依次稱之。夏、殷質,則稱仲,周文則稱叔,若管叔、霍叔之類是也。云"唯其所當"者,二十冠時與之作字,猶孔子生三月,名之曰丘,至二十冠而字之曰仲尼。有兄曰伯,居第二則曰仲。但殷質,二十爲字之時,兼伯、仲、叔、季呼之;周文,二十爲字之時,未呼伯、仲,至五十乃加而呼之。故《檀弓》云"五十以伯仲,周道也",是呼伯、仲之時,則兼二十字而言,若孔子生於周代,從周禮呼尼甫,至五十去"甫"以"尼"配"仲",而呼之曰"仲尼"是也。若然,二十冠而字之,未呼伯、仲、叔、季,今於二十加冠而言者,一則是殷家冠時遂以二十字呼之;二則見周家若不死,至五十乃加而呼之,若二十已後死,雖未滿五十,即得呼伯、仲。知義然者,見慶父乃是莊公之弟,桓六年莊公生,至閔公二年慶父死時,莊公未滿五十,慶父乃是莊公之弟,時未五十,慶父死,號曰共仲,是其死後雖未五十,得呼仲、叔、季。故二十冠時,則以伯、仲、叔、季當擬之,故云"唯其所當"也。【注】"伯仲"至"作父"。○釋曰:知"甫是丈夫之美稱"者,以其人之賢愚,皆以爲字。故隱元年公及邾儀父盟于蔑,《穀梁傳》云"儀,字也。父猶傅也,男子之美稱也"是也。云"孔子爲尼甫"者,哀十六年孔丘卒,哀公誄之曰"哀哉,尼甫",因字號謚曰尼甫也。云"周大夫有嘉甫"者,桓公十五年,"天王使嘉甫來求車"是也。云"宋大夫有孔甫,是其類"者,宋《左氏傳・桓二年》"孔父嘉爲司馬"是也[①]。鄭引此者,證有冠而爲此字之意,故云"是其類"也。又"甫字或作父"者,字亦通,或尼甫、嘉甫、孔甫等,見爲父字者也。

屨,夏用葛。玄端黑屨,青絇、繶、純,純博寸。○絇,其于反。繶,於力反。純,章允反。【注】屨者順裳色,玄端黑屨,以玄裳爲正也。絇之言拘也,以爲行戒,狀如刀衣鼻,在屨頭。繶,縫中紃也。純,緣也。三者皆青。博,廣也。○縫,扶用反。紃,音旬。【疏】【注】"屨者"至"廣也"。○釋曰:自此至"繐屨",論三服之屨。不於上與服同陳者,一則屨用皮用葛,冬夏不同;二則屨在下,不宜與服同列,故退在於此。此言"夏用葛",下云"冬皮",則春宜從夏,秋宜從冬,故舉冬夏寒暑極時而言。《詩・魏風》以葛屨"履霜",刺褊也。云"屨者順裳色"者,禮之通例,衣與冠同,屨與裳同,故云"順裳色"也。云"玄端黑屨,以玄裳爲正也"者,以其玄端有玄裳、黄裳、雜裳,經唯云"玄端黑屨",與玄裳同色,不取黄裳、雜裳,故云"以玄裳爲正"也。云"絇之言拘也,以爲行戒"者,以拘者自拘持之意,故云"以爲行戒"也。云"狀如刀衣鼻,在屨頭"者,此以漢法言之。今之屨頭見有下鼻,似刀衣鼻,故以爲況也。云"繶,縫中紃也"者,謂牙底相接之縫中有絛紃也。云"純,緣也"者,謂繞口緣邊也。云"皆青"者,以經三者同云青也。云"博,廣也"者,謂純所施廣一寸也。

素積白屨,以魁柎之。緇絇繶純,純博寸。○魁,苦回反。柎,方夫反。【注】魁,蜃蛤。柎,注也。○蜃,上忍反。蛤,音閤。【疏】注"魁蜃蛤柎注也"。○釋曰:以魁蛤灰柎之者,取其白耳。云"魁,蜃蛤"者,魁即蜃蛤,一物,是以《周禮・地官・掌蜃》掌"共白盛之蜃",鄭司農云"謂蜃炭",引此《士冠》"白屨,以魁柎之",玄謂"今東萊用蛤,謂之又灰云"是也。云"柎,注者",以蛤灰塗注於上,使色白也。

爵弁纁屨,黑絇繶純,純博寸。【注】爵弁屨以黑爲飾,爵弁尊,其屨飾以繢次。○繢,户内反。【疏】【注】"爵弁"至"繢次"。○釋曰:案此三服見屨不同,何者?玄端以衣見屨,以玄端有黄裳之等裳,不得舉裳見屨,故舉玄端見屨也;皮弁以素積見屨,屨裳同色,是其正也;爵弁既不舉裳,又不舉衣,而以爵弁見屨者,上陳服已言纁裳,裳色自顯,以與六冕同玄衣纁裳與冕服之嫌,故不以衣裳而以首服見屨也。云"爵弁屨以黑爲飾,爵弁尊,其屨飾以繢次"者,案《冬官・畫繢》之事云"青與白相次,赤與黑相次,玄與黄相次",鄭云:"此言畫繢六色所象及布采之第次,繢以爲衣。"又云:"青與赤謂之文,赤與白謂之章,白與黑謂之黼,黑與青謂之黻。"鄭云:"此言刺繡采所用,繡以爲裳。"此是對方爲繢次,比方爲繡次。案鄭注《屨人》云:"複下曰舄,禪下曰屨。"又注云:"凡舄之飾,如繢之次;凡屨之飾,如繡之次也"者,即上黑屨以青爲絇繶純,白屨以黑爲絇繶純,則白與黑、黑與青爲繡次之事也。今次"爵弁纁屨",纁,南方之色赤,不以西方白爲絇繶純,而以北方黑爲絇繶純者,取對方繢次爲飾。舉舄者,尊爵弁是祭服,故飾與舄同也。

冬,皮屨可也。【疏】釋曰:冬時寒,許用皮,故云"可也"。

不屨繐屨。○繐,音歲。【注】繐屨,喪屨也。縷不灰治曰繐。【疏】【注】"繐屨"至"曰繐"。○釋曰:案《喪服記》云"繐衰四升有半",繐衰既是喪服,明繐屨亦是喪屨,故鄭云"喪屨"也。云"縷不灰治曰繐"者,斬衰冠六升,傳云"鍛而勿灰",則四升半不灰治可知。言此者,欲見大功未可以冠子,恐人以冠子,故於屨未因禁之也。

記②,冠義。【疏】釋曰:凡言"記"者,皆是記經不備,兼記經外遠古之言。鄭注《燕禮》云:"後世衰微,幽、厲尤甚,禮樂之書,稍稍廢棄。"蓋自爾之後有記乎?又案《喪服記》子夏爲之作傳,不應自造,還自解之。記當在子夏之前,孔子時,未知定誰所録。云"冠義"者,記《士冠》中之義者[③],記時不同,故有二記,此則在子夏前。其《周禮・考工記》,六國時所録,故遭秦燔滅典籍,有《韋氏》《雕氏》闕其記,則在秦漢之際,儒者加之。故《王制》有正"聽之棘木之下",異時所記,故其言亦殊也。

始冠,緇布之冠也。大古冠布,齊則緇之。其緌也,孔子曰:"吾未之聞也,冠而敝之可也。"【注】太古,唐、虞以上。緌,纓飾。未之聞,太古質無飾。重古始冠,冠其齊冠。白布冠,今之喪冠是也。【疏】【注】"太古"至"是也"。○釋曰:此經直言加緇布冠,不言有緌無緌,又不言加冠之後此緇布冠更著與不,故言不緌不更著之事也。云"太古冠布"者,謂著白布冠也。云"齊則緇之"者,將祭而齊則爲緇者,以鬼神尚幽闇也。云"其緌也,孔子曰:'吾未之聞也'"者,孔子時有緌者,故非時人緌之,諸侯則得著緌,故《玉藻》云"緇布冠繢緌,諸侯之冠也",鄭云:"尊者飾也。"士冠不得緌也。云"冠而敝之可也"者,據士以上冠時用之,冠訖則敝之不復著也[④]。若庶人猶著之,故《詩》云"彼都人士,臺笠緇撮",是用緇布冠籠其發,是庶人常服之矣。云"太古,唐、虞以上"者,此記與《郊特牲》皆陳三代之冠,云牟追、章甫、委貌之等,鄭注《郊特牲》云:"三代改制,齊冠不復用也。以白布冠質,以爲喪冠也。"三代既有此,明太古是唐、虞已上可知。云"緌纓飾,未之聞,太古質,蓋亦無飾"者,此經據孔子時非其著緌,未知太古有緌以是,故鄭云"太古質無飾"也。云"重古始冠,冠其齊冠"者,以經云"始冠,緇布之冠",即云"太古冠布",則齊冠一也,故鄭云"冠其齊冠"也。云"白布冠者,今之喪冠是也"者,以其太古時吉凶同服白布冠,未有喪冠。三代有牟追之等,則以白布冠爲喪冠。若然,喪服起自夏禹以下也。

適子冠於阼,以著代也。醮於客位,加有成也。三加彌尊,論其志也。【疏】釋曰:此記人説夏、殷法可兼于

① 宋,據文意,當作"案"。

② "記"之構件"己",原文作"㔾",今據文意改;下同。

③ 士,原作"子",今據阮刻本(第958頁中)改。

④ 敝,有本作"敝去"(據阮刻本,第960頁中),阮刻本(第958頁中)作"敝經",編者按:著"去"字是。

周。以其“於阼”及“三加”皆同，唯醮醴有異，故知舉一以見二也。**冠而字之，敬其名也。**【注】名者，質，所受於父母。冠成人，益文，故敬之也。【疏】【注】“名者”至“敬之”。○釋曰：案《内則》云“子生三月，父名之”，不言母，今云“受於父母”者，夫婦一體，受父即是受於母，故兼言也。云“冠成人，益文”者，對名是受於父母爲質，字者受於賓爲文，故君父之前稱名，至於他人稱字也，是字敬名也。

二、士昏禮（節選）

婦至，主人揖婦以入。及寢門，揖入，升自西階。媵布席于奥。夫入于室，即席。婦尊西，南面，媵、御沃盥交。○媵，以證反。奥，烏報反。御，依注音訝；下并同。【注】升自西階，道婦入也。媵，送也，謂女從者也。御，當爲“訝”，訝，迎也，謂壻從者也。媵沃壻，盥於南洗；御沃婦，盥於北洗。夫婦始接，情有廉恥，媵、御交道其志。○道，音導。【疏】“婦至”至“盥交”。○釋曰：此明夫導於婦入門、升階及對席，媵、御沃盥之儀。云“主人揖婦以入”者，此則《詩》云“好人提提，宛然左辟”是也。云“夫入于室，即席”者，謂壻也。婦在尊西，未設席。婿既爲主，東面，須設饌訖，乃設對席揖，即對席爲前後，至之便故也。【注】“升自”至“其志”。○釋曰：云“升自西階，道婦入也”者，以尋常賓客，主人在東，賓在西，今主人與妻俱升西階，故云“道婦入”也。云“媵，送也，謂女從者也”者，即姪娣也。云“御當爲訝，訝，迎也，謂壻從者也”者，以其與婦人爲盥，非男子之事，謂夫家之賤者也。知“媵沃壻，盥於南洗；御沃婦，盥於北洗”者，以其有南、北二洗；又云“媵、御沃盥交”，明知夫婦與媵御南北交相沃盥也。**贊者徹尊冪，舉者盥，出，除鼏，舉鼎入，陳于阼階南，西面，北上。匕、俎從設。**【注】執匕者、執俎者從鼎而入，設之匕所，以别出牲體也。俎，所以載也。○别，彼列反。【疏】【注】“執匕”至“載也”。○釋曰：案《特牲》《少牢》《公食》與《有司徹》及此《昏禮》等，執匕、俎，舉鼎各别人者，此吉禮尚威儀故也。《士喪禮》舉鼎，右人以右手執匕，左人以左手執俎，舉鼎人兼執匕、俎者，喪禮略也。云“從設”者，以從男之事，故從吉祭法也。《公食》執匕、俎之人，入加匕於鼎，陳俎於鼎南，其匕與載皆舉鼎者爲之。《特牲》注云：“右人也，尊者於事指使可也。”則右人於鼎北，南面，匕肉出之；左人於鼎西俎南，北面承，取肉載於俎。《士虞》右人載者喪祭少變，故在西方，長者在左也。今《昏禮》鬼神陰陽，當與《特牲》禮同，亦右人匕，左人載，遂執俎而立，以待設也。云“匕所以别出牲體也”者，凡牲有體，别爲肩、臂、臑、肫、胳、脊、脅之等，於鼎以次别匕出之，載者依其體，别以次載之於俎，故云“别出牲體”也。**北面載，執而俟。**【注】執俎而立，俟豆先設。【疏】【注】“執俎”至“先設”。○釋曰：知“俟豆先設”者，下文“菹醢”後乃云“俎入設于豆東”，故知也。**匕者逆退，復位于門東，北面，西上。**【注】執匕者事畢，逆退由便。至此乃著其位，略賤也。【疏】【注】“執匕”至“賤也”。○釋曰：云“至此乃著其位，略賤也”者，案《士冠》未行事陳主人位訖，即言兄弟及擯者之位，於此初陳鼎門外時，不見執匕者位，至此乃著其位，故言“略賤也”。**贊者設醬于席前，菹醢在其北。俎入，設于豆東，魚次，腊特于俎北。**【注】豆東，菹醢之東。【疏】【注】“豆東菹醢之東”。○釋曰：醬與菹醢俱在豆，知不在醬東者，下文醬東有黍、稷，故知在菹醢東也。**贊設黍于醬東，稷在其東，設湆于醬南。**【注】饌要方也。【疏】【注】“饌要方也”。○釋曰：豆東兩俎，醬東黍稷，是其要方也。**設對醬于東，**【注】對醬，婦醬也，設之當特俎。【疏】注“對醬”至“特俎”。○釋曰：壻東面，設醬在南爲右，婦西面，則醬在北爲右，皆以右手取之爲便，故知設之當特俎東也。**菹醢在其南，北上。設黍于腊北，其西稷，設湆于醬北。御布對席。贊啓會，郤于敦南，對敦于北。**○會，古外反，郤，去逆反。【注】啓，發也。今文“啓”作“開”，古文“郤”爲“綌”。【疏】釋曰：“菹醢在其南，北上”者，謂菹在醬南，其南有菹有醢。若壻醢在菹北，從南向北陳爲南上，此從北向南陳，亦醢在菹南，爲北上也。云“湆”即上文“大羹湆在爨”者，羹宜熱，醢食乃將入，是以《公食大夫》云“大羹湆不和，實于鐙，由門入，公設之于醬西”是也。又生人食，《公食大夫》是也。《特牲》《士虞》等爲神設，皆爲敬尸，尸亦不食也。《鄉飲酒》《鄉射》《燕禮》，《大射》不設者，湆非飲食之具，故無也。《少牢》無湆者，文不備。《有司徹》有湆者，賓尸禮褻，故有之，與《少牢》禮異也。云“設湆于醬北”者，案上設壻湆於醬南，在醬黍之南，特俎出於饌北，此設婦湆於醬北，在特俎東饌。《内則》“不得要方上”注云：“要方者，據大判而言耳。”云“啓會郤于敦南，對敦于北”者，取壻東面以南爲右，婦西面，以北爲右，各取便也。郤，仰也，謂仰於地也。**贊告具。揖婦即對筵，皆坐，皆祭，祭薦、黍、稷、肺。**【注】贊者西面，告饌具也。壻，揖婦使即席，薦菹醢。【疏】【注】“贊者”至“菹醢”。○釋曰：知“贊者西面，告饌具”者，以其所告者，宜告主人，主人東面，知西面告也。云“薦菹醢”者，以其《儀禮》之内，單言薦者，皆據籩、豆而言也。**贊爾黍，授肺脊，皆食以湆、醬，皆祭舉、食舉也。**【注】爾，移也，移置席上，便其食也。皆食，食黍也。以，用也。用者，謂用口啜湆用指咂醬。古文黍作“稷”。○啜，昌悦反。咂，子闔反。【疏】“贊爾”至“舉也”。○釋曰：云“祭舉、食舉也”者，舉謂舉肺。以其舉以祭，以食，故名肺爲舉。則上文云祭者，祭肺也。【注】“爾移”至“作稷”。○釋曰：云“爾，移也”者，爾訓爲近，謂移之使近人，故云“移置席上，便其食也”。案《玉藻》云“食坐盡前”，謂臨席前畔，則不得移黍於席上，此云“移置席上”者，鬼神陰陽，故此昏禮從《特牲》祭祀。云“皆食，食黍也”者，案《特牲》《少牢》祭舉、食舉乃飯，此先食黍，乃祭舉，相反者，彼九飯禮成，故先食舉以爲導食氣。此三飯禮略，故不須導也。此先爾黍、稷，後授肺，《特牲》亦然，以其士禮同也。《少牢》佐食先以舉肺脊[①]，授尸乃爾黍者，大夫禮與士異故也。然《士虞》亦先授舉肺脊[②]，後乃爾黍者，喪禮與吉反故也。云“用者，謂用口啜湆用指咂醬”者，以其大羹汁不用箸，醬又不須以箸，故用口啜湆用指咂醬也。**三飯，卒食。**○飯，扶晚反；注及下同。【注】卒，已也。同牢示親，不主爲食起，三飯而成禮也。○爲。于僞反。【疏】【注】“同牢”至“禮也”。釋曰：云“同牢示親，不主爲食起”者，《少牢》十一飯、《特牲》九飯而禮成，此獨三飯，故云“同牢示親，不主爲食起，三飯而成禮也”。**贊洗**

---

① 脊，據文意，當作“者”。

② 同上。

爵，酌，酳主人，主人拜受。贊户内北面答拜，酳婦亦如之，皆祭。【注】酳，漱也。酳之言演也，安也。漱，所以絜口，且演安其所食。酳酌内尊。○漱，所又反。演，以善反。【疏】“贊洗”至“皆祭”。○釋曰：自此至“尊否”，論夫婦食訖，酳及徹饌於房之節。云“主人拜受”者，婿拜當東面。“酳婦亦如之”者，婦拜當南面，是以《少牢》云“養皆答拜”，鄭注云：“在東面席者，東面拜；在西面席者，皆南面拜。”故知婦拜南面，若贊答婦拜，亦於户内北面也。云“皆祭”者，祭先也。○注“酳漱”至“内尊”。○釋曰：云“酳，漱也。酳之言演也，安也。漱，所以絜口，且演安其所食”者，案《特牲》云“主人洗角，升酌，酳尸”，注云：“酳猶衍也，是獻尸也。謂之酳者，尸既卒食，又欲頤衍養樂之。”又《少牢》云“主人酌酒，乃酳尸”，注云：“酳猶羨也，既食之而又飲之，所以樂之。”三注不同者，文有詳略，相兼乃具。《士虞》亦是酳尸，注直云“酳，安食也”，不言養樂及羨者，喪故略之。此三酳俱不言獻，皆云酳，直取其潔，故注云“漱所以潔口，演安其所食”，亦頤衍養樂之義。知“酳酌内尊”者，以下文云“贊酌于户外尊”，故知此夫婦酌内尊也。贊以肝從，皆振祭。嚌肝，皆實于菹豆。○嚌，才計反。【注】肝，肝炙也。飲酒宜有肴，以安之。○炙，之夜反。【疏】釋曰：案《特牲》《少牢》獻尸以肝從，尸嚌之，加于菹豆，與此同，禮之正也。主人與祝亦以肝從，加於俎。不加於豆者，下尸，故不敢同之也。《士虞》獻尸，尸以肝加於俎者，喪祭，故鄭云“加於俎，從其牲體也，以喪不志於味”。但此云“實”不云“加”，異於祭故也。

卒爵，皆拜。【注】婦拜見上篇見母章，此篇婦見奠菜一章及《内則》女拜尚右手。贊答拜，受爵。再酳，如初，無從。三酳，用巹，亦如之。【注】亦無從也。【疏】【注】“亦無從也”。○釋曰：“卒爵，皆拜，贊答拜”者，獻主處也。云“再酳，如初”者，如自“贊洗爵”已下，至“答拜，受爵”也。云“亦無從也”者，“三酳用巹，亦如之”，亦自“贊洗爵”至“受爵”，鄭直云“亦無從”，“用巹”文承“再酳”之下，明知事事如再酳。以其初酳有從，再酳如初無從，三酳用巹，亦無從，故鄭以“亦無從”言之，其實皆同再酳也。贊洗爵，酌于户外尊，入户，西，北面，奠爵，拜。皆答拜。坐祭，卒爵，拜。皆答拜。興。【注】贊酌者，自酢也。【疏】釋曰：言“皆”者，皆夫婦也。三酳乃酌外尊自酢者，皆是略賤者也。既合巹，乃用爵，不嫌相襲爵，明更洗餘爵也。主人出，婦復位。【注】復尊西南面之位。【疏】注“復尊西南面之位”。○釋曰：直云“主人出”，不云處所。案下文云“主人説服于房”矣，則此時亦向東房矣。云“復尊西南面之位”者，婦人不宜出復入，故因舊位而立也。乃徹于房中，如設于室，尊否。【注】徹室中之饌，設于房中，爲媵、御餕之。徹尊不設，有外尊也。○爲，于僞反。【疏】釋曰：經云“乃徹于房中，如設于室”，雖據豆俎而言，理兼於尊矣，故云“徹尊不設，有外尊”，明徹中兼尊也。云“尊否”者，唯尊不設于房中而言也。知爲“媵、御餕之”者，下文云“媵餕主人之餘”已下是也。主人説服于房，媵受；婦説服于室，御授，姆授巾。○説，吐活反。【注】巾所以自潔清。今文説作“税”。○税，詩鋭反。【疏】釋曰：自此至“呼則聞”，論夫婦寢息及媵、御餕之事也。云“主人説服于房，媵受。婦説服于室，御授”者，與“沃盥交”同，亦是交接有漸之義也。疊今文爲“税”，不從者，税是追服之言，非脱去之義，故不從也。御衽于奥，媵衽良席，在東，皆有枕，北止。○衽，而甚反。【注】衽，卧席也。婦人稱夫曰良。《孟子》曰：“將瞯良人之所之。”止，足也。古文止作“趾”。瞯，古遍反。【疏】【注】“衽卧”至“作趾”。○釋曰：衽于奥，主于婦席。使御布婦席，使媵布夫席，此亦示交接有漸之義也。云“衽，卧席也”者，案《曲禮》云：“請席何鄉，請衽何趾”，鄭云：“坐問鄉，卧問趾，因於陰陽。”彼衽稱趾，明衽卧席也。若然，前布同牢席，夫在西，婦在東，今乃夫在東，婦在西，易處者，前者示有陰陽，交會有漸，故男西女東；今取陽往就陰，故男女各於其方也。云“《孟子》”者，案《孟子·離婁篇》云“齊人有一妻一妾而處室者，其良人出，則必厭酒肉而後反。其妻問所與飲食者，則盡富貴也，而未嘗有顯者來，吾將瞯良人之所之”，注云：“瞯，視也。”彼瞯爲視，亦得爲見，故鄭此注爲見也。引之者，證婦人稱夫爲良人之義也。云“古文止作趾”者，雖疊古文，趾爲足，亦一義也。主人入，親説婦之纓。○説，吐活反。【注】入者，從房還入室也。婦人十五許嫁，笄而禮之，因著纓，明有繫也，蓋以五采爲之，其制未聞。○著，昭略反。【疏】【注】“入者”至“未聞”。○釋曰：知“從房還入室”者，夫前出，“説服於房”，今言“入”，明從房入室也。云“婦人十五許嫁，笄而禮之，因著纓”者，案《曲禮》云“女子許嫁，纓”，又云“女子許嫁，笄而字”，鄭據此“許嫁”文而言。但言十五許嫁，則以十五爲限，則自十五以上，皆可許嫁也。云“明有繫也”者，纓是繫物爲之，明有繫也。云“蓋以五采爲之”者，以《周禮·巾車》職“五路”皆有繁纓就數，鄭注：“纓皆用五采罽爲之。”此纓雖用絲爲之，當用五采，但無文，故云“蓋”以疑之也。云“其制未聞”者，此纓與男子冠纓異，彼纓垂之兩傍，結其絛。此女子纓不同於彼，故云“其制未聞”。但纓有二時不同，《内則》云“男女未冠笄者，總角衿纓，皆佩容臭”。鄭注云：“容臭，香物也。以纓佩之，爲迫尊者，給小使也。”此是幼時纓也。《内則》又云“婦事舅姑，子事父母，衿纓綦屨”，注云：“衿，猶結也。婦人有纓，示繫屬也。”是婦人女子有二時之纓。《内則》示有繫屬之纓，即許嫁之纓，與此説纓一也。若然，笄亦有二等。案問喪親始死笄纚，據男子去冠仍有笄，與婦人之笄，并有安髮之笄也。爵弁、皮弁及六冕之笄，皆是固冠冕之笄，是其二也。燭出。【注】昏禮畢，將卧息。媵餕主人之餘，御餕婦餘，贊酌外尊酳之。【注】外尊，房户外之東尊。【疏】釋曰：亦陰陽交接之義。云“酌外尊”者，賤不敢與主人同酌内尊也。媵侍于户外，呼則聞。【注】爲尊者有所徵求。今文侍作“待”。【疏】釋曰：不使御侍于户外供承夫婦者，以女爲主，故使媵侍于户外也。

三、士相見禮（節選）

《士相見禮》第三【注】鄭《目録》云：“士以職位相親，始承摯相見。《禮·雜記》會葬禮曰：‘相見也，反哭而退，朋友虞、祔而退。’士相見於五禮屬賓禮，大、小戴及《别録》皆第三。”【疏】釋曰：鄭云“士以職位相親，始承摯相見”者，釋經亦有大夫及庶人見君之禮，亦有士見大夫之法，獨以《士相見》爲名者，以其兩士職位不殊，同類昵近，故以《士相見》爲首。云“《雜記》會葬禮曰：‘相見也，反哭而退，朋友虞、祔而退’”者，以送葬之禮，恩厚者退遲，恩薄者退疾。引之者，證有執摯相見之義也。云“士相見於五禮屬賓禮”者，案《周禮·大宗伯》“五禮”賓禮之别有八：春朝、夏宗、秋覲、冬遇、時會、殷同，此六者，是五等諸侯見天子，兼有自相朝覲之禮。彼又云“時聘曰問，殷覜曰視”，二者是諸侯使臣出聘天子及自相聘之禮，并執玉帛而行，無執禽摯之法。此屬直新升爲士、大夫之等，同國，執禽摯相見及見君之禮，雖非出聘，亦是賓主相見之法，故屬賓禮也。且士卑，唯得作介從君與卿大夫出向他國，無身自聘問之事。案《周禮》，行人是士官，其有“美惡無禮”，特行無介，始得出向他邦，亦非聘問之法也。然昏、冠及喪、祭，尊卑各自有禮，及執摯相見，唯有此《士相見》。其篇内含卿大夫相見，以其新升爲士，或士自相見，或士往見卿大夫，或卿大夫下見士，或見己國君，或士大夫見他國君來朝者，新出仕從微至著，以士爲先後，更有功乃升爲大夫已上，故以士爲總號也。又天子之孤卿、大夫、士與諸侯之孤卿、大夫、士，執摯既同，相見之禮亦無别也。

士相見之禮。贄，冬用雉，夏用腒，左頭奉之，曰："某也願見，無由達，某子以命命某見。"○贄，本又作"摯"，音同。腒，其居反。奉，芳勇反；下同。見，賢遍反。凡卑於尊曰見，敵而曰見，謙敬之辭也，下以意求之；他皆倣此。【注】贄，所執以至者，君子見於所尊敬，必執摯以將其厚意也。士摯用雉者，取其耿介，交有時，别有倫也。雉必用死者，爲其不可生服也。夏用腒，備腐臭也。左頭，頭陽也。無由達，言久無因緣以自達也。某子，今所因緣之姓名也。"以命"者，稱述主人之意。今文"頭"爲"脰"。○耿，古幸反。介，音界。别，彼列反。爲，于僞反。脰，音豆。【疏】"士相見"至"某見"。○釋曰：自此至"送于門外，再拜"，論士與士相見之事也。云"某也願見，無由達"者，謂新升爲士，欲見舊爲士者，謂久無紹介中間之人，達彼此之意，雖願見，無由得與主人通達相見也。云"某子以命命某見"者，某子是紹介中間之人姓名，以主人之命命某是賓之名，命某來見主人也。案《少儀》始見君子者，辭曰"某固願聞名於將命"者，謂以卑見尊法。彼又云敵者曰"某固願見於將命者"，此兩士相見，亦是敵者，不言"願見於將命者"，此既言"願見無由達"，見敵者始欲相見。案下文及還摯者皆云"於將命者"，明此亦有願見於將命者，不言者，文不具也。【注】"贄所"至"爲脰"。○釋曰：云"贄，所執以至"者，贄得訓爲至。新升爲士者，彼人相見，欲相尊敬，必執禽鳥始得至，故云"贄，所執以至者也"。云"士贄用雉"者，對大夫已上所執羔、雁不同也。云"取其耿介，交有時，别有倫也"者，倫，類也。雉交接有時，至於别後，則雄雌不雜，謂春交秋别也。士之義亦然，義取耿介不犯於上也。云"雉必用死者，爲其不可生服也"者，經直云"冬用雉"，知用死雉者，《尚書》云"三帛、二生、一死雉"，則雉義取耿介，爲君致死也。云"夏用腒，備腐臭也"者，案《周禮・庖人》云"春行羔豚，夏行腒鱐"，鄭云："腒，乾雉。鱐，乾魚。腒、鱐暵熱而乾，乾則不腐臭。"故此取"不腐臭"也。冬時雖死，形體不異，故存本名，稱曰雉。夏爲乾腒，形體異，故變本名稱曰"腒"也。云"左頭，頭陽也"者，《曲禮》云"執禽者左首"，雉與羔、雁同是合生執之物，以不可生服，故殺之，雖死猶尚左，以從陽也。云"某子，今所因緣之姓名也"者，謂紹介之姓名。云"以命者，稱述主人之意"者，言紹介之人稱述主人之辭意，傳來賓也。云"今文頭爲脰"者，鄭不從今文者，以其脰，項也，項不得爲頭，故不從也。但此云"某子以命命某見"，謂舊未相見，今始來見主人，故須某子傳通。孺悲欲見孔子，不由紹介，故孔子辭以疾。且經云"某子"，鄭云："某子，今所因緣之姓名。"案《鄉飲酒》云"某子受酬"，注云："某者，衆賓姓。"又《鄉射》云"某酬某子"，注云："某子者，氏也。"與此注"某子"爲姓名不同者，彼旅酬下爲上，尊敬在上，以《公羊傳》"名不若字，字不若子"，故下者稱姓以配子，彼對面語，故不言名。此非對面之言，於彼遥稱紹介之意，若不言名，直稱姓，是何人？故鄭以姓名解之也。若然，《特牲》云"皇祖某子"，注爲"伯子、仲子"者，以孫不宜云父祖姓，故以伯子、仲子言之。望經爲義，故注有殊。若然，注宜有名，無者誤也。

主人對曰："某子命某見，吾子有辱，請吾子之就家也，某將走見。"【注】有，又也。某子命某往見，今吾子又自辱來，序其意也。走，猶往也。今文無"走"。【疏】"主人"至"走見"。○釋曰：云"某子命某見"者，"某子"則是紹介姓名，以"某子"是中間之人，故賓主共稱之也。此上下皆言請，不言辭，辭而不受，須相見，故言請而已。○注"有又"至"無走"。○釋曰：鄭轉"有"爲"又"者，以言某子以命命某往就彼見，吾子又自辱來，於義爲便，故從又不從有也。云"走，猶往也"者，以言走直取急往相見之意，非走驟之義，故釋從往也。云"今文無走"字者，無走於文義不足，故不從今文，從古文也。**賓對曰："某不足以辱命，請終賜見。"**【注】命，謂"請吾子之就家"。**主人對曰："某不敢爲儀，固請吾子之就家也，某將走見。"**【注】不敢爲儀，言不敢外貌爲威儀，忠誠欲往也。固，如故也。今文"不"爲"非"，古文云"固以請"也。【疏】【注】"不敢"至"以請"○釋曰："故，如故也"者，固爲堅固，堅固則如故，以再請如前，故云"故，如故也"。云"今文不爲非"者，云"非"敢於義不便，故不從今文"非"也。云"古文云固以請"者，"固請"於文從便，若有"以"字，於文賒緩，不從古文"固以請"也。**賓對曰："某不敢爲儀，固以請。"**言如固請，終賜見也。今文"不"爲"非"。**主人對曰："某也固辭，不得命，將走見。聞吾子稱贄，敢辭贄。"**【注】不得命者，不得見許之命也。走，猶出也。稱，舉也。辭其贄，爲其大崇也。古文曰"某將走見"。○大，音泰；下同。【疏】【注】"不得"至"走見"。○釋曰：云"走，猶出也"者，亦如上之走往，彼據向賓家，故走爲往，此據出門，故云"走，猶出也"。云"辭其贄，爲其大崇也"者，凡賓主相見，唯此新升爲士有贄，又初不相識，故有贄爲重。對重相見，則無贄爲輕，是以始相見辭之，爲大崇故也。云"古文曰某將走見"者，上再番皆云"某將走見"，今此三者，亦云"某將走見"，與前同，此疊古文不從者，以上第一番請，賓主皆無"不敢爲儀"；第二番賓及主人皆云"不敢爲儀"，文句既異，若不云某，於文不便，故須云某也；此三番於上已云"某也固辭不得命"，於下不須云某，於文便，古文更云"某將走見"，文疊，故不從也。**賓對曰："某不以贄不敢見。"**【注】見於所尊敬而無贄，嫌大簡。【疏】【注】"見於"至"大簡"。○釋曰：此士相見，唯是平敵相抗。案《曲禮》云"主人敬客則先拜客，客敬主人則先拜主人"，并不問爵之大小。唯以相尊敬爲先後，故雖兩士亦得云"相尊敬"，不敢空手，須以摯相見。若無摯相見，是則大簡略也。**主人對曰："某不足以習禮，敢固辭。"**【注】言"不足習禮"者，不敢當其崇禮來見己。【疏】【注】"言不"至"見己"。○釋曰：案上經賓云"某不以摯不敢見"，是賓以崇禮來見主人；今主人不敢當其崇禮來見己，故變文言"不足以習禮"，故鄭云"言不足習禮者，不敢當其崇禮來見己"也。**賓對曰："某也不依於贄，不敢見，固以請。"**【注】言"依於贄"，謙自卑也。【疏】【注】"言依"至"卑也"。○釋曰：凡相見之禮，以卑見尊必依摯。《禮記・檀弓》云"魯人有周豐也者，哀公執摯請見之"者，是下賢，非正法。今士相見云"不依於摯不敢見"，謙自卑也。**主人對曰："某也固辭，不得命，敢不敬從。"出迎于門外，再拜。賓答再拜。主人揖，入門，右。賓奉贄，入門，左。主人再拜，受。賓再拜，送贄，出。**【注】右，就右也。左，就左也。受贄於庭，既拜，受，送則出矣。不受贄於堂，下人君也。今文無"也"。○下，遐嫁反。【疏】【注】"右就"至"無也"。○釋曰：凡門，出則以西爲右，以東爲左；入則以東爲右，以西爲左，依賓西主東之位也。知"受摯於庭"者，以其入門左、右，不言揖讓而升之事，故知在庭也。云"既拜，送則出矣"者，欲見賓拜送摯訖，而言出，則去還家，無意得待主人留己也。云"不受摯於堂，下人君也"者，《聘禮》賓升堂致命，授玉，又下云"君在堂，升見無方階"，亦是升堂見君法，故云"不於堂，下人君也"。**主人請見，賓反見，退。主人送于門外，再拜。**【注】請見者，爲賓崇禮來相接，以矜莊，歡心未交也，賓反見則燕矣。下云"凡燕見於君"至"凡侍坐於君子"，博記反見之燕義。臣初見於君，再拜，奠摯而出。【疏】【注】"請見"至"而出"。○釋曰：鄭解主人留賓之意。云"請見者，爲賓崇禮來相接"，則執摯來是也。云"以矜莊，歡心未交也"者，正謂入門拜，受拜；送時賓主俱矜莊相敬，歡心未交也。云"賓反見則燕矣"者，上《士冠》禮賓、《士昏》納采之等，《禮記》皆有禮賓、饗賓之事，明此行禮，主人留必不虚，宜有歡燕，故云"則燕矣"。以摯相見,非聘問之禮,燕既在寢,明前相見亦在寢之庭矣。若諸文有留賓者,多是禮賓之事,知此不行禮賓而云燕者,彼諸文皆是爲餘事相見,以其事重,故爲禮賓;此直當身相見,其事輕,故直有燕矣,是以諸文禮賓,此燕賓,故直云"請見"也。云"凡燕見於君"至"反見之燕義"者,凡燕見或反見,或本來侍坐,非反見,下注云"此謂特見圖事,非立賓主之燕"是也。"侍坐於君子"之下,乃有"侍坐、問夜膳葷"、賜食爵之等,不引證燕見者,彼直是侍坐法,非燕見之禮故也。云"臣初見於君,再拜,奠摯而出"者,鄭欲見"自燕見于君",下至"凡侍坐於君子",皆反見燕法,其中仍有臣見于君法。臣始事見于君法,禮畢,奠摯而出,君亦當遣人留之燕也。若然,下有"他邦之人則還摯",雖不見反燕,臣尚燕,他邦有燕可知,但文不具也。

第五章　禮　記

一、昔者仲尼與於蜡賓①

昔者仲尼與於蜡賓,蜡者,索也,歲十二月合聚萬物而索饗之,亦祭宗廟,時孔子仕魯,在助祭之中。事畢,出遊於觀之上,喟然而嘆。觀,闕也。孔子見魯君於祭禮有不備,於此又睹象魏舊章之處,感而嘆之。仲尼之嘆,蓋嘆魯也。言偃在側,曰:"君子何嘆?"言偃,孔子弟子子游。孔子曰:"大道之行也,與三代之英,丘未之逮也,而有志焉。"大道,謂五帝時也。英,俊選之尤者。逮,及也,言不及見。志,謂識古文。不言魯事,爲其大切廣言之。

"大道之行也,天下爲公,選賢與能,講信修睦。公,猶共也。禪位授聖,不家之。睦,親也。故人不獨親其親,不獨子其子。孝慈之道廣也。使老有所終,壯有所用,幼有所長,矜寡孤獨廢疾者皆有所養。無匱乏也。男有分,分,猶職也。女有歸。皆得良奥之家。貨惡其弃於地也,不必藏於己;力惡其不出於身也,不必爲己。勞事不憚,施無吝心,仁厚之教也。是故謀閉而不興,盗竊亂賊而不作。尚辭讓之故也。故外户而不閉,禦風氣而已。是謂大同。"同,猶和也,平也。

"今大道既隱,隱,猶去也。天下爲家。傳位於子。各親其親,各子其子,貨力爲己。俗狹嗇。大人世及以爲禮,城郭溝池以爲固。亂賊繁多,爲此以服之也。大人,諸侯也。禮義以爲紀,以正君臣,以篤父子,以睦兄弟,以和夫婦,以設制度,以立田里,以賢勇知,以功爲己。故謀用是作,而兵由此起。以其違大道敦樸之本也。教令之稠,其弊則然。《老子》曰:"法令滋章,盗賊多有。"禹、湯、文、武、成王、周公,由此其選也。由,用也,能用禮義以成治。此六君子者,未有不謹於禮者也。以著其義,以考其信,著有過,刑仁講讓,示民有常。考,成也。刑,猶則也。如有不由此者,在執者去,衆以爲殃。執,執位也。去,罪退之也。殃,猶禍惡也。是謂小康。"康,安也。大道之人以禮,於忠信爲薄,言小安者失之,則賊亂將作矣。

二、博學②

博學之,審問之,慎思之,明辨之,篤行之。有弗學,學之弗能,弗措也;有弗問,問之弗知,弗措也;有弗思,思之弗得,弗措也;有弗辨,辨之弗明,弗措也;有弗行,行之弗

① 選自《禮記·禮運》。編者按:本節内容一般選文以"大同"爲題。
② 選自《禮記·中庸》。

篤，弗措也。人一能之，己百之；人十能之，己千之。果能此道矣，雖愚必明，雖柔必强。此勸人學誠其身也。果，猶决也。【疏】正義曰：此一經申明上經“誠之者，擇善而固執之”事。“有弗學，學之弗能，弗措也”者，謂身有事，不能常學習，當須勤力學之。措，置也。言學不至於能，不措置休廢，必待能之乃已也。以下諸事皆然，此一句覆上“博學之”也。“有弗問，問之弗知，弗措也”，覆上“審問之”也。“有弗思，思之弗得，弗措也”，覆上“慎思之”也。“有弗辨，辨之弗明，弗措也”，覆上“明辨之”也。“有弗行，行之弗篤，弗措也”，覆上“篤行之”也。“人一能之，己百之；人十能之，己千之”，謂他人性識聰敏，一學則能知之，己當百倍用功而學，使能知之。言己加心精勤之多，恒百倍於他人也。“果能此道矣。雖愚必明，雖柔必强”，果，謂果决也。若决能爲此百倍用功之道，識慮雖復愚弱，而必至明强。此勸人學誠其身也。

三、大學之道[①]

大學之道，在明明德，在親民，在止於至善。知止而后有定，定而后能静，静而后能安，安而后能慮，慮而后能得。物有本末，事有終始，知所先後，則近道矣。明明德，謂顯明其至德也。止，猶自處也。得，謂得事之宜也。古之欲明明德於天下者，先治其國；欲治其國者，先齊其家；欲齊其家者，先修其身；欲修其身者，先正其心；欲正其心者，先誠其意；欲誠其意者，先致其知。知，謂知善惡吉凶之所終始也。致知在格物。格，來也。物，猶事也。其知於善深則來善物，其知於惡深則來惡物，言事緣人所好來也。此“致”或爲“至”。物格而后知至，知至而后意誠，意誠而后心正，心正而后身修，身修而后家齊，家齊而后國治，國治而后天下平。自天子以至於庶人，壹是皆以修身爲本，其本亂而末治者否矣。其所厚者薄，而其所薄者厚，未之有也。此謂知本，此謂知之至也。壹是，專行是也。

四、孔子過泰山側[②]

孔子過泰山側，有婦人哭於墓者而哀。夫子式而聽之，怪其哀甚。使子路問之，曰：“子之哭也，壹似重有憂者。”而曰：“然，昔者吾舅死於虎，吾夫又死焉，今吾子又死焉。”而，猶乃也。夫之父曰舅。夫子曰：“何爲不去也？”曰：“無苛政。”夫子曰：“小子識之，苛政猛於虎也。”【疏】正義曰：此一節論苛政嚴於猛虎之事。“子之哭也，壹似重有憂者”，言子之哭也，一似重疊有憂喪者也。“壹”者，决定之辭也。“而曰然”者，而，乃也。婦人哭畢，乃答之曰“然”，“然”猶如是，是重疊有憂也。

五、有子之言似夫子[③]

有子問於曾子曰：“問喪於夫子乎？”有子，孔子弟子有若也。夫子卒後問此，庶有異聞也。喪，謂仕失位也。魯昭公孫於齊曰：“喪人其何稱。”曰：“聞之矣：喪欲速貧，死欲速朽。”有子曰：“是非君子之言也。”貧、朽，非人所欲。曾子曰：“參也聞諸夫子也。”有子又曰：“是非君子之言也。”曾子曰：“參也與子游聞之。”有子曰：“然！然則夫子有爲言之也。”曾子以斯言告於子游。子游曰：“甚哉！有子之言似夫子也。昔者夫

---

① 選自《禮記·大學》。

② 選自《禮記·檀弓下》。編者按：本節内容一般選文以“苛政猛於虎”爲題。

③ 選自《禮記·檀弓上》。

子居於宋，見桓司馬自爲石椁，三年而不成。桓司馬，宋向戌之孫，名魋。夫子曰：‘若是其靡也，死不如速朽之愈也。’死之欲速朽，爲桓司馬言之也。靡，侈。南宫敬叔反，必載寶而朝。敬叔，魯孟僖子之子仲孫閲。蓋嘗失位去魯，得反，載其寶來朝於君。夫子曰：‘若是其貨也，喪不如速貧之愈也。’喪之欲速貧，爲敬叔言之也。”曾子以子游之言告於有子，有子曰：“然，吾固曰非夫子之言也。”曾子曰：“子何以知之？”有子曰：“夫子制於中都，四寸之棺，五寸之椁，以斯知不欲速朽也。中都，魯邑名也。孔子嘗爲之宰，爲民作制。孔子由中都宰爲司空，由司空爲司寇。昔者夫子失魯司寇，將之荆，將應聘於楚。蓋先之以子夏，又申之以冉有，以斯知不欲速貧也。”言汲汲於仕得禄。【疏】正義曰：此一節論喪不欲速貧、死不欲速朽之事，各隨文解之。“有子問於曾子”者，此孔子卒後，弟子相問，冀有所異聞也。“問喪”，謂問失本位居他國禮也。有子問於曾子云：“汝曾聞失位在他國之禮於孔子否乎？”注“有子”至“何稱”。正義曰：案《仲尼弟子傳》：“有若，少孔子四十三歲。”彼注云：“魯人也。”“曾參，南武城人，字子輿，少孔子四十六歲。”云“魯昭公孫於齊曰：喪人其何稱”者，引《公羊》，證失位者稱喪也。昭公孫于齊，次于楊州，齊侯唁公于野井，昭公曰：“喪人其何稱。”“有子”至“言也”[1]。以曾子云“喪欲速貧，死欲速朽”，有子云：“如是之語，非君子之言也。”夫子既是君子，必不爲此言。時有子唯問喪，不問死，曾子以喪、死二事報有子者，以喪、死俱爲惡事，貧、朽又事類相似。既言“喪欲速貧”，遂言“死欲速朽”。案此“速貧”在前，“速朽”在後，而下子游之對，先云“死欲速朽”，後言“喪欲速貧”，隨孔子所見言之先後也。且孔子爲中都宰之時，制其棺椁，不用速朽，其事在前。夫子失魯司寇，使子夏、冉有先適楚，不欲速貧，其事在後，故子游先言“速朽”，後言“速貧”，亦隨夫子之事前後。注“桓司”至“名魋”。正義曰：案《世本》：“向戌生東鄰叔子超，超生左師眇，眇即向巢也”。魋是巢之弟，故云向戌孫也。【注】“孔子”至“司寇”。正義曰：《孔子世家》，定公九年，孔子年五十，定公以孔子爲中都宰。一年，四方皆則之。由中都宰爲司空，由司空爲司寇，定公十年會於夾谷，攝相事。此云“司寇”者，崔靈恩云：“諸侯三卿，司徒兼冢宰，司馬兼宗伯，司空兼司寇，三卿之下，則五小卿爲五大夫，故《周禮・太宰職》云：‘諸侯立三卿五大夫也。’五大夫者，司徒之下立二人，小宰、小司徒；司馬之下，以其事省，立一人爲小司馬，兼宗伯之事；司空之下立二人，小司寇、小司空。今夫子爲司空者，爲小司空也，從小司空爲小司寇也。”崔所以知然者，魯有孟、叔、季三卿爲政。又有臧氏爲司寇，故知孔子爲小司寇，崔解可依。“昔夫子”至“之荆”[2]。案《世家》，定十四年[3]，齊人歸女樂，孔子去魯適衛。從衛之陳，過匡邑，匡人圍之。又復去，過蒲，又反於衛。又去衛，過曹，適宋。時定公卒，宋桓魋欲殺孔子，伐夫子所過之樹，削夫子所過之迹。去宋，適鄭。去鄭，適陳，居三歲，又適衛。既不見用，將西見趙簡子，至河而聞殺竇鳴犢與舜華也。又反於衛，復行如陳。時哀公三年，孔子年六十。明年，孔子自陳遷于蔡。三歲，孔子在陳、蔡之間，楚使人聘孔子，陳、蔡乃圍孔子，絶粮乏食七日。於是使子貢至楚，楚昭王興師迎孔子，將書社七百里封孔子，楚令尹子西諫而止之。是歲，楚昭王卒，孔子自楚反于衛，孔子年六十三，是魯哀公六年。以此言之，失司寇在定十四年，之楚在哀公六年，其間年月甚遠。且失司寇之後，嚮宋不嚮楚。而云“失魯司寇，將之荆”者，謂失魯司寇之後，將往之荆，則哀公六年之荆，亦是失司寇之後，非謂失司寇之年即之荆也。

第六章　尚　書

一、堯典

昔在帝堯，聰明文思，光宅天下。言聖德之遠著。將遜于位，讓于虞舜，遜，遁也。老使攝，遂禪之。作《堯典》。

堯典言堯可爲百代常行之道。

曰若稽古，帝堯，若，順。稽，考也。能順考古道而行之者帝堯。曰放勳，欽明文思安安，勳，功。欽，敬也。言堯放上世之功化，而以敬明文思之四德安天下之當安者。允恭克讓，光被四表，格于上下。允，信。克，能。光，充。格，至也。既有四德，又信恭能讓，故其名聞充溢四外，至於天地。克明俊德，以親九族。能明俊德之士任用之，以睦高祖玄孫之親。九族既睦，平章百姓。既，已也。百姓，百官。言化九族而平和章明。百姓昭明，協和萬邦，黎民於變時雍。昭亦明也。協，合。黎，衆。時，是。雍，和也。言天下衆民皆變化化上，是以風俗大和。

---

① 據例，“有子”前脱“注”字，宜補。

② 據例，“昔夫子”前脱“注”字，宜補。

③ 據例，“案”前脱“正義曰”三字，宜補。

乃命羲和，欽若昊天，曆象日月星辰，敬授人時。重、黎之後羲氏、和氏，世掌天地四時之官，故堯命之使敬順昊天。昊天，言元氣廣大。星，四方中星。辰，日月所會。曆象其分節，敬記天時以授人也。此舉其目，下别序之。分命羲仲，宅嵎夷，曰暘谷。宅，居也。東表之地稱嵎夷。暘，明也，日出於谷而天下明，故稱暘谷。暘谷、嵎夷一也。羲仲，居治東方之官。寅賓出日，平秩東作。寅，敬。賓，導。秩，序也。歲起於東而始就耕，謂之東作。東方之官敬導出日，平均次序東作之事，以務農也。日中，星鳥，以殷仲春。日中，謂春分之日。鳥，南方朱鳥七宿。殷，正也。春分之昏，鳥星畢見，以正仲春之氣節，轉以推季孟則可知。厥民析，鳥獸孳尾。冬寒無事，並入室處。春事既起，丁壯就功。厥，其也。言其民老壯分析。乳化曰孳，交接曰尾。申命羲叔，宅南交。申，重也。南交，言夏與春交，舉一隅以見之。此居治南方之官。平秩南訛，敬致。訛，化也。掌夏之官，平序南方化育之事，敬行其教，以致其功。四時同之，亦舉一隅。日永，星火，以正仲夏。永，長也，謂夏至之日。火，蒼龍之中星。舉中則七星見可知。以正仲夏之氣節，季孟亦可知。厥民因，鳥獸希革。因，謂老弱因就在田之丁壯以助農也。夏時鳥獸毛羽希少改易。革，改也。分命和仲，宅西，曰昧谷。昧，冥也。日入於谷而天下冥，故曰昧谷。昧谷曰西，則嵎夷東可知。此居治西方之官，掌秋天之政也。寅餞納日，平秩西成。餞，送也。日出言導，日入言送，因事之宜。秋，西方，萬物成。平序其政，助成物也。宵中，星虚，以殷仲秋。宵，夜也。春言日，秋言夜，互相備。虚，玄武之中星，亦言七星，皆以秋分日見，以正三秋。厥民夷，鳥獸毛毨。夷，平也，老壯在田與夏平也。毨，理也，毛更生整理。申命和叔，宅朔方，曰幽都。平在朔易。北稱朔，亦稱方，言一方則三方見矣。北稱幽都，南稱明從可知也。都，謂所聚也。易，謂歲改易於北方，平均在察其政，以順天常。上揔言羲和敬順昊天，此分别仲叔，各有所掌。日短，星昴，以正仲冬。日短，冬至之日。昴，白虎之中星[1]，亦以七星並見，以正冬之三節[2]。厥民隩，鳥獸氄毛。隩，室也。民改歲入此室處，以辟風寒[3]。鳥獸皆生耎毳細毛以自温焉[4]。帝曰："咨，汝羲暨和。朞三百有六旬有六日，以閏月定四時，成歲。咨，嗟。暨，與也。匝四時曰朞。一歲十二月，月三十日，正三百六十日；除小月六，爲六日，是爲一歲有餘十二日；未盈三歲定得一月，則置閏焉，以定四時之氣節，成一歲之曆象。允釐百工，庶績咸熙。"允，信。釐，治。工，官。績，功。咸，皆。熙，廣也。言定四時成歲曆，以告時授事，則能信治百官，衆功皆廣。嘆其善。

帝曰："疇咨若時登庸？"疇，誰。庸，用也。誰能咸熙庶績順是事者，將登用之。放齊曰："胤子朱啓明。"帝曰："吁！嚚訟，可乎？"放齊，臣名。胤，國，子爵。朱，名。啓，開也。吁，疑怪之辭。言不忠信爲嚚，又好争訟，可乎？言不可。

帝曰："疇咨若予采？"采，事也。復求誰能順我事者。驩兜曰："都！共工方鳩僝功。"驩兜，臣名。都，於，嘆美之辭。共工，官稱。鳩，聚。僝，見也。嘆共工能方方聚見其功。帝曰："吁！静言庸違，象恭滔天。"静，謀。滔，漫也。言共工自爲謀言，起用行事而違背之，貌象恭敬而心傲很若漫天。言不可用。

帝曰："咨！四岳，四岳，四岳，即上羲、和之四子，分掌四岳之諸侯，故稱焉。湯湯洪水方割，湯湯，流貌。洪，大。割，害也。言大水方方爲害。蕩蕩懷山襄陵，浩浩滔天。蕩蕩，言水奔突有所滌除。懷，包。襄，上也。包山上陵，浩浩盛大，若漫天。下民其咨，有能俾乂？"俾，使。乂，治也。言民咨嗟[5]憂愁，病水困苦，故問四岳，有能治者將使之。僉曰："於，鯀哉！"僉，皆也。鯀，崇伯之名。朝臣舉之。帝曰："吁，咈哉！方命圮族。"凡言"吁"者，皆非帝意。咈，戾。圮，毁。族，類也。言鯀性很戾，好比方名，命而行事，輒毁敗善類。岳曰："異哉！試可乃已。"異，已也。已，退也。言餘人盡已，唯鯀可試，無成乃退。帝曰："往，欽哉！"勑鯀往治水，命使敬其事。堯知其性很戾圮族，未明其所能，而據衆言可試，故遂用之。九載，績用弗成。載，年也。三考九年，功用不成，則放退之。

帝曰："咨！四岳，朕在位七十載，堯年十六以唐侯升爲天子[6]，在位七十年，則時年八十六，老將求代。汝能庸命巽朕位？"巽，順也。言四岳能用帝命[7]，故欲使順行帝位之事。岳曰："否德忝帝位。"否，不。忝，辱也。辭不堪。曰："明明揚側陋。"堯知子不肖，有禪位之志，故明舉明人在側陋者。廣求賢也。

① "星"字原闕，今據阮刻本(第 119 頁下)補。

② "三節"二字原闕，今據阮刻本(第 119 頁下)補。

③ "辟風"二字原闕，今據阮刻本(第 119 頁下)補。

④ "焉"字原闕，今據阮刻本(第 119 頁下)補。

⑤ 嗟，原作"差"，今據阮刻本(第 122 頁上)改。

⑥ "天"字原闕，今據阮刻本(第 123 頁上)補。

⑦ "四"字原闕，今據阮刻本(第 123 頁上)補。

師錫帝曰："有鰥在下，曰虞舜。"師，衆。錫，與也。無妻曰鰥。虞，氏。舜，名。在下民之中。衆臣知舜聖賢，恥己不若，故不舉。乃不獲已而言之。帝曰："俞，予聞。如何？"俞，然也。然其所舉，言我亦聞之，其德行如何？岳曰："瞽子。父頑，母嚚，象傲。無目曰瞽。舜父有目，不能分别好惡，故時人謂之瞽，配字曰瞍。瞍，無目之稱。心不則德義之經爲頑。象，舜弟之字，傲慢不友。言並惡。克諧，以孝烝烝，乂不格姦。"諧，和。烝，進也。言能以至孝和諧頑嚚昏傲，使進進以善自治，不至於姦惡。帝曰："我其試哉！言欲試舜，觀其行迹。女于時，觀厥刑于二女。"女，妻。刑，法也。堯於是以二女妻舜，觀其法度接二女，以治家觀治國。釐降二女于嬀汭，嬪于虞。降，下。嬪，婦也。舜爲匹夫，能以義理下帝女之心，於所居嬀水之汭，使行婦道於虞氏。帝曰："欽哉！"嘆舜能修己行敬以安人，則其所能者大矣。

二、湯誓

伊尹相湯，伐桀，升自陑。桀都安邑，湯升道從陑，出其不意。陑在河曲之南。遂與桀戰于鳴條之野，地在安邑之西，桀逆拒湯。作《湯誓》。

湯誓戒誓其士衆。

王曰："格爾衆庶，悉聽朕言。契始封商，湯遂以爲天下號。湯稱王，則比桀於一夫。非台小子敢行稱亂，有夏多罪，天命殛之。稱，舉也。舉亂，以諸侯伐天子。非我小子敢行此事，桀有昏德，天命誅之，今順天。今爾有衆，汝曰：'我后不恤我衆，舍我穡事而割正夏。'汝，汝有衆。我后，桀也。正，政也。言奪民農功而爲割剥之政。予惟聞汝衆言，不憂我衆之言。夏氏有罪，予畏上帝，不敢不正。不敢不正桀罪誅之。今汝其曰：'夏罪，其如台。'今汝其復言桀惡，其亦如我所聞之言。夏王率遏衆力，率割夏邑。言桀君臣相率爲勞役之事以絶衆力，謂廢農功。相率割剥夏之邑居，謂征賦重。有衆率怠弗協，曰：'時日曷喪？予及汝皆亡！'衆下相率爲怠惰，不與上和合。比桀於日，曰："是日何時喪？我與汝俱亡！"欲殺身以喪桀。夏德若兹，今朕必往。凶德如此，我必往誅之。爾尚輔予一人，致天之罰，予其大賚汝。賚，與也。汝庶幾輔成我，我大與汝爵賞。爾無不信，朕不食言。食盡其言，僞不實。爾不從誓言，不用命。予則孥戮汝，罔有攸赦。"古之用刑，父子兄弟罪不相及，今云孥戮汝，無有所赦，權以脅之，使勿犯。

湯既勝夏，欲遷其社，不可。湯承堯、舜禪代之後，順天應人，逆取順守而有慙德，故革命創制，改正易服，變置社稷，而後世無及句龍者，故不可而止。作《夏社》《疑至》《臣扈》。言夏社不可遷之義。《疑至》及《臣扈》三篇，皆亡。夏師敗績，湯遂從之，大崩曰敗績。從謂遂討之。遂伐三朡，俘厥寶玉。三朡，國名，桀走保之，今定陶也。桀自安邑東入山，出太行，東南涉河。湯緩追之，不迫，遂奔南巢。俘，取也。玉以禮神，使無水旱之災，故取而寶之。誼伯、仲伯作《典寶》。二臣作《典寶》一篇，言國之常寶也。亡。

第七章　周　易

一、上經·乾

☰乾下乾上。乾，元亨利貞。

初九，潛龍，勿用。文言備矣。○乾，竭然反。依字作"乾"下"乙"，乾，從旦、㫃。㫃，音偃。《説卦》云："乾，健也。"此八純卦，象天。亨，許庚反，卦德也，訓通也。餘放此。潛，捷鹽反。龍，喻陽氣及聖人。

九二，見龍在田，利見大人。出潛離隱，故曰"見龍"。處於地上，故曰"在田"。德施周普，居中不偏，雖非君位，君之德也。初則不彰，三則乾乾，四則或躍，上則過亢。利見大人，唯二、五焉。○見龍，賢遍反，示也，注及下“見龍”皆同。利見，如字；下皆同。大人，王肅云：“聖人在位之目。”離，力智反。處，昌吕反，衆經不音者，放此。施，始豉反，與也。偏，音篇。過，古卧反，諸經内皆同。

九三，君子終日乾乾，夕惕若厲，無咎。處下體之極，居上體之下，在不中之位，履重剛之險。上不在天，未可以安其尊也；下不在田，未可以寧其居也。純修下道，則居上之德廢；純修上道，則處下之禮曠。故終日乾乾，至於夕惕猶若厲也。居上不驕，在下不憂，因時而惕，不失其幾，雖危而勞，可以无咎。處下卦之極，愈於上九之亢，故竭知力而後免於咎也。乾三以處下卦之上，故免亢龍之悔；坤三以處下卦之上，故免龍戰之災。○惕，他歷反，怵惕也。鄭玄云：“懼也。”《廣雅》同。厲，力世反，危也。无，音無。《易》内皆作此字。《説文》云：“奇字無也。通於無者，虚无道也。”王述説：“天屈西北爲无。”咎，其久反，《易》内同。重，直龍反，下同。知，音智。

九四，或躍在淵，无咎。去下體之極，居上體之下，乾道革之時也。上不在天，下不在田，中不在人，履重剛之險，而无定位所處，斯誠進退無常之時也。近乎尊位，欲進其道，迫乎在下，非躍所及；欲静其居，居非所安，持疑猶豫，未敢决志。用心存公，進不在私，疑以爲慮，不謬於果，故“无咎”也。○躍，羊灼反。《廣雅》云：“上也。”上，音時掌反。所處，一本作“可處”。近，附近之近。猶，以救反。豫，音預。謬，靡幼反，本或作“繆”，音同。

九五，飛龍在天，利見大人。不行不躍，而在乎天，非飛而何？故曰“飛龍”也。龍德在天，則大人之路亨也。夫位以德興，德以位叙。以至德而處盛位，萬物之睹，不亦宜乎！○夫，音符，下皆同。

上九，亢龍有悔。用九，見群龍無首，吉。九，天之德也。能用天德，乃見“群龍”之義焉。夫以剛健而居人之首，則物之所不與也；以柔順而爲不正，則佞邪之道也。故《乾》吉在无首，《坤》利在永貞。○亢，苦浪反。子夏《傳》云：“極也。”《廣雅》云：“高也。”佞，乃定反。邪，字又作“耶”，似嗟反。

《彖》曰：大哉乾元！萬物資始，乃統天。雲行雨施，品物流形，大明終始，六位時成，時乘六龍以御天。乾道變化，各正性命。天也者，形之名也；健也者，用形者也。夫形也者，物之累也。有天之形而能永保无虧，爲物之首，統之者豈非至健哉！大明乎終始之道，故六位不失其時而成，升降無常，隨時而用，處則乘潛龍，出則乘飛龍，故曰“時乘六龍”也。乘變化而禦大器，静專動直，不失大和，豈非正性命之情者邪？○彖，吐亂反，斷也。斷，都亂反，資，鄭云：“資，取也”。統，鄭云：“統，本也。”行，如字。施，始豉反，卦内皆同。累。劣僞反。邪，或作“耶”，同，餘嗟反。後協句，辭皆放此。保合大和，乃利貞。不和而剛暴。首出庶物，萬國咸寧。萬物所以寧，各以有君也。

《象》曰：天行健，君子以自强不息。“潛龍勿用”，陽在下也。“見龍在田”，德施普也。“終日乾乾”，反復道也。以上言之則不驕，以下言之則不憂，反覆皆道也。○象，翔丈反，精象，擬象也。自强，其良反。反復，芳服反，注同，本亦作“覆”。“或躍在淵”，進無咎也。“飛龍在天”，大人造也。“亢龍有悔”，盈不可久也。用九，天德不可爲首也。

《文言》曰：元者，善之長也；亨者，嘉之會也；利者，義之和也；貞者，事之幹也。君子，體仁足以長人，嘉會足以合禮，利物足以和義，貞固足以幹事。君子行此四德者，故曰“乾，元亨利貞”。初九曰“潛龍勿用”，何謂也？子曰：“龍德而隱者也。不易乎世，不爲世俗所移易也。○造，鄭徂早反，爲也。王肅七到反，就也，至也。劉歆父子作“聚”。文言，文飾卦下之言也，夫子之《十翼》。梁武帝云：《文言》是文王所制。”長，張丈反。幹，古旦反。體仁，如字。京房、荀爽、董遇本作“體信”。利物，孟喜、京、荀、陸績作“利之”。不成乎名，遯世無悶，不見是而無悶。樂則行之，憂則違之，確乎其不可拔，潛龍也。”

九二曰“見龍在田，利見大人”，何謂也？子曰：“龍德而正中者也。庸言之信，庸行之謹，閑邪存其誠，善世而不伐，德博而化。《易》曰：‘見龍在田，利見大人’，君德也。”

九三曰“君子終日乾乾，夕惕若厲，无咎”，何謂也？子曰：“君子進德修業。忠信所以進德也；修辭立其誠，所以居業也。知至至之可與言幾也，知終終之可與存義也。處一體之極，是至也；居一卦之盡，是終也。處事之至而不犯咎，知至者也，故可與成務矣。處終而能全其終，知終者也。夫進物之速者，義不若利；存物之終者，利不及義。故“靡不有初，鮮克有終”。夫可與存義者，其唯知終者乎？○不成乎名，一本作“不成名”。遯，徒頓反。悶，門遜反。樂，音洛。確，苦學反，鄭云：“堅高之貌。”《説文》云：“高至。”拔，蒲八反。鄭云：“移也。”《廣雅》云：“出也。”庸行，下孟反。邪，似嗟反，下同。幾，既依反，注同。理初始微名幾。能全，一本作“能令”。鮮，本亦作“尟”，同，仙善反，少也。是故居上位而不驕，在下位而不憂。居下體之上，在上體之下，明夫終敝，故不驕也。知夫至至，故不憂也。故乾乾，因其時而惕，雖危无咎矣。惕，怵惕之謂也。處事之極，失時則廢，懈怠則曠，故“因其時而惕，雖危無咎”。○怵，勑律反。懈，佳賣反。

九四曰“或躍在淵，无咎”，何謂也？子曰：“上下无常，非爲邪也。進退无恒，非離群也。君子進德修業，欲及時也，故无咎。”

九五曰“飛龍在天，利見大人”，何謂也？子曰：“同聲相應，同氣相求。水流濕，火就燥，雲從龍，風從虎，聖人作而萬物睹，本乎天者親上，本乎地者親下，則各從其類也。”

上九曰“亢龍有悔”，何謂也？子曰：“貴而无位，高而无民。下无陰也。○上下，並如字。王肅上音時掌反。離，力智反。應，應對之應。《易》内不出者，並同。濕，申入反。燥，蘇早、先皂二反。作，如字。鄭云：“起也。”馬融作“起”。賢人在下位而無輔，賢人雖在下而當位，不爲之助。○當，都浪反。《易》内皆同，有異者别出。是以動而有悔也。”處上卦之極而不當位，故盡陳其闕也。獨立而動，物莫之與矣。乾，《文言》首不論“乾”而先説“元”，下乃曰“乾”，何也？夫“乾”者統行四事者也。君子以自强不息，行此四者，故首不論“乾”而下曰“乾，元亨利貞”。餘爻皆説“龍”，至於九三獨以“君子”爲目，何也？夫易者，象也。象之所生，生於義也。有斯義，然後明之以其物，故以“龍”叙“乾”，以“馬”明“坤”，隨其事義而取象焉。是故初九、九二，龍德皆應其義，故可論龍以明之也。至於九三“乾乾夕惕”，非龍德也，明以君子當其象矣。統而舉之，“乾”體皆龍，别而叙之，各隨其義。○盡，津忍反。當其，如字。

“潛龍勿用”，下也。“見龍在田”，時舍也。“終日乾乾”，行事也。“或躍在淵”，自試也。“飛龍在天”，上治也。“亢龍有悔”，窮之災也。乾元“用九”，天下治也。此一章全以人事明之也。九，陽也。陽，剛直之物也。夫能全用剛直，放遠善柔，非天下至理，未之能也。故“乾元用九”，則“天下治”也。夫識物之動，則其所以然之理，皆可知也。龍之爲德，不爲妄者也。潛而勿用，何乎？必窮處於下也。見而在田，必以時之通舍也。以爻爲人以位爲時，人不妄動，則時皆可知也。文王明夷，則主可知矣。仲尼旅人，則國可知矣。○治，直吏反，下及注同。遠，于萬反。見，賢遍反。

“潛龍勿用”，陽氣潛藏。“見龍在田”，天下文明。“終日乾乾”，與時偕行。與天時俱不息。“或躍在淵”，乾道乃革。“飛龍在天”，乃位乎天德。“亢龍有悔”，與時偕極。與時運俱終極。“乾元用九”，乃見天則。此一章全説天氣以明之也。九，剛直之物，唯“乾”體能用之，用純剛以觀天，天則可見矣。“乾元”者，始而亨者也。“利貞”者，性情也。不爲“乾元”，何能通物之始？不性其情，何能久行其正？是故“始而亨者”，必“乾元”也。利而正者，必“性情”也。

乾始，能以美利利天下，不言所利，大矣哉！大哉乾乎！剛健中正，純粹精也；六爻發揮，旁通情也；“時乘六龍”，以御天也；“雲行雨施”，天下平也。君子以成德爲行，日可見之行也。潛之爲言也，隱而未見，行而未成，是以君子弗用也。君子學以聚之，問以辯之，以君德而處下體，資納於物者也。○粹，雖遂反。揮，音輝。《廣雅》云：“動也。”王肅云：“散也。”本亦作“輝”，義取光輝。行，下孟反，下“之行”“行而”皆同。日，人實反。見，賢遍反。辯，如字，徐，扶免反。寬以居之，仁以行之，《易》曰：“見龍在田，利見大人”，君德也。

九三重剛而不中，上不在天，下不在田，故乾乾因其時而惕，雖危无咎矣。九四重剛而不中，上不在天，下不在田，中不在人，故或之。或之者，疑之也，故无咎。夫大人者，與天地合其德，與日月合其明，與四時合其序，與鬼神合其吉凶。先天而天弗違，後天而奉天時；天且弗違，而況於人乎？況於鬼神乎？亢之爲言也，知進而不知退，知存而不知亡，知得而不知喪。其唯聖人乎？知進退存亡而不失其正者，其唯聖人乎？○重，直龍反，下同。夫，音符。發端之字皆放此。先，悉薦反。後，胡豆反。喪，息浪反。聖人乎，王肅本作“愚人”，後結始作“聖人”。

二、繫辭下

八卦成列，象在其中矣。備天下之象也。因而重之，爻在其中矣。夫八卦，備天下之理而未極其變，故因而重之以象其動。用擬諸形容，以明治亂之宜，觀其所應，以著適時之功，則爻卦之義所存各異，故爻在其中矣。○重，直龍反，注同。治，直吏反。剛柔相推，變在其中矣。繫辭焉而命之，動在其中矣。剛柔相推，況八卦相盪，或否或泰。繫辭焉而斷其吉凶，況之六爻動以適時者也。立卦之義，則見於《彖》《象》；適時之功，見存之《爻辭》。王氏之例詳矣。○繫，音係，卷内皆同。命，孟作“明”。否，備鄙反。斷，丁亂反。見，賢遍反，下及注皆同。吉凶悔吝者，生乎動者也。有变動而後有吉凶。剛柔者，立本者也；變通者，趣時者也；立本況卦，趣時況爻。○趣，七樹反。吉凶者，貞勝者也。貞者，正也，一也。夫有動則未免乎累，殉吉則未離乎凶。盡會通之變而不累於吉凶者，其唯貞者乎？《老子》曰："王侯得一以爲天下貞。"萬变雖殊，可以執一御也。○貞勝，姚本作"貞稱"。累，劣僞反。殉，辭俊反，後同。離，力智反。盡，津忍反，下同。天地之道，貞觀者也。明夫天地万物，莫不保其貞，以全其用也。○觀，官焕反，又音官。日月之道，貞明者也；天下之動，貞夫一者也。夫乾，確然示人易矣；夫坤，隤然示人簡矣。確，剛貌也。隤，柔貌也。乾坤皆恒一其德，物由以成，故簡易也。○夫，音符。確，苦角反。《説文》云："高至。"易，以豉反，下注同。[1] 隤，大回反，孟作"退"，陸、董、姚作"妥"。爻也者，效此者也；象也者，像此者也。爻象動乎内，兆數見於卦也。○像，音象。吉凶見乎外，失得驗於事也。功業見乎變，功業由變以興，故見乎變也。聖人之情見乎辭。辭也者，各指其所之，故曰"情"也。天地之大德曰生，施生而不爲，故能常生，故曰"大德"也。○施，始豉反。聖人之大寶曰位。夫無用則无所寶，有用則有所寶也。無用而常足者，莫妙乎道；有用而弘道者，莫大乎位，故曰"聖人之大寶曰位"。○大寶，孟作"保"。何以守位？曰仁。何以聚人？曰財。財，所以資物生也。○曰人，王肅、卞伯王、桓玄、明僧紹作"仁"。理財正辭，禁民爲非，曰義。○禁，音金，又金鳩反。

古者包犧氏之王天下也，仰則觀象於天，俯則觀法於地，觀鳥獸之文與地之宜；聖人之作《易》，無大不極，無微不究。大則取象天地，細則觀鳥獸之文與地之宜也。○包，本又作"庖"，白交反。鄭云："取也。"孟、京作"伏"。犧，許宜反，字又作"羲"。鄭云："鳥獸全具曰犧"。孟、京作"戲"，云："戲，化也。"包犧氏，大皞，三皇之最先。王，于況反。究，九又反。近取諸身，遠取諸物，於是始作八卦，以通神明之德，以類萬物之情。作結繩而爲罔罟，以佃以漁，蓋取諸離。離，麗也。罔罟之用，必審物之所麗也。魚麗于水，獸麗于山也。○爲罟，音古。姚云："猶网也。"黄本作"爲网罟"，云："取獸曰网，取魚曰罟。"佃，音田，本亦作"田"。漁，音魚，本亦作"魚"。又言庶反。馬云："取獸曰佃，取魚曰漁。"

包犧氏没，神農氏作。斲木爲耜，揉木爲耒，耒耨之利，以教天下，蓋取諸益。制器致豐，以益万物。○斲，陟角反。耜，音似。京云："耒下耓也。"陸云："廣五寸。"耓，音勑丁反。耒，力對反。京云："耜上句木也。"《説文》云："耜，曲木垂所作。"《字林》同。力佳反，徐力猥反，垂造作也。木或"揉木爲之耒耨"，非。耨，奴豆反。馬云："鉏也。"孟云："耘除草。"日中爲市，致天下之民，聚天下之貨，交易而退，各得其所，蓋取諸《噬嗑》。《噬嗑》，合也。市人之所聚，異方之所合，設法以合物，《噬嗑》之義也。○爲市，《世本》云："祝融爲市。"宋衷云："顓頊臣也。"《説文》云："市，時止反。"噬，市制反。嗑，胡臘反。解，佳賣反。

神農氏没，黄帝、堯、舜氏作。通其變，使民不倦；通物之变，故樂其器用，不懈倦也。神而化之，使民宜之。易窮則變，變則通，通則久。通變則無窮，故可久。○易窮則变，变則通，通則久，一本作"易窮則变，通則久"。是以自天祐之，吉，無不利。黄帝、堯、舜垂衣裳而天下治，蓋取諸《乾》《坤》。垂衣裳以辨貴賤，《乾》尊《坤》卑之義也。○祐，音又，本亦作"佑"。治，直吏反，章末同。以辨，一本作"别"，彼列反。刳木爲舟，剡木爲楫。舟楫之利，以濟不通，致遠以利天下，蓋取諸《涣》。《涣》者，乘理以散動也。○刳，本又作"挎"，口孤反。徐又口溝反。剡，以冉反，亦作掞。楫，本又作擢，將輒反，下同。徐音集。又子入反。《方言》云："楫謂之橈，或謂之擢。"《説文》云："檝，舟擢也。""致遠以利天下"，一本无此句。唤，音唤。服牛乘馬，引重致遠，以利天下，蓋取諸《隨》。《隨》，隨宜也。服牛乘馬，隨物所之，各得其宜。○一本无"以利天下"一句。重門擊柝，以待暴客，蓋取諸《豫》。取其豫備。○重，直龍反。柝，他洛反。馬云："兩木相擊以行夜。"《説文》作"欜"，同。《字林》他各反。暴，白報反，鄭作"虣"。斷木爲杵，掘地爲臼，臼杵之利，萬民以濟，蓋取諸《小過》。以小用而濟物也。○斷，丁緩反，又徒緩反。斷，斷絶。杵，昌吕反。掘地，其月反，又其勿反。臼，求酉反。弦木爲弧，剡木爲矢，弧矢之利，以威天下，蓋取諸《睽》。睽，乖也。物乖則争興，弧矢之用，所以威乖争也。○弧，音胡。《説文》云："木弓。"剡，以冉反。《字林》云："鋭也，因冉反。"[2] 睽，苦圭反，又音圭。争，争鬭之争，下同。上古穴居而野處，後世聖人易之以宫室，上棟下宇，以待風雨，蓋取諸《大壯》。宫室壯大於穴居，故制爲宫室，取諸《大壯》也。古之

① "注"字原闕，今據《經典釋文》（宋刻宋元遞修本，上海古籍出版社，1985年，第127頁）補。

② "因冉反"，疑當在前文"字林"二字後。

葬者厚衣之以薪，葬之中野，不封不樹，喪期無數，後世聖人易之以棺椁，蓋取諸《大過》。取其過厚。○衣，於既反。喪期，並如字。數，色具反。棺，音官；椁，音郭。上古結繩而治，後世聖人易之以書契，百官以治，萬民以察，蓋取諸《夬》。《夬》，决也。書契所以决斷萬事也。○治，直吏反，下同。契，苦計反。斷，都亂反。

是故，易者，象也。象也者，像也。彖者，材也。材，才德也。彖，言成卦之材，以統卦義也。○像，今衆本並云：像，擬也。孟、京、虞、董、姚還作"象"。擬，音魚紀反。爻也者，效天下之動者也。是故，吉凶生而悔吝著也。陽卦多陰，陰卦多陽，其故何也？陽卦奇，陰卦耦。夫少者多之所宗，一者衆之所歸。陽卦二陰，故奇爲之君；陰卦二陽，故耦爲之主。○奇，紀宜反，注同。其德行何也？辨陰陽二卦之德行也。○行，下孟反，下同。陽一君而二民，君子之道也。陰二君而一民，小人之道也。陽，君道也。陰，臣道也。君以無爲統衆，無爲則一也。臣以有事代終，有事則二也。故陽爻畫奇，以明君道必一；陰爻畫兩，以明臣體必二。斯則陰陽之數，君臣之辨也。以一爲君，君之德也。二居君位，非其道也。故陽卦曰"君子之道"，陰卦曰"小人之道"也。○畫，音獲，下同。《易》曰："憧憧往來，朋從爾思"。天下之動，必歸乎一。思以求朋，未能一也。一以感物，不思而至。○憧憧，本又作憧，昌容反。子曰："天下何思何慮？天下同歸而殊塗，一致而百慮，天下何思何慮？夫少則得，多則惑。塗雖殊，其歸則同；慮雖百，其致不二。苟識其要，不在博求，一以貫之，不慮而盡矣。○貫，古亂反。日往則月來，月往則日來，日月相推而明生焉。寒往則暑來，暑往則寒來，寒暑相推而歲成焉。往者，屈也；來者，信也。屈信相感而利生焉。尺蠖之屈，以求信也；龍蛇之蟄，以存身也；精義入神，以致用也。精義，物理之微者也。神寂然不動，感而遂通，故能乘天下之微，會而通其用也。○屈，丘勿反，下同。信，本又作"伸"，同，音申；下同。韋昭《漢書音義》云："古伸字。"蠖，紆縛反，蟲名也。徐又烏郭反。蛇，本又作"虵"，同。蟄，直立反。存身，本亦作"全身"。利用安身，以崇德也。利用之道，皆安其身而後動也。精義由於入神以致其用，利用由於安身以崇其德。理必由乎其宗，事各本乎其根，歸根則寧，天下之理得也。若役其思慮以求動用，忘其安身以殉功美，則僞彌多而理愈失，名彌美而累愈彰矣。○思，息吏反。累，劣僞反。過此以往，未之或知也。窮神知化，德之盛也。"

《易》曰："困于石，據于蒺藜，入于其宫，不見其妻，凶。"子曰："非所困而困焉，名必辱；非所據而據焉，身必危。既辱且危，死期將至，妻其可得見邪？"《易》曰："公用射隼于高墉之上，獲之，無不利。"子曰："隼者，禽也。弓矢者，器也。射之者，人也。君子藏器於身，待時而動，何不利之有！動而不括，是以出而有獲，語成器而動者也"。括，結也。君子待時而動，則无結閡之患者也。○蒺，音疾。藜，音梨。期，亦作"其"。射，食亦反，下注同。隼，恤允反。墉，音容。括，古活反。閡，五代反。子曰："小人不耻不仁，不畏不義；不見利不勸，不威不懲，小懲而大誡，此小人之福也。《易》曰：'屨校滅趾，无咎。'此之謂也。善不積，不足以成名；惡不積，不足以滅身。小人以小善爲無益而弗爲也，以小惡爲无傷而弗去也，故惡積而不可掩，罪大而不可解。《易》曰：'何校滅耳，凶。'"子曰："危者，安其位者也；亡者，保其存者也；亂者，有其治者也。是故君子安而不忘危，存而不忘亡，治而不忘亂，是以身安而國家可保也。《易》曰：'其亡其亡，繫于苞桑。'"子曰："德薄而位尊，知小而謀大，力小而任重，鮮不及矣。《易》曰：'鼎折足，覆公餗，其形渥，凶。'言不勝其任也。"子曰："知幾其神乎！君子上交不諂，下交不瀆，其知幾乎！形而上者况之道，形而下者况之器。於道不冥而有求焉，未離乎諂也；於器不絶而有交焉，未免乎瀆也。能無諂、瀆，窮理者乎？○懲，直升反，屨，俱遇反。校，胡孝反，下同。趾，本亦作"止"。去，羌吕反。何，河可反，又音河。治，直吏反，下同。知，音智。鮮，本亦作尟，仙善反，少也。折，之設反。覆，芳六反。餗，音速，馬作"粥"。渥，於角反。勝，音升。而上，時掌反。離，力智反。幾者，動之微，吉之先見者也。幾者，去無入有，理而無形，不可以名尋，不可以形睹者也。唯神也不疾而速，感而遂通，故能朗然玄照，鑒於未形也。合抱之木，起於毫末。吉凶之彰，始於微兆，故爲吉之先見也。○見，賢遍反。君子見幾而作，不俟終日。《易》曰：'介于石，不終日，貞吉。'介如石焉，寧用終日，斷可識矣。定之於始，故不待終日也。○介于，徐音戒，衆家作"介"。徐云："王廣古黠反。"斷，丁亂反，注同。君子知微知彰，知柔知剛，萬夫之望"。此知幾其神乎！子曰："顔氏之子，其殆庶幾乎！有不善，未嘗不知，知之未嘗復行也”。在理則昧，造形而悟。顔子之分也，失之於幾，故有不善。得之於二，不遠而復，故知之未嘗復行也。○復，扶又反，注同。造，七報反。分，符問反。《易》曰：‘不遠復，無祇悔，元吉’。吉凶者，失得之象也。得一者，於理不盡，未至成形，故得不遠而復。舍凶之吉，免夫祇悔，而終獲元吉。祇，大也。○祇，韓音祁支反，注同。王廙、輔嗣音支。舍，音捨。天地絪緼，萬物化醇；男女構精，萬物化生。《易》曰：‘三人行，則損一人；一人行，則得其友。’言致一也。”致一而後化成也。○絪，本又作“氤”，同，音因。緼，本又作“氲”，紆云反。醇，音淳。子曰：“君子安其身而後動，易其心而後語，定其交而後求。君子修此三者，故全也。危以動，則民不與也；懼以語，則民不應也。无交而求，則民不與也。莫之與，則傷之者至矣。《易》曰：‘莫益之，或擊之，立心勿恒，凶’。”夫虚己存誠，則衆之所不忤也。躁以有求，則物之所不與也。○易其，以豉反。忤，五路反，字亦作“迕”。

子曰：“乾坤，其易之門邪？”乾，陽物也。坤，陰物也。陰陽合德，而剛柔有體，以體天地之撰，撰，數也。○門邪，本又作“門户邪”。撰，仕勉反，下章同。《廣雅》云：“定也。”王肅士眷反。數，色柱反。以通神明之德。其稱名也，雜而不越，備物極變，故其名雜也。各得其序，不相踰越，况爻繇之辭也。○繇，直救反，下同。服虔云：“抽也，抽出吉凶也。”韋昭云：“由也，吉凶所由而出也。”於稽其類，其衰世之意邪？有憂患而後作《易》，世衰則失得彌彰，爻繇之辭所以辨失得，故知衰世之意邪？稽，猶考也。○稽，古兮反。夫易，彰往而察來，而微顯闡幽。易无往不彰，无來不察，而微以之顯，幽以之闡。闡，明也。○闡音，昌善反。開而當名辯物，正言斷辭，則備矣。開釋爻卦，使各當其名也。理類辯明，故曰“斷辭”也。○辯，如字。徐扶勉反，别也。斷，丁亂反，注同。其稱名也小，其取類也大。托象以明義，因小以喻大。其旨遠，其辭文，其言曲而中，變化无恒，不可爲典要，故“其言曲而中”也。○文，如字，一音問。中，丁仲反，注同。其事肆而隱，事顯而理微也。因貳以濟民行，以明失得之報。貳則失得也，因失得以通濟民行，故明失得之報也。“失得之報”者，得其會則吉，乖其理則凶。○貳，鄭氏謂：當爲“式”。行，下孟反，注同。《易》之興也，其於中古乎？作《易》者，其有憂患乎？無憂患，則不爲而足也。是故，《履》，德之基也。基，所蹈也。○蹈，徒報反。《謙》，德之柄也；《復》，德之本也；夫動本於静，語始於默，復者，各反其所始，故爲德之本也。○柄，兵病反。《恒》，德之固也；固，不傾移也。《損》，德之修也；《益》，德之裕也；能益物者，其德寬大也。○修，如字。鄭云：“治也。”馬作“循”。《困》，德之辯也；困而益明。○辯，如字，王肅卜免反。《井》，德之地也；所處不移，象居得其所也。《巽》，德之制也。巽所以申命，明制也。《履》，和而至；和而不至，從物者也。和而能至，故可履也。《謙》，尊而光；《復》，小而辯於物；微而辨之，不遠復也。《恒》，雜而不厭。雜而不厭，是以能恒。○厭，於豔反，注同。《損》，先難而後易；刻損以修身，故先難也。身修而无患，故後易也。○易，以豉反，注同。《益》，長裕而不設。有所興爲，以益於物，故曰“長裕”。因物興務，不虚設也。○長，丁丈反，注同。《困》，窮而通；處窮而不屈其道也。《井》，居其所而遷；改邑不改井，井所居不移，而能遷其施也。○施，始豉反，下同。《巽》，稱而隱；稱揚命令①，而百姓不知其由也。○稱，尺證反，又尺升反。《履》，以和行；《謙》，以制禮；《復》，以自知；求諸己也。○行，下孟反。《恒》，以一德；以一爲德也。《損》，以遠害；止於修身，故可以遠害而已。○遠，于萬反，注同。《益》，以興利；《困》，以寡怨；困而不濫，无怨於物。○濫，力暫反。《井》，以辯義。施而无私，義之方也。《巽》，以行權。權反經而合道，必合乎巽順，而後可以行權也。

《易》之爲書也不可遠，擬議而動，不可遠也。○遠，馬、王肅、韓袁萬反，注皆同。師，讀如字。爲道也屢遷。變動不居，周流六虚。六虚，六位也。上下無常，剛柔相易，不可爲典要，不可立定準也。○上，時掌反，章末同。唯變所適。變動貴於適時，趣舍存乎會也。○舍，音捨。其出入以度，外内使知懼。明出入之度，使物知外内之戒也。出入猶行藏，外内猶隱顯。《遯》以遠時爲吉，《豐》以幽隱致凶，《漸》以高顯爲美，《明夷》以處昧利貞，此外内之戒者也。○昧，音妹。又明於憂患與故。故，事故也。無有師保，如臨父母。安而不忘危，存而不忘亡。終日乾乾，不可以怠也。初率其辭，而揆其方，既有典常，能循其辭以度其義，原其初以要其終，則唯變所適，是其常典也。明其變者，存其要也，故曰“苟非其人，道不虚行”。○揆，葵癸反。其方，馬云：“方，道。”循，似倫反。度，待洛反。要，一遥反，下文“要終”同。其要，於妙反。苟非其人，道

① “揚”，原作“楊”，今據阮刻本(第 89 頁下)改。

不虚行。

《易》之爲書也，原始要終以爲質也。質，體也。卦兼終始之義也。六爻相雜，唯其時物也。爻各存乎其時。物，事也。其初難知，其上易知，本末也。初辭擬之，卒成之終。夫事始於微而後至於著。初者，數之始，擬議其端，故難知也。上者，卦之終，事皆成著，故易知也。○易，以豉反。若夫雜物撰德，辯是與非，則非其中爻不備。噫！亦要存亡吉凶，則居可知矣。知者觀其彖辭，則思過半矣。夫《彖》者，舉立象之統，論中爻之義。約以存博，簡以兼衆，雜物撰德，而一以貫之。形之所宗者道，衆之所歸者一。其事彌繁，則愈滯乎形；其理彌約，則轉近乎道。《彖》之爲義，存乎一也；一之爲用，同乎道矣。形而上者可以觀道，過半之益，不亦宜乎！撰，鄭作"算"，云："數也。"噫，於其反。王肅於力反，辭也。馬同。亦要，一妙反，絶句。又一遥反，絶句至"吉凶"。居，馬如字，處也。師音同。鄭、王肅音基。知者，音智。彖辭，吐貫反。馬云：《彖》辭，卦辭也。鄭云："爻辭也。"周同。王肅云："《彖》，舉《象》之要也。"師説通謂，爻卦之辭也。一云：即夫子《彖》辭。思，息吏反。貫，古亂反。近，附近之近，下章"以近"同。上，時掌反。二與四，同功同陰功也。而異位。有内外也。其善不同，二多譽，二處中和，故多譽也。四多懼，近也。位逼於君，故多懼也。柔之爲道，不利遠者；其要無咎，其用柔中也。四之多懼，以近君也，柔之爲道，須援而濟，故有不利遠者。二之能无咎，柔而處中也。○援，于眷反。三與五，同功同陽功也。而異位。有貴賤也。三多凶，五多功，貴賤之等也。其柔危，其剛勝邪。三五陽位，柔非其位，處之則危，居以剛健，勝其任也。夫所貴剛者，閑邪存誠，動而不違其節者也。所貴柔者，含弘居中，順而不失其貞者也。若剛以犯物，則非剛之道；柔以卑佞，則非柔之義也。剛勝，升證反。一音升。勝，其音升。閑邪，似嗟反。

《易》之爲書也，廣大悉備。有天道焉，有人道焉，有地道焉。兼三材而兩之，故六。六者非它也，三材之道也。《説卦》備矣。道有變動，故曰爻；爻有等，故曰物；等，類也。乾，陽物也；坤，陰物也。爻有陰陽之類，而後有剛柔之用，故曰"物"。物相雜，故曰文；剛柔交錯，玄黄錯雜。文不當，故吉凶生焉。《易》之興也，其當殷之末世、周之盛德邪？當文王與紂之事邪？文王以盛德蒙難，而能亨其道，故稱文王之德，以明易之道也。○其當，如字，下"當文王"同。紂，直又反。難，乃旦反。亨，許庚反。是故其辭危。文王與紂之事，危其辭也。危者使平，易者使傾。易，慢易也。○易，以豉反，注同。其道甚大，百物不廢，懼以終始，其要无咎，此之謂易之道也。夫文不當而吉凶生，則保其存者亡，不忘亡者存；有其治者亂，不忘危者安。懼以終始，歸於无咎，安危之所由，爻象之本體也。○治，直吏反。

夫乾，天下之至健也，德行恒易，以知險。夫坤，天下之至順也，德行恒簡以知阻。能説諸心，能研諸侯之慮，諸侯，物主有爲者也。能説萬物之心，能精爲者之務。○行，下孟反，下"德行"同。易以，以豉反，下注"險易"同。阻，莊吕反。説，音悦，注同。定天下之吉凶，成天下之亹亹者。是故，變化云爲，吉事有祥；象事知器，占事知來。夫"變化云爲"者，行其吉事，則獲嘉祥之應；觀其象事，則知制器之方；玩其占事，則睹方來之驗也。○亹亹，亡偉反。鄭云："没没也。"王肅云："勉也。"天地設位，聖人成能；聖人乘天地之正，萬物各成其能。人謀鬼謀，百姓與能。人謀，况議於衆以定失得也；鬼謀，况寄卜筮以考吉凶也。不役思慮，而失得自明；不勞探討，而吉凶自著。類萬物之情，通幽深之故，故百姓與能，樂推而不厭也。○思，息吏反。探，吐南反。射，食亦反。厭，於豔反。八卦以象告，以象告人。爻彖以情言，辭有險易，而各得其情也。剛柔雜居，而吉凶可見矣。變動以利言，变而通之以盡利也。○尽，津忍反，下同。吉凶以情遷。吉凶无定，唯人所動，情順乘理以之吉，情逆違道以蹈凶，故曰"吉凶以情遷"也。是故，愛惡相攻而吉凶生，泯然同順，何吉何凶？愛惡相攻，然後逆順者殊，故"吉凶生"。○惡，烏路反，注同。鄭烏洛反。泯然，亡忍反。遠近相取而悔吝生，相取，猶相資也。遠近之爻，互相資取，而後有悔吝也。情僞相感而利害生。情以感物則得利，僞以感物則致害也。凡易之情，近而不相得，則凶，近况比爻也[①]。易之情，剛柔相摩，变動相適者也。近而不相得，必有乖違之患。或有相違而無患者，得其應也。相順而皆凶者，乖於時也。存事以考之，則義可見矣。○比，毗志反。或害之，悔且吝。夫無對於物，而後盡全順之道，豈可有欲害之者乎？雖能免濟，必有悔吝也。或，欲害之辭也。將叛者其辭慙，中心疑者其辭枝，吉人之辭寡，躁人之辭多，誣善之人其辭游，失其守者其辭屈。○枝，音支。誣，音無。

---

① "比"，原作"此"，今據阮刻本（第 91 頁中）改。

三、説卦

昔者聖人之作《易》也，幽贊於神明而生蓍，幽，深也。贊，明也。蓍受命如響，不知所以然而然也。贊，本或作“讚”，子旦反。蓍，音尸。《説文》云：蒿屬，生千歲三百莖，易以爲數，天子九尺，諸侯七尺，大夫五尺，士三尺。《毛詩草木疏》云：“以藾蕭，青色，科生。”《鴻範·五行傳》云：“蓍，百年一本生百莖。”《論衡》云：“七十歲生一莖，七百歲生十莖，神靈之物，故生遲也。”《史記》云：“生滿百莖者，其下必有神龜守之，其上常有雲氣覆之。”《淮南子》云：“上有叢蓍，下有伏龜。”○響，香兩反，本又作“嚮”。參天兩地而倚數，參，奇也。兩，耦也。七九陽數，六八陰數。○參，七南反。又如字[1]，音三。天，或作“夫”者，非。而倚，於綺反。馬云：“依也。”王肅其綺反，云：“立也。”虞同。蜀才作“奇”，通。數，色具反。奇，紀宜反。觀變於陰陽而立卦，卦，象也。蓍，數也。卦則雷風相薄，山澤通氣，擬象陰陽变化之體。蓍則錯綜天地，參兩之數。蓍極數以定象，卦備象以盡數，故蓍曰“參天兩地而倚數”，卦曰“觀变於陰陽”也。○觀变，一本作“觀变化”。發揮於剛柔而生爻，剛柔發散，变動相生。○揮，音輝。鄭云：“揚也。”和順於道德而理於義，易所以和天道、明地德、理行義也。窮理盡性，以至於命。命者，生之極，窮理則盡其極也。○盡，津忍反。

昔者聖人之作《易》也，將以順性命之理。是以立天之道曰陰與陽，立地之道曰柔與剛，在天成象，在地成形。陰陽者言其氣，剛柔者言其形。变化始於氣象，而後成形。萬物資始乎天，成形乎地，故天曰陰陽，地曰柔剛也。或有在形而言陰陽者，本其始也；在氣而言柔剛者，要其終也。○要，一遥反。立人之道曰仁與義。兼三才而兩之，故《易》六畫而成卦。分陰分陽，迭用柔剛，故《易》六位而成章。設六爻以効三才之動，故六畫而成卦也。六位，爻所處之位也。二四爲陰，三五爲陽，故曰“分陰分陽”。六爻升降，或柔或剛，故曰“迭用柔剛”也。○迭，田節反。六位，本又作“六畫”。

天地定位，山澤通氣，雷風相薄，水火不相射。八卦相錯，數往者順，知來者逆，《易》八卦相錯，變化理備。於往則順而知之，於來則逆而數之。○薄，旁各反。陸云：“相附薄也。”馬、鄭、顧云：“薄，入也。”射，食亦反。虞、陸、董、姚、王肅音亦，云：“厭也。”数往，色具反，又色主反。而数，色主反，下文同。是故易逆數也。作《易》以逆睹來事，以前民用。

雷以動之，風以散之，雨以潤之，日以烜之。艮以止之，兑以説之，○烜，况晚反，乾也，本又作“恒”，徐古鄧反，又一音香元反。説，音悦，後皆同。乾以君之，坤以藏之。帝出乎震，齊乎巽，相見乎離，致役乎坤，説言乎兑，戰乎乾，勞乎坎，成言乎艮。萬物出乎震，震，東方也。齊乎巽，巽，東南也。齊也者，言萬物之絜齊也。離也者，明也。萬物皆相見，南方之卦也。聖人南面而聽天下，嚮明而治，蓋取諸此也。○嚮，許亮反。治，直吏反。坤也者，地也，萬物皆致養焉，故曰致役乎坤。兑，正秋也，萬物之所説也，故曰説言乎兑。戰乎乾，乾，西北之卦也，言陰陽相薄也。坎者，水也，正北方之卦也，勞卦也，萬物之所歸也，故曰勞乎坎。艮，東北之卦也，萬物之所成終而所成始也，故曰成言乎艮。神也者，妙萬物而爲言者也。於此言神者，明八卦運動、變化、推移，莫有使之然者。神則無物，妙萬物而爲言也。則雷疾風行，火炎水潤，莫不自然相與爲變化，故能萬物既成也。○妙，如字，王肅作“眇”，音妙。董云：“眇，成也。”動萬物者莫疾乎雷，橈萬物者莫疾乎風，燥萬物者莫熯乎火，説萬物者莫説乎澤，潤萬物者莫潤乎水。終萬物始萬物者莫盛乎艮。故水火相逮，雷風不相悖。山澤通氣，然後能變化，既成萬物也。○橈，乃飽反，王乃教反，又呼勞反。熯，王肅云：“呼但反，火氣也。”徐本作“暵”，音漢，云：“熱暵也。”《説文》同。盛，是政反。鄭音成，云：“裹也。”逮，音代，一音七計反。悖，必内反，逆也。

乾，健也；坤，順也；震，動也；巽，入也；坎，陷也；離，麗也；艮，止也；兑，説也。

乾爲馬，坤爲牛，震爲龍，巽爲雞，坎爲豕，離爲雉，艮爲狗，兑爲羊。乾爲首，坤爲

① “又”字原闕，今據《經典釋文》（宋刻宋元遞修本，第 132 頁）補。

腹，震爲足，巽爲股，坎爲耳，離爲目，艮爲手，兑爲口。

乾，天也，故稱乎父；坤，地也，故稱乎母；震一索而得男，故謂之長男；巽一索而得女，故謂之長女；坎再索而得男，故謂之中男；離再索而得女，故謂之中女；艮三索而得男；故謂之少男。兑三索而得女，故謂之少女。○豕，京作“彘”。狗，音苟。一索，色白反。下同。馬云：“數也。”王肅云：“求也。”長，丁丈反，下“長女”、“長子”皆同。中，丁仲反，下同。少，詩照反，下“少女皆同”。

乾爲天，爲圜，爲君，爲父，爲玉，爲金，爲寒，爲冰，爲大赤，爲良馬，爲老馬，爲瘠馬，爲駁馬，爲木果。○圜，音圓。瘠，在亦反，下同。王廙云：“健之甚者，爲多骨也。”京、荀作“柴”，云：“多筋幹。”駁，邦角反。

坤爲地，爲母，爲布，爲釜，爲吝嗇，爲均，爲子母牛，爲大輿，爲文，爲衆，爲柄，其於地也爲黑。○釜，房甫反，吝，京作“遴”。嗇，音色。柄，彼病反。

震爲雷，爲龍，爲玄黄，爲旉，爲大塗，爲長子，爲决躁，爲蒼筤竹，爲萑葦。其於馬也，爲善鳴，爲馵足，爲作足，爲的顙。其於稼也，爲反生。其究爲健，爲蕃鮮。○龍，如字。虞、于作“駹”。虞云：“倉色。”于云：“雜色。”旉，王肅音孚。于云：花之通名，鋪爲花貌謂之敷，本又作尃，如字。虞同。姚云：“尃，一也。”鄭市戀反。筤，音郎，或作“琅”，通。萑，音丸。《廣雅》云：“薍也。”薍，音狄。葦，韋鬼反，蘆。馵，主樹反。京作“朱”，荀同，陽在下。的，丁歷反，《説文》作“馰”。顙，桑黨反。的顙，白顛。反生，麻豆之屬，反生，戴莩甲而出也。虞作“阪”，云：“陵坊也。”陸云：“阪當爲反。”蕃，音煩。鮮，息連反。

巽爲木，爲風，爲長女，爲繩直，爲工，爲白，爲長，爲高，爲進退，爲不果，爲臭。其於人也，爲寡髮，爲廣顙，爲多白眼，爲近利市三倍。其究爲躁卦。○臭，昌又反。王肅作“爲香臭”。寡，如字。本又作“宣”，黑白雜爲宣髮。廣，如字。鄭作黄。近，附近之近。倍，步罪反。究，九又反。

坎爲水，爲溝瀆，爲隱伏，爲矯輮，爲弓輪。其於人也，爲加憂，爲心病，爲耳痛，爲血卦，爲赤。其於馬也，爲美脊，爲亟心，爲下首，爲薄蹄，爲曳。其於輿也，爲多眚，爲通，爲月，爲盜；其於木也，爲堅多心。○矯，紀表反。一本作“撟”，同。輮，如九反，王肅奴又反，又女九反，又如又反。馬、鄭、陸、王肅本作“此”。宋衷、王廙作“揉”。宋云：“使曲者直，直者曲爲揉。”京作“柔”，荀作“橈”。輪，姚作“倫”。脊，精亦反。亟，紀力反，王肅去記反。荀作“極”，云：“中也。”薄，旁博反。蹄，徒低反。曳，以制反。眚，生領反。王廙云：“病。”

離爲火，爲日，爲電，爲中女，爲甲胄，爲戈兵。其於人也，爲大腹，爲乾卦，爲鱉，爲蟹，爲蠃，爲蚌，爲龜；其於木也，爲科上槁。○胄，直又反。乾，古丹反。鄭云：“乾當爲幹，陽在以能幹正也。”董作“幹”。鱉，卑列反。本又作“鼈”，同。蟹，户賣反。蠃，力禾反。京作“螺”，姚作“蠡”。蚌，步項反，本又作“蜯”，同。科，苦禾反，空也。虞作“折”。槁，苦老反。鄭作“槀”。于作“熇”。

艮爲山，爲徑路，爲小石，爲門闕，爲果蓏，爲閽寺，爲指，爲狗，爲鼠，爲黔喙之屬。其於木也，爲堅多節。○徑，古定反。果蓏，力火反。馬云：“果，桃李之屬；蓏，瓜瓠之屬。”應劭云：“木實曰果，草實曰蓏。”《説文》云：“在木曰果，在地曰蓏。”張晏云：“有核曰果，無核曰蓏。”京本作“果墮”之字。閽，音昏。寺，如字，徐音侍，亦作“閹”字。黔，其廉反，徐音禽，王肅其嚴反。鄭作“黚”，謂虎豹之屬、貪冒之類。喙，况廢反。徐丁遘反。爲堅多節，一本无“堅”字。

兑爲澤，爲少女，爲巫，爲口舌，爲毀折，爲附决。其於地也，爲剛鹵，爲妾，爲羊。○巫，亡符反。决，如字，徐音穴。鹵，力杜反，鹹土也。羊，虞作“羔”。此六子依求索而爲次第也。本亦有“以三男居前、三女後”從“乾，健也”章。至此韓無注。或有注者，非也。荀爽《九家集解》本乾後更有四：“爲龍、爲直、爲衣、爲言”；巡後有八：“爲牝、爲迷、爲方、爲囊、爲裳、爲黄、爲帛、爲槳”；震後有三：“爲王、爲鵠、爲鼓”；巽後有二：“爲揚、爲鸛”；坎後有八：“爲宫、爲律、爲可、爲棟、爲叢棘、爲狐、爲蒺藜、爲桎梏”；離後有一：“爲牝牛”；艮後有三：“爲鼻、爲虎、爲狐”；兑後有二：“爲常、爲輔頰”。注云：常，西方神也。不同，故記之於此。”

第八章 論　　語

一、季氏

(一)季氏將伐顓臾

季氏將伐顓臾。冉有、季路見於孔子曰:“季氏將有事於顓臾。”

孔子曰:“求,無乃爾是過與? 夫顓臾,昔者先王以爲東蒙主,且在邦域之中矣,是社稷之臣也。何以伐爲?”

冉有曰:“夫子欲之,吾二臣者,皆不欲也。”

孔子曰:“求,周任有言曰:‘陳力就列,不能者止。’危而不持,顛而不扶,則將焉用彼相矣? 且爾言過矣,虎兕出於柙,龜玉毁於櫝中,是誰之過與?”

冉有曰:“今夫顓臾,固而近於費。今不取,後世必爲子孫憂。”

孔子曰:“求! 君子疾夫舍曰欲之而必爲之辭。丘也聞有國有家者,不患寡而患不均,不患貧而患不安。蓋均無貧,和無寡,安無傾。夫如是,故遠人不服,則修文德以來之。既來之,則安之。今由與求也,相夫子,遠人不服而不能來也,邦分崩離析而不能守也,而謀動干戈於邦内,吾恐季孫之憂不在顓臾,而在蕭牆之内也。”顓,並音專。臾,並音俞。見,賢遍切,過與之與,並平聲。夫顓臾之夫,今夫之夫,疾夫之夫,夫如是之夫,並音扶。任,平聲。焉,於虔切。相,並去聲。兕,徐履切。柙,户甲切。櫝,音獨。費,音祕。舍,上聲。

集曰:顓臾,國名,魯之附庸也。無乃,乃也。爾,汝也。夫子,指季孫也。周任,古良史也。陳,布也。列,位也。相,家相也。“陳力就列,不能者止”,此周任之言也。兕,野牛也。柙,檻也。龜,大龜也。玉,寶玉也。櫝,匱也。固,謂城郭堅完也。費,季氏之私邑也。國,謂諸侯。家,謂卿大夫。寡,謂土狹民少也。貧,謂財用不足也。均,謂君臣上下各得其分也。安,謂上下相安也。和,謂上下相睦也。傾,傾覆也。分崩離析,謂公室四分也。干,楯也。戈,戟也。蕭牆,門内之屏也。季氏將有事於顓臾,謂伐之也。由、求,爲季氏家臣,故以告孔子。孔子首呼求以責之,豈求在季氏之門爲用事者邪? 蒙山在魯地之東,故曰東蒙。先王以是封顓臾,使主其祭,又在魯邦域之中,是社稷之臣,或曰:社稷所恃以存者,故曰社稷臣。非季氏所當伐也。求實爲謀,以孔子非之故,歸咎於季氏。孔子引周任之言,謂陳其材力以就其列位。苟不能,則當止也。爲人之相,不扶其顛而持其危,則安所用之? 吾二臣不欲之語,求之言過矣。譬如虎兕在柙而逸,龜玉在櫝而毁,典守者安得而辭其責哉? 既曰“夫子欲之,吾二臣者皆不欲也”,所以自解者至矣。又曰“今不取後世必爲子孫憂”，其情終不能掩也。托爲慮患之辭，以蓋夫貪利之説，此則君子之所疾也。有國有家者，非土狹民少之爲患，患上下之不均爾；非財用不足之爲患，患上下之不安爾。上下之分定，則均而和，和而安矣。均則不嫌於貧，和則不嫌於寡，至於安則無傾覆之患矣。東溪劉氏曰：均則無貧，不必利顓臾之有以爲己富也。和則無寡，不必兼顓臾之土地人民以爲己益也。安則無傾，不必去顓臾以憂子孫之不支也。內寧則外自服，就使有不服者，則當修文德以來之。於其來也，則亦安之而已。此爲國家之常道也。由、求相季氏，如遠人不服而不能來，如邦分崩離析而不能守。方且相與謀，動干戈於邦內，以逞其欲。夫季氏，魯卿也，瘠公室以自肥，不均不和而內變且作矣。求徒知夫顓臾爲季氏子孫，憂而不知其禍將起於蕭牆也。伐顓臾之事則專責於求，相夫子之事則併由責之，蓋爲季氏計者求也。至於不能勉季氏以道，則由亦不能逃其責矣。本注疏：南軒張氏、晦菴朱氏、東萊吕氏、武夷吴氏説。

（二）益者三友

孔子曰：“益者三友，損者三友。友直，友諒，友多聞，益矣。友便辟，友善柔，友便佞，損矣。”便，並平聲。辟，婢亦切。

節釋曰：友直則無隱，而有過必聞矣；友諒則不欺，而相與以實矣；巖麓趙氏曰：直者以義相正，諒者以信相與。友多聞則學博理明，而可資以講貫矣，是皆有益於我者也。便，習熟也。善，能也。便於辟則威儀之修飾也，善於柔則容色之嫵媚也，便於佞則言語之諂巧也，是皆有損於我者也。

（三）陳亢問於伯魚

陳亢問於伯魚曰：“子亦有異聞乎？”對曰：“未也。嘗獨立，鯉趨而過庭。曰：‘學詩乎？’對曰：‘未也。’‘不學詩，無以言。’鯉退而學詩。他日，又獨立，鯉趨而過庭。曰：‘學禮乎？’對曰：“未也。’‘不學禮，無以立。’鯉退而學禮。聞斯二者。”陳亢退而喜曰：“問一得三，聞詩，聞禮，又聞君子之遠其子也。”亢，並音剛。遠，去聲。

集曰：伯魚，孔子之子鯉也，子指伯魚而言也。有異聞，謂聞於孔子也。嘗獨立，謂孔子獨立之時也。“不學詩，無以言；不學禮，無以立”，此孔子之言也。聖人竭兩端之教，於親疏賢愚無以異也。其告門人固嘗曰“興於詩，立於禮”，而此語伯魚亦先之以學詩，次之以學禮，學之序固當然也。不學詩無以言，易其心而後能言也。不學禮無以立，謹其節而後能立也。晦菴朱氏曰：“學詩則事理通達，而心氣和平，故能言。學禮則品節詳明，而德性堅定，故能立。”當孔子獨立之時，伯魚之所聞，亦不過如此爾。陳亢以伯魚爲孔子之子，故有異聞之問。及聞詩禮之對，又以爲聖人之遠其子，殊不知聖人曷嘗有是心哉。味伯魚答陳亢之辭氣，亦可見其薰陶之所得矣。本注疏，南軒張氏説。

二、陽貨

(一)陽貨欲見孔子

陽貨欲見孔子,孔子不見,歸孔子豚。孔子時其亡也,而往拜之。遇諸塗。

謂孔子曰:"來!予與爾言。曰:懷其寶而迷其邦,可謂仁乎?"曰:"不可。""好從事而亟失時,可謂知乎?"曰:"不可。""日月逝矣,歲不我與。"孔子曰:"諾。吾將仕矣。"歸,如字。好、知,並去聲,亟,去吏切。

集曰:陽貨,名虎,季氏家臣。歸,遺也。豚,豕之小者。時其亡者,伺虎不在家時,而往謝之也。塗,道也。注疏。懷寶迷邦,謂懷藏道德,任其國之迷亂。亟,數也。失時,謂不及事機之會。諾,應辭也。將者,且然而未必之辭。陽貨嘗囚季桓子,而專國政,欲見孔子而用之,孔子不往。貨以禮大夫有賜於士,不得受於其家而往拜其門。故瞯孔子之亡而歸之豚,欲令孔子來拜而見之也。晦庵朱氏。在禮當往拜,則烏得而不往,時其亡者不欲見之也。遇諸塗,則有不得避焉。懷寶而迷邦,誠不可謂之仁;好從事而亟失時,誠不可謂之知。夫子亦未嘗不欲仕也,特非其道則不可耳。貨三問而應之,如響彼蓋不可與言者,故不申己之意而遜辭以答之,然言雖遜而理未嘗枉也。南軒張氏:朱氏曰:"孔子不見者,義也。其往拜者,禮也。必時其亡而往者不欲見也,遇諸塗而不避者,不終絶也。隨問而對者,理之直也。對而不辯者,言之孫而亦無所詘也。"

(二)割雞焉用牛刀

子之武城,聞弦歌之聲。夫子莞爾而笑,曰:"割雞焉用牛刀?"子游對曰:"昔者偃也聞諸夫子曰:'君子學道則愛人,小人學道則易使'也。"子曰:"二三子!偃之言是也。前言戲之耳!"莞,華版切。焉,於虔切。易,去聲。戲,香義切。

集曰:弦,琴瑟也。莞,小笑貌。君子、小人,以位言也。戲,謔也。子游爲武城宰,以禮樂爲教。夫子入其邑,聞邑人弦歌之聲,莞爾而笑,蓋喜之也。治雖有大小,而道之用,則一牛刀割雞之喻,言治小邑何必用大道,蓋反其言而戲之耳。君子學道,則知爲上治人之理,故能愛人;小人學道,則知爲下事上之理,故易使也。及子游以是爲對,夫子復是其言而自實,其戲以解二三子之惑,亦可見子游能尊其所聞而以道爲教者矣。本晦庵朱氏、成都范氏說。

三、學而

(一)君子食無求飽

子曰:"君子食無求飽,居無求安,敏於事而慎於言,就有道而正焉,可謂好學也已。"好，去聲。

節釋曰：食，飲食也。居，居處也。敏，速也，謂汲汲也。慎言，謂言謹而不放也。就，從也。道者，事物當然之理，人之所共由者也。有道，謂能盡此理也。正者，正吾之偏也。食欲，飽居欲安人之情也。有志於學者，則不以口體爲念也。行常病於不足，敏於事者能勉其所不足也。言常病於有餘，謹於言者不盡其所有餘也。然猶未敢自以爲是，必就有道之人而正焉，斯可謂之好學也已。藍田吕氏曰："不志於奉養，學所以專。不苟於言行，學所以實；所趨不謬於道，學所以正。學至於此，可謂好矣。"

（二）吾日三省吾身

曾子曰："吾日三省吾身。爲人謀而不忠乎？與朋友交而不信乎？傳不習乎？"省，悉井切。爲，去聲。傳，平聲。

集曰：曾子，姓曾名参，字子輿，孔子弟子。邢氏疏。省，察也。爲，猶助之也。謀，計慮也。友，同志也。交，交際也。心無不盡曰忠，言無不實曰信。傳，謂受之於師。習，謂熟之於己。謀人之事而忠，與朋友交而信，主於誠實也。傳而習，則所學在我矣。龜山楊氏曰："傳而不習，口耳之學也。"曾子以此三者日省其身，有所不足，不敢不加勉也。其自治如此，可以見其學之切實矣。本晦庵朱氏説。建安游氏曰："此特曾子之省身者，爾若學者，則又不止此。"

四、公治長

（一）宰予晝寢

宰予晝寢，子曰："朽木不可雕也，糞土之牆不可杇也，於予與何誅！"朽，許久切。杇，音汚。與，平聲。

集曰：晝寢，謂當晝而寢也。晦庵朱氏。朽，腐也。雕，刻畫也。包氏注。杇，鏝也。王氏注。與，語辭。誅，責也。邢氏疏。君子之於學，惟日孜孜斃而後已，惟恐其不及也。宰予不能以志帥氣，居然而倦，當晝而寢，自弃孰甚焉。夫子謂其志氣昏弱，教無所施，譬如朽腐之木，糞土之牆，雖欲加之雕琢，杇鏝終無以受之。言不足責，乃所以深責之也。本成都范氏、致堂胡氏、白石錢氏説。

（二）顔淵季路侍

顔淵季路侍，子曰："盍各言爾志。"子路曰："願車馬衣輕裘，與朋友共，敝之而無憾。"顔淵曰："願無伐善，無施勞。"子路曰："願聞子之志。"子曰："老者安之，朋友信之，少者懷之。"盍，音合。衣、少，並去聲。

集曰：侍，侍於夫子也。盍，何不也。願者，志所欲也。衣，服之也。裘，皮服也。敝，壞也。憾，恨也。伐，誇也。善，己之所能。施，謂施諸人。勞，謂勞役之事。懷,念也。子路,求仁者也,故能克其私於衣服車馬之間,而欲與朋友共之也。顔子,不違仁者也,善不矜己,勞不加人,蓋欲物我之靡間也。夫子,安仁者也,老者則安之,朋友則信之,少者則懷之,蓋欲無物而不得其所也。子路之志,僅能推之於朋友而已。顔子平物我之志,視子路,則又宏矣,然亦有待於推也。至吾夫子,物各付物,自然之施,則無所事乎推矣。本晦庵朱氏、伊川程子、南軒張氏説。

五、子罕

(一)大宰問於子貢

大宰問於子貢曰:"夫子聖者與?何其多能也?"子貢曰:"固天縱之將聖,又多能也。"子聞之,曰:"大宰知我乎!吾少也賤,故多能鄙事。君子多乎哉?不多也。"牢曰:"子云:'吾不試,故藝。'"大,並音泰。與,平聲。少,失照切。

集曰:"大宰,官名,或吴、或宋,未可知也。牢,姓琴,字子開,一字子張,孔子弟子。注疏。與,疑辭。縱,猶肆也,言不爲限量也。將,殆也。謙若不敢知之辭。少,年少也。鄙,細也。試,用也。不試,言不爲世用也。大宰見夫子之多能,疑其爲聖而問之子貢。子貢告之以人之受才有限,而夫子則不可以限量。拘是天縱之殆聖,而又多能也。蓋聖無所不通,多能乃其餘事耳。夫子聞大宰之語,姑以少賤能鄙事爲言,又慮以聖爲必在乎多能,故繼之曰"君子多乎哉?不多也"。"不試,故藝"言功業不試,故所見者藝而已。門人載牢所記夫子之言,于此申上文之意也。晦庵朱氏、槃山黄氏、南軒張氏。

(二)有美玉於斯

子貢曰:"有美玉於斯,韞匵而藏諸?求善賈而沽諸?"子曰:"沽之哉!沽之哉!我待賈者也。"韞,紆粉切。匵,徒木切。賈,公土切。

集曰:韞,藏也。匵,匱也。諸,之也。賈,謂賈人知物之善惡而能奠其賈者也,即《周禮·司市》所謂賈民是也。沽,賣也。子貢以夫子有道不仕,故設爲二端以問焉。夫子言但當如玉之待賈,而不當求之耳。"沽之哉,沽之哉",所以深斥"求之"之鄙也。待賈之言,義命皆盡。本馬氏注、晦庵朱氏、無垢張氏説。

六、微子

(一)長沮桀溺耦而耕

長沮、桀溺耦而耕,孔子過之,使子路問津焉。

長沮曰："夫執輿者爲誰？"子路曰："爲孔丘。"曰："是魯孔丘與？"曰："是也。"曰："是知津矣！"

問於桀溺，桀溺曰："子爲誰？"曰："爲仲由。"曰："是魯孔丘之徒與？"對曰："然。"曰："滔滔者，天下皆是也，而誰以易之？且而與其從辟人之士也，豈若從辟世之士哉？"耰而不輟。

子路行以告，夫子憮然，曰："鳥獸不可與同群。吾非斯人之徒與而誰與？天下有道，丘不與易也。"沮，並七余切。溺，並乃歷切。夫執輿者之夫，音扶。孔丘與、孔丘之徒與之與，並平聲餘，如字。滔，吐刀切。辟，並婢致切。耰，音憂。憮，音武。

集曰：長沮、桀溺，隱者也。二耜爲耦，並二耜而耕也。津，濟渡處。執輿，謂執轡在車也。子路本爲御，既使問津，故孔子代之而執轡也。滔滔，流而不反之意。易者，撥其亂而反之正也。耰，覆種也。輟，止也。憮然，猶悵然也。二子蓋以隱遁爲高者也。夫子使子路問津焉，意亦有在矣。長沮言夫子自知津處，蓋譏夫子周行天下之已久也。桀溺則以爲當世滔滔一律，誰肯以夫子而易之？言其徒勞耳。辟人之士，謂孔子也，言道不合而後去也。辟世之士，桀溺自謂也，言舉世不得而親之也。其意蓋謂子路之從夫子，不若從己之爲得也。夫子憮然者，以其不喻己意也。夫鳥獸不可與同群，當與斯人爲徒耳。以天下之無道也，故欲從而易之，使天下而有道，則亦無事於易矣。必如桀溺之意，以其無道而辟世，則將去人之類，與鳥獸同群，而後爲可耳。本注疏晦庵朱氏、南軒張氏説。横渠張子曰："聖人之仁，不以無道，必天下而弃之也。"

（二）子路從而後

子路從而後，遇丈人，以杖荷蓧。

子路問曰："子見夫子乎？"

丈人曰："四體不勤，五穀不分，孰爲夫子？"植其杖而芸。

子路拱而立也。

子路宿，殺雞爲黍而食之，見其二子焉。

明日，子路行。以告。子曰："隱者也。"使子路反見之。至則行矣。

子路曰："不仕無義。長幼之節，不可廢也；君臣之義，如之何其廢之？欲潔其身，而亂大倫。君子之仕也，行其義也。道之不行，已知之矣。"荷，胡可切。蓧，徒吊切。植，常職切。食，音嗣。見其二子之見，賢遍切。見之，如字。長，上聲。

集曰：丈人，老人也。蓧，竹器也。夫子，孔子也。植，立也。芸，除草也。大倫，父子、君臣、夫婦、長幼、朋友是也。子路隨從夫子，行不相及而獨在後，故問夫子於丈人。丈人之對，謂吾但知四體不勤則五穀不分而已，安知孰爲夫子乎？子路拱而立，蓋知其爲隱者而敬之也。丈人止子路宿，殺雞爲黍以食之。而見其二子焉，亦知子路爲孔丘之徒，而親之也。二人相得於語，默之間如此。觀丈人之盡禮於子路，疑若非遂與世絶者。見其二子，則知有長幼之節矣。夫子以是知其可與言君臣之義也，故使子路反見之，至則行矣。蓋欲匿其聲迹也。子路所言，殆述夫子之意云爾。義莫大於君臣，故以主於不仕爲無義。長幼之節，既不可廢，則夫君臣之義，又烏得而廢之乎？彼蓋欲潔其身，而不知亂大倫之有害於人道也。君子之仕，豈爲他哉？行吾義而已。道之不行，君子豈不知乎？而汲汲於斯世者，固有不可以已者也。本注疏：晦庵朱氏，龜山楊氏，南軒張氏説。朱氏曰："道雖有窮有通，而義則不可以已也。義合而從，則道固不患於不行。不合而去，則道雖不行，而義亦未嘗廢也。"

又曰：隱者爲高，故往而不反。仕者爲通，故溺而不止。此二者皆惑也，是以依乎中庸者爲難。唯聖人之或出或處，要各當其可焉耳。成都范氏。夫子之下車於接輿，使子路問津於長沮、桀溺，反見乎荷蓧丈人，豈不欲引而至於道乎？四子者，方守其一介之行，而不可回，故亦終於素隱而已矣。河南尹氏。

七、爲政

(一)吾十有五而志於學

子曰："吾十有五而志于學，三十而立，四十而不惑，五十而知天命，六十而耳順，七十而從心所欲，不逾矩。"

集曰：古者十五入大學，此所謂學，即大學之道也。心之所之，謂之志。立者，卓然有所立也。不惑者，見之之明而無所疑也。天道流行，賦與萬物，莫非至善無妄之理，是所謂天命也。窮理盡性，所以知天命也。耳順者，聲入心通也。從，隨也。逾，越也。矩，法度之器，所以爲方者也。從心所欲，不逾矩，謂隨其心之所欲，而自不越於法度也。本晦庵朱氏，説節。謂自十有五，而志于學，則念念在此，而爲之不厭矣。既學矣，加以十五年持守之功，則其學之所至，卓然而能有所立矣。既立矣，加以十年探索之功，則所見明徹無所滯礙，而事事物物之理，莫不洞然於胸中矣。又十年，則理無不窮，性無不盡，而知天之所命者矣。此則知之至也。又十年，則聲入于耳，心無不通，所謂不思而得者也。又十年，則心與理一動皆天，則所謂不勉而中者也。學而至此，此聖人之德所以爲至也。節謂聖人固天縱之聖，而亦未嘗不學，其終身進德之功，皆自十五志學中來。必十五年、十年而一進者，非姑爲是辭也，亦其學力所到，至是可以自信爾。反覆玩味此章，則知聖人之爲學，不終其身、不詣其極不止也。學者苟能深體而篤行之，優游涵泳，不躐等而進；日就月將，不半途而畫，庶乎其得之矣。

(二)誨女知之乎

子曰："由，誨女知之乎？知之爲知之，不知爲不知，是知也。"女，音汝。

集曰：由，姓仲名由，字子路，孔子弟子。誨，猶教也。孔氏注。子路好勇，蓋有强其所不知以爲知者，故夫子告之曰："我教女以'知之'之道乎。但所知者，則以爲知；所不知者，則以爲不知。如此，則雖或不能盡知，而無自欺之蔽。況由此而求之，則其不知者亦終將知之矣。故曰'是知也'，言是乃'知之'道也。若强以不知爲知，則是終身不知而已。"晦庵朱氏、南軒張氏。

八、雍也

(一)有顏回者好學

哀公問:"弟子孰爲好學?"孔子對曰:"有顏回者好學,不遷怒,不貳過,不幸短命死矣。今也則亡,未聞好學者也。"好,並去聲。亡,與無同。

集曰:弟子,門人也。遷,移也。貳,復也。顏子之怒在物不在己,故不遷。有不善未嘗不知,知之未嘗復行,不貳過也。其克己之功如此,真可謂好學矣。以其年三十二而卒,故云短命。既曰今也則亡,又曰未聞好學者,蓋深惜之也。伊川程子、晦庵朱子。

又曰:天地儲精得五行之秀者,爲人其本真,而静其未發也。五性具焉,曰仁、義、禮、智、信。形既生矣,外物觸其形而動於中矣,其中動而七情出焉,曰喜、怒、哀、樂、愛、惡、欲。情既熾而益蕩,其性鑿矣。故覺者約其情,使合於中正,其心養其性而已。然必先明諸心,知所往,然後力行以求至焉。若顏子之非禮勿視聽言動、不遷怒貳過者,則其好之篤而學之,得其道也。然其未至於聖人者,守之也,非化之也。假之以年,則不日而化矣。程子。

(二)非不説子之道

冉求曰:"非不説子之道,力不足也。"

子曰:"力不足者,中道而廢,今女畫。"説,音悦。女,音汝。

集曰:畫,止也。孔氏注。力不足者,中道而廢,謂行半途而足廢也。南軒張氏。畫者,如畫地以自限也。晦庵朱氏。欲爲而不能爲,是之謂力不足;能爲而不肯爲,是之謂畫。上蔡謝氏。冉求而真知説夫子之道,如口之説芻豢,必將盡力以求之,何病於力不足哉?致堂胡氏。今求非力不足也,自畫之爾。藍田吕氏。

九、述而

(一)默而識之

子曰:"默而識之,學而不厭,誨人不倦,何有於我哉?"識,音志。

集曰:默,不言也。識,記也。默識,謂不言而存諸心也。學不厭,所以成諸己;誨不倦,所以成諸人。何有於我,言是三事何者能有於我,此皆聖人之謙辭也。晦庵朱氏,藍田吕氏。河南尹氏曰:"何有於我,是亦勉學者云爾。"節謂以夫子之聖,於此三者猶曰"何有",學者可不勉諸?

(二)不憤不啓

子曰:"不憤不啓,不悱不發,舉一隅不以三隅反,則不復也。"憤,房粉切。悱,芳匪切。復,扶又切。

集曰:憤悱者,思慮積久,鬱而未暢,誠意之見於色辭者也。憤則不得於心,啓謂開其意也;悱則不得於言,發謂達其辭也。物有四隅,舉一可知其三。反者,還以相證之義。復,再告也。不待其憤悱而啓發之,則知之不能堅固。待其憤悱而啓發之,庶幾其聽之專而識音志。之深也。然告之亦舉一隅爾。不以三隅反,則是不能因言以推類。苟遽復之,則於彼亦無益矣。以三隅反,而後復之。此古之"善教者使人繼其志",欲其自得之也。本伊川程子、晦庵朱氏、南軒張氏説。

十、泰伯

(一)任重而道遠

曾子曰:"士不可以不弘毅,任重而道遠,仁以爲己任,不亦重乎?死而後已,不亦遠乎?"

集曰:士,學者之稱。山西真氏。弘,寬廣也。毅,彊忍也。晦庵朱氏。弘與毅,相須者也。"士之不可以不弘毅"者,以任重而道遠也。所謂任重者,以仁爲己任也;所謂道遠者,當用力以終吾身焉耳。南軒張氏。節謂弘則可以大受,毅則足以力行,如人負重器適遠塗,若不能容受,則何以勝其重?不能彊忍,則何以至於遠?必是有大力量,然後能勝其重而至於遠。

(二)篤信好學

子曰:"篤信好學,守死善道。危邦不入,亂邦不居。天下有道則見,無道則隱。邦有道,貧且賤焉,恥也;邦無道,富且貴焉,恥也。"好,去聲。見,賢遍切。

節釋曰:篤信者,信之不回也。篤信以好學,則其學實矣。守死者,守之不變也。守死以善道,則其道固矣。此有學有道之士也。危邦,危殆之國也。未至則不入也。亂邦雖未危,而刑政紀綱紊矣。已至則不居也。此去就之義潔也。天下,舉一世而言。有道則見於世,無道則隱其身而不見也。此出處之分明也。去就出處,不失其宜,非有學有道者,其孰能與於此?若邦有道,而無可行之學;邦無道,而無能守之道。是則可恥之甚也。

十一、述而

(一)求仁而得仁

冉有曰:"夫子爲衛君乎?"子貢曰:"諾,吾將問之。"入,曰:"伯夷、叔齊何人也?"

曰："古之賢人也。"曰："怨乎？"曰："求仁而得仁，又何怨？"出，曰："夫子不爲也。"爲，並去聲。

集曰：爲，猶助也。衛君，出公，輒也。諾，應辭也。問之，問於夫子也。下乃子貢與夫子問答之辭。衛靈公逐其世子蒯聵，公薨，而國人立蒯聵之子輒。於是晉納蒯聵而輒拒之，時孔子在衛，衛人以蒯聵得罪於父而輒嫡孫當立，故冉有疑而問之。伯夷、叔齊，孤竹君之二子也。其父將死，遺命立叔齊。父卒，叔齊遜伯夷。伯夷曰："父命也。"遂逃去。叔齊亦不立而逃之。國人立其中子。其後武王伐紂，夷、齊扣馬而諫武王滅商。夷、齊恥食周粟，隱于首陽山，遂餓而死。子貢不斥衛君，而即夷、齊之事爲問，以探聖人之旨，可謂善於爲辭者矣。中有所悔恨之謂怨，其曰"怨乎"者，謂二子委國而去，獨不顧其宗國而有所不足于中乎。夫子告之以"求仁而得仁"，言伯夷以父命爲尊，叔齊以天倫爲重。其遜國也，皆求以合乎天理之正而即乎人心之安。既而各得其志焉，而何怨之有？若衛輒之據國拒父，唯恐失之，其可同日語哉？故觀夫子所以賢夷、齊，則其不爲衛君之事可以意會矣。本晦庵朱氏說。南軒張氏曰：叔齊之遜伯夷，以伯夷之長當立。無兄弟之義，而何以爲國乎？伯夷之不受國，以叔齊之立父命也。無父子之義，而何以爲國乎？二人者寧去國而存此矣。衛輒之事，國人以蒯聵得罪於先君而出奔，則不宜有衛也，於是立輒而拒蒯聵。曾不知蒯聵，父也；輒，子也；父子之義先亡矣。國其可一日立乎？在輒之分，寧委國而全其父子可也。

（二）飯疏食飲水

子曰："飯疏食飲水，曲肱而枕之，樂亦在其中矣。不義而富且貴，於我如浮雲。"飯，符晚切。食，音嗣。枕，去聲。樂，音洛。

集曰：飯，食之也。疏食，粗飯也。肱，臂也。寢則曲肱而枕之也。聖人之心，渾然天理，雖處窮約，而樂亦無不在焉。所樂者在我，其視不義之富貴直如浮雲之，無與吾事耳。本邢氏疏、晦庵朱氏說。

十二、子路

（一）樊遲請學稼

樊遲請學稼。子曰："吾不如老農。"請學爲圃。曰："吾不如老圃。"樊遲出。子曰："小人哉，樊須也！上好禮，則民莫敢不敬；上好義，則民莫敢不服；上好信，則民莫敢不用情。夫如是，則四方之民襁負其子而至矣，焉用稼？"好，並去聲。夫，音扶。襁，居丈切。焉，於虔切。

集曰：種五穀曰稼，種蔬菜曰圃。老農、老圃，謂老於爲農圃者。襁，織縷爲之，以約小兒於背，故曰襁負。注疏。樊遲蓋欲爲許行之學與民並耕者也，然不知有大人之事，有小人之事，故夫子以小人譏之，而有及於禮義信之語。晦庵朱氏曰："農、圃，小人之事也。禮、義、信，大人之事也。"上之所好，下之所從也。上好禮則篤乎恭遜，故民視之而莫不尊敬焉；上好義，則動而得宜，故民心爲之厭服焉；上好信，則誠意下孚，故民亦用其情而無敢欺焉。感應之機固不遠也，是非徒有以得其國之民。四方之人亦將願爲之氓矣。其與役心於稼圃，所得孰多耶？然必俟其出而後言者，何也？因其有問也，自謂老農、老圃之不如，則固已拒之矣。遲不知，復問，慮其終不喻也。故又申言以警之。欒山黄氏、南軒張氏、龜山楊氏。

（二）子適衛

子適衛，冉有僕，子曰："庶矣哉！"冉有曰："既庶矣，又何加焉？"曰："富之。"曰："既富矣，又何加焉？"曰："教之。"

集曰：孔子之衛，冉有爲僕，以御車也。庶，衆也。言人民庶繁也。加，益也。邢氏疏。庶矣而不富，則無以養民之身，故必制田里、薄賦斂以富之。富矣而不教，則無以養民之心，故必立學校、明禮義以教之。晦庵朱氏。庶矣則富之，富矣則教之，聖人仁民之意，無窮而施之，有其序也。南軒張氏。曾氏曰："庶矣哉，一言人多以爲常談而置之，冉有乃能再問以究其説，然後知既庶矣則當富之，既富矣則當教之，至於教之則不可以有加矣。"

十三、顔淵

（一）四海之内皆兄弟

司馬牛憂曰："人皆有兄弟，我獨亡。"子夏曰："商聞之矣：死生有命，富貴在天。君子敬而無失，與人恭而有禮，四海之内皆兄弟也。君子何患乎無兄弟也？"

集曰：亡，無也。牛有兄弟而云然，憂其爲亂而將死也。晦庵朱氏。以傳考之，桓魋嘗欲弑宋公而殺孔子，其惡著矣。其弟子頎、子車，亦與之同惡。此牛之所以憂也。子夏告之以"死生有命，富貴在天"。死生曰有命，以言其氣也。當順其所稟而已。富貴曰在天，以言其理也。當安其所遇而已。皆非人力所能與也。本横渠張子、上蔡謝氏説。苟能持己以敬而不間斷，接人以恭而有節文，則天下之人皆敬而親之矣。何患乎無兄弟耶？子夏欲寬牛之憂，而爲是不得已之辭，讀者不以辭害意可也。朱氏。致堂胡氏曰："子夏'四海皆兄弟'之言，持以廣司馬牛之意，意圓而語滯者也。子夏知此而以哭子喪，明溺於情而昧於理，是亦不能踐其言耳。"

（二）子貢問政

子貢問政。子曰："足食，足兵，民信之矣。"子貢曰："必不得已而去，於斯三者何先？"曰："去兵。"子貢曰："必不得已而去，於斯二者何先？"曰："去食。自古皆有死，民無信不立。"去，並上聲。

節釋曰：制其田産，薄其賦斂，則食足而有以養乎民矣。比其什伍，時其簡教，則兵足而有以衛乎民矣。兵食既足，則民信乎其上，曾無疑貳離叛之心。此則爲政之大端也。夫政固，不外乎兵、食與信，然以三者權之，無食則民飢而死矣，無信則民離而國不能以自立矣，而兵則猶可緩也，故曰去兵。以食與信二者權之，死者人之所不免，而信則不可一日無也，故曰去食。是則食重於兵而信又重於食矣。去兵去食云者，非謂兵食果可去也。特以輕重相權，以明夫信之終不可去耳。比而明之，叩而竭之，此聖門弟子所以爲善問與。晦庵朱氏曰："以序言之，則食爲先；以理言之，則信爲重。"

（三）哀公問於有若

哀公問於有若曰："年饑，用不足，如之何？"有若對曰："盍徹乎？"曰："二，吾猶不足，如之何其徹也？對曰："百姓足，君孰與不足？百姓不足，君孰與足？"

集曰：哀公，魯君也。用，國用也。盍，何不也。徹，通也。周制：一夫受田百畝，與同溝共井之人通力合作，計畝均收，大率民得其九公取其一，故謂之徹。魯自宣公初税畝，則什又取其一，故爲什取二也。哀公以年饑用不足爲憂問於有若。有若請專行徹法，蓋欲公節用以厚民也。公以有若不喻其旨，復言"二，吾猶不足"以示加賦之意。有若謂百姓足矣，君孰與不足耶？百姓苟不足，孰肯與君以自足耶？蓋深明君民一體之義，以止公之厚斂，循其本而言之也。使哀公思夫二之猶不足，而有若乃欲損之，以爲足國之道在是，則庶知爲政所當損益者矣。本晦庵朱氏、南軒張氏説。天台陳氏曰："哀公之問在於足國，有若之對在於足民，雖相反而實相成。年饑，用不足，哀公但知爲國之病，而不知民之病尤甚，民之休戚即國之休戚也。能行徹法以足民，國用之足在其中矣。"

十四、先進

（一）季路問事鬼神

季路問事鬼神，子曰："未能事人，焉能事鬼？""敢問死。"曰："未知生，焉知死？"焉，於虔切。

集曰：此切問也。晦庵朱氏。幽明之理，一也。能盡事人之道，則能盡事鬼之道矣。死生之理，一也。知所以生之道，則知所以死之道矣。或言夫子不告子路，不知此乃所以深告之也。本伊川程子説。

（二）聞斯行諸

子路問："聞斯行諸？"子曰："有父兄在，如之何其聞斯行之。"冉有問："聞斯行諸？"子曰："聞斯行之。"公西華曰："由也問'聞斯行諸'，子曰'有父兄在'；求也問'聞斯行諸'，子曰'聞斯行之'。赤也惑，敢問。"子曰："求也退，故進之；由也兼人，故退之。"

集曰：諸，之也。邢氏疏。聞義故當勇爲，然有父兄在，則必稟命而後行，有不可得而專者。子路勇於爲義，於其所當爲者不患其不爲也，特患其不知禀命耳。若冉求資禀失之於弱，不患其不禀命也，患於其所當爲者，逡巡退縮而爲之不勇耳。聖人一進之，一退之，所以約之於義理之中，而使無過不及之患也。南軒張氏。

第九章　孟　　子

一、許行自楚之滕[①]

有爲神農之言者許行，自楚之滕，踵門而告文公曰："遠方之人，聞君行仁政，願受一廛而爲氓。"神農，三皇之君，炎帝，神農氏也。許，姓；行，名也。治爲神農之道者。踵，至也。廛，居也。自稱遠方之人，願爲氓。氓，野人之稱。文公與之處。其徒數十人，皆衣褐，捆屨織席以爲食。文公與之居。處，舍之宅也。其徒，學其業者也。衣褐，貧也。捆，猶叩㧻也。織屨欲使堅，故叩之也。賣屨席以供食飲也。

陳良之徒陳相，與其弟辛負耒耜而自宋之滕，曰："聞君行聖人之政，是亦聖人也，願爲聖人氓。"陳良，儒者也。陳相，良之門徒也。辛，相弟。聖人之政，謂仁政也。陳相見許行而大悦，盡棄其學而學焉。棄陳良之儒道，更學許行神農之道也。陳相見孟子，道許行之言曰："滕君，則誠賢君也；雖然，未聞道也。陳相言許行以爲滕君未達至道也。賢者與民並耕而食，饔飧而治。今也，滕有倉廩府庫，則是厲民而以自養也，惡得賢！"相言許子以爲古賢君當與民並耕而各自食其力。饔飧，熟食也。朝曰饔，夕曰飧。當身自具其食，兼治民事耳。今滕賦税有倉廩府庫之富，是爲厲病其民以自奉養，安得爲賢君乎？三皇之時，質樸無事，故道若此也。

孟子曰："許子必種粟而後食乎？"問許子必自身種粟乃食之邪？曰："然。"相曰然，許子自種之。"許子必織布然後衣乎？"孟子曰許子自織布然後衣之乎？曰："否，許子衣褐。"相曰不自織布，許子衣褐。以毳織之，若今馬衣者也。或曰：褐，枲衣也。一曰粗布衣也。"許子冠乎？"孟子問相。曰："冠。"相曰冠也。曰："奚冠？"孟子問：許子何冠也？曰："冠素。"相曰許子冠素。曰："自織之與？"孟子曰許子自織素與。曰："否，以粟易之。"相言許子以粟易素。曰："許子奚爲不自織？"孟子曰許子何爲不自織素乎？曰："害於耕。"相曰織妨害於耕，故不自織也。曰："許子以釜甑爨，以鐵耕乎？"爨，炊也。孟子曰許子寧以釜甑炊食，以鐵爲犂用之耕否邪？曰："然。"相曰用之。"自爲之與？"孟子曰許子自冶鐵陶瓦器邪？曰："否，以粟易之。"相曰不自作鐵瓦，以粟易之也。

"以粟易械器者，不爲厲陶冶；陶冶亦以械器易粟者，豈爲厲農夫哉？且許子何不爲陶冶，舍皆取諸其宫中而用之？何爲紛紛然與百工交易？何許子之不憚煩？"械，器之總名也。厲，病也。以粟易器，不病陶冶，陶冶亦何以爲病農夫乎？且許子何爲不自陶冶。舍者，止也。止不肯皆自取之其宫宅中而用之，何爲反與百工交易，紛紛爲煩也。

曰："百工之事，固不可耕且爲也。"相曰百工之事，固不可耕且爲，故交易也。"然則治天下，獨可耕且爲與？孟子言百工各爲其事，尚不可得耕且兼之。人君自天子以下，當治天下政事，此反可耕且爲邪？欲以窮許行之非滕君不親耕也。孟子謂五帝以來，有禮義上下之事，不得復若三皇之道也，言許子不知禮也。有大人之事，有小民之事，且一人之身而百工之所爲備，如必自爲而後用之，是率天下而路也。孟子言人道自有大人之事，謂人君行教化也。小人之事，謂農工商也。一人而備百工之所作，作之乃得用之者，是率導天下人以羸路之困也。故曰：或勞心，或勞力，勞心者治人，勞力者治於人；治

① 選自《孟子·滕文公上》。

於人者食人，治人者食於人，天下之通義也。”勞心者，君也。勞力者，民也。君施教以治理之，民竭力治公田以奉養其上，天下通義，所常行也。

“當堯之時，天下猶未平。洪水橫流，氾濫於天下。草木暢茂，禽獸繁殖，五穀不登，禽獸逼人。獸蹄鳥迹之道，交於中國。堯獨憂之，舉舜而敷治焉。遭洪水，故天下未平；水盛，故草木暢茂；草木盛，故禽獸繁息衆多也。登，升也，五穀不足外用也。猛獸之迹當在山林，而反交於中國，懼害人。故堯獨憂念之。敷，治也。《書》曰：“禹敷土治土也。”舜使益掌火；益烈山澤而焚之，禽獸逃匿。掌，主也。主火之官，猶古火正也。烈，熾也。益視山澤草木熾盛者而焚燒之，故禽獸逃匿而奔走遠竄也。禹疏九河，瀹濟漯而注諸海；决汝漢，排淮泗，而注之江；然後中國可得而食也。當是時也，禹八年於外，三過其門而不入，雖欲耕，得乎？”疏，通也。瀹，治也。排，壅也。於是水害除，故中國之地可得耕而食也。禹勤事於外，八年之中，三過其家門而不得入。《書》曰：“辛壬癸甲，啓呱呱而泣。”如此，寧得耕乎？

“后稷教民稼穡，樹藝五穀，五穀熟而民人育。棄爲后稷也。樹，種。藝，殖也。五穀謂稻、黍、稷、麥、菽也。五穀所以養人也，故言民人育也。人之有道也，飽食煖衣逸居而無教，則近於禽獸。聖人有憂之，使契爲司徒，教以人倫：父子有親，君臣有義，夫婦有別，長幼有叙，朋友有信。司徒主人教以人事。父父子子，君君臣臣，夫夫婦婦，兄兄弟弟，朋友貴信，信契之教也。放勳曰：勞之來之，匡之直之，輔之翼之，使自得之，又從而振德之。放勳，堯名也，遭水災恐其小民放辟邪侈，故勞來之。匡正直其曲心，使自得其本善性，然後又復從而振其羸窮，加德惠也。聖人之憂民如此，而暇耕乎？重喻陳相。

“堯以不得舜爲己憂，舜以不得禹、皋陶爲己憂。夫以百畝之不易爲己憂者，農夫也。分人以財謂之惠，教人以善謂之忠，爲天下得人者謂之仁。言聖人以不得賢聖之臣爲己憂，農夫以百畝不易治爲己憂。是故以天下與人易，爲天下得人難。爲天下求能治天下者難得也，故言以天下傳與人尚爲易也。孔子曰：‘大哉，堯之爲君！惟天爲大，惟堯則之，蕩蕩乎，民無能名焉！君哉，舜也！巍巍乎，有天下而不與焉！堯舜之治天下，豈無所用其心哉？亦不用於耕耳。’天道蕩蕩乎大無私，生萬物而不知其所由來！堯法天，故民無能名堯德者也。舜得人君之道哉，德盛乎，巍巍乎，有天下之位，雖貴盛，不能與益舜。巍巍之德，言德之大，大於天子位也。堯、舜蕩蕩巍巍如此，但不用心於躬自耕也。

“吾聞用夏變夷者，未聞變於夷者也。當以諸夏之禮義化變夷蠻之人耳，未聞變化於夷蠻之人，則其道也。陳良，楚産也，悦周公、仲尼之道，北學於中國；北方之學者，未闻或之先也。彼所謂豪傑之士也。子之兄弟事之數十年，師死而遂倍之。陳良生於楚，北游中國，學者不能有先之者也，可謂豪傑過人之士也。子之兄弟，謂陳相、陳辛也，數十年師事陳良，良死而倍之，更學於許行，非之也。昔者孔子没，三年之外，門人治任將歸，入揖於子貢，相嚮而哭，皆失聲，然後歸。子貢反，築室於場，獨居三年，然後歸。任，擔也。失聲，悲不能成聲。場，孔子冢上祭祀壇場也。子貢獨於場左右築室，復三年，慎終追遠也。他日，子夏、子張、子游以有若似聖人，欲以所事孔子事之，强曾子。曾子曰：‘不可。江漢以濯之，秋陽以暴之，皜皜乎不可尚已！’有若之貌似孔子，此三子者，思孔子而不可復見，故欲尊有若以作聖人，朝夕奉，事之禮如事孔子，以慰思也。曾子不肯，以爲聖人之潔白，如濯之江漢，暴之秋陽。秋陽，周之秋，夏之五月、六月盛陽也。皜皜，甚白也。何可尚而乃欲以有若之質於聖人之坐席乎？尊師道，故不肯。今也南蠻鴃舌之人，非先王之道；子倍子之師而學之，亦異於曾子矣。吾聞出於幽谷遷于喬木者，未聞下喬木而入于幽谷者。今此許行乃南楚蠻夷，其舌之惡如鴃鳥耳。鴃，博勞也。《詩》云：“七月鳴鴃。”應陰而殺物者也，許子托於大古，非先聖王堯舜之道，不務仁義，而欲使君臣並耕，傷害道德，惡如鴃舌，與曾子之心亦異遠也。人當出深谷上喬木。今子反下喬木入深谷。魯頌曰：‘戎狄是膺，荆舒是懲。’周公方且膺之，子是之學，亦爲不善變矣。”《詩・魯頌・閟宫》之篇也。膺，擊也。懲，艾也。周家時擊戎狄之不善者，懲止荆、舒之人，使不敢侵陵也。周公常欲擊之，言南夷之人難用，而子反悦是人而學其道，亦爲不善變更矣。孟子究陳此者，所以責陳相也。

“從許子之道，則市賈不貳，國中無僞。雖使五尺之童適市，莫之或欺。布帛長短同，則賈相若；麻縷絲絮輕重同，則賈相若；五穀多寡同，則賈相若；屨大小同，則賈相若。”陳相復爲孟子言此，如使從許子淳樸之道，可使市無二賈，不相僞誕，不欺愚小也。長短謂尺丈，輕重謂斤兩，多寡謂斗石，大小謂尺寸，皆言其同賈，故曰無二賈者也。

曰："夫物之不齊，物之情也。或相倍蓰，或相什百，或相千萬。子比而同之，是亂天下也。巨屨小屨同賈，人豈爲之哉？從許子之道，相率而爲僞者也，惡能治國家？"孟子曰：夫萬物好醜異賈，精粗異功，其不齊同，乃物之情性也。蓰，五倍也。什，十倍也。至於千萬相倍。譬若和氏之璧，雖與凡玉之璧尺寸厚薄適等，其價豈可同哉？子欲以大小相比而同之，則使天下有爭亂之道也。巨，粗屨也；小，細屨也。如使同賈而賣之，人豈肯作其細哉？時許子教人僞者耳，安能治其國家者也。《章指》言：神農務本，教以凡民；許子蔽道，同之君臣；陳相倍師，降於幽谷，不理萬情，謂之敦樸。是以孟子博陳堯舜上下之叙以匡之也。

二、寡人之於國也[①]

梁惠王曰："寡人之於國也，盡心焉耳矣。王侯自稱孤寡，言寡人於治國之政盡心，欲利百姓焉。耳者，懇至之辭。河内凶，則移其民於河東，移其粟於河内；河東凶亦然。言凶年以此救民也。魏舊在河東，後爲强國，兼得河内也。察鄰國之政，無如寡人之用心者。言鄰國之君用心，憂民無如己也。鄰國之民不加少，寡人之民不加多，何也？"王自怪爲政有此惠，而民人不增多於鄰國者，何也？孟子對曰："王好戰，請以戰喻。因王好戰，故以戰事喻解王意。填然鼓之，兵刃既接，棄甲曳兵而走。或百步而後止，或五十步而後止。以五十步笑百步，則何如？"填，鼓音也。兵以鼓進，以金退。孟子問王曰：今有戰者，兵刃已交，其負者棄甲曳兵而走，五十步而止，足以笑百步止者不？曰："不可，直不百步耳，是亦走也。"王曰：不足以相笑也。是人俱走，直事不百步耳。曰："王如知此，則無望民之多於鄰國也。孟子曰：王如知此不足以相笑，王之政猶此也，王雖有移民轉穀之善政，其好戰殘民與鄰國同，而獨望民之多，何異於五十步笑百步者乎？不違農時，穀不可勝食也；從此已下爲王陳王道也。使民得三時務農，不違奪其要時，則五穀饒穰不可勝食。數罟不入洿池，魚鼈不可勝食也；數罟，密網也。密細之網所以捕小魚鼈也，故禁之不得用。魚不滿尺不得食。斧斤以時入山林，材木不可勝用也。時謂草木零落之時，使林木茂暢，故有餘。穀與魚鼈不可勝食，材木不可勝用，是使民養生喪死無憾也。憾，恨也。民所用者足，故無恨。養生喪死無憾，王道之始也。王道先得民心，民心無恨，故言王道之始。五畝之宅，樹之以桑，五十者可以衣帛矣；廬井、邑居各二畝半以爲宅，冬入保城二畝半，故爲五畝也。樹桑牆下，古者年五十乃衣帛矣。雞豚狗彘之畜，無失其時，七十者可以食肉矣；言孕字不失時也。七十不食肉不飽。百畝之田，勿奪其時，數口之家可以無飢矣；一夫一婦，耕耨百畝。百畝之田，不可以徭役奪其時功，則家給人足。農夫上中下所食多少各有差，故總言數口之家也。謹庠序之教，申之以孝悌之義，頒白者不負戴於道路矣。庠序者，教化之宫也。殷曰序，周曰庠。謹修教化，申重孝悌之義。頒者，斑也。頭半白斑斑者也。壯者代老，心各安之，故斑白者不負戴也。七十者衣帛食肉，黎民不飢不寒，然而不王者，未之有也。言百姓老稚温飽，禮義修行，積之可以致王也。孟子欲以風王何不行此，可以王天下，有率土之民，何但望民多於鄰國？狗彘食人食而不知檢，塗有餓莩而不知發，言人君但養犬彘，使食人食，不知以法度檢斂也。塗，道也。餓死者曰莩。《詩》曰："莩有梅。"莩，零落也。道路之旁有餓死者，不知發倉廩以用賑救之也。人死，則曰：'非我也，歲也。'是何異於刺人而殺之，曰'非我也，兵也。'人死，謂餓疫死者也。王政使然，而曰"非我殺之，歲殺之也"，此何以異於用兵殺人，而曰"非我也，兵自殺之也"。王無罪歲，斯天下之民至焉。"戒王無歸罪於歲，責己而改行，則天下之民皆可致也。《章指》言：王化之本，在於使民養生喪死之用備足。然後導之以禮義，責己矜窮，則斯民集矣。

三、齊桓晉文之事[②]

齊宣王問曰："齊桓、晉文之事可得聞乎？"宣，謚也。宣王問孟子，欲庶幾齊桓公小白、晉文公重耳。孟子冀得行道，故仕於齊，齊不用而去，乃適於梁。建篇先梁者，欲

---

① 選自《孟子・梁惠王上》。

② 選自《孟子・梁惠王上》。

以仁義首篇，因言魏事，章次相從，然後道齊也。

孟子對曰："仲尼之徒，無道桓文之事者，是以後世無傳焉。臣未之聞也。孔子之門徒，頌述宓戲以來，至文、武、周公之法制耳，雖及五霸，心賤薄之，是以儒家後世無欲傳道之者。故曰"臣未之聞也"。無以，則王乎？"既不論三皇五帝，殊無所問，則尚當問王道耳，不欲使王問霸事也。

曰："德何如則可以王矣？"王曰德行當何如而可得以王乎。

曰："保民而王，莫之能禦也。"保，安也。禦，止也。言安民則惠，黎民懷之，若此以王，無能止也。

曰："若寡人者，可以保民乎哉？"王自恐德不足以安民，故問之。

曰："可。"孟子以爲如王之性，可以安民也。

曰："何由知吾可也？"王問孟子何以知吾可以安民。

曰："臣聞之胡齕曰：'王坐於堂上，有牽牛而過堂下者，王見之，曰：牛何之？對曰：將以釁鐘。王曰：'舍之！吾不忍其觳觫，若無罪而就死地'。對曰：'然則廢釁鐘與？'曰：'何可廢也？以羊易之！'不識有諸？"胡齕，王左右近臣也。觳觫，牛當到死地處恐貌。新鑄鐘，殺牲以血塗其釁郄，因以祭之，曰釁。《周禮·大祝》曰："墮釁，逆牲逆尸，令鐘鼓。"《天府》："上春，釁寶鍾及寶器。"孟子曰臣受胡齕言王嘗有此仁，不知誠有之否。

曰："有之。"王曰有之。

曰："是心足以王矣。百姓皆以王爲愛也，臣固知王之不忍也。"愛，嗇也。孟子曰：王推是仁心，足以至於王道。然百姓皆謂王嗇愛其財，臣知王見牛恐懼不欲趨死，不忍，故易之也。

王曰："然。誠有百姓者。齊國雖褊小，吾何愛一牛？即不忍其觳觫，若無罪而就死地，故以羊易之也。"王曰：亦誠有百姓所言者矣，吾國雖小，豈愛惜一牛之財費哉！即見其牛哀之，釁鐘又不可廢，故易之以羊耳。

曰："王無異於百姓之以王爲愛也。以小易大，彼惡知之？王若隱其無罪而就死地，則牛羊何擇焉？"異，怪也。隱，痛也。孟子言無怪百姓謂王愛財也，見王以小易大故也。王如痛其無罪，羊亦無罪，何爲獨釋牛而取羊。

王笑曰："是誠何心哉！我非愛其財而易之以羊也，宜乎百姓之謂我愛也。"王自笑心不然，而不能自免爲百姓所非，乃責己之以小易大，故曰宜乎其罪我也。

曰："無傷也，是乃仁術也，見牛未見羊也，君子之於禽獸也，見其生，不忍見其死；聞其聲，不忍食其肉。是以君子遠庖厨也。"孟子解王自責之心，曰無傷於仁，是乃王爲仁之道也。時未見羊，羊之爲牲次於牛，故用之耳。是以君子遠庖厨，不欲見其生食其肉也。

王説，曰："《詩》云："他人有心，予忖度之。"夫子之謂也。夫我乃行之，反而求之，不得吾心。夫子言之，於我心有戚戚焉。此心之所以合於王者，何也？"《詩·小雅·巧言》之篇也。王喜悦，因稱是《詩》以嗟嘆孟子忖度知己心，戚戚然心有動也。寡人雖有是心，何能足以王也。

曰："有復於王者曰：'吾力足以舉百鈞，而不足以舉一羽；明足以察秋毫之末，而不見輿薪。'則王許之乎？"復，白也。許，信也。人有白王如此，王信之乎？百鈞，三千斤也。

曰："否。"王曰：我不信也。

"今恩足以及禽獸，而功不至於百姓者，獨何與？然則一羽之不舉，爲不用力焉；輿薪之不見，爲不用明焉；百姓之不見保，爲不用恩焉。故王之不王，不爲也，非不能也。"孟子言王恩及禽獸，而不安百姓，若不用力、不用明者也。不爲耳，非不能也。

曰："不爲者與不能者之形何以異？"王問其狀何以異也。

曰："挾太山以超北海，語人曰：'我不能。'是誠不能也。爲長者折枝，語人曰：'我不能。'是不爲也，非不能也。故王之不王，非挾太山以超北海之類也；王之不王，是折枝之類也。孟子爲王陳爲與不爲之形若是，王則不折枝之類也。折枝，按摩折手節解罷枝也。少者恥是役，故不爲耳，非不能也。大山、北海皆近齊，故以爲喻也。老吾老以及人之老，幼吾幼以及人之幼，天下可運於掌。老猶敬也，幼猶愛也，敬吾之老，亦敬人之老；愛我之幼，亦愛人之幼。推此心以惠民，天下可轉之掌上。言其易也。《詩》云："刑于寡妻，至于兄弟，以御于家邦。"言舉斯心加諸彼而已。《詩・大雅・思齊》之篇也。刑，正也。寡，少也。言文王正已適妻，則八妾從，以及兄弟。御，享也。享天下國家之福，但舉己心加於人耳。故推恩足以保四海，不推恩無以保妻子。古之人所以大過人者，無他焉，善推其所爲而已矣。大過人者，大有爲之君也。善推其心所好惡，以安四海也。今恩足以及禽獸，而功不至於百姓者，獨何與？復申此言，非王不能，不爲之耳。權，然後知輕重；度，然後知長短。物皆然，心爲甚。王請度之！權，銓衡也，可以稱輕重也。度，丈尺也，可以量度長短也。凡物皆當稱度乃可知，心當行之乃爲仁。心比於物，尤當爲之甚者也。欲使王度心如度物也。抑王興甲兵，危士臣，構怨於諸侯，然後快於心與？"抑，辭也。孟子問王，抑亦如是乃快邪。

王曰："否！吾何快於是，將以求吾所大欲也。"王言不然，我不快是也。將欲以求我心所大欲者耳。

曰："王之所大欲，可得聞與？"孟子雖心知王意而故問者，欲從令王自道，緣以陳之。

王笑而不言。王意大，而不敢正言。

曰："爲肥甘不足於口與？輕煖不足於體與？抑爲采色不足視於目與？聲音不足聽於耳與？便嬖不足使令於前與？王之諸臣皆足以供之，而王豈爲是哉？"孟子復問此五者，欲以致王所欲也。故發異端以問也。

曰："否！吾不爲是也。"王言我不爲是也。

曰："然則王之所大欲可知已，欲辟土地，朝秦楚，莅中國而撫四夷也。莅，臨也。言王意欲庶幾王者，臨莅中國而安四夷者也。以若所爲，求若所欲，猶緣木求魚也。"若，順也。順嚮者所爲，謂搆兵諸侯之事。求順今之所欲莅中國之願，其不可得，如緣喬木而求生魚也。

王曰："若是其甚與？"王謂比之緣木求魚爲大甚。

曰："殆有甚焉。緣木求魚，雖不得魚，無後災。以若所爲求若所欲，盡心力而爲之，後必有災。"孟子言盡心戰鬬，必有殘民破國之災，故曰殆有甚於緣木求魚者也。

曰："可得聞與？"王欲知其害也。

曰："鄒人與楚人戰，則王以爲孰勝？"言鄒小楚大也。

曰："楚人勝。"王曰楚人勝也。

曰："然則小固不可以敵大，寡固不可以敵衆，弱固不可以敵强。海内之地，方千里者九，齊集有其一。以一服八，何以異於鄒敵楚哉？固，辭也。言小弱固不如强大。集會齊地，可方千里，譬一州耳，今欲以一州服八州，猶鄒欲敵楚也。蓋亦反其本矣。"王欲服之之道，蓋當反王道之本。今王發政施仁，使天下仕者皆欲立於王之朝，耕者皆欲耕於王之野，商賈皆欲藏於王之市，行旅皆欲出於王之塗，天下之欲疾其君者皆欲赴愬於王。其若是，孰能禦之？"反本道行仁政，若此，則天下歸之，誰能止之也。

王曰："吾惛，不能進於是矣。願夫子輔吾志，明以教我。我雖不敏，請嘗試之。"王言我情思惛亂，不能進行此仁政，不知所當施行也。欲使孟子明言其道，以教訓之。我雖不敏，願嘗使少行之也。

曰："無恒産而有恒心者，惟士爲能。若民，則無恒産，因無恒心。孟子爲王陳其法也。恒，常也。産，生也。恒産，則民常可以生之業也。恒心，人常有善心也。惟有學士之心者，雖窮不失道，不求苟得耳。凡民迫於飢寒，則不能守其常善之心。苟無恒心，放辟邪侈，無不爲已。及陷於罪，然後從而刑之，是罔民也。民誠無恒心，放溢辟邪，侈於奸利，犯罪觸刑，無所不爲，乃就刑之，是由張羅罔以罔民者也。焉有仁人在位，罔民而可爲也？安有仁人爲君，罔陷其民，是政何可爲也？是故明君制民之産，必使仰足以事父母，俯足以畜妻子，樂歲終身飽，凶年免於死亡。然後驅而之善，故民之從之也輕。言衣食足，知榮辱，故民從之，教化輕易也。今也制民之産，仰不足以事父母，俯不足以畜妻子，樂歲終身苦，凶年不免於死亡。此惟救死而恐不贍，奚暇治禮義哉？言今民困窮，救死恐凍餓而不給，何暇修禮行義也？王欲行之，則盍反其本矣。五畝之宅，樹之以桑，五十者可以衣帛矣；雞豚狗彘之畜，無失其時，七十者可以食肉矣；百畝之田，勿奪其時，八口之家可以無飢矣；謹庠序之教，申之以孝悌之義，頒白者不負戴於道路矣。老者衣帛食肉，黎民不飢不寒，然而不王者，未之有也。"其說與上同。八口之家，次上農夫也。孟子所以重言此者，乃王政之本、常生之道，故爲齊、梁之君各具陳之。當章究義，不嫌其重也。《章指》言：典籍攸載，帝王道純，桓文之事，譎正相紛，撥亂反正，聖意弗珍，故曰後世無傳未聞。仁不施人，猶不成德；釁鐘易牲，民不被澤；王請嘗試，欲踐其路；答以反本，惟是爲要。此蓋孟子不屈道之言也。

四、夫子當路於齊[①]

公孫丑問曰："夫子當路於齊，管仲、晏子之功，可復許乎？"夫子，謂孟子。許，猶興也。如使夫子得當仕路於齊而可以行道，管夷吾、晏嬰之功，寧可復興乎？

孟子曰："子誠齊人也，知管仲、晏子而已矣。誠，實也。子實齊人也，但知二子而已，豈復知王者之佐乎？"或問乎曾西曰：'吾子與子路孰賢？'曾西蹵然曰：'吾先子之所畏也。'曾西，曾子之孫。蹵然，猶蹵踖也。先子，曾子也。子路在四友，故曾子畏敬之，曾西不敢比。曰：'然則吾子與管仲孰賢？'曾西艴然不悦，曰：'爾何曾比予於管仲？'艴然，愠怒色也。何曾，猶何乃也。管仲得君，如彼其專也；行乎國政，如彼其久也；功烈，如彼其卑也。爾何曾比予於是？'"曾西答或人，言管仲得遇桓公，使之專國政如彼，行政於國其久如彼，功烈卑陋如彼，謂不帥齊桓公行王道而行霸道，故言卑也。重言何曾比我，恥見比之甚也。曰："管仲，曾西之所不爲也，而子爲我願之乎？"孟子心狹曾西，曾西尚不欲爲管仲，而子爲我願之乎？非丑之言小也。

曰："管仲以其君霸，晏子以其君顯。管仲、晏子猶不足與？"丑曰：管仲輔桓公以霸道，晏子相景公以顯名，二子如此，尚不可以爲邪？曰："以齊王，由反手也。"孟子言以齊國之大而行王道，其易若反手耳，故譏管、晏不勉其君以王業也。

曰："若是，則弟子之惑滋甚。且以文王之德，百年而後崩，猶未洽於天下；武王、周公繼之，然後大行。今言王若易然，則文王不足法與？丑曰如是言，則弟子惑益甚也，文王尚不能及身而王，何謂若易然也？若是，則文王不足以爲法邪？

曰："文王何可當也？由湯至於武丁，賢聖之君六七作，天下歸殷久矣，久則難變也。武丁朝諸侯，有天下，猶運之掌也。武丁，高宗也。孟子言文王之時難爲功，故言何可當也。從湯以下，賢聖之君六七興，謂大甲、大戊、盤庚等也。運之掌，言易也。紂之去武丁未久也，其故家遺俗，流風善政，猶有存者；又有微子、微仲、王子比干、箕子、膠

① 選自《孟子·公孫丑上》。

鬲，皆賢人也，相與輔相之，故久而後失之也。尺地莫非其有也，一民莫非其臣也，然而文王猶方百里起，是以難也。紂得高宗餘化，又多良臣，故久乃亡也。微仲、膠鬲齊皆良臣也，但不在三仁中耳。文王當此時，故難也。齊人有言曰：‘雖有智慧，不如乘勢；雖有鎡基，不如待時。’今時則易然也。齊人諺言也。乘勢，居富貴之勢。鎡基，田器耒耜之屬。待時，三農時也。今時易以行王化者也。夏后殷周之盛，地未有過千里者也，而齊有其地矣。雞鳴狗吠相聞，而達乎四境，而齊有其民矣。地不改辟矣，民不改聚矣，行仁政而王，莫之能禦也。三代之盛，封畿千里耳。今齊地土民人已足矣，不更辟土聚民也。雞鳴狗吠相聞，言民室屋相望而衆多也。以此行仁而王，誰能止之也。且王者之不作，未有疏於此時者也。民之憔悴於虐政，未有甚於此時者也。飢者易爲食，渴者易爲飲。孔子曰：‘德之流行，速于置郵而傳命。’言王政不興久矣，民患虐政甚矣。若飢者食易爲美，渴者飲易爲甘。德之流行，疾於置郵傳書命也。當今之時，萬乘之國行仁政，民之悦之，猶解倒懸也。故事半古之人，功必倍之，惟此時爲然。”倒懸，喻困苦也。當今所施恩惠之事，半於古人，而功倍之矣。言今行之易也。《章指》言：德流之速，過於置郵；君子得時，大行其道；是以吕望睹文王而陳王圖，管晏雖勤，猶爲曾西所羞也。

五、舜發於畎畝之中[①]

孟子曰：“舜發於畎畝之中，傅説舉於版築之間，膠鬲舉於魚鹽之中，管夷吾舉於士，孫叔敖舉於海，百里奚舉於市。故天將降大任於是人也，必先苦其心志，勞其筋骨，餓其體膚，空乏其身，行拂亂其所爲，所以動心忍性，曾益其所不能。舜耕歷山，三十徵庸。傅説築傅巖，武丁舉以爲相。膠鬲，殷之賢臣，遭紂之亂，隱遁爲商，文王於鬻販魚鹽之中得其人，舉之以爲臣也。士，獄官也。管夷吾自魯囚執於士官，桓公舉以爲相國。孫叔敖隱處，耕於海濵，楚莊王舉之以爲令尹。百里奚亡虞適秦，隱於都市，繆公舉之於市而以爲相也[②]。言天將降下大事，以任聖賢，必先勤勞其身，餓其體而瘠其膚，使其身乏資絶糧，所行不從，拂戾而亂之者，所以動驚其心，堅忍其性，使不違仁，困而知勤，曾益其素所以不能行。人恒過，然後能改；困於心，衡於慮，而後作；徵於色，發於聲，而後喻。人常以有繆思過行，不得福，然後乃更其所爲，以不能爲能也。困瘁於心。衡，横也。横塞其慮於胸臆之中，而後作爲奇計異策，憤激之説也。徵驗見於顔色，若屈原憔悴，漁父見而怪之。發於聲而後喻，若寧戚商歌，桓公異之。入則無法家拂士、出則無敵國外患者，國恒亡。然後知生於憂患，而死於安樂也。”入，謂國内也。無法度大臣之家，輔拂之士。出，謂國外也。無敵國可難，無外患可憂，則凡庸之君，驕慢荒怱，國常以此亡也。故知能生於憂患、死於安樂也。死，亡也。安樂怠惰，使人亡其知能者也。《章指》言：聖賢困窮，天堅其志；次賢感激，乃奮其慮；凡人佚樂，以喪知能，賢愚之叙也。

第十章　老　　子

一、小國寡民

聖人執左契而不責於人，則民無怨而各安其安矣，故次之以《小國寡民》章。

小國寡民，使民有什伯之器而不用也，古本。

① 選自《孟子・告子下》。

② “繆公舉之於市”六字原闕，今據阮刻本（第2762頁上）補。

老子前言治大國莅天下之式，而此言小國者，謂王者有道則國不在大，民不在多，誠能無欲无爲，則民有什伯之器而不用也。什伯之器，音辯云："按西漢詔天下吏舍无得置什器儲偫，音峙。顔師古注云：'五人爲伍，十人爲什。則共器物故通謂之什伍之具。爲什器猶今之從軍及作役者，十人爲火，共畜調度也。'"

使民重死而不遠徙。雖有舟輿，無所乘之；雖有甲兵，無所陳之。使民復結繩而用之。

復，扶富反，又也。上化清静，民不輕死，何用遷移？乘舟輿者多爲利名，既不知名利，則雖有而不乘。動甲兵者莫湃仇讎，既不致仇讎，則雖有而不陳也。上古結繩而治，今民既淳朴，則可使復結繩而用之，化底和平，則雖結繩亦不用矣。

至治之極，民各甘其食，美其服，安其俗，樂其業，鄰國相望，雞犬之聲相聞，使民至老死而不相往來。古本。

傅奕注"俗"字引鄭玄之説"謂土地所生習也"。"業"字引賈逵云"業猶次也"。《爾雅》云："業，事也。"皆通。望音亡。〇隨地所産以食以服，甘之美之，不餒不凍，隨其風俗，務其業次，安之樂之，不治而不亂。鄰國雖甚近，而使民各安其安，自足其足，至老死而不相往來，則焉有交争之患。如是，則太古之風可以復見。蘇曰："内足而外无所慕，故以其所有爲美，以其所處爲樂，而不復求也。"

二、天下皆知美之爲美

道常無爲，初无美惡。纔涉有爲，便有美惡。貴在無爲而成，不言而信，故次之以《天下皆知》章。

天下皆知美之爲美，斯惡已；皆知善之爲善，斯不善已。古本。

已，音以。語助。〇自古聖人體此道而行乎事物之間，其所以全美善者而人不知爲美善者，蓋事物莫不自然，各有當行之路，故聖人循其自然之理，行而中節，不自矜伐以爲美善也。儻矜之以爲美，伐之以爲善，使天下皆知者，則必有惡與不善繼之也。

故有无之相生，難易之相成，長短之相形，高下之相傾，音聲之相和，前後之相隨。

此以證上文美與惡爲對，善與不善爲對。

是以聖人處無爲之事，行不言之教。

是以者，承上接下之義。聖人者，純於道者也，亦大而化之之稱。後皆仿此。〇處无爲之事者，體道也。道常無爲而無不爲，聖人則虚心而應物也。行不言之教者，配天也。天何言哉，四時行焉，百物生焉。聖人則循理而利物，无有不當，斯不言之教也。

万物作焉，而不爲始。古本。

王弼、揚孚同古本。作者，動也。〇蓋寂然不動，感而遂通者，道也。聖人體道而立，物感而後應，故而不爲始也。

生而不有，爲而不恃，功成而不處。夫惟不處，是以不去。

傅奕云:"古本皆是處字。"○万物之生育運爲,皆由於道,而道未嘗以爲己有,亦未嘗自恃。至於功成而未嘗以自處,夫惟不以功自處,是以物不違也。圣人體道而立,故亦如是,豈有惡與不善繼之哉。

三、知人者智

能守道則不失其所,死而不亡,故次之以《知人者知》章。

知人者知也,自知者明也。

古本每句下有"也"字,文意雍容,世本並無"也"字,至"不失其所者久"。若無"也"字,則文意不足,今依古本。○人能虛静,則可以知人,可以自知。知人以智言,非私智也,猶止水之燭物也;自知以明言,乃本明也,猶上水之湛然也。《莊子·天道》篇有曰:水静則明,燭鬚眉,平中準,大匠取法焉。水静猶明,而况精神。聖人之心静乎,天地之鑒也,万物之鏡也。河上公曰:"能知人好惡,是智人也。自知賢與不肖,謂反聽無聲,内視無形,故爲明也。"

勝人者有力也,自勝者强也。

勝,克也。守道之士,謙柔自處,未嘗欲勝人,而人每不能勝之士者,惟其有定力故也。定力者何?能克去己私,而全乎天理,此自强也。

知足者富也,强行者有志也。

知万物皆備於我者,則莫富於此也。得是而自强不息者,有志於道也。

不失其所者久也,死而不亡者壽也。

道不可以方所言,此言所者,以万物由是出而言也。人能有志於道,不離於初,故不失其所,如此者乃久也。其形雖死,其神不亡,如此者方爲壽也。《莊子·田子方》篇載:"草食之獸不疾易藪,水生之蟲不疾易水,行小變而不失其大常也。"蘇曰:"物變無窮而心未嘗失,則久矣。死生之變亦大矣,而其性湛然不亡,此古之至人能不生不死者也。"

四、天之道

剛强者是不知天道猶張弓也,故次之以《天之道》章。

天之道,其猶張弓者歟,高者抑之,下者舉之,有餘者損之,不足者補之。天之道,損有餘而補不足也。古本。

天道公平,人鮮能知,故取張弓之喻以明之。夫張弓者高則抑,下則舉,有餘者减,不足者補,取其相稱而已。

人之道則不然,損不足以奉有餘。

反天道也。蘇曰:"天無私故均,人多私故不均。"

孰能損有餘以奉天下,唯有道者。古本。

有道者故能如此。蘇曰:"有道者贍足萬物而不辭,既以爲人己愈有,既以與人己愈多。非有道者,無以堪此。”

是以聖人爲而不恃,功成而不處。其不欲見音現。賢邪。

賢,能也。聖人法天之道,爲之而不恃,功成而不處,其不欲見能於人也。儻爲之而恃,功成而處,以見其能於人,豈天道也哉?

第十一章 莊　子

一、北冥有魚[①]

北冥有魚,其名爲鯤。鯤之大,不知其幾千里也。化而爲鳥,其名爲鵬。鵬鯤之實,吾所未詳也。夫莊子之大意,在乎逍遥遊放,無爲而自得。故極小大之致,以明性分之適。達觀之事,宜要其會歸而遺其所寄,不足事事曲與生説。自不害其弘旨也,皆可略之。鵬之背,不知其幾千里也。怒而飛,其翼若垂天之雲。是鳥也,海運則將徙於南冥。南冥者,天池也。非冥海不足以運其身,非九萬里不足以負其翼,此豈好奇哉?直以大物必自生於大處,大處亦必自生此大物,理固自然。不患其失,又何措心於其間哉。

《齊諧》者,志怪者也。《諧》之言曰:“鵬之徙於南冥也,水擊三千里,摶扶摇而上者九萬里,夫翼大則難舉,故摶扶摇而後能上,九萬里乃足自勝耳。既有斯翼,豈得决然而起、數仞而下哉!此皆不得不然,非樂然也。去以六月息者也。”夫大鳥一去半歲,至天池而息;小鳥一飛半朝,搶榆枋而止。此比所能則有間矣,其於適性一也。野馬也,塵埃也,生物之以息相吹也。此皆鵬之所憑以飛者耳。野馬者,遊氣也。天之蒼蒼,其正色邪?其遠而无所至極耶?其視下也,亦若是則已矣。今觀天之蒼蒼,竟未知便是天之正色邪?天之爲遠而无極邪?鵬之自上以視地,亦若人之自此視天。則止而圖南矣,言鵬不知道里之遠近,趣足以自勝而近。

且夫水之積也不厚,則負大舟也無力。覆杯水於坳堂之上,則芥爲之舟,置杯焉則膠,水淺而舟大也。此皆明鵬之所以高飛者,翼大故耳。夫質小者,所資不待大;則質大者,所用不得小矣。故理有至分,物有定極。各足稱事,其濟一也。若乃失乎忘生之主,而營生於至當之外,事不任力,動不稱情,則雖垂天之翼不能無窮,决起之飛不能无困矣。風之積也不厚,則其負大翼也無力。故九萬里則風斯在下矣,而後乃今培風;背負青天而莫之夭閼者,而後乃今將圖南。夫所以乃今將圖南者,非其好高而慕遠也,風不積則夭閼不通故耳。此大鵬之逍遥也。

蜩與鷽鳩笑之曰:“我决起而飛,搶榆枋,時則不至,而控於地而已矣,奚以之九萬里而南爲?”苟足於其性,則雖大鵬无以自貴於小鳥,小鳥无羡於天池,而榮願有餘矣。故小大雖殊,逍遥一也。適莽蒼者,三餐而反,腹猶果然;適百里者,宿舂糧;適千里者,三月聚糧。所適彌遠,則聚糧彌多。故其翼彌大,則積氣彌厚也。之二蟲又何知。二蟲,謂鵬蜩也。對大於小,所以均異趣也。夫趣之所以異,豈知異而異哉?皆不知所以然而自然耳。自然耳,不爲也,此逍遥之大意。

小知不及大知,小年不及大年。物各有性,性各有極,皆如年知,豈跂尚之所及哉。自此已下至于列子,歷舉年知之大小,各信其一方,未有足以相傾者也。然後統以无待之人,遺彼忘我,冥此羣異,異方同得而我無功名。是故統小大者,无小无大者也。苟有乎小大,則雖大鵬之與斥鴳,宰官之與御風,同爲累物耳。齊死生者,无死无生者也。苟有乎死生,則雖大椿之與蟪蛄,彭祖之與朝菌,均於短折耳。故遊於无小无大者,无窮者也;冥乎不死不生者,无極者也。若夫逍遥而繫於有方,則雖放之使遊,而有所窮矣,未能无待也。奚以知其然也?朝菌不知晦朔,蟪蛄不知春秋,此小年也。楚

---

① 選自《莊子·逍遥遊》

之南有冥靈者,以五百歲爲春,五百歲爲秋;上古有大椿者,以八千歲爲春,八千歲爲秋。而彭祖乃今以久特聞,衆人匹之,不亦悲乎。夫年知不相及,若此之懸也。比於衆人之所悲,亦可悲矣。而衆人未嘗悲此者,以其性各有極也。苟知其極,則豪分不可相跂,天下又何所悲乎哉!夫物未嘗以大欲小,而必以小羨大。故舉小大之殊,各有定分,非羨欲所及,則羨欲之累可以絶矣。夫悲生於累,累絶則悲去,悲去而性命不安者,未之有也。

湯之問棘也是已:湯之問棘,亦云物各有極,任之則條暢。故莊子以所問爲是也。窮髮之北,有冥海者,天池也。有魚焉,其廣數千里,未有知其修者,其名爲鯤。有鳥焉,其名爲鵬,背若太山,翼若垂天之雲,搏扶摇羊角而上者九萬里,絶雲氣,負青天,然後圖南,且適南冥也。斥鴳笑之曰:“彼且奚適也!我騰躍而上,不過數仞而下,翱翔蓬蒿之間,此亦飛之至也,而彼且奚適也。”此小大之辯也。各以得性爲至,自盡爲極也。向言二蟲殊翼,故所至不同。或翱翔天池,或畢志榆枋,直各稱體而足,不知所以然也。今言小大之辯,各有自然之素,既非跂慕之所及,亦各安其天性,不悲所以異,故再出之。

故夫知效一官,行比一鄉,德合一君,而徵一國者,其自視也,亦若此矣。亦猶鳥之自得於一方也。而宋榮子猶然笑之。未能齊,故有笑。且舉世而譽之而不加勸,舉世而非之而不加沮。審自得也。定乎内外之分,内我而外物。辯乎榮辱之境,榮己而辱人。斯已矣。亦不能復過此。彼其於世,未數數然也。足於身,故閒於世也。雖然猶有未樹也。唯能自是耳,未能无所不可也。

夫列子御風而行,泠然善也,泠然,輕妙之貌。旬有五日而後反。苟有待焉,則雖御風而行,不能以一時而周也。彼於致福者,未數數然也。自然御風行耳,非數數然求之也。此雖免乎行,猶有所待者也。非風則不得行,斯必有待也。唯無所不乘者,無待耳。

若夫乘天地之正而御六氣之辯,以遊无窮者,彼且惡乎待哉。天地者,萬物之總名也。天地以萬物爲體,而萬物必以自然爲正。自然者,不爲而自然者也。故大鵬之能高,斥鷃之能下,椿木之能長,朝菌之能短,凡此皆自然之所能,非爲之所能也。不爲而自能,所以爲正也。故乘天地之正者,即是順萬物之性也;御六氣之辯者,即是遊變化之塗也。如斯以往,則何往而有窮哉。所遇斯乘,又將惡乎待哉。此乃至德之人玄同彼我者之逍遥也。苟有待焉,則雖列子之輕妙,猶不能無風而行,故必得其所待然後逍遥耳,而况大鵬乎。夫唯與物冥而循大變者,爲能無待而常通,豈自通而已哉。又順有待者,使不失其所待,所待不失,則同於大通矣。故有待無待,吾所不能齊也。至於各安其性,天機自張,受而不知,則吾所不能殊也。夫無待猶不足以殊有待,況有待者之巨細乎。故曰:“至人無己,無己故順物,順物而至矣。神人無功,夫物未嘗有謝生於自然者,而必欣賴於針石,故理至則迹滅矣。今順而不助,與至理爲一,故无功。聖人無名。”聖人者,物得性之名耳,未足以名其所以得也。

二、吾生也有涯[①]

吾生也有涯,所稟之分,各有極也。而知也無涯。夫舉重攜輕,而神氣自若,此力之所限也。而尚名好勝者,雖復絶膂,猶未足以慊其願,此知之無涯也。故知之爲名,生於失當而滅於冥极。冥极者,任其至分而無豪銖之加。是故雖負萬鈞,苟當其所能,則忽然不知重之在身;雖應萬機,泯然不覺事之在己。此養生之主也。以有涯隨無涯,殆已!以有限之性,尋無極之知,安得而不困哉!已而爲知者,殆而已矣。已困於知而不知止,又爲知以救之,斯養而傷之者,真大殆也。爲善無近名,爲惡無近刑,忘善惡而居中,任萬物之自爲,悶然與至當爲一,故刑名遠己,而全理在身也。緣督以爲經,順中以爲常也。可以保身,可以全生,可以養親,養親以適。可以盡年。苟得中而冝度,則事事无不可也。夫養生非求過分,蓋全理盡年而已矣。

庖丁爲文惠君解牛,手之所觸,肩之所倚,足之所履,膝之所踦,砉然嚮然,奏刀騞然,莫不中音,合於桑林之舞,乃中經首之會。言其因便施巧,无不閑解,盡理之甚。既適牛理,又合音節。文惠君曰:“譆,善哉!技蓋至此乎?”庖丁釋刀對曰:“臣之所好者,道也,進乎技矣。直寄道理於技耳,所好者非技也。始臣之

① 選自《莊子·養生主》。

解牛之時，所見無非牛者，（未能見其理間。）三年之後，未嘗見全牛也；（但見其理間也。）方今之時，臣以神遇而不以目視，（闇與理會。）官知止而神欲行。（司察之官廢，縱心而順理。）依乎天理，（不橫截也。）批大郤，（有際之處，因而批之令離。）導大窾，（節解窾空，就導令殊。）因其固然。（刀不妄加。）技經肯綮之未嘗，（技之妙也常遊刃於空，未嘗經綮於微礙也。）而況大軱乎！（軱，戾大骨，衄刀刃也。）良庖歲更刀，割也；（不中其理間也。）族庖月更刀，折也；（中骨而折刀也。）今臣之刀十九年矣，所解數千牛矣，而刀刃若新發於硎。（硎，砥石也。）彼節者有間，而刀刃者無厚，以無厚入有間，恢恢乎其於遊刃必有餘地矣。是以十九年而刀刃若新發於硎。雖然，每至於族，吾見其難爲，（交錯聚結爲族。）怵然爲戒，視爲止，（不復屬目於他物也。）行爲遲，（徐其手也。）動刀甚微，謋然已解，（得其宜則用力少。）如土委地。（理解而無刀迹，若聚土也。）提刀而立，爲之四顧，爲之躊躇滿志，（逸足容豫，自得之謂。）善刀而藏之。”（拭刀而弢之也。）文惠君曰：“善哉！吾聞庖丁之言，得養生焉。”（以刀可養，故知生亦可養。）

三、馬蹄[①]

馬，蹄可以踐霜雪，毛可以禦風寒，齕草飲水，翹足而陸，此馬之真性也。（駑驥各適於身而足。）雖有義臺路寢，無所用之。（馬之真性，非辭鞍而惡乘，但无羨於榮華。）及至伯樂，曰：“我善治馬。”燒之，剔之，刻之，雒之。連之以羈馽，編之以皁棧，馬之死者十二三矣！（有意治之則不治矣，治之爲善，斯不善也。）飢之渴之，馳之驟之，整之齊之，前有橛飾之患，而後有鞭筴之威，而馬之死者已過半矣！（夫善御者，將以盡其能也。盡能在於自任，而乃走作驅步，求其過能之用，故有不堪而多死焉。若乃任駑驥之力，適遲疾之分，雖則足迹接乎八荒之表，而衆馬之性全矣。而或者聞任馬之性乃謂放而不乘，聞無爲之風遂云行不如卧，何其生而不返哉！斯失乎莊生之旨遠矣！）陶者曰：“我善治埴。”圓者中規，方者中矩。匠人曰：“我善治木。”曲者中鈎，直者應繩。夫埴木之性，豈欲中規矩鈎繩哉！然且世世稱之曰：“伯樂善治馬，而陶匠善治埴木。”此亦治天下者之過也。（世以任自然而不加巧者爲不善於治也；揉曲爲直，厲駑習驥，能爲規矩以矯拂其性，使死而後已，乃謂之善治也。不亦過乎！）

吾意善治天下者不然。（以不治治之，乃善治也。）彼民有常性，織而衣，耕而食，是謂同德。（夫民之德，小異而大同。故性之不可去者，衣食也；事之不可廢者，耕織也：此天下之所同而爲本者也。守斯道者，無爲之至也。）一而不黨，命曰天放。（放之而自一耳，非黨也，故謂之天放。）故至德之世，其行填填，其視顛顛。（此自足於内，無所求及之貌。）當是時也，山無蹊隧，澤無舟梁；（不求非望之利，故止於一家而足。）萬物群生，連屬其鄉；（混芒而同得也，則與一世而淡漠焉，豈國異而家殊也！）禽獸成群，草木遂長。（足性而止，無吞夷之欲，故物全。）是故禽獸可係羈而遊，鳥鵲之巢可攀援而闚。（與物無害，故物馴也。）夫至德之世，同與禽獸居，族與萬物並。惡乎知君子小人哉！同乎无知，其德不離；（知則離道以善也。）同乎无欲，是謂素樸。（欲則離性以飾也。）素樸而民性得矣。（无煩乎知欲也。）及至聖人，（聖人者，民得性之迹耳，非所以迹也。此云及至聖人，猶云及至其迹也。）蹩躠爲仁，踶跂爲義，而天下始疑矣。澶漫爲樂，摘僻爲禮，而天下始分矣。（夫聖迹既彰，則仁義不真，而禮樂離性，徒得形表而已矣。有聖人即有斯弊，吾若是何哉。）故純樸不殘，孰爲犧樽！白玉不毁，孰爲珪璋？道德不廢，安取仁義？性情不離，安用禮樂？五色不亂，孰爲文采？五聲不

---

① 選自《莊子・養生主》。

亂，孰應六律？凡此皆變樸爲華，棄本崇末，於其天素有殘廢矣。世雖貴之，非其貴也。

夫殘樸以爲器，工匠之罪也；毁道德以爲仁義，聖人之過也。工匠則有規矩之制，聖人則有可尚之迹。夫馬，陸居則食草飲水，喜則交頸相靡，怒則分背相踶。馬知已此矣！御其真知，乘其自陸，則萬里之路可致，而群馬之性不失。夫加之以衡扼，齊之以月題，而馬知介倪、闉扼、鷙曼、詭銜、竊轡。故馬之知而能至盜者，伯樂之罪也。馬性不同，而齊求其用，故有力竭而態作者。夫赫胥氏之時，民居不知所爲，行不知所之，含哺而熙，鼓腹而遊。民能以此矣！此民之真能也。及至聖人，屈折禮樂以匡天下之形，縣跂仁義以慰天下之心，而民乃始踶跂好知，争歸於利，不可止也。此亦聖人之過也。其過皆由乎迹之可尚也。

四、秋水

秋水時至，百川灌河。涇流之大，兩涘渚涯之間，不辨牛馬。言其廣也。於是焉河伯欣然自喜，以天下之美爲盡在己。順流而東行，至於北海。東面而視，不見水端。於是焉河伯始旋其面目，望洋向若而嘆曰："野語有之曰：'聞道百，以爲莫己若者。'我之謂也。且夫我嘗聞少仲尼之聞而輕伯夷之義者，始吾弗信。今我睹子之難窮也，吾非至於子之門則殆矣，吾長見笑於大方之家。"知其小而不能自大，則理分有素，跂尚之情无爲乎其間。北海若曰："井蛙不可以語於海者，拘於墟也；夏蟲不可以語於冰者，篤於時也；曲士不可以語於道者，束於教也。"夫物之所生而安者，趣各有極。今爾出於涯涘，觀於大海，乃知爾醜，爾將可與語大理矣。以其知分，故可與言理也。天下之水，莫大於海：萬川歸之，不知何時止而不盈；尾閭泄之，不知何時已而不虚；春秋不變，水旱不知。此其過江河之流，不可爲量數。而吾未嘗以此自多者，自以比形於天地，而受氣於陰陽，吾在天地之間，猶小石小木之在大山也。方存乎見少，又奚以自多。窮百川之量而縣於河，河縣於海，海縣於天地，則各有量也。此發辭氣者，有似乎觀大可以明小，尋其意則不然。夫世之所患者，不夷也，故體大者快然謂小者爲无餘，質小者塊然謂大者爲至足。是以上下夸跂，俯仰自失，此乃生民之所惑也。惑者求正，正之者莫若先極其差而因其所謂。所謂大者，至足也，故秋毫无以累乎天地矣；所謂小者，无餘也，故天地无以過乎秋毫矣。然後惑者，有由而反，各知其極。物安其分，逍遥者用其本步而遊乎自得之場矣，此莊子之所以發德音也。若如惑者之説，轉以小大相傾，則相傾者無窮矣。若夫睹大而不安其小，視少而自以爲多，將奔馳於勝負之境而助天民之矜夸，豈達乎莊生之旨哉！計四海之在天地之間也，不似礨空之在大澤乎？計中國之在海内，不似稊米之在大倉乎？號物之數爲之萬，人處一焉；人卒九州，穀食之所生，舟車之所通，人處一焉；此其比萬物也，不似毫末之在於馬體乎？小大之辯，各有階級，不可相跂。五帝之所連，三王之所争，仁人之所憂，任士之所勞，盡此矣！不出乎一域。伯夷辭之以爲名，仲尼語之以爲博。此其自多也，不似爾向之自多於水乎？物有定域，雖至知不能出焉，故起大小之差，將以申明至理之無辯也。

河伯曰："然則吾大天地而小毫末，可乎？"北海若曰："否。夫物，量無窮，物物各有量。時无止，死與生皆時行。分無常，得與失皆分。終始無故。日新也。是故大知觀於遠近，故小而不寡，各自足也。大而不多：亦無餘也。知量无窮。攬而觀之，知遠近大小之物各有量。證曏今故。曏，明也。今故，猶古今。故遥而不悶，遥，長也。掇而不跂：掇，猶短也。知時无止。證明古今，知變化之不止於死生也，故不以長而悒悶，短故爲跂也。察乎盈虚，故得而不喜，失而不憂：知分之无常也。察其一盈一虚，則知分之不常於得也，故能忘其憂喜。明乎坦塗，死生者，日新之正道。故生而不悦，死而不禍；知終始之不可故也。明終始之日新也，則知故之不可執而留矣，是以涉日新而不愕，舍故而不驚，死生之化若一。計人之所知，不若其所不知。所知各有限也。其生之時，不若未生之時；生時各有年也。以其至小，求窮其至大之域，是故迷亂而不能自得也。莫若安於所受之分而已。由此觀之，又何以知毫末之足以定至細之倪，又何以知天地之足以窮至大之域！"以小求大，理終不得。各安其分，則大小俱足矣。若毫末不求天地之功，則周身之餘皆爲棄物；天地不見大於秋毫，則顧其形象裁自足耳，將何以知細之定細、大之定大也！

河伯曰："世之議者皆曰：'至精無形，至大不可圍。'是信情乎？"北海若曰："夫自細視大者不盡，自大視細者不明。目之所見有常極，不能無窮也，故於大則有所不盡，於細則有所不明，直是目之所不逮耳。精與大皆非無也，庸詎知無形而不可圍者哉！夫精，小之微也；垺，大之殷也：故異便。大小異，故所便不得同。此勢之有也。若無形而不可圍，則無此異便之勢也。夫精粗者，期於有形者也；有精粗矣，故不得無形。無形者，數之所不能分也；不可圍者，數之所不能窮也。可以言論者，物之粗也；可以意致者，物之精也；言之所不能論，意之所不能察致者，不期精粗焉。唯無而已，何精粗之有哉！夫言意者，有也；而所言所意者，無也，故求之於言意之表，而入乎無言無意之域而後至焉。是故大人之行，不出乎害人，大人者，無意而任天行也。舉足而投諸吉地，豈出害人之塗哉。不多仁恩；無害而不自多其恩。動不爲利，應理而動，而理自無害。不賤門隸；任其所能而位當於斯耳，非由賤之故措之斯職。貨財弗争，各使分定。不多辭讓；適中而已。事焉不借人，各使自任。不多食乎力，足而已。不賤貪汙；理自無欲。行殊乎俗，已獨無可無不可，所以與俗殊。不多辟異；任理而自殊。爲在從衆，從衆之所爲。不賤佞諂；自然正直。世之爵禄不足以爲勸，戮恥不足以爲辱；外事不棲於心。知是非之不可爲分，細大之不可爲倪。故玄同也。聞曰：'道人不聞，任物而物性自通，則功名歸物矣，故不聞。至德不得，得者，生於失也。物各無失，則得名去也。大人無已。'任物而已。約分之至也。"約之以至其分，故冥也，夫唯極乎無形而不可圍者爲然。

河伯曰："若物之外，若物之内，惡至而倪貴賤？惡至而倪小大？"北海若曰："以道觀之，物無貴賤；各自足也。以物觀之，自貴而相賤；此區區者，乃道之所錯綜而齊之也。以俗觀之，貴賤不在己。斯所謂倒置也。以差觀之，因其所大而大之，則萬物莫不大；因其所小而小之，則萬物莫不小。知天地之爲稊米也，知毫末之爲丘山也，則差數睹矣。所大者，足也。所小者，无餘也。故因其性足以名大，則毫末丘山不得異其名；因其无餘以稱小，則天地稊米无所殊其稱。若夫觀差而不由斯道，則差數相加，幾微相傾，不可勝察也。以功觀之，因其所有而有之，則萬物莫不有；因其所無而無之，則萬物莫不無。知東西之相反而不可以相無，則功分定矣。天下莫不相與爲彼我，而彼我皆欲自爲，斯東西之相反也。然彼我相與爲脣齒，脣齒者未嘗相爲，而脣亡則齒寒。故彼之自爲，濟我之功弘矣，斯相反而不可以相無者也。故因其自爲而無其功，則天下之功莫不皆無矣；因其不可相无而有其功，則天下之功莫不皆有矣。若乃忘其自爲之功而思夫相爲之惠，惠之愈勤而僞薄滋甚，天下失業而情性瀾漫矣，故其功分无時可定也。以趣觀之，因其所然而然之，則萬物莫不然；因其所非而非之，則萬物莫不非。知堯桀之自然而相非，則趣操睹矣。物皆自然，故無不然；物皆相非，故無不非。無不非則無然矣，無不然則無非矣。無然無非者，堯也；有然有非者，桀也。然此二君各受天素，不能相爲，故因堯桀以觀天下之趣操，其不能相爲也可見矣。昔者堯舜讓而帝，之噲讓而絶；湯武争而王，白公争而滅。夫順天應人而受天下者，其迹則争讓之迹也。尋其迹者，失其所以迹矣，故絶滅也。由此觀之，争讓之禮，堯桀之行，貴賤有時，未可以爲常也。梁麗可以衝城而不可以窒穴，言殊器也；騏驥驊騮，一日而馳千里，捕鼠不如狸狌，言殊技也；鴟鵂夜撮蚤，察毫末，晝出瞋目而不見丘山，言殊性也。就其殊而任之，則萬物莫不當也。故曰：蓋師是而非，師治而無亂乎？是未明天地之理、萬物之情者也。夫天地之理、萬物之情，以得我爲是，失我爲非；適性爲治，失性爲亂。然物无定極，我无常適，殊性異便，是非無主。若以我之所是，則彼不得非，此知我而不見彼者耳。故以道觀者，於是非無當也，付之天均，恣之兩行，則殊方異類，同焉皆得也。是猶師天而無地，師陰而無陽，其不可行明矣！然且語而不舍，非愚則誣也。天地陰陽，對生也；是非治亂，互有也，將奚去哉。帝王殊禪，三代殊繼。差其時，逆其俗者，謂之纂夫；當其時，順其俗者，謂之義之徒。默默乎河伯，汝惡知貴賤之門，小大之家。”俗之所貴，有時而賤；物之所大，世或小之，故順物之迹，不得不殊，斯五帝三王之所以不同也。

河伯曰：“然則我何爲乎？何不爲乎？吾辭受趣舍，吾終奈何？”北海若曰：“以道觀之，何貴何賤，是謂反衍；貴賤之道，反覆相尋。無拘而志，與道大蹇。自拘執則不夷於道。何少何多，是謂謝施；隨其分，故所施无常。无一而行，與道參差。不能隨變，則不齊於道。嚴乎若國之有君，其無私德；公當而已。繇繇乎若祭之有社，其無私福；天下之所同求。汎汎乎其若四方之無窮，其無所畛域。汎汎然無所在。兼懷萬物，其孰承翼？掩御群生，反之分内而平往者也，豈扶疏而承翼哉！是謂無方。無方，故能以萬物爲方。萬物一齊，孰短孰長？莫不皆足。道无終始，物有死生，死生者，无窮之一變耳，非終始也。不恃其成。成無常處。一虚一滿，不位乎其形。不以形爲位，而守之不變。年不可舉，欲舉之令去而不能。時不可止。欲止之使停又不可。消息盈虚，終則有始。變化日新，未嘗守故。是所以語大義之方，論萬物之理也。物之生也，若驟若馳。但當就用耳。無動而不變，無時而不移。故不可執而守。何爲乎？何不爲乎？夫固將自化。若有爲不爲於其間，則敗其自化矣。

河伯曰：“然則何貴於道邪？”以其自化。北海若曰：“知道者必達於理，達於理者必明於權，明於權者不以物害己。知道者，知其無能也。無能也則何能生我？我自然而生耳！而四支百體，五藏精神，已不爲而自成矣，又何有意乎生成之後哉！達乎斯理者，必能遣過分之知，遺益生之情，而乘變應權故。不以外傷内，不以物害己，而常全也。至德者，火弗能熱，水弗能溺，寒暑弗能害，禽獸弗能賊。夫心之所安，則危不能危；意無不適，故若不能若也。非謂其薄之也，雖心所安，亦不使犯之。知其不可言察乎安危，逃也。寧於禍福，安乎命之所遇。謹於去就，審去就之非已。莫之能害也。不以害爲害，故莫之能害。故曰‘天在内，人在外。天然在内，而天然之所順者在外。故《大宗師》曰：“知天人之所爲者，至矣。”明内外之分皆非爲也。德在乎天。’恣人任知，則流蕩失素也。知天人之行，本乎天，位乎得，此天然之知，自行而不出乎分者也。故雖行於外而常本乎天而位乎得矣。蹢躅而屈伸，與機會相應者，有斯變也。反要而語極。”知雖落天地，事雖接萬物，而常不失其要極，故天人之道全也。曰：“何謂天？何謂人？”北海若曰：“牛馬四足，是謂天；落馬首，穿牛鼻，是謂人。人之生也，可不服牛乘馬乎？服牛乘馬，不可穿落之乎？牛馬不辭穿落者，天命之固當也。苟當乎天命，則雖寄之人事而本在乎天也。故曰：‘無以人滅天，穿落之可也，若乃走作過分，驅步失節，則天理滅矣。無以故滅命，不因其自爲而故爲之者，命其安在乎。无以得殉名。所得有常分，殉名則過也。謹守而勿失，是謂反其真。’”真在性分之内。

夔憐蚿，蚿憐蛇，蛇憐風，風憐目，目憐心。夔謂蚿曰：“吾以一足趻踔而行，予無如矣。今予之使萬足，獨奈何？”蚿曰：“不然。子不見夫唾者乎？噴則大者如珠，小者如霧，雜而下者不可勝數也。今予動吾天機，而不知其所以然。”蚿謂蛇曰：“吾以衆足行，而不及子之无足，何也？”蛇曰：“夫天機之所動，何可易邪？吾安用足哉。”物之生也，非知生而生也；則生之行也，豈知行而行哉！故足不知所以行，目不知所以見，心不知所以知，俛然而自得矣。遲速之節，聰明之鑒，或能或否，皆非我也。而或者因欲有其身而矜其能，所以逆其天機而傷其神器也。至人知天機之不可易也，故捐聰明，棄知慮，塊然忘其爲而任其自動，故萬物無動而不逍遥也。蛇謂風曰：“予動吾脊脅而行，則有似也。今子蓬蓬然起於北海，蓬蓬然入於南海，而似無有，何也？”風曰：“然，予蓬蓬然起於北海而入於南海也，然而指我則勝我，鰌我亦勝我。雖然，夫折大木、蜚大屋者，唯我能也。”故以衆小不勝爲大勝也。爲大勝者，唯聖人能之。恣其天機，無所與争，斯小不勝也。然乘萬物，御群才之所爲，使群才各自得，萬物各自爲則天下莫不逍遥矣。此乃聖人爲大勝也。

孔子遊於匡，宋人圍之數匝，而弦歌不輟。子路入見，曰：“何夫子之娱也？”孔子曰："來，吾語汝。我諱窮久矣，而不免，命也；求通久矣，而不得，時也。"將明時命之固當，故寄之求諱。當堯舜而天下無窮人，非知得也；當桀紂而天下無通人，非知失也；時勢適然。无爲勞心於窮通之間。夫水行不避蛟龍者，漁父之勇也；陸行不避兕虎者，獵夫之勇也；白刃交於前，視死若生者，烈士之勇也。情各有所安。知窮之有命，知通之有時，臨大難而不懼者，聖人之勇也。聖人則無所不安。由，處矣，吾命有所制矣。"命非己制，故無所用其心也。夫安於命者，無往而非逍遥矣。故雖匡陳羑里，无異於紫極閒堂也。無幾何，將甲者進，辭曰："以爲陽虎也，故圍之；今非也，請辭而退。"

公孫龍問於魏牟曰："龍少學先生之道，長而明仁義之行；合同異，離堅白；然不然，可不可；困百家之知，窮衆口之辯：吾自以爲至達已。今吾聞莊子之言，汒焉異之。不知論之及與？知之弗若與？今吾無所開吾喙，敢問其方。"公子牟隱机大息，仰天而笑曰："子獨不聞夫埳井之蛙乎？謂東海之鼈曰：'吾樂與！吾跳梁乎井幹之上，入休乎缺甃之崖。赴水則接腋持頤，蹶泥則没足滅跗。還虷蟹與科斗，莫吾能若也。且夫擅一壑之水，而跨跱埳井之樂，此亦至矣。夫子奚不時來入觀乎？'此猶小鳥之自足於蓬蒿。東海之鼈左足未入，而右膝已縶矣。明大之不遊於小，非樂然。於是逡巡而却。告之海曰：'夫千里之遠，不足以舉其大；千仞之高，不足以極其深。禹之時，十年九潦，而水弗爲加益；湯之時，八年七旱，而崖不爲加損。夫不爲頃久推移，不以多少進退者，此亦東海之大樂也。'於是埳井之蛙聞之，適適然驚，規規然自失也。以小羡大，故自失。且夫知不知是非之境，而猶欲觀於莊子之言，是猶使蚉負山、商蚷馳河也，必不勝任矣。物各有分，不可强相希效。且夫知不知論極妙之言，而自適一時之利者，是非埳井之蛙與？且彼方跐黄泉而登大皇，無南無北，奭然四解，淪於不測；無東無西，始於玄冥，反於大通。言其無不至也。子乃規規然而求之以察，索之以辯，夫遊無窮者，非察辯所得。是直用管闚天、用錐指地也，不亦小乎？子往矣！非其任者，去之可也。且子獨不聞夫壽陵餘子之學行於邯鄲與？未得國能，又失其故行矣，直匍匐而歸耳。以此效彼，兩失之。今子不去，將忘子之故，失子之業。"公孫龍口呿而不合，舌舉而不下，乃逸而走。

莊子釣於濮水。楚王使大夫二人往先焉，曰："願以境内累矣！"莊子持竿不顧，曰："吾聞楚有神龜，死已三千歲矣。王巾笥而藏之廟堂之上。此龜者，寧其死爲留骨而貴乎？寧其生而曳尾於塗中乎？"二大夫曰："寧生而曳尾塗中。"莊子曰："往矣！吾將曳尾於塗中。"性各有所安也。

惠子相梁，莊子往見之。或謂惠子曰："莊子來，欲代子相。"於是惠子恐，搜於國中三日三夜。揚兵整旅。莊子往見之，曰："南方有鳥，其名鵷鶵，子知之乎？夫鵷鶵發於南海而飛於北海，非梧桐不止，非練實不食，非醴泉不飲。於是鴟得腐鼠，鵷鶵過之，仰而視之曰：'嚇！'今子欲以子之梁國而嚇我邪？"言物嗜好不同，願各有極。

莊子與惠子遊於濠梁之上。莊子曰："鯈魚出游從容，是魚樂也。"惠子曰："子非魚，安知魚之樂？"莊子曰："子非我，安知我不知魚之樂？"欲以起明相非而不可以相知之義耳。子非我，尚可以知我之非魚，則我非魚，亦可以知魚之樂也。惠子曰："我非子，固不知子矣；子固非魚也，子之不知魚之樂，全矣！"舍其本言而給辯以難也。莊子曰："請循其本。子曰'汝安知魚樂'云者，既已知吾知之而問我。我知之濠上也。"尋惠子之本言，云非魚則无緣相知耳。今子非我也，而云"汝安知魚樂"者，是知我之非魚也。苟知我之非魚，則凡相知者，果可以此知彼，不待是魚然後知魚也。故循子"安知"之云，已知吾之所知矣。而方復問我，我正知之於濠上耳，豈待入水哉！夫物之所生而安者，天地不能易其處，陰陽不能回其業。故以陸生之所安，知水生之所樂，未足稱妙耳。

第十二章　墨　子

一、兼爱上

聖人以治天下爲事者也，必知亂之所自起，焉能治之；不知亂之所自起，則不能治。譬之如醫之攻人之疾者然，必知疾之所自起，焉能攻之；不知疾之所自起，則弗能攻。治亂者何獨不然？必知亂之所自起，焉能治之；不知亂之所自起，則弗能治。

聖人以治天下爲事者也，不可不察亂之所自起。當察亂何自起？起不相愛。臣子之不孝君父，所謂亂也。子自愛，不愛父，故虧父而自利；弟自愛，不愛兄，故虧兄而自利；臣自愛，不愛君，故虧君而自利；此所謂亂也。雖父之不慈子，兄之不慈弟，君之不慈臣，此亦天下之所謂亂也。父自愛也，不愛子，故虧子而自利。兄自愛也，不愛弟，故虧弟而自利。君自愛也，不愛臣，故虧臣而自利。是何也？皆起不相愛。雖至天下之爲盜賊者亦然。盜愛其室，不愛其異室，故竊異室以利其室；賊愛其身，不愛人，故賊人以利其身。此何也？皆遂不相愛。雖至大夫之相亂家、諸侯之相攻國者亦然。大夫各愛其家，不愛異家，故亂異家以利家；諸侯各愛其國，不愛異國，故攻異國以利其國。天下之亂物，具此而已矣！

察此何自起？皆起不相愛。若使天下兼相愛，人若愛其身，惡施不孝，猶有不慈者乎？視子弟與臣若其身，惡施不慈不孝？亡猶有盜賊乎？故視人之室若其室，誰竊？視人身若其身，誰賊？故盜賊有亡。猶有大夫之相亂家，諸侯之相攻國者乎？視人家若其家，誰亂？視人國若其國，誰攻？故大夫之相亂家，諸侯之相攻國者有亡。若使天下兼相愛，國與國不相攻，家與家不相亂，盜賊無有，君臣父子皆能孝慈，若此，則天下治。

故聖人以治天下爲事者，惡得不禁惡而勸愛。故天下兼相愛則治，相惡則亂。故子墨子曰："不可以不勸愛人者，此也。"

二、非攻上

今有一人，入人園圃，竊其桃李，衆聞則非之，上爲政者得則罰之。此何也？以虧人自利也。至攘人犬豕雞豚者，其不義又甚入人園圃竊桃李。是何故也？以虧人愈多，其不仁兹甚，罪益厚。至入人欄廄，取人馬牛者，其不仁義又甚攘人犬豕雞豚。此何故也？以其虧人愈多。苟虧人愈多，其不仁兹甚，罪益厚。至殺不辜人也，杝其衣裘，取戈劍者，其不義又甚入人欄廐取人馬牛。此何故也？以其虧人愈多。苟虧人愈多，其不仁兹甚矣，罪益厚。當此，天下之君子皆知而非之，謂之不義。今至大爲攻國，則弗知非，從而譽之，謂之義。此可謂知義與不義之别乎？

殺一人謂之不義，必有一死罪矣，若以此説往，殺十人十重不義，必有十死罪矣；殺百人百重不義，必有百死罪矣。當此，天下之君子皆知而非之，謂之不義。今至大爲不義攻國，則弗知而非，從而譽之，謂之義。情不知其不義也，故書其言以遺後世；若知其不義也，夫奚説書其不義以遺後世哉？

今有人於此，少見黑曰黑，多見黑曰白，則以此人不知白黑之辯矣；少嘗苦曰苦，多嘗苦曰甘，則必以此人爲不知甘苦之辯矣。今小爲非，則知而非之；大爲非攻國，則不知而非，從而譽之，謂之之義。此可謂知義與不義之辯乎？是以知天下之君子也，辯義與不義之亂也。

第十三章　荀　子

一、勸學

君子曰：學不可以已。青，取之於藍而青于藍；冰，水爲之而寒於水。以喻學則才過其本性也。木直中繩，輮以爲輪，其曲中規，雖有槁暴，不復挺者，輮使之然也。輮，屈。槁，枯。暴，乾。挺，直也。《晏子春秋》作“不復贏矣”。故木受繩則直，金就礪則利，君子博學而日參省乎己，則智明而行無過矣。參，三也。曾子曰：“日三省吾身。”行，下孟反。故不登高山，不知天之高也；不臨深谿，不知地之厚也；不聞先王之遺言，不知學問之大也。大，謂有益於人。干、越、夷、貉之子，生而同聲，長而異俗，教使之然也。干、越，猶言吴、越。《吕氏春秋》“荆有次非，得寶劍於干、越”，高诱曰：“吴邑也。”貉，東北夷。同聲，謂啼聲同。貉，莫革反。《詩》曰：“嗟爾君子，無恒安息。靖共爾位，好是正直。神之聽之，介爾景福。”《詩・小雅・小明》之篇。靖，謀。介，助。景，大也。無怕安息，戒之不使懷安也。言能謀恭其位，好正直之道，則神聽而助之福，引此詩以喻勸學也。神莫大於化道，福莫長於無禍。爲學則自化道，故神莫大焉；修身則自無禍，故福莫長焉。吾嘗終日而思矣，不如須臾之所學也；吾嘗跂而望矣，不如登高之博見也。跂，舉足也。登高而招，臂非加長也，而見者遠；順風而呼，聲非加疾也，而聞者彰。假輿馬者，非利足也，而致千里；假舟楫者，非能水也，而絶江河。能，善。絶，過。君子生非異也，善假於物也。皆以喻修身在假於學。生非異，言與衆人同也。南方有鳥焉，名曰蒙鳩，以羽爲巢，而編之以髮，繫之葦苕，风至苕折，卵破子死。巢中非不完也，所繫者然也。蒙鳩，焦鷯也。苕，葦之秀也。今巧婦鳥之巢至精密，多繫於葦竹之上是也。“蒙”當爲“蔑”。《方言》云：“鷦鷯，自關而西謂之桑飛，或謂之蔑雀”，或曰：一名蒙鳩，亦以其愚也。言人不知學問，其所置身亦猶繫葦之危也，《説苑》：“客謂孟嘗君曰：‘鷦鷯巢於葦苕，箸之以髮，可完堅矣，大風至則苕折卵破者，何也？所托者然也。’”西方有木焉，名曰射干，莖長四寸，生於高山之上而臨百仞之淵；木莖非能長也，所立者然也。

《本草》藥名有射干，一名烏扇。陶弘景云："花白莖長，如射人之執竿。"又引阮公詩云"射干臨層城"，是生於高處也。據《本草》在草部中，又生南陽川谷，此云"西方有木"，未詳。或曰長四寸，即是草，云木，誤也。蓋生南陽，亦生西方也。射音夜。蓬生麻中，不扶而直。蘭槐之根是爲芷。其漸之滫，君子不近，庶人不服，其質非不美也，所漸者然也。蘭槐，香草，其根是爲芷也。《本草》："白芷，一名白茝。"陶弘景云："即《離騷》所謂蘭茝也。"蓋苗名蘭茝，根名芷也。蘭槐當是蘭茝別名，故云"蘭槐之根是爲芷"也。漸，漬也，染也。滫，溺也，言雖香草，浸漬於溺中，則可惡也。漸，子廉反。滫，思酒反。故君子居必擇鄉，遊必就士，所以防邪僻而近中正也。物類之起，必有所始。榮辱之來，必象其德。肉腐出蟲，魚枯生蠹。怠慢忘身，禍災乃作。强自取柱，柔自取束。凡物强則以爲柱而任勞，柔則見束而約急，皆其自取也。邪穢在身，怨之所構。構，結也。言亦所自取。

施薪若一，火就燥也；布薪於地，均若一，火就燥而焚之矣。平地若一，水就溼也。草木疇生，禽獸群焉，物各從其類也。疇，與"儔"同，類也。是故質的張而弓矢至焉，林木茂而斧斤至焉，所謂召禍也。質，射侯。的，正鵠也。樹成蔭而衆鳥息焉，醯酸而蜹聚焉。喻有德則慕之者衆。故言有召禍也，行有招辱也，君子慎其所立乎！禍福如此，不可不慎所立。所立，即謂學也。

積土成山，風雨興焉；積水成淵，蛟龍生焉；積善成德，而神明自得，聖心備焉。神明自得，謂自通於神明。故不積跬步，無以至千里；半步曰跬。不積小流，無以成江海。騏驥一躍，不能十步；駑馬十駕，言駑馬十度引車，則亦及騏驥之一躍。據下云"駑馬十駕，則亦及之"，此亦當同，疑脱一句。功在不舍。鍥而舍之，朽木不折；鍥而不舍，金石可鏤。言立功在於不舍。舍，與"捨"同。鍥，刻也，苦結反。《春秋傳》曰："陽虎借邑人之車，鍥其軸"。蚯螾無爪牙之利，筋骨之强，上食埃土，下飲黄泉，用心一也。螾，與"蚓"同。蟹六跪而二螯，非蛇蟺之穴無可寄托者，用心躁也。跪，足也。《韓子》以刖足爲刖。跪，螯，蟹首上如鉞者。許叔重《説文》云"蟹六足二螯"也。是故無冥冥之志者，無昭昭之明；無惛惛之事者，無赫赫之功。冥冥、惛惛，皆專默精誠之謂也。行衢道者不至，事兩君者不容。《爾雅》云："四達謂之衢。"孫炎云："衢，交道四出也。"或曰：衢道，兩道也。不至，不能有所至。下篇有"揚朱哭衢涂"。今秦俗猶以兩爲衢，古之遺言歟？目不能兩視而明，耳不能兩聽而聰。螣蛇無足而飛，《爾雅》云："螣，螣蛇。"郭璞云："龍類能興雲霧而遊其中"也。梧鼠五技而窮。"梧鼠"當爲"鼫鼠"，蓋本誤爲"鼯"字，傳寫誤爲"梧"耳。技，才能也。言技能雖多而不能如螣蛇專一，故窮。五技，謂能飛不能上屋，能緣不能窮木，能游不能度谷，能穴不能掩身，能走不能先人。《詩》曰："尸鳩在桑，其子七兮。淑人君子，其儀一兮。其儀一兮，心如結兮。"故君子結於一也。《詩·曹風·尸鳩》之篇。毛云："尸鳩，鵠鞠也。尸鳩之養七子，旦從上而下，暮從下而上，平均如一。善人君子，其執義亦當如尸鳩之一執義，一則用心堅固。"故曰"心如結"也。

昔者瓠巴鼓瑟而流魚出聽，瓠巴，古之善鼓瑟者，不知何代人。流魚，中流之魚也。《列子》云："瓠巴鼓琴，鳥舞魚躍。"伯牙鼓琴六馬仰秣。伯牙，古之善鼓琴者，亦不知何代人。六馬，天子路車之馬也。《漢書》曰："乾六車，坤六馬。"《白虎通》曰："天子之馬六者，示有事於天地四方也。"張衡《西京賦》曰："天子御雕軫，六駿駁。"又曰："六玄虬之奕奕，齊騰驤而沛艾。"仰首而秣，聽其聲也。故聲無小而不聞，行無隱而不形。形，謂有形可見。玉在山而木草潤，淵生珠而崖不枯。爲善不積邪，安有不聞者乎？崖，岸。枯，燥。學惡乎始？惡乎終？假設問也。曰：其數則始乎誦經，終乎讀禮；數，術也。經，謂《詩》《書》；禮，謂典禮之屬也。其義則始乎爲士，終乎爲聖人。義，謂學之意，言在乎修身也。真積力久則入，真，誠也。力，行也。誠積力久則能入於學也。學至乎没而後止也。生則不可怠惰。故學數有終，若其義則不可須臾舍也。爲之，人也；舍之，禽獸也。故書者，政事之紀也；《書》所以紀政事。此説《六經》之意。《詩》者，中聲之所止也；《詩》謂樂章，所以節聲音，至乎中而止，不使流淫也。《春秋傳》曰："中聲以降，五降之後，不容弹矣。"《禮》者，法之大分、群類之綱紀也，《禮》所以爲典法之大分、統類之綱紀。類，謂禮法所無、觸類而長者，猶律條之比附。《方言》云："齊謂法爲類"也。故學至乎《禮》而止矣。夫是之謂道德之極。《禮》之敬文也，《禮》有周旋揖讓之敬、車服等級之文也。《樂》之中和也，中和，謂使人得中和悦也。

《詩》《書》之博也,博,謂廣記土風、鳥獸、草木及政事也。《春秋》之微也,微,謂褒貶沮勸,微而顯、志而晦之類也。在天地之間者畢矣。

君子之學也,入乎耳,箸乎心,布乎四體,形乎動静,所謂古之學者爲已。入乎耳,箸乎心,謂聞則志而不忘也。布乎四體,謂有威儀潤身也。形乎動静,謂知所措履也。端而言,蝡而動,一可以爲法則。端,讀爲喘。喘微言也。蝡,微動也。一,皆也。或喘息微言,或蝡蠢微動,皆可以爲法則。蝡,人允反。或曰端而言,謂端莊而言也。

小人之學也,入乎耳,出乎口。所謂"今之學者爲人","道聽涂説"也。口耳之間則四寸,曷足以美七尺之軀哉!韓侍郎云:"則,當爲'財',與'纔'同。"

古之學者爲已,今之學者爲人。君子之學也,以美其身;小人之學也,以爲禽犢。禽犢,饋獻之物也。故不問而告謂之傲,傲,喧噪也。言與戲傲無異。或曰讀爲"嗷",聲曰嗷嗷然也。嗷,與"敖"通。問一而告二謂之囋。"囋"即"讚"字也。謂以言强讚助之。今贊《禮》謂之讚。① "囋"古字,"口"與"言"多通。傲囋,非也;君子如嚮矣。如嚮應聲。學莫便乎近其人。謂賢師也。《禮》《樂》法而不説,有大法而不曲説也。《詩》《書》故而不切,《詩》《書》但論先王故事而不委曲切近於人,故曰"學《詩》三百,使於四方,不能專對"也。《春秋》約而不速。文義隱約,褒貶難明,不能使人速曉其意也。方其人之習君子之説,則尊以遍矣,周於世矣。當其人習説之時,則尊高而遍周於世事矣,《六經》則不能然矣。故曰"學莫便乎近其人"。

學之經莫速乎好其人。隆禮次之。學之大經,無速於好近賢人。若無其人,則隆禮爲次之。上不能好其人,下不能隆禮,安特將學雜識志,順《詩》《書》而已爾,則末世窮年,不免爲陋儒而已。安,語助,猶言抑也,或作"安",或作"按",《荀子》多用此字。《禮記・三年問》作"焉"。《戰國策》謂:"趙王曰:'秦與韓爲上交,秦禍案移於梁矣。秦與梁爲上交,秦禍案攘於趙矣。'"《吕氏春秋》:"吴起謂商文曰:'今置質爲臣,其主安重;釋璽辭官,其主安輕'"。蓋當時人通以"安"爲語助,或方言耳。特,猶言直也。雜識志,謂雜志記之書,百家之説也。言既不能好其人,又不能隆禮,直學雜説,順《詩》《書》而已,豈免爲陋儒乎?言不知通變也。將原先王,本仁義,則禮正其經緯蹊徑也。所成所出者皆在於禮也。若挈裘領,詘五指而頓之,順者不可勝數也。言禮亦爲人之綱領挈舉也。詘,與"屈"同。頓,挈也。順者不可勝數,言禮皆順矣。不道禮憲,以《詩》《書》爲之,道,言説也。憲,標表也。譬之猶以指測河也,以戈舂黍也,以錐飡壺也,不可以得之矣。故隆禮,雖未明,法士也;不隆禮,雖察辯,散儒也。散,謂不自檢束,《莊子》以不才木爲散木也。

問楛者勿告也,楛,與"苦"同,惡也。問楛,謂所問非禮義也。凡器物堅好者謂之功,濫惡者謂之楛。《國語》曰"辨其功苦",韋昭曰:"堅曰功,脆曰苦。"故《西京賦》曰"鬻良雜苦",《史記》曰"器不苦窳"。或曰:楛,讀爲沽。《儀禮》有"沽功"。鄭云:"沽,粗也。"告楛者勿問也,説楛者勿聽也,有争氣者勿與辨也。故必由其道至,然後接之,非其道則避之。道不至則不接。故禮恭而後可與言道之方,辭順而後可與言道之理,色從而後可與言道之致。致,極也。此謂道至而後接之也。故未可與言而言謂之傲,傲,亦戲傲也。《論語》曰:"言未及而言謂之躁。"可與言而不言謂之隱,不觀氣色而言謂之瞽。故君子不傲,不隱,不瞽,謹慎其身。瞽者不識人之顔色。《詩》曰:"匪交匪舒,天子所予。"此之謂也。《詩・小雅・采菽》之篇。匪交,當爲"彼交"。言彼與人交接,不敢舒緩,故受天子之賜予也。

百發失一,不足謂善射;千里跬步不至,不足謂善御;未能全盡。倫類不通,仁義不一,不足謂善學。通倫類,謂雖禮法所未該,以其等倫比類而通之。謂一以貫之,觸類而長也。一仁義,謂造次不離,他術不能亂也。學也者,固學一之也。一出焉,一入焉,涂巷之人也。或善或否。其善者少,不善者多,桀、紂、盜跖也。盜跖,柳下惠之弟,聚徒九千人於太山之傍,侵諸侯,孔子説之而不入者也。全之盡之,然後學者也。學然後全盡。君子知夫不全不粹之不足以爲美也,故誦數以貫之,使習《禮》《樂》

---

① 囋,原作"贊",今據清代王先謙《荀子集解》(沈嘯寰、王星賢點校,中華書局,1988年,第13頁)改。

《詩》《書》之數以貫穿之。思索以通之，思求其意也。爲其人以處之，爲擇賢人與之處也。除其害者以持養之，使目非是無欲見也，使耳非是無欲聞也，使口非是無欲言也，使心非是無欲慮也。是，猶此也，謂學也。或曰：是，謂正道也。及至其致好之也，目好之五色，耳好之五聲，口好之五味，心利之有天下。致，極也。謂不學，極恣其性，欲不可禁也，心利之有天下之富也。或曰：學成之後，必受榮貴，故能盡其欲也。是故權利不能傾也，群衆不能移也，天下不能蕩也。蕩，動也。覆説爲學，學則物不能傾移矣。生乎由是，死乎由是，夫是之謂德操。死生必由於學，是乃德之操行。德操然後能定，能定然後能應，我能定，故能應物也。能定能應，夫是之謂成人。内自定而外應物，乃爲成就之人也。天見其明，地見其光，君子貴其全也。見，顯也。明，謂日月；光，謂水火金玉。天顯其日月之明，地顯其水火金玉之光，君子則貴其德之全也。

二、天論

天行有常，天自有常行之道也。不爲堯存，不爲桀亡，應之以治則吉，應之以亂則凶。吉凶由人，非天愛堯而惡桀也。强本而節用，則天不能貧；本，謂農桑。養備而動時，則天不能病；養備，謂使人衣食足。動時，謂勸人勤力，不失時，亦不使勞苦也。養生既備，動作以時，則疾疹不作也。修道而不貳，則天不能禍。貳，即倍也。故水旱不能使之飢渴，寒暑不能使之疾，祆怪不能使之凶。畜積有素，故水旱不能使之飢渴。既無飢寒之患，則疫癘所不能加之也。本荒而用侈，則天不能使之富；養略而動罕，則天不能使之全；略，減少也。罕，希也。養略，謂使人衣食不足也。動希，言怠惰也。衣食減少而又怠惰，則天不能全也。倍道而妄行，則天不能使之吉。故水旱未至而飢渴，寒暑未薄而疾，薄，迫也，音博。祆怪未至而凶。受時與治世同，而殃禍與治世異，不可以怨天，其道然也。非天降災，人自使然。故明於天人之分，則可謂至人矣。知在人不在天，斯爲至人。不爲而成，不求而得，夫是之謂天職。不爲而成，不求而得，四時行焉，百物生焉；天之職任如此，豈愛憎於堯桀之間乎？如是者，雖深，其人不加慮焉；雖大，不加能焉；雖精，不加察焉；夫是之謂不與天争職。其人，至人也。言天道雖深遠，至人曾不措意測度焉，以其無益於治。若措其在人者，慕其在天者，是争職也。《莊子》曰："六合之外，聖人存而不論也。"天有其時，地有其財，人有其治，夫是之謂能參。人能治天時地財而用之，則是參於天地。舍其所以參而願其所參，則惑矣。舍人事而欲知天意，斯惑矣。列星隨旋，日月遞炤，四時代御，陰陽大化，風雨博施，列星，有列位者，二十八宿也。隨旋，相隨回旋也。炤，與"照"同。陰陽大化，謂寒暑變化萬物也。博施，謂廣博施行，無不被也。萬物各得其和以生，各得其養以成，不見其事而見其功，夫是之謂神。和，謂和氣。養，謂風雨。不見和養之事，但見成功，斯所以爲神，若有真宰然也。皆知其所以成，莫知其無形，夫是之謂天。言天道之難知。或曰：當爲"夫是之謂天功"，脱"功"字耳。唯聖人爲不求知天。既天道難測，故聖人但修人事，不務役慮於知天也。天職既立，天功既成，形具而神生，好惡、喜怒、哀樂臧焉，夫是之謂天情。言人之身亦天職、天功所成立也。形，謂百骸九竅。神，精魂也。天情，所受於天之情也。耳目鼻口形能，各有接而不相能也，夫是之謂天官。耳辨聲，目辨色，鼻辨臭，口辨味，形辨寒熱疾癢。其所能皆可以接物而不能互相爲用。官，猶任也。言天之所付任有如此也。心居中虚以治五官，夫是之謂天君。心居於中空虚之地，以制治耳目鼻口形之五官，是天使爲形體之君也。財非其類，以養其類，夫是之謂天養。財與裁同。飲食衣服與人異類，裁而用之，可使養口腹形體，故曰"裁非其類，以養其類。"是天使奉養之道如此也。順其類者謂之福，逆其類者謂之禍，夫是之謂天政。順其類，謂能裁者也。逆其類，謂不能裁者也。天政，言如賞罰之政令。自"天職既立"已上，並論天所置立之事；以下，論逆天、順天之事在人所爲也。闇其天君，昏亂其心。亂其天官，聲色臭味過度。棄其天養，不能務本節用。逆其天政，不能養其類也。背其天情，好惡、喜怒、哀樂無節。以喪天功，喪其生成之天功，使不蕃滋也。夫是之謂大凶。此皆言不修故違天之禍。聖人清其天君，正其天官，備其天養，順其天政，養其天情，以全其天功。如是，則知其所爲，知其所不爲矣。知務導達，不攻異端。則天地官而萬物役矣。言聖人自修政則可以任天地、役萬物也。其行曲治，其養曲適，其生不傷，夫是之謂知天。其所自修行之政，曲盡其治；其所養人之術，曲盡其適；其生長萬物，無所傷害：是謂知天也。言明於人事則知天物，其要則曲盡也。故大巧在所不爲，大知在所不慮。此明不務知天，是乃知天也。亦猶大巧在所不爲，如天地之成萬物也，若偏有所爲，則其巧小矣；大智在所不慮，知聖人無爲而治也，若偏有所慮，則其知窄矣。所志於天者，已其見象之可以期者矣；志，記識也。聖人雖不務知天，猶有記識以助治道。所記識於天者，其見垂象之文，可以知其節候者是也。謂若堯"命羲和，欽若昊天，日月星辰，敬授人時"者也。所志於地者，已其見宜之可以息者矣；所以記識於地，其見土宜可以蕃息嘉穀者是也。所志於四時者，已其見數之可以事者矣；數，謂春作夏長，秋斂冬藏，必然之數。事，謂順時理其事也。所記識於四時者，取順時之數而令生長收臧者也。所志於陰陽者，已其見知之可以治者矣。知，謂知其生殺也。所以記識陰陽者，爲知其生殺，効之爲賞罰以治之也。"知"，或爲"和"。官人守天而自爲守道也。官人，任人。欲任人守天，在於自守道也。皆明不務知天之義也。

治亂天耶？曰：日月、星辰、瑞歷，是禹、桀之所同也；或曰：當時星辰書之名也。禹以治，桀以亂，治亂非天也。時邪？曰：繁啓蕃長於春夏，繁，多也。蕃，茂也。畜積收臧於秋冬，是又禹、桀之所同也；禹以治，桀以亂，治亂非時也。地邪？曰：得地則生，失地則死，是又禹、桀之所同也；禹以治，桀以亂，治亂非地也。言皆在人，不在天地與時也。《詩》曰："天作高山，大王荒之，彼作矣，文王康之。"此之謂也。《詩・周頌・天作》之篇。引之以明吉凶由人，如大王之能尊大岐山也。

天不爲人之惡寒也輟冬，地不爲人之惡遼遠也輟廣，君子不爲小人匈匈也輟行。匈匈，喧譁之聲，與"訩"同，音凶，又許用反。行，下孟反。天有常道矣，地有常數矣，君子有常體矣。君子道其常而小人計其功。道，言也。君子常造次必守其道，小人則計一時之功利，因物而遷之也。《詩》曰："何恤人之言兮！"此之謂也。逸《詩》也。以言苟守道不違，何畏人之言也。

楚王後車千乘，非知也；君子啜菽飲水，非愚也：是節然也。節，謂所遇之時命也。若夫心意修，德行厚，知慮明，生於今而志乎古，則是其在我者也。故君子慕其在己者，而不慕其在天者；在天，謂富貴也。小人錯其在己者，而慕其在天者。錯，置。君子敬其在己者而不慕其在天者，是以日進也；求己而不苟，故日進。小人錯其在己者而慕其在天者，是以日退也。望徼幸而不求己，故日退也。故君子之所以日進與小人之所以日退，一也。皆有慕有不慕。君子小人之所以相縣者在此耳。

星隊、木鳴，國人皆恐。曰：是何也？曰：無何也，假設問答。無何也，言不足憂也。是天地之變、陰陽之化、物之罕至者也，星墜，天地之變。木鳴，陰陽之化。罕，希也。怪之可也，而畏之非也。以其罕至，謂之怪異則可，因遂畏懼則非。夫日月之有食，風雨之不時，怪星之黨見。黨見，頻見也，言如朋黨之多。見，賢遍反。是無世而不常有之。上明而政平，則是雖並世起，無傷也；並世起，謂一世之中並起也。上闇而政險，則是雖無一至者，無益也。夫星之隊，木之鳴，是天地之變、陰陽之化、物之罕至者也，怪之可也，畏之非也。物之已至者，人祆則可畏也。物之既至可畏者，在人之祆也。楛耕傷稼，耘耨失薉，政險失民，楛耕，謂粗惡不精也。失薉，謂耘耨失時使穢也。政險，威虐也。薉，與"穢"同。田薉稼惡，糴貴民飢，道路有死人，夫是之謂人祆。政令不明，舉錯不時，本事不理，夫是之謂人祆。舉，謂起兵動衆。錯，謂懷安失於事機也。本事，農桑之事也。勉力不時，則牛馬相生，六畜作祆。此三句，宜承"其菑甚慘"之下。勉力，力役也，不時則人多怨曠，其氣所感，故生非類也。禮義不修，内外無別，男女淫亂，則父子相疑，上下乖離，寇難並至，夫是之謂人祆。祆是生於亂，三者錯，無安國。三者，三人祆也。錯，置也。置此三祆於國中，則無有安也。其說甚爾，其菑甚慘。邇，近也。三人祆之說，比星墜、木鳴爲淺近，然其災害人則甚慘毒也。可怪也，而不可畏也。此二句承'六畜作祆'之下，蓋録之時錯亂迷誤，失其次也。傳曰："萬物之怪，書不說。書，謂《六經》也。可爲勸戒則明之，不務廣説萬物之怪也。無用之辯，不急之察，棄而不治。"若夫君臣之義，父子之親，夫婦之别，則日切瑳而不舍也。

雩而雨，何也？曰：無他也，猶不雩而雨也。雩，求雨之禱也。或者問：歲旱，雩則得雨，此何祥也？對以與不雩而雨同，明非求而得也。《周禮·司巫》"國大旱，則率巫而舞雩"也。日月食而救之，天旱而雩，卜筮然後決大事，非以爲得求也，以文之也。得求，得所求也。言爲此以示急於災害，順人之意，以文飾政事而已。故君子以爲文，而百姓以爲神。以爲文則吉，以爲神則凶也。順人之情，以爲文飾，則無害；淫祀求福，則凶也。

在天者莫明於日月，在地者莫明於水火，在物者莫明於珠玉，在人者莫明於禮義。故日月不高，則光暉不赫；水火不積，則暉潤不博；珠玉不睹乎外，則王公不以爲寶；禮義不加於國家，則功名不白。故人之命在天，國之命在禮。君人者隆禮尊賢而王，重法愛民而霸，好利多詐而危，權謀、傾覆、幽險盡而亡矣。幽險，謂隱慝其情而凶虐難測也。權謀、多詐、幽險三者，盡亡之道也。大天而思之，孰與物畜而制之？尊大天而思慕之，欲其豐富，孰與使物畜積而我裁制之也。從天而頌之，孰與制天命而用之？頌者，美盛德也。從天而美其盛德，豈如制裁天之所命而我用之？謂若曲者爲輪，直者爲桷，任材而用也。望時而待之，孰與應時而使之？望時而待，謂若農夫之望歲也，孰與應春生夏長之候，使不失時也？因物而多之，孰與騁能而化之？因物之自多，不如騁其智能而化之使多也。若后稷之播種然也。思物而物之，孰與理物而勿失之也？思得萬物以爲己物，孰與理物皆得其宜，不使有所失喪？願於物之所以生，孰與有物之所以成？故錯人而思天，則失萬物之情。物之生雖在天，成之則在人也。此皆言理平豐富，在人所爲，不在天也。若廢人而妄思天，雖勞心苦思，猶無益也。百王之無變，足以爲道貫。無變，不易也。百王不易者，謂禮也。言禮可以爲道之條貫也。一廢一起，應之以貫，雖質文廢起時有不同，然其要歸以禮爲條貫。《論語》："孔子曰：'殷因於夏禮，所損益可知也；周因於殷禮，所損益可知也；其或繼周者，雖百代可知也。'"理貫不亂。知理則其條貫不亂也。不知貫，不知應變，不知以禮爲條貫，則不能應變。言必差錯而亂也。貫之大體未嘗亡也。亂生其差，治盡其詳。差，謬也。所以亂者，生於條貫差謬；所以治者，在於精詳也。故道之所善，中則可從，畸則不可爲，匿則大惑。畸者，不偶之名，謂偏也。道之所善，得中則從，偏側則不可爲。匿，謂隱匿其情。禮者，明示人者也，若隱匿，則大惑。畸音羈。水行者表深，表不明則陷；表，標準也。陷，溺也。治民者表道，表不明則亂。禮者，表也。非禮，昏世也；昏世，大亂也。昏世，謂使世昏闇也。故道無不明，外内異表，隱顯有常，民陷乃去。道，禮也。外，謂朝聘；内，謂冠昏。所表識章示各異也。隱顯，即内外也。有常，言有常法也。如此，民陷溺之患乃去也。萬物爲道一偏，一物爲萬物一偏，愚者爲一物一偏，如有不能盡一物也。而自以爲知道，無知也。以偏爲知道，豈有知哉？慎子有見於後，無見於先；慎到本黄、老之術，明不尚賢、不使能之道。故莊子論慎到曰："塊不失道。"以其無争先之意，故曰"見後而不見先也"。《漢書·藝文志》慎子著書四十二篇，班固曰："先申、韓，申、韓稱之也。"老子有見於詘，無見於信；老子，周之守藏史，姓李，字伯陽，號稱老聃，孔子之師也。著五千言，其意多以屈爲伸，以柔勝剛，故曰"見詘而不見信"也。信，讀爲伸。墨子有見於齊，無見於畸；畸，謂不齊也。墨子著書，有《上同》《兼愛》，是見齊而不見畸也。宋子有見於少，無見於多。宋子名鈃，宋人也，與孟子同時。下篇云："宋子以人之情爲欲寡，而皆以己之情爲欲多，爲過也。"據此説，則是少而不見多也。鈃，音形，又胡泠反。《漢書·藝文志》有《宋子》十八篇，班固曰："荀卿道宋子，其言黄、老意。"有後而無先，則群衆無門；夫群衆在上之開導，皆處後而不處先，群衆無門户也。有詘而無信，則貴賤不分；貴者伸而賤者詘，則分别矣。若皆貴柔弱卑下，則無貴賤之别也。有齊而無畸，則政令不施；夫施政令，所以治不齊者。若《上同》，則政令何施也？有少而無多，則群衆不化。夫欲多則可以勸誘爲善。若皆欲少，則何能化之？《書》曰："無有作好，遵王之道；無有作惡，遵王之路。"此之謂也。《書·洪範》。以喻偏好則非遵王道也。

第十四章 韓 非 子

一、宋人有酤酒者[①]

宋人有酤酒者,升概甚平,遇客甚謹,爲酒甚美,縣幟甚高,著然不售,酒酸。怪其故,問其所知。問長者揚倩,倩曰:"汝狗猛耶。"曰:"狗猛則酒何故而不售?"曰:"人畏焉。或令孺子懷錢挈壺甕而往酤,而狗迓而齕之,此酒所以酸而不售也。"夫國亦有狗,有道之士懷其術而欲以明萬乘之主,大臣爲猛狗迎而齕之,此人主之所以蔽脅,而有道之士所以不用也。故桓公問管仲曰:"治國奚患?"對曰:"最患社鼠矣。"公曰:"何患社鼠哉?"對曰:"君亦見夫社木者乎?樹木而塗之,鼠穿其間,堀穴托其中。燻之則恐焚木,灌之則恐塗阤,此社鼠之所以不得也。今人君之左右,出則爲勢重而收利於民,入則比周而蔽惡於君。内間主之情以告外,外内爲重,諸臣百吏以爲富。吏不誅則亂法,誅之則君不安。據而有之,此亦國之社鼠也。"故人臣執柄而擅禁,明爲己者必利,而不爲己者必害,此亦猛狗也。夫大臣爲猛狗而齕有道之士矣,左右又爲社鼠而間主之情矣,人主不覺。如此,主焉得無壅,國焉得無亡乎?

一曰。宋之酤酒者有莊氏者,其酒常美。或使僕往酤莊氏之酒,其狗齕人,使者不敢往,乃酤他家之酒。問曰:"何爲不酤莊氏之酒?"對曰:"今日莊氏之酒酸。"故曰:不殺其狗則酒酸。桓公問管仲曰:"治國何患?"對曰:"最苦社鼠。夫社,木而塗之,鼠因自托也。燻之則木焚,灌之則塗阤,此所以苦於社鼠也。今人君左右,出則爲勢重以收利於民,入則比周謾侮蔽惡以欺於君,不誅則亂法,誅之則人主危。據而有之,此亦社鼠也。"故人臣執柄擅禁,明爲己者必利,不爲己者必害,亦猛狗也。故左右爲社鼠,用事者爲猛狗,則術不行矣。

堯欲傳天下於舜,鯀諫曰:"不祥哉!孰以天下而傳之於匹夫乎?"堯不聽,舉兵而誅殺鯀於羽山之郊。共工又諫曰:"孰以天下而傳之於匹夫乎?"堯不聽,又舉兵而誅共工於幽之都。於是天下莫敢言無傳天下於舜。仲尼聞之曰:"堯之知,舜之賢,非其難者也。夫至乎誅諫者必傳之舜,乃其難也。"一曰:"不以其所疑敗其所察,則難也。"

荆莊王有茅門之法,曰:"群臣大夫諸公子入朝,馬蹄踐霤者,廷理斬其輈,戮其御。"於是太子入朝,馬蹄踐霤,廷理斬其輈,戮其御。太子怒,入爲王泣曰:"爲我誅戮廷理。"王曰:"法者,所以敬宗廟,尊社稷。故能立法從令,尊敬社稷者,社稷之臣也,焉可誅也?夫犯法廢令,不尊敬社稷者,是臣乘君而下尚校也。臣乘君則主失威,下尚校則上位危。威失位危,社稷不守,吾將何以遺子孫?"於是太子乃還走,避舍露宿三

① 選自《韓非子·外儲説右上》。

日，北面再拜請死罪。

一曰。楚王急召太子。楚國之法，車不得至於茅門。天雨，廷中有潦，太子遂驅車至於茅門。廷理曰："車不得至茅門，非法也。"太子曰："王召急，不得須無潦。"遂驅之。廷理舉殳而擊其馬，敗其駕。太子入爲王泣曰："庭中多潦，驅車至茅門，廷理曰'非法也'，舉殳擊臣馬，敗臣駕。王必誅之。"王曰："前有老主而不逾，後有儲主而不屬，矜矣！是真吾守法之臣也。"乃益爵二級，而開後門出太子，勿復過。

衛嗣君謂薄疑曰："子小寡人之國，以爲不足仕，則寡人力能仕子，請進爵以子爲上卿。"乃進田萬頃。薄子曰："疑之毋親疑，以疑爲能相萬乘所不窕也。然疑家巫有蔡嫗者，疑母甚愛信之，屬之家事焉。疑智足以信言家事，疑毋盡以聽疑也。然己與疑言者，亦必復決之於蔡嫗也。故論疑之智能，以疑爲能相萬乘而不窕也；論其親，則子母之間也；然猶不免議之於蔡嫗也。今疑之於人主也，非子母之親也，而人主皆有蔡嫗。人主之蔡嫗，必其重人也。重人者，能行私者也。夫行私者，繩之外也；而疑之所言，法之内也。繩之外與法之内，讎也，不相受也。"

一曰。衛君之晉，謂薄疑曰："吾欲與子皆行。"薄疑曰："媪也在中，請歸與媪計之。衛君自請薄媪，薄媪曰："疑，君之臣也，君有意從之，甚善。"衛君曰："吾以請之媪，媪許我矣。"薄疑歸言之媪也，曰："衛君之愛疑，奚與媪？"媪曰："不如吾愛子也。""衛君之賢疑奚與媪也？"曰："不如吾賢子也。""媪與疑計家事，已決矣，乃更請決之於卜者蔡嫗。今衛君從疑而行，雖與疑決計，必與他蔡嫗敗之，如是則疑不得長爲臣矣。"

夫教歌者，使先呼而詘之，其聲反清徵者乃教之。

一曰。教歌者，先揆以法，疾呼中宫，徐呼中徵。疾不中宫，徐不中徵，不可謂教。

吴起，衛左氏中人也。使其妻織組而幅狹於度，吴子使更之，其妻曰："諾。"及成，復度之，果不中度，吴子大怒。其妻對曰："吾始經之而不可更也。"吴子出之，其妻請其兄而索入，其兄曰："吴子，爲法者也。其爲法也，且欲以與萬乘致功，必先踐之妻妾然後行之，子毋幾索入矣。"其妻之弟又重於衛君，乃因以衛君之重請吴子，吴子不聽，遂去衛而入荆也。

一曰。吴起示其妻以組曰："子爲我織組，令之如是。"組已就而效之，其組異善。起曰："使子爲組，令之如是，而今也異善何也？"其妻曰："用財若一也，加務善之。"吴起曰："非語也。"使之衣歸。其父往請之，吴起曰："起家無虚言。"

晉文公問於狐偃曰："寡人甘肥周於堂，卮酒豆肉集於宫，壺酒不清，生肉不布，殺一牛遍於國中。一歲之功盡以衣士卒，其足以戰民乎？"狐子曰："不足。"文公曰："吾弛關市之征而緩刑罰，其足以戰民乎？"狐子曰："不足。"文公曰："吾民之有喪資者，寡人親使郎中視事；有罪者赦之；貧窮不足者與之；其足以戰民乎？"狐子對曰："不足。此皆所以慎産也。而戰之者，殺之也。民之從公也，爲慎産也，公因而迎殺之，失所以爲從公矣。"曰："然則何如足以戰民乎？"狐子對曰："令無得不戰。"公曰："無得不戰奈何？"狐子對曰："信賞必罰，其足以戰。"公曰："刑罰之極安至？"對曰："不辟親貴，法行所愛。"文公曰："善。"明日，令田於圃陸，期以日中爲期，後期者行軍法焉。於是，公有所愛者曰："顛頡後期，吏請其罪。"文公隕涕而憂。吏曰："請用事焉。"遂斬顛頡之脊，以徇百姓，以明法之信也。而後百姓皆懼曰："君於顛頡之貴重如彼甚也，而君猶行法焉，況於我則何有矣？"文公見民之可戰也，於是遂興兵伐原，克之。伐衛，東其畝，取五鹿。攻陽，勝虢，伐曹。南圍鄭，反之陴。罷宋圍，還，與荆人戰城濮，大敗荆人，返爲踐土之盟，遂城衡雍之義。一舉而八有功。所以然者，無他，故異物，從狐偃之謀，假顛頡之脊也。

夫痤疽之痛也，非刺骨髓，則煩心不可支也；非如是不能使人以半寸砥石彈之。今人主之於治亦然，非不知有苦則安；欲治其國[①]，非如是不能聽聖知而誅亂臣。亂臣[②]者，必重人。重人者，必人主所甚親愛也。人主所甚親愛也者，是同堅白也。夫以布衣之資，欲以離人主之堅白、所愛，是以解左髀説右髀者，是身必死而説不行者也。

二、智術之士必遠見而明察[③]

智術之士，必遠見而明察，不明察不能燭私；能法之士，必强毅而勁直，不勁直，不能矯奸。人臣循令而從事，案法而治官，非謂重人也。重人也者，無令而擅爲，虧法以利私，耗國以便家，力能得其君，此所爲重人也。擅爲虧法，逆理而動，其力尚能得君從已，况其餘乎，此所謂重人也。言其貴賤國人所共重之也。智術之士，明察聽用，且燭重人之陰情；智術之士既明且察，今見聽用，能燭見重人之陰情。能法之士，勁直聽用，且矯重人之奸行。故智術能法之士用，則貴重之臣必在繩之外矣。言必見削除也。是智法之士與當塗之人不可兩存之仇也。既不可兩存，所存以相仇也。

當塗之人擅事要，則外内爲之用矣。外，謂百官也；内，謂君之左右也。皆與當塗之人爲用也。是以諸侯不因則事不應，故敵國爲之訟；鄰國諸侯或來求事，不因當塗者，其求必不見應，故重人有事，敵國爲之訟冤。百官不因則業不進，故群臣爲之用；郎中不因則不得近主，故左右爲之匿；郎中，爲郎居中，則君之左右之人也。既因重人而得近主，故爲之匿非也。學士不因則養禄薄禮卑，故學士爲之談也。談者，謂爲重人延譽。此四助者，邪臣之所以自飾也。重人不能忠主而進其仇，重人所仇者，法術之士也。人主不能越四助而燭察其臣，臣，亦謂法術之臣也。故人主愈弊而大臣愈重。凡當塗者之於人主也，希不信愛也，又且習故。重人得主信愛者多，又用事既久，既乃慣習故舊也。若夫即主心同乎好惡，固其所自進也。官爵貴重，朋黨又衆，而一國爲之訟。訟，即説也。重人舉措常就主心而同其好惡，己自進舉之人，官爵重之，朋黨衆，及其有事，一國爲之訟冤，則君無德而誅之。則法術之士欲干上者，非有所信愛之親、習故之澤也；又将以法術之言矯人主阿辟之心，是與人主相反也。處勢卑賤，無黨孤特。夫以疏遠與近愛信争，近愛信，謂重人是也。其數不勝也；數，理也。以新旅與習故争，其數不勝也；以反主意與同好争，重人與君同好。其數不勝也；以輕賤與貴重争，其數不

① "國"字原闕，今據《韓非子集解》(〔清〕王先謙撰、鍾哲點校，中華書局，1998 年，第 329 頁)補。

② 迂評本、凌本均重"亂臣"二字，今據《韓非子集解》(第 329 頁)補。

③ 选自《韓非子・孤憤》。

勝也；以一口與一國争，重人與一國爲朋黨。其數不勝也。法術之士操五不勝之勢，以歲數而又不得見；所經時歲已至於數，猶不得見君。當塗之人乘五勝之資，而旦暮獨説於前。法術之士既不得見，故當塗之人獨訟而稱冤。故法術之士奚道得進，而人主奚時得悟乎？法術之士既不得進，則人主何從而悟乎？故資必不勝而勢不兩存，法術之士焉得不危。法術之士既資必不可勝之數，而又重人勢不兩存，則法術之士必危而見陷。其可以罪過誣者，公法而誅之；法術之士有過失可誣罔者，重人則舉以爲罪而誅之。其不可被以罪過者，以私劍而窮之。若無過失可誣者，則使俠客以劍刺之，以窮其命也。是明法術而逆主上者，不僇於吏誅，必死於私劍矣。

朋黨比周以弊主，言曲以便私者，必信於重人矣。故其可以功伐借者，以官爵貴之；彼有功伐重人借爲已用者，則官爵貴其人也。其不可借以美名者，以外權重之。彼雖無功伐可使近權令者，威重之。是以蔽主上而趨於私門者，不顯於官爵，必重於外權矣。趨，向也。今人主不合參驗而行誅，謂於法術之士，不參驗以知其真僞即行誅罰。不待見功而爵禄，重人所進，雖未見功，先與之爵禄也。故法術之士安能蒙死亡而進其説，奸邪之臣安肯乘利而退其身！故主上愈卑，私門益尊。夫越雖國富兵强，中國之主皆知無益於己也，曰："非吾所得制也。"越國爲異國，即敵國也。今有國者雖地廣人衆，然而人主壅蔽，大臣專權，是國爲越也。大臣專國，常有謀君之心，即己國還爲越國，故曰"是國爲越也"。智不類越，而不智不類其國，不察其類者也。縱臣專權，國變成越，是不自知己國即與越國不異，所以然者，良以不察知己國類於越國故也。人主所以謂齊亡者，非地與城亡也，吕氏弗制而田氏用之也；所以謂晉亡者，亦非地與城亡也，姬氏不制而六卿專之也。今大臣執柄獨斷而上弗知收，是人主不明也。不知收取其柄而自執之，令臣於上獨斷，此主之不明也。今，謂秦也。與死人同病者，不可生也；與亡國同事者，不可存也。今襲迹於齊、晉，欲國安存，不可得也。襲，重也。凡法術之難行也，不獨萬乘，千乘亦然。人主之左右不必智也，人主於人有所智而聽之，因與左右論其言，是與愚人論智也。人主之左右不必賢也，人主於人有所賢而禮之，因與左右論其行，是與不肖論賢也。智者決策於愚人，賢士程行於不肖，則賢智之士羞而人主之論悖矣。人臣之欲得官者，其修士且以精絜固身，修士，謂修身之士。①但精絜自固其身。其智士且以治辯進業。智者，謂智謀之士也。其修士不能以貨賂事人，既修身，故不以貨事人也。恃其精絜，而更不能以枉法爲治，既精絜，故不能枉法爲治。智士不重説，似闕文也。則修智之士不事左右、不聽請謁矣。左右，謂財貨修智之士，不肯聽從也。人主之左右，行非伯夷也，求索不得，貨賂不至，則精辯之功息，而毁誣之言起矣。精，謂修士精絜也。辯，謂智士辭辯也。治亂之功制於近習，治亂，謂智士材辯能治於亂也。精絜之行决於毁譽，則修智之吏廢則人主之明塞矣。修智之士，能發人主之聰明，今既廢而不用，則主明自塞矣。不以功伐决智行，决智行，當以功伐。積功曰伐也。不以參伍審罪過，審罪過，當參伍之。參，比驗也。伍，偶會也。而聽左右近習之言，則無能之士在廷而愚污之吏處官矣。近習之臣既皆小人，同氣相求，同聲相應，故所親者無能之人，所愛者愚污之人。亦既親愛，必用之在廷，舉之處官矣。

萬乘之患大臣太重，千乘之患左右大信，此人主之所公患也。公，正也。正當以此爲患也。且人臣有罪，人王有大失，臣主之利與相異者也。何以明之哉？曰：主利在有能者任官，臣利在

① "士"原作"十"，今據《韓非子集解》(第83頁)改。

無能而得事;主利在有勞而爵禄,臣利在無功而富貴;主利在豪傑使能,豪傑之人有材能,然後使之矣。臣利在朋黨用私。是以國地削而私家富,主上卑而大臣重。故主失勢而臣得國,主更稱蕃臣,君臣易位,故主稱蕃臣於其臣。而相室剖符。相室,家臣也。剖符,言得專投人官與之剖符也。此人臣之所以譎主便私也。譎,詐也。設詐謀以詐誤於主也。故當世之重臣,主變勢而得固寵者,十無二三。變,謂行譎詐以移主意,十中但有二三,故曰十無二三也。是其故何也?人臣之罪大也。臣有大罪者,其行欺主也,其罪當死亡也。智士者遠見而畏於死亡,必不從重人矣;賢士者修廉而羞與奸臣欺其主,必不從重人矣。是當塗者之徒屬,非愚而不知患者,必污而不避奸者也。重人所爲必不軌,故智士恐與同之;廉士羞與之欺主,莫有從之遊者。同惡相濟,故與之爲徒屬者,必污愚之人也。大臣挾愚污之人上與之欺主,下與之收利,侵漁朋黨,言侵奪百姓,若漁者之取魚也。比周相與,阿黨爲比,忠信爲周也。比周者,言以阿黨之人爲忠信與親也。一口惑主敗法,以亂士民,雷同是非,故曰一口。使國家危削,主上勞辱,此大罪也。臣有大罪而主弗禁,此大失也。使其主有大失於上,臣有大罪於下,索國之不亡者,不可得也。

第十五章　吕氏春秋

一、察傳

夫得言不可以不察,數傳而白爲黑,黑爲白。故狗似玃,玃似母猴,母猴似人,人之與狗則遠矣。玃,猳玃,獸名也。此愚者之所以大過也。聞而審,則爲福矣;聞而不審,不若無聞矣。齊桓公聞管子於鮑叔,楚莊聞孫叔敖於沈尹筮,審之也,故國霸諸侯也。鮑叔牙説管仲於桓公,沈尹筮説叔敖於莊王,察其賢明,審也。吴王聞越王句踐於太宰嚭,智伯聞趙襄子於張武,不審也,故國亡身死也。太宰嚭,吴王夫差臣也。張武,智伯臣也。不審勾踐、襄子之智能。故越攻吴,吴王夫差死於干遂,智伯圍趙襄子於晉陽,襄子與韓、魏通謀,殺智伯於高梁之東,故曰"國亡身死之也"。

凡聞言,必熟論其於人,必驗之以理。驗,效也。理,道理也。魯哀公問於孔子曰:"樂正夔一足,信乎?"孔子曰:"昔者舜欲以樂傳教於天下,乃令重黎舉夔於草莽之中而進之,舜以爲樂正。樂官之正也。夔於是正六律,和五聲,以通八風,而天下大服。六律,六氣之律。陽爲律,陰爲吕,合十二也。五聲,五行之聲,宫、商、角、徵、羽也。八風,八卦之風也。通和陰陽,故天下大服也。重黎又欲益求人,益求如夔者也。舜曰:'夫樂,天地之精也,得失之節也,故唯聖人爲能和樂之本也。夔能和之,以平天下。和,調也。若夔者,一而足矣。'故曰夔一足,非一足也。"

宋之丁氏,家無井而出溉汲,常一人居外。及其家穿井,告人曰:"吾穿井得一人。"有聞而傳之者曰:"丁氏穿井得一人。"國人道之,聞之於宋君,宋君令人問之於丁氏,丁氏對曰:"得一人之使,非得一人於井中也。"求能之若此,不若無聞也。無聞則不妄言也。

子夏之晉,過衛,子夏,孔子弟子卜商也。有讀史記者曰:"晉師三豕涉河。"子夏曰:"非也,是己亥也。夫'己'與'三'相近,'豕'與'亥'相似。"至於晉而問之,則曰"晉師己亥涉河"也。

辭多類非而是，多類是而非。是非之經，不可不分，經，理也。分，明也。此聖人之所慎也。然則何以慎？緣物之情及人之情，以爲所聞，則得之矣。物之所不得然者，推之以人情，則夔不得一足，穿地作井不得一人，明矣，故曰"以爲所聞得之矣"。

二、察今

上胡不法先王之法？非不賢也，爲其不可得而法。胡，何也。先王之法，經乎上世而來者也，人或益之，人或損之，胡可得而法？雖人弗損益，猶若不可得而法。東夏之命，古今之法，言一作"世"。異而典殊，東夏，東方也。命，令也。故古之命多不通乎今之言者，今之法多不合一作"同"。乎古之法者。殊俗之民，有似於此。其所爲欲同，其所爲欲異。口惛之命不愉，若舟車衣冠滋味聲色之不同，人以自是，反以相誹。天下之學者多辯，言利辭倒，不求其實，務以相毀，以勝爲故。故，事也。先王之法，胡可得而法？雖可得，猶若不可法。凡先王之法，有要於時也，時不與法俱至。法雖今而至，猶若不可法。故擇一作"釋"。先王之成法，而法其所以爲法。先王之所以爲法者，何也？先王之所以爲法者，人也。而己亦人也，故察己則可以知人，察今則可以知古，古今一也，人與我同耳。有道之士，貴以近知遠，以今知古，以益所見知所不見。故審堂下之陰，陰，日夕昃也。而知日月之行、陰陽之變；見一作"先"。瓶水之冰，而知天下之寒、魚鼈之藏也；嘗一脟肉，而知一鑊之味、一鼎之調。調，和也。

荆人欲襲宋，使人先表澭一作"灌"。水。澭水暴益，暴，卒。益，長。荆人弗知，循表而夜涉，溺死者千有餘人，軍驚而壞都舍。嚮其先表之時可導也，導，涉也。嚮其施表時水可涉也。今水已變而益多矣，荆人尚猶循表而導之，此其所以敗也。今世之主，法先王之法也，有似於此。似此表澭水而不知其長益也。其時已與先王之法虧矣，虧，毀也。而曰"此先王之法也"而法之以爲治，豈不悲哉？故治國無法則亂，守法而弗變則悖，悖亂不可以持國。世易時移，變法宜矣。譬之若良醫，病萬變，藥亦萬變。病變而藥不變，嚮之壽民，今爲殤子矣。嚮，曩也。未成人夭折曰殤子也。故凡舉一作"學"。事必循法以動，動，作也。循，一作"循"。變法者因時而化。若此論，則無過務矣。務，猶事也。

夫不敢議法者，衆庶也；以死守者，有司也；因時變法者，賢主也。是故有天下七十一聖，其法皆不同，非務相反也，時勢異也。故曰良劍期乎斷，不期乎鏌鋣；鏌鋣，良劍也。取其能斷，無取於名也，故曰"不期乎鏌鋣"。良馬期乎千里，不期乎驥驁。驁，千里馬名也。王者乘之遊驁，因曰驥驁也。夫成功名者，此先王之千里也。

楚人有涉江者，涉，渡也。其劍自舟中墜於水，遽契一作"刻"。其舟，曰："是吾劍之所從墜。"遽，疾也。疾刻舟識之，於此下墜劍者也。舟止，從其所契者入水求之。舟已行矣，而劍不行，求劍若此，不亦惑乎？以此故法爲其國與此同。爲，治也。與此契舟求劍者同也。時已徙矣，而法不徙，以此爲治，豈不難哉？

有過於江上者，見人方引嬰兒而欲投之江中，嬰兒啼，人問其故，曰："此其父善游。"其父雖善游，其子豈遽善游哉？此任物亦必悖矣。任，用也。荆國之爲政，有似於此。似此悖也。

第十六章 詩 經

一、國風

(一)周南・關雎

關關雎鳩,在河之洲。興也。關關,和聲也。雎鳩,王雎也。鳥摯而有别。水中可居者曰洲。后妃説樂君子之德,無不和諧,又不淫其色,慎固幽深,若雎鳩之有别焉,然後可以風化天下。夫婦有别則父子親,父子親則君臣敬,君臣敬則朝廷正,朝廷正則王化成。箋云:摯之言至也,謂王雎之鳥,雌雄情意至,然而有别。雎,七胥反。鳩,九尤反。洲,音州。興,虚應反,沈,許甑反。案:興是譬諭之名,意有不盡,故題曰興,他皆放此。摯,本亦作"鷙",音至。别,彼竭反,下同。説,音悦。樂,音洛。諧,户皆反。朝,直遥反。廷,徒佞反。窈窕淑女,君子好逑。窈窕,幽閒也。淑,善。逑,匹也。言后妃有關雎之德,是幽閒貞專之善女,宜爲君子之好匹。箋云:怨耦曰仇。言后妃之德和諧,則幽閒處深宫貞專之善女,能爲君子和好衆妾之怨者。言皆化后妃之德不嫉妬,謂三夫人以下。好,毛如字,鄭呼報反,《兔罝》詩放此。逑,本亦作仇,音求。閒,音閑,下同。耦,五口反。爲,于僞反。嫉,音疾,徐音自,後皆同。妬,丁路反,以色曰妬。

參差荇菜,左右流之。荇,接余也。流,求也。后妃有關雎之德,乃能共荇菜,備庶物,以事宗廟也。箋云:左右,助也。言后妃將共荇菜之葅,必有助而求之者。言三夫人、九嬪以下,皆樂后妃之事。參,初金反。差,初宜反,又初佳反。荇,衡猛反,本亦作莕。沈,有並反。左右,王申毛如字,鄭左音佐,右音佑。接余,本或作"菨荼",非;余,音餘。共,音恭,本或作"供",下"共荇菜"並同。葅,阻魚反,字又作"菹"。嬪,鼻申反,内官名。樂,音洛,又音岳。窈窕淑女,寤寐求之。寤,覺。寐,寢也。箋云:言后妃覺寐則常求此賢女,欲與之共己職也。寤,五路反。寐,莫利反。覺,音教。

求之不得,寤寐思服。服,思之也。箋云:服,事也。求賢女而不得,覺寐則思己職事,當誰與共之乎。悠哉悠哉,輾轉反側。悠,思也。箋云:思之哉,思之哉,言己誠思之。卧而不周曰輾。悠,音由。輾,本亦作展,哲善反,吕忱"從車展"。鄭云:"不周曰輾。"庄本或作"卧而不周"者,剩二字也。

參差荇菜,左右采之。箋云:言后妃既得荇菜,必有助而采之者。窈窕淑女,琴瑟友之。宜以琴瑟友樂之。箋云:同志爲友,言賢女之助后妃共荇菜,其情意乃與琴瑟之志同。共荇菜之時,樂必作。

參差荇菜,左右芼之。芼,擇也。箋云:後妃既得荇菜,必有助而擇之者。芼,毛報反。窈窕淑女,鍾鼓樂之。德盛者宜有鍾鼓之樂。箋云:琴瑟在堂,鍾鼓在庭,言共荇菜之時,上下之樂皆作,盛其禮也。樂,音洛,又音岳,或云協韻,宜五教反。

《關雎》五章,章四句。故言三章,一章四句,二章章八句。五章是鄭所分,故言以下是毛公本意,後放此。

(二)邶風・谷風

《谷風》,刺幽王也。天下俗薄,朋友道絶焉。谷,音穀,東風謂之谷風。

習習谷風,維風及雨。興也。風雨相感,朋友相須。箋云:習習,和調之貌。興者,風而有雨則潤澤行,喻朋友同志則恩愛成。將恐將懼,維予與女。箋云:將,且也。恐懼,喻遭厄難勤苦之事也。當此之時,獨我與女爾,謂同其憂務。恐,丘勇反,注下同。女,音汝。厄,本又作"阸",於革反。難,乃旦反。將安將樂,女轉棄予。言朋友趨利,窮達相棄。箋云:朋友無大故,則不相遺棄。今女以志達而安樂,棄恩忘舊,薄之甚。樂,音洛,注下同。

習習谷風,維風及頽。頽,風之焚輪者也。風薄相扶而上,喻朋友相須而成。頽,徒雷反。上,時掌反。將恐將懼,寘予于懷。箋云:寘[①],置也。置我於懷,言至親

① "寘"前有本著"笺云"二字。

己也。寘，之豉反。將安將樂，棄予如遺。箋云：如遺者，如人行道遺忘物，忽然不省存也。

習習谷風，維山崔嵬。無草不死，無木不萎。崔嵬，山巔也。雖盛夏萬物茂壯，草木無有不死而萎枝者。箋云：此言東風生長之風也，山顛之上，草木猶及之。然而盛夏養萬物之時，草木枝葉猶有萎槁者，以喻朋友雖以恩相養，亦安能不時有小訟乎？崔，徂回反。嵬，五回反，又作“嵔”。萎，于危反。長，張大反；下同。槁，苦老反。忘我大德，思我小怨。箋云：大德，切磋以道，相成之謂也。磋，七河反。

《谷風》三章，章六句。

（三）衛風·氓

《氓》，刺時也。宣公之時，禮義消亡，淫風大行，男女無别，遂相奔誘，華落色衰，復相棄背。或乃困而自悔，喪其妃耦，故序其事以風焉。美反正，刺淫泆也。氓，莫耕反，《韓詩》云：“美貌。”别，彼列反。華，户花反，或音花。復，扶又反。背，音佩。喪，息浪反。妃，音配。風，福鳳反。泆，音逸。

氓之蚩蚩，抱布貿絲。氓，民也。蚩蚩，敦厚之貌。布，幣也。箋云：幣者，所以貿買物也。季春始蠶，孟夏賣絲。蚩，尺之反。貿，莫豆反。匪來貿絲，來即我謀。箋云：匪，非。即，就也。此民非來買絲，但來就我，欲與我謀爲室家也。送子涉淇，至于頓丘。丘一成爲頓丘。箋云：子者，男子之通稱。言民誘己，己乃送之，涉淇水至此頓丘，定室家之謀，且爲會期。頓，都寸反。稱，尺證反。匪我愆期，子無良媒。愆，過也。箋云：良，善也。非我以欲過子之期，子無善媒來告期時。愆，起虔反，字又作“僁”。將子無怒，秋以爲期。將，願也。箋云：將，請也。民欲爲近期，故語之曰“請子無怒，秋以與子爲期”。將，七羊反。語，魚據反。

乘彼垝垣，以望復關。垝，毁也。復關，君子之近也。箋云：前既與民以秋爲期，期至，故登毁垣[1]，鄉其所近而望之。猶有廉恥之心，故因復關以托號民，云此時始秋也。垝，俱毁反。垣，音袁。近，附近之近。鄉，許亮反，本又作嚮。不見復關，泣涕漣漣。言其有一心乎君子，故能自悔。箋云：用心專者怨必深。漣，漣泣貌，音連。既見復關，載笑載言。箋云：則笑則言，喜之甚。爾卜爾筮，體無咎言。龜曰卜，蓍曰筮。體，兆卦之體。箋云：爾，女也。復關既見此婦人，告之曰：“我卜女筮女，宜爲室家矣。”兆卦之繇，無凶咎之辭，言其皆吉，又誘定之。筮，市制反。體，如字，《韓詩》作履。履，幸也。咎，其九反。蓍，音尸。繇，直又反。以爾車來，以我賄遷。賄，財。遷，徙也。箋云：女，女復關也。信其卜筮皆吉，故答之曰：“徑以女車來迎我，我以所有財賄徙就女也。”賄，呼罪反。徑，經定反。

桑之未落，其葉沃若。于嗟鳩兮，無食桑葚。于嗟女兮，無與士耽。桑，女功之所起。沃若，猶沃沃然。鳩，鶻鳩也。食桑葚過則醉而傷其性。耽，樂也。女與士耽則傷禮義。箋云：桑之未落，謂其時仲秋也。於是時，國之賢者刺此婦人見誘，故于嗟而戒之。鳩以非時食葚，猶女子嫁不以禮，耽非禮之樂。沃，如字。徐於縛反。葚，本又作椹，音甚，桑實也。耽，都南反。鶻，音骨。樂，音洛，下同。士之耽兮，猶可説也。女之耽兮，不可説也。箋云：説，解也。士有百行，可以功過相除。至於婦人無外事，維以貞信爲節。行，下孟反。

桑之落矣，其黄而隕。自我徂爾，三歲食貧。淇水湯湯，漸車帷裳。隕，隋也。湯湯，水盛貌。帷裳，婦人之車也。箋云：桑之落矣，謂其時季秋也。復關以此時，車來迎己。徂，往也。我自是往之女家。女家乏穀食已三歲，貧矣。言此者，明己之悔，不以女今貧故也。帷裳，童容也。我乃渡深水，至漸車童容，猶冒此難而往。又明己專心於女。隕，韻謹反。湯，音傷。漸，子廉反，注同，漬也，濕也。惟，位悲反。[2] 隋，字又作墮，唐果反。冒，音墨。難，乃旦反。[3] 女也不爽，士貳其行。爽，差也。箋云：我心於女，故無差貳，而復關之行有二意。行，下孟反；下同。士也罔極，二三其德。極，中也。

三歲爲婦，靡室勞矣。箋云：靡，無也。無居室之勞，言不以婦事見困苦。有舅姑曰婦。夙興夜寐，靡有朝矣。箋云：無有朝者，常早起夜卧，非一朝然。言己亦不解惰。解，音懈。言既遂矣，至于暴矣。箋云：言，我也。遂，猶久也。我既久矣，謂三歲之後，見遇浸薄，乃至見酷暴。浸，子鴆反。兄弟不知，咥其笑矣。咥咥然笑，箋

---

① 故登，原作“文民”，今據阮刻本（第 324 頁上）改。

② 位，原作“礼”，今據相臺岳家私塾本、阮刻本（第 325 頁上）改。

③ 乃旦反，原作“乃且也”，今據阮刻本（第 325 頁上）改。

云：兄弟在家，不知我之見酷暴。若其知之，則咥咥然笑我。咥，許意反，又音熙，一音許四反。《説文》云："大笑也"，虚記反，又大結反。静言思之，躬自悼矣。悼，傷也。箋云：静，安。躬，身也。我安思君子之遇己無終，則身自哀傷。

及爾偕老，老使我怨。箋云：及，與也。我欲與女俱至於老，老乎女反薄我，使我怨也。淇則有岸，隰則有泮。泮，坡也。箋云：泮讀爲畔。畔，崖也。言淇與隰皆有厓岸，以自拱持。今君子放恣心意，曾無所拘制。泮，音判。坡，本作"陂"，北皮反，《澤陂》詩傳云："障也。"吕忱北髮反，陂，阪也，亦所以爲隰之限域也。本或作破字，未詳。觀王述意，似作破。拱，俱勇反，本又作"共"，音同。總角之宴，言笑晏晏。信誓旦旦，總角，結髮也。晏晏，和柔也。信誓旦旦然。箋云：我爲童女未笄結髮晏然之時，女與我言笑晏晏然而和柔。我其以信相誓旦旦耳。言其懇惻款誠。宴，如字，本或作"丱"者，非。旦旦，《説文》作"悬悬"。懇，起很反。惻，本亦作恻，楚力反。不思其反。箋云：反，復也。今老而使我怨，曾不復念其前言。反是不思，亦已焉哉。箋云：已焉哉，謂此不可奈何，死生自決之辭。

《氓》六章，章十句。

（四）秦風·蒹葭

《蒹葭》，刺襄公也。未能用周禮，將無以固其國焉。秦處周之舊土，其人被周之德教日久矣，今襄公新爲諸侯，未習周之礼法，故國人未服焉。蒹，古恬反。葭，音加。被，皮寄反。

蒹葭蒼蒼，白露爲霜。興也。蒹，薕。葭，蘆也。蒼蒼，盛也。白露凝戾爲霜，然後歲事成；國家待禮然後興。箋云：蒹葭在衆草之中蒼蒼然强，至白露凝戾爲霜則成而黄。興者，喻衆民之不從襄公政令者，得周禮以教之則服。薕，音廉。所謂伊人，在水一方。伊，維也。一方，難至矣。箋云：伊，當作"緊"，緊，猶是也，所謂是知周禮之賢人，乃在大水之一邊。假喻以言遠。緊，於奚反。遡洄從之，道阻且長。逆流而上曰遡洄。逆礼則莫能以至也。箋云：此言不以敬順往求之，則不能得見。遡，蘇路反。洄，音迴。上，時掌反。遡游從之，宛在水中央。順流而涉曰遡游。順禮求濟，道來迎之。箋云：宛，坐見貌。以敬順求之則近耳，易得見也。宛，紆阮反，本亦作"苑"。易，以豉反。

蒹葭淒淒，白露未晞。淒淒，猶蒼蒼也。晞，乾也。箋云：未晞，未爲霜。淒，本亦作"萋"，七溪反。晞，音希。所謂伊人，在水之湄。湄，水隒也。湄，音眉。隒，鱼檢反，又音檢。溯洄從之，道阻且躋。躋，升也。箋云：升者，言其難至，如升阪。躋，本又作隮，子西反。遡游從之，宛在水中坻。坻，小者也。坻，直户反。

蒹葭采采，白露未已。采采，猶淒淒也。未已，猶未止也。所謂伊人，在水之涘。涘，厓也。涘，音俟。遡洄從之，道阻且右。右，出其右也。箋云：右者，言其迂迴也。迂，音于。遡游從之，宛在水中沚。小渚曰沚。沚，音止。

《蒹葭》三章，章八句。

（五）豳風·七月

《七月》，陳王業也。周公遭變，故陳后稷先公風化之所由，致王業之艱難也。周公遭变者，管、蔡流言，辟居東都。王，于况反，又如字，下同。

七月流火，九月授衣。火，大火也。流，下也。九月霜始降，婦功成，可以授冬衣矣。箋云：大火者，寒暑之候也。火星中而寒暑退，故將言寒，先著火所在。二。[①] 一之日觱發，二之日栗烈。無衣無褐，何以卒歲？一之日，十之餘也。一之日，周正月也。觱發，風寒也。二之日，殷正月也。栗烈，寒氣也。箋云：褐，毛布也。卒，終也。此二正之月，人之貴者無衣，賤者無褐，將何以終歲乎？是故八月則當績也。觱，音必。《説文》亦作"畢"。發，音如字。栗烈，並如字。《説文》作颲颲。褐音曷。三之日于耜，四之日舉趾。同我婦子，饁彼南畝，田畯至喜。三之日，夏正月也。豳土晚寒，于耜，始修耒耜也。四之日，周四月也，民無不舉足而耕矣。饁，饋也。田畯，田大夫也。箋云：同，猶俱也。喜，讀爲饎。饎，酒食也。耕者之婦子，俱以饟來至于南畝之中，其見田大夫，又爲設酒食焉，言勤其事，又愛其吏也。此章陳人以衣食爲急，餘章廣而成之。耜，音似。饁，炎輒反，《字林》于刦反。畯，音俊。饎，王、申、毛並如字，亦作喜，尺志反；下同。夏，户雅反，染夏，《夏小正》音同。晚寒，如字，謂節晚而氣寒也。饋，其愧反。饟，式亮反。爲，干僞也。

① 疑"二"爲衍字。或是某種符號標識，待考。

七月流火，九月授衣。箋云：將言女功之始，故又本於此。春日載陽，有鳴倉庚。女執懿筐，遵彼微行，爰求柔桑。倉庚，離黄也。懿筐，深筐也。微行，牆下徑也。“五畝之宅，樹之以桑。”箋云：載之言則也。陽，温也。温而倉庚又鳴，可蠶之候也。柔桑，稺桑也。蠶始生，宜稺桑也。離，本又作“鶩”，作“鸝”，同，力知反。稺，直吏反，亦作稚。春日遲遲，采蘩祁祁。女心傷悲，殆及公子同歸。遲遲，舒緩也。蘩，皤高也，所以生蠶。祁祁，衆多也。傷悲，感事苦也。春女悲，秋士悲，感其物化也。殆，始。及，與也。豳公子躬率其民，同時出，同時歸也。箋云：春女感陽氣而思男，秋士感陰氣而思女，是其物化，所以悲也。悲則始有與公子同歸之志，欲嫁焉。女感事苦而生此志，是謂《豳風》。祁，巨之反，一音上之反。迨，音待。皤，音婆。

七月流火，八月萑葦。薍爲萑。葭爲葦。豫畜萑葦，可以爲曲也。箋云：將言女功自始至成，故亦又本於此。萑，户官反。葦，韋鬼反。薍，五患反。葭，音加。畜，本又作“蓄”，同，音勑六反，下同。蠶月條桑，取彼斧斨。以伐遠揚，猗彼女桑。斨，方銎也。遠，枝遠也。楊，條楊也。角而束之曰猗。女桑，荑桑也。箋云：條桑，枝落之采其葉也。女桑，少枝，長條不枝落者，束而采之。條，他彫反，注“條桑”同；又如字。沈，暢遥反。斨，七羊反。猗，於綺反。徐，於宜反。銎，曲容反，《説文》云：“斧空也。”荑，徒奚反。七月鳴鵙，八月載績。載玄載黄，我朱孔陽，爲公子裳。鵙，伯勞也。載績，絲事畢而麻事起矣。玄，黑而有赤也。朱，深纁也。陽，明也。祭服玄衣纁裳。箋云：伯勞鳴，將寒之候也。五月則鳴，豳地晚寒。鳥物之候從其氣焉。凡染者，春暴練，夏纁玄，秋染夏。爲公子裳，厚於其所貴者説也。鵙，圭覓反，《字林》工役反。纁，許云反。暴，蒲刀反。染，如琰反。

四月秀葽，五月鳴蜩。八月其穫，十月隕擇。不榮而實曰秀葽。葽，草也。蜩，螗也。穫，禾可穫也。隕，隊。擇，落也。箋云：《夏小正》：“四月，王萯秀。”葽其是乎？秀葽也，鳴蜩也，獲禾也，隕蘀也，四者皆物成而將寒之候，物成自秀葽始。葽，於遥反。蜩，徒彫反。穫，户郭反；下同。隕，于敏反。蘀，音托。螗，音堂。隊，直類反。萯，音婦。一之日于貉，取彼狐狸，爲公子裘。于貉，謂取狐狸皮也，狐貉之厚以居。孟冬，天子始裘。箋云：于貉，往搏貉以自爲裘也，狐狸以共尊者。言此者，時寒宜助女功。貉，户各反，獸名。貍，力之反，獸名。搏，音博，舊音付。爲，于僞反。二之日其同，載纘武功。言私其豵，獻豜于公。纘，繼。功，事也。豕一歲曰豵，三歲曰豜。大獸公之，小獸私之。箋云：其同者，君臣及民因習兵俱出田也。不用仲冬，亦豳地晚寒也。豕生三曰豵。纘，子管反。豵，古牽反，又音牽。

五月斯螽動股，六月莎雞振羽。七月在野，八月在宇，九月在户，十月蟋蟀入我床下。斯螽，蚣蝑也。莎雞羽成而振訊之。箋云：自“七月在野”至“十月入我床下”，皆謂蟋蟀也。言此三物之如此者，將寒有漸，非卒來也。螽，音終。莎，音沙，徐又素和反，沈云：“舊多作莎，今作沙，音素何反。”宇，屋四垂爲宇，《韓詩》云：“宇，屋霤也。”蟋，音悉。蟀，所律反。蚣，相容反，又相亡反。蝑，相魚反，又相吕反。訊，音信，本又作“迅”，同。卒，寸忽反。穹窒熏鼠，塞向墐户。穹，窮。窒，塞也。向，北出牖也。墐，塗也。庶人蓽户。箋云：爲此四者以備寒也。穹，起弓反。窒，珍悉反，又得悉反。熏，許云反。向，如字。《韓詩》云：“北向窗也。”墐，音覲。牖，音酉。蓽，音必。嗟我婦子，曰爲改歲，入此室處。箋云：“曰爲改歲”者，歲終，而“一之日觱發，二之日栗烈”，當避寒氣，而入所穹窒墐户之室而居之。至此而女功止。曰，音越，一讀而實反。爲，于僞反，又如字；《漢書》作“聿爲”。

六月食鬱及薁，七月亨葵及菽。八月剥棗，十月獲稻。爲此春酒，以介眉壽。鬱，棣屬。薁，蘡薁也。剥，擊也。春酒，凍醪也。眉壽，豪眉也。箋云：介，助也。既以鬱下及棗助男功，又穫稻而釀酒，以助其養老之具。是謂《豳雅》。薁，於六反。亨，普庚反。菽，音叔，本亦作“叔”，藿也。剥，普卜反；注同。介，音界。棣，大計反。蘡，於盈反，或於耕反。凍，丁貢反。醪，老刀反。釀，女亮反。七月食瓜，八月斷壺，九月叔苴。采荼薪樗，食我農夫。壺，瓠也。叔，拾也。苴，麻子也。樗，惡木也。箋云：瓜瓠之畜，麻實之糝，乾荼之菜，惡木之薪，亦所以助男養農夫之具。瓜，古花反，字或加草，非。苴，力餘反。荼，音徒。樗，勑書反，又佌胡反。食，音嗣。瓠，户故反。拾，音十。糝，素感反。

九月築場圃，春夏爲圃，秋冬爲場。箋云：場圃同地耳，物生之時，耕治之以種和茹，至物盡成熟，築堅以爲場。場，直羊反；下同。本又作“塲”。場，依字失陽反，今亦宜直羊反。圃，布古反，一音布。茹，如豫反。十月納禾稼，黍稷重穋，禾麻菽麥。後熟曰重，先熟曰穋。箋云：納，内也。治于場而内之囷倉也。重，直容反；注同。又作“種”，音同。《説文》云禾邊作重，是重穋之字；禾邊作童，是種蓺之字。今人亂之久。穋，音六，本又作“稑”，音同。《説文》云：“稑或從翏。”囷，丘倫反。嗟我農夫，我稼既同，上入執宫功。入爲上，出爲下。箋云：既同，言已聚也。可以上入都邑之宅，治宫中之事矣。於是時男之野功畢也。上，時掌反，注同。晝爾于茅，宵爾索綯。宵，夜。綯，絞也。箋云：爾，女也。女當晝日往取茅歸，夜作絞索以待時用。索，素洛反。陶，徒刀反。絞，古卯反，如字。亟其乘屋，其始播百穀。乘，升也。箋云：亟，急也。乘，治也。十月定星將中，急當治野廬之屋。其始播百穀，謂祈來年百穀于公社。亟，紀力反，與“急”同。定，都佞反，注同。

二之日鑿冰冲冲，三之日納于淩陰。四之日其蚤，獻羔祭韭。冰盛水復，則命取冰於山林。冲冲，鑿冰之意。淩陰，冰室也。箋云：古者日在北陸而藏冰，西陸朝覿而出之，祭司寒而藏之，獻羔而啓之。其出之也，朝之禄位，賓食喪祭，於是乎用之。《月令》：仲春，“天子乃獻羔開冰，先薦寢廟”。《周禮》凌人之職，“夏頒冰，掌事，秋刷”。上章備寒，故此章備暑。后稷先公禮教備也。鑿，在洛反。

冲,直躬反,冲冲,聲也。凌,力證反,又音陵。《説文》作"滕",音凌。蚤,音早。韭,音九,字或加草,非。腹,音福。覲,徒立反。祭司寒,本或作祭寒。朝,直遥反。刷,所劣反,《爾雅》云"清也",《三蒼》云"埽也"。九月肅霜,十月滌場。朋酒斯饗,曰殺羔羊。肅,縮也。霜降而收縮萬物。滌,埸也。場,功畢入也。兩樽曰朋。饗者,鄉人以狗,大夫加以羔羊。箋云:十月民事男女俱畢,無饑寒之憂,國君閒於政事而饗群臣。滌,廷歷反,埽也。曰,音越,或人實反,非。縮,所六反。朋,如字。狗,音苟。羔,音高。畢,音筆。閒,音閑。躋彼公堂,稱彼兕觥,萬壽無疆。公堂,學校也。觥所以誓衆也。疆,竟也。箋云:於饗而正齒位,故因時而誓焉。飲酒既樂,欲大壽無竟。是謂《豳頌》。躋,子奚反,升也。兕,徐履反,本或作光。觥,虢彭反,本亦作"觵"。疆,居良反,或音注爲"境",非。校,户教反。樂,音洛。

《七月》八章,章十一句。

(六)豳風·東山

《東山》,周公東征也。周公東征,三年而歸,勞歸士,大夫美之,故作是詩也。一章言其完也,二章言其思也,三章言其室家之望女也,四章樂男女之得及時也。君子之於人,序其情而閔其勞,所以説也。"説以使民,民忘其死",其唯《東山》乎。

成王既得金縢之書,親迎周公,周公歸,攝政。三監及淮夷叛,周公乃東伐之,三年而後歸耳。分别章意者,周公於是志伸,美而詳之。勞,力報反。思,息嗣反。女,音汝。樂,音洛。説,音悦;下同。縢,徙登反。别,彼列反。伸音身。

我徂東山,慆慆不歸。我來自東,零雨其濛。慆慆,言久也。濛,雨貌。箋云:此四句者,序歸士之情也。我往之東山,既久勞矣,歸又道遇雨濛濛然,是尤苦也。慆,徒刀反,又吐刀反。濛,莫紅反。我東曰歸,我心西悲。公族有辟,公親素服,不舉樂,爲之変,如其倫之喪。箋云:我在東山,常曰歸也。我心則念西而悲。爲,于嫣反。制彼裳衣,勿士行枚。士,事。枚,微也。箋云:勿,猶無也。女制彼裳衣而來,謂兵服也。亦初無行陳銜枚之事,言前定也。《春秋》傳曰:"善用兵者不陳。"士行,毛音衡,鄭音銜。王,户剛反。枚,莫杯反,鄭注《周礼》云:"枚妒者,横銜之於口,爲繣挈於項中。"行,户剛反。陳,音直震反;下同。蜎蜎者蠋,烝在桑野。蜎蜎,蠋貌,桑蟲也。烝,寘也。箋云:蠋蜎蜎然特行。久處桑野,有似劳苦者。古者声寘、填、塵同也。蜎,鳥玄反。蠋音蜀。烝,之承反。寘,音田,又音珍,一音陳。《字書》云:塞也,大千反,从穴下真。寘、填、塵,依字皆是。田,音[1],又音珍,亦音塵。鄭云:"古聲同案。"陳完奔齊,以國爲氏,而《史記》謂之田氏,是古田、陳聲同。敦彼獨宿,亦在車下。箋云:敦敦然獨處於車下,此誠有勞苦之心。敦,都迴反,注同。

我徂東山,慆慆不歸。我來自東,零雨其濛。果臝之實,亦施于宇。伊威在室,蠨蛸在户,町畽鹿場,熠耀宵行。果臝,栝樓也。伊威,委黍也。蠨蛸,長踦也。町畽,鹿迹也。熠耀,燐也。燐,螢火也。箋云:此五物者,家無人則然,令人感思。臝,力果反。施,羊豉反。伊威,並如字,或傍加虫者,從人增耳。室,本或作"堂",誤也。蠨,音蕭,《説文》作"蟰",音夙。蛸,所交反,郭音蕭。町,他典反,或他項反;字又作"圢",音同。畽,本又作"疃",他短反;字又作"墥"。熠,以報反。燿,以照反,又以灼反,下章皆同。括,古活反。委、黍,並如字,沈委音於爲反。委黍,鼠婦也。本或並作虫邊。踦,起宜反,常昭吕沈音同,云一足意也。今詩義,長踦,長脚蜘蛛。又巨綺反,又其宜反,又居綺反。燐,洛刃反,字又作"粦"。螢,惠丁反。令,刀呈反。思,息嗣反,下憂思同。不可畏也,伊可懷也。箋云:伊,當作緊。緊,猶是也。懷,思也。塗中久無人,故有此五物,是不足可畏乃可爲憂思。緊,於兮反,又作"翳"。

我徂東山,慆慆不歸。我來自東,零雨其濛。鸛鳴于垤,婦嘆于室。洒埽穹窒,我征聿至。垤,螘冢也。将陰雨則穴處者先知之矣。鸛好水,長鳴而喜也。箋云:鸛,水鳥也,將陰雨則鳴。行者於陰雨尤苦,婦念之則嘆於室也。穹,窮。窒,塞。洒,灑。埽,拆也。穹窒鼠穴也。而我君子行役,述其日月,今且至矣。言婦望也。鸛,本又作"雚",古玩反。垤,田節反。洒,所懈反,沈,所寄反。埽,素報反。螘,本亦作"蛾",又作"蟻",魚綺反。好,呼報反。玠,甫問切。有敦瓜苦,烝在栗薪。敦,猶專專也。烝,衆也。言我心苦事又苦也。箋云:此又言婦人思其君子之居處,專專如瓜之擊綴焉。瓜之瓣有苦者,以喻其心苦也。烝,塵;栗,析也。言君子又久見使析薪,於事尤苦也。古者声栗、烈同。敦,徒端反;下同。綴,張衛反。瓣,盧遍反,又白莧反,《説文》云"瓜中實也",沈薄閑反。自我不見,于今三年。

我徂東山,慆慆不歸。我來自東,零雨其濛。箋云:凡先著此四句者,皆爲序歸士之情。爲,于僞反。倉庚于飛,熠燿其羽。箋云:倉庚仲春而鳴,嫁取之候也。熠耀其羽,羽鮮明也。歸士始行之時,新合昏禮,今還,故極序其情以樂之。樂,音洛;下同。之子于歸,皇駁其馬。黄白曰皇,騂白曰駁。箋云:之子于歸,謂始嫁時也。皇駁其馬,車服盛也。駁,邦角反。親結其縭,九十其儀。縭,婦人之褘也。母戒女施衿結帨。九十其儀,言多儀也。箋云:女婦,父母既戒之,庶母又申之。九十其儀,喻丁寧之多。褘,許韋反。衿,繫佩帶,其鴆反。帨,

---

[1] "音"後有脱字。

始鋭反。其新孔嘉，其舊如之何？言久長之道也。箋云：嘉，善也。其新來時甚善，至今則久矣，不知其如何也。又極序其情樂而戲之。

《東山》四章，章十二句

二、大雅

（一）公劉

《公劉》，召康公戒成王也。成王將莅政，戒以民事，美公劉之厚於民，而獻是詩也。公劉者，后稷之曾孫也。夏之始衰，見迫逐，遷於豳，而有居民之道。成王始幼少，周公居攝政，及歸之，成王將莅政，召公與周公相成王爲左右。召公懼成王尚幼稚，不留意於治民之事，故作詩美公劉，以深戒之也。召，本亦作邵”，上“照反；後皆同。莅，音利，又音類，徐力自反。夏，户雅反，下“夏人同”。少，詩照反。相，息亮反。

篤公劉，匪居匪康。乃埸乃疆，乃積乃倉。乃裹餱糧，于橐于囊，思輯用光。篤，厚也。公劉居於邰，而遭夏人亂，迫逐公劉，公劉乃辟中國之難，遂平西戎，而遷其民邑於豳焉。乃埸乃疆，言修其疆埸也。乃積乃倉，言民事時和，國有積倉也。小曰橐，大曰囊。思輯用光，言民相與和睦以顯於時也。箋云：厚乎公劉之爲君也，不以所居爲居，不以所安爲安。邰國乃有疆埸也，乃有積委及倉也。安安而能遷，積而能散。爲夏人迫逐己之故，不忍鬬其民，乃裹糧食於囊橐之中，棄其餘而去。思在和其民人，用光大其道，爲今子孫之基。埸，音亦。裹，音果。餱，音侯，食也；字或作“糇”。糧，本亦作“粮”，音良，糇也。橐，他洛反。囊，乃郎反，《説文》云：“無底曰囊，有底曰橐。”輯，音集，又七立反。難，乃旦反。積委，上，于智反。下，於僞反。爲，于僞反，又如字。弓矢斯張，干戈戚揚，爰方啓行。戚，斧也。揚，鉞也。張其弓矢，秉其干戈戚揚，以方開道路，去之豳。盖諸侯之從者，十有八國焉。箋云：干，盾也。戈，句孑戟也。爰，曰也。公劉之去邰，整其師旅，設其兵器，告其士卒曰：“爲女方開道而行。”明己之遷，非爲迫逐之故，乃欲全民也。戚，七歷反。鉞，音越。從，才用反，又如字。盾，字又作“楯”，順允反，又音允。句，音鉤。卒，尊忽反，下餘卒、士卒皆同。爲，于僞反；下“非爲、爲公劉、皆爲”同。

篤公劉，于胥斯原。既庶既繁，既順乃宣，而無永嘆。胥，相。宣，遍也。民無長嘆，猶文王之無悔也。箋云：于，於也。廣平曰原。厚乎公劉之於相此原也以居民。民既衆矣，既多矣，既順其事矣，又乃使之時耕，民皆安今之居，而無長嘆思其舊時也。嘆，他安反，字或作“歎”。遍，音遍。相，息亮反；下相此皆同。陟則在巘，復降在原。何以舟之？維玉及瑶，鞞琫容刀。巘，小山别於大山也。舟，帶也。瑶，言有美德也。下曰鞞，上曰琫，言德有度數也。容刀，言有武事也。箋云：陟，升；降，下也。公劉之相此原地也，由原而升巘，復下在原，言反覆之，重居民也。民亦愛公劉之如是，故進玉瑶容刀之佩。巘，本又作“甗”，魚輦反，又音言，又音魚偃反，又音彦。復，音服，又扶又反，注“復”；下同。瑶，音遥。鞞，必頂反。琫，必孔反。别，彼列反。覆，本亦作“復”，同，芳福反。

篤公劉，逝彼百泉，瞻彼溥原，乃陟南岡，乃覯于京。溥，大。覯，見也。箋云：逝，往；瞻，視；溥，廣也。山脊曰岡。絶高爲之京。厚乎公劉之相此原地也，往之彼百泉之間，視其廣原可居之處，乃升其南山之脊，乃見其可居者於京，謂可營立都邑之處。溥，音普。覯，古豆反。處，昌慮反；下“之處”同。京師之野，于時處處，于時廬旅，于時言言，于時語語。是京乃大衆所宜居之也。廬，寄也。直言曰言，論難曰語。箋云：于，於；時，是也。京地乃衆民所宜居之野也，於是處其所當處者，廬舍其賓旅，言其所當言，語其所當語。謂安民、館舍、施教令也。廬，力居反。論，曾困反。難，乃旦反。館舍，一本作“館客”。

篤公劉，于京斯依。蹌蹌濟濟，俾筵俾几。箋云：蹌蹌濟濟，士大夫之威儀也。俾，使也。厚乎公劉之居於此京，依而築宫室。其既成也，與群臣士大夫飲酒以落之，群臣則相使爲公劉設几筵，使之升坐。既登乃依，乃造其曹。執豕于牢，酌之用匏。賓已登席坐矣，乃依几矣。曹，群也。執豕于牢，新國則殺禮也。酌之用匏，儉以質也。箋云：公劉既登堂負扆而立，群臣乃適其牧群，搏豕於牢中，以爲飲酒之殽，酌酒以匏爲爵，言忠敬也。依，毛如字，鄭於豈反。箋云：或“扆”字。造，七報反。匏，步交反。殺，所戒反。搏，音博，沈音付。食之飲之，君之宗之。爲之君爲之大宗也。箋云：宗，尊也。公劉雖去邰國來遷，群臣從而君之尊之，猶在邰也。食，音嗣。飲，於鴆反。

篤公劉，既溥既長，既景乃岡，相其陰陽，觀其流泉。既景乃岡，考於日景，參之高岡。箋云：厚乎公劉之居豳也，既廣其地之東西，又長其南北，既以日景定其經界於山之脊，觀相其陰陽寒煖所宜，流泉浸潤所及。皆爲利民富國。相，息亮反；注同。煖，况袁反。又乃管反。浸，子鴆反。其軍三單，度其隰原，徹田爲糧。三單，相襲也。徹，治也。箋云：邰[①]，后稷上公之封。大國之制三軍，以其餘卒爲羡。今公劉遷於豳，民始從之，丁夫適滿三軍之數。單者，無羡卒也。度其隰與原田之多少，徹之使出税以爲國用。什一而税謂之徹，魯哀公曰：“二，吾猶不足，如之何其徹也？”單，音丹。度，待洛反；注及下同。羡，音賤，

---

① “邰”後原衍“后”字，今據阮刻本（第 543 頁上）删。

又音衍；下同。度其夕陽，豳居允荒。山西曰夕陽。荒，大也。箋云：允，信也。夕陽者，豳之所處也。度其廣輪[1]，豳之所處，信寬大也。廣，古曠反。

篤公劉，于豳斯館。涉渭爲亂，取厲取鍛。館，倉也。正絶水曰亂。鍛，石也。箋云：鍛，石，所以爲鍛質也。厚乎公劉，於豳地作此宮室。乃使人渡渭水，爲舟，絶流而南，取鍛厲斧斤之石，可以利器用，伐取材木給築事也。厲，本又作“礪”。鍛，本又作“碫”，丁亂反。鍛，《説文》云：“鍛，厲石。”《字林》大喚反。材，一本作“林”。止基乃理，爰衆爰有。夾其皇澗，遡其過澗。皇，澗名也。遡，鄉也。過，澗名也。箋云：爰，曰也。止基，作宮室之功止。而後疆理其田野，校其夫家人數，日益多矣，器物有足矣，皆布居澗水之旁。爽，古洽反，又古協反。澗，古晏反。遡，音素。過，古禾反；注同。鄉，本又作“嚮”，許亮反；又與《卷阿篇》注同。校，音教。止旅廼密，芮鞫之即。密，安也。芮，水厓也。鞫，究也。箋云：芮之言内也。水之内曰隩，水之外曰鞫。公劉居豳既安，軍旅之役止，士卒乃安，亦就澗水之内外而居，修田事也。芮，本又“汭”，如鋭反。鞫，居六反。厓，五佳反；字亦作“涯”[2]。隩，於六反，又於報反，字或作“澳”。

《公劉》六章，章十句。

（二）生民

《生民》，尊祖也。后稷生于姜嫄，文、武之功起于后稷，故推以配天焉。

厥初生民，時維姜嫄。生民，本后稷也。姜，姓也。后稷之母配高辛氏帝焉。箋云：厥，其；初，始；時，是也。言周之始祖，其生之者，是姜嫄也。姜姓者，炎帝之後，有女名嫄，當堯之時，爲高辛氏之世妃。本后稷之初生，故謂之生民。嫄，音原。姜，姓；嫄，名；有邰氏之女。生民如何？克禋克祀，以弗無子。禋，敬。弗，去也。去無子，求有子，古者必立郊禖焉。玄鳥至之日，以大牢祠于郊禖，天子親往，后妃率九嬪御，乃禮天子所御，帶以弓韣，授以弓矢，于郊禖之前。箋云：克，能也。弗之言祓也。姜嫄之生后稷，如何乎？乃禋祀上帝于郊禖，以祓除其無子之疾，而得其福也。能者，言齊肅當神明意也。二王之後，得用天子之禮。禋音因，鄭祭天名。弗，音拂；注同。去，起吕反；下同。禖，音侮；下同。祠，嗣絲反，本亦作“祀”。嬪，婢人反。韣，音獨，弓衣。祓音拂，又音廢；下同。齊，側皆反，本亦作“齋”；篇末“齊敬”同。履帝武敏，歆攸介攸止。載震載夙，載生載育，時維后稷。履，踐也。帝，高辛氏之帝也。武，迹。敏，疾也。從於帝而見于天，將事齊敏也。歆，饗；介，大也。止，福禄所止也。震，動；夙，早；育，長也。后稷播百穀以利民。箋云：帝，上帝也。敏，拇也。介，左右也。夙之言肅也。祀郊禖之時，時則有大神之迹，姜嫄履之，足不能滿，履其拇指之處，心體歆歆然，其左右所止住，如有人道感己者也。於是遂有身，而肅戒不復御。後則生子而養長之，名之曰棄，舜臣堯而舉之，是爲后稷。敏，密謹反。歆，許金反。介音戒。震，真慎反，鄭有娠也。見，賢遍反。齊，側皆反，又如字。長，張丈反；下同。拇，音母，足大指。介，又如字。處，昌慮反。復，扶又反，下“故復”同。

誕彌厥月，先生如達。誕，大。彌，終。達，生也。姜嫄之子先生者也。箋云：達，羊子也。大矣后稷之在其母，終人道十月而生。生如達之生，言易也。彌，面支反。達，他末反，注同。《説文》云：“小羊也。”沈云：“毛如字。”易，以豉反。下同。不拆不副，無菑無害。言易也。凡人在母，母則病，生則拆副[3]，菑害其母，横逆人道。拆，勑宅反。副，孚逼反，《説文》云：“分也。”《字林》云：“判也。匹亦反。”菑音災。注同。以赫厥靈，上帝不寧，不康禋祀，居然生子。赫，顯也。不寧，寧也。不康，康也。箋云：康、寧，皆安也。姜嫄以赫然顯著之徵，其有神靈審矣。此乃天帝之氣也，心猶不安之。又：不安徒以禋祀而無人道，居默然自生子，懼時人不信也。

誕寘之隘巷，牛羊腓字之。誕，大；寘，置；腓，辟；字，愛也。天生后稷，異之於人，欲以顯其靈也。帝不順天，是不明也，故承天意而異之于天下。箋云：天異之，故姜嫄置后稷于牛羊之徑，亦所以異之。寘，之政反，下同。隘，於懈反。巷，户降反。腓，符非反。誕寘之平林，會伐平林。牛羊而辟人者，理也。置之平林，又爲人所收取之。誕寘之寒冰，鳥覆翼之。大鳥來，一翼覆之，一翼藉之。人而收取之，又其理也。鳥乃去矣[4]，后稷呱矣。於是知有天異，往取之矣，后稷呱呱然而泣。呱，音孤。

實覃實訏，厥聲載路。誕實匍匐，克岐克嶷，以就口食。覃，長；訏，大；路，大也；岐，知意也。嶷，識也。箋云：實之言適也。覃，謂始能坐也。訏，謂張口嗚呼也。是時聲音則已大矣，能匍匐，則岐岐然意有所知也。其貌嶷嶷然，有所識别也。以此至于能就衆人口自食，謂六七歲時。覃，徒南反；本或作“譚”。訏，况于反。匍音蒲，又音符；本亦作“扶”。匐，蒲此反，又音服；本亦作“服”。岐，其宜反。嶷，魚極反，《説文》作“疑”，云：“小兒有知。”長，張文反，或如字。别，彼列反。蓺之荏菽，荏菽旆旆。禾役穟穟，麻麥幪幪，瓜瓞唪唪。荏菽，戎菽也。旆旆然，長也。

---

① 度其廣輪，影印本作“廣其廣輪”，今據相臺岳家私塾本改。

② 字，原作“乎”，今據阮刻本（第543頁上）改。

③ 拆，原作“拆”，今據相臺岳家私塾本改。

④ “鳥乃”前原衍“鳥覆翼之”四字，今據相臺岳家私塾本、阮刻本（第530頁上）删。

役，列也。穟穟，苗好美也。幪幪然，盛茂也。唪唪然，多實也。箋云：蓺，樹也。戎菽，大豆也。就口食之時，則有種殖之志，言天性也。蓺，魚世反。荏，菽荏，而甚反。菽，或作"叔"，音同。郭璞云："今胡豆是。"旆，蒲貝反。穟，音遂。幪，莫孔反。瓞，田節反。唪，布孔反，徐又薄孔反。長，如字，又張文反。

誕后稷之穡，有相之道。相，助也。箋云：大矣后稷之掌稼穡，有見助之道。謂若神助之力。相，息亮反；注同。茀厥豐草，種之黄茂。實方實苞，實種實褎，實發實秀，實堅實好，實潁實栗，即有邰家室。茀，治也。黄，嘉穀也。茂，美也。方，極畝也。苞，本也。種，雜種也。褎，長也。發，尽發也。不榮而實曰秀。潁，垂潁也。栗，其實栗栗然。邰，姜嫄之國也。堯見天因邰而生后稷，故國后稷於邰[①]，命使事天，以顯神順天命耳。箋云：豐、苞，亦茂也。方、齊，等也。種，生不雜也。褎，枝葉長也。發，發管時也。栗，成就也。后稷教民除治茂草，使種黍稷。黍稷生則茂好，孰則大成，以此成功，堯改封於邰，就其成國之家室无變更也。茀，音弗，《韓詩》作"拂"。拂，茀也。種，支勇反。[②] 下"嘉種"并注同。褎，徐秀反。潁，營井反，穗也，《尚書》"唐叔得禾，異畝同潁"是也。邰，他來反，后稷所封國，今在京兆武功縣。

誕降嘉種，維秬維秠，維穈維芑。天降嘉種。秬，黑黍也。秠，一稃二米也。穈，赤苗也。芑，白苗也。箋云：天應堯之顯后稷，爲之下嘉種。秬，音巨。秠，孚鄙反，亦黑黍也；又孚悲反，郭芳婦反。穈，音門；《爾雅》作"虋"，同。郭亡偉反，赤粱平粟也。芑音起，徐又巨己反，郭云"白粱粟也"。稃，芳十反，《字書》云"粗糠也。"應，應對之應。爲，于僞反，下"天爲己"同。恒之秬秠，是穫是畝。恒之穈芑，是任是負，以歸肇祀。恒，遍。肇，始也。始歸郊祀也。箋云：任，猶抱也。肇，郊之神位也。后稷以天爲己下此四穀之故，則遍種之，成孰則穫而畝計之，抱負以歸，於郊祀天。得祀天者，二王之後也。恒，古鄧反，本又作"亘"。穫，户郭反。任音壬；注同。肇，音兆。遍，音遍；下同[③]。

誕我祀如何？或舂或揄，或簸或蹂，釋之叟叟，烝之浮浮。揄，抒臼也。或簸糠者，或蹂黍者。釋，淅米也。叟叟，聲也。浮浮，氣也。箋云：蹂之言潤也。大矣，我后稷之祀天如何乎！美而將説其事也。舂而抒出之，簸之又潤濕之，將復舂之，趨於鑿也。釋之烝之，以爲酒及簠簋之實。舂，傷容反。揄音由，又以求反。《説文》作"舀"，戈紹反。簸，波我反。蹂音柔。叟，所留反，字又作"溲"，濤米聲也。《爾雅》作"溞"，音同。郭音騷。烝，之丞反。浮，如字。《爾雅》《説文》並作"烰"。抒，音食汝反。糠，音康，字亦作"康"，俗米旁作康，非。淅，星歷反，《説文》云："汏也。"汏音大。復，扶又反。鑿，子洛反，精米也。《字林》作"糳"云："糲米一斛舂爲八斗也。子沃反。"簠，音甫。簋，音軌。載謀載惟，取蕭祭脂。取羝以軷，載燔載烈，嘗之日莅卜來歲之芟，獮之日莅卜來歲之戒，社之日莅卜來歲之稼，所以興來而繼往也。穀熟而謀，陳祭而卜矣。取蕭合黍，臭達牆屋。既奠而後爇蕭合馨香也。羝羊，牡羊也。軷，道祭也。傅火曰燔，貫之加于火曰烈[④]。箋云：惟，思也。烈之言爛也。后稷既爲郊祀之酒及其米，每諏謀其日，思念其禮。至其時，取蕭草與祭牲之脂，爇之於行神之位，馨香既聞，取羝羊之體以祭神，又燔烈其肉爲尸羞焉。自此而往郊。羝，都禮反，字亦作"牴"。軷，蒲末反。《説文》云："出必告道神，爲壇而祭爲軷。"《字林》同，父未反。燔，音煩；後皆同。莅，音利，又音類。芟，所御反。獮，息淺反。奠，徒練反。爇，如悦反。馨，呼丁反。傅，音附。貫，古亂反。諏，足須反[⑤]，謀也。以興嗣歲。興來歲，繼往歲也。箋云：嗣歲，今新歲也。以先歲之物，齊敬祀軷而祀天者，將求新歲之豐年也。孟春之月令曰："乃擇元日，祈穀于上帝。"

卬盛于豆，于豆于登，其香始升。上帝居歆，胡臭亶時？卬，我也。木曰豆，瓦曰登。豆，薦葅醢也。登，大羹也。箋云：胡之言何也。亶，诚也。我后稷盛葅醢之属，當於豆者於登者，其馨香始上行，上帝則安而歆享之，何芳臭之誠得其時乎？美之也。祀天用瓦豆，陶器質也。卬，五郎反，我也。盛，音成；注同。香，一本作"馨"。亶，都但反。葅，莊居反。醢音海。上，時掌反。后稷肇祀，庶無罪悔，以迄于今。迄，至也。箋云：庶，衆也。后稷肇祀上帝於郊，而天下衆民成得其所，無有罪過也。子孫蒙其福，以至於今，故推以配天焉。迄，許乙反。

《生民》八章。四章，章十句；四章，章八句。

---

① 后，原作"名"，今據相臺岳家私塾、阮刻本(第532頁上)改。
② "支勇反"後衍"注"字，今據阮刻本(第530頁下)刪。
③ 下，原作"不"，今據阮刻本(第531頁中)改。
④ 加，原作"如"，今據相臺岳家私塾本、阮刻本(第531頁下)改。
⑤ 须，原作"湏"，今據阮刻本(第531頁下)改。

第十七章　楚　　辭

一、九歌

(一)湘君

君不行兮夷猶,蹇誰留兮中洲?美要眇兮宜修,沛吾乘兮桂舟。令沅湘兮無波,使江水兮安流。望夫君兮未來,吹參差兮誰思?要,《漢書》作“幼”,於笑反。眇,與“妙”同。宜上,一有“又”字。來,叶力之反;一作“歸”,非是。參差,一作篸篕;上初簪反,下初宜反。思,叶新齎反。○君,謂湘君,堯之長女娥皇,爲舜正妃者也。舜陟方死於蒼梧,二妃死於江湘之間,俗謂之湘君,湘旁黄陵有廟。夷猶,猶豫也。言既設祭祀,使巫呼請,而未肯來也。中洲,洲中也。水中可居者曰洲。言其不來,不知其爲何人而留也。要眇,好貌。修,飾也。沛,行貌。吾,爲主祭者之自吾也。欲乘桂舟以迎神,取香潔之意也。又或行或危殆,故願湘君令水無波而安流也。參差,洞簫也。《風俗通》云:“舜作簫,其形參差不齊,象鳳翼也。”望湘君而未來,故吹簫以思之也。駕飛龍兮北征,邅吾道兮洞庭。薜荔柏兮蕙綢①,蓀橈兮蘭旌。望涔陽兮極浦,横大江兮揚靈。邅,池戰反,又陟連反。柏,一作“拍”,並音搏。綢,音儔,又音叨。蓀,一作“荃”。橈,而遥反。旌,一作“旍”,與“旌”同。此句之上,或有“乘”字,或有“承”字,或有“采”字,旌,或作“旗”,皆非是。涔,音岑。○駕龍者,以龍翼舟也。邅,轉也。洞庭,太湖也,在長沙巴陵,廣員五百餘裏,日月若出没於其中,中有君山。柏,搏壁也。綢,縛束也。蓀,香草也。橈,船小楫也。涔陽,江碕名。極,遠也。浦,水涯也。揚靈者,揚其光靈,猶言舒發意氣也。揚靈兮未極,女嬋媛兮爲余太息。横流涕兮潺湲,隱思君兮陫側。潺,仕連反②;又鉏山反。湲,音爰。陫,符沸反。側,叶札力反。○極,至也。未極,未得所止也。女嬋媛,指旁觀之人,蓋見其慕望之切,亦爲之眷戀而嗟嘆之也。潺湲,流貌。隱,痛也。君,湘君也。陫,隱也。兮,語辭。側,不安也。桂櫂兮蘭枻,斲冰兮積雪。采薜荔兮水中,搴芙蓉兮木末。心不同兮媒勞,恩不甚兮輕絶。櫂,直教反。枻,音曳,叶音泄。搴,音蹇。○此章比而又比也。蓋此篇本以求神而不答,比事君之不偶,而此章又别以事比求神而不答也。櫂,楫也。枻,船旁板也。桂、蘭,取其香也。斲,斫也。言乘舟遭盛寒,斲斫冰凍,紛如積雪,則舟雖芳潔,事雖辛苦,而不得前也。薜荔緣木,而今采之水中;芙蓉在水,而今求之木末。既非其處,則用力雖勤而不可得。至於合昏而情異,則媒雖勞而昏不成;結友而交疏,則今雖成而終易絶。則又心志睽乖,不容强合之驗也。求神不答,豈不亦猶是乎?自是而往,益微而益婉矣。石瀨兮淺淺,飛龍兮翩翩。交不忠兮怨長,期不信兮告餘以不閒。淺,音牋。閒,音閑,叶音賢。○此章興而比也。蓋以上二句引起下句,以比求神不答之意也。瀨,湍也。淺淺,流疾貌。翩翩,飛疾貌。所謂興者,蓋曰石瀨則淺淺矣,飛龍則翩翩矣。凡交不以忠,則其怨必長矣;期不以信,則必將告我以不暇而負其約矣。所謂比者,則求神而不答之意亦在其中也。其詳已見上章,讀者宜并考之。鼂騁騖兮江皋,夕弭節兮北渚。鳥次兮屋上,水周兮堂下。鼂,與“朝”同,陟遥反。騁,音逞。騖,音務。下,叶音户。○鼂,早也。騁,直馳也。騖,亂馳也。弭,按也。渚,水涯也。次,止也。周,旋也。此言神既不來,則我亦退而游息,以自休耳。捐餘玦兮江中,遺餘佩兮澧浦。采芳洲兮杜若,將以遺兮下女。旹不可兮再得,聊逍遥兮容與。捐,音沿。玦,古穴反。遺,平聲。佩,一作“珮”。澧,一作“醴”。遺,去聲。旹,即古時字,一作“時”。○玦,如環而有缺。捐玦、遺佩以貽湘君也。澧水出武陵充縣,注於洞庭,《史記》作“醴”。芳洲,香草所生之處也。杜若,葉似薑而有文理,味辛。下女,已見《騷經》。逍遥、容與,皆遊戲閒暇之意也。此言湘君既不可見,而愛慕之心終不能忘,故猶欲解其玦珮以爲贈,而又不敢顯然致之以當其身,故但委之於水濱,若捐棄而墜失之者,以陰寄吾意,而冀其或將取之。若《聘禮》“賓將行”,而“於館堂楹間,釋四皮束帛,賓不致,而主不拜”也。然猶恐其不能自達,則又采香草以遺其下之侍女,使通吾意慇懃,而幸玦佩之見取。其戀慕之心如此,而猶不可必,則逍遥容與以俟之,而終不能忘也。

右湘君說見篇内。○此篇蓋爲男主事陰神之詞,故其情意曲折尤多,皆以陰寓忠愛於君之意,而舊説之失爲尤甚,今皆正之。

① 薜,原作“薛”,今據四庫全書本改。
② 仕,原作“依”,今據四庫全書本改。

(二)湘夫人

帝子降兮北渚,目眇眇兮愁予。嫋嫋兮秋風,洞庭波兮木葉下。予,一作“余”,並叶音與。嫋,奴鳥反。下,叶音户。○帝子,謂湘夫人,堯之次女女英,舜次妃也。韓子以爲娥皇正妃,故稱君,女英自宜降稱夫人也。餘見上篇。眇眇,好貌。愁予者,亦爲主祭者言,望之不見,使我愁也。嫋嫋,長弱之貌。秋風起,則洞庭生波而木葉下矣,蓋記其時也。登白薠兮騁望,與佳期兮夕張。鳥何萃兮蘋中,罾何爲兮木上。一無“登”字。薠,音煩;一作“蘋”,非是。佳下,一有“人”字,非是。張,音帳。一作“與佳人兮期夕張”,亦非是。一無二“何”字,亦非是。罾,音增。○賦而比也。薠,草,秋生,今南方湖澤皆有之,似莎而大,雁所食也。騁望,縱目也。佳,佳人也,謂夫人也。張,陳設也。言向夕灑掃,而張施帷幄也。萃,集也。蘋,水草。罾,魚網。二物所施不得其所,以比夕張之地非神所處,而必不來也。沅有茝兮澧有蘭,思公子兮未敢言。荒忽兮遠望,觀流水兮潺湲。茝,一作“茞”。澧,一作“醴”,非是。荒忽,一作“慌惚”,音同。○此章興也。澧,水名,見《禹貢》。公子,謂湘夫人也。帝子而又曰公子,猶秦已稱皇帝,而其男女猶曰公子、公主,古人質也。思之而未敢言者,尊而神之,懼其瀆也。所謂興者,蓋曰沅則有茝矣,澧則有蘭矣,何我之思公子而獨未敢言耶?思之之切,至於荒忽而起望,則又但見流水之潺湲而已。其起興之例,正猶《越人之歌》所謂“山有木兮木有枝,心悦君兮君不知”。而以茝叶子,以蘭叶言,又隔句用韻法也。麋何爲兮庭中?蛟何爲兮水裔?朝馳余馬兮江皋,夕濟兮西澨。麋,音眉。爲,一作“食”。裔,一作“裏”。澨,音逝。○比而賦也。麋,獸名,似鹿而大。濟,渡也。澨,水涯也。麋當在山林,而在庭中;蛟當在深淵,而在水裔。以比神不可見,而望之者失其所當也。朝馳、夕濟,猶上篇江皋、北渚之意。聞佳人兮召予,將騰駕兮偕逝。築室兮水中,葺之兮荷蓋。葺,子入反。荷上,一有“以”字。蓋,叶居又反。○佳人,謂夫人也。偕,俱也。逝,往也。言與召己之使者俱往也。葺,蓋也。築室水中,將托神明而居處也。蓀壁兮紫壇,匊芳椒兮成堂。桂棟兮蘭橑,辛夷楣兮葯房。罔薜荔兮爲帷,擗蕙櫋兮既張。白玉兮爲鎮,疏石蘭兮爲芳。芷葺兮荷屋,繚之兮杜衡。蓀,一作“荃”。壇,音善。匊,古“播”字,本作“𢯱”[1],一作“播”。成,一作盈。橑,音老。楣,音眉。葯,音約,又音握。罔,與“網”同。擗,一作“辟”,普覓反,又音覓;一作“擘”。櫋,音綿。“玉兮、蘭兮”下一皆有“以”字。鎮,一作“瑱”。葺下一有“之”字。繚,音了。○紫,紫貝也,紫質黑“點”。壇,中庭也。播,布也。蘭,木蘭也。橑,椽也。辛夷,樹大連合抱,高數仞,其花初發如筆,北人呼爲木筆;其花最早,南人呼爲迎春。楣,門户上橫樑也。葯,白芷葉也。罔,結也,結以爲帷帳也。在旁曰帷。擗,析也[2]。析蕙以爲屋櫋聯也。鎮,壓坐席者也。石蘭,香草。疏,布陳也。繚,縛束也。言以杜衡繚其屋也。此言其所築水中之室,欲求芳潔如是也。合百草兮實庭,建芳馨兮廡門。九嶷繽兮並迎,靈之來兮如雲。廡,音武。嶷,一作“疑”。迎,去聲。○馨,芳之遠聞者。廡,堂下周屋也。言合百草之花以實庭中,積芳馨以廡其門也。九嶷,山名,舜所葬也。言舜使九嶷山神繽然來迎二妃,而衆神從之如雲也。將築室依湘夫人以爲鄰,而舜復迎之以去,則又不得見之。捐余袂兮江中,遺余褋兮澧浦。搴汀洲兮杜若,將以遺兮遠者。時不可兮驟得,聊逍遥兮容與。袂,彌蔽反。遺,平聲。褋,音牒。搴,見上篇。汀,它丁反。遺,去聲。者,叶音渚,又音睹。與,一作“冶”。○袂,衣袖。褋,襜襦也。此篇首末大指與前篇同。捐袂、遺褋,即捐玦、遺佩之意,然玦、佩貴之,而袂、褋親之也。汀,平也。遠者,亦謂夫人之侍女,以其既遠去而名之也。

右湘夫人

(三)山鬼

若有人兮山之阿,被薜荔兮帶女羅。既含睇兮又宜笑,子慕予兮譱窈窕。羅,一作睇,“蘿”。音弟。譱,一作“善”。窈,音杳。窕,徒了反。○若有人,謂山鬼也。阿,曲隅也。女羅,兔絲也。睇,微眄貌,美目盼然,又好口齒而宜笑也。窈窕,好貌。以上諸篇,皆爲人慕神之詞,以見臣愛君之意。此篇鬼陰而賤,不可比君,故以人况君,鬼喻己,而爲鬼媚人之語也。若有人者,既指鬼矣,子則設爲鬼之命人,而予乃爲鬼之自命也。言人悦己之善爲容也。乘赤豹兮從文貍,辛夷車兮結桂旗。被石蘭兮帶杜衡,折芳馨兮遺所思。余處幽篁兮終不見天,路險難兮獨後來。從,才用反。貍,一作“狸”。衡,音衡。折,音哲。遺,去聲。篁,音皇。來,叶音釐。○所思,指人之悦己而己欲媚之者也。幽,深也。篁,竹叢也。後來,言其出之遲也。表獨立兮山之上,雲容容兮而在下。杳冥冥兮羌晝晦,東風飄兮

---

① 𢯱,原作“播”,今據四庫薈要本改。《玉篇·丑部》:“𢯱,布賀切。今作播,揚也。”

② 析,原作“折”,四庫薈要本作“柎”,今據文意改;下同。

神靈雨。留靈修兮憺忘歸，歲既晏兮孰華予。下，叶音户，一無“東”字而再有“飄”字。予，叶音與。○表，特也。雲反在下，言所處之高也。神靈雨者，言風起而神靈應之以雨也。靈修，亦謂前所欲媚者也，欲俟其至，留使忘歸，不然則歲晚而無與爲樂矣。蓋鬼卒不來，而反欲使人造其所居也。采三秀兮於山間，石磊磊兮葛蔓蔓。怨公子兮悵忘歸，君思我兮不得閒。磊，魯猥反。蔓，莫干反。間，音閑。○三秀，芝草也。公子，即所欲留之靈修也。鬼采芝於山間而思此人，雖怨其不來而亦知其思我之不能忘也。山中人兮芳杜若，飲石泉兮蔭松柏，君思我兮然疑作；柏，叶音博。○山中人，亦鬼自謂也。然，信也。疑，不信也。至此，又知其雖思我而不能無疑信之雜也。靁填填兮雨冥冥，猨啾啾兮狖夜鳴。風颯颯兮木蕭蕭，思公子兮徒離憂。靁，一作“雷”。填，音田。狖，一作狖，餘救反。颯，蘇合反。蕭，音搜，《文苑》作“搜”。若如字，則憂葉於驕反。○填填，雷聲。冥冥，雨貌。啾，小聲。狖，猨屬。離，罹也。

右山鬼《國語》曰：“木石之怪夔、罔兩。”豈謂此耶？○今按：此篇文義最爲明白，而説者自汩之。今既章解而句釋之矣，又以其托意君臣之間者而言之：則言其被服之芳者，自明其志行之潔也。言其容色之美者，自見其才能之高也。子慕予之善窈窕者，言懷王之始珍己也。折芳馨而遺所思者，言持善道而效之君也。處幽篁而不見天，路險艱而又晝晦者，言見棄遠而遭障蔽也。欲留靈修而卒不至者，言未有以致君之寤而俗之改也。知公子之思我而然疑作者，又知君之初未忘我，而卒困於讒也。至於思公子徒離憂，則窮極愁怨，而終不能忘君臣之義也。以是讀之，則其他之碎義曲説，無足言矣。

二、九章

（一）涉江

余幼好此奇服兮，年既老而不衰。帶長鋏之陸離兮，冠切雲之崔嵬。鋏，古挾反。冠，去聲。崔，音摧。嵬，一作“巍”，並五回反。○奇服，奇偉之服，以喻高劍之行，冠、劔、被服皆是也。衰，懈也。鋏，劍把，或曰刀身劍鋒也。長鋏，見《史記》。切雲，當時高冠之名。被明月兮珮寶璐，世溷濁而莫余知兮，吾方高馳而不顧。駕青虬兮驂白螭，吾與重華遊兮瑶之圃。璐，音路。知下，一無“兮”字，皆非是。虬、螭音義皆已見前篇。圃，叶去聲。○在背曰被。明月，珠名，以其夜光，有似明月，故以爲名。璐，美玉名。乘靈物、從聖帝、遊寶所，皆見其志行之高遠。登昆崙兮食玉英，吾與天地兮比壽，與日月兮齊光。哀南夷之莫吾知兮，旦余將濟乎江湘。英，叶於姜反，與上一無“吾”字。比、齊，一並作同。一無“將”字。乎，一作“於”。○登崑崙，言所至之高。食玉英，言所養之潔。南夷，謂楚俗也。乘鄂渚而反顧兮，欸秋冬之緒風[①]。步余馬兮山皋，邸余車兮方林。欸，音哀。風，叶孚金反。邸，丁禮反；一作“低”。○鄂渚，地名，今鄂州也。欸，嘆也。《方言》云：“南楚謂然爲欸。”《史》《漢》“亞父曰唉”及唐人“欸乃”，皆此字也。邸，至也；一作“低”者，説見《招魂》“軒輬既低”下。方林，地名。乘舲船余上沅兮，齊吴榜而擊汰。船容與而不進兮，淹回水而凝滯。舲，音零；一作“柃”。上，時掌反。榜，北孟反，又音謗。汰，音泰。凝，一作“疑”。滯，叶丑介反。○舲船，船有牕牖者，或曰小船也。上，謂泝流而上也。齊，同時並舉也。吴，謂吴國。榜，櫂也。蓋效吴人所爲之櫂，如云越舲蜀艇也。汰，水波也。船不進而疑滯，留落之意，亦戀故都也。朝發枉陼兮，夕宿辰陽。苟余心之端直兮，雖僻遠其何傷！陼，一作“渚”。之，一作“其”。僻，一作“辟”。其，一作“之”。○枉陼、辰陽，皆地名。《水經》云：“沅水東逕辰陽縣東南，合辰水。沅水又東歷小灣，謂之枉陼。”入漵浦余儃佪兮，迷不知吾所如。深林杳以冥冥兮，乃猨狖之所居。漵，徐吕反。儃佪，一作“邅迴”。吾下，一有“之”字。杳下，一有複出“杳”字；一作“晦”。冥冥，一作“冥寞”。一無“乃”字，晦字以下皆非是。猨狖，見前篇。○漵浦，亦地名。如，往也。山峻高以蔽日兮，下幽晦以多雨。霰雪紛其無垠兮，雲霏霏其承宇。高下“以”，一作“而”。垠，音銀。○霰，雨凍如珠，將爲雪者也。宇，屋檐也。哀吾生之無樂兮，幽獨處乎山中。吾不能變心以從俗兮，固將愁苦而終窮。樂，音洛。接輿髡首兮，桑扈臝行。忠不必用兮，賢不必以。伍子逢殃兮，比干菹醢。髡，音坤。臝，一作“裸”，並力果反。醢，叶呼彼反。○接輿，楚狂也，被髪佯狂，後乃自髡。桑扈，即《莊子》所謂子桑扈。臝行，謂赤體而行也。或疑《論語》所謂子桑伯子亦是此人，蓋夫子稱其

① 欸，原作“颖”，今據四庫薈要本改；下同。

简。《家語》又云："伯子不衣冠而處，夫子譏其欲同人道於牛馬。"即此裸形之證也。以，亦用也。伍子，吴相伍員子胥也，諫夫差令伐越，不聽，被殺，盛以鴟夷而浮之江，事見《左傳》《史記》。比干事見《騷經》《天問》。與前世而皆然兮，吾又何怨乎今之人！余將董道而不豫兮，固將重昏而終身。董，正也。不豫，見《惜誦》。重昏，重複暗昧，終不復見光明也。亂曰：鸞鳥鳳皇，日以遠兮。燕雀烏鵲，巢堂壇兮。壇，式衍反。○比也。言仁賢遠法，而讒佞見親也。露申辛夷，死林薄兮。腥臊並御，芳不得薄兮。臊，音騷。得薄之薄，音博。○比也。露申，未詳。叢木曰林。草木交錯曰薄。腥臊，臭惡也。御，用也。薄，附也。言污賤並進，而芳潔不容也。陰陽易位，時不當兮。懷信侘傺，忽乎吾將行兮。一無"忽"字，非是。行，叶户郎反。○比而賦也。陰謂小人，陽謂君子。將行，謂將遠去也。

右涉江此篇多以余、吾並稱，詳其文意，余平而吾倨也。

（二）哀郢

皇天之不純命兮，何百姓之震愆？民離散而相失兮，方仲春而東遷。純，不雜而有常也。震，動也。愆，過也。仲春，二月，陰陽之中，冲和之氣，人民和樂之時也。屈原被放，時適會荒凶，人民流散，而原亦在行中，閔其流離，因以自傷，無所歸咎，而嘆皇天之不純其命，不能福善禍淫，相協厥居，使之當此和樂之時，而遭離散之苦也。去故鄉而就遠兮，遵江夏以流亡。出國門而軫懷兮，甲之鼂吾以行。鼂，職夭反，一作"晁"。行，叶户郎反。○遵，循也。江，大江也。夏，水名；或以爲自江而别以通于漢，還復入江，冬竭夏流，故謂之夏；而其入江處，今名夏口，即《詩》所謂"江有汜"也。軫，痛也。甲，日也。朝，旦也。原自言其以甲日朝旦而行也。發郢都而去閭兮，怊荒忽之焉極？楫齊揚以容與兮，哀見君而不再得。一無"都"字。一無"怊"字。其，一作"之"，一無"其"字，皆非是。○郢都，在漢南郡江陵縣。閭，里門也。齊揚，同舉也。容與，徘徊也。言鼓棹者亦不欲去，知己之戀戀於君也。望長楸而太息兮，涕淫淫而若霰。過夏首而西浮兮，顧龍門而不見。楸，音秋。太，一作嘆。○楸，梓也。長楸，所謂故國之喬木，使人顧望徘徊，不忍去也。淫淫，流貌。夏首，夏水口也。浮，不進之而自流也。龍門，楚都南門三門，一名龍門，一名修門。回望而不見都門，則其悲愈甚矣。心嬋媛而傷懷兮，眇不知其所蹠。順風波而從流兮，焉洋洋而爲客。其，一作"余"，一無"其"字。蹠，音隻，叶音灼；一作"宅"。焉，如字。客，叶康落反。○嬋媛，兩見前篇。眇，猶遠也。蹠，踐也。洋洋，無所歸貌。凌陽侯之氾濫兮，忽翺翔之焉薄？心絓結而不解兮，思蹇產之不釋。氾，孚梵反。焉，於虔反。薄，音博。絓，音畫。釋，叶時若反。○凌，乘也。陽侯，陽國之侯，溺死於水，其神能爲大波。氾濫，波貌。薄，止也。絓，懸也。蹇産，詰曲貌。將運舟而下浮兮，上洞庭而下江。去終古之所居兮，今逍遥而來東。江，叶音工。上，時掌反。下，遐稼反。○終古，亦兩見前篇。羌靈魂之欲歸兮，何須臾而忘反。背夏浦而西思兮，哀故都之日遠。差，一作"嗟"。○時未過夏浦也，故背之而回首西鄉，以思郢也。登大墳以遠望兮，聊以舒吾憂心。哀州土之平樂兮，悲江介之遺風。樂，音洛。介，一作"界"。風，叶孚金反。○水中高者曰墳。《詩》"汝墳"是也。望，望郢都也。平樂，地寬博而人富饒也。介，間也。遺風，謂故家遺俗之善也。當陵陽之焉至兮，淼南渡之焉如？曾不知夏之爲丘兮，孰兩東門之可蕪？淼，音眇。○陵陽，未詳。淼，滉漾無涯也，於是始南渡大江矣。夏，大屋也。丘，荒墟也。孰，誰也。兩東門，郢都東關有二門也。蕪，穢也。言楚王曾不知都邑宫殿之夏屋當爲丘墟，又不知兩東門亦先王所設以守國者，豈可使之至於蕪廢耶？懷王二十一年，秦遂拔郢，而楚徙陳，不知在此後幾年也。心不怡之長久兮，憂與憂其相接。惟郢路之遼遠兮，江與夏之不可涉。與憂，一作"與愁"。其，一作"之"。○怡，樂也。憂憂相接，首尾如一，繼續無已也。忽若去不信兮，至今九年而不復。慘鬱鬱而不通兮，蹇侘傺而含慼。一無"去"字。或恐"去"字上下有脱誤。慼，叶七六反。○《補注》："考原初被放，在懷王十六年，至十八年復召用之。三十年，秦約懷王與會，原諫止之，不從。懷王遂死於秦。頃襄王立，復放屈原。"此云"九年不復"，不知的在何時也。外承歡之汋約兮，諶荏弱而難持。忠湛湛而願進兮，妬被離而鄣之。汋，音綽。諶，市林反。荏，音稔。湛，徒感反。被，音披；一作"披"。鄣，音章。○汋約，好貌。諶，誠也。荏，亦弱也。湛湛，重厚貌。被離，衆盛貌。鄣，壅也。言小人外爲諛説，以奉君之歡適，情態美好，誠使人心意軟弱而不能自持，是以懷忠而願進者，皆爲所嫉妬而壅蔽不得進也。此章形容邪佞之態最爲精切，讀者宜深味之，則知佞人之所以殆，又信此語與孔聖之言實相發明也。彼堯舜之抗行兮，瞭杳杳其薄天。衆讒人之嫉妬兮，被以不慈之僞名。一無"彼"字。行，下孟反。瞭，音了；一無瞭字而作"杳冥冥"。薄，音博。天，叶鐵因反。○堯、舜與賢而不與子，故有不慈之名。《莊子》曰"堯不慈，舜不孝"，蓋戰國時流俗有此語也。憎愠惀之修美兮，好夫人之忼慨。衆踥蹀而日進兮，美超遠而逾邁。愠，紆粉反[①]。惀，力允反。好，呼報反。夫，音扶。忼，苦朗反。慨，一作礚，苦蓋反。踥，思葉反。蹀，音牒。○愠，心所緼積也。思求曉知謂之惀。忼慨，激昂之意。《補》曰："君子之愠惀，若可鄙者；

① 苦，原作"若"，今據四庫薈要本改。

小人之忼慨，若可喜者。唯明者能察之。"踥蹀，行貌。亦謂讒佞之人日進於前，使人美而好之愈甚而無已也。亂曰：曼余目以流觀兮，冀壹反之何時？鳥飛反故鄉兮，狐死必首丘。信非吾罪而棄逐兮，何日夜而忘之？曼，音萬。首，式救反。丘，叶音欺。○曼，遠意。鳥飛反故鄉，思舊巢也。首丘，謂以首枕丘而死，不忘其所自生也。《禮》曰："大鳥獸喪其群匹，越月逾時，則必反巡，過其故鄉。"又曰："樂，樂其所自生。禮，不忘其本。古人有言曰：狐死正丘首，仁也。"忘，謂忘其故都也。

右哀郢

第十八章　史　記

一、淮陰侯列傳

淮陰侯韓信者，淮陰人也。正義曰："楚州淮陰縣也。"始爲布衣時，貧無行，不得推擇爲吏，李奇曰："無善行可推舉選擇。"又不能治生商賈。常從人寄食飲，人多厭之者。常數從其下鄉南昌亭長寄食，張晏曰："下鄉，縣，屬淮陰也。"○索隱曰："案：《楚漢春秋》南昌作新昌，亭長者，亭之吏也。"數月，亭長妻患之，乃晨炊蓐食。張晏曰："未起而床蓐中食。"食時，信往，不爲具食。信亦知其意，怒，竟絶去。

信釣於城下，正義曰："淮陰城北臨淮水，昔信去下鄉而釣於此。"諸母漂，韋昭曰："以水擊絮爲漂，故曰漂母。"有一母見信飢，飯信，竟漂數十日，信喜，謂漂母曰："吾必有以重報母。"母怒曰："大丈夫不能自食，正義："音寺。"吾哀王孫而進食，蘇林曰："如言公子也。"○索隱曰："劉德曰：'秦末多失國，言王孫、公子，尊之也。'"張晏云："字王孫，非也。"豈望報乎！"

淮陰屠中少年有侮信者，曰："若雖長大，好帶刀劍，中情怯耳。"衆辱之曰："信能死，刺我；不能死，出我袴下。"徐廣曰："袴，一作'胯'。胯，股也，音同。"又云"《漢書》作'跨'，同耳"。○索隱曰："胯，音枯化反。然尋此文作'袴'，欲依字讀，何爲不通？袴下即胯下也，何必須要作'胯下'。"於是信孰視之，俛出袴下，蒲伏。正義："俛，音俯。伏，蒲北反。"一市人皆笑信，以爲怯。

及項梁渡淮，信杖劍從之，居戲下，徐廣曰："戲，一作'麾'。"無所知名。項梁敗，又屬項羽，羽以爲郎中。數以策干項羽，羽不用。漢王之入蜀，信亡楚歸漢，未得知名，爲連敖。徐廣曰："典客也。"○索隱曰："李奇云：'楚官名。'"張晏曰："司馬也。"坐法當斬，其輩十三人皆已斬，次至信，信乃仰視，適見滕公，曰："上不欲就天下乎？何爲斬壯士！"滕公奇其言，壯其貌，釋而不斬。與語，大説之。言於上，上拜以爲治粟都尉，上未之奇也。

信數與蕭何語，何奇之。至南鄭，諸將行道亡者數十人，信度何等已數言上，上不我用，即亡。何聞信亡，不及以聞，自追之。人有言上曰："丞相何亡。"上大怒，如失左右手。居一二日，何來謁上，上且怒且喜，罵何曰："若亡，何也？"何曰："臣不敢亡也，臣追亡者。"上曰："若所追者誰？"曰："韓信也。"上復罵曰："諸將亡者以十數，公無所追；追信，詐也。"何曰："諸將易得耳。至如信者，國士無雙。王必欲長王漢中，無所事信；文穎曰："事，猶業也。"張晏曰："無事用信。"必欲争天下，非信無所與計事者。顧王策安所决耳。"王曰："吾亦欲東耳，安能鬱鬱久居此乎?”何曰:“王計必欲東,能用信,信即留;不能用,信終亡耳。”王曰:“吾爲公以爲將。”何曰:“雖爲將,信必不留。”王曰:“以爲大將。”何曰:“幸甚。”於是王欲召信拜之。何曰:“王素慢無禮,今拜大將如呼小兒耳,此乃信所以去也。王必欲拜之,擇良日,齋戒,設壇場,具禮,乃可耳。”王許之。諸將皆喜,人人各自以爲得大將。至拜大將,乃韓信也,一軍皆驚。

信拜禮畢,上坐。王曰:“丞相數言將軍,將軍何以教寡人計策?”信謝,因問王曰:“今東鄉争權天下,豈非項王邪?”漢王曰:“然。”曰:“大王自料勇悍仁强孰與項王?”漢王默然良久,曰:“不如也。”信再拜賀曰:“惟信亦爲大王不如也。然臣嘗事之,請言項王之爲人也。項王喑噁叱咤,千人皆廢,晉灼曰:“廢,不收也。”○索隱曰:“喑,於鴆反。噁,烏路反。叱,昌栗反。咤,卓嫁反。咤,或作‘吒’。喑噁,懷怒氣。叱咤,發怒聲。孟康曰:‘廢,伏也。’張晏曰:‘廢,偃也。’”然不能任屬賢將,此特匹夫之勇耳。項王見人恭敬慈愛,言語嘔嘔,音凶于反。○索隱曰:嘔音吁。嘔嘔,猶區區也。《漢書》作“姁姁”。鄧展曰:“姁姁,和好貌也。”人有疾病,涕泣分食飲,至使人有功當封爵者,印刓弊,忍不能予,《漢書音義》曰:“不忍授。”此所謂婦人之仁也。項王雖霸天下而臣諸侯,不居關中而都彭城。有背義帝之約,而以親愛王,諸侯不平。諸侯之見項王遷逐義帝置江南,亦皆歸逐其主而自王善地。項王所過無不殘滅者,天下多怨,百姓不親附,特劫於威强耳。名雖爲霸,實失天下心。故曰其强易弱。今大王誠能反其道,任天下武勇,何所不誅!以天下城邑封功臣,何所不服!以義兵從思東歸之士,何所不散!索隱曰:“劉氏云:‘用東歸之兵擊東方之敵,此敵無不散敗也。’”且三秦王爲秦將,將秦子弟數歲矣,所殺亡不可勝計,又欺其衆降諸侯,至新安,項王詐坑秦降卒二十餘萬,唯獨邯、欣、翳得脱,秦父兄怨此三人,痛入骨髓。今楚强以威王此三人,秦民莫愛也。大王之入武關,秋豪無所害,索隱:“案:秋豪,秋乃成。王逸注《楚詞》云:‘鋭毛爲豪,夏落秋生也。’”除秦苛法,與秦民約,法三章耳,秦民無不欲得大王王秦者。於諸侯之約,大王當王關中,關中民咸知之。大王失職入漢中,秦民無不恨者。今大王舉而東,三秦可傳檄而定也。”索隱曰:“案:《説文》云:‘檄,二尺書也。’此云‘傳檄’,謂爲檄書以責所伐者。”於是漢王大喜,自以爲得信晚。遂聽信計,部署諸將所擊。

八月,漢王舉兵東出陳倉,正義曰:“漢王從關北出岐州陳倉縣。”定三秦。漢二年,出關,正義曰:“出函谷關。”收魏、河南,韓、殷王皆降。合齊、趙共擊楚。四月,至彭城,漢兵敗散而還。信復收兵與漢王會滎陽,復擊破楚京、索之間,以故楚兵卒不能西。

漢之敗卻彭城①,正義曰:“兵敗散彭城而却退。”塞王欣、翟王翳亡漢降楚,齊、趙欲反漢與楚和。六月,魏王豹謁歸視親疾,至國,即絶河關索隱曰:“今蒲津關。”反漢,與楚約和。漢王使酈生説豹,不下。其八月,以信爲左丞相,擊魏。魏王盛兵蒲坂,塞臨晉,索隱曰:“塞,音先得反。臨晉,縣名,在河東之東岸,對舊關也。”信乃益爲疑兵,《漢書音義》曰:“益張旍旗,以疑敵者。”陳船欲渡臨晉,索隱曰:“劉氏云:‘陳船,地名,在舊關之西,今之朝邑非也。’”按:京兆有船司空縣,不名陳船。陳船者,陳列船艘欲度河也。而伏兵從夏陽以木罌缻渡軍,徐廣曰:“缻,一作缶。”服虔曰:“以木押縛罌缻以渡。”韋昭曰:“以木爲器如罌缻以渡軍。無船,且尚密也。”○正義曰:“按:韓信詐陳列船艘於臨晉,欲渡河,即此從夏陽木押罌缻度軍,襲安邑。臨晉,同州東朝邑界。夏陽在同州北渭城界。”襲安邑。正義曰:“安邑,故城在絳州夏縣東北十五里。”魏王豹驚,引兵迎信,信遂虜豹,索隱曰:“劉氏云:‘夏陽舊無船,豹不備之,而防臨晉耳。今安邑被

① 卻,原作“郤”,今據文意作“卻”。

襲,故豹遂降也。'"定魏爲河東郡。正義曰:"理安邑縣故城。"漢王遣張耳與信俱,引兵東,北擊趙、代。後九月,破代兵,禽夏説閼與。徐廣曰:"音余。"駰案:"李奇曰:'夏説,代相也。'"〇索隱曰:"司馬彪《郡國志》:上黨沾縣有閼與聚。閼,音曷,又音嫣。與,音余,又音預。沾,音他廉反。"〇正義曰:"閼與聚城在潞州銅鞮縣西北二十里。"信之下魏破代,漢輒使人收其精兵,詣滎陽以距楚。信與張耳以兵數萬,欲東下井陘擊趙。索隱曰:"案:《地理志》常山石邑縣,井陘山在西。又《穆天子傳》云:'至于陘山之隧,升于三道之磴是也。'"趙王、成安君陳餘聞漢且襲之也,聚兵井陘口,正義曰:"井陘故關在并州石艾縣陘東十八里,即井陘口。"號稱二十萬。廣武君李左車説成安君曰:"聞漢將韓信涉西河,虜魏王,禽夏説,新喋血閼與,索隱曰:"喋,舊音畝,非也。案:《陳湯傳》'喋血萬里之外',如淳云:'殺人血流滂沱也。'韋昭:'音徒協反。'"今乃輔以張耳,議欲下趙,此乘勝而去國遠鬭,其鋒不可當。臣聞千里餽糧,士有飢色,樵蘇後爨,《漢書音義》曰:樵,取薪也。蘇,取草也。"師不宿飽。今井陘之道,車不得方軌,騎不得成列,行數百里,其勢糧食必在其後。願足下假臣奇兵三萬人,從間路絶其輜重;足下深溝高壘,堅營勿與戰。彼前不得鬭,退不得還,吾奇兵絶其後,使野無所掠,不至十日,而兩將之頭可致於戲下。願君留意臣之計。否,必爲二子所禽矣。"成安君,儒者也,常稱義兵不用詐謀奇計。曰:"吾聞兵法十則圍之,倍則戰之。今韓信兵號數萬,其實不過數千。能千里而襲我,亦已罷極。今如此避而不擊,後有大者,何以加之! 則諸侯謂吾怯,而輕來伐我。"不聽廣武君策,廣武君策不用。

韓信使人間視,知其不用,還報,則大喜,乃敢引兵遂下。正義曰:"引兵入井陘狹道,出趙。"未至井陘口三十里,止舍。夜半傳發,《漢書音義》曰:"傳令軍中使發。"選輕騎二千人,人持一赤幟,從間道萆山而望趙軍,如淳曰:"萆,音蔽,依山自覆蔽。"〇索隱曰:"案:謂令從間道小路向前,望見陳餘軍營即住,扔須隱山自蔽,勿令趙軍知也。蔽者,蓋覆也。《楚漢春秋》作'卑山',《漢書》作'萆'。《説文》云:'萆,蔽也,從卑竹聲。'"誡曰:"趙見我走,必空壁逐我,若疾入趙壁,拔趙幟,立漢赤幟。"令其裨將傳飱,徐廣曰:"音飡也。"〇索隱曰:"如淳曰:'小飯曰飡。'謂立駐傳飡,待破趙乃大食也。"曰:"今日破趙會食!"服虔曰:"立駐傳飡食也。"如淳曰:"小飯曰飡。言破趙後乃當共飽食也。"諸將皆莫信,詳應曰:"諾。"謂軍吏曰:"趙已先據便地爲壁,且彼未見吾大將旗鼓,未肯擊前行,恐吾至阻險而還。"信乃使萬人先行,出,背水陳。正義曰:"綿蔓水,一名阜將,一名洄星,自并州流入井陘界,即信背水陣滔之死地,即此水也。"趙軍望見而大笑。平旦,信建大將之旗鼓,鼓行出井陘口,趙開壁擊之,正義曰:"恒州鹿泉縣,即六國時趙壁也。"大戰良久。於是信、張耳詳棄鼓旗,走水上軍。水上軍開入之,復疾戰。趙果空壁爭漢鼓旗,逐韓信、張耳。韓信、張耳已入水上軍,軍皆殊死戰,不可敗。信所出奇兵二千騎,共候趙空壁逐利,則馳入趙壁,皆拔趙旗,立漢赤幟二千。趙軍已不勝,不能得信等,欲還歸壁,壁皆漢赤幟,而大驚,以爲漢皆已得趙王將矣,兵遂亂,遁走,趙將雖斬之,不能禁也。於是漢兵夾擊,大破虜趙軍,斬成安君泜水上,禽趙王歇。

信乃令軍中毋殺廣武君,有能生得者購千金。於是有縛廣武君而致戲下者,信乃解其縛,東鄉坐,西鄉對,師事之。

諸將効首虜,索隱曰:"如淳云:'效,致也。'晉灼曰:'效,數也。'鄭玄注《禮》'效猶呈見也'。"休,畢賀,因問信曰:"兵法右倍山陵,前左水澤,今者將軍令臣等反背水陳,曰破趙會食,臣等不服。然竟以勝,此何術也?"信曰:"此在兵法,顧諸君不察耳。兵法不曰'陷之死地而後生,置之亡地而後存'? 且信非得素拊循士大夫也,此所謂'驅市人而戰之',其勢非置之死地,使人人自爲戰;今予之生地，皆走，寧尚可得而用之乎？"諸將皆服曰："善。非臣所及也。"

於是信問廣武君曰："僕欲北攻燕，東伐齊，何若而有功？"廣武君辭謝曰："臣聞敗軍之將，不可以言勇；亡國之大夫，不可以圖存。今臣敗亡之虜，何足以權大事乎？"信曰："僕聞之，百里奚居虞而虞亡，在秦而秦霸，非愚於虞而智於秦也，用與不用，聽與不聽也。誠令成安君聽足下計，若信者亦已爲禽矣。以不用足下，故信得侍耳。"因固問曰："僕委心歸計，願足下勿辭。"廣武君曰："臣聞智者千慮，必有一失；愚者千慮，必有一得。故曰'狂夫之言，聖人擇焉'。顧恐臣計未必足用，願効愚忠。夫成安君有百戰百勝之計，一旦而失之，軍敗鄗下，李奇曰："鄗音臛。今高邑是。"身死泜上。今將軍涉西河，索隱曰："此之西河當馮翊也。"〇正義曰："即同州龍門河，從夏陽度者。"虜魏王，禽夏説閼與，一舉而下井陘，不終朝破趙二十萬衆，誅成安君。名聞海內，威震天下，農夫莫敢輟耕釋耒，褕衣甘食，索隱曰："褕，鄒氏音瑜，美也。恐滅亡不久，故廢止作業而事美衣甘食，一日偷，苟且也，慮不圖久故也。《漢書》作'美衣媮食'。"傾耳以待命者。如淳曰："恐滅亡不久故也。"若此，將軍之所長也。然而衆勞卒罷，其實難用。今將軍欲舉倦弊之兵，頓之燕堅城之下，欲戰恐久力不能拔，情見勢屈，曠日糧竭，而弱燕不服，齊必竟以自强也。燕齊相持而不下，則劉項之權未有所分也。若此者，將軍所短也。臣愚，竊以爲亦過矣。故善用兵者不以短擊長，而以長擊短。"韓信曰："然則何由？"廣武君對曰："方今爲將軍計，莫如案甲休兵，鎮趙撫其孤，百里之內，牛酒日至，以饗士大夫醳兵，《魏都賦》曰："肴醳順時。"劉逵曰："醳，酒也。"〇索隱曰："劉氏依劉逵作醳酒，謂以酒食養兵士也。案：《史記》古'釋'字皆如此，豈亦謂以酒食醳兵士，故字從酉乎？"北首燕路，正義曰："首，音狩，向也。"而後遣辯士奉咫尺之書，正義曰："咫尺，八寸。言其簡牘或長尺也。"暴其所長於燕。正義曰："暴，音僕。"燕必不敢不聽從。燕已從，使喧言者東告齊，齊必從風而服，雖有智者，亦不知爲齊計矣。如是，則天下事皆可圖也。兵固有先聲而後實者，此之謂也。"韓信曰："善。"從其策，發使使燕，燕從風而靡。乃遣使報漢，因請立張耳爲趙王，以鎮撫其國。漢王許之，乃立張耳爲趙王。

楚數使奇兵渡河擊趙，趙王耳、韓信往來救趙，因行定趙城邑，發兵詣漢。楚方急圍漢王於滎陽，漢王南出，之宛、葉間，正義曰："宛在鄧州。葉在許州。"得黥布，走入城皋，楚又復急圍之。六月，漢王出城皋，東渡河，獨與滕公俱，從張耳軍修武。至，宿傳舍。晨自稱漢使，馳入趙壁。張耳、韓信未起，即其卧內上奪其印符，以麾召諸將，易置之。信、耳起，乃知漢王來，大驚。漢王奪兩人軍，即令張耳備守趙地。拜韓信爲相國，收趙兵未發者擊齊。文穎曰："謂趙人未嘗見發者。"

信引兵東，未渡平原，正義曰："懷州有平原津。"聞漢王使酈食其已説下齊，韓信欲止。范陽辯士蒯通説信曰："將軍受詔击齊，而漢獨發間使下齐，寧有詔止將軍乎？何以得毋行也！且酈生一士，伏軾韋昭曰："軾，今小車中隆起者。"掉三寸之舌，下齊七十餘城，將軍將數萬衆，歲餘乃下趙五十餘城，爲將數歲，反不如一豎儒之功乎？"於是信然之，從其計，遂渡河。齊已聽生，即留縱酒，罷備漢守禦。信因襲齊歷下軍，徐廣曰："濟南歷城縣。"遂至臨菑。齊王田廣以酈生賣己，乃烹之，而走高密，使使之楚請救。韓信已定臨菑，遂東追廣至高密西。楚亦使龍且將，號稱二十萬，救齊。

齊王廣、龍且并軍與信戰，未合。人或説龍且曰："漢兵遠鬬窮戰，其鋒不可當。

齊、楚自居其地戰，兵易敗散。正義曰："近其室家，懷顧望也。"不如深壁，令齊王使其信臣招所亡城，亡城聞其王在，楚來救，必反漢。漢兵二千里客居，齊城皆反之，其勢無所得食，可無戰而降也。"龍且曰："吾平生知韓信爲人，易與耳。且夫救齊不戰而降之，吾何功？今戰而勝之，齊之半可得，何爲止！"遂戰，與信夾濰水陳。徐廣曰："出東莞而東北流，至北海都昌縣入海。"○索隱曰："濰音維。《地理志》濰水出琅邪箕縣，東北至昌都入海。徐所引蓋據《水經》，與此小不同。"韓信乃夜令人爲萬餘囊，滿盛沙，壅水上流，引軍半渡，擊龍且，佯不勝，還走。龍且果喜曰："固知信怯也。"遂追信渡水。信使人決壅囊，水大至。龍且軍大半不得渡，即急擊，殺龍且。龍且水東軍散走，齊王廣亡去。信遂追北至城陽，正義曰："城陽雷澤縣是也，在濮州東南九十一里。"皆虜楚卒。

漢四年，遂皆降平齊。使人言漢王曰："齊僞詐多變，反覆之國也，南邊楚，不爲假王以鎮之，其勢不定。願爲假王便。"當是時，楚方急圍漢王於滎陽，韓信使者至，發書，張晏曰："發信使者所齎書。"漢王大怒，罵曰："吾困於此，旦暮望若來佐我，乃欲自立爲王！"張良、陳平躡漢王足，因附耳語曰："漢方不利，寧能禁信之王乎？不如因而立，善遇之，使自爲守。不然，變生。"漢王亦悟，因復罵曰："大丈夫定諸侯，即爲真王耳，何以假爲！"乃遣張良往，立信爲齊王，徐廣曰："四年二月。"徵其兵擊楚。楚已亡龍且，項王恐，使盱眙人武涉張華曰："武涉墓在盱眙城東十五里。"往説齊王信曰："天下共苦秦久矣，相與戮力擊秦。秦已破，計功割地，分土而王之，以休士卒。今漢王復興兵而東，侵人之分，奪人之地，已破三秦，引兵出關，收諸侯之兵以東擊楚，其意非盡吞天下者不休，其不知厭足如是甚也。且漢王不可必，身居項王掌握中數矣，正義曰："數，色庾反。"項王憐而活之，然得脱，輒倍約，復擊項王，其不可親信如此。今足下雖自以與漢王爲厚交，爲之盡力用兵，終爲之所禽矣。足下所以得須臾至今者，以項王尚存也。當今二王之事，權在足下。足下右投則漢王勝，左投則項王勝。項王今日亡，則次取足下。足下與項王有故，何不反漢與楚連和，叁分天下王之？今釋此時，而自必於漢以擊楚，且爲智者固若此乎！"韓信謝曰："臣事項王，官不過郎中，位不過執戟，張晏曰："郎中，宿衛執戟之人也。"言不聽，畫不用，故倍楚而歸漢。漢王授我上將軍印，予我數萬衆，解衣衣我，推食食我，言聽計用，故吾得以至於此。夫人深親信我，我倍之不祥，雖死不易。幸爲信謝項王！"武涉已去，齊人蒯通知天下權在韓信，欲爲奇策而感動之，以相人説韓信曰："僕嘗受相人之術。"韓信曰："先生相人何如？"對曰："貴賤在於骨法，憂喜在於容色，成敗在於決斷，以此參之，萬不失一。"韓信曰："善。先生相寡人何如？"對曰："願少間。"信曰："左右去矣。"通曰："相君之面，不過封侯，又危不安。相君之背，貴乃不可言。"張晏曰："背畔則大貴。"韓信曰："何謂也？"蒯通曰："天下初發難也，俊雄豪傑連號壹呼，天下之士雲合霧集，魚鱗雜遝，熛至風起。當此之時，憂在亡秦而已。今楚漢分爭，使天下無罪之人肝膽塗地，父子暴骸骨於中野，不可勝數。楚人起彭城，轉鬬逐北，至於滎陽，乘利席卷，威震天下。然兵困於京、索之間，迫西山而不能進者三年於此矣。漢王將數十萬之衆，距鞏、雒，阻山河之險，一日數戰，無尺寸之功，折北不救，張晏曰："折，衄敗也。北，奔北。"敗滎陽，傷城皋，張晏曰："於成皋傷胸也。"臣瓚曰："謂軍折傷。"遂走宛、葉之間，此所謂智勇俱困者也。夫鋭氣挫於險塞，而糧食竭於内府，百姓罷極怨望，容容無所倚。以臣料之，其勢非天下之賢聖固不能息天下之禍。當今兩主之命縣於足下。足下爲漢則漢勝，與楚則楚勝。臣願披腹心，輸肝膽，効愚計，恐足下不能用也。誠能聽臣之計，莫若兩利而俱存之，叁分天下，鼎足而居，其勢莫敢先動。夫以足下之賢聖，有甲兵之衆，據强齊，從燕、趙，出空虚之地而制其後，因民之欲，西鄉正義曰："鄉音向。齊國在東，故曰西向也。"爲百姓請命，正義曰："止楚漢之戰鬬，士卒亡，故云請命。"則天下風走而響應矣，孰敢不聽！割大弱强，以立諸侯，諸侯已立，天下服聽而歸德於齊。案齊之故，有膠、泗之地，懷諸侯之德，深拱揖讓，則天下之君王相率而朝於齊矣。蓋聞"天與弗取，反受其咎；時至不行，反受其殃。願足下孰慮之。"韓信曰："漢王遇我甚厚，載我以其車，衣我以其衣，食我以其食。吾聞之，乘人之車者載人之患，衣人之衣者懷人之憂，食人之食者死人之事，吾豈可以鄉利倍義乎！"蒯生曰："足下自以爲善漢王，欲建萬世之業，臣竊以爲誤矣。始常山王、成安君爲布衣時，相與爲刎頸之交，後争張黶、陳澤之事，二人相怨。常山王背項王，奉項嬰頭而竄逃，歸於漢王。漢王借兵而東下，殺成安君泜水之南，頭足異處，卒爲天下笑。此二人相與，天下至驩也。然而卒相禽者，何也？患生於多欲而人心難測也。今足下欲行忠信以交於漢王，必不能固於二君之相與也，而事多大於張黶、陳澤。故臣以爲足下必漢王之不危己，亦誤矣。大夫種、范蠡存亡越，霸句踐，立功成名而身死亡，野獸已盡而獵狗亨。夫以交友言之則不如張耳之與成安君者也；以忠信言之，則不過大夫種、范蠡之於句踐也。此二人者，足以觀矣。願足下深慮之。且臣聞勇略震主者身危，而功蓋天下者不賞。臣請言大王功略：足下涉西河，虜魏王，禽夏説，引兵下井陘，誅成安君，徇趙，脅燕，定齊，南摧楚人之兵二十萬，東殺龍且，西鄉以報，此所謂功無二於天下，而略不世出者也。今足下戴震主之威，挾不賞之功，歸楚，楚人不信；歸漢，漢人震恐：足下欲持是安歸乎？夫勢在人臣之位而有震主之威，名高天下，竊爲足下危之。"韓信謝曰："先生且休矣，吾將念之。"

後數日，蒯通復説曰："夫聽者事之候也，計者事之機也，聽過計失而能久安者，鮮矣。聽不失一二者，不可亂以言；計不失本末者，不可紛以辭。夫隨厮養之役者，失萬乘之權；守儋石之禄者，晉灼曰："楊雄《方言》'海岱之間名甖爲儋'。石，石斗也。"蘇林曰："齊人名小甖爲儋。石，如今受鮐魚石甖，不過一二石耳。一説，一儋一斛之餘。"○索隱曰："儋，音都濫反。石，斗也。蘇林解爲得之。鮐音胎。"闕卿相之位。故知者决之斷也，疑者事之害也，審毫氂之小計，遺天下之大數，智誠知之，决弗敢行者，百事之禍也。故曰'猛虎之猶豫，不若蜂蠆之致螫；正義："音適。"騏驥之跼躅，徐廣曰："跼，一作躏也。"不如駑馬之安步；孟賁之狐疑，不如庸夫之必至也；雖有舜禹之智，吟而不言，不如瘖聾之指麾也。'索隱曰："鄒氏吟，音巨蔭反，又音琴。"此言貴能行之。夫功者難成而易敗，時者難得而易失也。時乎時，不再來。願足下詳察之。"韓信猶豫不忍倍漢，又自以爲功多，漢終不奪我齊，遂謝蒯通。蒯通説不聽，已詳狂爲巫。徐廣曰："一本'遂不用蒯通，蒯通曰："夫迫於細苛者，不可與圖大事；拘於臣虜者，固無君王之意。"説不聽，因去詳狂也。'"○索隱曰："案：《漢書》及《戰國策》皆有此文。"

漢王之困固陵，用張良計，召齊王信，遂將兵會垓下。項羽已破，高祖襲奪齊王軍。

徐廣曰:“以齊爲平原、千乘、東萊、齊郡。”漢五年正月,徙齊王信爲楚王,都下邳。

信至國,召所從食漂母,賜千金。張華曰:“漂母家在泗口南岸。”及下鄉南昌亭長,賜百錢,曰:“公,小人也,爲德不卒。”召辱己之少年令出胯下者以爲楚中尉。告諸將相曰:“此壯士也。方辱我時,我寧不能殺之邪?殺之無名,故忍而就於此。”

項王亡將鍾離眜家在伊廬,徐廣曰:“東海朐縣有伊廬鄉。”駰案:“韋昭曰:‘今中廬縣。’”〇索隱曰:“徐注出司馬彪《郡國志》。”〇正義曰:“《括地志》云:‘中廬在義清縣北二十里,本春秋時廬戎之國也。秦謂之伊廬。漢爲中廬縣。項羽之將鍾離眜家在焉。’韋昭及《括地志》云皆説之也。”素與信善。項王死後,亡歸信。漢王怨眜,聞其在楚,詔楚捕眜。信初之國,行縣邑,陳兵出入。漢六年,人有上書告楚王信反。高帝以陳平計,天子巡狩會諸侯,南方有雲夢,發使告諸侯會陳:“吾將游雲夢。”實欲襲信,信弗知。高祖且至楚,信欲發兵反,自度無罪,欲謁上,恐見禽。人或説信曰:“斬眜謁上,上必喜,無患。”信見眜計事,眜曰:“漢所以不擊取楚,以眜在公所。若欲捕我以自媚於漢,吾今日死,公亦隨手亡矣。”乃罵信曰:“公非長者!”卒自剄。信持其首,謁高祖於陳。上令武士縛信,載後車。信曰:“果若人言,‘狡兔死,良狗亨;張晏曰:“狡猶猾。”〇索隱曰:“《吴越春秋》作‘郊兔’。《戰國策》曰:‘東郭逡,海内狡兔也。’”高鳥盡,良弓藏;敵國破,謀臣亡。’天下已定,我固當亨!”上曰:“人告公反。”遂械繫信。至雒陽,赦信罪,以爲淮陰侯。

信知漢王畏惡其能,常稱病不朝從。信由此日怨望,居常鞅鞅,羞與絳、灌等列。信常過樊將軍噲,噲跪拜送迎,言稱臣,曰:“大王乃肯臨臣!”信出門,笑曰:“生乃與噲等爲伍!”上常從容與信言諸將能不,各有差。上問曰:“如我能將幾何?”信曰:“陛下不過能將十萬。”上曰:“於君何如?”曰:“臣多多而益善耳。”上笑曰:“多多益善,何爲爲我禽?”信曰:“陛下不能將兵,而善將將,此乃信之所以爲陛下禽也。且陛下所謂天授,非人力也。”

陳豨拜爲鉅鹿守,徐廣曰:“表云爲趙相國,將兵守代也。”辭於淮陰侯。淮陰侯挈其手,辟左右與之步於庭,仰天嘆曰:“子可與言乎?欲與子有言也。”豨曰:“唯將軍令之。”淮陰侯曰:“公所居,天下精兵處也;而公,陛下之信幸臣也。人言公之畔,陛下必不信;再至,陛下乃疑矣;三至,必怒而自將。吾爲公從中起,天下可圖也。”陳豨素知其能也,信之,曰:“謹奉教!”漢十一年,陳豨果反。上自將而往,信病不從。陰使人至豨所,曰:“第舉兵,吾從此助公。”信乃謀與家臣夜詐詔赦諸官徒奴,欲發以襲吕后、太子。部署已定,待豨報。其舍人得罪於信,索隱曰:“案:晉灼曰:‘《楚漢春秋》云謝公也。’姚氏案《功臣表》云:‘慎陽侯樂説,淮陰舍人,告信反者。’未知孰是。”信囚,欲殺之。舍人弟上變,告信欲反狀於吕后。吕后欲召,恐其黨不就,乃與蕭相國謀,詐令人從上所來,言豨已得死,列侯群臣皆賀。相國紿信曰:“雖疾,强入賀。”信入,吕后使武士縛信,斬之長樂鍾室。正義曰:“長樂宫懸鍾之室。”信方斬之,曰:“吾悔不用蒯通之計,乃爲兒女子所詐,豈非天哉!”遂夷信三族。

高祖已從豨軍來,至,見信死,且喜且憐之,問:“信死亦何言?”吕后曰:“信言恨不用蒯通計。”高祖曰:“是齊辯士也。”乃詔齊捕蒯通。蒯通至,上曰:“若教淮陰侯反乎?”對曰:“然,臣固教之。豎子不用臣之策,故令自夷於此。如彼豎子用臣之計,陛下安得而夷之乎。”上怒曰:“亨之。”通曰:“嗟乎,冤哉亨也!”上曰:“若教韓信反,何冤?”對曰:

"秦之綱絶而維弛，山東大擾，異姓並起，英俊烏集。秦失其鹿，天下共逐之，張晏曰："以鹿喻帝位也。"於是高材疾足者先得焉。跖之狗吠堯，堯非不仁，狗固吠非其主。當是時，臣唯獨知韓信，非知陛下也。且天下鋭精持鋒欲爲陛下所爲者甚衆，顧力不能耳。又可盡烹之邪？"高帝曰："置之。"乃釋通之罪。

太史公曰：吾如淮陰，淮陰人爲余言韓信雖爲布衣時，其志與衆異。其母死，貧無以葬，然乃行營高敞地，令其旁可置萬家。余視其母冢，良然。假令韓信學道謙讓，不伐己功，不矜其能，則庶幾哉於漢家勳可以比周、召、太公之徒，後世血食矣。不務出此，而天下已集，乃謀畔逆，夷滅宗族，不亦宜乎！

索隱述贊曰：君臣一體，自古所難，相國深薦，策拜登壇。沉沙决水，拔幟傳飱。與漢漢重，歸楚楚安。三分不議，僞遊可嘆。

二、田單列傳

田單者，齊諸田疏屬也。索隱曰："單，音丹。"湣王時，單爲臨菑市掾，不見知。及燕使樂毅伐破齊，齊湣王出奔，已而保莒城。燕師長驅平齊，而田單走安平，徐廣曰："今之東安平也，在青州臨菑縣東十九里。古紀之酅邑，齊改爲安平，秦滅齊，改爲東安平縣，屬齊郡，以定州有安平，故加'東'字。"○索隱曰："《地理志》東安平屬淄川國。"令其宗人盡斷其車軸末而傅鐵籠。徐廣曰："傅，音附。"○索隱曰："斷，音都緩反。斷其軸，恐長相撥也。以鐵裹軸頭，堅而易進也。傅者，截其軸與轂齊，以鐵鍱附軸末，施轄於鐵中以制轂也。又《方言》曰'車轊，齊謂之籠。'郭璞云：'車軸也。'"已而燕軍攻安平，城壞，齊人走，争塗，以轊折車敗，徐廣曰："轊，車軸頭也。音衛。"爲燕所虜，唯田單宗人以鐵籠故得脱，東保即墨。燕既盡降齊城，唯獨莒、即墨不下。燕軍聞齊王在莒，并兵攻之。淖齒徐廣曰："多作'悼齒'也。"既殺湣王於莒，因堅守，距燕軍，數年不下。燕引兵東圍即墨，即墨大夫出與戰，敗死。城中相與推田單，曰："安平之戰，田單宗人以鐵籠得全，習兵。"立以爲將軍，以即墨距燕。

頃之，燕昭王卒，惠王立，與樂毅有隙。田單聞之，乃縱反間於燕，宣言曰"齊王已死，城之不拔者二耳。樂毅畏誅而不敢歸，以伐齊爲名，實欲連兵南面而王齊。齊人未附故且緩攻即墨以待其事。齊人所懼，唯恐他將之來，即墨殘矣。"燕王以爲然，使騎劫代樂毅。

樂毅因歸趙，燕人士卒忿。而田單乃令城中人食必祭其先祖於庭，飛鳥悉翔舞城中下食。燕人怪之。田單因宣言曰："神來下教我。"乃令城中人曰："當有神人爲我師。"有一卒曰："臣可以爲師乎？"因反走。田單乃起，引還，東鄉坐，師事之。卒曰："臣欺君，誠無能也。"田單曰："子勿言也！"因師之。每出約束，必稱神師。乃宣言曰："吾唯懼燕軍之劓所得齊卒，置之前行。正義曰："故郎反。"與我戰，即墨敗矣。"燕人聞之，如其言。城中人見齊諸降者盡劓，皆怒，堅守，唯恐見得。單又縱反間曰："吾懼燕人掘吾城外冢墓，僇先人，可爲寒心。"燕軍盡掘壟墓，燒死人。即墨人從城上望見，皆涕泣，其欲出戰，怒自十倍。

田單乃知士卒之可用，乃身操版插，索隱曰："操，音七高反。插音初洽反。"○正義曰："古之軍行，常負板插也。"與士卒分功，妻妾編於行伍之間，盡散飲食饗士。令甲卒皆伏，使老弱女子乘城，遣使約降於燕，燕軍皆呼萬歲。田單又收民金，得千溢，令即墨富豪遺燕将，曰："即墨即降，願無虜掠吾族家妻妾，令安堵。"燕将大喜，許之。燕軍由此益懈。

田單乃收城中得千餘牛，爲絳繒衣，畫以五彩龍文，束兵刃於其角，而灌脂束葦於尾，燒其端。鑿城數十穴，夜縱牛，壯士五千人隨其後。牛尾熱，怒而奔燕軍，燕軍夜大驚。牛尾炬火光明炫燿，燕軍視之皆龍文，所觸盡死傷。五千人因銜枚擊之，而城中鼓譟從之，老弱皆擊銅器爲聲，聲動天地。燕軍大駭，敗走。齊人遂夷殺其将騎劫。燕軍擾亂奔走，齊人追亡逐北，所過城邑皆畔燕而歸田單。兵日益多，乘勝，燕日敗亡，卒至河上。索隱曰："齊之北界近河東，蓋齊舊地也。"而齊七十餘城皆復爲齊。乃迎襄王於莒，入臨菑而聽政。襄王封田單，號曰安平君。索隱曰："單初起安平，故以爲號。"

太史公曰：兵以正合，以奇勝。魏武帝曰："先出合戰爲正，後出爲奇也。正者當敌，奇兵擊不備。"〇索隱曰："奇謂權詐也。注引魏武，蓋亦軍令也。"善之者，出奇無窮。索隱曰："兵不厭詐，故云'善之'。出奇無窮，謂權變多也。"奇正還相生，正義曰："當，猶合也。言正兵當陣，張左右翼掩其不備，則奇正合敗敵也。"如環之無端。索隱曰：言用兵之術，或用奇計，使前敵不可測量，如尋環中不知端際也。"夫始如處女，適人開户。徐廣曰："適，音敵"。〇索隱曰："言兵始，如處女之軟弱，則敵人輕侮，開户不爲備。"〇正義曰："敵人謂燕軍也。言燕軍被田單反間，易將及被卒燒壟墓，而令齊卒甚怒，是敵人爲單開門户也。"後如脱兔，適不及距：魏武帝曰："如女示弱，脱兔往疾也。"〇索隱曰："克捷之後，卷甲而趨，有如兔之得脱而疾走也。敵不及距者，若脱兔忽過，而敵忘其所距也。"其田單之謂邪？

初，悼齒之殺湣王也。莒人求湣王子法章，得之太史嬓之家，正義："嬓，音皎。"爲人灌園。嬓女憐而善遇之。後法章私以情告女，女遂與通。及莒人共立法章爲齊王，以莒距燕，而太史氏女遂爲后，所謂"君王后"也。

燕之初入齊，聞畫邑人劉熙曰："齊西南近邑。畫，音獲。"〇索隱曰："音胡卦反。"〇正義曰："《括地志》云：'戟里城在臨淄西北三十里，春秋時棘邑，又云澅邑。'蠋所居即此邑，因澅水爲名也。"王蠋賢，索隱曰："蠋，音觸，亦音歜。"令軍中曰"環畫邑三十里無入"，以王蠋之故。已而使人謂蠋曰："齊人多高子之義，吾以子爲将，封子萬家。"蠋固謝。燕人曰："子不聽，吾引三軍而屠畫邑。"王蠋曰："忠臣不事二君，貞女不更二夫。齊王不聽吾諫，故退而耕於野。國既破亡，吾不能存。今又劫之以兵爲君将，是助桀爲暴也。與其生而無義，固不如烹"，遂經其頸於樹枝，自奮絶脰而死。索隱曰："經，猶擊也。"何休云："脰，頸，齊語也。音豆。"齊亡大夫聞之，曰："王蠋，布衣也，義不北面於燕，况在位食禄者乎。"乃相聚如莒，求諸子，立爲襄王。

索隱述贊曰：軍法以正，實尚奇兵。斷軸自免，反間先行。群鳥惑衆，五牛揚旌。卒破騎劫，皆復齊城。襄王嗣位，乃封安平。

第十九章　漢　書

一、東方朔傳（節選）

東方朔，字曼倩，師古曰："倩，音千見反。"平原厭次人也。師古曰："《高祖功臣表》有厭次侯爰類，是則厭次之名也其來久矣，而説者乃云後漢始爲縣，於此致疑，斯未通也。厭，音一涉反，又音一琰反。”武帝初即位，徵天下舉方正賢良文學材力之士，待以不次之位，師古曰：“不拘常次，言超擢之。”〇宋祁曰：“注文監本作擢也，校本改也，作之。”四方士多上書言得失，自衒鬻者以千數，師古曰：“衒，行賣也，鬻亦賣也，衒，音州縣之縣，又音工縣反。”其不足采者輒報聞罷。師古曰：“報云天子已聞其所上之書，而罷之令歸。”朔初來，上書曰：“臣朔少失父母，長養兄嫂。年十二學書，三冬文史足用。如淳曰：“貧子冬日乃得學書，言文史之事足可用也。”〇宋祁曰：“十二，景本作十三。”十五學擊劍。十六學詩書，師古曰：“擊劍，遥擊而中之，非斬刺也。”〇劉敞曰：“擊劍，今有此戲，非遥擊也。”誦二十二萬言。十九學孫吴兵法，戰陣之具，鉦鼓之教，師古曰：“鉦鼓，所以爲進退士衆之節也。鉦，音征。”亦誦二十二萬言。凡臣朔固已誦四十四萬言。又常服子路之言。服虔曰：“無宿諾。”〇劉攽曰：“子路之言可使有勇者。”〇劉敞曰：“既曰子路之言，則無宿諾者非子路之言也。”臣朔年二十二，長九尺三寸，目若懸珠，齒若編貝，師古曰：“編，列次也；音鞭。”勇若孟賁，師古曰：“孟賁，衛人，古之勇士也。”《尸子》説云：“人謂孟賁生乎？曰勇。貴乎？曰勇。富乎？曰勇。三者人之所難，而皆不足以易勇，故能揖三軍，服猛獸也。捷若慶忌，師古曰：“王子慶忌也。射之，矢滿把不能中，駟馬追不能及也。”廉若鮑叔，師古曰：“齊大夫也，與管仲分財，自取其少。而説者乃妄解云鮑焦，非也。焦自介士耳。”信若尾生。師古曰：“尾生，古之信士，與女子期於橋下，待之不至，遇水而死。一曰即微生高也。”若此，可以爲天子大臣矣。〇宋祁曰：“一本‘矣’作‘未’。”臣朔昧死再拜以聞。”

朔文辭不遜，高自稱譽，上偉之，師古曰：“以爲大奇也。”令待詔公車，師古曰：“公車令屬衛尉，上書者所詣也。”奉禄薄，未得省見。師古曰：“不被省納，不得見於天子也。奉，音扶用反。其下並同。”

久之，朔紿騶朱儒，文穎曰：“朱儒之爲騶者也。”師古曰：“朱儒，短人也。騶本廄之御騶也，後以爲騎，謂之騶騎。”〇宋祁曰：“注文本字，新本作‘奉’，舊木監本作‘本’。”曰：“上以若曹無益於縣官，師古曰：“若，汝也，曹，輩也。”耕田力作固不及人，臨衆處官不能治民，從軍擊虜不任兵事，無益於國用，徒索衣食，如淳曰：“索，盡也。”師古曰：“音先各反，下云索長安米，亦同也。”今欲盡殺若曹。”朱儒大恐，啼泣。〇宋祁曰：“‘啼’當删，王本作‘號’。”朔教曰：“上即過，叩頭請罪。”居有頃，聞上過，朱儒皆號泣頓首。上問：“何爲？”對曰：“東方朔言上欲盡誅臣等。”上知朔多端，召問朔：“何恐朱儒爲？”對曰：“臣朔生亦言，死亦言。朱儒長三尺餘奉一囊粟，錢二百四十。臣朔長九尺餘，亦奉一囊粟，錢二百四十。朱儒飽欲死，臣朔飢欲死。臣言可用，幸異其禮；不可用，罷之，無令但索長安米。”上大笑，因使待詔金馬門，稍得親近。

上嘗使諸數家射覆，師古曰：“數家，術數之家也。於覆器之下而置諸物，令闇射之，故云射覆。數，音所具反，覆，音芳目反。”置守宫盂下，射之，皆不能中。師古曰：“守宫，蟲名也。術家云以器養之，食以丹砂，滿七斤，擣治萬杵，以點女子體，終身不滅，若有房室之事，則滅矣。言可以防閑淫逸，故謂之守宫也。今俗呼爲辟宫，辟亦禦扞之義耳。盂，食器也。若盋而大，今之所謂盋盂也。盋，音撥。”〇劉攽曰：“守宫生屋壁，如守宫然，故名之。何在防淫佚也？一蟲之微，何能食丹砂七斤？人亦安肯捐七斤丹砂以餌一蟲也？”朔自贊曰：“臣嘗受易，請射之。”師古曰：“贊，進也。”乃别蓍布卦而對曰：師古曰：“别，分也；音彼列反。”“臣以爲龍又無角，謂之爲蛇又有足，跂跂脈脈善緣壁，是非守宫即蜥蜴。”師古曰：“跂跂，行貌也。脈脈，視貌也。《爾雅》云：‘蠑螈，蜥蜴；蝘蜓，守宫。’是則一類耳。揚雄《方言》云：‘其在澤中者謂之蜥蜴。’故朔曰‘是非守宫則蜥蜴也’。蜥音，先歷反。蜴，音余赤反。蠑，音榮。螈，音原。蝘，音烏典反。蜓，音殄。”〇劉敞曰：“守宫即人家屋壁中蝘蜓，俗呼爲蠍虎者是也。此物唯在屋壁窻户間，夜亦出，蓋用此得名耳。術家之説，安有此理？師古乃信之，何哉？”〇宋祁曰：“角，音乃谷反；獸不童也。”上曰：“善。”賜帛十匹。復使射他物，連中，輒賜帛。師古曰：“中，音竹仲反；其下並同。”

時有幸倡郭舍人，滑稽不窮，師古曰：“幸倡，倡優之見幸遇者也。滑，音骨。滑稽，解在《公孫弘傳》。”常侍左右，曰：“朔狂，幸中耳，非至數也。師古曰：“至，實也。”臣願令朔復射，朔中之，臣榜百，朔不能中，臣賜帛。”師古曰：“榜，擊也。音步行反。”乃覆樹上寄生，令朔射之。朔曰：“是窶數也。”蘇林曰：“窶，音貧窶之窶，數，音數錢之數。窶數，鉤灌，四股鉤也。”師古曰：“窶數，戴器也，以盆盛物戴於頭者，則以窶數薦之，今賣白團餅人所用者是也。寄生者，芝菌之類，淋潦之日，著樹而生，形有周圜象窶數者，今關中俗亦呼爲寄生。非爲蔦之寄生也，寓木宛童有枝葉者也。故朔云‘著樹爲寄生，盆下爲窶數’。明其常在盆下。今讀書者不曉其意，謂射覆之物覆在盆下，輒改前‘覆守宫盂下’爲‘盆’

字,失之遠矣。《楊惲傳》云:鼠不容穴,銜窶數也。盆下之物有飲食氣,故鼠銜之,四股鐵鈎,非所銜也。"〇宋祁曰:"數,音藪。景本作'藪'。"舍人曰:"果知朔不能中也。"朔曰:"生肉爲膾,乾肉爲脯;著樹爲寄生,盆下爲窶數。"上令倡監榜舍人,舍人不勝痛,呼謈。服虔曰:"謈,音暴。"鄧展曰:"呼,音髐箭之髐。謈,音爪瓝之瓝。"師古曰:"鄧音是也。痛切而叫呼也,與《田蚡傳》'呼報'音義皆同。一曰:鄧音近之。若謈,自冤痛之聲也。舍人榜痛,乃滕云謈。今人痛甚,則稱阿謈,音步高反。是故朔逐韻而謿之云'口無毛,聲謷謷'也"。〇劉敞曰:不緣寄生在盆下,何得曰窶數?前覆守宮自以盂,此以盆,何怪乎?不然盂亦盆類,朔故詭言之,欲以誤郭舍人也。"〇又曰:"朔意蓋以寄生窶數,皆是附著他物而得名,故謂今在盆下之寄生爲窶數。大物在盆下,小物在盂下,固可知也。但不當改前'盂'字爲'盆'爾,又不必一日之中用一盂覆射,此諸物也。顏説未通,又以寄生爲芝菌形圜似窶數而云非寓木,尤疏謬矣。"〇宋祁曰:"呼報,當作'呼服'。"朔笑之曰:"咄!口無毛,聲謷謷。尻益高。"鄧展曰:"咄音納袠之納也。"師古曰:"咄,叱咄之聲也。音丁骨反。鄧説非也。謷,音敖。"舍人恚曰:"朔擅詆欺天子從官,當棄市"。師古曰:"詆,毁辱也,音丁禮反。"上問朔:"何故詆之?"對曰:"臣非敢詆之,乃與爲隱耳。"師古曰:"隱謂隱語也。"上曰:"隱云何?"朔曰:"夫口無毛者,狗竇也;聲謷謷者,鳥哺鷇也;韋昭曰:"凡鳥哺子而活者爲鷇,生而自啄曰雛。"師古曰:"鷇音口豆反。"〇劉攽曰:"狗竇文不全明,少一字,當云'狗穴竇'也,緣兩穴相重,遂誤爾。"尻益高者,鶴俛啄也。"師古曰:"俛即俯字也。俯,低也。啄,鳥嘴也。俛,又音免。啄,音竹救反。"舍人不服,因曰:"臣願復問朔隱語,不知,亦當榜。"即妄爲諧語曰:師古曰:"諧者,和韻之言也。""令壺齟,老柏塗,伊優亞,狋吽牙。何謂也?"張晏曰:"齟,音樝梨之樝。"應劭曰:"狋,音銀。"師古曰:"齟,音側加反,又音狀加反。塗,音丈加反。優,音一侯反。亞,音烏加反。狋,音五伊反。吽,音五侯反。"朔曰:"令者,命也。壺者,所以盛也。師古曰:"盛,受物也。音時政反。"齟者,齒不正也。老者,人所敬也。柏者,鬼之廷也。師古曰:"言鬼神尚幽闇,故以松柏之樹爲廷府。"塗者,漸洳徑也。師古曰:"漸洳,浸溼也。漸,音子廉反。洳,音人庶反。"伊優亞者,辭未定也。狋吽牙者,兩犬争也。"舍人所問,朔應聲輒對,變詐鋒出,莫能窮者,左右大驚。上以朔爲常侍郎,遂得愛幸。

二、霍光傳(節選)

霍光,字子孟,票騎將軍去病弟也。父中孺,河東平陽人也,師古曰:"中,讀曰仲。"〇劉氏校本云:"'平陽人'下多'也'字。"以縣吏給事平陽侯家,師古曰:"縣遣吏於侯家供事也。"與侍者衛少兒私通而生去病。中孺吏畢歸家,娶婦生光,因絶不相聞。久之,少兒女弟子夫得幸於武帝,立爲皇后,去病以皇后姊子貴幸。既壯大,乃自知父爲霍中孺,未及求問。會爲票騎將軍擊匈奴,道出河東,河東太守郊迎,負弩矢先驅,師古曰:"郊迎,迎於郊界之上也。先驅者,導其路也。"至平陽傳舍,遣吏迎霍中孺。中孺趨入拜謁,將軍迎拜,因跪曰:"去病不早自知爲大人遺體也。"中孺扶服叩頭,師古曰:"服,音蒲北反。"曰:"老臣得托命將軍,此天力也。"去病大爲中孺買田宅奴婢而去。還,復過焉,乃將光西至長安,時年十餘歲,任光爲郎,稍遷諸曹侍中。去病死後,光爲奉車都尉光禄大夫,出則奉車,入侍左右,出入禁闥二十餘年,師古曰:"宫中小門謂之闥。"小心謹慎,未嘗有過,甚見親信。

征和二年,衛太子爲江充所敗,而燕王旦、廣陵王胥皆多過失。是時上年老,寵姬鈎弋趙倢伃有男,師古曰:"倢伃居鈎弋宫,故稱之。"上心欲以爲嗣,命大臣輔之。察群臣唯光任大重,可屬社稷。師古曰:"任,堪也。屬,委也。任,音壬。屬,音之欲反。"上乃使黄門畫者畫周公負成王朝諸侯以賜光。師古曰:"黄門之署,職任親近,以供天子,百物在焉,故亦有畫工。"後元二年春,上游五柞宫,病篤,光涕泣問曰:"如有不諱,誰當嗣者?"師古曰:"不諱,言不可諱也。"上曰:"君未諭前畫意耶?師古曰:"諭,曉也。"立少子,君行周公之事。"光頓首讓曰:"臣不如金日磾。"日磾亦曰:"臣外國人,不如光。"上以光爲大司馬大將軍,日磾爲車騎將軍,及太僕上官桀爲左將軍，搜粟都尉桑弘羊爲御使大夫，皆拜卧内床下，師古曰："於天子所卧床前拜職。"受遺詔輔少主。明日，武帝崩，太子襲尊號，是爲孝昭皇帝，年八歲，政事壹决於光。

先是，後元年，侍中僕射莽何羅與弟重合侯通謀爲逆，師古曰："莽，音莫户反。"時光與金日磾、上官桀等共誅之，功未録。武帝病，封璽書曰："帝崩發書以從事。"遺詔封金日磾爲秺侯，上官桀爲安陽侯，光爲博陸侯，文穎曰："博，大。陸，平。取其嘉名，無此縣也，食邑北海、河、東城。"師古曰："蓋亦取鄉聚之名以爲國號，非必縣也，公孫弘平津鄉則是矣。"皆以前捕反者功封。時衛尉王莽子男忽侍中，師古曰："即右將軍王莽也，其子名忽。"揚語曰：師古曰："揚謂宣唱之。""帝病，忽常在左右，安得遺詔封三子事！師古曰："安猶焉。"〇劉氏校本云："别本作'帝崩'，恐義不及。'病'字，李鐩本並作'病'，今定作'病'字爲正。"群兒自相貴耳。"光聞之，切讓王莽，師古曰："切，深也。讓，責也。"莽酖殺忽。

光爲人沈静詳審，長財七尺三寸，師古曰："財，與'纔'同。"白皙，疏眉目，美須頿。師古曰："皙，潔白也。頿，頰毛也。皙，音先曆反。頿，音人占反。"每出入下殿門，止進有常處，郎僕射竊識視之，不失尺寸，師古曰："識，記也。音式志反。"其資性端正如此。初輔幼主，政自己出，師古曰："自，從也。"天下想聞其風采。師古曰："采，文采。"殿中嘗有怪，一夜群臣相驚，光召尚符璽郎，師古曰："恐有變難，故欲收取璽。"郎不肯授光。光欲奪之，郎按劍曰："臣頭可得，璽不可得也！"光甚誼之。明日，詔增此郎秩二等。衆庶莫不多光。師古曰："多，猶重也。以此重爲多足重也。"

光與左將軍桀結婚相親，光長女爲桀子安妻。有女年與帝相配，晋灼曰："《漢語》，光嫡妻東閭氏生安夫人，昭后之母也。"桀因帝姊鄂邑蓋主内安女後宫爲倢伃，師古曰："鄂邑，所食邑，爲蓋侯所尚，故云蓋主也。"數月立爲皇后。父安爲票騎將軍，封桑樂侯。光時休沐出，桀輒入代光决事。桀父子既尊盛，而德長公主。師古曰："懷其恩德也。"公主内行不修，近幸河間丁外人。桀、安欲爲外人求封，幸依國家故事以列侯尚公主者，光不許。又爲外人求光禄大夫，欲令得召見，又不許。長主大以是怨光。而桀、安數爲外人求官爵弗能得，亦慙。自先帝時，桀已爲九卿，位在光右。師古曰："右，上也。"及父子並爲將軍，有椒房中宫之重，師古曰："椒房殿，皇后所居。"皇后親安女，光乃其外祖，而顧專制朝事，師古曰："顧猶反也。"繇是與光争權。師古曰："繇，讀與'由'同。"

燕王旦自以昭帝兄，常懷怨望。及御史大夫桑弘羊建造酒榷鹽鐵，爲國興利，伐其功，師古曰："伐，矜也。"欲爲子弟得官，亦怨恨光。於是蓋主、上官桀、安及弘羊皆與燕王旦通謀，詐令人爲燕王上書，言"光出都肄郎羽林，道上稱趕，孟康曰："都，試也。肄，習也。"師古曰："謂總閱試習武備也。"太官先置。師古曰："供飲食之具。"又引蘇武前使匈奴，拘留二十年不降，還乃爲典屬國，而大將軍長史敞亡功爲搜粟都尉。師古曰："楊敞也。"又擅調益莫府校尉。師古曰："調，選也。莫府，大將軍府也。調，音徒釣反。"光專權自恣，疑有非常。臣旦願歸符璽，入宿衛，察奸臣變。"候司光出沐日奏之。桀欲從中下其事，師古曰："下謂下有司也；音胡稼反。"桑弘羊當與諸大臣共執退光。書奏，帝不肯下。

明旦，光聞之，止畫室中不入。如淳曰："近臣所止計畫之室也，或曰雕畫之室也。"師古曰："雕畫是也。"上問："大將軍安在？"左將軍桀對曰："以燕王告其罪，故不敢入。"有詔召大將軍。光入，免冠頓首謝，上曰："將軍冠。師古曰："令復著冠也。"朕知是書詐也，將軍亡罪。"光曰："陛下何以知之？"上曰："將軍之廣明，都郎屬耳。師古曰："之，往也。廣明，亭名也。屬耳，近耳也。屬，音之欲反。"調校尉以來未能十日，燕王何以得知之？且將軍爲非，不須校尉。"文穎曰："帝云將軍欲反，不由一校尉。"是時帝年十四，尚書左右皆驚，而上書者果亡，捕之甚急。桀等懼，白上小事不足遂，師古曰："遂，猶竟也。不須窮竟也。"上不聽。

後桀黨與有譖光者，上輒怒曰："大將軍忠臣，先帝所屬以輔朕身，師古曰："屬，委也，音之欲反，其下亦同。"敢有毁者坐之。"自是桀等不敢復言，乃謀令長公主置酒請光，伏兵格殺之，因廢帝，迎立燕王爲天子，事發覺，光盡誅桀、安、弘羊、外人宗族。燕王、蓋主皆自殺。光威震海内。

三、張騫傳（節選）

張騫，漢中人也，師古曰："陳壽《益部耆舊傳》云：'騫，漢中成固人也。'"〇宋祁曰："也字疑可删。"建元中爲郎。時匈奴降者言匈奴破月氏王，師古曰："月氏，西域胡國也。氏，音支。"以其頭爲飲器，韋昭曰："飲器，椑榼也。"晉灼曰："飲器，虎子屬也，或曰飲酒之器也。"師古曰："《匈奴傳》云：'以所破月氏王頭共飲血盟'。然則飲酒之器是也。韋云椑榼，晉云獸子，皆非也。椑榼，即今之偏榼，所以盛酒耳，非用飲者也。獸子褻器，所以溲便者也。椑，音鼙。"月氏遁而怨匈奴，無與共擊之。師古曰："無人援助也。"漢方欲事滅胡，聞此言欲通使，道必更匈奴中，師古曰："更，過也；音工衡反。"乃募能使者。騫以郎應募，使月氏，與堂邑氏奴甘父服虔曰："堂邑，姓也，漢人，其奴名甘父。"師古曰："堂邑氏之奴，本胡人，名甘父。下云堂邑父者，蓋取主之姓以爲氏，而單稱其名曰父。"〇劉攽曰："奴甘父，直是此人名號耳。非謂堂邑氏之奴名甘父也。按胡人名字多以奴爲號，又後言堂邑父，益知其人自氏堂邑名奴甘父也。"俱出隴西。徑匈奴，師古曰："道由匈奴過。"匈奴得之，傳詣單于。單于曰："月氏在吾北，漢何以得往使？吾欲使越，漢肯聽我乎？"留騫十餘歲，予妻，有子，然騫持漢節不失。

居匈奴西，騫因與其屬亡鄉月氏，師古曰："屬謂同使之官屬。鄉，讀曰嚮。"西走數十日，師古曰："走，趨也。不指知其道里多少，故以日數言之。走，音奏。一曰：走謂奔走也，讀如本字。"至大宛。大宛聞漢之饒財，〇劉氏校本云："下'大宛'二字古本添。"欲通不得，見騫，喜，問欲何之。騫曰："爲漢使月氏而爲匈奴所閉道，脱亡，唯王使人道送我。師古曰："道，讀曰導。"〇宋本云："越本脱作今。"誠得至，反漢，漢之賂遺王財物不可勝言。"大宛以爲然，遣騫，爲發道譯，抵康居。師古曰："抵，至也。道，讀曰導。"康居傳致大月氏。大月氏王已爲胡所殺，立其夫人爲王。〇宋本云："古本'夫人'字下有'太子'二字。"既臣大夏而君之，師古曰："以大夏爲臣，爲之作君也。"地肥饒，少寇，志安樂，又自以遠遠漢，殊無報胡之心。師古曰："下遠，音于萬反。"騫從月氏至大夏，竟不能得月氏要領。李奇曰："要領，要契也。"師古曰："李説非也。要，衣要也。領，衣領也。凡持衣者則執要與領。言騫不能得月氏意趣，無以持歸於漢，故以要領爲喻。要，音一遥反。"

留歲餘，還，並南山，欲從羌中歸，師古曰："並，音步浪反。"復爲匈奴所得。留歲餘，單于死，國内亂，騫與胡妻及堂邑父俱亡歸漢。拜騫太中大夫，堂邑父爲奉使君。

騫爲人彊力，寬大信人，師古曰："彊力[①]，言堅忍於事。"蠻夷愛之。堂邑父胡人，善射，窮急射禽獸給食。師古曰："給，供也。"〇宋本云："古本胡字上有故字。"初，騫行時百餘人，去十三歲，唯二人得還。

騫身所至者，大宛、大月氏、大夏、康居，而傳聞其旁大國五六，〇宋本云："古本旁字下有有字。"具爲天子言其地形所有。師古曰："土地之形及所生之物也。"語皆在《西域傳》。

---

① 彊，原作"强"，今據文意改。

騫曰:“臣在大夏時,見邛竹杖、蜀布,臣瓚曰:“邛,山名。生此竹,高節,可作杖。”服虔曰:“布,細布也。”師古曰:“邛竹杖,人皆識之,無假多釋。而蘇林乃言節間合而體離,誤後學矣。”問安得此,大夏國人曰:“吾賈人往市之身毒國。鄧展曰:“毒,音篤。”李奇:“一名天篤,則浮屠胡是也。”師古曰:“即敬佛道者。”○宋本云:“注文‘天篤’,古本作‘天竺’。”身毒國在大夏東南可數千里。其俗土著,師古曰:“土著者,謂有城郭常居,不隨畜牧移徙也。著,音直略反。其下亦同。”與大夏同,而卑濕暑熱。其民乘象以戰。師古曰:“象,大獸,垂鼻長牙。”其國臨大水焉。”以騫度之,師古曰:“度,計也。”大夏去漢萬二千里,居西南。今身毒又居大夏東南數千里,有蜀物,此其去蜀不遠矣。今使大夏,從羌中,險,羌人惡之;少北,則爲匈奴所得;從蜀,宜徑,又無寇。”師古曰:“徑,直也。宜,猶當也。從蜀向大夏,其道當直。○宋本云:“顔未注前,古本宜作‘直’。”天子既聞大宛及大夏、安息之屬皆大國,多奇物,土著,頗與中國同俗,而兵弱,貴漢財物,其北則大月氏、康居之屬,兵彊,可以賂遺設利朝也。師古曰:“設,施也。施之以利,誘令入朝。”誠得而以義屬之,師古曰:“謂不以兵革。”則廣地萬里,重九譯,致殊俗,威德遍於四海。天子欣欣以騫言爲然。乃令因蜀犍爲發間使,數道並出:師古曰:“間使者,求間隙而行。”○劉氏校本云:“監本、抗本、越本數皆作‘四’。”出駹,出莋,出徙、邛,出僰,師古曰:“皆夷種名。駹,音尨。莋,音材各反。徙,音斯。僰,音蒲北反。”○宋祁云:“新本‘邛’字上有‘出’字。”皆各行一二千里。其北方閉氐、莋,服虔曰:“漢使見閉於夷也。”師古曰:“氐與莋二種也。”○宋本云:“越本無‘行’字。”南方閉嶲、昆明。師古曰:“嶲、昆明,亦皆東種名也。嶲,音先桒反。”昆明之屬無君長,善寇盜,輒殺略漢使,終莫得通。然聞其西可千餘里,有乘象國,名滇越,服虔曰:“滇,音顛。滇馬出其國。”而蜀賈間出物者或至焉,師古曰:“間出物,謂私往市者。”於是漢以求大夏道始通滇國。初,漢欲通西南夷,費多,罷之。及騫言可以通大夏,乃復事西南夷。師古曰:“事謂經略通之,專以爲事也。”

騫以校尉從大将軍擊匈奴,知水草處,軍得以不乏,○劉敞曰:“水草處宜有‘知’字。”○宋本云:“古本将軍下有‘數’字,淳化本無‘知’字。”乃封騫爲博望侯。師古曰:“取其能廣博瞻望。”是歲元朔六年也,後二年,騫爲衛尉,與李廣俱出右北平擊匈奴。匈奴圍李将軍,軍失亡多,而騫後期當斬,贖爲庶人。是歲驃騎将軍破匈奴西邊,殺數萬人,至祁連山。其秋,渾邪王率衆降漢,而金城、河西並南山至鹽澤,空無匈奴。師古曰:“並,音步浪反。”○宋祁曰:“古本‘河西’下更有‘西’字,浙本同。”匈奴時有候者到,而希矣。後二年,漢擊走單于於幕北。

天子數問騫大夏之屬。騫既失侯,因曰:“臣居匈奴中,聞烏孫王號昆莫。昆莫父難兜靡本與大月氏俱在祁連、敦煌間,小國也。師古曰:“祁連山以東,敦煌以西。”大月氏攻殺難兜靡,奪其地,人民亡走匈奴。子昆莫新生,傅父布就翎侯抱亡置草中,服虔曰:“傅父,如傅母也。”李奇曰:“布就,字也。翎侯,烏孫官名也。爲昆莫作傅父也。”師古曰:“翎侯,烏孫大臣官號,其數非一,亦猶漢之將軍耳。而布就者,又翎侯之中别號,猶右将軍、左将軍耳,非其人之字。翎,與‘翕’同。”爲求食,還,見狼乳之,師古曰:“以乳飲之。”又烏銜肉翔其旁,以爲神,遂持歸匈奴,○宋祁曰:“古本、浙本‘歸’作‘降’。”單于愛養之。及壯,以其父民衆與昆莫,使将兵,數有功。時,月氏已爲匈奴所破,西擊塞王。師古曰:“塞,音先得反,西域國名,即佛經所謂釋種者。塞、釋聲相近,本一姓耳。”塞王南走遠徙,月氏居其地。昆莫既健,自請單于報父怨,遂西攻破大月氏。大月氏復西走,徙大夏地。昆莫略其衆,因留居,兵稍彊,會單于死,不肯復朝事匈奴。匈奴遣兵擊之,不勝,益以爲神而遠之。師古曰:“遠,離也;音于萬反。”今單于新困於漢,而昆莫地空。蠻夷戀故地,又貪漢物,誠以此時厚賂烏孫,招以東居故地,漢遺公主爲夫人,結昆弟,其勢宜聽,師古曰:“言事事聽從於漢。”○劉敞曰:“遺字當作‘遣’。”○宋祁曰:“作‘遣’是。”則是斷匈奴右臂也。既連烏孫,自其西大夏之屬皆可招來而爲外臣。”

天子以爲然,拜騫爲中郎将,将三百人,馬各二匹,牛羊以萬數,齎金幣帛直數千鉅萬,多持節副使,師古曰:"爲騫之副,而各令持節。"道可便遣之旁國。○宋祁曰:"古本及浙本'遣'字下並更有一'遣'字。"騫既至烏孫,致賜諭指,師古曰:"以天子意指曉告之。"未能得其決。語在《西域傳》。騫即分遣副使使大宛、康居、月氏、大夏。烏孫發譯道送騫,師古曰:"道,讀曰導。"與烏孫使數十人,馬數十匹,報謝,師古曰:"與騫相随而來,報謝天子。"因令窺漢,知其廣大。

騫還,拜爲大行。歲餘,騫卒。後歲餘,○宋祁曰:"古本'騫卒'字下複'騫卒'二字。"其所遣副使通大夏之屬者皆頗與其人俱來,晉灼曰:"其國人。"於是西北國始通於漢矣。

第二十章　古白話文獻

一、王昭君變文(節選)

(前缺)

□□□□□□迷,前□□□□□□。□□□□□此難,路難荒徑足風惛。
□□□□□□□,□□景色似醞膃。緕銀北奏黄蘆泊,原夏南地持白□。
□□□搜骨利幹,邊草非沙紇邏分。陰坡愛長席箕掇,□谷多生没咄渾。
縱有衰蓬欲成就,旋被流沙剪斷根。酒泉路遠穿龍勒①,石堡雲山接雁門。
驀水頻過及敕戍,□□望見可嵐屯②。如今以暮單于德,昔日還承漢帝恩。
□□定知難見也③,日月無明照覆盆。愁腸百結虚成着,□□□行没處論。
賤妾儻期蕃裹死,遠恨家人昭取魂。

漢女愁吟,蕃王唉和;寧知惆悵,恨别聲哀。管弦馬上横彈,節會途間常奏。侍從寂寞,如同喪孝之家;遣妾攢蚖,伏似敗兵之將。莊子云何者:"所好成毛羽,惡者城瘡癬;愛之欲求生,惡之欲求死。"妾聞:"居塞北者,不知江海有萬斛之船;居江南之人,不知塞北有千日之雪。"此處苦復重苦,怨復重怨。行經數月,途程向盡,歸家淯遥。迅昔不停,即至牙賬。更無城郭,空有山川。地僻多風,黄羊野馬,日見千群万群,□□羝羖,時逢十隊五隊。以契丹爲東界④,吐蕃作西隣;北倚窮荒,南臨大漠。當心而坐,其富如雲。氊裘之帳,每日調弓;孤格之軍,終朝錯箭。將鬬戰爲業,以獵射爲能。不靏

① 酒,殘存下半字,今據《敦煌變文集》(王重民等,人民文學出版社,1957 年,第 107 頁)過録。
② 望,殘存下半字,今據《敦煌變文集》(王重民等,人民文學出版社,1957 年,第 107 頁)過録。
③ 定,殘存下半字,今據《敦煌變文集》(王重民等,人民文學出版社,1957 年,第 107 頁)過録。
④ 以契,原作"似語",今據《敦煌變文集》(王重民等,人民文學出版社,1957 年,第 99 頁)改。

而衣，不田而食。既無穀麥，噉肉充粮。少有絲麻，織毛爲服[①]。夫突厥法用，貴壯賤老[②]，憎女憂男。懷鳥獸之心，負犬戎之意。□天逐暖，即向山南；夏月尋涼[③]，便居山北。何慚尺璧[④]，寧謝寸陰！是竟直爲作處，伽陀人多出來掘强[⑤]，若道一時一餉，猶可安排；歲久月深，如何可度！妾聞："鄰國者，大而大，小而小，强自强，弱自弱[⑥]。何用逞雷電之意氣，争烽火之聲威[⑦]，獨樂一身，苦他万姓。"單于見明妃不樂。唯傳一箭，號令叁军[⑧]。且有赤狄白狄，黄頭紫頭，知策明妃，皆來慶賀。須□命縲駼柘騐[⑨]，菆菆作舞，倉牛亂歌。百姓知單于意，單于識百姓心。良日可惜[⑩]，吉日難逢。遂拜昭軍爲煙脂皇后。故入國隨國[⑪]，入鄉隨鄉，到蕃裹還立蕃家之名[⑫]，策拜號作煙脂貴氏處有爲陳説[⑬]：

傳聞突厥本同威，每喚昭军作貴妃。呼名更號煙脂氏，猶恐他嫌禮度微。
牙官少有三公子，首領多饒五品緋。屯下既稱張毳幕，臨時必請定門旗。
搥鍾擊鼓千軍啾，叩角吹螺九姓圍。澣海上由鳴戛戛，陰山的是搌危危。
罇前校尉歌楊柳，坐上將軍無樂輝。乍到未閑胡地法，初來且着漢家衣。
冬天野馬從他瘦，夏月犛牛任意肥。邊雲忽然聞此曲，令妾愁腸每意歸。
蒲桃未必勝春酒，氈帳如何及綵幃。莫怪適來頻下泪，都爲殘雲度嶺西。

上卷立鋪畢，此入下卷。

明妃既策立，元來不稱本情；可汗將爲情和，每有善言相向。"異方歌樂，不解奴愁；别域之歡[⑭]，不令人愛。"單于見他不樂，又傳一箭，告報諸蕃，非時出獵[⑮]，圍遶烟焰山，用昭軍作心，万里攢军，千兵逐獸。昭軍既登高嶺，愁思便生，遂指天嘆帝鄉而曰

---

① 織毛爲服，原作"織麻毛爲服"，"麻"字上似有點畫符，《敦煌變文集》(王重民等，人民文學出版社，1957年，第99頁)等均未過録，今據文意删。

② 壯，原作"拄"，今據《敦煌變文校注》(黄征、張涌泉，中華書局，1997年，第163頁)改。

③ 涼，原作"源"，今據《敦煌變文集》(王重民等，人民文學出版社，1957年，第99頁)改。

④ 何、璧，原作"河、壁"，今據《敦煌變文集》(王重民等，人民文學出版社，1957年，第99頁)改。

⑤ 陀，原作"它"，今據《敦煌變文校注》(黄征、張涌泉，中華書局，1997年，第164頁)改。

⑥ 大而大……弱自弱，原作"大而小而强自强弱自弱自弱"，今據《敦煌變文校注》(黄征、張涌泉，中華書局，1997年，第164頁)校正。

⑦ "威"字原闕，今據《敦煌變文選注》(項楚，巴蜀書社，1990年，第200頁)補。

⑧ 叁，原殘存上半"厶"形，《敦煌變文校注》(黄征、張涌泉，中華書局，1997年，第156頁)録作"攢"，今據文意擬補。

⑨ 駼，原作"駄"，今據《敦煌變文校注》(黄征、張涌泉，中華書局，1997年，第164頁)過録。

⑩ 惜，原作"借"，今據《敦煌變文集》(王重民等，人民文學出版社，1957年，第99頁)改。

⑪ "入"字原卷殘闕，今據《敦煌變文集》(王重民等，人民文學出版社，1957年，第99頁)改。

⑫ 裹，原作"稟"，今據《敦煌變文集》(王重民等，人民文學出版社，1957年，第99頁)改。

⑬ 策，原作"榮"，今據《敦煌變文校注》(黄征、張涌泉，中華書局，1997年，第165頁)改。又："説"字原闕，今據《敦煌變文選注》(項楚，巴蜀書社，1990年，第201頁)補。

⑭ 域，原作"城"，今據《敦煌變文集》(王重民等，人民文學出版社，1957年，第100頁)改。

⑮ 獵，原作"臘"，今據《敦煌變文集》(王重民等，人民文學出版社，1957年，第100頁)改。

處,若爲陳説:

單于傳告報諸蕃,各自排兵向北山。左邊盡着黄金甲,右伴芬雲似錦團。
黄羊野馬捻槍撥,鹿鹿从頭喫箭川。遠指白雲呼且住,聽奴一曲别鄉關:
妾家宫苑住秦川①,南望长安路幾千。不應玉塞朝雲斷,直爲金河夜蒙連。
烟脂山上愁今日,紅粉樓前念昔年。八水三川如掌内,大道青樓若眼前。
風光日色何處度,春色何時度酒泉?可嘆輪臺寒食後,光景微微上不傳。
衣香路遠風吹盡,朱履途遥蹋鐙穿②。假使邊庭突厥寵,終歸不及漢王怜。
心驚恐怕牛羊吼,頭痛生曾乳酪羶,一朝願妾爲紅鶴,万里高飛入紫煙。
初來不信胡關險,久住方知虜塞□。祁雍更能何處在,只應弩那白雲邊。

昭軍一度登山③,千迴下泪,慈母只今何在?君王不見追來。當嫁單于,誰望喜樂?良由畫匠,捉妾陵持,遂使望斷黄沙,悲連紫塞,长辭赤縣,永别神州。虞舜妻賢,渧能變竹,卍良婦聖,哭烈長城。乃可恨積如山,愁盈若海。單于不知他怨,至夜方歸。雖還至帳,卧仍不去。因此得病,漸加羸瘦。單于雖是蕃人,不那夫妻義重,頻多借問。明妃遂作遺言,略叙平生,留將死處若爲陳説:

妾嫁來沙漠,經冬向晚時。和明以合調,翼以當威儀。
紅臉偏承寵④,青蛾侍妾時。□□□□□⑤,每憐歲寒期。
今果遭其病⑥,容華漸漸衰。五神俱揔散,四代的危危。
月華來暎塞,風樹已驚枝。錬藥須岐伯,看方要巽離。
此間無本草,何處覓良師。妾皃如紅線,孤鸞視猶影□□⑦,龍劍非人常憶雌。
妾死若留故地葬,臨時請報漢王知⑧。

單于答曰:

憶昔辭鸞殿,相將出雁門。同行復同寢,雙馬覆雙奔。
度嶺看玄瓮,臨行望覆盆。到來蕃裹重,長愧漢家恩。
飲食盈帔桉,蒲桃滿頡罇。元來不向口,交命若何存?
奉管長休息,龍城永絶聞。畫眉無舊澤⑨,泪眼有新恨。

---

① 苑、秦,原作"宛、奏",今據《敦煌變文集》(王重民等,人民文學出版社,1957 年,第 101 頁)改。

② 穿,原作"涥",今據《敦煌變文校注》(黄征、張涌泉,中華書局,1997 年,第 167 頁)改。

③ "山"前原衍"千",今據《敦煌變文集》(王重民等,人民文學出版社,1957 年,第 108 頁)删。

④ 臉,原作"檢",今據《敦煌變文集》(王重民等,人民文學出版社,1957 年,第 102 頁)改。

⑤ 據文意,此處脱五字,參《敦煌變文集》(王重民等,人民文學出版社,1957 年,第 108 頁)。《敦煌變文選注》(項楚,巴蜀書社,1990 年,第 210 頁)認爲有错簡,將下文"妾皃如紅線"移至此處。

⑥ 遭,原作"連",今據《敦煌變文校注》(黄征、張涌泉,中華書局,1997 年,第 169 頁)改。

⑦ 據文意,此處脱兩字,參《敦煌變文集》(王重民等,人民文學出版社,1957 年,第 102 頁)。

⑧ 時、請,殘存右半"寺""青",今據《敦煌變文集》(王重民等,人民文學出版社,1957 年,第 103、107 頁)過録。

⑨ 舊澤,原作"若擇",今據《敦煌變文選注》(項楚,巴蜀書社,1990 年,第 213 頁)改。

顧爲寶馬連長帶，莫學孤蓬剪斷根。公主時亡僕亦死，誰能在後哭孤魂！

從昨夜已來，明妃漸困，應爲異物，多不成人。單于重祭山川，再求日月，百計尋方，千般求術，縱令春盡，命也何存！可惜明妃[①]，奄從風燭[②]。故知生有地，死有處。恰至三更[③]，大命方盡。單于脱却天子之服，還着庶人之裳，披髮臨喪，魁渠並至。驍夜不離喪側，部落豈敢東西？日夜哀吟，無由蹔輟[④]，慟悲切調，乃哭明妃處若爲陳説：

昭軍昨夜子時亡，突厥今朝發使忙。三邊走馬傳胡命，万里非書奏漢王。

單于是日亲臨哭，莫捨須臾守看喪。解劍脱除天子服，披頭還着庶人裳。

衙官坐泣刀離面[⑤]，九姓行哀截耳璫。□□□□□□□[⑥]，枷上羅衣不重香。

可昔未殃宫裏女，嫁來胡地碎紅妝。首領盡如雲雨集，異口皆言鬬戰場。

寒風入帳聲猶苦，曉日臨行哭未殃。昔日同眠夜即短，如今獨寢覺天長。

何期遠遠離京兆，不憶冥冥卧朔方。早知死若埋沙裹，悔不教君還帝鄉。

表奏龍庭。敕未至，單于唤丁寧塞上衛律，令知葬事。一依蕃法，不取漢儀。棺槨穹廬，更别方圓。千里之内，以伐醮薪，周匝一川，不案□馬。且有奔馳勃律，阿寶蕃人，膳主犛牛，兼能煞馬。醞五百瓮酒，煞十万口羊，退犢㹠駞，飲食盈川，人倫若海。一百里鋪氍毹毛毯，踏上而行；五百里鋪金銀胡瓶[⑦]，下脚無處。單于親降，部落皆來。傾國成儀，乃葬昭軍處若爲陳説：

詩書既許禮緣情，今古相傳莫不情。漢家雖道生離重，蕃裹猶嫌死葬輕[⑧]。

單于是日親臨送，部落皆來引仗行。睹走熊羆千里馬，争來競逞五軍兵。

牛羊隊隊生埋壙，仕女芬芬聳入坑。地上築墳猶未了[⑨]，泉下惟聞叫哭聲。

蕃家法用將爲重，漢國如何輙肯行？若道可汗傾國葬，焉知死者絶妨生！

黄金白玉蓮車載，寶物明珠盡庫傾。昔日有秦王合國葬，挍料昭軍亦未平。

墳高數尺號青塚，還道軍人爲立名。只今葬在黄河北，西南望見受降城。

---

① "可惜"後原文殘闕，今據《敦煌變文集》(王重民等，人民文學出版社，1957年，第103頁)補"明妃"二字。

② "從"前原文殘闕，今據《敦煌變文集》(王重民等，人民文學出版社，1957年，第103頁)補"奄"字。

③ 恰，原作"怜"，今據《敦煌變文集》(王重民等，人民文學出版社，1957年，第103頁)改。

④ 輟，原作"棳"，今據《敦煌變文集》(王重民等，人民文學出版社，1957年，第103頁)改。

⑤ 泣，原作"位"，今據《敦煌變文校注》(黄征、張涌泉，中華書局，1997年，第170頁)改。

⑥ 據文意，此處脱七字，參《敦煌變文集》(王重民等，人民文學出版社，1957年，第108頁)。

⑦ "五百"後原闕"里"字，今據《敦煌變文集》(王重民等，人民文學出版社，1957年，第104頁)補。

⑧ "裹"，今據《敦煌變文校注》(黄征、張涌泉，中華書局，1997年，第169頁)過録。"嫌"字原闕，今據《敦煌變文選注》(項楚，巴蜀書社，1990年，第218頁)補。

⑨ 墳，原作"境"，今據《敦煌變文集》(王重民等，人民文學出版社，1957年，第105頁)改。

故知生有地，死有處，可惜明妃，奄從風燭，八百餘年，墳今上在。後至孝哀皇帝，然發使和蕃。遂差漢使楊少徵杖節和來吊[①]。金重錦輜繒，入於虜庭，慰問蕃王。單于聞道漢使來吊，倍加喜悦，光依禮而受漢使吊。宣哀帝問[②]，遂出祭詞處若爲陳説：

明明漢使達邊隅，稟稟蕃王出帳趨。大漢稱尊成命重，高聲讀敕吊單于。
昨感來表知其况[③]，今嘆明妃奄逝殂。故使教臣來吊祭，遠道兼問有所須。
此間雖則人行義，彼處多應禮不殊。附馬賜其千疋綵，公主仍留十斛珠[④]。
雖然與朕山河隔，每每憐卿歲月孤[⑤]。秋末既能安葬了，春間蹔請赴京都。
單于受吊復含涕，漢使聞言悉以悲。丘山義重恩難捨[⑥]，江海雖深不可齊。
一從歸漢別連北，万里长懷霸岸西。閑时淨坐觀羊馬，悶即徐行悦鼓鼙。
嗟呼數月連非禍，誰爲今冬急解奚？乍可陣頭失却馬，那堪向老更亡妻！
靈儀好日須安曆，葬事臨时不敢稽。莫怪帳前無掃土，直爲涕多旋作泥。

漢使吊訖，當即使迴。行至蕃漢界頭，遂見明妃之塚。青塚寂遼，多經歲月。使人下馬，設樂沙場，肉非單布，酒必重傾。望其青塚，宣哀帝之命，乃述祭詞：

維年月日，謹以清酌之奠，祭漢公主王昭軍之靈。惟靈天降之精，地降之靈；姝越世之無比，婥妁傾國和陟娉。丹青写刑遠稼，使凶奴拜首，万代信義號罷征[⑦]。賢感五百年間出[⑧]，德應黄河號一清[⑨]。祚永長傳万古，圖書且載著往聲。嗚呼嘻噫！在漢室者昭軍，亡桀紂者妲己[⑩]。孄姿兩不圍矜，詩興皆言爲美。捧荷和國之殊功，金骨埋於万里。嗟呼！别翠之寶帳，長居突厥之穹廬。特也，黑山壯氣[⑪]，擾攘凶奴，獵將降喪，計竭窮謀。漂遥有懼於獫狁[⑫]，衛霍怯於强胡。不稼昭軍，紫塞難爲運策定；單于欲别，攀戀拜路跪。嗟呼！身殁於蕃裹，魂兮豈忘京都？空留一塚齊天地，岸兀青山万載孤。

---

① “節”後衍“和”字，今據《敦煌變文選注》（項楚，巴蜀書社，1990年，第221頁）删。

② 問，原作“聞”，今據《敦煌變文集》（王重民等，人民文學出版社，1957年，第105頁）改。

③ 感、况，原作“咸、向”，今據今據《敦煌變文校注》（黄征、張涌泉，中華書局，1997年，第171頁）改。

④ 原作“公主子仍留十解珠”，今據《敦煌變文集》（王重民等，人民文學出版社，1957年，第106、108頁）删“子”字，並改“解”爲“斛”。

⑤ 卿，原作“鄉”，今據《敦煌變文集》（王重民等，人民文學出版社，1957年，第106頁）改。

⑥ 難，原作“離”，今據《敦煌變文集》（王重民等，人民文學出版社，1957年，第106頁）改。

⑦ 原作“方代伐信義號罷征”，今據《敦煌變文選注》（項楚，巴蜀書社，1990年，第224頁）改“方”爲“万”，删“伐”字。

⑧ 原作“賢感敢五百里年間出”，今據《敦煌變文選注》（項楚，巴蜀書社，1990年，第224頁）删“敢”“里”二字。

⑨ “德”下原衍“遺”字，今據《敦煌變文選注》（項楚，巴蜀書社，1990年，第224頁）删。

⑩ 妲己，原作“妮妃”，今據《敦煌變文選注》（項楚，巴蜀書社，1990年，第225頁）改。

⑪ 壯，原作“杜”，今據《敦煌變文集》（王重民等，人民文學出版社，1957年，第107頁）改。

⑫ 獫狁，原作“檢杌”，今據《敦煌變文集》（王重民等，人民文學出版社，1957年，第107頁）改。

二、王梵志詩(節選)

(此前殘缺較多,不予整理)

觀内有婦人

觀内有婦人,號名是女官。各各能梳略,悉帶芙蓉冠。長裙並金色[①],横披黄儭單。朝朝步虚讚,道聲數千般。貧無巡門乞,得穀相共飡。常住無貯積,鐺釜當房安。眷屬王役苦[②],衣食遠求難。出無夫婿見,病困絶人看。乞就生緣活,交即免飢寒。

道人頭兀雷

道人頭兀雷,例頭肥特肚。本是俗家人,出身勝地立。飲食哺盂中,衣裳架上出。每日趍齋家[③],即禮七拜佛。飽喫更索錢,低頭着門出。手把數珠行,開肚元無物[④]。生平未必識,獨養肥没忽。蟲蛇能報恩,人子何處出?[⑤]

寺内數個尼

寺内數個尼,各各事威儀。本是俗人女[⑥],出家掛佛衣。徒衆數十個,詮擇補綱維[⑦]。一一依佛教,五事惣合知[⑧]。莫看他破戒,身自牢住持。佛殿元不識,損壞法家衣[⑨]。常住無貯積,家人受寒飢。衆厨空安竈,麤飯當房炊[⑩]。只求多財富,餘事且隨宜。富者相過重,貧者往還希。但知一日樂,忘却百年飢。不採生緣瘦,唯願當身肥。今身損却寶,來生更若爲?

生即巧風吹

生即巧風吹,死須業道過。來去不相知,展脚陽坡卧。只見生人悲,不聞鬼唱禍。子細審三思,慈母莫生我。

佐史非臺補

佐史非臺補,任官州縣上。未是好出身,丁兒避征防。不慮棄家門,狗偷且求養。每日求行案,尋常恐迸仗。食即衆厨飡,童兒更護當。有事檢案追,出帖付里正。火急捉將來,險語唯須胱。前人心裏怯,乾喚愧曹長。紙筆見續到,仍送一縑想。錢多早發

① 能梳略悉帶芙蓉冠長裙並,原卷闕,據斯 5441 補,參《王梵志詩校注》(項楚,上海古籍出版社,1991 年,第 97 頁)。

② 役,原卷闕,據斯 5441 補,參《王梵志詩校注》(項楚,上海古籍出版社,1991 年,第 97 頁)。

③ 每日,原卷闕,據斯 5441 補,參《王梵志詩校注》(項楚,上海古籍出版社,1991 年,第 104 頁)。

④ 開,原卷闕,據斯 5441 補,參《王梵志詩校注》(項楚,上海古籍出版社,1991 年,第 105 頁)。

⑤ 處,原卷闕,據斯 5441 補,參《王梵志詩校注》(項楚,上海古籍出版社,1991 年,第 105 頁)。

⑥ 本,原卷闕,據斯 5441 補。

⑦ 綱維,據斯 5441 過録,參《王梵志詩校注》(項楚,上海古籍出版社,1991 年,第 110 頁)。

⑧ 五,原卷闕,據斯 5441 補,參《王梵志詩校注》(項楚,上海古籍出版社,1991 年,第 110 頁)。

⑨ 家,原卷闕,據斯 5441 補,參《王梵志詩校注》(項楚,上海古籍出版社,1991 年,第 110 頁)。

⑩ 炊,原卷闕,斯 5441 作"吹",今據《王梵志詩校注》(項楚,上海古籍出版社,1991 年,第 110 頁)改。

遣，物少被頡頏。解寫除却名，揩赤將頭放。

得錢自喫用

得錢自喫用，留着櫃裏重。一日厥摩師，空得紙錢送。死入惡道中，量由罪根重。埋向黄泉下，妻嫁别人用。智者好思量①，爲他受枷棒。

當鄉何物貴

當鄉何物貴，不過五里官。縣局南衙點，食並衆厨飡。文簿鄉頭執，餘者配雜看。差科取高户，賦役數千般。處分須平等，併檑出時難。職任無禄料，專仰筆頭鑚。管户無五百，雷同一概看。愚者守直坐，黠者馺馺看。

村頭語户主

村頭語户主，鄉頭無處得。在縣用紙多，從吾相便貸。我命自貧窮，獨辨不可得。合村看我面，此度必須得。後衙空手去，定是攝你勒。

人生一代間

人生一代間，貧富不覺老。王役逼駈駈，走多緩行少②。他家馬上坐，我身步擎草。種得果報緣，不須自煩惱。

受報人中生

受報人中生，本爲前身罪。今身不修福，癡愚膿血袋。病困卧着床，慳心由不改。臨死命欲終，吝財不懺悔。身死妻後嫁，惣將陪新婿。

愚人癡涳涳

愚人癡涳涳，錐刺不轉動。身着好衣裳，有錢不解用。貯積留妻兒，死得紙錢送。好去更莫來，門前有桃棒。

杌杌貪生業

杌杌貪生業，憨人合腦癡。漫作千年調，活得没多時。急手求三寳，願入涅槃期。杓柄依僧次，巡到厥摩師。

世間何物貴

世間何物貴？只有我身是。不見好出生，衣食穀米貴。廣貪長命財，纏繩短命鬼。放頑隣里行，元來不怕死。

世間慵懶人

世間慵懶人，五分向有二。例着一草衫，兩膊成山字。出語觜頭高，詐作達官子。草舍元無床，無氈復無被。他家人定卧，日西展脚睡。諸人五更走，日高未肯起。朝庭數千人，平章共博戲。菜粥喫一盔③，街頭闊立地。逢人若共語，荒説天下事。唤女作家生，將兒作奴使。妻即赤體行，尋常飢欲死。一群病賴賊，却搦父母恥。日月甚寬

① 智，據斯5441改，參《王梵志詩校注》（項楚，上海古籍出版社，1991年，第127頁）。

② 緩，原卷作“换”，斯5441作“緣”，今據《王梵志詩校注》（項楚，上海古籍出版社，1991年，第137頁）改。

③ 盔，原卷作“椀”，據斯5441改。

恩,不照五逆鬼。

家中漸漸貧

家中漸漸貧,良由慵懶婦。長頭愛床坐[1],飽喫没娑肚。頻年勤生兒,不肯收家具。飲酒五夫敵,不解縫衫袴。事當好衣裳,得便走出去。不要男爲伴,心裏恒攀墓。東家能涅舌,西家好合鬭。兩家既不和,角眼相蛆姡。别覓好時對,趁却莫交住。

用錢索新婦

用錢索新婦,當家有新故。兒替阿耶來,新婦替家母。替人既倒來,條録相分付。新婦知家事,兒郎承門户。好衣我須着,好食入我肚。我老妻亦老,替代不得住。語你夫妻道:我死還到汝。

愚人癡涳涳

愚人癡涳涳,常守無明塚。飄入闊海中,出頭兼没頂[2]。手擎金玉行,不解隨身用。昏昏消好日,頑皮不轉動。廣貪世間樂,故故招枷棒。罪根漸漸深,命絶何人送?積金作寶山,氣絶誰將用。

一種同翁兒

一種同翁兒,一種同母女。無愛亦無憎,非關後父母。若箇與好言,若個與惡語。耶娘無偏頗,何須怨父母。男女孝心我,我亦無别肚。

你若是好兒

你若是好兒,孝心看父母。五更床前立,即問安穩不。天明汝好心,錢財横入户。王祥敬母恩,冬竹抽筍與。孝是韓伯倫,董永孤養母。你孝我亦孝,不絶孝門户。

只見母憐兒

只見母憐兒,不見兒憐母。長大取得妻,却嫌父母醜。耶娘不採括,專心聽婦語。生時不恭養,死後祭埿土。如此倒見賊,打煞無人護。

父母生男女

父母生男女,没娑可憐許。逢着好飲食,紙裹將來與。心恒憶不忘,入家覓男女。養大長成人,角睛難共語。五逆前後事,我死即到汝。

孝是前身緣

孝是前身緣,不由相放習。兒行不憶母,母恒行坐泣。兒行母亦征,項膇連胐急。聞道賊出來,母愁空有骨。兒迴見母面,顔色肥没忽。

聞道須鬼兵

聞道須鬼兵,逢頭即須搦。欲似薗中菓,未熟亦須擿。老少惣皆去,共同衆死厄。長命得八十,恰同寄住客。蹔在主人家,不久自分擘。喻若行路人,前後踏光陌。

自生還自死

自生還自死,煞活非關我。續續生出來,世間無處坐。若不急抽却,眼看塞天破。

---

① 床,原涂去,據斯 5441 補,參《王梵志詩校注》(項楚,上海古籍出版社,1991 年,第 156 頁)。

② 頂,原卷作"項",今據《王梵志詩校注》(項楚,上海古籍出版社,1991 年,第 164 頁)過録。

天下惡官職

天下惡官職，不過是府兵。四面有賊動，當日即須行。有緣重相見，業薄即隔生。逢賊被打煞，五品無人諍。生住無常界，擾擾滿街行。只擬人間死，不肯佛邊生。

從頭捉將去

從頭捉將去，頑骨不心擎[①]。雖然畜兩眼，終是一雙盲。向前黑如柒，直掇入深坑。沉淪苦海裏，何日更逢明？

本是達官兒

本是達官兒，名作郎君子。從小好讀書，更須多識字。長大人中官，當衙判曹事。高馬衣輕裘，伴涉諸王子。官高漸入朝，供奉親天子。縱得公王侯，終歸不免死。

興生市郭兒

興生市郭兒，從頭市内坐。例有百餘千，火下三五個。行行皆有鋪，鋪裏有雜貨。山郭買物來，巧語能相和。眼勾穩物着，不肯遣放過。意盡端坐取，得利過一倍。

兩兩相劫奪

兩兩相劫奪[②]，分毫擘眼諍。他買抑遣賤，自買即高擎。心裏無平等，尺寸不分明。名霑是百姓，不肯遠征行。不是人強了，良由方孔兄。

秋長夜甚明

秋長夜甚明，長夜照衆生。死者歸長路，生者蹔時行。夜眠由鬼界，天曉即營生。兩兩相劫奪，分毫努眼诤。賢愚不相識。壞壞信緣行。

有錢惜不喫

有錢惜不喫，身死由妻兒。只得紙錢送，欠少元不知。門前空言語，還將紙作衣。除非夢裏見，觸躰更何時。獨守深泉下，冥冥長夜飢。憶想平生日[③]，悔不着羅衣。

工匠莫學巧

工匠莫學巧，巧即他人使。身是自來奴，妻亦官人婢。夫婿蹔時無，曳將仍被恥。未作道與錢，作了擘眼你。

奴人賜酒食

奴人賜酒食，恩言出義氣。無賴不與錢，蛆心打脊使。貧窮實可憐，飢寒肚露地。户役一槩差，不辦棒下死[④]。寧可出頭坐，誰肯被鞭恥！何爲抛宅走，良由不得止。

狼多羊數少

狼多羊數少，莫畜惡兒子。年是無限年，你身甚急速。有意造罪根，無心念諸佛。你從何處來，膿血相和出。身如水上泡，蹔時還却没。魂魄遊空虚，盲人入闇窟。生死

① 頑骨，原卷闕，據斯5641補，參《王梵志詩校注》（項楚，上海古籍出版社，1991年，第188頁）。
② 此句原無，今據《王梵志詩校注》（項楚，上海古籍出版社，1991年，第197頁）補。
③ 想，原卷作“相”，據斯5641改，參《王梵志詩校注》（項楚，上海古籍出版社，1991年，第201頁）。
④ 辦，原卷作“辨”，據斯5641改，參《王梵志詩校注》（項楚，上海古籍出版社，1991年，第203頁）。

如江河，波浪沸啾唧[1]。

世間日月明

世間日月明，皎皎照衆生。貴者乘車馬，賤者膊擔行[2]。富者前身種，貧者慳貪生。貧富有殊別，業報自相迎。聞强造功德，喫着自身榮。智者天上去，愚者入深坑。

身如大店家

身如大店家，命如一宿客。忽起向前去，本不是吾宅。吾宅在丘荒，薗林出松柏。隣接千年塚，故路來長陌。

身卧空堂内

身卧空堂内，獨坐令人怕。我今避頭去，抛却空閑舍。你道生時樂，吾道死時好。死即長夜眠，生即緣長道。生時愁衣食，死鬼無釜竈[3]。願作掣撥鬼，入家偷喫飽。

身如破皮袋

身如破皮袋，盛膿兼裹骨。將板作皮裘，埋入深坑窟。一入恒沙劫，無由更得出。除非寒食節，子孫塚傍泣。

世間何物平

世間何物平？不過死一色。老小終須去，信前業道力。縱使公王侯，用錢遮不得。各身改頭皮，相逢定不識。

身如内架堂

身如内架堂，命似堂中燭。風急吹燭滅，即是空堂屋。

家貧無好衣

家貧無好衣，造得一襖子。中心穰破氈，還將布作裹。清貧常使樂，不用濁富貴。白日串項行，夜眠還作被。

生時同飯瓮

生時同飯瓮[4]，死則同食瓶。火急早掘塚，不遣蹔時停。永別世間樂，唯聞哭我聲。四海交遊絶，藉帳便除名。

見有愚癡君

見有愚癡君，甚富無男女。不知死急促，百方更造屋。死得一棺木，一條衾被覆。妻嫁他人家，你身不能護。有時急造福，實莫相疑悮。

人生一代間

人生一代間，有錢須喫着。四海並交遊，風光亦須覓。錢財只恨無，有時實不惜。聞身强健時，多施還須喫。

---

① 沸，原卷作"蚌"，據斯 5641 改，參《王梵志詩校注》（項楚，上海古籍出版社，1991 年，第 207 頁）。

② 擔，原卷作"簷"，斯 5641 作"搭"，今據《王梵志詩校注》（項楚，上海古籍出版社，1991 年，第 209 頁）改。

③ 竈，原作"竈"，今據《王梵志詩校注》（項楚，上海古籍出版社，1991 年，第 216 頁）過録。

④ 生，原卷作"坐"；瓮，原卷作"翁"，斯 5641 作"瓮"；今據《王梵志詩校注》（項楚，上海古籍出版社，1991 年，第 226 頁）改。

生坐四合舍

生坐四合舍，死入土角觸。冥冥黑闇眠①，永别明燈燭。死鬼憶四時，八節生人哭。

虚霑一百年

虚霑一百年，八十最是老。逢頭捉將去，無老亦無小。須臾得蹔時，恰同霜下草。横遭狂風吹，惚即連根倒。悠悠度今日，今夜誰能保？語你愚癡人，急修未來道。

説錢心即喜

説錢心即喜，見死元不愁。廣貪財色樂，時時度日休。平生不造福，死被業道收。但看三惡處，大有我般流。

蹔出門前觀

蹔出門前觀，川原足故塚。富者造山門，貧家如破瓮。年年並舍多，歲歲成街巷。前死後人埋，鬼仆悲聲送。縱得百年活，還入土孔籠。

好住四合舍

好住四合舍，殷勤堂上妻。無常煞鬼至，火急被追摧。露頭赤脚走，不容得着鞋。向前任科理②，難見却迴來。有意造一佛，爲設百人齋。無情任改嫁，資産聽將陪。吾在惜不用，死後他人財。憶相生平日，悔不唱《三臺》。

地下須夫急

地下須夫急，逢頭取次捉。一家抽一箇，勘數申未足。科出排門夫，不許私遮曲。合去取正身，名字付司録。棒駈火急走，向前任縛束。

奉使親監鑄

奉使親監鑄，改故造新光。開通万里達，元寶出青黄。本姓使流傳，涓涓億兆陽。無心念貧事，□□□□□③。有時見即憙，貴重劇耶娘。唯須家中足，時時對孟常。

怨家煞人賊

怨家煞人賊，即是短命子。生兒擬替翁，長大抛我死。債主蹔過來，徵我夫妻泪。父母眼乾枯，良由我憶你。好去更莫來，門前有煞鬼。

來如塵蹔去

來如塵蹔去，起如一墜風。來去無形影，變見極怱怱。不見無常急，業道自迎君。何處有真實，還湊入冥空。

兄弟義居活

兄弟義居活④，一種有男女。兒小教讀書，女小教針補。兒大與娶妻，女大須嫁去。

---

① 冥，原卷作"寘"之行書寫法，今據《王梵志詩校注》（項楚，上海古籍出版社，1991年，第230頁）過録。

② 料，原卷作"科"，今據《王梵志詩校注》（項楚，上海古籍出版社，1991年，第235頁）改。

③ 此處應脱五字，參《王梵志詩校注》（項楚，上海古籍出版社，1991年，第243頁）。

④ 居，原卷作"君"，今據《王梵志詩校注》（項楚，上海古籍出版社，1991年，第253頁）改。

當房作私産，共語覓嗔處。好貪競盛喫，無心奉父母。外姓能蛆姡，啾唧由女婦[①]。一日三場鬬，自分不由父。

虛霑一百年

虛霑一百年，八十最是老。長命得八十，不解學修道。悠悠度好日，無心念三寶。根拳入地獄，天堂無人到。圻破五戒身，却入三惡道。一入恒沙劫，不須自懊惱。

近逢窮業至

近逢窮業至，緣身一物無。披繩兼帶索，行時須杖扶。四海交遊絶，眷屬永還疏。東西無濟着，到處即安居[②]。

三、《祖堂集》（節選）

牛頭和尚

牛頭和尚嗣四祖，師諱法融，潤州延陵人也，姓文。

四祖在雙峰山告衆曰："吾未至此山時，於武德七年秋，於廬山頂上東北而望，見此蘄州雙峰山頂，上有紫雲如盖，下有白氣横分六道。"四祖問五祖曰："汝識此瑞不？"五祖曰："莫是師脚下横出一枝佛法不？"四祖曰："汝會我意。汝善住矣。吾過江東。"便去。

至牛頭山幽棲寺，見數百僧並無道氣，乃顧問僧曰："寺中有多少住持？其中有道人不？"僧曰："禪和大相輕。夫出家者阿那个不是道人？"四祖曰："何者是道人？"僧無對。乃云："山上有嬾融，身著一布裘，見僧不解合掌。此是異人也，禪師自往看。"四祖乃往庵前，過來過去，謂曰："善男子！莫入甚深三昧。"融乃開眼。四祖曰："汝學爲有求？爲無求耶？"融曰："我依《法華經》開示悟入，某甲爲修道。"四祖曰："開者開何人？悟者悟何物？"融無對。四祖曰："西天二十八祖傳佛心印，達摩大師至此土，相承有四祖。汝還知不？"融瞥聞此語，乃曰："融每常望雙峰山頂禮，恨未得親往面謁。"四祖曰："欲識四祖，即吾身是。"融便起，接足禮曰："師因何降此？"祖曰："特來相訪。"又曰："别更有住處不？"融以手指於庵後，曰："更有庵在。"遂引四祖到庵所。師遂見虎狼遶庵，麞鹿縱横四畔，師乃兩手作怕勢云："鎺。"融曰："師猶有這个在。"師曰："適來見什摩？"融於言下雖承玄旨，而無有對。

師於是爲説法要，曰："夫百千妙門，同歸方寸；恒沙妙德，盡在心源。一切定門，一切慧門，悉自具足，神通妙用，並在汝心。煩惱業障，本來空寂；一切果報，本來自有。無三界可出，無菩提可求，人与非人，性相平等。大道虛曠，絶思絶慮。如是之法，汝今已得，更無闕少，與佛無殊，更無别法可得成佛。汝但任心自在，莫作觀行，亦莫停心，莫起貪嗔癡，莫懷愁慮，蕩蕩無㝵，任意縱横。不作諸善，不作諸惡，行住坐卧，觸目遇

① 原卷難辨，今據《王梵志詩校注》（項楚，上海古籍出版社，1991年，第253頁）過録。

② 居，原卷作"君"，今據《王梵志詩校注》（項楚，上海古籍出版社，1991年，第257頁）改。

緣，總是佛之妙用。快樂無憂，故名爲佛。”融問：“心既具足，何者是心？何者是佛？”師曰：“非心不問心，問心非不心。”又問：“既不許觀行，於境起時，如何對治？”師曰：“境緣無好醜，好醜起於心。心若不强名，妄情從何起？妄心既不起，真心任遍知。随心自在，復無始終，則名常住法身，無有變易。吾從先師璨和尚處傳得頓悟法門，今付於汝。汝今諦受，以酬吾道。但住此山，從汝向後，更有五人，相継不絶也。善自保持，吾當去矣。”

師於言下頓盪微瑕，永亡眹兆。自是靈怪鬼神，供須無地。以此詳鑒，足見如來密旨，豈修證以能齊？祖胤玄門，安寂静之可趣？言亡理契，顧玄要以雲泥；静慮還源，望禪樞而楚越矣。

問師：“夫言聖人者，當斷何法，當得何法，而言聖人？”答：“一法不斷，一法不得，此謂聖人。”進曰：“不斷不得，與凡夫有何異？”師曰：“有異。何以故？一切凡夫皆有所斷，妄計所得真心；聖人則本無所斷，亦無所得。故曰有異。”進曰：“云何凡夫有所得，聖人無所得？得與不得，復有何異？”師曰：“有異，何以故？凡夫有所得，則有虚妄；聖人無所得，則無虚妄。有虚妄者，則有異；無虚妄者，則無異。”進曰：“若無異，聖人名因何立？”師曰：“凡之与聖，二俱是假名。假名之中無二，則無有異。如説龜毛兔角也。”進曰：“聖人若同龜毛兔角，則應是無。令人學何物？”師曰：“我説龜毛，不説無龜，汝何意作此難？”進曰：“龜喻何物？毛喻何物？”師曰：“龜喻於道，毛喻於我，故聖人無我而有道，凡夫無道而有我。執我者，猶如龜毛兔角也。”次乃法付智嚴已。

自現慶元年，司空蕭無善請出建初寺，師辭不免，乃謂衆曰：“從今一去，再不踐也。”既出山寺門，禽獸哀號，逾月不止；山間泉池，激石涌砂，一時填滿；房前大桐四株，五月繁茂，一朝凋盡。

師至現慶二年丁巳歲潤正月二十三日，於建初寺終，春秋六十四，僧夏四十一。至二十七日葬，塔在金陵後湖溪籠山，即耆闍山也。因此牛頭宗六枝：第一是融禪師，第二智巖，第三慧方，第四法持，第五智威，第六惠忠也。

鶴林和尚

鶴林和尚，嗣牛頭威禪師，師諱馬素。未睹行狀，不决化緣始終。勑謚大律禪師、大和寶航之塔。

問：“如何是西來意？”師曰：“會即不會，疑即不疑。”師却云：“不會不疑底，不疑不會底。”有僧敲門，師問：“是什摩人？”對曰：“僧。”師曰：“非但僧，佛來亦不著。”進曰：“佛來爲什摩不著？”師曰：“此間無公止泊處。”

先徑山和尚

先徑山和尚，嗣鶴林，師諱道欽。大歷年，代宗請赴京師，号國一禪師。

肅宗皇帝來禮師，師見帝來，遂起立。帝曰：“大師見朕來，因何起？”師曰：“檀越因什摩向四威儀中見貧道？”

問：“如何是祖師西來意？”師曰：“汝問不當。”曰：“如何得當？”師曰：“待我死，即向汝道。”

江西馬大師令西堂問師："十二時中以何爲境?"師曰："待汝迴去有信上大師。"西堂曰："如今便迴去。"師曰："傳語大師：'却須問取曹溪始得。'"

鳥窠和尚

鳥窠和尚，嗣徑山國一禪師。在杭州。未睹行録，不决化緣始終。

因侍者辭，師問："汝去何處?"對曰："向諸方學佛法去。"師曰："若是佛法，我這裏亦有小許。"侍者便問："如何是這裏佛法?"師抽一莖布毛示，侍者便悟。

白舍人親受心戒，又時對坐，並無言說。舍人第三弟見此，造詩曰：

白頭居士對禪師，正是《楞嚴》三昧時。一物也無百味足，恒沙能有幾人知?

白舍人問："一日十二時中，如何修行便得与道相應?"師云："諸惡莫作，諸善奉行。"舍人曰："三歲孩兒也解道得。"師曰："三歲孩兒也解道得，百歲老人略行不得。"舍人因此禮拜爲師，讚曰：

形羸骨瘦久修行，一納麻衣稱道情。曾結草庵倚碧樹，天涯知有鳥窠名。

師問白舍人："汝是白家兒不?"舍人稱名白家易，師曰："汝婀爺姓什摩?"舍人無對。舍人歸帰京，入寺遊戲，見僧念經，便問："甲子多少?"對曰："八十五。"進曰："念經得幾年?"對曰："六十年。"舍人云："大奇，大奇！雖然如此，出家自有本分事。作摩生是和尚本分事?"僧無對。舍人因此詩曰：

空門有路不知處，頭白齒黄猶念經。何年飲著聲聞酒，迄至如今醉未醒。已上空宗。

懶瓚和尚

五祖忍大師下傍出一枝：神秀和尚、老安國師、道明和尚。神秀下普寂，普寂下懶瓚和尚①，在南岳。師有《樂道歌》曰：

兀然無事無改换，無事何須論一段?
真心無散乱，他事不須斷。
過去已過去，未來更莫筭。
兀然無事坐，何曾有人唤?
向外覓功夫，總是癡頑頑漢。
粮不畜一粒，逢飰但知餐。
世間多事人，相趁渾不及。
我不樂生天，亦不愛福田。
飢來即喫飰，睡來即卧瞑。
愚人笑我，智乃知賢。
不是癡鈍，本躰如然。
要去即去，要住即住。
身被一破納，脚着孃生袴。

① "寂""寂"均是"寂"的異體字，參見《金石文字辩異·入聲十二錫·寂》(邢澍，見《石刻史料新編》第1輯第29册，新文豐出版公司，1977年，第21825頁)。

多言復多語，由來反相悮。
若欲度衆生，無過且自度。
莫謾求真佛，真佛不可見。
妙性及靈臺，何曾受勳練？
心是無事心，面是孃生面。
劫石可移動，个中難改變。
無事本無事，何須讀文字？
削除人我本，冥合個中意。
種種勞肪骨，不如林間睡。
兀兀舉頭見日高，乞飲從頭餧。
將功用功，展轉冥朦。
取則不得，不取自通。
吾有一言，絶慮忘緣。
巧説不得，只用心傳。
更有一語，無過直與。
細如毫末，本無方所。
本自圓成，不勞機杼。
丗事悠悠，不如山丘。
青松弊日，碧澗長流。
卧藤蘿下，塊石枕頭。
山雲當幕，夜月爲鈎。
不朝天子，豈羨王侯？
生死無慮，更須何憂？
水月無形，我常只寧。
万法皆爾，本自無生。
兀然無事坐，春來草自青。

老安國師

老安國師，嗣五祖忍大師，在嵩山。

坦然禪師問："如何是祖師西來意旨？"師曰："何不問自家意旨，問他意旨作什摩？"進曰："如何是坦然意旨？"師曰："汝須密作用。"進曰："如何是密作用？"師閉目又開目，坦然禪師便悟。

騰騰和尚

騰騰和尚，嗣安國師。師有《樂道歌》曰：

問道道無可修，問法法無可問。
迷人不了性空，智者本無違順。
八万四千法門，至理不離方寸。

不要廣學多聞，不在辯才聰儁。
識取自家城廓，莫謾遊他州郡。
言語不離性空，和光不同塵坌。
煩惱即是菩提，净花生於泥糞。
若有人求問答，誰能共他講論？
亦不知月之大小，亦不知歲之餘閏。
晨時以粥充飢，仲時更湌一頓。
今日任運騰騰，明日騰騰任運。
心中了了總知，只没佯癡縛鈍。

四、《大唐三藏取經詩話》（節選）

入九龍池處第七

行次前過九龍池。猴行者曰："我師看此是九條馗頭鼉龍，常會作孽，損人性命。我師不用忩忩。"忽見波瀾渺渺，白浪茫茫，千里烏江，万重黑浪。只見馗龍哮吼，火鬣毫光，喊動前來。被猴行者隱形帽化作遮天陣，鉢盂盛却万里之水，金鐶錫杖化作一條鐵龍。無日無夜，二邊相鬪。被猴行者騎定馗龍，要抽背脊筋一條，与我法師結條子。九龍咸伏，被抽背脊筋了；更被脊鐵棒八百下。"從今日去，善眼相看。若更準前，尽皆除滅！"困龍半死，隱迹藏形。

猴行者拘得背筋，結條子与法師繫腰。法師才繫，行步如飛，跳迴有難之處。盖龍脊筋極有神通，变現无窮。三藏後迴東土，其條化上天宫。今僧家所傳，乃水錦條也。法師德行不可思議，乃成詩曰：

（下缺）

（題原缺）第八

（前缺）一物否""答曰："不識。"深沙云："項下是和尚兩度被我喫你，袋得枯骨在此。"和尚曰："你最無知。此回若不改過，教你一門滅絶！"深沙合掌謝恩，伏蒙慈照。深沙當时哮吼，教和尚莫敬。只見紅塵隱隱，白雪紛紛。良久，一時三五道火裂，深沙衮衮，雷声喊喊，遥望一道金橋，兩邊銀線，尽是深沙神，身長三丈，將兩手托定；師行七人，便從金橋上過。過了，深沙神合掌相送。法師曰："謝汝心力。我迴東土，奉答前恩。從今去更莫作罪。"兩岸骨肉，合掌頂禮，唱喏連声。深沙前來解吟詩曰：

一墮深沙五百春，渾家眷屬受災殃。金橋手托從師過，乞薦幽神化却身。

法師詩曰：

兩度曾遭汝喫來，更將枯骨問元才。而今赦汝殘生去，東土專心次第排。

猴行者詩曰：

謝汝回心意不偏，金橋銀線步平安。回歸東土修功德，薦拔深沙向佛前。

入鬼子母國處第九

登途行数十里，人煙寂寂，旅店稀稀。又過一山，山嶺崔嵬，人行不到，鵶鳥不飛，未知此中是何所在。

行次欲近官道，道中更無人行。又行百里之中，全無人煙店舍。

入到國中，見一所荒寺，寺内亦無僧行。又見街市數人，問云："此是何處？"其人不言不語，更无應對。法師一見如此，轉是恓惶。七人遂乃止宿此中。

來日天晓，有錢又無米粂；問人，人又不應。逡巡投一國，入其殿宇，只見三歲孩兒無千無万。國王一見法師七人，甚是信善，滿國焚香，都來恭敬。王問："和尚欲往何所？"法師答曰："爲東土衆生，入於竺國請取經教。"國王闻語，合掌虔誠。遂惠白米一碩，珠珍一斗、金錢二千、綵帛二束，以贈路中食用；又設齋供一筵，極是善美。僧行七人，深谢國王恩念，多感再三。

國王曰："曾識此國否？"法師答："不識。"國王曰："此去西天不遠。"法師又問："臣啓大王：此中人民得恁地性硬，街市往來，叫也不應。又無大人，都是三歲孩兒。何故孩兒無數，却無父母？"國王大笑曰："和尚向西來，豈不見人説有鬼子母國？"法師聞語，心如半醉："然我七人，只是對鬼説話？"國王曰："前程安穩，回日衹備茶湯。"法師七人大生慙愧，臨行乃留詩曰：

誰知國是鬼祖母，正當飢困得齊飡。更蒙珠米充盤費，顧取經回報答恩。

鬼子母贈詩云：

稀疏旅店路蹊蹺，借問行人不應招。西國竺天看便到，身心常把水清澆。

早起晚眠勤念佛，晨昏禱祝備香燒。取經回日須過此，頂敬衹迎住數朝。

經過女人國處第十

僧行前去，沐浴慇勤。店舍稀疏，荒郊止宿，虽有虎狼蟲獸，見人全不傷殘。

次入一國，都無一人，只見荒屋漏落，薗離破碎。前行漸有數人耕田，布種五穀。法師曰："此中似有州縣，又少人民，且得見三五農夫之面。"耕夫一見，个个眉開。法師乃成詩曰：

荒州荒縣無人住，僧行朝朝宿野盤。今日農夫逢見面，師僧方得少開顔。

猴行者詩曰：

休言荒國無人住，荒縣荒州誰肯耕？人力種田師不識，此君住處是西城。

早來此地權耕作，夜宿天宫歇洞庭。夅步登途休眷戀，免煩東土望回程。

夅步如飛，前遇一溪，洪水茫茫。法師煩惱。猴行者曰："但請前行，自有方便。"行者大叫"天王"一聲，溪水断流，洪浪乾絶。師行過了，合掌擎拳。此是宿緣，天宫助力。

次行又過一荒州，行數十里，憇歇一村。法師曰："前去都無人煙，不知是何處所？"行者曰："前去借問，休勞嘆息。"

又行百里之外，見有一國，人煙济楚，買賣駢闐。入到國内，見門上一牌云："女人之國"。僧行遂謁見女王。女王問曰："和尚因何到此國？"法師答言："奉唐帝勑命，爲東土衆生往西天取經作大福田。"女王合掌，遂設齊供。僧行赴齊，都喫不得。女王曰：

"何不喫齊?"僧行起身唱喏曰:"蒙王賜齊,盖爲砂多,不通喫食。"女王曰:"啓和尚知悉:此國之中,全无五穀。只是東土佛寺人家,及國内設齊之时出生,尽於地上等處収得,所以砂多。和尚回歸東土之日,望垂方便。"法師起身,乃留詩曰:

女王專意設清齊,盖爲砂多不纳懷。竺國取經歸到日,教令東土置生臺。

女王見詩,遂詔法師一行,入内宫着賞。僧行入内,見香花滿座,七宝層層;两行盡是女人,年方二八,美貌輕盈,星眼柳眉,朱唇榴齒,桃臉蝉髮,衣服光鮮,語話柔和,世間無此。一見僧行入來,滿面含笑,低眉促黛,近前相揖:"起咨和尚,此是女人之國,都無丈夫。今日得睹僧行一來,奉爲此中,起造寺院,請師七人,就此住持。且緣合國女人,早起晚來,入寺燒香,聞經聽法,種植善根;又且得見丈夫,夙世因緣。不知和尚意旨如何?"法師曰:"我爲東土衆生,又怎得此中住院?"女王曰:"和尚師兄,豈不聞古人説:'人過一生,不過两世。'便只住此中,爲我作个國主也,甚好一段風流事!"

和尚再三不肯,遂乃辭行。兩伴女人,泪珠流臉,眉黛愁生,乃相谓言:"此去何時再睹丈夫之面?"女王遂取夜明珠五顆、白馬一匹,贈與和尚前去使用。僧行合掌稱謝,乃留詩曰:

願王存善好修持,幻化浮生得幾時?一念凡心如不悟,千生万劫落阿鼻。

休喏緑鬢桃红臉,莫戀輕盈与翠眉。大限到來无處避,髑髏何處問因衣。

女王與女衆,香花送師行出城,詩曰:

此中别是一家仙,送汝前程往竺天。要識女王姓名字,便是文殊及普賢。

第二單元 出土文獻

第一章 甲 骨

一、第一片[(1)]

甲子 乙丑 丙寅 丁卯 戊辰 己巳[(2)]庚午 辛未 壬申 癸酉 甲戌 乙亥
丙子 丁丑 戊寅 己卯 庚辰 辛巳 壬午 癸未 甲申 乙酉 丙戌 丁亥
戊子 己丑 庚寅 辛卯 壬辰 癸巳 甲午 乙未 丙申 丁酉 戊戌 己亥
庚子 辛丑 壬寅 癸卯 甲辰 乙巳 丙午 丁未 戊申 己酉 庚戌 辛亥
壬子 癸丑 甲寅 乙卯 丙辰 丁巳 戊午 己未 庚申 辛酉 壬戌 癸亥

(1)選自《甲骨文合集》第 37986 片。這片甲骨屬第五期,是一份完整的干支表,也是目前最早的干支表。

(2)巳,殷墟甲骨文中作[illegible],與“子孫”的“子”字形相同;但地支的“子”作[illegible],二者不相混淆。

干支由十天干和十二地支組成,天干:甲、乙、丙、丁、戊、己、庚、辛、壬、癸,地支:子、丑、寅、卯、辰、巳、午、未、申、酉、戌、亥。二者奇數爲陰,偶數爲陽,陰配陰,陽配陽,一共六十組。由於干支表以“甲子”開頭,所以後世又稱爲甲子表。

二、第二片[(1)]

癸卯卜:“今日雨?[(2)]其自東來雨?[(3)]其自南來雨? 其自西來雨? 其自北來雨?”

(1)選自《卜辭通纂》第 375 片。此片按“東南西北”的順序占卜下雨的方向,各方反復占問,是重章疊句藝術手法的先例。

(2)雨:動詞,下雨。此處“雨”的詞類和意義與後面四處都不同。古代漢語大多一詞兼多類,或者詞無定類。

(3)其:語氣詞,表强調。雨:名詞。後面三處“雨”都與此同。

【全辭大意】

癸卯日占卜:“今天下雨嗎? 從東方來的雨嗎? 從南方來的雨嗎? 從西方來的雨嗎? 從北方來的雨嗎?”

三、第三片、第四片

(一)第三片[1]

癸巳卜,争貞[2]:“今一月雨?”[3]王占曰:[4]“丙雨。”一、二、三[5]

癸巳卜,争貞:“今一月不其雨?[6]”一、二、三

旬壬寅雨。甲辰亦雨。

(二)第四片

己酉雨。辛亥亦雨。雀入二百五十。[7]

(1)第三片選自《殷墟文字丙編》第368片,第四片選自第369片,兩片分刻,辭意應連讀。此兩片屬第一期。這篇刻辭結構完整,包含了叙辭、命辭、占辭、驗辭、署辭。辭旁附有兆序,辭中還有對貞。

(2)争:名詞,武丁時期一個貞人的名字。貞:動詞,占卜、卜問。

(3)雨:動詞,下雨。此片的“雨”都與此同。

(4)占:字形作固。

(5)刻辭裏此列文字左邊還刻有“一二三”的數字,它們表示占卜的次序,稱爲“兆序”,不應納入正文的内容。它們説明一共占卜了三次,三次共用刻辭。

(6)其:語氣詞,表强調。

(7)雀:殷的附屬方國或者部落名。入:進貢。二百五十:貢品的數量。刻辭没寫貢品的名稱,學界大多認爲貢品是龜甲。

【全辭大意】

癸巳日占卜,貞人争問:“現今一月之内下雨嗎?”王判斷説:“逢丙的那些天將要下雨。”癸巳日占卜,貞人争問:“現今一月之内不會下雨嗎?”下一旬的壬寅日下了雨。甲辰日也下了雨。己酉日下了雨。辛亥日也下了雨。雀貢入龜甲二百五十。

此篇刻辭結構完整,較爲難得。“癸巳卜,争貞”是叙辭,記録了占卜的時間和人名。“今一月雨”是命辭,記録了占卜的問題。“王占曰:丙雨”是占辭,記録了根據卜兆作出的判斷。第二條卜辭“癸巳卜,争貞:今一月不其雨”是從反面進行卜問,與第一條的正面卜問形成“對貞”。正反卜問的“對貞”,是甲骨文的常見現象。“旬壬寅雨。甲辰亦雨。己酉雨。辛亥亦雨”是驗辭,記録了占卜是否應驗的情況。“雀入二百五十”是署辭,記録龜甲的來源。

由兆序可知，癸巳日爲下雨進行了三次占卜。爲一事多次進行占卜，是甲骨文中常見的記録。一般來説，卜問的次數越多，事情就越重要。

四、第五片(1)

甲申卜，㱿貞：(2)"帚好冥，(3)妫？(4)"王占曰："其隹丁冥，(5)妫；其隹庚冥，引吉。(6)"三旬㞢一日甲寅冥，(7)不妫，隹女。

甲申卜，㱿貞："帚好冥，不其妫？"三旬㞢一日甲寅冥，允不妫，(8)隹女。

(1)選自《甲骨文合集》第14002片，屬第一期。刻辭中提到的婦好，她的墳墓於1976年出土，是極爲稀少的刻在甲骨文裏又出土墳墓的人物。

(2)㱿：音"què"，武丁時貞人名。貞：動詞，占卜、卜問。

(3)帚好：也寫成婦好，武丁的妻子。"婦"是親屬稱謂，"好"是她的姓氏。冥：通"娩"，也寫成"娩"，生孩子。

(4)妫：通"嘉"，好。

(5)其、隹：二者都是語氣詞，都表强調。丁：指天干爲丁的日子。

(6)引：長久。

(7)㞢："之"的古體寫法。此處通"有"，意同"又"。

(8)允：副詞，果然、確實。

【全辭大意】

甲申日占卜，貞人㱿卜問："婦好將要分娩，是生兒子嗎？"王判斷説："如果在丁日分娩，就生兒子；如果在庚日分娩，就永遠吉利。"過了三十又一天，在甲寅日分娩，不是兒子，是女兒。

甲申日占卜，貞人㱿卜問："婦好將要分娩，不生兒子嗎？"過了三十又一天，在甲寅日分娩，果然不是兒子，是女兒。

婦好墓於1976年在河南安陽小屯西北出土，其中鑄有"婦好"銘文的器物多達109件。婦好死後的廟號爲"辛"，陪葬品銘文因此稱她爲"后母辛"，後世稱"母辛宗""乙辛""妣辛"。在小屯出土的一萬餘片甲骨中，提及她的就有200多次。

這篇刻辭生兒子爲"嘉"，生女兒爲"不嘉"，表現了商人重男輕女的觀念。

五、第六片(1)

王其又母戊一妾，(2)此受又？(3)二妾？卯叀羊？(4)叀小宰？(5)叀牛？王此受又？

(1)選自《殷契粹編》第380片，《甲骨文合集》將此片定爲第三期。

(2)其：語氣詞，表强調。又：通"侑"，祭名，報神的一種祭祀。母戊：廟號爲戊的商王配偶。妾:甲骨文作㚣,指女奴或女俘,此處用爲獻祭的人牲。

(3)又:通"祐",神靈的保佑。下一個"又"含義與此同。

(4)卯:剖牲以獻祭。叀:語氣詞,表强調。

(5)窂:音"láo",特殊飼養的羊牲。

【全辭大意】

王將用一名妾作人牲來侑祭母戊,這會得到保佑嗎?用兩名妾呢?剖殺羊呢?用小窂作牲呢?用牛作牲呢?王這樣祭祀會得到保佑嗎?

此篇刻辭提出五種用牲祭祀的方法,其中以妾爲牲,是商代用女奴或女俘作人牲祭祀的記録。

六、第七片[(1)]

乙亥卜,行貞:[(2)]"王宾小乙,[(3)]㞢,[(4)]亡尤?[(5)]"才十一月。[(6)]

乙亥卜,行貞:"王宾,㲋,[(7)]亡[尤]?[(8)]"

丁丑卜,行貞:"王宾父丁,[(9)]㞢,亡尤?"

丁丑卜,行貞:"王宾,㲋,亡尤?"

己卯卜,行貞:"王宾兄己,[(10)]㞢,亡尤?"

己卯卜,行貞:"王宾,㲋,亡尤?"

[庚辰]卜,[(11)]行[貞]:"[王]宾兄庚,[(12)]㞢,亡尤?"

(1)選自《甲骨綴合新編》第303片,屬第二期。

(2)行:貞人的名字。貞:動詞,占卜、卜問。

(3)宾:通"儐",敬神,此處指敬先祖。小乙:商王名,祖丁的兒子,祖庚和祖甲的祖父。

(4)㞢:音"xié",祭名,也寫作"劦"。從字形看,有幾人合力的意思。

(5)亡尤:與"亡灾""亡禍"含義接近,是卜辭中常見詞語。亡,動詞,通"無",没有。尤,過失、灾禍。

(6)才:動詞,通"在"。

(7)㲋:通"塞",實的意思。祈禱時許諾將來回報的物品和數量,後來如實報祭。

(8)[尤]:此字據文例補。加框的字都表示拓片殘缺而據例補出。

(9)父丁:父親武丁。

(10)兄己:兄長孝己。

(11)[庚辰]:此二字原片已殘,據文例補。

(12)兄庚:兄長祖庚。

【全辭大意】

乙亥日占卜，貞人行問：“王儐祭小乙用𠭰祭，没有什麼灾禍吧？”時在十一月。乙亥日占卜，貞人行問：“王儐祭小乙用𣪊祭，没有什麼灾禍吧？”

丁丑日占卜，貞人行問：“王儐祭父丁用𠭰祭，没有什麼灾禍吧？”丁丑日占卜，貞人行問：“王儐祭父丁用𣪊祭，没有什麼灾禍吧？”

己卯日占卜，貞人行問：“王儐祭兄己用𠭰祭，没有什麼灾禍吧？”己卯日占卜，貞人行問：“王儐祭兄己用𣪊祭，没有什麼灾禍吧？”

庚辰日占卜，貞人行問：“王儐祭兄庚用𠭰祭，没有什麼灾禍吧？”庚辰日占卜，貞人行問：“王儐祭兄庚用𣪊祭，没有什麼灾禍吧？”

此篇在乙日祭祀小乙，丁日祭祀父丁，己日祭祀兄己，因此祭祀兄庚就應當在庚日，本旬的庚日只有庚辰，所以據文例補出“庚辰”二字。另據文例，補出加口的“尤貞王𠭰”字。此篇在乙亥日、丁丑日、己卯日各有兩卜，組成一組，三組的第一卜、第二卜各自的叙辭和命辭都相同，遵循此文例，可補出祭祀兄庚的第二卜：“庚辰卜，行貞：王𡧊，𣪊，亡尤？”

據今本《竹書紀年》：“武丁二十五年，王子孝己卒於野。”《史記·殷本紀》：“帝武丁崩，子帝祖庚立……帝祖庚崩，弟祖甲立。”“父丁”在此次祭祀中位於小乙之後，而位於兄己、兄庚之前，可知刻辭中的“父丁”即武丁，“兄己”即孝己，“兄庚”即祖庚。當時祭祀的商王是祖甲，他祭祀自己的祖父“小乙”、父親“父丁”、兄長“兄己”和“兄庚”。此篇刻辭與傳世文獻中的《竹書紀年》和《史記·殷本紀》相互參證，理清了當時商王的祖、父及兄弟關係。

七、第八片(1)

丙辰卜，𡆥貞：(2)“其𢼄羌？(3)”一(4)

貞：“于庚申伐羌？(5)”一

貞：“𢼄羌？”二

貞：“庚申伐羌？”二

貞：“𢼄羌？”三、亖、二告、五

貞：“庚申伐羌？”三、亖、二告、五

(1)選自《殷墟文字丙編》第7片，屬第一期。

(2)𡆥：人名，字難以確識。或釋爲“古”。貞：動詞，占卜、卜問。

(3)其：語氣詞，表强調。𢼄：音“shī”，祭名，割裂。此處是割裂人牲來獻祭。因古文字中“它”與“也”形近，此字也寫成“𢻱”，後世也寫成“施”或“肔”。

(4)一：它和後面的“三、亖、二告、五”都是在文字左邊刻的數字，它們表示占卜的次序，稱爲“兆序”，不應納入正文的内容。它們説明一共占卜了幾次，以及這幾次共用的刻辭。

(5)伐：字形爲用戈斷人頭，此處爲祭名，用斷人頭來獻祭。

【全辭大意】

丙辰日占卜，貞人𠂤問：“要用羌人作人牲舉行𢦏祭嗎？”問：“在庚申日用羌人作人牲舉行伐祭嗎？”問：“用羌人作人牲舉行𢦏祭嗎？”問：“在庚申日用羌人作人牲舉行伐祭嗎？”問：“用羌人作人牲舉行𢦏祭嗎？”問：“在庚申日用羌人作人牲舉行伐祭嗎？”

此篇刻辭記録了在丙辰那天的五次卜問，問的内容是在庚申日用羌人舉行𢦏祭還是伐祭。由兆序數字可以看出，這五次卜問，第一、二次分别刻辭，第三、四、五次共用刻辭。

八、第九片[(1)]

丙寅卜：“叀馬小臣[乎]？[(2)]叀戍馬冒乎？[(3)]允王受又₌？[(4)]王其乎，[(5)]允受又₌？”

(1)選自《殷契粹編》第1156片。

(2)叀：語氣詞，表强調。馬小臣：官職名，主管馬政。[乎]：命令。原刻殘缺，據下句的辭例補。

(3)戍馬：官職名。冒：此字不識，按辭例可能是戍馬官員的名字。

(4)允：副詞，果然、確實。又₌：“₌”是重文符號。兩個相同字重複使用，甲骨裏往往用重文符號。前“又”用作名詞詞頭，後世作“有”；後“又”通作“祐”。

(5)其：語氣詞，表强調。

【全辭大意】

丙寅日占卜：“是命令馬小臣呢？還是命令戍馬冒呢？王果真能得到保佑嗎？王命令他們，果真能得到保佑嗎？”

此篇刻辭出現的重文符號，在甲骨文和金文裏都是常見現象。

九、第十片[(1)]

甲寅卜，㱿貞：[(2)]“羽乙卯易日？[(3)]”

貞：“羽乙卯，乙卯不其易日？[(4)]”

貞：“㞢疾自，[(5)]隹㞢壴？[(6)]”

貞：“㞢疾自，不隹㞢壴？”

(1)選自《殷墟文字乙編》第6385片，屬第一期。

(2)㱿：貞人的名字。貞：動詞，占卜、卜問。

(3)羽：通"翌"，第二天。乙卯爲甲寅的次日，所以稱"羽"。易日：易，通"暘"，暘日指多雲間晴的天氣。

(4)"羽乙卯，乙卯不其易日"有兩個"乙卯"，與上條刻辭比較，第二個"乙卯"應該是重複誤刻。

(5)㞢："之"的古文字形，此處通"有"。自："鼻"的古文。

(6)隹：語氣詞，表强調。㞢𡆥：與"災禍"含義相近。𡆥，裘錫圭隸定作𧈪，釋爲"害"。

【全辭大意】

甲寅日占卜，貞人㱿問："第二天乙卯日是多雲間晴的天氣嗎？"問："第二天乙卯日不是多雲間晴的天氣吧？"問："鼻子有病，是有災禍要發生嗎？"問："鼻子有病，不是有災禍要發生吧？"

此篇刻辭出現重複誤刻，這是甲骨文中較爲普遍的現象。

第二章 銅　器

一、四祀切其卣(1)

乙巳，王曰：(2)"隮文武帝乙宜。"(3)才[illegible]大庙，(4)遘乙羽日。(5)丙午，𩰫。(6)丁未，[illegible]。(7)己酉，王才梌，切其易貝。(8)才三月，(9)隹王三祀羽日。(10)

(1)四祀切其卣：相傳20世紀30(或40)年代出土於河南省安陽小屯殷墟。此器現藏北京故宫博物院。

(2)王：據銘文出現"文武帝乙"的稱謂，結合考證出來的世系表，可以確定此王爲殷王帝辛。曰：原字形似"口"，據文義釋爲"曰"。

(3)隮：同"尊"，祭祀。文武帝乙：帝辛的父親帝乙。此稱謂常見於殷墟第五期卜辭。宜："宜"的初文。此用爲祭名。

(4)才：動詞，通"在"。[illegible]大庙：召大庭，殷墟卜辭或稱爲"卲庭"。[illegible]，音"shào"，地名，經籍通作"召"。庙，從廣耶聲("耶"爲"聽"之初文)，通"庭"。

(5)遘：同"遘"，遇到。乙：董作賓認爲是殷之先王大乙(成湯)的省稱。羽日：羽，音"yì"，祭名，經籍通作"翼"。翼日，舉行翼祭的日子。

(6)𩰫：音"xiè"，通"寫"。此處爲祭祀時將食物從此器轉移到他器的一種儀式。

(7)[illegible]:字不識,據文例推測是祭祀的一種儀式。

(8)梌:字不能確識,此處用作地名。切其:作器者名。切,音“bì”。易:通“賜”。貝:古代一種貨幣名。

(9)亖:數字“四”。

(10)隹:語氣詞,經籍通作“唯”。祀:年。

【全辭大意】

乙巳日,王説:“祭祀文武帝乙要用宜祭。”在召大庭,恰好遇到大乙的翼祭之日。丙午日,舉行祭祀的食物由一器轉移到他器的儀式。丁未日,舉行儀式[illegible]。己酉日,王在梌地,切其被王賞賜了貝。時在四月,這是王帝辛即位第四年的翼祭之日。

此器外底鑄有銘文8行42字,這是目前已知商代青銅器中字數最多的一個。它明確地寫出了事件的年代,爲殷王帝辛即位的第四年。

銘文記載的日期前後相續:第一天乙巳日王發表了祭祀帝乙要用宜祭的命令,第二天丙午日舉行食物轉移儀式,第三天丁未日舉行儀式[illegible],第五天己酉日王賞賜貝。

二、利簋[1]

珷征商,[2]隹甲子淖,[3]歲鼎,[4]克䎽夙又商。[5]辛未,[6]王才䆳自,[7]易又吏利金。[8]用乍旜公寶隮彝。[9]

(1)利簋:是目前所知西周時期最早的一件青銅器,保存了武王伐紂的珍貴史料。此器1976年出土於陜西臨潼,腹内底鑄有銘文4行32字。

(2)珷:周武王“武”的專用字。可見周初已經開始稱王號。

(3)隹:語氣詞,經籍通作“唯”。淖:音“zhāo”,同“朝”,清早。

(4)歲:歲星,今稱木星。鼎:當,正當。

(5)克:能夠。䎽夙:這晨指武王破商的時間,是從清早到黄昏。䎽,“聞”的初文。此通“昏”,指黄昏。夙,早晨,此字後來寫成“夙”。又:通“有”,占有。

(6)辛未:按甲子表推算,它是甲子日後第八天。

(7)才:動詞,通“在”。䆳自:人口較多、地名爲䆳的地方。䆳:可讀爲管。自:音“shī”,甲骨文即以“自”爲“師”,這裏指人口較多的聚集之處。

(8)易:通“賜”,賞賜。又吏:又,“右”之初文。吏,同“事”,通“史”。右史屬史官,在西周金文中目前僅見此銘。一説“又吏”通“有司”。利:右史的名字。金:指銅。

(9)用:連詞,因而。乍:“作”的初文,製作。旜公:利的先人。《金文編》釋旜爲旃(zhān)。寶:形容詞,珍貴、寶貴。隮彝:祭祀用禮器的通稱。隮,同“尊”。

【全辭大意】

武王征討商朝,在甲子的清晨,這一天歲星正當其位,於是能夠從早上到黄昏就攻占商朝。八天之後的辛未日，武王在𩰫𠂤，賜給右史官員利一些銅。利用這些銅製作了祭祀旜公的珍貴禮器。

《利簋》的銘文記載武王代紂的時間是甲子日清晨，《尚書・周書・牧誓》："時甲子昧爽，王朝至於商郊牧野。"《漢書・律曆志》引《尚書・武成》："甲子，咸劉商王紂。"《逸周書・世俘》："越五日甲子，朝至，接於商，則咸劉商王紂。"皆與本銘所記時日相符。

此銘文還記載武王破紂僅用了一天時間，從清晨到黄昏。《史記・周本紀》詳細記載了武王在這一夜的各項活動，可以參看。

古人發現歲星十二年一周天，所以用歲星來紀年。星位是否端正，被古人視爲吉凶的徵兆。銘文寫出"歲鼎"，就是木星位置端正，代表武王伐紂是吉祥的事、順應天意的事。

三、何尊(1)

隹王初䙴宅玗成周，(2) 復亯珷王豊，(3) 𥛚自天。(4) 才三月丙戌，(5) 王𧥄宗小子玗京室，(6) 曰："昔才爾考公氏，(7) 克逨玟王，(8) 肄玟王受玆[大令]。(9) 隹珷王既克大邑商，(10) 𠟭廷告玗天，(11) 曰：'余其宅玆中或，(12) 自之𥆞民。'(13) 烏虖！(14) 爾有唯小子，(15) 亡戠，(16) 視玗公氏，(17) 又爵玗天，(18) [illegible]令，(19) 苟亯𢦏！"(20) 叀王龏德谷天，(21) 順我不每。(22) 王咸𧥄，(23) 𠳵易貝卅朋。(24) 用乍□公寶隮彝。(25) 隹王五祀。(26)

(1)此器 1963 年出土於陝西省寶雞市，現藏寶雞市博物館。器名𠳵字，現寫爲何。

(2)隹：語氣詞，經籍通作"唯"。䙴："遷邑"之"遷"的專字，後世通作"遷"。宅：指周王所居宫室。玗：介詞，經籍通作"於"。成周：地名，故地在今河南省洛陽市。

(3)復：又，再，第二次。亯：通"稟"，稟，遵行。珷王：周武王。珷，周武王的"武"的專用字。豊："禮"的初文，此指祭禮。

(4)𥛚：同"福"，受神靈佑助曰福。自：介詞，從，引進動作的來源。

(5)才：介詞，通"在"。三：數字"四"。

(6)𧥄：從言從收，同"誥"，誥訓。宗小子：周王的同宗子弟。京室：成周城内宗廟宫室名，或稱"京宫"。《令方彝》："明公朝至玗成周……明公用牲玗京宫。"

(7)爾：第二人稱代詞。考：亡父。公氏：周王對宗小子父輩貴族姓氏的尊稱。

(8)克：能夠。逨：音 bì，通"弼"，輔佐。玟王：周文王。玟，周文王的"文"的專用字。

(9)肄：句首語氣詞，經籍通作"肆"。玆："茲"的初文，指示代詞，這。[大令]：此二字原缺損，據文義補。令，同"命"。大命，指天命，謂文王受天命取代商朝。

(10)既：已經。克：戰勝。大邑商：商國的代稱。

(11)𠟭：同"則"，副詞，就。廷：通"筳"，折竹進行占卜。

(12)余:武王自稱。其:語氣詞,表强調。宅:居住。中或:即"中國",指周朝疆域的中心地區。或,"國"的初文。

(13)之:指示代詞,這裏。辪:通"乂",治理。

(14)烏虖:嘆詞,經籍通作"嗚呼"。

(15)有:語氣詞。唯:連詞,經籍通作"雖"。此字從口,與銘首"隹王初𨛭宅玗成周"及銘末"隹王五祀"之"隹",形義有别。小子:宗小子的省稱。

(16)亡:動詞,没有,缺乏。戠:通"識",知識,見識。

(17)眂:同"視",看齊、效法。

(18)又:通"有"。𨸏:此字不能確識,以文義推測,似有動勞之意。

(19)𤔲令:完成使命。𤔲,經籍通作"徹",貫徹,完成。

(20)苟:"敬"的初文。亯:同"享",祭享。𢦏:語氣詞,經籍通作"哉"。

(21)叀:語氣詞,經籍多作"唯"。龏:音"gōng",恭敬,崇尚。谷天:豐裕地祭享天神。谷,通"裕"。

(22)順:通"訓",訓誡。我:作器者𣄰自稱。每:通"敏",聰慧。

(23)咸:完畢。

(24)易:通"賜"。貝:古代一種貨幣名。卅朋:此爲"卅朋"二字合文,即三十朋。朋,量詞,古代貨幣單位。朋的字形如串貝。

(25)用:連詞,因而。乍:"作"的初文,製作。□公:"公"上一字漫漶不清,難以隸定,當爲何的祖先的稱謂。障彝:祭祀用禮器的通稱。障,同"尊"。

(26)祀:年。

【全辭大意】

周王開始遷宫室於成周。再次遵行武王的祭禮,承受來自上天的福祐。在四月丙戌日,周王在京室誥訓同宗的子弟。王説:"從前在你們父輩的時候,他們能輔佐文王。文王受此天命。武王已經戰勝了商國,就折竹占卜向天神祭告説:'我要居住在這中心地區,從這裏治理民衆。'啊!你們雖然是宗族子弟,但缺乏知識。因此你們應該效法父輩,爲上天建立勞績,要完成使命,敬慎地祭享呀!"王崇尚道德,豐厚地祭享天神,訓誡我等不聰慧之人。王訓誥完畢,何被賜予貝三十朋。因而製作了這個用來祭祀祖先某公的珍貴禮器。這是周王即位的第五年。

此器腹内底鑄有銘文12行122字(内含合文1字),涉及西周初年營造成周的歷史事件,是一篇珍貴的歷史文獻。

對於銘文的年代,以及"王"是周代的哪個王,目前學術界分歧較大。有人認爲是周康王即位的五年;有人認爲是周成王親政後的五年;有人認爲是周公攝政稱王的五年;有人認爲是周武王死後周成王即位的五年。

"成周"這個地名也見於《逸周書·作雒》:"乃作大邑成周於土中。"其中的"土中"與此器的"中或"義同。"大邑商",是商國的代稱。在《卜辭通纂》别2.1中也有用例:"□未卜,才□貞:王其入大邑商,亡徭?"

《爾雅·釋天》："商曰祀，周曰年。"據此銘，知周代紀年有時也稱"祀"。前文已稱"才三月丙戌"，可見本銘仍保留了商代干支紀日在前、紀祀在後的計時習慣。

四、大盂鼎(1)

隹九月，(2)王才宗周，(3)令盂。(4)王若曰：(5)"盂，不顯玟王受天有大令。(6)在珷王，(7)嗣玟乍邦。(8)闢氒匿。(9)匍有三方，(10)畯正氒民。(11)在雩卸事，(12)叡，(13)酉無敢醺。(14)有[illegible]蒸祀，(15)無敢醻。(16)古天異臨子，(17)灋保先王，(18)□有三方。(19)我[illegible]殷述令，(20)隹殷邊侯、田，(21)雩殷正百辟，(22)率肄於酉，(23)古喪自、巳。(24)女妹辰又大服，(25)余隹即朕小學。(26)女勿[illegible]余乃辟天。(27)今我隹即井[illegible]於玟王正德，(28)若玟王令二三正。(29)今余隹令女盂鬻焚，(30)苟雝德巠，(31)敏朝夕入讕，(32)享、奔走，(33)畏天畏。(34)"王曰："[illegible]，(35)令女盂井乃嗣且南公。(36)"王曰："盂，乃鬻夾死辭戎，(37)敏諫罰訟，(38)殟夕[illegible]我天登三方，(39)雩我其遹省先王受民受彊土。(40)易女鬯一卣、冖衣、市、舄、車、馬。(41)易乃且南公旂，(42)用還。(43)易女邦𤔲三白，(44)人鬲自馭至於庶人六百又五十又九夫。(45)易夷𤔲王臣十又三白，(46)人鬲千又五十夫。𢓊𡨦□自氒土。(47)"王曰："盂，若苟乃正，(48)勿灋朕令。(49)"盂用對王休，(50)用乍且南公寶鼎。隹王廿又三祀。(51)

(1)此器在清道光(1821—1850年)初年出土於陝西省岐山，現藏中國國家博物館。同出三大鼎，現僅存此鼎。亡佚的兩鼎中，其一有銘文拓片留傳，習慣上稱爲小盂鼎。又有的稱大、小盂鼎爲廿三祀盂鼎、廿五祀盂鼎，或稱爲全盂鼎、殘盂鼎。

(2)隹：語氣詞，表强調。

(3)才：動詞，通"在"。宗周：地名，故地在今陝西省西安市西南、灃水東岸。

(4)令：同"命"，册命。盂：人名，製作這個鼎的人。

(5)若，代詞，如此。

(6)不：通"丕"，大。顯：明。玟：周文王的"文"的專用字。天：天神，上帝。有：通"佑"。

(7)珷：周武王的"武"的專用字。

(8)嗣，繼承。乍邦：興建國家。乍，"作"的初文；邦，國。

(9)闢：同"闢"，排除。氒：代詞，經籍通作"厥"。匿：通"慝"，奸惡，此處指紂及其惡臣。

(10)匍：通"溥"，廣大。三：數字"四"之初文。

(11)畯：同"畯"，長久。正：治理。

(12)在雩：兩個介詞連用。雩，介詞，經籍通作"於"。卸，"御"的初文，治理。卸事：管理政事。

(13)叡：音"zhā"，語氣詞。

(14)酉:"酒"的初文。醭:王國維認爲是"醺"的異體,經籍通作"湛"。此指沉湎於某事。

(15)𡕨:音"chái",通"柴"。燒柴焚燎以祭天神。䡑:通"烝"。《禮記·祭統》:"凡祭有四時:春祭曰礿,夏祭曰禘,秋祭曰嘗,冬祭曰烝。"此處柴、烝都是祭名,泛指祭祀。

(16)醻:同"醉"。

(17)古:連詞,經籍通作"故"。異:輔助、庇護。臨:監臨,關心。子:慈愛。一說"子"字連下句讀,爲名詞作狀語。

(18)灋保:大力保佑。灋,通"廢",大。

(19)□有三方:上文稱"匍有三方",則此泐損之字當爲"匍"或與此同義的字。

(20)我:周王自稱。䎽:"聞"的初文。述:通"墜",喪失。令:同"命",指天命。

(21)𨒪:同"邊",邊遠。侯、田:田,通"甸"。古時王畿之外,視距離遠近,將諸侯分作侯、甸、男、衛諸等,叫"外服"。與外服相對的叫"内服",指朝廷内的百官及宗室,亦即下文的"正百辟"。

(22)正:執政大臣。百辟:百官。

(23)率:副詞,全、都。肄:習,經籍通作"肆"。此指耽湎。

(24)𠂤:音"shī",同"師",軍隊。巳:通"祀",祭祀。古人以祭祀爲國祚所寄。

(25)女:第二人稱代詞,經籍或作"汝",指盂。妹辰:即"昧辰",指童蒙知識未開的時候。妹通"昧"。又:通"有"。大服:顯要的職務。

(26)余、朕:第一人稱代詞,皆爲周王的自稱,"余"作主語,"朕"作定語。隹:語氣詞,其下疑有省文。即:到,進入。小學:周代的貴族子弟學校,與"大(太)學"相對。

(27)勿:不要。𢦏:此字尚難確識,當是一個帶貶義的動詞。余乃辟𠑹:𠑹,"一人"二字合文。余、乃辟、一人,這三個詞是同位語,都是周的王自稱。此句意爲:你不可……於我。

(28)井:通"型",效法。㐭。通"稟",稟承。正德:政令與德行。正,通"政"。

(29)令:通"命",任命。二三正:兩三位執政大臣。

(30)䚄:通"詔",輔佐。𤇾:音"yíng"。從字形看,象兩柄火炬交叉,會"明亮"之意。在此當與"䚄"(詔)義相通。

(31)苟:"敬"之初文,恭敬。雝:和諧。巠:"經"的初文,綱紀。

(32)敏:勤勉。諫:通"諫"。

(33)亯:同"享",祭祀。奔走:指爲王事奔忙。

(34)畏天畏:前一個"畏"爲動詞,畏懼。後一個"畏"爲名詞,通"威",威嚴。

(35)𠃬:字不識,依文義當爲語氣詞。

(36)嗣且:嫡祖。且"祖"的初文。南公:盂的嫡祖名。

(37)乃:語氣詞,表祈使。夾:同義詞連用,䚄與夾皆有輔佐之義。死辭:死,通"尸",主管。辭,同"司"掌管。死辭,也是同義詞連用,常見於西周金文中。戎:軍隊。

(38)諫:通"速",及時。罰訟:獄訟案件。

(39)舛:現作"夙",早晨。天:"一人"二字合文。荅:通"烝",此處用作動詞,統治。

(40)其:語氣詞,表示將要。遹省:巡視。遹和省是同義詞連用。先王受民:受,從上天接受到的。"先王受"是主謂結構作定語,"民"是中心語。彊:通"疆"。

(41)易:通"賜"。鬯:音"chàng",祭祀用的香酒。卣:本爲盛酒器,此用作量詞。冖(mì)衣:頭巾。市:音"fú",禮服的蔽膝。經籍或作"韍"。舄:音"xì",一種有木爲底的鞋。

(42)乃:第二人稱代詞,你。旂:音"qí",旗幟。

(43)還:音"shòu",狩獵。

(44)邦嗣:邦國的有司,即周王朝的官員。邦,國,此指周王朝。嗣,同"司",此指有司,官員。白:"伯"之初文,此處是一種官員的單位名稱。

(45)人鬲:含義尚不詳,推測是一種包括馭、庶人等地位不高的軍事人員的集合名詞。駿,同"馭",此指策馬駕車的御者。庶人,此指操戈、梃的步卒。㐭:"六百"二字合文。𠦃:"五十"二字合文。

(46)夷嗣王臣:指異族之國的官員而歸王朝管轄者。夷嗣,與上文"邦嗣"對言。夷,假借爲夷,此指異族之國。

(47)殛:"極"的本字,至、全。寠:音義不明,此處當爲地名。□:此字泐損,據殘留筆畫,疑是"䙴"字,經籍作"遷",遷移。

(48)若、乃:第二人稱代詞,"若"作主語,"乃"作定語。正:通"政",指政事。

(49)灋:通"廢",廢棄。

(50)用:因此。對:答謝。王休:王的賞賜。

(51)祀:年。

【全辭大意】

九月,周康王在宗周,册命盂。王這樣說:"盂啊。偉大英明的文王接受了天帝佑助的重大使命。到了武王,繼承文王,建立了周國。排除紂王臣子那些奸惡,廣有天下四方,長久地治理百姓。在治理政事的時候,可不能沉湎於酒啊。在祭祀的時候,也不敢醉酒。所以天帝給予輔助庇護慈愛,大力保佑先王,廣有天下四方。我聽說殷朝喪失了上天所賜予的大命,是因爲殷朝從遠方的諸侯,到朝廷内的大小官員,都耽湎於酒,所以喪失了軍隊和國祚。你年幼無知時就承繼了要職,我曾讓你到我的小學裏學習。你不可……於我。如今我要效法、稟承文王的政令和德行,猶如文王命令他那兩三位執政大臣那樣。如今我也要命令你盂輔佐我,恭敬地協調德行的綱紀,勤勉地早晚入諫,進行祭祀,奔走於王事,敬畏上天的威嚴。"王又說:"命你盂效法你的嫡祖南公。"王還說:"盂,你要輔佐我主管軍隊,勤勉而及時地處理獄訟案件,從早到晚都應輔佐我治理四方。你將要替我去巡視先王從上天所接受到的人民和疆土。賞賜你一卣鬯酒、頭巾、蔽膝、木底鞋、車、馬。把你嫡祖南公的旗幟賜給你,用以田獵。賜給你邦國的官員四名,人鬲自車御至步卒六百五十九名;賜給你異族的王臣十三名,人鬲一千零五十名。這些人全部遷到寢地。”王説:“盂,你要恭謹地對待你的職事,不可背棄我的命令。”盂因而答謝王的賞賜,並因而製作了用來祭祀嫡祖南公的寶鼎。康王在位的第二十三年。

本鼎作於周康王時期,是西周青銅鼎的代表作。銘文鑄於内腹壁,共 19 行 291 字(内含合文 5 字)。

銘文“隹殷礐侯、田,雩殷正百辟。”可參考《尚書·周書·酒誥》:“越在外服:侯、甸、男、衛、邦伯;越在内服:百僚、庶尹、帷亞、惟服、宗工。”

“余隹即朕小學”可參看《大戴禮記·保傅》:“及太子少長,知妃色,則入於小學。”

“古天異臨子”中“異”“臨”“子”三詞含義相近;“女勿[illegible]余乃辟天”中“余”“乃辟”“一人”三個詞都是周王自稱。類似的行文,甲骨文和金文有,後世的典籍也有。

天、[illegible]、[illegible]這類合文,在甲骨文和金文中是常見的現象,後世的典籍也有類似情況。

五、宜侯夨簋[1]

隹三月辰才丁未,[2]□省珷王、成王伐商圖,[3]彵省東或圖。[4]王立於宜宗土,[5]南鄉。[6]王令虞侯夨曰:[7]“□侯於宜,易𩰫鬯一卣,[8]商鬲一□,[9]彤弓一,彤矢百,[10]旅弓十,[11]旅矢千;易土氒川[illegible]□氒□百又□氒宅邑卅又五□□百又卌;[12]易才宜王人□又七生;[13]易奠七白氒[illegible]□[illegible]夫;[14]易宜庶人[illegible]又□六夫。”[15]宜侯夨䵹王休,[16]乍虞公父丁䵼彝。[17]

(1)此器 1954 年 6 月出土於江蘇省丹徒,現藏中國歷史博物館。夨,音“cè”。

(2)隹:語氣詞,經籍通作“唯”。亖:數字“四”。辰:日辰。才:動詞,通“在”。

(3)□:此器出土後破碎,綴合修復而此字已不可辨,據文義當是“王”字。省:音“xǐng”,察看。珷:周武王的“武”的專用字。圖:此指軍事地圖。

(4)彵:音讀不明。楊樹達認爲含義同“遂”。或:“國”的初文,這裏指地區。圖:此指行政地圖。

(5)宜:“宜”的古文,經籍通作“宜”。宜國,不見於載籍,從銘文“東或圖”及此器出土於江蘇丹徒來看,宜國或即在丹徒一帶。宗土:宗廟與社廟,祭祀祖先與土神之所。土,“社”的初文,指社廟。

(6)南鄉:面向南方。鄉,此字原銘有缺損,依殘畫及文義可知是鄉字。金文鄉或作[illegible]或[illegible],象兩人相向就食之形,爲“饗”的初文,本義爲饗食,引伸爲嚮,表示朝向。在舉行封建册命儀式時,王的位置是居北朝南。

(7)令:同“命”,册命。虞侯夨:夨,人名,原封虞侯,今改封在宜,故下文又稱宜侯夨。虞爲西周封國,故址在今山西省平陸縣東北。

(8)易:通“賜”。𩰫:字不識,疑是鬯名。鬯:祭祀用的香酒,以鬱金草合黍釀成。

金文中記王賜鬯一般是秬鬯(秬爲黑黍),豈鬯僅此一見。卣:本爲盛酒器,此用作量詞。

(9)鬲:字象甗形,當是"甗"的初文。此通"瓚",瓚是一種玉柄的銅勺,用來挹取鬯酒,故與鬯同賜。以圭爲柄的稱圭瓚,以璋爲柄的稱璋瓚。

(10)矤、弜:二字都是"彤"的異體,且專用於修飾弓矢。彤,紅色。

(11)旅:通"黸"(lú),黑色。

(12)氒:指示代詞,經籍通作"厥"。川:川可能是甽的省寫,甽同畎,土地。"言"下所缺或是"萬"字,也可能是"田"字。宅邑:聚居的村落。卌:四十。

(13)王人:王室的下級官員。生:"姓"之初文。王人稱姓,表明他們是以宗族爲單位的。

(14)奠:通"甸"。甸師,亦稱甸人,掌管田地官員。白:"伯"的初文,此處是一種官員的單位名稱,並非爵號。[illegible]:字不識,疑是甸師徒屬的名稱。𠄡:"五十"合文。

(15)庶人:此指農業勞動者。𠫤:"六百"的合文。

(16)䚄:同"揚",稱揚。休:賞賜。受封賞後表達感恩,稱揚王休,是當時的禮儀。

(17)乍:"作"的初文,製作。虞公父丁:宜侯矢的父親,受封爲虞侯,廟號爲丁,故稱虞公父丁。隮彝:祭祀用禮器的通稱。隮,同"尊"。

【全辭大意】

四月丁未日,王察看武王、成王伐商的軍事地圖,並隨之察看了東部地區的行政地圖。王立於宜國宗社,面向南方。王册命虞侯矢說:"封你在宜地爲侯。賜給你豈鬯一卣,商瓚一柄,彤弓一張,彤矢百支,黸弓十張,黸矢千支;賜給你土田,計其畎三百……其……一百又……其宅邑三十又五……百又四十;賜給你在宜地的王人……又七姓;賜給你甸師七名及其徒屬……又五十名;賜給你宜地的庶人六百又……六名。"宜侯矢稱揚王的恩賞。製作了祭祀虞公父丁的禮器。

此器腹内底鑄有銘文12行126字(内含合文3字,缺文11字),記載了周王封矢爲宜侯及賞賜物品、授田授民的項目與數字,是瞭解西周"封建"制度的重要資料。

矢,人名,原封虞侯,今改封在宜,故銘文又稱宜侯。虞爲西周封國,故址在今山西省平陸縣東北。《史記·吴太伯世家》:"周武王克殷,求太伯、仲雍之後,得周章……乃封周章弟虞仲於周之北故夏虚,是爲虞仲,列爲諸侯。"矢應當是虞仲的後代。

"王人"是授土授民的同時賜予的王室官員,如《春秋·莊公六年》:"王人子突救衛。"杜預注:"王人,王之微官也。"《左傳·定公四年》記對魯公的封賞是"分之土田陪敦、祝、宗、卜、史、備物、典策、官司、彝器。"有多種王室官員。

弓和矢是在封賞中是常見物品,各有不同色彩。銘文中的矤、弜又見於《應侯鐘》:"易矤一,弜百。"《伯晨鼎》:"易女……弜矤、旅弓、旅矢。"在上述銘文中,弜是"彤弓"二字的合文,矤是"彤矢"合文。《虢季子白盤》:"賜用弓彤矢其央。"用"彤"字,不作合文。本器的"矤""弜"不是合文,而是"彤"的異體,且專用於修飾弓矢,所以把"丹"改寫成“矢”或“弓”。銘文作“矤弓”“弜矢”“弓”前用“矤”“矢”前用“弜”，這種現象可能是鑄造時把“弜”“矤”這兩個字的範的次序安放顛倒所致。傳世文獻裏也有類似記載，如《尚書·周書·文侯之命》：“用賚爾秬鬯一卣，彤弓一，彤矢百，盧弓一，盧矢百。”《左傳·僖公二十八年》周王册命晉侯爲侯伯“賜之……彤弓一，彤矢矢百，玈(lú)弓矢千，秬鬯一卣。”

六、衛盉(1)

隹三年三月既生霸壬寅，(2)王爯旂於豐。(3)矩白庶人取堇章於裘衛，(4)才八十朋氒賨，(5)其舍田三田。(6)矩或取赤虎兩、(7)麀𧥛兩、(8)𧥛韐一，(9)才廿朋，(10)其舍田三田。裘衛乃彘告於白=邑=父=焚=白=定=白=琼=白=單=白=，(11)乃令參有嗣=土散邑、嗣馬單旟、嗣工邑人服眔受田。(12)燹、趞、衛小子𨑖、逆、者其卿。(13)衛用乍朕文考惠孟寶般，(14)衛其萬年永寶用。(15)

(1)此器在1975年出土於陝西省岐山，現藏陝西省博物館。

(2)隹：語氣詞，經籍通作“唯”。三年：此“三年”當隸何王，有穆王、恭王、懿王等説，待考。既生霸：周代月相名，指農曆每月八、九日至十四、十五日這一段時間。

(3)爯旂：即舉旂、建旂，後世也寫成“稱旗”“建旗”，指樹立祭祀或典禮的旗幟。爯，音“chēng”，並舉。旂，後世大多寫作“旗”，旗幟。豐：地名，故址在今陝西省西安市西南、灃水西岸。

(4)矩白：矩邑封君。矩，封邑名。白，“伯”的初文。庶人：矩伯的屬吏。堇：通“覲”，朝覲。章：通“璋”，玉璋。它是朝覲時所用物品。裘衛：其氏爲裘，其名爲衛。裘氏可能原是掌管皮裘生産的官，以官爲氏。

(5)才：通“在”。(價格)定在，即作價之意。八十：“八十”二字的合文。朋：當時的貨幣單位。朋字之形如串貝。氒：經籍通作“厥”，此處表領屬，其義猶“之”。賨：經籍作“賈”，此處指價格。

(6)其：代詞，這裏指矩伯。舍：給予。田十田：前“田”字是名詞，後“田”字是量詞。

(7)或：副詞，經籍多作“又”。赤虎兩：兩張赤色虎皮。虎皮用來包裹承托覲璋。

(8)麀𧥛：一種用麀皮製成的飾物。麀，字不識，當是鹿屬的獸類。𧥛，通“賁”，音bì。紋飾，飾物。

(9)韐：同“帢”，音“gé”，禮服的蔽膝，其形制與市略有不同。

(10)廿朋：“廿朋”二字合文。

(11)乃：副詞，就，於是。彘：通“矢”，陳述。白邑父、焚白、定白、琼白、單白：都是當時的執政大臣。此五人名下的“=”都是重文符號。焚，“熒”的初文。琼，後世寫作“亮”。

(12)參有嗣：嗣字下有重文符號"="。"參有嗣"即參與的有關官員，指下文的司徒、司馬、司空。嗣土：經籍通作"司徒"，但在兩周銅器銘文中，直至西周晚期始見作"嗣徒"者。散：音"wēi"。散邑、單旟(yú)、邑人服三個都是人名。嗣馬：經籍通作"司馬"，在銘文中直至戰國時期始見"司馬"之稱。嗣工：經籍通作"司空"，但在銘文中未見以"空"爲"工"者。眔受田：指參與田土交割。眔，通"逮"，音"dài"，及，此指參與。

(13)燹(xiǎn)、趙(bū)、𩔇、逆、者其，都是人名。𩔇字不識。衛小子：裘衛的下屬。卿：字象兩人相向就食之形，爲"饗"的初文，此指設宴款待。

(14)用：連詞，因而。乍："作"的初文，製作。朕：第一人稱代詞，我。文考：文德彰明的先父。考，亡父。惠孟：衛的父親的名字。般：通"盤"。此器是盉而銘文稱盤，是由於盤、盉成套，鑄盉的同時也鑄盤，因而就把盤銘移鑄在盉上。

(15)其：語氣詞，表示希望。寶：動詞，寶愛、珍愛。"永寶""永寶用""寶用"，是金文常見的説法，多用於銘文末尾。

【全辭大意】

在三年三月既生霸期間的壬寅日，王在豐邑建旗。矩伯的庶人從裘衛那裏换取朝覲用的玉璋，作八十朋之價。矩伯給予裘衛十塊田。矩伯又换取兩張赤色虎皮，兩件麀皮飾物和一件有文飾的蔽膝，作價二十朋，矩伯給予裘衛三塊田。裘衛於是向伯邑父、焚伯、定伯、琼伯、單伯報告此事，伯邑父、焚伯、定伯、琼伯、單伯就命令有關官員——司徒散邑、司馬單旟、司空邑人服參與田土交割。燹、趙、衛小子𩔇、逆、者其設宴款待參與田土交割的人員。裘衛我因而製作了這個用來紀念我文德彰明的先父惠孟的寶盤，我希望萬年珍愛永遠使用。

此器蓋内鑄有銘文12行132字(内含合文2字，重文12字)，記載了西周時期玉器、毛皮與土地的交换情況，爲研究古代經濟史提供了有價值的資料。

建旗制度爲古代常見，此銘文中的旗當爲太常旗，上畫日月交龍。《周禮・春官・司常》："王建太常……凡祭祀，各建其旂，會同賓客亦如之。"此處當是諸侯群臣朝見周王，王舉行典禮，故建太常於豐。

"其舍田十田"，後一個"田"作量詞。這是量詞比較原始的形式，它只是把名詞在數詞後重複一下，以表示單位。類似的例子又見於《乙亥簋》的"玉十玉"，《谕鎛》的"侯氏錫之邑二百又九十又九邑"及《小盂鼎》的"獲馘四千八百□二馘"等。

此器銘文中的重文符號較多，值得注意。

七、頌壺(1)

隹三年五月既死霸甲戌，(2)王才周康卲宫。(3)旦，(4)王各大室，(5)即立。(6)宰引右頌入門，(7)立中廷。(8)尹氏受王令書，(9)王乎史虢生册令頌。(10)王曰："頌，令女官嗣成周賁廿家，(11)監嗣新寤賁用宫御。(12)易女玄衣黹屯、赤市、朱黄、䜌旂、攸勒，(13)用事。"(14)頌拜䭫首，(15)受令册，佩㠯出，(16)反入堇章。(17)頌敢對䚄天子不顯魯休，(18)用乍朕皇考龏吊、[皇]母龏始寶隮壺，[19]用追孝旛匄康𤔲屯右，[20]通录永令。[21]頌其萬年釁壽，[22]畯臣天子，[23]霝冬。[24]子=孫=寶用。[25]

(1)此爲傳世之器，出土情况不詳，現藏山東省博物館。壺腹與壺蓋同銘，此處所録爲腹銘。

(2)隹：語氣詞，經籍通作“唯”。三年：此“三年”當隸何王，尚無定論，待考。既死霸：周代月相名，指農曆每月二十三日以後至晦這一段時間。

(3)才：動詞，通“在”。周：地名，指王城，故址在今河南省洛陽市。康卲宫：康宫是祭祀康王的宫廟，康卲宫指康宫中的昭王廟。卲，周代金文凡“昭王”字皆作“卲”，經籍通作“昭”。

(4)旦：清晨。

(5)各：至，到。經籍多作“格”。“各”之本義爲至，經籍用“格”是假借。大室：指康宫昭王廟的中央之室。大，音“tài”，經籍或作“太”。

(6)立：“位”的初文。

(7)宰：官名，主要管理王家内外事務，也參與賜命活動。引：宰的名字。右：作儐相以贊導受賜命的人。

(8)中廷：位置在太室之南，門之北。

(9)尹氏：指作册尹或内史尹，史官的一種，經常參與賜命活動。受：交給，經籍通作“授”。令書：指記載周王詔命的簡册。令，同“命”。

(10)乎：“評”的初文，召。經籍多以“呼”爲“評”。史虢生：其職爲史官。其名爲虢生。册令：讀簡册以賜命之。經籍或作“策命”。令，同“命”。

(11)女：第二人稱代詞。官嗣：管理。成周：地名，在王城之東，今洛陽市白馬寺東即其故址所在。賨：經籍作“賈”，此指商賈。

(12)監嗣：監管。新寤，其義不詳，或疑是地名。寤，或是“造”的異體繁構。用：介詞，義同“以”。御：進用。此句意爲“監管新寤的商賈，以供宫中之用。”一説此句連讀。“寤”(造)訓到，“用”“御”二字義近，皆指所使用的貨物，則此句意爲“監督管理新到的商用和宫廷用的貨物。”

(13)易：通“賜”。玄衣：玄色之衣，爲卿大夫朝服。玄，其色黑中帶赤。黹屯：衣緣有刺綉的紋飾。黹，音“zhǐ”，刺綉。屯，通“純”，音“zhǔn”，衣緣，特指帶紋飾的衣服鑲邊。赤市：禮服中的赤色蔽膝。市，音“fú”。朱黄：朱色佩玉。黄，即古玉佩之象形，經籍作“珩”或“衡”。一説黄非佩玉，而是一種繫市的帶子。緣旂：飾有鑾鈴的旗，車上所用。緣通“鑾”，鑾鈴。攸勒：帶有銅飾的轡首絡銜。攸，通“鋚”，音“tiáo”，轡首銅；勒，馬頭絡銜。

(14)用事：奉行職事。

(15)拜䭬首:即拜手䭬首。拜,同"拜"。拜手,跪而拱手,手與心平,頭俯至手而不至地。䭬,音"qǐ",經籍多作"稽"。稽首則頭至手而手至地。拜不稽首爲不敬,拜稽首方合於禮制。

(16)㠯:連詞,經籍通作"以"。

(17)反:返回。入:獻納。堇章:朝覲時所用的玉璋。堇,通"覲",朝覲;章,通"璋",玉璋。

(18)敢:表敬副詞。對䙴:答謝稱揚。䙴,同"揚"。不顯:大明。不,音"pī",通"丕",大。兩周金文中"丕顯"之"丕"皆作"不"。魯:通"嘉",嘉美。經籍或作"旅"。休:賞賜。

(19)用:連詞,因而。乍:"作"的初文,製作。皇考:對亡父的尊稱。龏吊:即龏叔。吊,音"shū",金文用爲經籍中"伯叔"之"叔"。皇:腹銘此字原缺,據蓋銘補。龏始:始,此爲姓,同"姒"。此爲始姓之女嫁與龏叔爲妻者,故稱龏始。障壺:祭祀用壺。

(20)追孝:追行孝道。旂匃:祈求。旂,通"祈";匃,假借爲氣求、氣與字。"氣求"之"氣"今通作"乞"。康𩕦:康,安康。𩕦,字不識。屯右:巨大的佑助。屯,音"chún",大,經籍通作"純"。右,佑助。

(21)通:無窮盡,永久。录:通"禄"。永令:長命。

(22)其:語氣語,表示希望。釁壽:長壽,經籍通作"眉壽"。

(23)畯臣天子:長久地成爲天子的臣。畯,同"畯",長久。

(24)霝冬:經籍作"令終",保持善名以終其生。霝,音"líng",通"令",善;冬:"終"的初文。

(25)子=孫=:"子""孫"下有重文符號=,即"子子孫孫"。寶:動詞,寶愛、珍愛。"永寶""永寶用""寶用",是金文常見的説法,多用於銘文末尾。

【全辭大意】

在三年五月既死霸期間的甲戌日。王在王城康宫中的昭王廟。清晨,王來到太室,就位。宰引贊導頌入門,立於中廷。尹氏將記載王命的簡册交給周王,周王召史官虢生宣讀簡册以賜命頌。王説:"頌,命你管理成周的商賈二十家。監管新寤的商賈,以供宫中之用。賜給你玄色朝服,衣緣有刺綉的紋飾,還有赤色蔽膝、朱色佩玉、懸有鑾鈴的旗和帶銅飾的轡首絡銜,你要努力奉行職事。"頌拜手稽首,接受令册,佩在身上走出門去,又返回來獻上朝覲的玉璋。頌謹答謝稱揚天子輝煌而嘉美的賞賜。我因而製作了這個用來祭祀皇考龏叔、皇母龏姒的珍貴的壺,用來追行孝道,祈求得到安康歡樂,受到神明巨大的佑助,享有無窮的福分和長久的壽命。頌希望自己能萬年長壽,長久爲天子之臣,保持好名聲以終其一生,子子孫孫都要珍愛使用此壺。

此器壺腹與壺蓋同銘,此處所録爲腹銘,共21行151字(内含重文2字)。這是目前所知西周銘文中記録册命禮儀最完整的一篇。

“令終”是古人非常重視的事情，兩周金文經常出現。如《遣盨》的“匄萬年壽霝冬”《伯家父簋》的“用錫害釁壽黃耇霝冬”《蔡姞簋》的“用旛匄釁綽綰永命，彌氒生霝冬”等。《詩經・大雅・既醉》也有：“昭明有融，高朗令終。”

八、商鞅方升[(1)]

十八年，[(2)]齊遣卿夫=衆來聘。[(3)]冬十=月乙酉，[(4)]大良造鞅爰積十六尊五分尊壹爲升。[(5)]

(1)此器又名商鞅量，是秦孝公十八年（前 344 年）商鞅任大良造時爲統一秦國度量制度而頒發的容量一升的標準器。它的出土年代及地點不明，現藏上海博物館。

(2)十八年：指秦孝公十八年。

(3)遣：此字泐損，容庚釋作“遣”。卿夫=：即“卿大夫”。“夫=”爲“大夫”二字合文。衆：多人。聘：古代諸侯之間遣使通問修好。戰國中期，秦齊皆爲强國，故秦以齊來聘爲榮，作爲本年大事而誌於量。

(4)十=：“十二”二字合文。

(5)大良造：秦國官爵名，或稱大上造，爲秦二十等爵中的第十六級。鞅：公孫鞅（約前 390 年—前 338 年），戰國衛人，又稱衛鞅。在秦執政十九年，輔助秦孝公變法，後封於商十五邑，號爲商君，故又稱商鞅。爰：副詞，乃。積十六尊五分尊爲升：即以十六又五分之一立方寸的容積定爲一升。積，積算。尊，通“寸”。

【全辭大意】

秦孝公十八年，齊國派遣卿大夫多人前來通問修好。冬十二月乙酉日，大良造衛鞅於是積算以十六又五分之一立方寸定爲一升。

此器呈長方形，有短柄，器壁三面及底部均刻銘文。本銘刻於左壁，共 3 行 32 字（内含合文 2 字）。右壁刻“臨”字，器壁與柄相對的一面刻“重泉”一字，器底刻秦始皇廿六年詔書。其中“重泉”與本銘字體一致，應是一次所刻，而“臨”字與廿六年詔書爲第二次加刻。可知此器初置於重泉（今陝西省蒲城東南），秦始皇廿六年統一度量衡時又加刻詔書而轉發至臨（今址不詳）。

銘文所記爲“以度審容”的方法，即把長度單位换算爲容積單位，使量器的製作得以簡易和標準化。從本器底部所刻秦始皇廿六年詔書，可知其迄百餘年後猶沿用作標準量器。楊寬《戰國史》（1980 年第 2 版）稱：“經上海市標準計量管理局測定，商鞅方升的内容，平均長 12.3535 厘米，寬 6.9194 厘米，深 2.3332 厘米，據此可以計算出當時秦一升的容積爲 198.574 立方厘米。又據這個升的銘文，容積是當時尺度的 16.2 立方寸，以此推算，每立方寸的容積爲 12.257 立方厘米。再由此推算，當時秦的一寸是 2.305厘米，一尺是 23.05 厘米。”

九、中山王壺[1]

隹十三年,[2]中山王𰯌命相邦貫斁郾吉金,[3]鈙爲彝壺,[4]節於醒醑,[5]可灋可尚,[6]㠯卿上帝,[7]㠯祀先王。[8]穆＝濟＝,[9]嚴敬不敢怠荒。[10]因𡈼所美,[11]卲𠭯皇工,[12]詆郾之訛,[13]㠯憼嗣王。[14]隹朕皇禓文、武,[15]桓禓,[16]成考,[17]是又軘惪遺巡,[18]㠯阤及子孫,[19]用隹朕所放。[20]巡孝寰惠,[21]舉孯速能。[22]天不㚖其又忎,[23]速旻孯杜良猹貫,[24]㠯輔相氒身。[25]余智其詢施,[26]而讓賃之邦。[27]氏㠯遊夕歆飤,[28]㞷又寈𡚬。"[29]貫渴志盡忠,[30]㠯猹右氒闢,[31]不貳其心。[32]受賃猹邦,㚇夜篚解,[33]進孯散能,[34]亡又轋息,[35]㠯明闢光。[36]倘曹郾君子徻不𩣡大宜,[37]不𦿄者侯,[38]而臣宗𦥑立。[39]㠯内,𢇍邵公之㭬,[40]乏其先王之祭祀;[41]外之,[42]𠟭𤆍速堂勤於天子之廟,[43]而遏與者侯齒𨽸於遳同。[44]𠟭堂逆於天,下不巡於人施。[45]寡人非之。[46]貫曰:"爲人臣而彶臣其宗,[47]不羊莫大焉。[48]𤆍與盧君并立於𠁁,[49]齒𨽸於遳同,𠟭臣不忍見施。貫忎䢔杜夫＝,[50]㠯請郾疆。[51]"氏㠯身蒙奎胄,[52]㠯㦸不巡。[53]郾旃君子徻、新君子之,[54]不用豊宜,[55]不𩣡逆巡,[56]旃邦㐌身死,[57]曾亡𠤳夫之救。[58]述定君臣之䁈,[59]上下之體,[60]休又成工,[61]剏闢封彊。[62]天子不忘其又勳,[63]速其老篩賞中父,[64]者侯𠫑賀。[65]夫古之聖王敄才旻孯,[66]其即旻民。[67]旃𧦝豊敬𠟭孯人至,[68]㕜忎深𠟭孯人𥨇,[69]㚇斂中𠟭庶民𠈇。[70]於𧆸,[71]㚇𢍬若言![72]明𠭯之於壺而旹觀焉。[73]祗＝翼,[74]卲告後嗣:"隹逆生禍,[75]隹巡生福。"𡈼之笲篩,[76]㠯戒嗣王:"隹惪𠈇民,隹宜可緩。"[77]子之子,孫之孫,其永保用亡彊。[78]

(1)此器在1974年出土於河北省平山,現藏河北省博物館。

(2)隹:通"唯",表强調。十三年:中山王𰯌十四年,約在公元前314年。三,數字"四"。

(3)𰯌:中山王名。諸家或讀爲"措",或讀爲"錯",尚難確釋。相邦:官名,乃百官之長,猶漢代的相國。貫:相邦名。原銘作[illegible],字或隸定爲貯,或隸定爲賙,意見尚不一致。斁:同"擇",揀選。郾:國名,始封之君爲召公奭。字或作"匽",經籍通作"燕"。中山國攻燕,在周赧王元年,即公元前314年。吉金:質量好的銅。吉,善。

(4)鈙:從金,寸聲,同"鑄"。彝壺:宗廟祭祀用壺。

(5)節:節制。醒醑:指禋祀用酒的標準。醒,音"yīn",經籍通作"禋",禋祀;醑,音"jì",經籍或作"齊"。

(6)灋:同"法",效法。尚:尊崇。

(7)㠯:通"以"。卿:"饗"的初文,此指享祭,獻酒食以祭。

(8)先王:尊稱,死去的君王。

(9)穆＝濟＝:穆、濟二字下都有重文符號,即"穆穆濟濟",指行爲有威儀有規範的樣子。

(10)嚴:恭敬。惪荒:同“怠荒”“怠遑”,指怠惰並廢棄政務。惪,同“怠”,怠惰。荒,指廢棄政務。

(11)𢦏:同“載”,記載。

(12)卲:通“昭”,明。𠂇:原字形,疑是指事字,象一隻腳有毛病,容易傾跌。疑即“仄”字,在此通“則”。金文中“則”作“鼎刂”,從鼎從刀,有契刻之意。皇工:盛大的功業,此指伐燕之役。皇,形容詞,大、盛大。

(13)詆:同“詆”,生氣地大聲指責。訛:詐僞,此指燕國禪讓的虛僞。

(14)憼:通“警”,告誡。嗣:繼承。

(15)朕:第一人稱代詞,我。禝:同“祖”。文:中山文公。武:中山武公。

(16)𧻚:經籍作“桓”,中山桓公,王嚳的祖父。

(17)成考:中山成公,王嚳父親。

(18)是:副詞,經籍多作“實”,確實。又:通“有”。屯惪:純德,指大德。屯,同“純”,大。惪,同“德”,道德。純德爲周代習用語。遺訓:遺留下來的訓教。訓,通“訓”。

(19)陁:音“yì”,延續,傳給,經籍多作“施”。

(20)用:連詞,因而。放:音“fǎng”,通“倣”,效法。

(21)慈:同“慈”,慈愛。寰:同“寰”,此處通“宣”,遍,廣泛。

(22)舉:通“舉”,薦舉。臤:當是賢人的“賢”的專字。吏:同“使”,派遣、任用。

(23)臭:疑即“臭”,此通“斁”,厭棄。忨:同“忨”,音“wán”,貪愛。此指欲望。

(24)㝵:同“得”。𡈼:同“士”。在“士”旁增添“才”,意在强調士的才能。猹:張政烺認爲此字從犬、從木、左聲,疑是“佐車”的“佐”。此指輔佐之臣。

(25)氒:音“jué”,代詞,經籍通作“厥”。

(26)智:同“知”,知道。訫:同“信”。古璽印文中亦可見以“訫”爲“信”者。施:語氣詞,經籍通作“也”。

(27)譆:通“專”。賃:通“任”。之:代詞,指相邦貫。邦:指國事。

(28)氏:代詞,經籍通作“是”。遊夕:此泛指出遊巡視。歙:同“飲”。飤:音“sì”,餇人以食物。

(29)𢙇:張政烺認爲從心、皿聲,讀如罔,没有。寤𢙏:惶恐戒懼的樣子。寤,朱德熙、裘錫圭認爲它從虞得聲,當是“懅”的異體,惶恐的意思。𢙏,通“惕”,戒懼。

(30)渴:音“jié”,本義爲水盡,引申則泛指竭盡。

(31)右:通“佑”,幫助、輔助。闢:此指君主,音“bì”,經籍通作“辟”。

(32)不貳其心:即一心一意。貳,通“貳”。

(33)夙:通夙,後世寫爲“夙”。早上、清早。篚:同“匪”,用作否定詞,不。解:音“xiè”,怠忽,鬆懈。

(34)散:同“措”,安置,任用。

(35)亡:用作否定詞,不。𨌲:字不識。據文義,“𩥇息”當有“休止”的意思。

(36)明:顯揚。闢:此指君主。

(37)啇:通“適”。曹:通“遭”。子徻:燕君的名字。徻,《史記》等作“噲”。𩥇:通“顧”,顧及、考慮。宜:經籍多作“義”。“義”指事之合宜當行,故“義”與“宜”詞義相通。

(38)舊:疑是“匶”的異體。此通“忌”,忌憚。者侯:即諸侯。者,同“諸”。

(39)宗:主。𦓤:此字從二“易”,一正一倒,以會改易倒置之意,當是改易之“易”的專字。立:“位”的初文。

(40)𢇍:同“絶”。卲公:即經籍中的召公奭,燕國始封之君。𡘅:同“業”。

(41)乏:廢。

(42)外之:對外來説。這是與“内𢇍卲公之𡘅”相對而言的。之,語氣詞。

(43)𤖼:“醬”的古文,此通“將”,將要。𡌦:同“上”。勤:通“覲”,朝覲。庿:同“廟”,此指宗廟。

(44)𨒪:同“退”。𪗪𨱗:齒長,指依年齡大小排列位次,年長者居前。𨱗,同“長”。𨖽同:即“會同”,諸侯朝見天子。《周禮·春官·大宗伯》:“時見曰會,殷見曰同。”𨖽,同“會”。

(45)𢚤:通“順”。

(46)𡪼人:即寡人。𡪼,同“寡”。

(47)彶:同“返”。

(48)羊:通“祥”。古“吉祥”之“祥”多有作“羊”者。焉:用作句末語氣詞,在目前的金文材料中僅見於中山國器銘。

(49)𠭯:第一人稱代詞,經籍通作“吾”。𣥺:從步,世聲,通“世”。

(50)忢:願。从:同“從”。杜夫$_=$:即“士大夫”。“夫$_=$”是“大夫”二字合文。

(51)請:通“靖”,安定。

(52)㚔:通“櫜”,本指裝鎧甲或弓箭的皮袋,或以虎皮爲之。此處代指鎧甲。胄:頭盔。

(53)𢦏:音“zhū”,討伐。本是殺伐用的兵器,經籍則通作“誅”。

(54)㫇:通“故”。

(55)豊宜:即“禮儀”。豊,同“豊”,“禮”的初文。宜,通“義”,此用作“儀”。

(56)逆𢚤:即“逆順”,指禮儀制度的合與不合。𢚤:通“順”。

(57)㐌:指喪亡。

(58)曾:副詞,表事情出乎意料之外,竟然。亡:否定詞,無。𪕒:從鼠,一聲,同“一”。救:同“救”。

(59)述:用作連詞,於是。經籍通作“遂”。“述”“遂”古多通用之例。竝:同“立”(wèi),經籍通作“位”。

(60)軆:同“體”,此指法式、規矩。

(61)休:壯美。工:"功"的初文。

(62)刉:從立從刃,亦象人被刃所傷,當同"創",此處意爲開創。封彊:疆界。封,疆界。彊,通"疆"。

(63)勳:"勳"的古文,又作"勛",功勛。

(64)老:指天子的卿大夫。笰賞:即策賞,依策書之命進行賞賜。笰,同"? 樞",都表示用斤(斧屬)破木的意思,二者異體。後來同"策",此指記載天子之命的策書。中父:即"仲父",表示地位尊崇,僅亞於父。此指相邦賈。

(65)䖍:同"皆"。

(66)夫:用作句首語氣詞,在目前的金文材料中首見於此銘。孜:通"務",促疾。此處猶言"最迫切的是……"。才:介詞,通"在"。

(67)即:通"次"。

(68)辞:"辭"的異體,此指言辭。

(69)厵:此字的考釋分歧較大,張政烺認爲是"原"的異體,讀爲願。炁:"惠愛"的"愛"的本字,此處指愛慕。寴:同"窺",與"親"義同,此處含義爲親近。

(70)乍斂:勞役和賦稅。乍,同"作",勞役;斂,同"斂",賦稅。中:適度、不過分。僓:即"歸附"之"附"。

(71)於虖:嘆詞,西周金文作"烏虖",經籍多作"嗚呼"。

(72)夋:同"允",誠然。𢆶:從丝,才聲。即"緇",在此用作語氣詞,經籍通作"哉"。若言:猶言"此言"。若,指示代詞。

(73)於:介詞,屢見於甲骨文及兩周金文中。旹:"時"的古文。

(74)祗₌翼:"翼"字下疑脱重文符號,應該是"祗₌翼₌",謹慎恭敬。

(75)隹:經籍通作"唯",只要。

(76)笇笰:簡策。笇:"簡"的古文。

(77)緩:通"張"。

(78)俣:同"保",此通"寶",珍愛。

【全辭大意】

即位的第十四年,中山王嚳命相邦賈選取伐燕的戰利品中質量上好的銅,鑄造祭祀用壺,按禋祀用酒的標準盛酒,使之能夠爲法式,能夠得尊崇,用來享祭上帝,奉祀先王。君王威儀美盛,臣子容止有禮,恭敬從事,不敢怠惰荒廢政務。於是記載下值得稱美之事,顯著地鐫刻上這一盛大的功業,怒斥燕國的虚僞,以告誡繼位的君王。王嚳説:"我的皇祖文公、武公,先祖桓王,先父成王,確有純德遺訓傳給子孫,因而是我效法的榜樣。慈愛孝順,廣施教化與恩惠,舉薦任用賢能之士。上天不因他有這樣的欲望而厭棄他,使我得到了賢士良佐賈,來輔助自己。我知道他忠貞誠信,因而特意任命他處理國事。因此我出遊巡視,餉人以酒食,没有惶恐戒懼。"賈竭志盡忠,以輔佐其君主,一心一意。接受委任,協理國事,早晚不懈,舉薦賢才,任用能人,未曾休止過,以顯揚其君主的光輝。正遇燕君子噲不顧大義，不忌憚諸侯的責難，竟臣主易位。於燕國來説，對内斷絶了召公開創的基業，廢棄了對先王的祭祀；對外則將使身爲臣子的子之到天子宗廟去行朝覲之禮，並退而與諸侯在會同時按年齡排位次。這樣就上逆於天命，下不順於人心。我認爲這是不對的。賙説："作爲人臣卻反倒使其君主爲臣，没有比這更爲不祥的了。他將與我的國君並立在世上，在會同時按年齡排位次，那是我所不忍見到的。我願追隨士大夫，去安定燕國。"因此身披甲冑，以誅伐不順之人。燕國的舊君子噲、新君子之，不用禮義，不顧逆順，所以邦亡身死，竟無一人前往搭救。於是我們定下了君臣之位和上下的規矩，功績輝煌，還爲我中山國拓展了疆界。天子不忘他有功勛，派王朝大臣策賞仲父，諸侯都來祝賀。古代聖王最迫切的是得到賢才，其次在於得到民心。所以言辭禮節恭敬則賢人到來，思念愛慕深切則賢人親近，勞役賦税適度則百姓歸附。嗚呼，此言果真不錯啊！我清楚地刻在壺上以時時觀看它。我恭敬而又慎重地明白告誡以後承繼王位的人："只要違逆天命必將生禍，只要順應天命就能生福。"我把它記載在簡策上，以警誡繼位的君王："只要施德就能使百姓歸附，只要行義就能使國勢張大。"子子孫孫永遠珍愛使用此壺，永無窮盡。

此壺的四面刻有銘文 40 行 450 字（内含合文 1 字，重文 3 字）。這樣長篇的銘文世所罕見，它不僅有重要的史料價值，而且爲戰國文字的研究提供了寶貴資料。它的銘文書法精美，爲人所稱道。

銘文"隹朕皇祖文、武，桓祖，成考"，述及中山國的幾位君王。其中"文"指中山文公，不載於典籍，事蹟未詳。"武"指"中山武公"，據《史記·趙世家》："（獻侯）十年，中山武公初立。"趙獻侯十年爲公元前 414 年。公元前 408 年魏伐中山，中山滅亡。因此中山武公在位的年數不長。"桓"經籍作"桓"，指中山桓公，王嚳的祖父，是中山國復國之君。《史記·樂毅列傳》："樂羊爲魏文侯將，伐取中山，魏文侯封樂羊以靈壽。樂羊死，葬於靈壽，其後子孫因家焉。中山復國，至趙武靈王時復滅中山。"《趙世家》記公元前 377 年與中山戰於房子（地名，在今河北高邑西南），則中山復國當在此之前。"成考"指中山成公，王嚳的父親。其人不見於載籍，事蹟未詳。同時出土的《中山王嚳鼎》稱"先祖桓王，邵考成王"，即本銘的桓祖、成考。但中山國稱王是在公元前 323 年公孫衍發起"五國相王"時，故桓王、成王稱爲王，當屬追稱。

銘文提到的"子噲"，是燕君的名字。噲，《史記》等作"噲"。燕王子噲信任他的相國子之，"因收印自三百石吏已上而效之子之。子之南面行王事，而噲老不聽政，顧爲臣，國事皆決於子之。"（《史記·燕召公世家》）這就是所謂的禪讓。其事又見《戰國策·燕策》《孟子·公孫丑下》《韓非子·外儲説右下》。銘文中的"臣宗易立"，也是説的這件事。此後燕國發生内亂，齊宣王派兵攻燕，子噲、子之皆死，繼立者爲燕昭王，也即銘文中的"郾故君子噲、新君子之……邦亡身死"。

銘文中的"中父"，又稱"仲父""亞父"。此指相邦賙。春秋戰國時代諸侯尊國相爲仲父，又見於齊桓公之稱管仲，秦王政之稱吕不韋。

"氏以遊夕歓飤"中的"氏"，作代詞。經籍通作"是"，亦偶有用"氏"者。如《儀禮·

覲禮》:“大史是右。”鄭玄注:“古文‘是’爲‘氏’也。”本銘雖有“是”字,如上文“是又軐悳遺㤅”,但用作副詞,不用作代詞。這種現象又見於《中山王䜌鼎》。此器“氏”與“是”的分用,既記録了語言發展中的這一過程,又表明中山國器銘的文字在記録語言上逐漸趨於精密,實屬難得的語言文字的“化石”。

中山國器銘文字有在字的某一部位(主要是下部)加“口”或加“日”的現象,這種附加的符號與字的含義無關,如“業”作“㬥”,下文的“豊”作“豊”,“歙”作“歜”以及《中山王䜌鼎》的“今”作“含”,“念”作“悆”等。

十、毛公鼎(1)

王若曰:(2)“父厝,(3)不顯文、武,(4)皇天引猒乓德,(5)配我有周。(6)雁受大命,(7)率褱不廷方,(8)亡不閈於文、武耿光。(9)唯天𨟭集乓命,(10)亦唯先正𡿺辥乓辟,(11)𢦚堇大命。(12)肆皇天亡𥦬,(13)臨保我有周,(14)不巩先王配命。(15)旼天疾畏,(16)司余小子弗彶,(17)邦𨟭害吉?(18)𨍭三方,(19)大從不静。(20)烏虖!(21)𨗨余小子圂湛於蘱,(22)永巩先王。(23)”=曰:(24)“父厝,今余唯肈巠先王命。=(25)女辥我邦我家内外,(26)惷於小大政,(27)甹朕立。(28)虩許上下若否,(29)雩三方死母童。(30)余一人才立,(31)引唯乃智,(32)余非𦣞又聞。(33)女母敢妄寧,(34)虔夙夕叀我一人。(35)䜝我邦小大猷,(36)母折緘。(37)告余先王若德,(38)用印邵皇天,(39)𤔲圝大命,(40)康能三或,(41)俗我弗乍先王憂。(42)”王曰:“父厝,雩之庶出入事於外,(43)尃命尃政,(44)埶小大楚賦。(45)無唯正聞,(46)引其唯王智,乃唯是喪我或!厤自今,(47)出入尃命於外,乓非先告父=厝=,(48)捨命,(49)母又敢惷尃命於外。(50)”王曰:“父厝,今余唯𤔲先王命,=女亟一方,(51)𢆶我邦我家。(52)女頣於政,(53)勿雍逮庶□㝬,(54)母敢龔=橐=,(55)乃敄鰥寡。(56)善效乃友正,(57)母敢湎於酉。(58)女母敢豕,(59)才乃服,(60)圝夙夕敬念王畏不睗。(61)女母弗帥用先王乍明井,(62)俗女弗以乃辟圅於蘱。(63)”王曰:“父厝,已曰彶兹卿事寮、大史寮於父即尹。(64)命女𤔲𤔲公族雩參有𤔲:(65)小子、師氏、虎臣,雩朕褻事,(66)以乃族干吾王身。(67)取賁卅寽,(68)易女䵼鬯一卣、(69)鄭圭鬲寶、(70)朱市、(71)悤黄、(72)玉環、(73)玉琭、(74)金車、(75)𠦪緐較、(76)朱𩍿𢆶靳、(77)虎冟熏裏、(78)右厄、(79)畫轉、(80)畫䡇、(81)金甬、(82)遣衡、(83)金嶂、(84)金豙、(85)約𦃃、(86)金簟弼、(87)魚葡、(88)馬三匹、攸勒、(89)金𠤬、(90)金雁、(91)朱旂、(92)二鈴。(93)易女兹㚇,(94)用歲用政。(95)”毛公厝對揚天子皇休,(96)用乍䵼鼎。(97)子子孫孫永寶用。(98)

(1)此器在清末出土於陜西省岐山,現藏中國臺北故宫博物院。它的具體出土時間尚有争議,以道光二十三年(1843年)較爲可信。

(2)王:此時屬何王,學界意見尚不統一,較有可能是周宣王。若:代詞,如此。

(3)父厝:叔父厝。厝是他的名字,應當是時王的父輩,所以才稱爲“父”。厝不見於典籍,高鴻縉疑爲武王弟毛叔鄭之後。

(4)不:通"丕",大。顯,明。文:此指周文王。武:此指周武王。

(5)引:長久。猒:"厭"的古文,滿,充足。氒:代詞,經籍通作"厥"。

(6)配:分配、安排。有:動詞,占有。

(7)雁:同"膺",當、承應。大命:即天命。

(8)率:副詞,全、都。褱:"懷"的古文,懷柔。不廷方:不來朝覲周朝的方國。不廷,也寫作"不庭",不朝於王庭。方,方國。

(9)亡:否定詞,無。閈:本義是里巷的門,此處爲動詞,納入門内的意思,指歸附。耿光:光明。耿與光是同義連文,二者都是光明、光輝的意思。

(10)隹:經籍通作"唯",表强調。𩰫,古文"將",長久。集:成就,降落。氒:代詞,經籍通作"厥"。

(11)先正:也寫作"先政",先前的賢臣。先,對死去的人的尊稱。𠸶辪:襄贊輔助。𠸶,吴式芬釋爲襄。辪,"乂"的古文寫法,輔助。辟:君主。

(12)𠦪堇:勤勞。𠦪,字不釋,從文意看,似有勞的意思。堇,勤勞。

(13)肆:句首語氣詞。亡旲:也作"無斁",不懈。

(14)臨:監臨,關心。有周:周國。有,名詞詞頭,多用於國别或朝代之前,如"有漢""有唐"。

(15)巩:讀爲"鞏",堅固。配命:義同"天命",指上天安排的使命。

(16)旼天:仁慈的上天。旼,通"湣",典籍多作旻。疾畏:即發威,多與"降喪"相連。疾,急,此處用有爲動詞,發作。畏,通"威"。

(17)司:通"嗣",繼承。余、小子:都是我的代稱。弗:否定詞,不。彶:通"及",趕上、等同。

(18)害:通"曷",疑問詞,如何。

(19)翩翩:郭沫若認爲是混亂的樣子。亖:數字"四"。

(20)從:通"縱",混亂。静:通"靖",安定。

(21)烏虖:嘆詞,經籍通作"嗚呼"。

(22)趯:吴大澂釋趯,通"懼",恐懼。圂:通"溷",混濁。湛:經籍作"沈",沉没。囏:通"艱",艱難。

(23)巩:通"恐",憂恐。

(24)王=:王王。王下的"="是重文符號,前一個"王"屬上句,後一個屬下句。下文有"命="。

(25)肁:同"肇",開始。巠:"經",經營,實行。

(26)命=:命命。命下的"="是重文符號,前一個"命"屬上句,後一個屬下句。家:宗族。

(27)惷:惷,本爲愚蠢之義,引申爲愚直、忠厚。

(28)甹:同"甹",此通"屏",屏衛、保護。立:通"位"。

(29)虩許:恐懼,此處意爲敬畏。虩,音"xì",恐懼。許,王國維認爲同"虩"。上下:

泛指天上地下的神衹。若否:同“臧否”,獲得神佑助叫若,反之爲否。

(30)雩:介詞,經籍通作“於”。死:通“屍”,主,此指諸侯。母:通“毋”,不要。童:通“動”,動亂。

(31)才:通“在”,動詞。

(32)引:通“矧”,副詞,也。智:才智、智慧。

(33)䧹:通“庸”,昏庸。聞:通“昏”。

(34)女:通“汝”,第二人稱代詞,你。妄:通“荒”,荒怠。寧:安寧,此指使自己安寧。

(35)虔:恭敬而有誠意。夙夕:早晚、日夜。叀:“惠”的古文,順從。

(36)䪻:同“雍”,當、承擔。猷,謀猷。

(37)折臧:閉口。折,通“窒”,動詞,閉塞。臧,從系,咸省聲,即“緘”字,封閉。折、臧二字同義連文,表示閉口不説話。

(38)若德:順德,美德。

(39)用:介词,義同“以”。印邵:印,通“仰”,向上;邵,通“昭”,彰顯。

(40)䌛圞:即“申紹”,義爲重繼。

(41)康:和樂。能:親善,和睦。或:“國”的古文。

(42)俗:楊樹達認爲通“裕”,引導。乍:“作”的初文。

(43)庶:指百官僚屬。

(44)尃:典籍作“敷”“賦”或“布”,管理。

(45)埶:即藝,治理。楚賦:即“胥賦”,賦税。楚,通“胥”。

(46)唯:通“惟”,動詞,有。聞:通“昏”,此處意爲錯誤。

(47)厤:通“歷”。“歷自今”,從今以後。

(48)父=厝=:父厝父厝。“=”是重文符號,前一個“父厝”屬上句,後一個屬下句。

(49)舍:發布。

(50)𡗝:即“惷”,愚,引申爲魯莽、輕率。

(51)命=:命命。命下的“=”是重文符號,前一個“命”屬上句,後一個屬下句。亟:同“極”,意爲適中,引申爲準則、楷模。

(52)冐:同“弘”,弘大。

(53)䫜:同“推”。“推政”,《韓非子·八説》:“然則行揖讓,高慈惠而道仁厚,皆推政也。”此言毛公爲政應該謙遜有禮而慈愛仁厚。

(54)此句一字殘缺,兩字難以克釋,整句的含義難以確定。逮,學界尚有争議,或隸作人。或釋建,或釋律,字形皆有差距。

(55)龔=橐=:“=”是重文符號,前一個“龔橐”屬上句,後一個屬下句。龔橐,裝填自己的口袋。龔,通“供”。橐,即“橐”,袋、口袋。

(56)敄:通“侮”,傷害。

(57)效:通“教”,教導。乃:第二人稱代詞,你。友:僚屬。正:長官。

(58)湁:字不識,或隸作湛,或作湎,或隸作洶。據文意,"湛"字較爲適合。酉:"酒"的古文。

(59)豙:"墜"的古文。

(60)服:職事。

(61)睗:通"易",變化。

(62)帥用:略同於"帥型",遵循,效法。井:通"型",模範。

(63)俗:通"欲",願。臽:"陷"的古文。囏:同"艱",困境。

(64)卿事寮、大史寮:二者是西周時代的最高執政機關。父:指毛公父厝。尹:治理,管轄。

(65)𩍿:此字在金文中常見,但難以確釋。高鴻縉釋爲"兼",可從。此字常與"司"連用,且往往爲幾種職務。參有𤔲:即"三司"。

(66)褻事:即執事,左右近臣。褻與執通用。

(67)干吾:典籍作"捍御"。干,"捍"的古文;吾,通"敔";禁,後世寫爲"御"。

(68)貴:此字不能確釋,按文意應該是貨幣的一種。卅:三十。寽:同"鋝",重量單位。

(69)易:同"賜"。鬱:字不能確釋,按文意似爲酒的一種。鬯:音"chàng",祭祀用的香酒。卣:本爲盛酒器,此用作量詞。

(70)鄭:即"祼",酌酒灌地的一種祭祀。圭鬲:即圭瓚。鬲,象甗形,當是"甗"的初文。此通"瓚",瓚是一種玉柄的銅勺,用來挹取鬯酒,故與鬯同賜。以圭爲柄的稱圭瓚,以璋爲柄的稱璋瓚。寶:寶物、寶器。

(71)市:音"fú",禮服的蔽膝。經籍或作"韍"。

(72)悤:同"蔥",或作蔥,青緑色。黄:典籍作"珩"或"衡",佩上的玉。

(73)環:璧玉。

(74)琮:典籍多作"瑹",笏板。

(75)金車:裝有銅飾件的車。金:銅。

(76)桒縪較:飾有花紋的絲織品覆蓋著的車較。桒,通"賁",音"bì",紋飾,飾物。縪,同"幦",覆蓋器物的絲織品。較,俗字作"較",車箱兩旁的橫木。

(77)𩎟:古文"虢",通"鞹",去掉毛的皮。㔷:同"鞃",車軾,車箱前供人手扶的橫木。靳:字不識。按文意可能是車軾類的物品。

(78)冟:同"幎",覆蓋四周的車帘。金文"冟"與"裏"多配對出現。熏:同"纁",淺紅色。

(79)厄:同"軛",車轅。

(80)轉:車與車轅之間的皮帶。

(81)輡:車伏兔(車底板與軸相連的部件)下的皮帶。

(82)金甬:金筒。甬,同"筩",經典寫作"筒"。

(83)遣衡:錯衡,有彩紋的車衡。遣,通"錯",紋飾。

(84)𨍭:典籍作踵,支撐後車軫的銅部件。

(85)豪:音“yī”,通“柅”,車閘。

(86)䡊:張亞初釋爲約束。䡅:字不識。䡊䡅:據文意,可能是剎車系統的部件。

(87)簟弼:典籍作“簟茀”“簟笰”,車箱前的竹簾。簟音“diàn”,同簟,竹席。弼又作笰、茀、蔽。

(88)魚葡:即魚箙,魚皮做成的箭袋。葡是“箙”的古文。

(89)攸勒:帶有銅飾的轡首絡銜。攸,通“鋚”,音“tiáo”,轡首銅;勒,馬頭絡銜。

(90)金嚨:孫詒讓釋作“金鬣”,馬頭上的裝飾品。

(91)雁:同“膺”,此通“纓”,纓帶。

(92)旂:同“旗”。

(93)鑰:同“鈴”。

(94)弅:象兩手奉物,爲“朕”省文。

(95)歲:歲祭。政:同“征”,征伐。

(96)對:回答、答謝。揚:稱揚。皇:大。休:賞賜。受封賞後表達感恩,稱揚王休,是當時的禮儀。

(97)用:連詞,因而。乍:“作”的初文,製作。隮:同“尊”。

(98)寶:動詞,寶愛、珍愛。“永寶”“永寶用”“寶用”,是金文常見的說法,多用於銘文末尾。

【全辭大意】

王這樣說:“叔父厝啊,英明的文王、武王,偉大的上天滿意他們長久表現出來的德行,安排我們擁有周國。文王和武王接受了上天的使命,懷柔所有不來朝覲的方國,他們無不歸附於文王和武王的光明。上天佑助成就我們這個使命,也是先前賢臣們襄贊輔助他們的君主,勤勞奉行天命。皇天不懈,關愛保佑我周國,極大地鞏固了先王接受的天命。仁慈的上天突然發威,繼位的我小子德行不及先王,國家如何才能好轉?四方洶湧,非常混亂不寧。唉!恐懼的我擔心國家沉陷在艱難之中,長久地驚擾先王。”王說:“叔父厝,我開始實行先王給我的使命。我任命你管理國家和宗族的內外事件,忠實地處理大小政事,保護我的王位。小心敬慎地順應天上地下神靈的意願,四方諸侯不要發生動亂。我一個人在王位,因此看重你的才智,我並不昏庸。你不要荒怠政事而去享受安寧,要恭敬而有誠意地日夜順從我一人。承擔我國大小政事的謀劃,不要閉口不發表建議。告訴我先王的美德,以向上稟告彰顯於皇天,重繼天命,和樂親善四方方國,引導我不去做那些讓先王擔憂的事情。”王說:“叔父厝,普通官員們出入官府向外宣布命令,處理各種政事,制定大小賦稅,不管正確與錯誤,都說是王的決定,這樣做會造成亡國的!從今以後,出入官府和向外宣布命令,除非事先向父厝稟報,並經過父厝同意才能宣布,再也不允許擅自輕率地向外宣布命令。”王說:“叔父厝,現在我要學習先王的政命,命令你做一方的楷模,弘大我的國家和我的宗族。你爲政應該謙遜有禮而慈愛仁厚，……不要中飽私囊，中飽私囊將傷害鰥寡。要善於教導你的僚屬和官員，不要沉溺於酒食。你不要有所墮落，要時刻處在政務上，持續不斷地早晚敬畏王威並堅持不變。你不要不遵循先王的行爲典範，希望你不要讓你的君王陷入困境。"王説："叔父厝，我已經命令卿事寮、大史寮由父厝馬上掌管。任命你兼管公族和三司：小子、師氏、虎臣，管理我身邊的近臣，用你的宗族保衛王。取帶三十鋝，賜你香酒一卣、裸祭用的圭瓚寶物、紅色蔽膝、青緑色珩玉、璧玉、玉笏、有銅飾的車、有紋飾的絲織品覆蓋著的車較、紅皮裝飾的車軾、淺紅裏子的虎紋車帘、右轅、有花紋的車轅皮帶、有花紋的車伏兔皮帶、金筒、有彩紋的車衡、金踵、金梶、車約件、金前簾、魚皮箭袋、馬四匹、有銅飾的轡首絡銜、金馬頭飾、金纓帶、紅旗、二鈴。賞賜給你這些物品，用來祭祀和征伐。"毛公厝答謝天子豐富的賞賜，因此製作祭祀的鼎。子子孫孫永遠珍愛使用。

毛公鼎又名厝鼎，或毛公厝鼎。通高 53.8 厘米，口徑 47.9 厘米，重 34.7 千克。半球狀腹，两高大立耳，三獸蹄形足。口沿下有兩周弦紋，中填重環紋。它的形成時期尚有争議。吴其昌、董作賓斷爲成王時期，失之過早。郭沫若根據它的花紋形制和文字内容等，斷爲宣王時期，較爲可信。

它是青銅器中銘文字數最多的一個，腹内銘 32 行 499 字。它的書法精美，藝術價值極高。它的内容具有非常高的史料價值，有對當時天下形勢的分析和總結、有對政令的要求、有對當時執政機關的記載、有詳細的封賞品記載，極爲難得。

銘文中的"卿事寮""大史寮"，是西周時代的最高執政機關。卿事寮主管司土、司馬、司工等三事大夫及四方諸侯。大史寮主管大史、大祝、大卜。"公族"職掌公族及卿大夫子弟的教育。"參有𤔲"即"三司"，分别为司土(徒)、司馬、司工(空)。

本銘的重文符號較多，所代表的字符需要根據文意來具體確定。它有直接的重文，如"王="“命="；還有錯開的重文，如"父=厝="“龔=橐="。

第三章　簡　　帛

一、更修田律[1]

正面

二年十一月己酉朔朔日，[2]王命丞相戊、内史匽：[3]□□更修《爲田律》：[4]田廣一步、袤八則爲畛。[5]畝二畛、一百道。[6]百畝爲頃，一千道，[7]道廣三步。封，[8]高四尺，大稱其高；[9]捋，[10]高尺，下厚二尺。以秋八月，修封捋，正疆畔，[11]及登千百之大草。[12]九月，大除道及除陰噲。[13]十月爲橋，修波堤，[14]利津□，[15]鮮草離。[16]非除道之時，而有陷敗不可行，輒爲之。□□。[17]

背面

四年十二月，不除道者：□一日，□一日，辛一日，壬一日，亥一日，辰一日，戌一日，□一日。

(1)此爲1979年在四川省青川戰國墓中出土的木牘兩件，現藏四川省博物館。

(2)二年：此文物考證爲秦武王時期之物，因此"二年"是秦武王二年，即公元前309年。十一月己酉朔：據推斷，即當年的十一月初一日。朔，每個月第一天稱爲朔。朔日：當日，即發布該詔令的時間。這是記録詔令的秦簡對時間的一種表示方式。

(3)王：即秦武王，又稱秦悼武王。丞相：官名，秦武王二年即本木牘所記之年始設。戊：通"茂"，人名，即甘茂，下蔡(今安徽鳳臺)人。内史：官名，史官之一。匽：人名。

(4)更修：更改修訂。

(5)袤、廣：按本義，南北曰袤，東西曰廣。此處指寬、長。步：長度單位，六尺爲一步。畛：田間小道，田埂。

(6)百：通"陌"。

(7)千：通"阡"。

(8)封：指田界上的土堆，可以作爲邊界標誌。

(9)大：指長度寬度的大小。稱：與……相稱。

(10)捋：通"埒"，音"liè"，田壠。

(11)畔：田界。

(12)發：音"bá"，除草，多用脚。千百：即"阡陌"。

(13)除：修治。隂：通"澮"，田間排水的溝渠。

(14)波：通"陂"，池塘。

(15)津：渡口。□：此字諸家所釋不同，李學勤釋作"梁"，橋梁。

(16)鮮：少，此處用爲使動，"使……減少"。離：泛指雜草。

(17)□□，原未識出，陳偉用紅外攝影，識出爲"章手"二字。"章"爲人名；"手"指手書、記録。

【大意】

秦武王二年十一月初一日，武王命令丞相甘茂、内史匽：……更改修訂《爲田律》：田地寬一步、長八步就設一畛道。每畝地設兩條畛道，一條陌道作爲田界。一百畝爲一頃，設一條阡道，道寬三步。田界上立封土堆，高四尺，其長寬和它的高度相稱。修築田壠，高一尺，底部寬二尺。在秋季八月，修築封土堆和田壠，勘正田界，除去阡陌上大株的雜草。九月，大規模修治道路和排水溝渠。十月造橋，修築池塘堤壩，使渡口橋梁通暢，雜草減少。不是九月修道之時，如果遇有田埂阡陌等塌陷破敗不能行走，就要及時處理。……

秦武王四年十二月，不修整道路的日期：□一日，□一日，辛一日，壬一日，亥一日，辰一日，戌一日，□一日。

此篇收録1979年在四川省青川戰國墓中出土的木牘兩件。一件被整理者認爲文字已殘損不清，無法辨識。2014年前後，有學者運用紅外線攝影，釋讀方面有所突破。另一件即本件，長46厘米，寬2.5厘米，厚0.4厘米，用墨書秦隸在正面、背面兩面書寫。正面3行，背面4行，字迹清晰，計123字。内容經考證，是有關秦武王（前310—前307年在位）時期田畝制度的律令，本文標題即由此而來。

“背面”的内容，除了用□表示原文殘缺的字以外，“辛、壬”是天干，“亥、辰、戌”是地支。天干與地支各自單獨出現來表示日期，可能爲古代秦地一種計日法，目前尚無更多資料來推算和覈定具體時間，待考。

二、忠信之道(1)

不譌不宩，(2)忠之至也。不惎弗智，(3)信之至也。忠脻則可睪也，(4)信脻則可信也。忠$_{一}$信睪而民弗脻信者，(5)未之又也。(6)至忠女土，(7)蟡勿而不輂，(8)至信女旹，(9)北至而不結。(10)忠人亡$_{二}$譌，(11)信人不伓。(12)孞女此，(13)古不皇生，(14)不伓死也。大舊而不俞，(15)忠之至也。匋而者尚，(16)信$_{三}$之至也。至忠亡譌，至信不伓，夫此之胃此。(17)大忠不兑，(18)大信不异。(19)不兑而足羖者，(20)墜也；(21)不异$_{四}$而可㙯者，(22)天也。卬天墜也者，(23)忠信之胃此。(24)口叀而實弗從，(25)孞弗言爾。心□□□$_{五}$睪，(26)孞弗申爾。(27)古行而鯖兑民，(28)孞弗采也。(29)三者，忠人弗乍，(30)信人弗爲也。忠之爲$_{六}$衍也，(31)百工不古，(32)而人羖検虐足。(33)信之爲衍也，群勿皆成，而百善虐立。孞其他也$_{七}$忠，(34)古䜌睪尃也；(35)其言爾信，(36)古抯而可受也。(37)忠，悬之實也；(38)信，砉之异也；(39)氏古古之所$_{八}$以行虖閔嘍者，女此也。$_{九}$(40)

(1)此篇1993年出土於湖北省荆門市郭店一號戰國楚墓，篇題爲整理者據文義所擬。

(2)譌：通“詭”，奸詐。宩：劉釗認爲同“匋”，通“謟”，僭越。

(3)惎：“欺”的異體字，欺騙。智：聰明。

(4)脻：通“積”。睪：“親”的異體字，親近。

(5)$_{一}$：此簡另有“$_{二}$”“$_{三}$”等在正文文字右下角附記於旁的數字，表示木牘一行的結束和序號。

(6)又：通“有”。

(7)女：通“如”。

(8)蟡：通“化”。勿：“物”的古文。輂：即“發”，裘錫圭認爲通“伐”，誇耀。

(9)旹：“時”的古文。

(10)北：義同“比”，指依次相接。結：聚結，積結。

(11)亡，即“無”。譌：通“詭”，此處義爲違反、背離。

(12)伓：同“倍”，通“背”，違背，背叛。

(13)君:“君子”二字的合文。

(14)古:通“故”。皇:裘錫圭認爲可能是“皇”的異體字,通“忘”。

(15)大舊:同“長久”。大,長。舊:久。俞:通“渝”,改變。

(16)“匋而者尚”似應與上句“大舊而不俞”對文,故整理者言“此句疑有脱誤”。李零讀作“陶而睹常”。匋,通“陶”,陶冶。者尚,可能通“睹常”,養而有常的意思。

(17)胃:“謂”字省形。此句第二個“此”字,爲“也”字之誤,劉釗認爲“疑涉上而誤”。下文“忠信之胃此”之“此”,亦當作“也”。

(18)兑:裘錫圭認爲通“説”,説明,解釋。

(19)异:即“期”,約定。

(20)羧:“養”的古文。

(21)墬:“地”的籒文寫法。

(22)蝗:通“要”,約,守約。

(23)卬:劉釗釋作“㔾”,通“範”。範,本義爲模型,引申爲效仿。

(24)此:“也”字之誤。

(25)叀:通“惠”,好。

(26)心□□□罣:裘錫圭云:“‘心’下似爲‘疋’字,尚存大半。疑此處簡文本作‘心疋(疏)[而]□(親)’。‘親’上一字可能是‘口’或‘貌’字。”

(27)申:做,施行。

(28)古:通“故”,詐。鯖:通“争”,争相。兑:通“悦”,取悦。

(29)采:通“由”,指施行,實行。

(30)乍:“作”的初文。

(31)衍:楚文字中用爲“道”字。

(32)古:通“苦”,勞苦。

(33)虘:即“皆”。

(34)它:通“施”。施行,實行。

(35)古:通“故”,連詞,所以。緣:劉釗認爲同“蠻”字,蠻夷,指周邊異族。罢尃:猶言“親附”,親近歸附。罢,親近。尃,通“傅”,附着,歸附。

(36)爾:相當於句中語氣詞“也”。

(37)但:通“亶”,實誠。

(38)急:即“仁”,楚文字特有的字形。

(39)砉:“義”的異體字。异:即“期”字,期待,目標。

(40)氏古:即“是故”,連詞,所以。氏,通“是”。古,通“故”。虖:即“乎”字,介詞。”閔嘍:劉釗認爲同“蠻貉”,泛指四方異族。

【全辭大意】

不奸詐、不僭越(或“不隱瞞”),是忠的極致。不欺騙,不自作聰明,是信的極致。積聚忠就可令人親近,積聚信就可令人信任。積聚了忠和信而不被人民親近、信任的人，從來没有過。最高的忠猶如土地一樣，化生萬物而不誇耀其功。最高的信猶如時節一樣，按序依次到來而不是聚結在一起。忠信的人不會背叛。君子能够如此，所以不忘卻生者，不背叛死者。如此長久不變，是忠的極致。如此恒久地陶冶化育，修養有常，是信的極致。至高的忠不會背離，至高的信不會背叛，説的就是這樣啊。最大的忠不必解説，最大的信不必約定。不必説明即可生養萬物的，是地；不必約定即可守約的，是天。能够仿效天地的，説的就是忠信啊。嘴上説得好聽而事實上做不到，君子是不説的。心裏疏遠而貌似親近，君子是不動的。利用詐僞爭相取悦於民，君子是不做的。以上三種表現，都是忠信之人不作不爲的。忠能成爲道並施行的標誌，是天下百工不至於勞苦，而供養人生的物品卻都很充足。信能成爲道並施行的標誌，是萬物都能成長，而且衆多善行好事都能創立。君子施行忠之道，所以遠方的蠻夷之人也會來親近歸附；君子的言語講求信，所以是實誠而易於接受的。忠是仁的實際表現，信是義的最終目標。所以忠信之道在古代所以能傳播到四方偏遠異族地區，正是由於這個緣故。

1993 年冬，湖北省荆門市郭店一號戰國楚墓出土一批竹簡，共 800 餘枚，其中有字簡 730 枚，用典型的楚國文字寫成，内容包含多種古籍。經整理，有兩種道教學派的著作，其餘多爲儒家學派的著作。

《忠信之道》竹簡共 9 枚，簡兩端平齊，簡長 28.2 厘米～28.3 厘米，編線兩道，編線間距 13.5 厘米。

三、唯君子能好其匹

【郭店簡 42-43】(1)

子曰："唯君子能好其駜，(2) 少人剴能好丌駜？(3) 古君子之𠭊也又向，(4) 丌亞又方。(5) 此以䜌者不賊而遠者不悆。(6)"《寺》員：(7)"君子好戟。(8)"

【上博簡 21-22】(9)

子曰："隹君能𡚸丌匹，(10) 少人敳能𡚸丌匹？(11) 古君之孝也又𡚸，丌惡也又方。此以邇者不惑而遠者不晢。"《旹》員：(12)"君子𡚸戟。"

(1)此郭店簡 1993 年出土於湖北荆門 1 號楚墓，現藏荆門市博物館。

(2)駜：是爲馬匹之"匹"造的專字。上博簡的"匹"字作"𠃑"。今本《緇衣》作"正"，因形近而誤。

(3)少："少"字下衍一重文符號，當是誤添。"小""少"古本一字，秦系分化爲兩字，然仍混用無别；六國通用"少"，兼表後世小、少二詞之義。剴：通"豈"。丌：即"其"。"小人豈能好其匹"，今本《緇衣》作"小人毒其正"，"毒"或訓爲怨恨，則是改反問句爲陳述句。

(4)古：通"故"。𠭊：即"友"。戰國文字"友"或贅增無義偏旁"口"，口旁又常增飾筆於其中而同於“甘”。又:通“有”。向:本簡中與下文的“方”對舉,可解釋爲原則、規矩。今本《緇衣》作“鄉”;上博簡作“晢”,是金文“晢”字異體,即《説文》新附的“薌”字。“鄉”“晢”“向”三字音近。

(5)亞:通“惡”。

(6)𨘵:“邇”的異體字。賊:“惑”的異體字,上博簡即作“惑”。𢚶:可能是“疑”的專字。上博簡作“㤉”。

(7)寺:通“詩”,指《詩經》。員:通“云”。

(8)戟:此字爲仇匹之“仇”或“逑”。從戈,上博簡作“𢦏”,從攴,攴旁與戈旁義近通用。今本《禮記·緇衣》作“君子好仇”,今本《詩經·周南·關雎》作“君子好逑”。

(9)上博簡 1994 年前後由上海博物館從香港文物市場購入,現藏上海博物館。

(10)隹:通“唯”。𫠣:“君子”二字的合文。𡥆:“好”的異體字。

(11)豉:即“豈”。

(12)㝵:“詩”的異體字。

【大意】

子説:“只有君子才能尋求到朋友,小人怎麽能尋求到朋友呢?古代君子的喜好有原則,他的厭惡有規矩。因此身邊的人迷惑不了他,遠處的人也欺騙不了他。”《詩經》説:“君子善於尋求配偶。”

郭店簡同墓出土竹簡 800 餘枚,簡長從 15 厘米到 32.5 厘米不等,其中有字簡 730 枚,總字數 12000 餘字。郭店楚簡均爲典籍古書,包括《老子》《緇衣》《五行》等,整理者共編爲 16 種 18 篇,這是近世首次大規模發現的先秦竹書。

上博藏簡總數超過 1200 枚,35000 多字(其後續有入藏,數量未公布)。上博簡内容包括近百種戰國古籍,其中有《周易》《緇衣》等可與傳世文獻比勘的篇章,更有大量先秦佚籍,種類繁多,不少篇章還有多個抄本,在學術史上有十分重要的意義。

郭店楚簡與上博楚簡均有可與今本《禮記·緇衣》對讀的《緇衣》篇。各版本文字、内容、章節次序頗有不同。郭店《緇衣》共 47 簡,竹簡兩端均修削成梯形,簡長 32.5 厘米;上博《緇衣》共 24 簡(部分有殘斷,香港中文大學文物館藏戰國簡 1 亦屬此篇),竹簡兩端亦呈梯形,簡長 54.3 厘米。

四、天象無形[1]

上士昏道,[2]堇能行於丌中;[3]=士昏道,[4]若昏若亡;[5]下士昏道,大芺之,[6]弗大芺,不足以爲道矣。是以建言又之:[7]明道女孛,[8]遲道如繢,[9]進道若退。上悳女浴,[10]大白女辱,㞷德女不足,[11]建德女偷,[12]質貞女愈。[13]大方亡禺,[14]大器曼成,[15]大音祗聖,[16]天象亡坓,[17]道始無名,善始善成。[18]

(1)本篇所録選自《郭店楚墓竹簡》之《老子》乙篇簡 9—12、殘簡 20,對應今本《老子》第 41 章的内容。

(2)昏:通"聞"。楚簡"聞""問"同字,未分化,寫作"䎽""䎠",也常借"昏"字。

(3)堇:通"僅"。丌:即"其"。

(4)二:重文符號,代"中"字。

(5)亡:通"無"。

(6)芺:即"笑"。

(7)又:通"有"。

(8)女:通"如"。下文同。孛:馬王堆帛書《老子》乙本作"費",王弼本作"昧"。

(9)迡:"遲"的異體字。繢:通"纇",不平。

(10)悳:"德"的初文。浴:通"谷"。

(11)坣:楚文字"廣"。

(12)建:通"健",健壯。偷:此字據今本補。

(13)質:此字據今本補。愈:通"渝"。

(14)禺:通"隅"。

(15)曼:通"晚"。

(16)祗:通"希"。聖:通"聲"

(17)天象亡坓:即"天象無形",今本作"大象無形"。亡,通"無"。坓,即"形"。

(18)始無名,善始善成據今本補,原簡字形殘缺。

郭店簡共有三種《老子》抄本,可與今本《老子》其中的 31 章對應,文句互有異同,而章節次序大異。郭店簡《老子》是迄今爲止所見年代最早的《老子》抄本。其中乙篇共 18 簡,涉及今本 13、20、41、45、48、52、54、59 章,竹簡兩端齊平,簡長 30.6 厘米,部分簡下端殘去。

上引文段,王弼本《老子》第 41 章作:

上士聞道,勤而行之;中士聞道,若存若亡;下士聞道,大笑之。不笑,不足以爲道。故建言有之:明道若昧,進道若退,夷道若纇。上德若谷,大白若辱,廣德若不足,建德若偷,質真若渝。大方無隅,大器晚成,大音希聲,大象無形。道隱無名,夫唯道,善貸且成。

馬王堆漢墓帛書《老子》乙本(甲本全段殘毁)作:

上□□道,堇能行之;中士聞道,若存若亡;下士聞道,大笑之。弗笑,□□以爲道。是以建言有之曰:明道如費,進道如退,夷道如類。上德如浴,大白如辱,廣德如不足,建德如□,質□□□。大方無禺,大器免成,大音希聲,天象無刑。道褒無名,夫唯道,善始且善成。

五、母教之以七歲[1]

□母教之七𡻕□[2](簡 38)

口口口教箸晶[illegible]，[3]教言三[illegible]，教矤㝨馭口。[4]（簡 3）

（1）此簡於 1957 年在河南信陽長臺關 1 號楚墓出土，時代應在戰國中期或稍前，學術界一般稱之爲信陽楚簡。選自《信陽楚墓》圖版一一六 1-038、一一三 1-03。

（2）[illegible]：即“歲”。

（3）箸：楚文字的“書”。此字下半殘，從所存筆劃看應是“者”，遂定爲“箸”。楚文字書籍之“書”均寫作“箸”，後世著作的“著”即由此變。晶：三。“曑”字簡省，“曑”“参”及其簡寫“晶、晶”“厽”在楚簡中多表示數詞“三”。

（4）矤：即“射”。㝨：“與”字省寫。

【大意】

……母教在小孩七歲……

……教書三年，教言三年，教射和御……

同墓發現竹簡有兩組，一爲古書，一爲遣册。其中古書部分，是當時發現的最早的戰國竹書實物。

關於先秦時代貴族子弟接受教育的記述，傳世古書多見，可與簡文“母教之七歲”及“教書三歲”“教言三歲”等互爲表裏，相互證發。《大戴禮記・保傅》說“古者年八歲而出就外舍，學小藝焉，履小節焉”，《說文解字・叙》也有“《周禮》八歲入小學，保氏教國子先以六書”，均指出子弟八歲開始“就外舍”學習。與此相對，貴族子弟八歲以前應是居於内。根據簡文所示，未滿八歲居於内的這一階段當由“母”教之。

值得注意的是，這裏的“母”並非專指母親。《禮記・内則》說：“子生……異爲孺子室於宫中，擇於諸母與可者，必求其寬裕、慈惠、温良、恭敬、慎而寡言者，使爲子師；其次爲慈母；其次爲保母；皆居子室。”據此，“母”當指專門負責幼兒早期教育的女性長輩。

六、窮達以時[1]

又天又人，[2]天人又分。[illegible]天人之分，[3]而智所行矣。[4]又亓人，[5]亡亓殜，[6]唯臤弗行矣。[7]句又亓殜，[8]可慬之又才？[9]坙[illegible]於鬲山，[10]莢笞於河固，[11]立而爲天子，堣𡯁也。[12]卲繇衣胔，[13]蓋冒衽[illegible]慬，[14][illegible]板筥而差天子，[15]堣武丁也。郘㝎爲牂棘澫，[16]戰監門棘隉，[17]行年七十而賭賭牛於朝訶，[18]興而爲天子帀，[19]堣周文也。关寺虗窅繇弃縛，[20][illegible]杙楏而爲者侯楒，[21]堣齊逗也。[22]白里迌[illegible]五羊，[23]爲敀斆牛，[24][illegible]板柽而爲[illegible]卿，[25]堣秦穆。孫叀三矤邚思少司馬，[26]出而爲命尹，[27]堣楚[illegible]也。[28]

（1）選自《郭店楚墓竹簡》之《窮達以時》簡 1—8。

（2）又：通“有”。

（3）[illegible]：即“察”。此字右半所從，爲戰國楚文字“察”“淺”“竊”等字的聲旁，有簡省。

(4)智:通"知"。

(5)亓:即"其"。

(6)亡:通"無"。殜:通"世"。

(7)唯:同"雖"。戰國文字"唯""雖"同字,作"隹"或"唯"。臤:即"賢"。

(8)句:通"苟"。

(9)可:通"何"。懂:通"難"。才:通"哉"。

(10)叁:"舜"的古文。[illegible]:"耕"的異體字。鬲:通"曆"。

(11)芺:通"陶"。笞:通"拍"。啎:通"浦"。

(12)堣:楚文字"禺"的繁構,所增土旁無義。通"遇"。垚:"堯"的古文。

(13)㕣繇:即皋陶,傳説虞舜時的司法官。楚簡也寫作"咎啕""㕣咎""㕣采""咎采"等。肞:即"胎"字,通"枲",麻。

(14)冐:通"帽"。袿:通"絰",喪服上戴在頭上或者腰間的麻布束帶。[illegible]:"蒙"的古文。懂:通"巾"。

(15)[illegible]:"釋"的異體字。管:通"築"。差:通"佐"。

(16)郘室:即"吕望",齊的始祖姜尚。郘,吕氏之"吕"的專字。室,"望"字省寫。牂:通"臧",奴婢賤稱。坴澹:即"棘津",地名。坴,"來"字繁構,通"棘"。澹通"津"。

(17)戰:"獸"的誤寫,通"守"。埅:楚文字"地"的寫法。

(18)七十:簡文爲二字的合文。賭:通"屠"。朝訶:即"朝歌"。訶,"歌"的古文。

(19)帀:通"師"。戰國文字"師"皆寫作"帀"。

(20)关寺虗:即管夷吾,指管仲。关,即"管"。"管"字楚文字寫作"关"或從之"笑"。寺,通"夷"。虗,通"吾"。竘:通"拘"。繇:通"囚"。弃:"梏"的異體字。

(21)杙:"械"的異體字。榉:"柙"字楚文字寫法。者:通"諸"。楔:"相"字增繁,戰國文字贅增無義偏旁"又"的現象很常見。

(22)逗:通"桓"。

(23)白里:即"百里",指百里奚。迠[illegible]:即"轉鬻",轉賣。迠,"遭"字異體,轉。[illegible],"鬻"的古文。

(24)攴:通"伯"。䝨:"牧"的異體字。

(25)桎:此字未釋。[illegible]卿:即"耆卿"。《史記·秦本紀》記百里奚被穆公起用時已年過七十,故可稱"耆卿"。[illegible],通"耆"。

(26)孫弔:即"孫叔",指孫叔敖。"弔"是"弔"字贅加口旁而成,古文字伯叔之"叔"均借"弔"爲之。䠶:"射"字的楚文字寫法,此處通"謝"。邳思:即"期思",楚地名。邳,"期思"的"期"的專字。

(27)命尹:即"令尹"。命,通"令"。

(28)楚[illegible]:即"楚莊",指楚莊王。[illegible],"莊"的楚文字寫法。

【大意】

有天有人,天和人有區分。明白天和人的區分,才知道怎麽行動。有的人,没遇到適合的時代,雖然有賢才卻不能展現。如果遇到適合的時代,有才能的人怎麼會有困難呢?舜耕種於厤山,製陶於河浦,扶立成爲天子,是因爲遇到堯。皋陶身穿麻衣,頭戴麻束帶和布巾,放下板築就去輔佐天子,是因爲遇到武丁。姜尚在棘津做奴隸,看守棘地的大門,快到七十歲還在朝歌屠牛,起用成爲天子的老師,是因爲遇到周文王。管仲戴上枷鎖被囚禁,解開囚具走出監牢成爲諸侯的丞相,是因爲遇到齊桓公。百里奚被當成價值五張羊皮的奴隸而轉賣,爲貴族放牛,放下牧具就成爲年過七十的耆卿,是因爲遇到秦穆公。孫叔敖三次推辭出任期思的少司馬,選拔成爲令尹,是因爲遇到楚莊王。

《窮達以時》共15簡,兩端修削成梯形,簡長26.4厘米,篇題爲編者所加。簡文中有關舜等人的事蹟,傳世典籍如《荀子·宥坐》《孔子家語·在厄》《韓詩外傳》《説苑·雜言》等有與之相近的記載,均爲孔子困於陳蔡之間時答子路所問的内容。

七、竊鉤者誅[1]

敚鉤者戝,[2]敚邦者爲者=侯=之門,[3]義士之所廌。_[4]

(1)選自郭店楚簡《語叢四》簡8—9,共2簡。

(2)敚:即"竊"。戝:"誅"的楚系專字。

(3)者=侯=:即"諸侯諸侯","者""侯"二字下各有一個重文符號。前一個"諸侯"屬上句,後一個屬下句。者,通"諸"。

(4)廌:通"存"。_:表示結束的墨節符號。

【大意】

偷竊衣帶鈎的人被誅殺,竊取國家政權的人成爲諸侯。諸侯的門庭,是爲他們説好話的所謂義士生存的地方。

此簡長15.1—15.2厘米。句末留空,有墨節符號。

八、卜筮祭禱記録[1]

大司馬悼愲救郙之歲,[2]頸层之月己亥之日,[3]觀義以保豪爲左尹卲尬貞:[4]"以亓又瘇疠,[5]走睽,[6]尚毋死?[7]"義占之:"死死貞,[8]不死。又繁,[9]見於繼無逡者與漸木立。[10]以亓古敓之,[11]與禱於繼無逡者,[12]各肥豬饋之;[13]命攻解於漸木立,[14]戲遷亓凥而梪之,[15]尚吉。"義占之曰:"吉。"_[16]不智亓州名。[17]

(1)1987年出土於湖北荆門的包山2號墓,此篇選自《包山楚簡》簡249—250。

(2)大司馬:司馬是掌管軍旅之事的職官,大司馬是楚國軍隊的最高將領。悼愲,又作"郚愲",即史籍所載楚國滅越的功臣卓滑。歲:即"歲",年。

(3)頸层:即"夏层",又寫作"夏㞃",是楚國紀月的名稱,相當於夏月二月。頸,"夏"的古文。层,"㞃"的異體字。

(4)保豙:即“保家”,可能是一種占卜工具。卲𨉷:即“昭𨉷”,左尹的姓名。昭𨉷是包山1號墓的墓主人。貞:占卜。

(5)亓:即“其”。又:通“有”。瘇㾓:腿部浮腫的病。㾓,楚文字“病”字寫法。

(6)走燹:即“上氣”,氣喘。走,即“上”。燹,“氣”的異體字。

(7)尚:表祈願,希望。毋:通“毋”。

(8)死:通“恒”。恒貞指貞問長期的吉凶。一説“”通“亟”,“亟貞”即多次占卜。

(9)禁:“祟”的異體字,神禍、鬼禍。

(10)㡭:與“𢇍”爲一字,都是“絶”的古文,也是“繼”的古文。此處爲“絶”。逡通“後”。“絶無後者”,指未成年或無子嗣而死的人。《史記·楚世家》記楚共王寵有兒子五人,除楚平王外,“四子皆絶無後”。漸,淹没。立,通“位”。漸木立:被水浸淹的木牌位。

(11)古:通“故”。敚:通“説”,祭名,祈求神鬼離去的一種祭祀。

(12)𦥑禱:即“舉禱”,是楚人的一種祝禱方式。𦥑,楚文字的“舉”字。“與”是“舉”的初文,楚文字增止旁以足義。

(13)豬:“豬”的異體字。

(14)攻解:又作“攻叙”“攻除”,解、除義近,均指以攻祭之禮責讓作祟神靈,以求解脱。

(15)䖒:楚文字“且”。遷:“徙”的古文。凥:通“處”。梪:“樹”的古文。此處用爲動詞,樹立。

(16)__:表示結束的墨節符號。

(17)智:通“知”。亓:即“其”,代詞,此指作祟的鬼。

【大意】

大司馬卓滑救郙的那一年,夏月二月己亥日,觀看義用保家爲左尹昭𨉷占卜:“他腿部浮腫,氣喘,希望不會死吧?”義占卜:“卜問長期的吉凶,不死。有鬼怪導致生病,跟斷絶後人的家庭和被水浸淹的木牌位有關聯。因此要用説祭來去除鬼怪,在斷絶後人的家庭進行舉禱,每家贈送肥猪;用攻祭解除附在被水浸淹的木牌位上的鬼怪,並且遷移那些木牌位,重新樹立它們,希望得到吉。”義占卜的結果是:“吉。”不知道鬼怪屬於哪個州。

同墓出土竹簡448枚,其中有字簡278枚,總字數12000餘字。内容包括文書、卜筮祭禱記録、遣册三大類。卜筮祭禱記録爲戰國楚墓出土楚簡中常見的内容,多是爲墓主人行事、疾病而作的占問,也見於望山、新蔡、天星觀等批次的楚簡,而以包山簡最爲完整。此篇的簡長在67厘米～69.5厘米之間,兩端齊平。

“救郙之歲”爲楚國常見的紀年方式。戰國時代,楚國采用大事紀年。包山簡中還見有“宋客盛公聘於楚之歲”“大司馬卲昜敗晉師於襄陵之歲”“魯昜公以楚師厚城鄭之歲”等等。

用代月名記月,是楚簡的一個特徵。睡虎地秦簡《日書》甲種《歲》篇有“秦楚月名對照表”,由4簡寫成,分上、中、下三欄抄寫在簡之下半段:

十月楚冬夕	十一月楚屈夕	十二月楚援夕
正月楚刑夷	二月楚夏杘	三月楚紡月
四月楚七月	五月楚八月	六月楚九月
七月楚十月	八月楚爨月	九月楚獻馬

出土楚地的文獻證明，此月名符合戰國時楚國的實際，只是用字上有所不同，如"夕"楚簡作"栾"；"刑夷""夏杘"楚簡作"晉层""夏层"；"紡月"楚簡作"亯月"等。

楚國兩種曆法共存。一是同秦國，以建亥之十月爲歲首，九月爲歲終，屬顓頊曆。但改歲首而未改月次，所以上表歲首之月仍作"十月"。包山楚簡和九店楚簡日書所顯示的戰國時期楚國的用曆，同秦簡上的情况基本相同。二是以建寅的"晉层"之月爲歲首，也就是采用了夏正的月序列。

九、楚月宜忌[(1)]

曰姑：[(2)]"利誡伐，[(3)]可以攻城，可以聚衆，會者侯，[(4)]型首事，[(5)]殍不義。"__[(6)]姑分長。[(7)]曰女：[(8)]"可以出帀、[(9)]籔邑，[(10)]不可以冡女、[(11)]取臣妾，[(12)]不火旻不成。"[(13)]__女丮武。[(14)]

(1)此帛書1942年9月由盗墓者從長沙子彈庫木槨墓中盗出，現藏美國賽克勒美術館。因有些文字釋讀困難，因此僅選文字較易通讀之丙篇姑、女兩段，選自饒宗頤、曾憲通著《楚帛書》，圖版爲摹本。

(2)姑：通"辜"，十一月月名。

(3)誡：侵伐的"侵"的專字。

(4)者：通"諸"。

(5)型首事：即"刑首事"，處罰首先起事的帶頭分子。型，通"刑"。

(6)殍："戮"的異體字，此處指處决。__：是帛書上的墨節符號，表示結束。

(7)分長：應是指本月職掌或適宜的行事，具體意義不明。

(8)女：通"如"，二月月名。

(9)帀：通"師"，此指軍隊。戰國文字"師"皆寫作"帀"。

(10)籔："築"的古文。

(11)冡："家"的楚文字寫法，此處通"嫁"。

(12)臣妾：古時對奴隸的稱謂，男曰臣，女曰妾。

(13)火：具體含義未詳，或釋"火"爲"夾"，通"兼"。旻："得"的古文。成：含義不明，可能是完畢的意思，此處可能是指結束重要工程。

(14)丮：通"必"。武：本月稱"武"，應當指本月宜出師、築邑等事相關。

【大意】

十一月辜月："利於侵伐，可以攻城，可以聚衆，會見諸侯，處罰起事帶頭的人，處决不義的人。"辜月適宜的事。二月如月:"可以出動軍隊、修築城邑,不可以嫁女、獲取奴隸,不可以兼得,不結束重要工程。"如月適宜做武這類事情。

該墓原有帛書在五件以上,僅一件基本完整,即通常所説的楚帛書。楚帛書長47厘米,寬38厘米,出土時疊成八折,置於一個竹匣中。這是我國現在所能見到的最早的帛書,也是戰國唯一完整的帛書。帛面由三部分文字組成,中間是書寫方向互相顛倒的兩大段文字,一段8行(甲篇),一段13行(乙篇),四周爲以旋轉狀排列的12段邊文(丙篇)。丙篇12段邊文每三段爲一方,四方交角用青、赤、白、黑四木相隔,每段各附一神怪圖形。因楚帛書殘破較爲嚴重,不易釋讀。

第四章　玉　石

侯馬盟書[1]

趠敢不閛丌腹心,[2]目吏丌宗,[3]而敢不盡从嘉之明,[4]定宮、平陭之命;[5]而敢或䜴改助及𠈌,[6]卑不守二宮者;[7]而敢又志復趙尼及丌孫=、[8]兟𧾷之孫=、[9]兟直及丌孫=、[10]通郢之孫=、史醜及丌孫=于晉邦之墜者;[11]及𢑞虍明者;[12]虞君丌明亟覗之,[13]麻夷非是。[14]

(1)1965年冬出土於山西省侯馬春秋時期晉國遺址中,此處所録爲摹本。

(2)趠:音"chuò",參盟人名。敢:表敬副詞,猶言"不敢"。閛:此字在同出盟書中又寫作"半",通"判",義同"剖"。丌,代詞,經籍通作"其"。

(3)目:連詞,經籍通作"以"。吏:同"事",侍奉。宗:主。

(4)而:連詞,表假設。敢:敢於。盡:完全。从:同"從"。嘉:善。明:通"盟",盟誓。

(5)定宮:宗廟的名字。平陭:經籍作"平時",地名。命:賜命。主盟人曾在定宮和平時受到賜命,故有此語。

(6)或:通"有"。䜴:字不識。助:通"亶"(dǎn),誠信。𠈌:此字在同出盟書中又寫作"奂",通"涣",離散。此指背離盟誓。

(7)卑:通"俾",使。守:守護。二宮:指宗廟裏的親廟(禰)和祖廟(祧)。

(8)又志:猶言"蓄意"。又,通"有"。志,意念。復:同"復",返回。此處用爲使動。趙尼:與下文列舉的"兟𧾷""兟直""通郢""史醜"皆爲人名,是被詛咒誅討的對象。孫=:"子孫"的合文,"孫"字下有重文符號。下文同。

(9)兟,經籍作"先",晉國公族有先氏。𧾷:音"kè",人名。

(10)通:音"yǒng",據文意應是姓氏名。郢:音"chēng",人名。

(11)墜:同“地”。

(12)㬎:同“羣”,聚衆。虖:呼嘯。

(13)麆:第一人稱代詞,經籍通作“吾”。丌:語氣詞,表示祈使,經籍通作“其”。明:明晰。亟:通“極”,極度。此處意爲嚴厲。䁥:同“視”,注視。之:代詞,指背盟者。

(14)麻:通“摩”,滅。㚔:“夷”的加形累增字,增加“土”。滅。非:指示代詞,義同“彼”。是:通“氏”,族氏。

【大意】

趚不敢不剖明心迹,以侍奉其宗主。如果敢於不完全服從嘉善的盟誓,和定宫、平畤的賜命的話;如果敢有改變誠信及背離盟誓,使不守護宗廟二宫的話;如果敢於蓄意使趙尼及其子孫、兟痶的子孫、兟直及其子孫、趙鋥的子孫、史醜及其子孫返回晉國的土地,以及嘯聚私盟的話;我們先君的神靈將會明晰而嚴厲地注視着背盟的人,將滅絶那人的族氏。

盟書用毛筆寫在玉石片上,多爲朱書,總計有一千多件,其中文字可辨識的有六百餘件。這批盟書的内容可分爲“宗盟”“委質”“納室”“組咒”“卜筮”等類,字數少者十餘字,多者二百二十餘字。宗盟類有一片記録了會盟的時間“十又一月甲寅朏”,又記録了會盟祭祀之禮及主盟人曾受賜命之事,可以視爲某次宗盟誓辭的序篇,有助於瞭解盟誓制度。

本篇内容屬宗盟類,是參盟人趚對其宗主表示忠心,反對盟誓文辭中被列入的誅討對象的誓約。全篇文字書寫在一片玉石的正反兩面,正面3行,反面2行,共94字(内含合文5字)。

第三單元　古論文選

第一章　總　論

一、四庫全書總目提要·經部總叙

經稟聖裁，垂型萬世，刪定之旨，如日中天，無所容其贊述。所論次者，詁經之説而已。自漢京以後垂二千年，儒者沿波，學凡六變。其初專門授受，遞稟師承，非惟詁訓相傳，莫敢同異，即篇章字句，亦恪守所聞，其學篤實謹嚴，及其弊也拘；王弼、王肅稍持異議，流風所扇，或信或疑，越孔、賈、啖、趙以及北宋孫復、劉敞等，各自論説，不相統攝，及其弊也雜；洛閩繼起，道學大昌，擺落漢唐，獨研義理，凡經師舊説，俱排斥以爲不足信，其學務别是非，及其弊也悍；〔如王柏、吴澄攻駁經文，動輒刪改之類。〕學脈旁分，攀緣日衆，驅除異己，務定一尊，自宋末以逮明初，其學見異不遷，及其弊也黨；〔如《論語集注》誤引包咸、夏瑚、商璉之説，張存中《四書通證》即闕此一條，以諱其誤。又如王柏刪《國風》三十二篇，許謙疑之，吴師道反以爲非之類。〕主持太過，勢有所偏，才辨聰明，激而横決。自明正德、嘉靖以後，其學各抒心得，及其弊也肆。〔如王守仁之末派皆以狂禪解經之類。〕空談臆斷，考證必疏。於是博雅之儒引古義以抵其隙。

國初諸家，其學徵實不誣，及其弊也瑣。〔如一字音訓，動辨數百言之類。〕要其歸宿，則不過漢學、宋學兩家互爲勝負。夫漢學具有根柢，講學者以淺陋輕之，不足服漢儒也；宋學具有精微，讀書者以空疏薄之，亦不足服宋儒也。消融門户之見而各取所長，則私心祛而公理出，公理出而經義明矣。蓋經者非他，即天下之公理而已。今參稽衆説，務取持平，各明去取之故，分爲十類：曰易、曰書、曰詩、曰禮、曰春秋、曰孝經、曰五經總義、曰四書、曰樂、曰小學。

（見〔清〕永瑢、紀昀等《欽定四庫全書總目》。此據四庫全書本。）

二、《馬氏文通》序

昔古聖開物成務，廢結繩而造書契，於是文字興焉。夫依類象形之謂文，形聲相益之謂字，閲世遞變而相沿，訛謬至不可殫極。上古渺矣，漢承秦火，鄭許輩起，務究元本，而小學乃權輿焉。自漢而降，小學旁分，各有專門。歐陽永叔曰："《爾雅》出於漢世，正名物講説資之，於是有訓詁之學；許慎作《説文》，於是有偏旁之學；篆隸古文，爲體各異，於是有字書之學；五聲異律，清濁相生，而孫炎始作字音，於是有音韻之學。"吴敬甫分三家，一曰體制，二曰訓詁，三曰音韻。胡元瑞則謂“小學一端，門徑十數，有博於文者、義者、音者、蹟者、考者、評者”。統類而要删之，不外訓詁、音韻、字書三者之學而已。

三者之學，至我朝始稱大備。凡詁釋之難，點畫之細，音韻之微，靡不詳稽旁證，求其至當。然其得失之異同，匿庸與嗜奇者，又往往互相主奴，聚訟紛紜，莫衷一是。則以字形字聲，閲世而不能不變，今欲於屢變之後以返求夫變之先，難矣。蓋所以證其未變之形與聲者，第據此已變者耳。藉令沿源討流，悉其元本，所是正者，一字之疑、一音之訛、一畫之誤已耳。殊不知古先造字，點畫音韻，千變萬化，其賦以形而命以聲者，原無不變之理；而所以形其形而聲其聲，以神其形聲之用者，要有一成之律貫乎其中，歷千古而無或少變。蓋形與聲之最易變者，就每字言之；而形聲變而猶有不變者，就集字成句言之也。《易》曰：“艮其輔，言有序。”《詩》曰：“出言有章。”曰“有序”，曰“有章”，即此有形有聲之字，施之於用各得其宜而著爲文者也。《傳》曰：“物相雜故曰文。”《釋名》謂“會集衆采以成錦繡，會集衆字以成詞誼，如文繡然也。”今字形字聲之最易變者，則載籍極博，轉使學者無所適從矣；而會集衆字以成文，其道終不變者，則古無傳焉。

士生今日而不讀書爲文章則已，士生今日而讀書爲文章，將發古人之所未發，而又與學者以易知易能，其道奚從哉？《學記》謂：“比年入學，中年考校，一年視離經辨志。”其《疏》云：“離經，謂離析經理，使章句斷絶也。”《通雅》引作“離經辨句”，謂“麗于六經使時習之，先辨其句讀也。”（徐邈音豆）皇甫茂正云：“讀書未知句度，下視服杜。”“度”即“讀”，所謂句心也。然則古人小學，必先講解經理、斷絶句讀也明矣。夫知所以斷絶句讀，必先知所以集字成句成讀之義。劉氏《文心雕龍》云：“夫人之立言，因字而生句，積句而成章，積章而成篇。篇之彪炳，章無疵也；章之明靡，句無玷也；句之清英，字不妄也。振本而末從，知一而萬畢矣。”顧振本知一之故，劉氏亦未有發明。

慨夫蒙子入塾，首授以四子書，聽其終日伊吾；及少長也，則爲師者，就書衍説。至於逐字之部分類别，與夫字與字相配成句之義，且同一字也，有弁於句首者，有殿於句尾者，以及句讀先後參差之所以然，塾師固昧然也。而一二經師自命與攻乎古文詞者，語之及此，罔不曰此在神而明之耳，未可以言傳也。噫嘻！此豈非循其當然而不求其所以然之蔽也哉！後生學者，將何考藝而問道焉！

上稽經史，旁及諸子百家，下至志書小説，凡措字遣辭，苟可以述吾心中之意以示今而傳後者，博引相參，要皆有一成不變之例。愚故罔揣固陋，取四書、三傳、《史》、《漢》、韓文爲歷代文詞升降之宗，兼及諸子、《語》、《策》，爲之字櫛句比，繁稱博引，比例而同之，觸類而長之，窮古今之簡篇，字裏行間，焕然冰釋，皆有以得其會通，輯爲一書，名曰“文通”。部分爲四：首正名。天下事之可學者各自不同，而其承用之名，亦各有主義而不能相混。佛家之“根”“塵”“法”“相”，法律家之“以”“准”“皆”“各”“及其”“即若”，與夫軍中之令，司官之式，皆各自爲條例。以及屈平之“靈修”，莊周之“因是”，鬼谷之“捭闔”，蘇張之“縱横”，所立之解均不可移置他書。若非預爲詮解，標其立義之所在而爲之界說，閱者必洸洋而不知其所謂，故以正名冠焉。次論實字。凡字有義理可解者，皆曰“實字”；即其字所有之義而類之，或主之，或賓之，或先焉，或後焉，皆隨其義以定其句中之位，而措之乃各得其當。次論虛字。凡字無義理可解而惟用以助辭氣之不足者曰“虛字”。劉彥和云：“至於夫、惟、蓋、故者，發端之首唱；之、而、於、以者，乃劄句之舊體；乎、哉、矣、也，亦送末之常科。”虛字所助，蓋不外此三端，而以類別之者因是已。字類既判，而聯字分疆庶有定準，故以論句讀終焉。

雖然，學問之事，可授受者規矩方圓，其不可授受者心營意造。然即其可授受者以深求夫不可授受者，而劉氏所論之文心，蘇轍氏所論之文氣，要不難一蹴貫通也。余特怪伊古以來，皆以文學有不可授受者在，併其可授受者而不一講焉，爰積十餘年之勤求探討以成此編。蓋將探夫自有文字以來至今未宣之秘奥，啓其緘縢，導後人以先路。掛一漏萬，知所不免。所望後起有同志者，悉心領悟，隨時補正，以臻美備，則愚十餘年力索之功庶不泯也已。

光緒二十四年三月十九日，丹徒馬建忠序。

（見〔清〕馬建忠《馬氏文通》。此據商務印書館 1925 年 12 月初版。）

三、春秋究遺序

《春秋》一再傳而筆削之意已失。故傳之存者三家，各自爲例，以明書法。不得《春秋》之書法者蓋多。何邵公、杜元凱諸人徒據傳爲本，名爲治《春秋》，實治一傳，非治經也。唐啖、趙、陸氏而後，言《春秋》者一變；迨宋而“廢例”之説出，是爲再變。桐城葉書山先生著《春秋究遺》一書，更約爲比例數十條，列諸端首，考定書法之正，然後以知變例及異文、特文等，蓋盡去昔人穿鑿碎義，而還是經之終始本末。先生之爲書也，有取於韓退之氏，獨抱遺經，究終始之言。震竊謂先生所得，在《春秋》書法之先。《春秋》所以難言者，聖人裁萬事，猶造化之於萬物，洪纖高下各有攸當，而一以貫之，條理精密即在廣大平易中。讀《春秋》者，非大其心無以見夫道之大；非精其心無以察夫義之精。以故，三家之傳，而外説是經至數千百家，其於《春秋》書法，卒不得也。《春秋》，魯史也，有史法在。古策書之體，其例甚嚴，所以爲禮義之防維而不敢苟此則。魯之史官，守之自魯公已來，行事有常，經魯史記，書法不失者，君子以爲不必修也。而修《春秋》自隱始，則王迹熄而諸侯僭樂壞禮，肆行征伐；諸侯之政又失，而大夫操其國柄。世變相尋，行事爲史所不能書。於是書法淆亂，非有聖人之達於權，不知治變。是以《春秋》義例不可與魯史記之例同條而論，而“廢例之説，知其益疏矣。震嘗獲聞先生論讀書法曰：“學者莫病於株守舊聞，而不復能造新意”；莫病於好立異説，不深求語言之間以至其精微之所存。夫精微之所存，非强著書邀名者所能至也。日用飲食之地，一動一言，好學者皆有以合於當然之則。循是而論古人，如身居其世，睹其事，然後聖人之情見乎詞者，可以吾之精心遇之。非好道之久，涵養之深，未易與於此。”先生之言若是，然則

《春秋》書法以二千載不得者，先生獨能得之，在是也夫！

時乾隆己卯孟冬休寧戴震撰。

（見《戴東原集》卷十。此據《四部備要》集部，上海中華書局據經韻樓本校刊。）

四、答江慎修先生論小學書

《説文》所載九千餘文，當小學廢失之後，固未能一一合於古。即《爾雅》亦多有不足據。姑以《釋故》言之，如"台、朕、賚、畀、卜、陽，予也"。"台""朕""陽"，當訓"予我"之"予"；"賚""畀""卜"，當訓"賜予"之"予"，不得錯見一句中。"孔、魄、哉、延、虚、無、之、言，間也。"郭氏注云："孔穴、延、魄、虚、無，皆有間隙，餘未詳。"考之《説文》："哉，言之間也。""言之間"，即詞助。然則"哉""之""言"三字，乃"言之間"。"言"爲詞助，見於《詩》《易》多矣。"豫、射，厭也。"郭氏注云："《詩》曰'服之無射。''豫'未詳。""豫"，蓋當訓"厭足""厭飫"之"厭"；"射"，訓"厭倦""厭憎"之"厭"。此皆掇拾之病。

其解釋《詩》《書》，緣詞生訓，非字義之本然者，不一而足。然今所有傳注，莫先《毛詩》，其爲書又出《爾雅》後。《爾雅》"杜甘，棠；梨山，樆；榆白，枌。"立文少變。杜澀，棠甘，而名類可互見。"杜，赤棠；白者，棠"，以"棠"見"杜"；"杜甘，棠"以"杜"見"棠"。《毛詩》："甘棠，杜也"，誤。"枌，白榆也"，不誤。杜甘曰"棠"，梨山生曰"樆"，榆白曰"枌"。朱子《詩集傳》於《詩・東門之枌》云："枌，白榆也。"本《毛詩》，於《唐・山有蓲》云"榆，白枌也"，殆稽《爾雅》而失其讀。其他《毛詩》誤用《爾雅》者甚多，先儒言《爾雅》往往取諸《毛詩》，非也。

若《説文》視《爾雅》《毛詩》固最後，沿本處多，要亦各有師承。《爾雅》"以衣涉水爲厲，繇帶以上爲厲"。《説文》"砅，字又作濿，省用厲。履石渡水也"，引《詩》"深則砅"。《詩》之意，以水深必依橋梁乃可過，喻禮義之大防不可犯。若淺水則褰衣而過，尚不濡衣。酈道元《水經注》云："段國《沙洲記》吐谷渾於河上作橋，謂之'河厲'。"此可證橋有"厲"之名。《衛詩》"淇梁""淇厲"並舉，"厲"固"梁"之屬也。就兹一字，《爾雅》失其傳，《説文》得其傳。觸類推求，遽數之不能終其物。是用知漢人之書，就一書中，有師承可據者，有失傳傅會者。

《説文》於字體字訓，罅漏不免。其論"六書"，則不失師承。劉歆、班固云："象形、象事、象意、象聲、轉注、假借。"鄭衆云："象形、會意、轉注、處事、假借、諧聲。"所言各乖異失倫。《説文序》稱"一指事，二象形，三形聲，四會意、五轉注、六假借"。轉注"考"、"老"字，後人不解。裴務齊《切韻》猥云："考字左迴，老子右轉。"戴仲達、周伯琦之書雖正"老"字屬會意、"考"字屬諧聲，而不能不承用"左迴、右轉"爲轉注，别舉"側山爲𠂤"、"反人爲匕"等象形之變轉者當之。徐鉉、徐鍇、鄭樵之書，就"考"字傅會，謂"祖考"之"考"，名銘識通用"丂"，於"丂"之本訓轉其義，而加"老省"注明之。又如"犬走貌"爲"猋"，《爾雅》"扶摇謂之猋"，於"猋"之本訓轉其義，"飆"則偏旁加"風"注明之。此以諧聲中聲義兩近者當轉注，不特一類分爲二類甚難，且校義之遠近必多穿鑿。王介甫《字說》强以意解加之諧聲字，陸佃《埤雅》中時摭之。使按之理義不悖，如程子、朱子論"中心爲忠""如心爲恕"，猶失六書本法，岐惑學者。今區分諧聲一類爲轉注，勢必强求其義之近似。况古字多假借，後人始增偏旁，其得盡證之使自爲類乎？楊桓又謂："三體已上，展轉附注，是曰轉注。"斯説之謬易見。而莫謬於蕭楚、張有諸人轉聲爲轉注之説，雖好古如顧炎武，亦不復深省。《説文》於假借舉"令""長"字，乃移而屬轉注。古今音讀莫考：如"好惡"之"惡"，今讀去聲，古人有讀入聲者。"美惡"之"惡"，今讀入聲，古人有讀去聲者。宋魏文靖論《觀卦》云："今轉注之説，則彖象爲觀示之觀，六爻爲觀瞻之觀。竊意未有四聲反切以前，安知不爲一音乎？"據此言之，轉聲已不易定，轉注、假借何以辨？

今讀先生手教曰："本義外，展轉引伸爲他義，或變音，或不變音，皆爲轉注。其無義而但借其音，或相似之音，則爲假借。"震之疑不在本義之不可曉，而在展轉引伸爲他義，有遠有近，有似遠義實相因，有近而義不相因，有絶不相涉而旁推曲取又可强言其義，區分假借一類而兩之，殆無異區分諧聲一類而兩之也。六書之諧聲、假借，並出於聲。諧聲以類附聲，而叓成字；假借依聲託事，不叓成字。或同聲，或轉聲，或聲義相倚而俱近，或聲近而義絶遠。諧聲具是數者，假借亦具是數者。後世求轉注之説不得，併破壞諧聲、假借。此震之所甚惑也。

《説文》："老，从人毛匕，言須髮變白也"，"考，从老省，丂聲"。其解字體，一會意，一諧聲，甚明。而引之於《序》，以實其所論轉注，不宜自相矛盾，是故别有説也。使許氏説不可用，亦必得其説然後駁正之，何二千年間紛紛立無説者衆，而以猥云"左迴""右轉"者之謬悠，目爲許氏，可乎哉？震謂"考""老"二字屬諧聲、會意者，字之體；引之言轉注者，字之用。轉注之云，古人以其語言立爲名類，通以今人語言，猶曰互訓云爾。轉相爲注，互相爲訓，古今語也。《説文》於"考"字訓之曰"老也"，於"老"字訓之曰"考也"。是以《序》中論轉注舉之，《爾雅·釋詁》有多至四十字共一義，其六書轉注之法歟？别俗異言，古雅殊語，轉注而可知。故曰"建類一首，同意相受"。大致造字之始無所凴依，宇宙閒事與形兩大端而已：指其事之實曰指事，一二、上下是也；象其形之大體曰象形，日月、水火是也。文字既立，則聲寄於字，而字有可調之聲；意寄於字，則字有可通之意。是又文字之兩大端也。因而博衍之，取乎諧聲，曰諧聲；聲不諧而會合其意，曰會意。四者，書之體止此矣。

由是之於用，數字共一用者，如初、哉、首、基之皆爲始，卬、吾、台、予之皆爲我，其義轉相爲注，曰轉注。一字具數用者，依於義以引伸，依於聲而旁寄，假此以施於彼，曰假借。所以用文字者，斯其兩大端也。六者之次弟出於自然，立法歸於易簡。震所以信許叔重論六書必有師承，而"考""老"二字，以《説文》證《説文》，可不復疑也。存諸心十餘載，因聞教未達，遂縱言之。

（見《戴東原集》卷三。此據《四部備要·集部》，上海中華書局據經韻樓本校刊。）

五、《廣雅疏證》段玉裁序

小學有形，有音，有義；三者互相求，舉一可得其二。有古形有今形，有古音有今音，有古義有今義；六者互相求，舉一可得其五。古今者，不定之名也。三代爲古，則漢爲今；漢魏晉爲古，則唐宋以下爲今。聖人之制字，有義而後有音，有音而後有形。學者之考字，因形以得其音，因音以得其義。治經莫重於得義，得義莫切於得音。《周官》六書：指事、象形、形聲、會意四者，形也；轉注、假借二者，馭形者也，音與義也。三代小學之書不傳，今之存者，形書，《說文》爲之首，《玉篇》以下次之；音書，《廣韻》爲之首，《集韻》以下次之；義書，《爾雅》爲之首，《方言》《釋名》《廣雅》以下次之。《爾雅》《方言》《釋名》《廣雅》者，轉注、假借之條目也。義屬於形，是爲轉注；義屬於聲，是爲假借。稚讓爲魏博士，作《廣雅》，蓋魏以前經傳謡俗之形音義彙綷於是，不孰於古形、古音、古義，則其説之存者，無由甄綜；其説之已亡者，無由比例推測。形失，則謂《説文》之外，字皆可廢；音失，則惑於字母七音，猶治絲棼之；義失，則梏於《説文》所説之本義，而廢其假借。又或言假借，而昧其古音。是皆無與於小學者也。懷祖氏能以三者互求，以六者互求，尤能以古音得經義，蓋天下一人而已矣。假《廣雅》以證其所得，其注之精粹，再有子雲，必能知之。敢以是質於懷祖氏，並質諸天下後世言小學者。乾隆辛亥八月，金壇段玉裁序。

（此據〔清〕王念孫著、鍾宇訊點校《廣雅疏證（附索引）》，中華書局，2004年第2版。）

六、《説文解字注》序

《説文》之爲書，以文字而兼聲音、訓詁者也。凡許氏形聲、讀若，皆與古音相準。或爲古之正音，或爲古之合音，方以類聚，物以群分，循而考之，各有條理。不得其遠近分合之故，則或執今音以疑古音，或執古之正音以疑古之合音，而聲音之學晦矣。《説文》之訓，首列製字之本意，而亦不廢假借，凡言"一曰"及所引經，類多有之，蓋以廣異聞、備多識而不限於一隅也。不明乎"假借"之指，則或據《説文》本字以改書傳假借之字，或據《説文》引經假借之字以改經之本字，而訓詁之學晦矣。

吾友段氏若膺，於古音之條理察之精、剖之密，嘗爲《六書音均表》，立十七部以綜核之，因是爲《説文注》。形聲、讀若，一以十七部之遠近分合求之，而聲音之道大明。於許氏之説，正義、借義，知其典要，觀其會通，而引經與今本異者，不以本字廢借字，不以借字易本字。揆諸經義，例以本書，若合符節，而訓詁之道大明。訓詁、聲音明而小學明，小學明而經學明，蓋千七百年來無此作矣。若夫辨點畫之正俗，察篆隸之繁省，沾沾自謂得之，而於轉注、假借之通例，茫乎未之有聞，是知有文字，而不知有聲音、訓詁也。其視若膺之學，淺深相去爲何如邪！余交若膺久，知若膺深，而又皆從事於小學,故敢舉其犖犖大者,以告綴學之士云。

嘉慶戊辰五月,高郵王念孫序。

(見〔清〕段玉裁《説文解字注》。此據《四庫備要·經部》,上海中華書局據經韻樓原刻本校刊。)

七、文心雕龍(節選)

(一)聲律第三十三

夫音律所始,本於人聲者也。聲含宫商,肇自血氣,先王因之,以制樂歌。故知器寫人聲,聲非學器者也 。故言語者,文章神明樞機,吐納律吕,脣吻而已。古之教歌,先揆以法,使疾呼中宫,徐呼中徵。夫商徵響高,宫羽聲下;抗喉矯舌之差,攢脣激齒之異,廉肉相準,皎然可分。今操琴不調,必知改張,摛文乖張,而不識所調。響在彼絃,乃得克諧,聲萌我心,更失和律,其故何哉?良由外聽難爲聰也 。故外聽之易,絃以手定;内聽之難,聲與心紛。可以數求,難以辭逐 。

凡聲有飛沉,響有動静。雙聲隔字而每舛,疊韻雜句而必睽;沈則響發而斷,飛則聲颺不還,並轆轤交往,逆鱗相比。迂其際會,則往蹇來連,其爲疾病,亦文家之吃也。夫吃文爲患,生於好詭,逐新趣異,故喉脣糾紛;將欲解結,務在剛斷。左礙而尋右,末滯而討前,則聲轉於吻,玲玲如振玉;辭靡於耳,累累如貫珠矣。是以聲畫妍蚩,寄在吟咏(編者案:"吟咏"二字衍);滋味流於下句,氣力窮於和韻。異音相從謂之和,同聲相應謂之韻。韻氣一定,故餘聲易遣;和體抑揚,故遺響難契。屬筆易巧,選和至難;綴文難精,而作韻甚易。雖纖意曲變,非可縷言,然振其大綱,不出兹論。

若夫宫商大和,譬諸吹籥;翻回取均,頗似調瑟。瑟資移柱,故有時而乖貳;籥含定管,故無往而不壹。陳思、潘岳,吹籥之調也;陸機、左思,瑟柱之和也。概舉而推,可以類見。又《詩》人綜韻,率多清切;《楚辭》辭楚,故訛韻實繁。及張華論韻,謂士衡多楚,《文賦》亦稱知楚不易,可謂銜靈均之聲餘,失黄鐘之正響也。凡切韻之動,勢若轉圜;訛音之作,甚於枘方。免乎枘方,則無大過矣。練才洞鑒,剖字鑽響;識疏闊略,隨音所遇,若長風之過籟,南郭之吹竽耳。古之佩玉,左宫右徵,以節其步,聲不失序。音以律文,其可忘哉!

贊曰:標情務遠,比音則近。吹律胸臆,調鐘脣吻。聲得鹽梅,響滑榆槿。割棄支離,宫商難隱。

(二)章句第三十四

夫設情有宅,置言有位;宅情曰章,位言曰句。故章者,明也;句者,局也。局言者,聯字以分疆;明情者,總義以包體。區畛相異,而衢路交通矣。夫人之立言,因字而生句，積句而爲章，積章而成篇。篇之彪炳，章無疵也；章之明靡，句無玷也；句之清英，字不妄也。振本而末從，知一而萬畢矣。

夫裁文匠筆，篇有小大；離章合句，調有緩急；隨變適會，莫見定準。句司數字，待相接以爲用；章總一義，須意窮而成體。其控引情理，送迎際會，譬舞容回環，而有綴兆之位；歌聲靡曼，而有抗墜之節也。

尋《詩》人擬喻，雖斷章取義，然章句在篇，如蠒之抽緒，原始要終，體必鱗次。啓行之辭，逆萌中篇之意，絶筆之言，追勝前句之旨。故能外文綺交，内義脈注，跗萼相銜，首尾一體。若辭失其明，則羈旅而無友；事乖其次，則飄寓而不安。是以搜句忌於顛倒，裁章貴於順序。斯固情趣之指歸，文筆之同致也。

若夫筆句無常，而字有條數：四字密而不促，六字格而非緩，或變之以三五，蓋應機之權節也。至於《詩》《頌》大體，以四言爲正，唯《祈父》“肇禋”，以二言爲句。尋二言肇於黄世，《竹彈》之謡是也；三言興於虞時，《元首》之詩是也；四言廣於夏年，《洛汭》之歌是也；五言見於周代，《行露》之章是也。六言七言，雜出《詩》《騷》；而體之篇，成於兩漢。情數運周，隨時代用矣。

若乃改韻從調，所以節文辭氣。賈誼、枚乘，兩韻輒易；劉歆、桓譚，百句不遷：亦各有其志也。昔魏武論賦，嫌於積韻，而善於資代。陸雲亦稱：“四言轉句，以四句爲佳。”觀彼制韻，志同枚、賈。然兩韻輒易，則聲韻微躁；百句不遷，則唇吻告勞。妙才激揚，雖觸思利貞，曷若折之中和，庶保無咎。

又詩人以“兮”字入於句限，《楚辭》用之，字出句外。尋“兮”字承句，乃語助餘聲。舜咏《南風》，用之久矣；而魏武弗好，豈不以無益文義耶！至於夫、惟、蓋、故者，發端之首唱；之、而、於、以者，乃劄句之舊體；乎、哉、矣、也者，亦送末之常科。據事似閑，在用實切。巧者回運，彌縫文體，將令數句之外，得一字之助矣。外字難謬，况章句歟！

贊曰：斷章有檢，積句不恒。理資配主，辭忌失朋。環情草調，宛轉相騰。離同合異，以盡厥能。

（三）麗辭第三十五

麗辭第三十五

造化賦形，支體必雙，神理爲用，事不孤立。夫心生文辭，運裁百慮，高下相須，自然成對。唐虞之世，辭未極文，而皋陶贊文：“罪疑惟輕，功疑惟重。”益陳謨云：“滿招損，謙受益。”豈營麗辭，率然對爾。《易》之《文》《繫》，聖人之妙思也。序《乾》四德，則八句相銜；龍虎類感，則字字相儷；乾坤易簡，則宛轉相承；日月往來，則隔行懸合：雖句字或殊，而偶意一也。至於詩人偶章，大夫聯辭，奇偶適變，不勞經營。自揚、馬、張、蔡，崇盛麗辭，如宋畫吴冶，刻形鏤法，麗句與深采並流，偶意共逸韻俱發。至魏晉群才，析句彌密，聯字合趣，剖毫析釐。然契機者入巧，浮假者無功。

故麗辭之體，凡有四對：言對爲易，事對爲難；反對爲優，正對爲劣。言對者，雙比空辭者也;事對者,並舉人驗者也;反對者,理殊趣合者也;正對者,事異義同者也。長卿《上林》云:"修容乎《禮》園,翱翔乎《書》圃。"此言對之類也。宋玉《神女賦》云:"毛嬙鄣袂,不足程式;西施掩面,比之無色。"此事對之類也。仲宣《登樓》云:"鐘儀幽而楚奏,莊舄顯而越吟。"此反對之類也。孟陽《七哀》云:"漢祖想枌榆,光武思白水。"此正對之類也。凡偶辭胸臆,言對所以爲易也;徵人之學,事對所以爲難也;幽顯同志,反對所以爲優也;並貴共心,正對所以爲劣也。又以事對,各有反正,指類而求,萬條自昭然矣。

張華詩稱:"遊雁比翼翔,歸鴻知接翮。"劉琨詩言:"宣尼悲獲麟,西狩泣孔丘。"若斯重出,即對句之駢枝也。是以言對爲美,貴在精巧;事對所先,務在允當。若兩事相配,而優劣不均,是驥在左驂,駑爲右服也。若夫事或孤立,莫與相偶,是夔之一足,踸踔而行也。若氣無奇類,文乏異采,碌碌麗辭,則昏睡耳目。必使理圓事密,聯璧其章。迭用奇偶,節以雜佩,乃其貴耳。類此而思,理斯見也。

贊曰:體植必兩,辭動有配。左提右挈,精味兼載。炳爍聯華,鏡靜含態。玉潤雙流,如彼珩佩。

(見〔南朝梁〕劉勰《文心雕龍》。此據《四部叢刊·集部》,上海涵芬樓影印明嘉靖刊本。)

八、古書疑義舉例

(一)美惡同辭例

古者美惡不嫌同辭,如"退食自公,委蛇委蛇",詩人之所美也;而《左傳》云"衡而委蛇必折",則"委蛇"又爲不美矣。"豈弟君子,民之父母",詩人之所美也;而《齊風》云"魯道有蕩,齊子豈弟";傳曰"言文姜於是樂易然";正義足成其義曰"於是樂易然,曾無慚色",則"豈弟"又爲不美矣。"齊子豈弟"本與下章"齊子翱翔"一律,而鄭必破作"闓圛",謂於上章"齊子發夕"一律。蓋以他言"豈弟"者,皆美而非刺,故不從傳義。不知古人美惡不嫌同辭,學者當各依本文體會,未可徒泥其辭也。

《詩·皇矣篇》:"無然畔援",《箋》云:"畔援,猶跋扈也。"《韓詩》曰:"畔援,武强也。"按:"畔援"即"畔喭"。《論語·先進篇》鄭注:"子路之行,失於畔喭。"《正義》曰:"言子路性行剛强,常吸喭失禮容也。"正與鄭、韓義合。"喭"之爲"援",猶"畔"之爲"吸",聲近而義通矣。《玉篇》又作"無然伴换",古雙聲疊韻字無一定也。《卷阿篇》:"伴奂爾游矣。""伴奂",即"伴换"也。《箋》曰:"伴奂,自縱弛之意。"蓋即跋扈之意而引申之。是故"畔援"也,"伴奂"也,一而已矣。"畔援"爲不美之辭,而"伴奂"爲美之之辭,美惡不嫌同辭也。《訪落篇》:"將予就之,繼猶判涣。""判涣",亦即"伴奂"也。傳、箋均未得判奂之義。判涣亦自縱弛也,言將助我而就之,猶不免於縱弛也。是故"伴奐"也,"判涣"也,一而已矣。"伴奐"爲美之之辭,"判涣"又爲不美之辭,美惡不嫌同辭也。

《禮記·孔子閑居篇》"耆欲將至",鄭注曰:"謂其王天下之期將至也。"按:《中庸篇》:"福禍將至。"此云耆欲,即福也。美惡不嫌同辭。《月令篇》:"節耆欲。"以耆欲之不善者言也。《祭統篇》:"興舊耆欲。"此云耆欲將至,以耆欲之善者言也。王肅作《家語》,改作"有物將至",足徵其不達古義矣。

(二)一字誤爲二字例,二字誤爲一字例

一字誤爲二字例

古書有一字誤爲二字者。《禮記·祭義篇》:"見閒以俠甒。"鄭注曰:"'見閒'當爲'覵'。"《史記·蔡澤傳》:"吾持粱刺齒肥。"《索隱》曰:"'刺齒肥'當爲'齧肥'。"《孟子·公孙丑篇》:"必有事焉而勿正心。"《日知録》載倪文節之語,謂當作"必有事焉而勿忘"。

《禮記·緇衣篇》:"信以結之,則民不倍;恭以涖之,則民有孫心。"惠氏棟《九經古義》謂:"'孫心'當作'愻'。"《説文》:"愻,順也。《書》云:'五品不愻。'"今文《尚書》作"訓",古文《尚書》作"愻",今《孔氏本》作"孫",衛包又改作"遜",古字亡矣,《緇衣》猶存古字耳。

《尚書·多方篇》:"我有周惟其大介賚爾。"按:枚氏因大介連文,而以"大大賜汝"釋之,不詞甚矣。《説文·大部》:"乔,大也。從大,介聲,讀若蓋。"凡經傳訓"大"之"介",皆其叚字也。此《經》疑用本字,其文曰:"我有周惟其乔賚爾。"乔賚,即大賚也。後人罕見"乔"字,遂誤分爲"大介"二字。

《國語·晉語》:"吾觀晉公子,賢人也。其從者,皆國相也。以相一人,必得晉國。"按:僖二十三年《左傳》曰:"吾觀晉公子之從者,皆足以相國;若以相,夫子必反其國。"疑此文"一人"二字乃"夫"字之誤。"以相"絶句,即《左傳》所謂"若以相"也。"夫必得晉國"絶句,即《左傳》所謂"夫子必反其國"也。"夫"者指目其人之辭,説詳襄二十三年《左傳正義》。今誤作"一人"二字,義不可通矣。

二字誤爲一字例

古書亦有二字誤合爲一字者。襄九年《左傳》:"閏月"。《杜注》曰:"'閏月'當爲'門五日','五'字上與'門'合爲'閏',則後學者自然轉'日'爲'月'。"按:古鐘鼎文往往有兩字合書者,如《石鼓文》"小魚"作"鮝",散氏《銅盤銘》"小子"作"孛"是也。古人作字,但取疏密相間,經典傳寫,則遂並爲一字矣。

《禮記·檀弓篇》:"從母之夫,舅之妻,二夫人相爲服。"按:"夫"字衍文也,"二人"兩字誤合爲"夫"字,學者旁識"二人"兩字以正其誤,而傳寫誤合之,遂成"二夫人"矣。《國語》"夫"字誤分爲"一人"二字,《檀弓》"二人"字誤合爲"夫"字,甚矣古書之難讀也!

《淮南子·説林篇》:"狂者傷人,莫之怨也;嬰兒詈老,莫之疾也;賊心㐌。"陳氏觀樓曰:"'㐌'字當爲"亡也"二字之訛。亡,無也。言狂者與嬰兒,皆無賊害之心,故人莫

之怨也。"按:此亦二字合爲一字者。又《人間篇》:"孫叔敖病疽將死。"按:"病"字、"將"字並衍文也。"疽"字乃"疒且"二字之誤。《説文·疒部》:"疒,痾也。人有疾痛,象倚箸之形。"朱氏駿聲謂:"疒乃疾病之本字。疾字,從矢,疒聲,乃疾速之本字。後人假'疾'爲'疒'而'疒'廢矣。"愚按:其説是也。"孫叔敖疒且死",猶云"孫叔敖疾且死"也。其事亦見《列子·説符篇》《吕氏春秋·異寶篇》,並作"孫叔敖疾將死"。將,猶且也。彼作"疾",此作"疒",古今字耳。因"疒且"二字誤合爲"疽"字,後人乃於上加"病"字,下加"將"字,失之矣。又《修務篇》:"琴或撥剌枉橈,闊解漏越,而稱以楚莊之琴,側室争鼓之。"《高注》曰:"'側室'或作'廟堂'"。按:"側室"及"廟堂"均無義。疑《淮南》原文本作"則尚士争鼓之。""尚"與"上"通,尚士,即上士也。《考工記》:"桃氏爲劍,弓人爲弓。"並有"上士服之"之文。故此言琴,亦曰"上士鼓之"也。上文曰:"今劍或絶側羸文,齧缺卷鋌,而稱以頃襄之劍,則貴人争帶之。"兩文相對,此曰"則上士争鼓之",猶彼曰"則貴人争帶之"也。因假"尚"爲"上,而"尚士"二字誤合爲"堂"字,淺人因改"則"字爲"廟"字,高所見或本是也。又因古本實是"則"字,遂改"堂"字爲"室"字,而加人旁於"則"字之左,使成"側"字,高所據本是也。展轉致誤,而要皆由於"尚士"二字之誤合爲"堂"字,所宜悉心校正也。

(三)字因上下相涉而加偏旁例

字有本無偏旁,因與上下字相涉而誤加者。如《詩·關雎》篇:"展轉反側","展"字涉下"轉"字而加"車"旁;《采薇》篇:"玁允之故","允"字涉上"玁"字而加"犬"旁,皆是也。

《周官·大宗伯職》:"以禬禮哀圍敗。"鄭注曰:"同盟者會合財貨以更其所喪。"按:《周禮》原文本作"會禮",故鄭君直以"會合財貨"説之。若經文是"禬"字,則爲"禬禳"之"禬",非"會合"之"會",鄭君必云"禬讀爲會"矣。鄭無"讀爲"之文,知其字本作"會",涉下"禮"字而誤加"示"旁也。

《大戴記·夏小正篇》:"緹縞。"按:"緹"字,《古夏小正》當作"是","是"與"寔"通,"寔"與"實"通,故傳曰:"是也者,其實也。"今作"緹",涉下"縞"字而誤加"糸"旁。

(見〔清〕俞樾《古書疑義舉例》。此據蘇州護龍街中文學山房印行本。)

第二章 文 字 類

一、説文解字叙

古者庖犧氏之王天下也,仰則觀象於天,俯則觀法於地,視鳥獸之文與地之宜,近取諸身，遠取諸物，於是始作《易》八卦，以垂憲象。及神農氏結繩爲治，而統其事，庶業其繁，飾僞萌生。黄帝之史倉頡，見鳥獸蹏迒之迹，知分理之可相别異也，初造書契。“百工以乂，萬品以察，蓋取諸夬。”“夬，揚于王庭”，言文者宣教明化於王者朝廷，君子所以施禄及下，居德則忌也。倉頡之初作書，蓋依類象形，故謂之文。其後形聲相益，即謂之字。字者，言孳乳而浸多也。著於竹帛謂之書，書者，如也。以迄五帝三王之世，改易殊體，封于泰山者七十有二代，靡有同焉。

《周禮》：八歲入小學，保氏教國子，先以六書。一曰指事。指事者，視而可識，察而可見，“上”“下”是也。二曰象形。象形者，畫成其物，隨體詰詘，“日”“月”是也。三曰形聲。形聲者，以事爲名，取譬相成，“江”“河”是也。四曰會意。會意者，比類合誼，以見指撝，“武”“信”是也。五曰轉注。轉注者，建類一首，同意相受，“考”“老”是也。六曰假借。假借者，本無其字，依聲托事，“令”“長”是也。

及宣王太史籒，箸大篆十五篇，與古文或異。至孔子書六經，左丘明述《春秋傳》，皆以古文，厥意可得而説。其後諸侯力政，不統於王，惡禮樂之害已，而皆去其典籍。分爲七國，田疇異畝，車涂異軌，律令異法，衣冠異制，言語異聲，文字異形。

秦始皇帝初兼天下，丞相李斯乃奏同之，罷其不與秦文合者。斯作《倉頡篇》，中車府令趙高作《爰歷篇》，太史令胡毋敬作《博學篇》，皆取史籒大篆，或頗省改，所謂小篆者也。是時，秦燒滅經書，滌除舊典，大發隸卒，興役戍。官獄職務繁，初有隸書，以趣約易，而古文由此絶矣。徐鍇曰：“王僧虔云：秦獄吏程邈善大篆，得辠繫雲陽獄，增絶大篆，去其繁複。始皇善之，出爲御史，名其書曰隸書。班固云：謂施之於徒隸也。即今之隸書，而無點畫俯仰之勢。”自爾秦書有八體：一曰大篆，二曰小篆，三曰刻符，四曰蟲書，徐鍇曰：“案《漢書注》，蟲書即鳥書。以書幡信首，象鳥形。即下云鳥蟲是也。”五曰摹印，蕭子良以刻符、摹印，合爲一體。徐鍇以爲符者，竹而中剖之，字形半分，理應别爲一體。摹印屈曲填密，則秦璽文也。子良誤合之。六曰署書，蕭子良云：“署書，漢高六年蕭何所定，以題蒼龍、白虎二闕。”羊欣云：“何覃思累月，然後題之。”七曰殳書，徐鍇曰：“書於殳也。殳體八觚，隨其勢而書之。”八曰隸書。

漢興有草書。徐鍇曰：“案書傳多云張芝作草，又云齊相杜探作。據《説文》，則張芝之前已有矣。”蕭子良云：“藁書者，董仲舒欲言災異，藁草未上，即爲藁書。藁者，草之初也。《史記》上官奪屈原藁草。今云漢興有草。知所言藁草，是創草，非草書也。”尉律：徐鍇曰：“《尉律》，漢律》篇名。”學僮十七已上始試。諷籒書九千字，乃得爲吏。又以八體試之，郡移太史并課，最者以爲尚書史。書或不正，輒舉劾之。今雖有尉律，不課；小學，不修。莫達其説久矣。

孝宣時，召通《倉頡》讀者，張敞從受之。凉州刺史杜業、沛人爰禮、講學大夫秦近，亦能言之。孝平時，徵禮等百餘人，令説文字未央廷中，以禮爲小學元士。黄門侍郎揚雄，采以作《訓纂篇》。凡《倉頡》已下十四篇，凡五千三百四十字。群書所載，略存之矣。

及亡新居攝，使大司空甄豐等校文書之部，自以爲應制作，頗改定古文。時有六書：一曰古文，孔子壁中書也。二曰奇字，即古文而異者也。三曰篆書，即小篆，秦始皇帝使下杜人程邈所作也。徐鍇曰：“李斯雖改《史篇》爲秦篆，而程邈復同作也。”四曰佐書，即秦隸書。五曰繆篆，所以摹印也。六曰鳥蟲書，所以書幡信也。

壁中書者，魯恭王壞孔子宅，而得《禮記》《尚書》《春秋》《論語》《孝經》。又北平侯張倉獻《春秋左氏傳》。郡國亦往往於山川得鼎彝，其銘即前代之古文，皆自相似。雖叵復見遠流，其詳可得略説也。

而世人大共非訾，以爲好奇者也，故詭更正文，鄉壁虚造不可知之書，變亂常行，以燿於世。諸生競説字解經誼，稱秦之隸書爲倉頡時書，云："父子相傳，何得改易！"乃猥曰："馬頭人爲長"，"人持十爲斗"，"虫者屈中也"。廷尉説律，至以字斷法，"苛人受錢"，"苛"之字"止句"也。若此者甚衆，皆不合孔氏古文，謬於史籀。俗儒啚夫，玩其所習，蔽所希聞，不見通學，未嘗睹字例之條。怪舊埶而善野言，以其所知爲秘妙，究洞聖人之微恉。又見《倉頡篇》中"幼子承詔"，因號古帝之所作也，其辭有神僊之術焉。其迷誤不諭，豈不悖哉！

《書》曰："予欲觀古人之象。"言必遵修舊文而不穿鑿。孔子曰："吾猶及史之闕文，今亡也夫。"蓋非其不知而不問，人用已私，是非無正，巧説衺辭，使天下學者疑。蓋文字者，經藝之本，王政之始，前人所以垂後，後人所以識古。故曰："本立而道生"，"知天下之至嘖而不可亂也"。

今叙篆文，合以古籀。博采通人，至于小大，信而有證。稽譔其説，將以理群類，解謬誤，曉學者，達神恉。徐鍇曰："恉即意旨字。旨者，美也。多通用。"分别部居，不相雜厠。徐鍇曰："分部相從，自許始也。"萬物咸睹，靡不兼載。厥誼不昭，爰明以諭。其偁《易》，孟氏；《書》，孔氏；《詩》，毛氏；《禮》，周官；《春秋》，左氏；《論語》；《孝經》：皆古文也。其於所不知，蓋闕如也。（此下所列《説文》五百四十部略。）

叙曰：此十四篇，五百四十部，九千三百五十三文，重一千一百六十三，解説凡十三萬三千四百四十一字。其建首也，立一爲耑。方以類聚，物以群分，同牽條屬，共理相貫。雜而不越，據形系聯。引而申之，以究萬原。畢終於亥，知化窮冥。

于時大漢，聖德熙明，承天稽唐，敷崇殷中。遐邇被澤，渥衍沛滂。廣業甄微，學士知方。探嘖索隱，厥誼可傳。粤在永元，困頓之年，徐鍇曰："漢和帝永元十二年，歲在庚子也。"孟陬之月，朔日甲申。

曾曾小子，祖自炎神。縉雲相黄，共承高辛。太岳佐夏，吕叔作藩。俾侯于許，世祚遺靈。自彼徂召，宅此汝瀕。竊卬景行，敢涉聖門。其弘如何，節彼南山。欲罷不能，既竭愚才。惜道之味，聞疑載疑。演贊其志，次列微辭。知此者稀，儻昭所尤。庶有達者，理而董之。

（見〔東漢〕許慎《説文解字》。此據清代陳昌治刻本，中華書局，1963 年 12 月第 1 版。）

二、説文解字注

（一）一部

一，惟初大極，道立於一，造分天地，化成萬物。《漢書》曰："元元本本。數始於一。"凡一之屬皆从一。一之形，於六書爲指事。凡云“凡某之屬皆从某”者，《自序》所謂“分别部居，不相襍厠”也。《爾雅》《方言》，所以發明轉注、假借。《倉頡》《訓纂》《滂熹》及《凡將》《急就》《元尚》《飛龍》《聖皇》諸篇，僅以四言、七言成文，皆不言字形原委。以字形爲書，俾學者因形以考音與義，實始於許，功莫大焉。於悉切，古音第十二部。○凡注言一部、二部，以至十七部者，謂古韻也。玉裁作《六書音均表》，識古韻凡十七部。自倉頡造字時，至唐虞、三代、秦漢以及許叔重造《説文》，曰“某聲”，曰“讀若某”者，皆條理合一不紊。故既用徐鉉切音矣。而又某字志之曰“古音第幾部”。又恐學者未見六書音均之書，不知其所謂，乃於《説文》十五篇之後，附《六書音均表》五篇，俾形聲相表裏，因耑推究，於古形、古音、古義可互求焉。

弌，古文一。 凡言“古文”者，謂倉頡所作古文也。此書法後王，尊漢制，以小篆爲質，而兼録古文、籀文，所謂“今叙篆文，合以古籀”也。小篆之於古、籀，或仍之，或省改之，仍者十之八九，省改者十之一二而已。仍則小篆皆古、籀也，故不更出古、籀；省改則古、籀非小篆也，故更出之。“一”“二”“三”之本古文明矣，何以更出“弌”“式”“弎”也？蓋所謂即即古文而異者，當謂之“古文奇字”。

元，始也。 見《爾雅・釋詁》。《九家易》曰：“元者，氣之始也。” **从一，兀聲。** 徐氏鍇云：“不當有‘聲’字。以髡从兀聲，転从元聲例之。”徐説非，古音元、兀相爲平入也。凡言“从某，某聲”者，謂於六書爲形聲也。凡文字有義、有形、有音，《爾雅》已下，義書也。《聲類》已下，音書也。《説文》，形書也。凡篆一字，先訓其義，若“始也”“顛也”是。次釋其形，若“从某，某聲”是。次釋其音，若“某聲”及“讀若某”是。合三者以完一篆，故曰形書也。愚袁切，古音第十四部。

天，顛也。 此以同部疊韻爲訓也。凡“門，聞也”、“户，護也”、“尾，微也”、“髮，拔也”皆此例。凡言“元，始也”“天，顛也”、“丕，大也”“吏，治人者也”皆於六書爲轉注，而微有差别。元、始可互言之，天、顛不可倒言之，蓋求義則轉移皆是。舉物則定名難假，然其爲訓詁則一也。顛者，人之頂也，以爲凡高之稱。始者，女之初也，以爲凡起之稱。然則天亦可爲凡顛之稱。臣於君、子於父、妻於夫、民於食，皆曰天是也。 **至高無上，从一大。** 至高無上，是其大無有二也，故从一大，於六書爲會意。凡會意，合二字以成語，如“一大”、“人言”、“止戈”皆是。他前切，十二部。

丕，大也。 見《釋詁》。 **从一，不聲。** 敷悲切，古音在第一部。鋪怡切，丕與不音同，故古多用不爲丕，如“不顯”即“丕顯”之類。於六書爲假借。凡假借必同部、同音。○丕，隸書中直引長，故云丕之字“不十”。漢石經作“丕”可證。非與丕殊字也。

吏，治人者也。 治與吏同在第一部，此亦以同部疊韻爲訓也。 **从一，从史。** 此亦會意也。天下曰“从一大”，此不曰“从一史”者，吏必以一爲體，以史爲用，一與史二事，故異其詞也。史者，記事者也。 **史亦聲。** 凡言亦聲者，會意兼形聲也。凡字有用六書之一者，有兼六書之二者。力置切，一部。

文五。重一。 此蓋許所記也。每部記之，以得其凡若干字也。凡部之先後，以形之相近爲次。凡每部中字之先後，以義之相引爲次。《顔氏家訓》所謂“檃栝有條例”也。《説文》每部自首至尾，次弟井井如一篇文字。如一而元，元，始也，始而後有天，天莫大焉，故次以丕，而吏之从一終焉是也。雍熙校刊部首某字説解爲大字，已下説解皆爲夾行小字，絶非舊式。

（二）水部節選

浴，洒身也。 《老子》“浴神不死”，河上公曰：“浴，養也。”《夏小正》“黑鳥浴”，浴也者，飛乍高乍下也。皆引伸之義也。 **从水，谷聲。** 余蜀切。三部。

澡，洒手也。 皿部曰：“盥，澡手也。”《儒行篇》曰：“澡身而浴德。”其引伸之義。按或假“繰”爲“澡”，如《禮記》“緦冠繰纓”是。《荀卿》又作“慅纓”。 **从水，喿聲。** 子晧切。二部。

洗，洒足也。 洒，俗本作“灑”，誤，今依宋本正。《内則》曰：“面垢，燂潘請靧。足垢，燂湯請洗。”此洒面曰靧，洒足曰洗之證也。洗讀如跣足之跣。自後人以洗代洒滌字，讀先禮切，沿至近日，以洒代灑，轉同《詩》《禮》之用矣。 **从水，先聲。** 穌典切。十三部。

汲，引水也。 各本有“於井”二字，今依《玄應》引及《玉篇》訂。其器曰缾、曰罋，其引罋之繩曰綆、曰繘。《井》九三曰：“可以汲。”引伸之，凡擢引皆曰汲。《廣雅》曰：“汲，取也。”古書多用汲汲爲“彶彶”，同音假借。 **从及、水，** 本作“从水，从及”，今訂。 **及亦聲。** 居立切。七部。小徐本从水，及聲。

淳，渌也。 上文曰：“渌，或漉字。”似灂、淋二篆宜類厠，恐轉寫者亂之也。《内則》《考工記》注皆曰：“淳，沃也。”按：《㡛氏》“而沃之”，即上文之“渥淳其帛”也。《内則》“淳熬”“淳模”之名，因沃之以膏也。然則許云“渌也”，謂渌之後一義。 **从水，䵮聲。** 常倫切。按當依《經典釋文》之純反，常倫乃不澆之訓，純、醇二字之假借也，假借行而本義廢矣。十三部。

淋，目水洪也。 今俗語皆爾。郭樸注《三倉》曰：“淋，漉水下也。” **从水，林聲。** 力尋切。七部。 **一曰：淋淋，山下水也。** 謂山下其水也。與下文决，下水也”義同。《七發》曰：洪淋淋焉，若白鷺之下翔。”

（三）蚰部節選

蚰，蟲之總名也。 蟲下曰：“有足謂之蟲，無足謂之豸。”析言之耳。渾言之，則無足亦蟲也。虫下曰：“或行或飛，或毛或蠃，或介或鱗。皆以虫爲象。”故蟲皆从虫，而虫可讀爲蟲。蟲之總名偁蚰，凡經傳言昆蟲，即蚰蟲也。日部曰:“昆,同也。”《夏小正》:“昆,小蟲”傳曰:“昆者,衆也,猶䰜䰜也。䰜䰜者,動也,小蟲動也。”《月令》:“昆蟲未蟄。”鄭曰:“昆,明也。”許意與《小正》傳同。从二虫。二虫爲䖵,三虫爲蟲。䖵之言昆也,蟲之言衆也。古䰜切。十三部。凡䖵之屬皆从䖵。讀若昆。

,任絲蟲也。任,俗譌作“吐”。今正。任與蠶以疊韻爲訓也。言惟此物能任此事,美之也。絲下曰:“蠶所吐也。”从䖵,朁聲。昨含切。古音在七部。讀如鬵。

,蠶匕飛蟲。匕,各本作“化”,今正。匕者,變也。蠶吐絲則成蛹於繭中,蛹復化而爲䖸。按:此䖸與虫部之蛾羅主謂螘者,截然不同。而郭氏釋《爾雅》“蛾羅”爲蠶蛾。非許意也。从䖵,我聲。五何切。十七部。,或从虫。

,齧人跳蟲也。齧,噬也。跳,躍也。蝨但齧人,蚤則加之善躍。故著之,惡之甚也。从䖵,叉聲。子皓切。古音在三部。叉,古爪字。按:此四字,妄人所沾,不言古文,而言古某字,許無此例。且叉,手足甲也。爪,丮也。未嘗謂叉爲爪之古文,直由俗謂爪爲手足甲,乃謂叉爲其古字,徑注之於此,不可不删去。或从虫。經傳多叚爲“早”字。

,齧人蟲。古或叚“幾瑟”作蟣蝨。蟣者,蝨子也。从䖵,卂聲。所櫛切。十二部。

,蝗也。蝗下曰:“螽也。”是爲轉注。按:《爾雅》有蛗螽、草螽、蜇螽、蟿螽、土螽,皆所謂螽醜也。蜇螽,《詩》作“斯螽”,亦云“螽斯”。毛、許皆訓以蜙蝑,皆螽類而非螽也。惟《春秋》所書者爲螽。从䖵,夊聲。職戎切。九部。夊,古文終字。見糸部。,螽或从虫,衆聲。《公羊經》如此作。

,蠠蟲也。蟲上補蠠字。三字一句,蟲名也。从䖵,㞒省聲。知衍切。十四部。

,小蟬蜩也。謂蟬之小者也。《釋蟲》曰:“䗻,茅蜩。”郭云:“江東呼爲茅䗻,似蟬而小,青色。”《方言》曰:“蟬,其小者謂之麥蚻。”郭云:“如蟬而小,青色。今關西呼麥䗻。”按:茅、麥雙聲,䗻、蚻同字。郭云:“䗻音癰癥之癥。”从䖵,截聲。子列切。亦音札。十五部。按:其字从䖵,故與虫部蟬、蜩等異處。

,蠿蟊,逗。作网鼄蟊也。黽部曰:“鼅鼄,鼄蟊也。”一物三名。《釋蟲》曰:“次蟗,鼅鼄。鼅鼄,鼄蝥。”按:次蟗即許之蠿蟊,鼄蝥即許之鼄蟊也。次,古音同漆,故與蠿音近。蟗,縛牟切,故與蟊音近。《爾雅》字譌蟗,而釋文云或作蝵,郭音秋,蓋誤甚矣。或曰蟗从出聲。即淳注之“蝃”字,《集韻》之“蚍”字,《爾雅》之次蟗,即許之蠿字。是説近之。然陸氏音義未能言之也。作网鼄蟊,謂即今能作罔之蛛蝥也。从䖵,㡭聲。側八切。十五部。㡭,古文絶字。文各本奪。今補,見糸部。

,蠿蟊也。从䖵,矛聲。此字與蟲部食艸根者絶異。莫交切。古音謀在三部。

(見〔清〕段玉裁《説文解字注》。此據《四部備要·經部》,上海中華書局據經韻樓原刻本校刊。)

第三章　音　韻　類

一、切韻序

昔開皇初,有儀同劉臻等八人,同詣法言門宿。夜永酒闌,論及音韻。以古今聲調既自有别,諸家取捨亦復不同。吴楚則時傷輕淺,燕趙則多涉重濁,秦隴則去聲爲入,梁益則平聲似去。又支章移切、脂旨夷切、魚語居切、虞遇俱切共爲一韻,先蘇前切、仙相然切、尤于求切、侯胡溝切俱論是切。欲廣文路,自可清濁皆通;若賞知音,即須輕重有異。吕静《韻集》、夏侯該《韻略》、陽休之《韻略》、周思言《音韻》、李季節《音譜》、杜臺卿《韻略》等,各有乖互。江東取韻與河北復殊。因論南北是非、古今通塞,欲更捃選精切,除削疏緩,蕭、顔多所决定。魏著作謂法言曰:"向來論難,疑處悉盡,何爲不隨口記之?我輩數人,定則定矣。"法言即燭下握筆,略記綱紀。後博問英辯,殆得精華。於是更涉餘學,兼從薄宦,十數年間,不遑修集。今返初服,私訓諸子弟,凡有文藻,即須明聲韻。屏居山野,交游阻絶,疑惑之所,質問無從。亡者則生死路殊,空懷可作之嘆;存者則貴賤禮隔,以報絶交之旨。遂取諸家音韻、古今字書,以前所記者,定之爲《切韻》五卷。剖析毫氂,分别黍累。何煩泣玉,未得縣金。藏之名山,昔怪馬遷之言大;持以蓋醬,今嘆揚雄之口吃。非是小子專輒,乃述群賢遺意。寧敢施行人世,直欲不出户庭。于時歲次辛酉,大隋仁壽元年。

(〔隋〕陸法言《切韻序》。見宋代陳彭年等《鉅宋廣韻》,上海古籍出版社,1983 年第 1 版。)

二、《毛詩古音考》自序

夫《詩》以聲教也。取其可歌、可咏、可長言嗟嘆,至手足舞蹈而不自知,以感竦其興觀群怨、事父事君之心,且將從容以紬繹夫鳥獸草木之名義,斯其所以爲《詩》也。若其意深長而於韻不諧,則文而已矣。故士人篇章,必有音節;田野俚曲,亦各諧聲。豈以古人之詩而獨無韻乎?蓋時有古今,地有南北,字有更革,音有轉移,亦勢所必至。故以今之音讀古之作,不免乖剌而不入,於是悉委之叶。夫其果出於叶也,作之非一人,採之非一國,何"母"必讀"米",非韻"杞"、韻"止",則韻"祉"、韻"喜"矣;"馬"必讀"姥",非韻"組"、韻"黼",則韻"旅"、韻"土"矣;"京"必讀"疆",非韻"堂"、韻"將",則韻"常"、韻"王"矣;"福"必讀"偪",非韻"食"、韻"翼",則韻"德"、韻"億"矣。厥類實繁,難以殫舉。其矩律之嚴,即《唐韻》不啻。此其故何邪?又《左》、《國》、《易》、《象》、《離騷》、楚辭、秦碑、漢賦,以至上古歌謠箴銘贊誦,往往韻與《詩》合,實古音之證也。

或謂三百篇,詩辭之祖,後有作者,規而韻之耳。不知魏晉之世,古音頗存,至隋唐澌盡矣。唐宋名儒,博學好古,間用古韻以炫異耀奇,則誠有之。若讀"垤"爲"姪",以與"日"韻,《堯戒》也;讀"明"爲"芒",以與"良"韻,《皋陶》歌也。是皆前于《詩》者,夫又何放?且讀"皮"爲"婆",宋役人謳也;讀"丘"爲"欺",齊嬰兒語也;讀"户"爲"甫",楚民間謡也;讀"裘"爲"基",魯朱儒謔也;讀"作"爲"詛",蜀百姓辭也;讀"口"爲"苦",漢白渠誦也。又"家""姑"讀也,秦夫人之占;"懷""回"讀也,魯聲伯之夢;"旂""斤"讀也,晉滅虢之徵;"瓜""孤"讀也,衛良夫之噪。彼其閭巷贊毁之間,夢寐卜筮之頃,何暇屑屑模擬,若後世吟詩者之限韻邪?

愚少受《詩》家庭,竊嘗留心于此。晚年獨居海上,慶吊盡廢。律絶近體既所不閑,六朝古風企之益遠,惟取三百篇日夕讀之。雖不能手舞足蹈,契古人之意,然可欣、可喜、可戚、可悲之懷,一於讀《詩》洩之。又懼子姪之學《詩》而不知古音也,於是稍爲考據,列本證、旁證二條:本證者,《詩》自相證也;旁證者,采之他書也。二者俱無,則宛轉以審其音，參錯以諧其韻，無非欲便于歌咏，可長言嗟嘆而已矣。蓋爲今之詩，古韻可不用也；讀古之詩，古韻可不察乎？嗟夫！古今一意，古今一聲。以吾之意而逆古人之意，其理不遠也；以吾之聲而調古人之聲，其韻不遠也。患在是今非古，執字泥音，則支離日甚，孔子所刪幾于不可讀矣。愚也聞見孤陋，考究未詳，姑藉之以請正明達君子。

閩三山陳第季立題。

（見〔清〕陳第《毛詩古音考》。此據四庫全書本。）

三、《六書音均表》錢大昕序

金壇段氏懋堂撰次《詩經韻譜》及《群經韻譜》成，予讀而善之，乃序其端曰：自文字肇啓，即有音聲，比音成文，而詩教興焉。三代以前，無所謂聲韻之書，然詩三百篇具在，參以經傳子騷，類而列之，引而伸之，古音可僂指而分也。許叔重云："倉頡初作書，依類象形，故謂之文。其後形聲相益，即謂之字。"文字者，終古不易，而音聲有時而變。五方之民，言語不通，近而一鄉一聚，猶各操土音，彼我相嗤，矧在數千年之久乎！謂古音必無異於今音，此夏蟲不知有冰也。然而去古浸遠，則於六書諧聲之旨，漸離其宗。故惟三百篇之音爲最善，而昧者乃執隋唐之韻以讀古經，有所齟齬，屢變其音以相從，謂之叶韻。不惟無當於今音，而古音亦滋茫昧矣。明三山陳氏始知考《毛詩》、屈宋賦以求古音，近世昆山顧氏、婺源江氏，考之尤博以審。今段君復因顧、江兩家之説是，證其違而補其未逮，定古音爲十七部。若網在綱，有條不紊。窮文字之源流，辨聲音之正變，洵有功於古學者已。古人以音載義，後人區音與義而二之，音聲之不通而空言義理，吾未見其精於義也。此書出，將使海内説經之家奉爲圭臬，而因文字音聲以求訓詁，古義之興有日矣，詎獨以存古音而已哉！乾隆庚寅四月九日嘉定錢大昕書。

（見〔清〕段玉裁《説文解字注》。此據《四庫備要・經部》，上海中華書局據經韻樓原刻本校刊。）

四、中原音韻起例

青原蕭存存，博學，工於文詞。每病今之樂府有遵音調作者；有增襯字作者；有《陽春白雪集》【德勝令】"花影壓重檐，沉煙嫋繡簾，人去青鸞杳，春嬌酒病懨。眉尖，常瑣傷春怨。忺忺，忺的來不待忺。""綉"唱爲"羞"，與"怨"字同押者；有同集【殿前歡】《白雪窩》二段，俱八句，"白"字不能歌者；有板行逢雙不對，襯字尤多，文律俱謬，而指時賢作者；有韻脚用平上去，不一一，云"也唱得"者；有句中用入聲，不能歌者；有歌其字，音非其字者。令人無所守。

泰定甲子，存存托其友張漢英以其説問作詞之法於予。予曰："言語一科，欲作樂府，必正言語，必宗中原之音。樂府之盛（按：下"之府之盛"四字衍文）、之备、之難，莫如今時。其盛，則自搢紳及閭閻歌咏者衆。其备，則自關、鄭、白、馬一新製作，韻共守自然之音，字能通天下之語，字暢語俊，韻促音調。觀其所述，曰忠，曰孝，有補於世。其難，則有六字三韻，'忽聽、一聲、猛驚'是也。諸公已矣，後學莫及！何也？蓋其不悟聲分平、仄，字别陰、陽。夫聲分平、仄者，謂無入聲，以入聲派入平、上、去三聲也。作平者最爲緊切，施之句中，不可不謹。派入三聲者，廣其韻耳，有才者本韻自足矣。字别陰、陽者，陰、陽字平聲有之，上、去俱無。上、去各止一聲，平聲獨有二聲（按：此"平上去有三聲"者誤，據别本改之）：有上平聲，有下平聲。上平聲非指一東至二十八山而言，下平聲非指一先至二十七咸而言。前輩爲《廣韻》平聲多，分爲上、下卷，非分其音也。殊不知平聲字字俱有上平、下平之分，但有有音無字之别，非一東至山皆上平，一先至咸皆下平聲也。如'東紅'二字之類，'東'字下平聲屬陰，'紅'字上平聲屬陽。陰者，即下平聲；陽者，即上平聲。試以'東'字調平仄，又以'紅'字調平仄，便可知平聲陰、陽字音，又可知上、去二聲各止一聲，俱無陰、陽之别矣。且上、去二聲，施於句中，施於韻脚，無用陰、陽，惟慢詞中僅可曳其聲爾，此自然之理也。妙處在此，初學者何由知之！乃作詞之膏肓，用字之骨髓，皆不傳之妙，獨予知之！嘗屢揣其聲病於桃花扇影而得之也。

吁！考其詞音者，人人能之；究其詞之平仄、陰陽者，則無有也！彼之能遵音調而有協音俊語可與前輩頡頏，所謂"成文章曰樂府"也；不遵而增襯字，名樂府者，自名之也。【德勝令】'綉'字、'怨'字，【殿前歡】八句、'白'字者，若以'綉'字是'珠'字誤看，則'烟'字唱作去聲，爲'沉宴裊珠簾'，皆非也。'呵呵、忺忺'者，何等語句？未聞有如此平仄、如此開合韻脚【德勝令】；亦未聞有八句【殿前歡】。此自己字之開合、平仄。句之對偶、短長，俱不知，而又妄編他人之語，奚足以知其妍媸歟？

嗚呼！言語可不究乎？以板行謬語而指時賢作者，皆自爲之詞，將正其已之是，影其已之非，務取媚於市井之徒，不求知於高明之士，能不受其惑者幾人哉！使真時賢所作，亦不足爲法。取之者之罪，非公器也。韻脚用三聲，何者爲是？不思前輩某字、某韻必用某聲，却云'也唱得'，乃文過之詞，非作者之言也。平而仄，仄而平，上、去而去、上，去、上而上、去者，諺云'鈕折嗓子'是也，其如歌姬之喉咽何？入聲於句中不能歌者，不知入聲作平聲也；歌其字，音非其字者，合用陰而陽，陽而陰也。此皆用盡自己心，徒快一時意，不能久傳。深可哂哉！深可憐哉！惜無有以訓之者！予甚欲爲訂砭之文以正其語、便其作而使成樂府，恐起争端，矧爲人之學乎？"

因重張之請，遂分平聲陰、陽及撮其三聲同音，兼以入聲派入三聲，如"碑"字，次本聲後，葺成一帙，分爲十九，名之曰《中原音韻》，並起例以遺之，可與識者道。秋九日，高安挺齋周德清書。

（見〔元〕周德清《中原音韻》。此據《欽定四庫全書》。）

五、十駕齋養新録(節選)

(一)古無輕唇音

凡輕唇之音,古讀皆爲重唇。

《詩》"凡民有喪,匍匐救之",《檀弓》引《詩》作"扶服",《家語》引作"扶伏"。又"誕實匍匐",《釋文》:"本亦作'扶服'。"《左傳·昭十二年》"奉壺飲冰,以蒲伏焉",《釋文》:"本又作'匍匐','蒲'本亦作'扶'。"《昭二十一年》"扶伏而擊之",《釋文》:"本或作'匍匐'。"《史記·蘇秦傳》"嫂委蛇蒲服",《范雎傳》"膝行蒲服",《淮陰侯傳》"俛出袴下蒲伏",《漢書·霍光傳》"中孺扶服叩頭",皆"匍匐"之異文也。

古讀"扶"如"酺",轉爲"蟠"音。《漢書·天文志》"晷長爲潦,短爲旱,奢爲扶",鄭氏云:"'扶'當爲'蟠',齊魯之間聲如'酺','酺''扶'聲近。蟠,止不行也。"《史記·五帝本紀》"東至蟠木",《吕氏春秋》"東至扶木",又云"禹東至榑木之地","扶木"謂扶桑也,《説文》作"榑桑"。古音"扶"如"蟠",故又作"蟠木"。《一切經音義》:"'菩薩'又作'扶薛'"。

"服"又轉爲"犕"音。《説文》引《易》"犕牛乘馬","犕牛"即"服牛"也。《左傳》"王使伯服、游孫伯",《史記·鄭世家》"伯犕",《後漢書·皇甫嵩傳》"義真犕未乎",注:"'犕'古'服'字。"

"服"又轉爲"謈"音。《漢書·東方朔傳》"舍人不勝痛,呼謈",服虔云:"謈音'暴'。"鄧展云:"'瓜瓟'之'瓟'。"師古曰:"痛切而叫呼也,與《田蚡傳》'呼服'音義皆同。"《田蚡傳》"蚡疾,一身盡痛,若有擊者,謼服謝罪",晉灼云:"'服'音'瓟'。關西俗謂得杖呼及小兒啼爲'呼瓟'。"《廣韻》:"菢,薄報切,鳥伏卵。""伏,扶富切,鳥菢子。""伏""菢"互相訓,而聲亦相轉,此伏羲所以爲庖犧、伏羲氏亦稱作庖犧氏。《説文》:"䨵,迫也,讀若《易》虙羲氏。"《唐韻》:"䨵,平秘切。"《風俗通》:"伏者,别也,變也。伏羲始别八卦以變化天下。"

"伏"又與"逼"通。《考工記》"不伏其轅,必縊其牛",注:"故書'伏'作'偪'。杜子春云:'偪當作伏。'"按,"偪""迫""别""變"皆重唇。

"伏"又與"馮"通。皮冰切。《史記·魏世家》"中旗馮琴而對",《春秋後語》作"伏琴";《戰國策》"伏軾撙銜",《漢書·王吉傳》"馮式撙銜"。

古音"負"如"背",亦如"倍"。《史記·魯周公世家》"南面倍依",《漢書·徐樂傳》"南面背依","倍"與"背"同,即負扆也。《書·禹貢》"至于陪尾",《史記》作"負尾",《漢書》作"倍尾"。《漢書·宣帝紀》"行幸負陽宫",李斐曰:"負音倍。"《東方朔傳》"倍陽、宣曲尤幸",師古曰:"倍陽即萯陽也。"《釋名》:"負,背也,置項背也。"

《書》"方命圮族",《史記》作"負命",正義云:"'負'音'佩',依《字通》,負違也。"按,"負命"猶言"背命"。

“負”亦爲老母之稱。《漢書・高帝紀》“常從王媪、武負貰酒”，如淳曰：“俗謂老大母爲負。”師古曰：“劉向《烈女傳》：‘魏曲沃負者，魏大夫如耳之母也。’此則古語謂老母爲負耳。武負，武家之母也。”案，古稱老嫗爲“負”，若今稱“婆”，皆重唇，非輕唇。

古讀“附”如“部”。《左傳》“部婁無松柏”，《説文》引作“附婁”，云：“附婁，小土山也。”（今人稱培塿。）《詩》“景命有僕”，傳：“僕，附也。”《廣雅》：“薄，附也。”“苻”即“蒲”字。《左傳》“取人於萑苻之澤”，《釋文》：“苻音蒲。”《晉書》：“蒲洪孫堅，背有草‘付’字，改姓苻。”

古讀“佛”如“弼”，亦如“勃”。《詩》“佛時仔肩”，《釋文》：“佛，毛符弗反，大也。鄭音‘弼’，輔也。”《學記》“其求之也佛”，正義：“佛者佛戾也。”《釋文》：“本又作‘拂’，扶弗反。”《曲禮》“獻鳥者佛其首”，注：“佛，戾也。《釋文》作‘拂’，本又作‘佛’，扶弗反。”《晉書》“赫連勃勃”，《宋書》作“佛佛”。乞伏氏亦作“乞佛”。（古音“伏”“佛”皆重唇。）“佛”亦作“奆”，《説文》：“奆，大也，讀若‘予違汝弼’。”

古讀“文”如“門”。《水經注・漢水篇》：“文水即門水也。”（今吴人呼蚊如“門”。）《書》“岷嶓既藝”“岷山之陽”“岷山導江”，《史記・夏本紀》皆作“汶山”。《漢書・武帝紀》“文山郡”注：“應劭曰：‘文山，今蜀郡嵋山。’”《禮記》“君子貴玉而賤碈”，“碈”或作“玟”，《釋文》：“玟，武巾切，又音枚。”《漢書・高帝紀》“亡諸身帥閩中兵”，如淳曰：“閩音緡。”應劭曰：“音‘文飾’之‘文’。”“文”“閩”同音，皆重唇也。《史記・魯世家》“平公子文公”，世本作“湣公”，“湣”與“閔”同。“閔”亦从“文”聲。

古讀“弗”如“不”。《廣韻》“不”與“弗”同分勿切。《説文》：“吴謂之‘不律’，燕謂之‘弗’，秦謂之‘筆’，‘筆’‘弗’聲相近也。”

古讀“拂”如“弼”。《孟子》“入則無法家拂士”，《史記・夏本紀》“女匡拂予”。

古讀“第”如“蔽”。《詩》“翟第以朝”，傳：“第，蔽也。”《周禮注》引作“翟蔽以朝”。“簟第魚服”，箋：“第之言蔽也。”“簟第朱鞹”，傳：“車之蔽曰第。”

古讀“茀”如“孛”。《史記・天官書》“星茀于河戌”，《索隱》云：“‘茀’音‘佩’，即孛星也。”《漢書・谷永傳》“茀星耀光”，師古曰：“‘茀’與‘孛’同，音步内反。”

《論語》“色勃如也”，《説文》兩引，一作“孛”，一作“艴”。《廣韻》十一没部：“艴，艴然不悦，蒲没切。”此古音。又《八物部》：“艴，淺色，敷勿切。”此齊梁以後之音。

古讀“繁”如“鞶”。《左傳・成二年》“曲縣繁纓以朝”，《釋文》：“繁，步干反。”“繁纓”亦作“樊纓”。《周禮・巾車》“玉路，錫樊纓，十有再就”，注：“樊讀如‘鞶帶’之‘鞶’，謂今馬大帶也。”《釋文》：“樊，步干反。”（《廣韻》二十六桓部有“繁”字，云：“繁纓，馬飾，薄官切。”陸元朗作步干切，是寒桓不分也。故知寒桓分開口合口呼，亦起於法言諸人。）“繁”又轉如“婆”音。《左傳・定四年》“殷民七族，繁氏、錡氏”，《釋文》：“繁，步何反。”《漢書・公卿表》“李延壽爲御史大夫，一姓繁”，師古曰：“繁，音蒲元反。”《陳湯傳》“御史大夫繁延壽”，師古曰：“繁，音蒲胡反。”《蕭望之傳》師古音“婆”，《谷永傳》師古音“蒲何反”。延壽一人，而小顔三易其音，要皆重唇非輕唇，則是漢時無輕唇之證也。《史記・張丞相列傳》“丞相司直繁君”，《索隱》音“繁”爲“婆”。《文選》“繁休伯”，吕向音步何反。《廣韻》八戈部有“繁”字，“薄波切，姓也”。則繁姓讀爲“婆”音爲正。

古讀“蕃”如“卞”。《漢書・成帝紀》引《書》“於蕃時雍”,“於蕃”即“於變”也。《孔宙碑》又云:“於卞時雍。”“卞”“變”“蕃”皆同音。

古讀“藩”如“播”。《周禮・大司樂》“播之以八音”,注:“故書‘播’爲‘藩’。杜子春云:‘播’當爲‘藩’,讀‘后稷播百穀’之‘播’。”《尚書・大傳》“播國率相行事”,鄭注:“‘播’讀爲‘藩’”。

古讀“僨”如“奔”。《禮・射義》“賁軍之將”,注:“‘賁’讀爲‘僨’,覆敗也。”《詩・行葦》傳引作“奔軍之將”。

古讀“汾”如“盆”。《莊子・逍遥遊篇》“汾水之陽”,司馬彪、崔譔本皆作“盆水”。

古讀“紛”如“豳”。《周禮・司几筵》“設莞筵紛純”,鄭司農云:“‘紛’讀爲‘豳’。”

古讀“甫”如“圃”。《詩》“東有甫草”,《韓詩》作“圃草”。薛君《章句》:“圃,博也,有博大茂草也。”鄭箋云:“甫草,甫田之草也。”“鄭有圃田”,《釋文》:“‘鄭’音‘補’。”《左傳》“及甫田之北竟”,《釋文》:“甫,布五反,本亦作‘圃’。”古音“敷”如“布”,《書・顧命》“敷重篾席”,《説文》引作“布重莫席。”《詩》“敷政優優”,《左傳》引作“布政”。《儀禮・管人》“布幕于寢門外”,注:“今文‘布’作‘敷’。”

“敷”亦讀如“鋪”。《詩》“鋪敦淮濆”,《釋文》:“韓詩作‘敷’。”又“敷時繹思”,《左傳》引作“鋪”。《蓼蕭》箋“外薄四海”,《釋文》云:“諸本作‘外敷’。”注“芳夫反”,是亦讀如“鋪”也。《公羊・隱元年》釋文:“扳,普顔反,舊敷閒反。”是古讀“敷”如“普”。

古讀“方”如“旁”。《書》“方鳩僝功”,《説文》兩引,一作“旁逑僝功”,一作“旁救孱功”,《史記》作“方聚布功”。《書》“方施象刑惟明”,《新序》引作“旁施”。《立政》“方行天下”,亦讀爲“旁”,與《易》“旁行而不流”義同,傳云“方,四方”,非也。《書》“方告無辜于上”,《論衡》引作“旁”。《士喪禮》“牢中旁寸”,注:“今文‘旁’爲‘方’。”《左傳》“衡流而方羊”,《釋文》:“方,蒲郎反。”《莊子・逍遥遊篇》“彷徨乎無爲之側”,崔譔本作“方羊”。

“方”又讀如“謗”。《論語》“子貢方人”,鄭康成本作“謗人”。《廣雅》:“方,表也。”“邊,方也”。《説文》:“方,併船也。”古人讀“方”重唇,與“邊”“表”“併”聲相近。《字林》:“穮,方遥反”“襮,方沃反”“邶,方代反”。吕忱,魏人,其時初行反語,即反語可得“方”之正音。六朝以後,轉重唇爲輕唇,後世不知有正音,乃强爲類隔之説,謬矣。

古音“魴”如“鰟”。《説文》“魴”或作“鰟”。《春秋》“晉侯使士魴來乞師”,《公羊傳》作“士彭”,是“魴”非輕唇也。

古音“逢”如“蓬”。《詩》“鼉鼓逢逢”,《釋文》:“逢,薄紅反。徐仙民音‘豐’。”亦讀“豐”重唇也。《爾雅》“歲在甲曰閼逢”,《淮南・天文訓》作“閼蓬”。《莊子・山木篇》“雖羿、蓬蒙不能眄睨”,今本“蓬”作“逢”,蓋淺人妄改。兹據陸氏《釋文》。即《孟子》之“逢蒙”也。後世聲韻之學行,妄生分別,以“鼓逢逢”讀重唇,入東韻;“相逢”字讀輕唇,入鍾韻。又別造一“逄”字,轉爲薄江切,訓人姓,改“逢蒙”“逢丑父”之“逢”爲“逄”以實之,則真大謬矣。洪氏《隸釋》引司馬相如云“烏獲、逢蒙之巧”,王褒云:“逢門子,彎烏號。”《藝文志》亦作“逢門”,即“逢蒙”也。《古今人表》有“逄於何”數人，陽朔中有太僕逄信，《左傳》有逄伯陵、逄丑父矣，漢有逄萌，《莊子》“羿、逄蒙不能睥睨”，《淮南子》“重以逄門子之巧”，皆作“逄迎”之“逄”。石刻有《漢故博士趙傳逄府君神道逄童子碑》，其篆文皆从“夆”。《魏元丕碑》有“逄牧”，《孔宙碑陰》有“逄祈”，《逄盛碑陰》有“逄信”，亦不書作“逄”。又謂漢儒尚借“蠭”爲“逄”，則恐諸“逄”當讀爲“鼉鼓逄逄”之“逄”。洪説是也。漢魏以前未有“逄”字，其爲六朝人妄造無疑。《廣韻》江部又有“韸”字，訓“鼓聲”，此即“鼉鼓逄逄”之“逄”，音轉爲薄江切，俗師改从“音”旁，又以“夆”爲“夅”，皆所謂不知而作也。

古讀“封”如“邦”。《論語》“且在邦域之中矣”，《釋文》：“‘邦’或作‘封’”。“而謀動干戈於邦内”，《釋文》：“鄭本作‘封内’。”《釋名》：“邦，封也。有功於是，故封之也。”

“封”又讀如“窆”。《檀弓》“縣棺而封”，注：“‘封’當爲‘窆’，下棺也。”《春秋傳》作“堋”。《周禮·鄉師》“及窆，執斧以涖匠師”，鄭司農云：“窆謂葬下棺也。《春秋傳》曰：‘日中而塴’，《禮記》所謂‘封’者。”《太僕》“窆亦如之”，鄭司農云：“窆謂葬下棺也。《春秋傳》所謂‘日中而塴’，《禮記》謂之‘封’，皆葬下棺也，音相似，‘窆’讀如‘慶封汜祭’之‘汜’。”《左傳》“日中而塴”，《釋文》：“堋，北鄧反，下棺也。《禮》家作‘窆，彼驗切’，義同。”《説文》：“堋，喪葬下土也。《禮》謂之封，《周官》謂之窆。”封，府容切。堋，方驗切。窆，方鄧切。徐邈音甫鄧切。聲皆相似，故可互轉。後儒不通古音，乃有類隔之例，不知古音本無輕唇也。古人讀“封”如“邦”，先鄭云：“窆、塴、封音相似。”是東京尚無輕唇音。古音“勿”如“没”。《爾雅》“蠠没”即《詩》“密勿”也。《詩》“黽勉從事”，《劉向傳》引作“密勿從事”。《禮記·祭義》“勿勿諸其欲其饗之也”，注：“勿勿猶勉勉。”《大戴禮·曾子志事篇》“君子終身守此勿勿”，注：“勿勿猶勉勉。”《曲禮》“國中以策彗卹勿”，注：“卹勿，搔摩也。”古人讀“勿”重唇，故與“勉”“摩”聲相轉。《顏氏家訓》云：“《戰國策》音‘刎’爲‘免’。”古音“刎”“免”皆重唇，六朝人轉“勿”爲輕唇，故以爲異。

古讀“副”如“劈”。《説文》：“副，判也。”“判”“副”雙聲。引《周禮》“副辜”，籀文作“疈辜”。《詩》“不拆不副”，讀孚逼反。《字林》：“判也，匹亦反。”《詩釋文》。

古讀“罰”如“軷”。《周禮·大馭》“犯軷”，注：“故書‘軷’作‘罰’。杜子春云：‘罰’當爲‘軷’，讀‘軷’爲‘别異’之‘别’。”

古讀“非”如“頒”。《説文》：“㸬，賦事也，讀若‘頒’。一曰讀若‘非’。”《周禮·大宰》“匪頒之式”，鄭司農云：“匪，分也。”“匪”“頒”雙聲。

古讀“匪”如“彼”。《詩》“彼交匪敖”，《春秋·襄廿七年傳》引作“匪交匪敖”。《詩》“彼交匪紓”，《荀子·勸學篇》引作“匪交匪紓”。《春秋·襄八年傳》引《詩》“如匪行邁謀”，注：“匪，彼也。”《廣雅》：“匪，彼也。”

“匪”又與“邲”通。《詩》“有匪君子”，《韓詩》作“邲”。

“腓”與“芘”同。《詩》“小人所腓”，箋云：“‘腓’當作‘芘’。”毛於此文及“牛羊腓字之”皆訓“腓”爲“辟”，蓋以聲相似取義。

古文“妃”與“配”同。《詩》“天立厥配”，《釋文》：“本亦作‘妃’。”《易》“遇其配主”，鄭本作“妃”。

“刵”與“臏”通。《書》“刵罰之屬五百”,《史記・周本紀》作“臏”。

“菲”與“苞”通。《曲禮》“苞屨扱衽”,注:“‘苞’或爲‘菲’。”

“浘”與“浼”通。《詩》“河水浼浼”,《釋文》:“浼,每罪反。《韓詩》作‘浘浘’。”

“娓”即“美”字。《詩》“誰侜予美”,《韓詩》作“娓”。《説文》:“娓,順也,讀若‘媚’。”古音“微”如“眉”。《少牢禮》“眉壽萬年”,注:“古文‘眉’爲‘微’。”《春秋・莊廿八年》“築郿”,《公羊》作“微”。《詩》“勿士行枚”,傳:“枚,微也。”《廣韻》六脂部眉紐有“矀、黴、薇、黴、溦、薇”六字,皆古讀,後來别出微韻,乃成鴻溝之隔矣。

古讀“無”如“模”。《説文》:“橆,或説‘規模’字。”漢人“規模”字或作“橅”。《易》“莫夜有戎”,鄭讀“莫”如字,云:“無也。無夜,非一夜。”《詩》“德音莫違”,箋:“莫,無也。”《廣雅》:“莫,無也。”《曲禮》“毋不敬”,《釋文》云:“古人言‘毋’猶今人言‘莫’也。”釋氏書多用“南無”字,讀如“曩模”。梵書入中國,繙譯多在東晉時,音猶近古,沙門守其舊音不改,所謂“禮失而求諸野”也。

“無”又轉如“毛”。《後漢書・馮衍傳》“飢者毛食”,注云:“按衍集‘毛’字作‘无’。”《漢書・功臣侯表序》“靡有孑遺秏矣”,注:“孟康曰‘秏音毛’,師古曰‘今俗語猶謂無爲秏’。”大昕案:今江西、湖南方音讀“無”如“冒”,即“毛”之去聲。

“無”轉訓爲“末”。《檀弓》“末吾禁也”,注:“末,無也。”又轉訓爲“靡”,《釋言》:“靡,無也。”

古讀“蕪”與“蔓”通。《釋草》“蔓菁”,《釋文》云:“蔓音‘万’,本又作‘蕪’,音‘無’。”古讀“膴”如“模”。《詩》“民雖靡膴”,箋:“膴,法也。”《釋文》:“徐云:鄭音‘模’,又音‘武’。《韓詩》作‘靡腜’。”《詩》“周原膴膴”,《文選注》引《韓詩》作“腜腜”,莫來切。“模”“腜”聲相近。《説文》:“膴讀若模。”

“璑”从“無”聲。《周禮・弁師》“瑉玉三采”,注:“故書‘瑉’作‘璑’。”《説文》:“璑,三采玉也。”“璑”“瑉”聲相近。

“鳳”即“朋”字。《説文》“朋”“鵬”皆古文“鳳”字,“朋”象形鳳飛群鳥從以萬數,故以爲“朋黨”字。《字林》:“鵬,朋黨也。古以爲‘鳳’字。”《莊子・逍遥遊篇》“其名爲鵬”,《釋文》:“崔音‘鳳’,云:‘鵬即古鳳字,非來儀之鳳也’。”宋玉《對楚王問》云:“鳥有鳳而魚有鯤。鳳皇上擊九千里,絶雲霓,負蒼天,足亂浮雲,翱翔乎杳冥之上。夫蕃籬之鷃,豈能與之料天地之高哉?”與《莊子》説正同,可知“鳳”即“鵬”也。

古讀“反”如“變”。《詩》“四矢反兮”,《韓詩》作“變”。《説文》“汳水即汴水”。《廣韻》以“汳”“汴”爲二字:汳,芳万切,在願韻;汴,皮變切,在線韻。由不知古無輕脣。

古讀“馥”如“苾”。《詩》“苾芬孝祀”,《韓詩》作“馥芬”。

古讀“復”如“愎”。《釋言》:“狃,復也。”孫炎云:“狃忕前事復爲也。”《春秋傳》“愎諫違卜”,謂諫不從而復爲也。《説文》無“愎”字,蓋即“狃復”字,后儒改從“心”旁耳。今人呼“鰒魚”曰“鮑魚”,此方音之存古者。

古讀“法”如“逼”。《釋名》:“法,逼也。人莫不欲從其志,逼正使有所限也。”

古音“晚”重唇,今吴音猶然。《説文》:“晚,莫也。”《詩》毛傳:“莫,晚也。”“莫”“晚”聲相近。

古讀“馮”爲“憑”,本从冰得聲。《易》“用馮河”,《詩》“不敢馮河”,《論語》“暴虎馮河”,《春秋》“宋公馮”,皆皮冰反。吾衍謂《孟子》諸“馮”、馮婦之“馮”皆皮冰反。按,《水經注》“皇舅寺是太師昌黎憑晉國所造”,考《魏書》,馮熙,字晉國,文明太后兄也,封昌黎王。是魏時讀馮姓皮冰反,故或作“憑”也。

“俘”與“寶”通。《春秋》“齊人來歸衛俘”,《公》《穀》“俘”作“寶”。

《一切經音義》引《詔定古文官書》“抱”“桴”二字同體,扶鳩反,是“桴”與“抱”同音。

《廣韻》十七真部府巾切有“份”“玢”“邠”“攽”“砏”,武巾切有“旻”“旼”“汶”“忞”,符巾切有“穷”。二十文部無分切有“蟁“聞”“閩”“閿”,符分切有“墳”“蕡”“轒”“豶”“濆”“燌”“豮”“羒”“鼖”“蕡”“橨”“鐼”“馩”“轒”,府文切有“饙”“餴”“羵”。

二十五德部蒲北切有“菔”“踣”“仆”“垘”“蝠”“匐”“掝”,匹北切有“覆”“䨏”,莫北切有“万”。

十陽部輕唇武方切十二字,十一唐部重唇莫郎切十四字,其同者“芒”“宋”“硭”“邙”“鄳”五字,今皆讀重唇,無讀輕唇者。拜“鋩”“硭”兩字皆讀重唇,吴音則“亡”“忘”“望”亦讀重唇,北音又轉爲喻母。

古讀“房”如“旁”。《廣韻》:“阿房,宫名,步光切。”《釋名》:“房,旁也,在堂兩旁也。”《史記·六國表》秦始皇二十八年“爲阿房宫”,二世元年“就阿房宫”,宋本皆作“旁”。“旁”“房”古通用。

古讀“望”如“茫”。《釋名》:“望,茫也,遠視茫茫也。”《周禮·職方氏》“其澤藪曰望諸”,注:“望諸,明都也”,疏:“‘明都’即宋之‘孟諸’。”古音“孟”如“芒”。

古讀“務”如“牟”。《荀子·成相篇》“天乙湯論舉當,身讓卞隋舉牟光”,即“務光”也。《左傳》“莒公子務婁”,徐音“莫侯反”。

古讀“發”如“撥”。《詩》“鱣鮪發發”,《釋文》“補莫反”。此古音也。“一之日觱發”,《説文》作“滭冹”,此雙聲,亦當爲補末切。《釋文》云“如字”,誤矣。《説文》:“冹,分勿切。”古讀“分”如“邠”,本重唇。

(二)舌音類隔之説不可信

古無舌頭、舌上之分。“知”“徹”“澄”三母,以今音讀之,與“照”“穿”“床”無别也。求之古音,則與“端”“透”“定”無異。《説文》:“‘冲’讀若‘動’。”《書》“惟予冲人”,《釋文》“直忠切”。古讀“直”如“特”,“冲子”猶“童子”也。字母家不識古音,讀“冲”爲“蟲”,不知古讀“蟲”亦如“同”也。《詩》“蘊隆蟲蟲”,《釋文》:“直忠反。徐徒冬反。《爾雅》作‘爞爞’,郭都冬反。《韓詩》作‘烔’,音徒冬反。”是“蟲”與“同”音不異。《春秋·成五年》:“同盟于蟲牢。”杜注:“陳留封丘縣北有桐牢。”是“蟲”“桐”同音之證。

古音“中”如“得”。《周禮·師氏》“掌王中失之事”，故書“中”爲“得”，杜子春云：“當爲‘得’，記君得失，若《春秋》是也。”《三倉》云：“中，得也。”《史記索隱》。《史記·封禪書》：“康后與王不相中。”《周勃傳》：“勃子勝之尚公主，不相中。”小司馬皆訓爲“得”。《吕覽》“以中帝心”，注：“‘中’猶‘得’。”

古音“陟”如“得”。《周禮·太卜》“掌三夢之法：三曰咸陟”，注：“陟之言得也。讀如王德翟人之德。”《詩》“陟其高山”，箋：“陟，登也。”登、得聲相近。

古音“趙”如“掉”。《詩》“其鎛斯趙”，釋文：“徒了反。”《周禮·考工記》注引作“其鎛斯掉”，大了反。《荀子》楊倞注：“趙讀爲掉。”

古音“直”如“特”。《詩》“實惟我特”，釋文：“《韓詩》作‘直’，云：‘相當值也。’”《孟子》“直不百步耳”，直，但也。但、直聲相近。《吕覽·尚廉篇》“特王子慶忌爲之賜而不殺耳”，注：“特，猶直也。”《檀弓》“行并植于晉國”，注：“植，或爲特。”《王制》“天子犆礿”，注：“犆，猶一也。”釋文：“犆音特。”《玉藻》“君羔幦虎犆”，注：“犆，讀如直道而行之直。”《士相見禮》“喪俟事，不犆吊”，定本作“特”。《穀梁傳》“犆言同時”，本亦作“特”。

古音“竹”如“篤”。《詩》“緑竹猗猗”，《釋文》：“《韓詩》‘竹’作‘薄’，音徒沃反。”今北音“定”母去聲字多誤入“端”母。古音當不甚遠。《詩》“麟之定”、“定之方中”，皆丁佞反。與“篤”音相近，皆舌音也。“篤”“竺”並從“竹”得聲。《論語》“君子篤於親”，《汗簡》云：“古文作‘竺’。”《書》曰“篤不忘”，《釋文》云：“本又作‘竺’。”《釋詁》“竺，厚也”，《釋文》云：“本又作‘篤’。”按，《説文》：“竺，厚也。”“篤厚”字本當作“竺”，經典多用“篤”，以其形聲同耳。《漢書·西域傳》“無雷國北與捐毒接”，師古曰：“捐毒即身毒、天毒也。”《張騫傳》“吾賈人轉市之身毒國”，鄧展曰：“毒音督。”李奇曰：“一曰天竺。”《後漢書·杜篤傳》“摧天督”，注：“即天竺國。”然則“竺”“篤”“毒”“督”四文同音。

古讀“禂”如“禱”。《周禮·甸祝》“禂牲禂馬”，杜子春云：“禂，禱也。”引《詩》云：“既伯既禱。”後鄭云：“禂讀如‘伏誅’之‘誅’，今‘侏大’字也。”按《説文》引《詩》“既禡既禱”，“禱”與“禂”文異義同。後鄭讀“禂”如“誅”，是漢時“誅”“侏”亦讀舌音。

古讀“豬”如“都”。《檀弓》“洿其宫而豬焉”，注：“豬，都也。南方謂‘都’爲‘豬’。”《書·禹貢》“大野既豬”，《史記》作“既都”。“滎波既豬”，《周禮》注作“滎播既都”。

古讀“追”如“堆”。《士冠禮》“追”注：“追猶堆也。”

《郊特牲》“母追”，《釋文》：“多雷反。”枚乘《七發》“踰岸出追”，李善注：“追，古‘堆’字。”《詩》“追琢其章”，傳：“追，彫也。”“彫”“追”聲相近，故《荀子》引《詩》“彫琢其章”，《釋文》：“追，對回反。”“追琢”又作“敦琢”。《詩》“敦琢其旅”，《釋文》：“敦，都回反，徐又音‘彫’。”

古讀“卓”與“的”相近。《覲禮》“匹馬卓上”，注：“‘卓’猶‘的’也，以素的一馬爲上。”

古讀“倬”如“菿”。《詩》“倬彼甫田”，《韓詩》作“菿”。

古讀“棖”如“棠”。《論語》“或對曰申棖”，《釋文》：“鄭康成云：‘蓋孔子弟子申續。’《史記》云‘申棠字周’，《家語》云‘申續字周’也。”王應麟云：“今《史記》以‘棠’爲‘黨’、以‘續’爲‘績’，傳寫之誤也。後漢《王政碑》‘有羔羊之節，無申棠之欲’，則申棖、申棠一人耳。”大昕案：《詩》“俟我於堂兮”，箋云：“‘堂’當作‘棖’。”“棖”與“棠”“堂”同音，“黨”亦音相近，非由轉寫之譌。古文“賡”“續”同聲，《家語》“申續”蓋讀如“庚”，與“棠”音亦不遠。今本《史記》作“績”，則轉寫誤也。因“棖”有“棠”音，可悟古讀“長”丁丈切，與“黨”音相似，正是音和非類隔。

古讀“池”如“沱”。《詩》“滮池北流”，《説文》引作“滮沱”。據宋本。《周禮·職方氏》：“并州，其川虖池。”《禮記》：“晉人將有事於河，必先有事於惡池。”即“滹沱”之異文。

古讀“褫”如“拕”。《易》“終朝三褫之”，《釋文》：“褫，徐敕紙反，又直是反。鄭本作‘拕’，徒可反。”《説文》：“褫，奪衣也，讀若‘池’。”“池”即“拕”之譌，“拕”“奪”聲相近。

古讀“沈”如“潭”。《史記·陳涉世家》：“夥頤，涉之爲王沈沈者。”應劭曰：“沈沈，宫室深邃之貌。沈音長含反。”與“潭”同音。韓退之詩“潭潭府中居”，即“沈沈”也。

古讀“廛”如“壇”。《周禮·廛人》注：“故書‘廛’爲‘壇’。杜子春讀‘壇’爲‘廛’。”《載師》“以廛里任國中之地”，注：“故書‘廛’或爲‘壇’，司農讀爲‘廛’。”

古讀“秩”如“豑”。《書》“平秩東作”，《説文》引作“豑”，“爵之次第也，从豊，弟聲。”“秩”又與“戴”通。《説文》：“戴，大也，讀若《詩》‘戴戴大猷’。”“戴”“大”聲相近。“秩”又與“䟢”通。《説文》：“䟢，走也，讀若《詩》‘威儀秩秩’。”凡从“失”之字，如“跌”“迭”“瓞”“昳”“詄”皆讀舌音，則“秩”亦有“迭”音可信也。《詩》“胡迭而微”。“微”，《韓詩》作“戴”。

“姪”“娣”本雙聲字，《公羊》釋文“姪”大結反、“娣”大計反，此古音也。《廣韻》“姪”有徒結、直一兩切。今南北方音皆讀直一切，無有作徒結切者。古今音有變易，字母家乃謂舌頭舌上交互出切，此昧其根源而强爲之詞也。

古讀“抽”如“搯”。《詩》“左旋右抽”，《釋文》云：“抽，敕由反。《説文》作‘搯’，他牢反。”

古讀“陳”如“田”。《説文》：“田，陳也。”齊陳氏後稱田氏。陸德明云：“陳完奔齊，以國爲氏。”而《史記》謂之田氏，是古“田”、“陳”聲同。《吕覽·不二篇》“陳駢貴齊”，陳駢即田駢也。

《詩》“維禹甸之”，《釋文》：“毛田見反，治也。鄭繩證之反。六十四井爲乘。”《周禮·小司徒》“四邱爲甸”，注：“甸之言乘也。”《稍人》“掌邱乘之政令”，注：“邱乘、‘四邱爲甸’讀與‘維禹敶之’之‘乘’同。”《禮記·郊特牲》“邱乘共粢盛”，注：“甸或謂之乘。”《左傳》“渾良夫乘衷甸兩牡”，《釋文》：“甸，時證反，《説文》引作‘中佃’。”古者“乘甸”“陳田”聲皆相近，“乘”之轉“甸”猶“陳”之轉“田”。經典相承“陳”直覲反、“乘”繩證反，後世言等韻者以“陳”屬澄母、“甸”屬定母、“乘”屬床母，由於不明古音，徒據經典相承之反切而類之，而不知其本一音也。《爾雅》：“堂途謂之陳。”《詩》“胡逝我陳”，傳：“堂，塗也。”“中唐有甓”，傳：“堂，塗也。”正義云：“《爾雅》：‘廟中路謂之唐，堂塗謂之陳。’”

“唐”之與“陳”廟庭之異名耳,其實一也。“陳”、“田”同音,故與“唐”“塗”相近。

古讀“咮”如“鬬”。《詩》“不濡其咮”,《釋文》:“咮,陟救反。徐又都豆反。”《廣韻》五十候部有“噣”字,或作“咮”,都豆切,與“鬬”同音。即徐仙民音也。古“陟”“得”同音,陟救與都豆本無二聲。唯“救”在宥部、“都”在候部,故别而出之。後之講字母者轉以徐音爲類隔,非音和,失之遠矣。

古讀“涿”如“獨”。《周禮·壺涿氏》注:“故書‘涿’爲‘獨’。”杜子春云:“‘獨’讀爲‘濁其源’之‘濁’,音與‘涿’相近,《書》亦或爲‘濁’。”

古人多舌音,後代多變爲齒音,不獨知、徹、澄三母爲然也。如《詩》“重穋”字《周禮》作“穜稑”,是“重”“穜”同音。陸德明云:“‘禾’邊作‘重’是‘重穋’之字,‘禾’邊作‘童’是‘穜稑’之字,今人亂之已久。”予謂古人“重”“童”同音。嶧山碑“動”从“童”,《説文》“董”从“童”,《左傳》“予髮如此種種”,徐仙民作“董董”。古音不獨“重穋”讀爲“穜”,即“種蓺”字亦讀如“穜”也。後代讀“重”爲齒音,并从“重”之字亦改讀齒音,此齊梁人强爲分别耳,而元朗以爲相亂,誤矣。《易》“憧憧往來”,徐仙民音“童”,京房本作“憅”。

今人以“舟”“周”屬照母,“輈”“啁”屬知母,謂有齒舌之分,此不識古音者也。《考工記》“玉楖雕矢磬”,注:“故書‘彫’或爲‘舟’。”是“舟”有“雕”音。《詩》“何以舟之”,傳云:“舟,帶也。”古讀“舟”如“雕”,故與“帶”聲相近。“彫”“雕”“琱”“鵰”皆从“周”聲,“調”亦从“周”聲,是古讀“周”亦如“雕”也。《考工記》“大車車轅摯”,注:“摯,輖也。”《釋文》:“輖音周,一音吊,或竹二反。”陸氏於“輖”字兼收三音:“吊”與“雕”有輕重之分而同爲舌音,“周”“摯”聲相近故又轉爲竹二反。今分“周”爲照母、“竹”爲知母,非古音之正矣。

“至”“致”本同音,而今人强分爲二。至”照母,致”知母。不知古讀“至”亦爲陟利切,讀如“疐”,舌頭非舌上也。《詩》“神之吊矣”、“不吊昊天”,毛傳皆訓“吊”爲“至”,以聲相近爲義,“咥”“耋”皆从“至”聲可證。“至”本舌音,後人轉爲齒音耳。

古讀“支”如“鞮”。《晉語》:“以鼓子苑支來。”“苑支”即《左傳》之“鳶鞮”也。《説文》引杜林説,“芰”作“茤”。

古讀“專”如“耑”,舌音非齒音也。“叀”爲“專”之古文;“剸”即“斷”字,或作“剬”。

“彖”本舌音,“椽”从“彖”聲。徐仙民《左傳音》切“椽”爲徒緣,此古音也。而顔之推以爲不可依信,後來韻書遂不收此音。

《廣韻》每卷後附出新添類隔,今更音和切。上平聲八字:卑,必移切,本府移切。陴,並之切,本符之切。眉,目悲切,本武悲切。邳,並悲切,本符悲切。悲,卜眉切,本府眉切。肧,偏杯切,本芳杯切。頻,步真切,本符真切。彬。卜巾切,本府巾切。下平聲六字:綿,名延切,本武延切。𦽏,中全切,本丁全切。閍,北盲切,本甫盲切。平,僕兵切,本符兵切。凡,符芝切,本符咸切。芝。敷凡切,本匹凡切。上聲五字:否,並鄙切,本符鄙切。貯,知吕切,本丁吕切。縹,偏小切,本敷沼切。摽,頻小切,本符小切。褾。邊小切,本方小切。去聲二字:裱,賓廟切,本方廟切。窆。班驗切,本方驗切。不知何人所附。古人製反切皆取音和,如“方”“府”“甫”“武”“符”等,古人皆讀重脣,後儒不識古音,謂之“類隔”,非古人意也。依今音改用重脣字出切,意在便於初學,未爲不可,但每韻類隔之音甚多,僅改此二十餘字,其餘置之不論,既昧於古音,而於今亦無當矣。

（三）四聲始於齊梁

《南史·庾肩吾傳》："齊永明中，王融、謝朓、沈約文章始用四聲。"《陸厥傳》："時盛爲文章，吴興沈約、陳郡謝朓、琅邪王融以氣類相推轂。汝南周彦倫善識聲韻。約等文皆用宫商，將平、上、去、入四聲，以此制韻，有平頭、上尾、蜂腰、鶴膝。五字之中音韻悉異，兩句之内角徵不同，不可增減，世呼爲'永明體'。"《周彦倫傳》："始著《四聲切韻》，行於時。"《沈約傳》："撰《四聲譜》。"《陸厥傳》又云："时有王斌者，不知何許人，著《四聲》行于时。"以爲'在昔詞人，累千載而未悟，而獨得胸衿，窮其妙旨'。自謂入神之作。"约撰《宋書·謝靈運傳論》具言其旨云："五色相宣，八音協暢，由乎元黄律吕，各適物宜。欲使宫羽相變，低昂舛節，若前有浮聲，則後須切響。一簡之内，音韻盡殊；兩句之中，輕重悉異。妙達此旨，始可言文。"

（見〔清〕錢大昕《十駕齋養新録》。此據《四庫備要·子部》，上海中華書局據潛研堂本校刊。）

六、切韻考·序録

序

自孫叔然始爲反語，雙聲疊韻各從其類，由是諸儒傳授，四聲韻部作焉。而陸氏《切韻》實爲大宗，蓋自漢末以至隋代，審音之學具於斯矣。唐季沙門始立三十六字母，分爲等子字母之名，雖由梵學，其實則據中土切音。然音隨時變，隋以前之音至唐季而漸混，字母等子以當時之音爲斷，不盡合於古法。其後切語之學漸荒，儒者昧其源流，猥云出自西域。至國朝，嘉定錢氏、休甯戴氏，起而辨之，以爲字母即雙聲，等子即疊韻，實齊梁以來之舊法也。二君之論，既得之矣。澧謂：切語舊法，當求之陸氏《切韻》。《切韻》雖亡，而存於《廣韻》。乃取《廣韻》切語上字系聯之爲雙聲四十類；又取切語下字系聯之，每韻或一類或二類或三類四類。是爲陸氏舊法。隋以前之音異於唐季以後，又錢戴二君所未及詳也。於是分列聲韻，編排爲表，循其軌迹，順其條理，惟以考據爲準，不以口耳爲憑，必使信而有徵，故寧拙而勿巧。若夫《廣韻》之書，非陸氏之舊。《廣韻》復有二種，近代傳刻，又各不同。乃除其增加，校其譌異，雖不能復見陸氏之本，尚可得其體例。又爲通論，以暢其説。蓋治小學，必識字音；識字音，必習切語。故著爲此書，庶幾明陸氏之學，以無失孫氏之傳焉。後出之法，是爲餘波，别爲外篇，以附於末。於時歲在壬寅道光二十有二年也。

條例

陸氏《切韻》之書已佚，唐孫愐增爲《唐韻》，亦已佚。宋陳彭年等纂諸家增字爲《重修廣韻》，猶題曰陸法言撰本。今據《廣韻》以考陸氏《切韻》，庶可得其大略也。

切語之法，以二字爲一字之音：上字與所切之字雙聲，下字與所切之字疊韻；上字定其清濁，下字定其平上去入。平上去入四聲，各有一清一濁，詳見通論。上字定清濁而不論平上去入。如東，德紅切；同，徒紅切：東德皆清，同徒皆濁也；然同徒皆平，可也，東平德入，亦可也。下字定平上去入，而不論清濁。如東，德紅切；同，徒紅切；中，陟弓切；蟲，直弓切：東紅、同紅、中弓、蟲弓皆平也；然同紅皆濁、中弓皆清，可也，東清紅濁、蟲濁弓清，亦可也。東同中蟲四字在一東韻之首，此四字切語已盡備切語之法，其體例精約如此，蓋陸氏之舊也。今考切語之法，皆由此而明之。

切語上字與所切之字爲雙聲，則切語上字同用者、互用者、遞用者，聲必同類也。同用者如冬，都宗切；當，都郎切：同用都字也。互用者如當，都郎切；都，當孤切：都當二字互用也。遞用者如冬，都宗切；都，當孤切：冬字用都字，都字用當字也。今據此系聯之，爲切語上字四十類，編而爲表直列之。

切語下字與所切之字爲疊韻，則切語下字同用者、互用者、遞用者，韻必同類也。同用者如東，德紅切；公，古紅切：同用紅字也。互用者如公，古紅切；紅，户公切：紅公二字互用也。遞用者如東，德紅切；紅，户公切：東字用紅字，紅字用公字也。今據此系聯之，爲每韻一類、二類、三類、四類，編而爲表横列之。

《廣韻》同音之字不分兩切語，此必陸氏舊例也。其兩切語下字同類者，則上字必不同類。如紅，户公切；烘，呼東切：公東韻同類，則户呼聲不同類。今分析切語上字不同類者，據此定之也。上字同類者，下字必不同類。如公，古紅切；弓，居戎切：古居聲同類，則紅戎韻不同類。今分析每韻二類、三類、四類者，據此定之也。

切語上字既系聯爲同類矣，然有實同類而不能系聯者，以其切語上字兩兩互用故也。如多得都當四字，聲本同類："多"得何切，"得"多則切，"都"當孤切，"當"都郎切，多與得、都與當，兩兩互用，遂不能四字系聯矣。今考《廣韻》一字兩音者互注切語，其同一音之兩切語上二字聲必同類。如一東"涷，德紅切，又都貢切"，一送"涷，多貢切"，"都貢""多貢"同一音，則"都""多"二字實同一類也。今於切語上字不系聯而實同類者，據此以定之。

切語下字既系聯爲同類矣，然亦有實同類而不能系聯者，以其切語下字兩兩互用故也。如朱俱無夫四字，韻本同類。"朱"章俱切，"俱"舉朱切，"無"武夫切，"夫"甫無切，朱與俱、無與夫，兩兩互用，遂不能四字系聯矣。今考平上去入四韻相承者，其每韻分類亦多相承。切語下字既不系聯，而相承之韻又分類，乃據以定其分類。否則雖不系聯，實同類耳。

《廣韻》云，郭知元朱箋三百字，關亮、薛峋、王仁煦、祝尚丘、孫愐、嚴寶文、裴務齊、陳道固增加字，更有諸家增字備載卷中，凡二萬六千一百九十四言。案：封演《聞見記》云："陸法言《切韻》凡一萬二千一百五十八字。"然則《廣韻》增加者一萬四千三十六字，倍於陸氏元文矣。今欲知孰爲陸氏元文，孰爲後人增加，已不可辨。惟《廣韻》以同音之字爲一條，每條第一字注切語及同音字數，如東字，注云：德紅切，十七。此必陸氏舊例。然有兩條切語同一音者於例不合，而凡不合者其一條多在韻末，又字多隱僻，且多重見，此必增加字也。惟其增加，故綴於末；其字爲陸氏所不録，故多隱僻；又字有數音，前人已據一音録之，後人别據一音增之，故多重見也。凡若此者，今不録於表，而記其字於表後焉。

切語下字當取同韻同類之字，然或同韻同類有字，而取不同韻之字，或取同韻不同類之字者，蓋陸氏書同韻同類無字，故借用不同韻不同類之字耳。《廣韻》同韻同類有字，乃後人所增加也。又有字在此韻之末，而切語下字則在他韻者，此蓋他韻增加之字誤入此韻，今皆不録於表，亦於表後記之。

更有切語參錯而其字則非增加者，此千百中之一二，其爲傳寫之誤，抑陸氏之疏，已不可辨。今亦於表後記之。

今世所傳《廣韻》二種，其一注多，其一注少。注多者有張士俊刻本，注少者有明刻本顧亭林刻本。又有曹楝亭刻本，前四卷與張本同，第五卷注少而又與明本顧本不同。聞有元本在湖南袁氏家，惜未得見。今以張刻本爲主，以明本顧本曹本校之。又徐鉉等校《説文》云："以《唐韻》音切爲定。"鉉爲其弟鍇《説文篆韻譜序》云："以《切韻》次之。"今並取以校《廣韻》，其有不同者，擇善而從。而記其譌異於表後焉。

目録

（見〔清〕陳澧《切韻考》。此據番禺陳氏東塾叢書本。）

第四章　訓　詁　類

一、郭璞《爾雅序》

夫《爾雅》者，所以通詁訓之指歸，叙詩人之興咏，總絶代之離詞，辯同實而殊號者也。誠九流之津涉，六藝之鈐鍵，學覽者之潭奥，摛翰者之華苑也。若乃可以博物不惑，多識於鳥獸草木之名者，莫近於《爾雅》。

《爾雅》者，蓋興於中古，隆於漢氏，豹鼠既辨，其業亦顯。英儒贍聞之士，洪筆麗藻之客，靡不欽玩耽味，爲之義訓。璞不揆檮昧，少而習焉，沈研鑽極，二九載矣。雖注者十餘，然猶未詳備，並多紛謬，有所漏略。是以復綴集異聞，會粹舊説；考方國之語，采謡俗之志；錯綜樊、孫，博關群言；剟其瑕礫，搴其蕭稂；事有隱滯，援據徵之；其所易了，闕而不論；别爲音圖，用祛未寤。輒復擁篲清道，企望塵躅者，以將來君子爲亦有涉乎此也。

（見〔晉〕郭璞《爾雅注》。此據《四部叢刊初编》影印之鐵琴銅劍樓舊藏宋刊十行本，中華書局，2016 年第 1 版。）

二、張揖《上廣雅表》

博士臣揖言：魏江式《表》云："魏初，博士清河張揖箸《廣雅》。"唐顔師古《漢書叙例》云："張揖，字稚讓，清河人，一云河間人，魏太和中爲博士。"臣聞，昔在周公，纘述唐虞，宗翼文武；尅定四海，勤相成王；踐阼理政，阼，各本譌作祚，惟影宋本不譌。日昃不食；坐而待旦，德化宣流；越裳倈貢，嘉禾貫桑；六年制禮，以導天下。箸《爾雅》一篇以釋其意義，各本脱"意"字，邢昺《爾雅疏》引此已然。《藝文類聚》則引作"釋其意義"。案，《神仙傳》云："噴墨皆成文字，滿紙各有意義。"又云："小小作文皆有意義。"是"意義"連文之證，今據補。傳于後嗣。歷載五百，墳典散落，唯《爾雅》恒存。《禮·三朝記》：《蜀志·秦宓傳》注引劉向《七略》云："孔子三見哀公，作《三朝記》七篇，今在《大戴禮》。"案，《大戴禮》：《千乘》《四代》《虞戴德》《誥志》《小辨》《用兵》《少閒》七篇是也。下文出《小辨篇》。"哀公曰：'寡人欲學小辨，以觀於政，其可乎？'孔子曰：'《爾雅》以觀於古，足以辯言矣'"《大戴禮》盧辯注云："爾，近也，謂依於雅頌。"孔子曰："詩，可以言，可以怨，邇之事父，遠之事君。多識鳥獸草木之名也。"是盧氏不以"爾雅"爲書名。案，彼文云："循弦以觀於樂，爾雅以觀於古，謂循乎弦、爾乎雅也。"盧説爲長。《春秋元命包》言："子夏問夫子作《春秋》，不以初、哉、首、基爲始，何？"《春秋元命包》，《春秋》讖也。後漢張衡以爲漢世虚僞之徒所作，《張衡傳》載之詳矣。云作《春秋》不以初、哉、首、基爲始者，當是釋《春秋》元年之義。《公羊傳》云："元年者何？君之始年也。"《爾雅》云："初、哉、首、基、元，始也。"《春秋》不以初、哉、首、基等字爲始，而獨以元爲始，故釋之與？是以知周公所造也。

率斯以降，超絶六國，越逾秦楚。各本作"越秦逾楚"，《爾雅疏》引作"越逾秦楚"。案，超絶、越逾，相對爲文，《疏》所引者是也。今據以訂正。爰暨帝劉，魯人叔孫通撰置《禮記》，文不違古。《後漢書·曹褒傳》有班固所上叔孫通《漢儀》十二篇。今俗所傳三篇《爾雅》，或言仲尼所增，或言子夏所益，或言叔孫通所補，或言郁郡梁文所考。陸德明《經典釋文叙録》云："《釋詁》一篇，蓋周公所作，《釋言》以下，或言仲尼所增、子夏所足、叔孫通所益、梁文所補，張揖論之詳矣。"邵氏二雲曰："《漢書·藝文志》：'《爾雅》三卷二十篇。'張揖謂周公《爾雅》一篇，今所傳三篇爲後人增補。是張揖所謂篇，即《漢書》所謂卷，猶云周公所作衹一卷，後人增補乃有三卷耳。陸氏乃以周公所作爲二十篇之一，殆考之不審，以致斯誤。"郁"，各本譌作"制 "，今據《説文》訂正。"考"，《爾雅疏》引作"箸"，疑本作"箸"，譌作"者"，又譌作"考"也。《直齋書録解題》引此作"考"，則南宋本已譌。皆解家所説，先師口傳，既無正譣，聖人所言，是故疑不能明也。

夫《爾雅》之爲書也，文約而義固；其陳道也，精研而無誤；真七經之檢度，學問之階路，儒林之楷素也。鄭注《士喪禮》云："形法定爲素。"若其包羅天地，綱紀人事，權揆制度，發百家之訓詁未能悉備也。臣揖體質蒙蔽，學淺詞頑，言無足取，竊以所識，擇撢群蓺。《説文》云："撢，探也。"文同義異、音轉失讀、八方殊語、庶物異名，不在《爾雅》者，詳録品覈，以箸于篇。《説文》云："覈，實也。"凡萬八千一百五十文，今本《廣雅》凡萬六千九百一十三文，删衍文九十六，補脱文五百九，其文萬七千三百二十六，較表内原數少八百二十四。分爲上、中、下，以諝方徠俊哲洪秀偉彦之倫，扣其兩端，摘其過謬，令得用諝，《説文》云："諝，知也。"亦所企想也。

臣揖誠惶誠恐，頓首頓首，死罪死罪。

（見〔清〕王念孫《廣雅疏證》。此據《畿輔叢書》，清代王灝輯，定州王氏謙德堂校刊本。）

三、王念孫《廣雅疏證序》

昔者周公制禮作樂，爰箸《爾雅》。其後七十子之徒，漢初綴學之士，遞有補益作者之聖、述者之明，卓乎六蓺群書之鈐鍵矣。至於舊書雅記，詁訓未能悉備，網羅放失將有待於來者。

魏太和博士張君稚讓，繼兩漢諸儒，後參考往籍，遍記所聞，分别部居，依乎《爾雅》。凡所不載，悉箸於篇，其自《易》《書》《三禮》《三傳》，經師之訓《論語》《孟子》《鴻烈》《法言》之注，楚辭漢賦之解，讖緯之記，《倉頡》《訓纂》《滂喜》《方言》《説文》之説靡不兼載。蓋周秦兩漢古義之存者，可據以證其得失，其散逸不傳者可藉以闚其端緒，則其書之爲功於詁訓也大矣。念孫不揆檮昧，爲之疏證，殫精極慮十年於兹。竊以詁訓之旨，本於聲音，故有聲同字異，聲近義同。雖或類聚群分，實亦同條共貫。譬如振裘必提其領，舉網必挈其綱，故曰本立而道生，知天下之至嘖而不可亂也。此之不寤，則有字别爲音，音别爲義，或望文虚造而違古義，或墨守成訓而尟會通。易簡之理既失，而大道多岐矣。今則就古音以求古義，引伸觸類不限形體，苟可以發明前訓，斯淩雜之譏亦所不辭。其或張君誤采，博考以證其失；先儒誤説，參酌而寤其非。以燕石之瑜補荆璞之瑕，適不知量者之用心云爾。張君進表《廣雅》分爲上中下，是以《隋書·經籍志》作三卷，而又云梁有四卷，不知所析何篇。隋曹憲音釋《隋志》作四卷，《唐志》作十卷。今所傳十卷之本，音與正文相次。然《館閣書目》云：今逸，但存音三卷。是音與《廣雅》别行之證較然甚明，特後人合之耳。又憲避煬帝諱，始稱《博雅》。今則仍名《廣雅》，而退音釋於後，從其朔也。憲所傳本即有舛誤，故音内多據誤字作音。《集韻》《類篇》《太平御覽》諸書所引其誤故音内今本同。蓋是書之譌脱久矣。今據耳目所及，旁考諸書，以校此本。凡字之譌者五百八十，脱者四百九十，衍者三十九，先後錯亂者百二十三，正文誤入音内者十九，音内字誤入正文者五十七，輒復隨條補正，詳舉所由。《廣雅》諸刻本以明畢效欽本爲最善，凡諸本皆誤而畢本未誤者不在補正之列。最後一卷，子引之嘗習其義，亦即存其説，竊放范氏《穀梁傳集解》子弟列名之例。博訪通人，載稽前典，義或易曉，略而不論，於所不知蓋闕如也。後有好學深思之士，匡所不及，企而望之。嘉慶元年正月高郵王念孫序。

（見〔清〕王念孫《廣雅疏證》。此據清代王灝輯《畿輔叢書》，定州王氏謙德堂校刊本。）

四、馬瑞辰《毛詩詁訓傳名義考》

《漢·藝文志》載《詩》凡六家，有以“故”名者，《魯故》《韓故》《齊后氏故》《孫氏故》是也；有以“傳”名者，《齊后氏傳》《孫氏傳》《韓内傳》《外傳》是也。惟《毛詩》兼名“詁訓傳”，《正義》謂其“依《爾雅》訓詁爲《詩》立傳”，又引一説謂其“依故昔典訓而爲傳”，其説非也。漢儒説經，莫不先通詁訓。《漢書·揚雄傳》言“雄少而好學，不爲章句，訓故通而已”。《儒林傳》言丁寬“作《易説》三萬言，訓故舉大義而已”。而《後漢書·桓譚傳》亦言譚“遍通五經，皆詁訓大義，不爲章句”。則知“詁訓”與“章句”有辨。章句者，離章辨句，委曲支派，而語多傅會，繁而不殺，蔡邕所謂“前儒特爲章句者，皆用其意傳，非其本旨”，劉勰所謂“秦延君之注《堯典》，十餘萬字，朱普之解《尚書》，三十萬言，所以通人惡煩，羞學章句”也。訓詁則博習古文，通其轉注、假借，不煩章解句釋，而奧義自闢，班固所謂“古文讀應《爾雅》，故解古今語而可知”也。《史》《漢·儒林傳》《漢·藝文志》皆言魯申公爲《詩訓故》，而《漢書·楚元王傳》及《魯國先賢傳》皆言申公始爲《詩傳》，則知《漢志》所載《魯故》《魯説》者，即《魯傳》也。何休《公羊傳注》亦言“傳謂詁訓”，似“故訓”與“傳”初無甚異。而《漢志》既載《齊后氏故》《孫氏故》《韓故》，又載《齊后氏傳》《孫氏傳》《韓内外傳》，則“訓故”與“傳”又自不同。蓋散言則“故訓”“傳”俱可通稱，對言則“故訓”與“傳”異；連言“故訓”與分言“故”“訓”者又異。“故訓”即“古訓”，《烝民》詩“古訓是式”，《毛傳》：“古，故也。”《鄭箋》：“古訓，先王之遺典也。”又作“詁訓”，《説文》：“詁訓，故言也。”至於“傳”，則《釋名》訓爲“傳示”之“傳”，正義以爲“傳通其義”。蓋“詁訓”第就經文所言者而詮釋之，“傳”則並經文所未言者而引伸之，此“詁訓”與“傳”之别也。古有《倉頡訓故》，又有《三倉訓詁》，此連言“故訓”也。《爾雅》《廣雅》俱以“釋詁”“釋訓”名篇，張揖《雜字》曰：“詁者，古今之異語也。訓者，謂字有意義也。”《詩正義》曰：“詁者，古也；古今異語，通之使人知也。訓者，道也，道物之貌以告人也。”又引《爾雅序》曰：“釋詁，通古今之字與古今異言也；釋訓，言形貌也。”趙宧光曰：“通古合今曰‘釋詁’，以今合古曰‘釋言’，釋其所釋曰‘釋訓’。”此分言“詁”“訓”也。蓋“詁訓”本爲“故言”，由今通古皆曰“詁訓”，亦曰“訓詁”。而單詞則爲“詁”，重語則爲“訓”，“詁”第就其字之義旨而證明之，“訓”則兼其言之比興而訓導之，此“詁”與“訓”之辨也。毛公傳《詩》多古文，其釋《詩》實兼“詁”“訓”“傳”三體，故名其書爲《詁訓傳》。嘗即《關雎》一詩言之：如“窈窕，幽閑也”，“淑，善，逑，匹也”之類，“詁”之體也。“關關，和聲也”之類，“訓”之體也。若“夫婦有别則父子親，父子親則君臣敬，君臣敬則朝廷正，朝廷正則王化成”，則“傳”之體也。而餘可類推矣。“訓”“故”不可以該“傳”，而“傳”可以統“訓”“故”，故標其總目爲“詁訓傳”，而分篇則但言“傳”而已。

（見〔清〕馬瑞辰《毛詩傳箋通釋》。此據《四部備要·經部》，上海中華書局據南菁書院續經解本校刊。）

五、訓詁舉例

（一）方言疏證

1. 卷二“美也”條

娃烏佳反，媠諸過反，窕徒了反，豔，美也。吴楚衡淮之間曰娃，南楚之外曰媠言婑媠也，宋衛晉鄭之間曰豔，陳楚周南之間曰窕。自關而西秦晉之間凡美色或謂之好，或謂之窕。故吴有館娃之宫，秦有榛娥之臺，皆戰國時間諸侯所立也。榛，音七。秦晉之間美貌謂之娥言娥娥也，美狀爲窕言閑都也，美色爲豔言光豔也，美心爲窈言幽静也。

案：左思《吴都賦》："幸乎館娃之宫"，劉逵注云："吴俗謂好女爲娃。"揚雄《方言》曰："吴有館娃之宫。"《列子·楊朱篇》："皆擇稚齒婑媠者"，宋玉《神女賦》："媠被服"，李善注引《方言》："媠，美也，他卧反"。《史記·外戚世家》："邢夫人號娙娥"，《索隱》引《方言》："美貌謂之娙娥"。《詩·周南》："窈窕淑女"，毛傳："窈窕，幽閑也。"《釋文》引王肅云："善心曰窈，善容曰窕"。《説文》："吴楚之間謂好曰娃，南楚之外謂好曰媠，秦簡謂好曰娙娥。娙，長好也。"《廣雅》："娃，媠，窈窕，好也"，"艷，美也"，皆本此。諸刻脱"秦有"二字。永樂大典本，曹毅本，俱不脱。陸機《擬古詩》："秦娥張女彈"，李善注云："應瑒《神女賦》曰'夏姬曾不足以供妾御，况秦娥與吴娃？'"《方言》曰："秦俗，美貌謂之娥。"又《别賦》《吴趨行》及《古詩十九首》，李善注並引《方言》："秦晉之間，美貌謂之娥。"

2. 卷八"鸝黄"條

驪黄，自關而東謂之倉庚，又名商庚。自關而西謂之驪黄，其色黧黑而黄，因名之。或謂之黄鳥，或謂之楚雀。

案：《夏小正》："二月有鳴倉庚。"倉庚者，商庚也。商庚者，長股也。《詩·周南》"黄鳥于飛"，毛傳："黄鳥，摶黍也。"陸璣疏云："黄鳥，黄鸝留也。或謂之黄栗留。幽州人謂之黄鶯。一名蒼庚，一名商庚，一名黧黄，一名楚雀。齊人謂之摶黍。當葚熟時，來在桑間，故里語曰'黄栗留看我麥黄葚熟，不亦是應節趨時之鳥也'。"《豳風》"有鳴倉庚"，毛傳："倉庚，離黄也。"鄭箋云："温而倉庚，又鳴可蠶之候也。"《爾雅》"皇黄鳥"，郭璞注云："俗呼黄離留，亦名摶黍。"又"倉庚、商庚"注云"即黧黄也"。又"黧黄、楚雀"注云"即倉庚也"。《釋文》云："《方言》'自關而東謂之倉庚，關西謂之黄鸝留也'。"宋玉《高唐賦》"王雎鸝黄"，李善注云："鸝黄，郭璞曰'其色黧黑而黄，因名之'。《方言》或言'黧黄'爲'楚雀'。"《説文》云："離黄，倉庚也，鳴則蠶生。""驪""鸝""黧""鵹""離"，字異音義同。

（見〔清〕戴震《方言疏證》。此據微波榭刻本。）

（二）廣雅疏證

1.《釋詁上》"貪也"條

𢢔、摨、挴、忨、𢡜、饕餮、𩚎、嗇、歁、欿、欲、𡚾、利、𨔵、茹、嗜、𪆂、惏、𩞄，貪也。

𢢔者，汙之貪也。《吕氏春秋·離俗覽》云："不漫於利。"漫，與"𢢔"通。

挴者，《方言》："挴，貪也。"《楚辭·天問》"穆王巧挴"，王逸注云："挴，貪也。"《莊子·人間世》篇"無門無毒"，毒，崔譔本作"每"，云："貪也。"《漢書·賈誼傳》"品庶每生"，孟康注云："每，貪也。"每，與"挴"通。昭十四年《左傳》云："貪以敗官爲墨。""墨"與"挴"，亦聲近義同。

忨者，《爾雅》："懊，忨也。""愒，貪也。"《説文》："忨，貪也。"昭元年《左傳》"翫歲而愒日"，杜預注云："翫、愒，皆貪也。"《晉語》作"忨日而㵣歲"。昭二十六年《左傳》"玩求無度"，服虔注云："玩，貪也。"忨、翫、玩，並通。

饕餮者，《説文》："饕，貪也。"《多方》云："有夏之民叨懫。"叨，與"饕"同。《説文》"餮，貪也"，引文十八年《左傳》："謂之饕餮。"今本"餮"作"飻"，賈逵、服虔、杜預注並云："貪財爲饕，貪食爲飻。"案：《傳》云："貪於飲食，冒於貨賄。侵欲崇侈，不可盈厭。聚斂積實，不知紀極。天下之民，謂之饕飻。"是貪財貪食，總謂之饕飻。饕、飻，一聲之轉，不得分貪財爲"饕"，貪食爲"飻"也。《吕氏春秋·先識》篇云："周鼎著饕飻，有首無身，食人未咽，害及其身。"蓋"饕飻"本貪食之名，故其字從食，因謂食欲無厭者爲"饕飻"也。

覤、嗇者,《方言》:"覤、嗇,貪也。荆汝江湘之郊,凡貪而不施謂之覤,或謂之嗇。"襄二十六年《左傳》"小人之性嗇於禍",杜預注云:"嗇,貪也。"

歁,與下"欿"字通。《方言》:"南楚江湘之閒,謂貪曰歁。"郭璞注云:"言歁掫難猒也。"《説文》:"歁,食不滿也。""欿,欲得也。"又云:"胎,食肉不猒也。"並聲近而義同。

婪者,《説文》:"婪,貪也。"又云:"河内之北,謂貪曰惏。"惏,與"婪"同。僖二十四年《左傳》"狄固貪惏",釋文、正義並引《方言》云:"殺人而取其財曰惏。"《楚辭·離騷》"衆皆競進以貪婪兮",王逸注云:"愛財曰貪,愛食曰婪。"案:貪婪,亦愛財、愛食之通稱,不宜分訓也。

遴者,《方言》:"荆汝江湘之郊,凡貪而不施或謂之悋。悋,恨也。"《説文》:"悋,恨惜也。"遴、吝、悋,並通。

茹者,《方言》:"吴越之間,凡貪飲食者謂之茹。"注云:"今俗呼能粗食者爲茹。"

䜂者,《方言》:"䜂,貪也。"䜂,各本譌作"䰉"。今訂正。

惨者,《説文》:"嫪,婪也。"嫪,與"惨"通。

2.《釋訓》"猶豫也"條

躊躇,猶豫也。此雙聲之相近者也。"躊""猶"、"躇""豫"爲疊韻,"躊""躇"、"猶""豫"爲雙聲。《説文》:"篙,篙箸也。"《楚辭·九辯》"蹇淹留而躊躇",《七諫》注云:"躊躇,不行貌。"並與"躊躇"同。猶豫,字或作"猶與"。單言之則曰"猶"、曰"豫"。《楚辭·九章》"壹心而不豫兮",王注云:"豫,猶豫也。"《老子》云:"與兮若冬涉川,猶兮若畏四鄰。"《淮南子·兵略訓》云:"擊其猶猶,陵其與與。"合言之則曰"猶豫"。轉之則曰"夷猶"、曰"容與"。《楚辭·九歌》"君不行兮夷猶",王注云:"夷猶,猶豫也。"《九章》云"然容與而狐疑",容與,亦猶豫也。案:《曲禮》云:"卜筮者,先聖王之所以使民决嫌疑,定猶與也。"《離騷》云:"心猶豫而狐疑兮。"《史記·淮陰侯傳》云:"猛虎之猶豫,不若蜂蠆之致螫,騏驥之蹢躅,不如駑馬之安步;孟賁之狐疑,不如庸夫之必至也。"嫌疑、狐疑、猶豫、蹢躅,皆雙聲字。"狐疑"與"嫌疑",一聲之轉耳。後人誤讀"狐疑"二字,以爲狐性多疑,故曰"狐疑";又因《離騷》"猶豫、狐疑"相對成文,而謂"猶"是犬名,犬隨人行,每豫在前,待人不得,又來迎候,故曰"猶豫"。或又謂"猶"是獸名,每聞人聲,即豫上樹,久之復下,故曰"猶豫"。或又以"豫"字從象,而謂猶、豫俱是多疑之獸。以上諸説,具見於《水經注》《顔氏家訓》《禮記正義》及《漢書注》《文選注》《史記索隱》等書。夫雙聲之字,本因聲以見義。不求諸聲,而求諸字,固宜其説之多鑿也。

(見〔清〕王念孫《廣雅疏證》。此據清代王灝輯《畿輔叢書》,定州王氏謙德堂校刊本。)

(三)方言箋疏

1. 卷一"知也"條

按:諸書稱引及史志著録,皆謂之《方言》。《舊唐書·經籍志》則謂之《别國方言》,蓋以其文冗贅,並從省文,實則一書。又宋洪邁《容齋隨筆》稱爲《輶軒使者絶域語釋别國方言》,考書中所載,並無絶域重譯之言,而半爲南楚江湘之間代語。郭注以爲"凡以異語相易謂之代"。蓋洪氏偶爾誤記,故作"絶域"。今從舊題。

漢揚雄撰,《漢書·列傳》:"揚雄,字子雲,蜀郡成都人也","少好學","博覽無所不見","口吃不能劇談,默而好深湛之思,清静無爲,少嗜欲,不汲汲於富貴,不戚戚於貧賤"。"自有大度,非聖哲之書不好也;非其意,雖富貴不事也"。"年四十餘,自蜀來遊京師,大司馬王音奇其文雅,召爲門下吏,薦雄待詔",甘泉、校獵、長楊等,輒奏賦以風,"除爲郎,給事黄門"。"年七十一,天鳳五年卒"。案:子雲《答劉歆書》云:"雄始能草文,先作《縣邸銘》《王佴頌》《階闥銘》及《成都城四隅銘》。蜀人有楊莊爲郎,誦之於成帝,成帝好之,以爲似相如,雄遂以此得外見。"又《文選·甘泉賦》李周翰注云:"揚雄家貧好學,每製作慕相如之文,嘗作《緜竹頌》。成帝時,直宿郎楊莊誦此文,帝曰:'此似相如之文。'莊曰:'非也,此臣邑人揚子雲。'帝即召見,拜爲黄門侍郎。"與《傳》所稱互異,當是傳誤也。

晉郭璞注。《晉書·列傳》:"郭璞,字景純,河東聞喜人也","璞少好經術,博學高才,而訥於言","好古文奇字,妙於陰陽算曆"。終尚書郎、記室參軍,贈宏農太守。

黨、曉、哲，知也。楚謂之黨，【注】黨，朗也，解寤貌。或曰曉，齊宋之間謂之哲。【箋疏】"知"，通作"智"。《廣雅》："黨、曉、哲，𥇽也。""𥇽"，隸省作"智"。《荀子・正名篇》："知有所合謂之智。"《白虎通義》："智者，知也，獨見前聞，不惑於事，見微知著也。"《釋名》云："智，知也，無所不知也。""智"與"知"，聲近義同。"黨"者，《荀子・非相篇》："文而致實，博而黨正"，楊倞注："致，至也。'黨'與'讜'同，謂直言也。"案："致"與"黨"，相對成文，致爲至，黨宜訓知，言文而不流於虚僞，博而能知其邪正也。注以"直言"釋之，疏矣。《廣雅》："黨，美也"，"善也"。"美"與"知"，義相近。美謂之黨，亦謂之媛，猶知謂之慢，亦謂之黨也。卷十二："慢，知也。"《釋名》："善，演也，演盡物理也。""善"與"知"，義亦相近，故相親愛謂之知，亦謂之善。《吕氏春秋・貴公篇》："夷吾善鮑叔"，是也。相親暱謂之善，亦謂之黨。《禮記・襍記》："大功以下，既葬適人，人食之，其黨也食之，非其黨弗食也"，鄭注："黨，猶親也。"哀元年《左氏傳》"無田從黨"，是也。"黨"與"讜"通。《逸周書・祭公解》："王拜手稽首黨言。"《孟子》："禹聞善言"，趙岐注引《皋陶謨》："禹拜讜言"。今書作"昌言"，《史記・夏本紀》作"美言"，義並通也。今人謂"知"爲"懂"，其"黨"聲之轉歟。"知"謂之"黨"，"不知"亦謂之"儻"，以相反爲義也。《莊子・山木篇》："侗乎其無識，儻乎其怠疑"，是也。注"黨朗"，叠韻字。《廣韻》："爣朗，火光寬明"也。"爣"與"黨"同。"解寤"謂之"黨"，"昏昧"亦謂之"曭"。《説文》："曭，目無精直視也。""光明"謂之"黨朗"，"不明"亦謂之"儻朗"。潘岳《射雉賦》"畏映日之儻朗"，徐爰注："儻朗，不明之狀。"《楚辭・遠遊》："時曖曃其曭莽兮"，王逸注："日月晻黮而無光也。""曭莽"與"儻朗"同，亦以相反爲義也。"爣""儻""曭""黨"，聲並相近。"曉"者，卷十三："曉，明也。"《説文》同。《漢書・息夫躬傳》："外有直項之名，内實騃不曉事。"《荀子・富國篇》："百姓曉然皆知其污漫暴亂。"《列子・仲尼篇》："智者之言，固非愚者之所曉。"孫綽《遊天台山賦》："之者以路絶而莫曉。"是"曉"爲"知"也。"哲"者，《説文》："哲，知也。"《大雅・下武篇》："世有哲王"，鄭箋："哲，知也。"《楚辭・離騷》王逸注同。"知""哲"，一聲之轉。《釋言》："哲，智也。"《衆經音義》卷二十引云："齊宋之間謂智爲哲。"又卷二十二引此文，玄應云："哲，謂照了也。"《法言・問明篇》："或問哲，曰：旁明厥思。"應劭注《漢書・五行志》云："哲，明也。""明"與"知"同義。"明"謂之"哲"，"知"亦謂之"哲"。"知"謂之"曉"，"明"亦謂之"曉"。"知"謂之黨，"猶"明"亦謂之"黨"也。《廣雅》："黨，明也。"

2. 卷七"所疾也"條

諄憎，所疾也。宋魯凡相惡謂之諄憎，若秦晉言可惡矣。【音義】諄，之潤反。【箋疏】《廣雅》："諄憎、誒，苦也。""誒"與"疾"通。《秦誓》云："冒疾以惡之。"高誘注《淮南・精神訓》云："苦，猶疾也。"《荀子・哀公篇》云："無取口哼"。"口哼，誕也"，楊倞注云："'哼'與'諄'同"，引《方言》作"齊魯凡相疾惡謂之諄憎"。《韻會》同。《説文》："憝，怨也"，《康誥》曰"凡民""罔不憝"，某氏傳云："人無不惡之者。"《孟子・萬章篇》作"譈"。《廣雅》："憝，惡也。""憝"，《玉篇》又作"憞"同。《法言・重黎篇》："楚憞群策，而自屈其力"，李軌注："憞，惡也。"又《修身篇》："君子微慎厥德，悔吝不至，何元憞之有"，注："元憞，大惡也。""諄""哼""憝""譈""憞"，字異義同。《邶風・北門篇》："王事敦我"，毛傳："敦，厚也。"《荀子・議兵篇》云"有離俗不順其上，則百姓莫不敦惡"，楊倞注："敦，厚也。"《説文》："敦，怒也，詆也。""敦"與"諄"，聲義並相近。案：《詩》言以役事與之，則無所謂厚，蓋"王事敦我"，猶言以王事詆怒我也。"百姓莫不敦惡"，猶凡民罔不憝也。是"敦""諄"亦同，注家並訓"敦"爲"厚"，失之。《説文》："憎，惡也。"《廣雅》同。《周語》云："其叔父實應且憎。"《説文》："惡，過也。烏各切。""証，相毁也。一曰畏証也。宛古切。"《廣韻》作"謣"，音"烏路切"。是美惡字作"惡"，愛惡字作"証"，今書傳並作"惡"。按：昭七年《左氏傳》云"魯衛惡之"，杜預注云："受其凶惡。"《釋訓》云"居居、究究，惡也"，郭氏注云："皆相憎惡。"是"惡"字兼美惡、愛惡二義。

（見〔清〕錢繹《方言箋疏》。此據清光緒十六年紅蝠山房校本，中華書局，1984年。）

（四）釋名疏證補

1. 釋天第一

天，豫、司、兖、冀以舌腹言之。王啓原曰："後漢都洛陽，在司隸部；孝獻都許，在豫州部。故此先言豫，繼言司，尊時制也。"天，顯也，在上高顯也。畢沅曰："《莊子釋文》引作'高顯在上也'。"葉德炯曰："此及下'風'字條，均西域字母之濫觴。字母顯之紐爲曉，曉在喉音之次清也等，與天出於舌頭之透紐者爲音和。音和者，即反切之遞用法也，如莫六音切爲目，徒紅音切爲同之例。成國此書實韻書之鼻祖，後來孫炎諸人乃愈推愈密也。"青、徐以舌頭言之。成蓉鏡曰："案今等韻家分牙、舌頭、舌上、重唇、輕唇、齒頭、正齒、喉、半舌、半齒爲九音，相傳來自西域。《隋書・經籍志》稱：'後漢佛法行於中國，得西域書，能以十四字貫一切音，謂之婆羅門書。'此即唐僧守温三十六字母之權輿，然《志》初不云九音來自西域也。觀《釋名》已有'舌腹''舌頭''横口合唇''踧口開唇'之云。而高誘注《戰國策》《吕氏春秋》《淮南子》諸書，亦有所謂'急舌''急氣''緩氣''閉口''開口''籠口'者。然則九音洵中國儒家之學矣。"天，坦也，畢沅曰："'坦'，今本譌作'垣'，《玉篇》《爾雅釋文》《莊子釋文》《初學記》《御覽》《爾雅疏》皆引作'坦'，據改。"葉德炯曰："'坦'字與'天'同透字母。透爲舌頭音之次清等，緩讀爲'祁連'，《漢書・霍去病傳》：'出北地至祁連山'，師古注：'祁連即天山。'是也。又爲撑犂，《匈奴傳》：'匈奴謂天爲撑犂。'是也。'連''犂'，字母在舌齒音之來，去舌頭音不遠，此西域音之微變者。今國書譯爲'阿卜喀'，直唇音矣。然古中土音讀舌頭者多。《白虎通》及《釋天釋文》引《春秋説題詞》云：'天之謂言鎮也。'《説文》：'天，顛也。'《禮・月令》疏引《春秋説題詞》：'天之爲言顛也。'《詩・君子偕老》疏引《春秋元命苞》：'天之言瑱。'均作舌頭音讀。其作舌腹音讀者，惟《禮記・緇衣》鄭注：'天當爲先字之誤。'《藝文類聚》引《白虎通》：'天者，身也。'一以'天'爲'先'，一以'天'爲'身'，及此以'天'爲'顯'，數音而已。"坦然高而遠也。蘇輿曰："《釋天釋文》引，無'而'字。"春曰蒼天，陽氣始發，色蒼蒼也。夏曰昊天，其氣布散顥顥也。畢沅曰："'顥'，今本作'皓'，俗字也。《説文》：'顥，白貌，从頁景。《楚辭》"天白顥顥"。'據此，當作'顥'。"皮錫瑞曰："《釋名》與《爾雅》皆作'春蒼''夏顥'，今《尚書》歐陽説與許君、鄭君皆作'春昊''夏蒼'，蓋所據本異。"秋曰旻天，旻，閔也，物就枯落可閔傷也。冬曰上天，其氣上騰，與地絶也，故《月令》曰："天氣上騰，地氣下降。"畢沅曰："《爾雅》曰：'春爲蒼天，夏爲昊天，秋爲旻天，冬爲上天。'李巡注：'春，萬物始生，其色蒼蒼，故曰蒼天。夏，萬物盛壯，其氣昊大，故曰昊天。'郭璞注：'旻，猶愍也，愍萬物凋落。冬時無事，在上臨下而已。'此兩家之説，擇其義與此合者，録以參證焉。"王先慎曰："《五經異義》引古《尚書》説云：'元氣廣大，則稱昊天；仁覆閔下，則稱旻天；自上監下，則稱上天；據遠視之蒼蒼然，則稱蒼天。'此義與《釋名》同，且先於李、果之説。《白虎通・四時篇》云：'四時天異名何？天尊，各據其盛者爲名也。春秋物變盛，冬夏氣變盛。'春曰蒼天，夏曰昊天，秋曰旻天，冬曰上天。'均與《釋名》義同，亦先於郭、李者。" 《易》謂之乾。畢沅曰："《説卦》：'乾，天也。'又曰：'乾爲天。'" 乾，健也，健行不息也。畢沅曰："《易・繫辭》云：'夫乾，天下之至健也。'象曰：'天行健，君子以自彊不息。'" 又謂之玄。玄，縣也，如縣物在上也。畢沅曰："玄者，以色名之也。《易文言》曰：'天玄而地黄。'當非取'縣'義。今'縣'下加'心'，俗。"王先慎曰："《説文》：'玄，幽遠也。黑而有赤色者爲玄，象幽而入覆之也。'《釋親》郭注：'玄者，言親屬微昧也。'亦有'幽遠'意。本書《釋親》'玄孫，玄，縣也，上縣於高祖最在下也'，即取'遠'義。此縣'字亦訓爲遠'，謂天在上，遠於下也。《素問・天玄紀》、《文選・東京賦》注引《廣雅》云：'玄，遠也。'《淮南・主術訓》注：'縣，遠也。'是'玄''縣'古同訓'遠'。"

2. 釋山第三

山，産也，産生物也。畢沅曰："《北堂書鈔》《初學記》《爾雅疏》引作'言産生萬物也'。《説文》：'山，宣也，宣氣散生萬物，有石而高。象形。'義似勝此。"蘇輿曰："《御覽・地部三》引作'山，産也，言産萬物'。"

土山曰阜。阜，厚也，言高厚也。畢沅曰："《爾雅》云'大陸曰阜'。《説文》作'𠂤'，云：'𠂤，大陸，山無石者。象形'。" 大阜曰陵。畢沅曰："《爾雅》同。《説文》亦云：'陵，大𠂤也'。"陵，隆也，體隆高也。畢沅曰："'隆'，《廣韻》引作'崇'，唐時避'明皇帝'諱也。"先謙曰："'陵''隆'，雙聲。漢'林慮'避諱，改'隆慮'，亦用雙聲字改也。'陵''林'音同。"

山頂曰冢。畢沅曰："《爾雅》亦云：'山頂冢'。" 冢，腫也，言腫起也。王啓原曰："《説文》：'冢，高墳也。'《左・僖十年傳》：'祭於地，地墳。'《晉語》韋注：'墳，起也。'《穀梁傳》云：'覆酒於地，而地賁。'范注：'賁，沸起也。'又《三墳》、《五典》、漢《王政》、《張納碑》俱云'典、墳'。是'墳'有'賁'義，'冢'亦宜有'腫'義。故《廣雅》以亦云：'冢，腫也。'"

山旁曰陂，言陂陁也。葉德炯曰："《説文》：'陂，阪也。''阪'下云：'坡者曰阪，一曰澤障，一曰山脅也。''山脅'即'山旁'之異訓。"

山脊曰岡。畢沅曰："《爾雅》亦云：'山脊，岡。'" 岡，亢也，在上之言也。先謙曰："'岡''亢'疊韻，《説文》：'亢，頸也。'頸於人身在上。《廣雅・釋詁》：'亢，高也，極也。'易》：'亢龍。'王肅注：'窮高曰亢。'《後漢・梁冀傳》注：'亢，上極之名也。'"

山旁隴間曰涌。涌猶桶，桶狹而長也。王先慎曰："'涌'當爲'甬'。《史記・項羽紀》：'穿甬道而輸之粟。'甬道，長而狹之道也，義與此近。"

山大而高曰嵩。畢沅曰："《爾雅》'嵩'作'崧'，皆非，古當作'崇'。" 嵩，竦也，亦高稱也。畢沅曰："'嵩'字《説文》未有，新附字中乃有之。徐鉉稱韋昭《國語》注云'古通用崇字'。《漢書・郊祀志》作'崈'。師古曰：'古崇字'。案：字體小變耳，當以'崇'爲正。"

山小而高曰岑。畢沅曰："今本脱'而'字，據《初學記》《御覽》引補。《爾雅》亦云：'山小而高，岑。'" 岑，嶃也，嶃嶃然也。畢沅曰："嶃，俗字也，當作'漸'。《詩・小雅》'漸漸之石'，《毛傳》：'漸漸，山石高峻。'《釋文》：'漸，士銜反。'然則古通借'漸'字爲之。"葉德炯曰："唐卷子本《玉篇・山部》引《孟子》'可使高于岑樓'，劉熙注：'岑樓，小山鋭頂者也。'與此義合。"

（見〔清〕王先謙《釋名疏證補》。此據王雲五主編《萬有文庫》，上海商務印書館，1937 年。）

第五章　音　義　類

一、經典釋文・序録

序

夫書音之作，作者多矣，前儒撰著，光乎篇籍，其來既久，誠無間然。但降聖已還，不免偏尚，質文詳略，互有不同。漢魏迄今，遺文可見，或專出己意，或祖述舊音，各師成心，製作如面，加以楚夏聲異，南北語殊，是非信其所聞，輕重因其所習，後學鑚仰，罕逢指要。夫筌蹄所寄,唯在文言,差若毫釐、謬便千里。夫子有言:"必也正乎名!""名不正則言不順,言不順則事不成。""故君子名之必可言也,言之必可行也。"斯富哉!言乎大矣、盛矣,無得而稱矣。

然人禀二儀之淳和,含五行之秀氣,雖復挺生天縱,必資學以知道。故唐堯師於許由,周文學於虢叔,上聖且猶有學,而況其餘乎。至於處鮑居蘭,玩所先入,染絲斲梓,功在初變,器成采定,難復改移,一薰一蕕,十年有臭,豈可易哉!豈可易哉!

余少愛墳典,留意藝文,雖志懷物外,而情存著述。粵以癸卯之歲,承乏上庠,循省舊音,苦其太簡。況微言久絶,大義愈乖,攻乎異端,競生穿鑿。不在其位,不謀其政,既職司其憂,寧可視成而已。遂因暇景,救其不逮,研精六籍,采摭九流,搜訪異同,校之《蒼》《雅》。輒撰集《五典》《孝經》《論語》及《老》《莊》《爾雅》等音,合爲三袟三十卷,号曰《經典釋文》。古今並録,括其樞要,經注畢詳,訓義兼辯,質而不野,繁而非蕪,示傳一家之學,用貽後嗣,令奉以周旋,不敢墜失。與我同志,亦無隱焉。但代匠指南,固取誚於博識,既述而不作,言其所用,復何傷乎云爾。

條例

先儒舊音,多不音注。然注既釋經,經由注顯,若讀注不曉,則經義難明,混而音之,尋討未易。今以墨書經本,朱字辯注,用相分別,使較然可求。舊音皆録經文全句,徒煩翰墨,今則各標篇章於上,摘字爲音,慮有相亂,方復具録。唯《孝經》童蒙始學,《老子》衆本多乖,是以二書特紀全句。五經人所常習,理有大宗,義行於世,無煩覼縷。至於《莊》《老》,讀學者稀,故于此書微爲詳悉。又《爾雅》之作,本釋五經,既解者不同,故亦略存其異。

文字訓詁,今古不同,前儒作音,多不依注,注者自讀,亦未兼通。今之所撰,微加斟酌,若典籍常用,會理合時,便即遵承,標之於首,其音堪互用,義可並行,或字有多音、衆家别讀,苟有所取,靡不畢書,各題氏姓以相甄識。義乖於經,亦不悉記,其"或音""一音"者,蓋出於淺近,示傳聞見,覽者察其衷焉。

然古人音書,止爲譬况之説,孫炎始爲反語,魏朝以降蔓衍實繁。世變人移,音訛字替,如徐仙民反"易"爲"神石",郭景純反"餤"爲"羽鹽",劉昌宗用"承"音"乘",許叔重讀"皿"爲"猛",若斯之儔,今亦存之音內。既不敢遺舊,且欲俟之來哲。書音之音,本示童蒙,前儒或用假借字爲音,更令學者疑昧。余今所撰,務從易識,援引衆訓,讀者但取其意義,亦不全寫舊文。典籍之文,雖夫子删定,子思讀《詩》,師資已别,而況其餘乎。鄭康成云:"其始書之也,倉卒無其字,或以音類比,方假借爲之,趣於近之而已。受之者非一邦之人,人用其鄉,同言異字、同字異言於兹遂生矣。"

戰國交争,儒術用息,秦皇滅學,加以坑焚,先聖之風,埽地盡矣。漢興,改秦之弊,廣收篇籍,孝武之後,經術大隆。然承秦焚書,口相傳授,一經之學,數家競爽,章句既異,踳駮非一。後漢黨人既誅,儒者多坐流廢,後遂私行金貨,定蘭臺漆書經字,以合其私文。靈帝乃詔諸儒正定五經於石碑之上,爲古文、篆、隸三體書法以相參檢,樹之學門,使天下取則,未盈一紀,尋復廢焉。班固云:"後世經傳既已乖離,傳學者又不思多聞闕疑之義，而務碎義逃難，便詞巧説，安其所習。毁所不見，終以自弊，此學者之大患也。”誠哉是言。

余既撰音，須定紕繆，若兩本俱用、二理兼通，今並出之，以明同異。其涇渭相亂、朱紫可分，亦悉書之，隨加刊正。復有他經别本、詞反義乖而又存之者，示博異聞耳。經籍文字相承已久，至如“悦”字作“説”、“閑”字爲“閒”、“智”但作“知”、“汝”止爲“女”，若此之類，今並依舊音之。然音書之體本在假借，或經中過多、或尋文易了，則翻音正字以辯借音，各於經内求之，自然可見。其兩音之者，恐人惑故也。

《尚書》之字本爲隸古，既是隸寫古文，則不全爲古字。今宋、齊舊本及徐、李等音，所有古字蓋亦無幾，穿鑿之徒務欲立異，依傍字部、改變經文，疑惑後生，不可承用。今皆依舊爲音，其字有别體則見之音内，然亦兼采《説文》《字詁》以示同異者也。《春秋》人名字、氏族及地名，或前後互出、或經傳更見，如此之類，不可具舉。若國異名同及假借之字，兼相去遼遠，不容疏略，皆斟酌折衷，務使得宜。《爾雅》本釋墳典，字讀須逐五經。而近代學徒好生異見，改音易字，皆采雜書，唯止信其所聞，不復考其本末。且六文、八體各有其義，形聲、會意寧拘一揆，豈必飛禽即須安“鳥”，水族便應著“魚”，蟲屬要作“虫”旁，草類皆從兩“中”，如此之類實不可依，今並校量，不從流俗。

方言差别，固自不同，河北、江南最爲巨異，或失在浮清，或滯於沈濁。今之去取，冀祛兹弊，亦恐還是鷇音，更成無辯。

夫質有精粗謂之“好惡”，（並如字。）心有愛憎稱爲“好惡”。（上呼報反，下烏路反。）當體即云“名譽”，（音預。）論情則曰“毁譽”，（音餘。）及夫自敗、（蒲邁反。）敗他（補敗反。）之殊，自壞、（乎怪反。）壞撤（音怪。）之異，此等或近代始分，或古已爲别，相仍積習，有自來矣，余承師説皆辯析之。比人言者多爲一例，如、而靡異，邪、（不定之詞。）也（助句之詞。）弗殊，莫辯復、（扶又反，重也。）復，（音服，反也。）寧論過、（古禾反，經過。）過，（古卧反，超過。）又以登、升共爲一韻，攻、公分作兩音，如此之儔，恐非爲得，將來君子幸留心焉。

五經字體乖替者多，至如“黿”“鼉”從“龜”，“亂”“辭”從“舌”，“席”下爲“帶”，“惡”上安“西”，“析”旁著“片”，“離”邊作“禹”，直是字譌，不亂餘讀。如“寵”（丑隴反。）字爲“竉”、（力孔反。）“錫”（思歷反。）字爲“鍚”、（音陽。）用“支”（音卜反，《字林》普角反。）代“文”、（武云反。）將“无”（音無。）混“旡”，（音既。）若斯之流，便成兩失。又“來”旁作“力”，俗以爲“約勑”字，《説文》以爲“勞倈”之字，“水”旁作“曷”，俗以爲“飢渴”字，《字書》以爲“水竭”之字，如此之類，改便驚俗，止不可不知耳。

次第

五經六籍，聖人設教，訓誘機要，寧有短長。然時有澆淳，隨病投藥，不相沿襲，豈無先後，所以次第互有不同。如《禮記・經解》之説，以《詩》爲首，《七略》《藝文志》所記，用《易》居前，阮孝緒《七録》亦同此，次而王儉《七志》，《孝經》爲初。原其後前，義各有旨。今欲以著述早晚、經義總别以成次第，出之如左。

（見〔唐〕陸德明《經典釋文》。此據《叢書集成初編》影印之抱經堂本，商務印書館，1935 年。）

二、顏氏家訓·音辭篇

夫九州之人，言語不同，生民已來，固常然矣。自《春秋》標齊言之傳，《離騷》目《楚詞》之經，此蓋其較明之初也。後有揚雄著《方言》，其言大備。然皆考名物之同異，不顯聲讀之是非也。逮鄭玄注六經，高誘解《吕覽》《淮南》，許慎造《説文》，劉熹製《釋名》，始有譬況假借以證音字耳。而古語與今殊别，其間輕重、清濁，猶未可曉；加以外言内言、急言徐言、讀若之類，益使人疑。孫叔言創《爾雅音義》，是漢末人獨知反語。至於魏世，此事大行。高貴鄉公不解反語，以爲恠異。自兹厥後，音韻鋒出，各有土風，遞相非笑，指馬之諭，未知孰是。共以帝王都邑，参校方俗，考覈古今，爲之折衷。推而量之，獨金陵與洛下耳。

南方水土和柔，其音清舉而切詣，失在浮淺，其辭多鄙俗。北方山川深厚，其音沉濁而鈋鈍，得其質直，其辭多古語。然冠冕君子，南方爲優；閭里小人，北方爲愈。易服而與之談，南方士庶，數言可辯；隔垣而聽其語，北方朝野，終日難分。而南染吴越，北雜夷虜，皆有深弊，不可具論。

其謬失輕微者，則南人以“錢”爲“涎”，以“石”爲“射”，以“賤”爲“羨”，以“是”爲“舐”；北人以“庶”爲“戍”，以“如”爲“儒”，以“紫”爲“姊”，以“洽”爲“狎”。如此之例，兩失甚多。至鄴已來，唯見崔子約、崔瞻叔姪，李祖仁、李蔚兄弟，頗事言詞，少爲切正。李季節著《音譜决疑》，時有錯失；陽休之造切韻，殊爲疏野。吾家兒女，雖在孩稚，便漸督正之；一言訛替，以爲己罪矣。云爲品物，未考書記者，不敢輒名，汝曹所知也。

古今言語，時俗不同；著述之人，楚夏各異。《蒼頡訓詁》，反“稗”爲“逋賣”，反“娃”爲“於乖”；《戰國策》音“刎”爲“免”，《穆天子傳》音“諫”爲“間”；《説文》音“戛”爲“棘”，讀“皿”爲“猛”；《字林》音“看”爲“口甘反”，音“伸”爲“辛”；《韻集》以成、仍、宏、登合成兩韻，爲、奇、益、石分作四章；李登《聲類》以“系”音“羿”，劉昌宗《周官音》讀“乘”若“承”；此例甚廣，必須考校。前世反語，又多不切：徐仙民《毛詩音》反“驟”爲“在遘”，《左傳音》切“椽”爲“徒緣”，不可依信，亦爲衆矣。

今之學士，語亦不正；古獨何人，必應隨其訛僻乎？《通俗文》曰：“入室求曰搜。”反爲“兄侯”。然則“兄當”音“所榮反”。今北俗通行此音，亦古語之不可用者。璵璠，魯之寶玉，當音“餘煩”，江南皆音“藩屏”之“藩”。“岐”山當音爲“奇”，江南皆呼爲“神祇”之“祇”。江陵陷没，此音被於關中，不知二者何所承案。以吾淺學，未之前聞也。

北人之音，多以“舉”、“莒”爲“矩”；唯李季節云：“齊桓公與管仲於臺上謀伐莒，東郭牙望桓公口開而不閉，故知所言者莒也。然則莒、矩必不同呼。”此爲知音矣。夫物體自有精粗，精粗謂之好惡；人心有所去取，去取謂之好惡。上呼号，下烏故反。此音見於葛洪、徐邈。而河北學士讀《尚書》云好呼考反。生惡殺於各反。是爲一論物體，一就人情，殊不通矣。

甫者，男子之美稱，古書多假借爲“父”字。北人遂無一人呼爲“甫”者，亦所未喻。

唯管仲、范增之號，須依字讀耳。管仲，號仲父；范增，號亞父。

案：諸字書，焉者鳥名，或云語詞，皆音"於愆反"。自葛洪《要用字苑》分焉字音訓。若訓"何"訓"安"，當音"於愆反""於焉逍遥""於焉嘉客""焉用佞""焉得仁"之類是也；若送句及助詞，當音"矣愆反""故稱龍焉""故稱血焉""有民人焉""有社稷焉""托始焉爾""晉、鄭焉依"之類是也。江南至今行此分别，昭然易曉；而河北混同一音，雖依古讀，不可行於今也。

邪者，音耶。未定之詞。《左傳》曰："不知天之棄魯邪？抑魯君有罪於鬼神邪？"《莊子》云："天邪？地邪？"《漢書》云："是邪？非邪？"之類是也。而北人即呼爲也，亦爲誤矣。難者曰："《繫辭》云：'乾坤，易之門户邪？'此又爲未定辭乎？"答曰："何爲不爾，上先標問，下方列德以折之耳。"

江南學士讀《左傳》，口相傳述，自爲凡例。軍自敗曰"敗"，打破人軍曰"敗。"補敗反。諸記傳未見"補敗反"，徐仙民讀《左傳》，唯一處有此音，又不言自敗、敗人之别，此其穿鑿耳。

古人云"膏粱難整"，以其爲驕奢自足，不能剋勵也。吾見王侯外戚語多不正，亦由内染賤保傅，外無良師友故耳。梁世有一侯，常對元帝飲謔，自陳"癡鈍"，乃成"颸段"，元帝答之云："颸異凉風，段非干木。"謂"郢州"爲"永州"，元帝啓報簡文，簡文云："庚辰吴入，遂成司隸。"如此之類，舉口皆然。元帝手教諸子侍讀，以此爲誡。

河北切"攻"字爲"古琮"，與"工""公""功"三字不同，殊爲僻也。比世有人名暹，自稱爲"纖"；名琨，自稱爲"衮"；名洸，自稱爲"汪"；名勬，音藥。自稱爲"獡"。音爍。非唯音韻舛錯，亦使其兒孫避諱紛紜矣。

（見〔唐〕顔之推《顔氏家訓》。此據明嘉靖三年傅鑰刻本，中國書店2019年影印。）

三、刊正九經三傳沿革例·音釋

唐石本、晉銅版本、舊新監本、蜀諸本與他善本，止刊古注。若音釋，則自爲一書，難檢尋而易差誤。建本、蜀中本則附音于注文之下，甚便翻閲，然龐雜重贅，適增晦瞀。今欲求其便之尤便，則亦附音釋如建、蜀本，然亦粗有審訂，音有平上去入之殊，則隨音圈發，或者不亮其意而以爲病，則但望如監本及他善本視之，捨此而自觀《釋文》可也。若《大學》《中庸》《論》《孟》四書，則并附文公音于各章之末。如《雍也》篇，樂山、樂水、知者樂，釋文皆音樂之類，自與注意背馳，微文公音，則義愈晦矣。雖此爲古注釋設，亦不害其爲相正。兹以其凡，疏所見於後。

有字本易識初若不假音者，音釋爲難字設也。今凡正文之音皆存之，其有音切雖多而只同前音者，與别無他音而衆所共識者，未免擇其甚贅者間削去。惟注亦然。《釋文》每有後可以意求及更不重出，及後放此之説，則不必贅出亦明矣。

有音重複而徒亂人意者。如《堯典》"光被四表"，被，皮寄反，而徐又音扶義反，以扶字切之，則爲音吠。蓋徐以吴音爲字母，遂以扶爲蒲，以蒲切之，無異于皮寄反，法應删。又如《曲禮》“負劍辟咡詔之”，辟、匹亦反，是音僻矣，而徐氏又音芳益反，沈氏又音扶赤反，以芳與扶切之，實不成字。蓋吴音以芳爲滂，以扶爲蒲，二切皆音僻，又何必再三音此一字爲哉？如此者甚多。

有的然之音不待釋者。在上之上時亮反。、在下之下户雅反。，此指高卑定體而言。若自下而上時掌反。、自上而下遐稼反。，此指升降而言。此本不必言，復有間見而不盡音者，滋惑也。如《曲禮》：“居不主奥”注“命士以上”，上、時掌反，復自云：“凡言‘以上’者皆放此。”是不必盡音而可以意求也。今所校者於疑似處亦音之，間有注字不附者，亦一一圈發矣。又如先後二字，指在先在後之定體，則先平聲後上聲若當後而先之，當先而後之，則皆去聲。又如左右二字，指定體而言，則左右皆上聲指其用者而言，則皆去聲，亦已隨意圈發。

有誤音而不容盡改者。如《易・繫》：六爻之義易以貢”，易當音肄而作如字；《書・盤庚》：“汝分猷念以相從”，分當如字而作去聲。此類不敢盡改。《記・内則》注釋“鞶革鞶絲”則曰“是鞶衺與”，考疏，與者，疑而未定之辭，《釋文》乃音預，于義不通。已依疏改音餘。《禮・秋官・司儀》：“賓拜送幣，每事如初，賓亦如之”，注以“賓亦如之”之賓讀爲儐，《釋文》乃誤以“賓拜送幣”之賓音擯，今疏其誤於下。經文云“賓三揖三讓，登，再拜授幣，賓拜送幣，每事如初，賓亦如之”，注云：‘賓三揖三讓’，讓，升也。‘登再拜授幣’，授當爲受。主人拜至，且受玉也。‘每事如初’，謂享及有言也。‘賓當爲儐’，謂以鬱鬯禮賓也。上于下曰禮，敵者曰儐。《禮器》曰：‘諸侯相朝，灌用鬱鬯。’謂此朝禮畢儐賓也。”疏云：“賓主俱升，主人在阼階上，北面拜，乃就兩楹間南面。賓亦就主君，賓授玉，主君受之，故云‘再拜受幣’也。云‘賓拜送幣’者，賓既授，乃退向西階上，北面拜送幣，乃降也。”以注疏求經指，則“拜受幣者”主也，“拜送幣者”賓也。“賓拜”之賓，乃主賓之賓，非儐禮之儐也。注所謂“賓當爲儐”者，乃指言“賓亦如之”之賓，蓋謂受幣送幣之禮既畢，“享及有言”之事。又畢，主乃以鬱鬯禮賓。其禮亦如“享及有言”之禮也。故注既解“賓亦如之”之義，又繫之曰“謂此朝禮畢儐賓也”。况注之上文先解經文“每事如初”之義，而後曰“賓當爲儐”，以次第先後求之，則賓之當音儐者，在此而不在彼也。《釋文》乃提起“賓拜送”三字，下注云：“依注，賓音儐。”其不深考注義如此。”

有因字畫相近而疑傳寫之誤失其本音者。《禮・春官・龜人》“西龜曰靁屬，北龜曰若屬”注：“左倪靁，右倪若。”《釋文》：“靁，力胄反。又如字。”考疏則云：“‘左倪靁’者，《爾雅》云：‘左倪不類。’不類即類，一也。‘右倪若’者，不若，即若也。同稱若，故爲一物。”如以疏義下文“不若即若”證上文“不類即類”一語，疑“靁”當讀爲“類”，從力胄反，豈“胄”字即“胃”字之誤耶？《左傳・文十五年》“宋華耦來盟，其官皆從之”注“卿行旅從，春秋時，率多不能備禮”，《釋文》：“率，所類反。又音律。”以義求之，率當讀爲“類”，從所類反，則讀如將帥之帥，豈“所類反”三字乃“音類”二字之訛耶？諸本皆然，今不輕改。

有點畫微不同而音義甚易辨者。如母字，牡后反，中從兩點，與從一直者不同。毋字音無，中從一直下，與從兩點者不同。《釋文》于《曲禮》“毋不敬”之毋詳言之矣。如“毋追、淳毋、《春秋》寧毋”之類則音之。如“錫予”之錫星歷反，旁從易；“鏤鍚”之鍚余章反，旁從昜。又如戍之與戌，音恤者，係作一小畫；音春遇反者，從人，謂人荷戈曰戍。神祇之祇從示而無畫，祗敬之祗從示而有畫。底音抵者，上有點；底音止者，無點。又如己之與已與巳，皆可考識。如此類甚多，初假借，本不必音，而間亦音矣。

有當音而不音合增入者。如《書・舜典》：“重華協于帝”，重字無音，尚以人所共知，不假增入。至於“讓于殳斨”，殳字無音。《記・曲禮》：“則左右屏而待”，屏字無音。《禮・冬官・廬人》：“毄兵同强”，毄無音。凡此類增音亦多。然亦有不敢增音者，《記・

玉藻》："山立揚休"，休無音。注曰："其息若陽之休物。"疏則曰："揚，陽也；休，養也。若盛陽之氣生養萬物。"如此則從吁句反，不敢增。諸經中"樂"之當音洛者，如《記・大傳》"禮俗刑而後樂"及《樂記》中數處皆無音，乃間有音岳者，與注疏之義不合，其必有説，不敢輕改。又如喪字，凡喪亂、喪亡、死喪之喪去聲，凡有喪、遭喪之喪平聲，《詩》《釋文》全不曾分别。《谷風》之"凡民有喪"，《釋文》無音，猶可曰此從平聲，係是正音，無假於音也。《板》之"喪亂蔑資"，《蕩》之"小大近喪"，《桑柔》《雲漢》之"天降喪亂"，《召旻》之"天篤降喪"，《釋文》亦皆無音，猶可曰喪有二音，以義求之，居然可見，亦無假於音也。然《頍弁》之"死喪無日"，《釋文》息浪反；《抑》之"曰喪厥國"，亦音息浪反。死喪、喪國之喪與喪亂、喪亡之喪同義，此有音而彼無音，假曰前面出一音後不復出，而二音乃間出於諸詩之間。又《禮・天官・膳夫》"王之稍事，設薦脯醢"，鄭司農云："非日中大舉而間食謂之稍事。"元謂："稍事，有小事而飲酒。"《漿人》"共賓客之稍禮"注謂"王稍所給賓客"者，《釋文》皆無音，疑當從上聲。至於《内宰》"均其稍食"注"謂吏禄廩"，此正廩稍之稍，《釋文》無音，但于《大宰・家削》下云："本亦作稍，所教反。"若《地官》"稍人及甸稍"之稍，與"家削"之義略同，可以類推。若"稍食"之稍則與"家削"之義異，亦無音，何也？今各隨文義合加圈發者，加圈發以别之，此類亦多，不可悉舉。

有一音而前後自差錯者。如《書・舜典》："朕堲讒説殄行"，殄訓絶。凡書中殄字皆徒典反，係上聲，惟《益稷》"用殄厥世"乃徒現反，則去聲矣。及考監韻，只收上聲，不收去聲，烏有義同而音異哉？合改爲徒典反。如《記・王制》"屏之四方"，必政反，係去聲；至"屏之遠方"則必郢反，係上聲：同一義而有上去之殊。及以監韻參之，去聲訓除，上聲爲屏蔽之屏，若是，則去聲爲是。又如《檀弓》注"叔向"之向香亮反，案《左傳・宣十五年》釋文香丈反，係上聲，響同音，是一爲上聲，一爲去聲也。又如"遇於一哀而出涕"，涕音體矣反[①]；只本篇"垂涕洟"，涕音他計反，亦同義，而二音。又如《左傳・莊二十八年》："其娣生卓子"，卓，勑角反。至《僖・四年》"卓子"之卓又音吐濁反。《昭二十六年》："王子朝"，《釋文》："如字。"凡人名字皆張遥反。至《論語》"衛公孫朝"則又音直遥反。又如《禮・天官》之屬"庖人賈八人"，《釋文》："賈音古。又音嫁。下放此。"至《夏官》之屬"馬質賈四人"，止云："賈音嫁，注及下同。"則棄初音而從次音矣。《秋官》之屬"庶氏"，《釋文》："庶音煮，又章預反。"後"庶氏掌除毒蠱"，止云："庶，章預反。"則亦棄初音而從次音矣。其最差雜者，則《記・文王世子》"凡學世子及學士必時"，《釋文》："凡學世子，户孝反，教也。下'小樂正學干''籥師學戈''學舞干戚'同。"若以義推之，"學世子"之學既爲户孝反，"學士"之學當同音。又以經文所謂"學世子學士必時"推之，則"春夏學干戈""秋冬學羽籥"正承上文"必時"之意，故疏有"秋冬羽籥同教，春夏亦同教干戈"之説。疏義以學爲教，則皆從户孝反，《釋文》何獨於"小樂正學干""籥師學戈"同爲户孝反而他皆不音耶？又注有注"陽用事則學之以聲，陰用事則學之以事"，亦皆當從户孝反，而《釋文》亦無音，使讀者拘于音例而失其旨趣，此大弊也。今姑識之，以俟觀者擇焉。

有當音當切而比附聲近者。如所謂附近之近、間厠之間、間隙之間平聲、伺候之伺平聲、争鬭之争、應對之應是也。今亦皆從其舊，不欲更爲音切。

有一字數切而自爲龐雜者。一長上聲字也，則丁丈、張丈、知丈、展兩反；一中去聲字也，則丁仲、張仲、貞仲反。後來監韻所收，則長爲展兩反，中爲陟仲反，豈不明白歸一哉？初欲更而爲一，以他音亦有類是者，姑悉存其舊。

有用吴音爲字母而反切難者。沈氏、徐氏、陸氏皆吴人，故多用吴音。如以丁丈切長字、丁仲切中字，是切作吴音也。以至蒲之爲扶、補之爲甫、邦之爲方、旁之爲房、征

---

① "反"字原闕，今據文意補。

之爲丁、鋪之爲孚、步之爲布、惕之爲飭、領之爲泠、茫之爲亡、姥之爲武、敵之爲直，是以吴音爲切也。此類不可勝紀，但欲知此，則以吴音切之可也。

有反切難而韻亦不收者。如《周禮·掌固》"夜三鼜以號戒"注："趣與造音相近。"而趣竟爲莊久反。"天子圭中必"，必，府結反。《論語》："其庶乎，屢空。"空，力縱反是已。

有不必音而音當音而不音者。如治字本不必音，乃音爲直吏反，平聲則不音，以爲正字，固也。而《周禮·小宰》注"平治也"，則云："如字。下'治其施舍'同。"案：治字從水從台本音怡，諧聲，故爲平聲。于此獨音如字者，恐人疑爲去聲，故特音之，不可以此有音而他無音爲非平聲也。毛居正云："音持者，攻理也。凡未治而攻之者則平聲。經史中'治天下'、《左傳》'治絲''大禹治水''治玉曰琢''治兵''治獄'之類是也，爲理與功效則去聲。經史《釋文》音自可識，或無明音，亦準此推之。雖然，曷不以文公爲準乎？其釋《大學》"先治其國""欲治其國"皆音平聲，"家齊而後國治，國治而後天下平"皆音去聲，仍於二音之下俱云："後放此。"是使人可以意求也。文公于《孟子·梁惠王上》"奚暇治禮義"亦音平聲。凡爲理物之義者放此。蓋平聲係使然，去聲係自然，初不難辨。又如"數目"之數、"三數"之數每音上聲，"數筭"之數、"數責"之數每音去聲。至《左傳》釋文，則"數責"之數兼有上聲、去聲二音。至《史記釋音》及宋景文《國語補音》，則以"數責"之數爲上聲矣。今四方之音却與《國語》《史記》音合，惟吴音不爾。

有當音或不音而可以例推者。《詩·載芟》"春藉田而祈社稷"注："藉之言借也。"藉字《釋文》無音。《孟子·滕文公》："助者，藉也。"孫奭《釋文》亦無音。參以《記·王制》"古者公田藉而不税"注亦云"藉之言借也"，《釋文》："藉，在亦反。借，子亦反。"則知"春藉田"之藉與"助者藉也"之藉皆當從在亦反。又考之《説文》"帝耤千畝其上"無廾，亦從入聲，又《漢書》"名聲藉甚"注云："狼藉甚盛也。"其字上亦從廾。以此知古藉字有入聲，不但"藉田"之藉、"助藉"之藉爲然也。今監韻亦收"藉田"之藉在二十二昔韻，則藉之當從入聲爲愈明矣。近世學者因藉借之義多有讀孟子藉字爲去聲，殊不知借字古亦是入聲也。

有當音當切遺于前而見于後者。如《易·乾卦》九二注："德施周普，上則過亢。"施亢二字《釋文》初皆無音，至"上九：亢龍有悔"始音亢苦浪反，"象：雲行雨施"始音施始豉反。《書序》"《康王之誥》合於《顧命》"，顧字《釋文》初無音，至《顧命》篇始音工户反。《禮·地官》"均人"注："主平土地之力政者。"政字《釋文》初無音，至後《均人之職》"地政力政"始音征。《冬官·輪人》注"蓋高一丈"，高字《釋文》初無音，至"匠人營國"注[①]"雉長三丈高一丈"始音古報反。《春秋左傳·隱元年》"費伯帥師城郎"注："高平方與縣東南有郁郎亭。"方與二字《釋文》初無音，至二年"公及戎盟于唐"注："高平方與縣北有武唐亭。"始音方爲與爲預。此類甚多，蓋陸德明作《釋文》時不甚檢點，故後先倒置

① "注"字原闕，今據文意補。

爾，今各隨其義而加圈發。

有經文兩字同而音義有異者。《周禮》之“施舍”與《左傳》之“施舍”音義有不同，《地官·大司徒》之“舍禁”“弛力”又與《小宰·小司徒》《鄉師》之“施舍”音義不同。《大司徒》之“弛力”注：“息繇役也。”“舍禁”注：“公無例也。”舍讀爲捨。《小宰·小司徒》之“施舍”注：“謂應復免，不給繇役者。”①《釋文》：“施，式氏反。”舍字無音。《左傳》之“施舍”，注以施爲施恩惠，舍爲舍勞役。施舍二字，《釋文》皆無音，蓋《周禮》之施字從上聲，《左傳》之施字則從平聲。以注義“施恩”推之，亦可從去聲。以《釋文》無明音，只從平聲，蓋施舍之爲義，加也設也從平聲，及也延也從去聲。以義考之，則音可見。至舍字，則二經皆去聲也。《左傳》本不可以言經，今從俗，所謂汴本十三經、建本十一經稱之。近世傳讀多以《周禮》“施舍”之舍爲捨，蓋以注文“復免不給繇役”有捨之義，殊不知“舍”之爲義置也，所謂“復免繇役”及“舍勞役”皆以置而不役爲義，則讀爲如字，音義俱通。《左傳》《釋文》多有此比，如《僖十五年》吕甥對秦伯曰：“服而舍之。”《二十八年》“晉侯欲殺魏犨，曲踊三百，乃舍之。”又晉侯曰：“宋人告急，舍之則絶。”凡此等舍字，《釋文》初音皆從如字，此又舍從去聲之明證也。

有字同音異隨注義以爲别者。如《詩大序》注：“謂好逑也。”好，呼報反。《關雎》“君子好逑”則以如字爲初音，呼報反爲次音。蓋大序，鄭注也。故注文好逑之好從呼報反，圈發爲去聲。若《詩》，則先有毛傳而後有鄭箋，當以毛音爲正。故《詩》文好逑從毛音，只爲如字，此類惟《詩》與《禮》最多。然《詩》則以毛傳爲正音，《禮》則多以康成之説折衷，此又在觀者尋其指趣而爲之區别也。

有《釋文》起音之字與經文注文異者。如《記·曲禮》注“膺揭”，此引《少儀》經文也，《釋文》則以揭爲葉，音如字。《禮·地官·大司徒》“其植物宜早物”，本諸經文，只是早字，《釋文》則曰：“皁，音早。”又如《均人》“旬用”之旬注：“旬，均讀如‘畇畇原隰’之畇。”《釋文》不以經文旬字起音而以畇字起音。《釋文》云：“畇音均，又舒均反，又音旬。”《春官·巾車》“藻車藻蔽”注：“故書作轍。”《釋文》不以經文藻字起音而以轍字起音。《釋文》云：轍音總。又音藻，又倉會反。”《夏官·圉師》：“夏庌”，《釋文》不以經文庌字起音而以注文訝字起音。《釋文》云：“爲訝，五嫁反。”此皆陸氏因其時所祖之本隨各字而起音也，觀者知其故，則可以知其音矣。

有照注義當爲初音而《釋文》以爲次音者。《詩》“不吊昊天”，毛鄭注皆以吊爲至。《左傳·昭二十六年》：“帥群不吊之人”②，《哀十六年》：“旻天不吊”，杜注亦皆以吊爲至。此吊字，夷考注義，當以丁歷反爲初音，《釋文》則以如字爲初音。《禮·夏官》“挈壺氏”注：“讀爲絜髪之絜。”疏云：“絜即結也。”當以結爲初音，《釋文》以苦結反爲初音。《冬官·韗人》注“讀韗爲運”，《釋文》以况萬反爲初音。“樸屬”注“讀爲僕”，《釋文》以普剥反爲初音。《春秋·哀四年》“盜殺蔡侯申”注：“不言弑，盜也。”《釋文》“殺，申志反”之類。

（見〔宋〕岳珂《相臺書塾刊正九經三傳沿革例》。此據粤雅堂叢書本。）

---

① “小司徒”三字疑衍。《周禮·地官·小司徒》“凡征役之施舍”鄭玄注（第710頁下）：“施當爲馳。”

② “二”字原闕，今據《左傳》補。

附　　録

壹、字種字頻統計表

（1）爲了解本教材選文用字情況，特製本表。

（2）統計僅限於傳世文獻（教材第一單元），出土文獻和古論文選暫不計。

（3）字種按照頻次由高到低排列，共 132253 個字符，去重後共 4252 個字符。

字種	頻次	百分比	字種	頻次	百分比	字種	頻次	百分比
之	4590	3.471	王	642	0.485	相	397	0.300
也	4065	3.074	一	635	0.480	事	392	0.296
不	2585	1.955	此	613	0.464	何	391	0.296
而	2075	1.569	知	593	0.448	今	378	0.286
以	2024	1.530	謂	568	0.429	國	369	0.279
曰	1725	1.304	見	541	0.409	亦	366	0.277
其	1651	1.248	作	537	0.406	生	365	0.276
爲	1639	1.239	與	533	0.403	然	362	0.274
者	1632	1.234	君	499	0.377	中	347	0.262
人	1323	1.000	可	498	0.377	非	345	0.261
子	1195	0.904	能	492	0.372	文	341	0.258
反	1150	0.870	夫	484	0.366	皆	339	0.256
於	1112	0.841	矣	463	0.350	物	339	0.256
有	1090	0.824	得	450	0.340	公	336	0.254
則	859	0.650	自	448	0.339	使	335	0.253
無	855	0.646	同	442	0.334	本	332	0.251
故	841	0.636	道	440	0.333	禮	332	0.251
所	796	0.602	行	439	0.332	字	321	0.243
言	737	0.557	又	416	0.315	將	316	0.239
下	699	0.529	至	408	0.308	用	315	0.238
大	682	0.516	時	407	0.308	二	312	0.236
是	655	0.495	在	406	0.307	三	312	0.236
天	650	0.491	如	405	0.306	若	309	0.234
云	649	0.491	乎	401	0.303	師	303	0.229
音	646	0.488	上	401	0.303	欲	303	0.229

续表

字種	頻次	百分比	字種	頻次	百分比	字種	頻次	百分比
古	297	0.225	來	203	0.153	求	167	0.126
臣	278	0.210	説	201	0.152	數	167	0.126
民	274	0.207	法	200	0.151	易	167	0.126
我	269	0.203	氏	200	0.151	年	166	0.126
乃	267	0.202	成	199	0.150	水	166	0.126
後	264	0.200	四	198	0.150	或	165	0.125
十	262	0.198	聞	197	0.149	南	165	0.125
信	261	0.197	主	197	0.149	雖	164	0.124
明	259	0.196	東	196	0.148	治	164	0.124
食	256	0.194	入	196	0.148	身	162	0.122
義	256	0.194	德	193	0.146	耳	158	0.119
未	245	0.185	兮	193	0.146	過	155	0.117
足	245	0.185	猶	190	0.144	軍	155	0.117
從	241	0.182	方	189	0.143	萬	155	0.117
齊	236	0.178	多	188	0.142	山	154	0.116
安	234	0.177	女	186	0.141	處	153	0.116
日	234	0.177	命	185	0.140	居	151	0.114
于	233	0.176	百	182	0.138	功	148	0.112
當	232	0.175	善	182	0.138	失	146	0.110
死	232	0.175	諸	182	0.138	注	145	0.110
地	231	0.175	先	181	0.137	夏	143	0.108
五	230	0.174	重	177	0.134	楚	142	0.107
心	228	0.172	長	175	0.132	己	142	0.107
出	223	0.169	既	175	0.132	取	142	0.107
意	223	0.169	學	173	0.131	陽	142	0.107
士	221	0.167	漢	172	0.130	樂	142	0.107
吾	221	0.167	家	172	0.130	因	141	0.107
必	214	0.162	已	172	0.130	西	140	0.106
問	214	0.162	正	172	0.130	復	139	0.105
名	211	0.160	去	170	0.129	即	139	0.105
小	210	0.159	月	170	0.129	服	137	0.104
焉	207	0.157	及	168	0.127	馬	136	0.103

续表

字種	頻次	百分比	字種	頻次	百分比	字種	頻次	百分比
兵	134	0.101	周	118	0.089	冠	101	0.076
北	133	0.101	據	117	0.088	祭	101	0.076
辭	133	0.101	舉	116	0.088	張	101	0.076
六	132	0.100	亂	116	0.088	變	100	0.076
侯	131	0.099	陳	115	0.087	陰	100	0.076
和	130	0.098	稱	115	0.087	隱	100	0.076
亡	130	0.098	令	115	0.087	執	100	0.076
立	128	0.097	切	115	0.087	左	100	0.076
鄭	128	0.097	對	114	0.086	許	99	0.075
好	127	0.096	風	114	0.086	婦	98	0.074
莫	126	0.095	九	114	0.086	盡	98	0.074
帝	125	0.095	内	114	0.086	請	98	0.074
孔	125	0.095	前	114	0.086	往	98	0.074
始	125	0.095	聲	114	0.086	惡	97	0.073
父	123	0.093	門	113	0.085	詩	97	0.073
理	123	0.093	直	111	0.084	彼	96	0.073
且	123	0.093	終	109	0.082	遂	96	0.073
聖	123	0.093	分	108	0.082	愛	95	0.072
原	123	0.093	木	108	0.082	傳	95	0.072
箋	121	0.091	右	108	0.082	動	95	0.072
通	121	0.091	章	108	0.082	高	95	0.072
遠	121	0.091	書	106	0.080	路	94	0.071
衆	121	0.091	平	105	0.079	秦	94	0.071
位	120	0.091	世	105	0.079	白	93	0.070
常	119	0.090	歲	105	0.079	固	93	0.070
衣	119	0.090	各	104	0.079	里	93	0.070
異	119	0.090	龍	104	0.079	起	93	0.070
歸	118	0.089	注	103	0.078	受	93	0.070
力	118	0.089	伯	102	0.077	止	93	0.070
利	118	0.089	官	102	0.077	蓋	92	0.070
孟	118	0.089	思	102	0.077	乾	92	0.070
神	118	0.089	外	102	0.077	少	92	0.070

续表

字種	頻次	百分比	字種	頻次	百分比	字種	頻次	百分比
司	92	0.070	疏	82	0.062	春	73	0.055
哉	92	0.070	賢	82	0.062	甚	73	0.055
間	91	0.069	志	82	0.062	形	73	0.055
城	90	0.068	八	81	0.061	養	73	0.055
爾	90	0.068	化	81	0.061	益	73	0.055
語	90	0.068	秋	81	0.061	魚	73	0.055
仲	90	0.068	順	81	0.061	戰	73	0.055
朝	89	0.067	尊	81	0.061	光	72	0.054
后	89	0.067	定	80	0.060	宋	72	0.054
田	89	0.067	敢	80	0.060	他	72	0.054
改	88	0.067	進	80	0.060	罪	72	0.054
廣	88	0.067	母	80	0.060	嘗	71	0.054
千	88	0.067	趙	80	0.060	吉	71	0.054
合	87	0.066	教	79	0.060	仁	71	0.054
舍	87	0.066	尚	79	0.060	姓	71	0.054
釋	87	0.066	宜	79	0.060	並	70	0.053
由	87	0.066	弗	78	0.059	告	70	0.053
□	85	0.064	貴	78	0.059	海	70	0.053
節	85	0.064	老	78	0.059	河	70	0.053
七	85	0.064	難	77	0.058	交	70	0.053
情	85	0.064	喪	77	0.058	經	70	0.053
勝	85	0.064	索	77	0.058	敬	70	0.053
政	85	0.064	拜	76	0.057	設	70	0.053
車	84	0.064	都	76	0.057	憂	70	0.053
加	84	0.064	類	76	0.057	發	69	0.052
晉	84	0.064	實	76	0.057	邑	69	0.052
任	84	0.064	别	74	0.056	劉	68	0.051
燕	84	0.064	賓	74	0.056	守	68	0.051
乘	83	0.063	弟	74	0.056	智	68	0.051
近	83	0.063	窮	74	0.056	户	67	0.051
親	83	0.063	疑	74	0.056	極	67	0.051
性	83	0.063	餘	74	0.056	酒	67	0.051

续表

字種	頻次	百分比	字種	頻次	百分比	字種	頻次	百分比
兩	67	0.051	屬	64	0.048	寒	58	0.044
牛	67	0.051	望	64	0.048	黄	58	0.044
氣	67	0.051	次	63	0.048	履	58	0.044
殺	67	0.051	待	63	0.048	首	58	0.044
體	67	0.051	離	63	0.048	徒	58	0.044
唯	67	0.051	容	63	0.048	苦	57	0.043
武	67	0.051	色	63	0.048	願	57	0.043
凶	67	0.051	須	63	0.048	制	57	0.043
夷	67	0.051	單	62	0.047	寡	56	0.042
卒	67	0.051	獨	62	0.047	計	56	0.042
共	66	0.050	鳥	62	0.047	口	56	0.042
美	66	0.050	室	62	0.047	玄	56	0.042
頭	66	0.050	適	62	0.047	要	56	0.042
御	66	0.050	叔	62	0.047	凡	55	0.042
致	66	0.050	斯	62	0.047	會	55	0.042
走	66	0.050	縣	62	0.047	良	55	0.042
曾	65	0.049	度	61	0.046	深	55	0.042
患	65	0.049	韓	61	0.046	祀	55	0.042
稷	65	0.049	桀	61	0.046	鬼	54	0.041
久	65	0.049	豈	61	0.046	害	54	0.041
就	65	0.049	聽	61	0.046	面	54	0.041
魯	65	0.049	比	60	0.045	農	54	0.041
某	65	0.049	初	60	0.045	獸	54	0.041
象	65	0.049	第	60	0.045	土	54	0.041
應	65	0.049	汝	60	0.045	衛	54	0.041
莊	65	0.049	還	59	0.045	徐	54	0.041
布	64	0.048	解	59	0.045	便	53	0.040
更	64	0.048	器	59	0.045	存	53	0.040
卦	64	0.048	羊	59	0.045	代	53	0.040
觀	64	0.048	堯	59	0.045	記	53	0.040
擊	64	0.048	案	58	0.044	邪	53	0.040
流	64	0.048	草	58	0.044	友	53	0.040

续表

字種	頻次	百分比	字種	頻次	百分比	字種	頻次	百分比
薄	52	0.039	著	49	0.037	列	45	0.034
報	52	0.039	宗	49	0.037	論	45	0.034
呼	52	0.039	備	48	0.036	奇	45	0.034
金	52	0.039	江	48	0.036	桑	45	0.034
爵	52	0.039	孰	48	0.036	朔	45	0.034
施	52	0.039	鄉	48	0.036	越	45	0.034
似	52	0.039	兄	48	0.036	再	45	0.034
太	52	0.039	病	47	0.036	祖	45	0.034
飲	52	0.039	等	47	0.036	坐	45	0.034
誠	51	0.039	富	47	0.036	剛	44	0.033
伐	51	0.039	賤	47	0.036	林	44	0.033
絶	51	0.039	柔	47	0.036	篇	44	0.033
射	51	0.039	向	47	0.036	妻	44	0.033
視	51	0.039	興	47	0.036	忘	44	0.033
堂	51	0.039	怨	47	0.036	微	44	0.033
退	51	0.039	昭	47	0.036	助	44	0.033
哀	50	0.038	丁	46	0.035	察	43	0.033
舜	50	0.038	耕	46	0.035	但	43	0.033
孫	50	0.038	胡	46	0.035	冬	43	0.033
危	50	0.038	火	46	0.035	皃	43	0.033
修	50	0.038	介	46	0.035	果	43	0.033
遺	50	0.038	精	46	0.035	積	43	0.033
勞	49	0.037	句	46	0.035	降	43	0.033
連	49	0.037	空	46	0.035	京	43	0.033
男	49	0.037	恐	46	0.035	謀	43	0.033
升	49	0.037	奴	46	0.035	禽	43	0.033
盛	49	0.037	貧	46	0.035	笑	43	0.033
識	49	0.037	威	46	0.035	選	43	0.033
息	49	0.037	玉	46	0.035	叶	43	0.033
元	49	0.037	種	46	0.035	夜	43	0.033
載	49	0.037	疾	45	0.034	予	43	0.033
朱	49	0.037	集	45	0.034	置	43	0.033

续表

字種	頻次	百分比	字種	頻次	百分比	字種	頻次	百分比
被	42	0.032	客	39	0.029	决	37	0.028
斷	42	0.032	全	39	0.029	靈	37	0.028
厚	42	0.032	裳	39	0.029	冥	37	0.028
季	42	0.032	庶	39	0.029	市	37	0.028
慮	42	0.032	特	39	0.029	雨	37	0.028
辟	42	0.032	塗	39	0.029	喻	37	0.028
曲	42	0.032	業	39	0.029	摯	37	0.028
傷	42	0.032	依	39	0.029	財	36	0.027
廢	41	0.031	奉	38	0.029	刀	36	0.027
鼓	41	0.031	扶	38	0.029	敵	36	0.027
穀	41	0.031	關	38	0.029	豆	36	0.027
懷	41	0.031	恒	38	0.029	晝	36	0.027
强	41	0.031	侯	38	0.029	桓	36	0.027
誰	41	0.031	急	38	0.029	濟	36	0.027
緣	41	0.031	俱	38	0.029	具	36	0.027
掌	41	0.031	留	38	0.029	困	36	0.027
争	41	0.031	棄	38	0.029	毛	36	0.027
職	41	0.031	社	38	0.029	貌	36	0.027
補	40	0.030	項	38	0.029	術	36	0.027
放	40	0.030	新	38	0.029	速	36	0.027
封	40	0.030	儀	38	0.029	僞	36	0.027
覆	40	0.030	愚	38	0.029	孝	36	0.027
梁	40	0.030	折	38	0.029	星	36	0.027
期	40	0.030	敗	37	0.028	引	36	0.027
群	40	0.030	邦	37	0.028	余	36	0.027
石	40	0.030	博	37	0.028	丈	36	0.027
殊	40	0.030	差	37	0.028	步	35	0.026
習	40	0.030	福	37	0.028	參	35	0.026
辛	40	0.030	號	37	0.028	尺	35	0.026
遥	40	0.030	皇	37	0.028	苟	35	0.026
州	40	0.030	騫	37	0.028	兼	35	0.026
辯	39	0.029	井	37	0.028	臨	35	0.026

续表

字種	頻次	百分比	字種	頻次	百分比	字種	頻次	百分比
目	35	0.026	狗	33	0.025	忍	31	0.023
朋	35	0.026	黑	33	0.025	示	31	0.023
破	35	0.026	晦	33	0.025	万	31	0.023
丘	35	0.026	接	33	0.025	衍	31	0.023
申	35	0.026	錢	33	0.025	迎	31	0.023
飾	35	0.026	私	33	0.025	幽	31	0.023
俗	35	0.026	游	33	0.025	召	31	0.023
隨	35	0.026	旦	32	0.024	感	30	0.023
湯	35	0.026	讀	32	0.024	工	30	0.023
席	35	0.026	惠	32	0.024	厥	30	0.023
雲	35	0.026	開	32	0.024	逆	30	0.023
專	35	0.026	末	32	0.024	遷	30	0.023
賓	34	0.026	怒	32	0.024	黍	30	0.023
采	34	0.026	祁	32	0.024	素	30	0.023
持	34	0.026	闕	32	0.024	肅	30	0.023
純	34	0.026	侍	32	0.024	推	30	0.023
達	34	0.026	收	32	0.024	勿	30	0.023
甫	34	0.026	雅	32	0.024	奚	30	0.023
結	34	0.026	殷	32	0.024	襄	30	0.023
免	34	0.026	酭	32	0.024	指	30	0.023
卿	34	0.026	勇	32	0.024	住	30	0.023
權	34	0.026	虞	32	0.024	俎	30	0.023
牲	34	0.026	雜	32	0.024	倍	29	0.022
圍	34	0.026	庵	31	0.023	承	29	0.022
喜	34	0.026	半	31	0.023	赤	29	0.022
晏	34	0.026	悲	31	0.023	賜	29	0.022
爻	34	0.026	芳	31	0.023	寸	29	0.022
遊	34	0.026	攻	31	0.023	恩	29	0.022
保	33	0.025	管	31	0.023	孤	29	0.022
表	33	0.025	嘉	31	0.023	甲	29	0.022
妃	33	0.025	懼	31	0.023	假	29	0.022
飛	33	0.025	吏	31	0.023	劍	29	0.022

续表

字種	頻次	百分比	字種	頻次	百分比	字種	頻次	百分比
救	29	0.022	庭	28	0.021	仕	26	0.020
肯	29	0.022	烏	28	0.021	耶	26	0.020
郎	29	0.022	吴	28	0.021	伊	26	0.020
陵	29	0.022	校	28	0.021	宰	26	0.020
吕	29	0.022	翼	28	0.021	責	26	0.020
送	29	0.022	産	27	0.020	真	26	0.020
惟	29	0.022	狐	27	0.020	辨	25	0.019
魏	29	0.022	荒	27	0.020	藏	25	0.019
昔	29	0.022	漸	27	0.020	曹	25	0.019
香	29	0.022	舊	27	0.020	徹	25	0.019
匈	29	0.022	克	27	0.020	到	25	0.019
虚	29	0.022	况	27	0.020	典	25	0.019
移	29	0.022	略	27	0.020	篤	25	0.019
遇	29	0.022	青	27	0.020	飯	25	0.019
忠	29	0.022	輕	27	0.020	否	25	0.019
舟	29	0.022	尸	27	0.020	華	25	0.019
誅	29	0.022	史	27	0.020	寄	25	0.019
登	28	0.021	樹	27	0.020	薦	25	0.019
端	28	0.021	卧	27	0.020	醬	25	0.019
負	28	0.021	野	27	0.020	角	25	0.019
宫	28	0.021	贊	27	0.020	皮	25	0.019
谷	28	0.021	策	26	0.020	遣	25	0.019
悔	28	0.021	蓄	26	0.020	肉	25	0.019
幾	28	0.021	房	26	0.020	勢	25	0.019
賈	28	0.021	醢	26	0.020	手	25	0.019
堅	28	0.021	飢	26	0.020	夕	25	0.019
戒	28	0.021	聚	26	0.020	顯	25	0.019
咎	28	0.021	滅	26	0.020	謝	25	0.019
寧	28	0.021	蒲	26	0.020	揚	25	0.019
偏	28	0.021	弱	26	0.020	幼	25	0.019
涉	28	0.021	塞	26	0.020	貞	25	0.019
嗣	28	0.021	僧	26	0.020	質	25	0.019

续表

字種	頻次	百分比	字種	頻次	百分比	字種	頻次	百分比
背	24	0.018	蕩	23	0.017	慎	22	0.017
畢	24	0.018	導	23	0.017	宿	22	0.017
才	24	0.018	怪	23	0.017	條	22	0.017
除	24	0.018	龜	23	0.017	脱	22	0.017
短	24	0.018	郭	23	0.017	宛	22	0.017
骨	24	0.018	回	23	0.017	厭	22	0.017
顧	24	0.018	昏	23	0.017	滕	22	0.017
貫	24	0.018	郊	23	0.017	臾	22	0.017
圭	24	0.018	竟	23	0.017	澤	22	0.017
忽	24	0.018	均	23	0.017	震	22	0.017
虎	24	0.018	考	23	0.017	雉	22	0.017
禍	24	0.018	洛	23	0.017	逐	22	0.017
繫	24	0.018	履	23	0.017	遍	21	0.016
嫁	24	0.018	率	23	0.017	答	21	0.016
康	24	0.018	鳴	23	0.017	黨	21	0.016
寇	24	0.018	辱	23	0.017	佛	21	0.016
哭	24	0.018	違	23	0.017	弓	21	0.016
牢	24	0.018	屋	23	0.017	淮	21	0.016
落	24	0.018	无	23	0.017	姜	21	0.016
尼	24	0.018	務	23	0.017	念	21	0.016
沙	24	0.018	險	23	0.017	傾	21	0.016
損	24	0.018	悦	23	0.017	屈	21	0.016
獻	24	0.018	賊	23	0.017	泉	21	0.016
修	24	0.018	着	23	0.017	却	21	0.016
序	24	0.018	卑	22	0.017	融	21	0.016
宣	24	0.018	渡	22	0.017	散	21	0.016
役	24	0.018	附	22	0.017	審	21	0.016
纓	24	0.018	貢	22	0.017	維	21	0.016
約	24	0.018	豪	22	0.017	休	21	0.016
造	24	0.018	嗟	22	0.017	枝	21	0.016
詔	24	0.018	坤	22	0.017	只	21	0.016
奔	23	0.017	妾	22	0.017	祝	21	0.016

续表

字種	頻次	百分比	字種	頻次	百分比	字種	頻次	百分比
壯	21	0.016	暴	19	0.014	永	19	0.014
豳	20	0.015	壁	19	0.014	羽	19	0.014
帛	20	0.015	邊	19	0.014	愈	19	0.014
昌	20	0.015	材	19	0.014	早	19	0.014
辰	20	0.015	蔡	19	0.014	酌	19	0.014
丑	20	0.015	倉	19	0.014	資	19	0.014
川	20	0.015	蒼	19	0.014	菹	19	0.014
干	20	0.015	場	19	0.014	匕	18	0.014
亨	20	0.015	喫	19	0.014	弁	18	0.014
彊	20	0.015	愁	19	0.014	臭	18	0.014
静	20	0.015	錯	19	0.014	畜	18	0.014
蒯	20	0.015	逢	19	0.014	船	18	0.014
蘭	20	0.015	賦	19	0.014	措	18	0.014
昧	20	0.015	弘	19	0.014	顛	18	0.014
溺	20	0.015	惑	19	0.014	奪	18	0.014
冉	20	0.015	脊	19	0.014	貳	18	0.014
讓	20	0.015	迹	19	0.014	輔	18	0.014
商	20	0.015	謹	19	0.014	歌	18	0.014
授	20	0.015	鳩	19	0.014	恭	18	0.014
壽	20	0.015	李	19	0.014	貨	18	0.014
鼠	20	0.015	陸	19	0.014	界	18	0.014
粟	20	0.015	畝	19	0.014	景	18	0.014
畏	20	0.015	慕	19	0.014	徑	18	0.014
詳	20	0.015	聘	19	0.014	厲	18	0.014
幸	20	0.015	啓	19	0.014	倫	18	0.014
朽	20	0.015	什	19	0.014	旅	18	0.014
顔	20	0.015	沈	19	0.014	没	18	0.014
輿	20	0.015	繩	19	0.014	妙	18	0.014
詐	20	0.015	尉	19	0.014	虔	18	0.014
宅	20	0.015	湘	19	0.014	勤	18	0.014
證	20	0.015	軒	19	0.014	寢	18	0.014
族	20	0.015	仰	19	0.014	清	18	0.014

续表

字種	頻次	百分比	字種	頻次	百分比	字種	頻次	百分比
勸	18	0.014	佩	17	0.013	陘	16	0.012
省	18	0.014	僕	17	0.013	看	16	0.012
束	18	0.014	圃	17	0.013	亢	16	0.012
廷	18	0.014	跂	17	0.013	裹	16	0.012
韋	18	0.014	儒	17	0.013	鄰	16	0.012
細	18	0.014	圖	17	0.013	廬	16	0.012
間	18	0.014	祥	17	0.013	戮	16	0.012
血	18	0.014	逍	17	0.013	滿	16	0.012
垣	18	0.014	刑	17	0.013	彌	16	0.012
征	18	0.014	循	17	0.013	靡	16	0.012
織	18	0.014	巽	17	0.013	勉	16	0.012
旨	18	0.014	葉	17	0.013	墨	16	0.012
顓	18	0.014	淫	17	0.013	乃	16	0.012
追	18	0.014	葬	17	0.013	契	16	0.012
縱	18	0.014	寘	17	0.013	寺	16	0.012
卜	17	0.013	轉	17	0.013	嘆	16	0.012
豉	17	0.013	佐	17	0.013	陶	16	0.012
伏	17	0.013	贅	17	0.013	妄	16	0.012
甘	17	0.013	罷	16	0.012	沃	16	0.012
雞	17	0.013	蔽	16	0.012	襲	16	0.012
紀	17	0.013	璧	16	0.012	戲	16	0.012
稼	17	0.013	殘	16	0.012	蕭	16	0.012
疆	17	0.013	側	16	0.012	盈	16	0.012
荆	17	0.013	禪	16	0.012	庸	16	0.012
虧	17	0.013	恥	16	0.012	禹	16	0.012
雷	17	0.013	調	16	0.012	域	16	0.012
烈	17	0.013	鼎	16	0.012	遭	16	0.012
禄	17	0.013	敦	16	0.012	擇	16	0.012
每	17	0.013	符	16	0.012	燭	16	0.012
猛	17	0.013	傅	16	0.012	按	15	0.011
米	17	0.013	格	16	0.012	變	15	0.011
旁	17	0.013	驚	16	0.012	冰	15	0.011

续表

字種	頻次	百分比	字種	頻次	百分比	字種	頻次	百分比
嘗	15	0.011	試	15	0.011	浮	14	0.011
馳	15	0.011	帥	15	0.011	羔	14	0.011
殆	15	0.011	蘇	15	0.011	根	14	0.011
馮	15	0.011	嘆	15	0.011	獲	14	0.011
昊	15	0.011	晚	15	0.011	佳	14	0.011
横	15	0.011	委	15	0.011	簡	14	0.011
衡	15	0.011	徙	15	0.011	健	14	0.011
緩	15	0.011	享	15	0.011	拘	14	0.011
繼	15	0.011	嚮	15	0.011	浪	14	0.011
踐	15	0.011	穴	15	0.011	了	14	0.011
諫	15	0.011	巡	15	0.011	歷	14	0.011
津	15	0.011	荀	15	0.011	糧	14	0.011
矜	15	0.011	祆	15	0.011	亮	14	0.011
窶	15	0.011	淵	15	0.011	量	14	0.011
玦	15	0.011	岳	15	0.011	蒙	14	0.011
昆	15	0.011	躍	15	0.011	敏	14	0.011
例	15	0.011	災	15	0.011	匹	14	0.011
憐	15	0.011	斬	15	0.011	騎	14	0.011
虜	15	0.011	鎮	15	0.011	謙	14	0.011
律	15	0.011	紂	15	0.011	慶	14	0.011
茂	15	0.011	築	15	0.011	驅	14	0.011
眉	15	0.011	阻	15	0.011	趣	14	0.011
廟	15	0.011	飽	14	0.011	綉	14	0.011
摩	15	0.011	鄙	14	0.011	潤	14	0.011
你	15	0.011	菜	14	0.011	蛇	14	0.011
盆	15	0.011	崇	14	0.011	衰	14	0.011
鵬	15	0.011	穿	14	0.011	邰	14	0.011
欺	15	0.011	慈	14	0.011	貪	14	0.011
涪	15	0.011	睹	14	0.011	滕	14	0.011
巧	15	0.011	頓	14	0.011	衛	14	0.011
攝	15	0.011	髮	14	0.011	誤	14	0.011
矢	15	0.011	煩	14	0.011	諧	14	0.011

续表

字種	頻次	百分比	字種	頻次	百分比	字種	頻次	百分比
秀	14	0.011	露	13	0.010	照	13	0.010
尋	14	0.011	賣	13	0.010	傲	12	0.009
涯	14	0.011	茅	13	0.010	霸	12	0.009
眼	14	0.011	皃	13	0.010	般	12	0.009
豫	14	0.011	納	13	0.010	崩	12	0.009
禦	14	0.011	配	13	0.010	鼻	12	0.009
運	14	0.011	旗	13	0.010	編	12	0.009
烝	14	0.011	泣	13	0.010	遍	12	0.009
徵	14	0.011	竊	13	0.010	波	12	0.009
鍾	14	0.011	趨	13	0.010	蟲	12	0.009
珠	14	0.011	戎	13	0.010	刺	12	0.009
竹	14	0.011	榮	13	0.010	丹	12	0.009
鄒	14	0.011	誓	13	0.010	防	12	0.009
避	13	0.010	菽	13	0.010	匪	12	0.009
癡	13	0.010	述	13	0.010	幹	12	0.009
池	13	0.010	填	13	0.010	割	12	0.009
齒	13	0.010	鐵	13	0.010	供	12	0.009
垂	13	0.010	統	13	0.010	盥	12	0.009
淳	13	0.010	痛	13	0.010	花	12	0.009
段	13	0.010	象	13	0.010	活	12	0.009
灌	13	0.010	罔	13	0.010	績	12	0.009
恨	13	0.010	悉	13	0.010	醮	12	0.009
候	13	0.010	惜	13	0.010	絜	12	0.009
續	13	0.010	鮮	13	0.010	竭	12	0.009
機	13	0.010	閑	13	0.010	禁	12	0.009
建	13	0.010	荇	13	0.010	廉	12	0.009
潔	13	0.010	諼	13	0.010	戀	12	0.009
借	13	0.010	揖	13	0.010	密	12	0.009
累	13	0.010	議	13	0.010	匿	12	0.009
黎	13	0.010	盂	13	0.010	諾	12	0.009
栗	13	0.010	允	13	0.010	戚	12	0.009
鹿	13	0.010	蹔	13	0.010	潛	12	0.009

续表

字種	頻次	百分比	字種	頻次	百分比	字種	頻次	百分比
裘	12	0.009	陛	11	0.008	吝	11	0.008
刃	12	0.009	程	11	0.008	領	11	0.008
紹	12	0.009	遲	11	0.008	輪	11	0.008
舌	12	0.009	寵	11	0.008	麻	11	0.008
蓍	12	0.009	處	11	0.008	泯	11	0.008
豕	12	0.009	誕	11	0.008	盟	11	0.008
暑	12	0.009	盜	11	0.008	迷	11	0.008
絲	12	0.009	吊	11	0.008	擬	11	0.008
耜	12	0.009	杜	11	0.008	佞	11	0.008
遡	12	0.009	乏	11	0.008	蓬	11	0.008
惕	12	0.009	紛	11	0.008	迫	11	0.008
托	12	0.009	憤	11	0.008	普	11	0.008
完	12	0.009	府	11	0.008	樸	11	0.008
尾	12	0.009	俯	11	0.008	淺	11	0.008
葦	12	0.009	艮	11	0.008	犬	11	0.008
洗	12	0.009	庚	11	0.008	赦	11	0.008
翔	12	0.009	姑	11	0.008	蜀	11	0.008
饗	12	0.009	含	11	0.008	肆	11	0.008
效	12	0.009	罕	11	0.008	繐	11	0.008
薪	12	0.009	禾	11	0.008	臺	11	0.008
煙	12	0.009	笄	11	0.008	壇	11	0.008
偃	12	0.009	稽	11	0.008	唐	11	0.008
楊	12	0.009	亟	11	0.008	滔	11	0.008
逸	12	0.009	技	11	0.008	慆	11	0.008
嫄	12	0.009	葭	11	0.008	騰	11	0.008
輒	12	0.009	劫	11	0.008	竄	11	0.008
轍	12	0.009	斤	11	0.008	突	11	0.008
支	12	0.009	覲	11	0.008	兔	11	0.008
緇	12	0.009	境	11	0.008	豚	11	0.008
阿	11	0.008	距	11	0.008	味	11	0.008
媪	11	0.008	卷	11	0.008	伍	11	0.008
包	11	0.008	夔	11	0.008	悟	11	0.008

续表

字種	頻次	百分比	字種	頻次	百分比	字種	頻次	百分比
咸	11	0.008	赴	10	0.008	羨	10	0.008
限	11	0.008	戈	10	0.008	馨	10	0.008
鄉	11	0.008	給	10	0.008	釁	10	0.008
毅	11	0.008	瓜	10	0.008	壻	10	0.008
藝	11	0.008	旱	10	0.008	滑	10	0.008
郢	11	0.008	毀	10	0.008	遜	10	0.008
尤	11	0.008	毁	10	0.008	牙	10	0.008
爰	11	0.008	鋏	10	0.008	繶	10	0.008
齋	11	0.008	檢	10	0.008	尹	10	0.008
芷	11	0.008	睢	10	0.008	穎	10	0.008
塚	11	0.008	莒	10	0.008	悠	10	0.008
晝	11	0.008	覺	10	0.008	隅	10	0.008
蠋	11	0.008	泣	10	0.008	宇	10	0.008
豹	10	0.008	俛	10	0.008	帳	10	0.008
敝	10	0.008	囊	10	0.008	兆	10	0.008
柄	10	0.008	耦	10	0.008	趾	10	0.008
并	10	0.008	牆	10	0.008	洲	10	0.008
並	10	0.008	琴	10	0.008	渚	10	0.008
飡	10	0.008	絇	10	0.008	灼	10	0.008
巢	10	0.008	衽	10	0.008	咨	10	0.008
觸	10	0.008	嗇	10	0.008	紫	10	0.008
鄧	10	0.008	燒	10	0.008	闇	9	0.007
殿	10	0.008	恃	10	0.008	拔	9	0.007
董	10	0.008	熟	10	0.008	抱	9	0.007
兑	10	0.008	霜	10	0.008	搏	9	0.007
隊	10	0.008	答	10	0.008	操	9	0.007
盾	10	0.008	題	10	0.008	諂	9	0.007
鄂	10	0.008	巫	10	0.008	敞	9	0.007
餓	10	0.008	析	10	0.008	騁	9	0.007
繁	10	0.008	羲	10	0.008	吹	9	0.007
孚	10	0.008	嫌	10	0.008	崔	9	0.007
付	10	0.008	陷	10	0.008	怠	9	0.007

续表

字種	頻次	百分比	字種	頻次	百分比	字種	頻次	百分比
帶	9	0.007	究	9	0.007	童	9	0.007
戴	9	0.007	腒	9	0.007	巍	9	0.007
的	9	0.007	沮	9	0.007	寤	9	0.007
奠	9	0.007	捐	9	0.007	希	9	0.007
洞	9	0.007	郡	9	0.007	溪	9	0.007
凍	9	0.007	坎	9	0.007	頡	9	0.007
鬭	9	0.007	楛	9	0.007	虛	9	0.007
犯	9	0.007	狂	9	0.007	纒	9	0.007
肥	9	0.007	魁	9	0.007	雁	9	0.007
肺	9	0.007	勑	9	0.007	驗	9	0.007
拂	9	0.007	末	9	0.007	姚	9	0.007
肝	9	0.007	斂	9	0.007	繇	9	0.007
皐	9	0.007	隆	9	0.007	窈	9	0.007
革	9	0.007	録	9	0.007	冶	9	0.007
躬	9	0.007	莽	9	0.007	謁	9	0.007
鈎	9	0.007	寐	9	0.007	壹	9	0.007
耇	9	0.007	墓	9	0.007	緊	9	0.007
沽	9	0.007	奈	9	0.007	嶷	9	0.007
規	9	0.007	庖	9	0.007	抑	9	0.007
裹	9	0.007	祇	9	0.007	憶	9	0.007
貉	9	0.007	穹	9	0.007	裡	9	0.007
褐	9	0.007	孺	9	0.007	譽	9	0.007
猴	9	0.007	煞	9	0.007	鬱	9	0.007
諱	9	0.007	捨	9	0.007	菑	9	0.007
汲	9	0.007	式	9	0.007	展	9	0.007
驥	9	0.007	筵	9	0.007	彰	9	0.007
駕	9	0.007	舒	9	0.007	杖	9	0.007
奸	9	0.007	戍	9	0.007	招	9	0.007
蒹	9	0.007	訟	9	0.007	軫	9	0.007
匠	9	0.007	逃	9	0.007	朕	9	0.007
階	9	0.007	桃	9	0.007	脂	9	0.007
莖	9	0.007	涕	9	0.007	植	9	0.007

续表

字種	頻次	百分比	字種	頻次	百分比	字種	頻次	百分比
陟	9	0.007	副	8	0.006	寘	8	0.006
軸	9	0.007	縛	8	0.006	穆	8	0.006
饌	9	0.007	箇	8	0.006	畔	8	0.006
奏	9	0.007	羹	8	0.006	彭	8	0.006
最	9	0.007	乖	8	0.006	披	8	0.006
隘	8	0.006	棺	8	0.006	譬	8	0.006
岸	8	0.006	虢	8	0.006	漂	8	0.006
榜	8	0.006	蛤	8	0.006	浦	8	0.006
悖	8	0.006	齕	8	0.006	岐	8	0.006
筆	8	0.006	洪	8	0.006	俟	8	0.006
閉	8	0.006	魂	8	0.006	羌	8	0.006
播	8	0.006	穫	8	0.006	侵	8	0.006
部	8	0.006	基	8	0.006	頃	8	0.006
裁	8	0.006	楫	8	0.006	詘	8	0.006
柴	8	0.006	澗	8	0.006	缺	8	0.006
超	8	0.006	矯	8	0.006	却	8	0.006
塵	8	0.006	巨	8	0.006	攘	8	0.006
充	8	0.006	俊	8	0.006	荏	8	0.006
抽	8	0.006	涳	8	0.006	仞	8	0.006
輟	8	0.006	枯	8	0.006	鋭	8	0.006
叢	8	0.006	寬	8	0.006	删	8	0.006
粗	8	0.006	匡	8	0.006	擅	8	0.006
徂	8	0.006	括	8	0.006	賞	8	0.006
彈	8	0.006	蜡	8	0.006	伸	8	0.006
狄	8	0.006	澧	8	0.006	脤	8	0.006
滌	8	0.006	醴	8	0.006	蜃	8	0.006
瀆	8	0.006	麗	8	0.006	数	8	0.006
鍛	8	0.006	賂	8	0.006	雙	8	0.006
罰	8	0.006	買	8	0.006	税	8	0.006
焚	8	0.006	龙	8	0.006	泰	8	0.006
豐	8	0.006	濛	8	0.006	提	8	0.006
腐	8	0.006	麋	8	0.006	投	8	0.006

续表

字種	頻次	百分比	字種	頻次	百分比	字種	頻次	百分比
途	8	0.006	狀	8	0.006	股	7	0.005
吐	8	0.006	墜	8	0.006	詈	7	0.005
頑	8	0.006	惚	8	0.006	裸	7	0.005
毋	8	0.006	敖	7	0.005	衮	7	0.005
兀	8	0.006	謷	7	0.005	鯀	7	0.005
豨	8	0.006	頒	7	0.005	邯	7	0.005
僖	8	0.006	鮑	7	0.005	毫	7	0.005
郤	8	0.006	婢	7	0.005	曷	7	0.005
銜	8	0.006	弊	7	0.005	荷	7	0.005
懈	8	0.006	幣	7	0.005	賀	7	0.005
蟹	8	0.006	禀	7	0.005	赫	7	0.005
歆	8	0.006	駁	7	0.005	紅	7	0.005
羞	8	0.006	捕	7	0.005	互	7	0.005
胥	8	0.006	測	7	0.005	瓠	7	0.005
續	8	0.006	懲	7	0.005	槐	7	0.005
旋	8	0.006	冲	7	0.005	歡	7	0.005
薛	8	0.006	舂	7	0.005	唤	7	0.005
嚴	8	0.006	仇	7	0.005	灰	7	0.005
殃	8	0.006	耽	7	0.005	迴	7	0.005
杳	8	0.006	亶	7	0.005	昬	7	0.005
曳	8	0.006	倒	7	0.005	畸	7	0.005
倚	8	0.006	低	7	0.005	寂	7	0.005
翳	8	0.006	雕	7	0.005	夾	7	0.005
英	8	0.006	吊	7	0.005	監	7	0.005
汙	8	0.006	頂	7	0.005	膠	7	0.005
鬩	8	0.006	脰	7	0.005	驕	7	0.005
隕	8	0.006	竇	7	0.005	脚	7	0.005
鑿	8	0.006	睹	7	0.005	筋	7	0.005
磔	8	0.006	墳	7	0.005	旌	7	0.005
枕	8	0.006	柎	7	0.005	矩	7	0.005
整	8	0.006	腹	7	0.005	遽	7	0.005
窒	8	0.006	酤	7	0.005	倦	7	0.005

续表

字種	頻次	百分比	字種	頻次	百分比	字種	頻次	百分比
眷	7	0.005	汜	7	0.005	珍	7	0.005
掘	7	0.005	兕	7	0.005	紙	7	0.005
堪	7	0.005	頌	7	0.005	幟	7	0.005
袴	7	0.005	酸	7	0.005	贅	7	0.005
匱	7	0.005	隧	7	0.005	衷	7	0.005
聵	7	0.005	討	7	0.005	冢	7	0.005
濫	7	0.005	蹄	7	0.005	滋	7	0.005
戾	7	0.005	橐	7	0.005	欸	6	0.005
零	7	0.005	帷	7	0.005	柏	6	0.005
籠	7	0.005	誣	7	0.005	班	6	0.005
羅	7	0.005	熙	7	0.005	版	6	0.005
蔓	7	0.005	曉	7	0.005	棒	6	0.005
悶	7	0.005	協	7	0.005	薛	6	0.005
眇	7	0.005	凶	7	0.005	籩	6	0.005
耖	7	0.005	吁	7	0.005	撥	6	0.005
閔	7	0.005	叙	7	0.005	讒	6	0.005
湣	7	0.005	雪	7	0.005	暢	6	0.005
黙	7	0.005	鄢	7	0.005	坼	6	0.005
睦	7	0.005	延	7	0.005	晨	6	0.005
駑	7	0.005	鹽	7	0.005	侈	6	0.005
排	7	0.005	萋	7	0.005	叱	6	0.005
淒	7	0.005	欽	7	0.005	啜	6	0.005
蹌	7	0.005	瞿	7	0.005	詞	6	0.005
衢	7	0.005	營	7	0.005	聰	6	0.005
橈	7	0.005	壅	7	0.005	粗	6	0.005
熱	7	0.005	雩	7	0.005	鄲	6	0.005
瑞	7	0.005	漁	7	0.005	店	6	0.005
瑟	7	0.005	育	7	0.005	疊	6	0.005
砂	7	0.005	嫗	7	0.005	斗	6	0.005
逝	7	0.005	蜎	7	0.005	肚	6	0.005
淑	7	0.005	躁	7	0.005	姤	6	0.005
漱	7	0.005	湛	7	0.005	惰	6	0.005

续表

字種	頻次	百分比	字種	頻次	百分比	字種	頻次	百分比
樊	6	0.005	浸	6	0.005	翩	6	0.005
燔	6	0.005	餕	6	0.005	嬪	6	0.005
范	6	0.005	苛	6	0.005	暑	6	0.005
悱	6	0.005	科	6	0.005	鋪	6	0.005
費	6	0.005	渴	6	0.005	脯	6	0.005
斧	6	0.005	刻	6	0.005	綺	6	0.005
釜	6	0.005	叩	6	0.005	訖	6	0.005
綱	6	0.005	窟	6	0.005	喬	6	0.005
槁	6	0.005	胯	6	0.005	怯	6	0.005
个	6	0.005	快	6	0.005	區	6	0.005
溝	6	0.005	饋	6	0.005	仍	6	0.005
構	6	0.005	纍	6	0.005	剡	6	0.005
呱	6	0.005	貍	6	0.005	誦	6	0.005
瞽	6	0.005	鯉	6	0.005	搜	6	0.005
絓	6	0.005	曆	6	0.005	夙	6	0.005
館	6	0.005	練	6	0.005	縮	6	0.005
桂	6	0.005	劣	6	0.005	檀	6	0.005
跪	6	0.005	獵	6	0.005	蜩	6	0.005
孩	6	0.005	廩	6	0.005	亭	6	0.005
盍	6	0.005	蓏	6	0.005	枉	6	0.005
壺	6	0.005	羸	6	0.005	嵬	6	0.005
萑	6	0.005	埋	6	0.005	午	6	0.005
圜	6	0.005	蠻	6	0.005	舞	6	0.005
環	6	0.005	漫	6	0.005	犧	6	0.005
廻	6	0.005	枚	6	0.005	璽	6	0.005
洄	6	0.005	禖	6	0.005	咥	6	0.005
穢	6	0.005	媚	6	0.005	狹	6	0.005
霍	6	0.005	眠	6	0.005	袷	6	0.005
戟	6	0.005	冕	6	0.005	暇	6	0.005
蹇	6	0.005	謬	6	0.005	弦	6	0.005
焦	6	0.005	耨	6	0.005	響	6	0.005
截	6	0.005	謳	6	0.005	挾	6	0.005

续表

字種	頻次	百分比	字種	頻次	百分比	字種	頻次	百分比
欣	6	0.005	捉	6	0.005	縫	5	0.004
雄	6	0.005	恣	6	0.005	唪	5	0.004
恤	6	0.005	組	6	0.005	佛	5	0.004
懸	6	0.005	遵	6	0.005	瓴	5	0.004
訓	6	0.005	奥	5	0.004	荸	5	0.004
炎	6	0.005	軷	5	0.004	複	5	0.004
巖	6	0.005	傍	5	0.004	葢	5	0.004
演	6	0.005	俾	5	0.004	岡	5	0.004
恙	6	0.005	臂	5	0.004	耿	5	0.004
藥	6	0.005	剥	5	0.004	肱	5	0.004
乙	6	0.005	驂	5	0.004	拱	5	0.004
銀	6	0.005	蠶	5	0.004	恠	5	0.004
印	6	0.005	茝	5	0.004	莞	5	0.004
嬰	6	0.005	潺	5	0.004	鸛	5	0.004
滎	6	0.005	唱	5	0.004	軌	5	0.004
潁	6	0.005	鼂	5	0.004	癸	5	0.004
雍	6	0.005	蚩	5	0.004	桲	5	0.004
攸	6	0.005	遲	5	0.004	憾	5	0.004
誘	6	0.005	斥	5	0.004	斛	5	0.004
紆	6	0.005	酬	5	0.004	扈	5	0.004
踰	6	0.005	疇	5	0.004	壞	5	0.004
寃	6	0.005	醜	5	0.004	誨	5	0.004
沅	6	0.005	床	5	0.004	渾	5	0.004
援	6	0.005	逮	5	0.004	鑊	5	0.004
贇	6	0.005	儋	5	0.004	譏	5	0.004
燥	6	0.005	磾	5	0.004	躋	5	0.004
肇	6	0.005	底	5	0.004	羈	5	0.004
櫂	6	0.005	棣	5	0.004	棘	5	0.004
振	6	0.005	褋	5	0.004	迹	5	0.004
滯	6	0.005	毒	5	0.004	曁	5	0.004
騶	6	0.005	遁	5	0.004	冀	5	0.004
撰	6	0.005	咄	5	0.004	箭	5	0.004

续表

字種	頻次	百分比	字種	頻次	百分比	字種	頻次	百分比
街	5	0.004	袂	5	0.004	蓐	5	0.004
傑	5	0.004	幪	5	0.004	爇	5	0.004
衿	5	0.004	夢	5	0.004	騷	5	0.004
尽	5	0.004	覓	5	0.004	埽	5	0.004
巹	5	0.004	牟	5	0.004	莎	5	0.004
啾	5	0.004	畝	5	0.004	膳	5	0.004
舅	5	0.004	倪	5	0.004	稍	5	0.004
拒	5	0.004	嫋	5	0.004	苕	5	0.004
駃	5	0.004	嘔	5	0.004	疏	5	0.004
菌	5	0.004	叛	5	0.004	爽	5	0.004
坑	5	0.004	旆	5	0.004	涘	5	0.004
况	5	0.004	轡	5	0.004	叟	5	0.004
曠	5	0.004	僻	5	0.004	檖	5	0.004
賴	5	0.004	頻	5	0.004	蓀	5	0.004
藍	5	0.004	溥	5	0.004	替	5	0.004
懶	5	0.004	淇	5	0.004	魋	5	0.004
狼	5	0.004	祺	5	0.004	亹	5	0.004
羸	5	0.004	葺	5	0.004	温	5	0.004
泪	5	0.004	愆	5	0.004	翁	5	0.004
狸	5	0.004	橋	5	0.004	梧	5	0.004
蠡	5	0.004	挈	5	0.004	稀	5	0.004
荔	5	0.004	勍	5	0.004	翖	5	0.004
莅	5	0.004	擎	5	0.004	蜥	5	0.004
臉	5	0.004	邛	5	0.004	錫	5	0.004
潦	5	0.004	券	5	0.004	隰	5	0.004
料	5	0.004	雀	5	0.004	蚿	5	0.004
凌	5	0.004	確	5	0.004	巷	5	0.004
陋	5	0.004	群	5	0.004	像	5	0.004
罵	5	0.004	染	5	0.004	宵	5	0.004
麥	5	0.004	饒	5	0.004	肖	5	0.004
曼	5	0.004	輮	5	0.004	効	5	0.004
慢	5	0.004	茹	5	0.004	脅	5	0.004

续表

字種	頻次	百分比	字種	頻次	百分比	字種	頻次	百分比
偕	5	0.004	增	5	0.004	輩	4	0.003
洩	5	0.004	憎	5	0.004	賁	4	0.003
邢	5	0.004	贈	5	0.004	逼	4	0.003
胸	5	0.004	霑	5	0.004	萆	4	0.003
繡	5	0.004	陣	5	0.004	閟	4	0.003
婿	5	0.004	鴆	5	0.004	鬅	4	0.003
削	5	0.004	秩	5	0.004	嬖	4	0.003
殉	5	0.004	彘	5	0.004	斃	4	0.003
崖	5	0.004	驟	5	0.004	彪	4	0.003
訝	5	0.004	竺	5	0.004	鼈	4	0.003
洋	5	0.004	柱	5	0.004	擯	4	0.003
肴	5	0.004	箸	5	0.004	簸	4	0.003
瑶	5	0.004	啄	5	0.004	擘	4	0.003
佚	5	0.004	斲	5	0.004	哺	4	0.003
場	5	0.004	菆	5	0.004	慙	4	0.003
詣	5	0.004	葅	5	0.004	慘	4	0.003
熠	5	0.004	鉏	5	0.004	嬋	4	0.003
醳	5	0.004	印	4	0.003	闡	4	0.003
吟	5	0.004	嗽	4	0.003	倡	4	0.003
谿	5	0.004	隩	4	0.003	沉	4	0.003
優	5	0.004	薁	4	0.003	丞	4	0.003
郵	5	0.004	鶩	4	0.003	呈	4	0.003
狖	5	0.004	巴	4	0.003	逞	4	0.003
寓	5	0.004	把	4	0.003	憧	4	0.003
諭	5	0.004	放	4	0.003	犨	4	0.003
湲	5	0.004	斑	4	0.003	厨	4	0.003
圓	5	0.004	阪	4	0.003	杵	4	0.003
苑	5	0.004	板	4	0.003	儲	4	0.003
愠	5	0.004	伴	4	0.003	怵	4	0.003
韻	5	0.004	謗	4	0.003	床	4	0.003
栽	5	0.004	陂	4	0.003	忩	4	0.003
噴	5	0.004	椑	4	0.003	總	4	0.003

续表

字種	頻次	百分比	字種	頻次	百分比	字種	頻次	百分比
爨	4	0.003	鹹	4	0.003	錦	4	0.003
村	4	0.003	浩	4	0.003	頸	4	0.003
袋	4	0.003	皜	4	0.003	臼	4	0.003
悼	4	0.003	鶴	4	0.003	厩	4	0.003
登	4	0.003	很	4	0.003	鞫	4	0.003
羝	4	0.003	横	4	0.003	齟	4	0.003
詆	4	0.003	弧	4	0.003	秬	4	0.003
遞	4	0.003	鵠	4	0.003	譎	4	0.003
褅	4	0.003	話	4	0.003	玃	4	0.003
滇	4	0.003	篁	4	0.003	慨	4	0.003
彫	4	0.003	揮	4	0.003	埳	4	0.003
掉	4	0.003	輝	4	0.003	忼	4	0.003
釣	4	0.003	賄	4	0.003	嗑	4	0.003
兜	4	0.003	薉	4	0.003	榼	4	0.003
櫝	4	0.003	惛	4	0.003	蹞	4	0.003
犢	4	0.003	惽	4	0.003	鯤	4	0.003
掇	4	0.003	姬	4	0.003	萊	4	0.003
墮	4	0.003	箕	4	0.003	勒	4	0.003
番	4	0.003	激	4	0.003	壘	4	0.003
汎	4	0.003	饑	4	0.003	棃	4	0.003
吠	4	0.003	嫉	4	0.003	酈	4	0.003
粉	4	0.003	瘠	4	0.003	漣	4	0.003
奮	4	0.003	几	4	0.003	凉	4	0.003
鋒	4	0.003	際	4	0.003	粮	4	0.003
敷	4	0.003	減	4	0.003	繚	4	0.003
茀	4	0.003	鑒	4	0.003	舲	4	0.003
俘	4	0.003	講	4	0.003	淩	4	0.003
匐	4	0.003	蛟	4	0.003	嶺	4	0.003
鬲	4	0.003	狡	4	0.003	靁	4	0.003
葛	4	0.003	叫	4	0.003	穋	4	0.003
穀	4	0.003	誡	4	0.003	鸞	4	0.003
噲	4	0.003	巾	4	0.003	惀	4	0.003

续表

字種	頻次	百分比	字種	頻次	百分比	字種	頻次	百分比
閭	4	0.003	騏	4	0.003	啼	4	0.003
縷	4	0.003	乞	4	0.003	渧	4	0.003
脈	4	0.003	芑	4	0.003	篠	4	0.003
茫	4	0.003	迄	4	0.003	粯	4	0.003
貿	4	0.003	搴	4	0.003	停	4	0.003
媒	4	0.003	倩	4	0.003	荼	4	0.003
縻	4	0.003	襁	4	0.003	涂	4	0.003
覓	4	0.003	鍥	4	0.003	蛙	4	0.003
苗	4	0.003	楸	4	0.003	瓦	4	0.003
繆	4	0.003	囚	4	0.003	網	4	0.003
蔑	4	0.003	娶	4	0.003	萎	4	0.003
默	4	0.003	逡	4	0.003	偉	4	0.003
牧	4	0.003	壬	4	0.003	杇	4	0.003
暮	4	0.003	葚	4	0.003	嗚	4	0.003
那	4	0.003	揉	4	0.003	侮	4	0.003
泥	4	0.003	蹂	4	0.003	廡	4	0.003
麑	4	0.003	乳	4	0.003	憮	4	0.003
寧	4	0.003	螟	4	0.003	杌	4	0.003
凝	4	0.003	芮	4	0.003	晞	4	0.003
虐	4	0.003	纇	4	0.003	檄	4	0.003
偶	4	0.003	濕	4	0.003	烏	4	0.003
怕	4	0.003	弑	4	0.003	柙	4	0.003
判	4	0.003	噬	4	0.003	現	4	0.003
泮	4	0.003	瘦	4	0.003	庠	4	0.003
皰	4	0.003	署	4	0.003	械	4	0.003
烹	4	0.003	睡	4	0.003	腥	4	0.003
秠	4	0.003	松	4	0.003	褒	4	0.003
飄	4	0.003	汰	4	0.003	姁	4	0.003
品	4	0.003	覃	4	0.003	訏	4	0.003
坡	4	0.003	坦	4	0.003	煖	4	0.003
匍	4	0.003	探	4	0.003	勳	4	0.003
綦	4	0.003	臟	4	0.003	紃	4	0.003

续表

字種	頻次	百分比	字種	頻次	百分比	字種	頻次	百分比
厓	4	0.003	臧	4	0.003	標	3	0.002
衙	4	0.003	繒	4	0.003	儐	3	0.002
亞	4	0.003	札	4	0.003	濱	3	0.002
筵	4	0.003	咤	4	0.003	邴	3	0.002
掩	4	0.003	邅	4	0.003	禀	3	0.002
巘	4	0.003	輾	4	0.003	盍	3	0.002
鞅	4	0.003	鄣	4	0.003	纔	3	0.002
佯	4	0.003	璋	4	0.003	綵	3	0.002
暘	4	0.003	浙	4	0.003	涔	3	0.002
夭	4	0.003	徵	4	0.003	層	3	0.002
摇	4	0.003	芝	4	0.003	插	3	0.002
猇	4	0.003	縶	4	0.003	澶	3	0.002
踦	4	0.003	陼	4	0.003	儳	3	0.002
乂	4	0.003	瑑	4	0.003	鬯	3	0.002
奕	4	0.003	綴	4	0.003	悵	3	0.002
藙	4	0.003	準	4	0.003	諶	3	0.002
蜴	4	0.003	擢	4	0.003	鴟	3	0.002
廙	4	0.003	濯	4	0.003	熾	3	0.002
蔭	4	0.003	豵	4	0.003	饎	3	0.002
嚚	4	0.003	莋	4	0.003	綢	3	0.002
影	4	0.003	阼	4	0.003	讎	3	0.002
酉	4	0.003	艾	3	0.002	樗	3	0.002
槱	4	0.003	奞	3	0.002	鶵	3	0.002
嵎	4	0.003	獒	3	0.002	喘	3	0.002
預	4	0.003	鼇	3	0.002	炊	3	0.002
鬻	4	0.003	翺	3	0.002	椿	3	0.002
猨	4	0.003	苞	3	0.002	唇	3	0.002
園	4	0.003	貝	3	0.002	祠	3	0.002
閱	4	0.003	畚	3	0.002	雌	3	0.002
嶽	4	0.003	琫	3	0.002	琮	3	0.002
咂	4	0.003	韠	3	0.002	蹵	3	0.002
瓚	4	0.003	鞭	3	0.002	摧	3	0.002

续表

字種	頻次	百分比	字種	頻次	百分比	字種	頻次	百分比
毳	3	0.002	腓	3	0.002	琥	3	0.002
粹	3	0.002	陫	3	0.002	祜	3	0.002
打	3	0.002	芬	3	0.002	護	3	0.002
蹈	3	0.002	糞	3	0.002	滑	3	0.002
禱	3	0.002	峰	3	0.002	徊	3	0.002
稻	3	0.002	鳳	3	0.002	驩	3	0.002
邸	3	0.002	袚	3	0.002	涣	3	0.002
睇	3	0.002	撫	3	0.002	擐	3	0.002
踶	3	0.002	該	3	0.002	璜	3	0.002
點	3	0.002	漑	3	0.002	麾	3	0.002
佃	3	0.002	概	3	0.002	喙	3	0.002
迭	3	0.002	隔	3	0.002	慧	3	0.002
垤	3	0.002	觥	3	0.002	蕙	3	0.002
喋	3	0.002	覯	3	0.002	齎	3	0.002
蹀	3	0.002	辜	3	0.002	級	3	0.002
町	3	0.002	鰥	3	0.002	蒺	3	0.002
涑	3	0.002	嫣	3	0.002	輯	3	0.002
棟	3	0.002	巂	3	0.002	藉	3	0.002
鬪	3	0.002	垝	3	0.002	籍	3	0.002
鬭	3	0.002	亥	3	0.002	忌	3	0.002
堵	3	0.002	喊	3	0.002	枷	3	0.002
遯	3	0.002	闞	3	0.002	架	3	0.002
噁	3	0.002	汗	3	0.002	覸	3	0.002
厄	3	0.002	悍	3	0.002	絳	3	0.002
諮	3	0.002	暵	3	0.002	椒	3	0.002
陑	3	0.002	蒿	3	0.002	皎	3	0.002
珥	3	0.002	濠	3	0.002	絞	3	0.002
蘋	3	0.002	吽	3	0.002	徼	3	0.002
膰	3	0.002	薨	3	0.002	繳	3	0.002
範	3	0.002	吼	3	0.002	嬓	3	0.002
枋	3	0.002	湖	3	0.002	嚌	3	0.002
倣	3	0.002	縠	3	0.002	捷	3	0.002

续表

字種	頻次	百分比	字種	頻次	百分比	字種	頻次	百分比
勁	3	0.002	燎	3	0.002	喏	3	0.002
墐	3	0.002	鷯	3	0.002	攀	3	0.002
淨	3	0.002	瞭	3	0.002	盤	3	0.002
競	3	0.002	隣	3	0.002	陪	3	0.002
苴	3	0.002	泠	3	0.002	沛	3	0.002
鵙	3	0.002	柳	3	0.002	珮	3	0.002
養	3	0.002	樓	3	0.002	芃	3	0.002
军	3	0.002	盧	3	0.002	圮	3	0.002
鈞	3	0.002	蘆	3	0.002	擗	3	0.002
抗	3	0.002	璐	3	0.002	票	3	0.002
窠	3	0.002	崙	3	0.002	瓶	3	0.002
懇	3	0.002	裸	3	0.002	蘋	3	0.002
轂	3	0.002	雒	3	0.002	魄	3	0.002
庫	3	0.002	邁	3	0.002	頗	3	0.002
夸	3	0.002	謾	3	0.002	剖	3	0.002
塊	3	0.002	芒	3	0.002	璞	3	0.002
筐	3	0.002	駹	3	0.002	濮	3	0.002
誑	3	0.002	芼	3	0.002	朞	3	0.002
逵	3	0.002	冒	3	0.002	棲	3	0.002
馗	3	0.002	湄	3	0.002	慼	3	0.002
揆	3	0.002	楣	3	0.002	蹊	3	0.002
睽	3	0.002	櫋	3	0.002	祈	3	0.002
愧	3	0.002	淼	3	0.002	洽	3	0.002
髡	3	0.002	泯	3	0.002	恰	3	0.002
瀨	3	0.002	陌	3	0.002	牽	3	0.002
橑	3	0.002	鏌	3	0.002	斨	3	0.002
磊	3	0.002	拇	3	0.002	倢	3	0.002
藜	3	0.002	沐	3	0.002	踥	3	0.002
蠡	3	0.002	幕	3	0.002	懃	3	0.002
諒	3	0.002	惱	3	0.002	虬	3	0.002
聊	3	0.002	娘	3	0.002	述	3	0.002
遼	3	0.002	膿	3	0.002	蛆	3	0.002

续表

字種	頻次	百分比	字種	頻次	百分比	字種	頻次	百分比
駈	3	0.002	飧	3	0.002	瓮	3	0.002
渠	3	0.002	隼	3	0.002	握	3	0.002
顖	3	0.002	它	3	0.002	污	3	0.002
擾	3	0.002	台	3	0.002	蕪	3	0.002
泇	3	0.002	態	3	0.002	霧	3	0.002
汭	3	0.002	談	3	0.002	鶩	3	0.002
閏	3	0.002	儻	3	0.002	鷔	3	0.002
洒	3	0.002	絛	3	0.002	蟋	3	0.002
颯	3	0.002	稊	3	0.002	遐	3	0.002
臊	3	0.002	躰	3	0.002	瑕	3	0.002
殤	3	0.002	悌	3	0.002	仙	3	0.002
觴	3	0.002	添	3	0.002	線	3	0.002
蛸	3	0.002	忝	3	0.002	霰	3	0.002
諗	3	0.002	跳	3	0.002	消	3	0.002
眚	3	0.002	汀	3	0.002	簫	3	0.002
溼	3	0.002	蜓	3	0.002	蠨	3	0.002
时	3	0.002	偷	3	0.002	歙	3	0.002
呰	3	0.002	屠	3	0.002	恊	3	0.002
瀅	3	0.002	搏	3	0.002	泄	3	0.002
狩	3	0.002	隤	3	0.002	硎	3	0.002
售	3	0.002	頽	3	0.002	潏	3	0.002
抒	3	0.002	畽	3	0.002	項	3	0.002
豎	3	0.002	駞	3	0.002	墟	3	0.002
蟀	3	0.002	丸	3	0.002	激	3	0.002
巳	3	0.002	玩	3	0.002	衒	3	0.002
泗	3	0.002	网	3	0.002	旬	3	0.002
笥	3	0.002	闈	3	0.002	徇	3	0.002
禩	3	0.002	灘	3	0.002	烟	3	0.002
藪	3	0.002	渭	3	0.002	淹	3	0.002
鯟	3	0.002	慰	3	0.002	奄	3	0.002
鱐	3	0.002	䡛	3	0.002	蝘	3	0.002
碎	3	0.002	穩	3	0.002	宴	3	0.002

续表

字種	頻次	百分比	字種	頻次	百分比	字種	頻次	百分比
葯	3	0.002	揄	3	0.002	沚	3	0.002
燿	3	0.002	榆	3	0.002	螽	3	0.002
耀	3	0.002	馭	3	0.002	粥	3	0.002
鄉	3	0.002	裕	3	0.002	貯	3	0.002
饁	3	0.002	鵷	3	0.002	鑄	3	0.002
猗	3	0.002	袁	3	0.002	縛	3	0.002
噫	3	0.002	源	3	0.002	錐	3	0.002
頤	3	0.002	薗	3	0.002	啜	3	0.002
泆	3	0.002	媛	3	0.002	縋	3	0.002
柮	3	0.002	鉞	3	0.002	汋	3	0.002
疫	3	0.002	耘	3	0.002	卓	3	0.002
埶	3	0.002	縕	3	0.002	兹	3	0.002
裔	3	0.002	韞	3	0.002	漬	3	0.002
溢	3	0.002	讚	3	0.002	揔	3	0.002
譯	3	0.002	蚤	3	0.002	纘	3	0.002
姻	3	0.002	棗	3	0.002	醉	3	0.002
喑	3	0.002	罾	3	0.002	樽	3	0.002
慇	3	0.002	甑	3	0.002	昨	3	0.002
寅	3	0.002	瞻	3	0.002	埃	2	0.002
胤	3	0.002	占	3	0.002	礙	2	0.002
膺	3	0.002	輾	3	0.002	暗	2	0.002
熒	3	0.002	长	3	0.002	栢	2	0.002
慵	3	0.002	障	3	0.002	坂	2	0.002
灘	3	0.002	遮	3	0.002	絆	2	0.002
饔	3	0.002	這	3	0.002	瓣	2	0.002
踊	3	0.002	鉦	3	0.002	蚌	2	0.002
櫌	3	0.002	泜	3	0.002	枹	2	0.002
牖	3	0.002	埴	3	0.002	褒	2	0.002
宥	3	0.002	殖	3	0.002	杯	2	0.002
迂	3	0.002	跖	3	0.002	弼	2	0.002
仔	3	0.002	蹠	3	0.002	蓽	2	0.002
俞	3	0.002	坻	3	0.002	碧	2	0.002

续表

字種	頻次	百分比	字種	頻次	百分比	字種	頻次	百分比
髀	2	0.002	螭	2	0.002	藡	2	0.002
貶	2	0.002	敕	2	0.002	蹢	2	0.002
褊	2	0.002	傺	2	0.002	抵	2	0.002
卞	2	0.002	虫	2	0.002	砥	2	0.002
鱉	2	0.002	儔	2	0.002	電	2	0.002
鼈	2	0.002	讎	2	0.002	䬞	2	0.002
繽	2	0.002	創	2	0.002	牒	2	0.002
丙	2	0.002	醇	2	0.002	諜	2	0.002
秉	2	0.002	从	2	0.002	匵	2	0.002
併	2	0.002	促	2	0.002	碫	2	0.002
㕙	2	0.002	攢	2	0.002	鈍	2	0.002
勃	2	0.002	竄	2	0.002	楯	2	0.002
愽	2	0.002	萃	2	0.002	娥	2	0.002
僰	2	0.002	悴	2	0.002	訛	2	0.002
膊	2	0.002	翠	2	0.002	蛾	2	0.002
踣	2	0.002	忖	2	0.002	扼	2	0.002
檗	2	0.002	磋	2	0.002	胹	2	0.002
採	2	0.002	撮	2	0.002	茷	2	0.002
叄	2	0.002	妲	2	0.002	蹯	2	0.002
飱	2	0.002	怛	2	0.002	蘩	2	0.002
餐	2	0.002	岱	2	0.002	返	2	0.002
草	2	0.002	紿	2	0.002	梵	2	0.002
侘	2	0.002	黛	2	0.002	飰	2	0.002
拆	2	0.002	癉	2	0.002	妨	2	0.002
儕	2	0.002	擔	2	0.002	霏	2	0.002
儃	2	0.002	膽	2	0.002	忿	2	0.002
廛	2	0.002	噉	2	0.002	飄	2	0.002
腸	2	0.002	憚	2	0.002	尃	2	0.002
怊	2	0.002	盪	2	0.002	旉	2	0.002
嗔	2	0.002	鐙	2	0.002	膚	2	0.002
忱	2	0.002	氐	2	0.002	市	2	0.002
趂	2	0.002	嫡	2	0.002	芙	2	0.002

续表

字種	頻次	百分比	字種	頻次	百分比	字種	頻次	百分比
咈	2	0.002	宧	2	0.002	夆	2	0.002
桴	2	0.002	煌	2	0.002	鉅	2	0.002
艴	2	0.002	恢	2	0.002	涓	2	0.002
拊	2	0.002	暉	2	0.002	橛	2	0.002
簠	2	0.002	蟪	2	0.002	峻	2	0.002
祔	2	0.002	闠	2	0.002	晙	2	0.002
萯	2	0.002	蠖	2	0.002	駿	2	0.002
匃	2	0.002	唧	2	0.002	檻	2	0.002
竿	2	0.002	极	2	0.002	穅	2	0.002
蚣	2	0.002	覬	2	0.002	刳	2	0.002
勾	2	0.002	泲	2	0.002	酷	2	0.002
蛄	2	0.002	祭	2	0.002	誇	2	0.002
軱	2	0.002	戛	2	0.002	跨	2	0.002
嘏	2	0.002	頰	2	0.002	窾	2	0.002
夬	2	0.002	肩	2	0.002	闚	2	0.002
珪	2	0.002	艱	2	0.002	葵	2	0.002
詭	2	0.002	殲	2	0.002	喟	2	0.002
簋	2	0.002	剪	2	0.002	崐	2	0.002
襘	2	0.002	翦	2	0.002	崑	2	0.002
骸	2	0.002	件	2	0.002	捆	2	0.002
函	2	0.002	餞	2	0.002	闊	2	0.002
熯	2	0.002	覵	2	0.002	剌	2	0.002
頇	2	0.002	鳽	2	0.002	腊	2	0.002
鄗	2	0.002	較	2	0.002	臘	2	0.002
核	2	0.002	僅	2	0.002	賚	2	0.002
閡	2	0.002	菁	2	0.002	瀾	2	0.002
蘅	2	0.002	旍	2	0.002	欄	2	0.002
泓	2	0.002	靖	2	0.002	琅	2	0.002
糇	2	0.002	韭	2	0.002	筤	2	0.002
餱	2	0.002	凥	2	0.002	朗	2	0.002
姡	2	0.002	匊	2	0.002	醪	2	0.002
澅	2	0.002	跼	2	0.002	靁	2	0.002

续表

字種	頻次	百分比	字種	頻次	百分比	字種	頻次	百分比
聾	2	0.002	秣	2	0.002	慳	2	0.002
縭	2	0.002	漠	2	0.002	黔	2	0.002
粒	2	0.002	寞	2	0.002	搶	2	0.002
菈	2	0.002	募	2	0.002	僑	2	0.002
歷	2	0.002	豽	2	0.002	憔	2	0.002
礪	2	0.002	暱	2	0.002	樵	2	0.002
蒹	2	0.002	輂	2	0.002	蜻	2	0.002
粱	2	0.002	釀	2	0.002	鍪	2	0.002
燐	2	0.002	涅	2	0.002	荃	2	0.002
蟒	2	0.002	躡	2	0.002	拳	2	0.002
蛉	2	0.002	拏	2	0.002	畎	2	0.002
溜	2	0.002	弩	2	0.002	鵲	2	0.002
壟	2	0.002	搦	2	0.002	囷	2	0.002
鹵	2	0.002	岃	2	0.002	孃	2	0.002
稑	2	0.002	拍	2	0.002	穰	2	0.002
卵	2	0.002	徘	2	0.002	壤	2	0.002
薍	2	0.002	磻	2	0.002	遶	2	0.002
崘	2	0.002	抛	2	0.002	蓉	2	0.002
淪	2	0.002	批	2	0.002	蠑	2	0.002
螺	2	0.002	毗	2	0.002	縟	2	0.002
蘿	2	0.002	鼙	2	0.002	阮	2	0.002
贏	2	0.002	瓿	2	0.002	軟	2	0.002
掠	2	0.002	闢	2	0.002	灑	2	0.002
勱	2	0.002	牝	2	0.002	馺	2	0.002
鏝	2	0.002	泊	2	0.002	掃	2	0.002
盲	2	0.002	皤	2	0.002	穑	2	0.002
髦	2	0.002	仆	2	0.002	穡	2	0.002
昴	2	0.002	菩	2	0.002	芟	2	0.002
弭	2	0.002	厽	2	0.002	刪	2	0.002
綿	2	0.002	耆	2	0.002	衫	2	0.002
渺	2	0.002	緊	2	0.002	繕	2	0.002
黽	2	0.002	僉	2	0.002	贍	2	0.002

续表

字種	頻次	百分比	字種	頻次	百分比	字種	頻次	百分比
譱	2	0.002	綯	2	0.002	隙	2	0.002
劭	2	0.002	慝	2	0.002	戲	2	0.002
拾	2	0.002	縢	2	0.002	黠	2	0.002
軾	2	0.002	黄	2	0.002	嚇	2	0.002
奭	2	0.002	瑱	2	0.002	銜	2	0.002
謚	2	0.002	挑	2	0.002	毨	2	0.002
殳	2	0.002	僣	2	0.002	赻	2	0.002
疋	2	0.002	鐵	2	0.002	獫	2	0.002
紓	2	0.002	耓	2	0.002	獮	2	0.002
疏	2	0.002	挺	2	0.002	羨	2	0.002
輸	2	0.002	桐	2	0.002	憲	2	0.002
塾	2	0.002	銅	2	0.002	想	2	0.002
鼠	2	0.002	兔	2	0.002	饟	2	0.002
庶	2	0.002	團	2	0.002	歸	2	0.002
刷	2	0.002	吞	2	0.002	髐	2	0.002
帨	2	0.002	屯	2	0.002	哮	2	0.002
駟	2	0.002	托	2	0.002	咲	2	0.002
嵩	2	0.002	柝	2	0.002	寫	2	0.002
溲	2	0.002	猥	2	0.002	褻	2	0.002
艘	2	0.002	緯	2	0.002	銒	2	0.002
瞍	2	0.002	蚉	2	0.002	熊	2	0.002
嗾	2	0.002	渥	2	0.002	盱	2	0.002
餗	2	0.002	忤	2	0.002	蜎	2	0.002
隋	2	0.002	戊	2	0.002	絜	2	0.002
髓	2	0.002	悞	2	0.002	喧	2	0.002
襚	2	0.002	晢	2	0.002	烜	2	0.002
娑	2	0.002	嘻	2	0.002	熏	2	0.002
塔	2	0.002	膝	2	0.002	勳	2	0.002
踏	2	0.002	谿	2	0.002	燻	2	0.002
闥	2	0.002	蓰	2	0.002	迅	2	0.002
鮐	2	0.002	憙	2	0.002	訊	2	0.002
螗	2	0.002	係	2	0.002	押	2	0.002

续表

字種	頻次	百分比	字種	頻次	百分比	字種	頻次	百分比
㫃	2	0.002	祐	2	0.002	哲	2	0.002
琰	2	0.002	逾	2	0.002	輒	2	0.002
揜	2	0.002	褕	2	0.002	蟄	2	0.002
隒	2	0.002	諛	2	0.002	針	2	0.002
黶	2	0.002	歟	2	0.002	眕	2	0.002
彦	2	0.002	聿	2	0.002	諍	2	0.002
豜	2	0.002	棫	2	0.002	隻	2	0.002
鷃	2	0.002	獄	2	0.002	咫	2	0.002
豔	2	0.002	員	2	0.002	阤	2	0.002
怏	2	0.002	螈	2	0.002	炙	2	0.002
窅	2	0.002	院	2	0.002	稚	2	0.002
禕	2	0.002	惡	2	0.002	稺	2	0.002
醫	2	0.002	刖	2	0.002	鷙	2	0.002
怡	2	0.002	瀹	2	0.002	鐘	2	0.002
眙	2	0.002	禴	2	0.002	踵	2	0.002
㠯	2	0.002	芸	2	0.002	輈	2	0.002
扆	2	0.002	狁	2	0.002	肘	2	0.002
螘	2	0.002	醞	2	0.002	胄	2	0.002
蟻	2	0.002	匜	2	0.002	噣	2	0.002
弋	2	0.002	暫	2	0.002	躅	2	0.002
肆	2	0.002	讚	2	0.002	麈	2	0.002
誼	2	0.002	藻	2	0.002	彝	2	0.002
劓	2	0.002	皂	2	0.002	駐	2	0.002
懿	2	0.002	竈	2	0.002	侟	2	0.002
絪	2	0.002	櫨	2	0.002	㑁	2	0.002
駰	2	0.002	乍	2	0.002	棳	2	0.002
垠	2	0.002	沾	2	0.002	斫	2	0.002
蠙	2	0.002	氊	2	0.002	濁	2	0.002
虁	2	0.002	氈	2	0.002	孜	2	0.002
螢	2	0.002	仗	2	0.002	紂	2	0.002
墉	2	0.002	爪	2	0.002	淄	2	0.002
佑	2	0.002	炤	2	0.002	孳	2	0.002

续表

字種	頻次	百分比	字種	頻次	百分比	字種	頻次	百分比
鎡	2	0.002	鬢	1	0.001	弛	1	0.001
齍	2	0.002	餅	1	0.001	弛	1	0.001
姊	2	0.002	葊	1	0.001	耻	1	0.001
腠	2	0.002	鉢	1	0.001	翅	1	0.001
綜	2	0.002	簿	1	0.001	沖	1	0.001
總	2	0.002	彩	1	0.001	衝	1	0.001
諏	2	0.002	滄	1	0.001	惆	1	0.001
酢	2	0.002	蚤	1	0.001	稠	1	0.001
唉	1	0.001	慚	1	0.001	躊	1	0.001
桉	1	0.001	瘵	1	0.001	芻	1	0.001
昂	1	0.001	側	1	0.001	廚	1	0.001
襖	1	0.001	惻	1	0.001	躇	1	0.001
坳	1	0.001	愳	1	0.001	雛	1	0.001
澳	1	0.001	筞	1	0.001	豉	1	0.001
懊	1	0.001	岑	1	0.001	歜	1	0.001
蜯	1	0.001	茶	1	0.001	舩	1	0.001
堡	1	0.001	薑	1	0.001	椽	1	0.001
虣	1	0.001	襘	1	0.001	串	1	0.001
邶	1	0.001	蟬	1	0.001	牕	1	0.001
坌	1	0.001	纏	1	0.001	窻	1	0.001
迸	1	0.001	懺	1	0.001	瘡	1	0.001
偪	1	0.001	菖	1	0.001	窗	1	0.001
邲	1	0.001	塲	1	0.001	搥	1	0.001
裨	1	0.001	償	1	0.001	槌	1	0.001
髮	1	0.001	晁	1	0.001	脣	1	0.001
趩	1	0.001	謿	1	0.001	蠢	1	0.001
玶	1	0.001	掣	1	0.001	踔	1	0.001
杓	1	0.001	瞋	1	0.001	婥	1	0.001
熛	1	0.001	跉	1	0.001	綽	1	0.001
驃	1	0.001	趁	1	0.001	蚍	1	0.001
鼈	1	0.001	儭	1	0.001	跐	1	0.001
殯	1	0.001	棄	1	0.001	茨	1	0.001

续表

字種	頻次	百分比	字種	頻次	百分比	字種	頻次	百分比
伺	1	0.001	駒	1	0.001	仿	1	0.001
聰	1	0.001	翟	1	0.001	訪	1	0.001
凑	1	0.001	糴	1	0.001	湃	1	0.001
殂	1	0.001	底	1	0.001	蜚	1	0.001
簒	1	0.001	牴	1	0.001	緋	1	0.001
脆	1	0.001	娣	1	0.001	朏	1	0.001
瘁	1	0.001	諦	1	0.001	誹	1	0.001
瑳	1	0.001	顛	1	0.001	沸	1	0.001
簅	1	0.001	巔	1	0.001	蚡	1	0.001
痤	1	0.001	凋	1	0.001	风	1	0.001
挫	1	0.001	絰	1	0.001	烽	1	0.001
迨	1	0.001	玎	1	0.001	蜂	1	0.001
貸	1	0.001	墥	1	0.001	鏠	1	0.001
聃	1	0.001	督	1	0.001	缶	1	0.001
酖	1	0.001	闍	1	0.001	垺	1	0.001
箪	1	0.001	牘	1	0.001	菩	1	0.001
簞	1	0.001	髑	1	0.001	跗	1	0.001
淡	1	0.001	韣	1	0.001	烰	1	0.001
弹	1	0.001	妒	1	0.001	幅	1	0.001
憺	1	0.001	秺	1	0.001	鳧	1	0.001
璫	1	0.001	蠹	1	0.001	黻	1	0.001
鐺	1	0.001	婀	1	0.001	黼	1	0.001
叨	1	0.001	阸	1	0.001	阜	1	0.001
擣	1	0.001	遏	1	0.001	伽	1	0.001
盗	1	0.001	愕	1	0.001	垓	1	0.001
导	1	0.001	餌	1	0.001	姟	1	0.001
燈	1	0.001	邇	1	0.001	槩	1	0.001
磴	1	0.001	藩	1	0.001	扞	1	0.001
羝	1	0.001	翻	1	0.001	皋	1	0.001
鞮	1	0.001	緐	1	0.001	稾	1	0.001
枲	1	0.001	販	1	0.001	胳	1	0.001
敌	1	0.001	坊	1	0.001	閣	1	0.001

续表

字種	頻次	百分比	字種	頻次	百分比	字種	頻次	百分比
亘	1	0.001	皞	1	0.001	驊	1	0.001
艬	1	0.001	紇	1	0.001	祸	1	0.001
鞏	1	0.001	翮	1	0.001	濩	1	0.001
垢	1	0.001	闔	1	0.001	諜	1	0.001
遘	1	0.001	熇	1	0.001	藿	1	0.001
搆	1	0.001	壑	1	0.001	臛	1	0.001
購	1	0.001	鶴	1	0.001	击	1	0.001
轂	1	0.001	红	1	0.001	机	1	0.001
汩	1	0.001	宏	1	0.001	笄	1	0.001
鶻	1	0.001	鴻	1	0.001	賷	1	0.001
蠱	1	0.001	惚	1	0.001	畿	1	0.001
梏	1	0.001	縠	1	0.001	隮	1	0.001
栝	1	0.001	砉	1	0.001	羇	1	0.001
掛	1	0.001	猾	1	0.001	殛	1	0.001
筦	1	0.001	驊	1	0.001	踖	1	0.001
丱	1	0.001	繣	1	0.001	檝	1	0.001
慣	1	0.001	佪	1	0.001	済	1	0.001
藿	1	0.001	幻	1	0.001	罽	1	0.001
胱	1	0.001	换	1	0.001	猳	1	0.001
櫃	1	0.001	焕	1	0.001	筴	1	0.001
菓	1	0.001	豢	1	0.001	鵲	1	0.001
槨	1	0.001	慌	1	0.001	價	1	0.001
駭	1	0.001	惶	1	0.001	犍	1	0.001
酣	1	0.001	滉	1	0.001	牋	1	0.001
憨	1	0.001	辉	1	0.001	縑	1	0.001
虷	1	0.001	毀	1	0.001	礛	1	0.001
唅	1	0.001	恚	1	0.001	殲	1	0.001
涵	1	0.001	湏	1	0.001	儉	1	0.001
澣	1	0.001	婚	1	0.001	鹻	1	0.001
杭	1	0.001	葷	1	0.001	鍵	1	0.001
航	1	0.001	混	1	0.001	姜	1	0.001
耗	1	0.001	溷	1	0.001	槳	1	0.001

续表

字種	頻次	百分比	字種	頻次	百分比	字種	頻次	百分比
澆	1	0.001	决	1	0.001	酪	1	0.001
撟	1	0.001	桷	1	0.001	檑	1	0.001
挍	1	0.001	蹶	1	0.001	縲	1	0.001
萎	1	0.001	儁	1	0.001	誄	1	0.001
揭	1	0.001	揩	1	0.001	曡	1	0.001
刦	1	0.001	勘	1	0.001	飱	1	0.001
茚	1	0.001	轁	1	0.001	楞	1	0.001
詰	1	0.001	矙	1	0.001	梨	1	0.001
芥	1	0.001	糠	1	0.001	犁	1	0.001
莇	1	0.001	考	1	0.001	罹	1	0.001
涇	1	0.001	顆	1	0.001	鵹	1	0.001
睛	1	0.001	磕	1	0.001	孋	1	0.001
剄	1	0.001	控	1	0.001	纚	1	0.001
警	1	0.001	扣	1	0.001	驪	1	0.001
逕	1	0.001	挎	1	0.001	鸝	1	0.001
静	1	0.001	膾	1	0.001	禮	1	0.001
鏡	1	0.001	款	1	0.001	笠	1	0.001
鳩	1	0.001	壙	1	0.001	慄	1	0.001
糾	1	0.001	窺	1	0.001	隸	1	0.001
柩	1	0.001	暌	1	0.001	⿵風利	1	0.001
廄	1	0.001	跬	1	0.001	癘	1	0.001
罝	1	0.001	媿	1	0.001	糲	1	0.001
疽	1	0.001	潰	1	0.001	怜	1	0.001
鞠	1	0.001	憒	1	0.001	蓮	1	0.001
局	1	0.001	餽	1	0.001	廉	1	0.001
炬	1	0.001	壼	1	0.001	聯	1	0.001
蚷	1	0.001	廓	1	0.001	鍊	1	0.001
倨	1	0.001	藾	1	0.001	輬	1	0.001
詎	1	0.001	嵐	1	0.001	憀	1	0.001
劇	1	0.001	嬾	1	0.001	脟	1	0.001
娟	1	0.001	攬	1	0.001	裂	1	0.001
鵑	1	0.001	爛	1	0.001	颲	1	0.001

续表

字種	頻次	百分比	字種	頻次	百分比	字種	頻次	百分比
躐	1	0.001	帽	1	0.001	嗋	1	0.001
鬣	1	0.001	梅	1	0.001	孽	1	0.001
淋	1	0.001	眘	1	0.001	甯	1	0.001
遴	1	0.001	妹	1	0.001	佞	1	0.001
鱗	1	0.001	虻	1	0.001	努	1	0.001
柃	1	0.001	朦	1	0.001	暖	1	0.001
菱	1	0.001	弥	1	0.001	觸	1	0.001
榴	1	0.001	困	1	0.001	懧	1	0.001
駵	1	0.001	縻	1	0.001	牌	1	0.001
騮	1	0.001	宓	1	0.001	槃	1	0.001
聾	1	0.001	祕	1	0.001	盼	1	0.001
隴	1	0.001	鼏	1	0.001	滂	1	0.001
婁	1	0.001	冪	1	0.001	抛	1	0.001
螻	1	0.001	瞑	1	0.001	泡	1	0.001
髏	1	0.001	歿	1	0.001	柸	1	0.001
漏	1	0.001	驀	1	0.001	培	1	0.001
鏤	1	0.001	牡	1	0.001	帔	1	0.001
翏	1	0.001	姆	1	0.001	噴	1	0.001
僇	1	0.001	纳	1	0.001	捧	1	0.001
潞	1	0.001	鼐	1	0.001	邳	1	0.001
麓	1	0.001	囊	1	0.001	陴	1	0.001
乱	1	0.001	恼	1	0.001	駢	1	0.001
邏	1	0.001	腦	1	0.001	瞥	1	0.001
漯	1	0.001	淖	1	0.001	娉	1	0.001
驢	1	0.001	餒	1	0.001	屏	1	0.001
膂	1	0.001	恁	1	0.001	評	1	0.001
屢	1	0.001	妮	1	0.001	憑	1	0.001
緑	1	0.001	涅	1	0.001	婆	1	0.001
汒	1	0.001	貎	1	0.001	捊	1	0.001
忙	1	0.001	昵	1	0.001	朴	1	0.001
氂	1	0.001	捻	1	0.001	柒	1	0.001
卯	1	0.001	蔦	1	0.001	萋	1	0.001

续表

字種	頻次	百分比	字種	頻次	百分比	字種	頻次	百分比
齐	1	0.001	汱	1	0.001	鼫	1	0.001
棋	1	0.001	榷	1	0.001	拭	1	0.001
碕	1	0.001	禳	1	0.001	眡	1	0.001
頎	1	0.001	懹	1	0.001	嗜	1	0.001
蘄	1	0.001	繞	1	0.001	螫	1	0.001
玘	1	0.001	稔	1	0.001	謚	1	0.001
杞	1	0.001	衽	1	0.001	姝	1	0.001
憩	1	0.001	扔	1	0.001	倏	1	0.001
鉛	1	0.001	氄	1	0.001	飥	1	0.001
僉	1	0.001	襦	1	0.001	蔬	1	0.001
黚	1	0.001	耎	1	0.001	樞	1	0.001
欠	1	0.001	橤	1	0.001	贖	1	0.001
慊	1	0.001	蚋	1	0.001	妁	1	0.001
槍	1	0.001	糁	1	0.001	碩	1	0.001
敲	1	0.001	糝	1	0.001	厮	1	0.001
蹺	1	0.001	溞	1	0.001	兕	1	0.001
翹	1	0.001	嫂	1	0.001	鬨	1	0.001
竅	1	0.001	篸	1	0.001	聳	1	0.001
郄	1	0.001	歃	1	0.001	泝	1	0.001
亲	1	0.001	羶	1	0.001	愬	1	0.001
衾	1	0.001	扇	1	0.001	筭	1	0.001
黥	1	0.001	樿	1	0.001	算	1	0.001
窮	1	0.001	蟺	1	0.001	綏	1	0.001
蚯	1	0.001	韶	1	0.001	祟	1	0.001
鰌	1	0.001	邵	1	0.001	穗	1	0.001
伹	1	0.001	奢	1	0.001	筍	1	0.001
軀	1	0.001	賒	1	0.001	遝	1	0.001
朐	1	0.001	娠	1	0.001	搨	1	0.001
氍	1	0.001	椹	1	0.001	胎	1	0.001
呿	1	0.001	狌	1	0.001	譚	1	0.001
詮	1	0.001	甥	1	0.001	毯	1	0.001
銓	1	0.001	剩	1	0.001	炭	1	0.001

续表

字種	頻次	百分比	字種	頻次	百分比	字種	頻次	百分比
蝪	1	0.001	紊	1	0.001	蠍	1	0.001
弢	1	0.001	甕	1	0.001	携	1	0.001
濤	1	0.001	幄	1	0.001	鞋	1	0.001
藤	1	0.001	洿	1	0.001	攜	1	0.001
剔	1	0.001	齬	1	0.001	写	1	0.001
擿	1	0.001	迮	1	0.001	谢	1	0.001
恬	1	0.001	嫵	1	0.001	躛	1	0.001
殄	1	0.001	恓	1	0.001	醒	1	0.001
儵	1	0.001	淅	1	0.001	胥	1	0.001
帖	1	0.001	晢	1	0.001	訩	1	0.001
艇	1	0.001	翕	1	0.001	鵂	1	0.001
慟	1	0.001	醯	1	0.001	袖	1	0.001
菟	1	0.001	譆	1	0.001	须	1	0.001
湍	1	0.001	鄜	1	0.001	鬚	1	0.001
曈	1	0.001	臬	1	0.001	邮	1	0.001
佗	1	0.001	盻	1	0.001	蓄	1	0.001
陀	1	0.001	綌	1	0.001	緒	1	0.001
沱	1	0.001	戲	1	0.001	諠	1	0.001
駝	1	0.001	俠	1	0.001	癬	1	0.001
鼉	1	0.001	轄	1	0.001	炫	1	0.001
妥	1	0.001	㔾	1	0.001	鐶	1	0.001
捧	1	0.001	仚	1	0.001	謔	1	0.001
唾	1	0.001	纖	1	0.001	薰	1	0.001
譁	1	0.001	賢	1	0.001	臐	1	0.001
膃	1	0.001	醎	1	0.001	燖	1	0.001
灣	1	0.001	蜆	1	0.001	馴	1	0.001
刓	1	0.001	莧	1	0.001	鴉	1	0.001
婉	1	0.001	驤	1	0.001	壓	1	0.001
宠	1	0.001	餉	1	0.001	迓	1	0.001
幃	1	0.001	蟰	1	0.001	嫣	1	0.001
餧	1	0.001	驍	1	0.001	沿	1	0.001
刎	1	0.001	晓	1	0.001	研	1	0.001

续表

字種	頻次	百分比	字種	頻次	百分比	字種	頻次	百分比
簷	1	0.001	瘖	1	0.001	氲	1	0.001
菴	1	0.001	闉	1	0.001	抎	1	0.001
⿰魚卷	1	0.001	蚓	1	0.001	孕	1	0.001
甗	1	0.001	楹	1	0.001	惲	1	0.001
儼	1	0.001	贏	1	0.001	迺	1	0.001
唁	1	0.001	硬	1	0.001	甾	1	0.001
掞	1	0.001	暎	1	0.001	簪	1	0.001
諺	1	0.001	擁	1	0.001	囋	1	0.001
鴳	1	0.001	泳	1	0.001	噪	1	0.001
央	1	0.001	涌	1	0.001	譟	1	0.001
癢	1	0.001	茜	1	0.001	擇	1	0.001
漾	1	0.001	楢	1	0.001	昃	1	0.001
腰	1	0.001	羑	1	0.001	怎	1	0.001
殽	1	0.001	牖	1	0.001	譖	1	0.001
徭	1	0.001	幼	1	0.001	吒	1	0.001
舀	1	0.001	犹	1	0.001	柞	1	0.001
掖	1	0.001	诱	1	0.001	摘	1	0.001
爺	1	0.001	众	1	0.001	窄	1	0.001
虵	1	0.001	娯	1	0.001	債	1	0.001
曳	1	0.001	愉	1	0.001	搌	1	0.001
鍱	1	0.001	媮	1	0.001	棧	1	0.001
杝	1	0.001	瑜	1	0.001	賬	1	0.001
貽	1	0.001	庾	1	0.001	沼	1	0.001
詒	1	0.001	窳	1	0.001	棹	1	0.001
挹	1	0.001	浴	1	0.001	柘	1	0.001
翊	1	0.001	鬻	1	0.001	疹	1	0.001
⿰犭益	1	0.001	蚖	1	0.001	鸩	1	0.001
億	1	0.001	羦	1	0.001	眹	1	0.001
臆	1	0.001	圓	1	0.001	賑	1	0.001
裛	1	0.001	杭	1	0.001	汁	1	0.001
鷖	1	0.001	掾	1	0.001	巵	1	0.001
氤	1	0.001	籥	1	0.001	祇	1	0.001

续表

字種	頻次	百分比	字種	頻次	百分比	字種	頻次	百分比
蜘	1	0.001	賫	1	0.001	輜	1	0.001
姪	1	0.001	杼	1	0.001	梓	1	0.001
値	1	0.001	専	1	0.001	鑽	1	0.001
畱	1	0.001	颛	1	0.001	嘴	1	0.001
峙	1	0.001	籑	1	0.001	鐏	1	0.001
桎	1	0.001	粧	1	0.001	琢	1	0.001
偫	1	0.001	裝	1	0.001	檬	1	0.001
輊	1	0.001	膇	1	0.001	祚	1	0.001
跱	1	0.001	肫	1	0.001	座	1	0.001
㥂	1	0.001	㧻	1	0.001	囪	1	0.001
髦	1	0.001	斮	1	0.001	恭	1	0.001
郲	1	0.001	鐲	1	0.001	策	1	0.001
株	1	0.001	茲	1	0.001	蔭	1	0.001
蛛	1	0.001	姿	1	0.001	款	1	0.001
銖	1	0.001	粢	1	0.001			
躅	1	0.001	觜	1	0.001			

貳、現當代論著選目①

一、文字類

[1] 陳夢家:《中國文字學》,北京:中華書局,2006 年版。

[2] 陳偉武:《同符合體字探微》,《中山大學學報(社會科學版)》1997 年第 4 期,第 106-118 頁。

[3] 黨懷興、王亞元:《清代"假借"學説研究》,《陝西師範大學學報(哲學社會科學版)》2014 第 2 期,第 101-110 頁。

[4] 董蓮池:《説文部首形義通釋》,長春:東北師範大學出版社,2000 年版。

[5] 高明:《中國古文字學通論》,北京:北京大學出版社,1996 年版。

① 選目據文字類、詞彙類、語法類、訓詁類、音韻類、修辭類、音義類和綜合類分列各種文獻,每類大體以 10 至 20 部(篇)爲限,必然有太多的漏列。方家幸勿見怪,讀者請勿拘泥。

[6] 胡安順:《説文部首段注疏義》,北京:中華書局,2018 年版。

[7] 胡樸安:《中國文字學史》,北京:中國書店,1983 年版。

[8] 黄德寬、陳秉新:《漢語文字學史(增訂本)》,合肥:安徽教育出版社,2006 年版。

[9] 李運富:《漢字學新論》,北京:北京師範大學出版社,2012 年版。

[10] 劉翔等:《商周古文字讀本(增補本)》,北京:商務印書館,2017 年版。

[11] 劉又辛:《"右文説"説》,《語言研究》1982 年第 1 期,第 163-178 頁。

[12] 陸宗達:《説文解字通論》,北京:北京出版社,1981 年版。

[13] 毛遠明:《漢魏六朝碑刻異体字研究》,北京:商務印書館,2012 年版。

[14] 裘錫圭:《文字學概要(修訂本)》,北京:商務印書館,2013 年版。

[15] 孫雍長:《論"古今字"暨辭書對古今字的處理》,《辭書研究》2006 年第 2 期,第 60-72 頁。

[16] 唐蘭:《古文字學導論》,濟南:齊魯書社,1981 年版。

[17] 王寧:《漢字構形學講座》,上海:上海教育出版社,2002 年版。

[18] 張涌泉:《漢語俗字研究(增訂本)》,北京:商務印書館,2010 年版。

[19] 周有光:《比較文字學初探》,北京:語文出版社,1998 年版。

二、詞彙類

[20] 董秀芳:《詞彙化:漢語雙音詞的衍生和發展(修訂本)》,北京:商務印書館,2011 年版。

[21] 方一新:《中古近代漢語詞彙學》,北京:商務印書館,2010 年版。

[22] 符淮青:《漢語詞彙學史》,合肥:安徽教育出版社,1996 年版。

[23] 高守綱:《古代漢語詞義通論》,北京:語文出版社,1994 年版。

[24] 洪成玉:《古漢語詞義分析》,天津:天津人民出版社,1985 年版。

[25] 蔣紹愚:《漢語歷史詞彙學概要》,北京:商務印書館,2015 年版。

[26] 陸宗達、王寧:《古漢語詞義研究——關於古代書面漢語詞義引申的規律》,《辭書研究》1981 年第 2 期,第 31-42 頁。

[27] 潘允中:《漢語詞彙史概要》,上海:上海古籍出版社,1989 年版。

[28] 史存直:《漢語詞彙史綱要》,上海:華東師範大學出版社,1989 年版。

[29] 王力:《漢語詞彙史》,北京:商務印書館,1993 年版。

[30] 徐朝華:《上古漢語詞彙史》,北京:商務印書館,2003 年版。

[31] 徐時儀:《古白話詞彙研究論稿(增訂本)》,北京:商務印書館,2021 年版。

[32] 許威漢:《漢語詞彙學導論》,北京:北京大學出版社,2008 年版。

[33] 張聯榮:《古漢語詞義論》,北京:北京大學出版社,2000 年版。

[34] 張涌泉:《俗語詞研究與古籍校勘》,《古漢語研究》1989 年第 3 期,第 36-

41 頁。

［35］ 張永言:《詞彙學簡論》,武漢:華中工學院出版社,1982 年版。

［36］ 趙克勤:《古代漢語詞彙學》,北京:商務印書館,1994 年版。

三、語法類

［37］ (清)馬建忠:《馬氏文通》,北京:商務印書館,1983 年版。

［38］ 何樂士等:《古代漢語虛詞通釋》,北京:北京出版社,1985 年版。

［39］ 洪成玉:《古漢語複音虛詞和固定結構》,杭州:浙江人民出版社,1983 年版。

［40］ 江藍生:《漢語連-介詞的來源及其語法化的路徑和類型》,《中國語文》2012 年第 4 期,第 291-308 頁。

［41］ 蔣紹愚、曹廣順:《近代漢語語法史研究綜述》,北京:商務印書館,2005 年版。

［42］ 劉丹青:《語法化中的更新、强化與疊加》,《語言研究》2001 年第 2 期,第 71-81 頁。

［43］ 劉景農:《漢語文言語法》,北京:中華書局,1994 年版。

［44］ 劉學林等:《古漢語語法》,西安:陝西人民出版社,1987 年版。

［45］ 吕叔湘:《文言虛字》,上海:上海教育出版社,1959 年版。

［46］ 吕叔湘:《中國文法要略》,北京:商務印書館,1982 年版。

［47］ 史存直:《漢語語法史綱要》,上海:華東師範大學出版社,1986 年版。

［48］ 孫錫信:《漢語歷史語法要略》,上海:復旦大學出版社,1992 年版。

［49］ 孫錫信、楊永龍:《中古近代漢語語法研究述要》,上海:復旦大學出版社,2014 年版。

［50］ 太田辰夫:《中國語歷史文法(第 2 版)》,蔣紹愚、徐昌華譯,北京:北京大學出版社,2003 年版。

［51］ 王力:《漢語語法史》,北京:商務印書館,1989 年版。

［52］ 楊伯峻:《古漢語虛詞》,北京:中華書局,1981 年版。

四、訓詁類

［53］ 馮勝利:《乾嘉之學的理論發明(二)——段玉裁《説文解字注》理必論證與用語札記》,《民俗典籍文字研究》2019 年第 2 期,第 23-41 頁。

［54］ 郭芹納:《訓詁學》,北京:高等教育出版社,2005 年版。

［55］ 郭在貽:《訓詁叢稿》,上海:上海古籍出版社,1985 年版。

［56］ 郭在貽、張涌泉:《談郝懿行的〈爾雅義疏〉》,《辭書研究》1989 年第 3 期,第 131-140 頁。

[57] 黎良軍:《漢語字義引申例論》,桂林:廣西師範大學出版社,2016 年版。

[58] 陸宗達:《訓詁簡論》,北京:北京出版社,2002 年版。

[59] 陸宗達、王寧:《"因聲求義"論》,《遼寧師院學報》1980 年第 6 期,第 1-10 頁。

[60] 陸宗達、王寧:《訓詁方法論》,北京:中國社會科學出版社,1983 年版。

[61] 齊佩瑢:《訓詁學概論》,北京:中華書局,1984 年版。

[62] 蘇建洲:《新訓詁學》,上海:上海古籍出版社,2020 年版。

[63] 孫雍長:《訓詁原理》,北京:高等教育出版社,2009 年版。

[64] 王寧:《訓詁學原理》,北京:中國國際廣播出版社,1996 年版。

[65] 張相:《詩詞曲語辭匯釋》,北京:中華書局,1979 年版。

[66] 周大璞:《訓詁學初稿》,武漢:武漢大學出版社,2007 年版。

[67] 周祖謨:《讀王念孫〈廣雅疏證〉簡論》,《蘭州大學學報》1979 年第 1 期,第 102-105 頁。

五、音韻類

[68] 丁邦新:《音韻學答問》,北京:北京大學出版社,2016 年版。

[69] 馮蒸:《漢語歷史音韻學近百年 100 項新發現(上)》,載《語言歷史論叢(第十輯)》,成都:巴蜀書社,2017 年版,第 213-300 頁。

[70] 馮蒸:《漢語歷史音韻學近百年 100 項新發現(下),載《語言歷史論叢(第十一輯)》,成都:巴蜀書社,2018 年版,第 144-231 頁。

[71] 耿振生:《明清等韻學通論》,北京:語文出版社,1992 年版。

[72] 耿振生:《漢語音韻史與漢藏語的歷史比較》,《湖北大學學報(哲學社會科學版)》2005 年第 1 期,第 81-88。

[73] 耿振生:《音韻學研究方法導論》,北京:北京大學出版社,2016 年版。

[74] 黄笑山:《中古音研究的回顧與展望》,《古漢語研究》1998 年第 4 期,第 18-27 頁。

[75] 江荻:《論聲調的起源和聲調的發生機制》,《民族語文》1998 年第 5 期,第 11-23 頁。

[76] 康瑞琮:《陳第及其〈毛詩古音考〉》,《天津師大學報》1985 年第 3 期,第 86-93 頁。

[77] 郭錫良:《漢字古音手册(增訂本)》,北京:北京大學出版社,2010 年版。

[78] 何九盈:《漢語音韻學述要》,北京:中華書局,2009 年版。

[79] 蔣冀騁:《近代漢語音韻研究(修訂本)》,北京:商務印書館,2021 年版。

[80] 李新魁:《〈中原音韻〉音系研究》,鄭州:中州書畫社,1983 年版。

[81] 劉曉南:《漢語音韻研究教程》,北京:北京大學出版社,2006 年版。

[82] 劉鎮發:《北京話入派三聲的規律與北方官話間的關係》,《語言研究》2004 年第 1 期,第 105-109 頁。

[83] 潘悟云:《反切行爲與反切原則》,《中國語文》2001 年第 2 期,第 99-111 頁。

[84] 邵榮芬:《切韻研究》(增訂本),北京:中華書局,2008 年版。

[85] 唐作藩:《音韻學教程(第五版)》,北京:北京大學出版社,2016 年版。

[86] 王力:《漢語語音史》,北京:中國社會科學出版社,1985 年版。

[87] 吴安其:《上古漢語的韻尾和聲調的起源》,《民族語文》2001 年第 2 期,第 6-16 頁。

[88] 薛鳳生:《中原音韻音位系統》,北京:北京語言學院出版社,1990 年版。

[89] 楊劍橋:《漢語音韻學講義》,上海:復旦大學出版社,2002 年版。

[90] 楊耐思:《中原音韻音系》,北京:中國社會科學出版社,1981 年版。

[91] 殷焕先、張玉來:《顔之推〈顔氏家訓·音辭篇〉釋要》,《語言研究集刊(第四輯)》,上海:上海辭書出版社,2007 年版,第 187-194 頁。

[92] 尉遲治平:《對音還原發凡》,《南陽師範學院學報(社會科學版)》2002 年第 1 期,第 10-15 頁。

[93] 周祖謨:《〈切韻〉的性質和它的音系基礎》,載周祖謨:《問學集》,北京:中華書局,1966 年版,第 434-473 頁。

[94] 朱曉農:《歷史音系學的新視野》,《語言研究》2006 年第 4 期,第 31-42 頁。

六、修辭類

[95] 陳望道:《修辭學發凡(新 1 版)》,上海:上海教育出版社,1979 年版。

[96] 黎運漢、盛永生:《漢語修辭學》,廣州:廣東教育出版社,2006 年版。

[97] 李索:《古代漢語修辭學》,天津:天津人民出版社,2000 年版。

[98] 李維琦等:《古漢語同義修辭》,長沙:湖南師範大學出版社,1989 年版。

[99] 王希傑:《漢語修辭學》,北京:商務印書館,2004 年版。

[100] 王占福:《古代漢語修辭學》,石家莊:河北教育出版社,2001 年版。

[101] 楊樹達:《中國修辭學》,上海:上海古籍出版社,1983 年版。

[102] 袁暉、宗廷虎:《漢語修辭學史》,太原:山西人民出版社,1995 年版。

[103] 趙克勤:《古漢語修辭常識》,鄭州:河南人民出版社,1984 年版。

[104] 周振甫:《中國修辭學史》,北京:商務印書館,1991 年版。

[105] 朱祖延:《古漢語修辭例話》,武漢:湖北教育出版社,1990 年版。

[106] 宗廷虎:《20 世紀中國修辭學》,北京:中國人民大學出版社,2008 年版。

七、音義類

[107] 黄坤堯:《音義闡微》,上海:上海古籍出版社,1997 年版。

[108] 林濤、陸志韋:《〈經典釋文〉異文之分析》,《燕京學報》1950 年第 38 期,第 349-460 頁。

[109] 孫玉文:《漢語變調構詞研究》(增訂本),北京:商務印書館,2007年版。

[110] 萬獻初:《〈經典釋文〉音切類目研究》,北京:商務印書館,2004年版。

[111] 王寅:《中國語言象似性研究論文精選》,長沙:湖南人民出版社,2009年版。

[112] 王月婷:《〈經典釋文〉異讀音義規律研究》,中國社會科學出版社,2014年版。

[113] 吴承仕:《〈經典釋文〉序録疏證》(附經籍舊音二種),張力偉點校,北京:中華書局,2008年版。

[114] 徐時儀、梁曉虹、陳五雲:《佛經音義研究通論》,南京:江蘇鳳凰出版社,2009年版。

[115] 岳利民:《〈經典釋文〉音切的音義匹配研究》,成都:巴蜀書社,2017年版。

[116] 張忠堂:《漢語變聲構詞研究》,北京:中國書籍出版社,2013年版。

[117] 周祖謨:《四聲别義釋例》,載周祖謨《問學集》,北京:中華書局,1966年版,第81-119頁。

八、綜合類

[118] 丁邦新:《漢藏系語言研究法的檢討》,《中國語文》2000年第6期,第483-489頁。

[119] 馮勝利:《乾嘉"理必"與語言研究的科學屬性》,《中文學術前沿》2015年第2期,第98-102頁。

[120] 何九盈:《乾嘉時代的語言學》,《北京大學學報(哲學社會科學版)》1984年第1期,第78-89頁。

[121] 何九盈:《中國古代語言學史》,北京:北京大學出版社,2006年版。

[122] 何九盈:《中國現代語言學史》,北京:商務印書館,2008年版。

[123] 蔣紹愚:《近代漢語研究概要(修订本)》,北京:北京大學出版社,2017年版。

[124] 濮之珍:《中國語言學史》,上海:上海古籍出版社,1987年版。

[125] 王力:《漢語史稿》,北京:中華書局,1980年版。

[126] 向熹:《簡明漢語史》,北京:商務印書館,2010年版。

[127] 尉遲治平:《漢語信息處理和計算機輔助漢語史研究》,《語言研究》2004年第3期,第7-10頁。

叁、新舊字形對照表

參見《漢語大字典》[①],第5131頁。

① 漢語大字典編纂委員會編纂:《漢語大字典》(第二版),湖北長江出版集團·崇文書局、四川出版集團·四川辭書出版社,2010年。

新旧字形对照表

（字形后的数码表示字形的画数）

新字形	旧字形	新字举例	新字形	旧字形	新字举例	新字形	旧字形	新字举例
八②	儿②	麦甚	氏⑤	氏⑤	底柢	虎⑧	虎⑧	搋篪
丷②	八②	兑曾	艮⑤	皀⑦	即既	黾⑧	黽⑧	绳蝇
了②	丂②	亟函		皀⑦		咼⑧	咼⑨	渦蜗
艹③	卝④	花荒	耒⑥	耒⑥	耕耘	垂⑧	埀⑨	睡陲
屮③	屮④	舜偉	成⑥	成⑦	城晟	食⑧	食⑨	飯飲
⺌③	小③	肖尚	吕⑥	呂⑦	侣宫	录⑧	彔⑧	碌禄
及③	及④	吸伋	臼⑥	臼⑦	嗖鼠	昷⑨	𥁕⑩	温瘟
辶③	辶④	近速	攸⑥	攸⑦	修倏	骨⑨	骨⑩	滑榾
彐③	彐③	侵雪	争⑥	爭⑧	净挣	卸⑨	卸⑧	御禦
丰④	丰④	害艳	产⑥	产⑥	産彦	鬼⑨	鬼⑩	槐塊
开④	幵⑥	形笄	并⑥	幷⑧	拼併	俞⑨	兪⑨	渝愈
天④	天④	吞添	𦍌⑥	羊⑦	差养	蚤⑨	蚤⑩	搔骚
巨④	巨⑤	苣渠	良⑥	良⑦	郎朗	敖⑩	敖⑪	傲遨
屯④	屯④	顿纯	羽⑥	羽⑥	翔翟	華⑩	華⑫	嘩鏵
瓦④	瓦⑤	瓶瓷	糸⑥	糸⑥	紅絲	莽⑩	莽⑫	蟒漭
反④	反④	板饭	呈⑦	呈⑦	逞程	真⑩	眞⑩	填慎
户④	戶④	扁编	吴⑦	吳⑦	娱虞		眞⑩	
礻④	示⑤	礼社		吳⑥		畢⑩	畢⑪	篳蹕
丑④	丑④	纽杻	囱⑦	囪⑦	[illegible]	殺⑩	殺⑪	榝鎩
卉⑤	卉⑥	奔偾	角⑦	角⑦	解斛	䍃⑩	䍃⑩	摇遥
术⑤	朮⑤	怵述	奂⑦	奐⑧	换焕	袞⑩	袞⑪	滚磙
犮⑤	犮⑤	拔跋	㡀⑦	㡀⑧	敝弊	黄⑪	黃⑫	横璜
业⑤	业⑥	普虚	耳⑦	耳⑧	敢嚴	異⑪	異⑫	冀戴
内④	內⑤	离禽	𥎦⑦	矦⑧	侯候	象⑪	象⑫	橡像
爫④	爫④	受舀	非⑧	非⑧	排俳	奥⑫	奧⑬	澳襖
⺗⑤	𣱱⑤	樨遲	青⑧	靑⑧	清菁	虜⑬	虜⑫	擄櫖
令⑤	令⑤	冷苓	者⑧	者⑨	都诸	𦥯⑬	𦥯⑫	興釁
印⑤	印⑦	茚鲫	直⑧	直⑧	值植			

肆、簡化字總表

[1]参見《漢語大字典・簡化字總表》,第 5134-5147 頁。

[2]中國文字改革委員會編:《簡化字總表(1986 年新版)》,北京:語文出版社,1986 年版。

伍、中國歷史紀年表

[1]参見《漢語大字典・中國歷史紀年表》,第 5182-5242 頁。

[2]方詩銘編著:《中國歷史紀年表(新修訂本)》,上海:上海書店出版社,2013 年版。

[3]萬國鼎編,萬斯年、陳夢家補訂:《中國歷史紀年表》,北京:中華書局,2018 年。

與本書配套的二維碼資源使用説明

本書部分課程及與紙質教材配套的數字資源以二維碼鏈接的形式呈現。利用手機微信掃碼成功後提示微信登録,授權後進入注册頁面,填寫注册信息。按照提示輸入手機號碼,點擊獲取手機驗证碼,稍等片刻收到 4 位數的驗证碼短信,在提示位置輸入驗证碼成功,再設置密碼,選擇相應專業,點擊“立即注册”,注册成功。(若手機已經注册,則在“注册”頁面底部選擇“已有賬號? 立即注册”,進入“賬號綁定”頁面,直接輸入手機號和密碼登録。)接着提示輸入學習碼,需刮開教材封面防僞涂層,輸入 13 位學習碼(正版圖書擁有的一次性使用學習碼),輸入正確後提示綁定成功,即可查看二維碼數字資源。手機第一次登録查看資源成功以後,再次使用二維碼資源時,只需在微信端掃碼即可登録進入查看。

引用作品的版權聲明

爲了方便學校教師教授和學生學習優秀案例，促進知識傳播，本書選用了一些知名網站、公司企業和個人的原創案例作爲配套數字資源。這些選用的作爲數字資源的案例部分已經標注出處，部分根據網上或圖書資料資源信息重新改寫而成。基於對這些内容所有者權利的尊重，特在此聲明：本案例資源中涉及的版權、著作權等權益，均屬於原作品版權人、著作權人。在此，本書作者衷心感謝所有原始作品的相關版權權益人及所屬公司對高等教育事業的大力支持！